Maritime Law,
Admiralty Law

해사법규

김석균 저

박영사

서 문

해사분야는 크게 선박, 선원, 해운, 항만, 수산, 해양이용, 해양환경, 해양안전, 해양보안, 해상교통, 해양질서 등으로 구분할 수 있다. 해사법규는 이런 분야에 관련된 모든 법규를 의미한다. 이에 따라 해사법규의 범위는 방대하고 다기하며, 그 내용도 복잡하다. 해사법규를 공부하는 것은 수십여 개에 달하는 해당 분야별 법령을 공부해야 한다는 의미이다.

세계는 바다를 통해 연결되어 있고, 선박은 외국의 여러 항만에 기항하는 특성 때문에 해양의 효율적 이용, 환경보전, 안전을 위해서는 전 세계적으로 공통적으로 적용할 수 있는 기준과 규칙의 정립이 필요하다. 이 때문에 글로벌 무역이 증가하면서 해상교통량이 증가하고, 해양오염 문제가 심각해지면서 국제해사기구(IMO)를 중심으로 선원의 안전, 선박, 항해의 안전과 해양환경을 보전하기 위한 다양한 국제협약이 채택되었다. 이러한 국제협약에서 정한 국제적인 기준과 요건, 절차는 대부분 국내법으로 수용되어 왔다.

이러한 이유로 해사법규의 많은 부분이 관련 국제협약에서 정한 내용을 국내법으로 수용한 것이다. 따라서 해사법규를 이해하기 위해서는 관련 국제법이 채택된 배경과 그 내용을 이해하는 것이 필요하다.

본서에는 이러한 사정을 고려하여 국제협약을 수용한 개별법은 근거가 되는 국제협약의 채택 배경과 내용을 설명함으로써 해당 해사법규의 내용을 보다 잘 이해할 수 있도록 하였다.

해사법규를 공부한다는 것은 개별 해사법규가 규율하는 분야에 대한 제도를 이해하는 것이다. 그렇기 때문에 해사법규를 딱딱한 법 규정을 공부하는 것으로 어렵게만 생각하는 것보다 제도를 공부한다고 생각으로 접근하면 보다 흥미롭게 해사법규를 공부할 수 있으리라 생각한다.

다시 말하면 조항 하나하나에 너무 집착하지 말고, 해당 법의 제정 목적과 법이 담고 있는 제도 자체가 무엇이며 이 제도가 어떻게 적용되는지를 먼저 이해하는 것이 중요하다.

해양경찰이나 해사업무를 담당하는 다른 기관이 해양에서 법을 집행하는 것은 대부분이 해사법규를 해석하고 적용하는 것이다. 육상과 달리 해상에서 법 집행은 해사법규 위반의 행정법범이 80퍼센트 이상을 차지한다. 따라서 특히 해양에서 법 집행업무를 수행하는 해양경찰에게 해사법규에 대한 지식과 전문성은 해양경찰 직무수행에서 필수적으로 요구되는 사항이다.

아무쪼록 본서가 해양경찰학을 전공하는 학생, 시험을 준비하는 수험생, 현장에서 법을 집행하는 해양경찰관들이나 관련 공무원들에게 해사법규를 이해하고 공부하는 데 도움이 되었으면 한다.

2023년 2월 인곡관 연구실에서

차 례

Part 01

총 론

제 1 편 총 론

Part 02

해 사 법 규

제 1 편 선 박

제 2 편 선 원

제 3 편   해사안전

제 4 편 해양보안

제 5 편 해상교통

제 6 편   해운 · 항만

제 7 편　수 산

제 8 편　해양환경

제 9 편　해양이용

Part 03

해 양 법

제 1 장 영해 및 접속수역법

제 2 장 배타적 경제수역 및 대륙붕에 관한 법률

총론

Part I

Part 1

제1편
총 론

제1절 │ 해사법규의 의의

「해사법」(海事法), 「해사법규」(海事法規) 또는 「해법」(海法, Maritime Law, Admiralty Law)은 해상에서 선박 및 항해 활동과 직접적으로 관련된 인간의 활동 관계인 「해사관계」(Maritime Affairs)를 규율하는 법규범을 의미한다. 해사법규는 선박을 포함해서 항해, 선박을 운항하는 선원, 선박이 출입항하는 항구와 선박에 의해 전개되는 해운 및 어업활동 등에 관한 법은 모두 해사법규에 포함된다.[1]

해사법규는 인간의 해양이용을 중심으로 국제관계를 규율하는 국제법의 한 영역인 「해양법」(Law of the Sea)과 구별된다. 즉 해양법은 해양에 대한 국제법으로서 각종 「해양구역」(Maritime Zones)에 대한 법적 지위를 확정하고, 해양의 이용에 관한 국제법 질서를 유지하며, 그 이용상의 국제분쟁을 평화적으로 해결하기 위해 마련된 국제법이다.[2]

이에 비해 해사법규는 선박을 매개로 하는 해사활동의 특성상 국내법 중심이다. 그러나 그 내용에 있어서는 국제적 통일성을 필요로 하기 때문에 많은 경우에 있어서 관습국제법과 조약을 국내법으로 수용하고 있다. 「SOLAS 협약」을 수용한 「선박안전법」, 「STCW 조약」을 수용한 「선박직원법」, 「COLREG 협약」을 수용한 「해사안전법」, 「MARPOL 협약」을 수용한 「해양환경관리법」, 「SAR 협약」을 수용한 「해상에서 수색·구조에 관한 법률」, 「SFV 협약」을 수용한 「어선법」 등이 그 예이다.

해사법규는 항해, 해운, 해원의 권리·의무, 해난구조 및 해상행위 등 국내 사법적 법규를 망라한 개념이다. 선박 충돌, 해난구조 및 해상운송 등에 관한 국제협약 등이 해사법의 범주로 논의되고

---

1) 박성일, 「해사법규」(두남, 2020), 15면.
2) 최종화, 「현대국제해양법」(두남, 2004), 25면.

있으나, 그 내용은 국제사법적인 것이다. 따라서 국제공법 중 해양에 관련된 법을 지칭하는 해양법과 구별된다.[3]

제2절 | 해사법규의 분류

1. 해사국내법과 해사국제법

해사법규는 국내법이 중심이지만 많은 해사법규가 국제법을 국내법으로 수용한 것이고, 선박 충돌, 해난구조, 해상운송 등에 관한 국제협약이 해사법으로 논의되고 있는 점을 고려하여, 「해사국내법」과 「해사국제법」으로 분류할 수 있다. 해사국내법은 한 국가에서 효력을 가지며 그 국가의 내부관계를 규율하는 해사법를 총칭하는 개념이다. 해사국제법은 해사에 관한 국가 간의 관계를 규율하는 법을 총칭하는 개념이다.

2. 해사공법과 해사사법

해사법규는 그 법규의 성질에 따라 「해사공법」(海事公法)과 「해사사법」(海事私法)으로 분류할 수 있다. 해사공법은 해사와 관련하여 국가와 개인의 관계 및 공익을 목적으로 하는 법이다. 해사사법은 해사에 관한 개인 간의 권리관계를 규율하는 법이다. 해사법규의 대부분은 해사공법이다. 해사사법으로는 해상기업활동 주체의 이익조정을 위한 법인 「해상법」(海商法)이 있다.

제3절 | 해사법의 발전

1. 해사법의 기원

해사법은 고대 이집트에서 처음 등장했다. 해상무역을 위해 선박이 여러 항구를 항해하면서 항해의 안전과 공정한 무역을 위한 제도적 장치가 필요했다. 무역이나 항해 분쟁이 발생하면 다른 관습으로 인해 지역에 따라 편향된 판결이 나왔기 때문에 단일 사법체계에 대한 필요성이 제기되었다.

선주들과 선장은 자신들이 고용한 선원이 바다에서 심각한 부상을 입거나 사망하는 경우, 어떻게 선원이나 유가족에게 보상을 해야 하는지에 대해 명확히 알고 있어야 했다. 이런 이유로 국가 간 무역을 위해 선주와 항구의 권리와 책임을 법제화하는 것이 아주 중요했다.

---

3) 김영구, 「한국과 바다의 국제법」(21세기 북스, 1998), 6면.

고대법의 많은 부분이 오늘날까지 지속되고 있는 것은 해사업무의 위험성과 어려움은 변하지 않았기 때문이다. 고대나 오늘날이나 선박의 감항성을 유지하고 정비하고 선원을 관리하는 일은 선주와 선장의 중요한 책무이다. 해사법을 지키지 않는 선주는 해사법원이나 해사법을 다루는 일반법원에 의해 책임을 지게 된다.

2. 로도스 해양법

고대 이집트인, 페니키아인들 사이에 해사관행이 존재했지만, 초기의 법 형태로 제정한 것은 BC 900년경 「로도스 섬」(Rhodes Island)이었다. 에게해의 크레타 섬과 키프로스 섬 사이에 있는 로도스 섬은 그리스 초기 도시국가들의 지중해 최대 무역 중심기지였다.

항해와 무역에서 일어나는 분쟁을 해결하는 과정에서 관습국제법이라 할 수 있는 초기의 해양법이 로도스 섬을 중심으로 생성되었다. 로도스 섬의 이름 따서 초기의 해양관습법을 「로도스 해양법」(Rhodian Sea Laws)이라 부른다. 로도스 해양법은 개인이나 국가 간의 상거래에 관한 내용(사법적 내용)과 국가와 국가 간의 관계에 있어서의 행위기준(공법적 내용)이 섞여 있었다.

국제해양법의 발전에서 로도스 해양법이 무엇보다 중요한 의미를 가지는 것은 근세에 들어와 해양으로 본격적으로 진출하는 사상적 근간이 되었던 「해양자유의 원칙」이 로도스 해양법을 통해 형성되었다는 점이다.[4]

「로도스 해양법」은 BC 300년경 제도적으로 정착이 되어 해상무역, 해사행위를 규율하는 규범이 되었고, 이후 AD 1,200년까지 로마법에 많은 영향을 주었다. 로도스 해양법은 여러 항구에 기항하는 상선의 처리에 대한 단일 기준을 확립했고, 해양에서 발생하는 분쟁은 지방 법원이 아닌 로도스 해사법에 의해 처리되어야 한다는 개념이 정립되었다.

3. 콘소라또 델 마레

로마가 「로도스 해양법」을 사용하면서 선박, 항만, 상인, 선원 간 분쟁을 해결하기 위한 특별법원이 여러 지역에 설치되었다. 1000－1300년 사이 세 개의 개별적 법령과 법원이 지중해에서 발전했다. 이 중 가장 오랜 역사를 가진 것이 「Consolato del Mare」(Consulate of the Sea)로서, 스페인 바로셀로나 항구를 중심으로 행해지던 해상관습법규가 편집되어 집대성된 해사법전이다. 콘소라또 델 마레는 선박소유권, 선주와 선장의 책임, 구난 권리, 선원의 의무, 급여 등 해양관습법의 모든 것을 상세하게 다루었다.

---

4) 김석균, 「바다와 해적」(오션 & 오션, 2014), 52면.

4. 초기 유럽 해양법

지중해에서 태동한 해양법으로부터 1152년경 초기 유럽 해사법들이 공식화되었다. 이들 초기 유럽 해사법의 중요한 원리는 현대 해사법에서도 계속 계승되고 있다. 이들 해사법으로는 11, 12세기 프랑스 서해안의 오레롱 섬에서 해사법원의 판결을 수록한 「오레롱 판결」(Rules of Orelon)과 15세기경 발틱해의 고틀랜드(Gottland) 섬에 있는 한자(Hansa) 동맹의 위스비(Wisby)항을 중심으로 북해지방에서 시행된 해사관습을 편찬한 「위스비 해법」(The Laws of Wisby)이 있다.

5. 영국의 해사법

위스비, 한자, 오레롱 해사법은 영국 해사법 형성에 영향을 미친 세 가지 기둥으로 평가받고 있다. 역사적인 해양법의 근본원칙을 고수했던 영국 해사법원은 1700년대 후반 일어난 산업혁명에 의해 도전을 받았다. 동력 엔진이 사용되고 글로벌 무역과 함께 국제관계가 복잡해 짐에 따라 영국의 해사법도 변화했다. 1845년 해사관계의 여러 공사법을 망라하여 「상선법」(Merchant Shipping Act)이 제정되었다. 이후 증보·개정을 통하여 1894년 상선법이 정립되었고 현행 영국 해사법의 기본이 되고 있다.

6. 미국 해사법

유럽의 해사법 원칙은 1600년대에 신생국 미국에 계승되었고, 이 무렵 미국의 주요 항만에 해사법원이 설치되었다. 해사법 사건이 증가하면서 해사법은 미국법의 일부가 되었다. 「1789년 사법법」(Judiciary Act of 1789)에 의해 해사법 사건은 연방법원의 관할이 되면서 해사사건의 최종 판결권은 연방대법원이 가지게 되었다.

오늘날 해사사건은 대부분 연방법원에서 다루어지지만 예외조항에 해당하는 사건은 주법원에서 심리가 이루어진다. 미국의 해사법에는 요양과 치료, 해상보험, 공동해손, 구난 등에 대한 초기의 유럽 해사법 원칙이 계승되었다.

미국의 현대 해사법 발전의 가장 중요한 계기가 된 것은 1920년의 「존슨법」(Jones Act)이었다. 이 법에 따라 선원은 고용인의 태만으로 인해 부상을 당하거나 사망하게 된 경우 고용인을 상대로 소송을 제기할 권리가 부여되었다.

제4절 | 한국 해사법의 발전

1. 한국 해사법의 태동

해사법은 앞에서 설명한 대로 대부분 공법(公法)으로서 선박, 선원, 해사안전, 해상교통, 해양환경 등 공법적 규제를 가하는 행정법을 총칭한다. 우리나라에서 해사관계를 규율하는 현대 해사법의 태동은 해방과 한국전쟁 이후 해상치안이 약한 틈을 타 우리 연근해에서 조업하는 일본 어선으로부터 어자원을 보호하기 위한 법령을 마련한 것에서 비롯되었다고 할 수 있다. 이후 해사법의 발전은 조선, 해운, 항만이 국가 기간산업으로서 1960년대부터 본격화한 고도의 경제성장을 이끈 것과 궤를 같이했다.

정부 수립 후 산업기반이 전무한 상태에서 수산업과 원양어업에서 벌어들이는 외화는 경제성장의 종자돈 역할을 했고, 1차산업 위주의 우리나라의 초기 경제발전 단계에서 국가경제의 핵심적인 역할을 했다. 이에 따라 수산업과 어자원보호와 관련된 해사법이 다른 부문보다 먼저 제정되는 계기가 되었다. 또한 삼면이 바다이고 도서가 많은 우리나라의 지리적 특성으로 인해 도서와 육지, 도서와 도서를 연결하는 화물과 여객의 해상운송이 중요한 비중을 차지했다. 이러한 정치·경제·사회·지리적 여건에 따라 초기의 해사법은 수산과 선박, 선원, 해상운송에 관한 사항을 규율하기 위한 법제에서 출발했다.

먼저 수산 분야에서 「수산업법」(1953. 9), 「어업자원보호법」(1953. 12)이 제정되었다. 해상무역과 조선, 해운, 항만산업이 발달하면서 관련 사항을 규율하고 법적 근거를 마련하기 위해 1960년대에 많은 해사법이 새롭게 제정되었다.

이후 선박의 국적과 등록, 선박안전기준, 선원의 자격과 근로관계를 규율하고 해난사고를 조사를 위해 「선박법」(1960. 2), 「선박직원법」(1960. 2), 「선박안전법」(1960. 12), 「수난구호법」(현「수상에서 수색·구조 등에 관한 법률」, 1961. 1), 「해양사고의 조사 및 심판에 관한 법률」(1961. 12), 「선원법」(1962. 1), 「선박등기법」(1963. 4) 등이 잇달아 제정되었다. 해운·항만 분야에서는 「도선법」(1961. 2), 「항로표지법」(1961. 12), 「항만운송사업법」(1963. 9), 「해상운송사업법」(현「해운법」, 1963. 12)이 제정되었다.

1970년대 해양오염이 심각해지면서 「해양오염방지법」(현「해양환경관리법」, 1977. 12)이 제정되었고, 선박의 통항이 늘어나고 대형 해난사고의 증가에 따라 해상교통과 해양안전을 규율하는 법률이 제정되었다. 1990년대 들어 소득수준이 증가하고 친수문화가 확산되면서 연안에서 레저활동이 증가하고 해양사고가 증가하였다. 이에 따라 해양레저 질서를 확립하고 안전을 확보하기 위한 「수상레저안전법」(1999. 2), 「낚시 관리 및 육성법」(2011.3), 「연안사고 예방에 관한 법률」(2014. 5)이 제정되었다.

우리나라의 해사법 발전은 수출주도의 경제성장과 에너지·원자재를 대부분 수입에 의존하는 상황과 밀접하게 연관되어 있다. 수출입 화물을 실은 선박이 다른 대륙의 여러 나라의 항만을 입출항하기 위해서는 항해, 선박, 선원, 해사안전, 해상교통, 해난 등에 관한 글로벌 규범을 준수해야 했기 때문에 초기 많은 해사법은 우리나라가 비준하거나 승인한 관련 분야의 국제협약, 조약을 국내법으로 수용한 것이다.

한편, 해사법 중 해사사법(海事私法)은 바다와 관련된 사인(私人)과 사인(私人) 사이의 법률관계를 규율하는 법이다. 「민법」의 특별법이라 할 수 있는 「상법」(1962. 1) 제5편에서 해상법(海商法)에 관한 규정을 두고 있다. 해상법은 선장과 선주의 관계 및 책임, 선박의 소유권, 이전·압류·용선, 화물과 여객 운송, 해상보험 등에 대한 법률관계를 정하고 있다. 본서는 해사법 중 해사공법(海事公法)을 다룬다.

2. 해사법 분류

앞에서 해사법의 개념을 설명하면서 「해사법」(Maritime Law)과 「해양법」(Law of the Sea)을 구분하였다. 해양법은 해양의 이용에 관한 국제법 질서를 의미하기 때문에 국내의 해사관계를 규율하는 해사법과 구별된다. 해양법은 1982년 「유엔해양법협약」의 채택과 1996년 우리나라의 비준과 함께 제정된 배타적 경제수역(EEZ)과 대륙붕의 지위와 관리 관계를 규정하는 국내법이 대표적이다.

이에 앞서 연근해 해역의 배타적 관할권을 확보하기 위해 1977년 「영해법」이 제정되고, 1995년 「영해법」을 「영해 및 접속수역법」으로 개정하여 접속수역 제도를 도입하는 등 유엔해양법협약 체제에 맞게 보완을 하였다. 1996년 「배타적 경제수역법」이 제정되었고, 이후 대륙붕에 관한 규정을 추가하여 2017년 「배타적 경제수역 및 대륙붕에 관한 법률」로 변경되었다.

「해사법」은 해양에서 관한 사항을 규율하고, 개인이나 국가의 해양활동은 공사법 관계가 함께 얽혀 있으며, 단일법에서도 공사법 관계가 혼재되어 있기 때문에 해사법과 해양법을 명확히 구분하는 것은 쉽지 않은 일이다. 이러한 관계 때문에 해사법, 특히 해사공법은 해양법과 밀접히 상호 연관되어 있다.

해사법의 영역은 전통적인 해사법 분야로서 선박, 선원, 해운, 항만, 어업, 해상안전, 해상교통, 해양환경과 해양법과 겹치는 영역으로서 해양주권, 해양질서, 해양이용으로 구분할 수 있다. 본서는 전통적인 해사분야 뿐만 아니라 해양법과 해사법 성격이 섞여 있는 법률도 함께 다룬다.

| 표 1-1 | 해사법 분류

구분	분야	법률
해사법	선박	• 선박법 • 선박안전법 • 어선법 • 국제선박등록법 • 선박등기법 • 선박평형수관리법
	선원	• 선원법 • 선박직원법
	해사안전	• 수상레저안전법 • 수상레저기구의 등록 및 검사에 관한 법률(2023. 6 시행) • 수중레저활동의 안전 및 활성화 등에 관한 법률 • 유선 및 도선사업법 • 해사안전법 • 연안사고 예방에 관한 법률 • 재난 및 안전관리 기본법 • 수상에서 수색·구조 등에 관한 법률 • 해양사고의 조사 및 심판에 관한 법률 • 해양조사와 해양정보 활용에 관한 법률
	해사보안	• 국제항해 선박등에 대한 해적행위 피해예방에 관한 법률 • 국제항해 선박 및 항만시설의 보안에 관한 법률 • 선박 및 해상구조물에 대한 위해행위의 처벌 등에 관한 법률
	해상교통	• 도선법 • 선박의 입항 및 출항에 관한 법률 • 항로표지법 • 선박교통관제에 관한 법률
	해운·항만	• 해운법 • 항만법 • 항만안전특별법 • 비상사태 등에 대비하기 위한 해운 및 항만기능 유지에 관한 법률 • 항만지역 등 대기질 개선에 관한 법률 • 항만운송사업법
	수산	• 낚시관리 및 육성법 • 수산업법 • 수산자원관리법 • 어업자원관리법 • 배타적 경제수역에서의 외국인 어업 등에 대한 주권적 권리의 행사 등에 관한 법률 • 어선안전조업법
	해양환경	• 해양환경보전 및 활용에 관한 법률 • 해양환경관리법

		• 해양폐기물 및 해양오염퇴적물 관리법 • 유류오염 손해배상 보장법 • 무인도서의 보전 및 관리에 관한 법률
	해양이용	• 공유수면 관리 및 매립에 관한 법률 • 연안관리법
해양법	해양주권	• 영해 및 접속수역법 • 배타적 경제수역 및 대륙붕에 관한 법률

3. 해양경찰청 소관 법령

해양경찰청이 소관하는 법률은 대부분 해상안전과 해양질서에 관한 법률이다. 해양경찰 소관법률로는 단독 소관 7개와 타 부처와 공동 소관 6개 법률이 있다. 단독 소관법률은 「수상에서 수색·구조 등에 관한 법률」(1961. 11), 「수상레저안전법」(1999. 2), 「해양경비법」(2012. 2), 「연안사고 예방에 관한 법률」(2014. 5), 「해양경찰법」(2020. 2), 「선박교통관제에 관한 법률」(2020. 6), 「해양경찰 장비도입 및 관리에 관한 법률」(2022. 4), 「수상레저기구의 등록 및 검사에 관한 법률」(2022. 6) 등이 있다.

공동 소관으로는 「경찰공무원법」, 「경범죄처벌법」, 「경찰공무원 보건안전 및 복지 기본법」(경찰청 공동), 「밀항단속법」(법무부 공동), 「자동차 등 특정동산 저당법」(국토부, 법무부, 해양수산부 공동), 「재난 및 안전관리 기본법」(행정안전부, 소방청 공동) 등 6개의 법률이 있다.

해양경찰청은 보통경찰기관으로서 해양경찰청 소속 경찰공무원은 경찰 신분과 작용에 대해서는 경찰청 소속 경찰공무원과 「경찰공무원법」과 「경찰관직무집행법」을 동일하게 적용받는다. 그러나 해양주권수호, 해상인명구조와 해상안전과 질서유지, 해양재난관리와 같은 해상에서 고유 임무 수행을 위해서 필요한 법률을 독자적으로 가지고 있다. 수상레저기구를 이용한 레저활동이 증가하면서 안전관리와 질서를 위해 해양경찰청 최초의 제정법인 「수상레저안전법」이 정부 입법으로 제정되었다. 육상에서 경찰 임무 수행 위주의 「경찰관 직무집행법」에 따라 해상에서 선박을 운용하여 법 집행을 하는데 나타나는 문제점을 해결하고, 해양경비 임무의 법적 기반을 강화하기 위하여 2012년 「해양경비법」이 제정되었다.

연안에서 체험활동, 물놀이, 레저활동 중 해양사고가 빈번하게 일어나면서 2014년 「연안사고 예방에 관한 법률」이 제정되었다. 2020년에 해양경찰의 조직과 임무에 관한 법으로 「해양경찰법」이 제정되어, 해양경찰 출신만이 해양경찰청장으로 임용될 수 있는 법적 근거를 마련했다.

선박교통관제(VTS) 업무가 해양경찰청으로 일원화된 후, 「해사안전법」과 「선박의 입항 및 출항 등에 관한 법률」로 분산되어 있는 선박교통관제 관련 사항을 통합하여 2020년 「선박교통관제에 관한 법률」이 제정되었다. 또한 해양경찰청의 임무·기능의 특수성에 맞는 해양경찰장비의 도입 및 관리에 관한 법적 근거를 마련하기 위해 「해양경찰 장비도입 및 관리에 관한 법률」이 제정되었다.

| 표 1-2 | 해양경찰청 소관 법률 현황

단독소관	공동소관
• 수상에서 수색·구조등에 관한법률(구 수난구호법, 1961. 11) • 수상레저안전법(1999. 2) • 해양경비법(2012. 2) • 연안사고 예방에 관한 법률(2014. 5) • 해양경찰법(2020. 2) • 선박교통관제에 관한 법률(2020. 6) • 해양경찰 장비도입 및 관리에 관한 법률(2022. 4) • 수상레저기구의 등록 및 검사에 관한 법률(2022. 6)	• 경찰공무원법, 경범처벌법, 경찰공무원 보전안전 및 복지기본법(경찰청 공동) • 밀항단속법(법무부 공동) • 자동차 등 특정동산 저당법(국토부, 법무부, 해수부 공동) • 재난 및 안전관리 기본법(행안부, 소방청 공동)

해사법규

Part II

제1편
선 박

제1장 선박법

제1절 | 총 론

　「선박법」(법률 제544호)은 1960년 2월 1일 제정됨과 동시에 같은 날 시행되었다. 제정 목적은 선박의 소속을 명확히 하고, 해상의 질서를 유지하며 국가권익과 국민경제에 기여하려는 것이다.[1] 주요 내용은 ① 한국 선박의 범위를 정하고, 한국 선박이 아니면 대한민국 국기를 게양할 수 없도록 하며, ② 한국 선박의 소유자는 등기를 한 다음 선적항을 관리하는 해무관청에 비치한 선박원부에 등록하게 하는 등 권리·의무를 정하고, ③ 선박의 공시방법·선박국적증서에 관한 사항을 규정하는 것이다.[2] 선박법은 이후 25차례 개정되었다.

제2절 | 총 칙

내용	규정
목적 (제1조)	이 법은 선박의 국적에 관한 사항과 선박톤수의 측정 및 등록에 관한 사항을 규정함으로써 해사에 관한 제도를 적정하게 운영하고 해상 질서를 유지하여, 국가의 권익을 보호하고 국민경제의 향상에 이바지함을 목적으로 한다.

---

1) 국가법령센터, 「선박법 제정이유」.
2) 위의 자료.

정의 (제1조의2)	① 이 법에서 "선박"이란 수상 또는 수중에서 항행용으로 사용하거나 사용할 수 있는 배 종류를 말하며 그 구분은 다음 각호와 같다. 1. 기선: 기관을 사용하여 추진하는 선박(선체 밖에 기관을 붙인 선박으로서 그 기관을 선체로부터 분리할 수 있는 선박 및 기관과 돛을 모두 사용하는 경우로서 주로 기관을 사용하는 선박을 포함한다)과 수면비행선박(표면효과 작용을 이용하여 수면에 근접하여 비행하는 선박을 말한다) 2. 범선: 돛을 사용하여 추진하는 선박(기관과 돛을 모두 사용하는 경우로서 주로 돛을 사용하는 것을 포함한다) 3. 부선: 자력항행능력이 없어 다른 선박에 의하여 끌리거나 밀려서 항행되는 선박 ② 이 법에서 "소형선박"이란 다음 각호의 어느 하나에 해당하는 선박을 말한다. 1. 총톤수 20톤 미만인 기선 및 범선 2. 총톤수 100톤 미만인 부선
한국선박 (제2조)	다음 각호의 선박을 대한민국 선박(「한국선박」)으로 한다. 1. 국유 또는 공유의 선박 2. 대한민국 국민이 소유하는 선박 3. 대한민국의 법률에 따라 설립된 상사법인이 소유하는 선박 4. 대한민국에 주된 사무소를 둔 제3호 외의 법인으로서 그 대표자(공동대표인 경우에는 그 전원)가 대한민국 국민인 경우에 그 법인이 소유하는 선박
선박톤수 (제3조)	① 이 법에서 사용하는 선박톤수의 종류는 다음 각호와 같다. 1. 국제총톤수: 「1969년 선박톤수측정에 관한 국제협약」(「협약」) 및 협약의 부속서에 따라 주로 국제항해에 종사하는 선박에 대하여 그 크기를 나타내기 위하여 사용되는 지표를 말한다. 2. 총톤수: 우리나라의 해사에 관한 법령을 적용할 때 선박의 크기를 나타내기 위하여 사용되는 지표를 말한다. 3. 순톤수: 협약 및 협약의 부속서에 따라 여객 또는 화물의 운송용으로 제공되는 선박 안에 있는 장소의 크기를 나타내기 위하여 사용되는 지표를 말한다. 4. 재화중량톤수: 항행의 안전을 확보할 수 있는 한도에서 선박의 여객 및 화물 등의 최대적재량을 나타내기 위하여 사용되는 지표를 말한다. ② 제1항 각호의 선박톤수의 측정기준은 해양수산부령으로 정한다.
다른 법률과의 관계 (제4조)	선박톤수의 측정기준에 관하여는 다른 법률에 특별한 규정이 있는 경우를 제외하고는 이 법에서 정하는 바에 따른다.

제3절 │ 선박의 의무

내용	규정
국기의 게양 (제5조)	① 한국선박이 아니면 대한민국 국기를 게양할 수 없다. ② 제1항에도 불구하고 대한민국의 항만에 출입하거나 머무는 한국선박 외의 선박은 선박의 마스트나 그 밖에 외부에서 눈에 잘 띄는 곳에 대한민국 국기를 게양할 수 있다.
불개항장에의 기항과 국내 각 항간에서의 운송금지 (제6조)	한국선박이 아니면 불개항장에 기항하거나, 국내 각 항간에서 여객 또는 화물의 운송을 할 수 없다. 다만, 법률 또는 조약에 다른 규정이 있거나, 해양사고 또는 포획을 피하려는 경우 또는 해양수산부장관의 허가를 받은 경우에는 그러하지 아니하다.
선박톤수 측정의 신청 (제7조)	① 한국선박의 소유자는 대한민국에 선적항을 정하고 그 선적항 또는 선박의 소재지를 관할하는 지방해양수산청장(지방해양수산청 해양수산사무소장을 포함한다. 이하 "지방해양수산청장"이라 한다)에게 선박의 총톤수의 측정을 신청하여야 한다. ② 선적항을 관할하는 지방해양수산청장은 선박의 소재지를 관할하는 지방해양수산청장에게 선박톤수를 측정하게 할 수 있다. ③ 외국에서 취득한 선박을 외국 각 항간에서 항행시키는 경우 선박소유자는 대한민국 영사에게 그 선박톤수의 측정을 신청할 수 있다. ④ 선박톤수의 측정을 위한 신청에 필요한 사항은 해양수산부령으로 정한다.

제4절 │ 선박등기와 등록

내용	규정
등기와 등록 (제8조)	① 한국선박의 소유자는 선적항을 관할하는 지방해양수산청장에게 해양수산부령으로 정하는 바에 따라 선박을 취득한 날부터 60일 이내에 그 선박의 등록을 신청하여야 한다. 이 경우 「선박등기법」 제2조에 해당하는 선박은 선박의 등기를 한 후에 선박의 등록을 신청하여야 한다. ② 지방해양수산청장은 제1항의 등록신청을 받으면 이를 선박원부에 등록하고 신청인에게 선박국적증서를 발급하여야 한다. ③ 선박국적증서의 발급에 필요한 사항은 해양수산부령으로 정한다. ④ 선박의 등기에 관하여는 따로 법률로 정한다.

소형선박 소유권 변동의 효력 (제8조의2)	소형선박 소유권의 득실변경은 등록을 하여야 그 효력이 생긴다.
압류등록 (제8조의3)	소형선박 등록관청은 「민사집행법」에 따라 법원에서 압류등록을 위촉하거나 「국세징수법」 또는 「지방세징수법」에 따라 행정관청에서 압류등록을 위촉하는 경우에는 해당 소형선박의 등록원부에 대통령령으로 정하는 바에 따라 압류등록을 하고 선박소유자에게 통지하여야 한다.
임시선박국적증서의 발급신청 (제9조)	① 국내에서 선박을 취득한 자가 그 취득지를 관할하는 지방해양수산청장의 관할구역에 선적항을 정하지 아니할 경우에는 그 취득지를 관할하는 지방해양수산청장에게 임시선박국적증서의 발급을 신청할 수 있다. ② 외국에서 선박을 취득한 자는 지방해양수산청장 또는 그 취득지를 관할하는 대한민국 영사에게 임시선박국적증서의 발급을 신청할 수 있다. ③ 제2항에도 불구하고 외국에서 선박을 취득한 자가 지방해양수산청장 또는 해당 선박의 취득지를 관할하는 대한민국 영사에게 임시선박국적증서의 발급을 신청할 수 없는 경우에는 선박의 취득지에서 출항한 후 최초로 기항하는 곳을 관할하는 대한민국 영사에게 임시선박국적증서의 발급을 신청할 수 있다. ④ 임시선박국적증서의 발급에 필요한 사항은 해양수산부령으로 정한다.
국기 게양과 항행 (제10조)	한국선박은 선박국적증서 또는 임시선박국적증서를 선박 안에 갖추어 두지 아니하고는 대한민국 국기를 게양하거나 항행할 수 없다. 다만, 선박을 시험운전하는 경우 등 대통령령으로 정하는 경우에는 그러하지 아니하다.
국기 게양과 표시 (제11조)	한국선박은 해양수산부령으로 정하는 바에 따라 대한민국 국기를 게양하고 그 명칭, 선적항, 흘수의 치수와 그 밖에 해양수산부령으로 정하는 사항을 표시하여야 한다.
국제톤수증서 등 (제13조)	① 길이 24미터 이상인 한국선박의 소유자(그 선박이 공유로 되어 있는 경우에는 선박관리인, 그 선박이 대여된 경우에는 선박임차인을 말한다. 이하 이 조에서 같다)는 해양수산부장관으로부터 국제톤수증서(국제총톤수 및 순톤수를 적은 증서)를 발급받아 이를 선박 안에 갖추어 두지 아니하고는 그 선박을 국제항해에 종사하게 하여서는 아니 된다. ② 해양수산부장관은 제1항에 따라 국제톤수증서의 발급신청을 받으면 해당 선박에 대하여 국제총톤수 및 순톤수를 측정한 후 그 신청인에게 국제톤수증서를 발급하여야 한다. ④ 한국선박이 다음 각호의 어느 하나에 해당하게 된 때에는 선박소유자는 그 사실을 안 날부터 30일 이내에 선적항을 관할하는 지방해양수산청장에게 신고하여야 한다. 1. 제22조제1항 각호에 해당하게 된 때 2. 국제항해에 종사하지 아니하게 된 때

	3. 선박의 길이가 24미터 미만으로 된 때 ⑤ 길이 24미터 미만인 한국선박의 소유자가 그 선박을 국제항해에 종사하게 하려는 경우에는 해양수산부장관으로부터 국제톤수확인서(국제총톤수 및 순톤수를 적은 서면을 말한다. 이하 같다)를 발급받을 수 있다. ⑥ 국제톤수확인서에 관하여는 제2항 및 제4항을 준용한다. 이 경우 "국제톤수증서"는 "국제톤수확인서"로, "길이가 24미터 미만"은 "길이가 24미터 이상"으로 본다. ⑦ 국제톤수증서와 국제톤수확인서의 발급에 필요한 사항은 해양수산부령으로 정한다.
등록사항의 변경 (제18조)	선박원부에 등록한 사항이 변경된 경우 선박소유자는 그 사실을 안 날부터 30일 이내에 변경등록의 신청을 하여야 한다.
말소등록 (제22조)	① 한국선박이 다음 각호의 어느 하나에 해당하게 된 때에는 선박소유자는 그 사실을 안 날부터 30일 이내에 선적항을 관할하는 지방해양수산청장에게 말소등록의 신청을 하여야 한다. 1. 선박이 멸실·침몰 또는 해체된 때 2. 선박이 대한민국 국적을 상실한 때 3. 선박이 제26조 각호에 규정된 선박으로 된 때 4. 선박의 존재 여부가 90일간 분명하지 아니한 때 ② 제1항의 경우 선박소유자가 말소등록의 신청을 하지 아니하면 선적항을 관할하는 지방해양수산청장은 30일 이내의 기간을 정하여 선박소유자에게 선박의 말소등록신청을 최고하고, 그 기간에 말소등록신청을 하지 아니하면 직권으로 그 선박의 말소등록을 하여야 한다.
일부 적용 제외 선박 (제26조)	다음 각호의 어느 하나에 해당하는 선박에 대하여는 제7조, 제8조, 제8조의2, 제8조의3, 제9조부터 제11조까지, 제13조, 제18조 및 제22조를 적용하지 아니한다. 다만, 제6호에 해당하는 선박에 대하여는 제8조, 제18조 및 제22조를 적용하지 아니한다. 1. 군함, 경찰용 선박 2. 총톤수 5톤 미만인 범선 중 기관을 설치하지 아니한 범선 3. 총톤수 20톤 미만인 부선 4. 총톤수 20톤 이상인 부선 중 선박계류용·저장용 등으로 사용하기 위하여 수상에 고정하여 설치하는 부선. 다만, 「공유수면 관리 및 매립에 관한 법률」 제8조에 따른 점용 또는 사용 허가나 「하천법」 제33조에 따른 점용허가를 받은 수상호텔, 수상식당 또는 수상공연장 등 부유식 수상구조물형 부선은 제외한다. 5. 노와 상앗대만으로 운전하는 선박 6. 「어선법」 제2조제1호 각목의 어선 7. 「건설기계관리법」 제3조에 따라 건설기계로 등록된 준설선 8. 「수상레저안전법」 제2조제4호에 따른 동력수상레저기구 중 「수상레

	저기구의 등록 및 검사에 관한 법률」 제6조에 따라 수상레저기구로 등록된 수상오토바이·모터보트·고무보트 및 세일링요트
외국에서의 사무처리 (제28조)	외국에서 해양수산부장관 또는 지방해양수산청장의 사무를 처리하는 경우에는 대한민국 영사가 한다.
「상법」의 준용 (제29조)	상행위를 목적으로 하지 아니하더라도 항행용으로 사용되는 선박에 관하여는 「상법」 제5편 해상(海商)에 관한 규정을 준용한다. 다만, 국유 또는 공유의 선박에 관하여는 그러하지 아니하다.
선박톤수 측정 등의 대행 (제29조의2)	① 해양수산부장관 또는 지방해양수산청장은 「한국해양교통안전공단법」에 따라 설립된 한국해양교통안전공단(「공단」) 및 「선박안전법」 제60조 제2항에 따른 선급법인(「선급법인」)으로 하여금 다음 각호의 업무를 대행하게 할 수 있다. 1. 제7조에 따른 선박톤수의 측정 2. 제13조에 따른 국제총톤수·순톤수의 측정, 국제톤수증서 또는 국제톤수확인서의 발급 ② 해양수산부장관이 제1항에 따라 공단 및 선급법인(「대행기관」)으로 하여금 그 업무를 대행하게 하는 선박은 다음 각호의 구분에 따른다. 1. 공단: 선급법인에 대행하게 하는 선박 외의 선박 2. 선급법인: 선급법인에 선급의 등록을 하였거나 등록을 하려는 선박 ③ 대행기관은 제1항에 따른 대행 업무에 관하여 해양수산부령으로 정하는 바에 따라 해양수산부장관에게 보고하여야 한다. ④ 해양수산부장관은 제3항에 따라 대행기관이 보고한 대행 업무에 관하여 그 처리 내용을 확인하고 이 법 또는 이 법에 따른 명령을 위반한 사실이 발견된 때에는 필요한 조치를 하여야 한다. ⑤ 제1항에 따른 업무대행에 필요한 사항은 대통령령으로 정한다.

※**시행규칙 제16조(국기의 게양)** 한국선박은 다음 각호의 어느 하나에 해당하는 경우에는 법 제11조에 따라 선박의 뒷부분에 대한민국국기를 게양하여야 한다. 다만, 국내항 간을 운항하는 총톤수 50톤 미만이거나 최대속력이 25노트 이상인 선박은 조타실이나 상갑판 위쪽에 있는 선실 등 구조물의 바깥벽 양 측면의 잘 보이는 곳에 부착할 수 있다.

1. 대한민국의 등대 또는 해안망루(海岸望樓)로부터 요구가 있는 경우
2. 외국항을 출입하는 경우
3. 해군 또는 해양경찰청 소속의 선박이나 항공기로부터 요구가 있는 경우
4. 그 밖에 지방청장이 요구한 경우

※**시행규칙 제17조(선박의 표시사항과 표시방법)** ① 법 제11조에 따라 한국선박에 표시하여야 할 사항과 그 표시방법은 다음 각호와 같다. 다만, 소형선박은 제3호의 사항을 표시하지 아니할 수 있다.

1. 선박의 명칭: 선수양현(船首兩舷)의 외부 및 선미(船尾) 외부의 잘 보이는 곳에 각각 10센티미터 이상의 한글(아라비아숫자를 포함한다)로 표시

2. 선적항: 선미 외부의 잘 보이는 곳에 10센티미터 이상의 한글로 표시
3. 흘수의 치수: 선수와 선미의 외부 양 측면에 선저(船底)로부터 최대흘수선(最大吃水線) 이상에 이르기까지 20센티미터마다 10센티미터의 아라비아숫자로 표시. 이 경우 숫자의 하단은 그 숫자가 표시하는 흘수선과 일치해야 한다.
② 제1항에 따른 방법으로 선박의 명칭 등을 표시하기 곤란한 선박의 경우에는 해당 선박의 선적항을 관할하는 지방청장이 적절하다고 인정하는 방법으로 선박의 명칭 등을 표시할 수 있다.
③ 선적항을 관할하는 지방청장은 필요하다고 인정하는 경우에는 제1항에도 불구하고 선박의 명칭 등을 표시할 장소를 따로 지정하거나 표시 장소를 변경하게 할 수 있다.
④ 선박에의 표시는 잘 보이고 오래가는 방법으로 하여야 하며 표시한 사항이 변경되었을 때에는 지체 없이 그 표시를 고쳐야 한다.

제5절 | 벌칙 등

내용	규정
수수료 (제30조)	① 이 법에 따라 허가, 인가, 등록, 톤수의 측정 또는 증서의 발급 등을 받으려는 자는 해양수산부령으로 정하는 바에 따라 수수료를 내야 한다. 다만, 제29조의2에 따라 대행기관이 업무를 대행하는 경우에는 대행기관이 정하는 수수료를 해당 대행기관에 내야 한다. ② 대행기관은 제1항 단서에 따른 수수료를 정하려는 때에는 해양수산부령으로 정하는 절차에 따라 그 요율 등을 정하여 미리 해양수산부장관의 승인을 받아야 한다. 승인을 받은 사항을 변경할 때에도 또한 같다. ③ 제1항 단서에 따라 대행기관이 수수료를 징수한 경우 그 수입은 해당 대행기관의 수입으로 한다.
권한의 위임 (제31조)	해양수산부장관은 이 법에 따른 권한의 일부를 대통령령으로 정하는 바에 따라 지방해양수산청장에게 위임할 수 있다.
벌칙 적용 시의 공무원 의제 (제31조의2)	제29조의2에 따라 해양수산부장관의 업무를 대행하는 대행기관의 임직원은 「형법」 제129조부터 제132조까지의 규정을 적용할 때에는 공무원으로 본다.
벌칙(제32조)	① 한국선박이 아니면서 국적을 사칭할 목적으로 대한민국 국기를 게양하거나 한국선박의 선박국적증서 또는 임시선박국적증서로 항행한 선박의 선장은 5년 이하의 징역 또는 5천만원 이하의 벌금에 처한다. 다만, 선박의 포획을 피하기 위하여 대한민국 국기를 게양한 경우에는 그러하지 아니하다. ② 한국선박이 국적을 사칭할 목적으로 대한민국 국기 외의 기장을 게양한 경우에도 제1항과 같다. ③ 제1항과 제2항의 경우에 죄질이 중한 것은 해당 선박을 몰수할 수 있다.

벌칙 (제33조)	제6조 또는 제10조를 위반한 선박의 선장은 5년 이하의 징역 또는 5천만원 이하의 벌금에 처한다. 다만, 소형선박에 대하여는 그러하지 아니하다.
벌칙 (제34조)	① 공무원을 속여 선박원부에 부실 등록을 하게 한 사람은 5년 이하의 징역 또는 5천만원 이하의 벌금에 처한다. ② 제1항의 미수범은 처벌한다.
과태료 (제35조)	① 제11조를 위반하여 대한민국 국기를 계양하지 아니한 선장에게는 200만원 이하의 과태료를 부과한다. 다만, 소형선박의 선장의 경우에는 그러하지 아니하다. ② 다음 각호의 어느 하나에 해당하는 선박소유자에게는 200만원 이하의 과태료를 부과한다. 1. 제8조제1항을 위반하여 등록신청을 하지 아니한 경우. 다만, 제9조에 따라 임시선박국적증서를 발급받은 경우에는 그러하지 아니하다. 2. 제10조에 따른 선박국적증서 또는 임시선박국적증서를 갖추어 두지 아니한 경우(소형선박만 해당한다) 3. 제11조에 규정된 사항을 선박에 표시하지 아니한 경우 4. 제13조제1항을 위반하여 국제톤수증서를 갖추어 두지 아니하고 선박을 국제항해에 종사하게 한 경우 5. 제13조제4항(제13조제6항에 따라 준용되는 경우를 포함한다)을 위반하여 선박의 멸실 등에 관한 신고를 하지 아니한 경우 6. 제18조를 위반하여 변경등록의 신청을 하지 아니한 경우 7. 제22조제2항에 따른 선박의 말소등록신청의 최고를 받고 그 기간에 이를 이행하지 아니한 경우 ③ 제1항과 제2항에 따른 과태료는 대통령령으로 정하는 바에 따라 해양수산부장관 또는 지방해양수산청장이 부과·징수한다.
적용규정 (제38조)	① 선장의 직무를 대행하는 자에게는 제32조·제33조 및 제35조제1항을 적용한다. ③ 선박관리인 또는 상사회사나 그 밖의 법인의 대표자 또는 청산인에게는 제35조제2항을 적용한다.
「형법」 공범례의 적용 배제 (제39조)	제32조 및 제33조에서 정한 죄에 대하여는 「형법」 제30조부터 제32조까지의 규정을 적용하지 아니한다.

※형법 제129 내지 132조

제129조(수뢰, 사전수뢰) ① 공무원 또는 중재인이 그 직무에 관하여 뇌물을 수수, 요구 또는 약속한 때에는 5년 이하의 징역 또는 10년 이하의 자격정지에 처한다.

② 공무원 또는 중재인이 될 자가 그 담당할 직무에 관하여 청탁을 받고 뇌물을 수수, 요구 또는 약속한 후 공무원 또는 중재인이 된 때에는 3년 이하의 징역 또는 7년 이하의 자격정지에 처한다.

제130조(제삼자뇌물제공) 공무원 또는 중재인이 그 직무에 관하여 부정한 청탁을 받고 제3자에게 뇌물을 공여하게 하거나 공여를 요구 또는 약속한 때에는 5년 이하의 징역 또는 10년 이하의 자격정지에 처한다.

제131조(수뢰후부정처사, 사후수뢰) ① 공무원 또는 중재인이 전2조의 죄를 범하여 부정한 행위를 한 때에는 1년 이상의 유기징역에 처한다.
② 공무원 또는 중재인이 그 직무상 부정한 행위를 한 후 뇌물을 수수, 요구 또는 약속하거나 제삼자에게 이를 공여하게 하거나 공여를 요구 또는 약속한 때에도 전항의 형과 같다.
③ 공무원 또는 중재인이었던 자가 그 재직 중에 청탁을 받고 직무상 부정한 행위를 한 후 뇌물을 수수, 요구 또는 약속한 때에는 5년 이하의 징역 또는 10년 이하의 자격정지에 처한다.
④ 전3항의 경우에는 10년 이하의 자격정지를 병과할 수 있다.

제132조(알선수뢰) 공무원이 그 지위를 이용하여 다른 공무원의 직무에 속한 사항의 알선에 관하여 뇌물을 수수, 요구 또는 약속한 때에는 3년 이하의 징역 또는 7년 이하의 자격정지에 처한다.

제2장 선박안전법

제1절 │ 총 론

1. SOLAS 협약

「해상에서의 인명안전을 위한 국제협약」(International Convention for the Safety of Life at Sea, SOLAS, 1974)은 선박안전에 관련된 국제협약 중에서 가장 중요한 협약이라 할 수 있다. 「SOLAS 협약」은 「타이타닉」호 침몰사고를 계기로 1914년에 처음으로 채택되었고, 1929년, 1948년, 1960년에 새로운 내용의 「SOLAS 협약」이 채택되었다.

1974년 개정에는 발효일 전에 개정안에 대하여 특정한 수의 협약 당사국의 반대가 없으면 개정안이 발효되는 「묵시적 수락」(Tacit Acceptance) 규정이 포함되었다. 오늘날 발효 중인 협약은 「1974 SOLAS 협약」으로 불린다.[3] 1974년 「SOLAS 협약」은 1974년 11월 1일 채택되어 1980년 5월 25일 발효되었다.

「SOLAS 협약」은 국제적으로 통일된 원칙과 그에 따른 규칙의 설정에 의하여 해상에서의 인명안전의 증진을 목적으로 하고 있다. 이를 위해 선박의 안전을 위한 선박의 건조·장비·운영에 관한 최저기준을 구체적으로 정하는 것을 목적으로 하고 있다.

기국(Flag State)은 자국 선박이 안전규정을 준수하도록 하는 책임이 있고, 「SOLAS 협약」은 기국의 의무사항 이행 확인을 위한 여러 가지 증서를 규정하고 있다. 협약 당사국은 다른 당사국이 협

---

3) IMO, "International Convention for the Safety of Life at Sea(1974)."

약상의 의무사항을 준수하지 않을 경우 검사할 수 있는 권한, 즉「항만국통제」(Port State Control)를 부여하고 있다. 우리나라에서는「SOLAS 협약」이 1981년 3월 31일 발효되었고, 협약의 많은 부분이「선박안전법」,「해사안전법」등 관련 법률에 수용되었다.

2. 항만국통제

가. 의의

「항만국통제」(PSC)는 국제적으로 승인된 안전기준이나 규칙을 적용하기 위해 외국 선박에까지 적용하는 절차이다. 외국적 선박이 입항한 항만을 관할하는 국가를「항만국」(Port State)이라 한다. 항만국통제는 외국적 선박이 입항한 항만국의 통제관(PSC Officer)이 안전과 해양오염 방지를 위해 선박의 장비·선체·선원 및 화물이 관련 국제기준이나 규칙에 적합한지를 확인하고, 이를 실행하는 국내법을 집행하는 항만국의 절차이다.

항만국통제와「항만국관할권」(Port State Jurisdiction)은 어로, 세관, 출입국관리, 검역 및 국가안보 등 여러 가지 목적으로 구분 없이 사용되고 있다. 그러나 항만국통제는 국제규칙이나 국내법규에서 정한 기준을 준수하는지 여부를 점검하기 위한 목적이 제일 크다는 점에서 구별이 된다. 항만국은 자국이 비준한 국제법규뿐만 아니라「국제해사기구」(IMO),「국제노동기구」(ILO) 및 기타 국제기구에서 상당수의 국가가 비준한「일반적으로 승인된 국제규칙」과 기준도 외국적 선박에게 집행할 수 있다.[4]

PSC의 적용기준이 되는 국제협약으로는「해상인명안전협약」(SOLAS, 1973),「선박으로부터 오염방지를 위한 국제협약」(MARPOL 73/78),「선원의 훈련, 자격 및 당직근무의 기준에 관한 국제협약」(STCW),「상선의 최저기준에 관한 협약」(ILO Convention No. 147),「만재흘수선에 관한 국제협약」(Load Lines Convention) 등이 있다.

나. 국제법적 배경

항만국통제는 선박으로부터 오염방지를 위한 국제협약을 채택한 1973년, 해양오염에 관한 사항으로서「정부간해사자문구기구」에서 소개된 후 국제해사협약을 통해 꾸준히 발전해 왔다.「국제해사기구」(IMO)의 주요 국제협약은 선박이 외국 항만에 입항했을 때 IMO의 규정을 준수하는지 여부를 검사할 수 있는 국제기준 및 규칙을 포함하고 있다.

연안국의 항만국통제의 국제법적 기초는 연안국의 내수에 대한 법적 권한에서 출발한다. 내수(internal waters)는 영해, 배타적 경제수역 등 해양구역 기선의 육지 쪽 수역을 말한다.[5] 기선으로

---

4) 방호삼, "항만국통제",「해양의 국제법과 정치」, 한국해로연구회편(도서 출판 오름, 2011), 302면.

부터 육지 쪽에 있는 만, 항만, 하천, 운하, 호수 등 내수는 연안국의 완전하고 배타적 주권이 미치는 수역이다. 따라서 항만에 입항하는 외국선박은 연안국의 영토주권에 종속되는 것이다.

내수에서는 타국선박의 무해통항권은 인정되지 않고, 연안국의 허가 없이는 외국 항공기의 상공비행, 어로 기타 자원채취, 과학조사 등이 허용되지 않는다. 연안국의 배타적 주권이 미치는 내수에서 연안국의 주권과 관련하여 (1) 외국선박의 항만 입항권, (2) 항만에 있는 외국선박에 대한 연안국의 사법관할권 행사 등이 문제된다.

연안국은 국제무역을 위해 자국의 일부 항만을 외국 선박에 개방하고 있지만 입항에 대한 조건을 부과할 광범위한 권리를 가진다. 연안국 일방으로 입항거부 조건을 부과하기도 하지만 해양오염, 선박안전 등 환경, 항행 안전, 보안 등 연안국이 공통적으로 중요한 사항은 「SOLAS」, 「MARPOL」 등 다자간 조약에 의해 입항거부조건이 규정되고 있다. 「유엔해양법협약」에서는 연안국의 항만에 입항하는 외국 선박에 대하여 연안국이 필요한 조치를 취할 수 있는 권리를 규정하고 있다.[6]

다. 항만국통제의 실행

외국적 선박이 검사결과 국제규칙과 기준이나 국내법령상의 요건을 충족하지 못하면 항만국통제관은 다음과 같은 조치를 취할 수 있다.[7] 출항 전 결함사항 시정조치, 특정 조건하에서 다음 항구에서 결함사항 시정조치, 경미한 결함사항의 경우 14일 이내 시정조치 및 선박출항 정지조치를 취할 수 있다. 점검결과 결함사항이 중대하여 선박안전, 선원의 건강 또는 해양환경에 명백한 위해를 줄 수 있는 경우에는 출항이 정지된다.

선박의 출항정지를 포함하는 시정조치는 선박의 안전을 확보하고 해양오염방지를 위한 유효한 수단이다. 특히 출항정지는 선박운항 일정에 심각한 지장을 초래하기 때문에 규정준수를 이끌어내기 위한 강력한 조치수단이다. 대부분의 선박은 꽉 짜여진 일정에 따라 운항을 하기 때문에 운항일정에 차질이 생기면 선주나 화주는 막대한 손해를 보게 된다. 그렇기 때문에 많은 경우 출항정지조치는 사법적 조치보다 즉각적이면서 효과적일 수 있다. 출항 전에 선박안전 확보와 오염방지를 저해하는 문제점을 바로 잡을 수 있고 사법조치보다 훨씬 저렴한 비용으로 규정준수 효과를 창출할 수 있기 때문이다.[8]

---

5) 유엔해양법협약, 제8조.
6) 유엔해양법협약, 제25조제2항(연안국의 보호권): "연안국은 선박이 내수를 향하여 항행하거나 내수 밖의 항구시설에 기항하고자 하는 경우, 그 선박이 내수로 들어가기 위하여 또는 그러한 항구시설에 기항하기 위하여 따라야 할 허가 조건을 위반하는 것을 방지하기 위하여 필요한 조치를 취할 권리를 가진다."
7) 방호삼, 전게논문, 304면.
8) 전게논문. 305.

라. 지역 항만국통제 협력

항만국통제가 선박안전을 위해 효과가 크다는 것이 입증되면서 항만국통제를 도입하는 지역이 확대되었다. 한 국가의 항만에 입항하는 선박은 그 지역 내의 다른 국가의 항만에도 입항하기 때문에 지역 내 국가들 간 협력을 확대하면 기준미달 선박에 대한 검사에 집중할 수 있고 중복 검사를 피할 수 있기 때문이다. 또한 지역 내 국가 간 협력으로 최대한 많은 선박을 검사할 수 있고 선박 운항을 지연시키는 것을 방지할 수 있게 되었다. 선박의 기준 준수 여부에 대한 검사의 일차적 책임은 기국에 있지만 항만국은 기준미달 선박을 적발하기 위한 안전망(safety net) 역할을 한다.[9]

현재 운영 중인 항만국통제의 지역협력협정은 9개가 있다. 지역 국가들은 항만국통제에 관한 협력 MOU를 맺어 실행의 조화 및 조정을 하고 있다. MOU를 체결한 국가들간 선박검사 정보를 공유함으로써 보다 효율적이고 효과적으로 기준미달 선박을 통제할 수 있다.

최초의 지역 항만국통제 협력 MOU는 1982년 유럽 및 북대서양 국가들 간에 체결된 「Paris MOU」이다. 이 지역 항만국통제가 성공적으로 운영되면서 다른 지역에서도 「Paris MOU」를 모델로 하는 협력 MOU체결이 뒤따랐다. 1992년 라틴 아메리카 지역에서 「Acuerdo de Viña de Mar 협정」, 1993년 아시아·태평양 지역의 「Tokyo MOU」, 1996년 카리브해 지역의 「Caribbean MOU」, 1997년 지중해의 「Mediterranean MOU」, 서부·중부아프리카의 「Abuja MOU」, 1998년 인도양 국가들의 「Indian Ocean MOU」, 2000년 흑해 지역의 「Black Sea MOU」, 2004년 걸프만 국가들의 「Riyadh MOU」 등이다. 한편 1998년부터 매년 선박의 설비·구조 등을 특정항목에 대해 집중 점검하는 제도인 「집중점검운동」(Concentrated Inspection Campaign)을 2011년부터 아·태, 유럽 및 인도양 등 3개 MOU가 공동으로 실시하기로 하였다.

| 표 2-1 | 지역 항만국통제 협력체제 현황

MOU	서명일자	회원국	점검목표(%)	지역	사무국 소재지
Paris MOU	1982. 07. 01	27	25	유럽	네덜란드
Viña de Mar Agreement	1992. 11. 05	13	20	남미	아르헨티나
Tokyo MOU	1993. 12. 02	18	80	아시아 태평양	일본
Caribbean MOU	1996. 02. 09	24	15	중미	바베이도스

---

9) IMO 웹사이트, 「Port State Control」.

Mediterranean MOU	1997. 07. 11	11	15	지중해	이집트
Indian Ocean MOU	1998. 06. 05	18	10	인도양	인도
Abuja MOU	1999. 10. 22	19	15	아프리카	나이지리아
Black Sea MOU	2000. 04. 07	6	15	흑해	터키
Riyadah MOU	2004. 06. 30	6	10	걸프만	사우디아라비아

자료: 김윤철, 국제해사협약.

마. 우리나라의 항만국통제

항만국통제(PSC)의 근거가 되는 규정은 1966년 「선박안전법」이 개정되면서 마련되었다. 동법 14조에 따라 우리나라 주관청은 외국선박을 통제·개입할 수 있게 되었다. 그러나 실질적인 시행절차가 마련되지 않아 이 조항은 PSC에 대한 훈시적인 규정으로 남아 있었고, 외국 주관청의 요청에 의하여 외국적 선박에 대한 선박검사 관련 증서를 발급하는 것으로 제한되어 있었다. 1983년과 1984년, 「1978 STCW 협약」에 의하여 「선박직원법」과 「선원법」이 제정되었지만 외국적 선박의 승무원 안전에 대한 PSC는 시행되지 않았다.[10]

1982년 5월부터 1987년까지 외항선박의 안전운항을 확보하고 외국항만에서의 결함지적을 막아 보자는 사전 예방 차원에서 국내 전 항만에서 국적외항선에 대한 「승선점검」(Flag State Control)을 실시하였다. 감항성에 영향을 미치는 중대한 결함 사항은 현지 또는 기한부로 시정하도록 조치하였다. 그렇지만 그 당시 우리나라 PSC는 초보적인 단계를 벗어나지 못하였다.[11]

외국선박에 대하여 절차적으로 항만국통제를 실행하게 된 것은 1986년 7월 11일 세부적 PSC 절차인 IMO 총회 결의서 466(12)호, 481(12)호와 542(13)호의 내용을 참조하여 제정한 해운항만 청고시 「외국선박감독요령」(제86-14)이 발효되면서부터였다. 이 고시의 통제절차에 따라 PSC는 1986년 9월 1일에 부산항과 인천항을 시작으로 1987년에는 울산항, 여수항 및 포항항으로, 그리고 1988년에는 전 항만으로 확대·시행되었다.[12]

PSC의 시행방식에 있어서 항만국통제관이 직접 국내항에 입항하는 전 외국적 선박에 승선하여 임검하고 지적사항을 발견한 경우에는 감항성에 영향을 미치는 중대한 결함사항은 시정 후 출항하게 한다든지 기타 경미한 사항은 현지 또는 기한부로 시정명령을 내리는 「Paris MOU」의 일반적

---

10) 김윤철, 「국제해사협약」(다솜출판산, 2013), 159면.
11) 전게서, 159면.
12) 전게서.

방식을 따라 운영하였다.

1994년 4월 「Tokyo MOU」가 발효됨에 따라 1994년 12월 21일 고시한 개정 「외국적선박감독요령」에 의해서 PSC의 적용상의 내용과 범위가 대폭적으로 확대·강화되었다. 1995년 12월 제3차 아태지역 PSC 위원회에서 기국 해상당국의 대표가 합의한 사항을 반영한 개정 고시가 1996년 5월 23일에 발효되면서 지역협력을 통한 우리나라의 PSC는 점차 강화되었다.[13]

바. 국내법 수용

1982년 「Paris MOU」가 채택되어 항만국통제가 유럽지역에서 본격적으로 시행되면서 우리나라에서도 국내법을 개정하여 항만국통제를 위한 법적 기반을 마련하였다. 물적분야에서 PSC를 실행하기 위한 국내법으로는 1974년 「해상인명안전협약」(SOLAS), 1966년 「국제만재흘수선협약」(LL), 1972년 「안전컨테이너협약」(CSC) 등의 요건을 규정하고 있는 「선박안전법」, 선박의 국적증명과 1969년 「선박톤수측정협약(TONNAGE)」의 톤수 측정기준을 설정한 「선박법」과 「73/78 MARPOL 협약」을 수용한 「해양환경관리법」 등이 있다.

이 중에서 PSC 실행의 국내법의 기본이 되는 법은 「선박안전법」 및 「해사안전법」이라 할 수 있다. 「선박안전법」은 제9장(항만국통제)에서 항만국통제를 규정하고 있다. 제68조(항만국통제)에서는 우리나라에 입항하는 외국적 선박에 대하여 항만국통제를 할 수 있는 법적 근거를 규정하고 있고, 제69조(외국의 항만국통제 등) 및 제70조(공표)에서는 우리나라 선박에 대한 외국의 항만국통제에 관한 사항을 규정하고 있다.

3. 선박안전법의 연혁

"선박으로 하여금 감항성을 보지하고 인명과 재화의 안전보장에 필요한 시설을 하게 함으로써 해상에 있어서의 제 위험을 방지하려는 것"을 목적[14]으로 「선박안전법」이 1961년 12월 30일 제정되어 같은 날 시행되었다. 이후 2022년까지 32번의 개정을 거쳐 오늘에 이르고 있다. 제정법의 주요 내용은 다음과 같다.[15]

① 원양구역을 항행하는 선박 또는 근해구역을 항행하는 총톤수 150톤 이상의 선박은 만재흘수선의 표시를 하여야 함

② 전파관리법에 의한 무선전신의 시설을 하여야 할 선박의 기준을 정함

③ 선박의 검사 및 제조검사에 필요한 사항과 기준을 정함

---

13) 전게서, 160면.
14) 국가법령센터, 선박안전법, 제개정 사유.
15) 위의 센터.

④ 해운관청은 정기검사에 합격한 선박에 대하여는 선박검사증서를, 특수선검사에 합격한 선박에 대하여는 특수검사증서를, 제조검사에 합격한 선박 또는 선박용 기관에 대하여는 합격증서를 각각 교부하도록 함

1970년 1월 개정에서는 1968년 7월 발효한 「1966년 국제만재흘수선협약」의 비준에 따라 만재흘수선의 지정을 받아야 할 선박의 범위를 다시 조정하였다. 1991년 3월 개정에서는 「SOLAS 협약」의 개정에 따라 세계해상조난 및 안전제도에 관한 사항을 수용하고, 선박의 불법개조를 방지하고, 선박제조검사의 대상 선박을 확대하였다.

2010년 4월 개정에서는 해상으로 운송하는 위험물의 취급자에 대한 안전운송 교육을 의무화하는 내용으로 「국제해상위험물규칙」(International Maritime Dangerous Goods Code, IMDG Code)이 개정됨에 따라 이를 국내법에 수용하기 위하여 위험물취급자는 국토해양부장관이 실시하는 교육을 받도록 의무화하였다.

2015년 1월 개정에서는 세월호 사고를 계기로 여객선의 경우 복원성을 떨어뜨리면서 정원이나 화물량을 늘리기 위하여 여객실 등 선박을 변경하거나 시설을 개조하는 것을 금지하고, 변경이나 개조를 위하여 선박소유자가 받아야 하는 허가사항을 현행 선박의 길이·너비·길이 및 용도의 변경뿐만 아니라 선박시설의 개조까지 확대하였다.

제2절 │ 총 칙

내용	규정
목적 (제1조)	이 법은 선박의 감항성 유지 및 안전운항에 필요한 사항을 규정함으로써 국민의 생명과 재산을 보호함을 목적으로 한다.
정의 (제2조)	1. "선박"이라 함은 수상 또는 수중에서 항해용으로 사용하거나 사용될 수 있는 것(선외기를 장착한 것을 포함한다)과 이동식 시추선·수상호텔 등 해양수산부령으로 정하는 부유식 해상구조물을 말한다. 2. "선박시설"이라 함은 선체·기관·돛대·배수설비 등 선박에 설치되어 있거나 설치될 각종 설비로서 해양수산부령으로 정하는 것을 말한다. 3. "선박용물건"이라 함은 선박시설에 설치·비치되는 물건으로서 해양수산부장관이 정하여 고시하는 것을 말한다. 4. "기관"이라 함은 원동기·동력전달장치·보일러·압력용기·보조기관 등의 설비 및 이들의 제어장치로 구성되는 것을 말한다. 5. "선외기"라 함은 선박의 선체 외부에 붙일 수 있는 추진기관으로서

선박의 선체로부터 간단한 조작에 의하여 쉽게 떼어낼 수 있는 것을 말한다.

6. "감항성"이라 함은 선박이 자체의 안정성을 확보하기 위하여 갖추어야 하는 능력으로서 일정한 기상이나 항해조건에서 안전하게 항해할 수 있는 성능을 말한다.

7. "만재흘수선"이라 함은 선박이 안전하게 항해할 수 있는 적재한도의 흘수선으로서 여객이나 화물을 승선하거나 싣고 안전하게 항해할 수 있는 최대한도를 나타내는 선을 말한다.

8. "복원성"이라 함은 수면에 평형상태로 떠 있는 선박이 파도·바람 등 외력에 의하여 기울어졌을 때 원래의 평형상태로 되돌아오려는 성질을 말한다.

9. "여객"이라 함은 선박에 승선하는 자로서 다음 각 목에 해당하는 자를 제외한 자를 말한다.
   가. 선원
   나. 1세 미만의 유아
   다. 세관공무원 등 일시적으로 승선한 자로서 해양수산부령으로 정하는 자

10. "여객선"이라 함은 13인 이상의 여객을 운송할 수 있는 선박을 말한다.

11. "소형선박"이라 함은 제27조제1항제2호의 규정에 따른 측정방법으로 측정된 선박길이가 12미터 미만인 선박을 말한다.

12. "부선"이란 원동기·동력전달장치 등 추진기관이나 돛대가 설치되지 아니한 선박으로서 다른 선박에 의하여 끌리거나 밀려서 항해하는 선박을 말한다.

13. "예인선"이라 함은 다른 선박을 끌거나 밀어서 이동시키는 선박을 말한다.

14. "컨테이너"라 함은 선박에 의한 화물의 운송에 반복적으로 사용되고, 기계를 사용한 하역 및 겹침방식의 적재가 가능하며, 선박 또는 다른 컨테이너에 고정시키는 장구가 붙어있는 것으로서 밑 부분이 직사각형인 기구를 말한다.

15. "산적화물선"이라 함은 곡물·광물 등 건화물을 산적하여 운송하는 선박을 말한다.

16. "하역장치"라 함은 화물(해당 선박에서 사용되는 연료·식량·기관·선박용품 및 작업용 자재를 포함한다)을 올리거나 내리는데 사용되는 기계적인 장치로서 선체의 구조 등에 항구적으로 붙어있는 것을 말한다.

17. "하역장구"라 함은 하역장치의 부속품이나 하역장치에 붙여서 사용하는 물품을 말한다.

18. "국적취득조건부 선체용선"이란 선체용선 기간 만료 및 총 선체용선료 완불 후 대한민국 국적을 취득하는 매선 조건부 선체용선을 말한다.

적용범위 (제3조)	① 이 법은 대한민국 국민 또는 대한민국 정부가 소유하는 선박에 대하여 적용한다. 다만, 다음 각호의 어느 하나에 해당하는 선박에 대하여는 그러하지 아니하다. 1. 군함 및 경찰용 선박 2. 노, 상앗대, 페달 등을 이용하여 인력만으로 운전하는 선박 2의2.「어선법」제2조제1호에 따른 어선 3. 제1호, 제2호 및 제2호의2 외의 선박으로서 대통령령으로 정하는 선박 ②외국선박으로서 다음 각 호의 선박에 대하여는 대통령령으로 정하는 바에 따라 이 법의 전부 또는 일부를 적용한다. 다만, 제68조는 모든 외국선박에 대하여 이를 적용한다. 1.「해운법」제3조제1호 및 제2호의 규정에 따른 내항정기여객운송사업 또는 내항부정기여객운송사업에 사용되는 선박 2.「해운법」제23조제1호에 따른 내항 화물운송사업에 사용되는 선박 3. 국적취득조건부 선체용선을 한 선박 ③ 제1항 및 제2항에도 불구하고 다음 각호의 선박에 대하여는 대통령령으로 정하는 바에 따라 이 법의 전부 또는 일부를 적용하지 아니하거나 이를 완화하여 적용할 수 있다. 1. 대한민국 정부와 외국 정부가 이 법의 적용 범위에 관하여 협정을 체결한 경우의 해당 선박 2. 조난자의 구조 등 해양수산부령으로 정하는 긴급한 사정이 발생하는 경우의 해당 선박 3. 새로운 특징 또는 형태의 선박을 개발할 목적으로 건조한 선박을 임시로 항해에 사용하고자 하는 경우의 해당 선박 4. 외국에 선박매각 등을 위하여 예외적으로 단 한번의 국제항해를 하는 선박
선박시설 기준의 적용 (제4조)	선박에 설치된 선박시설이나 선박용물건이 이 법에 따라 설치하여야 하는 선박시설의 기준과 동등하거나 그 이상의 성능이 있다고 인정되는 경우에는 이 법의 기준에 따른 선박시설이나 선박용물건을 설치한 것으로 본다.
국제협약과의 관계 (제5조)	국제항해에 취항하는 선박의 감항성 및 인명의 안전과 관련하여 국제적으로 발효된 국제협약의 안전기준과 이 법의 규정 내용이 다른 때에는 해당 국제협약의 효력을 우선한다. 다만, 이 법의 규정 내용이 국제협약의 안전기준보다 강화된 기준을 포함하는 때에는 그러하지 아니하다.
선박의 검사 등에의 참여 등 (제6조)	① 이 법에 따른 선박의 검사 및 검정·확인을 받고자 하는 자 또는 그의 대리인은 선박의 검사 등을 하는 현장에 함께 참여하여야 한다. ② 제1항의 규정에 따라 선박의 검사 등에 참여한 자는 검사 및 검정·확인에 필요한 협조를 하여야 한다. ③ 해양수산부장관은 제1항 및 제2항의 규정에 따라 검사 및 검정·확인

| | 에 참여할 자가 참여하지 아니하거나 검사 및 검정·확인에 참여한 자가 필요한 협조를 하지 아니하는 경우에는 해당 검사 및 검정·확인을 중지시킬 수 있다. |

※**시행령 제2조(적용제외 선박)** ① 「선박안전법」(「법」) 제3조제1항제3호에서 "대통령령으로 정하는 선박"이란 다음 각호의 선박을 말한다.

1. 법 제8조제2항에 따른 선박검사증서(「선박검사증서」)를 발급받은 자가 일정 기간 동안 운항하지 아니할 목적으로 그 증서를 해양수산부장관에게 반납한 후 해당 선박을 계류(「계선」)한 경우 그 선박
2. 「수상레저안전법」 제37조에 따른 안전검사를 받은 수상레저기구
3. 2007년11월 4 일 전에 건조된 선박 중 다음 각 목의 어느 하나에 해당하는 선박
   가. 추진기관 또는 돛대가 설치되지 아니한 선박으로서 평수(平水)구역{호소(湖沼: 호수와 늪)·하천 및 항내의 수역(「항만법」에 따른 항만구역이 지정된 항만의 경우 항만구역과 「어촌·어항법」에 따른 어항구역이 지정된 어항의 경우 어항구역을 말한다)과 해양수산부령으로 정하는 수역을 말한다} 안에서만 운항하는 선박. 다만, 다음의 어느 하나에 해당하는 선박은 제외한다. 1) 「항만법」 제39조제1항에 따른 항만건설작업선 2) 여객운송에 사용되는 선박 등 해양수산부령으로 정하는 선박
   나. 추진기관 또는 돛대가 설치되지 아니한 선박으로서 연해구역(영해기점으로부터 20해리 이내의 수역과 해양수산부령으로 정하는 수역을 말한다)을 운항하는 선박 중 여객이나 화물의 운송에 사용되지 아니하는 선박. 다만, 다음의 어느 하나에 해당하는 선박은 제외한다. 1) 항만건설작업선 2) 압항부선(押航解船: 추진기관이 설치되어 있는 선박에 결합되어 운항하는 부선을 말한다) 또는 잠수선 등 특수한 구조로 되어 있는 선박으로서 해양수산부장관이 정하여 고시하는 선박

제3절 | 선박검사

내용	규정
건조검사 (제7조)	① 선박을 건조하고자 하는 자는 선박에 설치되는 선박시설에 대하여 건조검사를 받아야 한다. ② 해양수산부 장관은 건조검사에 합격한 선박에 대하여 해양수산부령으로 정하는 사항과 검사기록을 기재한 건조검사증서를 교부하여야 한다. ③ 건조검사에 합격한 선박시설에 대하여는 정기검사 중 선박을 최초로 항해에 사용하는 때 실시하는 검사는 이를 합격한 것으로 본다. ④ 해양수산부장관은 외국에서 수입되는 선박 등 건조검사를 받지 아니하는 선박에 대하여 건조검사에 준하는 검사로서 '별도건조검사'를 받게 할 수 있다.
정기검사 (제8조)	① 선박소유자는 선박을 최초로 항해에 사용하는 때 또는 선박검사증서의 유효기간이 만료된 때에는 선박시설과 만재흘수선에 대하여 해양수

	산부령으로 정하는 바에 따라 정기검사를 받아야 한다. 다만, 선박위치발신장치에 대하여는 「전파법」의 규정에 따라 검사를 받았는지 여부를 확인하는 것으로 갈음한다. ② 해양수산부장관은 정기검사에 합격한 선박에 대하여 항해구역·최대승선인원 및 만재흘수선의 위치를 각각 지정하여 해양수산부령으로 정하는 사항과 검사기록을 기재한 선박검사증서를 교부하여야 한다.
중간검사 (제9조)	① 선박소유자는 정기검사와 정기검사의 사이에 '중간검사'를 받아야 한다. ② 중간검사는 제1종과 제2종으로 구분하며, 그 시기와 검사사항은 해양수산부령으로 정한다. ③ 해외수역에서의 장기간 항해·조업 등 부득이 한 사유로 인하여 중간검사를 받을 수 없는 자는 해양수산부령으로 정하는 바에 따라 중간검사의 시기를 연기할 수 있다.
임시검사 (제10조)	선박소유자는 다음 각호의 어느 하나에 해당하는 경우에는 '임시검사'를 받아야 한다. 1. 선박시설에 대하여 해양수산부령으로 정하는 개조 또는 수리를 행하고자 하는 경우 2. 선박검사증서에 기재된 내용을 변경하고자 하는 경우. 다만, 선박소유자의 성명과 주소, 선박명 및 선적항의 변경 등 선박시설의 변경이 수반되지 아니하는 경미한 사항의 변경인 경우는 제외 3. 선박의 용도를 변경하고자 하는 경우 4. 선박의 무선설비를 새로이 설치하거나 이를 변경하고자 하는 경우 5. 해양사고 등으로 선박의 감항성 또는 인명안전의 유지에 영향을 미칠 우려가 있는 선박시설의 변경이 발생한 경우 6. 해양수산부장관이 선박시설의 보완 또는 수리가 필요하다고 인정하여 임시검사의 내용 및 시기를 지정한 경우 7. 만재흘수선의 변경 등 해양수산부령으로 정하는 경우
임시항해검사 (제11조)	① 정기검사를 받기 전에 임시로 선박을 항해에 사용하고자 하는 때 또는 국내의 조선소에서 건조된 외국선박(국내의 조선소에서 건조된 후 외국에서 등록되었거나 외국에서 등록될 예정인 선박을 말함)의 시운전을 하고자 하는 경우에는 선박소유자 또는 선박의 건조자는 해당선박에 요구되는 항해능력이 있는지에 대하여 임시항해검사를 받아야 한다. ② 해양수산부장관은 임시항해검사에 합격한 선박에 대하여 해양수산부령으로 정하는 사항과 검사기록을 기재한 임시항해검사증서를 교부하여야 한다.
국제협약검사 (제12조)	① 국제항해에 취항하는 선박의 소유자는 선박의 감항성 및 인명안전과 관련하여 국제적으로 발효된 국제협약에 따른 해양수산부장관의 검사를 받아야 한다. ② 해양수산부장관은 국제협약검사에 합격한 선박에 대하여 해양수산부

	령으로 정하는 사항과 검사기록을 기재한 국제협약검사증서를 교부하여야 한다. ③ 해양수산부장관은 제2항의 규정에 따라 교부한 국제협약검사증서의 소유자가 제1항에서 규정된 국제협약을 위반한 경우에는 해당증서를 회수하거나 효력정지 또는 취소할 수 있다. ④ 해양수산부장관은 외국정부로부터 국제협약검사증서의 교부요청이 있는 때에는 해당외국선박에 대하여 국제협약검사를 한 후 국제협약검사증서를 교부할 수 있다. ⑤ 제1항부터 제3항까지의 규정에 따른 국제협약검사의 종류, 국제협약검사증서의 교부·회수·효력정지·취소 및 국제협약 위반에 대한 조사방법 등에 관하여 필요한 사항은 해양수산부령으로 정한다.

제4절 | 선박검사 관련 사항

내용	규정
선박검사 후 선박의 상태유지 (제15조)	① 선박소유자는 건조검사 또는 선박검사를 받은 후 해당 선박의 구조배치·기관·설비 등의 변경이나 개조를 하여서는 아니 된다. ② 선박소유자는 건조검사 또는 선박검사를 받은 후 해당 선박이 감항성을 유지할 수 있도록 선박시설이 정상적으로 작동·운영되는 상태를 유지하여야 한다. ③ 제1항에도 불구하고 선박소유자는 해양수산부령으로 정하는 복원성 기준을 충족하는 범위에서 해양수산부장관의 허가를 받아 선박의 길이·너비·깊이·용도의 변경 또는 설비의 개조를 할 수 있다.
선박검사증서 및 국제협약검사증서의 유효기간 등 (제16조)	① 선박검사증서 및 국제협약검사증서의 유효기간은 5년 이내의 범위에서 대통령령으로 정한다. ② 해양수산부장관은 선박검사증서 및 국제협약검사증서의 유효기간을 5개월 이내의 범위에서 대통령령으로 정하는 바에 따라 연장할 수 있다. ③ 정해진 검사시기까지 중간검사 또는 임시검사(해양수산부장관이 선박시설의 보완 또는 수리가 필요하다고 인정하여 임시검사의 내용 및 시기를 지정한 경우)에 합격하지 못하거나 해당 검사를 신청하지 아니한 선박의 선박검사증서 및 국제협약검사증서의 유효기간은 해당 검사시기가 만료되는 날의 다음 날부터 해당 검사에 합격될 때까지 그 효력이 정지된다.
선박검사증서등이 없는 선박의 항해 금지 등 (제17조)	① 누구든지 선박검사증서, 임시변경증, 임시항해검사증서, 국제협약검사증서 및 예인선항해검사증서(선박검사증서등)가 없는 선박이나 선박검사증서등의 효력이 정지된 선박을 항해에 사용하여서는 아니 된다. ② 누구든지 선박검사증서등에 기재된 항해와 관련한 조건을 위반하여 선박을 항해에 사용하여서는 아니 된다.

③ 선박검사증서등을 발급받은 선박소유자는 그 선박 안에 선박검사증서등을 갖추어 두어야 한다. 다만, 소형선박의 경우에는 선박검사증서등을 선박 외의 장소에 갖추어 둘 수 있다.

제5절 │ 선박시설의 기준

내용	규정
선박시설의 기준 (제26조)	선박시설은 해양수산부장관이 정하여 고시하는 선박시설기준에 적합하여야 한다.
만재흘수선의 표시 등 (제27조)	① 다음 각호의 어느 하나에 해당하는 선박소유자는 해양수산부장관이 정하여 고시하는 기준에 따라 만재흘수선의 표시를 하여야 한다. 다만, 잠수선 및 그 밖에 해양수산부령으로 정하는 선박에 대하여는 만재흘수선의 표시를 생략할 수 있다. 1. 국제항해에 취항하는 선박 2. 해양수산부령으로 정하는 방법에 따른 선박의 길이가 12미터 이상인 선박 3. 선박길이가 12미터 미만인 선박으로서 다음 각 목의 어느 하나에 해당하는 선박 가. 여객선 나. 위험물을 산적하여 운송하는 선박 ② 누구든지 제1항의 규정에 따라 표시된 만재흘수선을 초과하여 여객 또는 화물을 운송하여서는 아니 된다.
복원성의 유지 (제28조)	① 다음 각호의 어느 하나에 해당하는 선박소유자(해당 선박에 대한 정당한 권원을 가지고 점유 또는 사용하는 자를 포함) 또는 해당 선박의 선장은 해양수산부장관이 정하여 고시하는 기준에 따라 복원성을 유지하여야 한다. 다만, 예인·해양사고구조·준설 또는 측량에 사용되는 선박 등 해양수산부령으로 정하는 선박에 대하여는 그러하지 아니하다. 1. 여객선 2. 선박길이가 12미터 이상인 선박 ② 선박소유자는 제1항에 따른 선박의 복원성과 관련하여 그 적합 여부에 대하여 복원성자료를 제출하여 해양수산부장관의 승인을 받아야 하며, 승인을 받은 복원성자료를 해당 선박의 선장에게 제공하여야 한다. ③ 제2항에 따른 승인의 경우 복원성 계산을 위하여 컴퓨터프로그램을 사용한 때에는 해양수산부장관이 정하여 고시하는 복원성 계산방식에 따라야 한다. ④ 제2항 및 제3항의 규정에 따른 복원성과 관련된 승인의 기준·절차,

	복원성자료 및 복원성 계산용 컴퓨터프로그램의 작성요령 등에 관하여 필요한 사항은 해양수산부장관이 정하여 고시한다.
무선설비 (제29조)	① 다음 각호의 어느 하나에 해당하는 선박소유자는 「해상에서의 인명안전을 위한 국제협약」에 따른 세계 해상조난 및 안전제도의 시행에 필요한 무선설비를 갖추어야 한다. 이 경우 무선설비는 「전파법」에 따른 성능과 기준에 적합하여야 한다. 1. 국제항해에 취항하는 여객선 2. 제1호의 선박 외에 국제항해에 취항하는 총톤수 300톤 이상의 선박 ② 제1항 각호의 규정에 따른 선박 외에 해양수산부령으로 정하는 선박에 대하여는 해양수산부령으로 정하는 기준에 따른 무선설비를 갖추어야 한다. 이 경우 무선설비는 「전파법」에 따른 성능과 기준에 적합하여야 한다. ③ 누구든지 제1항 및 제2항의 규정에 따른 무선설비를 갖추지 아니하고 선박을 항해에 사용하여서는 아니 된다. 다만, 임시항해검사증서를 가지고 1회의 항해에 사용하는 경우 또는 시운전을 하는 경우에는 그러하지 아니하다.
선박위치발신장치 (제30조)	① 선박의 안전운항을 확보하고 해양사고 발생시 신속한 대응을 위하여 해양수산부령으로 정하는 선박의 소유자는 해양수산부장관이 정하여 고시하는 기준에 따라 선박의 위치를 자동으로 발신하는 장치(「선박위치발신장치」)를 갖추고 이를 작동하여야 한다. ② 무선설비가 선박위치발신장치의 기능을 가지고 있는 때에는 선박위치발신장치를 갖춘 것으로 본다. ③ 선박의 선장은 해적 또는 해상강도의 출몰 등으로 인하여 선박의 안전을 위협할 수 있다고 판단되는 경우 선박위치발신장치의 작동을 중단할 수 있다. 이 경우 선장은 그 상황을 항해일지 등에 기재하여야 한다.

※시행규칙 제69조(만재흘수선의 표시 등) 법 제27제1항 각 호 외의 부분 단서에서 "해양수산부령이 정하는 선박"이란 다음 각호의 어느 하나에 해당하는 선박을 말한다.
  1. 수중익선, 공기부양선, 수면비행선박 및 부유식 해상구조물(제3조제1호 및 제2호는 제외한다)
  2. 운송업에 종사하지 아니하는 유람 범선(帆船)
  3. 국제항해에 종사하지 아니하는 선박으로서 선박길이가 24미터 미만인 예인·해양사고구조·준설 또는 측량에 사용되는 선박
  4. 법 제11조제2항에 따라 임시항해검사증서를 발급받은 선박
  5. 시운전을 위하여 항해하는 선박
  6. 만재흘수선을 표시하는 것이 구조상 곤란하거나 적당하지 아니한 선박으로서 해양수산부장관이 인정하는 선박

※시행규칙 제71조(복원성기준 제외 선박) 법 제28조제1항 각 호 외의 부분 단서에서 "해양수산부령으로 정하는 선박"이란 다음 각 호의 어느 하나에 해당하는 선박을 말한다.

1. 국제항해에 종사하지 아니하는 선박으로서 선박길이가 24미터 미만인 다음 각 목의 선박
   가. 예인·해양사고구조·준설 또는 측량에 사용되는 선박
   나. 부선
2. 여객선이 아니거나 카페리선이 아닌 선박으로서 호소·하천 및 항내의 수역에서만 항해하는 선박
3. 부유식 해상구조물(제3조제1호 및 제2호는 제외)
4. 복원성 시험이 구조상 곤란하거나 적당하지 아니한 선박으로서 해양수산부장관이 인정하는 선박

제6절 | 안전항해를 위한 조치

내용	규정
선장의 권한 (제31조)	누구든지 선박의 안전을 위한 선장의 전문적인 판단을 방해하거나 간섭하여서는 아니 된다.
항해용 간행물의 비치 (제32조)	선박소유자는 해양수산부령으로 정하는 해도 및 조석표 등 항해용 간행물을 해양수산부령으로 정하는 바에 따라 선박에 비치하여야 한다.
조타실의 시야확보 등 (제33조)	① 선박소유자는 해당 선박의 조타실에 대하여 해양수산부장관이 정하여 고시하는 기준에 따른 충분한 시야를 확보할 수 있도록 필요한 조치를 하여야 한다. ② 선박소유자는 해당 선박의 조타실과 조타기가 설치된 장소 사이에 해양수산부장관이 정하여 고시하는 기준에 따라 통신장치를 설치하여야 한다.
하역설비의 확인 등 (제34조)	① 하역장치 및 하역장구(하역설비)를 갖춘 선박의 소유자는 해양수산부령으로 정하는 기준에 따라 제한하중·제한각도 및 제한반지름(제한하중 등)의 사항에 대하여 해양수산부장관의 확인을 받아야 한다. ② 해양수산부장관은 제1항의 규정에 따라 제한하중등의 확인을 한 때에는 해양수산부령으로 정하는 제한하중등확인서를 교부하여야 한다. ③ 제1항의 규정에 따라 확인을 받은 선박소유자는 해당하역설비에 해양수산부령으로 정하는 바에 따라 확인받은 제한하중등의 사항을 표시하여야 한다. ④ 제1항의 규정에 따라 확인을 받은 선박소유자는 확인받은 제한하중등의 사항을 위반하여 하역설비를 사용하여서는 아니 된다.
하역설비검사기록 및 비치 (제35조)	① 해양수산부장관은 하역설비에 대하여 정기검사 또는 중간검사를 한 때에는 해양수산부령으로 정하는 바에 따라 하역설비검사기록부를 작성하고 그 내용을 기재하여야 한다. ② 선박소유자는 제1항의 규정에 따른 하역설비검사기록부 등 하역설비에 대한 검사와 관련된 해양수산부령으로 정하는 서류를 선박에 비치하여야 한다

화물정보의 제공 (제36조)	① 화주는 화물을 안전하게 싣고 운송하기 위하여 화물을 싣기 전에 그 화물에 관한 정보를 선장에게 제공하여야 한다. ② 컨테이너에 실은 화물을 외국으로 운송하려는 화주는 제1항에 따라 화물에 관한 정보를 선장에게 제공하는 경우 해양수산부령으로 정하는 방법에 따라 화물의 총중량에 관한 검증된 정보도 함께 제공하여야 한다. 이 경우 선장이 화주에게 요청하는 경우에는 선장 외에 항만시설운영자 또는 임대계약자에게도 화물의 총중량에 관한 검증된 정보를 제공하여야 한다. ③ 선장은 제1항 또는 제2항에 따라 정보가 제공되지 아니한 경우에는 해당 화물의 적재를 거부할 수 있다. ④ 제1항에 따라 정보를 제공하여야 하는 화물의 종류 및 그 화물별로 제공하여야 하는 정보의 내용은 해양수산부령으로 정한다.
유독성가스농도 측정기의 제공 등 (제37조)	선박소유자는 유독성가스를 발생하거나 또는 산소의 결핍을 일으킬 수 있는 화물을 산적하여 운송하는 경우에는 해양수산부장관이 정하여 고시하는 바에 따른 유독성가스 또는 산소의 농도를 측정할 수 있는 기기 및 그 사용설명서를 선장에게 제공하여야 한다.
소독약품 사용에 따른 안전조치 (제38조)	선장은 선박의 소독을 위하여 살충제 등 소독약품을 사용하는 경우에는 해양수산부장관이 정하여 고시하는 바에 따라 안전조치를 하여야 한다.
화물의 적재 · 고박 방법 등 (제39조)	① 선박소유자는 화물을 선박에 적재하거나 고박하기 전에 화물의 적재 · 고박의 방법을 정한 자체의 화물적재고박지침서를 마련하고, 해양수산부령으로 정하는 바에 따라 해양수산부장관의 승인을 얻어야 한다. ② 선박소유자는 화물과 화물유니트(차량 및 이동식탱크 등과 같이 선박에 붙어있지 아니하는 운송용 기구) 및 화물유니트 안에 실린 화물을 적재 또는 고박하는 때에는 제1항의 규정에 따라 승인된 화물적재고박지침서에 따라야 한다. ③ 선박소유자는 차량 등 운반선박(육상교통에 이용되는 차량 등을 실어 운송할 수 있는 갑판이 설치되어 있는 선박을 말한다)에 차량 및 화물 등을 적재하는 경우에는 제1항의 규정에 따라 승인된 화물적재고박지침서에 따르되, 해양수산부령으로 정하는 바에 따라 필요한 안전조치를 하여야 한다. ④ 선박소유자는 컨테이너에 화물을 수납 · 적재하는 경우에는 제1항의 규정에 따라 승인된 화물적재고박지침서에 따르되, 컨테이너형식승인판에 표시된 최대총중량을 초과하여 화물을 수납 · 적재하여서는 아니 된다. ⑤ 제1항부터 제4항까지의 규정에 따른 화물의 적재 · 고박방법 등에 관하여 필요한 사항은 해양수산부령으로 정한다.
산적화물의 운송 (제40조)	① 선박소유자는 산적화물을 운송하기 전에 해당 선박의 선장에게 선박의 복원성 · 화물의 성질 및 적재방법에 관한 정보를 제공하여야 한다.

	② 산적화물을 운송하고자 하는 선박소유자는 필요한 안전조치를 하여야 한다. ③ 제1항 및 제2항의 규정에 따른 선박의 복원성·화물의 성질 및 적재방법의 내용, 안전조치 등에 관하여 필요한 사항은 해양수산부령으로 정한다.
위험물의 운송 (제41조)	① 선박으로 위험물을 적재·운송하거나 저장하고자 하는 자는 항해상의 위험방지 및 인명안전에 적합한 방법에 따라 적재·운송 및 저장하여야 한다. ② 제1항의 규정에 따라 위험물을 적재·운송하거나 저장하고자 하는 자는 그 방법의 적합 여부에 관하여 해양수산부장관의 검사를 받거나 승인을 얻어야 한다. ③ 제1항 및 제2항의 규정에 따른 위험물의 종류와 그 용기·포장, 적재·운송 및 저장의 방법, 검사 또는 승인 등에 관하여 필요한 사항은 해양수산부령으로 정한다. ④ 제1항부터 제3항까지의 규정에도 불구하고 방사성물질을 운송하는 선박과 액체의 위험물을 산적하여 운송하는 선박의 시설기준 등은 해양수산부장관이 정하여 고시한다.
위험물 안전운송 교육 등 (제41조의2)	① 선박으로 운송하는 위험물을 제조·운송·적재하는 등의 업무에 종사하는 자(위험물취급자)는 위험물 안전운송에 관하여 해양수산부장관이 실시하는 교육을 받아야 한다. ② 해양수산부장관은 위험물취급자에 대한 교육을 효율적으로 수행하기 위하여 위험물 안전운송에 관한 교육을 전문적으로 실시하는 교육기관(위험물 안전운송 전문교육기관)을 지정하여 위험물취급자에 대한 교육을 실시하게 할 수 있다. ③ 제2항에 따라 위험물 안전운송 전문교육기관으로 지정받고자 하는 자는 그 시설·설비 및 인력 등 해양수산부령으로 정하는 기준을 갖추어야 한다. ④ 해양수산부장관은 위험물 안전운송 전문교육기관이 다음 각호의 어느 하나에 해당하는 때에는 그 지정을 취소하거나 6개월 이내의 기간을 정하여 그 업무의 전부 또는 일부를 정지시킬 수 있다. 다만, 제1호에 해당하는 때에는 위험물 안전운송 전문교육기관의 지정을 취소하여야 한다. 1. 거짓이나 그 밖의 부정한 방법으로 위험물 안전운송 전문교육기관의 지정을 받은 경우 2. 해당 위험물 안전운송 전문교육기관이 제3항에 따른 지정기준에 미달하게 된 경우 ⑤ 제4항에 따른 처분의 세부기준은 해양수산부령으로 정한다. ⑥ 제1항에 따른 위험물 안전운송에 관한 교육을 받아야 하는 위험물취급자의 구체적인 범위, 교육내용 등에 관하여 필요한 사항은 해양수산부장관이 정하여 고시한다.

유조선 등에 대한 강화검사 (제42조)	① 유조선·산적화물선 및 위험물산적운송선(액화가스산적운송선은 제외)의 선박소유자는 건조검사 및 선박검사 외에 선체구조를 구성하는 재료의 두께 확인 등 해양수산부령으로 정하는 사항에 대하여 해양수산부장관의 검사(강화검사)를 받아야 한다. 다만, 국제항해를 하지 아니하는 선박으로서 해양수산부령으로 정하는 선박은 그러하지 아니하다. ② 해양수산부장관은 강화검사에 합격한 유조선 등에 대하여는 제8조 제2항의 규정에 따른 선박검사증서에 그 검사결과를 표기하여야 한다. ③ 제1항의 규정에 따른 강화검사의 방법과 절차는 해양수산부령으로 정한다.
예인선에 대한 예인선항해검사 (제43조)	① 예인선의 선박소유자가 부선 및 구조물 등을 예인하고자 하는 때에는 해양수산부령으로 정하는 바에 따라 해양수산부장관의 검사(「예인선항해검사」)를 받아야 한다. ② 해양수산부장관은 예인선항해검사에 합격한 예인선에 대하여 해양수산부령으로 정하는 예인선항해검사증서를 교부하여야 한다. ③ 예인선의 선박소유자는 제2항의 규정에 따른 예인선항해검사증서를 해당 예인선에 비치하여야 한다. ④ 제15조제1항 및 제2항의 규정은 제1항의 규정에 따라 예인선항해검사를 받은 예인선에 대하여 이를 준용한다. 이 경우 "건조검사 또는 선박검사"는 "예인선항해검사"로 본다.
고인화성 연료유 등의 사용제한 (제44조)	누구든지 선박에서는 화재·폭발 방지시설 등 해양수산부장관이 정하여 고시하는 시설을 갖추지 아니하고는 인화점이 섭씨 60도 미만인 연료유·윤활유 등을 사용하여서는 아니 된다.

※**시행규칙 제78조(하역설비에 관한 검사의 기록)** ① 법 제35조제1항에 따른 하역설비검사기록부는 별지 제73호 서식과 같다.
② 법 제35조제2항에서 "해양수산부령이 정하는 서류"란 다음 각호와 같다.
  1. 제한하중등확인서
  2. 하역설비검사기록부
③ 선박소유자나 선장은 제2항에 따른 서류를 제시할 수 있도록 적절한 장소에 보관하여야 한다.

※**시행규칙 제79조(화물정보의 제공)** ① 법 제36조제1항에 따라 정보를 제공하여야 하는 화물의 종류 및 그 화물별로 제공하여야 하는 정보의 내용은 다음 각호와 같다.
  1. 일반화물과 화물유니트 또는 컨테이너에 의하여 운송되는 화물인 경우
    가. 화물명세
    나. 화물의 총중량(화물유니트 또는 컨테이너의 중량을 포함한다)
    다. 화물특성
  2. 산적화물인 경우
    가. 제1호 각 목의 정보
    나. 화물의 적하계수(무게 1톤에 대하여 세제곱미터로 표시된 부피를 말한다) 및 짐 고르기 방법

　　　다. 선적 후 화물표면 경사각도를 포함한 화물 이동의 특성
　　　라. 응집되거나 액화될 수 있는 화물의 경우 화물 수분량 및 운송허용 수분값
　　3. 해를 입힐 수 있는 화학성질을 가진 산적화물인 경우
　　　가. 제1호 각 목 및 제2호 각 목의 정보
　　　나. 화학성질에 관한 정보
② 컨테이너에 실린 화물을 외국으로 운송하려는 화주는 법 제36조제2항 본문에 따라 다음 각호의 어느 하나에 해당하는 방법으로 화물의 총중량에 관한 정보를 검증하여야 한다.
　　1. 컨테이너에 화물을 실은 상태로 화물의 총중량을 「계량에 관한 법률」 제2조제2호에 따른 계량기로 계측하는 방법
　　2. 컨테이너에 실린 화물 및 화물을 고정·보호하기 위한 장비 등과 컨테이너 자체의 중량을 각각 합산하는 방법(화주가 해양수산부장관이 정하여 고시하는 바에 따라 화물의 총중량을 계산·관리할 수 있는 품질경영체계를 운영하는 경우로 한정한다)
③ 제1항 및 제2항에서 규정한 사항 외에 화물의 총중량에 관한 정보 제공 및 검증과 관련된 세부사항은 해양수산부장관이 정하여 고시한다.

※시행규칙 제80조(강화검사) ① 법 제42조제1항에 따른 강화검사를 받으려는 선박소유자는 별지 제4호서식의 선박검사 신청서를 해양수산부장관에게 제출하여야 한다.
② 법 제42조제1항 본문에서 해양수산부령으로 정하는 사항과 법 제42조제3항에 따른 강화검사의 방법 및 절차 등에 관한 사항에 대하여는 해양수산부장관이 정하여 고시하는 바에 따른다.
③ 법 제42조제1항 단서에서 "해양수산부령이 정하는 선박"이란 다음 각호의 선박을 말한다.
　　1. 선령 5년 미만의 선박
　　2. 제1호 외의 선박 중 총톤수 300톤 미만의 선박
④ 법 제42조제2항에 따른 검사결과는 선박검사증서의 뒤 쪽에 검사사항 및 선박검사관의 성명을 적어야 한다.

※시행규칙 제81조(예인선항해검사) ① 법 제43조제1항에 따른 예인선항해검사는 예인선이 부선과 구조물 등을 예인하기 위하여 갖추어 둔 예인설비 등에 대하여 1년마다 예인선항해검사증서의 유효기간이 끝나는 날 전후 3개월 이내에 검사를 받아야 한다. 다만, 압항부선과 결합하여 운항하는 예인선과 평수구역에서만 운항하는 예인선의 경우에는 예인선항해검사를 받지 아니한다.
② 제1항에 따른 예인설비의 비치 및 검사에 관한 사항은 별표 32와 같다.
③ 제1항에 따른 예인선항해검사증서의 유효기간 기산방법은 영 제5조제3항 각 호에 따른 선박검사증서의 유효기간 기산방법을 준용한다. 이 경우 "정기검사"는 "예인선항해검사"로, "선박검사증서"는 "예인선항해검사증서"로 본다.
④ 법 제43조제1항에 따라 예인선항해검사를 받으려는 예인선의 소유자는 별지 제4호서식의 선박검사 신청서를 작성하여 해양수산부장관에게 제출하여야 한다.
⑤ 법 제43조제2항에 따른 예인선항해검사증서는 별지 제76호서식과 같다.

제7절 | 검사업무의 대행 및 감독

내용	규정
검사등업무의 대행 (제60조)	① 해양수산부장관은 다음 각호에 해당하는 건조검사·선박검사 및 도면의 승인 등에 관한 업무(「검사등업무」)를 「한국해양교통안전공단법」에 따른 한국해양교통안전공단(「공단」)에 대행하게 할 수 있다. 이 경우 해양수산부장관은 대통령령으로 정하는 바에 따라 협정을 체결하여야 한다. 1. 건조검사, 건조검사증서의 교부 및 별도건조검사 2. 정기검사 및 선박검사증서의 교부 3. 중간검사 4. 임시검사 및 임시변경증의 발급 5. 임시항해검사 및 임시항해검사증서의 교부 6. 국제협약검사 및 국제협약증서의 교부 7. 도면의 승인 및 승인표시 9. 선박검사증서 및 국제협약증서의 유효기간 연장 10. 선박용물건 또는 소형선박의 검정, 검정증서의 교부 및 합격을 나타내는 표시 11. 선박용물건 또는 소형선박의 확인, 확인서의 교부 및 확인을 나타내는 표시 12. 예비검사, 도면의 승인 및 승인표시, 예비검사증서의 교부 및 합격을 나타내는 표시 13. 복원성자료의 승인 14. 제한하중등의 확인 및 제한하중등확인서의 교부 15. 하역설비검사기록부의 작성 및 내용 기재 16. 화물적재고박지침서의 승인 17. 강화검사 18. 예인선항해검사 및 예인선항해검사증서의 교부 ② 해양수산부장관은 선박보험의 가입·유지를 위하여 선박의 등록 및 감항성에 관한 평가의 업무(「선급업무」)를 하는 국내외 법인으로서 해양수산부장관이 정하여 고시하는 기준에 적합한 법인(「선급법인」)에 해당 선급법인이 관리하는 명부에 등록하였거나 등록하려는 선박(「선급등록선박」)에 한정하여 제1항 각 호의 검사등업무를 대행하게 할 수 있다. 이 경우 해양수산부장관은 대통령령으로 정하는 바에 따라 협정을 체결하여야 한다. ③ 제1항 각호 외의 부분 후단 및 제2항 후단의 규정에 따른 협정의 기간은 5년 이내로 하며, 해양수산부령으로 정하는 바에 따라 이를 연장할 수 있다. ④ 제1항 및 제2항에 따라 공단 및 선급법인이 검사등업무의 대행을 하

	는 때에는 대행과 관련된 자체검사규정을 제정하여 해양수산부장관의 승인을 받아야 한다. 승인을 받은 사항을 변경하려는 경우에도 또한 같다.
대행업무의 차질에 따른 조치(제61조) 및 감독 (제62조)	① 해양수산부장관은 공단 및 선급법인이 검사등업무를 대행할 때 차질이 발생하거나 발생할 우려가 있다고 인정되는 경우에는 해양수산부장관이 직접 이를 수행하거나 해양수산부장관이 지정하는 자로 하여금 대행하게 할 수 있다. ② 해양수산부장관은 공단 및 선급법인이 협정에 위반한 때에는 해당업무의 대행을 취소하거나 정지할 수 있다.
컨테이너검정 등의 대행 (제64조)	① 해양수산부장관은 다음 각호에 해당하는 업무를 해양수산부장관이 정하여 고시하는 지정기준에 적합한 자로서 해양수산부장관이 정하여 고시하는 대행기관(「컨테이너검정등 대행기관」)으로 하여금 대행하게 할 수 있다. 1. 컨테이너검정 2. 컨테이너형식승인판의 확인표시 ② 제1항의 규정에 따른 컨테이너검정등 대행기관의 대행 및 대행의 취소 등에 관한 사항은 대통령령으로 정하고, 컨테이너검정등 대행기관의 지도·감독 등에 관하여 필요한 사항은 해양수산부령으로 정한다.
위험물 관련 검사·승인의 대행 (제65조)	① 해양수산부장관은 적재·운송 및 저장 등에 관한 검사 및 승인에 대한 업무를 해양수산부장관이 정하여 고시하는 지정기준에 적합한 자로서 해양수산부장관이 정하여 고시하는 대행기관(「위험물검사등 대행기관」)으로 하여금 대행하게 할 수 있다. ② 제1항의 규정에 따른 위험물검사등 대행기관의 대행 및 대행의 취소 등에 관한 사항은 대통령령으로 정하고, 위험물검사등 대행기관의 지도·감독 등에 관하여 필요한 사항은 해양수산부령으로 정한다.
외국정부등이 행한 검사의 인정 (제66조)	① 외국선박의 해당 소속국가에서 시행 중인 선박안전과 관련되는 법령의 내용이 국제협약 또는 이 법의 기준과 동등하거나 그 이상에 해당하는 때에는 해당 외국정부 또는 그 외국정부가 지정한 대행기관(「외국정부등」)이 행한 해당외국선박에 대한 검사등업무는 이 법에 따른 검사등업무로 본다. ② 제1항의 규정에 따라 외국정부등이 검사등업무를 행하고 교부한 증서는 이 법에 따라 교부한 증서와 동일한 효력을 가진 것으로 본다. 다만, 이 법에 따라 교부한 증서의 효력을 인정하지 아니하는 국가의 외국정부등이 발행한 증서에 대하여는 그러하지 아니하다.
대행검사기관의 배상책임 (제67조)	① 국가는 공단, 선급법인, 컨테이너검정등대행기관 및 위험물검사등대행기관(「대행검사기관」)이 해당대행업무를 수행하면서 위법하게 타인에게 손해를 입힌 때에는 그 손해를 배상하여야 한다. ② 국가는 제1항의 규정에 따른 손해배상에서 대행검사기관에 고의 또

는 중대한 과실이 있는 경우에는 해당대행검사기관에 구상할 수 있다.
③ 제2항에 따른 대행검사기관에 대한 구상은 대통령령으로 정하는 금액을 한도로 한다. 다만, 대행검사기관의 고의 또는 손해발생의 염려가 있음을 인식하면서 무모하게 한 작위 또는 부작위로 인하여 생긴 손해에 대해서는 구상금액 한도를 적용하지 아니한다.

제8절 │ 항만국통제

내용	규정
항만국통제 (제68조)	① 해양수산부장관은 외국선박의 구조·설비·화물운송방법 및 선원의 선박운항지식 등이 대통령령으로 정하는 선박안전에 관한 국제협약에 적합한지 여부를 확인하고 그에 필요한 조치(「항만국통제」)를 할 수 있다. ② 해양수산부장관은 항만국통제를 하는 경우 소속 공무원으로 하여금 대한민국의 항만에 입항하거나 입항예정인 외국선박에 직접 승선하여 행하게 할 수 있다. 이 경우 해당 선박의 항해가 부당하게 지체되지 아니하도록 하여야 한다. ③ 해양수산부장관은 항만국통제의 결과 외국선박의 구조·설비·화물운송방법 및 선원의 선박운항지식 등이 제1항에 따른 국제협약의 기준에 미달되는 것으로 인정되는 때에는 해당선박에 대하여 수리 등 필요한 시정조치를 명할 수 있다. ④ 해양수산부장관은 항만국통제 결과 선박의 구조·설비·화물운송방법 및 선원의 선박운항지식 등과 관련된 결함으로 인하여 해당 선박 및 승선자에게 현저한 위험을 초래할 우려가 있다고 판단되는 때에는 출항정지를 명할 수 있다. ⑤ 외국선박의 소유자는 시정조치명령 또는 출항정지명령에 불복하는 경우에는 해당명령을 받은 날부터 90일 이내에 그 불복사유를 기재하여 해양수산부장관에게 이의신청을 할 수 있다. ⑥ 이의신청을 받은 해양수산부장관은 소속 공무원으로 하여금 해당 시정조치명령 또는 출항정지명령의 위법·부당 여부를 직접 조사하게 하고 그 결과를 신청인에게 60일 이내에 통보하여야 한다. 다만, 부득이한 사정이 있는 때에는 30일 이내의 범위에서 통보시한을 연장할 수 있다. ⑦ 시정조치명령 또는 출항정지명령에 대하여 불복하는 자는 제5항 및 제6항의 규정에 따른 이의신청의 절차를 거치지 아니하고는 행정소송을 제기할 수 없다. 다만, 「행정소송법」 제18조제2항 및 제3항의 규정에 해당되는 경우에는 그러하지 아니하다. ⑧ 외국선박에 대한 조치 및 이의신청 등에 관하여 필요한 사항은 대통령령으로 정한다.

외국의 항만국통제 (제69조)	① 선박소유자는 외국 항만당국의 항만국통제에 의하여 선박의 결함이 지적되지 아니하도록 관련되는 국제협약 규정을 준수하여야 한다. ② 해양수산부장관은 외국 항만당국의 항만국통제에 의하여 출항정지처분을 받은 대한민국 선박이 국내에 입항할 경우 해양수산부령으로 정하는 바에 따라 관련되는 선박의 구조·설비 등에 대하여 점검(「특별점검」)을 할 수 있다. 다만, 외국정부에서 확인을 요청하는 경우 등 필요한 경우에는 외국에서 특별점검을 할 수 있다. ③ 해양수산부장관은 다음 각호의 대한민국 선박에 대하여 외국항만에 출항정지를 예방하기 위한 조치가 필요하다고 인정되는 경우 해양수산부령으로 정하는 바에 따라 관련되는 선박의 구조·설비 등에 대하여 특별점검을 할 수 있다. 1. 선령이 15년을 초과하는 산적화물선·위험물운반선 2. 그 밖에 해양수산부령으로 정하는 선박 ④ 해양수산부장관은 특별점검의 결과 선박의 안전확보를 위하여 필요하다고 인정되는 경우에는 해당선박의 소유자에 대하여 해양수산부령으로 정하는 바에 따라 항해정지명령 또는 시정·보완 명령을 할 수 있다.
공표 (제70조)	해양수산부장관은 외국 항만당국의 항만국통제로 인하여 출항정지명령을 받은 대한민국 선박에 대하여는 대통령령으로 정하는 바에 따라 해당선박의 선박명·총톤수, 출항정지 사실 등을 공표할 수 있다.

※행정소송법 제18조 ② 제1항 단서의 경우에도 다음 각호의 1에 해당하는 사유가 있는 때에는 행정심판의 재결을 거치지 아니하고 취소소송을 제기할 수 있다.
 1. 행정심판청구가 있은 날로부터 60일이 지나도 재결이 없는 때
 2. 처분의 집행 또는 절차의 속행으로 생길 중대한 손해를 예방하여야 할 긴급한 필요가 있는 때
 3. 법령의 규정에 의한 행정심판기관이 의결 또는 재결을 하지 못할 사유가 있는 때
 4. 그 밖의 정당한 사유가 있는 때
③ 제1항 단서의 경우에 다음 각호의 1에 해당하는 사유가 있는 때에는 행정심판을 제기함이 없이 취소소송을 제기할 수 있다.
 1. 동종사건에 관하여 이미 행정심판의 기각재결이 있은 때
 2. 서로 내용상 관련되는 처분 또는 같은 목적을 위하여 단계적으로 진행되는 처분중 어느 하나가 이미 행정심판의 재결을 거친 때
 3. 행정청이 사실심의 변론종결후 소송의 대상인 처분을 변경하여 당해 변경된 처분에 관하여 소를 제기하는 때
 4. 처분을 행한 행정청이 행정심판을 거칠 필요가 없다고 잘못 알린 때

※시행령 제16조(항만국통제의 시행) ① 법 제68조제1항에서 "대통령령으로 정하는 선박안전에 관한 국제협약"이란 다음 각호의 협약을 말한다.
 1. 「해상에서의 인명안전을 위한 국제협약」
 2. 「만재흘수선에 관한 국제협약」
 3. 「국제 해상충돌 예방규칙 협약」

  4. 「선박톤수 측정에 관한 국제협약」
  5. 「상선의 최저기준에 관한 국제협약」
  6. 「선박으로부터의 오염방지를 위한 국제협약」
  7. 「선원의 훈련·자격증명 및 당직근무에 관한 국제협약」
② 제1항제5호의 「상선의 최저기준에 관한 국제협약」을 적용할 때 1994년 3월 31일 이전에 용골(선박 바닥 중앙의 길이 방향 지지대를 말한다)이 거치된 선박에 대하여는 같은 협약의 적용으로 인하여 선박의 구조 또는 거주설비의 변경이 초래되지 않는 범위에서 항만국통제를 실시한다.

※시행규칙 제27조(국제협약 위반 선박에 대한 조사방법 등) 법 제12조제5항에 따른 국제협약 위반 선박에 대한 조사방법은 법 제68조 및 법 제69조에 따른 항만국통제 및 특별점검을 말한다.

※시행규칙 제91조(특별점검) ① 법 제69조제2항 및 제3항에 따라 특별점검을 하려는 경우에는 그 점검대상선박 및 점검시기 등을 선박소유자에게 알려야 한다.
② 법 제69조제3항제2호에서 "해양수산부령이 정하는 선박"이란 다음 각 호의 선박을 말한다.
  1. 최근 3년 이내에 외국 항만당국의 항만국통제로 인하여 출항이 정지된 선박
  2. 최근 3년간 외국 항만당국의 항만국통제로 인하여 소속 선박의 출항정지율이 대한민국 선박의 평균 출항정지율을 초과하는 선박소유자의 선박
  3. 그 밖에 외국 항만당국의 항만국통제로 인하여 출항정지율이 특별히 높은 선박 등 해양수산부장관이 정하여 고시하는 선박
③ 해양수산부장관은 법 제69조제4항에 따라 선박소유자에게 항해정지명령 또는 시정·보완명령을 하려는 경우에는 다음 각 호의 서류를 발급하여야 한다.
  1. 항해정지명령서 : 별지 제80호서식
  2. 시정·보완명령서 : 별지 제81호서식

※시행규칙 제18조(공표) ① 해양수산부장관은 법 제70조에 따라 외국의 항만당국으로부터 출항정지명령을 받은 사실을 통보받은 경우 제2항에 따른 해당 선박의 명세를 해양수산부의 게시판(인터넷 홈페이지를 포함한다) 또는 일간신문 등에 3개월의 범위에서 공표하거나 다음 각 호의 단체에 배포할 수 있다.
  1. 공단, 선급법인, 법 제14조제4항에 따라 지정된 두께측정업체(이하 "두께측정지정업체"라 한다), 컨테이너 검정등대행기관 및 위험물검사등대행기관
  2. 「한국해운조합법」에 따른 한국해운조합 또는 「민법」 제32조에 따라 설립된 한국선주협회
  3. 「선주상호보험조합법」에 따른 한국선주상호보험조합 또는 「민법」 제32조에 따라 설립된 손해보험협회
② 제1항에 따른 출항정지명령을 받은 선박의 명세에는 다음 각호의 사항이 포함되어야 한다.
  1. 선박명(한글 또는 영어로 표기)
  2. 총톤수
  3. 선박번호 및 국제해사기구번호
  4. 선박소유자 성명(법인의 경우에는 법인명을, 용선의 경우에는 선박운항자의 명칭을 말한다)
  5. 외국 항만당국의 점검일, 항만명, 출항정지기간 및 출항정지 원인
③ 해양수산부장관은 선박의 명세를 공표하는 경우 공표 대상자에 대한 부당한 침해가 없도록 하여야 한다.

제9절 | 특별검사 등

내용	규정
특별검사 (제71조)	① 해양수산부장관은 선박의 구조·설비 등의 결함으로 인하여 대형 해양사고가 발생한 경우 또는 유사사고가 지속적으로 발생한 경우에는 해양수산부령으로 정하는 바에 따라 관련되는 선박의 구조·설비 등에 대하여 검사(「특별검사」)를 할 수 있다. ② 해양수산부장관은 특별검사를 하고자 하는 경우에는 대상 선박의 범위, 선박소유자의 준비사항 등 필요한 사항을 30일 전에 공고하고, 해당 선박소유자에게 직접 통보하여야 한다. ③ 해양수산부장관은 특별검사의 결과 선박의 안전확보를 위하여 필요하다고 인정되는 경우에는 선박의 소유자에 대하여 대통령령으로 정하는 바에 따라 항해정지명령 또는 시정·보완명령을 할 수 있다. ④ 제15조제1항·제2항 및 제16조제3항은 제1항에 따라 특별검사를 받은 선박에 대하여 이를 준용한다. 이 경우 제15조제1항·제2항 중 "선박검사" 및 제16조제3항 중 "중간검사 또는 제10조제1항제6호에 따른 임시검사"는 각각 "특별검사"로 본다.
재검사 등 (제72조)	① 대행검사기관으로부터 검사·검정 및 확인을 받은 자가 그 결과에 불복하는 때에는 그 결과에 관한 통지를 받은 날부터 90일 이내에 그 사유를 갖추어 해양수산부장관에게 재검사·재검정 및 재확인을 신청할 수 있다. ② 재검사·재검정 및 재확인의 신청을 받은 해양수산부장관은 소속공무원으로 하여금 재검사 등을 직접 행하게 하고 그 결과를 신청인에게 60일 이내에 통보하여야 한다. 다만, 부득이한 사정이 있는 때에는 30일 이내의 범위에서 통보시한을 연장할 수 있다. ③ 대행검사기관의 검사·검정 및 확인에 대하여 불복하는 자는 제1항 및 제2항의 규정에 따른 재검사·재검정 및 재확인의 절차를 거치지 아니하고는 행정소송을 제기할 수 없다. 다만, 「행정소송법」 제18조제2항 및 제3항의 규정에 해당되는 경우에는 그러하지 아니하다.

※시행규칙 제92조(특별검사) ① 해양수산부장관은 법 제71조제1항에 따라 법 제26조에 따른 선박시설기준에 적합하지 아니한 선박의 구조·설비 등으로 인하여 대형사고가 발생하였거나 또는 유사사고가 지속적으로 발생한 것으로 인정하여 검사대상으로 공고한 선박에 대하여 특별검사를 하여야 한다.

② 제1항에 따른 공고에는 다음 각호의 사항이 포함되어야 한다.
  1. 검사대상 선박의 범위
  2. 검사사항
  3. 검사기간

4. 검사준비사항

5. 그 밖에 특별검사에 필요한 사항

③ 제1항에 따라 특별검사의 대상이 된 선박소유자는 별지 제4호서식의 선박검사 신청서에 다음 각 호의 서류를 첨부하여 해양수산부장관에게 제출하여야 한다.

1. 선박검사증서

2. 제2항에 따른 공고에 포함된 특별검사에 관련되는 서류 또는 도면

④ 영 제19조에 따른 항해정지명령서 또는 시정·보완명령서의 서식은 다음 각호와 같다.

1. 항해정지명령서: 별지 제82호서식

2. 시정·보완명령서: 별지 제83호서식

※시행령 제19조(특별검사에 따른 조치 등) 해양수산부장관은 법 제71조제3항에 따라 항해정지명령 또는 시정·보완명령을 하려는 경우 해양수산부령으로 정하는 항해정지명령서 또는 시정·보완명령서를 발급하여야 한다.

제10절 │ 보 칙

내용	규정
선급법인의 선박검사 (제73조)	선급등록선박은 해양수산부령으로 정하는 선박시설 및 만재흘수선에 한정하여 이 법에 따른 선박검사를 받아 이에 합격한 것으로 본다.
결함신고에 따른 확인 등 (제74조)	① 누구든지 선박의 감항성 및 안전설비의 결함을 발견한 때에는 해양수산부령으로 정하는 바에 따라 그 내용을 해양수산부장관에게 신고하여야 한다. ② 해양수산부장관은 신고를 받은 때에는 해양수산부령으로 정하는 바에 따라 소속 공무원으로 하여금 지체 없이 그 사실을 확인하게 하여야 한다. ③ 해양수산부장관은 확인 결과 결함의 내용이 중대하여 해당 선박을 항해에 계속하여 사용하는 것이 해당 선박 및 승선자에게 위험을 초래할 우려가 있다고 인정되는 경우에는 해양수산부령으로 정하는 바에 따라 해당결함이 시정될 때까지 출항정지를 명할 수 있다. ④ 누구든지 신고한 자의 인적사항 또는 신고자임을 알 수 있는 사실을 다른 사람에게 알려주거나 공개 또는 보도하여서는 아니 된다.
선박검사관 (제76조)	해양수산부장관은 필요한 경우 소속 공무원 중에서 해양수산부령으로 정하는 자격을 갖춘 자를 선박검사관으로 임명하여 다음 각 호에 해당하는 업무를 수행하게 할 수 있다. 1. 건조검사, 정기검사, 중간검사, 임시검사, 임시항해검사, 국제협약검사, 제41조제2항의 규정에 따른 위험물 적재방법의 적합 여부에 대한

	검사, 강화검사, 예인선항해검사, 특별점검, 특별검사 및 제72조제2항의 규정에 따른 재검사·재검정·재확인에 관한 업무 2. 제18조제9항에 따른 선박용물건 또는 소형선박의 검정, 제20조제3항 단서에 따른 선박용물건 또는 소형선박의 확인, 제23조제4항에 따른 컨테이너검정에 관한 업무 3. 제61조의 규정에 따른 대행업무의 차질에 따른 직접 수행에 관한 업무 4. 제68조의 규정에 따른 항만국통제에 관한 업무 5. 제74조제2항의 규정에 따른 결함신고 사실의 확인에 관한 업무 6. 제75조제2항의 규정에 따른 선박 또는 사업장의 출입·조사에 관한 업무
선박검사원 (제77조)	① 대행업무를 행하는 공단 및 선급법인은 해당대행업무를 직접 수행하는 자로서 선박검사원을 둘 수 있다. ② 선박검사원의 자격기준 및 직무 등에 관하여 필요한 사항은 해양수산부령으로 정한다. ③ 해양수산부장관은 선박검사원이 그 직무를 행하는 경우 이 법 또는 이 법에 따른 명령을 위반한 때에는 공단 또는 선급법인에 대하여 그 해임을 요청하거나 1년 이내의 기간을 정하여 직무를 정지하도록 요청할 수 있다. ④ 공단 또는 선급법인은 제3항에 따른 해임 또는 직무정지의 요청을 받은 때에는 지체 없이 해당 선박검사원에 대하여 조치를 하고 그 결과를 해양수산부장관에게 보고하여야 한다.
위험물검사원 (제77조의2)	① 대행업무를 행하는 위험물검사등대행기관은 해당 대행업무를 직접 수행하는 자로서 위험물검사원을 둘 수 있다. ② 위험물검사원의 자격기준 및 직무 등에 관하여 필요한 사항은 해양수산부령으로 정한다. ③ 해양수산부장관은 위험물검사원이 그 직무를 행함에 있어 이 법 또는 이 법에 따른 명령을 위반한 때에는 위험물검사등대행기관에 대하여 그 해임을 요청하거나 1년 이내의 기간을 정하여 직무를 정지하도록 요청할 수 있다. ④ 위험물검사등대행기관은 제3항에 따른 해임 또는 직무정지의 요청을 받은 때에는 지체 없이 해당 위험물검사원에 대하여 조치를 하고 그 결과를 해양수산부장관에게 보고하여야 한다.

※ **시행규칙 제4조(선박시설)** 법 제2조제2호에서 "해양수산부령이 정하는 것"이란 다음 각호의 것을 말한다.
1. 선체
2. 기관
3. 돛대
4. 배수설비
5. 조타(操舵)설비

6. 계선(繫船)설비: 배를 항구 등에 매어 두기 위한 설비

7. 양묘(揚錨)설비: 닻을 감아올리기 위한 설비

8. 구명설비

9. 소방설비

10. 거주설비

11. 위생설비

12. 항해설비

13. 적부(積付)설비: 위험물이나 그 밖의 산적화물을 실은 선박과 운송물의 안전을 위하여 운송물을 계획적으로 선박 내에 배치하기 위한 설비

14. 하역이나 그 밖의 작업설비

15. 전기설비

16. 원자력설비

17. 컨테이너설비

18. 승강설비

19. 냉동·냉장 및 수산물처리가공설비

19의2. 「항만법 시행령」 제42조에 따른 항만건설장비(이하 "항만건설장비"라 한다)

20. 선박의 종류·기능에 따라 설치되는 특수한 설비로서 해양수산부장관이 인정하는 설비

제11절 │ 벌 칙

내용	규정
벌칙 (제83조)	다음 각호의 어느 하나에 해당하는 자는 3년 이하의 징역 또는 3천만원 이하의 벌금에 처한다. 1. 제7조의 규정을 위반하여 건조검사를 받지 아니한 자 2. 거짓이나 그 밖의 부정한 방법으로 제7조부터 제12조까지의 규정에 따른 건조검사·선박검사 또는 국제협약검사를 받은 자 2의2. 거짓이나 그 밖의 부정한 방법으로 제14조제3항에 따른 선체두께의 측정을 한 자 3. 제15조제1항(제43조제4항에 따라 준용되는 경우를 포함한다)을 위반하여 건조검사 또는 선박검사를 받은 후 해당 선박의 구조배치·기관·설비 등을 변경하거나 개조한 선박소유자 3의2. 제15조제2항을 고의 또는 중대한 과실로 위반하여 선박을 해양사고에 이르게 한 선박소유자 4. 제15조제3항을 위반하여 해양수산부장관의 허가를 받지 아니하고 선박의 길이·너비·깊이·용도를 변경하거나 설비를 개조한 선박소유자 5. 거짓이나 그 밖의 부정한 방법으로 제18조제1항·제4항·제9항에 따른 형식승인, 그 변경승인 및 검정을 받은 자 6. 거짓이나 그 밖의 부정한 방법으로 제20조제1항의 규정에 따른 지정

	사업장의 지정을 받은 자 6의2. 거짓이나 그 밖의 부정한 방법으로 제20조제4항에 따른 합격증서를 발행하거나 또는 자체검사기준에 합격하였음을 나타내는 표시를 한 자 7. 거짓이나 그 밖의 부정한 방법으로 제22조제1항의 규정에 따른 예비검사를 받은 자 8. 거짓이나 그 밖의 부정한 방법으로 제23조제1항·제3항·제4항의 규정에 따른 컨테이너형식승인, 그 변경승인 및 검정을 받은 자 9. 제27조제2항을 위반하여 만재흘수선을 초과하여 여객 또는 화물을 운송한 자 10. 제28조제1항을 위반하여 복원성을 유지하지 아니하고 선박을 항해에 사용한 자 11. 제39조제1항을 위반하여 해양수산부장관으로부터 화물적재고박지침서를 승인받지 아니하고 화물을 적재 또는 고박한 자 11의2. 제39조제2항을 위반하여 승인을 받은 내용에 따르지 아니하고 화물을 적재 또는 고박한 자 12. 거짓이나 그 밖의 부정한 방법으로 제42조제1항의 규정에 따른 강화검사를 받은 자 13. 거짓이나 그 밖의 부정한 방법으로 제43조제1항의 규정에 따른 예인선항해검사를 받은 자 13의2. 거짓이나 그 밖의 부정한 방법으로 제60조제1항에 따른 검사등 업무를 한 자 13의4. 거짓이나 그 밖의 부정한 방법으로 제64조에 따른 컨테이너의 검정 등을 한 자 13의5. 거짓이나 그 밖의 부정한 방법으로 제65조에 따른 위험물 관련 검사·승인을 한 자 14. 제74조제4항의 규정을 위반하여 다른 사람에게 알려주거나 공개 또는 는 보도한 자
벌칙 (제84조)	① 선박소유자, 선장 또는 선박직원이 다음 각호의 어느 하나에 해당하는 행위를 하는 때에는 1년 이하의 징역 또는 1천만원 이하의 벌금에 처한다. 1. 제8조제2항의 규정에 따른 선박검사증서에 기재된 항해구역을 넘어서 선박을 항해에 사용한 때 2. 제8조제2항의 규정에 따른 선박검사증서에 기재된 최대승선인원을 초과하여 승선자를 탑승한 채 선박을 항해에 사용한 때 3. 제8조제2항의 규정에 따른 선박검사증서에 기재된 만재흘수선의 지정된 위치를 위반하여 선박을 항해에 사용한 때 5. 제17조제1항을 위반하여 선박검사증서등이 없거나 선박검사증서등의 효력이 정지된 선박을 항해에 사용한 때

	6. 제17조제2항의 규정을 위반하여 선박검사증서등에 기재된 항해와 관련한 조건을 위반하여 선박을 항해에 사용한 때 6의2. 제23조제8항을 위반하여 컨테이너형식승인판이 붙어있지 아니한 컨테이너를 선박에 실어 화물운송에 사용한 때 6의3. 제24조제1항을 위반하여 컨테이너의 안전점검을 실시하지 아니한 때 6의4. 제25조제1항을 위반하여 컨테이너의 안전점검을 실시하지 아니하고 컨테이너를 사용한 때 8. 제27조제1항의 규정을 위반하여 만재흘수선의 표시를 은폐·변경 또는 말소한 때 10. 제29조제3항의 규정을 위반하여 무선설비를 갖추지 아니하고 선박을 항해에 사용한 때 11. 제74조제1항에 따른 선박의 결함신고를 하지 아니한 때 ② 선장이 선박소유자의 업무에 관하여 제1항의 위반행위를 하면 선장을 벌하는 외에 선박소유자에게도 같은 항의 벌금형을 과한다. 다만, 선박소유자가 그 위반행위를 방지하기 위하여 해당 업무에 관하여 상당한 주의와 감독을 게을리하지 아니한 경우에는 그러하지 아니하다. ③ 선장 외에 선박승무원이 제1항의 위반행위를 하면 그 선박승무원을 벌하는 외에 그 선장에게도 같은 항의 벌금형을 과한다. 다만, 선장이 그 위반행위를 방지하기 위하여 해당 업무에 관하여 상당한 주의와 감독을 게을리하지 아니한 경우에는 그러하지 아니하다.
벌칙 (제85조)	다음 각호의 어느 하나에 해당하는 자는 1천만원 이하의 벌금에 처한다. 1. 거짓이나 그 밖의 부정한 방법으로 제41조제2항의 규정에 따른 위험물의 적재·운송 또는 저장방법의 적합 여부에 관한 검사를 받거나 승인을 얻은 자 2. 제69조제4항의 규정에 따른 명령에 따르지 아니한 자 3. 제71조제3항의 규정에 따른 명령에 따르지 아니한 자 5. 제74조제3항의 규정에 따른 출항정지명령에 따르지 아니한 자 6. 제75조제1항의 규정을 위반하여 거짓의 보고를 하거나 거짓의 자료를 제출한 자 7. 정당한 사유 없이 제75조제2항의 규정에 따른 공무원의 출입을 거부·방해 또는 기피한 자 8. 제75조제5항의 규정에 따른 처분에 따르지 아니한 자
벌칙 (제86조)	다음 각호의 어느 하나에 해당하는 자는 500만원 이하의 벌금에 처한다. 1의2. 제39조제4항을 위반하여 컨테이너형식승인판에 표시된 최대총중량을 초과하여 화물을 수납·적재한 자 2. 제43조제1항의 규정을 위반하여 예인선항해검사를 받지 아니하고 부선 및 구조물 등을 예인한 자 3. 제44조의 규정을 위반하여 고인화성 연료유·윤활유 등을 선박에서 사용한 자

양벌규정 (제86조의2)	선박소유자의 대리인(선박소유자가 법인인 경우에는 그 대표자를 포함한다), 사용인, 그 밖의 종업원(선박승무원은 제외한다)이 선박소유자의 업무에 관하여 제83조 각호 또는 제84조제1항의 어느 하나에 해당하는 위법행위를 하면 그 대리인, 사용인, 그 밖의 종업원을 벌하는 외에 그 선박소유자에게도 해당 조문의 벌금형을 과한다. 다만, 선박소유자가 그 위반행위를 방지하기 위하여 해당 업무에 관하여 상당한 주의와 감독을 게을리하지 아니한 경우에는 그러하지 아니하다.
벌칙 적용의 예외 (제87조)	이 법과 이 법에 따른 명령을 위반한 선박소유자에게 적용할 벌칙은 선박소유자가 국가 또는 지방자치단체인 때에는 이를 적용하지 아니한다.
벌칙의 적용 (제88조)	벌칙을 적용하는 경우 이 법 중 선박소유자에 관한 규정은 선박공유의 경우에 선박관리인을 임명하였을 때에는 이를 선박관리인에게, 선박임대차의 경우에는 이를 선박차용인에게, 용선의 경우에는 실질적으로 선박의 관리·운항을 담당하는 자에게 각각 적용하고, 선장에 관한 규정은 선장을 대신하여 그 직무를 행하는 자에게 이를 적용한다.
과태료 (제89조)	② 다음 각호의 어느 하나에 해당하는 자에게는 500만원 이하의 과태료를 부과한다. 1. 정당한 사유 없이 선박검사를 받지 아니한 자 2. 제13조제4항의 규정을 위반하여 승인된 도면을 선박에 비치하지 아니한 자 3의2. 제17조제3항을 위반하여 선박검사증서등을 선박(소형선박은 제외한다) 안에 갖추어 두지 아니한 자 4. 제18조제8항에 따른 형식승인시험 또는 변경승인시험에 합격한 선박용물건을 보관하지 아니한 자 7. 제28조제2항의 규정을 위반하여 복원성자료를 선장에게 제공하지 아니한 자 8. 제31조의 규정을 위반하여 선장의 전문적인 판단을 방해하거나 간섭한 자 9. 제32조의 규정을 위반하여 항해용 간행물을 선박에 비치하지 아니한 자 10. 제33조제1항의 규정을 위반하여 조타실의 시야를 확보하지 아니한 자 11. 제33조제2항의 규정을 위반하여 조타실과 조타기가 설치된 장소 사이에 통신장치를 설치하지 아니한 자 12. 제34조제3항의 규정을 위반하여 제한하중등의 표시를 하지 아니한 자 13. 제34조제4항의 규정을 위반하여 제한하중등의 사항을 위반하여 하역시설을 사용한 자 14. 제35조제2항의 규정을 위반하여 하역설비검사기록부 등의 서류를 선내에 비치하지 아니한 자 15. 제36조제1항 또는 제2항을 위반하여 화물에 관한 정보를 제공하지 아니한 자

16. 제37조의 규정을 위반하여 유독성가스 또는 산소의 농도를 측정할 수 있는 기기 및 이에 관한 사용설명서를 선장에게 제공하지 아니한 자
17. 제38조의 규정을 위반하여 안전조치를 취하지 아니한 자
19. 제39조제3항의 규정을 위반하여 안전조치를 취하지 아니한 자
21. 제40조제1항의 규정을 위반하여 선박의 복원성·화물의 성질 및 적재방법에 관한 정보를 선장에게 제공하지 아니한 자
22. 제40조제2항의 규정을 위반하여 안전조치를 취하지 아니한 자
23. 제41조제1항의 규정을 위반하여 위험물을 적재·운송 또는 저장한 자
24. 정당한 사유 없이 제41조제2항의 규정에 따른 위험물의 적재·운송 또는 저장방법의 적합 여부에 관한 검사 또는 승인을 받지 아니한 자
24의2. 정당한 사유 없이 제41조의2제1항에 따른 위험물 안전운송에 관한 교육을 받지 아니하고 위험물을 취급한 자
25. 정당한 사유 없이 제42조제1항의 규정에 따른 강화검사를 받지 아니한 자
26. 제43조제3항의 규정을 위반하여 예인선항해검사증서를 예인선에 비치하지 아니한 자
27. 제69조제1항의 규정을 위반하여 외국 항만당국의 항만국통제로 인하여 출항정지된 대한민국 선박의 소유자
28. 정당한 사유 없이 제75조제1항에 따른 보고 또는 자료제출을 하지 아니한 다음 각목의 어느 하나에 해당하는 자
    가. 선박소유자
    나. 제18조제3항에 따른 지정시험기관
    다. 제23조제1항에 따른 컨테이너형식승인을 받은 자
    라. 제24조제1항 후단에 따른 안전점검사업자
③ 정당한 사유 없이 제30조제1항의 규정에 따른 선박위치발신장치를 작동하지 아니한 선박의 선장에게는 1백만원 이하의 과태료를 부과한다.
④ 제1항부터 제3항까지의 규정에 따른 과태료는 대통령령으로 정하는 바에 따라 해양수산부장관이 부과·징수한다.

제3장 어선법

제1절 │ 총 론

1. 연혁 및 제정 목적

「어선법」은 1997년 12월 31일 자로 제정되어 1979년 1월 1일 시행되었다. 이후 본문의 개정과 타법 개정에 의한 개정을 포함하여 2022년까지 총 37번의 개정을 거쳤다. 제정법에서는 법의 제정

목적을 "어선의 적정한 수급조절과 조업안전을 기하여 어업생산력의 증강과 어민소득증대를 기하기 위하여 각 부처에서 분산 관장하고 있는 어선의 건조조정·등록·검사등 업무를 수산청으로 일원화하여 합리적인 어선행정으로 발전시키려는 것"[16]임을 밝히고 있다. 「어선법」에 의해 각 부처에 분산된 어선행정을 수산청으로 일원화하여 체계적이고 통합적인 어선행정을 실시할 수 있는 법적 근거를 마련했다.

2. 제정법 주요 내용

① 수산청장은 수산자원의 보호·어업조정 기타 공익을 위하여 어선건조의 조정을 위한 기준을 설정할 수 있도록 함
② 어민 또는 어업을 영위하고자 하는 자가 어선을 건조 또는 개조하고자 할 때에는 사전발주허가를 받도록 함
③ 어선소유자는 선적항을 관할하는 서울특별시장·부산시장 또는 도지사에게 어선 등록을 하도록 함
④ 수산청장 또는 도지사등은 어선에 대하여 안전검사를 실시함
⑤ 어선의 검사업무의 대행 및 어선의 성능향상을 위한 조사·연구를 하게 하기 위하여 한국어선협회를 설립함
⑥ 어선의 안전검사를 도지사 또는 한국어선협회에 위임하거나 대행하도록 함
⑦ 어선의 개량과 안전조업·경영합리화를 기할 수 있도록 업종별로 표준선을 설계·고시하도록 함
⑧ 어선의 소유자는 어선과 선원의 재해보상을 위하여 각각 책임보험 또는 공제에 가입하도록 함

제2절 | 총 칙

내용	규정
목적 (제1조)	어선의 건조·등록·설비·검사·거래 및 조사·연구에 관한 사항을 규정하여 어선의 효율적인 관리와 안전성을 확보하고, 어선의 성능 향상을 도모함으로써 어업생산력의 증진과 수산업의 발전에 이바지함을 목적으로 한다.
정의 (제2조)	1. "어선"이란 다음 각 목의 어느 하나에 해당하는 선박을 말한다. 　가. 어업(「양식산업발전법」에 따른 양식업을 포함), 어획물운반업 또는 수산물가공업("수산업")에 종사하는 선박 　나. 수산업에 관한 시험·조사·지도·단속 또는 교습에 종사하는 선박

---

16) 국가법령정보센터, 「어선법 제정 목적」.

	다. 제8조제1항에 따른 건조허가를 받아 건조 중이거나 건조한 선박 라. 제13조제1항에 따라 어선의 등록을 한 선박 2. "개조"란 다음 각 목의 어느 하나에 해당하는 것을 말한다. 　가. 어선의 길이 · 너비 · 깊이("주요치수")를 변경하는 것 　나. 어선의 추진기관을 새로 설치하거나 추진기관의 종류 또는 출력 　을 변경하는 것 　다. 어선의 용도를 변경하거나 어업의 종류를 변경할 목적으로 어선 　의 구조나 설비를 변경하는 것 3. "만재흘수선"이란 「선박안전법」 제2조제7호에 따른 만재흘수선을 말 한다. 4. "복원성"이란 「선박안전법」 제2조제8호에 따른 복원성을 말한다.
어선의 설비 (제3조)	어선은 해양수산부장관이 정하여 고시하는 기준에 따라 다음 각 호에 따 른 설비의 전부 또는 일부를 갖추어야 한다. 1. 선체 2. 기관 3. 배수설비 4. 돛대 5. 조타 · 계선 · 양묘설비 6. 전기설비 7. 어로 · 하역설비 8. 구명 · 소방설비 9. 거주 · 위생설비 10. 냉동 · 냉장 및 수산물처리가공설비 11. 항해설비 12. 그 밖에 해양수산부령으로 정하는 설비
복원성 승인 및 유지 (제3조의2)	① 다음 각 호의 어느 하나에 해당하는 어선의 소유자는 어선이 해양수 산부장관이 정하여 고시하는 복원성 기준에 적합한지에 대하여 해양수 산부령으로 정하는 바에 따라 복원성 승인을 받아야 한다. 1. 배의 길이가 24미터 이상인 어선 2. 「낚시 관리 및 육성법」에 낚시어선으로서 어선검사증서에 기재된 최 대승선인원이 13명 이상인 어선 ② 해양수산부장관은 제1항에 따른 승인을 하는 경우 복원성 계산을 위 하여 컴퓨터프로그램을 사용할 때에는 해양수산부장관이 정하여 고시하 는 복원성 계산방식에 따라야 한다. ③ 승인을 받은 어선의 소유자는 제1항 각 호 외의 부분에 따른 복원성 기준에 따라 복원성을 유지하여야 한다. ④ 승인을 받은 어선의 소유자는 복원성에 관한 자료를 해당 어선의 선 장에게 제공하여야 한다. ⑤ 복원성에 관한 자료를 제공받은 선장은 해당 자료를 어선 안에 비치

	하여야 한다.
만재흘수선의 표시 등 (제4조)	① 길이 24미터 이상의 어선의 소유자는 해양수산부장관이 정하여 고시하는 기준에 따라 만재흘수선의 표시를 하여야 한다. 다만, 임시항행검사를 받고 항행하는 어선 등 해양수산부령으로 정하는 어선은 만재흘수선의 표시를 생략할 수 있다. ② 누구든지 만재흘수선을 초과하여 사람, 어획물 또는 화물 등을 승선시키거나 싣고 항행하여서는 아니 된다.
무선설비 (제5조)	① 어선의 소유자는 해양수산부장관이 정하여 고시하는 기준에 따라 「전파법」에 따른 무선설비를 어선에 갖추어야 한다. 다만, 국제항해에 종사하는 총톤수 300톤 이상의 어선으로서 어획물운반업에 종사하는 어선 등 해양수산부령으로 정하는 어선에는 「해상에서의 인명안전을 위한 국제협약」에 따른 세계해상조난 및 안전제도의 시행에 필요한 무선설비를 갖추어야 한다. 이 경우 무선설비는 「전파법」에 따른 성능과 기준에 적합하여야 한다. ② 무선설비를 갖춘 어선의 소유자는 안전운항과 해양사고 발생 시 신속한 대응을 위하여 어선을 항행하거나 조업에 사용하는 경우 무선설비를 작동하여야 한다. ③ 제1항에도 불구하고 어선이 해양수산부령으로 정하는 항행의 목적에 사용되는 경우에는 무선설비를 갖추지 아니하고 항행할 수 있다.
어선위치발신장치 (제5조의2)	① 어선의 안전운항을 확보하기 위하여 제2조제1호가목 또는 나목에 해당하는 어선(「내수면어업법」에 따른 내수면어업에 종사하는 어선 등 해양수산부령으로 정하는 어선은 제외)의 소유자는 해양수산부장관이 정하는 기준에 따라 어선의 위치를 자동으로 발신하는 장치(「어선위치발신장치」)를 갖추고 이를 작동하여야 한다. 다만, 해양경찰청장은 해양사고 발생 시 신속한 대응과 어선 출항·입항 신고 자동화 등을 위하여 필요한 경우 그 기준을 정할 수 있다. ② 무선설비가 어선위치발신장치의 기능을 가지고 있는 때에는 어선위치발신장치를 갖춘 것으로 본다. ③ 어선의 소유자 또는 선장은 어선위치발신장치가 고장나거나 이를 분실한 경우 지체없이 그 사실을 해양경찰청장에게 신고한 후 대통령령으로 정하는 기한까지 어선위치발신장치를 정상 작동하기 위한 수리 또는 재설치 등의 조치를 하여야 한다. ④ 국가 또는 지방자치단체는 어선위치발신장치를 설치하는 어선의 소유자에 대하여 예산의 범위에서 그 설치비용의 전부 또는 일부를 지원할 수 있다. ⑤ 신고의 방법 및 절차 등에 필요한 사항은 해양경찰청장이 정한다.
국제협약 규정의 적용 (제6조)	국제협약의 적용을 받는 어선의 경우 그 협약의 규정이 이 법의 규정과 다를 때에는 해당 국제협약의 규정을 적용한다.

※**시행규칙 제3조의2(복원성 승인)** ① 법 제3조의2제1항 각 호의 어느 하나에 해당하는 어선의 소유자는 다음 각 호의 어느 하나에 해당하는 경우 법 제3조의2제1항에 따른 복원성 승인을 받아야 한다.

1. 법 제21조제1항제1호에 따라 최초로 항행의 목적에 사용하는 어선에 대한 정기검사를 받으려는 경우
2. 배의 길이의 변경으로 법 제3조의2제1항제1호에 해당하게 된 경우
3. 어선을 법 제3조의2제1항제2호에 따른 낚시어선으로 사용하기 위하여 최초로 「낚시 관리 및 육성법」 제25조 제1항에 따라 신고하려는 경우
4. 복원성 승인을 받은 후 복원성에 변경이 발생한 경우. 다만, 별표 1에 따른 복원성 승인 면제 대상의 경우는 제외한다.

② 제1항에 따라 복원성 승인을 받으려는 자는 별지 제48호서식의 도면승인신청서에 별표 6에 따른 검사종류별 관련 도면 중 복원성에 관한 도면 3부를 첨부하여 해양수산부장관에게 제출하여야 한다.

③ 해양수산부장관은 제2항에 따라 제출받은 도면이 법 제3조의2제1항에 따른 해양수산부장관이 정하여 고시하는 복원성 기준에 적합한 경우에는 이를 승인하고, 별표 7의 증인(證印)을 해당 도면의 적절한 곳에 표시하여야 한다.

※**시행령 제1조의2(어선위치발신장치의 수리 등)** 「어선법」(이하 "법"이라 한다) 제5조의2제3항에서 "대통령령으로 정하는 기한"이란 15일을 말한다. 다만, 천재지변, 기상악화 등의 부득이한 사유가 있는 경우에는 한번만 15일의 범위에서 연기할 수 있다.

제3절 | 어선의 건조

내용	규정
건조·개조의 허가등 (제8조)	① 어선을 건조하거나 개조하려는 자 또는 어선의 건조·개조를 발주하려는 자는 해양수산부령으로 정하는 바에 따라 해양수산부장관이나 특별자치시장·특별자치도지사·시장·군수·구청장(「시장·군수·구청장」)의 허가(「건조·개조허가」)를 받아야 한다(총톤수 2톤 미만 어선의 개조 등 해양수산부령으로 정하는 경우는 제외). 허가받은 사항을 변경하려는 경우에도 또한 같다. ② 해양수산부장관이나 시장·군수·구청장은 다음 각 호의 어느 하나에 해당하는 경우를 제외하고는 허가를 하여야 한다. 1. 신청인이 하려는 어업에 대하여 「수산업법」 또는 「양식산업발전법」에 따른 수산자원의 증식·보호 등을 위한 어업조정이 필요하다고 인정되는 경우 2. 신청인이 「수산업법」, 「양식산업발전법」, 「원양산업발전법」 및 「내수면어업법」에 따른 면허어업·허가어업 또는 신고어업을 할 수 없다고 인정되는 경우 3. 신청인이 이 법, 「수산업법」, 「양식산업발전법」, 「원양산업발전법」 및 「내수면어업법」을 위반하여 행정처분을 받고 그 효력이 종료되지 아

내용	규정
	니한 경우 4. 제1호부터 제3호까지의 경우 외에 어선의 효율적 관리를 저해하는 중대한 공익적 사유가 있는 경우로서 해양수산부령으로 정하는 경우 ③ 해양수산부장관은 건조·개조허가를 받은 어선의 주요치수·성능 및 총톤수 등에 관하여 오차허용범위를 정할 수 있다. 이 경우 오차허용범위 안의 어선에 대하여는 제1항 후단에 따른 변경허가를 받은 것으로 본다. ④ 양수산부장관이나 시장·군수·구청장은 건조·개조허가를 할 때 해양수산부령으로 정하는 바에 따라 조건을 붙일 수 있다.
허가의 취소 등 (제10조)	① 해양수산부장관이나 시장·군수·구청장은 건조·개조허가를 받은 자나 어선의 건조·개조를 발주받아 건조·개조하는 자가 다음 각 호의 어느 하나에 해당하는 경우에는 건조·개조허가를 취소할 수 있다. 다만, 제1호에 해당하면 그 허가를 취소하여야 한다. 1. 속임수나 그 밖의 부정한 방법으로 허가를 받은 경우 2. 허가사항을 위반하여 어선을 건조하거나 개조한 경우 ② 시장·군수·구청장은 건조·개조허가를 받은 자나 어선의 건조·개조를 발주받아 건조·개조하는 자가 제1항제2호에 해당하는 경우에는 어선의 건조·개조의 중지, 어선 또는 어선설비의 제거를 명할 수 있다.

※**시행규칙 제7조(건조·개조등의 허가조건등)** ① 해양수산부장관 또는 시장·군수·구청장은 법 제8조제4항에 따라 어선의 건조·개조등의 허가를 함에 있어서 다음 각호의 조건을 붙일 수 있다.
1. 건조 또는 개조하는 어선의 건조 또는 개조공사의 착공시기에 관한 사항
2. 피대체되는 어선의 처리에 관한 사항(건조·건조발주의 경우에 한한다)

제4절 | 어선의 등록

내용	규정
어선의 등기와 등록 (제13조)	① 어선의 소유자나 해양수산부령으로 정하는 선박의 소유자는 그 어선이나 선박이 주로 입항·출항하는 항구 및 포구(「선적항」)를 관할하는 시장·군수·구청장에게 해양수산부령으로 정하는 바에 따라 어선원부에 어선의 등록을 하여야 한다. 이 경우 「선박등기법」 제2조에 해당하는 어선은 선박등기를 한 후에 어선의 등록을 하여야 한다. ② 제1항에 따른 등록을 하지 아니한 어선은 어선으로 사용할 수 없다. ③ 시장·군수·구청장은 제1항에 따른 등록을 한 어선에 대하여 다음 각 호의 구분에 따른 증서 등을 발급하여야 한다. 1. 총톤수 20톤 이상인 어선: 선박국적증서

	2. 총톤수 20톤 미만인 어선(총톤수 5톤 미만의 무동력어선은 제외): 선적증서 3. 총톤수 5톤 미만인 무동력어선: 등록필증 ④ 선적항의 지정과 제한 등에 필요한 사항은 해양수산부령으로 정한다.
소형어선 소유권 변동의 효력 (제13조의2)	총톤수 20톤 미만의 소형어선에 대한 소유권의 득실변경은 등록을 하여야 그 효력이 생긴다.
어선의 총톤수 측정 등 (제14조)	① 어선의 소유자가 등록을 하려면 해양수산부령으로 정하는 바에 따라 해양수산부장관에게 어선의 총톤수 측정을 신청하여야 한다. ② 어선의 소유자는 어선의 수리 또는 개조로 인하여 총톤수가 변경된 경우에는 해양수산부장관에게 총톤수의 재측정을 신청하여야 한다. ③ 어선의 소유자는 외국에서 취득한 어선을 외국에서 항행하거나 조업 목적으로 사용하려는 경우에는 그 외국에 주재하는 대한민국 영사에게 총톤수 측정이나 총톤수 재측정을 신청할 수 있다.
선박국적증서등의 비치 (제15조)	어선의 소유자는 어선을 항행하거나 조업 목적으로 사용할 경우에는 선박국적증서, 선적증서 또는 등록필증(「선박국적증서등」)을 어선에 갖추어 두어야 한다. 다만, 「내수면어업법」, 「양식산업발전법」 면허어업·허가어업·신고어업 또는 양식업에 사용하는 어선 등 해양수산부령으로 정하는 어선의 경우에는 그러하지 아니하다.
어선 명칭등의 표시와 번호판의 부착 (제16조)	① 어선의 소유자는 선박국적증서등을 발급받은 경우에는 해양수산부령으로 정하는 바에 따라 지체 없이 그 어선에 어선의 명칭, 선적항, 총톤수 및 흘수의 치수 등(「명칭 등」)을 표시하고 어선번호판을 붙여야 한다. ② 제1항에 따른 어선번호판의 제작과 부착 등에 필요한 사항은 해양수산부령으로 정한다. ③ 어선의 소유자는 제1항에 따른 명칭등을 표시하고 어선번호판을 붙인 후가 아니면 그 어선을 항행하거나 조업 목적으로 사용하여서는 아니 된다.
등록사항의 변경 (제17조)	어선의 소유자는 등록사항이 변경된 경우에는 해양수산부령으로 정하는 바에 따라 변경등록을 신청하여야 한다.
선박국적증서등의 재발급 (제18조)	어선의 소유자는 선박국적증서등을 잃어버리거나 헐어서 못 쓰게 된 경우에는 14일 이내에 해양수산부령으로 정하는 바에 따라 재발급을 신청하여야 한다.
등록의 말소와 선박국적증서등의 반납 (제19조)	① 등록을 한 어선이 다음 각 호의 어느 하나에 해당하는 경우 그 어선의 소유자는 30일 이내에 해양수산부령으로 정하는 바에 따라 등록의 말소를 신청하여야 한다. 1. 어선 외의 목적으로 사용하게 된 경우 2. 대한민국의 국적을 상실한 경우

3. 멸실·침몰·해체 또는 노후·파손 등의 사유로 어선으로 사용할 수 없게 된 경우
4. 6개월 이상 행방불명이 된 경우
② 시장·군수·구청장은 어선의 소유자가 다음 각 호의 어느 하나에 해당하는 경우에는 30일 이내의 기간을 정하여 등록의 말소를 신청할 것을 최고하여야 하며 그 어선의 소유자가 최고를 받고도 정당한 사유 없이 이행하지 아니하면 직권으로 그 어선의 등록을 말소하여야 한다.
1. 속임수나 그 밖의 부정한 방법으로 등록을 한 경우
2. 어선의 소유자가 제1항에 따른 등록의 말소신청을 기간 내에 하지 아니한 경우
3. 해당 어선으로 영위하는 수산업의 허가·신고·면허 등의 효력이 상실된 후 1년이 지난 경우. 다만, 대통령령으로 정하는 경우에는 그러하지 아니하다.
4. 정당한 사유 없이 정기검사 또는 중간검사에 따른 어선의 검사를 받지 아니하고 1년이 지난 경우
③ 등록이 말소된 어선의 소유자는 지체 없이 그 어선에 붙어 있는 어선번호판을 제거하고 14일 이내에 그 어선번호판과 선박국적증서등을 선적항을 관할하는 시장·군수·구청장에게 반납하여야 한다. 다만, 어선번호판과 선박국적증서등을 분실 등의 사유로 반납할 수 없을 때에는 14일 이내에 그 사유를 선적항을 관할하는 시장·군수·구청장에게 신고하여야 한다.

제5절 | 어선의 검사

내용	규정
어선의 검사 (제21조)	① 어선의 소유자는 어선의 설비, 승인·유지 및 만재흘수선의 표시에 관하여 해양수산부령으로 정하는 바에 따라 다음 각 호의 구분에 따른 해양수산부장관의 검사를 받아야 한다. 다만, 총톤수 5톤 미만의 무동력어선 등 해양수산부령으로 정하는 어선은 그러하지 아니하다. 1. 정기검사 최초로 항행의 목적에 사용하는 때 또는 어선검사증서의 유효기간이 만료된 때 행하는 정밀한 검사 2. 중간검사 정기검사와 다음의 정기검사와의 사이에 행하는 간단한 검사 3. 특별검사 해양수산부령으로 정하는 바에 따라 임시로 특수한 용도에 사용하는 때 행하는 간단한 검사

	4. 임시검사 제1호부터 제3호까지의 검사 외에 해양수산부장관이 특히 필요하다고 인정하는 때 행하는 검사 5. 임시항행검사 어선검사증서를 발급받기 전에 어선을 임시로 항행의 목적으로 사용하고자 하는 때 행하는 검사 ② 어선위치발신장치에 대하여는 「전파법」에서 정하는 바에 따라 검사를 받아야 한다.
건조검사 등 (제22조)	① 어선을 건조하는 자는 설비와 만재흘수선에 대하여 각각 어선의 건조를 시작한 때부터 해양수산부장관의 건조검사를 받아야 한다. 다만, 배의 길이 24미터 미만의 목선 등 해양수산부령으로 정하는 어선의 경우에는 그러하지 아니하다. ② 건조검사에 합격된 부분에 대하여는 정기검사 중 최초로 실시하는 검사를 할 경우 그 건조검사에서 합격된 부분에 대한 검사를 생략할 수 있다. ③ 설비에 필요한 어선용품(「어선용품」) 중 해양수산부령으로 정하는 어선용품을 제조·개조·수리 또는 정비하거나 수입하려는 자는 해당 어선용품을 설치하여야 할 어선이 결정되기 전에 해양수산부장관의 검사(「예비검사」)를 받을 수 있다. ④ 예비검사에 합격한 어선용품 및 「선박안전법」에 따른 예비검사에 합격된 선박용물건에 대하여는 건조검사 또는 검사 중 최초로 실시하는 검사를 할 경우 그 예비검사에서 합격된 부분에 대한 검사를 생략할 수 있다. ⑤ 건조검사 및 예비검사에 필요한 사항은 해양수산부령으로 정한다. ⑥ 양수산부장관은 외국에서 수입되는 선박 등 제1항에 따른 건조검사를 받지 아니하는 선박에 대하여 건조검사에 준하는 검사로서 해양수산부령으로 정하는 검사(「별도건조검사」)를 받게 할 수 있다. 이 경우 별도건조검사에 합격한 선박에 관하여는 제2항부터 제5항까지의 규정을 준용한다.
어선 검사 후 어선의 상태유지 (제23조)	어선의 소유자는 어선의 검사 또는 건조검사(별도건조검사 포함)를 받은 후 해당 어선의 선체·기관·설비 등을 임의로 변경하거나 설치하여서는 아니 되며, 선체·기관·설비 등이 정상적으로 작동·운영되도록 상태를 유지하여야 한다.
형식승인 및 검정 등 (제24조)	① 해양수산부장관이 정하여 고시하는 어선용품 또는 소형어선을 제조하거나 수입하려는 자는 해양수산부장관의 형식승인 및 검정을 받을 수 있다. 이 경우 형식승인을 받으려는 자는 형식승인시험을 거쳐야 한다. ② 형식승인을 받은 자가 그 내용을 변경하고자 하는 경우에는 해양수산부장관으로부터 변경승인을 받아야 한다. 이 경우 해당 어선 또는 어선용품의 성능에 영향을 미치는 사항을 변경하는 때에는 해당 변경 부분에 대하여 제1항에 따른 형식승인시험을 거쳐야 한다.

③ 형식승인시험을 수행하는 시험기관(「형식승인시험기관」)은 다음 각 호의 어느 하나에 해당하는 기관으로 한다.
1. 지정·고시한 시험기관
2. 「선박안전법」에 따라 지정·고시한 지정시험기관
④ 제1항에 따라 형식승인을 받은 자가 그 건조·제조 또는 수입한 어선 또는 어선용품으로서 해양수산부장관의 검정에 합격한 어선 또는 어선용품과 「선박안전법」에 따라 해양수산부장관의 형식승인을 받고 지정검정기관의 검정에 합격된 선박용물건에 대하여는 검사 중 최초로 실시하는 검사 또는 제22조제1항 및 제6항에 따른 검사를 할 경우 그 검정에서 합격된 부분에 대한 검사를 생략할 수 있다.
⑤ 형식승인 및 검정, 변경승인에 필요한 사항은 해양수산부령으로 정한다.

지정사업장의 지정 (제25조)	① 해양수산부장관은 어선 또는 제3조 각 호에 따른 설비를 건조·제조하거나 정비(개조 또는 수리 포함)하는 사업장 중 해양수산부령으로 정하는 지정기준에 적합한 사업장에 대하여 어선, 어선의 설비 또는 어선용품의 지정건조사업장·지정제조사업장 또는 지정정비사업장(「지정사업장」)으로 지정할 수 있다. ② 지정사업장의 지정을 받으려는 자는 어선, 어선의 설비 또는 어선용품의 건조·제조 또는 정비 규정을 작성하여 해양수산부장관의 승인을 받아야 한다. ③ 어선, 어선의 설비 또는 어선용품이 제1항에 따른 지정건조사업장·지정제조사업장에서 건조·제조되고 건조·제조규정에 따라 적합하게 건조·제조된 것을 해양수산부령으로 정하는 바에 따라 확인한 경우에는 그 어선, 어선의 설비 또는 어선용품에 관하여는 검사 중 최초로 실시하는 검사 또는 제22조제1항 및 제6항에 따른 검사를 할 경우 그 확인된 부분에 대한 검사를 생략할 수 있다. ④ 어선, 어선의 설비 또는 어선용품이 제1항에 따른 지정정비사업장에서 정비되고 정비규정에 따라 적합하게 정비된 것을 해양수산부령으로 정하는 바에 따라 확인한 경우에는 그 정비를 받은 날부터 6개월 이내에 실시하는 정기검사, 중간검사 또는 임시검사를 할 경우 그 확인된 부분에 대한 검사를 생략할 수 있다. ⑤ 지정사업장의 지정과 건조·제조 및 정비 규정의 승인에 필요한 사항은 해양수산부령으로 정한다.
하역설비의 확인 등 (제26조의2)	① 1톤 이상의 어획물 또는 화물 등의 하역에 사용하는 하역설비를 갖춘 총톤수 300톤 이상의 어선의 소유자는 하역설비의 제한하중·제한각도 및 제한반지름(「제한하중등」)에 대하여 해양수산부장관의 확인을 받아야 한다. ② 해양수산부장관은 하역설비에 대하여 정기검사 또는 중간검사를 한 경우에는 해양수산부령으로 정하는 바에 따라 하역설비검사기록부를 작성하여야 한다.

	③ 확인을 받은 어선의 소유자는 확인받은 제한하중등의 사항을 위반하여 하역설비를 사용하여서는 아니 된다. ④ 하역설비의 제한하중등의 확인 기준, 절차 및 확인 사항의 표시 등에 관한 사항은 해양수산부령으로 정한다.
검사증서의 발급 등 (제27조)	① 해양수산부장관은 다음 각 호의 구분에 따라 검사증서를 발급한다. 1. 정기검사에 합격된 경우에는 어선검사증서(어선의 종류·명칭·최대 승선인원 및 만재흘수선의 표시 위치 등을 기재하여야 한다) 1의2. 중간검사 또는 같은 항 제4호에 따른 임시검사에 합격된 경우로서 어선검사증서의 기재사항이 변경된 경우에는 변경된 사항이 기재된 어선검사증서 2. 특별검사에 합격된 경우에는 어선특별검사증서 3. 임시항행검사에 합격된 경우에는 임시항행검사증서 4. 건조검사에 합격된 경우에는 건조검사증서 5. 예비검사에 합격된 경우에는 예비검사증서 5의2. 별도건조검사에 합격된 경우에는 별도건조검사증서 6. 검정에 합격된 경우에는 검정증서 7. 확인한 경우에는 건조·제조확인증 또는 정비확인증 8. 제한하중등 확인증 ② 해양수산부장관은 검사증서·검정증서, 건조·제조·정비확인증 및 제한하중등 확인증을 발급하는 때에는 해당 어선 또는 어선용품에 합격표시 또는 증인(證印)을 붙여야 한다.
검사증서의 유효기간 (제28조)	① 어선검사증서의 유효기간은 5년으로 한다. ② 유효기간의 기산방법은 해양수산부령으로 정한다. ③ 어선검사증서의 유효기간은 다음 각 호의 어느 하나에 해당하는 경우에는 5개월 이내의 범위에서 해양수산부령으로 정하는 바에 따라 이를 연장할 수 있다. 1. 어선검사증서의 유효기간이 만료되는 때에 해당 어선이 검사를 받을 수 있는 장소에 있지 아니한 경우 2. 해당 어선이 외국에서 정기검사를 받은 경우 등 부득이한 경우로서 새로운 어선검사증서를 즉시 교부할 수 없거나 어선에 비치하게 할 수 없는 경우 3. 그 밖에 해양수산부령으로 정하는 경우 ④ 어선검사증서는 중간검사 또는 임시검사를 받아야 할 어선이 그 검사에 합격되지 아니한 경우에는 해당 검사에 합격될 때까지 그 효력이 정지된다.
검사증서 등의 비치 (제29조)	어선의 소유자는 어선을 항행 또는 조업의 목적으로 사용할 경우에는 어선검사증서·어선특별검사증서 또는 임시항행검사증서를 어선에 비치하여야 한다. 다만, 「내수면어업법」, 「양식산업발전법」에 따라 면허어업·허

	가어업·신고어업 또는 양식업에 사용하는 어선 등 해양수산부령으로 정하는 어선의 경우에는 그러하지 아니하다.
재검사의 신청 (제30조)	① 총톤수 측정·재측정, 검사·검정 및 확인(「검사등」)을 받은 자가 검사등에 대하여 이의가 있는 때에는 그 결과를 통지받은 날부터 60일 이내에 사유를 갖추어 해양수산부령으로 정하는 바에 따라 해양수산부장관에게 재검사 등을 신청할 수 있다. ② 재검사 등을 받으려는 자가 해당 어선설비를 변경하려는 경우에는 해양수산부장관의 승인을 받아야 한다.

제6절 │ 어선의 거래

내용	규정
어선거래시스템 등의 구축·운영 (제31조)	① 해양수산부장관은 어선 및 어선의 설비(무선설비를 포함. 「어선설비등」)의 거래와 관련하여 어업인의 편의, 거래의 투명성 및 효율성을 증진하기 위하여 어선거래시스템을 구축·운영할 수 있다. ② 해양수산부장관은 어선거래시스템(「어선거래시스템」)을 통하여 어선 및 어선설비등의 매매 또는 임대차와 관련한 정보를 해당 정보를 요청하는 자에게 제공할 수 있다. 이 경우 해양수산부장관은 어선소유자 등 개인의 사생활의 비밀 또는 자유를 침해하는 정보를 제공해서는 아니 되며, 제공하는 정보에 「개인정보 보호법」에 따른 개인정보가 포함된 경우에는 정보주체의 동의를 받아야 한다. ③ 해양수산부장관은 어선거래시스템의 효율적인 운영을 위하여 다음 각호의 정보에 대한 데이터베이스를 구축·운영할 수 있다. 1. 어선의 등록, 어선의 변경등록 및 등록의 말소에 관한 정보 2. 어선의 검사에 관한 정보 3. 어업의 면허, 어업의 허가, 어업의 신고에 관한 정보 4. 그 밖에 어선거래시스템의 효율적인 운영을 위한 정보로서 해양수산부령으로 정하는 정보 ④ 해양수산부장관은 어선거래시스템의 운영을 위하여 필요한 경우에는 해양수산부령으로 정하는 바에 따라 전산정보처리조직에 의하여 어선거래시스템의 관리·운영 및 데이터베이스의 관리 업무를 처리할 수 있다. ⑤ 해양수산부장관은 어선 및 어선설비등 거래의 투명성 확보 및 어선정책의 수립을 위하여 필요한 경우 어선중개업의 등록을 한 자에게 어선 및 어선설비등의 거래에 관한 정보를 요청할 수 있다. 이 경우 자료의 제출을 요청받은 자는 특별한 사정이 없으면 이에 따라야 한다. ⑥ 해양수산부장관은 데이터베이스의 구축·운영을 위하여 필요한 경우 시장·군수·구청장에게 자료의 제공을 요청할 수 있다.

어선중개업의 등록 등 (제31조의2)	어선 및 어선설비등에 대한 매매 또는 임대차를 중개하는 사업(「어선중개업」)하려는 자는 다음 각호의 요건을 모두 갖추어 해양수산부령으로 정하는 바에 따라 해양수산부장관에게 등록하여야 한다. 등록한 사항을 변경하려는 때에도 또한 같다. 1. 보증보험의 가입 2. 해양수산부령으로 정하는 어선 및 어선설비등의 중개에 관한 교육의 이수. 이 경우 어선중개업의 등록을 하려는 자가 법인인 경우에는 그 대표자와 해당 법인에서 어선중개업을 하려는 자가 모두 교육을 이수하여야 한다. 3. 그 밖에 어선중개업의 수행에 필요한 사항으로서 대통령령으로 정하는 요건
거래계약서의 작성 등 (제31조의8)	① 어선중개업자는 어선 및 어선설비등의 매매 또는 임대차를 중개하는 경우 대통령령으로 정하는 바에 따라 거래계약서를 작성하여 거래당사자에게 발급하여야 한다. ② 어선중개업자는 거래계약서 사본을 3년간 보존하여야 한다.
보증보험 가입 등 (제31조의9)	① 어선중개업자는 어선 및 어선설비등의 매매 또는 임대차를 중개하면서 고의나 과실로 거래당사자에게 재산상의 손해를 발생하게 한 경우 그 손해에 대한 배상책임을 보장하기 위한 보증보험에 가입하여야 한다. ② 어선중개업자는 어선 및 어선설비등의 매매 또는 임대차를 중개하는 경우 거래당사자에게 제1항에 따른 손해배상책임의 보장에 관한 다음 각 호의 사항을 설명하고, 관계 증서의 사본을 발급하거나 관계 증서에 대한 전자문서를 제공하여야 한다. 1. 보장금액 2. 보장기간 3. 보증보험회사 및 그 소재지

제7절 | 보 칙

내용	규정
청문 (제38조)	해양수산부장관이나 시장·군수·구청장은 다음 각호의 어느 하나에 해당하는 처분을 하려면 청문을 하여야 한다. 1. 제10조에 따른 건조·개조허가의 취소, 어선의 건조·개조의 중지 명령 및 어선 또는 어선설비의 제거 명령 2. 제19조제2항에 따른 어선등록의 말소 2의2. 제24조의2제1항에 따른 형식승인의 취소 또는 효력 정지 2의3. 제24조의3제2항에 따른 형식승인시험기관의 지정 취소 또는 효력 정지

	2의4. 제26조제1항에 따른 지정사업장의 지정 취소 또는 효력 정지 3. 제31조의4에 따른 어선중개업 등록의 취소 4. 제41조제8항에 따른 대행의 취소 또는 정지
검사업무의 대행 (제41조)	① 해양수산부장관은 공단 또는 선급법인으로 하여금 다음 각 호의 업무를 대행하게 할 수 있다. 다만, 선급법인의 경우 제5호 및 제5호의2의 업무는 제외한다. 1. 어선의 복원성 승인 1의2. 어선의 총톤수 측정·재측정 2. 어선의 검사 3. 어선의 건조검사, 어선용품의 예비검사 및 별도건조검사 4. 어선 또는 어선용품의 검정 5. 지정사업장의 지정을 위한 조사 5의2. 어선, 어선의 설비 또는 어선용품의 확인 5의3. 제한하중등의 확인 및 하역설비검사기록부의 작성 6. 어선검사증서 유효기간 연장의 승인 7. 제37조제2항에 따라 준용되는 다음 각 목의 업무 　가. 국제협약검사 　나. 도면승인 　다. 위험물의 적재·운송」저장 등에 관한 검사·승인 ③ 공단이나 선급법인은 대행하는 업무의 범위에서 해양수산부장관의 승인을 받아 검사증서·검정증서·확인증 또는 어선총톤수측정증명서(국제톤수증서, 국제톤수확인서 및 재화중량톤수증서 포함)를 발급할 수 있다. ④ 공단이나 선급법인은 대행하는 업무에 대하여 해양수산부령으로 정하는 바에 따라 해양수산부장관에게 보고하여야 한다. ⑤ 해양수산부장관은 공단이나 선급법인이 보고한 대행업무에 대하여 그 처리내용을 확인하고 이 법 또는 이 법에 따른 명령을 위반한 경우에는 필요한 조치를 하여야 한다. ⑥ 해양수산부장관은 공단 또는 선급법인이 이 법에 따라 행한 업무에 대하여 지도·감독하고, 필요하다고 인정되는 때에는 공단 또는 선급법인에 대하여 그 사업에 관한 지시 또는 명령을 할 수 있다. ⑦ 해양수산부장관은 공단 또는 선급법인에 대하여 필요하다고 인정하는 때에는 그 회계 및 재산에 관한 사항을 검사할 수 있다. ⑧ 해양수산부장관은 공단 또는 선급법인이 대행하는 업무를 거짓 또는 부정한 방법으로 수행한 경우에는 대통령령으로 정하는 바에 따라 해당 업무의 대행을 취소하거나 정지할 수 있다.

제8절 | 벌 칙

내용	규정
벌칙 (제43조)	다음 각호의 어느 하나에 해당하는 자는 3년 이하의 징역 또는 3천만원 이하의 벌금에 처한다. 1. 제8조제1항을 위반하여 건조·개조허가를 받지 아니하고 어선을 건조·개조하거나 어선의 건조·개조를 발주한 자 2. 제13조제2항을 위반하여 같은 조 제1항에 따른 등록을 하지 아니한 어선을 어선으로 사용한 자 3. 거짓 또는 부정한 방법으로 제41조제1항 또는 제3항에 따른 대행업무 또는 발급업무를 한 자
벌칙 (제44조)	① 다음 각호의 어느 하나에 해당하는 자는 1년 이하의 징역 또는 1천만원 이하의 벌금에 처한다. 1. 제3조의2제1항 또는 제3항을 위반하여 복원성 승인을 받지 아니하거나 복원성을 유지하지 아니하고 어선을 항행에 사용한 자 1의2. 제4조에 따른 만재흘수선의 표시를 하지 아니한 자 2. 제5조제1항에 따른 무선설비를 갖추지 아니하고 어선을 항행 또는 조업에 사용한 자 3. 제16조에 따른 어선 명칭등의 표시 또는 어선번호판을 은폐·변경 또는 제거하고 어선을 항행 또는 조업에 사용한 자 4. 제21조에 따른 어선검사를 받지 아니하고 어선을 항행 또는 조업에 사용한 자 4의2. 제23조를 위반하여 제21조에 따른 어선의 검사 또는 제22조제1항에 따른 건조검사(별도건조검사를 포함한다)를 받은 후 해당 어선의 선체·기관·설비 등을 임의로 변경하거나 설치한 자 5. 거짓이나 그 밖의 부정한 방법으로 제24조제1항 또는 제2항에 따른 형식승인, 그 변경승인 또는 검정을 받은 자 6. 거짓이나 그 밖의 부정한 방법으로 제25조제1항에 따른 지정사업장의 지정을 받은 자 7. 제27조제1항제1호에 따른 어선검사증서에 기재된 최대승선인원을 초과하여 어선을 항행 또는 조업에 사용한 자 7의2. 제27조제1항제1호에 따른 어선검사증서에 기재된 만재흘수선의 표시 위치 등을 위반한 어선을 항행 또는 조업에 사용한 자 8. 거짓이나 그 밖의 부정한 방법으로 제27조제1항에 따른 어선검사증서·어선특별검사증서·임시항행검사증서·건조검사증서·예비검사증서·별도건조검사증서·건조확인증·제조확인증·정비확인증 또는 제한하중등 확인증을 발급받은 자 9. 제31조의2에 따른 등록 또는 변경등록을 하지 아니하고 어선중개업

	을 한 자 10. 거짓이나 그 밖의 부정한 방법으로 제31조의2에 따른 어선중개업을 등록하거나 변경등록한 자 ② 어선 승선원이 제1항의 위반행위를 하면 행위자를 벌할 뿐만 아니라 선장에게도 같은 항의 벌금형을 과한다.
벌칙 (제46조)	다음 각호의 어느 하나에 해당하는 자는 500만원 이하의 벌금에 처한다. 1. 제10조에 따른 처분이나 명령을 이행하지 아니한 자 2. 제22조제1항을 위반하여 건조검사를 받지 아니하고 어선을 건조한 자
벌칙 (제47조)	제42조를 위반하여 법정대리인의 의무를 이행하지 아니한 자는 100만원 이하의 벌금에 처한다.
양벌규정 (제48조)	① 법인의 대표자, 대리인, 사용인, 그 밖의 종업원이 그 법인의 업무에 관하여 제43조, 제44조, 제46조 및 제47조의 위반행위를 하면 그 행위자를 벌할 뿐만 아니라 그 법인에도 해당 조문의 벌금형을 과한다. 다만, 법인이 그 위반행위를 방지하기 위하여 해당 업무에 관하여 상당한 주의와 감독을 게을리하지 아니한 때에는 그러하지 아니하다. ② 개인의 대리인, 사용인, 그 밖의 종업원이 그 개인의 업무에 관하여 제43조, 제44조, 제46조 및 제47조의 위반행위를 하면 그 행위자를 벌할 뿐만 아니라 그 개인에게도 해당 조문의 벌금형을 과한다. 다만, 개인이 그 위반행위를 방지하기 위하여 해당 업무에 관하여 상당한 주의와 감독을 게을리하지 아니한 때에는 그러하지 아니하다.
벌칙의 준용 (제49조)	어선에 대하여 「선박법」 제32조, 제33조제1항(같은 법 제10조를 위반하여 선박국적증서나 가선박국적증서를 갖추어 두지 아니하고 대한민국국기를 게양한 경우로 한정한다), 제34조, 제35조제1항 및 제35조제2항제3호·제4호와 「선박안전법」 제83조제2호(국제협약검사에 관한 부분에 한정한다)·제14호, 제84조제1항제5호·제6호·제11호, 제85조제1호·제2호 및 제5호부터 제8호까지 및 제86조제3호를 준용한다. 이 경우 "한국선박"은 "한국어선"으로, "선박"은 "어선"으로, "선박원부"는 "어선원부"로, "선박소유자"는 "어선소유자"로, "선박관리인"은 "어선관리인"으로 본다.
벌칙의 적용 (제50조)	이 법(제37조에 따라 준용되는 「선박법」 및 「선박안전법」을 포함한다. 이하 이 조와 제51조에서 같다)과 이 법에 따른 명령을 위반한 어선소유자에게 적용할 벌칙(제49조에 따라 준용되는 「선박법」 및 「선박안전법」의 벌칙 규정을 포함한다. 이하 이 조와 제51조에서 같다)은 다음 각호에 해당하는 자에게 적용한다. 1. 어선을 공유한 경우로서 어선관리인을 둔 때에는 어선관리인 2. 어선 임차의 경우 어선임차인 3. 선장에게 적용할 벌칙은 선장의 직무를 대행하는 자

벌칙 적용의 예외 (제51조)	어선의 소유자가 국가, 특별시·광역시·특별자치시·도·특별자치도 또는 시·군·자치구인 경우에는 이 법과 이 법에 따른 명령을 위반한 어선의 소유자에게 적용할 벌칙을 적용하지 아니한다.
벌칙 적용에서의 공무원 의제 (제52조)	제41조제1항 및 제3항에 따라 해양수산부장관의 업무를 대행하거나 어선총톤수측정증명서를 발급하는 공단 또는 선급법인의 임직원은 「형법」 제129조부터 제132조까지의 규정에 따른 벌칙을 적용할 때에는 공무원으로 본다.
과태료 (제53조)	① 다음 각호의 어느 하나에 해당하는 자에게는 300만원 이하의 과태료를 부과한다. 1. 제4조제2항을 위반하여 만재흘수선을 초과하여 사람, 어획물 또는 화물 등을 승선시키거나 싣고 항행한 자 2. 정당한 사유 없이 제5조제2항을 위반하여 무선설비를 작동하지 아니한 자 3. 정당한 사유 없이 제5조의2제1항 본문을 위반하여 어선위치발신장치를 작동하지 아니한 자 4. 정당한 사유 없이 제5조의2제3항을 위반하여 어선위치발신장치의 고장 또는 분실 신고를 하지 아니하거나 고장 또는 분실 신고 후 어선위치발신장치의 수리 또는 재설치 등의 조치를 하지 아니한 자 ② 다음 각호의 어느 하나에 해당하는 자에게는 100만원 이하의 과태료를 부과한다. 1. 제3조의2제4항 또는 제5항을 위반하여 복원성에 관한 자료를 선장에게 제공하지 아니하거나 어선 안에 비치하지 아니한 자 2. 제15조 본문을 위반하여 선박국적증서등을 어선에 갖추어 두지 아니하고 어선을 항행하거나 조업에 사용한 자 3. 제16조제1항을 위반하여 어선의 명칭등을 표시하지 아니하거나 어선번호판을 붙이지 아니한 자 4. 제17조에 따른 변경등록을 신청하지 아니한 자 5. 제19조제1항에 따른 등록의 말소를 신청하지 아니한 자 6. 정당한 사유 없이 제19조제3항에 따른 어선번호판과 선박국적증서등을 반납하지 아니하거나 분실 등의 사유를 신고하지 아니한 자 7. 정당한 사유 없이 제21조제1항에 따른 어선검사를 받지 아니한 자 7의2. 제26조의2제1항을 위반하여 하역설비의 제한하중등의 확인을 받지 아니한 자 7의3. 제26조의2제3항을 위반하여 제한하중등의 사항을 위반하여 하역설비를 사용한 자 8. 제29조를 위반하여 어선검사증서·어선특별검사증서 또는 임시항행검사증서를 어선 안에 갖추지 아니하고 어선을 항행하거나 조업에 사용한 자 9. 제31조의5에 따른 어선중개업의 휴업·폐업·재개 또는 휴업기간 연

장 신고를 하지 아니한 자

10. 정당한 사유 없이 제31조의7에 따른 보수 교육을 받지 아니한 자

11. 제31조의9제2항을 위반하여 손해배상책임의 보장에 관한 사항을 설
    명하지 아니하거나 관계 증서의 사본이나 관계 증서에 관한 전자문
    서를 발급·제공하지 아니한 자

③ 제1항 및 제2항에 따른 과태료는 대통령령으로 정하는 바에 따라 다
음 각 호의 자가 각각 부과·징수한다.

1. 제1항제1호·제2호 및 제2항의 경우: 시장·군수·구청장

2. 제1항제3호·제4호의 경우: 해양경찰청장

제4장 국제선박등록법

제1절 | 총 론

1. 제정배경

「국제선박등록법」은 1997년 8월 22일 제정되어 1년 후 시행된 이래 2022년까지 6번에 걸쳐 개
정되었다. 이 법의 제정 배경은 당시 우리나라 외항상선의 경우 임금수준이 낮은 외국인선원의 고
용에 있어 상당한 제한이 있어 왔고, 선박의 취득 및 유지와 관련된 세금도 선진해운국에 비하여
상대적으로 과중하여 해운산업의 경쟁력 확보의 어려움에 있었다.

이런 상황을 개선하기 위하여 노르웨이, 영국, 네델란드, 덴마크 등 선진 해운국에서 자국선대의
경쟁력 강화를 위해 1980년대부터 도입하여 보편화되고 있는 「국제선박등록제도」를 도입하여 국
제선박으로 등록된 선박에 대하여는 외국인선원의 승선범위를 확대하고 조세를 감면하여 주는 등
의 정책적인 지원의 필요성이 제기되었다.

이에 따라 동 법에 의하여 우리나라의 외항상선대가 선진국의 상선대와 경쟁할 수 있는 여건을
마련하고, 외항상선대의 해양이적을 방지하여 국민경제의 발전과 국가안보의 증진과 함께 21세기
의 해운중심국가로 도약하기 위한 기반을 조성하려는 것이다.[17]

---

17) 국가법령센터, 「국제선박등록법 제정 사유」.

2. 제정법 주요 내용

① 국제선박등록의 대상이 되는 선박을 국제항해에 종사하는 대한민국상선과 외항운송사업자가 대한민국 국적을 취득할 것을 조건으로 임차한 외국선박으로 함

② 국제선박에는 상대적으로 임금수준이 낮은 외국인선원을 승선시킬 수 있게하여 선원고용비용을 절감하게 함으로써 우리나라 외항상선대의 경쟁력을 제고하도록 함

③ 국제선박에 승선하는 외국인선원의 승선기준은 우리나라 선원노동조합의 연합단체, 외항화물운송사업자의 협회 등 이해당사자와 관계중앙행정기관의 장의 의견을 들어 해양수산부장관이 정하도록 함으로써 노사분쟁을 방지하도록 함

④ 외국인선원에 대하여 적용되는 단체협약의 체결권은 우리나라 선원노동조합의 연합단체가 가지도록 하고, 선박소유자는 동 단체협약에 따라 외국인선원과 근로계약을 체결하도록 함으로써 노사분쟁을 방지하고 외국인선원의 근로조건을 보장하도록 함

⑤ 국민경제 및 국가안보상 긴요한 물자를 수송하는 국제선박에 대하여는 해양수산부장관이 국가필수국제선박으로 지정하여 평시에 있어서도 외국인선원의 승선을 제한할 수 있도록 함으로써 국가비상시에 있어서의 선박 및 선원의 효율적인 활용을 도모함

⑥ 국제선박에 대하여는 조세의 감면등 필요한 지원을 할 수 있게 함으로써 우리나라 선박이 해외로 이적하는 것을 방지하고 우리나라 해운산업의 경쟁력을 강화하도록 함

제2절 │ 총 칙

내용	규정
목적 (제1조)	이 법은 국제선박의 등록과 국제선박에 대한 지원 등에 관한 사항을 규정함으로써 해운산업의 국제경쟁력을 높이고 국민경제의 발전에 이바지함을 목적으로 한다.
정의 (제2조)	1. "국제선박"이란 국제항행을 하는 상선으로서 제4조에 따라 국제선박 등록부에 등록된 선박을 말한다. 2. "선원"이란 임금을 받을 목적으로 국제선박에서 근로하기 위하여 고용된 사람을 말한다. 3. "외항운송사업자"란 「해운법」 제4조제1항에 따라 외항 정기 여객운송사업 또는 외항 부정기 여객운송사업의 면허를 받은 자와 같은 법 제24조제2항에 따라 외항 정기 화물운송사업 또는 외항 부정기 화물운송사업을 등록한 자를 말한다.

제3절 │ 국제선박 등록

내용	규정
등록대상 선박 (제3조)	① 국제선박으로 등록할 수 있는 선박은 다음 각 호의 어느 하나에 해당하는 선박으로 한다. 다만, 국유·공유 선박과 「어선법」 제2조제1호에 따른 어선은 제외한다. 1. 대한민국 국민이 소유한 선박 2. 대한민국 법률에 따라 설립된 상사법인이 소유한 선박 3. 대한민국에 주된 사무소를 둔 제2호 외의 법인으로서 그 대표자(공동대표인 경우에는 그 전원)가 대한민국 국민인 경우에 그 법인이 소유한 선박 4. 외항운송사업자 또는 「해운법」 제33조에 따라 선박대여업을 등록한 자가 대한민국의 국적 취득을 조건으로 임차한 외국선박 중 외항운송사업자가 운항하는 선박 ② 제1항에 따라 국제선박으로 등록할 수 있는 선박의 규모, 선령, 그 밖에 필요한 사항은 대통령령으로 정한다.
등록절차 (제4조)	① 국제선박으로 등록하려는 등록대상 선박의 소유자, 외항운송사업자 또는 선박대여업자(「선박소유자등」)는 해양수산부령으로 정하는 바에 따라 해양수산부장관에게 등록을 신청하여야 한다. 이 경우 선박소유자등은 국제선박으로 등록하기 전에 「선박법」 제8조제1항 및 제2항에 따라 그 선박을 선박원부에 등록하고 선박국적증서를 발급받아야 한다. ② 해양수산부장관은 국제선박의 등록신청을 받은 경우에는 그 선박이 국제선박의 등록대상이 되는 선박인지를 확인한 후, 등록대상인 경우 지체 없이 이를 국제선박등록부에 등록하고 신청인에게 국제선박등록증을 발급하여야 한다. ③ 등록된 국제선박의 선박소유자등은 그 등록사항이 변경된 경우에는 그 사실이 발생한 날부터 1개월 이내에 해양수산부령으로 정하는 바에 따라 해양수산부장관에게 변경등록을 신청하여야 한다.
등록의 말소 (제10조)	① 국제선박이 다음 각 호의 어느 하나에 해당하면 선박소유자등은 그 사실을 안 날부터 2주일 이내에 해양수산부장관에게 국제선박의 등록말소를 신청하여야 한다. 1. 국제선박의 등록대상에 해당하지 아니한 경우 2. 해당 선박이 멸실, 침몰 또는 해체된 경우 3. 선박의 존재 여부가 3개월 이상 분명하지 아니한 경우 ② 해양수산부장관은 국제선박이 다음 각 호의 어느 하나에 해당하면 국제선박의 등록을 말소하여야 한다. 다만, 제3호의 경우로서 선박소유자등이 등록의 말소를 신청하지 아니한 경우에는 1개월 이내의 기간을 정하여 선박소유자등에게 말소등록을 신청할 것을 독촉하고, 그 기간 내에 말소등록을 신청하지 아니하면 등록을 말소하여야 한다.

※**시행규칙 제3조(국제선박의 등록신청 등)** ①「국제선박등록법」제4조제1항에 따라 국제선박으로 등록하려는 등록대상 선박의 소유자, 외항운송사업자 또는 선박대여업자(이하 이 조에서 "선박소유자등"이라 한다)는 별지 제1호서식의 국제선박등록 신청서에 다음 각 호의 서류를 첨부하여 지방해양수산청장에게 제출하여야 한다.

2. 국제톤수증서 사본
5. 제2조 각 호에 따른 국제협약증서 사본(선령이 20년을 초과하는 선박인 경우만 해당한다)
6. 「선박안전법」에 따른 선급법인 또는 제2조에 따른 선급이 발행한 선급증서 사본(선령이 20년을 초과하는 선박인 경우만 해당한다)
7. 등록신청 선박의 국제항행(國際航行) 여부를 확인할 수 있는 운항선박 명세서 또는 「해운법 시행규칙」제2조 제6항에 따른 해상여객운송사업 면허증
8. 법 제6조제1항에 따라 체결된 단체협약의 적용 여부를 확인할 수 있는 서류(이하 "단체협약적용확인서"라 한다) 사본

② 지방해양수산청장은 제1항에 따라 등록신청을 받은 경우에는 해당 선박이 법 제3조에 따른 국제선박의 등록 대상이 되는 선박인지를 확인한 후 등록대상 선박이면 국제선박등록부에 등록한 후 지체 없이 신청인에게 별지 제2호서식의 국제선박등록증을 발급하여야 한다.

③ 제2항에 따라 등록된 국제선박의 선박소유자등은 그 등록사항을 변경하려는 경우에는 별지 제3호서식의 국제선박 등록사항 변경신청서에 그 사실을 증명하는 다음 각 호의 구분에 따른 서류를 첨부하여 지방해양수산청장에게 제출하여야 한다.

1. 국제선박의 운항사업자가 변경된 경우: 다음 각 목의 서류
   가. 변경된 운항사업자의 운항선박 명세서 사본 또는 「해운법 시행규칙」제2조제6항에 따른 해상여객운송사업 면허증 사본
   나. 단체협약적용확인서 사본
3. 국제총톤수가 변경된 경우: 변경된 국제톤수증서 사본
4. 등록 선급이 변경된 경우: 변경된 선급증서 사본

※**시행령 제2조(등록대상 선박)** 「국제선박등록법」제3조제2항에 따라 국제선박으로 등록할 수 있는 선박은 국제 총톤수 500톤 이상이면서 선령(船齡)이 20년 이하인 선박으로 한다. 다만, 「선박안전법」에 따른 선급법인이나 그 밖에 해양수산부령으로 정하는 선급에 등록한 선박으로서 해양수산부령으로 정하는 국제협약증서를 갖춘 선박은 선령기준을 적용하지 아니한다.

제4절 │ 선박운항 및 외국인 선원 승무 등

내용	규정
국제선박의 운항 (제4조의2)	등록한 국제선박은 국내항과 외국항 간 또는 외국항 간에만 운항하여야 한다. 다만, 「해운법」제25조에 따라 예외적으로 국내항 간 운항이 인정된 경우에는 그러하지 아니하다.
외국인 선원의 승무 (제5조)	① 선박소유자등은 국제선박에 「선원의 훈련·자격증명 및 당직근무의 기준에 관한 국제협약」에 따라 해양수산부장관이 인정하는 자격증명서

	를 가진 외국인 선원을 승무하게 할 수 있다. ② 외국인 선원을 승무하게 하는 경우 그 승무의 기준 및 범위는 선원을 구성원으로 하는 노동조합의 연합단체(「선원노동조합연합단체」), 선박소유자등이 설립한 외항운송사업 관련 협회(「외항운송사업자협회」) 등 이해당사자와 관계 중앙행정기관의 장의 의견을 들어 해양수산부장관이 정한다.
외국인선원의 근로계약 등 (제6조)	① 선원노동조합연합단체와 외항운송사업자협회는 국제선박에 승무하는 외국인 선원에 대하여 적용되는 단체협약의 체결에 관한 권한을 가진다. ② 선박소유자등이 국제선박에 승무하게 하기 위하여 외국인 선원을 고용하는 경우에는 체결된 단체협약에 따라 그 외국인 선원과 근로계약을 체결하여야 한다. ③ 선박소유자등은 단체협약을 체결하면 그 단체협약을 체결한 날부터 15일 이내에 해양수산부장관에게 이를 신고하여야 한다.
국제선박에 대한 지원 (제9조)	① 정부는 국제선박에 대하여 관계 법령에서 정하는 바에 따라 조세의 감면이나 그 밖에 필요한 지원을 할 수 있다. ② 정부는 국제선박에 승무하는 한국인 선원을 안정적으로 고용하기 위하여 선원능력개발 지원사업 등 노사가 합의한 사업에 대하여 예산의 범위에서 필요한 지원을 할 수 있다.

※ 해운법 제25조(사업등록의 특례) ① 제24조제2항에 따른 외항 정기 화물운송사업의 등록을 한 자(이하 "외항정기화물운송사업자"라 한다)는 같은 조 제1항에 따른 내항 화물운송사업의 등록을 하지 아니하고 다음 각 호의 화물을 운송할 수 있다.

 1. 국내항과 국내항 사이에서 운송하는 빈 컨테이너나 수출입 컨테이너화물(내국인 사이에 거래되는 컨테이너 화물은 제외한다)
 2. 외국항 간에 운송되는 과정에서 「항만법」 제2조제4호에 따른 항만구역 중 수상구역으로 동일 수상구역 내의 국내항과 국내항 사이에서 환적의 목적으로 운송되는 컨테이너 화물(다른 국내항을 경유하는 경우는 제외한다)

② 제24조제1항에 따른 내항 화물운송사업의 등록을 한 자(이하 "내항화물운송사업자"라 한다)가 일시적으로 국내항과 외국항 사이 또는 외국항과 외국항 사이에서 화물을 운송하려고 하거나 제24조제2항에 따른 외항 부정기 화물운송사업의 등록을 한 자가 일시적으로 국내항과 국내항 사이에서 화물을 운송하려는 경우에는 제24조제1항 및 제2항에도 불구하고 해양수산부령으로 정하는 바에 따라 해양수산부장관에게 미리 신고하는 것으로 등록을 갈음할 수 있다.

제5절 │ 벌칙 및 과태료

내용	규정
벌칙 (제12조제3항)	③ 제5조제1항을 위반하여 국제협약에 따라 해양수산부장관이 인정하는 자격요건을 갖추지 아니한 외국인 선원을 국제선박에서 승무하게 한 자는 500만원 이하의 벌금에 처한다.
과태료 (제13조)	① 다음 각호의 어느 하나에 해당하는 자에게는 300만원 이하의 과태료를 부과한다. 1. 변경등록을 신청하지 아니한 자 2. 국제선박의 운항조건을 위반하여 국제선박을 운항한 자 3. 단체협약을 신고하지 아니한 자 ③ 과태료는 해양수산부장관이 부과·징수한다.

제5장 선박등기법

제1절 │ 제정배경

「선박등기법」은 1960년 2월 선박법이 제정되고, 동 법 제36조에서 "선박의 등기와 적량측정에 관하여는 따로 법률로 정한다"는 규정에 따라 「선박법」의 특별법 성격으로서 1963년 4월 18일 제정되었다. 제정과 동시에 시행되며 이후 7번의 개정을 거쳤다.

「선박등기」는 선박등기부에 선박의 소유권·저당권·임차권 등 선박에 관한 일정한 사항을 기재하는 것을 말한다. 선박은 본래 동산이며, 동산에는 등기제도가 인정되지 않는 것이 보통인데 선박에 관하여는 그 가액이 크고 개성이 명확하여 구별을 할 수 있는 점에서 총톤수 20톤 이상의 기선과 범선 및 총톤수 100톤 이상의 부선(수상에 고정하여 설치하는 부선은 제외)에 대하여서만 특히 등기제도가 인정된다.[18]

선박등기는 선박에 관한 사법상의 권리관계를 명확히 하여 그 선박을 둘러싼 거래관계자를 보호하는 것을 목적으로 하는 제도이다. 선박등기의 효력은 등기사항에 따라 다르다. 즉 소유권이전등기에서는 대항요건이며(상법 제743조 단서),[19] 저당권등기에서는 효력발생요건이 된다(동 법 제787조

---

18) 상법, 제743조 및 선박법 제2조.

3항).20) 선박등기에 창설적효력·보정적효력·사실상의 추정력·완화된 공신력이 인정됨은 상업등기의 효력과 같다. 또 선박의 등기는 선적항을 관할하는 지방법원, 그 지원 또는 등기소에서 한다 (선박등기법 제4조).

제2절 │ 총 칙

내용	규정
목적 (제1조)	이 법은 「선박법」 제8조제4항에 따라 선박의 등기에 관한 사항을 정함을 목적으로 한다.
적용 범위 (제2조)	이 법은 총톤수 20톤 이상의 기선과 범선 및 총톤수 100톤 이상의 부선에 대하여 적용한다. 다만, 「선박법」 제26조제4호 본문에 따른 부선(※ 총톤수 20톤 이상인 부선 중 선박계류용·저장용 등으로 사용하기 위하여 수상에 고정하여 설치하는 부선)에 대하여는 적용하지 아니한다.
등기할 사항 (제3조)	선박의 등기는 다음 각 호에 열거하는 권리의 설정·보존·이전·변경·처분의 제한 또는 소멸에 대하여 한다. 1. 소유권 2. 저당권 3. 임차권
관할 등기소 (제4조)	선박의 등기는 등기할 선박의 선적항을 관할하는 지방법원, 그 지원 또는 등기소를 관할 등기소로 한다.
위임규정 (제6조)	이 법의 시행에 필요한 사항은 대법원규칙으로 정한다

※선박법 제8조(등기와 등록) ① 한국선박의 소유자는 선적항을 관할하는 지방해양수산청장에게 해양수산부령으로 정하는 바에 따라 선박을 취득한 날부터 60일 이내에 그 선박의 등록을 신청하여야 한다. 이 경우 「선박등기법」 제2조에 해당하는 선박은 선박의 등기를 한 후에 선박의 등록을 신청하여야 한다.
② 지방해양수산청장은 제1항의 등록신청을 받으면 이를 선박원부(船舶原簿)에 등록하고 신청인에게 선박국적증서를 발급하여야 한다.
③ 선박국적증서의 발급에 필요한 사항은 해양수산부령으로 정한다.
④ 선박의 등기에 관하여는 따로 법률로 정한다.

---

19) 상법 제743조(선박소유권의 이전): 등기 및 등록할 수 있는 선박의 경우 그 소유권의 이전은 당사자 사이의 합의만으로 그 효력이 생긴다. 다만, 이를 등기하고 선박국적증서에 기재하지 아니하면 제3자에게 대항하지 못한다.
20) 상법 제789조: 제787조(선박저당권): ①등기한 선박은 저당권의 목적으로 할 수 있다.
②선박의 저당권은 그 속구에 미친다.
③선박의 저당권에는 「민법」의 저당권에 관한 규정을 준용한다.

제6장 선박평형수 관리법

제1절 │ 총 론

1. 선박평형수관리협약

「선박평형수」(Ballast Water)란 선박에 짐을 싣거나 하역 시 또는 공선상태에서 선박의 평형을 잡기 위해 선박 내의 평형수탱크에 채우거나 바다로 배출하는 바닷물을 말한다. 선박평형수를 주입하거나 배출하면서 선박평형수나 그 침전물에 포함된 유해수중생물이 선박과 함께 이동하여 특정 수역의 수중생태계를 교란하거나 파괴하는 등 해양생태계의 다양성에 큰 위협이 되었다. IMO에 의하면 연간 50억 내지 100억 톤의 바닷물이 평형수의 형태로 다른 나라로 옮겨지고, 7,000여 종의 해양생물이 함께 이동한다고 추정되고 있다.

밸러스트에 의한 해양오염방지를 위해 IMO는 2004년 2월 「선박평형수 관리협약」(Ballast Water Management Convention)을 채택하였다. 30개국 이상 비준, 비준국 선복량 35% 이상 충족 후 1년 뒤 발효하는 것으로 정하고 있다. 우리나라는 2009년 12월 10일 가입했다. 핀란드가 2016년 9월 8일 세계에서 52번째로 「선박평형수관리협약」 비준서를 기탁함으로써 발효 요건이 충족되어 2017년 9월 8일부터 동 협약이 발효될 예정이었다. 그러나 노르웨이를 위주로 한 선사들이 처리시설 설치 시간 부족을 이유로 유예 요청을 하고, 이를 받아들여지면서 2019년에 발효되었다.

「선박평형수관리협약」은 타국 항만에서 처리 전 선박평형수의 배출을 금지하는 선박평형수 배출기준, 선박평형수 처리설비 형식승인, 설치검사, 선박 점검 기준 등을 주요 내용으로 한다. 협약에 따라 현재 국제항해를 하는 선박 5만여 척은 2022년 9월 7일 국제오염방지설비 정기검사 전까지, 협약 발효 이후 신조된 선박은 즉시 「선박평형수처리설비」(BWMS)를 설치해야 한다. 그러나 5만여 척의 선박들에 평형수 처리시설을 일괄적으로 설치하는 것은 물리적으로 불가능하다는 선사들의 주장을 받아들여 IMO는 BWMS 의무설치 시행을 오는 2024년까지로 연장하기로 했다.

국내 운항선박, 군함, 해군 보조함, 정부소유 비상업적 목적 운항선박, 길이 50m 미만으로 최대 평형수 용량이 8㎥ 이하인 오락 또는 경주용, 수색 구조용 선박 중 주관청이 정하는 선박은 제외된다.

2. 선박평형수관리법 제정

우리나라는 2004년 「선박평형수관리협약」이 채택된 후 국내 기업의 제품 개발을 촉진하고 국내 기업이 세계시장을 선점할 수 있도록 지원하기 위해 일본, 중국 등 경쟁국가보다도 한발 앞선 2007년에 「선박평형수 관리법」을 제정하였다.

　　그 결과 현재 IMO의 최종 승인을 획득한 36개 제품 중 국내기업이 개발한 제품이 13개로 36%를 차지하고 있으며, 국내기업의 수주액은 전 세계 선박평형수처리설비 시장의 50%에 달하여 세계시장 점유율 1위를 기록하고 있다.[21]

　　「선박평형수 관리법」은 「선박평형수 관리협약」의 발효에 대비하여 이 협약의 주요 내용을 국내법에 수용하여 선박으로부터의 무분별한 선박평형수 배출을 제한하고, 선박에 선박평형수 관리를 위한 설비를 설치하도록 함으로써 선박평형수 및 침전물을 따라 유해수중생물이 우리나라 관할수역으로 유입되는 것을 방지하고 해양생태계의 파괴를 예방하려는 것을 목적으로 하고 있다.[22]

제2절 | 총 칙

내용	규정
목적 (제1조)	선박평형수 및 그 침전물을 효과적으로 처리·교환·주입·배출하도록 관리함으로써 유해수중생물의 국내 유입을 통제하고 해양생태계의 보존에 이바지하는 것을 목적으로 한다.
정의 (제2조)	1. "선박"이란 「선박안전법」 제2조제1호에 따른 선박을 말한다. 1의2. "총톤수"란 「선박법」 제3조제1항제1호에 따른 국제총톤수를 말한다. 2. "선박평형수"란 선박의 중심을 잡기 위하여 선박에 실려 있는 물(그 물에 녹아 있는 물질 또는 그 물속에 서식하는 수중생물체·병원균을 포함한다)을 말한다. 3. "침전물"이란 선박평형수를 선박에 싣는 과정에서 선박에 들어와 선박평형수에 침전된 물질 또는 선박평형수를 배출한 후 선박에 남는 물질을 말한다. 4. "처리"란 유해수중생물을 기계적·물리적·화학적 또는 생물학적 방법을 사용하여 제거하거나 또는 무해하게 하는 것을 말한다. 5. "교환"이란 선박에 실려 있는 선박평형수를 선박의 밖에 있는 물로 바꾸는 것을 말한다. 6. "주입"이란 선박의 밖으로부터 선박의 안으로 선박평형수를 싣는 것을 말한다. 7. "배출"이란 선박의 안에서부터 선박의 밖으로 선박평형수 또는 침전물을 내보내는 것을 말한다. 다만, 학술 목적의 조사·연구와 관련한 것을 제외한다. 8. "유해수중생물"이란 강·호소·바다 등의 수역에 유입될 경우 자연환경·사람·재화 또는 수중생물의 다양성에 해로운 결과를 미치거나

---

21) 해양수산부, 보도자료, 「세계시장 선점 위해 선박평형수 관리 규정 제정」, 2015. 4. 1.
22) 국가법령센터, 「평형수관리법 제정 이유」.

해당 수역을 이용·개발하는 데에 장애가 되는 수중생물체 또는 병원 균을 말한다.

9. "선박평형수관리"란 선박평형수 또는 침전물을 처리, 교환, 주입 또는 배출하는 등 선박평형수를 통한 유해수중생물의 유입을 통제하는 것을 말한다.

10. "처리물질"이란 유해수중생물을 처리하는 데에 사용되는 물질이나 생물체(바이러스 및 균류를 포함한다)를 말한다.

11. "관할수역"이란 다음 각목의 수역을 말한다.
   가.「영해 및 접속수역법」제1조에 따른 영해
   나.「영해 및 접속수역법」제3조에 따른 내수
   다.「배타적 경제수역 및 대륙붕에 관한 법률」제2조에 따른 배타적 경제수역

12. "건조된 선박"이란 용골이 거치되거나 이와 동등한 건조단계(선박의 전체 건조 구조물 견적 중량의 1퍼센트 또는 50톤 이상의 조립이 이루어진 단계)에 있는 선박과 해양수산부령으로 정하는 주요개조(主要改造)를 시작하는 선박을 말한다.

적용범위
(제3조)
	① 「선박법」 제2조에 따른 대한민국선박으로서 국제항해에 취항하는 선박(선박 중 부유식 해상구조물을 포함)에 대하여 적용한다.
	② 대한민국선박 외의 선박으로서 국제항해에 취항하는 선박(「외국선박」)이 관할수역에서 항해하거나 정박하고 있는 경우에는 이 법을 적용한다. 다만, 제9조제1항, 제11조부터 제16조까지, 제27조, 제29조, 제30조 및 제32조는 외국선박에 대하여 적용하지 아니한다.
	③ 제1항 및 제2항에도 불구하고 다음 각호의 어느 하나에 해당하는 선박에 대하여는 대통령령으로 정하는 바에 따라 이 법의 전부 또는 일부를 적용하지 아니하거나 완화하여 적용할 수 있다.
	1. 선박평형수를 실을 수 없도록 건조된 선박
	2. 군함, 해군 보조함, 경찰용 선박, 국가 또는 지방자치단체가 소유하거나 운항하는 선박으로서 비상업적인 목적으로만 사용되는 선박
	3. 다음 각 목에 모두 해당하는 소형 선박
	  가. 선박의 길이가 50미터 미만으로서 해양수산부령으로 정하는 규모의 선박
	  나. 수색, 경주 등 해양수산부령으로 정하는 용도의 선박
	4. 대한민국정부와 외국정부 사이에 이 법의 적용 범위에 관한 협정을 체결한 경우의 해당 선박
	5. 조난자의 구조 등 해양수산부령으로 정하는 긴급한 사정이 발생한 경우의 해당 선박
	6. 선박평형수관리에 관한 새로운 기술을 개발·시험 또는 평가하기 위하여 제8조의2에 따라 선박평형수관리를 위한 설비를 설치한 경우의 해당 선박

	7. 밀폐된 선박평형수탱크(선박평형수를 담을 수 있는 선박의 탱크를 말함)에 영구적인 선박평형수만 적재한 선박 8. 공해상에서 주입한 선박평형수와 침전물을 공해상에서 배출하는 경우의 해당 선박 9. 모든 선박평형수와 침전물을 주입한 장소와 같은 해역에서만 배출하는 경우의 해당 선박. 다만, 다른 지역에서 주입되고 관리되지 아니한 선박평형수와 침전물이 섞이지 아니하여야 한다. 10. 국내 관할수역에서만 항해하는 외국선박 11. 국제해사기구의 결정에 따라 해양수산부령으로 정하는 선박
국제협약과의 관계 (제4조)	선박평형수의 관리 및 유해수중생물의 유입과 관련하여 국제적으로 발효된 「2004년 선박평형수 및 침전물의 통제 및 관리를 위한 국제협약」의 기준과 이 법에서 규정하는 내용이 다른 경우에는 해당 국제협약의 기준을 우선하여 적용한다. 다만, 이 법에서 규정하는 내용이 국제협약의 기준보다 강화된 기준을 포함하는 경우에는 이 법의 규정을 우선하여 적용한다.

제3절 │ 선박평형수 배출금지 및 특별수역

내용	규정
입항 보고(제5조)	관할수역 외의 수역에서 관할수역에 들어오는 선박은 해양수산부령으로 정하는 바에 따라 해양수산부장관에게 입항 보고를 하여야 한다.
선박평형수의 배출 금지(제6조)	선박의 소유자(선박을 임차한 경우에는 선박임차)는 관할수역에서 선박평형수 또는 침전물을 배출하여서는 아니 된다. 다만, 다음 각호의 어느 하나에 해당하는 경우에는 그러하지 아니하다. 1. 선박평형수의 교환을 위한 설비를 설치한 선박이 해양수산부령으로 정하는 수역에서 해양수산부령으로 정하는 방법으로 선박평형수를 교환 또는 주입한 후 이를 배출하는 경우. 다만, 본문의 교환방법은 해양수산부령으로 정하는 시기까지만 이용할 수 있다. 2. 선박평형수 또는 침전물에 포함된 유해수중생물을 해양수산부령으로 정하는 기준에 맞게 처리한 경우 3. 선박평형수 또는 침전물을 선박평형수처리업자의 처리시설 또는 국제협약 당사국인 외국정부가 지정한 처리시설에 배출하는 경우 4. 선박의 선장이 거친 날씨, 설비의 고장 등의 부득이한 사유로 선박평형수를 교환하는 것이 선박의 안전에 위협이 된다고 판단하여 교환하지 아니한 선박평형수를 해양수산부장관이 고시하는 방법으로 배출하는 경우

	5. 제1호 및 제2호의 경우 외에 관련 국제기구가 승인한 방법 및 해양수산부령으로 정하는 방법으로 배출하는 경우
특별수역 지정 (제7조)	① 해양수산부장관은 유해수중생물의 유입 등으로 인한 수중생태계의 교란 또는 파괴를 예방하기 위하여 관할수역 중 일부를 해양수산부령으로 정하는 바에 따라 선박평형수의 특별한 관리를 위한 수역(「특별수역」)으로 지정·고시할 수 있다. 이 경우 특별수역을 항해하거나 특별수역에 정박하는 선박에 대하여 선박평형수의 교환·주입·배출의 금지, 그 밖에 필요한 조치(「특별조치」)를 명하여야 한다. ② 해양수산부장관은 제1항에 따라 특별수역을 지정·고시하려면 해양수산부령으로 정하는 바에 따라 그 특별조치로 인하여 해양생태계가 영향을 받을 수 있는 국가의 정부와 미리 협의하여야 한다. ③ 해양수산부장관은 특별수역을 지정·고시한 경우에는 해양수산부령으로 정하는 바에 따라 다음 각호의 선박 등에게 그 내용을 통보하여야 한다. 1. 특별수역을 정기적으로 항해하는 선박 2. 특별조치로 인하여 해양생태계가 영향을 받을 수 있는 국가의 정부 3. 관련 국제기구

※**시행규칙 제10조(선박평형수 적재선박의 입항 보고)** ① 법 제5조에 따라 입항 보고를 하려는 선박의 선장은 입항 24시간 전까지 입항하려는 항만을 관할하는 지방해양수산청장(지방해양수산청장 소속 해양수산사무소의 장을 포함한다. 이하 같다)에게 별지 제4호서식에 따른 선박평형수 입항 보고서를 제출하여야 한다.
② 제1항에도 불구하고 다음 각호의 어느 하나에 해당하는 경우 법 제5조에 따른 입항 보고의 시기는 다음 각호의 구분에 따른다.
  1. 기상악화 등 급박한 위험을 피하기 위하여 긴급히 입항하는 경우: 입항과 동시에 입항 보고를 할 수 있다.
  2. 출항지에서 입항지까지 항해 예정시간이 24시간 미만인 경우: 이전 항만에서 출항하기 전에 입항 보고를 해야 한다.
  3. 출항 후 입항지가 변경되어 입항지까지 항해 예정시간이 24시간 미만인 경우: 입항지의 변경 즉시 입항 보고를 해야 한다.

※**시행규칙 제11조(선박평형수 교환 및 주입수역)** 법 제6조제1호 본문에 따른 "해양수산부령으로 정하는 수역"이란 다음 각호의 어느 하나에 해당하는 수역을 말한다.
  1. 「해양법에 관한 국제연합 협약」에 따른 국가의 영해를 설정하기 위한 기선(이하 "기선"이라 한다)으로부터의 거리가 200해리 이상이고 수심이 200미터 이상인 수역. 다만, 지형적인 여건 등으로 인하여 이러한 수역에서 선박평형수를 교환 및 주입하는 것이 불가능한 경우에는 기선으로부터의 거리가 50해리 이상이고 수심이 200미터 이상인 수역을 말한다.
  2. 그 밖에 해양수산부장관이 정하여 고시하는 수역

※**시행규칙 제13조(선박평형수 처리기준)** 법 제6조제2호에서 "해양수산부령으로 정하는 기준"이란 다음 각호와 같다.

1. 생존생물(종을 번식시키기 위한 목적으로 새로운 개체를 성공적으로 생산할 수 있는 능력을 가진 생물체를 말한다. 이하 이 조에서 같다): 다음 각 목에서 정한 개체수 미만일 것

    가. 최소크기(여러 개체가 모여 군체를 형성하는 생물의 경우에는 단위 개체의 길이를 말하며, 그 외의 생물은 생물의 척추, 편모 또는 더듬이 등의 크기를 제외하고 몸통의 표면 사이 중 가장 작은 길이를 말한다. 이하 이 호 및 제2호에서 같다)가 50마이크로미터 이상의 생존생물: 배출되는 선박평형수 1세제곱미터당 10개체

    나. 최소크기가 10마이크로미터 이상이고 50마이크로미터 미만인 생존생물: 배출되는 선박평형수 1밀리리터당 10개체

2. 지표미생물: 다음 각 목에서 정한 개체수 미만일 것

    가. 독성 비브리오 콜레라(O1, O139): 배출되는 선박평형수 100밀리미터당 군체형성단위(cfu) 1개 또는 동물플랑크톤 표본 1그램(습중량)당 군체형성단위(cfu) 1개

    나. 대장균: 배출되는 선박평형수 100밀리리터당 군체형성단위 250개

    다. 장구균: 배출되는 선박평형수 100밀리리터당 군체형성단위 100개

※**시행규칙 제14조(특별수역의 지정 등)** ① 해양수산부장관은 법 제7조제1항에 따라 선박평형수의 특별한 관리를 위한 수역(이하 "특별수역"이라 한다)을 지정·고시하려는 경우에는 다음 각호의 사항을 평가하여야 한다.

1. 특별수역의 지정 및 법 제7조제1항에 따른 특별조치(이하 "특별조치"라 한다)의 필요성
2. 유해수중생물이 유입될 가능성 및 그로 인한 수중생태계의 교란 또는 파괴 가능성

② 해양수산부장관은 제1항에 따른 평가가 끝난 때에는 법 제7조제2항에 따라 특별조치로 인하여 해양생태계가 영향을 받을 수 있는 국가의 정부에게 그 평가 결과를 제공하고, 특별수역의 지정 여부 및 지정 기간 등에 대하여 협의하여야 한다.

③ 해양수산부장관은 특별수역 지정일 6개월 전까지 국제해사기구(IMO)에 특별수역 지정 계획을 통보하고 국제해사기구와의 승인이 필요한 사항에 대하여 국제해사기구의 승인을 받아야 한다.

④ 해양수산부장관은 제2항 및 제3항에 따른 절차가 끝난 때에는 특별수역을 지정하고 다음 각호의 사항을 고시하여야 한다.

1. 해당 특별수역의 좌표
2. 특별수역 지정의 필요성
3. 특별조치에 대한 설명
4. 특별조치를 준수하기 위한 선박의 추가 설비
5. 특별조치의 시행일 및 존속기간
6. 대체 수역·항로 및 항구

⑤ 해양수산부장관은 특별수역을 지정·고시한 때에는 지체 없이 법 제7조제3항에 따라 같은 항 각 호의 선박 등에게 제4항 각 호의 사항을 통보하여야 한다.

⑥ 제1항부터 제5항까지에서 정하는 것 외에 특별수역의 지정·고시와 관련된 세부절차 등은 해양수산부장관이 정하여 고시한다.

제4절 ┃ 선박평형수 처리설비

내용	규정
선박평형수관리를 위한 설비의 설치 등 (제8조)	① 선박소유자는 해양수산부령으로 정하는 바에 따라 선박평형수의 처리를 위한 설비(「선박평형수처리설비」) 또는 선박평형수의 교환을 위한 설비(「선박평형수교환설비」)를 선박에 설치하여야 한다. 다만, 제6조제3호(선박평형수처리업자의 처리시설 또는 국제협약 당사국인 외국정부가 지정한 처리시설에 배출하는 경우) 또는 제5호의 경우(국제기구가 승인한 방법 및 해양수산부령으로 정하는 방법으로 배출하는 경우)에는 그러하지 아니하다. ② 제1항에 따라 선박에 설치된 선박평형수처리설비 및 선박평형수교환설비에 필요한 제어장치 등의 기술기준은 해양수산부령으로 정한다.
시험용 선박평형수처리설비의 설치 등 (제8조의2)	① 제8조제1항에 따른 선박평형수처리설비를 설치하여야 하는 선박에 새로운 기술을 개발·시험 또는 평가하기 위한 시험용 선박평형수처리설비를 설치하려는 자는 해양수산부장관으로부터 다음 각호의 승인·확인검사 및 점검을 받아야 한다. 1. 새로운 기술을 개발·시험 또는 평가하기 위한 시험계획의 승인 2. 승인된 시험계획에 따라 선박에 시험용 선박평형수처리설비를 설치한 후의 확인검사 3. 승인된 시험계획의 이행에 관한 점검 ② 해양수산부장관은 시험용 선박평형수처리설비가 승인된 시험계획에 따라 적합하게 설치된 것으로 확인되는 경우 선박평형수처리설비 적합증서를 발급하여야 한다. ③ 해양수산부장관은 제1항제3호에 따른 점검 결과 시험계획의 이행을 위하여 필요한 경우에는 선박평형수처리설비 적합증서의 효력정지나 시정·보완을 명할 수 있다. ④ 제1항에 따른 승인·확인검사·점검의 절차, 제2항에 따른 적합증서의 발급 절차 및 제3항에 따른 효력정지 등의 명령에 필요한 사항은 해양수산부령으로 정한다.
선박평형수관리계획서의 작성 등 (제9조)	① 선박소유자는 선박평형수관리와 관련하여 선박평형수의 처리·교환·주입·배출 등에 관한 절차와 방법을 기술한 계획서(「선박평형수관리계획서」)를 작성하여 해양수산부장관의 검인을 받아야 한다. ② 선박소유자는 선박평형수관리계획서에 따라 선박평형수를 처리·교환·주입·배출하거나 침전물을 제거 또는 배출하여야 한다. ③ 선박소유자는 해양수산부령으로 정하는 바에 따라 선박평형수관리의 업무를 담당하는 자가 선박평형수관리계획서를 숙지하고 그에 따라 임무를 수행할 수 있도록 교육을 실시하여야 한다.

	④ 선박소유자는 선박평형수관리계획서를 선박에 비치하고, 해양수산부장관이 요청하면 선박평형수관리계획서를 즉시 제시하여야 한다. ⑤ 선박평형수관리계획서의 기재 사항 및 작성 방법 등에 필요한 사항은 해양수산부령으로 정한다.
선박평형수관리기록부의 기록 등 (제10조)	① 선박소유자는 그 선박에서 처리·교환·주입 및 배출한 선박평형수를 기록하기 위한 장부(「선박평형수관리기록부」)를 선박에 비치하고 선박평형수의 처리량·교환량·주입량·배출량 등 해양수산부령으로 정하는 사항을 기록하여야 한다. ② 선박평형수관리기록부의 보존 기간은 그 기록부를 마지막으로 기록한 날부터 5년으로 하고, 그 보존 방법은 해양수산부령으로 정한다. ③ 선박소유자는 해양수산부장관이 요청하면 선박평형수관리기록부를 즉시 제시하여야 한다. ④ 선박평형수관리기록부의 서식과 기록 방법 등에 필요한 사항은 해양수산부령으로 정한다.

제5절 │ 선박평형수관리를 위한 선박의 검사

내용	규정
도면의 승인 (제11조)	① 선박을 건조하고자 하는 자 또는 선박에 최초로 선박평형수처리설비 또는 선박평형수교환설비(「선박평형수관리설비」)를 설치하고자 하는 선박소유자는 해당 선박의 도면에 대하여 해양수산부령으로 정하는 바에 따라 해양수산부장관의 승인을 받아야 하며, 승인을 받은 사항을 변경하려는 경우에도 또한 같다. 다만, 해양수산부령으로 정하는 도면의 경우에는 그러하지 아니하다. ② 해양수산부장관은 승인요청을 받은 도면이 이 법에 따른 선박평형수관리기준에 맞으면 이를 승인하고 해당 도면에 승인되었다는 표시를 하여야 한다. ③ 승인을 받은 자는 승인을 받은 도면과 동일하게 선박을 건조하거나 개조하여야 한다. ④ 선박소유자는 승인을 받은 도면을 선박에 비치하여야 한다.
검사대상 선박 (제11조의2)	국제항해에 종사하는 총톤수 400톤 이상 선박의 소유자는 제12조부터 제14조까지에 따른 선박검사를 받아야 한다. 다만, 부유식 해상구조물은 제외한다.
정기검사 (제12조)	① 선박소유자는 선박평형수관리설비를 선박에 최초로 설치하여 항해에 사용하거나 제15조에 따른 유효기간이 끝난 경우에는 해양수산부령으로 정하는 바에 따라 해양수산부장관의 검사(「정기검사」)를 받아야 한다.

	② 해양수산부장관은 정기검사에 합격한 선박에 대하여 해양수산부령으로 정하는 선박평형수관리설비검사증서(「검사증서」)를 발급하여야 한다. ③ 선박소유자가 검사증서를 받은 경우에는 그 선박에 비치하여야 한다.
중간검사 (제13조)	① 선박소유자는 정기검사와 정기검사의 사이에 선박평형수관리설비의 유지·관리 상태에 대하여 해양수산부장관의 검사(「중간검사」)를 받아야 한다. ② 중간검사의 종류는 제1종과 제2종으로 구분하고, 그 시기와 절차·검사사항은 해양수산부령으로 정한다. ③ 해양수산부장관은 중간검사에 합격한 선박에 대하여 검사증서에 그 검사 결과를 표기하여야 한다. ④ 관할수역 외의 수역에서 장기간 항해·조업을 하는 등 부득이한 사유로 인하여 중간검사를 받을 수 없는 자는 「선박안전법」 제9조제4항을 준용하여 중간검사의 시기를 연기할 수 있다.
임시검사 (제14)	① 선박소유자는 선박평형수관리설비를 교체·개조 또는 수리하려는 경우에는 해양수산부장관의 검사(「임시검사」)를 받아야 한다. 다만, 해양수산부령으로 정하는 경미한 사항의 경우에는 그러하지 아니하다. ② 임시검사의 절차 및 검사사항은 해양수산부령으로 정한다.
검사증서의 유효기간 (제15조)	① 검사증서의 유효기간은 5년 이내의 범위에서 해양수산부령으로 정한다. ② 해양수산부장관은 제1항에 따른 검사증서의 유효기간을 5개월 이내의 범위에서 해양수산부령으로 정하는 바에 따라 연장할 수 있다. ③ 중간검사 또는 임시검사에 불합격한 경우에는 해당 검사에 합격할 때까지 검사증서의 효력이 정지된다. ④ 제1항에 따른 유효기간을 기산하는 기준 및 방법은 해양수산부령으로 정한다.
검사증서를 비치하지 아니한 선박의 항해금지 (제16조)	① 누구든지 검사증서를 비치하지 아니하거나 효력이 정지된 검사증서를 비치하고 선박을 항해에 사용하여서는 아니 된다. 다만, 「선박안전법」에 따른 선박검사를 받기 위하여 항해에 사용하는 경우에는 그러하지 아니하다. ② 누구든지 검사증서에 적힌 조건에 맞지 아니한 방법으로 그 선박을 항해에 사용하여서는 아니 된다. 다만, 「선박안전법」에 따른 선박검사를 받기 위하여 항해에 사용하는 경우에는 그러하지 아니하다.

※**시행규칙 제21조(도면의 승인)** ① 법 제11조제1항 본문에 따라 선박의 도면에 대하여 승인 또는 변경승인을 받으려는 자는 별지 제7호서식의 도면 승인(변경승인) 신청서에 다음 각 호의 도면을 첨부하여 해양수산부장관에게 제출하여야 한다.

1. 선박평형수탱크 배치도
2. 선박평형수 용적도
3. 선박평형수 배관 및 펌프 배치도(공기관 및 측심관의 배치를 포함한다)

　4. 선박평형수 펌프 용량

　5. 운전 및 정비 관련 도면

　6. 선박평형수관리설비 도면

　7. 선박의 평면도 및 종단면도

② 법 제11조제1항 단서에서 "해양수산부령으로 정하는 도면"이란 법 제11조제1항 본문에 따라 이미 승인받은 선박의 도면과 같은 내용의 도면에 따라 같은 형태의 선박을 같은 조선소에서 건조하는 경우 해당 선박의 도면을 말한다.

③ 해양수산부장관은 제1항에 따라 제출된 도면이 법 제11조제2항에 따라 승인 여부를 결정하고 승인하는 경우에는 해당 도면에 별표 8의 도면 승인 표시를 하여야 한다.

※시행규칙 제22조(정기검사) ① 법 제12조제1항에 따라 선박평형수관리설비를 선박에 최초로 설치하여 항해에 사용하는 선박에 대하여 정기검사를 받으려는 선박소유자는 별지 제8호서식의 선박평형수관리설비 검사신청서에 다음 각호의 서류를 첨부하여 해양수산부장관에게 제출하여야 한다.

　1. 제21조제1항 각호의 도면(제21조제1항에 따라 도면을 승인한 대행기관에 정기검사를 신청하는 경우에는 생략한다)

　2. 법 제17조제8항에 따른 선박평형수처리설비의 검정합격증명서(선박평형수처리설비의 경우에만 한정한다)

② 법 제12조제1항에 따라 검사증서의 유효기간이 끝나는 선박에 대하여 정기검사를 받으려는 선박소유자는 해당 증서의 유효기간이 끝나기 전에 별지 제8호서식의 선박평형수관리설비 검사신청서에 다음 각 호의 서류를 첨부하여 해양수산부장관에게 제출하여야 한다.

　1. 검사증서

　2. 제1항제1호 및 제2호의 서류(선박평형수관리설비가 변경된 경우에만 첨부한다)

③ 해양수산부장관은 법 제12조제2항에 따라 정기검사에 합격한 선박에 대하여 별지 제9호서식의 검사증서를 발급하여야 한다. <개정 2013. 3. 24.>

※시행규칙 제25조(검사의 준비) 법 제12조부터 제14조까지의 규정에 따른 검사를 받으려는 자는 별표 9에 따라 검사 준비를 하여야 한다.

※시행규칙 제24조(임시검사) ① 법 제14조제1항에 따라 임시검사를 받으려는 선박소유자는 별지 제8호서식의 선박평형수관리설비 검사신청서에 다음 각 호의 서류를 첨부하여 해양수산부장관에게 제출하여야 한다.

　1. 검사증서

　2. 선박평형수관리설비의 교체, 개조 또는 수리와 관계있는 제22조제1항 각 호의 서류

② 법 제14조제1항 단서에서 "해양수산부령으로 정하는 경미한 사항"이란 다음 각 호의 어느 하나에 해당하는 것을 말한다.

　1. 선박평형수관리설비의 유지·관리를 위하여 선박평형수설비의 부속품을 같은 종류의 부속품으로 교환하는 등 선박평형수관리설비의 재료, 구조 또는 배치의 변경이 없는 선박평형수관리설비의 교체·개조 또는 수리

　2. 그 밖에 선박평형수관리설비의 성능에 영향을 미칠 우려가 없다고 해양수산부장관이 인정하는 선박평형수관리설비의 교체·개조 또는 수리

③ 제1항에 따라 임시검사 신청을 받은 해양수산부장관은 선박평형수관리설비의 교체, 개조 또는 수리가 선박평형수관리기준에 맞는지 확인하고 그 합격 여부를 결정하여야 한다.

④ 선박소유자는 제3항에 따른 임시검사를 갈음하여 정기검사, 제1종 중간검사 또는 제2종 중간검사를 받은 경우에는 임시검사를 받지 아니할 수 있다.

제6절 │ 선박평형수처리업

내용	규정
선박평형수처리업 (제21조)	① 선박평형수 및 침전물의 수거 · 처리에 필요한 설비 및 시설을 갖추고 선박평형수탱크를 청소하거나 선박평형수탱크로부터 선박평형수 또는 침전물을 수거하여 처리하는 사업(「선박평형수처리업」)을 영위하려는 자는 해양수산부령으로 정하는 바에 따라 해양수산부장관에게 등록하여야 한다. ② 선박평형수처리업을 등록하려는 자가 갖추어야 할 설비 및 시설은 대통령령으로 정한다. ③ 제1항에 따른 등록을 한 자(「선박평형수처리업자」)가 등록한 사항 중 선박평형수 저장 · 처리 설비 및 시설 등 해양수산부령으로 정하는 중요한 사항을 변경하려는 경우에는 해양수산부령으로 정하는 바에 따라 변경등록을 하여야 한다.
선박평형수처리업자의 의무 (제23조)	① 선박평형수처리업자는 해양수산부령으로 정하는 바에 따라 선박평형수 및 침전물을 처리하여야 하고, 선박평형수에 관한 처리실적서를 작성하여 해양수산부장관에게 제출하여야 하며, 그 처리대장을 해당 시설에 비치하여야 한다. ② 선박평형수처리업자가 선박으로부터 선박평형수 또는 침전물을 수거하는 경우에는 해양수산부령으로 정하는 바에 따라 선박평형수수거확인증을 작성하고 해당 선박평형수 또는 침전물의 수거를 위탁한 자에게 발급하여야 한다. ③ 처리실적서 · 처리대장 및 선박평형수수거확인증의 작성 방법과 보존 기간 등에 필요한 사항은 해양수산부령으로 정한다. ④ 선박평형수처리업자와 선박평형수 및 침전물의 수거 · 처리와 관련된 업무를 담당하는 자는 해양수산부령으로 정하는 바에 따라 교육을 받아야 한다.
선박평형수의 처리명령 (제24조)	해양수산부장관은 선박평형수처리업자가 처리를 위탁받은 선박평형수 또는 침전물을 이 법에 따라 처리하지 아니하고 내버려 두는 경우에는 그 적절한 처리를 명할 수 있다.

※**시행령 제3조(선박평형수처리업의 설비 및 시설)** 법 제21조제2항에 따라 선박평형수처리업을 등록하려는 자가 갖추어야 하는 설비와 시설은 다음 각호와 같다.
1. 별표 1의2에 따른 선박평형수 저장시설 및 침전물 저장시설
2. 법 제17조에 따라 형식승인을 받은 선박평형수처리설비
3. 선박평형수 및 침전물의 운송에 필요한 수단

※**시행규칙 제38조(선박평형수처리업의 등록)** ① 법 제21조제1항에 따라 선박평형수처리업을 경영하려는 자는 별지 제20호서식의 선박평형수처리업 등록신청서(전자문서로 된 신청서를 포함한다)에 다음 각호의 서류(전자문

서를 포함한다)를 첨부하여 지방해양수산청장에게 제출하여야 한다.
 1. 정관(법인인 경우에만 첨부한다)
 2. 사업계획서
 3. 선박평형수 및 침전물 저장·처리 설비 및 시설의 명세서와 그 도면
 4. 선박평형수 및 침전물의 수집·운반·저장 및 처리 방법에 관한 사항
② 제1항에 따른 신청서를 받은 지방해양수산청장은 「전자정부법」 제36조제1항에 따른 행정정보의 공동이용을 통하여 법인 등기사항증명서를 확인하여야 한다.
③ 지방해양수산청장은 제1항에 따른 등록 신청을 받았을 때에는 선박평형수 및 침전물 저장·처리 설비 및 시설 등을 검토하여 그 등록 여부를 결정하여야 한다.
④ 지방해양수산청장은 선박평형수처리업의 등록을 하였을 때에는 별지 제21호서식의 선박평형수처리업 등록증을 내주고 그 내용을 공고하여야 한다.
⑤ 법 제21조제3항에서 "해양수산부령으로 정하는 중요한 사항"이란 다음 각 호의 사항을 말한다.
 1. 사업장의 소재지
 2. 사업장의 대표자
 3. 상호
 4. 선박평형수 및 침전물 저장·처리 설비 및 시설
⑥ 법 제21조제3항에 따라 선박평형수처리업자가 제5항 각 호의 어느 하나에 해당하는 사항을 변경한 경우에는 사유가 발생한 날부터 30일 이내에 별지 제22호서식의 선박평형수처리업 변경등록 신청서에 선박평형수처리업 등록증과 변경 내용을 증명하는 서류를 첨부하여 지방해양수산청장에게 제출하여야 한다.
⑦ 제6항에 따른 변경등록 신청 절차에 대해서는 제3항을 준용한다. 이 경우 지방해양수산청장은 변경등록한 경우에는 제출된 선박평형수처리업 등록증에 변경사항을 기재하고 신청인에게 내주어야 한다.

제7절 │ 적합 선박에 대한 처리

내용	규정
부적합 선박에 대한 조치 (제27조)	① 해양수산부장관은 선박에 설치된 선박평형수관리설비가 제8조제2항에 따른 기술기준에 적합하지 아니하다고 인정되는 경우에는 해당 선박소유자에게 그 선박평형수관리설비의 교체·개조·변경·수리, 그 밖의 필요한 조치를 명할 수 있다. ② 해양수산부장관은 선박소유자가 제1항에 따른 명령을 정당한 사유 없이 이행하지 아니하고 그 선박을 계속하여 항해에 사용함으로써 유해수중생물의 국내 유입의 우려가 있다고 인정되는 경우에는 그 선박에 대하여 유해수중생물의 국내 유입의 우려가 없어질 때까지 항해정지처분을 할 수 있다.
선박평형수관리를 위한 항만국통제 (제28조)	① 해양수산부장관은 대한민국 관할수역에 있는 외국선박의 선박평형수관리설비가 국제협약에 따른 기준에 적합한지 여부를 확인·점검하고 그에 필요한 조치(「항만국통제」)를 할 수 있다.

② 항만국통제를 위한 확인·점검의 절차는 다음 각호에 한정되어야 한다. 다만, 해당 선박이 국제협약 등에서 정하는 기준에 적합하지 아니하다는 명백한 근거로서 해양수산부령으로 정하는 사유가 있을 때에는 그러하지 아니하다.

1. 유효한 검사증서의 확인
2. 선박평형수관리기록부에 대한 검사
3. 제1항에 따라 국제협약에 따른 기준에 맞는지 판단하기 위하여 제34조에 따른 선박검사관으로 하여금 해양수산부령으로 정하는 바에 따라 선박평형수의 표본을 채취하게 하는 등의 필요한 조치

③ 해양수산부장관은 제1항에 따른 확인·점검의 결과 제2항 단서에 따른 명백한 근거가 있거나 유효한 검사증서 등을 제시하지 못하는 선박에 대하여는 정밀한 점검을 이행할 수 있으며, 국제협약의 기준에 적합하게 선박평형수를 배출할 수 있을 때까지 선박평형수 배출을 금지할 수 있다.

④ 해양수산부장관은 선박이 국제협약의 규정을 위반한 것이 발견되었을 경우 해당 선박에 대하여 출항정지·이동제한·시정요구·추방 또는 그 밖에 이에 준하는 조치를 명할 수 있다.

⑤ 해양수산부장관은 제1항부터 제4항까지의 규정에 따라 시행한 항만국통제의 결과 국제협약의 위반이 발견된 경우 해당 선박에 이러한 사실을 통지하여야 하고, 제3항에 따른 배출금지 및 제4항에 따른 조치를 취한 때에는 해당 선박에 대하여 검사증서 등을 발급한 국가의 정부에 그 사실을 통보하여야 한다.

⑥ 외국 국적의 국제항해 선박소유자 또는 선장은 선박평형수의 배출금지·선박의 출항정지·이동제한·시정요구·추방 등의 명령(「시정명령등」)이 위법하거나 부당하다고 생각되는 경우에는 해양수산부령으로 정하는 바에 따라 시정명령등을 받은 날부터 90일 이내에 그 불복사유를 기재하여 해양수산부장관에게 이의신청을 할 수 있다.

⑦ 이의신청을 받은 해양수산부장관은 소속 공무원으로 하여금 그 시정명령등의 위법·부당 여부를 직접 조사하게 하고 그 결과를 신청자에게 60일 이내에 통보하여야 한다. 다만, 부득이한 사정이 있는 때에는 30일의 범위에서 통보시한을 연장할 수 있다.

⑧ 시정명령등에 대하여 불복하는 자는 이의신청의 절차를 거치지 아니하고 행정소송을 제기할 수 없다. 다만, 「행정소송법」 제18조제2항 및 제3항에 해당되는 경우에는 그러하지 아니하다.

외국의 항만국통제 등 (제29조)	① 선박소유자는 외국 항만당국의 항만국통제 시 선박의 결함이 지적되지 아니하도록 관련되는 국제협약의 규정을 준수하여야 한다. ② 해양수산부장관은 외국 항만당국의 항만국통제로 인하여 출항정지의 명령을 받은 대한민국 선박에 대하여 해양수산부령으로 정하는 바에 따라 해당 선박의 선박명·총톤수, 출항정지 사실 등을 공표할 수 있다.

제8절 | 보 칙

내용	규정
검사 등의 대행 (제30조)	① 해양수산부장관은 다음 각호의 업무를 「한국해양교통안전공단법」에 따라 설립된 한국해양교통안전공단(「공단」) 또는 「선박안전법」 제60조제2항에 따른 선급법인으로 하여금 대행하게 할 수 있다. 이 경우 해양수산부장관은 대통령령으로 정하는 바에 따라 협정을 체결하여야 한다. 1. 제8조의2제1항제2호 및 제3호에 따른 확인검사 및 점검과 같은 조 제2항에 따른 발급 1의2. 제9조제1항에 따른 선박평형수관리계획서의 검인 1의3. 제11조제1항에 따른 도면의 승인 및 제2항에 따른 승인의 표시 2. 제12조부터 제14조까지의 규정에 따른 검사, 검사증서의 발급 및 검사결과의 표기 3. 제15조제2항에 따른 검사증서의 유효기간의 연장 4. 제17조제7항 및 제8항에 따른 검정, 검정합격증명서의 발급 및 검정합격의 표시 ② 제1항에 따른 협정 기간은 5년 이내로 하고, 해양수산부령으로 정하는 바에 따라 이를 연장할 수 있다. ③ 해양수산부장관은 제1항에 따른 공단 또는 선급법인(「대행기관」)에 업무를 대행하게 한 경우 그 내용을 고시하여야 한다. ④ 대행기관의 대행업무 차질에 따른 조치 및 대행업무의 대행취소 등 그 감독에 관하여는 「선박안전법」 제61조 및 제62조를 준용한다.
외국정부등이 행한 검사 등의 인정 (제31조)	① 해양수산부장관은 외국 선박의 해당 소속 국가에서 시행 중인 선박평형수관리에 관한 법령이 이 법의 내용과 동등하거나 그 이상에 해당한다고 인정되는 경우에는 해당 외국 정부 또는 외국 정부가 지정한 대행기관(「외국정부등」)이 해당 외국선박에 대하여 행한 선박의 검사 또는 설비의 형식승인·검정은 이 법에 따른 검사·형식승인·검정으로 본다. ② 외국정부등이 검사 등 업무를 행하고 발급하거나 표시한 증서 또는 합격표시는 이 법에 따라 발급하거나 표시한 것과 동일한 효력을 가진 것으로 본다. 다만, 이 법에 따른 증서 또는 합격표시의 효력을 인정하지 아니하는 외국정부등이 발급하거나 표시한 증서 또는 합격표시에 대하여는 그러하지 아니한다.
재검사 등 (제32조)	① 검사·형식승인·변경승인 및 검정을 받은 자가 그 결과에 대하여 불복하는 경우에는 그 결과에 관한 통지를 받은 날부터 90일 이내에 그 사유를 갖추어 해양수산부장관에게 재검사·재형식승인·재변경승인 및 재검정(「재검사등」)을 신청할 수 있다. ② 재검사등의 방법과 절차에 관하여는 「선박안전법」 제72조제2항 및

	제3항을 준용한다.
보고·자료제출 명령 등 (제33조)	① 해양수산부장관은 선박평형수 또는 침전물로 인한 유해수중생물의 유입을 방지하기 위하여 필요하다고 인정되는 경우 선박소유자, 형식승인을 받은 자, 형식승인시험기관, 처리물질의 승인을 받은 자, 독립시험기관, 선박평형수처리업자, 대행기관 및 지정교육기관(「선박소유자등」)에 대하여 필요한 보고를 명하거나 자료를 제출하게 할 수 있다. ② 해양수산부장관은 제1항에 따른 보고내용 및 제출된 자료를 검토한 결과 선박평형수관리가 적정하지 아니한 경우 등 해양수산부령으로 정하는 경우에는 소속 공무원으로 하여금 직접 해당 선박 또는 사업장에 출입하여 장부·서류·설비 및 시설 등을 조사하게 할 수 있다. ③ 해양수산부장관은 제2항에 따른 조사를 하는 경우에는 조사 7일 전까지 조사자·조사일시·이유 및 내용 등이 포함된 조사계획을 선박소유자등에게 통보하여야 한다. 다만, 선박의 항해 일정 등에 따라 긴급히 처리할 필요가 있거나 사전에 통보하면 증거인멸이 우려되는 경우에는 그러하지 아니하다. ④ 조사를 하는 공무원은 그 권한을 표시하는 증표를 지니고 이를 관계인에게 내보여야 한다. ⑤ 해양수산부장관은 선박 또는 사업장을 조사한 결과 이 법 또는 이 법에 따른 명령을 위반한 사실이 있다고 인정되는 경우에는 해당 선박 또는 사업장에 대하여 대통령령으로 정하는 바에 따라 항해정지명령 또는 수리·보완과 관련된 처분을 할 수 있다. ⑥ 명령 또는 처분을 한 경우에는 그 사유가 없어지는 즉시 이를 해제하여야 한다.
선박검사관 (제34조)	해양수산부장관은 「선박안전법」 제76조에 따른 선박검사관으로 하여금 다음 각호에 해당하는 업무를 수행하게 할 수 있다. 1. 선박평형수관리계획서의 검인에 관한 업무 2. 도면의 승인에 관한 업무 3. 정기검사·중간검사 및 임시검사에 관한 업무 4. 검정에 관한 업무 5. 항만국통제에 관한 업무 6. 재검사등에 관한 업무 7. 선박 또는 사업장의 출입·조사에 관한 업무
선박검사원 (제35조)	① 검사 등의 대행업무를 수행하는 대행기관은 해당 대행업무를 직접 수행하는 선박검사원을 둘 수 있다. 이 경우 선박검사원의 자격은 「선박안전법」 제77조에 따른 선박검사원의 자격을 갖추어야 한다. ② 해양수산부장관은 선박검사원이 그 직무를 할 때 이 법 또는 이 법에 따른 명령을 위반한 경우에는 대행기관에 선박검사원의 해임을 요구하거나 1년 이내의 기간을 정하여 직무를 정지하도록 요구할 수 있다.

	③ 대행기관은 제2항에 따른 해임 또는 직무정지 요구를 받은 경우에는 지체 없이 해당 선박검사원에 대하여 조치를 하고 그 결과를 해양수산부장관에게 보고하여야 한다.
비밀누설금지 (제36조의3)	형식승인시험기관, 독립시험기관, 자문단에 참여한 민간 전문가, 대행업무를 수행하는 선급법인의 임직원 또는 그 직에 있었던 자는 그 직무상 알게 된 비밀을 누설하거나 도용하여서는 아니 된다.

제9절 | 벌 칙

내용	규정
벌칙 (제42조)	다음 각호의 어느 하나에 해당하는 자는 1년 이하의 징역 또는 1천만원 이하의 벌금에 처한다. 1. 제6조를 위반하여 선박평형수 또는 침전물을 배출한 자 2. 제7조제1항에 따른 명령을 이행하지 아니한 자 3. 제8조제1항에 따른 선박평형수관리설비를 설치하지 아니하고 선박을 항해에 사용한 자 4. 제9조제1항을 위반하여 선박평형수관리계획서를 작성하지 아니하거나 검인을 받지 아니한 자 5. 제12조부터 제14조까지의 규정을 위반하여 검사를 받지 아니한 자 6. 제16조제1항 또는 제2항을 위반하여 선박을 항해에 사용한 자 7. 제17조제1항 또는 제7항을 위반하여 형식승인·검정을 받지 아니하거나 거짓이나 그 밖의 부정한 방법으로 형식승인·검정을 받은 자 또는 같은 조 제2항 전단 또는 제6항 후단을 위반하여 거짓이나 그 밖의 부정한 방법으로 형식승인시험에 합격한 자 8. 제20조제3항을 위반하여 국제기구의 승인을 받지 아니하고 처리물질을 사용하거나 승인이 취소된 처리물질을 사용한 자 9. 제21조제1항에 따른 등록을 하지 아니하거나 거짓으로 등록하여 선박평형수처리업을 한 자 10. 제26조제1항에 따라 등록이 취소된 자가 영업을 하거나 영업정지명령을 받은 자가 영업정지 기간 중에 영업을 한 자 11. 제27조제2항에 따른 항해정지처분을 위반하여 선박을 항해에 사용한 자 12. 제33조제1항에 따른 보고를 하지 아니하거나 자료를 제출하지 아니한 자 또는 거짓 보고를 하거나 거짓 자료를 제출한 자 13. 정당한 사유 없이 제33조제2항에 따른 공무원의 출입 또는 조사를 거부·방해하거나 기피한 자

	14. 제33조제5항에 따른 명령 또는 처분을 이행하지 아니한 자 15. 제36조의3을 위반하여 비밀을 누설하거나 도용한 자
벌칙 (제43조)	다음 각호의 어느 하나에 해당하는 자는 500만원 이하의 벌금에 처한다. 1. 제9조제2항을 위반하여 선박평형수관리계획서와 달리 선박평형수를 교환·주입 또는 배출하거나 침전물을 제거 또는 배출한 자 2. 제17조제6항 전단을 위반하여 변경승인을 받지 아니하거나 거짓이나 그 밖의 부정한 방법으로 변경승인을 받은 자 3. 제23조제1항에 따른 선박평형수 및 침전물의 처리방법을 위반한 자 4. 제24조에 따른 처리명령을 이행하지 아니한 자 5. 제27조제1항에 따른 선박평형수관리설비의 교체 등의 명령을 이행하지 아니한 자
양벌규정 (제44조)	법인의 대표자나 법인 또는 개인의 대리인, 사용인, 그 밖의 종업원이 그 법인 또는 개인의 업무에 관하여 제42조 또는 제43조의 위반행위를 하면 그 행위자를 벌하는 외에 그 법인 또는 개인에게도 해당 조문의 벌금형을 과한다. 다만, 법인 또는 개인이 그 위반행위를 방지하기 위하여 해당 업무에 관하여 상당한 주의와 감독을 게을리하지 아니한 경우에는 그러하지 아니하다.
외국인에 대한 벌칙 적용의 특례 (제45조)	① 외국인에 대하여 제42조를 적용할 때에는 고의로 관할수역에서 위반행위를 한 경우를 제외하고는 해당 조문의 벌금형을 과한다. ② 제1항에 따른 외국인의 범위에 관하여는 「배타적 경제수역에서의 외국인어업 등에 대한 주권적 권리의 행사에 관한 법률」 제2조를 적용하고, 외국인에 대한 사법 절차에 관하여는 같은 법 제23조부터 제25조까지의 규정을 준용한다.
과태료 (제46조)	① 다음 각호의 어느 하나에 해당하는 자에게는 200만원 이하의 과태료를 부과한다. 2. 제9조제3항에 따른 교육실시 의무를 위반한 자 3. 제9조제4항에 따른 선박평형수관리계획서의 비치 또는 제시 의무를 위반한 자 4. 제10조제1항부터 제3항까지의 규정에 따른 선박평형수관리기록부의 비치·기록·보존 또는 제시 의무를 위반한 자 5. 제11조제4항을 위반하여 승인된 도면을 선박에 비치하지 아니한 자 6. 제12조제3항을 위반하여 검사증서를 선박에 비치하지 아니한 자 6의2. 제17조의4제2항에 따른 신고를 하지 아니한 자 7. 제21조제3항에 따른 변경등록을 하지 아니한 자 8. 제23조제1항을 위반하여 처리실적서를 작성하여 제출하지 아니하거나 처리대장을 비치하지 아니한 자 9. 제23조제2항을 위반하여 선박평형수수거확인증을 교부하지 아니하거나 사실과 다르게 작성한 자

9의2. 제23조제4항에 따른 교육의무를 위반한 자
10. 제25조제3항을 위반하여 선박평형수처리업자의 권리·의무 승계에
　　대한 신고를 하지 아니하거나 거짓으로 신고한 자
11. 제29조제1항에 따른 국제협약을 지키지 아니하여 외국 항에서 출항
　　정지를 받은 자
② 제1항에 따른 과태료는 대통령령으로 정하는 바에 따라 해양수산부
장관이 부과·징수한다.

제2편

선 원

제1장 총 론

1. STCW 협약

1978년 「선원훈련·자격증명 및 당직근무의 기준에 관한 협약」(The International Convention on Standards of Training, Certification and Watchkeeping for Seafarers 1978)이 채택되기 전에는 해양안전의 초점은 선박구조, 체계 및 장비의 안전기준에 맞춰져 있었다.

대형 해난사고가 발생하면서 국제사회는 인적요소가 사고 예방을 위한 가장 중요한 역할을 한다는 것을 인식하고 선원의 훈련, 자격, 당직 등에 대한 기준을 정하려는 노력을 해왔다. 「STCW 협약」은 선원의 훈련, 자격증명 및 당직근무의 기준을 국제적으로 표준화하여 해상에서 인명 및 재산의 안전과 환경보전을 목적으로 하는 협약이다. 「STCW 협약」은 1978년 7월 채택되어 1984년 4월부터 발효되었다.

동 협약은 체약국의 국기를 게양할 권리를 가진 항해선에 근무하는 선원에 적용된다. 군함, 어선, 유람용 요트, 원시적 목선에 근무하는 선원에게는 적용되지 않는다. 우리나라는 1984년 4월에 동 협약에 가입하여, 1985년 7월부터 국내에 발효되고 있다. 「STCW 협약」의 주요 내용은 「선박직원법」 및 「선원법」 등에 수용되어 있다.

2. 채택배경

「STCW 협약」 채택의 직접적인 계기가 된 것은 1967년 3월 10만 톤의 원류를 싣고 영국으로 향하던 유조선 「토리 캐년」(Torrey Canyon)호가 덴버해협에서 좌초한 사고[1]이다. 이 사고로 인하여

---

1) 좌초된 토리 캐니언 호의 18개 원유탱크 중 14개에서 구멍이 났고, 7만여 톤의 기름이 바다로 유출되었다.

엄청난 규모의 해상 기름유출이 발생하면서 당시 「정부간 해사자문기구」(IMCO)는 특별이사회를 개최하여 유류에 의한 오염의 법적 검토와 선원의 훈련 및 자격 기준에 대하여 조사할 것을 결정하였다. 해사안전위원회(MSC)는 1971년 9월에 「훈련 및 당직기준전문위원회」(STW)를 신설하여 「STCW 협약」초안을 완성하였다. 1978년 6월 14일부터 7월 7일까지 약 3주간에 걸쳐 개최된 국제회의에서 한국을 포함한 72개국 460여 명의 대표가 동 협약을 채택하였다.

3. 어선선원의 훈련 · 자격증명 및 당직근무의 기준에 관한 협약(1995 STCW-F)

동 협약의 원명은 「International Convention on Standards of Training, Certification and Watchkeeping for Fishing Vessel Personnel, 1995」이다. 1995년 7월에 채택되어 2012년 9월에 발효되었다. 우리나라는 동 협약에 가입하지 않고 있다.

동 협약이 채택된 배경은 「STCW 협약」개정을 위한 수차례의 회의를 거치면서 IMO 회원국들은 어선의 특수성을 감안하여 어선 선원에 대한 별도의 협약 필요성에 공감했다. 1995년 6월부터 7월까지 런던에서 개최된 「STCW 협약」개정 및 「STCW-F」제정을 위한 국제회의에서 「STCW 협약」을 근간으로 어선 선원 근무환경의 특수성을 고려한 수정을 거쳐 「STCW-F 협약」을 채택하였다.

제2장 선원법

제1절 | 총 론

「선원법」은 "선원의 직무, 복무, 근로조건의 기준, 직업안정, 복지 및 교육훈련에 관한 사항 등을 규정하여, 선내 질서를 유지하고, 선원의 기본적 생활을 보장 · 향상시키며 선원의 자질 향상을 목적"[2]으로 하는 법이다.

선원법은 1962년 1월 제정됨과 동시에 시행되었다. 선원법은 1943년 제정되어 선원의 근로조건 등을 규율해 오던 「조선선원령」을 폐지하고, "선원의 직무와 기율을 확립함으로써 선내의 질서를 유지하고, 또한 선원의 근로조건을 정함으로써 선원의 기본적 생활을 보장 · 향상시키려"는 목적[3]

영국 내각은 즉시 비상사태에 돌입하고 전 국가적으로 가용할 수 있는 모든 자원을 투입했으나 역부족이었다. 선체 안에 남아있는 원유의 추가 유출을 막기 위해 공군기를 동원하여 토리 캐년호에 대한 폭격을 하여 선체를 완전히 침몰시키고 배 안에 남아있던 원유 약 3만 톤을 불태웠다.

2) 선원법, 제1조.
3) 선원법, 「제정법」, (법률 제963호, 1962.1.10), 제1조.

으로 제정되었다. 이후 60여 차례의 개정을 거쳐 현재의 법률에 이르고 있다.

　2011년과 2016년의 전부개정을 통하여 2006년 「국제노동기구」(ILO)에서 채택한 선원의 근로 및 생활기준을 담은 「2006년 해사노동협약」의 국제발효와 협약 비준을 위하여 국내 시행에 필요한 선원의 근로 및 생활기준 등을 정하였다.

　2015년 개정에서는 세월호 사고 이후 선장의 권한과 책임을 보다 분명히 하고 비상대비훈련을 강화할 수 있는 시스템을 도입하였다. 이를 위해 안전관리승무원 제도의 도입, 선장의 적성심사 강화, 선박 위험시나 충돌 시 등에 인명구조 조치를 다하지 아니한 선장 등에 대한 처벌을 강화하는 규정을 마련하였다.

제2절 ｜ 총 칙

내용	규정
제1조 (목적)	이 법은 선원의 직무, 복무, 근로조건의 기준, 직업안정, 복지 및 교육훈련에 관한 사항 등을 정함으로써 선내 질서를 유지하고, 선원의 기본적 생활을 보장·향상시키며 선원의 자질 향상을 도모함을 목적으로 한다.
정의 (제2조)	1. "선원"이란 이 법이 적용되는 선박에서 근로를 제공하기 위하여 고용된 사람을 말한다. 다만, 대통령령으로 정하는 사람은 제외한다. 2. "선박소유자"란 선주, 선주로부터 선박의 운항에 대한 책임을 위탁받고 이 법에 따른 선박소유자의 권리 및 책임과 의무를 인수하기로 동의한 선박관리업자, 대리인, 선체용선자 등을 말한다. 3. "선장"이란 해원을 지휘·감독하며 선박의 운항관리에 관하여 책임을 지는 선원을 말한다. 4. "해원"이란 선박에서 근무하는 선장이 아닌 선원을 말한다. 5. "직원"이란 「선박직원법」 제2조제3호에 따른 항해사, 기관장, 기관사, 전자기관사, 통신장, 통신사, 운항장 및 운항사와 그 밖에 대통령령으로 정하는 해원을 말한다. 6. "부원"이란 직원이 아닌 해원을 말한다. 6의2. "유능부원"이란 갑판부 또는 기관부의 항해당직을 담당하는 부원 중 해양수산부령으로 정하는 자격요건을 갖춘 부원을 말한다. 7. "예비원"이란 선박에서 근무하는 선원으로서 현재 승무 중이 아닌 선원을 말한다. 8. "항해선"이란 내해, 「항만법」 제2조제4호에 따른 항만구역 내의 수역 또는 이에 근접한 수역 등으로서 해양수산부령으로 정하는 수역만을 항해하는 선박 외의 선박을 말한다. 9. "선원근로계약"이란 선원은 승선하여 선박소유자에게 근로를 제공하고 선박소유자는 근로에 대하여 임금을 지급하는 것을 목적으로 체결

된 계약을 말한다.

10. "임금"이란 선박소유자가 근로의 대가로 선원에게 임금, 봉급, 그 밖에 어떠한 명칭으로든 지급하는 모든 금전을 말한다.

11. "통상임금"이란 선원에게 정기적·일률적으로 일정한 근로 또는 총근로에 대하여 지급하기로 정하여진 시간급금액, 일급금액, 주급금액, 월급금액 또는 도급금액을 말한다.

12. "승선평균임금"이란 산정하여야 할 사유가 발생한 날 이전 승선기간(3개월을 초과하는 경우에는 최근 3개월로 한다)에 그 선원에게 지급된 임금 총액을 그 승선기간의 총일수로 나눈 금액을 말한다. 다만, 이 금액이 통상임금보다 적은 경우에는 통상임금을 승선평균임금으로 본다.

13. "월 고정급"이란 어선소유자가 어선원에게 매월 일정한 금액을 임금으로 지급하는 것을 말한다.

14. "생산수당"이란 어선소유자가 어선원에게 지급하는 임금으로 월 고정급 외에 단체협약, 취업규칙 또는 선원근로계약에서 정하는 바에 따라 어획금액이나 어획량을 기준으로 지급하는 금액을 말한다.

15. "비율급"이란 어선소유자가 어선원에게 지급하는 임금으로서, 어획금액에서 대통령령으로 정하는 공동경비를 뺀 나머지 금액을 단체협약, 취업규칙 또는 선원근로계약에서 정하는 분배방법에 따라 배정한 금액을 말한다.

16. "근로시간"이란 선박을 위하여 선원이 근로하도록 요구되는 시간을 말한다.

17. "휴식시간"이란 근로시간 외의 시간(근로 중 잠시 쉬는 시간은 제외한다)을 말한다.

18. "해양항만관청"이란 해양수산부장관 및 대통령령으로 정하는 해양수산부 소속 기관의 장을 말한다.

19. "선원신분증명서"란 국제노동기구의 「2003년 선원신분증명서에 관한 협약 제185호」에 따라 발급하는 선원의 신분을 증명하기 위한 문서를 말한다.

20. "선원수첩"이란 선원의 승무경력, 자격증명, 근로계약 등의 내용을 수록한 문서를 말한다.

21. "해사노동적합증서"란 선원의 근로기준 및 생활 기준에 대한 검사 결과 이 법과 「2006 해사노동협약」(이하 "해사노동협약"이라 한다)에 따른 인증기준에 적합하다는 것을 증명하는 문서를 말한다.

22. "해사노동적합선언서"란 해사노동협약을 이행하는 국내기준을 수록하고 그 기준을 준수하기 위하여 선박소유자가 채택한 조치사항이 이 법과 해사노동협약의 인증기준에 적합하다는 것을 승인하는 문서를 말한다.

23. "실습선원"이란 「선박직원법」 제2조제4호의2의 해기사 실습생을 포함하여 선원이 될 목적으로 선박에 승선하여 실습하는 사람을 말한다.

내용	규정
적용 범위 (제3조)	① 이 법은 특별한 규정이 있는 경우를 제외하고는 「선박법」에 따른 대한민국 선박(「어선법」에 따른 어선을 포함한다), 대한민국 국적을 취득할 것을 조건으로 용선한 외국선박 및 국내 항과 국내 항 사이만을 항해하는 외국선박에 승무하는 선원과 그 선박의 선박소유자에 대하여 적용한다. 다만, 다음 각호의 어느 하나에 해당하는 선박에 승무하는 선원과 그 선박의 선박소유자에게는 이 법을 적용하지 아니한다. 1. 총톤수 5톤 미만의 선박으로서 항해선이 아닌 선박 2. 호수, 강 또는 항내 만을 항행하는 선박(「선박의 입항 및 출항 등에 관한 법률」 제24조에 따른 예선은 제외한다) 3. 총톤수 20톤 미만인 어선으로서 해양수산부령으로 정하는 선박 4. 「선박법」 제1조의2제1항제3호에 따른 부선. 다만, 「해운법」 제24조제1항 또는 제2항에 따라 해상화물운송사업을 하기 위하여 등록한 부선은 제외한다. ② 실습선원에 대하여도 해양수산부령으로 정하는 바에 따라 이 법 중 선원에 관한 규정을 적용한다.
선원노동위원회 (제4조)	① 「노동위원회법」 제2조제3항에 따른 특별노동위원회로서 해양수산부장관 소속으로 선원노동위원회를 둔다. ② 제1항에 따른 선원노동위원회(이하 "선원노동위원회"라 한다)의 설치와 그 명칭, 위치, 관할구역, 소관 사무, 위원의 위촉, 그 밖에 선원노동위원회의 운영에 필요한 사항은 이 법 및 「노동위원회법」에서 규정한 사항을 제외하고는 대통령령으로 정한다.
다른 법률과의 관계 (제5조)	① 선원의 근로관계에 관하여는 「근로기준법」 제2조제1항제1호부터 제3호까지, 제3조부터 제6조까지, 제8조부터 제10조까지, 제40조, 제68조, 제74조, 제107조(제8조 및 제9조 또는 제40조를 위반한 경우로 한정한다), 제110조(제10조와 제74조를 위반한 경우로 한정한다) 및 제114조(제6조를 위반한 경우로 한정한다)를 적용한다. ② 선원의 교육훈련에 관하여는 「국민 평생 직업능력 개발법」을 적용하지 아니한다.

제3절 | 선장의 직무와 권한

내용	규정
지휘명령권 (제6조)	선장은 해원을 지휘·감독하며, 선내에 있는 사람에게 선장의 직무를 수행하기 위하여 필요한 명령을 할 수 있다.
출항 전의 검사·보고의무 등 (제7조)	① 선장은 해양수산부령으로 정하는 바에 따라 출항 전에 다음 각호의 사항에 대하여 검사 또는 점검(「검사」)을 하여야 한다.

	1. 선박이 항해에 견딜 수 있는지 여부 2. 선박에 화물이 실려 있는 상태 3. 항해에 적합한 장비, 인원, 식료품, 연료 등의 구비 및 상태 4. 그 밖에 선박의 안전운항을 위하여 해양수산부령으로 정하는 사항 ② 선장은 검사등의 결과를 선박소유자 등에게 보고하여야 한다. ③ 선장은 검사등의 결과, 문제가 있다고 인정하는 경우 지체 없이 선박소유자에게 적절한 조치를 요청하여야 한다. ④ 조치를 요청받은 선박소유자는 선박과 선박의 안전운항에 필요한 조치를 하여야 한다.
항로에 의한 항해 (제8조)	선장은 항해의 준비가 끝나면 지체 없이 출항하여야 하며, 부득이한 사유가 있는 경우를 제외하고는 미리 정하여진 항로를 따라 도착항까지 항해하여야 한다.
선장의 직접 지휘 (제9조)	① 선장은 다음 각호의 어느 하나에 해당하는 때에는 선박의 조종을 직접 지휘하여야 한다. 1. 항구를 출입할 때 2. 좁은 수로를 지나갈 때 3. 선박의 충돌·침몰 등 해양사고가 빈발하는 해역을 통과할 때 4. 그 밖에 선박에 위험이 발생할 우려가 있는 때로서 해양수산부령으로 정하는 때 ② 선장은 제1항에 해당하는 때를 제외하고는 휴식을 취하는 시간에 1등 항해사 등 대통령령으로 정하는 직원에게 선박의 조종을 지휘하게 할 수 있다.
재선의무 (제10조)	선장은 화물을 싣거나 여객이 타기 시작할 때부터 화물을 모두 부리거나 여객이 다 내릴 때까지 선박을 떠나서는 아니 된다. 다만, 기상 이상 등 특히 선박을 떠나서는 아니 되는 사유가 있는 경우를 제외하고는 선장이 자신의 직무를 대행할 사람을 직원 중에서 지정한 경우에는 그러하지 아니하다.
선박 위험시의 조치 (제11조)	① 선장은 선박에 급박한 위험이 있을 때에는 인명, 선박 및 화물을 구조하는 데 필요한 조치를 다하여야 한다. ② 선장은 인명구조 조치를 다하기 전에 선박을 떠나서는 아니 된다. ③ 제1항 및 제2항은 해원에게도 준용한다.
선박 충돌 시의 조치 (제12조)	선박이 서로 충돌하였을 때에는 각 선박의 선장은 서로 인명과 선박을 구조하는 데 필요한 조치를 다하여야 하며 선박의 명칭·소유자·선적항·출항항 및 도착항을 상대방에게 통보하여야 한다. 다만, 자기가 지휘하는 선박에 급박한 위험이 있을 때에는 그러하지 아니하다.
조난선박 등의 구조 (제13조)	선장은 다른 선박 또는 항공기의 조난을 알았을 때에는 인명을 구조하는 데 필요한 조치를 다하여야 한다. 다만, 자기가 지휘하는 선박에 급박한

	위험이 있는 경우 등 해양수산부령으로 정하는 경우에는 그러하지 아니하다.
기상 이상 등의 통보 (제14조)	해양수산부령으로 정하는 선박의 선장은 폭풍우 등 기상 이상이 있거나 떠돌아다니는 얼음덩이, 떠다니거나 가라앉은 물건 등 선박의 항해에 위험을 줄 우려가 있는 것과 마주쳤을 때에는 해양수산부령으로 정하는 바에 따라 그 사실을 가까이 있는 선박의 선장과 해양경찰관서의 장에게 통보하여야 한다. 다만, 폭풍우 등 기상 이상의 경우 기상기관 또는 해양경찰관서(대한민국 영해 밖에 있는 선박의 경우에는 가장 가까운 국가의 해상보안기관을 말한다)의 장이 예보한 경우에는 그러하지 아니하다.
비상배치표 및 훈련 등 (제15조)	① 다음 각호의 어느 하나에 해당하는 선박의 선장은 비상시에 조치하여야 할 해원의 임무를 정한 비상배치표를 선내의 보기 쉬운 곳에 걸어두고 선박에 있는 사람에게 소방훈련, 구명정훈련 등 비상시에 대비한 훈련을 실시하여야 한다. 이 경우 해원은 비상배치표에 명시된 임무대로 훈련에 임하여야 한다. 1. 총톤수 500톤 이상의 선박. 다만, 평수구역을 항행구역으로 하는 선박을 제외한다. 2. 「선박안전법」 제2조제10호에 따른 여객선(「여객선」) ② 여객선의 선장은 탑승한 모든 여객에 대하여 비상시에 대비할 수 있도록 비상신호와 집합장소의 위치, 구명기구의 비치 장소를 선내에 명시하고, 피난요령 등을 선내의 보기 쉬운 곳에 걸어두며, 구명기구의 사용법, 피난절차, 그 밖에 비상시에 대비하기 위하여 여객이 알고 있어야 할 필요한 사항을 주지시켜야 한다. ③ 선장은 비상시에 대비한 훈련을 실시할 경우에는 해원의 휴식시간에 지장이 없도록 하여야 한다. ④ 비상신호의 방법, 비상시 여객주지 사항의 안내시기 등에 관하여는 해양수산부령으로 정한다.
항해의 안전 확보 (제16조)	제7조부터 제15조까지에서 규정한 사항 외에 항해당직, 선박의 화재 예방, 그 밖에 항해안전을 위하여 선장이 지켜야 할 사항은 해양수산부령으로 정한다.
사망자 발생 시 인도의무 등 (제17조)	① 선장은 항해 중 선박에 있는 사람이 사망한 경우에는 다음 기항 예정 항만 또는 가까운 항만으로 이동하여 시신이 유가족 등에게 인도될 수 있도록 조치하여야 한다. 다만, 다음 기항 예정 항만 또는 가까운 항만이 시신의 반입을 금지하는 경우 시신을 반입할 수 있는 항만으로 이동하여야 한다. ② 제1항에도 불구하고 선박에 있는 사람이 전염병으로 사망하여 선내 감염이 우려되거나, 기항 예정 항만에서 시신 인도가 지속적으로 거부되는 등 해양수산부령으로 정하는 사유가 있는 때에는 해양수산부령으로

	정하는 바에 따라 시신에 대한 조치를 할 수 있다.
유류품의 처리 (제18조)	선장은 선박에 있는 사람이 사망하거나 행방불명된 경우에는 법령에 특별한 규정이 있는 경우를 제외하고는 해양수산부령으로 정하는 바에 따라 선박에 있는 유류품에 대하여 보관이나 그 밖에 필요한 조치를 하여야 한다.
재외국민의 송환 (제19조)	① 선장은 외국에 주재하는 대한민국의 영사가 법령에서 정하는 바에 따라 대한민국 국민의 송환을 명하였을 때에는 정당한 사유 없이 거부하지 못한다. ② 제1항에 따른 송환에 든 비용의 부담과 송환에 필요한 사항은 대통령령으로 정한다.
서류의 비치 (제20조)	① 선장은 다음 각 호의 서류를 선내에 갖추어 두어야 한다. 1. 선박국적증서 2. 선원명부 3. 항해일지 4. 화물에 관한 서류 5. 그 밖에 해양수산부령으로 정하는 서류 ② 선장은 해양수산부령으로 정하는 서식에 따라 선원명부 및 항해일지 등을 기록·보관하여야 한다.
선박 운항에 관한 보고 (제21조)	선장은 다음 각호의 어느 하나에 해당하는 경우에는 해양수산부령으로 정하는 바에 따라 지체 없이 그 사실을 해양항만관청에 보고하여야 한다. 1. 선박의 충돌·침몰·멸실·화재·좌초, 기관의 손상 및 그 밖의 해양사고가 발생한 경우 2. 항해 중 다른 선박의 조난을 안 경우(무선통신으로 알게 된 경우는 제외한다) 3. 인명이나 선박의 구조에 종사한 경우 4. 선박에 있는 사람이 사망하거나 행방불명된 경우 5. 미리 정하여진 항로를 변경한 경우 6. 선박이 억류되거나 포획된 경우 7. 그 밖에 선박에서 중대한 사고가 일어난 경우

※시행규칙 제4조(출항 전의 검사 또는 점검) ① 선장은 검사 또는 점검사항을 목록으로 작성하여 법 제7조제1항에 따른 검사 또는 점검을 하여야 한다.
② 법 제7조제1항제4호에서 "해양수산부령으로 정하는 사항"이란 다음 각 호의 사항을 말한다.
  1. 항로 및 항해계획의 적정성
  2. 선박의 항해와 관련한 기상 및 해상 정보
  3. 법 제15조에 따른 비상배치표 및 비상시에 조치하여야 할 해원의 임무 숙지상태
  4. 그 밖에 선장이 선박의 안전운항을 위하여 필요하다고 인정하는 사항

※**시행규칙 제4조의2(선장의 직접 지휘)** 법 제9조제1항제4호에서 "해양수산부령으로 정하는 때"란 다음 각 호의 어느 하나에 해당하는 때를 말한다.
1. 안개, 강설(降雪) 또는 폭풍우 등으로 시계(視界)가 현저히 제한되어 선박의 충돌 또는 좌초의 우려가 있는 때
2. 조류(潮流), 해류 또는 강한 바람 등의 영향으로 선박의 침로(針路: 선수 방향) 유지가 어려운 때
3. 선박이 항해 중 어선군(漁船群)을 만나거나 운항 중인 항로의 통행량이 크게 증가하는 때
4. 선박의 안전항해에 필요한 설비 등의 고장으로 정상적인 선박 운항이 곤란하게 된 때

※**시행령 제3조의7(선장의 선박 조종 지휘를 대행할 수 있는 직원)** 법 제9조제2항에서 "1등항해사 등 대통령령으로 정하는 직원"이란 다음 각호의 어느 하나에 해당하는 직원을 말한다.
1. 1등항해사
2. 운항장
3. 「선박직원법 시행령」 별표 3에 따른 1등항해사 또는 운항장의 승무자격 이상의 자격을 갖춘 직원

※**시행규칙 제5조(조난 선박 등에 대한 구조의무의 한계)** ① 법 제13조 단서에서 "자기가 지휘하는 선박에 급박한 위험이 있는 경우 등 해양수산부령으로 정하는 경우"란 다음 각호의 어느 하나에 해당하는 경우를 말한다.
1. 조난장소에 도착한 다른 선박으로부터 구조의 필요가 없다는 통보를 받은 경우
2. 조난장소에 접근하였으나 부득이한 사유로 인하여 구조할 수 없거나 구조할 필요가 없다고 판단되는 경우
3. 부득이한 사유로 조난장소까지 갈 수 없거나 기타 구조가 적당하지 아니하다고 판단되는 경우
4. 선장이 지휘하는 선박에 급박한 위험이 있는 경우
② 제1항제2호부터 제4호까지의 규정에 따라 구조를 하지 아니하는 경우에는 조난선박 또는 조난항공기에 가까이 있는 선박에 그 뜻을 통보하여야 하되, 다른 선박에 의한 조난 구조가 행하여지지 아니할 것으로 판단되는 경우에는 해양경찰관서의 장에 통보하여야 한다.

※**시행규칙 제6조(기상 이상 등의 통보)** ① 법 제14조 본문에서 "해양수산부령으로 정하는 선박"이란 무선전신 또는 무선전화의 설비를 갖춘 선박을 말한다.
② 법 제14조 본문에 따라 선장이 가까이 있는 선박 및 해양경찰관서의 장에 통보하여야 할 사항은 별표 1과 같다.

※**시행규칙 제10조(항해의 안전 확보)** 법 제16조에 따른 항해당직의 실시, 선박의 화재예방 그밖에 항해안전을 위하여 선장이 지켜야 할 사항은 다음 각호와 같다.
1. 「국제 해상충돌 방지규칙」의 준수
2. 「해상에서의 인명안전을 위한 국제협약」의 준수
3. 모든 항해장치의 정기적 점검과 그 기록의 유지
4. 선원 거주설비의 정기적 점검과 그 기록의 유지

※**시행규칙 제13조(서류의 비치)** ② 법 제20조제1항제5호에서 "해양수산부령으로 정하는 서류"란 다음 각 호의 서류를 말한다.
1. 선박검사증서
2. 항행하는 해역의 해도
3. 기관일지
4. 속구목록
5. 선박의 승무정원증서
7. 「2006 해사노동협약」 내용이 포함된 도서(항해선이 아닌 선박과 어선은 제외)

제4절 | 선내 질서의 유지

내용	규정
해원의 징계 (제22조)	① 선장은 해원이 다음 각호의 어느 하나에 해당할 경우에는 해원을 징계할 수 있다. 1. 상급자의 직무상 명령에 따르지 아니하였을 경우 2. 선장의 허가 없이 선박을 떠났을 경우 3. 선장의 허가 없이 흉기나 마약류를 선박에 들여왔을 경우 4. 선내에서 싸움, 폭행, 음주, 소란행위를 하거나 고의로 시설물을 파손하였을 경우 5. 직무를 게을리하거나 다른 해원의 직무수행을 방해하였을 경우 6. 정당한 사유 없이 선장이 지정한 시간까지 선박에 승선하지 아니하였을 경우 7. 그 밖에 선내 질서를 어지럽히는 행위로서 단체협약, 취업규칙 또는 선원근로계약에서 금지하는 행위를 하였을 경우 ② 징계는 훈계, 상륙금지 및 하선으로 하며, 상륙금지는 정박 중에 10일 이내로 한다. ③ 제2항에 따른 하선의 징계는 해원이 폭력행위 등으로 선내 질서를 어지럽히거나 고의로 선박 운항에 현저한 지장을 준 행위가 명백한 경우에만 하여야 한다. 이 경우 선장은 지체 없이 선박소유자에게 하선의 징계를 한 사실을 알려야 한다. ④ 선장은 해원을 징계할 경우에는 미리 5명(해원 수가 10명 이내인 경우에는 3명) 이상의 해원으로 구성되는 징계위원회의 의결을 거쳐야 한다. ⑤ 제4항에 따른 징계위원회의 구성 및 운영 등에 필요한 사항은 해양수산부령으로 정한다.
위험물 등에 대한 조치 (제23조)	① 흉기, 폭발하거나 불붙기 쉬운 물건, 「화학물질관리법」에 따른 유독물질과 그 밖의 위험한 물건을 가지고 승선한 사람은 즉시 선장에게 신고하여야 한다. ② 선장은 제1항에 따른 물건에 대하여 보관·폐기 등 필요한 조치를 할 수 있다. ③ 선장은 해원이나 그 밖에 선박에 있는 사람이 인명이나 선박에 위해를 줄 우려가 있는 행위를 하려고 할 때에는 그 위해를 방지하는 데 필요한 조치를 할 수 있다.
행정기관에 대한 원조 요청 (제24조)	① 선장은 해원이나 그 밖에 선박에 있는 사람의 행위가 인명이나 선박에 위해를 미치거나 선내 질서를 매우 어지럽게 할 때에는 관계 행정기관의 장에게 선내 질서의 유지 등을 위하여 필요한 원조를 요청할 수 있다. ② 선장으로부터 제1항에 따른 원조 요청을 받은 관계 행정기관의 장은 이에 협조하여야 한다.

쟁의행위의 제한 (제25조)	선원은 다음 각호의 어느 하나에 해당하는 경우에는 선원근로관계에 관한 쟁의행위를 하여서는 아니 된다. 1. 선박이 외국 항에 있는 경우 2. 여객선이 승객을 태우고 항해 중인 경우 3. 위험물 운송을 전용으로 하는 선박이 항해 중인 경우로서 위험물의 종류별로 해양수산부령으로 정하는 경우 4. 선장 등이 선박의 조종을 지휘하여 항해 중인 경우 5. 어선이 어장에서 어구를 내릴 때부터 냉동처리 등을 마칠 때까지의 일련의 어획작업 중인 경우 6. 그 밖에 선원근로관계에 관한 쟁의행위로 인명이나 선박의 안전에 현저한 위해를 줄 우려가 있는 경우
강제 근로의 금지 (제25조의2조)	선박소유자 및 선원은 폭행, 협박, 감금, 그 밖의 정신상 또는 신체상의 자유를 부당하게 구속하는 수단으로써 선원의 자유의사에 어긋나는 근로를 강요하지 못한다.

제5절 │ 선원근로계약

내용	규정
이 법 위반의 계약 (제26조)	이 법에서 정한 기준에 미치지 못하는 근로조건을 정한 선원근로계약은 그 부분만 무효로 한다. 이 경우 그 무효 부분은 이 법에서 정한 기준에 따른다.
근로조건의 명시 등 (제27조)	① 선박소유자는 선원근로계약을 체결할 때 선원에 대하여 임금, 근로시간 및 그 밖의 근로조건을 구체적으로 밝혀야 한다. 선원근로계약을 변경하는 경우에도 또한 같다. ② 선박소유자는 선원근로계약을 체결할 때 선원이 원하는 경우에는 선원근로계약의 내용에 대하여 검토하고 자문을 받을 수 있는 기회를 주어야 한다. 선원근로계약을 변경하는 경우에도 또한 같다.
근로조건의 위반 (제28조)	① 선원은 선원근로계약에 명시된 근로조건이 사실과 다른 경우에는 선원근로계약을 해지하고, 근로조건 위반에 따른 손해배상을 선박소유자에게 청구할 수 있다. ② 손해배상을 청구하려는 선원은 선원노동위원회에 신청하여 근로조건 위반 여부에 대하여 선원노동위원회의 인정을 받을 수 있다.
위약금 등의 예정 금지 (제29조)	선박소유자는 선원근로계약의 불이행에 대한 위약금이나 손해배상액을 미리 정하는 계약을 체결하지 못한다.
강제저축 등의 금지 (제30조)	선박소유자는 선원근로계약에 부수하여 강제저축 또는 저축금 관리를 약정하는 계약을 체결하지 못한다.

전차금 상계의 금지 (제31조)	선박소유자는 선원에 대한 전차금(前借金)이나 그 밖에 근로할 것을 조건으로 하는 전대(前貸)채권과 임금을 상계(相計)하지 못한다.
선원근로계약의 해지 등의 제한 (제32조)	① 선박소유자는 정당한 사유 없이 선원근로계약을 해지하거나 휴직, 정직, 감봉 및 그 밖의 징벌을 하지 못한다. ② 선박소유자는 다음 각호의 어느 하나에 해당하는 기간 동안은 선원근로계약을 해지하지 못한다. 다만, 천재지변이나 그 밖의 부득이한 사유로 사업을 계속할 수 없는 경우로서 선원노동위원회의 인정을 받았을 때와 선박소유자가 제98조에 따른 일시보상을 하였을 때에는 그러하지 아니하다. 1. 선원이 직무상 부상의 치료 또는 질병의 요양을 위하여 직무에 종사하지 아니한 기간과 그 후 30일 2. 산전·산후의 여성선원이 「근로기준법」 제74조에 따라 작업에 종사하지 아니한 기간과 그 후 30일
선원근로계약 해지의 예고 (제33조)	① 선박소유자는 선원근로계약을 해지하려면 30일 이상의 예고기간을 두고 서면으로 그 선원에게 알려야 하며, 알리지 아니하였을 때에는 30일분 이상의 통상임금을 지급하여야 한다. 다만, 다음 각호의 어느 하나에 해당하는 경우에는 그러하지 아니하다. 1. 선박소유자가 천재지변, 선박의 침몰·멸실 또는 그 밖의 부득이한 사유로 사업을 계속할 수 없는 경우로서 선원노동위원회의 인정을 받은 경우 2. 선원이 정당한 사유 없이 하선한 경우 3. 선원이 하선 징계를 받은 경우 ② 선원은 선원근로계약을 해지하려면 30일의 범위에서 단체협약, 취업규칙 또는 선원근로계약에서 정한 예고기간을 두고 선박소유자에게 알려야 한다.
정당한 사유 없는 해지 등의 구제신청 (제34조)	① 선박소유자가 선원에 대하여 정당한 사유 없이 선원근로계약을 해지하거나 휴직, 정직, 감봉 또는 그 밖의 징벌을 하였을 경우에는 그 선원은 선원노동위원회에 그 구제를 신청할 수 있다. ② 구제신청, 심사절차 등에 관하여는 「노동조합 및 노동관계조정법」 제82조부터 제86조(제85조제5항은 제외한다)까지의 규정을 준용한다.
선원근로계약의 존속 (제35조)	① 선원근로계약이 선박의 항해 중에 종료할 경우에는 그 계약은 선박이 다음 항구에 입항하여 그 항구에서 부릴 화물을 모두 부리거나 내릴 여객이 다 내릴 때까지 존속하는 것으로 본다. ② 선박소유자는 승선·하선 교대에 적당하지 아니한 항구에서 선원근로계약이 종료할 경우에는 30일을 넘지 아니하는 범위에서 승선·하선 교대에 적당한 항구에 도착하여 그 항구에서 부릴 화물을 모두 부리거나 내릴 여객이 다 내릴 때까지 선원근로계약을 존속시킬 수 있다.
선원근로계약 종료의 특례 (제36조)	상속 등 포괄승계에 의한 경우를 제외하고 선박소유자가 변경된 경우에는 옛 선박소유자와 체결한 선원근로계약은 종료하며, 그때부터 새로운

	선박소유자와 선원 간에 종전의 선원근로계약과 같은 조건의 새로운 선원근로계약이 체결된 것으로 본다. 다만, 새로운 선박소유자나 선원은 72시간 이상의 예고기간을 두고 서면으로 알림으로써 선원근로계약을 해지할 수 있다.
실업수당 (제37조)	선박소유자는 다음 각호의 어느 하나에 해당하는 경우에는 선원에게 퇴직금 외에 통상임금의 2개월분에 상당하는 금액을 실업수당으로 지급하여야 한다. 1. 선박소유자가 선원에게 책임을 돌릴 사유가 없음에도 불구하고 선원근로계약을 해지한 경우 2. 선원근로계약에서 정한 근로조건이 사실과 달라 선원이 선원근로계약을 해지한 경우 3. 선박의 침몰, 멸실 또는 그 밖의 부득이한 사유로 사업을 계속할 수 없어 선원근로계약을 해지한 경우

제6절 │ 송 환

내용	규정
송환 (제38조)	① 선박소유자는 선원이 거주지 또는 선원근로계약의 체결지가 아닌 항구에서 하선하는 경우에는 선박소유자의 비용과 책임으로 선원의 거주지 또는 선원근로계약의 체결지 중 선원이 원하는 곳까지 지체 없이 송환하여야 한다. 다만, 선원의 요청에 의하여 송환에 필요한 비용을 선원에게 지급할 경우에는 그러하지 아니하다. ② 선박소유자는 제1항에도 불구하고 다음 각호의 어느 하나에 해당하는 경우에는 송환에 든 비용을 선원에게 청구할 수 있다. 다만, 선박소유자는 6개월 이상 승무하고 송환된 선원에게는 송환에 든 비용의 100분의 50에 상당하는 금액 이상을 청구할 수 없다. 1. 선원이 정당한 사유 없이 임의로 하선한 경우 2. 선원이 하선 징계를 받고 하선한 경우 3. 단체협약, 취업규칙 또는 선원근로계약으로 정하는 사유에 해당하는 경우 ③ 제1항에 따라 선박소유자가 부담할 비용은 송환 중의 교통비, 숙박비, 식비 및 그 밖에 해양수산부령으로 정하는 비용을 말한다. ④ 선박소유자는 선원근로계약을 체결할 때 선원에게 송환비용을 미리 내도록 요구하여서는 아니 된다.
송환수당 (제39조)	선박소유자는 제38조제2항 각호의 어느 하나에 해당하는 경우를 제외하고는 하선한 선원에게 송환에 걸린 일수에 따라 그 선원의 통상임금에

	상당하는 금액을 송환수당으로 지급하여야 한다. 송환을 갈음하여 그 비용을 지급하는 경우에도 또한 같다.
선원 송환을 위한 조치 등 (제42조)	① 해양수산부장관은 선박소유자가 송환 의무를 이행하지 아니하여 선원이 송환을 요청하는 경우에는 그 선원을 송환하여야 한다. 이 경우 송환에 든 비용은 그 선박소유자에게 구상할 수 있다. ② 해양수산부장관은 외국선박에 승선하는 외국인 선원이 국내에 유기되어 해당 선원이 송환을 요청하는 경우에는 해당 선원을 자기나라로 송환할 수 있다. 이 경우 송환에 든 비용은 해당 외국선박의 기국에 구상할 수 있다. ③ 해양수산부장관은 송환조치에 든 비용을 선원에게 부담시켜서는 아니 된다. ④ 해양수산부장관은 송환조치에 든 비용이 변제될 때까지 해당 선박의 출항정지를 명하거나 출항을 정지시킬 수 있다.
유기구제보험 등의 가입 등 (제42조의2)	① 대통령령으로 정하는 선박소유자는 다음 각호의 어느 하나에 해당하는 사유로 유기된 선원을 구제하기 위하여 대통령령으로 정하는 보험 또는 공제(「유기구제보험등」)에 가입하여야 한다. 1. 선박소유자가 선원을 송환하지 아니하거나 같은 항 단서에 따라 송환에 필요한 비용을 선원에게 지급하지 아니한 경우 2. 선박소유자가 임금을 2개월 이상 지급하지 아니하고 선원과의 연락을 두절하는 등 근로관계를 일방적으로 단절한 경우 3. 선박소유자가 이 법 또는 선원근로계약에 따라 선원에게 제공하여야 하는 식료품, 물, 생존을 위하여 필요한 연료 및 의료지원 등 선상생활에 필요한 재화나 서비스를 제공하지 아니한 경우 ② 유기구제보험등은 다음 각 호의 비용(「유기 구제비용」)의 지급을 보장하여야 한다. 1. 송환비용 2. 송환수당 3. 식료품, 물, 생존을 위하여 필요한 연료 및 의료지원 등 선상생활에 필요한 재화나 서비스를 제공하는 데 드는 비용 ③ 유기구제보험등에 가입하는 선박소유자는 선원이 유기구제보험등을 운영하는 사업자(「유기구제보험사업자등」)에게 보험금을 직접 청구할 수 있도록 선원을 피보험자로 지정하여야 한다. ④ 유기구제보험사업자등은 선원 또는 선원이 지정한 대통령령으로 정하는 대리인(「지정대리인」)이 유기 구제비용을 청구하는 경우에는 「민법」 제469조에도 불구하고 선박소유자를 대신하여 대통령령으로 정하는 기간 내에 유기 구제비용을 지급하여야 한다. ⑤ 제3항 및 제4항에서 규정한 사항 외에 유기 구제비용의 청구와 지급에 필요한 사항은 대통령령으로 정한다.

다른 급여와의 관계 (제42조의3)	선박소유자는 선원이 「민법」이나 그 밖의 법령에 따라 유기 구제비용에 대한 보상을 받으면 보상받은 금액의 범위에서 선원에 대하여 유기 구제비용의 보상에 대한 책임을 지지 아니한다.
유기구제보험등의 해지 제한 등 (제42조의4)	① 유기구제보험사업자등은 법률 또는 보험계약에 따라 유기구제보험등의 계약기간이 끝나기 전에 보험계약을 해지하려는 경우에는 해양수산부장관에게 유기구제보험등의 해지예정일의 30일 전까지 계약이 해지된다는 사실을 통지하지 아니하면 해당 유기구제보험등을 해지할 수 없다. ② 유기구제보험사업자등은 선박소유자가 다음 각호의 어느 하나에 해당하면 그 사실을 해양수산부령으로 정하는 기간 내에 해양수산부장관에게 알려야 한다. 1. 자기와 유기구제보험등의 계약을 체결한 경우 2. 자기와 유기구제보험등의 계약을 체결한 후 계약기간이 끝나기 전에 제1항의 사전통지절차를 거친 후 그 계약을 해지한 경우 3. 자기와 유기구제보험등의 계약을 체결한 자가 그 계약기간이 끝난 후 자기와 다시 계약을 체결하지 아니한 경우 ③ 해양수산부장관은 제1항 또는 제2항에 따른 통지를 받으면 그 사실을 지체 없이 해당 유기구제보험등의 피보험자인 선원에게 알려야 한다.

제7절 │ 근로계약서 작성 등

내용	규정
선원근로계약서의 작성 및 신고 (제43조)	① 선원과 선원근로계약을 체결한 선박소유자는 선원근로계약서 2부를 작성하여 1부는 보관하고 1부는 선원에게 주어야 하며, 그 선원이 승선하기 전 또는 승선을 위하여 출국하기 전에 해양항만관청에 신고하여야 한다. ② 같은 내용의 선원근로계약이 여러 번 반복하여 체결되는 경우에 미리 선원근로계약의 내용에 대하여 신고하였을 때에는 계약체결을 증명하는 서류를 제출함으로써 신고를 갈음할 수 있다. ③ 선박소유자가 취업규칙을 작성하여 신고한 경우에는 그 취업규칙에 따라 작성한 선원근로계약은 신고한 것으로 본다.
선원명부의 공인 (제44조)	① 선박소유자는 선박별로 선원명부를 작성하여 선박과 육상사무소에 갖추어 두어야 한다. ② 선박소유자는 선원의 근로조건 또는 선박의 운항 형태에 따라서 선원의 승선·하선 교대가 있을 때마다 선박에 갖추어 둔 선원명부에 그 사실과 승선 선원의 성명을 적어야 한다. 다만, 선박소유자가 선원명부에 교대 관련 사항을 적을 수 없을 때에는 선장이 선박소유자를 갈음하여

	적어야 한다. ③ 선박소유자는 승선·하선 교대가 있을 때에는 선원 중 항해구역이 근해구역 안인 선박의 선원으로서 대통령령으로 정하는 사람을 제외한 선원의 선원명부에 대하여 해양항만관청의 공인(인터넷을 통한 공인을 포함)을 받아야 한다. 이 경우 선박소유자는 선장에게 자신을 갈음하여 공인을 신청하게 할 수 있다.
해외취업 신고 (제44조의2)	제3조에도 불구하고 대한민국 국민으로서 외국 국적 선박소유자와 선원근로계약을 체결한 선원은 해양수산부장관에게 해외취업을 신고하여야 한다. 다만, 선원관리사업자를 통해 외국 국적 선박에 취업하는 경우에는 선원관리사업자가 해당 선원의 해외취업을 신고하여야 한다.

제8절 │ 선원수첩

내용	규정
선원수첩 (제45조)	① 선원이 되려는 사람은 해양항만관청으로부터 선원수첩을 발급받아야 한다. 다만, 대통령령으로 정하는 선원의 경우에는 해양수산부령으로 정하는 바에 따라 선박소유자로부터 신원보증서를 받음으로써 선원수첩의 발급을 갈음할 수 있다. ② 선원은 승선하고 있는 동안에는 선원수첩이나 신원보증서를 선장에게 제출하여 선장이 보관하게 하여야 하고, 승선을 위하여 여행하거나 선박을 떠날 때에는 선원 자신이 지녀야 한다. ③ 선박소유자나 선장은 선원명부의 공인을 받을 때에는 해양수산부령으로 정하는 바에 따라 승선하거나 하선하는 선원의 선원수첩이나 신원보증서를 선원명부와 함께 해양항만관청에 제출하여 선원수첩이나 신원보증서에 승선·하선 공인을 받아야 한다. 다만, 선박소유자나 선장이 고의로 선원명부의 공인을 받지 아니하거나 행방불명 등 해양수산부령으로 정하는 사유로 선원명부의 공인을 받을 수 없을 때에는 하선하려는 선원이 직접 선원수첩이나 신원보증서에 하선 공인을 받을 수 있다. ④ 제3항에도 불구하고 인터넷을 통하여 승선·하선 공인을 받은 경우 해양항만관청은 선원수첩이나 신원보증서에 대한 공인을 면제할 수 있다. ⑤ 해양수산부장관은 선원의 취업실태나 선원수첩 소지 여부를 파악하거나 그 밖에 필요하다고 인정하는 경우에는 선원수첩을 검사할 수 있다.
선원수첩의 발급 제한 (제46조)	① 해양항만관청은 다음 각호의 어느 하나에 해당하는 사람에게 선원수첩을 발급하지 아니할 수 있다. 1. 신원이 분명하지 아니한 사람 2. 「병역법」 제76조제1항 각호의 어느 하나에 해당하는 사람

	② 해양항만관청은 선원수첩을 발급할 때 필요하다고 인정하면 해양수산부령으로 정하는 바에 따라 승선선박 또는 승선구역을 한정하거나 유효기간을 정하여 발급할 수 있다.
선원수첩의 실효 (제47조)	다음 각호의 어느 하나에 해당하는 선원수첩은 그 효력을 상실한다. 1. 선원수첩을 발급한 날 또는 하선한 날부터 5년(군 복무기간 등 해양수산부장관이 인정하는 기간은 제외) 이내에 승선하지 아니한 선원의 선원수첩 2. 사망한 선원의 선원수첩 3. 선원수첩을 재발급한 경우 종전의 선원수첩
선원신분증명서 (제48조)	① 외국 항을 출입하는 선박에 승선할 선원(대한민국 국민인 선원만 해당) 해양항만관청으로부터 선원신분증명서를 발급받아야 한다. ② 제1항에도 불구하고 제3조제1항 본문에 따른 선박에 승선하는 외국인으로서 대통령령으로 정하는 사람과 외국선박에 승선하는 대한민국 국민인 선원은 대통령령으로 정하는 바에 따라 선원신분증명서를 발급받을 수 있다. ③ 선원신분증명서의 유효기간은 발급일부터 10년으로 한다. ④ 선원신분증명서의 발급 제한 및 실효에 관하여는 제46조제1항 및 제47조를 준용한다. 이 경우 "선원수첩"은 "선원신분증명서"로 본다. ⑤ 선원은 선장이 안전유지에 필요하여 선원의 서면 동의를 받아 보관하는 경우 외에는 선원신분증명서를 지녀야 한다. ⑥ 해양수산부장관은 선원신분증명서의 제작·보관·발급과정, 데이터베이스 및 정보화시스템 등과 관련하여 개인정보의 보호수준 및 보안장비의 상태 등에 관한 평가기준을 마련하여 5년마다 평가하여야 한다.
선원수첩등의 재발급 (제49조)	선원수첩이나 선원신분증명서를 발급받은 사람은 선원수첩이나 선원신분증명서를 잃어버린 경우, 헐어서 못 쓰게 된 경우, 그 밖에 해양수산부령으로 정하는 경우에는 재발급 받을 수 있다.
선원수첩 등의 대여 및 부당사용 금지 (제50조)	선원은 선원수첩 또는 선원신분증명서를 부당하게 사용하거나 다른 사람에게 빌려 주어서는 아니 된다.
여권 등 대리보관 금지 (제50조의2)	선박소유자는 선원의 여권 등 신분증을 대리하여 보관해서는 아니 된다.
승무경력증명서의 발급 (제51조)	선박소유자나 선장은 선원으로부터 승무경력에 관한 증명서의 발급 요청을 받으면 즉시 발급하여야 한다.

제9절 | 임 금

내용	규정
임금의 지급 (제52조)	① 임금은 통화로 직접 선원에게 그 전액을 지급하여야 한다. 다만, 법령이나 단체협약에 특별한 규정이 있는 경우에는 임금의 일부를 공제하거나 통화 외의 것으로 지급할 수 있다. ② 임금은 매월 1회 이상 일정한 날짜를 정하여 지급하여야 한다. 다만, 임시로 지급하는 임금, 수당, 그 밖에 이에 준하는 것 등 대통령령으로 정하는 것에 대하여는 그러하지 아니하다. ③ 선박소유자는 제1항에도 불구하고 선원이 청구하거나 법령이나 단체협약에 특별한 규정이 있는 경우에는 임금의 전부 또는 일부를 그가 지정하는 가족이나 그 밖의 사람에게 통화로 지급하거나 금융회사 등에 예금하는 등의 방법으로 지급하여야 한다. ④ 선박소유자는 승무 중인 선원이 청구하면 제1항에도 불구하고 선장에게 임금의 일부를 상륙하는 기항지에서 통용되는 통화로 직접 선원에게 지급하게 하여야 한다. ⑤ 임금을 일할계산하는 경우에는 30일을 1개월로 본다.
기일 전 지급 (제53조)	선박소유자는 선원이나 그 가족의 출산, 질병, 재해, 그 밖에 대통령령으로 정하는 비상한 경우의 비용에 충당하기 위하여 선원이 임금 지급을 청구하는 경우에는 임금 지급일 전이라도 이미 제공한 근로에 대한 임금을 지급하여야 한다.
승무 선원의 부상 또는 질병 중의 임금 (제54조)	선박소유자는 승무 중인 선원이 부상이나 질병으로 직무에 종사하지 못하는 경우에도 선원이 승무하고 있는 기간에는 어선원 외의 선원에게는 직무에 종사하는 경우의 임금을, 어선원에게는 통상임금을 지급하여야 한다. 다만, 선원노동위원회가 그 부상이나 질병이 선원의 고의로 인한 것으로 인정한 경우에는 그러하지 아니하다.
퇴직금제도 (제55조)	① 선박소유자는 계속근로기간이 1년 이상인 선원이 퇴직하는 경우에는 계속근로기간 1년에 대하여 승선평균임금의 30일분에 상당하는 금액을 퇴직금으로 지급하는 제도를 마련하여야 한다. 다만, 이와 같은 수준을 밑돌지 아니하는 범위에서 선원노동위원회의 승인을 받아 단체협약이나 선원근로계약에 의하여 퇴직금제도를 갈음하는 제도를 시행하는 경우에는 그러하지 아니하다. ② 선박소유자는 퇴직금제도를 시행할 때 선원이 요구하면 선원이 퇴직하기 전에 그 선원의 계속근로기간에 대한 퇴직금을 미리 정산하여 지급할 수 있다. 이 경우 미리 정산한 후의 퇴직금 산정을 위한 계속근로기간은 정산시점부터 새로 계산한다.

	③ 퇴직금을 산정할 경우 계속근로기간이 1년 이상인 선원의 계속근로기간을 계산할 때 1년 미만의 기간에 대하여는 6개월 미만은 6개월로 보고, 6개월 이상은 1년으로 본다. 다만, 제2항에 따라 퇴직금을 미리 정산하기 위한 계속근로기간을 계산할 때 1년 미만의 기간은 제외한다. ④ 계속근로기간의 계산에 관하여 단체협약이나 취업규칙에서 달리 정한 경우에는 그에 따른다. ⑤ 선박소유자는 계속근로기간이 6개월 이상 1년 미만인 선원으로서 선원근로계약의 기간이 끝나거나 선원에게 책임이 없는 사유로 선원근로계약이 해지되어 퇴직하는 선원에게 승선평균임금의 20일분에 상당하는 금액을 퇴직금으로 지급하여야 한다.
금품 청산 (제55조의2)	선박소유자는 선원이 사망 또는 퇴직한 경우에는 그 지급 사유가 발생한 때부터 14일 이내에 임금, 보상금, 수당, 그 밖에 일체의 금품을 지급하여야 한다. 다만, 특별한 사정이 있을 경우에는 당사자 사이의 합의에 의하여 기일을 연장할 수 있다.
미지급 임금에 대한 지연이자 (제55조의3)	① 선박소유자는 지급하여야 하는 임금 및 퇴직금의 전부 또는 일부를 그 지급 사유가 발생한 날부터 14일 이내에 지급하지 아니한 경우 그 다음 날부터 지급하는 날까지의 지연 일수에 대하여 연 100분의 40 이내의 범위에서 은행이 적용하는 연체금리 등 경제 여건을 고려하여 대통령령으로 정하는 이율에 따른 지연이자를 지급하여야 한다. ② 제1항은 선박소유자가 천재·사변, 그 밖에 대통령령으로 정하는 사유에 따라 임금 및 퇴직금의 지급을 지연하는 경우 그 사유가 존속하는 기간에 대해서는 적용하지 아니한다.
체불선박소유자 명단 공개 (제55조의4)	① 해양수산부장관은 임금, 보상금, 수당, 그 밖에 일체의 금품(「임금등」)을 지급하지 아니한 선박소유자(법인인 경우에는 대표자를 포함. 「체불선박소유자」)가 명단 공개 기준일 이전 3년 이내 임금등을 체불하여 2회 이상 유죄가 확정된 자로서 명단 공개 기준일 이전 1년 이내 임금등의 체불 총액이 3천 만원 이상인 경우에는 그 인적사항 등을 공개할 수 있다. 다만, 체불선박소유자의 사망·폐업으로 명단 공개의 실효성이 없는 경우 등 대통령령으로 정하는 사유가 있는 경우에는 그러하지 아니하다. ② 해양수산부장관은 명단 공개를 할 경우 체불선박소유자에게 3개월 이상의 기간을 정하여 소명 기회를 주어야 한다. ③ 체불선박소유자의 인적사항 등에 대한 공개 여부를 심의하기 위하여 해양수산부에 임금체불정보심의위원회(「위원회」)를 둔다. 이 경우 위원회의 구성·운영 등에 필요한 사항은 해양수산부령으로 정한다. ④ 명단 공개의 구체적인 내용, 기간 및 방법 등 명단 공개에 필요한 사항은 대통령령으로 정한다.
임금등 체불자료의 제공 (제55조의5)	① 해양수산부장관은 종합신용정보집중기관이 체불선박소유자(자료제공 요구일 이전 3년 이내 임금 등을 체불하여 2회 이상 유죄가 확정된 자로

	서 자료제공 요구일 이전 1년 이내 임금등의 체불 총액이 2천만원 이상인 체불선박소유자의 경우에 한정)의 인적사항과 체불액 규모 등에 관한 자료(「임금등 체불자료」)를 요구할 때에는 임금등의 체불을 예방하기 위하여 필요하다고 인정하는 경우 그 자료를 제공할 수 있다. 다만, 체불선박소유자의 사망·폐업으로 임금등 체불자료 제공의 실효성이 없는 경우 등 대통령령으로 정하는 사유가 있는 경우에는 그러하지 아니하다. ② 임금등 체불자료를 받은 자는 이를 체불선박소유자의 신용도·신용거래능력 판단과 관련한 업무 외의 목적으로 이용하거나 누설해서는 아니된다. ③ 임금등 체불자료의 제공 절차 및 방법 등 임금등 체불자료의 제공에 필요한 사항은 대통령령으로 정한다.
임금채권보장보험 등의 가입 (제56조)	① 선박소유자(선박소유자 단체 포함)는 선박소유자의 파산 등 대통령령으로 정하는 사유로 퇴직한 선원이 받지 못할 임금 및 퇴직금(「체불임금」)의 지급을 보장하기 위하여 보험 또는 공제에 가입하거나 기금을 조성하여야 한다. 다만, 다른 법률에 따라 선원의 체불임금 지급을 보장하기 위한 기금의 적용을 받는 선박소유자는 그러하지 아니하다. ② 보험, 공제 또는 기금은 적어도 다음 각호의 모두에 해당하는 체불임금의 지급을 보장하여야 한다. 1. 임금의 최종 4개월분 2. 퇴직금의 최종 4년분 ③ 보험업자, 공제업자 또는 기금운영자는 그 퇴직한 선원 또는 지정대리인이 체불임금을 청구하는 경우에는 「민법」 제469조에도 불구하고 선박소유자를 대신하여 체불임금을 지급한다. ④ 선원 또는 지정대리인에게 체불임금을 대신 지급한 보험업자, 공제업자 또는 기금운영자는 그 지급한 금액의 한도에서 해당 선박소유자에 대한 선원의 체불임금 청구권을 대위한다. ⑤ 우선변제권은 대위되는 권리에 존속한다.
어선원의 임금에 대한 특례 (제57조)	① 어선원의 임금은 월 고정급 및 생산수당으로 하거나 비율급으로 할 수 있다. ② 제1항에 따라 임금을 받는 어선원에 대하여 실업수당 등을 산정할 때 적용할 통상임금 및 승선평균임금은 월 고정급에 대통령령으로 정하는 비율을 곱한 금액으로 한다. ③ 어선원의 임금을 비율급으로 하는 경우에 어선소유자는 어선원에게 월 고정급에 해당하는 금액을 미리 지급하여야 한다. 이 경우 비율급의 월액이 월 고정급보다 적을 때에는 미리 지급한 월 고정급에 해당하는 금액을 비율급의 월액으로 본다.
임금대장 (제58조)	선박소유자는 임금대장을 갖추어 두고, 임금을 지급할 때마다 임금 계산의 기초가 되는 사항 등 대통령령으로 정하는 사항을 적어야 한다.

제10절 | 근로시간 및 승무정원

내용	규정
근로시간 및 휴식시간 (제60조)	① 근로시간은 1일 8시간, 1주간 40시간으로 한다. 다만, 선박소유자와 선원 간에 합의하여 1주간 16시간을 한도로 근로시간을 연장(「시간외근로」)할 수 있다. ② 선박소유자는 항해당직근무를 하는 선원에게 1주간에 16시간의 범위에서, 그 밖의 선원에게는 1주간에 4시간의 범위에서 시간외근로를 명할 수 있다. ③ 선박소유자는 선원에게 임의의 24시간에 10시간 이상의 휴식시간과 임의의 1주간에 77시간 이상의 휴식시간을 주어야 한다. 이 경우 임의의 24시간에 대한 10시간 이상의 휴식시간은 한 차례만 분할할 수 있으며, 분할된 휴식시간 중 하나는 최소 6시간 이상 연속되어야 하고 연속적인 휴식시간 사이의 간격은 14시간을 초과하여서는 아니 된다. ④ 제2항 및 제3항에 불구하고 해양항만관청은 입항·출항 빈도, 선원의 업무특성 등을 고려하여 불가피하다고 인정할 경우에는 당직선원이나 단기 항해에 종사하는 선박에 승무하는 선원에 대하여 근로시간의 기준, 휴식시간의 분할과 부여간격에 관한 기준을 달리 정하는 단체협약을 승인할 수 있다. 이 경우 해양항만청장은 해당 단체협약이 해양수산부령으로 정하는 휴식시간의 완화에 관한 기준에 적합한 것에 한하여 승인하여야 한다. ⑤ 단체협약에는 유급휴가의 부여 간격보다 더 빈번하거나 유급휴가일 수보다 더 긴 기간의 유급휴가를 부여하는 내용이 포함되어야 한다. ⑥ 선박소유자는 인명, 선박 또는 화물의 안전을 도모하거나, 해양 오염 또는 해상보안을 확보하거나, 인명이나 다른 선박을 구조하기 위하여 긴급한 경우 등 부득이한 사유가 있을 때에는 근로시간을 초과하여 선원에게 시간외근로를 명하거나 휴식시간에도 불구하고 필요한 작업을 하게 할 수 있다. ⑦ 선박소유자는 휴식시간에도 불구하고 필요한 작업을 한 선원 또는 휴식시간 중에 작업에 호출되어 정상적인 휴식을 취하지 못한 선원에게 작업시간에 상응한 보상휴식을 주어야 한다. ⑧ 선박소유자는 선박이 정박 중일 때에는 선원에게 1주간에 1일 이상의 휴일을 주어야 한다.
소년선원의 근로시간 등 (제61조)	선박소유자는 18세 미만의 소년선원의 보호를 위하여 해양수산부령으로 정하는 근로시간, 휴식시간 등에 관한 규정을 지켜야 한다.
실습선원의 실습시간 및 휴식시간 등 (제61조의2)	① 실습시간은 1일 8시간, 1주간 40시간 이내로 한다. 다만, 항해당직훈련을 목적으로 하는 경우에는 1주간에 16시간 이내에서 연장할 수 있다.

	② 선박소유자는 실습시간을 제외한 모든 시간을 휴식시간으로 주어야 한다. 이 경우 임의의 24시간 중 한 차례의 휴식시간은 8시간 이상 연속되어야 한다. ③ 선박소유자는 실습선원에게 1주간에 최소 1일 이상의 휴일을 주어야 한다. ④ 선박소유자는 실습선원에게 인명, 선박 또는 화물의 안전을 도모하거나, 해양오염 또는 해상보안을 확보하거나, 인명 또는 다른 선박을 구조하기 위하여 긴급한 경우 등 부득이한 사유가 있을 때에는 실습시간을 초과하는 훈련 또는 작업을 명하거나 필요한 훈련 또는 작업을 하게 할 수 있다.
시간외근로수당 등 (제62조)	① 선박소유자는 다음 각호의 어느 하나에 해당하는 선원에게 시간외근로나 휴일근로에 대하여 통상임금의 100분의 150에 상당하는 금액 이상을 시간외 근로수당으로 지급하여야 한다. 1. 시간외근로를 한 선원(보상휴식을 받은 선원 제외) 2. 휴일에 근로를 한 선원 ② 선박소유자는 제1항에도 불구하고 단체협약, 취업규칙 또는 선원근로계약에서 정하는 바에 따라 선종, 선박의 크기, 항해 구역에 따른 근로의 정도·실적 등을 고려하여 일정액을 시간외근로수당으로 지급하는 제도를 마련할 수 있다. ③ 선박소유자는 해양수산부령으로 정하는 바에 따라 선원의 1일 근로시간, 휴식시간 및 시간외근로를 기록할 서류를 선박에 갖추어 두고 선장에게 근로시간, 휴식시간, 시간외근로 및 그 수당의 지급에 관한 사항을 적도록 하여야 한다. ④ 선원은 선박소유자 또는 선장에게 본인의 기록이 적혀 있는 제3항에 따른 서류의 사본을 요청할 수 있다. ⑤ 선박소유자는 시간외근로 중 1주간에 4시간의 시간외근로에 대하여는 시간외근로수당을 지급하는 것을 갈음하여 유급휴가 일수에 1개월의 승무기간마다 1일을 추가하여 유급휴가를 주어야 한다.
안전운항을 위한 선박소유자의 의무 (제63조)	① 「선원의 훈련·자격증명 및 당직근무의 기준에 관한 국제협약」(「선원당직국제협약」)을 적용받는 선박소유자는 선박 운항의 안전을 위하여 다음 각호의 사항을 이행하여야 한다. 1. 해기능력의 향상을 위한 선원의 선상훈련 및 평가계획의 수립·실시 1의2. 해양사고에 대비하기 위한 선상 비상훈련의 실시 2. 항해당직에 관한 상세한 기준의 작성·시행 3. 선박 운항의 안전을 위하여 대통령령으로 정하는 사항 ② 제1항제1호에 따른 선상훈련·평가계획의 수립 및 같은 항 제2호에 따른 항해당직 기준의 작성에 필요한 사항은 해양수산부령으로 정한다.
자격요건을 갖춘 선원의 승무 (제64조)	① 선박의 선박소유자는 해양수산부령으로 정하는 자격요건을 갖춘 선

원을 갑판부나 기관부의 항해 당직 부원으로 승무시켜야 한다.

② 총톤수 500톤 이상으로 1일 항해시간이 16시간 이상인 선박의 선박소유자는 제1항의 자격요건을 갖춘 선원 3명 이상을 갑판부의 항해당직 부원으로 승무시켜야 한다.

③ 대통령령으로 정하는 위험화물적재선박(산적액체화물을 수송하기 위하여 사용되는 선박만 해당)의 선박소유자는 해양수산부령으로 정하는 자격요건을 갖춘 선원을 승무시켜야 한다.

④ 대통령령으로 정하는 선박의 선박소유자는 해양수산부령으로 정하는 구명정 조종사 자격증을 가진 선원을 승무시켜야 한다.

⑤ 대통령령으로 정하는 선박의 소유자는 해양수산부령으로 정하는 여객의 안전관리에 필요한 자격요건을 갖춘 선원을 승무시켜야 한다.

⑥ 가스 또는 저인화점 연료(인화점이 섭씨 60도 미만인 연료)를 사용하는 선박으로서 대통령령으로 정하는 선박(「가스연료 등 추진선박」)의 선박소유자는 해양수산부령으로 정하는 자격요건을 갖춘 선원을 승무시켜야 한다.

승무정원 (제65조)	① 선박소유자는 필요한 선원의 정원(「승무정원」)을 정하여 해양항만관청의 인정을 받아야 한다. ② 선박제원, 항해시간 변경 등으로 인하여 인정받은 승무정원에 변동이 발생한 경우 선박소유자는 지체 없이 승무정원을 다시 정하여 해양항만관청의 인정을 받아야 한다. ③ 해양항만관청은 선박의 승무정원을 인정할 때에는 해양수산부령으로 정하는 바에 따라 승무정원 증서를 발급하여야 한다. ④ 선박소유자는 운항 중인 선박에는 항상 승무정원 증서에 적힌 수의 선원을 승무시켜야 하며, 결원이 생기면 지체 없이 인원을 채워야 한다. 다만, 해당 선박이 외국 항에 있는 등 지체 없이 인원을 채우는 것이 곤란하다고 인정되어 해양수산부장관의 허가를 받은 경우에는 그러하지 아니하다.
선원의 자격요건 등에 대한 특례 (제66조)	선박의 설비가 해양수산부령으로 정하는 기준에 맞는 경우 그 선박에 적용할 선원의 자격요건 및 정원에 관한 사항은 제64조와 제65조에도 불구하고 해양수산부령으로 정하는 바에 따른다.
여객선 선장에 대한 적성심사 기준 (제66조의2)	① 여객선 선장은 해양수산부령으로 정하는 적성심사 기준(「적성심사기준」)에 적합한 사람이어야 한다. ② 여객선 소유자는 적성심사기준을 충족하지 못한 사람을 선장으로 승무시켜서는 아니 된다. ③ 적성심사 기준의 충족확인절차 등에 필요한 사항은 해양수산부령으로 정한다.
예비원 (제67조)	① 선박소유자는 그가 고용하고 있는 총승선 선원 수의 10퍼센트 이상의 예비원을 확보하여야 한다. 다만, 항해선이 아닌 선박의 경우에는 선

내용	규정
	박의 종류·용도 등을 고려하여 대통령령으로 다르게 정할 수 있다. ② 선박소유자는 유급휴가자 등 대통령령으로 정하는 사람 외의 예비원에게 통상임금의 70퍼센트를 임금으로 지급하여야 한다.
적용범위 (제68조)	① 다음 각호의 어느 하나에 해당하는 선박(예선은 제외)에 대하여는 이 장의 규정을 적용하지 아니한다. 1. 범선으로서 항해선이 아닌 것 2. 어획물 운반선을 제외한 어선 3. 총톤수 500톤 미만의 선박으로서 항해선이 아닌 것 4. 그 밖에 해양수산부령으로 정하는 선박 ② 해양수산부장관은 필요하다고 인정하면 제1항 각 호의 어느 하나에 해당하는 선박에 대하여 적용할 선원의 근로시간 및 승무정원에 관한 기준을 따로 정할 수 있다.

제11절 │ 유급휴가

내용	규정
유급휴가 (제69조)	① 선박소유자(어선의 선박소유자는 제외)는 선원이 8개월간 계속하여 승무(수리 중이거나 계류 중인 선박에 승무하는 것을 포함)한 경우에는 그때부터 4개월 이내에 선원에게 유급휴가를 주어야 한다. 다만, 선박이 항해 중일 때에는 항해를 마칠 때까지 유급휴가를 연기할 수 있다. ② 선원이 같은 선박소유자의 다른 선박에 옮겨 타기 위하여 여행하는 기간은 계속하여 승무한 기간으로 본다. ③ 산전·산후의 여성선원이 「근로기준법」 제74조에 따른 휴가로 휴업한 기간은 계속하여 승무한 기간으로 본다. ④ 선원이 8개월간 계속하여 승무하지 못한 경우에도 이미 승무한 기간에 대하여 유급휴가를 주어야 한다. ⑤ 선박소유자는 18세 미만의 소년선원 보호를 위하여 해양수산부령으로 정하는 바에 따라 유급휴가를 주어야 한다.
유급휴가의 일수 (제70조)	① 유급휴가의 일수는 계속하여 승무한 기간 1개월에 대하여 6일로 한다. ② 제1항에도 불구하고 연해구역을 항해구역으로 하는 선박 또는 15일 이내의 기간마다 국내 항에 기항하는 선박에 승무하는 선원의 유급휴가 일수는 계속하여 승무한 기간 1개월에 대하여 5일로 한다. ③ 2년 이상 계속 근로한 선원에게는 1년을 초과하는 계속근로기간 1년에 대하여 휴가 일수에 1일의 유급휴가를 더한다. ④ 휴가로 휴업한 기간에 대한 유급휴가 일수는 유급휴가 일수 계산방법을 고려하여 해양수산부령으로 정한다.

	⑤ 유급휴가 일수를 계산할 때 1개월 미만의 승무기간에 대하여는 비율로 계산하되, 1일 미만은 1일로 계산한다.
유급휴가 사용일수의 계산 (제71조)	선원이 실제 사용한 유급휴가 일수의 계산은 선원이 유급휴가를 목적으로 하선하고 자기 나라에 도착한 날(통상적으로 송환에 걸리는 기간이 도래하는 날)의 다음 날부터 계산하여 승선일(외국에서 승선하는 경우에는 출국일) 전날까지의 일수로 하되, 다음 각호의 어느 하나에 해당하는 기간은 유급휴가 사용일수에 포함하지 아니한다. 1. 관공서의 공휴일 또는 근로자의 날 2. 선원이 받은 교육훈련 기간 3. 그 밖에 해양수산부령으로 정하는 기간
유급휴가의 부여방법 (제72조)	① 유급휴가를 줄 시기와 항구에 대하여는 선박소유자와 선원의 협의에 따른다. ② 유급휴가는 단체협약에서 정하는 바에 따라 기간을 나누어 줄 수 있다.
유급휴가급 (제73조)	① 선박소유자는 유급휴가 중인 선원에게 통상임금을 유급휴가급으로 지급하여야 한다. ② 선박소유자는 선원이 유급휴가의 전부 또는 일부를 사용하지 아니하였을 때에는 사용하지 아니한 유급휴가 일수에 대하여 통상임금에 상당하는 금액을 임금 외에 따로 지급하여야 한다.
어선원의 유급휴가에 대한 특례 (제74조)	① 해양수산부령으로 정하는 어업에 종사하는 어선(어획물 운반선은 제외)의 선박소유자는 어선원이 같은 사업체에 속하는 어선에서 1년 이상 계속 승무한 경우에는 유급휴가를 주어야 한다. ② 어선원이 고의나 중대한 과실 없이 어선에서의 승무를 중지한 경우 그 중지한 기간이 30일을 초과하지 아니할 때에는 계속하여 승무한 것으로 본다. ③ 제1항에 따른 어선원의 유급휴가 일수, 부여방법, 유급휴가급 등 어선원의 유급휴가에 관하여 필요한 사항은 해양수산부령으로 정한다.
적용 범위 (제75조)	다음 각호의 어느 하나에 해당하는 선박에 대하여는 이 장의 규정을 적용하지 아니한다. 1. 어선(어획물 운반선과 어선은 제외) 2. 범선으로서 항해선이 아닌 것 3. 가족만 승무하여 운항하는 선박으로서 항해선이 아닌 것

제12절 │ 선내 급식과 안전 및 보건

내용	규정
선내 급식 (제76조)	① 선박소유자는 승무 중인 선원을 위하여 해양수산부령으로 정하는 바에 따라 적당한 양과 질의 식료품과 물을 선박에 공급하고, 조리와 급식에 필요한 설비를 갖추어 선내급식을 하여야 한다. 이 경우 승무 중인 선원의 다양한 문화와 종교적 배경을 고려하여야 한다. ② 선박소유자는 선내 급식을 위하여 대통령령으로 정하는 자격을 갖춘 선박조리사(「선박조리사」)를 선박에 승무시켜야 한다. 다만, 대통령령으로 정하는 선박에 대하여는 이를 면제하거나 선박조리사를 갈음하여 선상 조리와 급식에 관한 지식과 경험을 가진 사람을 승무하게 할 수 있다. ③ 해양수산부장관은 대통령령으로 정하는 바에 따라 선박조리사의 자격을 위한 교육과 시험을 실시한다.
선내 급식비 (제77조)	① 선박소유자는 해양수산부장관의 승인을 받아 식료품 공급을 갈음하여 선내 급식을 위한 식료품의 구입비용(「선내 급식비」)을 선장에게 지급하고, 선장에게 선내 급식을 관리하게 할 수 있다. 이 경우 선장은 선원 모두에게 차별 없이 선내 급식이 이루어지도록 하여야 한다. ② 선박소유자는 선내 급식비를 지급할 때에는 선원 1인당 1일 기준액을 밝혀야 한다. ③ 선내 급식비는 선내 급식을 위한 식료품 구입과 운반을 위한 비용 외의 용도로 지출하여서는 아니 된다. ④ 해양수산부장관은 대통령령으로 정하는 바에 따라 선내 급식비의 최저기준액을 정할 수 있다. 이 경우 선박소유자는 최저기준액 이상의 선내 급식비를 지급하여야 한다.
선내 안전·보건 등을 위한 국가의 책임과 의무 (제78조)	① 해양수산부장관은 승무 중인 선원의 건강을 보호하고 안전하고 위생적인 환경에서 생활, 근로 및 훈련을 할 수 있도록 다음 각호의 사항을 성실히 이행할 책임과 의무를 진다. 1. 선내 안전·보건정책의 수립·집행·조정 및 통제 2. 선내 안전·보건 및 사고예방 기준의 작성 3. 선내 안전·보건의 증진을 위한 국내 지침의 개발과 보급 4. 선내 안전·보건을 위한 기술의 연구·개발 및 그 시설의 설치·운영 5. 선내 안전·보건 의식을 북돋우기 위한 홍보·교육 및 무재해운동 등 안전문화 추진 6. 선내 재해에 관한 조사 및 그 통계의 유지·관리 7. 그 밖에 선원의 안전 및 건강의 보호·증진 ② 해양수산부장관은 제1항 각호의 사항을 효율적으로 수행하기 위하여 필요한 경우 선박소유자 단체 및 선원 단체의 대표자와 협의하여야 한다.

	③ 해양수산부장관은 선내 안전·보건과 선내 사고예방을 위한 활동이 통일적으로 이루어지고 증진될 수 있도록 국제노동기구 등 관계 국제기구 및 그 회원국과의 협력을 모색하여야 한다.
직무상 사고등의 조사 (제81조)	① 해양수산부장관은 직무상 사고등의 발생 사실을 보고받은 경우에는 그 사실과 원인을 조사하여야 한다. ② 해양수산부장관은 직무상 사고등을 예방하기 위하여 조사한 직무상 사고등에 관한 통계를 유지·관리하여야 하고, 그 통계를 분석하여 자료집을 발간할 수 있다. ③ 제1항에 따른 조사의 절차 및 내용이나 조사 결과의 조치 등에 필요한 사항은 해양수산부령으로 정한다.
선박소유자 등의 의무 (제82조)	① 선박소유자는 선원에게 보호장구와 방호장치 등을 제공하여야 하며, 방호장치가 없는 기계의 사용을 금지하여야 한다. ② 선박소유자는 해양수산부령으로 정하는 바에 따라 위험한 선내 작업에는 일정한 경험이나 기능을 가진 선원을 종사시켜야 한다. ③ 선박소유자는 감염병, 정신질환, 그 밖의 질병을 가진 사람 중에서 승무가 곤란하다고 해양수산부령으로 정하는 선원을 승무시켜서는 아니 된다. ④ 선박소유자는 선원의 직무상 사고등이 발생하였을 때에는 즉시 해양항만관청에 보고하여야 한다. ⑤ 선박소유자는 선내 작업 시의 위험 방지, 의약품의 비치와 선내위생의 유지 및 이에 관한 교육의 시행 등에 관하여 해양수산부령으로 정하는 사항을 지켜야 한다. ⑥ 선장은 특별한 사유가 없으면 선박이 기항하고 있는 항구에서 선원이 의료기관에서 부상이나 질병의 치료를 받기를 요구하는 경우 거절하여서는 아니 된다. ⑦ 대통령령으로 정하는 선박소유자는 선박에 승선하는 선원에게 제복을 제공하여야 한다. 이 경우 제복의 제공시기, 복제 등에 관하여는 해양수산부령으로 정한다.
선원의 의무 등 (제83조)	① 선원은 선내 작업 시의 위험 방지와 선내 위생의 유지에 관하여 해양수산부령으로 정하는 사항을 지켜야 한다. ② 선원은 방호시설이 없거나 제대로 작동하지 아니하는 기계의 사용을 거부할 수 있다. ③ 선원은 선박소유자가 제공한 제복을 입고 근무하여야 한다.
의사의 승무 (제84조)	다음 각호의 어느 하나에 해당하는 선박의 선박소유자는 그 선박에 의사를 승무시켜야 한다. 다만, 해양수산부령으로 정하는 바에 따라 해양항만관청의 승인을 받은 경우에는 그러하지 아니하다. 1. 3일 이상의 국제항해에 종사하는 선박으로서 최대 승선 인원이 100명 이상인 선박(어선은 제외) 2. 해양수산부령으로 정하는 모선식 어업에 종사하는 어선

의료관리자 (제85조)	① 의사를 승무시키지 아니할 수 있는 선박 중 다음 각호의 어느 하나에 해당하는 선박의 선박소유자는 선박에 의료관리자를 두어야 한다. 다만, 해양수산부령으로 정하는 경우에는 그러하지 아니하다. 1. 원양구역을 항해구역으로 하는 총톤수 5천톤 이상의 선박 2. 해양수산부령으로 정하는 어선 ② 의료관리자는 발급된 의료관리자 자격증을 가진 선원(18세 미만인 사람은 제외) 중에서 선임하여야 한다. 다만, 부득이한 사유로 해양항만관청의 승인을 받은 경우에는 그러하지 아니하다. ③ 의료관리자 자격증은 해양수산부령으로 정하는 바에 따라 해양수산부장관이 실시하는 시험에 합격하거나 시험에 합격한 사람과 같은 수준 이상의 지식과 경험을 가졌다고 해양수산부장관이 인정하는 사람에게 해양수산부장관이 발급한다. ④ 의료관리자는 해양수산부령으로 정하는 바에 따라 선박 내의 의료관리에 필요한 업무에 종사하여야 한다. ⑤ 선박소유자는 의료관리자가 질병이나 그 밖의 사유로 그 직무를 수행할 수 없거나 하선하는 경우에는 지체 없이 다른 의료관리자를 선임하거나 승무시켜야 한다.
응급처치 담당자 (제86조)	① 의사나 의료관리자를 승무시키지 아니할 수 있는 선박 중 다음 각 호의 어느 하나에 해당하는 선박의 선박소유자는 선박에 응급처치를 담당하는 선원(「응급처치 담당자」)을 두어야 한다. 1. 연해구역 이상을 항해구역으로 하는 선박(어선은 제외) 2. 여객정원이 13명 이상인 여객선 ② 선박소유자는 응급처치 담당자를 해양수산부령으로 정하는 응급처치에 관한 교육을 이수한 선원 중에서 선임하여야 한다.
건강진단서 (제87조)	① 선박소유자는 병원급 이상의 의료기관 또는 해양수산부령으로 정하는 기준에 맞는 의원의 의사가 승무에 적당하다는 것을 증명한 건강진단서를 가진 사람만을 선원으로 승무시켜야 한다. ② 건강진단서의 발급 및 그 밖에 건강진단에 관한 사항은 해양수산부령으로 정한다.
무선 등에 의한 의료조언 (제88조)	① 해양수산부장관은 대한민국 주변을 항해 중인 선박(외국국적 선박을 포함)의 선장이 부상을 당하거나 질병에 걸린 선원(「상병선원」)에 대한 의료조언을 요청할 경우에는 무선 또는 위성통신으로 의료조언을 무료로 제공하여야 한다. ② 해양수산부장관은 의료조언을 제공하기 위하여 응급의료정보센터를 설치·운영하는 보건복지부장관에게 협조를 요청하여야 하고, 보건복지부장관은 특별한 사유가 없으면 협조하여야 한다.
외국인 선원에 대한 진료 등 (제89조)	해양수산부장관은 국내 항에 입항한 선박의 외국인 상병선원이 진료받기를 요청할 때에는 필요한 조치를 하여야 한다.

제13절 │ 소년선원과 여성선원

내용	규정
미성년자의 능력 (제90조)	① 미성년자가 선원이 되려면 법정대리인의 동의를 받아야 한다. ② 제1항에 따라 법정대리인의 동의를 받은 미성년자는 선원근로계약에 관하여 성년자와 같은 능력을 가진다.
사용제한 (제91조)	① 선박소유자는 16세 미만인 사람을 선원으로 사용하지 못한다. 다만, 그 가족만 승무하는 선박의 경우에는 그러하지 아니하다. ② 선박소유자는 18세 미만인 사람을 선원으로 사용하려면 해양수산부령으로 정하는 바에 따라 해양항만관청의 승인을 받아야 한다. ③ 선박소유자는 18세 미만의 선원을 해양수산부령으로 정하는 위험한 선내 작업과 위생상 해로운 작업에 종사시켜서는 아니 된다. ④ 선박소유자는 여성선원을 해양수산부령으로 정하는 임신·출산에 해롭거나 위험한 작업에 종사시켜서는 아니 된다. ⑤ 선박소유자는 임신 중인 여성 선원을 선내 작업에 종사시켜서는 아니 된다. 다만, 다음 각호의 어느 하나에 해당하는 경우에는 그러하지 아니하다. 1. 해양수산부령으로 정하는 범위의 항해에 대하여 임신 중인 여성 선원이 선내 작업을 신청하고, 임신이나 출산에 해롭거나 위험하지 아니하다고 의사가 인정한 경우 2. 임신 중인 사실을 항해 중 알게 된 경우로서 해당 선박의 안전을 위하여 필요한 작업에 종사하는 경우 ⑥ 선박소유자는 산후 1년이 지나지 아니한 여성 선원을 해양수산부령으로 정하는 위험한 선내 작업과 위생상 해로운 작업에 종사시켜서는 아니 된다. ⑦ 가족만 승무하는 선박의 경우에는 제4항부터 제6항까지의 규정을 적용하지 아니한다.
야간작업의 금지 (제92조)	① 선박소유자는 18세 미만의 선원을 자정부터 오전 5시까지를 포함하는 최소 9시간 동안은 작업에 종사시키지 못한다. 다만, 가벼운 일로서 그 선원의 동의와 해양수산부장관의 승인을 받은 경우에는 그러하지 아니하다. ② 제60조제6항에 따른 작업에 종사시키는 경우나 가족만 승무하는 선박에 대하여는 제1항 본문을 적용하지 아니한다.
생리휴식 (제93조)	선박소유자는 여성선원이 청구하면 월 1일의 생리휴식을 주어야 한다.

제14절 | 재해보상

내용	규정
요양보상 (제94조)	① 선박소유자는 선원이 직무상 부상을 당하거나 질병에 걸린 경우에는 그 부상이나 질병이 치유될 때까지 선박소유자의 비용으로 요양을 시키거나 요양에 필요한 비용을 지급하여야 한다. ② 선박소유자는 선원이 승무(기항지에서의 상륙기간, 승선·하선에 수반되는 여행기간 포함) 중 직무 외의 원인에 의하여 부상이나 질병이 발생한 경우 다음 각호에 따라 요양에 필요한 3개월 범위의 비용을 지급하여야 한다. 1. 선원이 「국민건강보험법」에 따른 요양급여의 대상이 되는 부상을 당하거나 질병에 걸린 경우에는 같은 법 제44조에 따라 요양을 받는 선원의 본인 부담액에 해당하는 비용을 지급하여야 하고, 같은 법에 따른 요양급여의 대상이 되지 아니하는 부상을 당하거나 질병에 걸린 경우에는 그 선원의 요양에 필요한 비용을 지급하여야 한다. 2. 국제항해에 종사하는 선박에 승무하는 선원이 부상이나 질병에 걸려서 승무 중 치료받는 경우에는 제1호에도 불구하고 그 선원의 요양에 필요한 비용을 지급하여야 한다. ③ 선박소유자는 제2항에도 불구하고 선원의 고의에 의한 부상이나 질병에 대하여는 선원노동위원회의 인정을 받아 제2항에 따라 부담하는 비용을 부담하지 아니할 수 있다.
요양의 범위 (제95조)	제94조에 따른 요양의 범위는 다음과 같다. 1. 진찰 2. 약제나 치료재료와 의지(義肢) 및 그 밖의 보철구 지급 3. 수술 및 그 밖의 치료 4. 병원, 진료소 및 그 밖에 치료에 필요한 자택 외의 장소에 수용(식사 제공 포함) 5. 간병 6. 이송 7. 통원치료에 필요한 교통비
상병보상 (제96조)	① 선박소유자는 요양 중인 선원에게 4개월의 범위에서 그 부상이나 질병이 치유될 때까지 매월 1회 통상임금에 상당하는 금액의 상병보상(傷病補償)을 하여야 하며, 4개월이 지나도 치유되지 아니하는 경우에는 치유될 때까지 매월 1회 통상임금의 100분의 70에 상당하는 금액의 상병보상을 하여야 한다. ② 선박소유자는 요양 중인 선원에게 요양기간(3개월 범위로 한정) 중 매월 1회 통상임금의 100분의 70에 상당하는 금액의 상병보상을 하여야 한다.

	③ 상병보상 지급액이 선원 최저임금액보다 적으면 선원 최저임금액을 상병보상의 지급액으로 한다.
장해보상 (제97조)	선원이 직무상 부상이나 질병이 치유된 후에도 신체에 장해가 남는 경우에는 선박소유자는 지체없이 「산업재해보상보험법」에서 정하는 장해등급에 따른 일수에 승선평균임금을 곱한 금액의 장해보상을 하여야 한다.
일시보상 (제98조)	선박소유자는 제94조제1항 및 제96조제1항에 따라 보상을 받고 있는 선원이 2년이 지나도 그 부상이나 질병이 치유되지 아니하는 경우에는 「산업재해보상보험법」에 따른 제1급의 장해보상에 상당하는 금액을 선원에게 한꺼번에 지급함으로써 제94조제1항, 제96조제1항 또는 제97조에 따른 보상책임을 면할 수 있다.
유족보상 (제99조)	① 선박소유자는 선원이 직무상 사망(직무상 부상 또는 질병으로 인한 요양 중의 사망 포함)하였을 때에는 지체 없이 대통령령으로 정하는 유족에게 승선평균임금의 1천300일분에 상당하는 금액의 유족보상을 하여야 한다. ② 선박소유자는 선원이 승무 중 직무 외의 원인으로 사망(요양 중의 사망을 포함)하였을 때에는 지체 없이 대통령령으로 정하는 유족에게 승선평균 임금의 1천일분에 상당하는 금액의 유족보상을 하여야 한다. 다만, 사망 원인이 선원의 고의에 의한 경우로서 선박소유자가 선원노동위원회의 인정을 받은 경우에는 그러하지 아니하다.
장제비 (제100조)	① 선박소유자는 선원이 사망하였을 때에는 지체 없이 대통령령으로 정하는 유족에게 승선평균 임금의 120일분에 상당하는 금액을 장제비로 지급하여야 한다. ② 장제비를 지급하여야 할 유족이 없는 경우에는 실제로 장제를 한 자에게 장제비를 지급하여야 한다.
행방불명보상 (제101조)	① 선박소유자는 선원이 해상에서 행방불명된 경우에는 대통령령으로 정하는 피부양자에게 1개월분의 통상임금과 승선평균임금의 3개월분에 상당하는 금액의 행방불명보상을 하여야 한다. ② 선원의 행방불명기간이 1개월을 지났을 때에는 제99조 및 제100조를 적용한다.
소지품 유실보상 (제102조)	선박소유자는 선원이 승선하고 있는 동안 해양사고로 소지품을 잃어버린 경우에는 통상임금의 2개월분의 범위에서 그 잃어버린 소지품의 가액에 상당하는 금액을 보상하여야 한다.
다른 급여와의 관계 (제103조)	① 요양비용, 보상 또는 장제비의 지급(「재해보상」)을 받을 권리가 있는 자가 그 재해보상을 받을 수 있는 같은 사유로 「민법」이나 그 밖의 법령에 따라 이 법에 따른 재해보상에 상당하는 급여를 받았을 때에는 선박소유자는 그 가액의 범위에서 이 법에 따른 재해보상의 책임을 면한다.

	② 선박소유자는 재해보상을 하는 경우 선원의 직무상 부상 또는 질병으로 인하여「민법」이나 그 밖의 법령에 따라 선원이 가지는 권리 또는 이익을 침해해서는 아니 된다.
해양항만관청의 심사·조정 (제104조)	① 선원의 직무상 부상·질병 또는 사망의 인정, 요양의 방법, 재해보상 금액의 결정 및 그 밖에 재해보상에 관하여 이의가 있는 자는 해양항만관청에 심사나 조정을 청구할 수 있다. ② 해양항만관청은 심사 또는 조정의 청구를 받으면 1개월 이내에 심사나 조정을 하여야 한다. ③ 해양항만관청은 제1항에 따른 심사 또는 조정의 청구가 없어도 필요하다고 인정하면 직권으로 심사 또는 조정을 할 수 있다. ④ 해양항만관청이 심사나 조정을 할 경우에는 선장이나 그 밖의 이해관계인의 의견을 들어야 한다. ⑤ 해양항만관청은 심사나 조정을 할 경우 필요하다고 인정하면 의사에게 진단이나 검안을 시킬 수 있다. ⑥ 심사나 조정의 청구는 시효의 중단에 관하여 재판상의 청구로 본다.
선원노동위원회의 심사와 중재 (제105조)	① 해양항만관청이 제104조제2항에 따른 기간에 심사나 조정을 하지 아니하거나 심사나 조정의 결과에 이의가 있는 자는 선원노동위원회에 심사나 중재를 청구할 수 있다. ② 선원노동위원회는 제1항에 따라 심사나 중재의 청구를 받으면 1개월 이내에 심사나 중재를 하여야 한다.
재해보상보험 등의 가입 등 (제106조)	① 선박소유자는 해당 선박에 승무하는 모든 선원에 대하여 재해보상을 완전히 이행할 수 있도록 대통령령으로 정하는 보험 또는 공제(「재해보상보험등」)에 가입하여야 한다. ② 선박소유자는 재해보상보험등에 가입할 경우 보험가입 금액은 승선평균임금 이상으로 하여야 한다. ③ 재해보상보험등에 가입하는 선박소유자는 선원이 재해보상보험등을 운영하는 사업자(「재해보험사업자등」)에게 보험금을 직접 청구할 수 있도록 선원을 피보험자로 지정하여야 한다. ④ 재해보험사업자등은 선원·유족 또는 지정대리인이 재해보상을 청구하는 경우에는「민법」제469조에도 불구하고 선박소유자를 대신하여 대통령령으로 정하는 기간 내에 재해보상을 하여야 한다. ⑤ 제2항부터 제4항까지에서 규정한 사항 외에 재해보상의 청구와 지급에 필요한 사항은 대통령령으로 정한다.
재해보상보험등의 해지 제한 등 (제106조의2)	① 재해보험사업자등은 법률 또는 보험계약에 따라 재해보상보험등의 계약기간이 끝나기 전에 보험계약을 해지하려는 경우에는 해양수산부장관에게 재해보상보험등의 해지예정일의 30일 전까지 계약이 해지된다는 사실을 통지하지 아니하면 해당 재해보상보험등을 해지할 수 없다. ② 재해보험사업자등은 선박소유자가 다음 각호의 어느 하나에 해당하

면 그 사실을 해양수산부령으로 정하는 기간 내에 해양수산부장관에게 알려야 한다.

1. 자기와 재해보상보험등의 계약을 체결한 경우
2. 자기와 재해보상보험등의 계약을 체결한 후 계약기간이 끝나기 전에 제1항의 사전통지절차를 거친 후 그 계약을 해지한 경우
3. 자기와 재해보상보험등의 계약을 체결한 자가 그 계약기간이 끝난 후 자기와 다시 계약을 체결하지 아니한 경우

③ 해양수산부장관은 통지를 받으면 그 사실을 지체 없이 해당 재해보상보험등의 피보험자인 선원에게 알려야 한다.

제15절 | 복지, 직업안정 및 교육훈련

내용	규정
선원의 구직 및 구인등록 (제109조)	① 선박에 승무하려는 사람은 해양수산부장관이 정하는 바에 따라 제142조에 따른 한국선원복지고용센터 또는 구직·구인 관계 기관으로서 대통령령으로 정하는 기관(「구직·구인등록기관」)에 구직등록을 하여야 한다. ② 선원을 고용하려는 자는 구직·구인등록기관에 해양수산부장관이 정하는 바에 따라 구인등록을 하여야 한다. ③ 구직·구인등록기관은 선원의 직업소개사업을 할 때에는 선박소유자 단체나 제112조에 따른 선원관리사업을 운영하는 자의 단체에 협조를 요청할 수 있다.
선원공급사업의 금지 (제110조)	구직·구인등록기관, 선원관리사업자, 해양수산부령으로 정하는 해양수산 관련 단체 또는 기관 외에는 선원의 직업소개사업을 할 수 없다.
금품 등의 수령 금지 (제111조)	선원을 고용하려는 자, 선원의 직업소개·모집·채용·관리에 종사하는 자 또는 그 밖에 선원의 노무·인사 관리업무에 종사하는 자는 어떠한 명목으로든 선원 또는 선원이 되려는 사람으로부터 그 직업소개·모집·채용 등과 관련하여 금품이나 그 밖의 이익을 받아서는 아니 된다.
선원관리사업 (제112조)	① 해양수산부장관은 선원관리사업제도를 수립 또는 변경하려면 관련 선박소유자 단체 및 선원 단체와 협의하여야 한다. ② 「해운법」 제33조에 따라 선박관리업을 등록한 자가 아니면 선원의 인력관리업무를 수탁하여 대행하는 사업(「선원관리사업」)을 하지 못한다. ③ 선원관리사업을 운영하는 자(「선원관리사업자」)는 선박소유자의 인력관리업무 담당자로서 수탁한 업무를 성실하게 수행하여야 하며, 수탁한 업무 중 대통령령으로 정하는 업무에 관하여는 이 법을 적용할 때 선박소유자로 본다.

④ 선원관리사업자는 선원관리업무를 위탁받거나 그 내용에 변경이 있을 때에는 해양항만관청에 신고하여야 한다.

⑤ 해양항만관청은 신고를 받은 경우 그 내용을 검토하여 이 법에 적합하면 신고를 수리하여야 한다.

⑥ 선원관리사업자는 수탁한 업무의 내용을 선원근로계약을 체결하기 전에 승무하려는 선원에게 알려주어야 한다.

⑦ 선원관리사업자는 선박소유자(외국인 포함)로부터 선원의 인력관리업무를 수탁한 경우에는 다음 각호의 사항을 그 업무에 포함시켜야 한다.

1. 근로조건에 관한 사항

2. 재해보상에 관한 사항

⑧ 「보험료 또는 부담금의 의무에 관하여는 선원관리사업자를 사용자로 본다.

⑨ 선원관리사업자는 선원의 권익보호를 위하여 선원관리사업을 수행할 때 다음 각호의 사항을 준수하여야 한다.

1. 선원 인력관리 수탁 계약서에 따라 선주로부터 선원관리사업자가 지급받아 선원에게 지급하기로 한 임금, 퇴직금, 유급휴가급 및 재해보상비 등의 지급 시기 및 금액

2. 16세 미만인 사람을 계약상대자가 고용할 선원으로 알선하는 행위의 금지

⑩ 해양수산부장관은 선원관리사업자가 제9항 각호의 사항을 준수하였는지 여부를 점검하기 위하여 선원관리사업자, 그 밖의 관계인에 대하여 출석, 서류의 제출을 요구할 수 있으며 소속 공무원으로 하여금 사업장에 출입하여 실태를 조사하게 할 수 있다.

⑪ 해양수산부장관은 점검 결과 선원관리사업자가 제9항제1호의 사항을 위반한 때에는 시정명령을 할 수 있다.

국제협약의 준수 등 (제113조)	① 구직·구인등록기관, 선원관리사업자 또는 해양수산부장관의 허가를 받아 공적 업무를 수행하는 해양수산 관련 단체나 기관은 선원의 노동권을 보호하고 증진하는 방식으로 선원의 직업소개사업을 운영하여야 하고, 선원의 직업소개와 관련하여 이 법, 「해운법」 및 해사노동협약으로 정하는 사항을 준수하여야 한다. ② 선박소유자는 해사노동협약이 적용되지 아니하는 국가의 선원직업소개소를 통하여 선원을 고용하려는 경우에는 해양수산부령으로 정하는 바에 따라 해사노동협약의 기준을 충족하는지를 확인한 후 해사노동협약의 기준을 충족하는 선원직업소개소로부터 소개받은 선원을 고용하여야 한다.
불만 제기와 조사 (제114조)	해양수산부장관은 구직·구인등록기관, 선원관리사업자, 해양수산부령으로 정하는 해양수산 관련 단체 또는 기관의 직업소개 활동과 관련하여 선원으로부터 불만이 제기되면 이를 즉시 조사하여야 하고 필요한 경우에는 해당 선박소유자와 선원대표를 조사에 참여시킬 수 있다.

선원인력수급관리 (제115조)	① 해양수산부장관은 선원의 자질향상 및 선원인력 수급의 균형을 도모할 수 있도록 선원인력 수급관리에 관한 제도(「선원인력수급관리제도」)를 마련할 수 있다. ② 해양수산부장관은 선원인력의 수급이 균형을 잃어 수급의 조정이 불가피하다고 인정하는 경우에는 선원정책위원회의 심의를 거쳐 선원인력 공급의 우선순위를 정하는 등 필요한 조치를 할 수 있다. ③ 선원인력수급관리제도를 시행하기 위하여 필요한 사항은 대통령령으로 정한다.
선원 등의 교육훈련 (제116조)	① 선원과 선원이 되려는 사람은 대통령령으로 정하는 바에 따라 해양수산부장관이 시행하는 교육훈련을 받아야 한다. ② 해양수산부장관은 교육훈련을 이수하지 아니한 선원에 대하여는 특별한 사유가 없으면 승무를 제한하여야 한다. ③ 선원, 선원이 되려는 사람, 선박소유자 및 선원관리사업자의 사업장에서 선원과 관련된 노무·인사 업무를 담당하는 자는 선원의 노동권 및 인권 보호에 관한 교육을 받아야 한다. ④ 제3항에 따른 교육의 내용, 시기 및 절차 등 그 밖에 필요한 사항은 해양수산부령으로 정한다.
선원의 교육훈련 위탁 (제117조)	① 해양수산부장관은 대통령령으로 정하는 바에 따라 교육훈련 업무를 「한국해양수산연수원법」에 따라 설립된 한국해양수산연수원(「한국해양수산연수원」)이나 그 밖의 선원교육기관에 위탁할 수 있다. ② 선원을 고용하고 있는 선박소유자 또는 교육훈련을 받는 사람은 대통령령으로 정하는 바에 따라 교육훈련에 필요한 경비를 부담한다. 다만, 선박 승선을 위한 안전교육 등 해양수산부령으로 정하는 교육에 관하여는 그 경비의 일부를 감면받을 수 있다. ③ 해양수산부장관으로부터 교육훈련 업무를 위탁받은 자의 감독에 필요한 사항은 대통령령으로 정한다.
정부의 보조 (제118조)	① 해양수산부장관은 업무를 위탁받은 한국해양수산연수원 및 한국선원복지고용센터에 대통령령으로 정하는 바에 따라 필요한 경비를 보조하거나 국유재산 또는 항만시설을 무상으로 대부할 수 있다. ② 해양수산부장관은 선원의 복지 증진과 기술 향상을 위하여 필요하다고 인정하면 해당 사업을 수행하는 자에게 그 사업비를 보조하거나 국유재산 또는 항만시설을 무상으로 대부할 수 있다.

제16절 | 취업규칙

내용	규정
취업규칙의 작성 및 신고 (제119조)	① 선박소유자는 해양수산부령으로 정하는 바에 따라 다음 각호의 사항이 포함된 취업규칙을 작성하여 해양항만관청에 신고하여야 한다. 취업규칙을 변경한 경우에도 또한 같다. 1. 임금의 결정·계산·지급 방법, 마감 및 지급시기와 승급에 관한 사항 2. 근로시간, 휴일, 선내 복무 및 승무정원에 관한 사항 3. 유급휴가 부여의 조건, 승선·하선 교대 및 여비에 관한 사항 4. 선내 급식과 선원의 후생·안전·의료 및 보건에 관한 사항 5. 퇴직에 관한 사항 6. 실업수당, 퇴직금, 재해보상, 재해보상보험 가입 등에 관한 사항 7. 인사관리, 상벌 및 징계에 관한 사항 8. 교육훈련에 관한 사항 9. 단체협약이 있는 경우 단체협약의 내용 중 선원의 근로조건에 해당되는 사항 10. 산전·산후 휴가, 육아휴직 등 여성 선원의 모성 보호 및 직장과 가정생활의 양립 지원에 관한 사항 ② 선박소유자는 취업규칙을 신고할 때에는 「노동조합 및 노동관계조정법」 제31조에 따른 단체협약(단체협약이 제출되어 있는 경우는 제외)의 내용을 적은 서류를 함께 제출하여야 한다.
취업규칙의 작성 절차 (제120조)	① 취업규칙을 작성하거나 변경하려는 선박소유자는 그 취업규칙이 적용되는 선박소유자가 사용하는 선원의 과반수로써 조직되는 노동조합이 있는 경우에는 그 노동조합의 의견을 들어야 하며, 선원의 과반수로써 조직되는 노동조합이 없는 경우에는 선원 과반수의 의견을 들어야 한다. 다만, 취업규칙을 선원에게 불리하게 변경하는 경우에는 그 동의를 받아야 한다. ② 취업규칙을 신고할 때에는 제1항에 따른 의견 또는 동의의 내용을 적은 서류를 붙여야 한다.
제재 규정의 제한 (제120조의2)	취업규칙에서 선원에 대하여 감급의 제재를 정할 경우에 그 감액은 1회의 금액이 승선평균 임금의 1일분의 2분의 1을, 총액이 1임금지급기의 임금 총액의 10분의 1을 초과하지 못한다.
취업규칙의 감독 (제121조)	해양항만관청은 법령이나 단체협약을 위반한 취업규칙에 대하여는 그 변경을 명할 수 있다.
취업규칙의 효력 (제122조)	취업규칙에서 정한 기준에 미치지 못하는 근로조건을 정한 선원근로계약은 그 부분만 무효로 한다. 이 경우 그 무효 부분은 취업규칙에서 정한 기준에 따른다.

제17절 | 감독 등

내용	규정
선원의 근로기준 등에 대한 검사 (제123조)	① 해양수산부장관은 선원의 근로기준 및 생활기준이 이 법이나 관계 법령에서 정하는 기준에 맞는지를 확인하기 위하여 3년마다 선박과 그 밖의 사업장에 대하여 검사를 하여야 한다. 다만, 해양수산부장관은 해사노동적합증서 등을 선내에 갖추어 둔 선박에 대하여는 검사를 면제할 수 있다. ② 「어선법」에 따른 어선에 대하여는 대통령령으로 정하는 바에 따라 제1항에 따른 검사주기를 늘릴 수 있다.
행정처분 (제124조)	① 해양수산부장관은 선박소유자나 선원이 이 법, 「근로기준법」(제5조 제1항에 따라 선원의 근로관계에 관하여 적용하는 부분만 해당) 또는 이 법에 따른 명령을 위반하였을 때에는 그 선박소유자나 선원에 대하여 시정에 필요한 조치를 명할 수 있다. ② 해양수산부장관은 선박소유자나 선원이 명령에 따르지 아니하는 경우로서 항해를 계속하는 것이 해당 선박과 승선자에게 현저한 위험을 불러일으킬 우려가 있는 경우 그 선박의 항해정지를 명하거나 항해를 정지시킬 수 있다. 이 경우 선박이 항해 중일 때에는 해양수산부장관은 그 선박이 입항하여야 할 항구를 지정하여야 한다. ③ 해양수산부장관은 처분을 한 선박에 대하여 그 처분을 계속할 필요가 없다고 인정하면 지체 없이 그 처분을 취소하여야 한다. ④ 해양수산부장관은 구명정 조종사 또는 의료관리자가 그 자격증을 다른 사람에게 대여한 경우 그 자격을 취소할 수 있다.
선원근로감독관 (제125조)	① 제123조에 따른 검사와 선원의 근로감독을 위하여 해양수산부에 선원근로감독관을 둔다. ② 선원근로감독관의 자격·임면 및 직무 등에 필요한 사항은 대통령령으로 정한다.
선원근로감독관의 권한 (제126조)	① 선원근로감독관은 이 법에 따른 선원근로감독을 위하여 선박소유자, 선원 또는 그 밖의 관계인에게 출석을 요구하거나 장부나 서류의 제출을 명할 수 있으며, 선박이나 그 밖의 사업장을 출입하여 검사하거나 질문할 수 있다. ② 출입·검사를 하는 경우에는 검사 개시 7일 전까지 검사 일시, 검사 이유 및 검사 내용 등에 대한 검사계획을 조사대상자에게 알려야 한다. 다만, 긴급히 검사하여야 하거나 사전에 통지하면 증거인멸 등으로 검사 목적을 달성할 수 없다고 인정하는 경우에는 그러하지 아니할 수 있다. ③ 출입·검사를 하는 선원근로감독관은 그 권한을 표시하는 증표를 지니고 이를 관계인에게 보여주어야 하며, 출입 시 성명·출입 시간·출입 목적 등이 표시된 문서를 관계인에게 내주어야 한다.

	④ 선원근로감독관은 승무를 금지하여야 할 질병에 걸렸다고 인정하는 선원의 진찰을 의사에게 위촉할 수 있다. ⑤ 위촉받은 의사는 해양수산부장관의 진찰명령서를 선원에게 보여주어야 한다.
사법경찰권 (제127조)	① 선원근로감독관은 「사법경찰관리의 직무를 수행할 자와 그 직무범위에 관한 법률」에서 정하는 바에 따라 사법경찰관의 직무를 수행한다. ② 이 법, 「근로기준법」 및 그 밖의 선원근로관계 법령에 따른 서류의 제출, 심문이나 신문 등 수사는 오로지 검사와 선원근로감독관이 수행한다. 다만, 선원근로감독관의 직무에 관한 범죄의 수사에 대하여는 그러하지 아니하다.
비밀유지 의무 등 (제128조)	① 선원근로감독관이거나 선원근로감독관이었던 사람은 직무상 알게 된 비밀을 누설하여서는 아니 된다. ② 선원근로감독관은 직무를 공정하고 독립적으로 수행하여야 한다. ③ 선원근로감독관은 선원근로감독과 관련하여 직접적 또는 간접적인 이해관계가 있는 업무를 수행하여서는 아니 된다.
감독기관 등에 대한 신고 등 (제129조)	① 선원은 선박소유자나 선장이 이 법, 「근로기준법」 또는 이 법에 따른 명령을 위반한 사실이 있다고 판단하는 경우에는 선박소유자나 선장에게 그 불만을 제기하거나, 대통령령으로 정하는 바에 따라 해양항만관청, 선원근로감독관 또는 선원노동위원회에 그 사실을 신고할 수 있다. ② 선박소유자는 선원이 제1항에 따라 불만을 제기하거나 신고한 것을 이유로 그 선원과의 선원근로계약을 해지하거나 불리한 처우를 하여서는 아니 된다. ③ 제1항에 따라 신고된 사항에 대한 처리 절차는 해양수산부령으로 정한다. ④ 선박소유자는 제1항에 따라 제기되는 선원의 불만사항을 처리하기 위하여 다음 각 호의 사항을 포함한 선내 불만 처리절차를 마련하여 선박 내의 보기 쉬운 곳에 게시하여야 한다. 1. 선원의 선내 불만 제기 방법 2. 선내 불만 처리절차도 3. 선내 고충처리 담당자 4. 제3호에 따른 선내 고충처리 담당자의 임무와 권한에 관한 사항 5. 해양항만관청, 선원노동위원회 등 선원의 근로·인권 관련 기관의 담당자 연락처 ⑤ 외국인 선원이 승선하는 선박의 선박소유자는 선내 불만 처리절차를 승선하는 모든 외국인 선원의 국적국 언어 또는 영어로 작성하여 함께 게시하여야 한다.
선원실습 운영 지도 및 점검 등 (제129조의2)	① 해양수산부장관은 실습시간 및 휴식시간 준수 등과 현장승선실습 계약의 체결 등 선원실습 운영에 대하여 선박소유자에게 필요한 경우 보고

	또는 자료의 제출을 하게 하거나 관계 공무원으로 하여금 현장조사를 실시하게 하는 등의 지도·점검을 할 수 있다. ② 해양수산부장관은 현장조사를 하는 경우에는 현장조사를 받는 자에게 미리 조사 일시, 조사 내용 등 필요한 사항을 알려야 한다. 다만, 긴급하거나 미리 알릴 경우 그 목적을 달성할 수 없다고 인정되는 경우에는 그러하지 아니하다. ③ 현장조사를 하는 사람은 그 권한을 표시하는 증표를 지니고 이를 관계인에게 내보여야 한다.
해양항만관청의 주선 (제130조)	해양항만관청은 선박소유자와 선원 간에 생긴 근로관계에 관한 분쟁(「노동조합 및 노동관계조정법」 제2조제5호에 따른 노동쟁의는 제외)의 해결을 주선할 수 있다.
외국에서의 행정관청의 업무 (제131조)	이 법에 따라 해양항만관청이 수행할 사무는 외국에서는 대통령령으로 정하는 바에 따라 대한민국 영사가 수행한다.
외국선박에 대한 점검 (제132조)	① 해양수산부장관은 소속 공무원에게 국내 항(정박지 포함)에 있는 외국선박에 대하여 다음 각호의 사항을 점검하게 할 수 있다. 1. 기국에서 발급한 승무정원증명서와 그 증명서에 따른 선원의 승선 여부 2. 선원당직국제협약의 항해당직 기준에 따른 항해당직의 시행 여부 3. 선원당직국제협약에 따른 유효한 선원자격증명서나 그 면제증명서의 소지 여부 4. 해사노동협약에 따른 해사노동적합증서 및 해사노동적합선언서의 소지 여부 5. 해사노동협약에 따른 선원의 근로기준 및 생활기준의 준수 여부 ② 해양수산부장관은 점검을 할 경우 소속 공무원으로 하여금 그 선박에 출입하여 장부·서류 및 그 밖의 물건을 점검하고, 해당 선원에게 질문하거나 선원의 근로기준 및 생활기준 등에 대하여 직접 확인하게 할 수 있다.
외국선박의 점검 절차 등 (제133조)	① 외국선박의 점검 절차는 다음 각호와 같다. 1. 기본항목의 점검 　가. 해사노동협약에 따른 해사노동적합증서와 해사노동적합선언서의 적절성과 유효성 확인 　나. 선원의 근로기준 및 생활기준이 해사노동협약의 기준에 맞는지 여부 　다. 선박이 해사노동협약의 준수를 회피할 목적으로 국적을 변경하였는지 여부 　라. 선원의 불만 신고가 있었는지 여부 2. 제1호에 따른 기본항목의 점검 결과 다음 각목의 어느 하나에 해당하는 경우 상세점검의 시행. 이 경우 담당 공무원은 선장에게 상세점검을 한다는 사실을 알려야 한다.

　　　가. 선원의 안전, 건강이나 보안에 명백히 위해를 끼칠 수 있는 사실
　　　이 발견된 경우
　　　나. 점검결과 해사노동협약의 기준을 현저하게 위반하였다고 믿을만
　　　한 근거가 있는 경우
② 상세점검 범위에 관하여는 대통령령으로 정한다. 다만, 제1항제1호라
목에 따라 불만사항이 신고되었을 때의 점검범위는 해당 신고사항으로
한정한다.
③ 해양수산부장관은 상세점검 결과 선원의 근로기준 및 생활기준이 해
사노동협약의 기준에 맞지 아니한 것으로 밝혀진 경우에는 기국에 통보
하는 등 대통령령으로 정하는 조치를 하여야 한다.
④ 상세점검 결과 그 선박이 다음 각호의 어느 하나에 해당할 경우에는
그 선박의 출항정지를 명하거나 출항을 정지시킬 수 있다.
1. 선원의 안전, 건강 및 보안에 명백히 위해가 되는 경우
2. 해사노동협약의 기준을 현저하게 위반하거나 반복적으로 위반하는 경우
⑤ 해양수산부장관은 제4항에 따른 처분을 한 경우에는 기국에 통보하
는 등 대통령령으로 정하는 조치를 하여야 한다.
⑥ 처분에 불복하는 자의 이의신청과 그 처리 절차에 관하여는 「선박안
전법」 제68조제5항부터 제7항까지의 규정을 준용한다.

제18절 | 해사노동적합증서와 해사노동적합선언서

내용	규정
적용범위 (제135조)	다음 각호의 어느 하나에 해당하는 선박(어선 제외)에 대하여 이 장의 규정을 적용한다. 1. 총톤수 500톤 이상의 국제항해에 종사하는 항해선 2. 총톤수 500톤 이상의 항해선으로서 다른 나라 안의 항 사이를 항해하는 선박 3. 제1호 및 제2호에 해당하는 선박 외의 선박소유자가 요청하는 선박
해사노동적합증서 등의 선내 비치 등 (제136조)	① 제135조에 해당하는 선박의 선박소유자는 발급받은 해사노동적합증서 및 해양수산부령으로 정하는 절차에 따라 승인받은 해사노동적합선언서를 선내에 갖추어 두어야 하며, 그 사본 각 1부를 선내의 잘 보이는 곳에 게시하여야 한다. ② 제1항에 따른 해사노동적합선언서의 형식과 내용은 해양수산부령으로 정한다.
해사노동적합증서의 인증검사 (제137조)	① 제135조에 해당하는 선박의 선박소유자는 해사노동적합증서를 발급받으려는 경우에는 다음 각 호의 구분에 따른 인증검사를 받아야 한다.

	1. 최초인증검사: 이 법과 해사노동협약의 기준을 충족하는지 확인하기 위한 최초 검사 2. 갱신인증검사: 해사노동적합증서의 유효기간이 끝났을 때에 하는 검사 3. 중간인증검사: 최초인증검사와 갱신인증검사 사이 또는 갱신인증검사와 갱신인증검사 사이에 해양수산부령으로 정하는 시기에 하는 검사 ② 선원의 근로기준 및 생활기준 등 인증검사의 구체적인 기준은 대통령령으로 정한다. ③ 선박소유자는 최초인증검사를 받기 전에 선박의 국적 변경 등 해양수산부령으로 정하는 사유로 선박을 항해에 사용하려는 경우에는 임시인증검사를 받아야 한다. ④ 해양수산부장관은 선박 거주설비의 주요 개조나 선박에서 노동분쟁이 발생하는 등 해양수산부령으로 정하는 사유가 있을 경우에는 특별인증검사를 시행할 수 있다. ⑤ 인증검사의 내용, 절차 및 검사방법 등에 필요한 사항은 해양수산부령으로 정한다. ⑥ 제135조에 해당하는 선박의 선박소유자는 해당 인증검사에 합격하지 아니한 선박을 항해에 사용하여서는 아니 된다. 다만, 선박의 시운전 등 해양수산부령으로 정하는 경우에는 그러하지 아니하다.
해사노동적합증서의 발급 등 (제138조)	① 해양수산부장관은 최초인증검사나 갱신인증검사에 합격한 선박에 대하여 해양수산부령으로 정하는 바에 따라 해사노동적합증서를 발급하고, 그 발급사실을 발급대장에 기재하며 이를 공개하여야 한다. ② 외국선박의 경우에는 제1항에도 불구하고 기국 정부나 그 정부가 지정한 대행기관에서 이 법의 기준과 같거나 그 이상의 기준에 따라 최초인증검사나 갱신인증검사를 받고 해사노동적합증서를 발급받아 유효한 증서를 선내에 갖추어 둔 경우 그 해사노동적합증서는 이 법에 따라 발급한 증서로 본다. ③ 해양수산부장관은 중간인증검사나 특별인증검사에 합격한 선박에 대하여 제1항에 따라 발급된 해사노동적합증서에 해양수산부령으로 정하는 바에 따라 그 검사 결과를 표시하여야 한다. ④ 해양수산부장관은 임시인증검사에 합격한 선박에 대하여 해양수산부령으로 정하는 바에 따라 임시해사노동적합증서를 발급하여야 한다. ⑤ 해사노동적합증서의 유효기간은 5년의 범위에서 대통령령으로 정한다. 다만, 제임시해사노동적합증서의 유효기간은 6개월을 넘을 수 없다. ⑥ 유효기간의 계산방법 등에 관하여 필요한 사항은 해양수산부령으로 정한다. ⑦ 선박소유자가 중간인증검사에 합격하지 못한 경우에는 합격할 때까지 제1항에 따라 발급된 해사노동적합증서의 효력은 정지된다. ⑧ 해양수산부장관은 해사노동적합증서를 발급받은 선박이 특별인증검사를 통하여 기준을 충족하지 못한 사실이 발견된 경우에는 선박소유자

	에게 기간을 정하여 필요한 시정조치를 명할 수 있으며, 이에 따르지 아니한 경우에는 해사노동적합증서를 되돌려 주도록 명할 수 있다.
해사노동인증검사관 (제139조)	해양수산부장관은 해양수산부령으로 정하는 자격을 갖춘 소속 공무원 중에서 다음 각호의 업무를 수행할 해사노동인증검사관(「인증검사관」)을 임명할 수 있다. 1. 외국선박에 대한 점검 등의 업무 2. 해사노동적합선언서의 승인에 관한 업무 3. 인증검사, 임시인증검사 및 특별인증검사에 관한 업무 4. 해사노동적합증서의 발급 등에 관한 업무
인증검사업무 등의 대행 (제140조)	① 해양수산부장관은 필요하다고 인정하는 경우에는 제139조제2호부터 제4호까지의 규정에 따른 업무를 해양수산부장관이 지정하는 기관에서 대행하게 할 수 있다. 이 경우 해양수산부장관은 지정된 대행기관(「인증검사 대행기관」)과 대통령령으로 정하는 바에 따라 협정을 체결하여야 한다. ② 인증검사 대행기관의 지정기준, 인증검사업무에 종사할 수 있는 사람의 자격 등에 필요한 사항은 해양수산부령으로 정한다. ③ 인증검사 대행기관에서 인증검사 등을 받으려는 자는 해당 인증검사 대행기관이 정하는 수수료를 내야 한다. ④ 인증검사 대행기관은 수수료를 정할 때에는 해양수산부장관의 승인을 받아야 한다. 승인받은 수수료를 변경할 때에도 또한 같다. ⑤ 인증검사 대행기관은 인증검사 대행업무에 관하여 해양수산부령으로 정하는 바에 따라 해양수산부장관에게 보고하여야 한다. ⑥ 해양수산부장관은 인증검사 대행기관이 다음 각호의 어느 하나에 해당하는 경우에는 그 지정을 취소하거나 6개월 이내의 기간을 정하여 그 업무를 정지할 수 있다. 다만, 제1호 및 제6호에 해당하는 경우에는 그 지정을 취소하여야 한다. 1. 거짓이나 그 밖의 부정한 방법으로 지정을 받은 경우 2. 인증검사 대행기관의 지정기준을 충족하지 못하게 된 경우 3. 인증검사에 관한 업무를 수행할 능력이 없다고 인정된 경우 4. 수수료의 승인 또는 변경승인을 받지 아니하고 수수료를 징수한 경우 5. 인증검사 대행업무에 관한 보고를 하지 아니한 경우 6. 업무정지처분을 받고 업무정지처분 기간 중에 인증검사 대행업무를 계속한 경우 ⑦ 업무정지 등 처분절차 등에 관하여는 해양수산부령으로 정한다. ⑧ 해양수산부장관은 인증검사 대행기관의 지정을 취소하려는 경우에는 청문을 실시하여야 한다.
이의신청 (제141조)	① 인증검사에 불복하는 자는 검사결과를 통지받은 날부터 30일 이내에 그 사유를 적어 해양수산부장관에게 이의신청을 할 수 있다.

| | ② 해양수산부장관은 제1항에 따른 이의신청이 있을 때 해양수산부령으로 정하는 바에 따라 필요한 조치를 하여야 한다.
③ 이의신청에 필요한 사항은 해양수산부령으로 정한다. |

제19절 | 벌 칙

내용	규정
벌칙 (제160조)	선장이 그 권한을 남용하여 해원이나 선박 내에 있는 사람에게 의무 없는 일을 시키거나 그 권리의 행사를 방해하였을 때에는 1년 이상 5년 이하의 징역 또는 1천만원 이상 5천만원 이하의 벌금에 처한다.
벌칙 (제161조)	제11조를 위반한 사람은 다음 각호의 구분에 따라 처벌한다. 1. 인명을 구조하는 데 필요한 조치를 다하지 아니하였거나 필요한 조치를 다하지 아니하고 선박을 떠나 사람을 사망에 이르게 한 선장: 무기 또는 3년 이상의 징역 2. 인명을 구조하는 데 필요한 조치를 다하지 아니하였거나 필요한 조치를 다하지 아니하고 선박을 떠나 사람을 사망에 이르게 한 해원: 3년 이상의 징역 3. 인명을 구조하는 데 필요한 조치를 다하지 아니하였거나 필요한 조치를 다하지 아니하고 선박을 떠나 사람을 상해에 이르게 한 선원: 1년 이상 5년 이하의 징역 4. 선박 및 화물을 구조하는 데 필요한 조치를 다하지 아니하여 선박 또는 화물에 손상을 입힌 선원: 1년 이하의 징역 또는 1천만원 이하의 벌금
벌칙 (제162조)	제12조 본문을 위반한 사람은 다음 각호의 구분에 따라 처벌한다. 1. 인명을 구조하는 데 필요한 조치를 다하지 아니하여 사람을 사망에 이르게 한 선장: 무기 또는 3년 이상의 징역 2. 인명을 구조하는 데 필요한 조치를 다하지 아니하여 사람을 상해에 이르게 한 선장: 1년 이상 5년 이하의 징역 3. 선박을 구조하는 데 필요한 조치를 다하지 아니한 선장: 1년 이하의 징역 또는 1천만원 이하의 벌금
벌칙 (제163조)	선장이 다음 각호의 어느 하나에 해당할 때에는 3년 이하의 징역 또는 3천만원 이하의 벌금에 처한다. 1. 제13조를 위반하여 인명을 구조하는 데 필요한 조치를 다하지 아니하였을 때 2. 선박을 유기(遺棄)하였을 때 3. 외국에서 해원을 유기하였을 때

벌칙 (제164조)	선장이 다음 각호의 어느 하나에 해당할 때에는 1년 이하의 징역 또는 1천만원 이하의 벌금에 처한다. 1. 제7조제1항에 따른 출항 전의 검사등의 의무를 위반하였을 때 1의2. 제7조제2항에 따른 보고를 하지 아니하였거나 거짓으로 한 때 1의3. 제7조제3항에 따른 조치를 요청하지 아니하였을 때 2. 제8조를 위반하여 미리 정하여진 항로를 변경하였을 때 3. 제9조제1항를 위반하여 선박의 조종을 직접 지휘하지 아니하였을 때 4. 제10조를 위반하여 선박을 떠났을 때 5. 제16조에 따른 항해의 안전 확보 의무를 위반하였을 때 6. 제17조제1항을 위반하여 시신 인도를 위한 조치를 하지 않았을 때 7. 제19조제1항을 위반하여 대한민국 국민의 송환을 거부하였을 때 8. 제20조제1항 각 호의 서류를 거짓으로 작성하여 갖추어 두었을 때 9. 제21조에 따른 보고를 거짓으로 하였을 때 10. 제82조제6항을 위반하여 선원의 부상·질병 치료 요구를 거절하였을 때
벌칙 (제165조)	① 해원이 직무수행 중 상사에게 폭행이나 협박을 하였을 때에는 3년 이하의 징역 또는 3천만원 이하의 벌금에 처한다. ② 제25조를 위반하여 쟁의행위를 한 사람은 다음 각호의 구분에 따라 처벌한다. 1. 쟁의행위를 지휘하거나 지도적 임무에 종사한 사람: 3년 이하의 징역 2. 쟁의행위 모의에 적극적으로 참여하거나 선동한 사람: 1년 이하의 징역 또는 1천만원 이하의 벌금 ③ 제2항의 경우 해당 쟁의행위가 선박소유자(그 대리인을 포함한다)가 선원의 이익에 반하여 법령을 위반하거나 정당한 사유 없이 선원근로계약을 위반한 것을 이유로 한 것일 때에는 벌하지 아니한다.
벌칙 (제166조)	해원이 다음 각호의 어느 하나에 해당할 때에는 1년 이하의 징역에 처한다. 1. 선박에 급박한 위험이 있는 경우에 선장의 허가 없이 선박을 떠났을 때 2. 제11조부터 제13조까지의 규정에 따라 선장이 인명, 선박 또는 화물의 구조에 필요한 조치를 하는 경우에 상사의 직무상 명령을 따르지 아니하였을 때
벌칙 (제167조)	선박소유자 또는 선원이 다음 각호의 어느 하나에 해당할 때에는 5년 이하의 징역 또는 5천만원 이하의 벌금에 처한다. 1. 선박소유자가 제32조제1항을 위반하여 선원근로계약을 해지하거나 휴직, 정직, 감봉 및 그 밖의 징벌을 하였을 때 2. 선박소유자가 제32조제2항을 위반하여 선원근로계약을 해지하였을 때 3. 선박소유자 또는 선원이 제25조의2를 위반하였을 때
벌칙 (제168조)	① 선박소유자(제5호의 경우에는 선박소유자 외의 자를 포함한다)가 다음 각호의 어느 하나에 해당할 때에는 3년 이하의 징역 또는 3천만원 이하의 벌금에 처한다.

	1. 제52조제1항부터 제4항까지의 규정을 위반하였을 때 1의2. 제55조의2를 위반하였을 때 2. 제57조제1항 또는 제3항을 위반하여 월 고정급, 생산수당 또는 비율급을 지급하지 아니하였을 때 3. 제62조제1항 또는 제2항을 위반하여 시간외근로수당을 지급하지 아니하였을 때 4. 제91조제2항 또는 제4항부터 제6항까지의 규정을 위반하였을 때 5. 제111조를 위반하여 선원 또는 선원이 되려는 사람으로부터 직업소개, 모집 및 채용과 관련하여 금품이나 그 밖의 이익을 받았을 때 ② 제1항제1호부터 제3호까지의 벌칙에 대하여는 피해자가 명시한 의사에 반하여 공소를 제기할 수 없다.
벌칙 (제169조)	선박소유자가 제59조에 따라 해양수산부장관이 정한 임금의 최저액 이상을 지급하지 아니하였을 때에는 3년 이하의 징역 또는 3천만원 이하의 벌금에 처한다.
벌칙 (제170조)	선박소유자가 다음 각호의 어느 하나에 해당할 때에는 2년 이하의 징역 또는 2천만원 이하의 벌금에 처한다. 1. 제30조를 위반하여 강제저축 등을 약정하는 계약을 체결하였을 때 2. 제33조제1항을 위반하여 30일분 이상의 통상임금을 지급하지 아니하였을 때 3. 제55조제1항 또는 제5항을 위반하여 퇴직금을 지급하지 아니하였을 때 3의2. 제61조의2제1항에 따른 실습시간을 초과하거나 같은 조 제2항 또는 제3항에 따른 휴식시간 또는 휴일을 부여하지 아니하고 실습을 실시한 때 4. 제62조제5항을 위반하여 유급휴가를 주지 아니하였을 때 5. 제69조제1항 또는 제4항을 위반하여 유급휴가를 주지 아니하였을 때 6. 제73조제1항 또는 제2항을 위반하여 유급휴가급을 지급하지 아니하였을 때 7. 제74조제1항을 위반하여 어선원에게 유급휴가를 주지 아니하였을 때 8. 제91조제1항을 위반하여 16세 미만인 사람을 선원으로 사용하였을 때 9. 제92조제1항을 위반하여 18세 미만의 선원을 야간작업에 종사시켰을 때 10. 제94조제1항을 위반하여 요양하게 하지 아니하였거나 요양에 필요한 비용을 지급하지 아니하였을 때 11. 제94조제2항(같은 조 제3항에 해당하지 아니하는 경우로 한정한다)을 위반하여 요양에 필요한 비용을 지급하지 아니하였거나, 「국민건강보험법」 제44조에 따라 요양을 받는 선원이 부담하여야 하는 비용을 지급하지 아니하였거나 요양에 필요한 비용을 지급하지 아니하였을 때 12. 제96조를 위반하여 상병보상을 하지 아니하였을 때 13. 제97조를 위반하여 장해보상을 하지 아니하였을 때

		14. 제99조제1항 또는 제2항을 위반하여 유족보상을 하지 아니하였을 때 15. 제100조를 위반하여 장제비를 지급하지 아니하였을 때 16. 제101조를 위반하여 행방불명보상을 하지 아니하였을 때 17. 제129조제2항을 위반하여 선원근로계약을 해지하거나 불리한 처우를 하였을 때
	벌칙 (제171조)	제110조를 위반하여 선원의 직업소개사업을 한 자는 2년 이하의 징역 또는 2천만원 이하의 벌금에 처한다.
	벌칙 (제172조)	선박소유자가 제7조제4항 또는 제82조제1항부터 제3항까지의 규정을 위반하였을 때에는 1년 이하의 징역 또는 1천만원 이하의 벌금에 처한다.
	벌칙 (제173조)	① 선박소유자, 유기구제보험사업자등 또는 재해보험사업자등이 다음 각 호의 어느 하나에 해당할 때에는 1년 이하의 징역 또는 1천만원 이하의 벌금에 처한다. 1. 제37조를 위반하여 실업수당을 지급하지 아니하였을 때 2. 제38조제1항을 위반하여 선원을 송환하지 아니하였을 때 3. 제38조제4항을 위반하여 송환비용을 미리 내도록 요구하였을 때 4. 제39조를 위반하여 송환수당을 지급하지 아니하였을 때 5. 제42조의2제1항을 위반하여 유기구제보험등에 가입하지 아니하였을 때 5의2. 정당한 사유 없이 제42조의2제4항을 위반하여 기간 내에 유기 구제비용을 지급하지 아니하였을 때 6. 제54조를 위반하여 승무선원의 부상이나 질병 중 임금을 지급하지 아니하였을 때 7. 제56조제1항을 위반하여 선원의 체불임금 지급을 보장할 수 있는 보험 또는 공제에 가입하지 아니하였거나 기금을 조성하지 아니하였을 때 8. 제64조제1항부터 제6항까지의 규정을 위반하여 자격요건을 갖춘 선원을 승무시키지 아니하였을 때 9. 제65조제1항 또는 제2항을 위반하여 승무정원의 인정을 받지 아니하였을 때 또는 같은 조 제4항을 위반하여 승무정원을 승무시키지 아니하였거나 결원을 충원하지 아니하였을 때 10. 제66조에 따른 선원의 자격요건 및 정원을 위반하였을 때 10의2. 제66조의2제2항을 위반하여 적성심사기준을 충족하지 못한 사람을 여객선선장으로 승무시켰을 때 11. 제67조제1항을 위반하여 예비원을 확보하지 아니하였거나 같은 조 제2항을 위반하여 예비원에게 임금을 지급하지 아니하였을 때 12. 제76조제1항에 따른 선내 급식을 하지 아니하였거나 같은 조 제2항을 위반하여 선박조리사를 선박에 승무시키지 아니하였을 때 13. 제84조를 위반하여 의사를 승무시키지 아니하였을 때 14. 제85조제1항을 위반하여 선박에 의료관리자를 두지 아니하였거나 같은 조 제2항을 위반하여 의료관리자 자격증을 가진 선원을 의료

	관리자로 선임하지 아니하였을 때 15. 제86조제1항을 위반하여 선박에 응급처치 담당자를 두지 아니하였거나 같은 조 제2항을 위반하여 응급처치에 관한 교육을 이수한 선원을 응급처치 담당자로 선임하지 아니하였을 때 16. 제102조를 위반하여 소지품 유실보상을 하지 아니하였을 때 17. 제106조제1항을 위반하여 재해보상을 완전히 이행할 수 있는 재해보상보험등에 가입하지 아니하였거나 같은 조 제2항을 위반하여 보험가입 금액을 승선평균임금 미만으로 가입하였을 때 18. 정당한 사유 없이 제106조제4항을 위반하여 기간 내에 재해보상을 하지 아니하였을 때 ② 제1항제6호 및 제11호의 벌칙에 대하여는 피해자가 명시한 의사에 반하여 공소를 제기할 수 없다.
벌칙 (제174조)	다음 각호의 어느 하나에 해당하는 자는 1년 이하의 징역 또는 1천만원 이하의 벌금에 처한다. 1. 거짓이나 그 밖의 부정한 방법으로 제43조제1항에 따른 선원근로계약의 신고를 한 자 2. 거짓이나 그 밖의 부정한 방법으로 선원수첩을 발급받거나 선원신분증명서의 발급 또는 정정을 받은 사람 3. 다른 사람의 선원수첩이나 선원신분증명서를 대여받거나 사용한 사람 4. 제50조를 위반하여 선원수첩이나 선원신분증명서를 부당하게 사용하거나 다른 사람에게 대여한 사람 4의2. 제112조제9항제2호를 위반하여 16세 미만인 사람을 계약상대자가 고용할 선원으로 알선한 선원관리사업자 4의3. 제112조제11항에 따른 해양수산부장관의 시정명령을 이행하지 아니한 선원관리사업자 5. 제124조제2항 전단 또는 제133조제4항을 위반하여 항해정지나 출항정지명령을 따르지 아니한 자
벌칙 (제175조)	① 선박소유자가 제27조제1항, 제53조, 제91조제3항 또는 제93조를 위반하였을 때에는 1천만원 이하의 벌금에 처한다. ② 제53조의 벌칙에 대하여는 피해자가 명시한 의사에 반하여 공소를 제기할 수 없다.
벌칙 (제176조)	선원근로감독관이거나 선원근로감독관이었던 사람이 제128조제1항을 위반하였을 때에는 1천만원 이하의 벌금에 처한다.
벌칙 (제177조)	다음 각호의 어느 하나에 해당하는 자에게는 500만원 이하의 벌금에 처한다. 1. 제29조를 위반하여 위약금 등을 미리 정하는 계약을 체결한 선박소유자 2. 제31조를 위반하여 선원에 대한 전차금이나 전대채권과 임금을 상계한 선박소유자

	3. 제43조를 위반하여 선원근로계약서를 작성·신고하지 아니하거나 선원에게 선원근로계약서 1부를 주지 아니한 자
	4. 제119조제1항을 위반하여 취업규칙을 작성하지 아니하거나 취업규칙을 거짓으로 작성하여 신고한 자
	5. 제120조제1항을 위반하여 취업규칙의 작성 절차에 따라 취업규칙을 작성하지 아니한 자
	5의2. 제120조의2를 위반하여 취업규칙을 작성하거나 따르지 않은 선박소유자
	6. 제121조를 위반하여 취업규칙 변경명령을 따르지 아니한 자
	7. 제137조제6항을 위반하여 인증검사에 합격하지 아니한 선박을 항해에 사용한 선박소유자
	8. 제138조제8항에 따른 해사노동적합증서를 되돌려 주라는 명령을 위반하여 되돌려 주지 아니한 선박소유자
	9. 제153조를 위반하여 3년간 서류를 보존하지 아니한 자
양벌규정 (제178조)	법인의 대표자나 법인 또는 개인의 대리인, 사용인, 그 밖의 종업원이 그 법인 또는 개인의 업무에 관하여 제167조부터 제170조까지, 제172조, 제173조, 제174조제1호·제2호, 제175조 또는 제177조의 어느 하나에 해당하는 위반행위를 하면 그 행위자를 벌하는 외에 그 법인 또는 개인에게도 해당 조문의 벌금형을 과한다. 다만, 법인 또는 개인이 그 위반행위를 방지하기 위하여 해당 업무에 관하여 상당한 주의와 감독을 게을리하지 아니한 경우에는 그러하지 아니하다.
과태료 (제179조)	① 다음 각호의 어느 하나에 해당하는 자에게는 500만원 이하의 과태료를 부과한다. 1. 제15조제1항에 따른 비상대비훈련을 실시하지 아니한 선장 2. 제15조제2항에 따라 여객에게 비상시에 대비하기 위하여 필요한 사항을 주지시키지 아니한 선장 3. 제15조제3항을 위반하여 비상대비훈련을 실시할 때 해원의 휴식시간에 지장을 준 선장 4. 제63조제1항에 따른 의무를 이행하지 아니한 선박소유자 5. 제82조제7항을 위반하여 선원에게 제복을 제공하지 아니한 선박소유자 6. 제129조제1항에 따른 신고를 거짓으로 한 선원 ② 다음 각호의 어느 하나에 해당하는 자에게는 200만원 이하의 과태료를 부과한다. 1. 제12조 본문 또는 제14조 본문에 따른 통보, 제18조에 따른 조치를 하지 아니한 사람 2. 제109조제1항·제2항 또는 제151조를 위반한 자 3. 제20조제1항에 따른 서류를 갖추어 두지 아니한 사람 4. 제21조에 따른 보고를 하지 아니한 사람 5. 제23조제1항에 따른 신고를 하지 아니한 사람

5의2. 제42조의4제2항을 위반하여 같은 항 각호의 사항을 해양수산부장
관에게 알리지 아니한 유기구제보험사업자등

6. 제44조제2항 또는 제3항을 위반하여 선원명부에 적지 아니하거나 선
원명부의 공인을 받지 아니한 자

6의2. 제44조의2를 위반하여 해외취업 신고를 하지 아니한 선원 혹은 선
원관리사업자

6의3. 제50조의2를 위반하여 선원의 여권 등 신분증을 대리하여 보관한
선박소유자

6의4. 제56조의2제1항에 따른 보고 및 서류 제출 또는 제2항의 출입검
사를 거부 또는 방해하거나 기피한 자

6의5. 제56조의2제3항에 따른 시정명령을 따르지 아니한 자

7. 제62조제3항을 위반하여 근로시간, 휴식시간 및 시간외근로 관련 장
부를 갖추어 두지 아니하거나 선장에게 근로시간 등에 관한 사항을
적도록 하지 아니한 선박소유자

9. 제77조제1항 후단을 위반하여 차별 급식을 한 선장

10. 제82조제4항을 위반하여 선원의 직무상 사고 등이 발생하였을 때에
해양항만관청에 즉시 보고하지 아니한 선박소유자

11. 제82조제5항을 위반한 선박소유자

12. 제87조제1항을 위반하여 건강진단서를 가지지 아니한 사람을 선원
으로 승무시킨 선박소유자

12의2. 제106조의2제2항을 위반하여 같은 항 각호의 사항을 해양수산부
장관에게 알리지 아니한 재해보험사업자등

13. 제112조제4항을 위반하여 선원관리사업의 위탁사실과 내용 변경을
신고하지 아니한 자

13의2. 제112조제10항에 따른 출석 및 서류제출의 요구, 실태조사를 거
부 또는 방해하거나 기피한 자

14. 제119조제1항을 위반하여 취업규칙을 신고하지 아니한 자

15. 제126조제1항에 따른 출석요구에 따르지 아니하거나 선박 또는 사
업장 출입을 거부·기피·방해한 사람, 장부나 서류의 제출명령을 따
르지 아니하거나 거짓 장부 또는 서류를 제출한 사람 또는 거짓 진
술을 한 사람

16. 제129조제4항 또는 제5항의 선내 불만 처리절차를 게시하지 아니하
거나 같은 조 제4항 또는 제5항을 위반하여 선내 불만 처리절차를
게시한 선박소유자

③ 다음 각호의 어느 하나에 해당하는 자에게는 100만원 이하의 과태료
를 부과한다.

1. 제58조를 위반하여 임금대장을 갖추어 두지 아니하거나 임금 지급 시
마다 임금 계산의 기초가 되는 사항 등을 기재하지 아니한 선박소유자

2. 정당한 사유 없이 제83조제3항을 위반하여 제복을 입지 아니한 선원

④ 제1항부터 제3항까지의 규정에 따른 과태료는 대통령령으로 정하는

	바에 따라 해양항만관청이 부과·징수한다.
선장직무대행자에 대한 적용(제180조)	이 장 중 선장에게 적용할 규정은 선장의 직무를 대행하는 사람에게도 적용한다.

제3장 선박직원법

제1절 │ 총 론

1. 제정배경

「선박직원법」은 선박직원으로서 선박에 승무할 사람의 자격을 정하여 선박 항행의 안전을 확보하는 것을 목적[4]으로 하는 해사법이다. 「선박직원법」은 1960년 2월 제정되고 바로 시행되었으며, 이후 40여 차례에 걸쳐 일부 또는 전면 개정되어 오늘에 이르고 있다.

제정법은 ① 선박직원이 되고자 하는 자는 해기원의 면허를 받아야 하고, ② 해기원의 면허는 대통령령이 정하는 바에 의하여 해기원국가시험에 합격한 자에 대하여 수여하도록 하며, ③ 해기원의 자격을 세분화하며 19종으로 하고, ④ 「조선선박직원령」을 폐지하도록 규정하고 있다.

1983년 「1978년 선원의 훈련·자격증명 및 당직근무의 기준에 관한 국제협약」 발효에 대비하여 전면개정이 이루어졌다. 주요 내용으로는 다음과 같다.

① 해기사의 직종에 따른 등급별 명칭을 국제관례에 맞추어 변경하고 그 등급의 삭을 축소조정
② 해기사면허 시 받아야 하는 신체검사를 생략하고 선원으로 근무할 때에 해마다 실시하는 건강진단으로 갈음함
③ 해기사면허의 유효기간을 5년으로 하되, 그 유효기간만료전에 이를 갱신하도록 하며 갱신하지 아니한 면허는 그 효력을 상실하도록 함
④ 우리나라 영해안에 있는 외국선박의 승무원에 대하여 국제협약에 적합한 면허증을 가지고 있지 아니한 경우에는 당해 선박의 항행을 정지시킬 수 있도록 함

2. 주요 개정

2009년 개정을 통하여 도서지역을 위한 교통수단, 해양관광용, 군사용 및 인명구조용 등으로 그 활용가치가 높은 「수면비행선박」(WIG 선)의 실용화에 대비하여 수면비행선박의 운항에 필요한 해

---

4) 선박직원법 제1조.

기사면허제도 규정을 마련하였다.

2020년 개정에서는 음주운항으로 인한 인명 피해와 재산 손실을 예방하기 위하여 술에 취한 상태에서 선박을 운항한 사람 등에 대한 처분기준을 법률에 직접 규정하고, 위반행위의 횟수 등을 고려하여 처분을 가중하도록 규정하였다.

2021년 개정에서는 해기사가 「국제항해선박 등에 대한 해적행위 피해예방에 관한 법률」에 따른 고위험해역 진입제한 조치 등을 위반하여 벌금 이상의 형을 선고받고 그 형이 확정된 경우 면허를 취소하도록 하고 있다.

제2절 | 총 칙

내용	규정
정의 (제2조)	1. "선박"이란 「선박안전법」 따른 선박과 「어선법」 어선을 말한다. 다만, 다음 각 목의 어느 하나에 해당하는 선박은 제외한다. 가. 총톤수 5톤 미만의 선박. 다만, 총톤수 5톤 미만의 선박이라 하더라도 다음의 어느 하나에 해당하는 선박에 대하여는 이 법을 적용한다. 　1) 여객 정원이 13명 이상인 선박 　2) 「낚시 관리 및 육성법」에 따라 낚시어선업을 하기 위하여 신고된 어선 　3) 「유선 및 도선사업법」 영업구역을 바다로 하여 면허를 받거나 신고된 유선·도선 　4) 수면비행선박 나. 주로 노와 삿대로 운전하는 선박 다. 그 밖에 대통령령으로 정하는 선박 1의2. "한국선박"이란 선박 중 다음 각 목의 어느 하나에 해당하는 선박을 말한다. 가. 국유 또는 공유의 선박 나. 대한민국 국민이 소유하는 선박 다. 대한민국의 법률에 따라 설립된 상사법인이 소유한 선박 라. 대한민국에 주된 사무소를 둔 다목의 상사법인 외의 법인으로서 그 대표자(공동대표자인 경우에는 그 전원)가 대한민국 국민인 경우 그 법인이 소유하는 선박 2. "외국선박"이란 한국선박 외의 선박을 말한다. 3. "선박직원"이란 해기사(승무자격 인정을 받은 외국의 해기사 포함)로서 선박에서 선장·항해사·기관장·기관사·전자기관사·통신장·통신사·운항장 및 운항사의 직무를 수행하는 사람을 말한다. 4. "해기사"란 제4조에 따른 면허를 받은 사람을 말한다.

	4의2. "해기사 실습생"이란 해기사 면허를 취득할 목적으로 선박에 승선하여 실습하는 사람을 말한다. 4의3. "지정교육기관"이란 해양수산부령으로 정하는 바에 따라 해양수산부장관의 지정을 받아 선원이 되고자 하는 자 또는 선원에게 교육을 실시하는 대학·전문대학 또는 고등학교(이들에 준하는 각종 학교 포함), 해양경비안전교육원, 「한국해양수산연수원법」에 따른 한국해양수산연수원과 그 밖의 교육기관을 말한다. 5. "자동화선박"이란 대통령령으로 정하는 자동운항설비를 갖춘 선박을 말한다. 6. "승무경력"이란 선박에 승선하여 복무한 경력을 말한다.
적용 범위 (제3조)	① 이 법은 한국선박 및 그 선박소유자, 한국선박에 승무하는 선박직원에 대하여 적용한다. 다만, 이 법에 특별한 규정이 있는 경우에는 외국선박 및 그 선박소유자, 외국선박에 승무하는 선박직원에 대하여도 적용한다. ② 이 법에서 선박소유자에 관한 규정은 선박을 공유하여 선박관리인을 둔 경우에는 선박관리인에게 적용하고, 선박임대차의 경우에는 선박차용인에게 적용한다. ③ 국내의 조선소에서 건조 또는 개조되는 선박을 진수 시부터 인도 시까지 시운전하는 경우에는 제11조 및 제13조부터 제15조까지의 규정만 적용한다.
국가 간 협력 및 지원 (제3조의2)	해양수산부장관은 해사기술의 국가 간 교류·협력을 촉진하기 위하여 필요하다고 인정하면 「선원의 훈련·자격증명 및 당직근무의 기준에 관한 국제협약」 또는 「어선 선원의 훈련·자격증명 및 당직근무의 기준에 관한 국제협약」의 당사국 중 개발도상국가에 다음 각호의 어느 하나에 해당하는 지원을 할 수 있다. 1. 해기사 교육(실습교육 포함)을 위한 기관의 설립 지원 2. 해기사 교육과 관련한 행정·기술 요원의 교육 및 훈련 지원 3. 해기사 교육을 위한 장비·시설의 무상 지원 4. 해기사 교육을 위한 계획의 수립·개발 지원 5. 그 밖에 해기사의 능력개발을 위하여 필요하다고 인정되는 조치로서 해기사 교육과 관련된 지원

※시행령 제3조(선박의 범위) 「선박직원법」(「법」) 제2조제1호다목에서 "대통령령으로 정하는 선박"이란 부선과 계류된 선박중 총톤수 500톤 미만의 선박을 말한다.

※시행령 제3조의2(자동화선박의 설비 등) ① 법 제2조제5호에서 "대통령령으로 정하는 자동운항설비"란 자동화선박의 종류에 따른 별표1의 규정에 의한 설비를 말한다.
② 선박소유자는 제1항의 규정에 의한 자동화선박의 설비를 갖추었거나 그 설비가 변경된 때에는 해양수산부령이 정하는 바에 따라 관할 지방해양수산청장에게 자동화선박의 인정을 신청하여야 한다.
③ 제2항의 규정에 의하여 자동화선박 인정의 신청을 받은 지방해양수산청장은 당해 자동화선박의 설비를 확인

한 후 별표1의 규정에 의한 설비에 적합하다고 인정하는 때에는 해양수산부령이 정하는 자동화선박의 종류별 인정서를 교부한다.

④ 선박소유자는 제2항의 규정에 의하여 인정을 받은 자동화선박의 설비가 기준에 미달되게 된 때에는 이를 인정한 지방해양수산청장에게 제3항의 규정에 의한 인정서를 반납하여야 한다.

제3절 │ 해기사의 자격과 면허

내용	규정
면허의 직종 및 등급 (제4조)	① 선박직원이 되려는 사람은 해양수산부장관의 해기사 면허(「면허」)를 받아야 한다. ② 해양수산부장관은 제5조에 따른 요건을 갖춘 사람에게 다음 각 호의 직종과 등급별로 면허를 한다. 이 경우 해양수산부장관은 대통령령으로 정하는 바에 따라 선박의 종류, 항행구역 등에 따라 한정면허를 할 수 있다. 1. 항해사 1급 항해사 2급 항해사 3급 항해사 4급 항해사 5급 항해사 6급 항해사 2. 기관사 1급 기관사 2급 기관사 3급 기관사 4급 기관사 5급 기관사 6급 기관사 2의2. 전자기관사 3. 통신사(전파통신급과 전파전자급으로 구분한다) 1급 통신사 2급 통신사 3급 통신사 4급 통신사 4. 운항사 1급 운항사 2급 운항사 3급 운항사 4급 운항사

	5. 수면비행선박 조종사 　중형 수면비행선박 조종사(최대 이수중량 10톤 이상 500톤 미만의 선박만 해당) 　소형 수면비행선박 조종사(최대 이수중량 10톤 미만의 선박만 해당) 6. 소형선박 조종사 ③ 직종별 면허의 상하 등급은 제2항 각호의 등급별 순서에 따른다. ④ 운항사는 대통령령으로 정하는 전문분야별로 해당 등급과 같은 등급의 항해사(한정면허의 경우에는 상선에 한정된 면허만 해당) 또는 기관사로 보며, 소형선박 조종사는 6급 항해사 또는 6급 기관사의 하위등급의 해기사로 본다.
면허의 요건 (제5조)	① 해양수산부장관은 다음 각호의 요건을 갖춘 사람에게 면허를 한다. 1. 해양수산부장관이 시행하는 해기사 시험에 합격하고, 그 합격한 날부터 3년이 지나지 아니할 것 2. 등급별 면허의 승무경력 또는 「수상레저안전법」에 따른 조종면허 등 승무경력으로 볼 수 있는 것으로서 대통령령으로 정하는 자격·경력이 있을 것 3. 승무에 적당한 건강상태가 확인될 것 4. 등급별 면허에 필요한 교육·훈련을 이수할 것 5. 통신사 면허의 경우에는 따른 무선종사자의 자격이 있을 것 ② 제1항제1호·제2호 및 제4호에 따른 해기사 시험, 승무경력 및 교육·훈련에 관하여 필요한 사항은 대통령령으로 정한다. ③ 해양수산부장관이 제1항에 따라 면허를 할 때에는 해양수산부령으로 정하는 바에 따라 해기사 면허증(「면허증」)을 발급하여야 한다. ④ 해기사는 다음 각호의 어느 하나에 해당할 때에는 해양수산부령으로 정하는 바에 따라 면허증의 재발급 또는 기재사항의 변경을 신청할 수 있다. 1. 면허증을 잃어버렸을 때 2. 면허증이 헐어 못쓰게 되었을 때 3. 면허증의 기재사항이 변경되었을 때
자료의 보관 및 이용 (제5조의2)	해양수산부장관은 해양수산부령으로 정하는 바에 따라 면허의 발급·갱신·취소 등에 관한 자료를 유지·관리하고 「선원의 훈련·자격증명 및 당직근무의 기준에 관한 국제협약」 또는 「어선 선원의 훈련·자격증명 및 당직근무의 기준에 관한 국제협약」의 당사국 및 선박소유자가 그 자료를 이용할 수 있도록 통보 등 필요한 조치를 하여야 한다
결격사유 (제6조)	다음 각호의 어느 하나에 해당하는 사람은 해기사가 될 수 없다. 1. 18세 미만인 사람 2. 면허가 취소된 날부터 2년(「수산업법」에 따라 면허가 취소된 경우에는 1년)이 지나지 아니한 사람

면허의 유효기간 및 갱신 등 (제7조)	① 면허의 유효기간은 5년으로 하고, 면허 갱신을 받지 아니하고 면허의 유효기간이 지나면 면허의 유효기간이 끝나는 날의 다음 날부터 면허의 효력이 정지된다. ② 면허를 받은 사람으로서 그 면허의 효력을 계속 유지시키려는 사람 또는 면허의 유효기간이 지나서 면허의 효력이 정지된 경우 면허의 효력을 되살리려는 사람은 해양수산부령으로 정하는 바에 따라 면허 갱신을 받아야 한다. ③ 해양수산부장관은 면허 갱신을 신청한 사람이 다음 각호의 어느 하나에 해당하는 경우에는 이를 갱신하여야 한다. 1. 면허 갱신 신청일 전부터 5년 이내에 선박직원으로 1년 이상 승무한 경력이 있거나 대통령령으로 정하는 바에 따라 이와 동등한 수준 이상의 능력이 있다고 인정되는 경우 1의2. 면허의 유효기간이 지나지 아니하고 면허 갱신 신청일 직전 6개월 이내에 선박직원으로 3개월 이상 승무한 경력이 있는 경우. 다만, 어선에 승무한 경력은 제외한다. 2. 해양수산부령으로 정하는 교육을 받은 경우
면허의 실효 (제8조)	다음 각호의 어느 하나에 해당하는 면허는 효력을 잃는다. 1. 상위등급 면허를 받았을 때의 그 동일 직종의 하위등급 면허. 다만, 한정된 상위등급 면허를 받은 경우 그 한정된 상위등급 면허로 한정되지 아니한 하위등급 면허는 효력을 잃지 아니한다. 2. 무선종사자의 자격을 잃었을 때의 통신사 면허
면허의 취소 등 (제9조)	① 해양수산부장관은 해기사가 다음 각호의 어느 하나에 해당할 경우에는 면허를 취소하거나 1년 이내의 기간을 정하여 업무정지를 명하거나 견책을 할 수 있다. 다만, 해당 사유와 관련된 해양사고에 대하여 해양안전심판원이 심판을 시작하였을 때에는 그러하지 아니하다. 1. 제14조를 위반하여 승무한 경우 2. 선박직원으로 승무할 때에 면허증이나 승무자격증을 제출하지 아니하거나 이를 선박에 갖추어 두지 아니한 경우 3. 면허증이나 승무자격증을 다른 사람에게 대여하거나 부당하게 사용한 경우 4. 선박직원으로서 직무를 수행할 때 비행이 있거나 인명 또는 재산에 위험을 초래하거나 해양환경보전에 장해가 되는 행위를 한 경우 5. 업무정지처분을 받고 기간 내에 면허증을 제출하지 아니한 경우 6. 업무정지기간 중에 선박직원으로 승무한 경우 ② 해양수산부장관은 해기사가 거짓이나 그 밖의 부정한 방법으로 면허를 받은 경우에는 그 면허를 취소하여야 한다. ③ 해양수산부장관은 해기사가 「해사안전법」 제42조제1호 또는 제2호에 해당하여 해양경찰청장이 요청하는 경우에는 다음 각 호에 따라 처분하여야 한다. 다만, 해당 사유와 관련된 해양사고에 대하여 해양안전심판

	원이 심판을 시작하였을 때에는 그러하지 아니한다. 1. 혈중알코올농도가 0.03퍼센트 이상 0.08퍼센트 미만인 경우 　가. 1차 위반: 업무정지 6개월 　나. 2차 위반 또는 사람을 죽게 하거나 다치게 한 경우: 면허취소 2. 혈중알코올농도가 0.08퍼센트 이상인 경우: 면허취소 3. 측정요구에 따르지 아니한 경우: 면허취소 ④ 해양수산부장관은 해기사가 「국제항해선박 등에 대한 해적행위 피해 예방에 관한 법률」 제11조의2제1항 또는 제2항의 조치를 이행하지 아니하여 벌금 이상의 형을 선고받고 그 형이 확정된 경우에는 면허를 취소하여야 한다. ⑤ 해양수산부장관은 면허취소, 업무정지처분 또는 견책을 할 때에는 해양수산부령으로 정하는 바에 따라 그 처분 내용을 해당 해기사에게 통지하여야 한다. 이 경우 해양수산부장관은 그 해기사가 선박직원으로 승무 중일 때에는 선박소유자에게도 통지하여야 한다. ⑥ 제5항에 따른 면허취소 또는 업무정지처분의 통지를 받은 해기사는 통지를 받은 날부터 30일 이내에 면허증을 해양수산부장관에게 제출하여야 한다. 이 경우 업무정지기간이 끝나면 그 해기사에게 면허증을 되돌려 주어야 한다. ⑦ 업무정지기간은 해양수산부장관이 면허증을 제출받은 날부터 기산한다.
청문 (제10조)	해양수산부장관은 제9조제1항부터 제4항까지의 규정에 따라 면허를 취소하려면 청문을 하여야 한다.
외국의 해기사 자격을 가진 사람에 대한 특례 (제10조의2)	① 「선원의 훈련·자격증명 및 당직근무의 기준에 관한 국제협약」 또는 「어선 선원의 훈련·자격증명 및 당직근무의 기준에 관한 국제협약」에 따라 다른 당사국이 발급한 해기사 자격을 인정하기로 협정을 체결한 국가(「체약국」)의 해기사 자격을 가진 사람으로서 해양수산부장관의 인정을 받은 사람은 제4조제1항에도 불구하고 국제항해에 종사하는 한국선박의 선박직원이 될 수 있다. ② 해양수산부장관은 제1항에 따른 인정을 받으려는 사람이 제11조에 따른 승무기준에 맞는 자격을 가졌다고 인정하면 해당 체약국의 해기사 면허증에 승무할 수 있는 것으로 되어 있는 선박 및 그 선박에서 수행할 수 있는 직무의 범위에서 선박직원으로서 승무할 수 있는 선박 및 그 선박에서의 직무 범위를 정하여 이를 인정(「승무자격인정」)하고, 승무자격증을 발급할 수 있다. ③ 승무자격인정의 신청 및 승무자격증의 발급에 필요한 사항은 대통령령으로 정한다. ④ 승무자격인정의 유효기간은 5년으로 한다. 다만, 해당 체약국에서 해기사 자격을 잃은 때에는 그 때부터 효력을 잃는다. ⑤ 승무자격인정 및 승무자격증에 대하여는 제5조제4항, 제5조의2, 제6조, 제9조 및 제10조를 각각 준용한다. 이 경우 "해기사"는 "승무자격인

	정을 받은 사람"으로, "면허"는 "승무자격인정"으로, "면허증"은 "승무자격증"으로 본다.

※**시행령 제4조(한정면허)** ① 법 제4조제2항 각호 외의 부분 후단에 따른 한정면허는 다음 각호의 구분에 따른다.
 1. 다음 각 목의 어느 하나에 해당하는 해기사면허(이하 "면허"라 한다)에 대하여 상선으로 한정하여 승무하도록 하는 상선면허 및 어선으로 한정하여 승무하도록 하는 어선면허
   가. 1급부터 6급까지의 항해사면허. 다만, 항해선(「선원법」 제2조제8호에 따른 항해선을 말한다. 이하 같다)에 승무하는 경우에 한정한다.
   나. 5급·6급의 기관사면허(제16조제5항 또는 제6항에 따라 취득하는 면허로 한정한다)
   다. 6급의 기관사면허(총톤수 100톤 이상의 선박에서 1년 이상 승선한 승무경력으로 취득하는 면허로 한정한다)
 2. 5급·6급의 항해사면허 또는 기관사면허에 대하여 해저자원굴착선·해양자원탐사선·준설선 등 특수한 용도에 사용되는 선박으로 한정하여 승무하도록 하는 특수선박면허
 3. 5급·6급의 항해사면허 또는 기관사면허에 대하여 호수·하천 또는 국제통신이 필요하지 아니하는 국내항 등 특정 수역만을 운항하는 선박으로 한정하여 승무하도록 하는 특정수역면허
 3의2. 6급의 항해사면허 또는 기관사면허에 대하여 「수상레저안전법」에 따른 동력수상레저기구 중 총톤수 55톤 미만의 모터보트 또는 동력요트에 한정하여 승무하도록 하는 모터보트·동력요트면허
 3의3. 전자기관사면허에 대하여 이동식 시추선에 한정하여 승무하도록 하는 이동식 시추선면허
 4. 소형선박 조종사면허(「수상레저안전법」에 따른 동력수상레저기구조종면허 소지자에게 교부되는 것으로 한정한다)에 대하여 요트로 한정하여 승무하도록 한정하는 요트면허 및 요트를 제외한 동력수상레저기구로 한정하여 승무하도록 한정하는 동력수상레저기구면허
 5. 수면비행선박 조종사면허에 대하여 표면효과(WIG: Wing In Ground Effect)가 발생하는 높이(수면비행선박 주 날개의 종방향 평균폭을 말한다) 이하에서만 운항하는 선박으로 한정하여 승무하도록 하는 표면효과전용선면허
 6. 소형 수면비행선박 조종사면허에 대하여 자가운전 등 비사업용으로 한정하여 승무하도록 하는 비사업용조종사면허
② 제1항제1호나목 및 다목에 따라 발급받은 상선면허 및 어선면허는 해당 한정면허를 소지한 자가 해당 선박에서 실제 승무하는 1년의 기간 동안 유효하며, 그 이후에는 선박의 종류별 승무 제한이 없는 면허를 받은 것으로 보고 해당 한정면허를 소지한 자는 해양수산부령으로 정하는 바에 따라 면허증 기재사항의 변경을 신청하여야 한다.

제4절 | 선박직원

내용	규정
승무기준 및 선박직원의 직무 (제11조)	① 선박소유자는 선박의 항행구역, 크기, 용도 및 추진기관의 출력과 그 밖에 선박 항행의 안전에 관한 사항을 고려하여 대통령령으로 정하는 선박직원의 승무기준(「승무기준」)에 맞는 해기사(제10조의2에 따라 승무자격인정을 받은 사람 포함)를 승무시켜야 한다.

	② 선박직원의 직무는 다음 각 호와 같다. 1. 선장은 선박의 운항관리에 대하여 책임을 진다. 다만, 사망·질병 또는 부상 등 부득이한 사유로 선장이 직무를 수행할 수 없을 때에는 자동화선박에서는 항해를 전문으로 하는 1등 운항사가 그 직무를 대행하고, 그 밖의 선박에서는 1등 항해사가 그 직무를 대행한다. 2. 항해사는 갑판부에서 항해당직을 수행한다. 3. 기관장은 선박의 기계적 추진, 기계와 전기설비의 운전 및 보수관리에 대하여 책임을 진다. 다만, 사망·질병 또는 부상 등 부득이한 사유로 기관장이 직무를 수행할 수 없을 때에는 자동화선박에서는 기관을 전문으로 하는 1등 운항사가 그 직무를 대행하고, 그 밖의 선박에서는 1등 기관사가 그 직무를 대행한다. 4. 기관사는 기관부에서 기관당직을 수행한다. 4의2. 전자기관사는 항해장비 및 갑판기기를 포함한 선박의 전기·전자 및 자동제어 설비·시스템의 유지·점검·보수관리·수리 등의 업무를 수행한다. 5. 통신장과 통신사는 선박통신에 대하여 책임을 진다. 6. 운항장과 운항사는 자동화선박에서 운항당직(항해·기관 및 전자장비 등에 대한 통합당직)을 수행한다.
결원이 생긴 경우의 승무기준의 특례 (제12조)	① 다음 각호의 어느 하나에 해당하는 경우에는 제11조를 적용하지 아니한다. 이 경우 선박소유자는 지체 없이 그 결원을 보충하여야 한다. 1. 외국의 각 항 간을 항행하는 선박으로서 선박직원에 결원이 생겼으나 보충하기 곤란한 경우 2. 본국항과 외국항 간을 항행하는 선박이 국외에서 선박직원에 결원이 생기고 본국항까지 항행하는 경우 3. 제1호 및 제2호의 경우 외에 선박이 항행 중 선박직원에 결원이 생겼으나 보충하기 곤란한 경우 ② 선박소유자는 제1항 각 호의 어느 하나에 해당하는 경우에는 지체 없이 그 사실과 결원보충계획을 해양수산부장관에게 통보하여야 한다. ③ 해양수산부장관은 제2항에 따른 통보를 받은 경우에 필요하다고 인정하면 선박소유자에게 그 결원을 지체 없이 보충할 것을 명할 수 있다.
허가에 의한 승무기준의 특례 (제13조)	① 선박소유자는 선박이 다음 각호의 어느 하나에 해당하는 경우에 해양수산부장관의 허가를 받았을 때에는 제11조에도 불구하고 그 허가된 해기사를 그 직무의 선박직원으로 승무시킬 수 있다. 1. 다른 선박에 예인되어 항행하는 경우 2. 배가 선거에 들어가거나 수리·계류 또는 그 밖의 사유로 항행에 사용되지 아니하는 경우 3. 그 밖에 해양수산부령으로 정하는 경우 ② 해양수산부장관은 해기사의 상 부득이하여 대통령령으로 정하는 경우에는 6개월 범위에서 제11조에 따른 승무기준 중 등급을 완화하여 승

	무를 허가할 수 있다.
면허증 등의 비치 (제15조)	해기사가 선박직원으로 승무할 때에는 면허증이나 승무자격증을 선장에게 제출하여야 하며, 선장은 이를 선박에 갖추어 두어야 한다.

※시행령 제22조(승무기준) ① 법 제11조의 규정에 의한 선박별 선박직원의 최저승무기준은 별표3과 같다. 다만, 제3조의2의 규정에 의한 자동화선박중 「선원법」 제119조에 따른 취업규칙에 다음 각 호의 사항이 명시되지 아니한 선박에 대하여는 별표3제1호 내지 제3호의 승무기준을 적용한다.

  1. 정박중 선박설비의 점검·정비 및 하역 등에 대한 육상지원체제에 관한 사항
  2. 자동화선박의 승무자격이 있는 운항사의 확보에 관한 사항

② 원양수역(어선의 경우에는 무제한수역을 말한다)을 항행구역으로 하는 선박(연안수역을 항행구역으로 하는 선박중 국제항해에 종사하는 상선을 포함한다)에서 선장·1등 항해사·기관장·등 기관사·운항장·1등 운항사 또는 통신장의 직무를 행하고자 하는 자는 별표4의 규정에 의한 승무경력이 있고, 해양수산부령이 정하는 교육과정을 이수하여야 한다.

③ 연안수역(어선의 경우에는 제한수역을 말한다)을 항행구역으로 하는 선박에서 선장·기관장·운항장 또는 통신장의 직무를 행하고자 하는 자는 해양수산부령이 정하는 교육과정을 이수하여야 한다.

④ 항해사 또는 기관사가 운항사 면허를 받고 최초로 운항사의 직무를 행하고자 하는 자중 해양수산부장관이 인정하는 교육과정을 이수하지 아니한 자는 해양수산부령이 정하는 교육과정을 이수하여야 한다.

⑤ 운항사가 자동화선박 외의 선박에 항해사 또는 기관사로 승무하는 경우에는 당해 운항사가 부여받은 전문분야와 동일한 직종의 직무로 승무하여야 한다.

⑥ 해양수산부장관은 필요하다고 인정하는 경우에는 여객선 및 「선원법 시행령」 제21조제2항의 규정에 의한 위험물 적재선박(위험물 적재부선과 예선이 결합하여 운항하는 위험물 운반선을 포함한다)에 승무하는 선박직원의 승무기준을 해양수산부장관이 정하여 고시하는 바에 의하여 제1항의 규정에 의한 승무기준보다 강화하거나 필요한 교육을 이수하게 할 수 있다.

⑦ 「선박안전법」 제29조에 따라 무선설비를 갖추어야 하는 선박중 다음 각 호의 선박 외의 선박에서 선장·항해사·운항장 또는 운항사로 승무하고자 하는 자는 당해 직무와 관련한 면허 외에 4급 이상의 통신사면허를 갖추어야 한다. 이 경우 세계해상조난 및 안전제도 관련설비를 갖춘 선박에 승무하고자 하는 자는 전파전자급의 통신사면허를 갖추어야 하며, 그 밖의 선박에 승무하고자 하는 자는 전파통신급 또는 전파전자급의 통신사면허를 갖추어야 한다.

  1. 「전파법 시행령」 제116조에 따라 무선종사자가 아닌 자가 무선설비를 운용할 수 있는 선박
  2. 어선 및 소형선박

⑧ 기관사 또는 운항사(기관전문 운항사에 한정한다)가 전자기관사 면허를 받고 최초로 전자기관사의 직무를 수행하려는 경우에는 해양수산부령으로 정하는 교육과정을 이수하여야 한다.

※ 시행규칙 제23조(허가에 의한 승무기준의 특례) ① 법 제13조제1항제3호에서 "해양수산부령으로 정하는 경우"란 다음 각 호의 어느 하나에 해당하는 경우를 말한다.

  1. 선박의 구조나 설비가 특수한 경우
  2. 특정한 항로나 수역만을 항행하는 경우
  3. 외국의 영토에 기지를 두고 연안항해를 하는 경우
  4. 외국선박의 경우
  5. 항행예정시간이 4시간 이내인 국내항간을 긴급히 항행할 필요가 있다고 인정되는 경우

② 법 제13조에 따라 선박직원의 승무기준 완화허가를 받으려는 자는 다음 각호에서 정하는 자에게 별지 제13호서식의 선박직원 승무기준 완화허가 신청서를 제출하여야 한다.
  1. 법 제13조제1항에 따라 승무기준 완화허가를 받으려는 경우에는 지방해양수산청장
  2. 법 제13조제2항에 따라 승무기준 완화허가를 받으려는 경우에는 해양수산부장관
③ 해양수산부장관 또는 지방해양수산청장은 법 제13조에 따라 허가를 한 때에는 별지 제14호서식의 선박직원 승무기준 완화허가서를 지체없이 신청인에게 교부하여야 한다.

※ **시행규칙 제23조(허가에 의한 승무기준의 특례)** ① 법 제13조제2항의 규정에 의하여 승무기준을 완화하여 승무를 허가할 수 있는 경우는 다음과 같다.
  1. 국민경제 또는 국가안보에 중대한 영향을 미치는 물자를 긴급히 수송하는 경우로서 관계기관의 장의 요청이 있는 경우
  2. 긴급히 도서민을 수송하는 경우
  3. 그 밖에 해양수산부장관이 해기사의 수급상 부득이 하다고 인정하는 경우
② 해양수산부장관이 법 제13조제2항의 규정에 의하여 승무기준의 완화에 관한 허가를 함에 있어서는 승무하고자 하는 자의 면허의 등급 및 승무경력등을 참작하여 선박항행의 안전을 확보할 수 있도록 하여야 한다. 이 경우 선장 또는 기관장에 대한 승무기준 완화에 관한 허가는 불가항력의 경우에 한하여 이를 할 수 있다.

제5절 │ 보 칙

내용	규정
외국선박의 감독 (제17조)	① 해양수산부장관은 소속 공무원으로 하여금 대한민국 영해 안에 있는 외국선박에 승무하는 선박직원에 대하여 다음 각호의 사항을 검사하거나 심사하게 할 수 있다. 1. 「선원의 훈련·자격증명 및 당직근무의 기준에 관한 국제협약」 또는 「어선 선원의 훈련·자격증명 및 당직근무의 기준에 관한 국제협약」에 적합한 면허증 또는 증서를 가지고 있는지 여부 2. 「선원의 훈련·자격증명 및 당직근무의 기준에 관한 국제협약」 또는 「어선 선원의 훈련·자격증명 및 당직근무의 기준에 관한 국제협약」에서 정한 수준의 지식과 능력을 갖추고 있는지 여부 ② 해양수산부장관은 검사 또는 심사를 한 결과 그 선박직원이 제1항 각호의 요건을 충족하지 못한다고 인정할 때에는 그 외국선박의 선장에게 그 요건을 충족하는 선박직원을 승무시키도록 문서로 통보하여야 한다. 이 경우 해양수산부장관은 대한민국에 있는 해당 국가의 영사(해당 선박이 소속된 선적국가의 영사를 말하며, 영사가 없는 경우에는 가장 가까운 곳의 외교관 또는 해운당국)에게 그 선장으로 하여금 적합한 선박직원을 승무시키게 하는 데에 필요한 조치를 하도록 문서로 통보하여야 한다. ③ 해양수산부장관은 통보를 받은 그 외국선박의 선장이 제1항 각 호의 요건을 충족하는 선박직원을 승무시키지 아니한 경우에 항행을 계속하

	는 것이 인명 또는 재산에 위험을 초래하거나 해양환경보전에 장해가 될 염려가 있다고 인정할 때에는 그 외국선박에 대하여 항행정지를 명하거나 그 항행을 정지시킬 수 있다. ④ 해양수산부장관은 제3항에 따른 위험과 장해가 없어졌다고 인정할 때에는 지체 없이 항행을 하게 하여야 한다. ⑤ 제1항에 따른 검사 및 심사의 방법과 검사 및 심사를 하는 소속 공무원의 자격에 관하여는 「선박안전법」 제68조 및 제76조에 따른다.
증표의 제시 (제19조)	제17조에 따라 검사 또는 심사를 하는 공무원은 그 권한을 표시하는 증표를 관계인에게 보여주어야 한다.
해기사 실습생의 승선 실습 (제21조)	① 해기사 실습생의 승선 실습은 지정교육기관의 실습선에서 행하는 승선 실습과 상선 또는 어선에서 행하는 승선 실습(「현장승선실습」)으로 구분한다. ② 선박소유자는 현장승선실습을 원하는 해기사 실습생이 있는 경우 해양수산부장관이 정하여 고시하는 현장승선실습 운영지침에 따라 현장승선실습을 실시하여야 한다. ③ 중앙행정기관의 장은 현장승선실습을 실시하는 선박소유자에게 예산의 범위에서 현장승선실습에 필요한 경비의 일부를 지원할 수 있다. ④ 경비는 현장승선실습을 위탁하는 지정교육기관을 통하여 지원한다.
현장승선실습 계약 체결 등 (제21조의2)	① 현장승선실습을 실시하는 선박소유자는 현장승선실습을 실시하기 전에 현장승선실습 표준협약서를 사용하여 해기사 실습생과 현장승선실습 계약을 체결하여야 한다. ② 해기사 실습생의 보호 또는 현장승선실습의 내실화를 위하여 필요한 경우에 지정교육기관의 장은 현장승선실습 계약 체결에 참여할 수 있다. ③ 현장승선실습을 실시하는 선박소유자는 현장승선실습 계약사항을 준수하여야 한다. ④ 현장승선실습 계약에는 다음 각 호의 사항이 포함되어야 한다. 1. 선박소유자 및 해기사 실습생의 권리·의무 2. 현장승선실습수당 3. 현장승선실습 내용 및 방법 4. 현장승선실습 기간 및 시간 5. 현장승선실습결과의 평가 6. 해기사 실습생의 복리후생 등에 관한 사항 ⑤ 선박소유자가 현장승선실습 업무를 담당하도록 지정한 선박직원은 현장승선실습 운영지침에 따라 현장승선실습 교육을 실시하여야 한다.
면허증 등의 부당사용 금지 (제22조)	① 해기사 또는 승무자격인정을 받은 사람은 면허증이나 승무자격증을 다른 사람에게 대여하거나 부당하게 사용하여서는 아니 된다. ② 누구든지 해기사 또는 승무자격인정을 받은 사람의 면허증이나 승무자격증의 대여 또는 부당한 사용을 알선하여서는 아니 된다.

내용	규정
외국에서의 사무 (제24조)	① 외국에서의 선박직원에 관한 사무는 대한민국 영사가 수행한다. ② 영사가 제1항에 따른 사무를 수행하였을 때에는 대통령령으로 정하는 바에 따라 그 내용을 외교부장관을 통하여 해양수산부장관에게 통보하여야 한다.

제6절 | 벌칙

내용	규정
제27조 (벌칙)	다음 각호의 어느 하나에 해당하는 자는 1년 이하의 징역 또는 1천만원 이하의 벌금에 처한다. 1. 거짓이나 그 밖의 부정한 방법으로 제4조에 따른 면허 또는 제10조의2에 따른 승무자격인정을 받은 사람 2. 제4조에 따른 면허 또는 제10조의2에 따른 승무자격인정을 받지 아니하고 선박직원으로 승무한 사람과 그를 승무시킨 자. 다만, 승무 중에 면허 또는 승무자격인정의 유효기간이 만료된 사람은 제외한다. 3. 승무경력을 거짓으로 증명하여 준 자 4. 제9조(제10조의2제5항에 따라 준용되는 경우를 포함한다) 또는 「해양사고의 조사 및 심판에 관한 법률」에 따라 업무정지처분 중에 있는 사람을 선박직원으로 선박에 승무시킨 자 5. 제11조제1항을 위반하여 해기사(제10조의2에 따라 승무자격인정을 받은 사람을 포함한다)를 승무시킨 자 6. 제12조제3항 또는 제17조제3항에 따른 명령을 위반한 자 7. 제22조제1항을 위반하여 면허증이나 승무자격증을 다른 사람에게 대여하거나 부당하게 사용한 사람 8. 제22조제2항을 위반하여 면허증이나 승무자격증의 대여 또는 부당한 사용을 알선한 사람
제28조 (벌칙)	다음 각호의 어느 하나에 해당하는 사람은 300만원 이하의 벌금에 처한다. 1. 제9조(제10조의2제5항에 따라 준용되는 경우를 포함한다) 또는 「해양사고의 조사 및 심판에 관한 법률」에 따른 업무정지처분을 위반하여 선박직원으로 승무한 사람 2. 제14조를 위반한 사람
제29조 (벌칙)	제21조제2항을 위반하여 해기사 실습생의 현장승선실습을 거부하거나 현장승선실습 운영지침을 따르지 아니한 선박소유자는 100만원 이하의 벌금에 처한다.
제30조 (양벌규정)	법인의 대표자나 법인 또는 개인의 대리인, 사용인, 그 밖의 종업원이 그 법인 또는 개인의 업무에 관하여 제27조제4호·제5호 또는 제29조제1호

	의 위반행위를 하면 그 행위자를 벌하는 외에 그 법인 또는 개인에게도 해당 조문의 벌금형을 과한다. 다만, 법인 또는 개인이 그 위반행위를 방지하기 위하여 해당 업무에 관하여 상당한 주의와 감독을 게을리하지 아니한 경우에는 그러하지 아니하다.
제31조 (과태료)	① 다음 각호의 어느 하나에 해당하는 자에게는 500만원 이하의 과태료를 부과한다. 1. 제21조의2제1항을 위반하여 현장승선실습 계약을 체결하지 아니하거나 현장승선실습 계약을 체결할 때 현장승선실습 표준협약서를 사용하지 아니한 선박소유자 2. 제21조의2제3항을 위반하여 현장승선실습 계약사항을 준수하지 아니한 선박소유자 ② 다음 각 호의 어느 하나에 해당하는 자에게는 300만원 이하의 과태료를 부과한다. 1. 선박직원의 면허 또는 승무자격인정의 유효기간이 승무 중에 만료되었음에도 불구하고 그 선박직원을 계속 승무시킨 자 2. 제17조제1항에 따른 검사 또는 심사를 거부·방해하거나 기피한 자 ③ 다음 각호의 어느 하나에 해당하는 자에게는 100만원 이하의 과태료를 부과한다. 1. 제12조제2항에 따른 통보를 하지 아니한 자 2. 제15조를 위반하여 면허증 또는 승무자격증을 갖추어 두지 아니한 사람 ④ 제1항부터 제3항까지의 규정에 따른 과태료는 대통령령으로 정하는 바에 따라 해양수산부장관이 부과·징수한다.

제3편
해사안전

제1장 총 론

1. 해사안전의 의의

「해양안전」 또는 「해사안전」(Maritime Safety)은 「해양보안」(Maritime Security)과 함께 해양분야에서 가장 빈번히 사용되는 용어의 하나이다. 그럼에도 불구하고 두 용어에 대한 명확한 정의가 없기 때문에 혼용되고 사용자에 따라 그 의미가 달라지는 경우가 많다. 해양안전은 다음과 같은 요소로 이루어져 있다.

- 외적안전: 안전한 항로, 항구, 안전장비, 환경조건을 포함하며, 안전분야는 항로설계사, 엔지니어 등에 관련된다.
- 내적안전: 선박의 구조, 선박의 감항성, 사업장의 평가 등을 포함하며, 안전분야는 해군설계, 선급, 항만국통제 등과 연관이 있다.
- 인적요소: 해양사고의 80% 정도가 인적과실에 의한 것에서 알 수 있듯이 인적요소는 해양안전의 가장 핵심적인 요소이다. 이런 측면은 승무원, 항해기술, 선박 및 해운회사의 안전문화, 인간과 기계의 상호작용, VTS 등과 관련된다.
- 환경적 요소: 이들 요소들 간의 복잡한 상호작용에 의해서 일어나는 환경적 요소이다.

앞의 요소들에는 포함되지 않았지만 해양안전의 중요한 한 부분이 「조직요소」이다. 인적요소와 조직요소 양자를 포괄하는 것이 「운영안전」(Operational Safety)이다. 「국제안전관리규정」(International Safety Management Code, ISM Code)이 선사에 대해 해운의 안전 및 보안문제에 대한 책임을 부과하기 위해 도입된 것은 운영안전의 중요성 때문이다.

해상안전과 보안에 대한 다양한 시각과 논의를 종합하면 해양안전과 해양보안은 모두 해상에서 항해의 안전과 환경보호를 위해 행해지는 「조치」(measures) 또는 「임무」(tasks)임을 알 수 있다. 「해양안전」은 "해양에서 이루어지는 선박이나 사람의 모든 행위의 규제, 관리 및 기술발전을 통하여 자연적 또는 우발적 사고나 위해로부터 개인의 생명과 재산을 보호하고 해양환경을 보전하는 다양한 예방적이고 대응적인 노력과 활동"5)으로 정의할 수 있다. 이에 비해 「해양보안」은 "다양한 제도의 시행으로 해상에서 고의적이고 불법적인 행위로부터 선박, 개인, 국가의 안전을 보호하고 국가의 안녕을 수호하려는 광범위한 예방적이고 대응적인 활동"으로 정의할 수 있다.

해양보안은 외부의 위협으로부터 해양이익과 권익을 보호하기 위한 주로 「대응적」(responsive) 활동인 데 비하여, 해양안전은 바다에서 생명과 자산을 보호하기 위한 「예방적」(preventive) 활동이 중심이다. 해양보안의 책임이 주로 국가기관과 관련되는 데 비해, 해양안전은 주로 선사나 해사종사자의 책임 사항이다.6) 해양안전과 해양보안의 개념상의 가장 큰 차이점은 위험이나 위협이 「자연적」 또는 「우발적」인 것이냐, 「고의적」이냐 하는 것이다.7)

2. 법령상의 정의

우리나라 현행 해사안전 관련 법률에서 「해사안전」에 대한 직접적인 정의 규정은 없다. 해사안전과 관련된 법률에서 유사한 용어의 정의규정을 통해 해양안전의 의미를 파악해 볼 수 있다. 현행 법령 중에서 「해사안전법」이 가장 해양안전과 가장 유사한 용어의 정의 규정을 두고 있다. 「해사안전법」은 2011년 12월 구 「해상교통안전법」을 개정한 법률이다.

「해사안전법」은 "선박의 안전운항을 위한 안전관리체계를 확립하여 선박항행과 관련된 모든 위험과 장해를 제거함으로써 해사안전 증진과 선박의 원활한 교통에 이바지함"을 목적으로 한다. 동법 제2조 정의 규정에서 「해사안전관리」를 "선원·선박소유자 등 인적 요인, 선박·화물 등 물적 요인, 항행보조시설·안전제도 등 환경적 요인을 종합적·체계적으로 관리함으로써 선박의 운용과 관련된 모든 일에서 사고가 발생할 위험을 줄이는 활동을 말한다"고 규정하고 있다. 「해사안전법」에서 해사안전관리는 선박의 운용에 관련된 사항으로 한정하고 있고 해양안전의 여러 요소 중 외적 및 내적 요인에 대한 규정은 없다.

3. 해사안전 관련 법령

해상교통·선박·선원·항로·항만·해운·해양오염·해양개발·공유수면·수산 등에 관련된 30여 개 이상의 법률 중 해사안전에 관련되는 법률은 「해사안전법」, 「선원법」, 「선박안전법」, 「해난심판

---

5) Suk Kyoon Kim, 「Global Maritime Safety & Security Issues and East Asia」(Brill, 2020), p. 28.
6) 위의 책.
7) 위의 책.

법」, 「항로표지법」, 「항만법」, 「해운법」, 「수산업법」 등 20여 개에 이른다. 해사안전 관련 법의 하위법령으로서 안전에 관련된 각종 규칙 및 고시·훈령·예규의 수는 70여 개에 이른다.

이러한 해사안전 관련 법령들은 서로 중복되거나 상호 간의 관계를 명시하는 규정이 없기 때문에 관계 법률간에 통일적인 체계성을 갖추지 못하고 있다. 「해사안전법」 및 「선박안전법」이 해양안전에 관한 가장 대표적인 법률이긴 하지만, 그 자체가 하나의 집행법에 지나지 않기 때문에 다른 해양관계법들과 대등한 지위에 있을 뿐이다. 해양안전의 확보는 단순히 해상교통질서의 유지, 선박의 물리적 안정성 등의 일차원적 안정성만으로는 이루어지기 어렵다.

즉 해상교통관리, 선박, 선원자질, 항만시설, 해난조사·해난구조체제, 해양에 관한 정보 및 과학기술 등이 해사안전에 복합적으로 작용하고 있다. 따라서 해양안전관계법령을 총괄·정비하여 안전대책을 강구해야만 해양안전의 실질적인 효과를 달성할 수 있을 것이다.

특히 해사안전 관련 법들은 이를 집행하는 해양수산부와 해양경찰청 등 다수의 기관에 분산되어 있어서 그 집행에 있어서도 유기적인 통일성이 결여되어 있다. 상호 관련성이 부족 또는 결여된 해양안전관계법들은 해양안전정책의 실효성을 약화시키는 중요한 요인이 되고 있다.

해양, 수산, 해운, 항만 등에 관한 법률은 넓은 의미에서 모두 해사안전 법률로 분류할 수 있지만, 이번 장에서는 이들 법률 중 별도의 항목으로 다룬 해사법을 제외하고, 해사안전 비중이 특히 높은 몇 개의 법률을 「해사안전」이라는 제목하에 다루고자 한다.

제2장 수상레저안전법

제1절 │ 총 론

1. 제정 배경

1990년대 국민의 소득수준이 증가하면서 다양한 형태의 수상레저기구를 이용하여 수상레저활동을 하는 인구가 증가하였다. 이와 함께 수상레저기구 조종 미숙, 음주운행, 부주의, 안전의무 미준수 등으로 인한 사고 발생이 빈번하였으나, 안전관리를 규율할 수 있는 법·제도가 마련되지 않아 안전관리 사각지대로 남아 있었다.

이에 따라 해양경찰청은 1999년 해양 및 내수면의 레저활동을 규율하는 「수상레저안전법」을 제정하여 수상레저기구 조종자에 대한 면허제도, 수상레저 활동자의 안전준수 의무, 수상레저 사업자의 등록제도 등을 도입하였다. 「수상레저안전법」에 따라 면허제도가 시행되면서 동력레저기구를 이용하여 수상레저를 즐기고자 하는 자는 「동력레저기구 조종면허」의 취득이 의무화되고, 안전 준수 의무가 부과되어 수상레저활동의 안전과 질서를 확보할 수 있게 되었다. 2005년 전면개정을 통하여 개인 소유 수상레저기구의 등록·검사제도와 수상레저기구 산업의 건전한 발전을 도모하기 위하여 형식승인제를 도입하였다.

2. 법·제도적 개선

최근 수년 동안 연평균 2만여 명이 신규로 「동력수상레저기구 조종면허」를 취득하고 있다. 2020년 기준으로 등록된 동력레저기구 수는 31,500대 달한다.[8] 최근 신종·변종 레저기구 등장 등 새로운 수상레저 환경이 변함에 따라 이에 맞는 탄력적인 대응이 필요하다는 문제가 제기되어 왔다.

현재 수상레저 안전관리는 「수상레저안전법」 단일법에서 조종면허, 수상레저사업, 보험, 안전관리, 기구등록 및 검사 등 각기 다른 내용을 규율하고 있기 때문에 내용이 복잡하고 법률 수요자인 국민이 이해하기 어렵다는 지적이 있어 왔다. 이러한 문제점을 반영하여 2022년 6월 물적 안전기준에 해당하는 등록 및 검사에 관한 사항은 「수상레저기구의 등록 및 검사에 관한 법률」을 제정하였다(2023.6. 발효).

제2절 | 총 칙

내용	규정
목적 (제1조)	이 법은 수상레저활동의 안전과 질서를 확보하고 수상레저사업의 건전한 발전을 도모함을 목적으로 한다.
정의 (제2조)	1. "수상레저활동"이란 수상에서 수상레저기구를 이용하여 취미·오락·체육·교육 등을 목적으로 이루어지는 활동을 말한다. 2. "래프팅"이란 무동력수상레저기구를 이용하여 계곡이나 하천에서 노를 저으며 급류 또는 물의 흐름 등을 타는 수상레저활동을 말한다. 3. "수상레저기구"란 수상레저활동에 이용되는 선박이나 기구로서 대통령령으로 정하는 것을 말한다. 4. "동력수상레저기구"란 추진기관이 부착되어 있거나 추진기관을 부착하거나 분리하는 것이 수시로 가능한 수상레저기구로서 대통령령으로 정하는 것을 말한다. 5. "수상"이란 해수면과 내수면을 말한다. 6. "해수면"이란 바다의 수류나 수면을 말한다.

---

8) 해양경찰청, 「2021 해양경찰백서」, 153면.

	7. "내수면"이란 하천, 댐, 호수, 늪, 저수지, 그 밖에 인공으로 조성된 담수나 기수의 수류 또는 수면을 말한다.
적용 배제 (제3조)	① 이 법은 다음 각호의 경우에는 적용하지 아니한다. 1. 「유선 및 도선사업법」에 따른 유·도선사업 및 그 사업과 관련된 수상에서의 행위를 하는 경우 2. 「체육시설의 설치·이용에 관한 법률」에 따른 체육시설업 및 그 사업과 관련된 수상에서의 행위를 하는 경우 3. 「낚시 관리 및 육성법」에 따른 낚시어선업 및 그 사업과 관련된 수상에서의 행위를 하는 경우 ② 제1항에도 불구하고 다른 법률에서 제4조의 조종면허를 자격요건으로 규정한 경우에는 제12조 및 제13조를 적용한다.

※**시행령 제2조(정의)** ① 「수상레저안전법」 제2조제3호에서 "대통령령으로 정하는 것"이란 다음 각 호의 어느 하나에 해당하는 것을 말한다.

1. 모터보트
2. 세일링요트(돛과 기관이 설치된 것)
3. 수상오토바이
4. 고무보트
5. 스쿠터
6. 공기부양정(호버크래프트)
7. 수상스키
8. 패러세일
9. 조정
10. 카약
11. 카누
12. 워터슬레드
13. 수상자전거
14. 서프보드
15. 노보트
16. 그 밖에 제1호부터 제15호까지의 수상레저기구와 비슷한 구조·형태 및 운전방식을 가진 것으로서 해양수산부령으로 정하는 것

② 법 제2조제4호에서 "대통령령으로 정하는 것"이란 다음 각 호의 어느 하나에 해당하는 것을 말한다.

1. 제1항제1호부터 제6호까지의 어느 하나에 해당하는 것
2. 제1항제16호에 해당하는 것(제1호와 비슷한 구조·형태 및 운전방식을 가진 것에 한정한다) 중 해양수산부령으로 정하는 것

제3절 | 조종면허

내용	규정
조종면허 (제4조)	① 동력수상레저기구를 조종하는 자는 면허시험에 합격한 후 해양경찰청장의 동력수상레저기구 조종면허(「조종면허」)를 받아야 한다. ② 조종면허는 다음 각호와 같이 구분한다. 1. 일반조종면허: 제1급 조종면허, 제2급 조종면허 2. 요트조종면허 ③ 일반조종면허의 경우 제2급 조종면허를 취득한 자가 제1급 조종면허를 취득한 때에는 제2급 조종면허의 효력은 상실된다. ④ 조종면허의 기준·절차 및 방법 등에 필요한 사항은 대통령령으로 정한다.
외국인에 대한 조종면허의 특례 (제4조의2)	① 수상레저활동을 하려는 외국인이 국내에서 개최되는 국제경기대회에 참가하여 수상레저기구를 조종하는 경우에는 제4조제1항 및 제20조를 적용하지 아니한다. ② 제1항에 따라 외국인이 수상레저기구를 조종하는 경우 수상레저기구의 종류·조종기간 및 지역, 국제경기대회의 종류와 규모 등에 필요한 사항은 해양수산부령으로 정한다.
조종면허의 결격사유 등 (제5조)	① 다음 각호의 어느 하나에 해당하는 자는 조종면허를 받을 수 없다. 1. 14세 미만인 자. 다만, 제7조제1항제1호에 해당하는 자는 제외한다. 2. 정신질환자 중 수상레저활동을 할 수 없다고 인정되어 대통령령으로 정하는 자 3. 마약·향정신성의약품 또는 대마 중독자 중 수상레저활동을 할 수 없다고 인정되어 대통령령으로 정하는 자 4. 조종면허가 취소된 날부터 1년이 지나지 아니한 자 5. 제20조 각 호 외의 부분 본문을 위반하여 조종면허를 받지 아니하고 동력수상레저기구를 조종한 자로서 그 위반한 날부터 1년(사람을 사상한 후 구호 등 필요한 조치를 하지 아니하고 달아난 자는 이를 위반한 날부터 4년)이 지나지 아니한 자 ② 개인정보를 가지고 있는 기관 중 대통령령으로 정하는 기관의 장은 조종면허의 결격사유와 관련이 있는 개인정보를 해양경찰청장에게 통보하여야 한다. ③ 제2항에 따라 해양경찰청장에게 통보하여야 하는 개인정보의 내용 및 통보방법과 그 밖에 개인정보의 통보에 필요한 사항은 대통령령으로 정한다.
면허시험 (제6조)	① 조종면허를 받으려는 자는 해양경찰청장이 실시하는 시험(「면허시험」)에 합격하여야 한다.

	② 면허시험은 필기시험·실기시험으로 구분하여 실시한다. ③ 면허시험의 실기시험 시행일을 기준으로 제5조의 결격사유에 해당하는 사람은 면허시험에 응시할 수 없다. ④ 면허시험의 과목과 방법 등에 필요한 사항은 대통령령으로 정한다.
면허시험의 면제 (제7조)	① 해양경찰청장은 다음 각호의 어느 하나에 해당하는 사람에 대하여 면허시험 과목의 전부 또는 일부를 면제할 수 있다. 다만, 제6호에 해당하는 때에는 면허시험(제2급 조종면허와 요트조종면허에 한정한다) 과목의 전부를 면제한다. 1. 대통령령으로 정하는 체육 관련 단체에 동력수상레저기구의 선수로 등록된 사람 2. 다음 각목의 요건을 모두 갖춘 사람 　가. 「고등교육법」 제2조에 따른 학교에서 대통령령으로 정하는 동력수상레저기구 관련 학과를 졸업하였을 것(법령에 따라 이와 같은 수준의 학력이 있다고 인정되는 경우 포함) 　나. 해당 면허와 관련된 동력수상레저기구에 관한 과목을 이수하였을 것 3. 「선박직원법」 제4조제2항 각 호에 따른 해기사면허 중 대통령령으로 정하는 면허를 가진 사람 5. 「한국해양소년단연맹 육성에 관한 법률」에 따른 한국해양소년단연맹 또는 「국민체육진흥법」 제2조제11호에 따른 경기단체에서 동력수상레저기구의 이용 등에 관한 교육·훈련업무에 1년 이상 종사한 사람으로서 해당 단체의 장의 추천을 받은 사람 6. 해양경찰청장이 지정·고시하는 기관이나 단체(「면허시험 면제교육기관」)에서 실시하는 교육을 이수한 사람 7. 제1급 조종면허 필기시험에 합격한 후 제2급 조종면허 실기시험으로 변경하여 응시하려는 사람 ② 제1항에 따른 시험 면제의 기준 등에 필요한 사항은 대통령령으로 정한다. ③ 면허시험 면제교육기관은 제2급 조종면허와 요트조종면허 교육을 위하여 필요한 교육내용을 운영하여야 하고, 인적 기준 및 장비·시설 기준을 갖추어야 한다. ⑤ 면허시험 면제교육기관의 교육내용 운영과 인적 기준, 장비·시설 기준 등 지정 기준 및 절차는 대통령령으로 정한다. ⑥ 면허시험 면제교육기관의 종사자가 지켜야 할 준수사항 및 면허시험 면제자에 대한 동력수상레저기구 조종면허증 발급에 관한 사항은 해양수산부령으로 정한다.
면허시험 면제교육기관의 지정취소 등 (제7조의2)	① 해양경찰청장은 면허시험 면제교육기관이 다음 각호의 어느 하나에 해당하는 경우 그 지정을 취소하거나 6개월의 범위에서 기간을 정하여 업무를 정지할 수 있다. 다만, 제1호에 해당하면 그 지정을 취소하여야 한다.

	1. 거짓이나 그 밖의 부정한 방법으로 지정을 받은 경우 2. 면허시험 면제교육기관이 해양경찰청장에게 교육 이수 결과를 거짓으로 제출하여 제7조제1항제6호에 따른 교육을 이수하지 아니한 사람에게 면허시험 과목의 전부를 면제하게 한 경우 3. 제7조제3항에 따른 교육내용을 지키지 아니한 경우 4. 제7조제5항에 따른 지정 기준에 미치지 못하게 된 경우 ② 면허시험 면제교육기관의 지정취소 및 업무정지에 관한 세부 기준 및 절차는 해양수산부령으로 정한다.
부정행위자에 대한 제재 (제8조)	① 해양경찰청장은 면허시험에서 부정행위를 한 자에 대하여 그 시험을 중지하게 하거나 무효로 할 수 있다. ② 제1항에 따른 해당 시험의 중지 또는 무효의 처분을 받은 자는 그 시험 시행일부터 2년간 면허시험에 응시할 수 없다.
조종면허증의 갱신 등 (제9조)	① 조종면허를 받은 사람은 다음 각호에 따른 동력수상레저기구 조종면허증(「면허증」) 갱신 기간 이내에 해양경찰청장으로부터 면허증을 갱신하여야 한다. 다만, 면허증을 갱신하려는 사람이 군복무 등 대통령령으로 정하는 사유로 인하여 그 기간 이내에 면허증을 갱신할 수 없는 경우에는 대통령령으로 정하는 바에 따라 갱신을 미리 하거나 연기할 수 있다. 1. 최초의 면허증 갱신 기간은 면허증 발급일부터 기산하여 7년이 되는 날부터 6개월 이내 2. 제1호 외의 면허증 갱신 기간은 직전의 면허증 갱신 기간이 시작되는 날부터 기산하여 7년이 되는 날부터 6개월 이내 ② 제1항에 따라 면허증을 갱신하지 아니한 경우에는 갱신기간이 만료한 다음 날부터 조종면허의 효력은 정지된다. 다만, 조종면허의 효력이 정지된 후 면허증을 갱신한 경우에는 갱신한 날부터 조종면허의 효력이 다시 발생한다.
수상안전교육 (제10조)	① 조종면허를 받으려는 사람은 면허시험 응시원서를 접수한 후부터, 면허증을 갱신하려는 사람은 면허증 갱신 기간 이내에 각각 해양경찰청장이 실시하는 다음 각 호의 수상안전교육(「안전교육」)을 받아야 한다. 다만, 최초 면허시험 합격 전의 안전교육의 유효기간은 6개월로 하며, 대통령령으로 정하는 사람에 대해서는 안전교육을 면제할 수 있다. 1. 수상안전에 관한 법령 2. 수상레저기구의 사용과 관리에 관한 사항 3. 그 밖에 수상안전을 위하여 필요한 사항 ② 해양경찰청장은 안전교육에 관한 사무의 전부 또는 일부를 해양경찰청장이 지정하는 기관이나 단체(「안전교육 위탁기관」)에 위탁하여 실시할 수 있다. ③ 안전교육 위탁기관의 인적 기준, 장비·시설 등의 지정 기준 및 절차는 대통령령으로 정한다.

안전교육 위탁기관의 지정취소 등 (제10조의2)	① 해양경찰청장은 안전교육 위탁기관이 다음 각호의 어느 하나에 해당하는 경우 그 지정을 취소하거나 6개월의 범위에서 기간을 정하여 업무를 정지할 수 있다. 다만, 제1호에 해당하면 그 지정을 취소하여야 한다. 1. 거짓이나 그 밖의 부정한 방법으로 지정을 받은 경우 2. 거짓이나 그 밖의 부정한 방법으로 안전교육 수료에 관한 증서를 발급한 경우 3. 제10조제3항에 따른 지정 기준에 미치지 못하게 된 경우 ② 안전교육 위탁기관의 지정취소 및 업무정지에 관한 세부기준 및 절차는 해양수산부령으로 정한다.
면허증 발급 (제11조)	① 해양경찰청장은 다음 각호의 어느 하나에 해당하는 경우에는 해양수산부령으로 정하는 바에 따라 면허증을 발급하여야 한다. 1. 면허시험에 합격하여 면허증을 발급하거나 재발급하는 경우 2. 면허증을 갱신하는 경우 ② 면허증을 잃어버렸거나 면허증이 헐어 못쓰게 된 경우 해양수산부령으로 정하는 바에 따라 해양경찰청장에게 신고하고 다시 발급받을 수 있다. ③ 조종면허의 효력은 제1항에 따라 면허증을 본인이나 그 대리인에게 발급한 때부터 발생한다.
면허증 휴대 및 제시 의무 (제12조)	① 동력수상레저기구를 조종하는 자는 면허증을 지니고 있어야 한다. ② 제1항의 조종자는 조종 중에 관계 공무원이 면허증의 제시를 요구하면 면허증을 내보여야 한다.
조종면허의 취소 · 정지 (제13조)	① 해양경찰청장은 조종면허를 받은 사람이 다음 각호의 어느 하나에 해당하는 경우에는 해양수산부령으로 정하는 바에 따라 조종면허를 취소하거나 1년의 범위에서 기간을 정하여 그 조종면허의 효력을 정지할 수 있다. 다만, 제1호·제2호·제3호의2 또는 제4호에 해당하면 조종면허를 취소하여야 한다. 1. 거짓이나 그 밖의 부정한 방법으로 조종면허를 받은 경우 2. 조종면허 효력정지 기간에 조종을 한 경우 3. 조종면허를 받은 자가 동력수상레저기구를 이용하여 살인 또는 강도 등 해양수산부령으로 정하는 범죄행위를 한 경우 3의2. 제5조제1항제2호 또는 제3호에 해당하는 경우 4. 술에 취한 상태에서 조종을 하거나 술에 취한 상태라고 인정할 만한 상당한 이유가 있음에도 불구하고 관계 공무원의 측정에 따르지 아니한 경우 6. 조종 중 고의 또는 과실로 사람을 사상하거나 다른 사람의 재산에 중대한 손해를 입힌 경우 7. 면허증을 다른 사람에게 빌려주어 조종하게 한 경우 8. 제23조를 위반하여 약물의 영향으로 인하여 정상적으로 조종하지 못할 염려가 있는 상태에서 동력수상레저기구를 조종한 경우

	9. 그 밖에 이 법 또는 이 법에 따른 수상레저활동의 안전과 질서유지를 위한 명령을 위반한 경우 ② 제1항에 따라 조종면허가 취소되거나 그 효력이 정지된 사람은 조종면허가 취소되거나 그 효력이 정지된 날부터 7일 이내에 해양경찰청장에게 면허증을 반납하여야 한다.
면허시험 업무의 대행 (제14조)	① 해양경찰청장은 면허시험 실시에 관한 업무의 전부 또는 일부를 해양경찰청장이 지정하는 기관이나 단체(「시험대행기관」)로 하여금 대행하게 할 수 있다. ② 해양경찰청장은 시험대행기관이 다음 각호의 어느 하나에 해당하는 경우에는 그 지정을 취소하거나 6개월의 범위에서 그 업무를 정지할 수 있다. 다만, 제1호 또는 제1호의2에 해당하면 그 지정을 취소하여야 한다. 1. 거짓이나 그 밖의 부정한 방법으로 지정을 받은 경우 1의2. 시험대행기관의 장, 책임운영자 또는 종사자가 면허시험에 관하여 부정행위를 한 경우(지시 또는 묵인한 경우 포함) 2. 제5항에 따른 지정기준에 미치지 못하게 된 경우 3. 이 법 또는 이 법에 따른 면허시험 대행업무를 적정하게 수행하지 못할 사유가 발생한 경우 ③ 시험대행기관은 제1항에 따라 대행하는 면허시험 실시업무에 대하여 해양경찰청장에게 보고하여야 한다. ④ 해양경찰청장은 제3항에 따라 보고받은 대행업무에 대하여 처리 내용을 확인하고, 이 법 또는 이 법에 따른 명령을 위반한 사실을 발견하면 필요한 조치를 할 수 있다. ⑤ 제1항과 제2항에 따른 면허시험 실시업무의 대행과 시험대행기관의 지정기준·취소 및 정지절차 등에 필요한 사항은 대통령령으로 정한다.
교육(제16조)	① 면허시험 면제교육기관, 안전교육 위탁기관, 시험대행기관 및 안전검사 대행 기관이나 단체에서 시험·교육·검사 업무에 종사하는 자는 해양경찰청장이 실시하는 교육을 받아야 한다. ② 교육의 시기·대상 등에 필요한 사항은 해양수산부령으로 정한다.

※**시행령 제3조(조종면허 대상·기준 등)** ① 법 제4조제1항에 따라 해양경찰청장의 동력수상레저기구조종면허(「조종면허」)를 받아야 하는 동력수상레저기구는 제2조제2항에 해당하는 동력수상레저기구 중 추진기관의 최대 출력이 5마력 이상인 것을 말한다.

② 조종면허의 발급대상은 다음 각호와 같이 구분한다.

1. 일반조종면허
   가. 제1급 조종면허: 법 제39조제1항에 따라 등록된 수상레저사업의 종사자 및 제11조제1항제1호에 따른 시험대행기관의 시험관
   나. 제2급 조종면허: 제1항에 따라 조종면허를 받아야 하는 동력수상레저기구(세일링요트는 제외한다)를 조종하려는 사람
2. 요트조종면허: 세일링요트를 조종하려는 사람

※**시행규칙 제1조의4(외국인에 대한 조종면허의 특례)** 「수상레저안전법」(이하 "법"이라 한다) 제4조의2제2항에 따라 외국인이 국제경기대회에서 수상레저기구를 조종하는 경우에는 다음 각호의 기준에 따른다.

   1. 수상레저기구의 종류: 영 제2조제2항에 따른 수상레저기구
   2. 조종기간: 국제경기대회 개최일 10일 전부터 국제경기대회 종료 후 10일까지
   3. 조종지역: 국내 수역
   4. 국제경기대회 종류 및 규모: 2개국 이상이 참여하는 국제경기대회

※**시행령 제4조(면허시험의 실시)** ① 해양경찰청장은 법 제6조에 따른 조종면허를 위한 시험(「면허시험」)을 실시할 때에는 해양수산부령으로 정하는 바에 따라 공고하여야 한다.
② 면허시험에 응시하려는 사람은 해양수산부령으로 정하는 바에 따라 해양경찰청장에게 응시원서를 제출하여야 한다.

※**시행령 제5조(필기시험)** ① 면허시험의 필기시험(이하 "필기시험"이라 한다)은 선택형으로 실시하되, 시험과목은 별표 1의2와 같다.

[별표1] 필기시험의 시험과목(제5조제1항 관련)

1. 일반조종면허

시험과목	과목 내용	비고
가. 수상레저안전	1) 수상환경(조석 · 해류) 2) 기상학(일기도, 각종 주의보 · 경보) 3) 구급법(생존술 · 응급처지 · 심폐소생술) 4) 각종 사고시 대처방법 5) 안전 장비 및 인명구조	20%
나. 운항 및 운용	1) 운항 계기 2) 수상레저기구 조종술 3) 신호	20%
다. 기관	1) 내연기관 및 추진장치 2) 일상 정비 3) 연료유 · 윤활유	10%
라. 법규	1) 수상레저안전법 2) 선박의 입항 및 출항 등에 관한 법률 3) 해사안전법 4) 해양환경관리법	50%

2. 요트조종면허

시험과목	과목 내용	비고
가. 요트활동 개요	1) 해양학 기초(조류 · 해류 · 파랑) 2) 해양기상학 기초(해양기상의 특성, 기상통보, 일기도 읽기)	10%

나. 요트	1) 선체와 의장 2) 돛(범장) 3) 기관 4) 전기시설 및 설비 5) 항해장비 6) 안전장비 및 인명구조 7) 생존술	20%
다. 항해 및 범주	1) 항해계획과 항해(항해정보, 각종 항법) 2) 범주 3) 피항 4) 식량과 조리·위생	20%
라. 법규	1) 수상레저안전법 2) 선박의 입항 및 출항등에 관한 법률 3) 해사안전법 4) 해양환경관리법 5) 전파법	50%

② 일반조종면허의 필기시험은 100점을 만점으로 하되, 제1급 조종면허의 경우에는 70점 이상을 받은 사람을 합격자로 하고, 제2급 조종면허의 경우에는 60점 이상을 받은 사람을 합격자로 한다.

③ 요트조종면허의 필기시험은 100점을 만점으로 하되, 70점 이상을 받은 자를 합격자로 한다.

④ 필기시험에 합격한 사람은 그 합격일부터 1년 이내에 실시하는 면허시험에서만 그 필기시험이 면제된다.

※시행령 제6조(실기시험) ① 면허시험의 실기시험(이하 "실기시험"이라 한다)은 필기시험에 합격한 사람 또는 필기시험을 면제받은 사람에 대하여 실시한다.

② 일반조종면허의 실기시험은 100점을 만점으로 하되, 제1급 조종면허의 경우에는 80점 이상을 받은 사람을 합격자로 하고, 제2급 조종면허의 경우에는 60점 이상을 받은 사람을 합격자로 한다.

③ 요트조종면허의 실기시험은 100점을 만점으로 하되, 60점 이상을 받은 사람을 합격자로 한다.

④ 해양경찰청장은 실기시험을 실시할 때에는 응시자로 하여금 별표 2에 따른 규격에 적합한 시험용 수상레저기구를 사용하게 하여야 한다. 다만, 응시자가 따로 준비한 수상레저기구가 별표 2에 따른 규격에 적합한 때에는 해당 수상레저기구를 실기시험에 사용하게 할 수 있다.

⑤ 해양경찰청장은 실기시험을 실시할 때 수상레저기구 1대당 시험관 2명을 탑승시켜야 한다.

⑥ 실기시험의 채점기준과 운전코스는 해양수산부령으로 정한다.

제4절 | 안전준수의무

내용	규정
안전장비의 착용 (제17조)	수상레저활동을 하는 자는 구명조끼 등 인명안전에 필요한 장비를 해양수산부령으로 정하는 바에 따라 착용하여야 한다
운항규칙 (제18조)	수상레저활동을 하는 자가 수상레저기구를 조종하여 운항할 때에는 대통령령으로 정하는 바에 따라 운항속도·운항방법 등에 관한 운항규칙을 지켜야 한다.
원거리 수상레저활동의 신고 등 (제19조)	① 출발항으로부터 10해리 이상 떨어진 곳에서 수상레저활동을 하려는 자는 해양수산부령으로 정하는 바에 따라 해양경찰관서나 경찰관서에 신고하여야 한다. 다만, 「선박의 입항 및 출항 등에 관한 법률」 제4조에 따른 출입 신고를 하거나 「선박안전 조업규칙」 제15조에 따른 출항·입항 신고를 한 선박인 경우에는 그러하지 아니하다. ② 제1항에도 불구하고 제30조제3항에 따른 등록 대상 동력수상레저기구가 아닌 수상레저기구로 수상레저활동을 하려는 자는 출발항으로부터 10해리 이상 떨어진 곳에서 수상레저활동을 하여서는 아니 된다. 다만, 안전관리 선박의 동행, 선단의 구성 등 해양수산부령으로 정하는 경우에는 그러하지 아니하다. ③ 수상레저활동을 하는 자는 수상레저기구에 동승한 자가 사고로 사망·실종 또는 중상을 입은 경우에는 해양수산부령으로 정하는 바에 따라 지체 없이 해양경찰관서나 경찰관서 또는 소방관서 등 관계 행정기관의 장에게 신고하여야 한다. ④ 제1항에 따른 신고를 받은 관계 행정기관의 장은 인명구조 활동, 사고 수습 등을 위하여 필요한 조치를 하여야 한다.
무면허조종의 금지 (제20조)	누구든지 조종면허를 받아야 조종할 수 있는 동력수상레저기구를 조종면허를 받지 아니하고(조종면허의 효력이 정지된 경우 포함) 조종하여서는 아니 된다. 다만, 다음 각 호의 어느 하나에 해당하는 경우에는 그러하지 아니하다. 1. 1급 조종면허가 있는 자의 감독하에 수상레저활동을 하는 경우로서 해양수산부령으로 정하는 경우 2. 조종면허를 가진 자와 동승하여 조종하는 경우로서 해양수산부령으로 정하는 경우
야간 수상레저활동의 금지 (제21조)	① 누구든지 해진 후 30분부터 해뜨기 전 30분까지는 수상레저활동을 하여서는 아니 된다. 다만, 해양수산부령으로 정하는 바에 따라 야간 운항장비를 갖춘 수상레저기구를 이용하는 경우에는 그러하지 아니하다. ② 해양경찰서장이나 시장·군수·구청장은 필요하다고 인정하면 일정한 구역에 대하여 해양수산부령으로 정하는 바에 따라 시간을 조정할 수 있다.

주취 중 조종 금지 (제22조)	① 누구든지 술에 취한 상태(「해사안전법」 제41조제5항에 따른 술에 취한 상태)에서 동력수상레저기구를 조종하여서는 아니 된다. ② 다음 각호에 해당하는 사람(「관계공무원」)은 동력수상레저기구를 조종한 사람이 제1항을 위반하였다고 인정할 만한 상당한 이유가 있는 경우에는 술에 취하였는지를 측정할 수 있다. 이 경우 동력수상레저기구를 조종한 사람은 그 측정에 따라야 한다. 1. 경찰공무원 2. 시·군·구 소속 공무원 중 수상레저안전업무에 종사하는 사람 ③ 관계공무원(근무복을 착용한 경찰공무원은 제외)이 술에 취하였는지 여부를 측정하는 때에는 그 권한을 표시하는 증표를 지니고 이를 해당 동력수상레저기구를 조종한 사람에게 제시하여야 한다. ④ 술에 취하였는지 여부를 측정한 결과에 불복하는 사람에 대해서는 본인의 동의를 받아 혈액채취 등의 방법으로 다시 측정할 수 있다.
약물복용 등의 상태에서 조종 금지 (제23조)	누구든지 「마약류 관리에 관한 법률」 제2조에 따른 마약·향정신성의약품·대마의 영향, 「화학물질관리법」 제22조에 따른 환각물질의 영향, 그 밖의 사유로 인하여 정상적으로 조종하지 못할 우려가 있는 상태에서 동력수상레저기구를 조종하여서는 아니 된다.
정원 초과 금지 (제24조)	누구든지 대통령령으로 정하는 바에 따라 그 수상레저기구의 정원을 초과하여 사람을 태우고 운항하여서는 아니 된다.

※**시행규칙 제14조(인명안전장비의 착용)** ① 수상레저활동을 하는 사람은 법 제17조에 따라 해양경찰서장 또는 시장·군수·구청장(구청장은 자치구의 구청장을 말하고, 특별자치시의 경우에는 특별자치시장을, 특별자치도의 경우에는 특별자치도지사를 말하며, 서울특별시 한강의 경우에는 서울특별시의 한강 관리에 관한 업무를 관장하는 기관의 장을 말한다. 이하 이 장 및 제5장에서 같다)이 인명안전장비에 관하여 특별한 지시를 하지 않는 경우에는 구명조끼[서프보드 또는 패들보드를 이용한 수상레저활동의 경우에는 보드 리쉬(board leash: 서프보드 또는 패들보드와 발목을 연결하여 주는 장비를 말한다)를 말한다]를 착용해야 하며, 워터슬레드를 이용한 수상레저활동 또는 래프팅을 할 때에는 구명조끼와 함께 안전모를 착용해야 한다.
② 해양경찰서장 또는 시장·군수·구청장은 수상레저활동의 형태, 수상레저기구의 종류 및 날씨 등을 고려하여 수상레저활동자가 착용하여야 할 구명조끼·구명복 또는 안전모 등 인명안전장비의 종류를 정하여 특별한 지시를 할 수 있다.
③ 해양경찰서장 또는 시장·군수·구청장은 제2항에 따라 수상레저활동자가 착용하여야 하는 인명안전장비의 종류를 특별히 지시할 때에는 수상레저활동자가 보기 쉬운 장소에 그 사실을 게시하여야 한다.

※**시행령 제15조(운항규칙)** 법 제18조에 따라 수상레저활동자가 지켜야 하는 운항규칙은 별표 7과 같다.

※**시행규칙 제15조(원거리 수상레저활동의 신고)** ① 법 제19조제1항 본문에 따라 원거리 수상레저활동을 신고하려는 자는 별지 제21호서식의 원거리 수상레저활동 신고서를 해양경찰관서 또는 경찰관서에 제출(인터넷 또는 팩스를 이용한 제출을 포함한다)하여야 한다.
② 법 제19조제2항 단서에서 "안전관리 선박의 동행, 선단의 구성 등 해양수산부령으로 정하는 경우"란 다음 각호의 어느 하나에 해당하는 경우를 말한다.

1. 「선박안전법 시행규칙」 제15조제1항에 따른 연해구역, 근해구역 또는 원양구역을 항해구역으로 하는 동력수상레저기구와 500미터 이내의 거리에서 동행하여 수상레저활동을 하는 경우
2. 위치를 확인할 수 있는 통신기기를 구비한 수상레저기구 2대 이상으로 선단을 구성하여 선단 내의 수상레저기구 간에 500미터(무동력수상레저기구 간에는 200미터를 말한다) 이내의 거리를 유지하며 수상레저활동을 하는 경우

※시행규칙 제17조(무면허조종이 허용되는 경우) ① 법 제20조제1호에서 "해양수산부령으로 정하는 경우"란 다음 각 호의 요건을 모두 충족하는 경우를 말한다.
1. 동시 감독하는 수상레저기구가 3대 이하인 경우
2. 해당 수상레저기구가 다른 수상레저기구를 견인하고 있지 아니하는 경우
3. 다음 각 목의 어느 하나에 해당하는 경우
   가. 법 제39조제1항에 따른 수상레저사업을 등록한 자(이하 "수상레저사업자"라 한다)의 사업장 안에서 탑승 정원이 4명 이하인 수상레저기구를 조종하는 경우(수상레저사업자 또는 그 종사자가 이용객을 탑승시켜 조종하는 경우는 제외한다)
   나. 면허시험과 관련하여 수상레저기구를 조종하는 경우
   다. 「초·중등교육법」 제2조 및 「고등교육법」 제2조에 따른 학교에서 실시하는 교육·훈련과 관련하여 수상레저기구를 조종하는 경우
   라. 수상레저활동 관련단체 중 해양경찰청장이 정하여 고시하는 단체가 실시하는 비영리목적의 교육·훈련과 관련하여 수상레저기구를 조종하는 경우
② 법 제20조제2호에서 "해양수산부령으로 정하는 경우"란 제1급조종면허 소지자 또는 요트조종면허 소지자와 함께 탑승하여 조종하는 경우를 말한다. 다만, 해당 면허의 소지자가 법 제22조 및 제23조에 위반하여 술에 취한 상태 또는 약물복용 상태에서 탑승하는 경우는 제외한다.

※ 시행령 제18조(정원 초과 금지) ① 법 제24조에 따른 수상레저기구의 정원은 법 제37조에 따른 안전검사에 따라 결정되는 정원으로 한다.
② 법 제30조에 따른 등록의 대상이 되지 아니하는 수상레저기구의 정원은 해당 수상레저기구의 좌석 수 또는 형태 등을 고려하여 해양경찰청장이 정하여 고시하는 정원산출 기준에 따라 산출한다.
③ 제1항 및 제2항에 따라 정원을 산출할 때에는 수난구호나 그 밖의 부득이한 사유로 승선한 인원은 정원으로 보지 아니한다.

제5절 | 안전관리

내용	규정
수상레저활동 금지구역의 지정 등 (제25조)	① 해양경찰서장 또는 시장·군수·구청장은 수상레저활동의 안전을 위하여 필요하다고 인정하면 수상레저활동 금지구역(수상레저기구별 수상레저활동 금지구역 포함)을 지정할 수 있다. ② 누구든지 제1항에 따라 지정된 금지구역에서 수상레저활동을 하여서는 아니 된다.

시정명령 (제26조)	해양경찰서장 또는 시장·군수·구청장은 수상레저활동의 안전을 위하여 필요하다고 인정하면 수상레저활동을 하는 사람 또는 수상레저활동을 하려는 사람에게 다음 각호의 사항을 명할 수 있다. 다만, 수상레저활동을 하려는 사람에 대한 시정명령은 사고의 발생이 명백히 예견되는 경우로 한정한다. 1. 수상레저기구의 탑승(수상레저기구에 의하여 밀리거나 끌리는 경우 포함) 인원의 제한 또는 조종자의 교체 2. 수상레저활동의 일시정지 3. 수상레저기구의 개선 및 교체
일시정지·확인 등 (제27조)	① 관계 공무원은 수상레저기구를 타고 있는 자가 이 법 또는 이 법에 따른 명령을 위반하였다고 인정하는 경우에는 수상레저기구를 멈추게 하고 이를 확인하거나 그 수상레저활동을 하는 자에게 면허증이나 신분증의 제시를 요구할 수 있다. ② 관계 공무원은 수상레저기구를 멈추게 하고 면허증 등의 제시를 요구하는 경우에는 그 권한을 표시하는 증표를 지니고 이를 관계인에게 내보여야 한다.
관계 행정기관의 협조 (제28조)	① 해양경찰청장, 해양경찰서장 또는 시장·군수·구청장은 수상레저활동의 안전을 위하여 필요하다고 인정하면 관계 행정기관의 장에게 협조를 요청할 수 있다. 이 경우 협조 요청을 받은 관계 행정기관의 장은 특별한 사유가 없으면 그 요청에 따라야 한다. ② 시장·군수·구청장은 관할 내수면에서의 수상레저활동의 효율적인 안전관리를 위하여 필요하다고 인정하면 해양경찰청장이나 해양경찰서장에게 관계 경찰공무원을 파견하거나 일정 구역의 수상레저활동에 관한 안전관리업무를 담당하여 줄 것을 요청할 수 있다. 이 경우 요청을 받은 해양경찰청장이나 해양경찰서장은 특별한 사유가 없으면 그 요청에 따라야 한다.
한국수상레저안전협회의 설립 등 (제28조의2)	① 수상레저활동 안전관리에 대한 연구·개발, 홍보 및 교육훈련 등 해양경찰청장 등의 행정기관이 위탁하는 업무의 수행과 수상레저산업의 건전한 발전 및 수상레저 관련 종사자의 안전관리 업무능력 향상을 위하여 한국수상레저안전협회(「협회」)를 설립할 수 있다. ② 협회는 법인으로 한다. ③ 협회는 다음 각 호에 해당하는 사업을 수행한다. 1. 수상레저안전 및 수상레저산업의 진흥을 위한 연구사업 2. 조종면허시험관리시스템 및 수상레저기구등록시스템 개발을 위한 연구사업 3. 조종면허시험, 수상레저기구 등록·안전검사·안전점검의 대행 4. 수상레저사업자 및 레저기구사용자 등에 대한 인명구조교육, 수상안전교육 및 관련 장비·교재의 개발

| | 5. 이 법 또는 그 밖의 법령에 따라 국가 또는 지방자치단체가 위탁하는 업무
6. 그 밖에 해양경찰청장이 필요하다고 인정하는 사업
④ 해양경찰청장이 필요하다고 인정하는 경우에는 협회가 제3항의 사업을 원활하게 수행할 수 있도록 예산의 범위에서 협회에 재정지원을 할 수 있다.
⑤ 협회의 정관·업무·회원자격 및 감독 등에 필요한 사항은 대통령령으로 정한다.
⑥ 협회에 관하여 이 법에 규정된 것을 제외하고는 「민법」의 사단법인에 관한 규정을 준용한다. |

제6절 | 동력수상레저기구 등록

내용	규정
등록 (제30조)	① 동력수상레저기구(「선박법」 제8조에 따라 등록된 선박은 제외)의 소유자는 주소지를 관할하는 시장·군수·구청장에게 동력수상레저기구를 소유한 날부터 1개월 이내에 등록신청을 하여야 한다. ② 시장·군수·구청장은 다음 각호의 어느 하나에 해당하는 경우 등록신청을 거부할 수 있다. 1. 등록신청 사항에 거짓이 있는 경우 2. 동력수상레저기구의 구조와 장치가 신규검사기준에 맞지 아니한 경우 ③ 등록의 대상이 되는 동력수상레저기구는 수상레저활동에 이용하거나 이용하려는 것으로서 다음 각호의 어느 하나에 해당하는 것을 말한다. 1. 수상오토바이 2. 선내기 또는 선외기인 모터보트로서 대통령령으로 정하는 모터보트 3. 공기를 넣으면 부풀고 접어서 운반할 수 있는 고무보트를 제외한 대통령령으로 정하는 고무보트 4. 총톤수 20톤 미만으로 대통령령으로 정하는 요트 ④ 제1항에 따른 등록의 요건 및 신청절차 등 등록에 필요한 사항은 대통령령으로 정한다.
변경등록 (제32조)	동력수상레저기구의 등록 사항 중 변경 사항이 있는 경우(제33조의 말소등록은 제외한다) 그 소유자나 점유자는 대통령령으로 정하는 바에 따라 시장·군수·구청장에게 변경등록을 신청하여야 한다.
말소등록 (제33조)	① 소유자는 등록된 동력수상레저기구가 다음 각호의 어느 하나에 해당하는 경우에는 해양수산부령으로 정하는 바에 따라 등록증 및 등록번호판을 반납하고 시장·군수·구청장에게 말소등록을 신청하여야 한다. 다

176 PART Ⅱ 해사법규

내용	규정
	만, 등록증 및 등록번호판을 분실 등의 사유로 반납할 수 없는 경우에는 그 사유서를 제출하고 등록증 및 등록번호판을 반납하지 아니할 수 있다. 1. 동력수상레저기구가 멸실되거나 수상사고 등으로 본래의 기능을 상실한 경우 2. 동력수상레저기구의 존재 여부가 3개월간 분명하지 아니한 경우 3. 구조·장치의 변경으로 인하여 등록대상 동력수상레저기구에서 제외된 경우 4. 동력수상레저기구를 수출하는 경우 5. 수상레저활동 외의 목적으로 사용하게 된 경우 ② 소유자가 말소등록 신청을 하지 아니하는 경우에는 관할 시장·군수·구청장은 1개월 이내의 기간을 정하여 소유자에게 해당 동력수상레저기구의 말소등록을 신청할 것을 최고하고, 그 기간 이내에 말소등록 신청을 하지 아니하면 직권으로 그 동력수상레저기구의 등록을 말소할 수 있다.
보험등의 가입 (제34조)	등록대상 동력수상레저기구의 소유자는 동력수상레저기구의 운항으로 다른 사람이 사망하거나 부상한 경우에 피해자(피해자가 사망한 경우에는 손해배상을 받을 권리를 가진 자를 말한다)에 대한 보상을 위하여 소유일부터 1개월 이내에 대통령령으로 정하는 바에 따라 보험이나 공제에 가입하여야 한다.
등록번호판의 부착 (제35조)	소유자는 해양수산부령으로 정하는 바에 따라 동력수상레저기구의 잘 보이는 곳에 등록번호판을 부착하여야 한다.
동력수상레저기구의 구조·장치의 변경 (제36조)	① 해양수산부령으로 정하는 부양성에 영향을 미치는 구조·장치를 변경하려는 경우에는 해당 소유자가 임시검사에 합격한 후 시장·군수·구청장에게 변경등록을 신청하여야 한다. ② 임시검사를 받는 시기가 정기검사 시기와 중복되는 경우에는 해양수산부령으로 정하는 바에 따라 정기검사로 대체할 수 있다.

제7절 | 동력레저기구 검사

내용	규정
안전검사 (제37조)	① 등록대상 동력수상레저기구를 수상레저활동에 이용하려는 자는 해양수산부령으로 정하는 안전검사의 절차, 검사방법 및 준비사항 등에 따라 해양경찰청장이 실시하는 다음 각호의 검사를 받아야 한다. 1. 신규검사: 등록을 하려는 경우에 하는 검사 2. 정기검사: 등록 후 5년마다 정기적으로 하는 검사 3. 임시검사: 동력수상레저기구의 구조, 장치, 정원 또는 항해구역을 변경하려는 경우에 하는 검사. 이 경우 정원의 변경은 해양경찰청장이

	정하여 고시하는 최대승선정원의 범위 내로 한정한다. ② 수상레저사업을 하는 자(「수상레저사업자」)는 등록 대상 동력수상레저기구에 대하여 영업구역이 해수면인 경우 해양경찰청장으로부터, 영업구역이 내수면인 경우 그 지역을 관할하는 시·도지사로부터 각각 안전검사(「안전검사」)를 받아야 한다. ③ 검사대상 동력수상레저기구 중 수상레저사업에 이용되는 동력수상레저기구는 1년마다, 그 밖의 동력수상레저기구는 5년마다 정기검사를 받아야 한다. ④ 소유자는 검사를 받지 아니하거나 검사에 합격하지 못한 동력수상레저기구를 수상레저활동에 사용하여서는 아니 된다. 다만, 해양수산부령으로 정하는 경우에는 그러하지 아니하다. ⑤ 동력수상레저기구의 안전검사증을 발급 또는 재발급받으려는 자는 해양경찰청장, 시·도지사 또는 검사대행자(「해양경찰청장등」)에게 신청하여야 한다.
안전검사 업무의 대행 등 (제38조)	① 해양경찰청장 또는 시·도지사는 동력수상레저기구의 안전검사에 관한 업무의 전부 또는 일부를 해양경찰청장 또는 시·도지사가 지정하는 기관이나 단체(「검사대행자」)로 하여금 대행하게 할 수 있다. ② 해양경찰청장 또는 시·도지사는 검사대행자가 다음 각호의 어느 하나에 해당하는 경우에는 그 지정을 취소하거나 6개월의 범위에서 기간을 정하여 업무의 전부 또는 일부의 정지를 명할 수 있다. 다만, 제1호에 해당하면 그 지정을 취소하여야 한다. 1. 거짓이나 그 밖의 부정한 방법으로 지정을 받은 경우 1의2. 고의 또는 중대한 과실로 사실과 다르게 안전검사를 한 경우 2. 제5항에 따른 기준에 맞지 아니하게 된 경우 3. 이 법 또는 이 법에 따른 명령이나 지정조건을 위반한 경우 4. 업무와 관련하여 부정한 금품을 수수하거나 그 밖의 부정한 행위를 한 경우 ③ 검사대행자는 대행하는 업무에 대하여 해양경찰청장 또는 시·도지사에게 보고하여야 한다. ④ 해양경찰청장 또는 시·도지사는 검사대행자가 보고한 사항에 대하여 그 내용을 확인하고, 이 법 또는 이 법에 따른 명령을 위반한 사실이 발견되면 필요한 조치를 할 수 있다. ⑤ 제1항에 따라 검사대행자가 갖추어야 할 동력수상레저기구 검사원의 수, 검사시설·장비 등의 기준, 지정절차 및 검사대행자에 대한 감독 등에 필요한 사항은 대통령령으로 정한다.
임시운항의 허가 (제38조의2)	① 신규검사를 받기 전에 국내에서 동력수상레저기구로 시험운전(조선소 등에서 건조·개조·수리 중 등록대상 동력수상레저기구를 운전하는 것을 말한다)을 하고자 하는 자는 대통령령으로 정하는 바에 따라 해양경찰서장 또는 시장·군수·구청장(「임시운항허가 관서의 장」)의 허가(「임시운

항허가」)를 받아야 한다.
② 임시운항허가 관서의 장은 임시운항허가의 신청을 받은 경우에는 임시운항을 허가할 수 있다. 이 경우 임시운항허가증을 발급하여야 한다.
③ 임시운항허가를 받은 자는 허가 목적 및 기간 내에서 운항하여야 한다.
④ 임시운항허가를 받은 자는 기간이 만료된 경우에는 대통령령으로 정하는 바에 따라 임시운항허가증을 반납하여야 한다.

※시행령 제26조(안전검사 대행기관의 지정 조건 및 절차 등) ① 법 제38조제1항에 따른 검사대행자(이하 "검사대행자"라 한다)로 지정받으려는 자는 다음 각 호의 어느 하나에 해당하는 자격이 있는 안전검사원 3명 이상을 갖추어야 한다.
  1. 「고등교육법」 제2조에 따른 전문대학 이상의 학교에서 기관·기계 또는 조선·항해 관련 학과를 졸업하거나 법령에 따라 이와 같은 수준의 학력을 갖춘 후 선박검사 관련 업무에 3년 이상 종사한 경력이 있는 사람
  2. 법 제37조에 따른 동력수상레저기구 안전검사업무나 법(법률 제13754호로 개정되기 전의 것을 말한다) 제46조제1항에 따른 우수사업장의 인증 및 같은 법 제47조에 따른 형식승인 업무에 3년 이상 종사한 경력이 있는 사람
  3. 「선박안전법」 제76조 및 제77조제1항에 따른 선박검사관 또는 선박검사원의 자격요건에 해당하는 자격이 있는 사람
  4. 동력수상레저기구 일반조종면허 1급 소지자로서 법(2016년 7월 8일 법률 제13754호로 개정되기 전의 것을 말한다) 제46조제1항에 따라 우수정비사업장으로 인증받은 사업장에서 3년 이상 정비업무에 종사한 경력이 있는 사람
  5. 동력수상레저기구 조종면허(1급 조종면허 또는 요트조종면허로 한정한다) 및 「선박직원법」 제4조에 따른 3급 기관사 이상의 면허를 취득한 후 선박의 기관운용 및 정비 관련 업무에 10년 이상 종사한 경력이 있는 사람
② 검사대행자로 지정받으려는 자는 해양수산부령으로 정하는 바에 따라 해양경찰청장 또는 시·도지사에게 그 지정을 신청하여야 한다.
③ 제1항과 제2항에서 규정한 사항 외에 검사대행자의 보고사항 및 절차, 검사대행자가 갖추어야 하는 시설·장비기준 및 검사대행자에 대한 관리·감독에 관한 세부사항은 해양수산부령으로 정한다.

※시행령 제27조(검사대행자의 지정취소 등) ① 검사대행자에 대한 개선·보완 명령에 관하여는 제10조를 준용한다. 이 경우 "법 제10조의2제1항제3호에 해당하는 사유"는 "법 제38조제2항제2호에 해당하는 사유"로, "안전교육 위탁기관"은 "검사대행자"로, "제9조제1항에 따른 지정기준"은 "제26조에 따른 지정 조건"으로 본다.
② 법 제38조제2항에 따른 검사대행자의 지정취소 및 업무정지처분은 해양수산부령으로 정하는 검사대행자지정취소·업무정지통지서로 한다.
③ 제1항 및 제2항에서 규정한 사항 외에 검사대행자의 지정취소 또는 업무정지에 관한 세부 기준 및 절차 등에 관하여 필요한 사항은 해양수산부령으로 정한다.

제8절 │ 수상레저사업

내용	규정
수상레저사업의 등록 등 (제39조)	① 수상레저기구를 빌려주는 사업 또는 수상레저활동을 하는 자를 수상레저기구에 태우는 사업(「수상레저사업」)을 경영하려는 자는 하천이나 그 밖의 공유수면의 점용 또는 사용의 허가 등에 관한 사항을 다음 각호의 구분에 따른 자에게 등록을 하여야 한다. 이 경우 수상레저기구를 빌려 주는 사업을 경영하려는 수상레저사업자에게는 해양수산부령으로 정하는 바에 따라 등록기준을 완화할 수 있다. 1. 영업구역이 해수면인 경우: 해당 지역을 관할하는 해양경찰서장 2. 영업구역이 내수면인 경우: 해당 지역을 관할하는 시장·군수·구청장 3. 영업구역이 둘 이상의 해양경찰서장 또는 시장·군수·구청장의 관할 지역에 걸쳐 있는 경우: 수상레저사업에 사용되는 수상레저기구를 주로 매어두는 장소를 관할하는 해양경찰서장 또는 시장·군수·구청장 ② 수상레저사업자는 등록 사항에 변경이 있으면 해양수산부령으로 정하는 바에 따라 변경등록을 하여야 한다. ③ 등록 또는 변경등록 신청을 받은 해양경찰서장 또는 시장·군수·구청장은 그 등록 전에 해당 영업구역을 관할하는 다른 해양경찰서장 또는 시장·군수·구청장과 협의하여야 한다. ④ 등록기준·절차 및 영업구역 조정 등 수상레저사업의 안전관리에 필요한 사항은 해양수산부령으로 정한다.
사업등록의 유효기간 등 (제39조의3)	① 수상레저사업의 등록 유효기간은 10년으로 하되, 10년 미만으로 영업하려는 경우에는 해당 영업기간을 등록 유효기간으로 한다. ② 등록 유효기간이 지난 후 계속하여 수상레저사업을 하려는 자는 해양수산부령으로 정하는 바에 따라 등록을 갱신하여야 한다.
수상레저사업 등록의 결격사유 (제40조)	다음 각호의 어느 하나에 해당하는 자는 수상레저사업 등록을 할 수 없다. 1. 미성년자, 피성년후견인, 피한정후견인 2. 이 법을 위반하여 징역 이상의 실형을 선고받고 그 집행이 끝나거나 집행이 면제된 날부터 2년이 지나지 아니한 자 3. 이 법을 위반하여 징역 이상의 형의 집행유예를 선고받고 그 유예기간 중에 있는 자 4. 등록이 취소(이 조 제1호에 해당하여 등록이 취소된 경우는 제외한다)된 날부터 2년이 지나지 아니한 자
휴업 등의 신고 (제42조)	① 수상레저사업자가 등록된 사업기간 중에 휴업하거나 폐업하려는 경우에는 해양수산부령으로 정하는 바에 따라 해양경찰서장 또는 시장·군수·구청장에게 신고하여야 한다. ② 수상레저사업자가 휴업한 수상레저사업을 다시 개업하려는 경우에는

	해양수산부령으로 정하는 바에 따라 해양경찰서장 또는 시장·군수·구청장에게 신고하여야 한다. 이 경우 해양경찰서장 또는 시장·군수·구청장은 그 내용을 검토하여 이 법에 적합하면 신고를 수리하여야 한다. ③ 휴업이나 폐업 또는 재개업의 신고를 받은 해양경찰서장 또는 시장·군수·구청장은 수상레저사업장 소재지의 관할 세무서에 휴업이나 폐업 또는 재개업 사실을 통보하여야 한다.
이용요금 (제43조)	수상레저사업자는 탑승료·대여료 등 이용요금을 정한 경우에는 해양수산부령으로 정하는 바에 따라 해양경찰서장 또는 시장·군수·구청장에게 신고한 후 사업장 안의 잘 보이는 장소에 게시하여야 한다. 신고한 사항을 변경하려는 경우에도 또한 같다.
보험등의 가입 (제44조)	수상레저사업자는 대통령령으로 정하는 바에 따라 그 종사자와 이용자의 피해를 보전하기 위하여 보험등에 가입하여야 한다.
보험등의 가입 여부 정보 제공 (제44조의2)	수상레저사업자는 보험등의 가입 여부에 관한 정보를 대통령령으로 정하는 바에 따라 이용자에게 알려야 한다.
보험등의 가입정보 요청 (제44조의3)	① 해양경찰청장, 해양경찰서장 또는 시장·군수·구청장은 보험등의 가입과 관련한 조사·관리를 위하여 보험회사 및 공제사업자(「보험회사등」) 또는 「보험업법」 제11장제1절의 보험협회 등(「보험협회등」)에 보험등의 가입과 관련한 조사·관리에 필요한 자료 또는 정보의 제공을 요청할 수 있다. ② 보험회사등은 자료 또는 정보의 제공을 요청받은 경우 보험협회등을 통해 해당 자료 또는 정보를 제공할 수 있다. ③ 자료 및 정보의 제공을 요청받은 자는 정당한 사유가 없으면 요청에 따라야 한다.
안전점검 (제45조)	① 해양경찰서장 또는 시장·군수·구청장은 수상레저활동의 안전을 위하여 관계 공무원으로 하여금 수상레저기구와 선착장 등 수상레저시설에 대하여 안전점검을 실시하도록 하여야 한다. ② 해양경찰서장 또는 시장·군수·구청장은 안전점검 결과 해양수산부령으로 정하는 바에 따라 정비 또는 원상복구를 명할 수 있다. 이 경우 정비 또는 원상복구에 필요한 기간을 정하여 해당 수상레저기구의 사용정지를 함께 명할 수 있다. ③ 점검을 하는 공무원은 그 권한을 표시하는 증표를 지니고 이를 관계인에게 내보여야 한다. ④ 안전점검이나 대상 항목 등에 필요한 사항은 대통령령으로 정한다.
사업자의 안전점검 등 조치 (제48조)	① 수상레저사업자와 그 종사자는 수상레저활동의 안전을 위하여 다음 각 호의 조치를 하여야 한다. 1. 수상레저기구와 시설의 안전점검

2. 영업구역의 기상·수상 상태의 확인
3. 영업구역에서 사고가 발생하는 경우 구호조치 및 해양경찰관서·경찰관서·소방관서 등 관계 행정기관에 통보
4. 이용자에 대한 안전장비 착용조치 및 탑승 전 안전교육
5. 사업장 내 인명구조요원이나 래프팅가이드의 배치 또는 탑승
6. 비상구조선(수상레저사업장과 그 영업구역의 순시 및 인명구조를 위하여 사용되는 동력수상레저기구를 말한다. 이하 이 조에서 같다)의 배치
② 수상레저사업자와 그 종사자는 영업구역에서 다음 각 호의 행위를 하여서는 아니 된다.
1. 14세 미만인 사람(보호자를 동반하지 아니한 사람으로 한정), 술에 취한 사람 또는 정신질환자를 수상레저기구에 태우거나 이들에게 수상레저기구를 빌려 주는 행위
2. 수상레저기구의 정원을 초과하여 태우는 행위
3. 수상레저기구 안에서 술을 판매·제공하거나 수상레저기구 이용자가 수상레저기구 안으로 이를 반입하도록 하는 행위
4. 영업구역을 벗어나 영업을 하는 행위
5. 수상레저활동시간 외에 영업을 하는 행위
6. 대통령령으로 정하는 폭발물·인화물질 등의 위험물을 이용자가 타고 있는 수상레저기구로 반입·운송하는 행위
7. 안전검사를 받지 아니하거나 안전검사에 합격하지 못한 동력수상레저기구 또는 안전점검을 받지 아니한 동력수상레저기구를 영업에 이용하는 행위
8. 비상구조선을 그 목적과 다르게 이용하는 행위
③ 인명구조요원이나 래프팅가이드의 자격 및 배치기준, 비상구조선의 배치에 필요한 사항 등은 대통령령으로 정한다.

등록 대상이 아닌 수상레저기구 운영 사업자 등의 준수사항 (제48조의2)	제30조제3항에 따른 등록 대상 동력수상레저기구가 아닌 수상레저기구를 운영하는 수상레저사업자와 그 종사자는 수상레저기구의 운영, 안전기준 등에 관하여 해양수산부령으로 정하는 사항을 준수하여야 한다.
영업의 제한 등 (제49조)	① 해양경찰서장 또는 시장·군수·구청장은 다음 각 호의 어느 하나에 해당하는 경우에는 수상레저사업자에게 영업구역이나 시간의 제한 또는 영업의 일시정지를 명할 수 있다. 다만, 제3호부터 제5호까지에 해당하는 경우에는 이용자의 신체가 직접 수면에 닿는 수상레저기구 등 대통령령으로 정하는 수상레저기구를 이용한 영업행위에 대해서만 이를 명할 수 있다. 1. 기상·수상 상태가 악화된 경우 2. 수상사고가 발생한 경우 3. 유류·화학물질 등의 유출 또는 녹조·적조 등의 발생으로 수질이 오염된 경우

	4. 부유물질 등 장애물이 발생한 경우 5. 사람의 신체나 생명에 피해를 줄 수 있는 유해생물이 발생한 경우 6. 그 밖에 대통령령으로 정하는 사유가 발생한 경우 ② 해양경찰서장 또는 시장·군수·구청장은 제1항 각 호의 사유가 소멸되거나 완화되었다고 판단되는 경우 영업구역이나 시간의 제한 또는 영업의 일시정지를 해제하여야 한다.
자료 제출 등 (제50조)	해양경찰서장 또는 시장·군수·구청장은 수상레저활동의 안전을 위하여 필요하다고 인정하면 대통령령으로 정하는 바에 따라 수상레저사업자에게 관련 서류나 자료를 제출하게 할 수 있다.
수상레저사업의 등록취소 등 (제51조)	해양경찰서장 또는 시장·군수·구청장은 수상레저사업자가 다음 각 호의 어느 하나에 해당하는 경우에는 수상레저사업의 등록을 취소하거나 3개월의 범위에서 영업의 전부 또는 일부의 정지를 명할 수 있다. 다만, 제1호, 제2호 또는 제2호의2에 해당하면 수상레저사업의 등록을 취소하여야 한다. 1. 거짓이나 그 밖의 부정한 방법으로 등록을 한 경우 2. 제40조 각 호의 어느 하나에 해당하게 된 경우 2의2. 공유수면의 점용 또는 사용 허가기간 만료 이후에도 사업을 계속하는 경우 3. 수상레저사업자 또는 그 종사자의 고의 또는 과실로 사람을 사상한 경우 4. 수상레저사업자가 제30조, 제32조, 제33조 및 제35조부터 제37조까지의 규정을 위반한 수상레저기구를 수상레저사업에 이용한 경우 5. 제39조제2항에 따라 변경등록을 하지 아니한 경우 6. 제43조부터 제45조까지, 제48조, 제48조의2 및 제49조의 규정 또는 명령을 위반한 경우

※시행규칙 제30조(수상레저사업의 등록신청 등) ① 법 제39조제1항에 따라 수상레저기구를 빌려 주는 사업 또는 수상레저활동을 하는 자를 수상레저기구에 태우는 사업(이하 "수상레저사업"이라 한다)을 등록하려는 자는 별지 제35호서식의 수상레저사업 등록·등록갱신 신청서(전자문서로 된 신청서를 포함한다)에 다음 각 호의 서류를 첨부하여 해양경찰서장 또는 시장·군수·구청장에게 제출해야 한다. 다만, 수상레저기구를 빌려주는 사업 중 별표 9의2 각 호의 어느 하나에 해당하는 수상레저사업을 등록하려는 경우 제출하여야 하는 서류는 별표 9의2에 따른다.

1. 정관(법인인 경우만 해당한다)
2. 사업장 명세서
3. 수상레저기구 및 인명구조용 장비 명세서
4. 종사자 및 인명구조요원(래프팅 가이드를 포함한다)의 명단 및 그 자격을 증명하는 서류
5. 영업구역을 표시한 도면
6. 하천이나 그 밖의 공유수면 등의 점용 또는 사용 등에 관한 허가서
7. 수상레저사업자 또는 그 종사자의 면허증 사본(영업구역이 내수면인 경우만 해당한다)

② 해양경찰서장 또는 시장·군수·구청장은 제1항에 따른 신청서를 제출받은 경우에는 「전자정부법」 제36조제1항에 따라 행정정보의 공동이용을 통하여 법인 등기사항증명서(법인인 경우만 해당한다)를 확인하여야 한다.
③ 법 제39조제4항에 따른 수상레저사업의 등록기준은 별표 10과 같다.
④ 해양경찰서장 또는 시장·군수·구청장은 제1항에 따른 등록신청을 받은 경우에는 그 등록신청이 다음 각 호의 어느 하나에 해당하는 경우를 제외하고는 등록을 해 주어야 한다. 이 경우 별지 제36호서식의 수상레저사업 등록증을 신청인에게 발급하여야 한다.
  1. 법 제40조에 따른 결격사유에 해당하는 경우
  2. 별표 10에 따른 등록기준을 갖추지 못한 경우
  3. 그 밖에 법 또는 다른 법령에 따른 제한에 위반되는 경우
⑤ 해양경찰서장 또는 시장·군수·구청장은 해당 사업장과 영업구역의 물의 깊이, 물의 세기, 운항거리 및 영업형태 등을 고려하여 위험방지에 지장이 없다고 인정될 때에는 별표 10의 등록기준을 일부 조정하여 적용할 수 있다.

※시행규칙 제31조(수상레저사업의 변경등록) ① 법 제39조제2항에 따라 등록사항을 변경등록하려는 자(법 제39조의3에 따라 등록을 갱신하려는 경우는 제외한다)는 별지 제37호서식의 등록사항 변경등록 신청서에 다음 각 호의 서류를 첨부하여 해양경찰서장 또는 시장·군수·구청장에게 제출(정보통신망을 통한 제출을 포함한다)하여야 한다. 이 경우 해양경찰서장 또는 시장·군수·구청장은 「전자정부법」 제36조제1항에 따라 행정정보의 공동이용을 통하여 수상레저사업 등록증을 확인하여야 하며, 신청인이 확인에 동의하지 아니하는 경우에는 이를 첨부하도록 하여야 한다.
  2. 변경내용을 증명할 수 있는 서류
② 해양경찰서장 또는 시장·군수·구청장은 제1항에 따른 변경등록의 신청을 받은 경우에는 변경되는 사항에 대하여 사실 관계를 확인한 후 등록사항을 변경하여 적거나 다시 작성한 수상레저사업 등록증을 신청인에게 발급하여야 한다.

※시행령 제28조(수상레저사업자의 보험등의 가입) 법 제44조에 따라 수상레저사업자는 다음 각 호의 기준에 따라 보험등에 가입하여야 한다.
  1. 가입기간: 수상레저사업자의 사업기간 동안 계속하여 가입할 것
  2. 가입대상: 수상레저사업자의 사업에 사용하거나 사용하려는 모든 수상레저기구
  3. 가입금액: 「자동차손해배상 보장법 시행령」 제3조제1항에 따른 금액 이상

※시행령 제29조(안전점검의 대상) 법 제45조제1항에 따라 실시하는 안전점검의 대상 항목은 다음 각 호와 같다.
  1. 제2조제1항 각 호에 따른 수상레저기구의 안정성(법 제37조에 따른 안전검사의 대상이 되는 동력수상레저기구는 제외한다)
  2. 법 제39조에 따른 수상레저사업의 사업장에 설치된 시설·장비 등이 등록기준에 적합한지 여부
  3. 법 제48조제1항 각 호에 따른 수상레저사업자 등의 안전조치준수 여부
  4. 법 제48조제2항 각 호에 따른 행위제한 등의 준수 여부
  5. 법 제48조제3항에 따른 인명구조요원 및 래프팅가이드의 자격·배치기준의 적합 여부

※시행령 제37조(인명구조요원 · 래프팅가이드의 자격기준 등) ① 법 제48조제1항제5호에 따른 인명구조요원 및 래프팅가이드는 다음 각 호의 구분에 따른 자격을 갖춘 사람이어야 한다.
  1. 인명구조요원의 경우: 다음 각 목의 어느 하나에 해당하는 사람

가. 별표 10의2의 기준을 충족하는 기관이나 단체 중 해양경찰청장이 지정하는 수상레저 관련 기관이나 단체(이하 이 조에서 "교육기관"이라 한다)에서 교육과정을 마친 후 인명구조요원 자격을 취득한 사람

나. 「수상에서의 수색·구조 등에 관한 법률」 제30조의2에 따른 수상구조사

2. 래프팅가이드: 교육기관에서 교육과정을 마친 후 래프팅가이드 자격을 취득한 사람

② 교육기관의 지정 및 취소, 교육과정 등에 관하여 필요한 사항은 해양경찰청장이 정하여 고시한다.

③ 인명구조요원은 해당 수상레저사업의 영업구역에 배치하여야 하며, 래프팅가이드는 영업 중인 래프팅기구마다 1명 이상 탑승하여 영업구역의 안전상태와 탑승객의 안전을 확인하여야 한다. 다만, 운항수역을 관할하는 시장·군수·구청장(특별자치시의 경우에는 특별자치시장을, 특별자치도의 경우에는 특별자치도지사를 말하고, 서울특별시 한강의 경우에는 서울특별시의 한강 관리에 관한 업무를 관장하는 기관의 장을 말한다. 이하 이 장에서 같다)이 해당 사업장과 영업구역의 물의 깊이, 유속(流速), 운항거리, 급류의 세기 및 안정성 등을 고려하여 위험방지에 지장이 없다고 인정하는 경우로서 승선정원이 4명 이하인 래프팅기구의 경우에는 래프팅가이드가 다른 래프팅기구에 탑승하여 근접운항하면서 영업구역의 안전 상태와 탑승객의 안전 상태를 확인하게 할 수 있다.

④ 제3항 단서에 따라 래프팅기구를 운항하는 경우 래프팅가이드 1명이 근접운항하면서 운항할 수 있는 래프팅기구의 수는 운항수역을 관할하는 시장·군수·구청장이 2대부터 5대까지의 범위에서 정하여야 한다.

⑤ 법 제48조제1항제6호에 따라 배치하는 비상구조선은 인명구조에 적합한 동력수상레저기구로 하되, 비상구조선임을 알 수 있는 표시를 해야 한다.

제9절 │ 보 칙

내용	규정
과징금 (제51조의2)	① 해양경찰청장 또는 시·도지사(제4호의 경우로 한정)는 면허시험 면제교육기관, 안전교육 위탁기관, 시험대행기관 또는 검사대행자가 다음 각호의 구분에 따른 사유에 해당하여 업무정지처분을 하여야 하는 경우로서 그 업무정지가 그 기관을 이용하는 자에게 심한 불편을 주거나 그 밖에 공익을 해칠 우려가 있다고 인정되면 업무정지처분에 갈음하여 1천만원 이하의 과징금을 부과할 수 있다. 1. 면허시험 면제교육기관: 제7조의2제1항제2호부터 제4호까지 2. 안전교육 위탁기관: 제10조의2제1항제2호 및 제3호 3. 시험대행기관: 제14조제2항제2호 및 제3호 4. 검사대행자: 제38조제2항제1호의2 및 제2호부터 제4호까지 ② 제1항에 따라 과징금을 부과하는 위반행위의 종류, 위반의 정도 등에 따른 과징금의 금액과 그 밖에 필요한 사항은 대통령령으로 정한다. ③ 해양경찰청장 또는 시·도지사는 면허시험 면제교육기관, 안전교육 위탁기관, 시험대행기관 또는 검사대행자가 제1항에 따른 과징금을 납부기한까지 내지 아니하면 국세 체납처분의 예 또는 「지방행정제재·부과금의 징수 등에 관한 법률」에 따라 징수한다.

내용	규정
벌칙 적용 시의 공무원 의제 (제55조)	면허시험 면제교육기관, 안전교육 위탁기관, 시험대행기관 및 검사대행자의 임직원은「형법」제127조 및 제129조부터 제132조까지의 규정에 따른 벌칙을 적용할 때에는 공무원으로 본다.

제10절 │ 벌 칙

내용	규정
벌칙 (제61조)	다음 각호의 어느 하나에 해당하는 자는 1년 이하의 징역 또는 1천만원 이하의 벌금에 처한다. 1. 제16조제3항을 위반하여 면허증을 빌리거나 빌려주거나 이를 알선한 자 2. 제25조 각 호 외의 부분 본문을 위반하여 조종면허를 받지 아니하고 동력수상레저기구를 조종한 사람 3. 제27조제1항을 위반하여 술에 취한 상태에서 동력수상레저기구를 조종한 사람 4. 술에 취한 상태라고 인정할 만한 상당한 이유가 있는데도 제27조제2항에 따른 관계공무원의 측정에 따르지 아니한 사람 5. 제28조를 위반하여 약물복용 등으로 인하여 정상적으로 조종하지 못할 우려가 있는 상태에서 동력수상레저기구를 조종한 사람 6. 제37조제1항 및 제2항을 위반하여 등록 또는 변경등록을 하지 아니하고 수상레저사업을 한 자 7. 제48조에 따른 수상레저사업 등록취소 후 또는 영업정지기간에 수상레저사업을 한 자
벌칙 (제62조)	다음 각호의 어느 하나에 해당하는 자는 6개월 이하의 징역 또는 500만원 이하의 벌금에 처한다. 1. 제43조제2항에 따른 정비·원상복구의 명령을 위반한 수상레저사업자 2. 제44조를 위반하여 안전을 위하여 필요한 조치를 하지 아니하거나 금지된 행위를 한 수상레저사업자와 그 종사자 3. 제46조에 따른 영업구역이나 시간의 제한 또는 영업의 일시정지 명령을 위반한 수상레저사업자
양벌규정 (제63조)	법인의 대표자나 법인 또는 개인의 대리인, 사용인, 그 밖의 종업원이 그 법인 또는 개인의 업무에 관하여 제61조 및 제62조의 어느 하나에 해당하는 위반행위를 하면 그 행위자를 벌하는 외에 그 법인 또는 개인에게도 해당 조문의 벌금형을 과한다. 다만, 법인 또는 개인이 그 위반행위를 방지하기 위하여 해당 업무에 관하여 상당한 주의와 감독을 게을리하지 아니한 경우에는 그러하지 아니하다.
과태료 (제64조)	① 다음 각호의 어느 하나에 해당하는 자에게는 100만원 이하의 과태료

를 부과한다.

1. 제19조제1항을 위반하여 교육을 받지 아니한 사람
2. 제26조제1항 및 제2항에 따른 수상레저활동 시간 외에 수상레저활동을 한 사람
3. 제29조를 위반하여 정원을 초과하여 조종한 사람
4. 제30조제2항을 위반하여 수상레저활동 금지구역에서 수상레저활동을 한 사람
5. 제41조제1항 및 제2항을 위반하여 휴업, 폐업 또는 재개업의 신고를 하지 아니한 수상레저사업자
6. 제42조에 따라 신고한 이용요금 외의 금품을 받거나 신고사항을 게시하지 아니한 수상레저사업자
7. 제45조에 따른 등록 대상이 아닌 수상레저기구 운영 사업자 등의 준수사항을 위반한 수상레저사업자와 그 종사자
8. 제47조에 따른 서류나 자료를 제출하지 아니하거나 거짓의 서류 또는 자료를 제출한 수상레저사업자
9. 제49조제2항을 위반하여 보험등에 가입하지 아니한 수상레저사업자
10. 정당한 사유 없이 제50조를 위반하여 보험등의 가입 여부에 관한 정보를 알리지 아니하거나 거짓의 정보를 알린 수상레저사업자
11. 제53조제1항을 위반하여 통지를 하지 아니한 보험회사등

② 다음 각호의 어느 하나에 해당하는 자에게는 50만원 이하의 과태료를 부과한다.

1. 제17조제2항을 위반하여 면허증을 반납하지 아니한 사람
2. 제20조를 위반하여 인명안전장비를 착용하지 아니한 사람
3. 제21조를 위반하여 운항규칙 등을 준수하지 아니한 사람
4. 제22조를 위반하여 기상에 따른 수상레저활동이 제한되는 구역에서 수상레저활동을 한 사람
5. 제23조제1항을 위반하여 원거리 수상레저활동 신고를 하지 아니한 사람
6. 제23조제2항을 위반하여 등록 대상이 아닌 수상레저기구로 출발항으로부터 10해리 이상 떨어진 곳에서 수상레저활동을 한 사람
7. 제24조제1항을 위반하여 사고의 신고를 하지 아니한 사람
8. 제31조에 따른 시정명령을 이행하지 아니한 사람
9. 제32조에 따른 일시정지나 면허증·신분증의 제시명령을 거부한 사람
10. 제49조제1항을 위반하여 보험등에 가입하지 아니한 자

③ 제1항 및 제2항에 따른 과태료는 대통령령으로 정하는 바에 따라 해수면의 경우에는 해양경찰청장, 지방해양경찰청장 또는 해양경찰서장이, 내수면의 경우에는 시장·군수·구청장이 부과·징수한다.

④ 제1항 및 제2항에 따른 과태료의 부과·징수, 재판 및 집행 등의 절차에 관한 사항은 「질서위반행위규제법」을 따른다.

제3장 수상레저기구의 등록 및 검사에 관한 법률(수상레저기구등록법)

제1절 | 총 론

1. 제정배경

「수상레저 등록법」은 2022년 6월에 제정되어, 2023년 6월에 시행된다. 동 법은 기존의 「수상레저안전법」 중 기술적이고 전문적인 동력수상레저기구의 등록 및 검사에 관한 사항을 분리하여 「수상레저기구의 등록 및 검사에 관한 법률」로 제정한 것이다. 「수상레저안전법」은 1999년 제정된 이후 여러 차례 개정을 통하여 조문이 복잡해지고, 법률 체계의 일관성이 부족하여 국민이 쉽게 이해하기 어려운 측면이 있었다.

또한 수상레저기구의 등록 대수 및 수상레저사업장의 증가, 새로운 수상레저기구의 등장 등으로 수상레저 기반이 확대되고 수상레저 환경이 급변하고 있으나, 「수상레저안전법」은 수상레저기구의 안전기준, 안전검사 등의 규정이 미비하여 변화되는 수상레저 환경에 대한 대응과 안전사고 예방에 한계가 있었다.

2. 주요내용

① 해양경찰청장은 동력수상레저기구의 등록에 관한 적절하고 효율적인 제도를 확립하고, 관련 행정의 합리적인 발전을 도모하기 위하여 특별자치시장·특별자치도지사·시장·군수 및 구청장의 권한인 동력수상레저기구 등록에 관한 사무를 지도·감독할 수 있도록 함(제5조).

② 해양경찰청장등은 안전검사에 합격한 동력수상레저기구의 소유자에게 안전검사증과 안전검사필증을 발급하도록 하고, 안전검사필증을 발급받은 자는 그 안전검사필증을 동력수상레저기구에 부착하도록 함(제16조 및 제17조).

③ 동력수상레저기구가 갖추어야 하는 구조·설비, 무선설비, 위치발신장치 등의 안전기준을 규정함(제21조부터 제24조까지).

④ 법인의 대표자나 법인 또는 개인의 대리인, 사용인, 그 밖의 종업원이 법인 또는 개인의 업무에 관하여 위반행위를 한 경우 해당 법인 또는 개인에게도 해당 조문의 벌금형을 부과하는 양벌규정을 도입함(제31조).

제2절 | 총 칙

내용	규정
목적 (제1조)	이 법은 수상레저기구의 등록 및 검사에 관한 사항을 정하여 수상레저기구의 성능 및 안전을 확보함으로써 공공의 복리를 증진함을 목적으로 한다.
정의 (제2조)	1. "수상레저활동"이란 「수상레저안전법」 제2조제1호에 따른 수상레저활동을 말한다. 2. "수상레저기구"란 「수상레저안전법」 제2조제3호에 따른 수상레저기구를 말한다. 3. "동력수상레저기구"란 「수상레저안전법」 제2조제4호에 따른 동력수상레저기구를 말한다. 4. "수상"이란 「수상레저안전법」 제2조제6호에 따른 수상을 말한다. 5. "해수면"이란 「수상레저안전법」 제2조제7호에 따른 해수면을 말한다. 6. "내수면"이란 「수상레저안전법」 제2조제8호에 따른 내수면을 말한다. 7. "운항구역"이란 수상레저기구 운항의 안전확보를 위하여 운항할 수 있는 최대구역으로서 기구의 종류, 크기, 구조, 설비 등을 고려하여 대통령령으로 정하는 구역을 말한다.
적용 범위 (제3조)	이 법은 수상레저활동에 사용하거나 사용하려는 것으로서 다음 각 호의 어느 하나에 해당하는 동력수상레저기구에 대하여 적용한다. 다만, 동력수상레저기구의 총톤수, 출력 등을 고려하여 대통령령으로 정하는 경우에는 그러하지 아니하다. 1. 수상오토바이 2. 모터보트 3. 고무보트 4. 세일링요트(돛과 기관이 설치된 것을 말한다. 이하 같다)
적용 배제 (제4조)	이 법은 다음 각호의 경우에는 적용하지 아니한다. 1. 「유선 및 도선 사업법」에 따른 유·도선사업 및 그 사업과 관련된 수상에서의 행위를 하는 경우 2. 「체육시설의 설치·이용에 관한 법률」에 따른 체육시설업 및 그 사업과 관련된 수상에서의 행위를 하는 경우 3. 「낚시 관리 및 육성법」에 따른 낚시어선업 및 그 사업과 관련된 수상에서의 행위를 하는 경우
사무의 지도·감독 (제5조)	해양경찰청장은 동력수상레저기구의 등록에 관한 적절하고 효율적인 제도를 확립하고, 관련 행정의 합리적인 발전을 도모하기 위하여 이 법에서 특별자치시장·특별자치도지사·시장·군수 및 구청장(구청장은 자치구의 구청장을, 서울특별시 한강의 경우에는 서울특별시의 한강 관리에 관한 업무를 관장하는 기관의 장을 말하며, 이하 "시장·군수·구청장"이

	라 한다)의 권한으로 규정한 동력수상레저기구의 등록에 관한 사무를 지도·감독할 수 있다.

제3절 │ 동력수상레저기구의 등록

내용	규정
등록 (제6조)	① 동력수상레저기구(「선박법」 제8조에 따라 등록된 선박은 제외한다. 이하 이 조에서 같다)를 취득한 자는 주소지를 관할하는 시장·군수·구청장에게 동력수상레저기구를 취득한 날부터 1개월 이내에 등록신청을 하여야 하고, 등록되지 아니한 동력수상레저기구를 운항하여서는 아니 된다. ② 시장·군수·구청장은 다음 각호의 어느 하나에 해당하는 경우 등록신청을 거부할 수 있다. 1. 등록신청 사항에 거짓이 있는 경우 2. 동력수상레저기구의 구조, 설비 및 장치가 제15조제1항제1호 및 같은 조 제5항에 따른 신규검사 기준에 맞지 아니한 경우 ③ 제1항에 따른 등록의 요건 및 신청 절차 등에 관하여 필요한 사항은 대통령령으로 정한다.
등록원부 (제7조)	① 시장·군수·구청장은 제6조제1항에 따라 등록신청을 받으면 신청자를 동력수상레저기구 등록원부(「등록원부」)에 소유자로 등록하여야 한다. ② 등록원부를 열람하거나 등록원부의 사본을 발급받으려는 자는 시장·군수·구청장에게 열람 또는 발급을 신청하여야 한다. ③ 시장·군수·구청장은 제2항의 신청에 따라 등록원부를 열람하게 하거나 그 사본을 발급하는 경우 개인정보의 유출을 방지하기 위하여 그 내용의 일부를 표시하지 아니할 수 있다. ④ 등록원부에는 등록번호, 기구의 종류, 기구의 명칭, 보관장소, 기구의 제원, 추진기관의 종류 및 형식, 기구의 소유자, 공유자의 인적사항 및 저당권 등에 관한 사항을 기재하여야 한다. 이 경우 세부 기재사항, 서식 및 기재방법 등 등록원부의 작성에 필요한 사항은 대통령령으로 정한다.
등록증·등록번호판의 발급 등 (제8조)	① 시장·군수·구청장은 제7조제1항에 따른 소유자에게 동력수상레저기구 등록증(「등록증」)과 등록번호판을 발급하여야 한다. ② 동력수상레저기구의 소유자는 등록증 또는 등록번호판이 없어지거나, 알아보기 곤란하게 된 경우에는 시장·군수·구청장에게 신고하고 다시 발급받을 수 있다. ③ 제1항 및 제2항에 따른 등록증·등록번호판의 발급 및 재발급 절차 등에 관하여 필요한 사항은 해양수산부령으로 정한다.

변경등록 **(제9조)**	동력수상레저기구의 등록 사항 중 변경사항이 있는 경우(제10조의 말소등록은 제외한다) 그 소유자나 점유자는 대통령령으로 정하는 바에 따라 시장·군수·구청장에게 변경등록을 신청하여야 한다.
말소등록 **(제10조)**	① 소유자는 등록된 동력수상레저기구가 다음 각호의 어느 하나에 해당하는 경우에는 해양수산부령으로 정하는 바에 따라 등록증 및 등록번호판을 반납하고 시장·군수·구청장에게 말소등록을 신청하여야 한다. 다만, 등록증 및 등록번호판을 분실 등의 사유로 반납할 수 없는 경우에는 그 사유서를 제출하고 등록증 및 등록번호판을 반납하지 아니할 수 있다. 1. 동력수상레저기구가 멸실되거나 수상사고 등으로 본래의 기능을 상실한 경우 2. 동력수상레저기구의 존재 여부가 3개월간 분명하지 아니한 경우 3. 총톤수·추진기관의 변경 등 해양수산부령으로 정하는 사유로 동력수상레저기구에서 제외된 경우 4. 동력수상레저기구를 수출하는 경우 5. 수상레저활동 외의 목적으로 사용하게 된 경우 ② 제1항에 따라 소유자가 말소등록 신청을 하지 아니하는 경우에는 관할 시장·군수·구청장은 1개월 이내의 기간을 정하여 소유자에게 해당 동력수상레저기구의 말소등록을 신청할 것을 최고하고, 그 기간 이내에 말소등록 신청을 하지 아니하면 직권으로 그 동력수상레저기구의 등록을 말소할 수 있다. ③ 시장·군수·구청장은 제1항에 따라 등록번호판을 반납받은 경우에는 다시 사용할 수 없는 상태로 폐기하여야 한다.
소유권 변동의 효력 **(제11조)**	「자동차 등 특정동산 저당법」 제3조제2호다목에 따라 저당권의 목적이 되는 동력수상레저기구에 대한 소유권의 득실변경은 해당 등록원부에 등록을 하여야 그 효력이 생긴다.
압류등록 등 **(제12조)**	① 시장·군수·구청장은 「민사집행법」에 따라 법원으로부터 압류등록의 촉탁이 있거나 「국세징수법」이나 「지방세징수법」에 따라 행정관청으로부터 압류등록의 촉탁이 있는 경우에는 해당 등록원부에 압류등록을 하고 소유자 및 이해관계자 등에게 통지하여야 한다. ② 시장·군수·구청장은 「민사집행법」에 따라 법원으로부터 압류해제의 촉탁이 있거나 「국세징수법」이나 「지방세징수법」에 따라 행정관청으로부터 압류해제의 촉탁이 있는 경우에는 해당 등록원부에 압류등록을 해제하여야 한다. ③ 제1항 및 제2항에 따른 압류등록 및 해제의 절차·방법과 그 사실의 통지 등에 관하여 필요한 사항은 대통령령으로 정한다.
등록번호판의 부착 등 **(제13조)**	① 동력수상레저기구의 소유자는 동력수상레저기구의 잘 보이는 곳에 등록번호판을 부착하여야 한다. ② 누구든지 제1항에 따른 등록번호판을 부착하지 아니한 동력수상레저

내용	규정
	기구를 운항하여서는 아니 된다. ③ 제1항에 따른 등록번호판의 부착 등에 필요한 사항은 해양수산부령으로 정한다.
시험운항의 허가 (제14조)	① 제15조제1항제1호의 신규검사를 받기 전에 국내에서 동력수상레저기구로 시험운항(조선소 등에서 건조·개조·수리 중 운항하는 것을 말한다)을 하고자 하는 자는 해양수산부령으로 정하는 안전장비를 비치 또는 보유하고, 해양경찰서장 또는 시장·군수·구청장(「시험운항허가 관서의 장」)의 허가(「시험운항허가」)를 받아야 한다. ② 시험운항허가 관서의 장은 시험운항허가의 신청을 받은 경우에는 시험운항의 목적, 기간 및 운항구역을 정하여 시험운항을 허가할 수 있다. 이 경우 시험운항을 허가하는 때에는 허가사항이 기재된 시험운항허가증을 발급하여야 한다. ③ 시험운항허가를 받은 자는 제2항의 시험운항허가증에 기재된 시험운항의 목적, 기간 및 운항구역을 준수하고, 제1항에 따른 안전장비를 동력수상레저기구에 비치 또는 보유하여 운항하여야 한다. ④ 시험운항허가를 받은 자는 제2항의 시험운항허가증에 기재된 기간이 만료된 경우에는 시험운항허가증을 반납하여야 한다. ⑤ 제1항에 따른 시험운항허가의 신청, 제2항 후단에 따른 시험운항허가증의 발급 및 제4항에 따른 시험운항허가증의 반납 등에 필요한 사항은 대통령령으로 정한다.

제4절 | 동력수상레저기구의 검사

내용	규정
안전검사 (제15조)	① 동력수상레저기구의 소유자는 해양경찰청장이 실시하는 다음 각호의 구분에 따른 검사(「안전검사」)를 받아야 한다. 1. 신규검사: 등록을 하려는 경우 실시하는 검사 2. 정기검사: 등록 이후 일정 기간마다 정기적으로 실시하는 검사 3. 임시검사: 다음 각목의 사항을 변경하려는 경우 실시하는 검사 　가. 정원 또는 운항구역. 이 경우 정원의 변경은 해양경찰청장이 정하여 고시하는 최대승선정원의 범위 내로 한정한다. 　나. 해양수산부령으로 정하는 구조, 설비 또는 장치 ② 안전검사의 대상 동력수상레저기구 중 「수상레저안전법」 제37조에 따른 수상레저사업에 이용되는 동력수상레저기구는 1년마다, 그 밖의 동력수상레저기구는 5년마다 정기검사를 받아야 한다. ③ 동력수상레저기구의 소유자는 제1항 각호의 어느 하나에 해당하는 안전검사를 받지 아니하거나 검사에 합격하지 못한 동력수상레저기구를

	운항하여서는 아니 된다. 다만, 해양수산부령으로 정하는 경우에는 그러하지 아니하다. ④ 제1항제3호에 따른 임시검사를 받는 시기가 제1항제2호에 따른 정기검사 시기와 중복되는 경우에는 정기검사로 대체할 수 있다. ⑤ 안전검사의 대상·기준·시기·절차·방법 및 준비 등에 필요한 사항은 해양수산부령으로 정한다.
안전검사증·안전검사필증의 발급 등 (제16조)	① 해양경찰청장 또는 제18조제1항의 검사대행자(「해양경찰청장등」)는 안전검사에 합격한 동력수상레저기구의 소유자에게 안전검사증 및 안전검사필증을 발급하여야 한다. 다만, 안전검사필증의 발급은 제15조제1항제1호 및 제2호의 경우에 한정한다. ② 해양경찰청장등은 제1항에 따른 안전검사증에 해당 동력수상레저기구의 정원·운항구역 등을 지정하고, 그 내용을 기재하여야 한다. ③ 동력수상레저기구의 소유자는 안전검사증 또는 안전검사필증이 없어지거나, 알아보기 곤란하게 된 경우에는 해양경찰청장 등에게 신고하고 다시 발급받을 수 있다. ④ 제1항에 따른 안전검사증·안전검사필증의 발급, 제2항에 따른 정원·운항구역 등의 지정 및 제3항에 따른 안전검사증·안전검사필증의 분실 등의 신고와 재발급 등에 관하여 필요한 사항은 해양수산부령으로 정한다.
안전검사필증의 부착 (제17조)	① 제16조제1항 및 제3항에 따라 안전검사필증을 발급 또는 재발급받은 동력수상레저기구의 소유자는 동력수상레저기구의 잘 보이는 곳에 안전검사필증을 부착하여야 한다. ② 제1항에 따른 안전검사필증의 부착에 필요한 사항은 해양수산부령으로 정한다.
안전검사 업무의 대행 (제18조)	① 해양경찰청장은 동력수상레저기구의 안전검사에 관한 업무의 전부 또는 일부를 해양경찰청장이 지정하는 기관이나 단체(「검사대행자」)로 하여금 대행하게 할 수 있다. ② 검사대행자는 제1항에 따라 대행하는 업무에 대하여 해양경찰청장에게 보고하여야 한다. ③ 해양경찰청장은 제2항에 따라 검사대행자가 보고한 사항에 대하여 그 내용을 확인하고, 이 법 또는 이 법에 따른 명령을 위반한 사실이 발견되면 필요한 조치를 할 수 있다. ④ 제1항에 따라 검사대행자가 갖추어야 할 검사 관련 기술인력·시설·장비 등의 기준과 검사대행자의 지정절차, 제2항에 따른 보고 및 제3항에 따른 검사대행자에 대한 감독 등에 필요한 사항은 대통령령으로 정한다.
검사대행자의 지정취소 (제19조)	① 해양경찰청장은 검사대행자가 다음 각호의 어느 하나에 해당하는 경우 그 지정을 취소하거나 6개월의 범위에서 기간을 정하여 업무의 전부 또는 일부의 정지를 명할 수 있다. 다만, 제1호에 해당하면 그 지정을 취소하여야 한다.

내용	규정
	1. 거짓이나 그 밖의 부정한 방법으로 지정을 받은 경우 2. 고의 또는 중대한 과실로 사실과 다르게 안전검사를 한 경우 3. 제18조제4항에 따른 검사 관련 기술인력·시설·장비 등의 기준에 미치지 못하게 된 경우 4. 업무와 관련하여 부정한 금품을 수수하거나 그 밖의 부정한 행위를 한 경우 5. 이 법 또는 이 법에 따른 명령을 위반한 경우 ② 제1항에 따른 처분의 세부기준, 절차 등에 필요한 사항은 대통령령으로 정한다.
안전검사원 교육 (제20조)	① 검사대행자에 소속되어 검사업무에 종사하는 사람(「안전검사원」)은 해양경찰청장이 실시하는 교육을 받아야 한다. 다만, 검사업무의 기술적·전문적 특성을 고려하여 해양수산부령으로 정하는 사람에 대하여는 그러하지 아니하다. ② 제1항에 따른 교육의 시기·대상·방법 등에 관하여 필요한 사항은 해양수산부령으로 정한다.

제5절 │ 동력수상레저기구의 안전기준

내용	규정
동력수상레저기구의 구조·설비 등 (제21조)	동력수상레저기구는 해양경찰청장이 정하여 고시하는 성능 및 안전 기준에 적합한 다음 각호에 따른 구조·설비 또는 장치의 전부 또는 일부를 갖추어야 한다. 1. 선체 2. 추진기관 3. 배수설비 4. 돛대 5. 조타·계선·양묘설비 6. 전기설비 7. 구명·소방설비 8. 그 밖에 해양수산부령으로 정하는 설비
무선설비 (제22조)	① 동력수상레저기구의 소유자는 「전파법」과 해양경찰청장이 정하여 고시하는 성능 및 안전 기준에 적합한 무선설비를 동력수상레저기구에 갖추어야 한다. 다만, 동력수상레저기구의 구조, 정원 및 운항구역 등을 고려하여 해양수산부령으로 정하는 동력수상레저기구는 그러하지 아니하다. ② 제1항에 따라 무선설비를 갖춘 동력수상레저기구의 소유자 또는 사용자는 안전운항과 해양사고 발생 시 신속한 대응을 위하여 동력수상레저기구를 운항하는 경우 무선설비를 작동하여야 한다.

위치발신장치 (제23조)	① 동력수상레저기구의 소유자는 해양경찰청장이 정하여 고시하는 성능 및 안전 기준에 적합한 위치발신장치(동력수상레저기구의 위치 및 제원 등에 관한 정보를 자동으로 발신하는 장치를 말한다. 이하 같다)를 동력수상레저기구에 갖추어야 한다. 다만, 동력수상레저기구의 구조, 정원 및 운항구역 등을 고려하여 해양수산부령으로 정하는 동력수상레저기구는 그러하지 아니하다. ② 제1항에 따라 위치발신장치를 갖춘 동력수상레저기구의 소유자 또는 사용자는 안전운항과 해양사고 발생 시 신속한 대응을 위하여 동력수상레저기구를 운항하는 경우 위치발신장치를 작동하여야 한다. ③ 제22조제1항에 따른 무선설비가 위치발신장치의 기능을 가지고 있는 때에는 위치발신장치를 갖춘 것으로 본다.
기타 안전 기준 (제24조)	제21조부터 제23조까지 외의 동력수상레저기구의 복원성, 동력수상레저기구에 설치 또는 비치되는 물건 등 해양수산부령으로 정하는 사항은 해양경찰청장이 정하여 고시하는 성능 및 안전 기준에 적합하여야 한다.

제6절 │ 보 칙

내용	규정
과징금 (제25조)	① 해양경찰청장은 검사대행자가 제19조제1항제2호부터 제5호까지에 따른 사유에 해당하여 업무정지처분을 하여야 하는 경우로서 그 업무정지가 그 기관을 이용하는 자에게 심한 불편을 주거나 그 밖에 공익을 해칠 우려가 있다고 인정되면 업무정지처분에 갈음하여 1천만원 이하의 과징금을 부과할 수 있다. ② 제1항에도 불구하고 해양경찰청장은 검사대행자가 제1항에 따른 과징금 부과처분을 받고, 그 처분을 받은 날로부터 2년 이내에 다시 과징금 부과처분의 대상이 되는 위반행위를 한 경우에는 업무정지처분을 명하여야 한다. ③ 제1항에 따라 과징금을 부과하는 위반행위의 종류, 위반의 정도 등에 따른 과징금의 금액과 그 밖에 필요한 사항은 대통령령으로 정한다. ④ 해양경찰청장은 검사대행자가 제1항에 따른 과징금을 납부기한까지 내지 아니하면 국세강제징수의 예에 따라 징수한다.
수수료 (제26조)	① 다음 각호의 어느 하나에 해당하는 자는 해양수산부령으로 정하는 바에 따라 해양경찰청장 또는 시장·군수·구청장에게 수수료를 내야 한다. 1. 제6조, 제9조 및 제10조에 따라 등록·변경등록·말소등록 등을 신청하려는 자 2. 제7조제2항에 따라 등록원부 사본의 발급을 신청하려는 자 3. 제8조제1항에 따라 등록번호판을 받으려는 자

4. 제8조제2항에 따라 등록증 및 등록번호판의 재발급을 신청하려는 자
5. 제15조제1항에 따라 안전검사를 받으려는 자
② 다음 각호의 어느 하나에 해당하는 경우에는 검사대행자가 정하는 수수료를 검사대행자에게 내야 한다.
1. 제16조에 따라 안전검사증 및 안전검사필증을 재발급하는 경우
2. 제18조제1항에 따라 검사대행자가 안전검사 업무를 대행하는 경우
③ 제2항에 따라 검사대행자가 수수료를 정하거나 변경하려면 해양경찰청장의 승인을 받아야 한다.
④ 검사대행자가 제2항에 따라 수수료를 징수한 경우 그 수입은 검사대행자의 수입으로 한다.

청문 (제27조)	해양경찰청장은 제19조제1항에 따른 검사대행자의 지정취소, 업무정지 또는 제25조제1항에 따른 과징금 부과 처분을 하려면 청문을 하여야 한다.
권한의 위임 (제28조)	이 법에 따른 해양경찰청장의 권한은 대통령령으로 정하는 바에 따라 그 일부를 그 소속 기관의 장 또는 시장·군수·청장에게 위임할 수 있다.
벌칙 적용 시의 공무원 의제 (제29조)	검사대행자의 임직원 및 안전검사원은 「형법」 제127조 및 제129조부터 제132조까지의 규정을 적용할 때에는 공무원으로 본다.

제7절 | 벌 칙

내용	규정
벌칙 (제30조)	다음 각호의 어느 하나에 해당하는 자는 6개월 이하의 징역 또는 500만원 이하의 벌금에 처한다. 1. 제6조제1항을 위반하여 등록되지 아니한 동력수상레저기구를 운항한 자 2. 제14조제1항을 위반하여 시험운항허가를 받지 아니하고 동력수상레저기구를 운항한 자 3. 제15조제3항 본문을 위반하여 안전검사를 받지 아니하거나 검사에 합격하지 못한 동력수상레저기구를 운항한 자
양벌규정 (제31조)	법인의 대표자나 법인 또는 개인의 대리인, 사용인, 그 밖의 종업원이 그 법인 또는 개인의 업무에 관하여 제30조의 어느 하나에 해당하는 위반행위를 하면 그 행위자를 벌하는 외에 그 법인 또는 개인에게도 해당 조문의 벌금형을 과한다. 다만, 법인 또는 개인이 그 위반행위를 방지하기 위하여 해당 업무에 관하여 상당한 주의와 감독을 게을리하지 아니한 경우에는 그러하지 아니하다.
과태료 (제32조)	① 다음 각호의 어느 하나에 해당하는 자에게는 100만원 이하의 과태료를 부과한다.

1. 제6조제1항을 위반하여 동력수상레저기구를 취득한 날부터 1개월 이내에 등록신청을 하지 아니한 자
2. 제13조제2항을 위반하여 등록번호판을 부착하지 아니한 동력수상레저기구를 운항한 자
3. 정당한 사유 없이 제15조제1항을 위반하여 동력수상레저기구의 안전검사를 받지 아니한 수상레저사업자
4. 거짓이나 그 밖의 부정한 방법으로 제18조제1항에 따른 검사대행자로 지정을 받은 자
5. 제19조제1항제2호에 따라 고의 또는 중대한 과실로 사실과 다르게 안전검사를 한 자
6. 제20조를 위반하여 교육을 받지 아니한 사람
② 다음 각 호의 어느 하나에 해당하는 자에게는 50만원 이하의 과태료를 부과한다.
1. 제9조를 위반하여 변경등록을 하지 아니한 자
2. 제10조제2항에 따른 말소등록의 최고를 받고 그 기간 이내에 이를 이행하지 아니한 자
3. 제13조제1항을 위반하여 등록번호판을 부착하지 아니한 자
4. 제14조제3항을 위반하여 시험운항의 목적 및 운항구역을 준수하지 아니하거나, 안전장비를 비치 또는 보유하지 아니하고 동력수상레저기구를 운항한 자
5. 제14조제4항을 위반하여 시험운항허가증을 반납하지 아니한 자
6. 정당한 사유 없이 제15조제1항을 위반하여 동력수상레저기구의 안전검사를 받지 아니한 자(제32조제1항제3호에 해당되는 수상레저사업자는 제외한다)
7. 제17조를 위반하여 안전검사필증을 부착하지 아니한 자
8. 정당한 사유 없이 제22조제2항을 위반하여 무선설비를 작동하지 아니한 자
9. 정당한 사유 없이 제23조제2항을 위반하여 위치발신장치를 작동하지 아니한 자
③ 제1항 및 제2항에 따른 과태료는 대통령령으로 정하는 바에 따라 해수면의 경우에는 해양경찰청장, 지방해양경찰청장 또는 해양경찰서장이, 내수면의 경우에는 시장·군수·구청장이 부과·징수한다.
④ 제1항 및 제2항에 따른 과태료의 부과·징수, 재판 및 집행 등의 절차에 관한 사항은 「질서위반행위규제법」을 따른다.

제4장　수중레저활동의 안전 및 활성화 등에 관한 법률(수중레저법)

제1절 │ 총 론

1. 제정 배경

　스킨스쿠버다이빙 등 수중레저분야는 동호인이 약 30만 명에 이를 정도로 대중적인 해양레저스포츠로 각광을 받고 있으나 수중레저활동자 교육 기준 부재, 수중레저활동에 이용되는 선박 등 기구와 장비에 대한 안전기준 부재, 수중레저활동자 보호를 위한 항해금지 규정 등의 부재로 미출수사고, 선박 스크류에 의한 사망사고, 출수시 운항중인 다른 선박에 의한 충돌사고 등 인명사고가 매년 발생하고 있었다.

　또한 다이버를 운송하는 사업의 법적 근거 부재로 수중레저사업자는 등록없이 사업을 수행함에 따라 해양경찰 등 단속기관과 마찰을 빚었고, 수중레저활동자는 사고 시 제도권 내 보상을 받지 못하는 문제가 발생하였다.

　한편 다이버리조트 등 수중레저사업자와 어업인과의 갈등이 증가함에 따라 이에 대한 갈등해결기제 확보 필요성과 수중레저활동 활성화를 위한 정부지원사업 추진 및 법적 근거 마련이 필요했다.

2. 수중레저법

　「수중레저법」은 2016년 5월 제정되어 1년 후 시행되었다. 기존의 「수상레저안전법」이 수상에서 이루어지는 레저활활동을 규율하는 법인데 비해, 「수중레저법」은 수중에서 이루어지는 해양레저활동을 대상으로 하는 법이다.

　수상레저 안전관리의 주무기관은 해양경찰청이고, 수중레저 안전관리는 해양수산부가 주무기관이기 때문에 수상·수중레저활동 안전관리 기관이 이원화되고 있는 문제점이 있다. 현장에서 수중레저활동의 안전관리를 담당하는 기관과 주무기관이 다른데서 오는 국민불편과 수상과 수중레저활동을 구분하여 안전관리하는 것을 비효율적이라는 점 등을 고려하여 수중레저의 안전관리가 수상레저 안전관리의 일환으로서 이루어질 수 있도록 법·제도적 검토가 필요하다.

제2절 | 총 칙

내용	규정
목적 (제1조)	이 법은 수중레저활동의 안전과 질서를 확보하고 수중레저활동의 활성화 및 수중레저사업의 건전한 발전을 도모함을 목적으로 한다.
정의 (제2조)	1. "수중"이란 「수상레저안전법」 제2조제6호에 따른 해수면(「해수면」) 및 같은 조 제7호에 따른 내수면(「내수면」)의 밑을 말한다. 2. "수중레저활동"이란 수중에서 수중레저기구 또는 수중레저장비를 이용하여 취미·오락·체육·교육 등을 목적으로 이루어지는 스킨다이빙, 스쿠버다이빙 등 대통령령으로 정하는 활동을 말한다. 3. "수중레저활동자"란 수중레저활동을 하는 사람을 말한다. 4. "수중레저활동구역"이란 수중레저활동을 실시하는 지점으로부터 대통령령으로 정하는 일정 범위까지의 구역으로서 수중레저활동이 이루어지고 있는 구역을 말한다. 5. "수중레저기구"란 수중레저활동을 위하여 해수면, 내수면 또는 수중에서 이동하는 데에 이용되는 「선박법」에 따른 선박 및 「수상레저안전법」에 따른 동력수상레저기구를 말한다. 6. "수중레저장비"란 수중레저기구 외에 수중레저활동을 위하여 필요한 수경, 숨대롱, 공기통, 호흡기, 부력조절기 등의 장치나 설비로서 대통령령으로 정하는 것을 말한다. 7. "수중레저시설물"이란 수중레저기구의 안전을 확보하기 위하여 필요한 스크류망, 하강 사다리 등 대통령령으로 정하는 시설을 말한다. 8. "수중레저사업"이란 수중레저활동과 관련한 다음 각 목의 사업을 말한다. 가. 수중레저활동자에게 수중레저기구 또는 수중레저장비를 빌려주는 사업 나. 수중레저활동자를 수중레저기구에 태워서 운송하는 사업 다. 수중레저활동자에게 수중레저활동에 필요한 사항 등을 교육하는 사업 라. 가목부터 다목까지의 사업에 준하는 사업으로서 대통령령으로 정하는 사업 9. "수중레저사업자"란 수중레저사업을 하기 위하여 제15조에 따라 등록한 자를 말한다. 10. "수중레저교육자"란 안전한 수중레저활동을 위하여 수중레저활동자를 교육하고 안내하는 자로서 제11조제4항에 따른 자격을 갖춘 자를 말한다.
다른 법률과의 관계 (제3조)	수중레저활동에 관하여는 다음 각호의 법률에 특별한 규정이 있는 경우를 제외하고는 이 법에서 정하는 바에 따른다. 1. 「수상레저안전법」 2. 「유선 및 도선 사업법」

	3. 「체육시설의 설치 · 이용에 관한 법률」 4. 「낚시 관리 및 육성법」 5. 「연안사고 예방에 관한 법률」

※**시행령 제2조(수중레저활동)** 「수중레저활동의 안전 및 활성화 등에 관한 법률」(이하 "법"이라 한다) 제2조제2호에서 "스킨다이빙, 스쿠버다이빙 등 대통령령으로 정하는 활동"이란 스킨다이빙 및 스쿠버다이빙을 말한다.

※**시행령 제3조(수중레저활동구역)** 법 제2조제4호에서 "대통령령으로 정하는 일정 범위까지의 구역"이란 법 제9조제1항에 따른 표시를 설치한 곳까지의 구역을 말한다.

※**시행령 제4조(수중레저장비)** 법 제2조제6호에서 "대통령령으로 정하는 것"이란 다음 각 호의 장비를 말한다.
  1. 수경
  2. 숨대롱
  3. 공기통
  4. 호흡기
  5. 부력조절기
  6. 잠수복 및 잠수모
  7. 오리발
  8. 추
  9. 수중칼
  10. 호루라기
  11. 그 밖에 제1호부터 제10호까지의 수중레저장비와 비슷한 형태 또는 기능을 가진 것으로서 해양수산부장관이 정하여 고시하는 것

제3절 | 안전관리 및 준수의무

내용	규정
안전관리규정의 작성 · 시행 (제7조)	① 해양수산부장관은 수중레저활동 관련 사고를 예방하기 위하여 수중레저 안전관리규정(「안전관리규정」)을 작성하여 시행하여야 한다. ② 안전관리규정에는 다음 각호의 사항이 포함되어야 한다. 1. 수중레저장비 및 수중레저기구의 안전관리에 관한 사항 2. 수중레저장비 대여 및 수중레저기구의 이용에 관한 사항 3. 수중레저시설물의 안전관리에 관한 사항 4. 수중레저활동자의 운송 및 교육에 관한 사항 5. 그 밖에 수중레저활동자의 안전을 확보하기 위하여 해양수산부령으로 정하는 사항

수중레저활동자 준수의무 (제8조)	수중레저활동자는 다음 각호의 사항을 준수하여야 한다. 1. 「해사안전법」 제34조제3항에서 정하는 사항 2. 「수산자원관리법」 제18조에서 정하는 사항 3. 안전관리규정에 따라 인명안전에 필요한 수중레저장비를 착용할 것 4. 수중레저활동 중에 수중레저활동구역을 벗어나지 아니할 것
수중레저활동구역 표시 및 항해금지 (제9조)	① 수중레저사업자는 수중레저활동구역에 다른 선박 등이 해당 구역을 식별할 수 있도록 해양수산부령으로 정하는 표시를 설치하여야 한다. ② 모든 선박은 수중레저활동구역을 운항하여서는 아니 된다. 다만, 다음 각 호의 어느 하나에 해당하는 선박은 예외로 한다. 1. 인명이나 선박을 구조하기 위하여 수중레저활동구역에서 운항하는 선박 2. 군사작전을 수행 중이거나 해상치안 목적으로 수중레저활동구역에서 운항하는 선박 ③ 제2항 각 호의 어느 하나에 해당하는 선박의 경우에도 대통령령으로 정하는 바에 따라 수중레저활동자를 보호하기 위하여 안전하게 운항하도록 노력하여야 한다.
안전점검 (제10조)	① 해양수산부장관은 안전관리규정에 따라 수중레저사업장 내 수중레저기구, 수중레저장비 및 수중레저시설물 등(「수중레저기구등」)에 대한 안전점검을 실시하여야 한다. ② 해양수산부장관은 안전점검 결과 해당 수중레저기구등의 안전에 문제가 있는 경우에는 해양수산부령으로 정하는 바에 따라 수중레저기구등의 사용정지 또는 정비·원상복구 등을 명할 수 있다.
사업자의 조치 등 (제11조)	① 수중레저사업자는 안전한 수중레저활동을 위하여 다음 각호의 조치를 하여야 한다. 1. 수중레저기구와 수중레저장비, 그 밖에 해양수산부령으로 정하는 시설의 안전점검 2. 수중레저활동구역의 기상·해수면·내수면의 상태 확인 3. 수중레저활동 관련 사고가 발생하는 경우 구호조치 및 경찰관서·소방관서·해양경찰관서 등 관계 행정기관에 통보 4. 수중레저활동자에 대한 수중레저장비 착용조치 및 탑승 전 안전교육 5. 수중레저교육자의 사업장 내 배치 또는 수중레저기구 탑승 ② 제1항의 조치에 관하여 필요한 구체적인 사항은 해양수산부령으로 정한다. ③ 수중레저교육자 자격을 취득하려는 자는 수중레저장비의 이용 및 안전점검, 수중레저활동 관련 사고 시의 조치 등에 관한 교육을 받아야 한다. ④ 제3항에 따른 교육의 내용 등 수중레저교육자 자격에 관하여 필요한 구체적인 사항은 해양수산부령으로 정한다.
원거리 수중레저활동의 신고 등 (제12조)	① 출발항 또는 해안선으로부터 10해리 이상 떨어진 곳에서 수중레저활동을 하려는 자는 경찰관서나 해양경찰관서에 신고하여야 한다.

	② 수중레저사업에 종사하는 자 또는 수중레저활동자는 수중레저활동 관련 사고로 사람이 사망하거나 실종된 경우 또는 대통령령으로 정하는 중상을 입은 경우에는 지체 없이 경찰관서나 소방관서 또는 해양경찰관서 등 관계 행정기관의 장에게 신고하여야 한다. ③ 제2항에 따른 신고를 받은 관계 행정기관의 장은 인명구조 활동, 사고 수습 등을 위하여 필요한 조치를 하여야 한다. ④ 제1항 및 제2항에 따른 신고에 관한 절차, 방법 등에 필요한 사항은 대통령령으로 정한다.
수중레저활동의 제한 (제13조)	① 누구든지 해진 후 30분부터 해뜨기 전 30분까지는 수중레저활동을 하여서는 아니 된다. 다만, 해양수산부령으로 정하는 바에 따라 야간 안전장비 및 안전관리요원을 갖춘 수중레저기구등을 이용하는 경우에는 그러하지 아니하다. ② 해양수산부장관은 다음 각호의 어느 하나에 해당하는 경우에는 수중레저활동자에게 수중레저활동 시간의 제한을 명할 수 있다. 1. 수중레저활동구역 인근의 기상·해수면·내수면의 상태가 악화된 경우 2. 수중레저활동구역 인근에서 해양사고가 발생한 경우 3. 어망 등 해상장애물이 많은 경우 4. 그 밖에 수중레저활동의 안전을 위하여 필요하다고 인정하는 경우
수중레저활동 금지구역의 지정 등 (제14조)	① 해양수산부장관은 수중레저활동의 안전을 위하여 다음 각호의 어느 하나에 해당하는 경우에는 관계 지방자치단체의 장의 의견을 들어 수중레저활동 금지구역을 지정할 수 있다. 1. 유해물질이 유입된 구역의 경우 2. 유해생물이 출현하는 구역의 경우 3. 선박의 주 항로인 경우 4. 그 밖에 수중레저활동의 안전을 확보하기 곤란한 구역으로 인정하는 경우 ② 누구든지 제1항에 따라 지정된 금지구역에서 수중레저활동을 하여서는 아니 된다. ③ 해양수산부장관은 관계 기관과 협의를 거쳐 제1항에 따른 수중레저활동 금지구역의 지정을 해제할 수 있다.

※해사안전법 제34조(항로 등의 보전) ① 누구든지 항로에서 다음 각호의 어느 하나에 해당하는 행위를 하여서는 아니 된다.
  1. 선박의 방치
  2. 어망 등 어구의 설치나 투기
② 해양경찰서장은 제1항을 위반한 자에게 방치된 선박의 이동·인양 또는 어망 등 어구의 제거를 명할 수 있다.
③ 누구든지 「항만법」 제2조제1호에 따른 항만의 수역 또는 「어촌·어항법」 제2조제3호에 따른 어항의 수역 중 대통령령으로 정하는 수역에서는 해상교통의 안전에 장애가 되는 스킨다이빙, 스쿠버다이빙, 윈드서핑 등 대통령령으로 정하는 행위를 하여서는 아니 된다. 다만, 해상교통안전에 장애가 되지 아니한다고 인정되어 해양경찰

서장의 허가를 받은 경우와 「체육시설의 설치·이용에 관한 법률」 제20조에 따라 신고한 체육시설업과 관련된 해상에서 행위를 하는 경우에는 그러하지 아니하다.

④ 해양경찰서장은 제3항에 따라 허가를 받은 사람이 다음 각 호의 어느 하나에 해당하면 그 허가를 취소하거나 해상교통안전에 장애가 되지 아니하도록 시정할 것을 명할 수 있다. 다만, 제3호에 해당하는 경우에는 그 허가를 취소하여야 한다.

   1. 항로나 정박지 등 해상교통 여건이 달라진 경우
   2. 허가 조건을 위반한 경우
   3. 거짓이나 그 밖의 부정한 방법으로 허가를 받은 경우

⑤ 제3항에 따른 허가에 필요한 사항은 대통령령으로 정한다.

※수자원관리법 제18조(비어업인의 포획·채취의 제한) ① 「수산업법」 제2조제12호에서 정하는 어업인이 아닌 자는 해양수산부령으로 정하는 방법을 제외하고는 수산자원을 포획·채취하여서는 아니 된다.
② 「수산업법」 제2조제12호에 따른 어업인이 아닌 자는 제14조를 위반하여 수산자원을 포획·채취해서는 아니 된다.

제4절 │ 수중레저사업

내용	규정
수중레저사업의 등록 등 (제15조)	① 수중레저사업을 하려는 자는 해양수산부령으로 정하는 기준을 갖추어 해양수산부장관에게 등록하여야 한다. ② 등록을 한 수중레저사업자는 등록 사항에 변경이 있으면 해양수산부령으로 정하는 바에 따라 변경등록을 하여야 한다
수중레저사업 등록의 결격사유 (제16조)	다음 각호의 어느 하나에 해당하는 자는 수중레저사업 등록을 할 수 없다. 1. 미성년자, 피성년후견인, 피한정후견인 2. 이 법을 위반하여 금고 이상의 실형을 선고받고 그 집행이 끝나거나 집행이 면제된 날부터 2년이 지나지 아니한 자 3. 이 법을 위반하여 금고 이상의 형의 집행유예를 선고받고 그 유예기간 중에 있는 자 4. 제24조에 따라 등록이 취소(이 조 제1호에 해당하여 등록이 취소된 경우 제외)된 날부터 2년이 지나지 아니한 자
휴업·폐업 등의 신고 (제18조)	① 수중레저사업자가 등록된 사업기간 중에 휴업·폐업 또는 재개업하려는 경우에는 해양수산부령으로 정하는 바에 따라 해양수산부장관에게 신고하여야 한다. ② 휴업·폐업 또는 재개업의 신고를 받은 해양수산부장관은 수중레저사업장 소재지의 관할 세무서에 휴업·폐업 또는 재개업 사실을 통보하여야 한다.

이용요금 (제19조)	수중레저사업자는 탑승료·대여료 등 이용요금을 정하여 해양수산부령으로 정하는 바에 따라 해양수산부장관에게 신고한 후 사업장 안의 잘 보이는 장소에 게시하여야 한다. 신고한 사항을 변경하려는 경우에도 또한 같다.
교육 등 (제20조)	① 수중레저사업에 종사하는 자는 정기적으로 수중레저활동의 안전, 수중레저활동 관련 사고 시의 조치사항 등에 관한 교육을 받아야 한다. ② 제1항에 따른 교육의 시기·내용·방법 등에 관한 구체적인 사항은 해양수산부령으로 정한다.
수중레저사업자의 준수의무 등 (제21조)	① 수중레저사업자는 「선박안전법」, 「수상레저안전법」, 「어선법」에 따른 안전검사를 받은 수중레저기구만 수중레저활동에 이용할 수 있다. ② 수중레저활동자를 운송하는 수중레저기구에는 스크류망, 하강 사다리 등 해양수산부령으로 정하는 수중레저시설물을 설치하여야 한다. ③ 수중레저사업자는 다음 각호의 행위를 하여서는 아니 된다. 1. 보호자를 동반하지 아니한 14세 미만의 사람, 술에 취한 상태에 있는 사람, 정신질환자로 의심되는 사람으로서 자신 또는 타인의 안전을 해할 위험이 크다고 인정되는 사람(보호자가 동승하는 경우 제외), 말이나 행동이 수상하다고 인정되는 사람 또는 감염병환자에게 수중레저장비를 빌려주거나 수중레저기구를 태워주는 행위 2. 수중레저기구의 정원을 초과하여 태우는 행위 3. 게시한 이용요금 외의 금품을 요구하는 행위 4. 정당한 사유 없이 수중레저장비의 대여나 수중레저기구의 운항을 거부하는 행위 5. 수중레저기구 안에서 술을 판매·제공하거나 수중레저활동자가 수중레저기구 안으로 이를 반입하도록 허용하는 행위 6. 음란행위나 그 밖에 선량한 풍속을 해치는 행위 7. 수중레저활동이 제한된 시간에 영업을 하는 행위 8. 대통령령으로 정하는 폭발물·인화물질 등의 위험물을 수중레저활동자가 타고 있는 수중레저기구로 반입·운송하는 행위 9. 해수면, 내수면 또는 수중에 유류·분뇨·폐기물을 버리는 행위
영업의 제한 (제22조)	해양수산부장관은 다음 각호의 어느 하나에 해당하는 경우에는 수중레저사업자에게 영업시간의 제한 또는 영업의 일시정지를 명할 수 있다. 1. 수중레저활동구역 인근의 기상·해수면·내수면의 상태가 악화된 경우 2. 수중레저활동구역 인근에서 해양사고가 발생한 경우 3. 어망 등 해상장애물이 많은 경우 4. 그 밖에 수중레저활동의 안전을 위하여 필요하다고 인정하는 경우
자료 제출 등 (제23조)	해양수산부장관은 수중레저활동의 안전을 위하여 필요하다고 인정하면 수중레저사업자에게 관련 서류나 자료를 제출하게 할 수 있다.

수중레저사업의 등록취소 등 (제24조)	해양수산부장관은 다음 각호의 어느 하나에 해당하는 경우에는 해양수산부령으로 정하는 바에 따라 수중레저사업의 등록을 취소하거나 3개월의 범위에서 영업의 전부 또는 일부의 정지를 명할 수 있다. 다만, 제1호부터 제3호까지의 규정 중 어느 하나에 해당하면 수중레저사업의 등록을 취소하여야 한다. 1. 거짓이나 그 밖의 부정한 방법으로 등록을 한 경우 2. 제16조 각호의 어느 하나에 해당하게 된 경우 3. 「공유수면 관리 및 매립에 관한 법률」에 따른 공유수면의 점용 또는 사용 허가기간 만료 이후에도 사업을 계속한 경우 4. 수중레저사업자 또는 그 종사자의 고의 또는 중과실로 사람이 죽거나 다친 경우 5. 제15조제2항에 따라 변경등록을 하지 아니한 경우 6. 제19조부터 제22조까지 중 어느 하나에 해당하는 규정 또는 명령을 위반한 경우
과징금 (제25조)	① 해양수산부장관은 영업정지를 명하여야 하는 경우로서 영업정지가 이용자 등에게 심한 불편을 주거나 공익을 해칠 우려가 있는 경우에는 영업정지처분을 갈음하여 2천만원 이하의 과징금을 부과할 수 있다. ② 과징금을 부과하는 위반행위의 종류와 위반 정도 등에 따른 과징금의 금액 등에 관하여 필요한 사항은 대통령령으로 정한다. ③ 해양수산부장관은 과징금부과처분을 받은 자가 과징금을 기한 내에 납부하지 아니하는 때에는 국세 체납처분의 예에 따라 징수한다.

제5절 | 보 칙

내용	규정
수수료 (제26조)	제15조에 따라 수중레저사업의 등록 또는 변경등록을 신청하려는 자는 해양수산부령으로 정하는 바에 따라 해양수산부장관에게 수수료를 내야 한다.
청문 (제27조)	해양수산부장관은 제24조에 따라 수중레저사업의 등록을 취소하려면 청문을 하여야 한다.
권한의 위임 (제28조)	해양수산부장관은 이 법에 따른 권한의 일부를 대통령령으로 정하는 바에 따라 소속 기관의 장, 시·도지사 또는 시장·군수·구청장에게 위임할 수 있다.

제6절 | 벌 칙

내용	규정
벌칙 (제29조)	다음 각호의 어느 하나에 해당하는 자는 1년 이하의 징역 또는 1천만원 이하의 벌금에 처한다. 1. 제9조제2항을 위반하여 선박을 운항한 자 2. 제15조제1항을 위반하여 등록을 하지 아니하고 수중레저사업을 한 자 3. 제21조제3항제8호 또는 제9호를 위반한 수중레저사업자 4. 제24조에 따른 영업정지기간에 영업을 한 수중레저사업자
벌칙 (제30조)	다음 각호의 어느 하나에 해당하는 자는 6개월 이하의 징역 또는 5백만원 이하의 벌금에 처한다. 1. 제9조제1항을 위반한 수중레저사업자 2. 제10조제2항에 따른 사용정지 또는 정비·원상복구의 명령을 위반한 수중레저사업자 3. 제11조에 따른 조치를 하지 아니한 자 4. 제15조제2항에 따른 변경등록을 하지 아니하고 수중레저사업을 한 자 5. 제21조제1항 또는 제2항에 따른 수중레저활동에 이용되는 수중레저기구의 안전검사, 수중레저시설물의 설치의무를 위반한 수중레저사업자 6. 제22조에 따른 영업시간의 제한 또는 영업의 일시정지 명령을 위반한 수중레저사업자
양벌규정 (제31조)	법인의 대표자나 법인 또는 개인의 대리인, 사용인, 그 밖의 종업원이 그 법인 또는 개인의 업무에 관하여 제29조 또는 제30조의 위반행위를 하면 그 행위자를 벌하는 외에 그 법인 또는 개인에게도 해당 조문의 벌금형을 과한다. 다만, 법인 또는 개인이 그 위반행위를 방지하기 위하여 해당 업무에 관하여 상당한 주의와 감독을 게을리하지 아니한 경우에는 그러하지 아니하다.
과태료 (제32조)	① 다음 각호의 어느 하나에 해당하는 자에게는 100만원 이하의 과태료를 부과한다. 1. 제12조제1항 또는 제2항을 위반하여 신고를 하지 아니한 자 2. 제13조를 위반하여 수중레저활동을 한 자 3. 제14조제2항을 위반하여 수중레저활동 금지구역에서 수중레저활동을 한 자 4. 제20조제1항을 위반하여 교육을 받지 아니한 자 5. 제23조에 따른 서류나 자료를 제출하지 아니하거나 거짓의 서류 또는 자료를 제출한 수중레저사업자 ② 다음 각호의 어느 하나에 해당하는 자에게는 50만원 이하의 과태료를 부과한다.

	1. 제8조제3호를 위반하여 수중레저장비를 착용하지 아니한 자 2. 제8조제4호를 위반하여 수중레저활동 중에 수중레저활동구역을 벗어난 자 3. 제18조제1항을 위반하여 휴업·폐업·재개업 신고를 하지 아니한 자 ③ 제1항 및 제2항에 따른 과태료는 대통령령으로 정하는 바에 따라 해양수산부장관이 부과·징수한다.

제5장 유선 및 도선 사업법

제1절 │ 총 론

고기잡이나 관광 등을 목적으로 사람을 태우거나 선박을 대여하는 행위를 규율하는 「유선영업법단속법」과 일정한 구간에서 선박으로 화물이나 승객을 운송하는 도선사업을 규율하는 「도선업단속법」을 통합하여 「유선 및 도선 사업법」이 만들어졌다.

「유선 및 도선사업법」의 제정으로 종래 관할경찰서장에게 신고하던 유선 및 도선영업을 시장·군수에게 신고하도록 하였으며, 인명구조요원의 배치등을 의무화함으로써 유선 및 도선의 안전사고 방지와 인명구조상의 미비점을 보완하였다. 1980년 4월 1일에 제정되어 동년 4월 5일에 시행되었다. 이후 40여 차례의 개정이 이루어졌다.

제2절 │ 총 칙

내용	규정
정의 (제2조)	1. "유선사업"이란 유선 및 유선장을 갖추고 수상에서 고기잡이, 관광, 그 밖의 유락을 위하여 선박을 대여하거나 유락하는 사람을 승선시키는 것을 영업으로 하는 것으로서 「해운법」을 적용받지 아니하는 것을 말한다. 2. "도선사업"이란 도선 및 도선장을 갖추고 내수면 또는 대통령령으로 정하는 바다목에서 사람을 운송하거나 사람과 물건을 운송하는 것을 영업으로 하는 것으로서 「해운법」을 적용받지 아니하는 것을 말한다. 3. "유선장" 및 "도선장"이란 유선 및 도선(「유·도선」)을 안전하게 매어 두고 승객이 승선·하선을 할 수 있게 한 시설과 승객 편의시설을 말한다.

	4. "수상"이란 내수면과 해수면을 말한다. 5. "내수면"이란 하천, 댐, 호수, 늪, 그 밖에 인공으로 조성된 담수와 기수의 수류 또는 수면을 말한다. 6. "해수면"이란 바다의 수류나 수면을 말한다.
적용배제 (제2조의2)	이 법은 다음 각호의 경우에는 적용하지 아니한다. 1. 「수상레저안전법」에 따른 수상레저사업 및 그 사업과 관련된 수상에서의 행위를 하는 경우 2. 「체육시설의 설치·이용에 관한 법률」에 따른 체육시설업 및 그 사업과 관련된 수상에서의 행위를 하는 경우 3. 「낚시 관리 및 육성법」에 따른 낚시어선업 및 그 사업과 관련된 수상에서의 행위를 하는 경우 4. 「마리나항만의 조성 및 관리 등에 관한 법률」에 따른 마리나업 및 그 사업과 관련된 수상에서의 행위를 하는 경우 5. 「수중레저활동의 안전 및 활성화 등에 관한 법률」에 따른 수중레저사업 및 그 사업과 관련된 수상에서의 행위를 하는 경우 6. 「항로표지법」에 따른 항로표지(사설항로표지를 포함한다)의 설치·관리, 위탁관리업 및 그 사업과 관련된 수상에서의 행위를 하는 경우
사업의 면허 또는 신고 (제3조)	① 유선사업 및 도선사업(「유·도선사업」)을 하려는 자는 대통령령으로 정하는 유·도선의 규모 또는 영업구역에 따라 다음 각 호의 구분에 따른 관할관청의 면허를 받거나 관할관청에 신고하여야 한다. 면허 또는 신고사항을 변경하려는 경우에도 또한 같다. 1. 유선장 및 도선장(「유·도선장」) 또는 영업구역이 내수면과 해수면에 걸쳐 있거나 둘 이상의 특별시·광역시·특별자치시·도 또는 특별자치도(「시·도」)에 걸쳐 있는 경우: 해당 유·도선을 주로 매어두는 장소를 관할하는 특별시장·광역시장·특별자치시장·도지사 또는 특별자치도지사(「시·도지사」) 또는 지방해양경찰청장 2. 영업구역이 내수면인 경우: 특별자치도지사·시장·군수·구청장(「시장·군수·구청장」). 다만, 영업구역이 둘 이상의 특별자치도·시·군·구(「시·군·구」)의 관할구역에 걸쳐 있고 운항거리가 5해리 이상인 경우에는 시·도지사, 운항거리가 5해리 미만인 경우에는 해당 유·도선을 주로 매어두는 장소를 관할하는 시장·군수·구청장 3. 영업구역이 해수면인 경우: 해당 유·도선을 주로 매어두는 장소를 관할하는 해양경찰서장 4. 서울특별시의 한강에서 운항하는 유·도선의 경우: 서울특별시의 한강 관리에 관한 업무 중 유·도선에 관한 업무를 관장하는 기관의 장 ② 면허신청 또는 신고를 받은 관할관청(「관할관청」)은 유·도선사업의 면허를 발급하거나 신고를 수리할 때에 그 영업구역이 내수면과 해수면에 걸쳐 있거나 둘 이상의 시·도 또는 시·군·구에 걸쳐 있는 경우에는 관계 시·도지사나 시장·군수·구청장 또는 지방해양경찰청장이나 해양

	경찰서장과 미리 협의하여야 하며, 유·도선장이 「자연공원법」 제2조제5호에 따른 공원구역 안에 있는 경우에는 공원관리청과 미리 협의하여야 한다. ③ 관할관청은 제1항 각호 외의 부분 전단에 따른 신고를 받은 날부터 7일 이내, 같은 항 각 호 외의 부분 후단에 따른 변경신고를 받은 날부터 5일 이내에 신고수리 여부를 신고인에게 통지하여야 한다. ④ 관할관청은 제3항에 따른 기간 이내에 수리여부를 통지할 수 없을 때에는 그 기간이 끝나는 날의 다음 날부터 기산하여 제1항 각호 외의 부분 전단에 따른 신고의 경우 7일, 같은 항 각호 외의 부분 후단에 따른 변경신고의 경우 5일의 범위에서 기간을 연장할 수 있다. 이 경우 관할관청은 연장된 사실과 연장 사유를 신청인에게 지체 없이 문서(전자문서를 포함한다)로 통지하여야 한다. ⑤ 관할관청은 유·도선사업의 면허를 발급하거나 신고를 수리하였을 때에는 그 내용을 관계 시·도지사나 시장·군수·구청장 또는 지방해양경찰청장이나 해양경찰서장, 공원관리청, 경찰서장, 지방해양항만관서의 장과 「도로법」 제23조에 따른 도로관리청(도선사업만 해당한다) 및 그 밖에 대통령령으로 정하는 관계 기관에 각각 통보하여야 한다. ⑥ 관할관청은 제1항에 따라 면허를 발급할 때에 유·도선의 안전강화 및 편의시설 확보 등을 위하여 행정안전부령 또는 해양수산부령으로 정하는 바에 따라 필요한 조건을 붙일 수 있다.
「관광진흥법」에 따른 관광사업 등록 의제 (제3조의2)	① 유선사업을 하려는 자로서 「관광진흥법」 제3조제1항제3호에 따른 관광객 이용시설업 중 유선사업과 관련된 업(「일반관광유람선업」)을 하려는 자는 유선사업의 면허를 신청하거나 신고를 할 때 「관광진흥법」 제4조에 따라 일반관광유람선업의 등록에 필요한 서류를 함께 제출할 수 있다. ② 관할관청은 제1항에 따른 신청이나 신고를 받은 경우 유선사업의 면허를 발급하거나 신고를 수리하기 전에 일반관광유람선업 등록 관계 행정기관의 장과 협의하여야 하며, 협의를 요청받은 관계 행정기관의 장은 대통령령으로 정하는 기간 내에 의견을 제출하여야 한다. ③ 제2항에 따른 협의가 완료된 경우 유선사업의 면허를 발급받은 자나 신고가 수리된 자(「유·도선사업자」)는 「관광진흥법」 제4조제1항에 따라 일반관광유람선업의 등록을 한 것으로 본다. ④ 제2항에 따른 협의를 한 관할관청은 유선사업의 면허를 발급하거나 신고를 수리한 경우 그 결과를 지체 없이 해당 관계 행정기관의 장에게 통보하여야 한다.
시설기준 등 (제4조)	유·도선사업자는 사업의 종류별로 대통령령으로 정하는 기준에 적합한 선박과 시설·장비·인력을 갖추고 이를 유지·관리하여야 한다.
면허의 기준 (제4조의2)	① 관할관청은 유·도선사업의 면허를 하려는 때에는 다음 각호에 적합한지를 심사하여야 한다. 면허를 변경하려는 경우에도 또한 같다.

	1. 유·도선사업 면허 신청자가 보유한 유선 또는 도선의 선령이 대통령령으로 정한 기준에 적합할 것 2. 유·도선사업 면허 신청자가 보유한 선박과 시설·장비·인력이 제4조의 시설기준에 적합할 것 ② 관할관청은 유·도선사업을 신고하려는 자가 보유한 선박의 선령이 제1항제1호의 기준에 적합하지 아니한 경우에는 그 신고를 수리하여서는 아니 된다. 변경신고를 수리하는 경우에도 또한 같다.
면허 또는 신고의 유효기간 (제5조)	① 제3조에 따른 유선사업의 면허 또는 신고의 유효기간은 10년으로 하되, 연중 한시적으로 영업하는 경우에는 해당 연도로만 하며, 도선사업의 면허 또는 신고의 유효기간은 영구로 하되, 연중 한시적으로 영업하는 경우에는 5년으로 한다. ② 면허 또는 신고의 유효기간이 지난 후 계속하여 사업을 하려는 자는 행정안전부령 또는 해양수산부령으로 정하는 바에 따라 면허를 갱신받거나 신고를 갱신하여야 한다. ③ 관할관청은 갱신신고를 받은 날부터 5일 이내에 신고수리 여부를 신고인에게 통지하여야 한다. ④ 관할관청이 제3항에서 정한 기간 내에 신고수리 여부 또는 민원 처리 관련 법령에 따른 처리기간의 연장을 신고인에게 통지하지 아니하면 그 기간이 끝난 날의 다음 날에 신고를 수리한 것으로 본다.
유·도선사업의 휴업·폐업 등 (제7조)	① 유·도선사업자는 다음 각호의 어느 하나에 해당하는 경우 행정안전부령 또는 해양수산부령으로 정하는 바에 따라 미리 관할관청에 신고하여야 한다. 1. 사업을 휴업 또는 폐업하거나 선박의 일부를 운항중단하려는 경우 2. 휴업기간 또는 운항중단기간 중 사업 또는 운항을 재개하려는 경우 ② 관할관청은 제1항에 따른 신고(폐업신고의 경우는 제외한다)를 받은 날부터 3일 이내에 신고수리 여부를 신고인에게 통지하여야 한다. ③ 관할관청이 제2항에서 정한 기간 내에 신고수리 여부 또는 민원 처리 관련 법령에 따른 처리기간의 연장을 신고인에게 통지하지 아니하면 그 기간이 끝난 날의 다음 날에 신고를 수리한 것으로 본다. ④ 폐업신고가 신고서의 기재사항 및 첨부서류에 흠이 없고, 법령 등에 규정된 형식상의 요건을 충족하는 경우에는 신고서가 접수기관에 도달된 때에 신고 의무가 이행된 것으로 본다. ⑤ 휴업의 경우 휴업기간은 도선의 경우는 계속하여 6개월, 유선의 경우는 계속하여 1년을 넘을 수 없다.
영업구역 및 영업시간 등 (제8조)	① 유·도선의 영업구역은 선박의 톤수 및 성능에 따라 대통령령으로 정한다. ② 유·도선의 영업시간은 해 뜨기 전 30분부터 해 진 후 30분까지로 한다. 다만, 대통령령으로 정하는 바에 따라 야간운항에 필요한 조명시설

	등 안전운항 시설과 장비를 갖춘 경우에는 해뜨기 전 30분 이전 또는 해진 후 30분 이후에도 영업을 할 수 있다. ③ 제1항과 제2항은 다음 각 호의 어느 하나에 해당하는 경우에는 적용하지 아니한다. 1. 응급환자가 발생한 경우 2. 공공 목적으로 운항이 필요한 경우 ④ 유·도선은 기상특보(「기상법」 제14조에 따른 기상특보를 말한다. 이하 같다) 발효 시 운항할 수 없다. ⑤ 제4항에도 불구하고 「선박안전법」 제8조제3항에 따른 항해구역 중 평수구역(평수구역이 없는 해수면의 경우에는 대통령령으로 정하는 범위의 해수면을 말한다)에서 운항하는 유·도선은 행정안전부령 또는 해양수산부령으로 정하는 기준 및 절차에 따라 기상특보(대통령령으로 정하는 기상특보에 한정한다) 발효 시에도 운항할 수 있다. ⑥ 시장·군수·구청장 또는 해양경찰서장은 제5항에 따라 운항이 허용된 경우에도 해당 영업구역의 실제 기상상태를 확인하여 안전운항에 지장이 있다고 판단할 때에는 유·도선의 운항을 제한할 수 있다.
행정처분 (제9조)	① 관할관청은 유·도선사업자가 다음 각 호의 어느 하나에 해당하면 그 사업의 면허를 취소하거나 그 사업의 폐쇄 또는 3개월 이내의 기간을 정하여 그 사업의 일부 또는 전부의 정지를 명할 수 있다. 다만, 제1호·제2호 및 제8호에 해당하는 경우에는 그 사업의 면허를 취소하여야 한다. 1. 제6조제1항 각호의 어느 하나에 해당하게 된 경우. 다만, 다음 각목의 어느 하나에 해당하는 경우는 제외한다. 　가. 법인이 제6조제1항제5호에 해당하는 경우에 6개월 이내에 그 임원을 교체하여 임명한 경우 　나. 유·도선사업자의 상속인이 제6조제1항제1호부터 제4호까지의 어느 하나에 해당하는 경우에 피상속인이 사망한 날부터 6개월 이내에 유·도선사업을 다른 사람에게 양도한 경우 2. 거짓이나 그 밖의 부정한 방법으로 면허를 받은 사실이 드러난 경우 2의2. 「공유수면 관리 및 매립에 관한 법률」에 따른 공유수면의 점용 또는 사용 허가기간의 만료, 「하천법」에 따른 하천점용허가 유효기간의 만료, 「농어촌정비법」에 따른 농업생산기반시설이나 용수의 사용기간의 만료 및 「어촌·어항법」에 따른 어항시설의 점용 또는 사용 허가기간이 만료된 경우. 다만, 공유수면 등의 점용 또는 사용 허가기간의 연장과 관련하여 법적인 분쟁(행정심판 또는 행정소송)이 있는 경우에는 처분을 유예하여야 한다. 3. 유·도선사업자, 선원(인명구조요원을 포함한다. 이하 같다), 그 밖의 종사자의 고의 또는 중대한 과실이나 주의의무 태만 등으로 인하여 안전사고가 발생한 경우 4. 사고를 당한 피해자에게 정당한 사유 없이 필요한 보호조치를 하지

아니하거나 피해보상을 하지 아니한 경우

5. 「선박안전법」, 「선박법」, 「선박직원법」, 「물환경보전법」, 「해양환경 관리법」, 그 밖의 관계 법령을 위반한 경우

6. 제3조제1항, 제3조의3제3항, 제7조제1항, 제32조제1항, 제34조제1항·제2항에 따른 신고를 하지 아니하거나 거짓이나 그 밖의 부정한 방법으로 신고를 한 경우

7. 제27조 각 호에 따른 명령을 이행하지 아니한 경우

7의2. 제12조제3항 또는 제16조제3항을 위반하여 유선 또는 도선을 조종한 경우

8. 제4조의2제1항제1호에 따른 선령 기준에 미달하게 된 경우

② 제1항에 따라 지방해양경찰청장 또는 해양경찰서장이 도선사업의 면허를 취소하거나 폐쇄 또는 정지를 명하려면 미리 관계 시·도지사 또는 시장·군수·구청장과 협의하여야 한다.

③ 제1항에 따른 행정처분의 세부기준은 행정안전부령 또는 해양수산부령으로 정한다.

④ 제3조의3에 따른 유·도선사업의 승계가 있는 경우 종전의 유·도선사업자에 대한 제1항 각호의 어느 하나의 위반을 사유로 한 행정처분의 효과는 그 처분기간이 끝나는 날까지 유·도선사업자의 지위를 승계한 자에게 승계되며, 행정처분의 절차가 진행 중일 때에는 유·도선사업자의 지위를 승계한 자에 대하여 그 절차를 계속 진행할 수 있다.

과징금 처분 (제9조의2)	① 관할관청은 제9조제1항에 따라 도선사업자에 대하여 사업정지를 명하는 경우로서 그 사업정지가 국민에게 심한 불편을 주거나 그 밖에 공익을 해칠 우려가 있을 때에는 사업정지처분을 갈음하여 1천만원 이하의 과징금을 부과할 수 있다. ② 과징금을 부과하는 위반행위의 종류, 위반 정도 등에 따른 과징금의 금액과 그 밖에 필요한 사항은 행정안전부령 또는 해양수산부령으로 정한다. ③ 관할관청은 제1항에 따른 과징금을 내야 하는 자가 납부기한까지 내지 아니하면 국세 체납처분의 예 또는 「지방행정제재·부과금의 징수 등에 관한 법률」에 따라 징수한다.

※**시행령 제5조(시설기준)** ① 법 제4조에 따른 유선사업의 선박기준 및 시설·장비·인력 기준은 다음 각호와 같다.
1. 선박기준: 「선박안전법」 제26조에 따른 선박시설기준에 적합한 선박을 갖출 것. 다만, 「선박안전법」을 적용받지 아니하는 경우에는 제12조에 따른 안전검사를 받은 선박이어야 한다.
2. 시설·장비·인력 기준: 다음 각 목의 기준에 적합할 것
    가. 제17조에 따른 인명구조용 장비의 기준과 시설기준에 맞는 장비와 시설을 갖출 것
    나. 「선박직원법」에 적합한 선원을 배치할 것. 다만, 「선박직원법」을 적용받지 아니하는 경우에는 행정안전부령 또는 해양수산부령으로 정하는 기준에 적합한 선원을 배치하여야 한다.
    다. 제20조에 따른 인명구조요원을 배치할 것
② 법 제4조에 따른 도선사업의 선박기준 및 시설·장비·인력 기준은 다음 각호와 같다.

1. 선박기준: 제1항제1호에 따른 선박을 갖출 것
2. 시설·장비·인력 기준: 다음 각 목의 기준에 적합할 것
    가. 제18조에 따른 인명구조용 장비의 기준과 시설기준에 맞는 장비와 시설을 갖출 것
    나. 제1항제2호나목에 따른 선원을 배치할 것
    다. 제20조에 따른 인명구조요원을 배치할 것

※**시행령 제6조(유선 또는 도선의 선령기준)** 법 제4조의2제1항제1호에서 "대통령령으로 정한 기준"이란 별표 1에 따른 유선 또는 도선의 선령 기준을 말한다.

[별표1] 유선 또는 도선의 선령기준(제6조 관련) 〈개정 2017. 7. 26〉

1. 선령의 일반 기준
    가. 「선박안전법」의 적용을 받는 유선 또는 도선(각각 비상구조선을 포함한다. 이하 이 표에서 같다): 20년 이하
    나. 「선박안전법」의 적용을 받지 않는 유선 또는 도선: 다음의 구분에 따른 선령
        1) 목선(木船) 및 합성수지선: 15년 이하
        2) 강선(鋼船): 20년 이하
2. 선령의 연장 기준
    가. 제1호가목에 따른 선령기준의 적용을 받는 유선 또는 도선이 그 선령기준을 초과한 경우로서 다음의 구분에 따른 요건을 갖춘 경우에는 5년의 범위에서 1년 단위로 그 선령을 연장할 수 있다.
        1) 선령이 20년 초과 25년 이하인 유선 또는 도선: 행정안전부장관이 정하여 고시하는 선박검사기준(이하 "선박검사기준"이라 한다)에 따라 관할관청이 검사를 의뢰하는 검사기관(이하 "검사기관"이라 한다)에서 검사를 실시한 결과 안전운항에 지장이 없는 것으로 판정되었을 것
        2) 선령이 25년을 초과한 유선 또는 도선(목선인 유선 또는 도선 및 합성수지선인 유선 또는 도선은 제외한다): 선박검사기준에 따라 검사기관에서 검사를 실시한 결과 및 행정안전부장관이 정하여 고시하는 선박관리평가기준에 따른 선박 평가 결과 안전운항에 지장이 없는 것으로 판정되었을 것
    나. 제1호나목에 따른 선령기준의 적용을 받는 유선 또는 도선(목선인 유선 또는 도선은 제외한다)이 그 선령기준을 초과한 경우로서 법 제20조제1항에 따른 안전검사 결과 안전운항에 지장이 없는 것으로 판정된 경우에는 10년의 범위에서 1년 단위로 그 선령을 연장할 수 있다.
3. 선령의 계산 방법
제1호 및 제2호에 따른 선령은 해당 선박을 진수(進水)한 날부터 계산한다. 다만, 진수한 날을 알 수 없으면 진수한 달의 1일부터, 진수한 달을 알 수 없으면 진수한 해의 1월 1일부터 계산한다.

※**시행령 제7조(영업구역)** ① 법 제8조제1항에 따른 유·도선의 영업구역은 다음 각호와 같다.
1. 「선박안전법」을 적용받는 유·도선의 경우에는 선박검사 시에 정해진 항해구역 내에서 관할관청이 지정한 구역 또는 거리 이내
2. 「선박안전법」을 적용받지 아니하는 유·도선의 경우에는 제13조에 따른 안전검사 시에 정해진 구역 또는 거리 이내
② 제1항 각 호에 따른 유·도선의 영업구역 내에 중간 기착지를 정하는 경우에는 다음 각 호의 요건을 갖추어야 한다.
1. 중간 기착지로 인하여 「해운법」에 따른 해상운송여객사업자의 영업권을 침해할 우려가 없을 것

2. 유선사업의 경우 중간 기착지로 인하여 사람을 운송하거나 사람과 물건을 운송하는 목적으로 이용될 우려가 없을 것

제3절 │ 유선사업

내용	규정
승선정원의 기준 (제11조)	관할관청은 행정안전부령 또는 해양수산부령으로 정하는 바에 따라 유선 중 「선박안전법」을 적용받지 아니하는 유선의 승선 정원을 정한다.
유선사업자 등의 안전운항 의무 (제12조)	① 유선사업자와 선원은 선박의 안전을 점검하고 기상 상태를 확인하는 등 안전운항에 필요한 조치를 하여야 하며, 승객에게 위해가 없도록 수면의 상황에 따라 안전하게 유선을 조종하도록 하여야 한다. ② 유선사업자와 선원은 다음 각호의 안전에 관한 사항을 매뉴얼로 작성하여 유선장 및 행정안전부령 또는 해양수산부령으로 정하는 유선의 선실이나 통로에 비치하고 출항하기 전에 승객에게 영상물 상영 또는 방송 등을 통하여 안내하여야 한다. 1. 안전한 승선·하선의 방법 2. 선내 위험구역 출입금지에 관한 사항 3. 인명구조장비의 위치 및 사용법 4. 유사 시 대처요령 5. 그 밖에 필요하다고 인정되는 안전에 관한 사항 ③ 유선사업자와 선원은 음주, 약물중독, 그 밖의 사유로 정상적인 조종을 할 수 없는 우려가 있는 경우에는 유선을 조종하여서는 아니 된다. 이 경우 음주로 정상적인 조종을 할 수 없는 우려가 있는 경우란 「해사안전법」 제41조제5항에 따른 술에 취한 상태를 말한다. ④ 유선사업자와 선원은 안전운항을 위하여 필요한 경우 및 대통령령으로 정하는 소형 유선의 경우에는 승객 등 승선자 전원에게 구명조끼를 착용하도록 하여야 한다. ⑤ 유선사업자, 선원, 그 밖의 종사자는 유선 및 유선장에서 다음 각호의 행위를 하여서는 아니 된다. 1. 보호자를 동반하지 아니한 14세 미만의 사람, 술에 취한 사람(제6호 단서에 따른 유선에 승선하는 경우는 제외한다), 「정신건강증진 및 정신질환자 복지서비스 지원에 관한 법률」 제3조제1호에 따른 정신질환자로 의심되는 사람으로서 자신 또는 타인의 안전을 해할 위험이 크다고 인정되는 사람(보호자가 동승하는 경우에는 제외한다), 말이나 행동이 상당히 수상하다고 의심되는 사람 또는 「감염병의 예방 및 관리에 관한 법률」 제2조제13호에 따른 감염병환자에게 유선을 대여하거나 승선하게 하는 행위

	2. 정원을 초과하여 승선하게 하는 행위 3. 요금 외의 금품을 요구하는 행위 4. 정당한 사유 없이 운항을 기피하는 행위 5. 무리하게 승선을 권유하거나 정당한 사유 없이 승선 또는 선박 대여를 거부하는 행위 6. 유선 내에서 주류를 판매하거나 제공하는 행위 또는 유선 내에 주류를 반입하게 하는 행위. 다만, 「관광진흥법」에 따라 등록(일반관광유람선업 등록이 의제된 경우를 포함한다)한 관광유람선과 대통령령으로 정하는 유선의 경우에는 그러하지 아니하다. 7. 도박, 고성방가 또는 음란행위 등 공공질서와 선량한 풍속을 해치는 행위 8. 영업시간 외에 항행하거나 영업구역 외 또는 항행구역(배를 매어두는 장소와 영업구역이 격리되어 있는 경우의 그 구간을 말한다) 외에서 항행하는 행위 9. 대통령령으로 정하는 폭발물·인화물질 등 위험물을 일반 승객과 함께 반입하거나 운송하는 행위(위험물 보관시설 등 격리시설을 설치하여 선원 등 종사자가 안전하게 관리할 수 있는 경우는 제외한다) 10. 수상에 유류·분뇨·폐기물을 버리는 행위 11. 유선의 운항 중 구명조끼, 구명부환, 구명줄 등 인명구조용 장비나 설비에 잠금장치를 하는 행위
유선 승객의 준수사항 (제13조)	① 유선의 승객은 안전수칙을 준수하고, 운항질서의 유지 및 위해방지를 위한 주의를 다하여야 한다. ② 유선의 승객은 다음 각호의 행위를 하여서는 아니 된다. 1. 정원을 초과하여 승선을 요구하는 행위 2. 유선사업자, 선원, 그 밖의 종사자의 구명조끼 착용 지시나 그 밖에 안전운항 및 위해방지를 위한 주의사항 또는 지시를 위반하는 행위 3. 유선 내에서 술을 마시거나 그 밖에 선내의 질서를 어지럽히는 행위 4. 인명구조용 장비나 그 밖의 유선 설비를 파손하여 그 효용을 해치는 행위 5. 제12조제5항제7호 또는 제9호에 해당하는 행위 6. 조타실, 기관실 등 선장이 지정하는 승객출입 금지장소에 선장 또는 그 밖의 종사자의 허락 없이 출입하는 행위 ③ 승객이 유선을 빌려 스스로 유선을 조종하는 경우에 그 승객에 대하여는 제12조제3항, 같은 조 제5항제6호 및 제8호를 준용한다. ④ 승객이 유선을 빌려 스스로 조종하는 경우에 해당 유선을 조종하는 승객은 유선장과 연락 가능한 통신장비를 휴대하고 연락체계를 유지하여야 한다.

※시행규칙 제13조(승선정원 등 기준) ① 법 제11조에 따른 유선의 승선정원과 법 제14조에 따른 도선의 승선정원은 승객 및 선원이 안전하게 탑승할 수 있는 장소의 제곱미터 단위의 면적을 0.35제곱미터로 나눈 값으로 한다.

② 도선에 사람과 화물을 함께 싣는 경우에는 화물 55킬로그램을 승선 인원 1명으로 계산한다.

③ 관할관청은 다음 각호의 어느 하나에 해당하는 경우에는 제1항 및 제2항에도 불구하고 안전운항과 승객수송에 지장이 없다고 인정하는 범위까지 승선정원을 줄일 수 있다.

  1. 제1항 및 제2항의 기준에 따른 승선정원이 선박의 안전운항에 지장을 준다고 인정하는 경우

  2. 유·도선사업자가 제1항 및 제2항의 기준에 따른 승선 정원보다 적은 인원의 승선정원을 신청하는 경우

※시행규칙 제15조(도선의 적재 중량 등 산정기준) ① 법 제14조에 따른 도선의 적재 중량 및 용량의 산정기준은 다음 각 호와 같다.

  1. 적재 중량: 선박의 길이·너비·깊이를 미터 단위로 측정하고 이를 서로 곱하여 얻은 수의 10분의 7에 0.39를 곱하여 얻은 값으로 하되, 그 단위는 톤으로 한다.

  2. 적재 용량: 선박의 길이·너비·깊이를 미터 단위로 측정하고 이를 서로 곱하여 얻은 수의 10분의 7에 0.5를 곱하여 얻은 값으로 하되, 그 단위는 세제곱미터로 한다.

② 관할관청은 제1항의 기준에 따른 적재 중량 및 용량이 선박의 안전운항에 지장을 준다고 인정하는 경우에는 제1항에도 불구하고 안전운항에 지장이 없다고 인정하는 범위까지 적재 중량 및 용량을 줄일 수 있다.

제4절 | 도선사업

내용	규정
승선 정원, 적재 중량 등의 기준 (제14조)	관할관청은 행정안전부령 또는 해양수산부령으로 정하는 바에 따라 도선 중 「선박안전법」을 적용받지 아니하는 도선의 승선 정원 및 적재 중량과 용량을 정한다.
운항 준비 및 운항 거부의 금지 (제15조)	① 도선사업자는 영업시간 중 언제든지 도선을 운항할 수 있도록 필요한 준비를 하여야 한다. ② 도선사업자는 다음 각호의 어느 하나에 해당하는 경우를 제외하고는 승객의 출선 요구를 거부하거나 출선을 지연시켜서는 아니 된다. 1. 폭풍우, 홍수, 그 밖의 사유로 운항이 위험한 경우 2. 해당 운항이 공공의 안녕질서에 반하는 경우 3. 선체의 고장이나 그 밖의 정당한 사유가 있는 경우
도선사업자 등의 안전운항 의무 (제16조)	① 도선사업자와 선원은 선박의 안전을 점검하고 기상 상태를 확인하는 등 안전운항에 필요한 조치를 하여야 하며, 승객과 적재물에 위해가 없도록 수면의 상황에 따라 안전하게 도선을 조종하도록 하여야 한다. ② 도선사업자와 선원은 다음 각호의 안전에 관한 사항을 매뉴얼로 작성하여 도선장 및 행정안전부령 또는 해양수산부령으로 정하는 도선의 선

	실이나 통로에 비치하고 출항하기 전에 승객에게 영상물 상영 또는 방송 등을 통하여 안내하여야 한다. 1. 안전한 승선·하선의 방법 2. 선내 위험구역 출입금지에 관한 사항 3. 인명구조장비의 위치 및 사용법 4. 유사 시 대처요령 5. 그 밖에 필요하다고 인정되는 안전에 관한 사항 ③ 도선사업자와 선원은 음주, 약물중독, 그 밖의 사유로 정상적인 조종을 할 수 없는 우려가 있는 경우에는 도선을 조종하여서는 아니 된다. 이 경우 음주로 정상적인 조종을 할 수 없는 우려가 있는 경우란 「해사안전법」 제41조제5항에 따른 술에 취한 상태를 말한다. ④ 도선사업자와 선원은 안전운항을 위하여 필요한 경우 및 대통령령으로 정하는 소형 도선의 경우에는 승객 등 승선자 전원에게 구명조끼를 착용하도록 하여야 한다.
승선 또는 선적의 제한 등 (제18조)	① 도선사업자, 선원, 그 밖의 종사자는 도선과 도선장에서 다음 각 호의 행위를 하여서는 아니 된다. 1. 승선 정원, 적재 중량 또는 용량을 초과하여 승선시키거나 선적하는 행위 2. 정당한 사유 없이 승선을 거부하는 행위 3. 운임 외의 금품을 요구하는 행위 4. 도선 내에서 주류를 판매하거나 제공하는 행위 또는 도선 내에 주류를 반입(운송을 목적으로 싣는 것은 제외한다)하게 하는 행위. 다만, 대통령령으로 정하는 도선의 경우에는 그러하지 아니하다. 5. 음란행위나 그 밖에 선량한 풍속을 해치는 행위 6. 영업시간 외에 항행하거나 영업구역 외 또는 항행구역 외에서 항행하는 행위 7. 수상에 유류·분뇨·폐기물을 버리는 행위 8. 도선의 운항 중 구명조끼, 구명부환, 구명줄 등 인명구조용 장비나 설비에 잠금장치를 하는 행위 ② 도선사업자, 선원, 그 밖의 종사자는 다음 각호의 어느 하나에 해당하는 사람 또는 물건을 일반 승객 또는 물건과 함께 운송하여서는 아니 된다. 다만, 위험물 보관시설 등 격리시설을 설치하여 선원 등 종사자가 안전하게 관리할 수 있는 경우에는 그러하지 아니하다. 1. 정신질환자로 의심되는 사람으로서 자신 또는 타인의 안전을 해할 위험이 크다고 인정되는 사람(보호자가 동승하는 경우에는 제외한다) 2. 시체 3. 대통령령으로 정하는 폭발물·인화물질 등 위험물 4. 승객에게 불쾌감을 주거나 위해를 끼칠 우려가 있는 물건
도선 승객의 준수사항 (제19조)	① 도선의 승객은 안전수칙을 준수하고 운항질서의 유지 및 위해방지를 위한 주의를 다하여야 한다.

	② 도선의 승객에 대하여는 제13조제2항을 준용한다. 이 경우 "유선사업자"는 "도선사업자"로, "유선"은 "도선"으로 보며, 제13조제2항제3호 중 "제12조제5항제6호 단서에 해당하지 아니하는 유선"은 "제18조제1항제4호 단서에 해당하지 아니하는 도선"으로 본다.

제5절 │ 안전검사 및 안전관리

내용	규정
안전검사(제20조)	① 유·도선사업자는 「선박안전법」을 적용받지 아니하는 유·도선(비상구조선을 포함한다)에 대하여 관할관청의 안전검사를 받아야 한다. ② 제1항에 따른 안전검사의 시기·절차·검사기준 및 수수료 등에 관하여 필요한 사항은 대통령령으로 정한다.
안전관리계획의 수립 등 (제21조)	① 시·도지사 또는 지방해양경찰청장은 매년 유·도선 안전관리계획을 수립·시행하여야 한다. ② 행정안전부장관 또는 해양경찰청장은 유·도선 안전관리계획의 수립에 필요한 지침을 정하고, 그 시행에 필요한 지도·감독을 할 수 있다.
인명구조용 장비의 비치 등 (제22조)	① 유·도선사업자는 유·도선의 사고 시에 대비할 수 있는 인명구조용 장비를 갖추지 아니하거나 인명구조요원을 배치하지 아니하고는 영업을 할 수 없다. ② 제1항의 인명구조용 장비의 기준과 인명구조요원의 자격 및 배치기준은 대통령령으로 정한다.
선원의 정원·자격 및 명부 등 (제23조)	① 「선박직원법」을 적용받지 아니하는 유·도선 선원의 정원 및 자격기준은 행정안전부령 또는 해양수산부령으로 정한다. ② 유·도선사업자는 행정안전부령 또는 해양수산부령으로 정하는 바에 따라 그 영업소 안에 선원의 명부를 작성하여 갖추어 두어야 한다.
유·도선사업자 등의 안전교육 (제24조)	① 유·도선사업자, 선원, 그 밖의 종사자는 대통령령으로 정하는 바에 따라 유·도선의 안전운항에 필요한 교육을 이수하여야 한다. ② 유·도선사업자는 선원 및 그 종사자가 교육을 이수하는 데에 필요한 조치를 하고, 교육을 이수하지 아니한 선원 및 그 종사자를 근무하게 하여서는 아니 된다.
선원 등의 비상상황 대비훈련 (제24조의2)	① 유·도선사업자는 유·도선에 승선하는 다음 각호의 사람(「선원법」 제15조제1항에 따라 비상시에 대비한 훈련을 받은 사람은 제외한다)에 대하여 비상상황 대비훈련을 실시하여야 한다. 1. 선원 2. 그 밖의 종사자

	② 제1항에 따른 비상상황 대비훈련의 종류, 주기 등 실시에 필요한 사항은 행정안전부령 또는 해양수산부령으로 정한다.
출항 · 입항의 기록 · 관리 등 (제25조)	① 유 · 도선사업자는 유 · 도선의 안전운항과 위해방지를 위하여 대통령령으로 정하는 선박(휴업 · 휴지 중인 유 · 도선을 포함한다)의 출항 · 입항(내수면의 경우에는 출선 및 귀선을 말한다) 시에 행정안전부령 또는 해양수산부령으로 정하는 바에 따라 그 출항 · 입항에 관한 사항을 기록 · 관리하여야 한다. ② 선박을 운항하는 유 · 도선사업자는 그 선박에 승선하는 승객이 행정안전부령 또는 해양수산부령으로 정하는 바에 따라 승선신고서를 작성하여 제출하도록 하여야 한다. ③ 유 · 도선사업자는 행정안전부령 또는 해양수산부령으로 정하는 바에 따라 승선하려는 승객의 신분과 승선신고서 기재내용을 확인하여야 한다. ④ 유 · 도선사업자는 승객이 정당한 사유 없이 승선신고서를 작성하여 제출하지 아니하거나 신분확인 요구에 따르지 아니하는 경우에는 승선을 거부하여야 한다. ⑤ 유 · 도선사업자는 제출받은 승선신고서를 3개월 동안 보관하여야 한다.
검사 등 (제26조)	① 관할관청은 유 · 도선의 안전운항과 위해방지를 위하여 관계 공무원으로 하여금 유 · 도선 및 유 · 도선장에 대하여 검사 또는 안전점검을 하도록 하여야 하며, 관계인에게 필요한 질문 또는 보고를 하게 하거나 장부 등을 검사하게 할 수 있다. ② 안전점검 대상항목과 그 밖에 안전점검에 필요한 사항은 대통령령으로 정한다. ③ 검사 등을 하는 공무원은 그 권한을 표시하는 증표를 지니고 이를 관계인에게 보여 주어야 한다.
개선명령 등 (제27조)	관할관청은 유 · 도선의 안전사고 예방과 공공복리의 증진을 위하여 특히 필요하다고 인정할 때에는 유 · 도선사업자에게 다음 각호의 사항을 명할 수 있다. 1. 승선 정원이나 적재 중량 또는 용량의 제한 2. 영업시간 또는 운항횟수의 제한 3. 영업구역의 제한 또는 영업의 일시 정지 4. 유 · 도선 또는 유 · 도선장 시설의 개선 · 변경 및 원상복구 5. 운항 약관의 변경 6. 유 · 도선사업 면허 발급 시 붙인 조건의 이행 7. 시설기준 등의 유지 · 관리 8. 휴업기간 초과 시 영업재개 9. 보험 등에의 가입 10. 그 밖에 안전사고 예방을 위하여 필요한 사항
사고발생 시의 인명구조 의무 (제28조)	유 · 도선사업자와 선원은 선박이 전복 · 충돌하거나 그 밖에 영업구역에서 사고가 발생한 때에는 인명구조에 필요한 조치를 하여야 한다.

사고발생의 보고 (제29조)	① 유·도선사업자와 선원은 다음 각호의 어느 하나에 해당하는 경우에는 지체 없이 인접 시장·군수·구청장과 경찰서장 또는 해양경찰서장에게 그 사실을 보고하여야 한다. 1. 승객이 사망하거나 실종되거나 중상자가 발생한 때 및 승객 중에 감염병으로 인정되는 환자가 있는 경우 2. 충돌, 좌초, 그 밖의 사고로 인하여 선체가 심하게 손상되는 등 선박운항에 장애가 생긴 경우 3. 교량, 수리시설, 수표, 입표, 호안 그 밖에 수면에 설치된 인공구조물을 파손한 경우 ② 시장·군수·구청장과 경찰서장·해양경찰서장은 제1항의 보고를 받으면 지체 없이 관할 시·도지사 또는 지방해양경찰청장에게 보고하고, 인명구조 활동 등 사고 수습을 위하여 필요한 조치를 하여야 한다.
유·도선안전협회의 설립 (제30조의2)	① 유·도선사업자는 유·도선사업의 건전한 발전 및 유·도선의 안전 등을 도모하기 위하여 유·도선안전협회(「협회」)를 설립할 수 있다. ② 협회는 법인으로 한다. ③ 협회는 대통령령으로 정하는 바에 따라 정관을 작성하여 창립총회의 의결을 거친 후 행정안전부장관 또는 해양경찰청장의 인가를 받아 그 주된 사무소의 소재지에서 설립등기를 함으로써 성립한다. ④ 협회는 다음 각호의 사업을 수행한다. 1. 유·도선 안전 및 유·도선사업의 건전한 발전을 위한 연구 및 개발 2. 유·도선 안전을 위한 홍보 및 교육훈련 3. 유·도선 안전사고 예방에 관한 사항 4. 이 법 또는 그 밖의 법령에 따라 국가 또는 지방자치단체가 위탁하는 사업 5. 그 밖에 행정안전부장관 또는 해양경찰청장이 필요하다고 인정하는 사업 ⑤ 협회는 제4항 각호의 사업 외에 제33조에 따른 승객·선원·종사자의 피해보상을 위하여 공제사업을 할 수 있다. ⑥ 협회가 제5항에 따라 공제사업을 하려는 경우에는 공제규정을 만들어 행정안전부장관 또는 해양경찰청장의 승인을 받아야 한다. 공제규정을 변경하려는 경우에도 또한 같다. ⑦ 협회의 정관·업무·회원자격 및 감독 등에 필요한 사항은 대통령령으로 정한다. ⑧ 협회에 관하여 이 법에 규정된 것을 제외하고는 「민법」의 사단법인에 관한 규정을 준용한다.
운항규칙 (제31조)	① 「해사안전법」을 적용받지 아니하는 유·도선의 운항규칙에 관하여 필요한 사항은 대통령령으로 정한다. ② 유·도선사업자와 선원은 운항규칙을 준수하여야 한다.

※**시행령 제12조(안전검사)** ① 유·도선사업을 하려는 자는 제4조에 따른 면허신청 또는 신고 시에 법 제20조제1항에 따른 안전검사(「안전검사」)를 받아야 한다.

② 유·도선사업자는 유·도선(비상구조선을 포함한다)의 선체구조를 변경하거나 기관을 교체하였을 때에는 14일 이내에 안전검사를 받아야 한다.

③ 유·도선사업자는 제1항 또는 제2항에 따른 안전검사를 받은 후 1년마다 검사유효기간 만료일 후 30일 이내에 정기적으로 안전검사를 받아야 한다.

④ 제1항부터 제3항까지의 규정에 따른 안전검사를 받으려면 행정안전부령 또는 해양수산부령으로 정하는 안전검사 신청서에 다음 각호의 서류를 첨부하여 관할관청에 제출하여야 한다.

　1. 선박의 구조도면 1부(구조가 같은 선박이 2척 이상일 경우에는 그 대표되는 선박의 구조도면 1부만 제출한다)
　2. 인명구조용 장비에 대한 명세서 1부

⑤ 제4항에 따른 안전검사 신청을 받은 관할관청은 그 신청 내용이 제13조에 따른 안전검사기준에 맞는지를 검사하고, 검사에 합격한 선박마다 행정안전부령 또는 해양수산부령으로 정하는 안전검사증을 선박 안의 보기 쉬운 곳에 붙여야 한다.

⑥ 제1항부터 제3항까지의 규정에 따라 유·도선(비상구조선을 포함한다)에 대한 안전검사를 받으려는 자는 해당 특별시·광역시·특별자치시·도·특별자치도 또는 시·군·구(자치구를 말한다. 이하 같다)의 조례나 지방해양경찰청장 또는 해양경찰서장이 정하는 바에 따라 수수료를 납부하여야 한다.

⑦ 제6항에 따른 수수료의 납부는 수입증지 또는 수입인지로 한다. 다만, 관할관청은 정보통신망을 이용하여 전자화폐·전자결제 등의 방법으로 수수료를 납부하게 할 수 있다.

⑧ 제6항에 따라 납부한 수수료는 반환하지 아니한다.

※**시행령 제13조(안전검사의 기준)** 법 제20조제2항에 따른 유·도선(비상구조선을 포함한다) 안전검사의 기준은 다음 각 호와 같다.

　1. 제14조 및 별표 1에 따른 유·도선(비상구조선을 포함한다)의 규격 및 시설·설비 기준과 선령기준에 맞는지 여부
　2. 제17조 및 제18조에 따른 인명구조용 장비의 기준과 시설기준에 맞는지 여부
　3. 행정안전부령 또는 해양수산부령으로 정하는 승선 정원, 적재 중량, 적재 용량 및 선원 정원에 맞는지 여부

※**시행령 제17조(유선의 인명구조용 장비 등)** ① 법 제22조제2항에 따라 유선사업자가 유선 및 유선장에 갖추어야 하는 인명구조용 장비의 기준과 시설기준은 다음 각호와 같다.

　1. 유선에는 승선 정원의 120퍼센트 이상에 해당하는 수의 구명조끼(구명조끼 중 승선 정원의 20퍼센트에 해당하는 수의 구명조끼는 소아용으로 하여야 한다)를 갖출 것
　2. 유선장에 유선(5톤 이상의 선박으로서 제6호에 따른 장비를 갖춘 유선은 제외한다)이 30척 이하인 경우에는 1척 이상, 31척 이상 50척 이하인 경우에는 2척 이상, 51척 이상인 경우에는 50척을 초과하는 50척마다 1척씩 더한 수 이상의 비상구조선을 갖출 것
　3. 승선 정원이 5명 이상이거나 추진기관을 설치한 유선에는 그 승선 정원의 30퍼센트 이상에 해당하는 수의 구명부환을 갖출 것. 다만, 승선 정원의 50퍼센트 이상(영업구역이 내수면인 경우에는 25퍼센트 이상)을 태울 수 있는 수의 구명정, 구명뗏목 또는 구명부기를 갖춘 경우에는 승선 정원의 15퍼센트 이상에 해당하는 수의 구명부환으로 한다.
　4. 승선 정원이 13명 이상인 유선에는 유선마다 지름 10밀리미터 이상, 길이 30미터 이상의 구명줄 1개 이상이나 드로우 백(throw bag) 1개 이상을 갖출 것
　5. 유선장에는 노도가 있는 유선 수의 10퍼센트 이상에 해당하는 수의 선박에 필요한 예비 노도를 갖출 것

6. 2해리 이상을 운항하는 유선에는 유선장 또는 가까운 무선국과 연락할 수 있는 통신장비를 갖출 것
7. 영업구역이 내수면인 유선(2해리 미만을 운항하는 유선의 경우에는 추진기관을 설치한 유선 중 야간운항을 하는 유선만 해당한다)에는 위성위치확인시스템(GPS)을 이용하여 위치정보를 취득할 수 있는 휴대전화를 갖출 것
8. 승선 정원이 13명 이상인 유선에는 유선마다 선실·조타실 및 기관실별로 1개 이상의 소화기를 갖출 것
9. 유선장에는 유선을 안전하게 매어두는 시설과 승객의 승선·하선에 필요한 1개 이상의 구명부환을 갖춘 승강장 설비를 갖출 것
10. 유선장에는 승객이 이용하기에 적정한 규모의 대기시설, 매표소, 화장실을 갖출 것
12. 잠수를 영업 수단으로 하는 유선의 유선장에는 그 영업에 적정한 규모의 해상선착장과 「선박안전법」 제8조부터 제12조까지의 규정에 따른 선박의 검사에 합격한 승객운송선 및 비상구조선을 갖출 것
② 제1항제2호 및 제12호의 비상구조선은 승선 정원 4명 이상, 시속 20노트 이상의 성능을 가진 것으로서 다음 각 호의 장비를 모두 갖추어야 하며, 영업구역의 순시와 사고발생 시의 인명구조용으로만 사용하여야 한다.
1. 망원경 1개
2. 자기점화등 1개 이상
3. 구명조끼 4개
4. 구명부환 2개 이상
5. 드로우 백 1개 이상
③ 유선에 갖추어 두어야 하는 인명구조용 장비는 해양수산부장관이 고시하는 선박구명설비기준에 적합한 것이어야 한다. 다만, 제1항제1호에 따른 장비는 관할관청이 해당 영업구역의 수심·수세 및 운항거리 등을 고려하여 사용에 지장이 없다고 인정하는 경우에는 그러하지 아니하다.
④ 제1항제1호부터 제5호까지의 규정에 따른 인명구조용 장비는 승객, 선원, 인명구조요원, 그 밖의 종사자가 쉽게 이용할 수 있도록 갖추어 두어야 한다.

※**시행령 제18조(도선의 인명구조용 장비 등)** ① 법 제22조제2항에 따라 도선사업자가 도선 및 도선장에 갖추어야 하는 인명구조용 장비의 기준과 시설기준은 다음 각 호와 같다.
1. 제17조제1항제1호 및 제3호에 해당하는 인명구조용 장비를 갖출 것
2. 도선마다 지름 10밀리미터 이상, 길이 30미터 이상의 구명줄 1개 이상이나 드로우 백 1개 이상을 갖출 것
3. 승객을 주로 운송하는 도선에는 도선마다 선실·조타실 및 기관실별로 1개 이상의 소화기를 갖추고, 화물을 주로 운송하는 도선에는 취급하는 화물에 발생한 화재를 진압할 수 있는 소화설비를 갖출 것
4. 노도가 있는 도선에는 도선마다 해당 노선에 적용하는 데 필요한 수의 예비 노도를 갖출 것
5. 승객을 주로 운송하는 도선의 경우 도선 주위에 난간 등의 위험방지 설비를 할 것
6. 도선장에는 도선장 간의 연락설비를 갖출 것
7. 제17조제1항제6호·제7호 및 제9호부터 제10호까지에 해당하는 장비와 시설을 갖출 것. 이 경우 "유선"은 "도선"으로, "유선장"은 "도선장"으로 본다.
② 도선에 갖추어 두어야 하는 인명구조용 장비에 관하여는 제17조제3항 및 제4항을 준용한다.

※**시행령 제20조(인명구조요원)** ① 법 제22조제2항에 따라 유·도선사업자가 배치하여야 하는 인명구조요원은 다음 각 호의 어느 하나에 해당하는 사람이어야 한다.
1. 「수상레저안전법」 제48조제3항에 따른 인명구조요원 자격을 취득한 사람
2. 해군 또는 해양경찰로 복무한 자로서 수상인명구조에 경험이 있는 사람
3. 「한국해양수산연수원법」에 따른 한국해양수산연수원에서 안전 및 해양사고방지교육을 이수한 사람

4. 그 밖에 제1호 및 제3호에 상당하는 자격이 있다고 관할관청이 인정하는 사람

② 제1항에 따른 인명구조요원의 최소인원수는 다음 각호의 구분에 따른다.

1. 유선사업

가. 승객 정원이 13명 미만인 유선: 30척까지는 1명으로 하되, 30척을 초과하는 경우에는 30척을 초과하는 20척마다 1명을 추가한 인원수

나. 승객 정원이 13명 이상인 유선: 승객 정원 50명 까지는 1명, 51명 이상 100명까지는 2명으로 하되, 100명을 초과하는 경우에는 100명을 초과하는 100명마다 1명을 추가한 인원수

2. 도선사업

가. 승객 정원이 50명 이하인 도선: 1명

나. 승객 정원이 51명 이상인 도선: 승객 정원이 100명까지는 2명으로 하되, 100명을 초과하는 경우에는 100명을 초과하는 100명마다 1명을 추가한 인원수

③ 유·도선의 선원이 제1항에 따른 자격을 갖춘 경우에는 인명구조요원의 임무를 겸할 수 있고, 제2항에 따른 인명구조요원 최소인원수에 포함하여 산정할 수 있다.

※시행령 제25조(운항규칙) 법 제31조제1항에 따른 유·도선의 운항규칙은 다음 각 호와 같다.

1. 유·도선은 주위의 상황 및 다른 선박(유·도선을 포함한다. 이하 같다)과의 충돌의 위험을 충분히 판단할 수 있도록 시각·청각 및 당시의 상황에 적합하게 이용할 수 있는 모든 수단에 의하여 항상 적절한 경계를 하여야 한다.

2. 유·도선은 다른 선박과의 충돌을 피하기 위하여 적절하고 유효한 동작을 취하거나 당시의 상황에 적합한 거리에서 선박을 정지시킬 수 있도록 항상 안전한 속력으로 운항해야 한다.

3. 유·도선은 시계를 제한받는 때나 교량, 유·도선장 등의 부근 및 하천 폭이 좁은 구역에서는 속도를 줄여 운항하여야 하며, 특히 추진기관이 설치되지 아니한 제10조에 따른 소형 유·도선의 운항에 지장이 없도록 그 운항구역에 접근하지 아니하거나 저속으로 운항하여야 한다.

4. 유·도선은 시계가 제한된 구역에서 앞쪽에 다른 선박이 있는 경우 왼쪽으로 진로를 변경해서는 아니 된다.

5. 유·도선이 다른 선박과 마주칠 때에는 진로를 오른쪽으로 변경하여야 한다.

6. 유·도선이 다른 선박과 같은 방향으로 운항하는 경우에는 근접하거나 경쟁적으로 운항해서는 아니 된다.

7. 유·도선이 다른 선박을 앞지르기하려는 경우에는 앞지르기당하는 선박을 완전히 앞지르기하거나 그 선박에서 충분히 멀어질 때까지 그 선박의 진로를 방해해서는 안 된다.

8. 유·도선과 다른 선박이 서로 진로를 횡단하는 경우에 충돌의 위험이 있을 때에는 다른 선박을 오른쪽에 두고 있는 선박이 그 다른 선박의 진로를 피하여야 한다.

9. 제10조에 따른 소형 유·도선이 내수면을 횡단할 때에는 다른 대형선박의 진로를 방해해서는 아니 된다.

10. 유·도선장 또는 선착장으로 들어오는 유·도선은 유·도선장 또는 선착장 밖으로 나가는 유·도선의 진로를 방해해서는 아니 된다.

11. 유·도선은 사업의 면허 또는 신고 시에 정해진 유·도선장 또는 선착장 외의 장소에 정박하거나 승객을 승선·하선시켜서는 아니 된다.

12. 야간운항을 하는 유·도선은 운항 및 승객의 승선·하선에 필요한 불빛을 표시하여야 한다.

13. 선박 길이가 12미터 이상이거나 관할관청이 지정한 유·도선은 기적 또는 호종(선박 위치 알림 종) 등 음향신호를 설치하여 다음 각 호의 구분에 따른 방법으로 음향신호를 해야 한다.

가. 다른 선박과 서로 시계 내에 있는 경우 오른쪽으로 진로를 변경할 때에는 단음 1회, 왼쪽으로 진로를 변경할 때에는 단음 2회, 후진할 때에는 단음 3회

나. 다른 선박을 오른쪽으로 앞지르기할 때에는 장음 2회 후 단음 1회, 왼쪽으로 앞지르기할 때에는 장음

　　　2회 후 단음 2회
　　다. 다른 선박의 주의를 환기하기 위하여 필요할 때 단음 5회 이상
　14. 유·도선이 조난을 당하여 구원을 요청하는 경우에는 국제해사기구가 정하는 신호를 하여야 한다.

제6절 | 보 칙

내용	규정
운항약관 (제32조)	① 유·도선사업자는 대통령령으로 정하는 바에 따라 운항약관을 정하여 사업면허의 신청 또는 사업신고를 할 때 관할관청에 신고하여야 한다. 이를 변경하려는 경우에도 또한 같다. ② 제1항의 운항약관에는 유·도선의 승객·수하물 및 소하물의 운송 조건, 운송에 대한 유·도선사업자의 책임, 피해보상을 위한 보험 또는 공제의 가입 등 행정안전부령 또는 해양수산부령으로 정하는 사항이 포함되어야 한다. ③ 관할관청은 제1항에 따른 신고 또는 변경신고를 받은 날부터 5일 이내에 신고수리 여부를 신고인에게 통지하여야 한다. ④ 관할관청이 제3항에서 정한 기간 내에 신고수리 여부 또는 민원 처리 관련 법령에 따른 처리기간의 연장을 신고인에게 통지하지 아니하면 그 기간이 끝난 날의 다음 날에 신고를 수리한 것으로 본다.
보험 등에의 가입 (제33조)	① 유·도선사업자는 대통령령으로 정하는 바에 따라 승객, 선원, 그 밖의 종사자의 피해보상을 위하여 보험 또는 공제에 가입하여야 한다. ② 보험 또는 공제의 가입금액 및 가입시기 등에 필요한 사항은 대통령령으로 정한다.
요금 및 운임 (제34조)	① 유선사업자는 승선료 또는 선박 대여료를 정하려면 대통령령으로 정하는 바에 따라 관할관청에 신고하여야 한다. 이를 변경하려는 경우에도 또한 같다. ② 도선사업자는 운임을 정하려면 대통령령으로 정하는 바에 따라 관할관청에 신고하여야 한다. 이를 변경하려는 경우에도 또한 같다. ③ 관할관청은 제36조에 따른 보조금을 지급받는 도선사업자가 제2항에 따라 운임을 신고한 경우 그 도선사업자에 대하여 낙도 또는 수몰지역, 그 밖에 지리적 여건으로 인하여 도선을 이용할 수 밖에 없는 지역주민들의 운임을 일반 승객보다 낮게 정하도록 요구할 수 있다.
요금 등의 게시 (제35조)	유·도선사업자는 행정안전부령 또는 해양수산부령으로 정하는 바에 따라 다음 각호의 사항을 유·도선 및 유·도선장의 승객이 쉽게 볼 수 있는 장소에 게시하여야 한다. 1. 승선료, 선박 대여료 또는 운임

	2. 승선 정원(객실이 구분되어 있는 경우에는 객실별로 구분하여야 한다) 3. 영업구역 및 영업시간 4. 승객의 준수사항 5. 구명조끼 착용법, 비상탈출구의 위치 및 비상탈출 방법 6. 인명구조장비 및 소화설비의 보관 장소
보조금의 지급 등 (제36조)	① 지방자치단체는 도선의 안전운항과 주민의 교통편의를 위하여 필요한 경우 영세 도선사업자의 노후 선박의 교체, 안전시설의 설치 및 개선, 적자 노선에 대한 손실보전 등에 드는 비용의 전부 또는 일부를 보조금으로 지급할 수 있다. ② 국가 또는 지방자치단체는 유선 또는 도선의 선령이 제4조의2제1항 제1호에 따른 기준에 적합하지 아니한 선령에 가까워져서 유선 또는 도선을 새로 건조하려는 사업자에 대하여 재정적 지원이 필요하다고 인정되는 경우 유선 또는 도선의 건조에 드는 자금의 일부를 보조 또는 융자하거나 융자를 알선할 수 있다. ③ 제2항에 따른 지원의 기준 및 방법 등에 필요한 사항은 대통령령으로 정한다.

제6장 해사안전법

제1절 | 총 론

1. COLREG 협약

구 「해상교통안전법」은 「해상에서 인명의 안전에 관한 국제협약」(SOLAS 협약)에서 분리된 「1972년 국제해상충돌예방규칙」(International Regulations for Preventing Collisions at Sea 1972, COLREG 1972)을 수용하기 위하여 제정되었다. 「COLREG 1972 조약」은 선박의 충돌을 방지하고 안전한 운항을 위해 필요한 선박의 항행 방법에 관한 내용을 규정하고 있다. 우리나라는 1977년 7월 「COLREG 1972 조약」을 비준하였고, 이를 바탕으로 1986년 12월 「해상교통안전법」을 제정하여 국내법으로 수용하였다.

1980년대 후반에 일어났던 대형 선박사고들의 원인을 분석한 결과 전체 해양사고의 80퍼센트 이상이 「인적 과실」(human error)에 의한 것이며, 「관리상의 잘못」(management fault)도 주요한 원인으로 밝혀짐에 따라 IMO는 인적과실을 방지하기 위한 대책으로 선박의 물리적 안정성 및 선원의 자질 향상뿐만 아니라 해운기업의 육·해상 모든 부서의 안전관리시스템을 수립하여 시행하는

「국제안전관리규약」(International Safety Management Code, ISM Code)을 제정하였다.[9]

「ISM Code」의 내용은 「해사안전관리」(사업장에 대한 지도·감독과 개선명령 등 6개 조)를 규정하고 있는 구 「해상교통안전법」이 목적에 가장 가깝기 때문에 동 법을 개정하여 「ISM Code」를 수용하였다.

2. 해사안전법

1986년 12월 제정된 「해상교통안전법」은 2011년 6월 전부개정으로 「해사안전법」으로 변경되었다. 「해상교통안전법」은 선박의 고속화·대형화 및 해상교통량의 증가에 대처하여 해상교통질서를 확립하고 해난을 미연에 방지하도록 하여 해상교통의 안전을 확보하려는 목적으로 제정되었다.[10] 「해사안전법」은 IMO의 회원국 감사제도에서 요구하고 있는 해사안전정책의 수립·시행·평가 및 환류체계를 수용하였다. 또한 영해 밖 해양시설의 안전관리에 관한 사항 및 난파물 처리에 관한 사항을 배타적 경제수역과 대륙붕까지 확대하였다.

제2절 │ 총 칙

내용	규정
목적 (제1조)	이 법은 선박의 안전운항을 위한 안전관리체계를 확립하여 선박항행과 관련된 모든 위험과 장해를 제거함으로써 해사안전 증진과 선박의 원활한 교통에 이바지함을 목적으로 한다.
정의 (제2조)	1. "해사안전관리"란 선원·선박소유자 등 인적 요인, 선박·화물 등 물적 요인, 항행보조시설·안전제도 등 환경적 요인을 종합적·체계적으로 관리함으로써 선박의 운용과 관련된 모든 일에서 발생할 수 있는 사고로부터 사람의 생명·신체 및 재산의 안전을 확보하기 위한 모든 활동을 말한다. 2. "선박"이란 물에서 항행수단으로 사용하거나 사용할 수 있는 모든 종류의 배(물 위에서 이동할 수 있는 수상항공기와 수면비행선박 포함)를 말한다. 3. "수상항공기"란 물 위에서 이동할 수 있는 항공기를 말한다. 4. "수면비행선박"이란 표면효과 작용을 이용하여 수면 가까이 비행하는 선박을 말한다. 5. "대한민국선박"이란 「선박법」 제2조 각호에 따른 선박을 말한다.

---

9) 이윤철, 「국제해사협약」(다솜, 2013), 160면.
10) 국가법령센터, 「해상교통안전법 제정이유」.

6. "위험화물운반선"이란 선체의 한 부분인 화물창(貨物倉)이나 선체에 고정된 탱크 등에 해양수산부령으로 정하는 위험물을 싣고 운반하는 선박을 말한다.

7. "거대선"이란 길이 200미터 이상의 선박을 말한다.

8. "고속여객선"이란 시속 15노트 이상으로 항행하는 여객선을 말한다.

9. "동력선"이란 기관을 사용하여 추진하는 선박을 말한다. 다만, 돛을 설치한 선박이라도 주로 기관을 사용하여 추진하는 경우에는 동력선으로 본다.

10. "범선"이란 돛을 사용하여 추진하는 선박을 말한다. 다만, 기관을 설치한 선박이라도 주로 돛을 사용하여 추진하는 경우에는 범선으로 본다.

11. "어로에 종사하고 있는 선박"이란 그물, 낚싯줄, 트롤망, 그 밖에 조종성능을 제한하는 어구를 사용하여 어로 작업을 하고 있는 선박을 말한다.

12. "조종불능선"이란 선박의 조종성능을 제한하는 고장이나 그 밖의 사유로 조종을 할 수 없게 되어 다른 선박의 진로를 피할 수 없는 선박을 말한다.

13. "조종제한선"이란 다음 각 목의 작업과 그 밖에 선박의 조종성능을 제한하는 작업에 종사하고 있어 다른 선박의 진로를 피할 수 없는 선박을 말한다.
    가. 항로표지, 해저전선 또는 해저파이프라인의 부설·보수·인양 작업
    나. 준설·측량 또는 수중 작업
    다. 항행 중 보급, 사람 또는 화물의 이송 작업
    라. 항공기의 발착 작업
    마. 기뢰제거작업
    바. 진로에서 벗어날 수 있는 능력에 제한을 많이 받는 예인작업

14. "흘수제약선"이란 가항수역의 수심 및 폭과 선박의 흘수와의 관계에 비추어 볼 때 그 진로에서 벗어날 수 있는 능력이 매우 제한되어 있는 동력선을 말한다.

15. "해양시설"이란 자원의 탐사·개발, 해양과학조사, 선박의 계류·수리·하역, 해상주거·관광·레저 등의 목적으로 해저에 고착된 교량·터널·케이블·인공섬·시설물이거나 해상부유 구조물로서 선박이 아닌 것을 말한다.

16. "해상교통안전진단"이란 해상교통안전에 영향을 미치는 다음 각목의 사업(「안전진단대상사업」)으로 발생할 수 있는 항행안전 위험 요인을 전문적으로 조사·측정하고 평가하는 것을 말한다.
    가. 항로 또는 정박지의 지정·고시 또는 변경
    나. 선박의 통항을 금지하거나 제한하는 수역의 설정 또는 변경
    다. 수역에 설치되는 교량·터널·케이블 등 시설물의 건설·부설 또는 보수

라. 항만 또는 부두의 개발·재개발

마. 그 밖에 해상교통안전에 영향을 미치는 사업으로서 대통령령으로 정하는 사업

17. "항행장애물"이란 선박으로부터 떨어진 물건, 침몰·좌초된 선박 또는 이로부터 유실된 물건 등 해양수산부령으로 정하는 것으로서 선박항행에 장애가 되는 물건을 말한다.

18. "통항로"란 선박의 항행안전을 확보하기 위하여 한쪽 방향으로만 항행할 수 있도록 되어 있는 일정한 범위의 수역을 말한다.

19. "제한된 시계"란 안개·연기·눈·비·모래바람 및 그 밖에 이와 비슷한 사유로 시계가 제한되어 있는 상태를 말한다.

20. "항로지정제도"란 선박이 통항하는 항로, 속력 및 그 밖에 선박 운항에 관한 사항을 지정하는 제도를 말한다.

22. "항행 중"이란 선박이 다음 각 목의 어느 하나에 해당하지 아니하는 상태를 말한다.

　가. 정박

　나. 항만의 안벽 등 계류시설에 매어 놓은 상태(계선부표나 정박하고 있는 선박에 매어 놓은 경우를 포함한다)

　다. 얹혀 있는 상태

23. "길이"란 선체에 고정된 돌출물을 포함하여 선수의 끝단부터 선미의 끝단 사이의 최대 수평거리를 말한다.

24. "폭"이란 선박 길이의 횡방향 외판의 외면으로부터 반대쪽 외판의 외면 사이의 최대 수평거리를 말한다.

25. "통항분리제도"란 선박의 충돌을 방지하기 위하여 통항로를 설정하거나 그 밖의 적절한 방법으로 한쪽 방향으로만 항행할 수 있도록 항로를 분리하는 제도를 말한다.

26. "분리선" 또는 "분리대"란 서로 다른 방향으로 진행하는 통항로를 나누는 선 또는 일정한 폭의 수역을 말한다.

27. "연안통항대"란 통항분리수역의 육지 쪽 경계선과 해안 사이의 수역을 말한다.

28. "예인선열"이란 선박이 다른 선박을 끌거나 밀어 항행할 때의 선단 전체를 말한다.

29. "대수속력"이란 선박의 물에 대한 속력으로서 자기 선박 또는 다른 선박의 추진장치의 작용이나 그로 인한 선박의 타력에 의하여 생기는 것을 말한다.

| 적용범위
(제3조) | ① 이 법은 다음 각호의 어느 하나에 해당하는 선박과 해양시설에 대하여 적용한다.
1. 대한민국의 영해, 내수(해상항행선박이 항행을 계속할 수 없는 하천·호수·늪 등은 제외)에 있는 선박이나 해양시설. 다만, 대한민국선박이 아닌 선박(「외국선박」) 중 다음 각 목에 해당하는 외국선박에 대 |

	하여 제46조부터 제50조까지의 규정을 적용할 때에는 대통령령으로 정하는 바에 따라 이 법의 일부를 적용한다. 가. 대한민국의 항과 항 사이만을 항행하는 선박 나. 국적의 취득을 조건으로 하여 선체용선으로 차용한 선박 2. 대한민국의 영해 및 내수를 제외한 해역에 있는 대한민국선박 3. 대한민국의 배타적경제수역에서 항행장애물을 발생시킨 선박 4. 대한민국의 배타적경제수역 또는 대륙붕에 있는 해양시설 ② 이 법 또는 이 법에 따른 명령 중 선박소유자에 관한 규정은 선박을 공유하는 경우로서 선박관리인을 임명하였을 때에는 그 선박관리인에게 적용하고, 선박을 임차하였을 때에는 그 선박임차인에게 적용하며, 선장에 관한 규정은 선장을 대신하여 그 직무를 수행하는 자에게도 적용한다. ③ 이 법 또는 이 법에 따른 명령 중 해양시설의 소유자에 관한 규정은 해양시설을 임대차한 경우에는 그 임차인에게 적용한다.
국가 등의 책무 (제4조)	① 국가 및 지방자치단체는 해양을 이용하거나 보존하기 위한 시책을 수립하는 경우에는 해사안전에 관한 사항을 고려하여야 한다. ② 국가는 국민의 안전한 해양이용을 촉진하기 위하여 국민에 대한 해사안전 지식·정보의 제공, 해사안전 교육 및 해사안전 문화의 홍보에 노력하여야 한다. ③ 국가는 외국 및 국제기구 등과 해사안전에 관한 기술협력, 정보교환, 공동 조사·연구를 위한 기구설치 등 효율적인 국제협력을 추진하기 위하여 노력하여야 하며, 해사안전 관련 산업의 진흥 및 국제화에 필요한 지원을 하여야 한다.
선박·해양시설 소유자의 책무 (제5조)	선박·해양시설 소유자는 국가의 해사안전에 관한 시책에 협력하여 자기가 소유·관리하거나 운영하는 선박·해양시설로부터 해양사고 등이 발생하지 아니하도록 종사자에 대한 교육·훈련 등을 실시하고 제반 안전규정을 준수하여야 한다.

제3절 | 수역안전관리

내용	규정
보호수역의 설정 및 입역허가 (제8조)	① 해양수산부장관은 제3조제1항제4호에 따른 해양시설 부근 해역에서 선박의 안전항행과 해양시설의 보호를 위한 수역(「보호수역」)을 설정할 수 있다. ② 누구든지 보호수역에 입역하기 위하여는 해양수산부장관의 허가를 받아야 하며, 해양수산부장관은 해양시설의 안전 확보에 지장이 없다고 인정하거나 공익상 필요하다고 인정하는 경우 보호수역의 입역을 허가

	할 수 있다. ③ 해양수산부장관은 제2항에 따른 입역허가에 필요한 조건을 달 수 있다. ④ 해양수산부장관은 제2항에 따른 입역허가에 관하여 필요하면 관계 행정기관의 장과 협의하여야 한다. ⑤ 보호수역의 범위는 대통령령으로 정하고, 보호수역 입역허가 등에 필요한 사항은 해양수산부령으로 정한다.
보호수역의 입역 (제9조)	① 제8조제2항에도 불구하고 다음 각호의 어느 하나에 해당하면 해양수산부장관의 허가를 받지 아니하고 보호수역에 입역할 수 있다. 1. 선박의 고장이나 그 밖의 사유로 선박 조종이 불가능한 경우 2. 해양사고를 피하기 위하여 부득이한 사유가 있는 경우 3. 인명을 구조하거나 또는 급박한 위험이 있는 선박을 구조하는 경우 4. 관계 행정기관의 장이 해상에서 안전 확보를 위한 업무를 하는 경우 5. 해양시설을 운영하거나 관리하는 기관이 그 해양시설의 보호수역에 들어가려고 하는 경우 ② 제1항에 따른 입역 등에 필요한 사항은 해양수산부령으로 정한다.
교통안전특정해역의 설정 등 (제10조)	① 해양수산부장관은 다음 각호의 어느 하나에 해당하는 해역으로서 대형 해양사고가 발생할 우려가 있는 해역(「교통안전특정해역」)을 설정할 수 있다. 1. 해상교통량이 아주 많은 해역 2. 거대선, 위험화물운반선, 고속여객선 등의 통항이 잦은 해역 ② 해양수산부장관은 관계 행정기관의 장의 의견을 들어 해양수산부령으로 정하는 바에 따라 교통안전특정해역 안에서의 항로지정제도를 시행할 수 있다. ③ 교통안전특정해역의 범위는 대통령령으로 정한다.
거대선 등의 항행안전확보 조치 (제11조)	해양경찰서장은 거대선, 위험화물운반선, 고속여객선, 그 밖에 해양수산부령으로 정하는 선박이 교통안전특정해역을 항행하려는 경우 항행안전을 확보하기 위하여 필요하다고 인정하면 선장이나 선박소유자에게 다음 각 호의 사항을 명할 수 있다. 1. 통항시각의 변경 2. 항로의 변경 3. 제한된 시계의 경우 선박의 항행 제한 4. 속력의 제한 5. 안내선의 사용 6. 그 밖에 해양수산부령으로 정하는 사항
어업의 제한 등 (제12조)	① 교통안전특정해역에서 어로 작업에 종사하는 선박은 항로지정제도에 따라 그 교통안전특정해역을 항행하는 다른 선박의 통항에 지장을 주어서는 아니 된다. ② 교통안전특정해역에서는 어망 또는 그 밖에 선박의 통항에 영향을 주

	는 어구 등을 설치하거나 양식업을 하여서는 아니 된다. ③ 교통안전특정해역으로 정하여지기 전에 그 해역에서 면허를 받은 어업권·양식업권을 행사하는 경우에는 해당 어업면허 또는 양식업 면허의 유효기간이 끝나는 날까지 제2항을 적용하지 아니한다. ④ 특별자치도지사·시장·군수·구청장(자치구의 구청장)이 교통안전특정해역에서 어업면허, 양식업 면허, 어업허가 또는 양식업 허가(면허 또는 허가의 유효기간 연장을 포함)를 하려는 경우에는 미리 해양경찰청장과 협의하여야 한다.
공사 또는 작업 (제13조)	① 교통안전특정해역에서 해저전선이나 해저파이프라인의 부설, 준설, 측량, 침몰선 인양작업 또는 그 밖에 선박의 항행에 지장을 줄 우려가 있는 공사나 작업을 하려는 자는 해양경찰청장의 허가를 받아야 한다. 다만, 관계 법령에 따라 국가가 시행하는 항로표지 설치, 수로 측량 등 해사안전에 관한 업무의 경우에는 그러하지 아니하다. ② 해양경찰청장은 허가를 하면 그 사실을 해양수산부장관에게 보고하여야 하며, 해양수산부장관은 이를 고시하여야 한다. ③ 해양경찰청장은 공사 또는 작업의 허가를 받은 자가 다음 각 호의 어느 하나에 해당하면 그 허가를 취소하거나 6개월의 범위에서 공사나 작업의 전부 또는 일부의 정지를 명할 수 있다. 다만, 제1호 또는 제4호에 해당하는 경우에는 그 허가를 취소하여야 한다. 1. 거짓이나 그 밖의 부정한 방법으로 제1항에 따른 허가를 받은 경우 2. 공사나 작업이 부진하여 이를 계속할 능력이 없다고 인정되는 경우 3. 제1항에 따라 허가를 할 때 붙인 허가조건 또는 허가사항을 위반한 경우 4. 정지명령을 위반하여 정지기간 중에 공사 또는 작업을 계속한 경우 ④ 허가를 받은 자는 해당 허가기간이 끝나거나 허가가 취소되었을 때에는 해당 구조물을 제거하고 원래 상태로 복구하여야 한다. ⑤ 공사나 작업의 허가, 제3항에 따른 행정처분의 세부기준과 절차, 그 밖에 필요한 사항은 해양수산부령으로 정한다.

제4절 | 유조선통항금지해역

내용	규정
유조선의 통항제한 (제14조)	① 다음 각호의 어느 하나에 해당하는 석유 또는 유해액체물질을 운송하는 선박(「유조선」)의 선장이나 항해당직을 수행하는 항해사는 유조선의 안전운항을 확보하고 해양사고로 인한 해양오염을 방지하기 위하여 유조선의 통항을 금지한 해역(「유조선통항금지해역」)에서 항행하여서는 아니 된다. 1. 원유, 중유, 경유 또는 이에 준하는 「석유 및 석유대체연료 사업법」

	제2조제2호가목에 따른 탄화수소유, 같은 조 제10호에 따른 가짜석유제품, 같은 조 제11호에 따른 석유대체연료 중 원유·중유·경유에 준하는 것으로 해양수산부령으로 정하는 기름 1천 500킬로리터 이상을 화물로 싣고 운반하는 선박 2. 「해양환경관리법」 제2조제7호에 따른 유해액체물질을 1천 500톤 이상 싣고 운반하는 선박 ② 유조선통항금지해역의 범위는 대통령령으로 정한다. ③ 유조선은 다음 각호의 어느 하나에 해당하면 제1항에도 불구하고 유조선통항금지해역에서 항행할 수 있다. 1. 기상상황의 악화로 선박의 안전에 현저한 위험이 발생할 우려가 있는 경우 2. 인명이나 선박을 구조하여야 하는 경우 3. 응급환자가 생긴 경우 4. 항만을 입항·출항하는 경우. 이 경우 유조선은 출입해역의 기상 및 수심, 그 밖의 해상상황 등 항행여건을 충분히 헤아려 유조선통항금지해역의 바깥쪽 해역에서부터 항구까지의 거리가 가장 가까운 항로를 이용하여 입항·출항하여야 한다.
시운전금지해역의 설정 (제14조의2)	① 누구든지 충돌 등 해양사고를 방지하기 위하여 시운전(조선소 등에서 선박을 건조·개조·수리 후 인도 전까지 또는 건조·개조·수리 중 시험운전)을 금지한 해역(「시운전금지해역」)에서 길이 100미터 이상의 선박에 대하여 해양수산부령으로 정하는 시운전을 하여서는 아니 된다. ② 제1항에 따른 시운전금지해역의 범위는 대통령령으로 정한다.

제5절 │ 해상교통안전진단

내용	규정
해상교통안전진단 (제15조)	① 해양수산부장관은 안전진단대상사업을 하려는 자(국가기관의 장 또는 지방자치단체의 장인 경우는 제외)에게 해양수산부령으로 정하는 안전진단기준에 따른 해상교통안전진단을 실시하도록 하여야 한다. ② 사업자는 안전진단대상사업에 대하여 「항만법」, 「공유수면 관리 및 매립에 관한 법률」 및 「선박의 입항 및 출항 등에 관한 법률」 등 해양의 이용 또는 보존과 관련된 관계 법령에 따른 허가·인가·승인·신고 등(「허가등」)을 받으려는 경우 제1항에 따라 실시한 해상교통안전진단의 결과(「안전진단서」)를 허가등의 권한을 가진 행정기관(「처분기관」)의 장에게 제출하여야 한다. ③ 제1항 및 제2항에 따라 해상교통안전진단을 실시하고 안전진단서를 제출하여야 하는 안전진단대상사업의 범위는 대통령령으로 정한다.

	④ 제2항에 따라 안전진단서를 제출받은 처분기관은 허가등을 하기 전에 사업자로부터 이를 제출받은 날부터 10일 이내에 해양수산부장관에게 제출하여야 한다. ⑤ 해양수산부장관은 처분기관으로부터 안전진단서를 제출받은 날부터 45일 이내에 안전진단서를 검토한 후 해양수산부령으로 정하는 바에 따라 그 의견(「검토의견」)을 처분기관에 통보하여야 한다. 이 경우 안전진단서의 서류를 보완하거나 관계 기관과의 협의에 걸리는 기간은 통보기간에 산입하지 아니한다. ⑥ 해양수산부장관은 안전진단서 검토를 위하여 해상교통안전 관련 분야의 전문가 또는 대통령령으로 정하는 해상교통안전진단 전문기관(「해상교통안전진단 전문기관」)의 의견을 들을 수 있다. ⑦ 처분기관은 해양수산부장관으로부터 검토의견을 통보받은 날부터 10일 이내에 이를 사업자에게 통보하여야 한다. ⑧ 제1항부터 제6항까지에서 규정한 사항 외에 안전진단서의 작성, 제출 시기, 검토, 공개 및 진단기술인력에 대한 교육 등 해상교통안전진단에 필요한 사항은 해양수산부령으로 정한다.
안전진단서 제출이 면제되는 사업 등 (제16조)	① 사업자는 제15조제2항에도 불구하고 안전진단대상사업이 다음 각 호의 어느 하나에 해당하여 안전진단서 제출이 필요하지 아니하다고 판단하는 경우 해양수산부령으로 정하는 바에 따라 해당 사업의 목적, 내용, 안전진단서 제출이 필요하지 아니한 사유 등이 포함된 의견서를 해양수산부장관에게 제출하여야 한다. 1. 선박통항안전, 재난대비 또는 복구를 위하여 긴급히 시행하여야 하는 사업 2. 그 밖에 선박의 통항에 미치는 영향이 적은 사업으로 해양수산부장관이 정하여 고시하는 사업 ② 의견서를 제출받은 해양수산부장관은 해양수산부령으로 정하는 바에 따라 의견서를 검토한 후 의견서를 제출받은 날부터 30일 이내에 안전진단서 제출 필요성 여부를 결정하여 그 결과를 통보하여야 한다. 이 경우 의견서의 서류를 보완하는 데 걸리는 기간은 통보기간에 산입하지 아니한다. ③ 해양수산부장관이 사업자에게 안전진단서를 제출하라고 통보한 경우 사업자는 해양수산부장관에게 안전진단서를 제출하여야 한다. ④ 해양수산부장관은 사업자로부터 안전진단서를 제출받은 날부터 45일 이내에 안전진단서를 검토한 후 검토의견을 사업자에게 통보하여야 한다. 이 경우 안전진단서의 서류를 보완하거나 관계 기관과의 협의에 걸리는 기간은 통보기간에 산입하지 아니한다.
검토의견에 대한 이의신청 (제17조)	① 검토의견에 이의가 있는 사업자는 처분기관을 경유하여 해양수산부장관에게 이의신청을 할 수 있다. 이 경우 사업자는 검토의견을 통보받은 날부터 30일 이내에 처분기관에 이의신청서를 제출하여야 한다. 다

	만, 천재지변 등 부득이한 사정이 있을 때에는 그 기간을 제출기간에 산입하지 아니한다. ② 해양수산부장관은 이의신청 내용의 타당성을 검토하여 그 결과(「검토결과」)를 해양수산부령으로 정하는 바에 따라 20일 이내에 처분기관을 거쳐 이의신청을 한 자에게 통보하여야 한다. 다만, 천재지변 등 부득이한 사정이 있을 때에는 10일의 범위에서 통보기간을 연장할 수 있다.
처분기관의 허가 등 (제18조)	① 처분기관은 이의신청이 없는 검토의견 또는 검토결과를 반영하여 허가등을 하여야 하며, 허가등을 하였을 때에는 해양수산부장관에게 통보하여야 한다. ② 처분기관은 이의신청이 없는 검토의견 또는 검토결과대로 사업자가 사업을 시행하는지를 확인하여 그 결과를 대통령령으로 정하는 바에 따라 해양수산부장관에게 제출하여야 하며, 이를 위하여 사업자에게 이행에 관련된 자료의 제출을 요구하거나 현장조사를 실시할 수 있다. ③ 처분기관은 사업자가 이의신청이 없는 검토의견 또는 검토결과대로 이행하지 아니한 사실이 확인된 경우에는 서면으로 이행 시한을 명시하여 이행할 것을 명하여야 한다. ④ 처분기관은 사업자가 명령을 이행하지 아니하여 해상교통안전에 중대한 영향을 미칠 것으로 판단될 경우에는 그 사업의 전부 또는 일부에 대하여 사업중지명령을 하여야 한다. ⑤ 해양수산부장관은 처분기관이 제15조제2항부터 제5항까지의 규정에 따른 절차를 거치지 아니하고 허가등을 하였을 때에는 그 허가등의 취소, 사업의 중지, 인공구조물의 철거, 운영정지 및 원상회복 등 필요한 조치를 취할 것을 그 처분기관에 요청할 수 있다. ⑥ 해양수산부장관은 처분기관이 정당한 사유 없이 제2항에 따른 확인을 하지 아니하거나 현저히 지연할 때에는 사업자가 검토의견 또는 검토결과대로 사업을 시행하는지를 직접 확인할 수 있다. 이 경우 해양수산부장관은 필요하면 해상교통안전 관련 분야의 전문가 또는 해상교통안전진단 전문기관의 의견을 듣거나 현장조사를 의뢰할 수 있고, 처분기관 또는 사업자에게 관련 자료의 제출을 요청할 수 있다. ⑦ 해양수산부장관은 검토의견 또는 검토결과의 이행을 위하여 필요한 경우에는 처분기관에 사업자에 대하여 제3항에 따른 이행명령이나 제4항에 따른 사업의 전부 또는 일부에 대한 사업중지명령을 할 것을 요청할 수 있다. ⑧ 제5항부터 제7항까지의 규정에 따른 요청을 받은 처분기관 또는 사업자는 특별한 사유가 없으면 그 요청에 따라야 한다.
국가기관 또는 지방자치단체의 해상교통안전진단 등 (제18조의2)	① 제15조에도 불구하고 국가기관의 장 또는 지방자치단체의 장은 안전진단대상사업을 시행하려는 경우에는 해양수산부장관에게 안전진단서를 제출하고 협의를 요청하여야 한다. ② 제1항에 따라 협의를 요청받은 해양수산부장관은 협의를 요청받은

날부터 45일 이내에 안전진단서를 검토한 후 그 검토의견을 협의를 요청한 국가기관의 장 또는 지방자치단체의 장에게 통보하여야 한다. 이 경우 해양수산부장관은 안전진단서의 검토를 위하여 해상교통안전 관련 분야의 전문가 또는 해상교통안전진단 전문기관의 의견을 들을 수 있다.

③ 제2항에 따른 검토의견에 이의가 있는 국가기관의 장 또는 지방자치단체의 장은 검토의견을 통보받은 날부터 30일 이내에 이의의 내용·사유 등을 적어 해양수산부장관에게 재협의를 요청할 수 있다. 다만, 천재지변 등 부득이한 사정이 있을 때에는 그 기간을 재협의 요청기간에 산입하지 아니한다.

④ 해양수산부장관은 제3항에 따른 재협의 요청을 받은 경우 그 타당성을 검토한 후 그 검토결과를 재협의를 요청받은 날부터 20일 이내에 재협의를 요청한 국가기관의 장 또는 지방자치단체의 장에게 통보하여야 한다. 다만, 천재지변 등 부득이한 사정이 있을 때에는 10일 이내의 범위에서 통보기간을 연장할 수 있다.

⑤ 국가기관의 장 또는 지방자치단체의 장은 해양수산부장관의 검토의견 또는 검토결과에 따라 안전진단대상사업을 시행하여야 하며, 대통령령으로 정하는 바에 따라 그 이행 결과를 해양수산부장관에게 제출하여야 한다.

⑥ 해양수산부장관은 국가기관의 장 또는 지방자치단체의 장이 제1항부터 제5항까지의 규정에 따른 절차를 거치지 아니하거나 제5항에 따른 해양수산부장관의 검토의견 또는 검토결과에 따르지 아니하고 안전진단 대상사업을 시행하는 경우에는 사업계획의 취소, 사업의 중지, 인공구조물의 철거, 운영정지 및 원상회복 등 필요한 조치를 할 것을 해당 국가기관의 장 또는 지방자치단체의 장에게 요청할 수 있다.

⑦ 해양수산부장관은 국가기관의 장 또는 지방자치단체의 장이 검토의견 또는 검토결과에 따라 안전진단대상사업을 시행하는지 확인하기 위하여 해상교통안전 관련 분야의 전문가 또는 해상교통안전진단 전문기관의 의견을 듣거나 현장조사를 의뢰할 수 있고, 해당 국가기관의 장 또는 지방자치단체의 장에게 관련 자료의 제출을 요청할 수 있다.

⑧ 제6항 및 제7항에 따른 해양수산부장관의 요청을 받은 국가기관의 장 또는 지방자치단체의 장은 특별한 사유가 없으면 그 요청에 따라야 한다.

⑨ 제1항에도 불구하고 국가기관의 장 또는 지방자치단체의 장은 시행하려는 안전진단대상사업이 제16조제1항 각 호의 어느 하나에 해당하여 안전진단서 제출이 필요하지 아니하다고 판단하는 경우 해당 사업의 목적, 내용, 안전진단서 제출이 필요하지 아니한 사유 등이 포함된 의견서를 해양수산부장관에게 제출하고 협의하여야 한다.

⑩ 제1항부터 제9항까지에서 규정한 사항 외에 안전진단서의 제출, 협의·재협의 요청, 검토의견·검토결과의 작성 및 통보의 절차와 방법 등에 관한 사항은 대통령령으로 정한다.

내용	규정
해상교통안전진단의 대행 (제19조)	① 제15조제1항에 따른 사업자나 제18조의2제1항에 따라 해양수산부장관에게 협의를 요청하여야 하는 국가기관의 장 또는 지방자치단체의 장은 제2항에 따라 등록한 안전진단대행업자로 하여금 해상교통안전진단을 대행하게 할 수 있다. ② 해상교통안전진단을 대행하려는 자(「안전진단대행업자」)는 해양수산부령으로 정하는 기술인력·장비 등 자격을 갖추어 해양수산부장관에게 등록하여야 한다. 등록한 사항 중 해양수산부령으로 정하는 사항을 변경하려는 경우에도 또한 같다. ③ 제2항에서 규정한 사항 외에 등록절차 및 등록증의 발급 등에 필요한 사항은 해양수산부령으로 정한다.

제6절 │ 항행장애물의 처리

내용	규정
항행장애물의 보고 등 (제25조)	① 다음 각호의 어느 하나에 해당하는 항행장애물을 발생시킨 선박의 선장, 선박소유자 또는 선박운항(「항행장애물제거책임자」)는 해양수산부령으로 정하는 바에 따라 해양수산부장관에게 지체 없이 그 항행장애물의 위치와 제27조에 따른 위험성 등을 보고하여야 한다. 1. 떠다니거나 침몰하여 다른 선박의 안전운항 및 해상교통질서에 지장을 주는 항행장애물 2. 항만의 수역, 어항의 수역, 하천의 수역(「수역등」)에 있는 시설 및 다른 선박 등과 접촉할 위험이 있는 항행장애물 ② 대한민국선박이 외국의 배타적경제수역에서 항행장애물을 발생시켰을 경우 항행장애물제거책임자는 그 해역을 관할하는 외국 정부에 지체 없이 보고하여야 한다. ③ 제1항의 보고를 받은 해양수산부장관은 항행장애물 주변을 항행하는 선박과 인접 국가의 정부에 항행장애물의 위치와 내용 등을 알려야 한다.
항행장애물의 표시 등 (제26조)	① 항행장애물제거책임자는 항행장애물이 다른 선박의 항행안전을 저해할 우려가 있는 경우에는 지체 없이 항행장애물에 위험성을 나타내는 표시를 하거나 다른 선박에게 알리기 위한 조치를 하여야 한다. 다만, 항행장애물 중 침몰·좌초된 선박에 대하여는 「항로표지법」 제14조에 따라 조치하여야 한다. ② 해양수산부장관은 항행장애물제거책임자가 표시나 조치를 하지 아니하는 경우 항행장애물제거책임자에게 그 표시나 조치를 하도록 명할 수 있다. ③ 항행장애물제거책임자가 명령을 이행하지 아니하거나 시급히 표시하

	지 아니하면 선박의 항행안전에 위해를 미칠 우려가 큰 경우 해양수산부장관은 직접 항행장애물에 표시할 수 있다.
항행장애물의 위험성 결정 (제27조)	① 해양수산부장관은 항행장애물이 선박의 항행안전이나 해양환경에 중대한 영향을 끼치는지를 고려하여 항행장애물의 위험성을 결정하여야 한다. ② 항행장애물의 위험성 결정에 필요한 사항은 해양수산부령으로 정한다.
항행장애물 제거 (제28조)	① 항행장애물제거책임자는 항행장애물을 제거하여야 한다. ② 항행장애물제거책임자가 항행장애물을 제거하지 아니하는 때에는 해양수산부장관은 그 항행장애물제거책임자에게 항행장애물을 제거하도록 명할 수 있다. ③ 항행장애물제거책임자가 명령을 이행하지 아니하거나 항행장애물이 제27조에 따라 위험성이 있다고 결정된 경우 해양수산부장관이 직접 항행장애물을 제거할 수 있다.
비용징수 등 (제29조)	① 해양수산부장관은 항행장애물의 표시·제거에 드는 비용의 징수에 대비하여 필요한 경우에는 선박소유자에게 비용 지급을 보증하는 서류의 제출을 요구할 수 있다. ② 항행장애물의 표시·제거에 쓰인 비용은 항행장애물제거책임자의 부담으로 하되, 항행장애물제거책임자를 알 수 없는 경우에는 대통령령으로 정하는 바에 따라 그 항행장애물 또는 항행장애물을 발생시킨 선박을 처분하여 비용에 충당할 수 있다.
국내항의 입항·출항 등 거부 (제30조)	해양수산부장관은 제29조제1항의 요구에 응하지 아니하는 선박에 대하여는 국내항의 입항·출항을 거부하거나 국내계류시설의 사용을 허가하지 아니할 수 있다.

제7절 │ 항해안전관리

내용	규정
항로의 지정 등 (제31조)	① 해양수산부장관은 선박이 통항하는 수역의 지형·조류, 그 밖에 자연적 조건 또는 선박 교통량 등으로 해양사고가 일어날 우려가 있다고 인정하면 관계 행정기관의 장의 의견을 들어 그 수역의 범위, 선박의 항로 및 속력 등 선박의 항행안전에 필요한 사항을 해양수산부령으로 정하는 바에 따라 고시할 수 있다. ② 해양수산부장관은 태풍 등 악천후를 피하려는 선박이나 해양사고 등으로 자유롭게 조종되지 아니하는 선박을 위한 수역 등을 지정·운영할 수 있다.

외국선박의 통항 (제32조)	① 외국선박은 해양수산부장관의 허가를 받지 아니하고는 대한민국의 내수에서 통항할 수 없다. ② 제1항에도 불구하고 직선기선에 따라 내수에 포함된 해역에서는 정박·정류·계류 또는 배회함이 없이 계속적이고 신속하게 통항할 수 있다. 다만, 다음 각 호의 경우에는 그러하지 아니하다. 1. 불가항력이나 조난으로 인하여 필요한 경우 2. 위험하거나 조난상태에 있는 인명·선박·항공기를 구조하기 위한 경우 3. 그 밖에 대한민국 항만에의 입항 등 해양수산부령으로 정하는 경우
특정선박에 대한 안전조치 (제33조)	① 대한민국의 영해 또는 내수를 통항하는 외국선박 중 다음 각 호의 선박(「특정선박」)은 「해상에서의 인명안전을 위한 국제협약」 등 관련 국제협약에서 정하는 문서를 휴대하거나 해양수산부령으로 정하는 특별예방조치를 준수하여야 한다. 1. 핵추진선박 2. 핵물질 등 위험화물운반선 ② 해양수산부장관은 특정선박에 의한 해양오염 방지, 경감 및 통제를 위하여 필요하면 통항로를 지정하는 등 안전조치를 명할 수 있다.
항로 등의 보전 (제34조)	① 누구든지 항로에서 다음 각호의 어느 하나에 해당하는 행위를 하여서는 아니 된다. 1. 선박의 방치 2. 어망 등 어구의 설치나 투기 ② 해양경찰서장은 제1항을 위반한 자에게 방치된 선박의 이동·인양 또는 어망 등 어구의 제거를 명할 수 있다. ③ 누구든지 항만의 수역 또는 어항의 수역 중 대통령령으로 정하는 수역에서는 해상교통의 안전에 장애가 되는 스킨다이빙, 스쿠버다이빙, 윈드서핑 등 대통령령으로 정하는 행위를 하여서는 아니 된다. 다만, 해상교통안전에 장애가 되지 아니한다고 인정되어 해양경찰서장의 허가를 받은 경우와 체육시설업과 관련된 해상에서 행위를 하는 경우에는 그러하지 아니하다. ④ 해양경찰서장은 허가를 받은 사람이 다음 각호의 어느 하나에 해당하면 그 허가를 취소하거나 해상교통안전에 장애가 되지 아니하도록 시정할 것을 명할 수 있다. 다만, 제3호에 해당하는 경우에는 그 허가를 취소하여야 한다. 1. 항로나 정박지 등 해상교통 여건이 달라진 경우 2. 허가 조건을 위반한 경우 3. 거짓이나 그 밖의 부정한 방법으로 허가를 받은 경우
수역등 및 항로의 안전 확보 (제35조)	① 누구든지 수역등 또는 수역등의 밖으로부터 10킬로미터 이내의 수역에서 선박 등을 이용하여 수역등이나 항로를 점거하거나 차단하는 행위를 함으로써 선박 통항을 방해하여서는 아니 된다.

	② 해양경찰서장은 선박 통항을 방해한 자 또는 방해할 우려가 있는 자에게 일정한 시간 내에 스스로 해산할 것을 요청하고, 이에 따르지 아니하면 해산을 명할 수 있다. ③ 해산명령을 받은 자는 지체 없이 물러가야 한다.
선박위치정보의 공개 제한 등 (제37조)	① 항해자료기록장치 등 해양수산부령으로 정하는 전자적 수단으로 선박의 항적 등을 기록한 정보(「선박위치정보」)를 보유한 자는 다음 각호의 경우를 제외하고는 선박위치정보를 공개하여서는 아니 된다. 1. 선박위치정보의 보유권자가 그 보유 목적에 따라 사용하려는 경우 2. 「해양사고의 조사 및 심판에 관한 법률」 제16조에 따른 조사관 등이 해양사고의 원인을 조사하기 위하여 요청하는 경우 3. 「재난 및 안전관리 기본법」 제3조제7호에 따른 긴급구조기관이 급박한 위험에 처한 선박 또는 승선자를 구조하기 위하여 요청하는 경우 3의2. 중앙행정기관의 장 또는 공공기관의 장이 항만시설의 보안, 여객선의 안전운항 관리, 「통합방위법」 제2조제4호에 따른 통합방위작전의 수행 또는 관세의 부과·징수 등에 관한 소관 업무를 수행하기 위하여 요청하는 경우 3의3. 선박소유자의 동의를 받은 경우 4. 6개월 이상의 기간이 지난 선박위치정보로서 해양수산부령으로 정하는 경우 ② 직무상 선박위치정보를 알게 된 선박소유자, 선장 및 해원 등은 선박위치정보를 누설·변조·훼손하여서는 아니 된다.
선박 출항통제 (제38조)	① 해양수산부장관은 해상에 대하여 기상특보가 발표되거나 제한된 시계 등으로 선박의 안전운항에 지장을 줄 우려가 있다고 판단할 경우에는 선박소유자나 선장에게 선박의 출항통제를 명할 수 있다. ② 제1항에 따른 출항통제의 기준·방법 및 절차 등에 필요한 사항은 해양수산부령으로 정한다.
순찰 (제39조)	해양경찰서장은 선박 통항의 안전과 질서를 유지하기 위하여 소속 경찰공무원에게 수역등·항로 또는 보호수역을 순찰하게 하여야 한다.
정선 등 (제40조)	① 해양경찰서장은 이 법 또는 이 법에 따른 명령을 위반하였거나 위반한 혐의가 있는 사람이 승선하고 있는 선박에 대하여 정선하거나 회항할 것을 명할 수 있다. ② 정선명령이나 회항명령은 대통령령으로 정하는 방법으로 그 선박에서 항해당직을 수행하고 있는 사람에게 알려야 한다.
술에 취한 상태에서의 조타기 조작 등 금지 (제41조)	① 술에 취한 상태에 있는 사람은 운항을 하기 위하여 「선박직원법」 제2조제1호에 따른 선박(총톤수 5톤 미만의 선박과 같은 호 나목 및 다목에 해당하는 외국선박을 포함하고, 시운전선박 및 이동식 시추선·수상호텔 등 해양수산부령으로 정하는 부유식 해상구조물은 제외)에 따른 선박의

조타기를 조작하거나 조작할 것을 지시하는 행위 또는 도선을 하여서는
아니 된다.
② 해양경찰청 소속 경찰공무원은 다음 각호의 어느 하나에 해당하는 경
우에는 운항을 하기 위하여 조타기를 조작하거나 조작할 것을 지시하는
사람(「운항자」) 또는 도선을 하는 사람(「도선사」)이 술에 취하였는지 측
정할 수 있으며, 해당 운항자 또는 도선사는 해양경찰청 소속 경찰공무
원의 측정 요구에 따라야 한다. 다만, 제3호에 해당하는 경우에는 반드
시 술에 취하였는지를 측정하여야 한다.
1. 다른 선박의 안전운항을 해치거나 해칠 우려가 있는 등 해상교통의
   안전과 위험방지를 위하여 필요하다고 인정되는 경우
2. 술에 취한 상태에서 조타기를 조작하거나 조작할 것을 지시하였거나
   도선을 하였다고 인정할 만한 충분한 이유가 있는 경우
3. 해양사고가 발생한 경우
③ 술에 취하였는지를 측정한 결과에 불복하는 사람에 대하여는 해당 운
항자 또는 도선사의 동의를 받아 혈액채취 등의 방법으로 다시 측정할
수 있다.
⑤ 술에 취한 상태의 기준은 혈중알코올농도 0.03퍼센트 이상으로 한다.
⑥ 제1항부터 제5항까지의 규정에 따른 측정에 필요한 세부 절차 및 측
정기록의 관리 등에 필요한 사항은 해양수산부령으로 정한다.

약물복용 등의 상태에서 조타기 조작 등 금지 (제41조의2)	약물(「마약류 관리에 관한 법률」 제2조제1호에 따른 마약류)·환각물질(「화학물질관리법」 제22조제1항에 따른 환각물질)의 영향으로 인하여 정상적으로 다음 각호의 행위를 하지 못할 우려가 있는 상태에서는 해당 행위를 하여서는 아니 된다. 1. 선박의 조타기를 조작하거나 조작할 것을 지시하는 행위 2. 선박의 도선
위험방지를 위한 조치 (제41조의3)	해양경찰서장은 운항자 또는 도선사가 제41조제1항 및 제41조의2를 위반한 경우에는 그 운항자 또는 도선사가 정상적으로 조타기를 조작하거나 조작할 것을 지시할 수 있는 상태가 될 때까지 조타기 조작 또는 조작 지시를 하지 못하게 명령하거나 도선을 하지 못하게 명령하는 등 필요한 조치를 취할 수 있다.
해기사면허의 취소·정지 요청 (제42조)	해양경찰청장은 해기사면허를 받은 자가 다음 각호의 어느 하나에 해당하는 경우 해양수산부장관에게 해당 해기사면허를 취소하거나 1년의 범위에서 해기사면허의 효력을 정지할 것을 요청할 수 있다. 1. 술에 취한 상태에서 운항을 하기 위하여 조타기를 조작하거나 그 조작을 지시한 경우 2. 술에 취한 상태에서 조타기를 조작하거나 조작할 것을 지시하였다고 인정할 만한 상당한 이유가 있음에도 불구하고 해양경찰청 소속 경찰공무원의 측정요구에 따르지 아니한 경우

내용	규정
	3. 약물·환각물질의 영향으로 인하여 정상적으로 조타기를 조작하거나 그 조작을 지시하지 못할 우려가 있는 상태에서 조타기를 조작하거나 그 조작을 지시한 경우
해양사고가 일어난 경우의 조치 (제43조)	① 선장이나 선박소유자는 해양사고가 일어나 선박이 위험하게 되거나 다른 선박의 항행안전에 위험을 줄 우려가 있는 경우에는 위험을 방지하기 위하여 신속하게 필요한 조치를 취하고, 해양사고의 발생 사실과 조치 사실을 지체 없이 해양경찰서장이나 지방해양수산청장에게 신고하여야 한다. ② 지방해양수산청장은 신고를 받으면 지체 없이 그 사실을 해양경찰서장에게 통보하여야 한다. ③ 해양경찰서장은 선장이나 선박소유자가 신고한 조치 사실을 적절한 수단을 사용하여 확인하고, 조치를 취하지 아니하였거나 취한 조치가 적당하지 아니하다고 인정하는 경우에는 그 선박의 선장이나 선박소유자에게 해양사고를 신속하게 수습하고 해상교통의 안전을 확보하기 위하여 필요한 조치를 취할 것을 명하여야 한다. ④ 해양경찰서장은 해양사고가 일어나 선박이 위험하게 되거나 다른 선박의 항행안전에 위험을 줄 우려가 있는 경우 필요하면 구역을 정하여 다른 선박에 대하여 선박의 이동·항행 제한 또는 조업중지를 명할 수 있다.
항행보조시설의 설치와 관리 (제44조)	① 해양수산부장관은 선박의 항행안전에 필요한 항로표지·신호·조명 등 항행보조시설을 설치하고 관리·운영하여야 한다. ③ 해양경찰청장, 지방자치단체의 장 또는 운항자는 다음 각 호의 수역에 항로표지를 설치할 필요가 있다고 인정하면 해양수산부장관에게 그 설치를 요청할 수 있다. 1. 선박교통량이 아주 많은 수역 2. 항행상 위험한 수역

제8절 | 선박의 안전관리체제

내용	규정
선장의 권한 등 (제45조)	① 누구든지 선박의 안전을 위한 선장의 전문적인 판단을 방해하거나 간섭하여서는 아니 된다. ② 선장은 선박의 안전관리를 위하여 안전관리책임자에게 선박과 그 시설의 정비·수리, 선박운항 일정의 변경 등을 요구할 수 있고, 안전관리책임자는 타당성 여부를 검토하여 그 결과를 10일 이내에 선박소유자에게 알려야 한다. 다만, 안전관리책임자가 선임되지 아니하거나 선박소유

	자가 안전관리책임자로 선임된 경우에는 선장이 선박소유자에게 직접 요구할 수 있다. ③ 선박소유자는 해당 요구에 따른 필요한 조치를 하여야 한다. ④ 해양수산부장관은 선박소유자가 필요한 조치를 하지 아니할 경우 공중의 안전에 위해를 끼칠 수 있어 긴급한 조치가 필요하다고 판단하면 선박소유자에게 필요한 조치를 하도록 명할 수 있다.
선박의 안전관리체제 수립 등 (제46조)	② 다음 각호의 어느 하나에 해당하는 선박(해저자원을 채취·탐사 또는 발굴하는 작업에 종사하는 이동식 해상구조물)을 운항하는 선박소유자는 안전관리체제를 수립하고 시행하여야 한다. 1. 해상여객운송사업에 종사하는 선박 2. 해상화물운송사업에 종사하는 선박으로서 총톤수 500톤 이상의 선박(기선과 밀착된 상태로 결합된 부선 포함) 3. 국제항해에 종사하는 총톤수 500톤 이상의 어획물운반선과 이동식 해상구조물 4. 수면비행선박 5. 그 밖에 대통령령으로 정하는 선박 ③ 안전관리체제에는 다음 각호의 사항이 포함되어야 한다. 다만, 제2항 제5호에 따른 선박의 안전관리체제에는 해양수산부령으로 정하는 바에 따라 그 일부를 포함시키지 아니할 수 있다. 1. 해상에서의 안전과 환경 보호에 관한 기본방침 2. 선박소유자의 책임과 권한에 관한 사항 3. 안전관리책임자와 안전관리자의 임무에 관한 사항 4. 선장의 책임과 권한에 관한 사항 5. 인력의 배치와 운영에 관한 사항 6. 선박의 안전관리체제 수립에 관한 사항 7. 선박충돌사고 등 발생 시 비상대책의 수립에 관한 사항 8. 사고, 위험 상황 및 안전관리체제의 결함에 관한 보고와 분석에 관한 사항 9. 선박의 정비에 관한 사항 10. 안전관리체제와 관련된 지침서 등 문서 및 자료 관리에 관한 사항 11. 안전관리체제에 대한 선박소유자의 확인·검토 및 평가에 관한 사항 ④ 안전관리체제를 수립·시행하여야 하는 선박소유자는 안전관리대행업을 등록한 자에게 이를 위탁할 수 있다. 이 경우 선박소유자는 그 사실을 10일 이내에 해양수산부장관에게 알려야 한다.
선박소유자의 안전관리책임자 선임의무 등 (제46조의2)	① 안전관리체제를 수립·시행하여야 하는 선박소유자(안전관리체제의 수립·시행을 위탁한 경우에는 위탁받은 자)는 선박 및 사업장의 안전관리 업무를 수행하게 하기 위하여 선박안전관리사 자격을 가진 자 중에서 안전관리책임자와 안전관리자를 선임하여야 한다. ② 선박소유자는 안전관리책임자 및 안전관리자를 해임하거나 안전관리

	책임자 및 안전관리자가 퇴직하는 경우 그 즉시 안전관리책임자 및 안전관리자를 변경선임하여야 한다. ③ 선박소유자는 안전관리책임자 및 안전관리자를 선임 또는 변경선임한 때에는 그 사실이 발생한 날부터 10일 이내에 해양수산부장관에게 신고하여야 한다. ④ 선박소유자는 인증심사를 받은 안전관리체제를 유지하기 위하여 필요한 조치를 하여야 하며, 안전관리책임자·안전관리자 및 안전관리체제의 수립·시행을 위탁받은 자가 안전관리 업무를 성실하게 수행할 수 있도록 지원 및 지도·감독하여야 한다.
안전관리책임자 등의 업무 등 (제46조의3)	① 안전관리책임자는 선박의 안전관리에 관한 업무를 선박소유자와 직접 협의할 수 있는 권한을 가진 자로서, 다음 각호의 업무를 수행한다. 1. 안전관리체제의 시행 및 개선 2. 선원에 대한 안전교육 실시 및 이에 대한 사후점검 3. 안전관리체제의 유효성 검토 및 부적합사항의 분석 4. 선박에 보급되는 장치, 부품 등의 적격품 여부 확인 5. 선박의 안전운항 및 해양오염방지를 위한 필요자원 및 육상지원의 적절한 제공 여부 확인 및 보장 6. 선박에 대한 안전정보·기술정보 등의 제공 7. 그 밖에 대통령령으로 정하는 업무 ② 안전관리자는 안전관리책임자를 보좌하며, 안전관리책임자의 지휘를 받아 제1항 각호의 업무를 수행한다. ③ 안전관리책임자와 안전관리자는 선박안전에 관한 교육을 의무적으로 받아야 한다. ④ 안전관리책임자는 업무수행 중 안전관리체제에 위반되는 것을 발견한 때에는 지체 없이 선박소유자에게 시정 등의 조치를 요구하여야 한다. 이 경우 선박소유자가 안전관리책임자의 요구에 따르지 아니하면 안전관리책임자는 해양수산부장관과 안전관리체제의 수립·시행을 위탁받은 자(해당 업자에 소속된 안전관리책임자에 한정)에게 그 사실을 지체 없이 알려야 한다. ⑤ 안전관리책임자로부터 조치 요구를 받은 선박소유자는 지체 없이 이에 따라야 하며, 이러한 요구를 이유로 안전관리책임자의 해임, 보수지급의 거부 및 안전관리체제의 수립·시행을 위탁받은 자에 대한 계약해지 등 불이익한 처우를 하여서는 아니 된다.
인증심사 (제47조)	① 선박소유자는 안전관리체제를 수립·시행하여야 하는 선박이나 사업장에 대하여 다음 각호의 구분에 따라 해양수산부장관으로부터 안전관리체제에 대한 인증심사(「인증심사」)를 받아야 한다. 1. 최초인증심사: 안전관리체제의 수립·시행에 관한 사항을 확인하기 위하여 처음으로 하는 심사 2. 갱신인증심사: 선박안전관리증서 또는 안전관리적합증서의 유효기간

	이 끝난 때에 하는 심사 3. 중간인증심사: 최초인증심사와 갱신인증심사 사이 또는 갱신인증심사 　와 갱신인증심사 사이에 해양수산부령으로 정하는 시기에 행하는 심사 4. 임시인증심사: 최초인증심사를 받기 전에 임시로 선박을 운항하기 위 　하여 다음 각목의 어느 하나에 대하여 하는 심사 　가. 새로운 종류의 선박을 추가하거나 신설한 사업장 　나. 개조 등으로 선종이 변경되거나 신규로 도입한 선박 5. 수시인증심사: 제1호부터 제4호까지의 인증심사 외에 선박의 해양사 　고 및 외국항에서의 항행정지 예방 등을 위하여 해양수산부령으로 정하 　는 경우에 사업장 또는 선박에 대하여 하는 심사 ② 선박소유자는 인증심사에 합격하지 아니한 선박을 항행에 사용하여 서는 아니 된다. 다만, 천재지변 등으로 인하여 인증심사를 받을 수 없다 고 인정되는 등 해양수산부령으로 정하는 경우에는 그러하지 아니하다.
인증심사 업무의 대행 등 (제48조)	① 해양수산부장관은 다음 각호의 업무를 해양수산부장관이 지정하는 인증심사대행기관(「정부대행기관」)이 대행하게 할 수 있다. 이 경우 해 양수산부장관은 대통령령으로 정하는 바에 따라 정부대행기관과 협정을 체결하여야 한다. 1. 인증심사 2. 선박안전관리증서 등의 발급 ② 해양수산부장관은 해양수산부령으로 정하는 바에 따라 정부대행기관 의 업무에 대하여 정기적으로 또는 수시로 지도·감독할 수 있다. ③ 정부대행기관의 조직·인원 및 사무소 등 지정기준, 심사업무에 종사 하는 사람의 자격 등에 필요한 사항은 대통령령으로 정한다. ④ 정부대행기관이 인증심사를 대행하는 경우 인증심사를 받으려는 자 는 정부대행기관이 정하는 수수료를 그 정부대행기관에 내야 한다. ⑤ 정부대행기관은 수수료의 기준을 정하여 해양수산부장관의 승인을 받아야 한다. 승인받은 사항을 변경하려는 경우에도 또한 같다.
선박안전관리증서 등의 발급 등 (제49조)	① 해양수산부장관은 최초인증심사나 갱신인증심사에 합격하면 그 선박 에 대하여는 선박안전관리증서를 내주고, 그 사업장에 대하여는 안전관 리적합증서를 내주어야 한다. ② 해양수산부장관은 임시인증심사에 합격하면 그 선박에 대하여는 임 시선박안전관리증서를 내주고, 그 사업장에 대하여는 임시안전관리적합 증서를 내주어야 한다. ③ 선박소유자는 그 선박에는 선박안전관리증서나 임시선박안전관리증 서의 원본과 안전관리적합증서나 임시안전관리적합증서의 사본을 갖추 어 두어야 하며, 그 사업장에는 안전관리적합증서나 임시안전관리적합증 서의 원본을 갖추어 두어야 한다. ④ 선박안전관리증서와 안전관리적합증서의 유효기간은 각각 5년으로 하고, 임시안전관리적합증서의 유효기간은 1년, 임시선박안전관리증서의

	유효기간은 6개월로 한다. ⑤ 선박안전관리증서는 5개월의 범위에서, 임시선박안전관리증서는 6개월의 범위에서 해양수산부령으로 정하는 바에 따라 유효기간을 연장할 수 있다.
인증심사에 대한 이의신청 (제50조)	① 인증심사에 불복하는 자는 심사결과를 통지받은 날부터 30일 이내에 그 사유를 적어 해양수산부장관이 정하는 바에 따라 이의신청을 할 수 있다. ② 인증심사에 관하여 이의가 있는 자는 이의신청 여부와 관계없이 「행정심판법」에 따른 행정심판청구 또는 「행정소송법」에 따른 행정소송을 제기할 수 있다.

제9절 | 선박 점검 및 사업장 안전관리

내용	규정
외국선박 통제 (제55조)	① 해양수산부장관은 대한민국의 영해에 있는 외국선박 중 대한민국의 항만에 입항하였거나 입항할 예정인 선박에 대하여 선박 안전관리체제, 선박의 구조·시설, 선원의 선박운항지식 등이 해사안전에 관한 국제협약의 기준에 맞는지를 확인할 수 있다. ② 해양수산부장관은 확인 결과 외국선박의 안전관리체제, 선박의 구조·시설, 선원의 선박운항지식 등이 국제협약의 기준에 미치지 못하는 경우로서, 해당 선박의 크기·종류·상태 및 항행기간을 고려할 때 항행을 계속하는 것이 인명이나 재산에 위험을 불러일으키거나 해양환경 보전에 장해를 미칠 우려가 있다고 인정되는 경우에는 그 선박에 대하여 항행정지를 명하는 등 필요한 조치를 할 수 있다. ③ 해양수산부장관은 위험과 장해가 없어졌다고 인정할 때에는 지체 없이 해당 선박에 대한 조치를 해제하여야 한다.
선박 점검 등 (제56조)	① 해양수산부장관은 대한민국선박이 외국 정부의 선박통제에 따라 항행정지 처분을 받은 경우에는 그 선박의 사업장에 대하여 안전관리체제의 적합성 여부를 점검하거나 그 선박이 국내항에 입항할 경우 관련되는 선박의 안전관리체제, 선박의 구조·시설, 선원의 선박운항지식 등에 대하여 점검을 할 수 있다. 다만, 외국 정부에서 확인을 요청하는 경우 등 필요한 경우에는 외국에서 점검을 할 수 있다. ② 해양수산부장관은 외국 정부의 선박통제에 따른 항행정지를 예방하기 위한 조치가 필요하다고 인정하는 경우 관련되는 선박에 대하여 점검(「특별점검」)을 할 수 있다. ③ 해양수산부장관은 특별점검의 결과 선박의 안전 확보를 위하여 필요

	하다고 인정하면 그 선박의 소유자 또는 해당 사업장에 대하여 시정·보완 또는 항행정지를 명할 수 있다.
선박안전도정보의 공표 (제57조)	① 해양수산부장관은 국민의 선박 이용의 안전을 도모하기 위하여 다음 각 호에서 정하는 선박의 해양사고 발생 건수, 관계 법령이나 국제협약에서 정한 선박의 안전에 관한 기준의 준수 여부 및 그 선박의 소유자·운항자 또는 안전관리대행자 등에 대한 정보를 공표할 수 있다. 다만, 중대한 해양사고가 발생한 선박에 대하여는 사고개요, 해당 선박의 명세 및 소유자 등 해양수산부령으로 정하는 정보를 공표하여야 한다. 1. 해상여객운송사업에 종사하는 선박 2. 해상화물운송사업에 종사하는 선박 3. 대한민국의 항만에 기항(寄港)하는 외국선박 4. 그 밖에 국제해사기구 등 해사안전과 관련된 국제기구의 요청 등에 따라 해당 선박의 안전도에 대한 정보를 제공할 필요가 있다고 해양수산부장관이 인정하는 선박
해사안전 우수사업자의 지정 등 (제57조의2)	① 해양수산부장관은 다음 각호의 어느 하나에 해당하는 자 중 해사안전의 수준 향상과 해양사고 감소에 기여한 자로서 해양수산부령으로 정하는 기준에 적합한 자를 해사안전 우수사업자로 지정할 수 있다. 1. 해상여객운송사업의 면허를 받은 자 2. 내항 화물운송사업의 등록을 한 자 3. 외항화물운송사업의 등록을 한 자 4. 그 밖에 해사안전관리 또는 해상운송과 관련된 사업으로서 해양수산부장관이 정하여 고시하는 사업을 영위하는 자 ② 해양수산부장관은 해사안전 우수사업자로 지정된 자에 대하여 우수사업자로 지정되었음을 나타내는 표지의 제공 등 해양수산부령으로 정하는 지원을 할 수 있다.
지도·감독 (제58조)	① 해양수산부장관은 해양사고가 발생할 우려가 있거나 해사안전관리의 적정한 시행 여부를 확인하기 위하여 필요한 경우 해사안전감독관으로 하여금 정기 또는 수시로 다음 각호의 조치를 하게 할 수 있다. 1. 선장, 선박소유자, 안전진단대행업자, 안전관리대행업자, 그 밖의 관계인에게 출석 또는 진술을 하게 하는 것 2. 선박이나 사업장에 출입하여 관계 서류를 검사하게 하거나 선박이나 사업장의 해사안전관리 상태를 확인·조사 또는 점검하게 하는 것 3. 선장, 선박소유자, 안전진단대행업자, 안전관리대행업자, 그 밖의 관계인에게 관계 서류를 제출하게 하거나 그 밖에 해사안전관리에 관한 업무를 보고하게 하는 것
개선명령 (제59조)	① 해양수산부장관은 지도·감독 결과 필요하다고 인정하거나 해양사고의 발생빈도와 경중 등을 고려하여 필요하다고 인정할 때에는 그 선박의 선장, 선박소유자, 안전관리대행업자, 그 밖의 관계인에게 다음 각호의

조치를 명할 수 있다.
1. 선박 시설의 보완이나 대체
2. 소속 직원의 근무시간 등 근무 환경의 개선
3. 소속 임직원에 대한 교육·훈련의 실시
4. 그 밖에 해사안전관리에 관한 업무의 개선
② 해양수산부장관은 제1항제1호에 따른 조치를 명할 경우에는 선박 시설을 보완하거나 대체하는 것을 마칠 때까지 해당 선박의 항행정지를 함께 명할 수 있다.

제10절 │ 모든 시계상태에서의 항법

내용	규정
경계 (제63조)	선박은 주위의 상황 및 다른 선박과 충돌할 수 있는 위험성을 충분히 파악할 수 있도록 시각·청각 및 당시의 상황에 맞게 이용할 수 있는 모든 수단을 이용하여 항상 적절한 경계를 하여야 한다.
안전한 속력 (제64조)	① 선박은 다른 선박과의 충돌을 피하기 위하여 적절하고 효과적인 동작을 취하거나 당시의 상황에 알맞은 거리에서 선박을 멈출 수 있도록 항상 안전한 속력으로 항행하여야 한다. ② 안전한 속력을 결정할 때에는 다음 각호(레이더를 사용하고 있지 아니한 선박의 경우에는 제1호부터 제6호까지)의 사항을 고려하여야 한다. 1. 시계의 상태 2. 해상교통량의 밀도 3. 선박의 정지거리·선회성능, 그 밖의 조종성능 4. 야간의 경우에는 항해에 지장을 주는 불빛의 유무 5. 바람·해면 및 조류의 상태와 항행장애물의 근접상태 6. 선박의 흘수와 수심과의 관계 7. 레이더의 특성 및 성능 8. 해면상태·기상, 그 밖의 장애요인이 레이더 탐지에 미치는 영향 9. 레이더로 탐지한 선박의 수·위치 및 동향
충돌 위험 (제65조)	① 선박은 다른 선박과 충돌할 위험이 있는지를 판단하기 위하여 당시의 상황에 알맞은 모든 수단을 활용하여야 한다. ② 레이더를 설치한 선박은 다른 선박과 충돌할 위험성 유무를 미리 파악하기 위하여 레이더를 이용하여 장거리 주사, 탐지된 물체에 대한 작도, 그 밖의 체계적인 관측을 하여야 한다. ③ 선박은 불충분한 레이더 정보나 그 밖의 불충분한 정보에 의존하여 다른 선박과의 충돌 위험 여부를 판단하여서는 아니 된다.

	④ 선박은 접근하여 오는 다른 선박의 나침방위에 뚜렷한 변화가 일어나지 아니하면 충돌할 위험성이 있다고 보고 필요한 조치를 하여야 한다. 접근하여 오는 다른 선박의 나침방위에 뚜렷한 변화가 있더라도 거대선 또는 예인작업에 종사하고 있는 선박에 접근하거나, 가까이 있는 다른 선박에 접근하는 경우에는 충돌을 방지하기 위하여 필요한 조치를 하여야 한다.
충돌을 피하기 위한 동작 (제66조)	① 선박은 항법에 따라 다른 선박과 충돌을 피하기 위한 동작을 취하되, 이 법에서 정하는 바가 없는 경우에는 될 수 있으면 충분한 시간적 여유를 두고 적극적으로 조치하여 선박을 적절하게 운용하는 관행에 따라야 한다. ② 선박은 다른 선박과 충돌을 피하기 위하여 침로나 속력을 변경할 때에는 될 수 있으면 다른 선박이 그 변경을 쉽게 알아볼 수 있도록 충분히 크게 변경하여야 하며, 침로나 속력을 소폭으로 연속적으로 변경하여서는 아니 된다. ③ 선박은 넓은 수역에서 충돌을 피하기 위하여 침로를 변경하는 경우에는 적절한 시기에 큰 각도로 침로를 변경하여야 하며, 그에 따라 다른 선박에 접근하지 아니하도록 하여야 한다. ④ 선박은 다른 선박과의 충돌을 피하기 위하여 동작을 취할 때에는 다른 선박과의 사이에 안전한 거리를 두고 통과할 수 있도록 그 동작을 취하여야 한다. 이 경우 그 동작의 효과를 다른 선박이 완전히 통과할 때까지 주의 깊게 확인하여야 한다. ⑤ 선박은 다른 선박과의 충돌을 피하거나 상황을 판단하기 위한 시간적 여유를 얻기 위하여 필요하면 속력을 줄이거나 기관의 작동을 정지하거나 후진하여 선박의 진행을 완전히 멈추어야 한다. ⑥ 이 법에 따라 다른 선박의 통항이나 통항의 안전을 방해하여서는 아니 되는 선박은 다음 각호의 사항을 준수하고 유의하여야 한다. 1. 다른 선박이 안전하게 지나갈 수 있는 여유 수역이 충분히 확보될 수 있도록 조기에 동작을 취할 것 2. 다른 선박에 접근하여 충돌할 위험이 생긴 경우에는 그 책임을 면할 수 없으며, 피항동작을 취할 때에는 이 장에서 요구하는 동작에 대하여 충분히 고려할 것 ⑦ 이 법에 따라 통항할 때에 다른 선박의 방해를 받지 아니하도록 되어 있는 선박은 다른 선박과 서로 접근하여 충돌할 위험이 생긴 경우 이 장의 규정에 따라야 한다.
좁은 수로 등 (제67조)	① 좁은 수로나 항로(「좁은 수로등」)를 따라 항행하는 선박은 항행의 안전을 고려하여 될 수 있으면 좁은 수로등의 오른편 끝 쪽에서 항행하여야 한다. 해양수산부장관이 특별히 지정한 수역 또는 통항분리제도가 적용되는 수역에서는 좁은 수로등의 오른편 끝 쪽에서 항행하지 아니하여도 된다.

	② 길이 20미터 미만의 선박이나 범선은 좁은 수로등의 안쪽에서만 안전하게 항행할 수 있는 다른 선박의 통행을 방해하여서는 아니 된다. ③ 어로에 종사하고 있는 선박은 좁은 수로등의 안쪽에서 항행하고 있는 다른 선박의 통항을 방해하여서는 아니 된다. ④ 선박이 좁은 수로등의 안쪽에서만 안전하게 항행할 수 있는 다른 선박의 통항을 방해하게 되는 경우에는 좁은 수로등을 횡단하여서는 아니 된다. ⑤ 앞지르기 하는 배는 좁은 수로등에서 앞지르기당하는 선박이 앞지르기 하는 배를 안전하게 통과시키기 위한 동작을 취하지 아니하면 앞지르기 할 수 없는 경우에는 기적신호를 하여 앞지르기 하겠다는 의사를 나타내야 한다. 이 경우 앞지르기당하는 선박은 그 의도에 동의하면 기적신호를 하여 그 의사를 표현하고, 앞지르기 하는 배를 안전하게 통과시키기 위한 동작을 취하여야 한다. ⑥ 선박이 좁은 수로등의 굽은 부분이나 항로에 있는 장애물 때문에 다른 선박을 볼 수 없는 수역에 접근하는 경우에는 특히 주의하여 항행하여야 한다. ⑦ 선박은 좁은 수로등에서 정박(정박 중인 선박에 매어 있는 것 포함)하여서는 아니 된다. 다만, 해양사고를 피하거나 인명이나 그 밖의 선박을 구조하기 위하여 부득이하다고 인정되는 경우에는 그러하지 아니하다.
통항분리제도 (제68조)	① 다음 각호의 수역(「통항분리수역」)에 대하여 적용한다. 1. 국제해사기구가 채택하여 통항분리제도가 적용되는 수역 2. 해상교통량이 아주 많아 충돌사고 발생의 위험성이 있어 통항분리제도를 적용할 필요성이 있는 수역으로서 해양수산부령으로 정하는 수역 ② 선박이 통항분리수역을 항행하는 경우에는 다음 각호의 사항을 준수하여야 한다. 1. 통항로 안에서는 정하여진 진행방향으로 항행할 것 2. 분리선이나 분리대에서 될 수 있으면 떨어져서 항행할 것 3. 통항로의 출입구를 통하여 출입하는 것을 원칙으로 하되, 통항로의 옆쪽으로 출입하는 경우에는 그 통항로에 대하여 정하여진 선박의 진행방향에 대하여 될 수 있으면 작은 각도로 출입할 것 ③ 선박은 통항로를 횡단하여서는 아니 된다. 다만, 부득이한 사유로 그 통항로를 횡단하여야 하는 경우에는 그 통항로와 선수방향이 직각에 가까운 각도로 횡단하여야 한다. ④ 선박은 연안통항대에 인접한 통항분리수역의 통항로를 안전하게 통과할 수 있는 경우에는 연안통항대를 따라 항행하여서는 아니 된다. 다만, 다음 각 호의 선박의 경우에는 연안통항대를 따라 항행할 수 있다. 1. 길이 20미터 미만의 선박 2. 범선 3. 어로에 종사하고 있는 선박 4. 인접한 항구로 입항·출항하는 선박

5. 연안통항대 안에 있는 해양시설 또는 도선사의 승하선장소에 출입하는 선박

6. 급박한 위험을 피하기 위한 선박

⑤ 통항로를 횡단하거나 통항로에 출입하는 선박 외의 선박은 급박한 위험을 피하기 위한 경우나 분리대 안에서 어로에 종사하고 있는 경우 외에는 분리대에 들어가거나 분리선을 횡단하여서는 아니 된다.

⑥ 통항분리수역에서 어로에 종사하고 있는 선박은 통항로를 따라 항행하는 다른 선박의 항행을 방해하여서는 아니 된다.

⑦ 모든 선박은 통항분리수역의 출입구 부근에서는 특히 주의하여 항행하여야 한다.

⑧ 선박은 통항분리수역과 그 출입구 부근에 정박(정박하고 있는 선박에 매어 있는 것을 포함)하여서는 아니 된다. 다만, 해양사고를 피하거나 인명이나 선박을 구조하기 위하여 부득이하다고 인정되는 사유가 있는 경우에는 그러하지 아니하다.

⑨ 통항분리수역을 이용하지 아니하는 선박은 될 수 있으면 통항분리수역에서 멀리 떨어져서 항행하여야 한다.

⑩ 길이 20미터 미만의 선박이나 범선은 통항로를 따라 항행하고 있는 다른 선박의 항행을 방해하여서는 아니 된다.

⑪ 통항분리수역 안에서 해저전선을 부설·보수 및 인양하는 작업을 하거나 항행안전을 유지하기 위한 작업을 하는 중이어서 조종능력이 제한되고 있는 선박은 그 작업을 하는 데에 필요한 범위에서 제1항부터 제10항까지의 규정을 적용하지 아니한다.

제11절 │ 선박이 서로 시계 안에 있는 때의 항법

내용	규정
범선 (제70조)	① 2척의 범선이 서로 접근하여 충돌할 위험이 있는 경우에는 다음 각호에 따른 항행방법에 따라 항행하여야 한다. 1. 각 범선이 다른 쪽 현에 바람을 받고 있는 경우에는 좌현에 바람을 받고 있는 범선이 다른 범선의 진로를 피하여야 한다. 2. 두 범선이 서로 같은 현에 바람을 받고 있는 경우에는 바람이 불어오는 쪽의 범선이 바람이 불어가는 쪽의 범선의 진로를 피하여야 한다. 3. 좌현에 바람을 받고 있는 범선은 바람이 불어오는 쪽에 있는 다른 범선을 본 경우로서 그 범선이 바람을 좌우 어느 쪽에 받고 있는지 확인할 수 없는 때에는 그 범선의 진로를 피하여야 한다. ② 제1항을 적용할 때에 바람이 불어오는 쪽이란 종범선에서는 주범(主帆)을 펴고 있는 쪽의 반대쪽을 말하고, 횡범선에서는 최대의 종범(縱

	帆)을 펴고 있는 쪽의 반대쪽을 말하며, 바람이 불어가는 쪽이란 바람이 불어오는 쪽의 반대쪽을 말한다.
앞지르기 (제71조)	① 앞지르기 하는 배는 제1절과 이 절의 다른 규정에도 불구하고 앞지르기당하고 있는 선박을 완전히 앞지르기하거나 그 선박에서 충분히 멀어질 때까지 그 선박의 진로를 피하여야 한다. ② 다른 선박의 양쪽 현의 정횡(正橫)으로부터 22.5도를 넘는 뒤쪽(밤에는 다른 선박의 선미등만을 볼 수 있고 어느 쪽의 현등도 볼 수 없는 위치)에서 그 선박을 앞지르는 선박은 앞지르기 하는 배로 보고 필요한 조치를 취하여야 한다. ③ 선박은 스스로 다른 선박을 앞지르기 하고 있는지 분명하지 아니한 경우에는 앞지르기 하는 배로 보고 필요한 조치를 취하여야 한다. ④ 앞지르기 하는 경우 2척의 선박 사이의 방위가 어떻게 변경되더라도 앞지르기 하는 선박은 앞지르기가 완전히 끝날 때까지 앞지르기당하는 선박의 진로를 피하여야 한다.
마주치는 상태 (제72조)	① 2척의 동력선이 마주치거나 거의 마주치게 되어 충돌의 위험이 있을 때에는 각 동력선은 서로 다른 선박의 좌현 쪽을 지나갈 수 있도록 침로를 우현 쪽으로 변경하여야 한다. ② 선박은 다른 선박을 선수 방향에서 볼 수 있는 경우로서 다음 각 호의 어느 하나에 해당하면 마주치는 상태에 있다고 보아야 한다. 1. 밤에는 2개의 마스트등을 일직선으로 또는 거의 일직선으로 볼 수 있거나 양쪽의 현등을 볼 수 있는 경우 2. 낮에는 2척의 선박의 마스트가 선수에서 선미까지 일직선이 되거나 거의 일직선이 되는 경우 ③ 선박은 마주치는 상태에 있는지가 분명하지 아니한 경우에는 마주치는 상태에 있다고 보고 필요한 조치를 취하여야 한다.
횡단하는 상태 (제73조)	2척의 동력선이 상대의 진로를 횡단하는 경우로서 충돌의 위험이 있을 때에는 다른 선박을 우현 쪽에 두고 있는 선박이 그 다른 선박의 진로를 피하여야 한다. 이 경우 다른 선박의 진로를 피하여야 하는 선박은 부득이한 경우 외에는 그 다른 선박의 선수 방향을 횡단하여서는 아니 된다.
피항선의 동작 (제74조)	이 법에 따라 다른 선박의 진로를 피하여야 하는 모든 선박(「피항선」)은 될 수 있으면 미리 동작을 크게 취하여 다른 선박으로부터 충분히 멀리 떨어져야 한다.
유지선의 동작 (제75조)	① 2척의 선박 중 1척의 선박이 다른 선박의 진로를 피하여야 할 경우 다른 선박은 그 침로와 속력을 유지하여야 한다. ② 침로와 속력을 유지하여야 하는 선박(「유지선」)은 피항선이 이 법에 따른 적절한 조치를 취하고 있지 아니하다고 판단하면 제1항에도 불구하고 스스로의 조종만으로 피항선과 충돌하지 아니하도록 조치를 취할

	수 있다. 이 경우 유지선은 부득이하다고 판단하는 경우 외에는 자기 선박의 좌현 쪽에 있는 선박을 향하여 침로를 왼쪽으로 변경하여서는 아니 된다. ③ 유지선은 피항선과 매우 가깝게 접근하여 해당 피항선의 동작만으로는 충돌을 피할 수 없다고 판단하는 경우에는 제1항에도 불구하고 충돌을 피하기 위하여 충분한 협력을 하여야 한다. ④ 제2항과 제3항은 피항선에게 진로를 피하여야 할 의무를 면제하는 것은 아니다.
선박 사이의 책무 (제76조)	① 항행 중인 선박은 제67조, 제68조 및 제71조에 따른 경우 외에는 이 조에서 정하는 항법에 따라야 한다. ② 항행 중인 동력선은 다음 각호에 따른 선박의 진로를 피하여야 한다. 1. 조종불능선 2. 조종제한선 3. 어로에 종사하고 있는 선박 4. 범선 ③ 항행 중인 범선은 다음 각 호에 따른 선박의 진로를 피하여야 한다. 1. 조종불능선 2. 조종제한선 3. 어로에 종사하고 있는 선박 ④ 어로에 종사하고 있는 선박 중 항행 중인 선박은 될 수 있으면 다음 각 호에 따른 선박의 진로를 피하여야 한다. 1. 조종불능선 2. 조종제한선 ⑤ 조종불능선이나 조종제한선이 아닌 선박은 부득이하다고 인정하는 경우 외에는 제86조에 따른 등화나 형상물을 표시하고 있는 흘수제약선의 통항을 방해하여서는 아니 된다. ⑥ 수상항공기는 될 수 있으면 모든 선박으로부터 충분히 떨어져서 선박의 통항을 방해하지 아니하도록 하되, 충돌할 위험이 있는 경우에는 이 법에서 정하는 바에 따라야 한다. ⑦ 수면비행선박은 선박의 통항을 방해하지 아니하도록 모든 선박으로부터 충분히 떨어져서 비행(이륙 및 착륙을 포함한다. 이하 같다)하여야 한다. 다만, 수면에서 항행하는 때에는 이 법에서 정하는 동력선의 항법을 따라야 한다.

제12절 │ 제한된 시계에서 선박의 항법

내용	규정
제한된 시계에서 선박의 항법 (제77조)	① 이 조는 시계가 제한된 수역 또는 그 부근을 항행하고 있는 선박이 서로 시계 안에 있지 아니한 경우에 적용한다. ② 모든 선박은 시계가 제한된 그 당시의 사정과 조건에 적합한 안전한 속력으로 항행하여야 하며, 동력선은 제한된 시계 안에 있는 경우 기관을 즉시 조작할 수 있도록 준비하고 있어야 한다. ③ 선박은 제1절에 따라 조치를 취할 때에는 시계가 제한되어 있는 당시의 상황에 충분히 유의하여 항행하여야 한다. ④ 레이더만으로 다른 선박이 있는 것을 탐지한 선박은 해당 선박과 얼마나 가까이 있는지 또는 충돌할 위험이 있는지를 판단하여야 한다. 이 경우 해당 선박과 매우 가까이 있거나 그 선박과 충돌할 위험이 있다고 판단한 경우에는 충분한 시간적 여유를 두고 피항동작을 취하여야 한다. ⑤ 피항동작이 침로를 변경하는 것만으로 이루어질 경우에는 될 수 있으면 다음 각호의 동작은 피하여야 한다. 1. 다른 선박이 자기 선박의 양쪽 현의 정횡 앞쪽에 있는 경우 좌현 쪽으로 침로를 변경하는 행위(앞지르기당하고 있는 선박에 대한 경우 제외) 2. 자기 선박의 양쪽 현의 정횡 또는 그곳으로부터 뒤쪽에 있는 선박의 방향으로 침로를 변경하는 행위 ⑥ 충돌할 위험성이 없다고 판단한 경우 외에는 다음 각 호의 어느 하나에 해당하는 경우 모든 선박은 자기 배의 침로를 유지하는 데에 필요한 최소한으로 속력을 줄여야 한다. 이 경우 필요하다고 인정되면 자기 선박의 진행을 완전히 멈추어야 하며, 어떠한 경우에도 충돌할 위험성이 사라질 때까지 주의하여 항행하여야 한다. 1. 자기 선박의 양쪽 현의 정횡 앞쪽에 있는 다른 선박에서 무중신호를 듣는 경우 2. 자기 선박의 양쪽 현의 정횡으로부터 앞쪽에 있는 다른 선박과 매우 근접한 것을 피할 수 없는 경우

제13절 │ 등화와 형상물

내용	규정
적용 (제78조)	① 이 절은 모든 날씨에서 적용한다. ② 선박은 해지는 시각부터 해뜨는 시각까지 이 법에서 정하는 등화를

	표시하여야 하며, 이 시간 동안에는 이 법에서 정하는 등화 외의 등화를 표시하여서는 아니 된다. 다만, 다음 각 호의 어느 하나에 해당하는 등화는 표시할 수 있다. 1. 등화로 오인되지 아니할 등화 2. 등화의 가시도나 그 특성의 식별을 방해하지 아니하는 등화 3. 등화의 적절한 경계를 방해하지 아니하는 등화 ③ 이 법에서 정하는 등화를 설치하고 있는 선박은 해뜨는 시각부터 해지는 시각까지도 제한된 시계에서는 등화를 표시하여야 하며, 필요하다고 인정되는 그 밖의 경우에도 등화를 표시할 수 있다. ④ 선박은 낮 동안에는 이 법에서 정하는 형상물을 표시하여야 한다.
등화의 종류 (제79조)	1. 마스트등: 선수와 선미의 중심선상에 설치되어 225도에 걸치는 수평의 호를 비추되, 그 불빛이 정선수 방향으로부터 양쪽 현의 정횡으로부터 뒤쪽 22.5도까지 비출 수 있는 흰색 등 2. 현등: 정선수 방향에서 양쪽 현으로 각각 112.5도에 걸치는 수평의 호를 비추는 등화로서 그 불빛이 정선수 방향에서 좌현 정횡으로부터 뒤쪽 22.5도까지 비출 수 있도록 좌현에 설치된 붉은색 등과 그 불빛이 정선수 방향에서 우현 정횡으로부터 뒤쪽 22.5도까지 비출 수 있도록 우현에 설치된 녹색 등 3. 선미등: 135도에 걸치는 수평의 호를 비추는 흰색 등으로서 그 불빛이 정선미 방향으로부터 양쪽 현의 67.5도까지 비출 수 있도록 선미 부분 가까이에 설치된 등 4. 예선등: 선미등과 같은 특성을 가진 황색 등 5. 전주등: 360도에 걸치는 수평의 호를 비추는 등화. 다만, 섬광등은 제외한다. 6. 섬광등: 360도에 걸치는 수평의 호를 비추는 등화로서 일정한 간격으로 1분에 120회 이상 섬광을 발하는 등 7. 양색등: 선수와 선미의 중심선상에 설치된 붉은색과 녹색의 두 부분으로 된 등화로서 그 붉은색과 녹색 부분이 각각 현등의 붉은색 등 및 녹색 등과 같은 특성을 가진 등 8. 삼색등: 선수와 선미의 중심선상에 설치된 붉은색·녹색·흰색으로 구성된 등으로서 그 붉은색·녹색·흰색의 부분이 각각 현등의 붉은색 등과 녹색 등 및 선미등과 같은 특성을 가진 등
항행 중인 동력선 (제81조)	① 항행 중인 동력선은 다음 각호의 등화를 표시하여야 한다. 1. 앞쪽에 마스트등 1개와 그 마스트등보다 뒤쪽의 높은 위치에 마스트등 1개. 다만, 길이 50미터 미만의 동력선은 뒤쪽의 마스트등을 표시하지 아니할 수 있다. 2. 현등 1쌍(길이 20미터 미만의 선박은 이를 대신하여 양색등을 표시할 수 있다) 3. 선미등 1개

② 수면에 떠있는 상태로 항행 중인 해양수산부령으로 정하는 선박은 제1항에 따른 등화에 덧붙여 사방을 비출 수 있는 황색의 섬광등 1개를 표시하여야 한다.

③ 수면비행선박이 비행하는 경우에는 제1항에 따른 등화에 덧붙여 사방을 비출 수 있는 고광도 홍색 섬광등 1개를 표시하여야 한다.

④ 길이 12미터 미만의 동력선은 제1항에 따른 등화를 대신하여 흰색 전주등 1개와 현등 1쌍을 표시할 수 있다.

⑤ 길이 7미터 미만이고 최대속력이 7노트 미만인 동력선은 제1항이나 제4항에 따른 등화를 대신하여 흰색 전주등 1개만을 표시할 수 있으며, 가능한 경우 현등 1쌍도 표시할 수 있다.

⑥ 길이 12미터 미만인 동력선에서 마스트등이나 흰색 전주등을 선수와 선미의 중심선상에 표시하는 것이 불가능할 경우에는 그 중심선 위에서 벗어난 위치에 표시할 수 있다. 이 경우 현등 1쌍은 이를 1개의 등화로 결합하여 선수와 선미의 중심선상 또는 그에 가까운 위치에 표시하되, 그 표시를 할 수 없을 경우에는 될 수 있으면 마스트등이나 흰색 전주등이 표시된 선으로부터 가까운 위치에 표시하여야 한다.

항행 중인 예인선 (제82조)	① 동력선이 다른 선박이나 물체를 끌고 있는 경우에는 다음 각호의 등화나 형상물을 표시하여야 한다. 1. 제81조제1항제1호에 따라 앞쪽에 표시하는 마스트등을 대신하여 같은 수직선 위에 마스트등 2개. 다만, 예인선의 선미로부터 끌려가고 있는 선박이나 물체의 뒤쪽 끝까지 측정한 예인선열의 길이가 200미터를 초과하면 같은 수직선 위에 마스트등 3개를 표시하여야 한다. 2. 현등 1쌍 3. 선미등 1개 4. 선미등의 위쪽에 수직선 위로 예선등 1개 5. 예인선열의 길이가 200미터를 초과하면 가장 잘 보이는 곳에 마름모꼴의 형상물 1개 ② 다른 선박을 밀거나 옆에 붙여서 끌고 있는 동력선은 다음 각 호의 등화를 표시하여야 한다. 1. 제81조제1항제1호에 따라 앞쪽에 표시하는 마스트등을 대신하여 같은 수직선 위로 마스트등 2개 2. 현등 1쌍 3. 선미등 1개 ③ 끌려가고 있는 선박이나 물체는 다음 각호의 등화나 형상물을 표시하여야 한다. 1. 현등 1쌍 2. 선미등 1개 3. 예인선열의 길이가 200미터를 초과하면 가장 잘 보이는 곳에 마름모꼴의 형상물 1개

④ 2척 이상의 선박이 한 무리가 되어 밀려가거나 옆에 붙어서 끌려갈 경우에는 이를 1척의 선박으로 보고 다음 각 호의 등화를 표시하여야 한다.
1. 앞쪽으로 밀려가고 있는 선박의 앞쪽 끝에 현등 1쌍
2. 옆에 붙어서 끌려가고 있는 선박은 선미등 1개와 그의 앞쪽 끝에 현등 1쌍
⑤ 일부가 물에 잠겨 잘 보이지 아니하는 상태에서 끌려가고 있는 선박이나 물체 또는 끌려가고 있는 선박이나 물체의 혼합체는 제3항에도 불구하고 다음 각 호의 등화나 형상물을 표시하여야 한다.
1. 폭 25미터 미만이면 앞쪽 끝과 뒤쪽 끝 또는 그 부근에 흰색 전주등 각 1개
2. 폭 25미터 이상이면 제1호에 따른 등화에 덧붙여 그 폭의 양쪽 끝이나 그 부근에 흰색 전주등 각 1개
3. 길이가 100미터를 초과하면 제1호와 제2호에 따른 등화 사이의 거리가 100미터를 넘지 아니하도록 하는 흰색 전주등을 함께 표시
4. 끌려가고 있는 맨 뒤쪽의 선박이나 물체의 뒤쪽 끝 또는 그 부근에 마름모꼴의 형상물 1개. 이 경우 예인선열의 길이가 200미터를 초과할 때에는 가장 잘 볼 수 있는 앞쪽 끝 부분에 마름모꼴의 형상물 1개를 함께 표시한다.
⑥ 끌려가고 있는 선박이나 물체에 제3항 또는 제5항에 따른 등화나 형상물을 표시할 수 없는 경우에는 끌려가고 있는 선박이나 물체를 조명하거나 그 존재를 나타낼 수 있는 가능한 모든 조치를 취하여야 한다.
⑦ 통상적으로 예인작업에 종사하지 아니한 선박이 조난당한 선박이나 구조가 필요한 다른 선박을 끌고 있는 경우로서 제1항이나 제2항에 따른 등화를 표시할 수 없을 때에는 그 등화들을 표시하지 아니할 수 있다. 이 경우 끌고 있는 선박과 끌려가고 있는 선박 사이의 관계를 표시하기 위하여 끄는 데에 사용되는 줄을 탐조등으로 비추는 등 제94조에 따른 가능한 모든 조치를 취하여야 한다.
⑧ 밀고 있는 선박과 밀려가고 있는 선박이 단단하게 연결되어 하나의 복합체를 이룬 경우에는 이를 1척의 동력선으로 보고 제81조를 적용한다.

| 항행 중인 범선 등 (제83조) | ① 항행 중인 범선은 다음 각호의 등화를 표시하여야 한다.
1. 현등 1쌍
2. 선미등 1개
② 항행 중인 길이 20미터 미만의 범선은 등화를 대신하여 마스트의 꼭대기나 그 부근의 가장 잘 보이는 곳에 삼색등 1개를 표시할 수 있다.
③ 항행 중인 범선은 등화에 덧붙여 마스트의 꼭대기나 그 부근의 가장 잘 보이는 곳에 전주등 2개를 수직선의 위아래에 표시할 수 있다. 이 경우 위쪽의 등화는 붉은색, 아래쪽의 등화는 녹색이어야 하며, 이 등화들은 삼색등과 함께 표시하여서는 아니 된다.
④ 길이 7미터 미만의 범선은 될 수 있으면 등화를 표시하여야 한다. 다 |

	만, 이를 표시하지 아니할 경우에는 흰색 휴대용 전등이나 점화된 등을 즉시 사용할 수 있도록 준비하여 충돌을 방지할 수 있도록 충분한 기간 동안 이를 표시하여야 한다. ⑤ 노도선은 이 조에 따른 범선의 등화를 표시할 수 있다. 다만, 이를 표시하지 아니하는 경우에는 제4항 단서에 따라야 한다. ⑥ 범선이 기관을 동시에 사용하여 진행하고 있는 경우에는 앞쪽의 가장 잘 보이는 곳에 원뿔꼴로 된 형상물 1개를 그 꼭대기가 아래로 향하도록 표시하여야 한다.
어선 (제84조)	① 항망이나 그 밖의 어구를 수중에서 끄는 트롤망어로에 종사하는 선박은 항행에 관계없이 다음 각호의 등화나 형상물을 표시하여야 한다. 1. 수직선 위쪽에는 녹색, 그 아래쪽에는 흰색 전주등 각 1개 또는 수직선 위에 2개의 원뿔을 그 꼭대기에서 위아래로 결합한 형상물 1개 2. 제1호의 녹색 전주등보다 뒤쪽의 높은 위치에 마스트등 1개. 다만, 어로에 종사하는 길이 50미터 미만의 선박은 이를 표시하지 아니할 수 있다. 3. 대수속력이 있는 경우에는 제1호와 제2호에 따른 등화에 덧붙여 현등 1쌍과 선미등 1개 ② 제1항 및 제 2항에 따른 어로에 종사하는 선박 외에 어로에 종사하는 선박은 항행 여부에 관계없이 다음 각 호의 등화나 형상물을 표시하여야 한다. 1. 수직선 위쪽에는 붉은색, 아래쪽에는 흰색 전주등 각 1개 또는 수직선 위에 두 개의 원뿔을 그 꼭대기에서 위아래로 결합한 형상물 1개 2. 수평거리로 150미터가 넘는 어구를 선박 밖으로 내고 있는 경우에는 어구를 내고 있는 방향으로 흰색 전주등 1개 또는 꼭대기를 위로 한 원뿔꼴의 형상물 1개 3. 대수속력이 있는 경우에는 제1호와 제2호에 따른 등화에 덧붙여 현등 1쌍과 선미등 1개 ③ 트롤망어로와 선망어로에 종사하고 있는 선박에는 제1항과 제2항에 따른 등화 외에 해양수산부령으로 정하는 추가신호를 표시하여야 한다. ④ 어로에 종사하고 있지 아니하는 선박은 이 조에 따른 등화나 형상물을 표시하여서는 아니 되며, 그 선박과 같은 길이의 선박이 표시하여야 할 등화나 형상물만을 표시하여야 한다.
조종불능선과 조종제한선 (제85조)	① 조종불능선은 다음 각호의 등화나 형상물을 표시하여야 한다. 1. 가장 잘 보이는 곳에 수직으로 붉은색 전주등 2개 2. 가장 잘 보이는 곳에 수직으로 둥근꼴이나 그와 비슷한 형상물 2개 3. 대수속력이 있는 경우에는 제1호와 제2호에 따른 등화에 덧붙여 현등 1쌍과 선미등 1개 ② 조종제한선은 기뢰제거작업에 종사하고 있는 경우 외에는 다음 각 호의 등화나 형상물을 표시하여야 한다.

	1. 가장 잘 보이는 곳에 수직으로 위쪽과 아래쪽에는 붉은색 전주등, 가운데에는 흰색 전주등 각 1개 2. 가장 잘 보이는 곳에 수직으로 위쪽과 아래쪽에는 둥근꼴, 가운데에는 마름모꼴의 형상물 각 1개 3. 대수속력이 있는 경우에는 제1호에 따른 등화에 덧붙여 마스트등 1개, 현등 1쌍 및 선미등 1개 4. 정박 중에는 제1호와 제2호에 따른 등화나 형상물에 덧붙여 제88조에 따른 등화나 형상물 ③ 동력선이 진로로부터 이탈능력을 매우 제한받는 예인작업에 종사하고 있는 경우에는 제82조제1항에 따른 등화나 형상물에 덧붙여 제2항제1호와 제2호에 따른 등화나 형상물을 표시하여야 한다. ④ 준설이나 수중작업에 종사하고 있는 선박이 조종능력을 제한받고 있는 경우에는 등화나 형상물을 표시하여야 하며, 장애물이 있는 경우에는 이에 덧붙여 다음 각 호의 등화나 형상물을 표시하여야 한다. 1. 장애물이 있는 쪽을 가리키는 뱃전에 수직으로 붉은색 전주등 2개나 둥근꼴의 형상물 2개 2. 다른 선박이 통과할 수 있는 쪽을 가리키는 뱃전에 수직으로 녹색 전주등 2개나 마름모꼴의 형상물 2개 3. 정박 중인 때에는 제88조에 따른 등화나 형상물을 대신하여 제1호와 제2호에 따른 등화나 형상물 ⑤ 잠수작업에 종사하고 있는 선박이 그 크기로 인하여 제4항에 따른 등화와 형상물을 표시할 수 없으면 다음 각 호의 표시를 하여야 한다. 1. 가장 잘 보이는 곳에 수직으로 위쪽과 아래쪽에는 붉은색 전주등, 가운데에는 흰색 전주등 각 1개 2. 국제해사기구가 정한 국제신호서 에이(A) 기의 모사판을 1미터 이상의 높이로 하여 사방에서 볼 수 있도록 표시 ⑥ 기뢰제거작업에 종사하고 있는 선박은 해당 선박에서 1천미터 이내로 접근하면 위험하다는 경고로서 제81조에 따른 동력선에 관한 등화, 제88조에 따른 정박하고 있는 선박의 등화나 형상물에 덧붙여 녹색의 전주등 3개 또는 둥근꼴의 형상물 3개를 표시하여야 한다. 이 경우 이들 등화나 형상물 중에서 하나는 앞쪽 마스트의 꼭대기 부근에 표시하고, 다른 2개는 앞쪽 마스트의 가름대의 양쪽 끝에 1개씩 표시하여야 한다. ⑦ 길이 12미터 미만의 선박은 잠수작업에 종사하고 있는 경우 외에는 이 조에 따른 등화와 형상물을 표시하지 아니할 수 있다.
흘수제약선 (제86조)	흘수제약선은 제81조에 따른 동력선의 등화에 덧붙여 가장 잘 보이는 곳에 붉은색 전주등 3개를 수직으로 표시하거나 원통형의 형상물 1개를 표시할 수 있다.
도선선 (제87조)	① 도선업무에 종사하고 있는 선박은 다음 각호의 등화나 형상물을 표시하여야 한다.

	1. 마스트의 꼭대기나 그 부근에 수직선 위쪽에는 흰색 전주등, 아래쪽에는 붉은색 전주등 각 1개 2. 항행 중에는 제1호에 따른 등화에 덧붙여 현등 1쌍과 선미등 1개 3. 정박 중에는 제1호에 따른 등화에 덧붙여 제88조에 따른 정박하고 있는 선박의 등화나 형상물 ② 도선선이 도선업무에 종사하지 아니할 때에는 그 선박과 같은 길이의 선박이 표시하여야 할 등화나 형상물을 표시하여야 한다.
정박선과 얹혀 있는 선박 (제88조)	① 정박 중인 선박은 가장 잘 보이는 곳에 다음 각호의 등화나 형상물을 표시하여야 한다. 1. 앞쪽에 흰색의 전주등 1개 또는 둥근꼴의 형상물 1개 2. 선미나 그 부근에 제1호에 따른 등화보다 낮은 위치에 흰색 전주등 1개 ② 길이 50미터 미만인 선박은 제1항에 따른 등화를 대신하여 가장 잘 보이는 곳에 흰색 전주등 1개를 표시할 수 있다. ③ 정박 중인 선박은 갑판을 조명하기 위하여 작업등 또는 이와 비슷한 등화를 사용하여야 한다. 다만, 길이 100미터 미만의 선박은 이 등화들을 사용하지 아니할 수 있다. ④ 얹혀 있는 선박은 제1항이나 제2항에 따른 등화를 표시하여야 하며, 이에 덧붙여 가장 잘 보이는 곳에 다음 각 호의 등화나 형상물을 표시하여야 한다. 1. 수직으로 붉은색의 전주등 2개 2. 수직으로 둥근꼴의 형상물 3개 ⑤ 길이 7미터 미만의 선박이 좁은 수로등 정박지 안 또는 그 부근과 다른 선박이 통상적으로 항행하는 수역이 아닌 장소에 정박하거나 얹혀 있는 경우에는 제1항과 제2항에 따른 등화나 형상물을 표시하지 아니할 수 있다. ⑥ 길이 12미터 미만의 선박이 얹혀 있는 경우에는 제4항에 따른 등화나 형상물을 표시하지 아니할 수 있다.
수상항공기 및 수면비행선박 (제89조)	수상항공기 및 수면비행선박은 이 절에서 규정하는 특성을 가진 등화와 형상물을 표시할 수 없거나 규정된 위치에 표시할 수 없는 경우 그 특성과 위치에 관하여 될 수 있으면 이 절에서 규정하는 것과 비슷한 등화나 형상물을 표시하여야 한다.

제14절 | 음향신호와 발광신호

내용	규정
기적의 종류 (제90조)	"기적"이란 다음 각호의 구분에 따라 단음과 장음을 발할 수 있는 음향

	신호장치를 말한다. 1. 단음: 1초 정도 계속되는 고동소리 2. 장음: 4초부터 6초까지의 시간 동안 계속되는 고동소리
음향신호설비 (제91조)	① 길이 12미터 이상의 선박은 기적 1개를, 길이 20미터 이상의 선박은 기적 1개 및 호종 1개를 갖추어 두어야 하며, 길이 100미터 이상의 선박은 이에 덧붙여 호종과 혼동되지 아니하는 음조와 소리를 가진 징을 갖추어 두어야 한다. 다만, 호종과 징은 각각 그것과 음색이 같고 이 법에서 규정한 신호를 수동으로 행할 수 있는 다른 설비로 대체할 수 있다. ② 길이 12미터 미만의 선박은 음향신호설비를 갖추어 두지 아니하여도 된다. 다만, 이들을 갖추어 두지 아니하는 경우에는 유효한 음향신호를 낼 수 있는 다른 기구를 갖추어 두어야 한다.
조종신호와 경고신호 (제92조)	① 항행 중인 동력선이 서로 상대의 시계 안에 있는 경우에 이 법의 규정에 따라 그 침로를 변경하거나 그 기관을 후진하여 사용할 때에는 다음 각호의 구분에 따라 기적신호를 행하여야 한다. 1. 침로를 오른쪽으로 변경하고 있는 경우: 단음 1회 2. 침로를 왼쪽으로 변경하고 있는 경우: 단음 2회 3. 기관을 후진하고 있는 경우: 단음 3회 ② 항행 중인 동력선은 다음 각호의 구분에 따른 발광신호를 적절히 반복하여 기적신호를 보충할 수 있다. 1. 침로를 오른쪽으로 변경하고 있는 경우: 섬광 1회 2. 침로를 왼쪽으로 변경하고 있는 경우: 섬광 2회 3. 기관을 후진하고 있는 경우: 섬광 3회 ③ 섬광의 지속시간 및 섬광과 섬광 사이의 간격은 1초 정도로 하되, 반복되는 신호 사이의 간격은 10초 이상으로 하며, 이 발광신호에 사용되는 등화는 적어도 5해리의 거리에서 볼 수 있는 흰색 전주등이어야 한다. ④ 선박이 좁은 수로등에서 서로 상대의 시계 안에 있는 경우 제67조제5항에 따른 기적신호를 할 때에는 다음 각호에 따라 행하여야 한다. 1. 다른 선박의 우현 쪽으로 앞지르기 하려는 경우에는 장음 2회와 단음 1회의 순서로 의사를 표시할 것 2. 다른 선박의 좌현 쪽으로 앞지르기 하려는 경우에는 장음 2회와 단음 2회의 순서로 의사를 표시할 것 3. 앞지르기당하는 선박이 다른 선박의 앞지르기에 동의할 경우에는 장음 1회, 단음 1회의 순서로 2회에 걸쳐 동의의사를 표시할 것 ⑤ 서로 상대의 시계 안에 있는 선박이 접근하고 있을 경우에는 하나의 선박이 다른 선박의 의도 또는 동작을 이해할 수 없거나 다른 선박이 충돌을 피하기 위하여 충분한 동작을 취하고 있는지 분명하지 아니한 경우에는 그 사실을 안 선박이 즉시 기적으로 단음을 5회 이상 재빨리 울려 그 사실을 표시하여야 한다. 이 경우 의문신호는 5회 이상의 짧고 빠르게 섬광을 발하는 발광신호로써 보충할 수 있다.

	⑥ 좁은 수로등의 굽은 부분이나 장애물 때문에 다른 선박을 볼 수 없는 수역에 접근하는 선박은 장음으로 1회의 기적신호를 울려야 한다. 이 경우 그 선박에 접근하고 있는 다른 선박이 굽은 부분의 부근이나 장애물의 뒤쪽에서 그 기적신호를 들은 경우에는 장음 1회의 기적신호를 울려 이에 응답하여야 한다. ⑦ 100미터 이상 거리를 두고 둘 이상의 기적을 갖추어 두고 있는 선박이 조종신호 및 경고신호를 울릴 때에는 그 중 하나만을 사용하여야 한다.
제한된 시계 안에서의 음향신호 (제93조)	① 시계가 제한된 수역이나 그 부근에 있는 모든 선박은 밤낮에 관계없이 다음 각호에 따른 신호를 하여야 한다. 1. 항행 중인 동력선은 대수속력이 있는 경우에는 2분을 넘지 아니하는 간격으로 장음을 1회 울려야 한다. 2. 항행 중인 동력선은 정지하여 대수속력이 없는 경우에는 장음 사이의 간격을 2초 정도로 연속하여 장음을 2회 울리되, 2분을 넘지 아니하는 간격으로 울려야 한다. 3. 조종불능선, 조종제한선, 흘수제약선, 범선, 어로 작업을 하고 있는 선박 또는 다른 선박을 끌고 있거나 밀고 있는 선박은 제1호와 제2호에 따른 신호를 대신하여 2분을 넘지 아니하는 간격으로 연속하여 3회의 기적(장음 1회에 이어 단음 2회를 말한다)을 울려야 한다. 4. 끌려가고 있는 선박(2척 이상의 선박이 끌려가고 있는 경우에는 제일 뒤쪽의 선박)은 승무원이 있을 경우에는 2분을 넘지 아니하는 간격으로 연속하여 4회의 기적(장음 1회에 이어 단음 3회를 말한다)을 울릴 것. 이 경우 신호는 될 수 있으면 끌고 있는 선박이 행하는 신호 직후에 울려야 한다. 5. 정박 중인 선박은 1분을 넘지 아니하는 간격으로 5초 정도 재빨리 호종을 울릴 것. 다만, 정박하여 어로 작업을 하고 있거나 작업 중인 조종제한선은 제3호에 따른 신호를 울려야 하고, 길이 100미터 이상의 선박은 호종을 선박의 앞쪽에서 울리되, 호종을 울린 직후에 뒤쪽에서 징을 5초 정도 재빨리 울려야 하며, 접근하여 오는 선박에 대하여 자기 선박의 위치와 충돌의 가능성을 경고할 필요가 있을 경우에는 이에 덧붙여 연속하여 3회(단음 1회, 장음 1회, 단음 1회) 기적을 울릴 수 있다. 6. 얹혀 있는 선박 중 길이 100미터 미만의 선박은 1분을 넘지 아니하는 간격으로 재빨리 호종을 5초 정도 울림과 동시에 그 직전과 직후에 호종을 각각 3회 똑똑히 울릴 것. 이 경우 그 선박은 이에 덧붙여 적절한 기적신호를 울릴 수 있다. 7. 얹혀 있는 선박 중 길이 100미터 이상의 선박은 그 앞쪽에서 1분을 넘지 아니하는 간격으로 재빨리 호종을 5초 정도 울림과 동시에 그 직전과 직후에 호종을 각각 3회씩 똑똑히 울리고, 뒤쪽에서는 그 호종의 마지막 울림 직후에 재빨리 징을 5초 정도 울릴 것. 이 경우 그

	선박은 이에 덧붙여 알맞은 기적신호를 할 수 있다. 8. 길이 12미터 미만의 선박은 제1호부터 제7호까지의 규정에 따른 신호를, 길이 12미터 이상 20미터 미만인 선박은 제5호부터 제7호까지의 규정에 따른 신호를 하지 아니할 수 있다. 다만, 그 신호를 하지 아니한 경우에는 2분을 넘지 아니하는 간격으로 다른 유효한 음향신호를 하여야 한다. 9. 도선선이 도선업무를 하고 있는 경우에는 제1호, 제2호 또는 제5호에 따른 신호에 덧붙여 단음 4회로 식별신호를 할 수 있다. ② 밀고 있는 선박과 밀려가고 있는 선박이 단단하게 연결되어 하나의 복합체를 이룬 경우에는 이를 1척의 동력선으로 보고 제1항을 적용한다.
주의환기신호 (제94조)	① 모든 선박은 다른 선박의 주의를 환기시키기 위하여 필요하면 이 법에서 정하는 다른 신호로 오인되지 아니하는 발광신호 또는 음향신호를 하거나 다른 선박에 지장을 주지 아니하는 방법으로 위험이 있는 방향에 탐조등을 비출 수 있다. ② 발광신호나 탐조등은 항행보조시설로 오인되지 아니하는 것이어야 하며, 스트로보등이나 그 밖의 강력한 빛이 점멸하거나 회전하는 등화를 사용하여서는 아니 된다.
조난신호 (제95조)	① 선박이 조난을 당하여 구원을 요청하는 경우 국제해사기구가 정하는 신호를 하여야 한다. ② 선박은 제1항에 따른 목적 외에 같은 항에 따른 신호 또는 이와 오인될 위험이 있는 신호를 하여서는 아니 된다.

제15절 | 특수한 상황에서 선박의 항법 등

내용	규정
절박한 위험이 있는 특수한 상황 (제96조)	① 선박, 선장, 선박소유자 또는 해원은 다른 선박과의 충돌 위험 등 절박한 위험이 있는 모든 특수한 상황(관계 선박의 성능의 한계에 따른 사정 포함)에 합당한 주의를 하여야 한다. ② 절박한 위험이 있는 특수한 상황에 처한 경우에는 그 위험을 피하기 위하여 제1절부터 제3절까지에 따른 항법을 따르지 아니할 수 있다. ③ 선박, 선장, 선박소유자 또는 해원은 이 법의 규정을 태만히 이행하거나 특수한 상황에 요구되는 주의를 게을리함으로써 발생한 결과에 대하여는 면책되지 아니한다.

제7장 연안사고 예방에 관한 법률

제1절 | 총 론

「연안사고 예방에 관한 법률」은 2014년 4월에 제정되어 2015년 1월 시행되었다. 국민소득 증가와 주 5일 근무제의 정착 등 사회적 여건 변화에 따라 연안을 중심으로 한 체험캠프 활동, 관광, 해양스포츠 등 국민들의 관심이 높아지면서 크고 작은 연안사고가 매년 증가하며 해양사고의 90% 이상을 차지하였다.

이에 반해, 연안 체험캠프 활동에 대한 현장 안전관리 부재와 갯골 등 연안 위험요소에 대한 체계적 관리가 이루어지지 않아 「태안 사설 해병대캠프 사고」[11]와 같은 다수의 인명사고가 발생하였다. 또한 새로운 해양관광산업으로 자리 잡고 있는 스킨 스쿠버 체험활동 중에도 인명피해가 빈번히 발생하고 있으나 이에 대한 안전규정 등 사고 예방을 위한 법률적 기반이 미흡한 실정이었다. 이에 따라 연안에서 발생하는 인명사고를 사전에 예방하여 국민의 생명과 재산을 보호하고 공공의 안전을 확보하기 위해 목적으로 동 법률이 제정되었다.

제2절 | 총 칙

내용	규정
정의 (제2조)	1. "연안해역"이란 「연안관리법」 제2조제2호의 지역(「무인도서의 보전 및 관리에 관한 법률」 제2조제1호에 따른 무인도서 포함)을 말한다. 2. "연안사고"란 연안해역에서 발생하는 인명에 위해를 끼치는 다음 각 목의 사고를 말한다. 다만, 「해양사고의 조사 및 심판에 관한 법률」 제2조제1호에 따른 해양사고는 제외한다. 가. 갯벌·갯바위·방파제·연육교·선착장·무인도서 등에서 바다에 빠지거나 추락·고립 등으로 발생한 사고 나. 연안체험활동 중에 발생한 사고 3. "연안체험활동"이란 연안해역에서 이루어지는 체험활동으로서 해양수산부령으로 정하는 활동을 말한다.
국가 등의 책무 (제3조)	① 국가와 지방자치단체는 연안사고로부터 국민의 생명·신체 및 재산을 보호하기 위하여 필요한 시책을 강구하고 추진하여야 한다.

---

11) 2013년 7월 18일 충청남도 태안군 안면읍에서 운영된 사설 해병대 캠프에서 체험활동 중이던 고등학생 5명이 파도에 휩쓸려 사망한 사건이다. 당시 학생 80여 명은 보트를 탄 후 해변에서 대기하고 있었는데 이후 교관의 지시에 따라 다시 바다로 들어갔고 이때 파도에 휩쓸려 깊은 갯골에 빠진 뒤 5명의 학생이 실종되었다.

	② 국가와 지방자치단체는 연안사고를 효과적으로 예방하기 위한 안전체계 구축 및 기반조성에 노력하여야 한다. ③ 국가와 지방자치단체는 연안사고의 예방을 위하여 필요한 안전교육이 실시될 수 있도록 노력하여야 한다.
다른 법률과의 관계 (제4조)	연안사고 예방에 관하여 다른 법률에 특별한 규정이 있는 경우를 제외하고는 이 법에서 정하는 바에 따른다.

※ 시행규칙 제2조(연안체험활동) 「연안사고 예방에 관한 법률」(「법」) 제2조제3호에서 "해양수산부령으로 정하는 활동"이란 다음 각 호의 어느 하나에 해당하는 체험활동을 말한다.
  1. 수상(水上)형 체험활동: 「선박법」 제1조의2제1항에 따른 선박이나 「수상레저안전법」 제2조제3호에 따른 수상레저기구를 이용하지 않고 수상에서 이루어지는 체험활동. 다만, 체험활동 과정의 일부가 수중에서 이루어지는 경우에도 활동 내용의 주된 부분이 수상에서 이루어지는 체험활동은 전체를 수상형 체험활동으로 본다.
  2. 수중(水中)형 체험활동: 수중에서 이루어지는 체험활동. 다만, 체험활동 과정의 일부가 수상에서 이루어지는 경우에도 활동 내용의 주된 부분이 수중에서 이루어지는 체험활동은 전체를 수중형 체험활동으로 본다.
  3. 일반형 체험활동: 제1호 또는 제2호에 따른 체험활동 외에 연안해역에서 이루어지는 체험활동

제3절 │ 연안사고 예방 기본계획

내용	규정
연안사고 예방 기본계획의 수립 등 (제5조)	① 해양경찰청장은 연안사고 예방을 위하여 5년마다 연안사고 예방 기본계획(「기본계획」)을 수립·추진하여야 한다. ② 해양경찰청장은 기본계획을 수립하려는 경우 미리 소방청장, 광역시장·도지사·특별자치도지사 및 특별시·광역시·특별자치시·도·특별자치도의 교육감(이하 「시·도교육감」)의 의견을 들어야 한다. 대통령령으로 정하는 중요한 사항을 변경하려는 경우에도 또한 같다. ③ 해양경찰청장은 기본계획의 수립 또는 변경에 필요한 경우에는 관계 행정기관의 장에게 관련 자료의 제출을 요청할 수 있다. 이 경우 자료의 제출을 요청받은 관계 행정기관의 장은 특별한 사유가 없으면 이에 따라야 한다.
기본계획의 내용 (제6조)	기본계획에는 다음 각호의 사항이 포함되어야 한다. 1. 연안사고 예방에 관한 정책의 기본방향 2. 연안사고 예방에 필요한 안전체계 구축에 관한 사항 3. 연안해역의 특성을 고려한 연안사고 예방 방안에 관한 사항 4. 연안사고 예방을 위한 전문인력의 양성 및 운영에 관한 사항

내용	규정
시행계획의 수립 · 시행 (제7조)	① 해양경찰청장은 기본계획에 따라 매년 연안사고 예방 시행계획(「시행계획」)을 수립 · 시행하여야 한다. ② 시행계획의 수립 · 시행에 필요한 사항은 해양수산부령으로 정한다.
연안사고예방협의회 (제8조)	① 연안사고 예방에 관하여 필요한 사항을 협의하기 위하여 해양경찰청장 소속으로 중앙연안사고예방협의회를 두고, 지방해양경찰청 및 해양경찰서에 각각 광역연안사고예방협의회 및 지역연안사고예방협의회를 둔다. ② 연안사고예방협의회의 구성과 기능 및 운영 등에 필요한 사항은 대통령령으로 정한다.

제4절 │ 연안사고 안전관리규정 등

내용	규정
연안사고 안전관리규정의 작성 · 시행 (제9조)	① 해양경찰청장은 연안사고를 예방하기 위하여 소방청장, 특별자치도지사 · 시장 · 군수 · 구청장(자치구의 구청장) 및 시 · 도교육감의 의견을 들어 연안사고 안전관리규정(「안전관리규정」)을 작성하여 시행하여야 한다. 안전관리규정을 변경하려는 때에도 또한 같다. ② 안전관리규정에는 다음 각호의 사항이 포함되어야 한다. 1. 인명사고가 자주 발생하는 연안해역에 관한 사항 2. 인명사고 예방조치에 관한 사항 3. 인명사고 위험구역 설정 및 위험경보에 관한 사항 4. 위험표지판 등 안전관리 시설물의 설치에 관한 사항 5. 연안해역 안전점검 주기 및 안전점검 결과에 따른 응급조치에 관한 사항 6. 그 밖에 해양수산부령으로 정하는 사항 ③ 특별자치도지사 · 시장 · 군수 · 구청장은 안전관리규정을 준수하여야 한다.
출입통제 등 (제10조)	① 해양경찰청장은 연안사고 예방을 위하여 특별자치도지사 · 시장 · 군수 · 구청장, 소방서장 및 항만에 관한 업무를 관장하는 해양수산부 소속 기관의 장의 의견을 들어 인명사고가 자주 발생하거나 발생할 우려가 높은 다음 각호의 장소에 대하여 출입통제를 할 수 있다. 1. 너울성 파도가 잦은 해안가 또는 방파제 2. 물살이 빠르고 갯골이 깊은 갯벌 지역 3. 사고발생이 빈번하고 구조활동이 용이하지 아니한 섬 또는 갯바위 4. 연안절벽 등 해상추락이 우려되는 지역

	5. 그 밖에 연안사고가 자주 발생하는 장소 ② 해양경찰청장은 출입통제를 하려는 경우에는 그 사유와 기간 등 해양수산부령으로 정하는 사항을 포함하여 공고하고, 정보통신매체를 통하여 이를 적극 알려야 한다. ③ 해양경찰청장은 출입통제 사유가 없어졌거나 필요가 없다고 인정하는 경우에는 즉시 출입통제 조치를 해제하고 공고 등을 하여야 한다.
연안체험활동 안전수칙 (제11조)	① 해양경찰청장은 연안체험활동 중 발생할 수 있는 사고를 예방하기 위하여 다음 각 호의 사항이 포함된 연안체험활동 안전수칙(「안전수칙」)을 정하여야 한다. 1. 안전관리요원의 자격과 배치기준 2. 안전장비의 종류와 배치기준 3. 그 밖에 해양수산부령으로 정하는 사항 ② 연안체험활동에 참가하려는 자(「연안체험활동 참가자」)를 모집하여 연안체험 프로그램을 운영하려는 자(「연안체험활동 운영자」)는 안전수칙을 준수하여야 한다. ④ 안전관리요원의 자격과 배치기준, 안전장비의 종류와 배치기준 등에 필요한 사항은 해양수산부령으로 정한다.
연안체험활동 안전교육 (제11조의2)	① 연안체험활동 운영자 및 안전관리요원은 연안체험활동의 안전에 관하여 해양수산부령으로 정하는 바에 따라 해양경찰청장이 실시하는 안전교육을 받아야 한다. ② 해양경찰청장은 연안체험활동 운영자 및 안전관리요원에 대한 안전교육을 효율적으로 수행하기 위하여 연안체험활동 안전에 관한 교육을 전문적으로 실시하는 교육기관을 지정하여 안전교육을 실시하게 할 수 있다. ③ 해양경찰청장은 제2항에 따라 지정된 안전교육 위탁기관(「위탁기관」)이 다음 각호의 어느 하나에 해당하는 경우에는 지정을 취소하거나 6개월 이내의 기간을 정하여 위탁업무를 정지할 수 있다. 다만, 제1호에 해당하는 경우에는 지정을 취소하여야 한다. 1. 거짓이나 그 밖의 부정한 방법으로 지정을 받은 경우 2. 거짓이나 그 밖의 부정한 방법으로 안전교육 수료에 관한 증서를 발급한 경우 3. 제5항에 따른 위탁기관의 지정기준에 미치지 못하게 된 경우
연안체험활동 신고 (제12조)	① 연안체험활동 운영자는 해양수산부령으로 정하는 절차와 방법에 따라 해양경찰서장에게 연안체험활동 안전관리 계획서(「계획서」)를 작성하여 신고하여야 한다. 다만, 다음 각 호의 경우는 제외한다. 1. 「수상레저안전법」, 「유선 및 도선 사업법」, 「낚시 관리 및 육성법」, 「수중레저활동의 안전 및 활성화 등에 관한 법률」, 「청소년활동 진흥법」, 「체육시설의 설치·이용에 관한 법률」, 「도시와 농어촌 간의 교

	류촉진에 관한 법률」, 「수산업법」, 「양식산업발전법」 등 다른 법률에서 지도·감독 등을 받는 법인 또는 단체가 운영하는 경우 3. 연안체험활동 참가자 수가 해양수산부령으로 정하는 규모 이하인 경우 ② 계획서에는 다음 각호의 사항이 포함되어야 한다. 1. 연안체험활동의 기간과 장소 및 유형 2. 안전수칙 준수에 관한 사항 3. 보험 또는 공제(「보험등」)의 가입사실 4. 연안체험활동 중 사고발생 시 연안체험활동 운영자의 관계 기관에 대한 신고의무 부과 등 대처계획에 관한 사항 ③ 연안체험활동 운영자는 계획서의 신고가 수리되기 전에는 연안체험활동 참가자의 모집을 하여서는 아니 된다. ④ 해양경찰서장은 신고를 받은 날부터 7일 이내에 신고수리 여부를 신고인에게 통지하여야 한다. ⑤ 해양경찰서장이 제4항에서 정한 기간 내에 신고수리 여부 또는 민원처리 관련 법령에 따른 처리기간의 연장을 신고인에게 통지하지 아니하면 그 기간(민원 처리 관련 법령에 따라 처리기간이 연장 또는 재연장된 경우에는 해당 처리기간을 말한다)이 끝난 날의 다음 날에 신고를 수리한 것으로 본다. ⑥ 해양경찰서장은 계획서의 신고를 수리한 경우(제5항에 따라 신고를 수리한 것으로 보는 경우를 포함한다)에는 그 사실을 특별자치도지사·시장·군수·구청장에게 통보하여야 한다. ⑦ 연안체험활동 운영자 또는 안전관리요원은 연안체험활동 관련 사고로 사람이 사망하거나 실종된 경우 또는 중상을 입은 경우에는 해양수산부령으로 정하는 바에 따라 지체 없이 해양경찰관서나 소방관서 또는 경찰관서 등 관계 행정기관에 신고하여야 한다.
보험등의 가입 (제13조)	① 연안체험활동 운영자는 연안체험활동 참가자 및 안전관리요원에게 발생한 생명·신체의 손해를 배상하기 위하여 보험등에 가입하여야 한다. ② 제1항에 따라 보험등에 가입하여야 할 연안체험활동의 유형 및 보험등 금액 등은 대통령령으로 정한다.
보험등의 가입 정보 제공 등 (제13조의2)	① 연안체험활동 운영자는 보험등의 가입 정보를 대통령령으로 정하는 바에 따라 연안체험활동 참가자 및 안전관리요원에게 알려야 한다. ② 해양경찰청장 또는 해양경찰서장은 보험등의 가입을 확인하기 위하여 연안체험활동 운영자의 동의를 받아 보험회사 및 공제사업자(「보험회사등」) 또는 험협회, 보험요율 산출기관 및 보험 관계 단체(「보험협회등」)에 필요한 자료 또는 정보의 제공을 요청할 수 있다. ③ 보험회사등은 자료 또는 정보의 제공을 요청받은 경우 보험협회등을 통하여 해당 자료 또는 정보를 제공할 수 있다. ④ 자료 및 정보의 제공을 요청받은 자는 정당한 사유가 없으면 그 요청에 따라야 한다.

연안체험활동의 제한 등 (제14조)	① 관할 해양경찰서장은 다음 각호의 어느 하나에 해당하는 경우로서 연안체험활동이 곤란하거나 연안체험활동 참가자의 안전에 위해를 끼칠 우려가 있다고 인정하는 때에는 연안체험활동의 전부 또는 일부를 금지하거나 제한할 수 있다. 1. 자연재해의 예보·경보 등이 발령된 경우 2. 유류오염·적조·부유물질·유해생물이 발생하거나 출현하는 경우 3. 어망 등 해상장애물이 많은 경우 4. 그 밖에 연안사고 예방을 위하여 대통령령으로 정하는 경우 ② 관할 해양경찰서장은 연안체험활동의 금지 또는 제한의 원인이 되는 사유가 소멸되거나 완화된 경우 연안체험활동의 금지 또는 제한의 전부 또는 일부를 해제할 수 있다. ③ 관할 해양경찰서장은 제1항 및 제2항에 따라 연안체험활동의 금지·제한 또는 금지·제한을 해제한 경우 지체 없이 특별자치도지사·시장·군수·구청장에게 알리고, 정보통신매체 등을 통하여 공고하여야 한다.
연안체험활동 안전점검 (제15조)	① 관할 해양경찰서장은 소속 경찰공무원으로 하여금 연안사고 예방을 위하여 연안체험활동 장소에 출입하여 다음 각 호의 사항에 대한 안전점검을 하게 할 수 있다. 1. 안전수칙 준수 여부 2. 연안체험활동 상황 3. 그 밖에 해양수산부령으로 정하는 사항 ② 관할 해양경찰서장은 안전점검의 결과 안전수칙을 위반하였거나 안전확보에 중대한 문제가 있다고 판단되는 경우에는 해양수산부령으로 정하는 바에 따라 시정명령 등 필요한 조치를 하거나 관계 법률에 따른 영업정지 등의 조치를 관계 행정기관의 장에게 요청할 수 있다. ③ 안전점검을 하는 경찰공무원은 그 신분을 나타내는 증표를 지니고 이를 관계인에게 내보여야 한다. ④ 관할 해양경찰서장은 제1항에 따른 안전점검의 중복 등으로 인하여 연안체험활동에 지장이 발생하지 아니하도록 노력하여야 한다.
연안순찰대의 편성·운영 (제16조)	① 해양경찰청장은 연안사고 예방을 위한 순찰·지도 등의 업무를 수행하기 위하여 연안순찰대를 편성하여 운영할 수 있다. ② 연안순찰대원의 자격기준, 복무 등에 필요한 사항은 대통령령으로 정한다.
연안안전지킴이 위촉 (제17조)	① 해양경찰청장은 지역주민으로서 연안해역의 특성을 잘 아는 사람 등을 연안안전지킴이로 위촉하여 연안사고예방을 위한 순찰·지도업무를 보조하게 할 수 있다. ② 연안안전지킴이가 그 직무를 수행하는 경우에는 신분을 표시하는 증표를 지니고 이를 관계인에게 내보여야 한다. ③ 연안안전지킴이의 위촉방법, 활동범위, 수당의 지급 등에 관한 사항

	은 해양수산부령으로 정한다. ④ 지방자치단체의 장은 필요한 경우 관할 구역에서 연안안전지킴이가 활동하는 데 소요되는 경비의 전부 또는 일부를 지원할 수 있다.
무인도서 안전관리 (제18조)	① 특별자치도지사·시장·군수·구청장은 「무인도서의 보전 및 관리에 관한 법률」 제2조제1호에 따른 무인도서로서 해양수산부령으로 정하는 무인도서에서 발생할 수 있는 인명사고의 예방을 위하여 필요한 안전관리체계를 마련하여야 한다. ② 관할 해양경찰서장은 제1항의 무인도서에서 발생하는 인명사고에 효과적으로 대처하기 위하여 특별자치도지사·시장·군수·구청장과 협의하여 긴급신고망을 운영할 수 있다.

※시행규칙 제6조(연안체험활동 안전수칙 등) ① 법 제11조제1항제3호에서 "해양수산부령으로 정하는 사항"이란 별표 1을 말한다.
② 법 제11조제4항에 따른 안전관리요원의 자격과 배치기준, 안전장비의 종류와 배치기준은 별표 2와 같다.

[별표1] 연안체험활동 안전수칙에 정하여야 할 사항(제6조제1항 관련)

1. 구명조끼 착용에 관한 사항
2. 연안체험활동을 하는 연안해역의 위험요소에 대한 안전조치에 관한 사항
3. 연안사고 발생 시 응급처치에 관한 사항
4. 연안체험활동 참가자의 건강상태 확인에 관한 사항
5. 연안체험활동 참가자에 대한 사전 안전교육 실시에 관한 사항
6. 연안체험활동 참가자에 대한 휴식 제공에 관한 사항
7. 음주행위 금지 등 연안체험활동 참가자 및 안전관리요원이 준수하여야 할 사항
8. 연안체험활동 참가자에 대한 정신적·신체적 폭행 금지 및 연안체험활동 참여 강제 금지 등 안전관리요원이 준수하여야 할 사항

[별표2] 안전관리요원의 자격과 배치기준 및 안전장비의 종류와 배치기준(제6조제2항 관련)

1. 안전관리요원의 자격
   가. 일반형 체험활동: 해양경찰청, 영 제11조제2항에 따른 안전교육 위탁기관 또는 이 규칙 제6조의3제3항에 따른 위탁기관에서 안전교육을 이수한 자
   나. 수상형 체험활동: 「수상레저안전법 시행령」 제37조제1항에 따른 인명구조요원 또는 「수상에서의 수색·구조 등에 관한 법률」 제30조의2에 따른 수상구조사의 자격을 갖춘 자
   다. 수중형 체험활동: 해양수산부장관 또는 해양경찰청장이 고시하는 수중 관련 단체에서 인정하는 자격을 갖춘 자
2. 안전관리요원의 배치기준
   가. 수상형 체험활동: 1명 이상의 안전관리요원을 두고, 연안체험활동 참가자 10명 당 안전관리요원 1명 이상을 추가로 배치할 것. 이 경우 비상구조선마다 1명 이상의 안전관리요원이 배치되어야 한다.
   나. 수중형 체험활동: 1명 이상의 안전관리요원을 두고, 연안체험활동 참가자 8명 당 안전관리요원

　　　　1명 이상을 추가로 배치할 것. 이 경우 비상구조선마다 1명 이상의 안전관리요원이 배치되어야
　　　　한다.
　　다. 일반형 체험활동: 1명 이상의 안전관리요원을 두고, 연안체험활동 참가자 20명 당 안전관리요원
　　　　1명 이상을 추가로 배치할 것
　3. 안전장비의 종류 및 배치기준
　　가. 수상형 체험활동
　　　1) 비상구조선(무동력 비상구조선을 포함한다. 이하 같다): 탑승정원이 연안체험활동 참가자 인원
　　　　의 100퍼센트 이상인 비상구조선을 갖출 것
　　　2) 구명조끼(구명자켓 또는 구명슈트를 포함한다. 이하 같다): 연안체험활동 참가자를 성인 및 어
　　　　린이로 구분하여 각 참가자 수의 110퍼센트 이상에 해당하는 수의 구명조끼를 갖출 것
　　　3) 구명튜브: 1개 이상의 구명튜브를 갖추고, 연안체험활동 참가자 10명 당 구명튜브 1개 이상을
　　　　추가로 갖출 것
　　　4) 구명줄: 지름 10밀리미터 이상, 길이 30미터 이상의 구명줄을 1개 이상 갖추고, 연안체험활동
　　　　참가자 10명 당 구명줄 1개 이상을 추가로 갖출 것
　　　5) 구급장비: 구급장비와 구급약품을 갖출 것
　　나. 수중형 체험활동
　　　1) 비상구조선: 탑승정원이 연안체험활동 참가자 인원의 100퍼센트 이상인 비상구조선을 갖출 것
　　　2) 구명조끼: 연안체험활동 참가자를 성인 및 어린이로 구분하여 각 참가자 수의 110퍼센트 이상
　　　　에 해당하는 수의 구명조끼를 갖출 것
　　　3) 구명튜브: 1개 이상의 구명튜브를 갖추고, 연안체험활동 참가자 10명 당 구명튜브 1개 이상을
　　　　추가로 갖출 것
　　　4) 구명줄: 지름 10밀리미터 이상, 길이 30미터 이상의 구명줄을 1개 이상 갖추고, 연안체험활동
　　　　참가자 5명 당 구명줄 1개 이상을 추가로 갖출 것
　　　5) 구급장비: 구급장비와 구급약품을 갖출 것
　　다. 일반형 체험활동
　　　1) 구명튜브: 1개 이상의 구명튜브를 갖추고, 연안체험활동 참가자 20명 당 구명튜브 1개 이상을
　　　　추가로 갖출 것
　　　2) 구명줄: 지름 10밀리미터 이상, 길이 30미터 이상의 구명줄을 1개 이상 갖추고, 연안체험활동
　　　　참가자 20명 당 구명줄 1개 이상을 추가로 갖출 것
　　　3) 구급장비: 구급장비와 구급약품을 갖출 것

※**시행령 제7조(연안체험활동의 제한)** 법 제14조제1항제4호에서 "대통령령으로 정하는 경우"란 다음 각 호의 어
느 하나에 해당하는 경우를 말한다.
　1. 연안체험활동 중 사망자나 실종자가 발생한 경우
　2. 연안체험활동이 이루어지는 연안해역의 인근 해상에서 「수상에서의 수색·구조 등에 관한 법률」 제2조제5
　　호에 따른 조난사고 또는 「해양사고의 조사 및 심판에 관한 법률」 제2조제1호에 따른 해양사고가 발생하
　　여 이를 수습하기 위하여 필요한 경우
　3. 연안체험활동이 이루어지는 연안해역에 해상교통량이 많은 경우
　4. 그 밖에 해양경찰서장이 연안사고 예방을 위하여 연안체험활동을 제한할 필요가 있다고 인정하는 경우

제8장　재난 및 안전관리 기본법

제1절 │ 총 론

1. 의의

「재난 및 안전관리 기본법」은 각종 재난관리에 관한 기본이 되는 법이다. 육해공에서 발생하는 자연적, 사회적 재난으로부터 국토를 보존하고 국민의 생명·신체를 보호하기 위해 (1) 국가와 지방자치단체의 재난 및 안전관리체계 확립 (2) 재난관리 기본방침과 (3) 재난수습 지휘체계를 정하는 법이다. 동 법은 재난의 예방·대비·대응 및 복구와 관련된 기본 정책을 정하고 있다.

「수상에서의 수색·구조 등에 관한 법률」 등 해양에서 발생하는 각종 재난관리 법령의 근거가 되고, 일정한 규모 이상의 해양사고의 대응은 동 법에서 정한 방침을 따르고 있다. 이와 함께 동 법의 제정으로 재해 및 재난 등으로 다원화되어 있는 재난관련 법령의 주요 내용을 통합하고, 각 부처와 기관에 분산되어 수행되던 안전관리 업무에 대한 총괄조정 기능을 보강하였다.

2. 제정법 주요내용

동 법은 2004년 3월 제정되어 2004년 6월 시행된 이후 50여 차례의 개정을 거쳤다. 제정법의 주요 내용은 다음과 같다.

① 재난의 개념에 자연재해와 에너지·통신 등 국가기반체계의 마비 등으로 인한 피해를 포함하여 정의함

② 국무총리 소속하에 국무총리를 위원장으로 하는 중앙안전관리위원회를 두어 안전관리에 관한 중요정책의 심의 및 총괄·조정 등을 하도록 함

③ 대규모 재난의 예방·대응·복구 등에 관한 사항의 총괄·조정업무를 수행하기 위하여, 종전 주무부처에 설치되던 중앙사고대책본부를 「중앙재난안전대책본부」로 명칭을 변경하여 행정자치부에 설치하도록 하고, 주무부처에는 「중앙사고수습본부」를 설치하도록 하는 등 국가재난관리체계를 개편함

④ 국무총리는 중앙행정기관의 장이 제출한 안전관리업무에 관한 기본계획을 종합하여 「국가안전관리기본계획」을 수립하고, 중앙행정기관의 장은 소관 사항에 관한 집행계획을 수립하며, 시·도지사 및 시장·군수·구청장은 해당 시·도 및 시·군·구의 안전관리업무에 관한 계획을 수립하도록 함

⑤ 소방방재청과 행정기관인 재난관리책임기관의 장은 재난의 발생이 우려되는 등의 사유가 있는 때에는 소속공무원으로 하여금 긴급안전점검을 실시하게 할 수 있도록 함

⑥ 대통령은 재난의 발생으로 국가의 안녕 및 사회질서 유지에 중대한 영향을 미치거나 재난으로 인한 피해의 수습·복구를 위하여 특별한 조치가 필요한 지역을 특별재난지역으로 선포할 수 있도록 하고, 국가 및 지방자치단체는 특별재난지역으로 선포된 지역에 대하여 행정·재정·금융 의료상의 특별지원을 할 수 있도록 함

⑦ 시·도지사, 시장·군수·구청장 및 긴급구조기관의 장은 관할 구역 안의 유지기관과 합동으로 정기 또는 수시로 재난대비훈련을 실시하도록 함

⑧ 국가는 국민과 지방자치단체가 자기의 책임과 노력으로 재난에 대비할 수 있도록 재난관련 보험 또는 공제를 개발·보급하기 위하여 노력하도록 함

제2절 │ 총 칙

내용	규정
정의 (제3조)	1. "재난"이란 국민의 생명·신체·재산과 국가에 피해를 주거나 줄 수 있는 것으로서 다음 각목의 것을 말한다. 　가. 자연재난: 태풍, 홍수, 호우, 강풍, 풍랑, 해일, 대설, 한파, 낙뢰, 가뭄, 폭염, 지진, 황사, 조류 대발생, 조수, 화산활동, 소행성·유성체 등 자연우주물체의 추락·충돌, 그 밖에 이에 준하는 자연현상으로 인하여 발생하는 재해 　나. 사회재난: 화재·붕괴·폭발·교통사고(항공사고 및 해상사고 포함)·화생방사고·환경오염사고 등으로 인하여 발생하는 대통령령으로 정하는 규모 이상의 피해와 국가핵심기반의 마비, 「감염병의 예방 및 관리에 관한 법률」에 따른 감염병 또는 「가축전염병예방법」에 따른 가축전염병의 확산, 「미세먼지 저감 및 관리에 관한 특별법」에 따른 미세먼지 등으로 인한 피해 2. "해외재난"이란 대한민국의 영역 밖에서 대한민국 국민의 생명·신체 및 재산에 피해를 주거나 줄 수 있는 재난으로서 정부차원에서 대처할 필요가 있는 재난을 말한다. 3. "재난관리"란 재난의 예방·대비·대응 및 복구를 위하여 하는 모든 활동을 말한다. 4. "안전관리"란 재난이나 그 밖의 각종 사고로부터 사람의 생명·신체 및 재산의 안전을 확보하기 위하여 하는 모든 활동을 말한다. 4의2. "안전기준"이란 각종 시설 및 물질 등의 제작, 유지관리 과정에서 안전을 확보할 수 있도록 적용하여야 할 기술적 기준을 체계화한 것을 말하며, 안전기준의 분야, 범위 등에 관하여는 대통령령으로 정한다. 5. "재난관리책임기관"이란 재난관리업무를 하는 다음 각 목의 기관을 말한다.

	가. 중앙행정기관 및 지방자치단체(「제주특별자치도 설치 및 국제자유도시 조성을 위한 특별법」 제10조제2항에 따른 행정시 포함) 나. 지방행정기관·공공기관·공공단체(공공기관 및 공공단체의 지부 등 지방조직 포함) 및 재난관리의 대상이 되는 중요시설의 관리기관 등으로서 대통령령으로 정하는 기관 5의2. "재난관리주관기관"이란 재난이나 그 밖의 각종 사고에 대하여 그 유형별로 예방·대비·대응 및 복구 등의 업무를 주관하여 수행하도록 대통령령으로 정하는 관계 중앙행정기관을 말한다. 6. "긴급구조"란 재난이 발생할 우려가 현저하거나 재난이 발생하였을 때에 국민의 생명·신체 및 재산을 보호하기 위하여 긴급구조기관과 긴급구조지원기관이 하는 인명구조, 응급처치, 그 밖에 필요한 모든 긴급한 조치를 말한다. 7. "긴급구조기관"이란 소방청·소방본부 및 소방서를 말한다. 다만, 해양에서 발생한 재난의 경우에는 해양경찰청·지방해양경찰청 및 해양경찰서를 말한다. 8. "긴급구조지원기관"이란 긴급구조에 필요한 인력·시설 및 장비, 운영체계 등 긴급구조능력을 보유한 기관이나 단체로서 대통령령으로 정하는 기관과 단체를 말한다.다. 10. "재난관리정보"란 재난관리를 위하여 필요한 재난상황정보, 동원가능 자원정보, 시설물정보, 지리정보를 말한다. 10의2. "재난안전의무보험"이란 재난이나 그 밖의 각종 사고로 사람의 생명·신체 또는 재산에 피해가 발생한 경우 그 피해를 보상하기 위한 보험 또는 공제로서 이 법 또는 다른 법률에 따라 일정한 자에 대하여 가입을 강제하는 보험 또는 공제를 말한다. 11. "재난안전통신망"이란 재난관리책임기관·긴급구조기관 및 긴급구조지원기관이 재난 및 안전관리업무에 이용하거나 재난현장에서의 통합지휘에 활용하기 위하여 구축·운영하는 통신망을 말한다. 12. "국가핵심기반"이란 에너지, 정보통신, 교통수송, 보건의료 등 국가경제, 국민의 안전·건강 및 정부의 핵심기능에 중대한 영향을 미칠 수 있는 시설, 정보기술시스템 및 자산 등을 말한다.
국가 등의 책무 (제4조)	① 국가와 지방자치단체는 재난이나 그 밖의 각종 사고로부터 국민의 생명·신체 및 재산을 보호할 책무를 지고, 재난이나 그 밖의 각종 사고를 예방하고 피해를 줄이기 위하여 노력하여야 하며, 발생한 피해를 신속히 대응·복구하기 위한 계획을 수립·시행하여야 한다. ② 국가와 지방자치단체는 안전에 관한 정보를 적극적으로 공개하여야 하며, 누구든지 이를 편리하게 이용할 수 있도록 하여야 한다. ③ 재난관리책임기관의 장은 소관 업무와 관련된 안전관리에 관한 계획을 수립하고 시행하여야 하며, 그 소재지를 관할하는 특별시·광역시·특별자치시·도·특별자치도(「시·도」)와 시(「제주특별자치도 설치 및

	국제자유도시 조성을 위한 특별법」 제10조제2항에 따른 행정시 포함) · 군 · 구(자치구)의 재난 및 안전관리업무에 협조하여야 한다.
국민의 책무 (제5조)	국민은 국가와 지방자치단체가 재난 및 안전관리업무를 수행할 때 최대한 협조하여야 하고, 자기가 소유하거나 사용하는 건물 · 시설 등으로부터 재난이나 그 밖의 각종 사고가 발생하지 아니하도록 노력하여야 한다.
재난 및 안전관리 업무의 총괄 · 조정 (제6조)	행정안전부장관은 국가 및 지방자치단체가 행하는 재난 및 안전관리 업무를 총괄 · 조정한다.
다른 법률과의 관계 등 (제8조)	① 재난 및 안전관리에 관하여 다른 법률을 제정하거나 개정하는 경우에는 이 법의 목적과 기본이념에 맞도록 하여야 한다. ② 재난 및 안전관리에 관하여 「자연재해대책법」 등 다른 법률에 특별한 규정이 있는 경우를 제외하고는 이 법에서 정하는 바에 따른다.

제3절 | 안전관리기구 및 기능

내용	규정
중앙안전관리위원회 (제9조)	① 재난 및 안전관리에 관한 다음 각호의 사항을 심의하기 위하여 국무총리 소속으로 중앙안전관리위원회(「중앙위원회」)를 둔다. 1. 재난 및 안전관리에 관한 중요 정책에 관한 사항 2. 국가안전관리기본계획에 관한 사항 2의2. 재난 및 안전관리 사업 관련 중기사업계획서, 투자우선순위 의견 및 예산요구서에 관한 사항 3. 중앙행정기관의 장이 수립 · 시행하는 계획, 점검 · 검사, 교육 · 훈련, 평가 등 재난 및 안전관리업무의 조정에 관한 사항 3의2. 안전기준관리에 관한 사항 4. 재난사태의 선포에 관한 사항 5. 특별재난지역의 선포에 관한 사항 6. 재난이나 그 밖의 각종 사고가 발생하거나 발생할 우려가 있는 경우 이를 수습하기 위한 관계 기관 간 협력에 관한 중요 사항 6의2. 재난안전의무보험의 관리 · 운용 등에 관한 사항 7. 중앙행정기관의 장이 시행하는 대통령령으로 정하는 재난 및 사고의 예방사업 추진에 관한 사항 8. 그 밖에 위원장이 회의에 부치는 사항 ② 중앙위원회의 위원장은 국무총리가 되고, 위원은 대통령령으로 정하는 중앙행정기관 또는 관계 기관 · 단체의 장이 된다. ③ 중앙위원회의 위원장은 중앙위원회를 대표하며, 중앙위원회의 업무를

내용	규정
	총괄한다. ④ 중앙위원회에 간사 1명을 두며, 간사는 행정안전부장관이 된다.
안전정책조정위원회 (제10조)	① 중앙위원회에 상정될 안건을 사전에 검토하고 다음 각호의 사무를 수행하기 위하여 중앙위원회에 안전정책조정위원회(「조정위원회」)를 둔다. 1. 제9조제1항제3호, 제3호의2, 제6호, 제6호의2 및 제7호의 사항에 대한 사전 조정 2. 제23조에 따른 집행계획의 심의 3. 제26조에 따른 국가핵심기반의 지정에 관한 사항의 심의 4. 제71조의2에 따른 재난 및 안전관리기술 종합계획의 심의 5. 그 밖에 중앙위원회가 위임한 사항 ② 조정위원회의 위원장은 행정안전부장관이 되고, 위원은 대통령령으로 정하는 중앙행정기관의 차관 또는 차관급 공무원과 재난 및 안전관리에 관한 지식과 경험이 풍부한 사람 중에서 위원장이 임명하거나 위촉하는 사람이 된다.
지역위원회 (제11조)	① 지역별 재난 및 안전관리에 관한 다음 각 호의 사항을 심의·조정하기 위하여 특별시장·광역시장·특별자치시장·도지사·특별자치도지사(「시·도지사」) 소속으로 시·도 안전관리위원회(「시·도위원회」)를 두고, 시장(「제주특별자치도 설치 및 국제자유도시 조성을 위한 특별법」 제11조제1항에 따른 행정시장 포함)·군수·구청장 소속으로 시·군」구 안전관리위원회(「시·군·구위원회」) 1. 해당 지역에 대한 재난 및 안전관리정책에 관한 사항 2. 제24조 또는 제25조에 따른 안전관리계획에 관한 사항 3. 해당 지역을 관할하는 재난관리책임기관(중앙행정기관과 상급 지방자치단체는 제외한다)이 수행하는 재난 및 안전관리업무의 추진에 관한 사항 4. 재난이나 그 밖의 각종 사고가 발생하거나 발생할 우려가 있는 경우 이를 수습하기 위한 관계 기관 간 협력에 관한 사항 5. 다른 법령이나 조례에 따라 해당 위원회의 권한에 속하는 사항 6. 그 밖에 해당 위원회의 위원장이 회의에 부치는 사항 ② 시·도위원회의 위원장은 시·도지사가 되고, 시·군·구위원회의 위원장은 시장·군수·구청장이 된다.

제4절 │ 중앙재난안전대책본부

내용	규정
중앙재난안전대책본부 등 (제14조)	① 대통령령으로 정하는 대규모 재난(「대규모재난」)의 대응·복구(「수습」)

	등에 관한 사항을 총괄·조정하고 필요한 조치를 하기 위하여 행정안전부에 중앙재난안전대책본부(「중앙대책본부」)를 둔다. ② 중앙대책본부에 본부장과 차장을 둔다. ③ 중앙대책본부의 본부장(「중앙대책본부장」)은 행정안전부장관이 되며, 중앙대책본부장은 중앙대책본부의 업무를 총괄하고 필요하다고 인정하면 중앙재난안전대책본부회의를 소집할 수 있다. 다만, 해외재난의 경우에는 외교부장관이, 방사능재난의 경우에는 같은 법 제25조에 따른 중앙방사능방재대책본부의 장이 각각 중앙대책본부장의 권한을 행사한다. ④ 제3항에도 불구하고 재난의 효과적인 수습을 위하여 다음 각 호의 어느 하나에 해당하는 경우에는 국무총리가 중앙대책본부장의 권한을 행사할 수 있다. 이 경우 행정안전부장관, 외교부장관(해외재난의 경우에 한정한다) 또는 원자력안전위원회 위원장(방사능 재난의 경우에 한정)이 차장이 된다. 1. 국무총리가 범정부적 차원의 통합 대응이 필요하다고 인정하는 경우 2. 행정안전부장관이 국무총리에게 건의하거나 수습본부장의 요청을 받아 행정안전부장관이 국무총리에게 건의하는 경우 ⑤ 제4항에도 불구하고 국무총리가 필요하다고 인정하여 지명하는 중앙행정기관의 장은 행정안전부장관, 외교부장관(해외재난의 경우에 한정) 또는 원자력안전위원회 위원장(방사능 재난의 경우에 한정)과 공동으로 차장이 된다. ⑥ 중앙대책본부장은 대규모재난이 발생하거나 발생할 우려가 있는 경우에는 대통령령으로 정하는 바에 따라 실무반을 편성하고, 중앙재난안전대책본부상황실을 설치하는 등 해당 대규모재난에 대하여 효율적으로 대응하기 위한 체계를 갖추어야 한다. 이 경우 제18조제1항제1호에 따른 중앙재난안전상황실과 인력, 장비, 시설 등을 통합·운영할 수 있다.
수습지원단 파견 등 (제14조의2)	① 중앙대책본부장은 국내 또는 해외에서 발생하였거나 발생할 우려가 있는 대규모재난의 수습을 지원하기 위하여 관계 중앙행정기관 및 관계 기관·단체의 재난관리에 관한 전문가 등으로 수습지원단을 구성하여 현지에 파견할 수 있다. ② 중앙대책본부장은 구조·구급·수색 등의 활동을 신속하게 지원하기 위하여 행정안전부·소방청 또는 해양경찰청 소속의 전문 인력으로 구성된 특수기동구조대를 편성하여 재난현장에 파견할 수 있다.
중앙대책본부장의 권한 등 (제15조)	① 중앙대책본부장은 대규모재난을 효율적으로 수습하기 위하여 관계 재난관리책임기관의 장에게 행정 및 재정상의 조치, 소속 직원의 파견, 그 밖에 필요한 지원을 요청할 수 있다. 이 경우 요청을 받은 관계 재난관리책임기관의 장은 특별한 사유가 없으면 요청에 따라야 한다. ② 제1항에 따라 파견된 직원은 대규모재난의 수습에 필요한 소속 기관의 업무를 성실히 수행하여야 하며, 대규모재난의 수습이 끝날 때까지 중앙대책본부에서 상근하여야 한다.

	③ 중앙대책본부장은 해당 대규모재난의 수습에 필요한 범위에서 수습본부장 및 지역대책본부장을 지휘할 수 있다.
중앙 및 지역사고수습본부 (제15조의2)	① 재난관리주관기관의 장은 재난이 발생하거나 발생할 우려가 있는 경우에는 재난상황을 효율적으로 관리하고 재난을 수습하기 위한 중앙사고수습본부(「수습본부」)를 신속하게 설치·운영하여야 한다. ② 수습본부의 장(「수습본부장」)은 해당 재난관리주관기관의 장이 된다. ③ 수습본부장은 재난정보의 수집·전파, 상황관리, 재난발생 시 초동조치 및 지휘 등을 위한 수습본부상황실을 설치·운영하여야 한다. 이 경우 재난안전상황실과 인력, 장비, 시설 등을 통합·운영할 수 있다. ④ 수습본부장은 재난을 수습하기 위하여 필요하면 관계 재난관리책임기관의 장에게 행정상 및 재정상의 조치, 소속 직원의 파견, 그 밖에 필요한 지원을 요청할 수 있다. 이 경우 요청을 받은 관계 재난관리책임기관의 장은 특별한 사유가 없으면 요청에 따라야 한다. ⑤ 수습본부장은 지역사고수습본부를 운영할 수 있으며, 지역사고수습본부의 장(「지역사고수습본부장」)은 수습본부장이 지명한다. ⑥ 수습본부장은 해당 재난의 수습에 필요한 범위에서 시·도지사 및 시장·군수·구청장(제16조제1항에 따른 시·도대책본부 및 시·군·구대책본부가 운영되는 경우에는 해당 본부장)을 지휘할 수 있다.
지역재난안전대책본부 (제16조)	① 해당 관할 구역에서 재난의 수습 등에 관한 사항을 총괄·조정하고 필요한 조치를 하기 위하여 시·도지사는 시·도재난안전대책본부(「시·도대책본부」)를 두고, 시장·군수·구청장은 시·군·구재난안전대책본부(「시·군·구대책본부」)를 둔다. ② 시·도대책본부 또는 시·군·구대책본부(「지역대책본부」)의 본부장(「지역대책본부장」)은 시·도지사 또는 시장·군수·구청장이 되며, 지역대책본부장은 지역대책본부의 업무를 총괄하고 필요하다고 인정하면 대통령령으로 정하는 바에 따라 지역재난안전대책본부회의를 소집할 수 있다. ③ 시·군·구대책본부의 장은 재난현장의 총괄·조정 및 지원을 위하여 재난현장 통합지원본부(「통합지원본부」)를 설치·운영할 수 있다. 이 경우 통합지원본부의 장은 긴급구조에 대해서는 제52조에 따른 시·군·구긴급구조통제단장의 현장지휘에 협력하여야 한다. ④ 통합지원본부의 장은 관할 시·군·구의 부단체장이 되며, 실무반을 편성하여 운영할 수 있다.
지역대책본부장의 권한 등 (제17조)	① 지역대책본부장은 재난의 수습을 효율적으로 하기 위하여 해당 시·도 또는 시·군·구를 관할 구역으로 하는 재난관리책임기관의 장에게 행정 및 재정상의 조치나 그 밖에 필요한 업무협조를 요청할 수 있다. 이 경우 요청을 받은 재난관리책임기관의 장은 특별한 사유가 없으면 요청에 따라야 한다. ② 지역대책본부장은 재난의 수습을 위하여 필요하다고 인정하면 해당

	시·도 또는 시·군·구의 전부 또는 일부를 관할 구역으로 하는 재난관리책임기관의 장에게 소속 직원의 파견을 요청할 수 있다. 이 경우 요청을 받은 재난관리책임기관의 장은 특별한 사유가 없으면 즉시 요청에 따라야 한다. ③ 파견된 직원은 지역대책본부장의 지휘에 따라 재난의 수습에 필요한 소속 기관의 업무를 성실히 수행하여야 하며, 재난의 수습이 끝날 때까지 지역대책본부에서 상근하여야 한다.
재난현장 통합자원봉사지원단의 설치 등 (제17조의2)	① 지역대책본부장은 재난의 효율적 수습을 위하여 지역대책본부에 통합자원봉사지원단을 설치·운영할 수 있다. ② 통합자원봉사지원단은 다음 각 호의 업무를 수행한다. 1. 자원봉사자의 모집·등록 2. 자원봉사자의 배치 및 운영 3. 자원봉사자에 대한 교육훈련 4. 자원봉사자에 대한 안전조치 5. 자원봉사 관련 정보의 수집 및 제공 6. 그 밖에 자원봉사 활동의 지원에 관한 사항 ③ 행정안전부장관은 통합자원봉사지원단의 원활한 운영을 위하여 필요한 경우 지방자치단체에 대하여 행정 및 재정적 지원을 할 수 있다. ④ 행정안전부장관, 시·도지사 및 시장·군수·구청장은 통합자원봉사지원단의 원활한 운영을 위하여 필요한 경우 자원봉사 관련 업무 종사자에 대한 교육훈련을 실시할 수 있다.
대책지원본부 (제17조의3)	① 행정안전부장관은 수습본부 또는 지역대책본부의 재난상황의 관리와 재난 수습 등을 효율적으로 지원하기 위하여 필요한 경우에는 대책지원본부를 둘 수 있다. ② 대책지원본부의 장(「대책지원본부장」)은 행정안전부 소속 공무원 중에서 행정안전부장관이 지명하는 사람이 된다. ③ 대책지원본부장은 재난 수습 등을 효율적으로 지원하기 위하여 필요하면 관계 재난관리책임기관의 장에게 행정상 및 재정상의 조치, 소속 직원의 파견, 그 밖에 필요한 지원을 요청할 수 있다. ④ 대책지원본부의 구성과 운영 등에 필요한 사항은 대통령령으로 정한다.

※시행령 제13조(대규모 재난의 범위) 법 제14조제1항에서 "대통령령으로 정하는 대규모 재난"이란 다음 각 호의 어느 하나에 해당하는 재난을 말한다.
  1. 재난 중 인명 또는 재산의 피해 정도가 매우 크거나 재난의 영향이 사회적·경제적으로 광범위하여 주무부처의 장 또는 법 제16조제2항에 따른 지역재난안전대책본부(이하 "지역대책본부"라 한다)의 본부장(이하 "지역대책본부장"이라 한다)의 건의를 받아 법 제14조제2항에 따른 중앙재난안전대책본부의 본부장(이하 "중앙대책본부장"이라 한다)이 인정하는 재난
  2. 제1호에 따른 재난에 준하는 것으로서 중앙대책본부장이 재난관리를 위하여 법 제14조제1항에 따른 중앙재난안전대책본부(이하 "중앙대책본부"라 한다)의 설치가 필요하다고 판단하는 재난

제5절 │ 재난의 예방

내용	규정
재난관리책임기관의 장의 재난예방조치 등 (제25조의2)	① 재난관리책임기관의 장은 소관 관리대상 업무의 분야에서 재난 발생을 사전에 방지하기 위하여 다음 각호의 조치를 하여야 한다. 1. 재난에 대응할 조직의 구성 및 정비 2. 재난의 예측 및 예측정보 등의 제공·이용에 관한 체계의 구축 3. 재난 발생에 대비한 교육·훈련과 재난관리예방에 관한 홍보 4. 재난이 발생할 위험이 높은 분야에 대한 안전관리체계의 구축 및 안전관리규정의 제정 5. 국가핵심기반의 관리 6. 특정관리대상지역에 관한 조치 7. 재난방지시설의 점검·관리 7의2. 재난관리자원의 비축과 장비·시설 및 인력의 지정 8. 그 밖에 재난을 예방하기 위하여 필요하다고 인정되는 사항 ② 재난관리책임기관의 장은 재난예방조치를 효율적으로 시행하기 위하여 필요한 사업비를 확보하여야 한다. ⑤ 재난관리책임기관의 장 및 국회·법원·헌법재판소·중앙선거관리위원회의 행정사무를 처리하는 기관의 장은 재난상황에서 해당 기관의 핵심기능을 유지하는 데 필요한 계획(「기능연속성계획」)을 수립·시행하여야 한다. ⑥ 행정안전부장관이 재난상황에서 해당 기관·단체의 핵심 기능을 유지하는 것이 특별히 필요하다고 인정하여 고시하는 기관·단체(민간단체 포함) 및 민간업체는 기능연속성계획을 수립·시행하여야 한다. 이 경우 민간단체 및 민간업체에 대해서는 해당 단체 및 업체와 협의를 거쳐야 한다.
국가핵심기반의 지정 등 (제26조)	① 관계 중앙행정기관의 장은 소관 분야의 국가핵심기반을 다음 각 호의 기준에 따라 조정위원회의 심의를 거쳐 지정할 수 있다. 1. 다른 국가핵심기반 등에 미치는 연쇄효과 2. 둘 이상의 중앙행정기관의 공동대응 필요성 3. 재난이 발생하는 경우 국가안전보장과 경제·사회에 미치는 피해 규모 및 범위 4. 재난의 발생 가능성 또는 그 복구의 용이성 ② 관계 중앙행정기관의 장은 제1항에 따른 지정 여부를 결정하기 위하여 필요한 자료의 제출을 소관 재난관리책임기관의 장에게 요청할 수 있다. ③ 관계 중앙행정기관의 장은 소관 재난관리책임기관이 해당 업무를 폐지·정지 또는 변경하는 경우에는 조정위원회의 심의를 거쳐 국가핵심기반의 지정을 취소할 수 있다.
국가핵심기반의 관리 등 (제26조의2)	① 관계 중앙행정기관의 장은 국가핵심기반을 지정한 경우에는 대통령령으로 정하는 바에 따라 소관 분야 국가핵심기반 보호계획을 수립하여

	해당 관리기관의 장에게 통보하여야 한다. ② 관리기관의 장은 통보받은 국가핵심기반 보호계획에 따라 소관 국가핵심기반에 대한 보호계획을 수립·시행하여야 한다.
특정관리대상지역의 지정 및 관리 등 (제27조)	① 중앙행정기관의 장 또는 지방자치단체의 장은 재난이 발생할 위험이 높거나 재난예방을 위하여 계속적으로 관리할 필요가 있다고 인정되는 지역을 대통령령으로 정하는 바에 따라 특정관리대상지역으로 지정할 수 있다. ② 재난관리책임기관의 장은 지정된 특정관리대상지역에 대하여 대통령령으로 정하는 바에 따라 재난 발생의 위험성을 제거하기 위한 조치 등 특정관리대상지역의 관리·정비에 필요한 조치를 하여야 한다.
재난방지시설의 관리 (제29조)	① 재난관리책임기관의 장은 관계 법령 또는 안전관리계획에서 정하는 바에 따라 대통령령으로 정하는 재난방지시설을 점검·관리하여야 한다. ② 행정안전부장관은 재난방지시설의 관리 실태를 점검하고 필요한 경우 보수·보강 등의 조치를 재난관리책임기관의 장에게 요청할 수 있다. 이 경우 요청을 받은 재난관리책임기관의 장은 신속하게 조치를 이행하여야 한다.
재난안전분야 종사자 교육 (제29조의2)	① 재난관리책임기관에서 재난 및 안전관리업무를 담당하는 공무원이나 직원은 행정안전부장관이 실시하는 전문교육(「전문교육」)을 행정안전부령으로 정하는 바에 따라 정기적으로 또는 수시로 받아야 한다. ② 행정안전부장관은 필요하다고 인정하면 대통령령으로 정하는 전문인력 및 시설기준을 갖춘 교육기관으로 하여금 전문교육을 대행하게 할 수 있다.
재난예방을 위한 긴급안전점검 등 (제30조)	① 행정안전부장관 또는 재난관리책임기관(행정기관만을 말한다)의 장은 대통령령으로 정하는 시설 및 지역에 재난이 발생할 우려가 있는 등 대통령령으로 정하는 긴급한 사유가 있으면 소속 공무원으로 하여금 긴급안전점검을 하게 하고, 행정안전부장관은 다른 재난관리책임기관의 장에게 긴급안전점검을 하도록 요구할 수 있다. 이 경우 요구를 받은 재난관리책임기관의 장은 특별한 사유가 없으면 요구에 따라야 한다. ② 긴급안전점검을 하는 공무원은 관계인에게 필요한 질문을 하거나 관계 서류 등을 열람할 수 있다.
재난예방을 위한 안전조치 (제31조)	① 행정안전부장관 또는 재난관리책임기관의 장은 긴급안전점검 결과 재난 발생의 위험이 높다고 인정되는 시설 또는 지역에 대하여는 대통령령으로 정하는 바에 따라 그 소유자·관리자 또는 점유자에게 다음 각 호의 안전조치를 할 것을 명할 수 있다. 1. 정밀안전진단(시설만 해당한다). 이 경우 다른 법령에 시설의 정밀안전진단에 관한 기준이 있는 경우에는 그 기준에 따르고, 다른 법령의 적용을 받지 아니하는 시설에 대하여는 행정안전부령으로 정하는 기

준에 따른다.

2. 보수 또는 보강 등 정비

3. 재난을 발생시킬 위험요인의 제거

② 안전조치명령을 받은 소유자·관리자 또는 점유자는 이행계획서를 작성하여 행정안전부장관 또는 재난관리책임기관의 장에게 제출한 후 안전조치를 하고, 행정안전부령으로 정하는 바에 따라 그 결과를 행정안전부장관 또는 재난관리책임기관의 장에게 통보하여야 한다.

③ 행정안전부장관 또는 재난관리책임기관의 장은 제1항에 따른 안전조치명령을 받은 자가 그 명령을 이행하지 아니하거나 이행할 수 없는 상태에 있고, 안전조치를 이행하지 아니할 경우 공중의 안전에 위해를 끼칠 수 있어 재난의 예방을 위하여 긴급하다고 판단하면 그 시설 또는 지역에 대하여 사용을 제한하거나 금지시킬 수 있다. 이 경우 그 제한하거나 금지하는 내용을 보기 쉬운 곳에 게시하여야 한다.

④ 행정안전부장관 또는 재난관리책임기관의 장은 안전조치명령을 받아 이를 이행하여야 하는 자가 그 명령을 이행하지 아니하거나 이행할 수 없는 상태에 있고, 재난예방을 위하여 긴급하다고 판단하면 그 명령을 받아 이를 이행하여야 할 자를 갈음하여 필요한 안전조치를 할 수 있다. 이 경우 「행정대집행법」을 준용한다.

⑤ 행정안전부장관 또는 재난관리책임기관의 장은 제3항에 따른 안전조치를 할 때에는 미리 해당 소유자·관리자 또는 점유자에게 서면으로 이를 알려 주어야 한다. 다만, 긴급한 경우에는 구두로 알리되, 미리 구두로 알리는 것이 불가능하거나 상당한 시간이 걸려 공중의 안전에 위해를 끼칠 수 있는 경우에는 안전조치를 한 후 그 결과를 통보할 수 있다.

정부합동 안전 점검 (제32조)	① 행정안전부장관은 재난관리책임기관의 재난 및 안전관리 실태를 점검하기 위하여 대통령령으로 정하는 바에 따라 정부합동안전점검단(「정부합동점검단」)을 편성하여 안전 점검을 실시할 수 있다. ② 행정안전부장관은 정부합동점검단을 편성하기 위하여 필요하면 관계 재난관리책임기관의 장에게 관련 공무원 또는 직원의 파견을 요청할 수 있다. 이 경우 요청을 받은 관계 재난관리책임기관의 장은 특별한 사유가 없으면 요청에 따라야 한다. ③ 행정안전부장관은 점검을 실시하면 점검결과를 관계 재난관리책임기관의 장에게 통보하고, 보완이나 개선이 필요한 사항에 대한 조치를 관계 재난관리책임기관의 장에게 요구할 수 있다. ④ 점검결과 및 조치 요구사항을 통보받은 관계 재난관리책임기관의 장은 보완이나 개선이 필요한 사항에 대한 조치계획을 수립하여 필요한 조치를 한 후 그 결과를 행정안전부장관에게 통보하여야 한다.
사법경찰권 (제32조의2)	제30조에 따라 긴급안전점검을 하는 공무원은 이 법에 규정된 범죄에 관하여는 「사법경찰관리의 직무를 수행할 자와 그 직무범위에 관한 법률」에서 정하는 바에 따라 사법경찰관리의 직무를 수행한다.

제6절 │ 재난의 대비

내용	규정
재난관리자원의 비축·관리 (제34조)	① 재난관리책임기관의 장은 재난의 수습활동에 필요한 대통령령으로 정하는 장비, 물자, 자재 및 시설(「재난관리자원」)을 비축·관리하여야 한다. ② 행정안전부장관, 시·도지사 또는 시장·군수·구청장은 재난 발생에 대비하여 민간기관·단체 또는 소유자와 협의하여 응급조치에 사용할 장비, 시설 및 인력을 지정·관리할 수 있다. ③ 행정안전부장관, 시·도지사 또는 시장·군수·구청장은 지정·관리를 위하여 필요한 경우에는 관계 행정기관의 장, 공공기관의 장, 지방공사 또는 지방공단의 장에게 다음 각 호에 따른 정보의 제공을 요청할 수 있다. 이 경우 요청을 받은 관계 행정기관의 장 또는 공공기관의 장 등은 정당한 사유가 없으면 이에 따라야 한다. 1. 건설기계의 등록정보 2. 응급조치에 사용할 장비, 시설 및 인력에 관한 정보로서 대통령령으로 정하는 정보 ④ 행정안전부장관은 제1항에 따라 재난관리책임기관의 장이 비축·관리하는 재난관리자원을 체계적으로 관리 및 활용할 수 있도록 재난관리자원공동활용시스템(「자원관리시스템」)을 구축·운영할 수 있다.
재난현장 긴급통신수단의 마련 (제34조의2)	① 재난관리책임기관의 장은 재난의 발생으로 인하여 통신이 끊기는 상황에 대비하여 미리 유선이나 무선 또는 위성통신망을 활용할 수 있도록 긴급통신수단을 마련하여야 한다. ② 행정안전부장관은 재난현장에서 긴급통신수단(「긴급통신수단」)이 공동 활용될 수 있도록 하기 위하여 재난관리책임기관, 긴급구조기관 및 긴급구조지원기관에서 보유하고 있는 긴급통신수단의 보유 현황 등을 조사하고, 긴급통신수단을 관리하기 위한 체계를 구축·운영할 수 있다.
재난분야 위기관리 매뉴얼 작성·운용 (제34조의5)	① 재난관리책임기관의 장은 재난을 효율적으로 관리하기 위하여 재난 유형에 따라 다음 각 호의 위기관리 매뉴얼을 작성·운용하여야 한다. 이 경우 재난대응활동계획과 위기관리 매뉴얼이 서로 연계되도록 하여야 한다. 1. 위기관리 표준매뉴얼: 국가적 차원에서 관리가 필요한 재난에 대하여 재난관리 체계와 관계 기관의 임무와 역할을 규정한 문서로 위기대응 실무매뉴얼의 작성 기준이 되며, 재난관리주관기관의 장이 작성한다. 다만, 다수의 재난관리주관기관이 관련되는 재난에 대해서는 관계 재난관리주관기관의 장과 협의하여 행정안전부장관이 위기관리 표준매뉴얼을 작성할 수 있다. 2. 위기대응 실무매뉴얼: 위기관리 표준매뉴얼에서 규정하는 기능과 역

	할에 따라 실제 재난대응에 필요한 조치사항 및 절차를 규정한 문서로 재난관리주관기관의 장과 관계 기관의 장이 작성한다. 이 경우 재난관리주관기관의 장은 위기대응 실무매뉴얼과 제1호에 따른 위기관리 표준매뉴얼을 통합하여 작성할 수 있다. 3. 현장조치 행동매뉴얼: 재난현장에서 임무를 직접 수행하는 기관의 행동조치 절차를 구체적으로 수록한 문서로 위기대응 실무매뉴얼을 작성한 기관의 장이 지정한 기관의 장이 작성하되, 시장·군수·구청장은 재난유형별 현장조치 행동매뉴얼을 통합하여 작성할 수 있다. 다만, 현장조치 행동매뉴얼 작성 기관의 장이 다른 법령에 따라 작성한 계획·매뉴얼 등에 재난유형별 현장조치 행동매뉴얼에 포함될 사항이 모두 포함되어 있는 경우 해당 재난유형에 대해서는 현장조치 행동매뉴얼이 작성된 것으로 본다. ② 행정안전부장관은 재난유형별 위기관리 매뉴얼의 작성 및 운용기준을 정하여 재난관리책임기관의 장에게 통보할 수 있다. ③ 재난관리주관기관의 장이 작성한 위기관리 표준매뉴얼은 행정안전부장관의 승인을 받아 이를 확정하고, 위기대응 실무매뉴얼과 연계하여 운용하여야 한다. ④ 재난관리주관기관의 장은 위기관리 표준매뉴얼 및 위기대응 실무매뉴얼을 정기적으로 점검하여야 한다. ⑤ 행정안전부장관은 재난유형별 위기관리 매뉴얼의 표준화 및 실효성 제고를 위하여 대통령령으로 정하는 위기관리 매뉴얼협의회를 구성·운영할 수 있다. ⑥ 재난관리주관기관의 장은 소관 분야 재난유형의 위기대응 실무매뉴얼 및 현장조치 행동매뉴얼을 조정·승인하고 지도·관리를 하여야 하며, 소관분야 위기관리 매뉴얼을 새로이 작성하거나 변경한 때에는 이를 행정안전부장관에게 통보하여야 한다.
다중이용시설 등의 위기상황 매뉴얼 작성·관리 및 훈련 (제34조의6)	① 대통령령으로 정하는 다중이용시설 등의 소유자·관리자 또는 점유자는 대통령령으로 정하는 바에 따라 위기상황에 대비한 매뉴얼(「위기상황 매뉴얼」)을 작성·관리하여야 한다. 다만, 다른 법령에서 위기상황에 대비한 대응계획 등의 작성·관리에 관하여 규정하고 있는 경우에는 그 법령에서 정하는 바에 따른다. ② 소유자·관리자 또는 점유자는 대통령령으로 정하는 바에 따라 위기상황 매뉴얼에 따른 훈련을 주기적으로 실시하여야 한다. 다만, 다른 법령에서 위기상황에 대비한 대응계획 등의 훈련에 관하여 규정하고 있는 경우에는 그 법령에서 정하는 바에 따른다. ③ 행정안전부장관, 관계 중앙행정기관의 장 또는 지방자치단체의 장은 위기상황 매뉴얼(제1항 단서 및 제2항 단서에 따른 위기상황에 대비한 대응계획 등을 포함한다)의 작성·관리 및 훈련실태를 점검하고 필요한 경우에는 개선명령을 할 수 있다.

재난대비훈련 실시 (제35조)	① 행정안전부장관, 중앙행정기관의 장, 시·도지사, 시장·군수·구청장 및 긴급구조기관(「훈련주관기관」)의 장은 대통령령으로 정하는 바에 따라 매년 정기적으로 또는 수시로 재난관리책임기관, 긴급구조지원기관 및 군부대 등 관계 기관(「훈련참여기관」)과 합동으로 재난대비훈련을 실시하여야 한다. ② 훈련주관기관의 장은 제1항에 따른 재난대비훈련을 실시하려면 자체계획을 토대로 재난대비훈련 실시계획을 수립하여 훈련참여기관의 장에게 통보하여야 한다. ③ 훈련참여기관의 장은 재난대비훈련을 실시하면 훈련상황을 점검하고, 그 결과를 대통령령으로 정하는 바에 따라 훈련주관기관의 장에게 제출하여야 한다. ④ 훈련주관기관의 장은 대통령령으로 정하는 바에 따라 다음 각 호의 조치를 하여야 한다. 1. 훈련참여기관의 훈련과정 및 훈련결과에 대한 점검·평가 2. 훈련참여기관의 장에게 훈련과정에서 나타난 미비사항이나 개선·보완이 필요한 사항에 대한 보완조치 요구 3. 훈련과정에서 나타난 제34조의5제1항 각 호의 위기관리 매뉴얼의 미비점에 대한 개선·보완 및 개선·보완조치 요구

제7절 │ 긴급구조

내용	규정
중앙긴급구조통제단 (제49조)	① 긴급구조에 관한 사항의 총괄·조정, 긴급구조기관 및 긴급구조지원기관이 하는 긴급구조활동의 역할 분담과 지휘·통제를 위하여 소방청에 중앙긴급구조통제단(「중앙통제단」)을 둔다. ② 중앙통제단의 단장은 소방청장이 된다. ③ 중앙통제단장은 긴급구조를 위하여 필요하면 긴급구조지원기관 간의 공조체제를 유지하기 위하여 관계 기관·단체의 장에게 소속 직원의 파견을 요청할 수 있다. 이 경우 요청을 받은 기관·단체의 장은 특별한 사유가 없으면 요청에 따라야 한다.
지역긴급구조통제단 (제50조)	① 지역별 긴급구조에 관한 사항의 총괄·조정, 해당 지역에 소재하는 긴급구조기관 및 긴급구조지원기관 간의 역할분담과 재난현장에서의 지휘·통제를 위하여 시·도의 소방본부에 시·도긴급구조통제단을 두고, 시·군·구의 소방서에 시·군·구긴급구조통제단을 둔다. ② 시·도긴급구조통제단과 시·군·구긴급구조통제단(「지역통제단」)에는 각각 단장 1명을 두되, 시·도긴급구조통제단의 단장은 소방본부장이 되고 시·군·구긴급구조통제단의 단장은 소방서장이 된다.

	③ 지역통제단장은 긴급구조를 위하여 필요하면 긴급구조지원기관 간의 공조체제를 유지하기 위하여 관계 기관·단체의 장에게 소속 직원의 파견을 요청할 수 있다. 이 경우 요청을 받은 기관·단체의 장은 특별한 사유가 없으면 요청에 따라야 한다. ④ 지역통제단의 기능과 운영에 관한 사항은 대통령령으로 정한다.
긴급구조 (제51조)	① 지역통제단장은 재난이 발생하면 소속 긴급구조요원을 재난현장에 신속히 출동시켜 필요한 긴급구조활동을 하게 하여야 한다. ② 지역통제단장은 긴급구조를 위하여 필요하면 긴급구조지원기관의 장에게 소속 긴급구조지원요원을 현장에 출동시키거나 긴급구조에 필요한 장비·물자를 제공하는 등 긴급구조활동을 지원할 것을 요청할 수 있다. 이 경우 요청을 받은 기관의 장은 특별한 사유가 없으면 즉시 요청에 따라야 한다. ③ 요청에 따라 긴급구조활동에 참여한 민간 긴급구조지원기관에 대하여는 대통령령으로 정하는 바에 따라 그 경비의 전부 또는 일부를 지원할 수 있다. ④ 긴급구조활동을 하기 위하여 회전익항공기(「헬기」)를 운항할 필요가 있으면 긴급구조기관의 장이 헬기의 운항과 관련되는 사항을 헬기운항통제기관에 통보하고 헬기를 운항할 수 있다. 이 경우 관계 법령에 따라 해당 헬기의 운항이 승인된 것으로 본다.
긴급구조 현장지휘 (제52조)	① 재난현장에서는 시·군·구긴급구조통제단장이 긴급구조활동을 지휘한다. 다만, 치안활동과 관련된 사항은 관할 경찰관서의 장과 협의하여야 한다. ② 제1항에 따른 현장지휘는 다음 각 호의 사항에 관하여 한다. 1. 재난현장에서 인명의 탐색·구조 2. 긴급구조기관 및 긴급구조지원기관의 인력·장비의 배치와 운용 3. 추가 재난의 방지를 위한 응급조치 4. 긴급구조지원기관 및 자원봉사자 등에 대한 임무의 부여 5. 사상자의 응급처치 및 의료기관으로의 이송 6. 긴급구조에 필요한 물자의 관리 7. 현장접근 통제, 현장 주변의 교통정리, 그 밖에 긴급구조활동을 효율적으로 하기 위하여 필요한 사항 ③ 시·도긴급구조통제단장은 필요하다고 인정하면 제1항에도 불구하고 직접 현장지휘를 할 수 있다. ④ 중앙통제단장은 대통령령으로 정하는 대규모 재난이 발생하거나 그 밖에 필요하다고 인정하면 제1항 및 제3항에도 불구하고 직접 현장지휘를 할 수 있다. ⑤ 재난현장에서 긴급구조활동을 하는 긴급구조요원과 긴급구조지원기관의 인력·장비·물자에 대한 운용은 제1항·제3항 및 제4항에 따라 현장지휘를 하는 긴급구조통제단장(「각급통제단장」)의 지휘·통제에 따라

야 한다.

⑥ 지역대책본부장은 각급통제단장이 수행하는 긴급구조활동에 적극 협력하여야 한다.

⑦ 시·군·구긴급구조통제단장은 통합지원본부의 장에게 긴급구조에 필요한 인력이나 물자 등의 지원을 요청할 수 있다. 이 경우 요청받은 기관의 장은 최대한 협조하여야 한다.

⑧ 재난현장의 구조활동 등 초동 조치상황에 대한 언론 발표 등은 각급통제단장이 지명하는 자가 한다.

⑨ 각급통제단장은 재난현장의 긴급구조 등 현장지휘를 효과적으로 하기 위하여 재난현장에 현장지휘소를 설치·운영할 수 있다. 이 경우 긴급구조활동에 참여하는 긴급구조지원기관의 현장지휘자는 현장지휘소에 대통령령으로 정하는 바에 따라 연락관을 파견하여야 한다.

⑩ 각급통제단장은 긴급구조 활동을 종료하려는 때에는 재난현장에 참여한 지역사고수습본부장, 통합지원본부의 장 등과 협의를 거쳐 결정하여야 한다. 이 경우 각급통제단장은 긴급구조 활동 종료 사실을 지역대책본부장 및 제5항에 따른 긴급구조지원기관의 장에게 통보하여야 한다.

⑪ 해양에서 발생한 재난의 긴급구조활동에 관하여는 제1항부터 제10항까지의 규정을 준용한다. 이 경우 시·군·구긴급구조통제단장, 시·도긴급구조통제단장, 중앙긴급구조통제단장은 「수상에서의 수색·구조 등에 관한 법률」 제7조에 따른 지역구조본부의 장, 광역구조본부의 장, 중앙구조본부의 장으로 각각 본다.

긴급구조대응계획의 수립 (제54조)	긴급구조기관의 장은 재난이 발생하는 경우 긴급구조기관과 긴급구조지원기관이 신속하고 효율적으로 긴급구조를 수행할 수 있도록 대통령령으로 정하는 바에 따라 재난의 규모와 유형에 따른 긴급구조대응계획을 수립·시행하여야 한다.
해상에서의 긴급구조 (제56조)	해상에서 발생한 선박이나 항공기 등의 조난사고의 긴급구조활동에 관하여는 「수상에서의 수색·구조 등에 관한 법률」 등 관계 법령에 따른다.
항공기 등 조난사고 시의 긴급구조 등 (제57조)	① 소방청장은 항공기 조난사고가 발생한 경우 항공기 수색과 인명구조를 위하여 항공기 수색·구조계획을 수립·시행하여야 한다. 다만, 다른 법령에 항공기의 수색·구조에 관한 특별한 규정이 있는 경우에는 그 법령에 따른다. ② 항공기의 수색·구조에 필요한 사항은 대통령령으로 정한다. ③ 국방부장관은 항공기나 선박의 조난사고가 발생하면 관계 법령에 따라 긴급구조업무에 책임이 있는 기관의 긴급구조활동에 대한 군의 지원을 신속하게 할 수 있도록 다음 각호의 조치를 취하여야 한다. 1. 탐색구조본부의 설치·운영 2. 탐색구조부대의 지정 및 출동대기태세의 유지 3. 조난 항공기에 관한 정보 제공

제9장 수상에서의 수색·구조 등에 관한 법률

제1절 | 총 론

1. SAR 협약

전 세계적으로 해난사고가 증가하고 그 규모가 대형화함에 따라 해난사고를 발생을 사전에 예방하고, 사고발생 시에는 신속하고 효율적인 수색 및 구조활동을 실시하여 인적, 물적 피해를 최소화하기 위한 국제적인 수색구조 협력의 필요성이 대두되었다. 「해상수색과 구조에 관한 국제협약」(International Convention on Maritime Search and Rescue, SAR 협약)은 1979년 4월 독일 함부르크에서 개최된 「정부 간 해사자문기구」(IMO의 전신) 총회에서 채택되어, 1985년 6월 발효되었다.

「SAR 협정」은 바다에서 조난자 구조업무를 위한 수색구조기관의 조정과 조난해역 인근 국가 수색구조기관의 협력을 받을 수 있는 「국제수색구조계획」을 발전시키는 데 목적이 있다. 조난자 구조의 전통과 「SOLAS 협약」에 따라 조난된 선박에 대한 구조의무가 있지만, 「SAR 협약」이 채택되기 전까지 수색구조업무에 관한 국제적인 제도가 없었다.

「SAR 협약」 당사국은 자국의 연안 수역에서 적절한 수색구조 서비스의 제공을 위한 제도를 갖추어야 한다. 협약 당사국들은 인근국과 SAR 구역 설치, 시설의 공동이용, 공통 절차의 수립, 훈련과 연락을 위한 협정을 맺도록 권고되고 있다. 협약은 협약 당사국들이 다른 당사국들의 구조팀이 자국의 영해에 쉽게 진입할 수 있도록 조치를 하도록 규정하고 있다. 또한 협약은 「구조조정본부」와 「하위 구조조정본부」의 설치와 비상시나 수색구조 업무 시에 조치해야 할 대략적인 절차를 규정하고 있다. 또한 선박이 무선국에 위치보고를 해야 하는 선박보고체계를 확립하도록 하고 있다.

우리나라는 「SAR 협약」에 따라 1990년 5월 일본과 「해상에서 수색 및 구조 및 선박의 긴급피난에 관한 협약」, 2007년 4월 중국과 「해상수색 및 구조에 관한 협정」, 2016년 9월 러시아와 「해상수색 및 구조협력 협정」을 각각 체결하여 주변국과 수색구조 협력을 하고 있다.

2. 우리나라의 수용

우리나라는 1995년 「SAR 협약」에 가입하였고, 동 협약의 이행을 위한 사항을 「수난구호법」(현 「수상에서 수색·구조에 관한 법률」) 및 「재난 및 안전관리 기본법」에 수용하였다.

구 「수난구호법」은 조난선박과 인명의 구호 및 표류물·침몰품 등의 인양과 이에 수반한 업무처리에 관한 사항을 규정하여, 수난구호 업무에 신속·적절한 처리를 기하며, 인명·재산의 보전에 기여하려는 취지로 1961년 11월 제정되었다. 우리나라가 「SAR 협약」에 가입함에 따라 협약을 이행할 수 있는 근거를 마련하기 위해 1996년에 대폭 개정되었다.

2015년 7월 개정을 통하여 「수난구호법」을 「수상에서의 수색·구조에 등에 관한 법률」로 변경하였다. 세월호 사고 이후 사고의 재발 방지를 위한 안전관리의 강화, 사고 발생 시 신속한 구호조치 실시, 사고에 대응하기 위한 시스템 개선 등 대책 마련의 필요성이 강조됨에 따라 구조본부의 장으로 하여금 "풍랑"으로 조난사고가 우려되는 경우에도 이동 및 대피명령을 명할 수 있도록 하면서 그 대상을 어선에서 모든 선박으로 확대하였다.

여객선 비상수색구조계획서에 구명설비 배치도를 기재하도록 하고, 조난현장에서의 수난구호활동의 지휘에 관한 사항으로 수난구호요원의 안전확보를 위한 조치와 조난현장의 질서유지를 위하여 필요한 사항을 추가하였다. 조난된 선박의 선장 및 승무원에 대한 구조의무를 명시하고, 조난사실을 신고하지 아니하거나 구조에 필요한 조치를 하지 아니하여 인명피해를 유발한 경우에 가중처벌을 할 수 있는 근거를 마련하였다.

수난구호협력기관의 정의에 「재난 및 안전관리 기본법」에 따른 긴급구조지원기관을 명시하여[12] 유관기관과 체계적인 협력관계를 구축할 수 있도록 함으로써 사고에 대응하기 위한 시스템을 개선하였다.

육상 재난의 경우 소방청·소방본부 및 소방서, 해양재난의 경우에는 해양경찰·지방해양경찰청 및 해양경찰서가 「긴급구조기관」이다. 긴급구조란 "재난이 발생할 우려가 현저하거나 재난이 발생하였을 때에 국민의 생명·신체 및 재산을 보호하기 위하여 긴급구조기관과 긴급구조지원기관이 하는 인명구조, 응급처치와 그 외 필요한 모든 긴급한 조치"[13]를 말한다.

「수상에서의 수색·구조에 관한 법률」은 수상에서 조난된 사람·선박·항공기· 수상레저기구 등의 수색·구조[14]·구난[15] 및 보호에 관한 사항을 규정하고 있는 법이다. 해양경찰청은 「중앙구조본부」를 설치하여 해수면에서의 수난구호[16]에 관한 사항을 총괄·조정하고, 수난구호 협력기관과 수난구호 민간단체 등이 행하는 수난구호 활동의 역할조정과 지휘·통제 및 수난구호 활동의 국제적인 협력을 담당한다.[17] 지방해양경찰청에는 「광역구조본부」, 해양경찰서에는 「지역구조본부」를 둔다. 구조본부의 장은 신속한 수난구호를 위하여 수난구호 협력기관의 장에게 소속 직원의 파견 및 장비의 지원을 요청하는 경우 요청을 받은 기관·단체의 장은 특별한 사유가 없는 한

---

12) 재난 및 안전관리 기본법, 제3조제8호
13) 위의 법, 제3조제6호.
14) "구조"(rescue)는 조난을 당한 사람을 구출하여 응급조치 또는 그 밖의 필요한 것을 제공하고 안전한 장소로 인도하기 위한 활동을 말한다(「수상에서의 수색·구조에 관한 법률」 제3조).
15) "구난"(salvage)은 조난을 당한 선박등 또는 그 밖의 다른 재산(선박등에 실린 화물을 포함한다)에 관한 원조를 위하여 행하여진 행위 또는 활동을 말한다(「수상에서의 수색·구조에 관한 법률」 제3조).
16) "수난구호"는 수상에서 조난된 사람 및 선박, 항공기, 수상레저기구 등의 수색·구조·구난과 구조된 사람·선박 등 및 물건의 보호·관리·사후처리에 관한 업무를 말한다(수상에서의 수색·구조에 관한 법률 제3조).
17) 수상에서의 수색·구조에 관한 법률, 제5조.

이에 응하여야 한다.[18]

3. 주변해역 대형 해상사고 대응매뉴얼

「주변해역 대형 해상사고 대응매뉴얼」은 우리나라 주변해역에서 선박, 항공기, 다수인명의 조난 등 대형해상사고가 발생할 경우 범정부적인 대응체계 및 기관별 활동방향과 「수상에서의 수색·구조 등에 관한 법률」에 따른 중앙구조본부와 광역 및 지역구조본부의 체계 및 각 부서별 기능을 규정하고 있다. 동 매뉴얼은 "전복, 충돌, 좌초 등 해양사고에 대한 신속한 수색구조를 위한 방법, 절차 등을 규정하여 체계적이고 신속한 인명 및 선박구조활동으로 인명과 재산의 피해를 최소화"하기 위하여 2013년 수립되었다.

동 매뉴얼은 우리의 영해 등을 포함한 주변해역의 해양사고와 수색구조활동에 대하여 적용된다. 동 매뉴얼은 「국제해사기구」(IMO)와 「국제민간항공기구」(ICAO)가 공동으로 작성한 「국제항공 및 해상수색 구조매뉴얼」을 반영하여 국제적으로 공인된 용어나 체계를 따라 작성한 것으로서, 국제협력에 의한 수색구조작전에도 활용가능하다. 동 매뉴얼에서는 해양재난사고 발생시 대응을 위해 아래 표와 같은 상황을 5단계로 구분하고 대응내용을 규정하고 있다.

| 표 2-2 | 주변국해역 대형사고 대응매뉴얼 단계구분

구분	대응내용
사고발생	• 선박의 침몰·충돌·침수·전복·좌초·화재 등 • 항공기의 추락, 비상착륙 등 • 해안가 다수 인명사고 등
정보입수·상황전파 (보고)	• 외국 구조기관, 선사·항공사, 사고·인근항행 선박, 어업정보통신국, 민간인 (목격자) 등 • 상황전파(보고): 국가위기관리센터, 해양수산부, 국토부, 농림수산식품부, 외교부, 국방부, 법무부, 보건복지부, 기타 관련기관
초동조치	• 함정·항공기 등 구조세력 현장 투입 • 외국구조기관에 신속한 수색 및 구조협조 요청 • 수색 및 인명구조, 선박·항공기 구조·구난 등
대응활동	• 수색 및 인명구조, 선박·항공기 구조·구난 등
인원이송	• 생존자·사망자 등 병원이송

자료: 해양경찰청, 「주변해역 대형사고 대응메뉴얼, 2010」

---

18) 위의 법.

제2절 | 총 칙

내용	규정
정의 (제2조)	1. "수상"이란 해수면과 내수면을 말한다. 2. "해수면"이란 「수상레저안전법」 제2조제6호에 따른 바다의 수류나 수면을 말한다. 3. "내수면"이란 「수상레저안전법」 제2조제7호에 따른 하천, 댐, 호수, 늪, 저수지, 그 밖에 인공으로 조성된 담수나 기수의 수류 또는 수면을 말한다. 4. "수난구호"란 수상에서 조난된 사람 및 선박, 항공기, 수상레저기구 등(이하 「선박등」)의 수색·구조·구난과 구조된 사람·선박등 및 물건의 보호·관리·사후처리에 관한 업무를 말한다. 5. "조난사고"란 수상에서 다음 각 목의 사유로 인하여 사람의 생명·신체 또는 선박등의 안전이 위험에 처한 상태를 말한다. 　가. 사람의 익수·추락·고립·표류 등의 사고 　나. 선박등의 침몰·좌초·전복·충돌·화재·기관고장 또는 추락 등의 사고 6. "수난구호협력기관"이란 수난구호를 위하여 협력하는 중앙행정기관·지방자치단체, 「재난 및 안전관리 기본법」 제3조제8호에 따른 긴급구조지원기관, 대통령령으로 정하는 공공단체를 말한다. 7. "수색"이란 인원 및 장비를 사용하여 조난을 당한 사람 또는 사람이 탑승하였을 것으로 추정되는 선박등을 찾는 활동을 말한다. 8. "구조"란 조난을 당한 사람을 구출하여 응급조치 또는 그 밖의 필요한 것을 제공하고 안전한 장소로 인도하기 위한 활동을 말한다. 9. "구난"이란 조난을 당한 선박등 또는 그 밖의 다른 재산(선박등에 실린 화물 포함)에 관한 원조를 위하여 행하여진 행위 또는 활동을 말한다. 10. "구조대"란 수색 및 구조활동을 신속히 수행할 수 있도록 훈련된 인원으로 편성되고 적절한 장비를 보유한 단위조직을 말한다. 11. "민간해양구조대원"이란 지역해역에 정통한 주민 등 해양경찰관서에 등록되어 해양경찰의 해상구조활동을 보조하는 사람을 말한다. 12. "표류물"이란 점유를 이탈하여 수상에 떠 있거나 떠내려가고 있는 물건을 말한다. 13. "침몰품"이란 점유를 이탈하여 수상에 가라앉은 물건을 말한다.
적용범위 (제2조의2)	이 법 또는 이 법에 따른 명령 중 선박소유자에 관한 규정은 선박을 공유하는 경우로서 선박관리인을 임명하였을 때에는 그 선박관리인에게 적용하고, 선박을 임차하였을 때에는 그 선박임차인에게 적용하며, 선장에 관한 규정은 선장을 대신하여 그 직무를 수행하는 사람이 있는 경우 그 사람에게 적용한다.

다른 법률과의 관계 (제3조)	수상에서 발생한 모든 조난사고에 대하여는 다른 법률에서 따로 정한 경우를 제외하고는 이 법에서 정하는 바에 따른다.

제3절 │ 수난대비

내용	규정
수난대비기본계획의 수립 등 (제4조)	① 해양경찰청장은 해수면에서 자연적·인위적 원인으로 발생하는 조난사고로부터 사람의 생명과 신체 및 재산을 보호하고 효율적인 수난구호를 위하여 수난대비기본계획을 5년 단위로 수립하여야 한다. ② 해양경찰청장은 수난대비기본계획을 집행하기 위하여 수난대비집행계획을 매년 수립·시행하여야 한다. ③ 수난대비집행계획은 「민방위기본법」에 따른 민방위계획에 포함하여 수립·시행할 수 있다.
중앙구조본부 등의 설치 (제5조)	① 해수면에서의 수난구호에 관한 사항의 총괄·조정, 수난구호협력기관과 수난구호민간단체 등이 행하는 수난구호활동의 역할조정과 지휘·통제 및 수난구호활동의 국제적인 협력을 위하여 해양경찰청에 중앙구조본부를 둔다. ② 해역별 수난구호에 관한 사항의 총괄·조정, 해당 지역에 소재하는 수난구호협력기관과 수난구호민간단체 등이 행하는 수난구호활동의 역할조정과 지휘·통제 및 수난현장에서의 지휘·통제를 위하여 지방해양경찰청에 광역구조본부를 두고, 해양경찰서에 지역구조본부를 둔다. ③ 중앙구조본부, 광역구조본부 및 지역구조본부(「구조본부」)의 장은 신속한 수난구호를 위하여 수난구호협력기관의 장에게 소속 직원의 파견 및 장비의 지원을 요청할 수 있다. 이 경우 요청을 받은 기관·단체의 장은 특별한 사유가 없는 한 이에 응하여야 한다.
수난대비기본훈련의 실시 등 (제5조의2)	① 중앙구조본부는 수상에서 자연적·인위적 원인으로 발생하는 조난사고로부터 사람의 생명과 신체 및 재산을 보호하기 위하여 수난구호협력기관 및 수난구호민간단체 등과 공동으로 매년 수난대비기본훈련을 실시하여야 한다. ② 해양경찰청장은 수난대비기본훈련의 실시결과를 매년 국회 소관상임위원회에 보고하여야 한다.
각급 해양수색구조기술위원회의 설치 (제6조)	① 해양에서의 수색구조활동을 신속하고 효과적으로 지원하고, 수색구조 관련 정책조정과 유관기관 및 민간단체와의 협력체제를 구축하기 위하여 중앙구조본부의 장, 광역구조본부의 장 및 지역구조본부의 장(「구조본부의 장」) 소속으로 각각 중앙, 광역 및 지역 해양수색구조기술위원회를 둔다.

구조대 및 구급대의 편성·운영 (제7조)	① 구조본부의 장은 해수면에서 수난구호를 효율적으로 수행하기 위하여 구조대를 편성·운영하고, 해수면과 연육로로 연결되지 아니한 도서(소방관서가 설치된 도서는 제외)에서 발생하는 응급환자를 응급처치하거나 의료기관에 긴급히 이송하기 위하여 구급대를 편성·운영하여야 한다. ② 소방청장, 소방본부장 및 소방서장(「소방관서의 장」)은 내수면에서의 수난구호를 위하여 구조대를 편성·운영하고, 내수면에서 발생하는 응급환자를 응급처치하거나 의료기관에 긴급히 이송하기 위하여 구급대를 편성·운영하여야 한다. ③ 수난구호협력기관의 장은 수난구호활동의 지원을 위하여 필요하다고 인정할 때에는 구조대 및 구급대를 편성·운영할 수 있다. ④ 구조대 및 구급대는 수난구호 및 응급처치 등을 위하여 필요한 인력·장비 및 조직체계 등을 갖추어야 한다.
여객선비상수색구조계획서의 작성 등 (제9조)	① 국제항해에 취항하는 여객선(「해운법」 제6조제1항에 따라 승인을 받은 외국의 해상여객운송사업자가 운영하는 여객선을 포함) 소유자는 비상시 여객선의 수색구조를 위하여 구조본부의 비상연락망, 비상훈련계획 및 구명설비배치도 등이 기재된 계획서(「여객선비상수색구조계획서」)를 작성하여 관할 해양경찰서장에게 신고하고 확인을 받아 해당 여객선 및 선박 소유자의 주된 사무실에 비치하여야 한다. ② 여객선 소유자는 여객선비상수색구조계획서의 내용에 변경이 있는 경우 지체 없이 변경된 내용을 관할 해양경찰서장에게 신고하여야 한다. ③ 관할 해양경찰서장은 여객선의 안전을 위하여 필요하다고 인정하는 경우 소속 경찰공무원으로 하여금 여객선 소유자의 선박 또는 주된 사무소에 출입하여 여객선비상수색구조계획서를 확인하게 할 수 있다. ④ 여객선 소유자의 선박 또는 주된 사무소에 출입하는 경찰공무원은 그 권한을 나타내는 증표를 지니고 이를 관계인에게 내보여야 한다. ⑤ 여객선 및 「해운법」 제2조제1호의2에 따른 여객선 소유자는 해양수산부령으로 정하는 바에 따라 여객선비상수색구조 훈련을 연 1회 이상 선장의 지휘하에 실시하여야 하며, 훈련의 시기와 방법은 관할 해양경찰서장 또는 소방서장과 협의하여 정한다.
선박의 이동 및 대피 명령 (제10조)	구조본부의 장은 다음 각호의 어느 하나에 해당하는 선박의 경우에는 해양수산부령으로 정하는 바에 따라 해당 선박의 이동 및 대피를 명할 수 있다. 다만, 외국선박에 대한 이동 및 대피명령은 「영해 및 접속수역법」 제1조 및 제3조에 따른 영해 및 내수(「내수면어업법」 제2조제1호에 따른 내수면은 제외)에서만 실시한다. 1. 태풍, 풍랑 등 해상기상의 악화로 조난이 우려되는 선박 2. 선박구난현장에서 구난작업에 방해가 되는 선박
조난된 선박의 긴급피난 (제11조)	인명이나 해양환경에 손상을 초래할 수 있는 조난된 선박의 선장 또는 소유자는 계속 항해 시의 위험을 줄이기 위하여 긴급피난을 할 수 있다.

※시행규칙 제7조(조난선박의 긴급피난 허가 절차) ① 법 제12조제1항에 따라 긴급피난 허가를 받으려는 조난선박의 선장 또는 소유자는 구조본부의 장에게 유선·무선 통신 또는 서면으로 긴급피난 허가를 신청하여야 하고, 다음 각 호의 사항 중 구조본부의 장이 요청하는 정보를 제공하여야 한다.
  1. 선명 및 호출부호
  2. 선적항
  3. 선장의 성명 및 선원 수
  4. 현재 위치(위도·경도)
  5. 총톤수 및 전장
  6. 최대 흘수
  7. 항해장치·기기 작동상태
  8. 위험물 적재 여부
  9. 피난 이유
  10. 도착 예정시각
  11. 통신연락방법
② 제1항에 따라 긴급피난 허가 신청을 받은 구조본부의 장은 선박이 다음 각호의 어느 하나에 해당하는 경우에는 유선·무선 통신을 이용하여 긴급피난을 허가한다.
  1. 선체 및 기관의 중대한 손상 등의 사고로 인하여 선박에 급박한 위험이 있는 경우
  2. 태풍 등 악천후로 인하여 선박운항에 급박한 위험이 있는 경우
  3. 연료, 청수 또는 식료품 등이 불의의 사태로 결핍되어 선박의 안전 또는 승무원의 생명에 급박한 위험이 있는 경우
  4. 해적 및 폭동 등의 위험으로부터 피난할 경우
  5. 선박 내에 있는 사람이 중상을 입거나 위급한 병에 걸려 신속히 전문의의 치료를 필요로 하는 경우
  6. 그 밖에 긴급피난을 하지 않을 경우 선박 및 선원의 안전에 중대한 위험 발생이 예상되는 경우

제4절 | 수난구호

내용	규정
수난구호의 관할 (제13조)	해수면에서의 수난구호는 구조본부의 장이 수행하고, 내수면에서의 수난구호는 소방관서의 장이 수행한다. 다만, 국제항행에 종사하는 내수면 운항선박에 대한 수난구호는 구조본부의 장과 소방관서의 장이 상호 협조하여 수행하여야 한다.
수난구호협력기관과의 협조 등 (제14조)	① 수난구호협력기관의 장은 수난구호활동을 위하여 구조본부의 장 또는 소방관서의 장으로부터 필요한 지원과 협조 요청이 있을 경우 특별한 사정이 없으면 이에 응하여야 한다. ② 구조본부의 장 또는 소방관서의 장은 수난구호협력기관의 장과 협의하여 구조대 및 구급대의 합동훈련 또는 합동교육을 실시하거나 구조대 및 구급대에 관한 정보교환 및 상호연락체제를 구축할 수 있다.

	③ 특별자치도지사 또는 시장·군수·구청장(자치구의 구청장을 말한다)은 구조된 사람의 보호와 습득한 물건의 보관·반환·공매 및 구호비용의 산정·지급·징수, 그 밖에 사후처리에 관한 일체의 사무를 담당한다.
조난사실의 신고 등 (제15조)	① 수상에서 조난사고가 발생한 때에는 다음 각호의 어느 하나에 해당하는 자는 즉시 가까운 구조본부의 장이나 소방관서의 장에게 조난사실을 신고하여야 한다. 1. 조난된 선박등의 선장·기장 또는 소유자 2. 수상에서 조난사실을 발견한 자 3. 조난된 선박등으로부터 조난신호나 조난통신을 수신한 자 4. 조난사고 원인을 제공한 선박의 선장 및 승무원 ② 선박등의 소재가 불명하고 통신이 두절되어 실종의 위험이 있다고 인정되는 경우에는 그 선박등의 소유자·운항자 또는 관리자는 지체 없이 그 사실을 구조본부의 장이나 소방관서의 장에게 신고하여야 한다. ③ 조난사실을 신고받거나 인지한 구조본부의 장 또는 소방관서의 장은 그 사실을 지체 없이 조난지역을 관할하는 구조본부의 장이나 소방관서의 장에게 통보하여야 한다.
구조본부 등의 조치 (제16조)	① 조난사실을 신고 또는 통보받거나 인지한 관할 구조본부의 장이나 소방관서의 장은 구조대에 구조를 지시 또는 요청하거나 조난현장의 부근에 있는 선박등에게 구조를 요청하는 등 수난구호에 필요한 조치를 취하여야 한다. ② 구조의 지시 또는 요청을 받은 구조대의 장은 구조상황을 수시로 관할 구조본부의 장 또는 소방관서의 장에게 보고 하거나 통보하여야 한다. ③ 수난구호를 위하여 필요하다고 인정할 때에는 구조본부의 장 또는 소방관서의 장은 수난구호협력기관의 장, 수난구호민간단체에게 소속 구조지원요원 및 선박을 현장에 출동시키는 등 구조활동(조난된 선박등의 예인 포함)을 지원할 것을 요청할 수 있다. 이 경우 요청을 받은 수난구호협력기관의 장과 수난구호민간단체는 특별한 사유가 없는 한 즉시 이에 응하여야 한다. ④ 구조본부의 장 또는 소방관서의 장은 생존자의 구조를 위하여 필요한 경우 수중 수색구조활동을 실시할 수 있다. 다만, 그 업무를 수행하는 사람의 건강이나 생명에 중대한 위험을 초래할 우려가 있다고 판단되는 경우에는 실시하지 아니하거나 중지할 수 있다.
현장지휘 (제17조)	① 조난현장에서의 수난구호활동의 지휘는 지역구조본부의 장 또는 소방서장이 행한다. 다만, 응급의료 및 이송 등과 관련된 사항에 대하여는 관련 수난구호협력기관의 장과 협의하여야 한다. ② 현장지휘는 다음 각 호의 사항에 관하여 행한다. 1. 조난현장에서의 수난구호활동 2. 수난구호협력기관, 수난구호민간단체, 자원봉사자 등의 임무 부여와

	인력 및 장비의 배치와 운용 3. 추가 조난의 방지를 위한 응급조치 4. 사상자의 응급처치 및 의료기관으로의 이송 5. 수난구호에 필요한 물자 및 장비의 관리 6. 수난구호요원의 안전확보를 위한 조치 7. 현장접근 통제, 조난현장의 질서유지 등 효율적인 수난구호활동을 위 하여 필요한 사항 ③ 광역구조본부의 장 또는 소방본부장은 둘 이상의 지역구조본부의 장 또는 소방서장의 공동대응 등이 필요하다고 인정하는 경우에는 제1항에 도 불구하고 직접 현장지휘를 할 수 있다. ④ 중앙구조본부의 장 또는 소방청장은 대통령령으로 정하는 대규모의 수난이 발생하거나 그 밖에 필요하다고 인정하는 경우에는 제1항 및 제3 항에도 불구하고 직접 현장지휘를 할 수 있다. ⑤ 조난현장에서 수난구호활동에 임하는 수난구호요원, 조난된 선박의 선원 및 승객은 현장지휘관의 지휘·통제에 따라야 한다. ⑥ 구조본부의 장의 수난구호활동 지휘장소는 대통령령으로 정하는 바 에 따른다.
인근 선박등의 구조지원 (제18조)	① 조난현장의 부근에 있는 선박등의 선장·기장 등은 조난된 선박등이 나 구조본부의 장 또는 소방관서의 장으로부터 구조요청을 받은 때에는 가능한 한 조난된 사람을 신속히 구조할 수 있도록 최대한 지원을 제공 하여야 한다. 다만, 조난된 선박 또는 조난사고의 원인을 제공한 선박의 선장 및 승무원은 요청이 없더라도 조난된 사람을 신속히 구조하는 데 필요한 조치를 하여야 한다. ② 구조본부의 장 또는 소방관서의 장으로부터 구조요청을 받은 선박등 의 선장·기장 등은 구조에 착수하지 못할 경우에는 지체 없이 그 사유 를 구조본부의 장 또는 소방관서의 장에게 통보하여야 한다.
조난된 선박등의 구난작업 신고 (제19조)	① 누구든지 다음 각호의 장소에서 조난된 선박등을 구난하려는 자는 구 난작업을 시작하기 전에 구조본부의 장 또는 소방관서의 장에게 그 사실 을 신고하여야 한다. 다만, 소형선박을 구난하려는 경우, 구조본부의 장 또는 소방관서의 장의 요청으로 구난을 하려는 경우에는 그러하지 아니 하며, 긴급구난을 하려는 경우에는 구난작업을 시작한 후 지체 없이 구 조본부의 장 또는 소방관서의 장에게 알려야 한다. 1. 영해 및 내수 2. 배타적 경제수역 ② 구조본부의 장 또는 소방관서의 장은 신고를 받은 경우 그 내용을 검 토하여 구난작업을 실시하는 데 적합하다고 인정할 때에는 신고를 수리 하여야 한다. 이 경우 신고된 내용이 미흡하다고 인정할 때에는 필요한 사항을 보완한 후 다시 신고하게 할 수 있다.

구난작업 현장의 안전관리 등 (제19조의2)	구조본부의 장 또는 소방관서의 장은 구난작업 현장의 안전관리와 환경오염 방지를 위하여 필요한 경우 구난작업 관계자에게 인력 및 장비의 보강, 인근 선박의 항행안전을 위한 조치 등을 할 것을 명할 수 있다.
조난된 선박등의 구난작업 시 보험가입 (제20조)	누구든지 조난된 선박등을 구난하려는 자는 안전사고 및 해양오염 발생에 대비하여 구난작업을 시작하기 전에 보험에 가입하여야 한다. 다만, 제19조제1항의 단서에 따른 구난작업의 경우에는 그러하지 아니하다.
조난된 선박등의 예인 시 책임 (제21조)	조난된 선박등을 예인하는 자는 다음 각호의 어느 하나에 해당하는 예인으로 인하여 조난된 선박등이 파손되거나 멸실되더라도 고의 또는 중대한 과실이 없는 경우에는 민사상·형사상 책임을 지지 아니한다. 이 경우 조난된 선박등을 예인하는 자는 피예인선의 선장이나 소유자에게 그 뜻을 미리 알려주어야 한다. 1. 수난구호민간단체에 소속된 선박이 구조본부의 장 또는 소방관서의 장의 요청을 받고 예인하는 경우 2. 민간에 소속된 선박이 보수(실비의 지급은 보수로 보지 아니한다)를 받지 아니하고 예인하는 경우. 이 경우 실비의 범위는 대통령령으로 한다. 3. 국가기관에 소속된 선박이 조난된 선박등을 긴급히 구난하기 위하여 예인하는 경우
외국구조대의 영해진입 허가 등 (제22조)	① 외국의 구조대가 신속한 수난구호활동을 위하여 우리나라와 체결한 조약에 따라 우리나라의 영해·영토 또는 그 상공에의 진입허가를 요청하는 때에는 중앙구조본부의 장은 지체 없이 이를 허가하고 그 사실을 관계 기관에 통보한다. ② 제1항에 따른 진입요청 및 허가 등에 필요한 사항은 대통령령으로 정한다.
해외 수난 발생 시 수색구조 등 (제23조)	① 해외에서 우리나라 국민과 선박등의 수난과 다른 나라 국민과 선박등의 수난에 대하여 수색·구조가 필요한 경우 중앙구조본부의 장은 구조대를 파견할 수 있다. ② 제1항에 따른 구조대의 해외파견에 필요한 사항은 대통령령으로 정한다.
구조활동의 종료 또는 중지 (제24조)	구조본부의 장은 다음 각호의 어느 하나에 해당하는 경우에는 구조활동을 종료 또는 중지할 수 있다. 1. 구조활동을 완료한 경우 2. 생존자를 구조할 모든 가능성이 사라지는 등 더 이상 구조활동을 계속할 필요가 없다고 인정되는 경우
국내 조난사고의 조사 (제25조)	① 해양경찰청장은 해양에서 대규모의 조난사고가 발생한 경우에 관계 수난구호협력기관과 합동으로 사고조사단을 편성하여 사고원인과 피해상황에 관한 조사를 실시할 수 있다. 다만, 「해양사고의 조사 및 심판에

	관한 법률」에 따라 조사하는 경우에는 그러하지 아니하다. ② 해양경찰청장은 사고조사단의 편성을 위하여 관계 수난구호협력기관의 장에게 소속 공무원 또는 직원의 파견을 요청할 수 있다. 이 경우 요청을 받은 관계 수난구호협력기관의 장은 특별한 사유가 없는 한 이에 응하여야 한다.

※시행령 제19조(중앙구조본부의 장 또는 소방청장이 현장지휘를 할 수 있는 수난) 법 제17조제4항에서 "대통령령으로 정하는 대규모의 수난"이란 인명 또는 재산의 피해 정도가 매우 크거나 재난의 영향이 사회적·경제적으로 광범위 하다고 중앙구조본부의 장 또는 소방청장이 인정하는 수난을 말한다.

※시행령 제19조의2(수난구호활동 지휘장소) 법 제17조제6항에 따른 수난구호활동 지휘장소는 신속한 수난구호 관련 정보의 수집·전파와 수난구호 자원의 관리·지원을 위한 방송 및 정보통신체계가 갖추어져 있는 다음 각 호의 어느 하나에 해당하는 장소로 한다.
 1. 조난현장 또는 조난현장 인근의 함정 등의 장소
 2. 구조본부에 설치된 종합상황실 등의 장소

※시행령 제22조(외국구조대의 진입허가) ① 법 제22조제1항에 따라 우리나라의 영해·영토 또는 그 상공에 진입하기 위하여 진입허가를 받으려는 외국구조대는 중앙구조본부의 장에게 다음 각호의 사항을 기재한 신청서를 제출하여야 한다. 다만, 긴급한 상황일 때에는 무선통신 등의 방법으로 신청할 수 있으며, 이 경우에도 수난구호 활동이 끝난 후에는 신청서를 제출하여야 한다.
 1. 허가 대상 선박·항공기 등의 선명·기명·종류 및 번호
 2. 활동목적
 3. 활동수역·항로 및 일정
 4. 구조대의 인원 및 주요 구조장비명
 5. 그 밖에 양국 간 체결한 조약에 규정된 사항
② 제1항에 따라 신청을 받은 중앙구조본부의 장은 진입허가를 하기 전에 중앙기술위원회를 개최하여 관계 행정기관과 협의해야 한다. 다만, 긴급한 구조가 필요할 때에는 중앙기술위원회를 개최하지 않고 관계 행정기관과 협의할 수 있다.

제5절 | 한국해양구조협회

내용	규정
한국해양구조협회의 설립 등 (제26조)	① 해수면에서의 수색구조·구난활동 지원, 수색구조·구난에 관한 기술·제도·문화 등의 연구·개발·홍보 및 교육훈련, 행정기관이 위탁하는 업무의 수행과 해양 구조·구난 업계의 건전한 발전 및 해양 구조·구난 관계 종사자의 기술향상을 위하여 한국해양구조협회(「협회」)를 설립한다. ② 협회는 법인으로 한다.

	③ 협회의 정관 기재사항과 운영 및 감독 등에 필요한 사항은 대통령령으로 정한다. ④ 협회에 관하여 이 법에서 규정한 것을 제외하고는 「민법」 가운데 사단법인에 관한 규정을 준용한다.
협회의 업무 등 (제27조)	① 협회는 다음 각 호의 업무를 수행한다. 1. 수색구조·구난업무 지원 2. 수색구조·구난기술에 관한 교육 및 조사·연구와 개발 3. 수색구조·구난에 관한 각종 간행물의 발간 4. 수색구조·구난기술에 관한 자문 5. 해양사고 예방과 안전관리 의식의 고취를 위한 대국민 홍보 6. 수색구조·구난업무에 관하여 행정기관이 위탁하는 업무 7. 수색구조·구난기술에 관한 정보의 수집·분석 및 제공 8. 수색구조·구난업무를 지원하는 민간해양구조대원의 관리 및 교육·훈련 9. 그 밖에 회원의 복리증진 등 정관으로 정하는 사항 ② 해양경찰청장 또는 지방자치단체의 장은 협회에 위탁한 업무의 수행에 필요한 행정적·재정적 지원을 할 수 있다.
회원의 자격 (제28조)	협회의 회원은 다음 각호의 자로 한다. 1. 선급법인 및 한국해양교통안전공단의 선박검사업무에 종사하는 자로서 회원이 되고자 하는 자 2. 수산업협동조합중앙회, 한국해운조합, 해양환경공단, 선주상호보험조합 또는 한국선주협회의 직원 가운데 회원이 되고자 하는 자 3. 민간해양구조대원으로서 회원이 되고자 하는 자 4. 수난구호에 관한 학식과 경험이 풍부한 자로서 대통령령으로 정하는 자 가운데 회원이 되고자 하는 자

제6절 │ 민간구조활동의 지원

내용	규정
수난구호를 위한 종사명령 등 (제29조)	① 구조본부의 장 및 소방관서의 장은 수난구호를 위하여 부득이하다고 인정할 때에는 필요한 범위에서 사람 또는 단체를 수난구호업무에 종사하게 하거나 선박, 자동차, 항공기, 다른 사람의 토지·건물 또는 그 밖의 물건 등을 일시적으로 사용할 수 있다. 다만, 노약자, 정신적 장애인, 신체장애인, 그 밖에 대통령령으로 정하는 사람에 대하여는 제외한다. ② 수난구호업무에의 종사명령을 받은 자는 구조본부의 장 및 소방관서의 장의 지휘를 받아 수난구호업무에 종사하여야 한다.

	③ 국가 또는 지방자치단체는 수난구호 업무에 종사한 사람이 부상(신체에 장애를 입은 경우 포함)을 입거나 사망(부상으로 인하여 사망한 경우 포함)한 경우에는 그 부상자 또는 유족에게 보상금을 지급하여야 한다. 다만, 다른 법령에 따라 국가 또는 지방자치단체의 부담에 의한 같은 종류의 보상금을 지급받은 사람에 대하여는 그 보상금에 상당하는 금액은 지급하지 아니한다. ④ 구조본부의 장 또는 소방관서의 장은 수난구호 업무에 종사한 사람이 「의사상자 등 예우 및 지원에 관한 법률」의 적용대상자인 경우에는 같은 법에 따른 보상을 받을 수 있도록 적극 지원하여야 한다. ⑤ 보상금은 국가 또는 지방자치단체의 부담으로 하며, 그 기준 및 절차 등에 필요한 사항은 대통령령으로 정한다. 이 경우 특별한 사정이 없는 한 「의사상자 등 예우 및 지원에 관한 법률」의 보상기준을 준수하여야 한다. ⑥ 보상금을 지급받고자 하는 자는 해양수산부령으로 정하는 바에 따라 관할 지방자치단체의 장에게 신청하여야 한다. ⑦ 국가 또는 지방자치단체는 수난구호업무에 종사한 사람이 신체상의 부상을 입은 때에는 대통령령으로 정하는 바에 따라 치료를 실시하여야 한다.
민간해양구조대원등의 처우 (제30조)	① 민간해양구조대원은 해양경찰의 해상구조 및 조난사고 예방·대응 활동을 지원할 수 있다. ② 민간해양구조대원 및 수난구호참여자 중 해양수산부령으로 정하는 요건을 갖춘 자(「민간해양구조대원등」)가 해상구조 및 조난사고 예방·대응 활동을 지원한 때에는 해양수산부령으로 정하는 바에 따라 수당 및 실비를 지급할 수 있다. ③ 지방자치단체의 장은 필요한 경우 관할 구역에서 민간해양구조대원 등이 수난구호활동에 참여하는 데 소요되는 경비의 일부를 지원할 수 있다. 이 경우 수난구호활동 참여 소요경비 지원에 필요한 사항은 지방자치단체의 조례로 정한다. ④ 구조본부의 장은 민간해양구조대원의 구조활동에 필요한 장비를 무상으로 대여할 수 있다. ⑤ 구조본부의 장은 민간해 양구조대원에 대한 교육·훈련을 실시하여야 한다. 이 경우 구조본부의 장은 그 교육·훈련을 협회 등에 위탁할 수 있다. ⑥ 민간해양구조대원에 대한 교육·훈련의 내용, 주기, 방법 등 필요한 사항은 해양수산부령으로 정한다. ⑦ 민간해양구조대원등이 구조업무 및 구조 관련 교육·훈련으로 인하여 질병에 걸리거나 부상(신체에 장애를 입은 경우 포함)을 입거나 사망(부상으로 인하여 사망한 경우 포함)한 경우의 치료 또는 보상금의 기준·절차 등은 제29조제3항부터 제7항까지의 규정을 준용한다.

수상구조사 (제30조의2)	① 해양경찰청장은 수상에서 조난된 사람을 구조하기 위한 전문적인 능력을 갖추었다고 인정되는 사람에게 수상구조사 자격을 부여할 수 있다. ② 수상구조사가 되려는 사람은 해양경찰청장이 지정하는 관련 단체 또는 기관(「교육기관」)에서 교육과정을 이수한 후 해양경찰청장이 실시하는 시험에 합격하여야 한다. ③ 해양경찰청장은 수상구조사 시험에 합격한 사람에 대하여 해양수산부령으로 정하는 바에 따라 수상구조사 자격증(「자격증」)을 발급하여야 한다. ④ 수상구조사 자격의 효력은 자격증을 발급받은 날부터 발생한다. ⑤ 수상구조사 시험의 시행일을 기준으로 결격사유에 해당하는 사람은 수상구조사 시험에 응시할 수 없다. ⑥ 상구조사 시험의 시험과목, 시험방법, 그 밖에 시험에 필요한 사항은 대통령령으로 정하고, 교육기관의 지정 및 취소, 교육과정, 관리·감독 등에 필요한 사항은 해양수산부령으로 정한다. ⑦ 해양경찰청장은 수상구조사 시험의 실시에 관한 업무를 대통령령으로 정하는 바에 따라 시험관리 능력이 있다고 인정되는 관계 전문기관에 위탁할 수 있다.
결격사유 등 (제30조의3)	① 다음 각호의 어느 하나에 해당하는 사람은 수상구조사가 될 수 없다. 1. 피성년후견인·피한정후견인 2. 정신질환자 3. 마약·향정신성의약품 또는 대마 중독자 4. 이 법 또는 다음 각 목의 어느 하나에 해당하는 죄에 의하여 금고 이상의 실형을 선고받고 그 집행이 끝나지 아니하거나 면제되지 아니한 사람 　가. 이 법 제43조부터 제45조까지의 죄 　나. 「형법」 제268조(수상에서의 안전관리 및 인명구조 업무와 관련한 과실만 해당한다)의 죄 　다. 「아동·청소년의 성보호에 관한 법률」 제7조 및 제8조의 죄 　라. 가목부터 다목까지의 죄로서 다른 법률에 따라 가중처벌되는 죄 ② 개인정보를 가지고 있는 기관 중 대통령령으로 정하는 기관의 장은 수상구조사의 결격사유와 관련이 있는 개인정보를 해양경찰청장에게 통보하여야 한다. ③ 해양경찰청장에게 통보하여야 하는 개인정보의 내용, 통보방법 및 그 밖에 개인정보의 통보에 필요한 사항은 대통령령으로 정한다.
부정행위에 대한 제재 (제30조의4)	① 부정한 방법으로 수상구조사시험에 응시한 사람 또는 수상구조사시험에서 부정행위를 한 사람에 대하여는 그 시험을 정지시키거나 합격을 무효로 한다. ② 시험이 정지되거나 합격이 무효로 된 사람은 그 처분이 있은 날부터 2년간 수상구조사시험에 응시할 수 없다.

준수사항 (제30조의5)	① 수상구조사는 다음 각호에서 정하는 사항을 준수하여야 한다. 1. 구조 완료 후 구조된 사람에게 법령에 의하지 않은 금품 등의 대가를 요구하지 않을 것 2. 다른 사람에게 자기의 명의를 사용하게 하거나 그 자격증을 대여하지 않을 것 ② 누구든지 수상구조사 자격을 취득하지 아니하고 그 명의를 사용하거나 자격증을 대여받아서는 아니 되며, 명의의 사용이나 자격증의 대여를 알선하여서도 아니 된다.
비밀 준수 의무 (제30조의6)	수상구조사는 조난된 사람의 구조 과정에서 알게 된 비밀을 누설하거나 공개하여서는 아니 된다.
자격유지 (제30조의7)	① 수상구조사 자격을 취득한 사람은 다음 각호의 구분에 따른 기간(「보수교육 기간」)에 해양수산부령으로 정하는 바에 따라 해양경찰청장이 실시하는 보수교육을 받아야 한다. 1. 최초 수상구조사 자격을 취득한 경우 자격증을 발급 받은 날부터 기산하여 2년이 되는 날부터 6개월 이내 2. 제1호 이외의 경우 직전의 보수교육을 받은 날부터 기산하여 2년이 되는 날부터 6개월 이내 ② 다음 각 호의 어느 하나에 해당하는 사유로 인하여 보수교육 대상자가 보수교육 기간 중 보수교육을 받을 수 없다고 인정되는 경우 해양경찰청장은 해양수산부령으로 정하는 바에 따라 보수교육을 미리 받게 하거나 6개월의 범위에서 연기하도록 할 수 있다. 1. 보수교육 기간 중 해외에 체류가 예정되어 있거나 체류 중인 경우 또는 재해·재난을 당한 경우 2. 질병이나 부상으로 인하여 거동이 불가능한 경우 3. 법령에 따라 신체의 자유를 구속당한 경우 4. 군복무 중인 경우 5. 그 밖에 보수교육 기간에 보수교육을 받을 수 없는 부득이한 사유라고 인정되는 경우 ③ 해양경찰청장은 제1항에 따른 보수교육을 교육기관에 위탁하여 실시할 수 있다. ④ 보수교육을 받지 않은 사람은 보수교육 기간이 만료한 다음 날부터 수상구조사 자격이 정지된다. 다만, 자격정지 후 1년 이내에 보수교육을 받은 경우 보수교육을 받은 날부터 자격의 효력이 다시 발생한다. ⑤ 해양경찰청장은 제4항에 따라 자격이 정지된 사람에게 자격 정지사실을 통보하여야 하고, 자격정지 통보를 받은 사람은 통보를 받은 날부터 15일 이내에 자격증을 해양경찰청장에게 반납하여야 한다.
자격의 취소 등 (제30조의8)	① 해양경찰청장은 수상구조사가 다음 각호의 어느 하나에 해당하는 경우에는 그 자격을 취소하거나 1년의 범위에서 자격의 효력을 정지시킬

	수 있다. 다만, 제1호부터 제3호까지의 어느 하나에 해당하면 자격을 취소하여야 한다. 1. 거짓이나 그 밖의 부정한 방법으로 자격을 취득한 사실이 드러난 경우 2. 제30조의3제1항제1호부터 제4호까지의 결격사유 중 어느 하나에 해당하게 된 경우 3. 보수교육을 받지 않아 자격이 정지된 날부터 1년이 경과한 경우 4. 제30조의5제1항에 따른 준수사항을 위반한 경우 5. 제30조의6에 따른 비밀 준수 의무를 위반한 경우 ② 제1항제1호에 따라 자격이 취소된 사람은 그 처분이 있은 날부터 2년간 수상구조사 시험에 응시할 수 없다. ③ 자격이 취소된 사람은 취소된 날부터 15일 이내에 자격증을 해양경찰청장에게 반납하여야 한다.
보험등의 가입 (제30조의9)	① 교육기관의 장은 대통령령으로 정하는 바에 따라 수상구조사 교육생과 그 종사자의 피해를 보전하기 위하여 보험이나 공제(「보험등」)에 가입하여야 한다. ② 교육기관의 장은 제1항에 따른 보험등의 가입 여부에 관한 정보를 대통령령으로 정하는 바에 따라 수상구조사 교육생과 종사자에게 알려야 한다.
보험등의 가입정보 요청 (제30조의10)	① 해양경찰청장은 보험등의 가입과 관련한 조사·관리를 위하여 보험회사 및 공제사업자(「보험회사등」) 또는 보험협회 등(「보험협회등」)에 보험등의 가입과 관련한 조사·관리에 필요한 자료 또는 정보의 제공을 요청할 수 있다. ② 보험회사등은 자료 또는 정보의 제공을 요청받은 경우 보험협회등을 통하여 해당 자료 또는 정보를 제공할 수 있다. ③ 자료 또는 정보의 제공을 요청받은 자는 정당한 사유가 없으면 요청에 따라야 한다.
심해잠수사의 양성 및 관리 (제30조의12)	① 해양경찰청장은 심해에서의 잠수 및 수난구호를 전문으로 하는 심해잠수사의 양성 및 관리를 위하여 심해잠수구조훈련센터를 설치할 수 있다. ② 해양경찰청장은 심해잠수사(민간해양구조대원 중 해양수산부령으로 정하는 잠수사 포함)를 대상으로 심해잠수에 적합한지를 확인하기 위한 신체검사를 실시할 수 있다.

※시행령 제30조의3(수상구조사 자격시험의 실시 등) ① 법 제30조의2제2항에 따른 수상구조사 자격시험(이하 "자격시험"이라 한다)은 수시로 실시한다.
② 해양경찰청장은 자격시험을 실시하려는 경우 시험 일시·장소 및 그 밖에 자격시험의 실시에 필요한 사항을 시험일 2개월 전까지 공고하여야 한다.
③ 해양경찰청장은 제2항에 따라 공고된 내용대로 자격시험을 실시할 수 없는 불가피한 사정이 발생한 경우에는 제2항에 따른 공고내용을 변경할 수 있다. 이 경우 시험일 7일 전까지 변경내용을 공고해야 한다.

④ 자격시험에 응시하려는 사람은 해양수산부령으로 정하는 응시원서를 해양경찰청장에게 제출하여야 한다.

제30조의4(자격시험의 응시자격) 자격시험에 응시하려는 사람은 법 제30조의2제2항에 따라 해양경찰청장이 지정하는 관련 단체 또는 기관(이하 "교육기관"이라 한다)에서 64시간 이상의 교육과정을 이수하여야 한다.

제30조의5(시험방법 및 시험과목 등) ① 자격시험은 실기시험의 방법으로 실시한다.

② 자격시험의 과목 및 과목별 배점은 다음 각호와 같다.

  1. 영법(泳法): 15점

  2. 수영구조: 15점

  3. 장비구조: 15점

  3의2. 기본구조: 20점

  4. 종합구조: 20점

  5. 응급처치: 10점

  6. 구조장비 사용법: 5점

③ 자격시험은 과목별 점수의 합을 총 100점으로 하여 그 중 60점 이상을 득점한 사람 중 각 과목 만점의 40퍼센트 이상을 득점한 사람을 합격으로 한다.

※시행령 제30조의6(그 밖에 자격시험에 필요한 사항) 제30조의3부터 제30조의5까지에서 규정한 사항 외에 자격시험의 실시 절차나 방법, 시험과목 또는 평가 기준에 관하여 필요한 사항은 해양수산부령으로 정한다.

※시행령 제30조의7(자격시험 수수료) 자격시험에 응시하려는 사람은 해양수산부령으로 정하는 바에 따라 수수료를 내야 한다.

제10장 해양사고의 조사 및 심판에 관한 법률

제1절 │ 총 론

1. 해양사고 조사

해양사고가 발생하면 사고의 원인을 규명하기 위하여 사고조사가 이루어진다. 국내 해양조사는 해양안전심판원과 해양경찰청에 의해 수행되며, 전자는 해양사고원인 규명과 그에 따른 관련자의 징계가 목적이며, 후자는 해양사고의 원인 규명에 따라 형사적 책임을 판단하는데 주목적이 있다.

「중앙해양안전심판원」은 1961년 제정·공포된 「해난심판법」(법률 제813호)에 의해 설립된 준사법기관으로서 해양사고에 대한 조사 및 심판을 통하여 해양사고의 원인을 규명하여 해양안전의 확보에 기여함을 목적으로 한다. 해양수산부의 소속기관으로서 중앙해양심판원 산하에 부산, 인천, 목포, 동해 등 4개의 지방해양안전심판원을 두고 있다.

해양사고가 발생하면 담당 조사관이 사고현장을 조사하거나 증거자료를 수집하고 해양사고관련

자 등을 출석시켜 면담조사를 실시한다. 조사결과 사건을 심판에 붙여야 한다고 인정하였을 경우에는 심판을 청구하고, 사건이 경미하거나 사고원인이 간명하여 심판에 붙일 필요가 없다고 인정되면 심판불요 처분 조치가 이루어진다. 심판청구를 위한 조사와는 별도로 해양사고를 방지하기 위하여 특별한 조사가 필요하다고 인정하는 경우에는 「특별조사부」를 구성하여 조사보고서를 작성한다.

「국제해사기구」(IMO)는 회원국에 해양사고 조사에 대한 통일된 조사절차를 제공하고 해양사고 예방효과를 증진시키기 위해 1997년 「해양사고조사규정」(Casualty Investigation Code)을 도입하여 2010년 1월부터 시행하고 있다.[19] 이에 따라 우리나라는 2011년 6월 법률 개정을 통하여 「특별조사부」를 설치하였다.

2. 해양사고 심판

「해양안전심판제도」는 국가가 해양사고에 대한 조사와 심판을 통하여 해양사고의 원인을 밝히고 재결로써 그 결과를 명백하게 하면서 해양사고에 대한 귀책 사유가 있는 해기사 등을 재결로써 징계할 수 있는 제도이다.[20] 해양안전심판원은 해양사고를 심판하는 합의체 행정기관으로서 준사법적 절차를 따르고 있다.

심판절차는 각 지방해양안전심판원 조사관의 심판청구에 의하여 개시되며, 심판장을 포함 3명의 심판관으로 심판부가 구성되고 제1회 심판기일을 지정하여 해양사고 관련자에 소환장이 발송된다.

심판이 개정되면 해양사고관련자에 대한 인정신문, 조사관의 모두진술, 사실심리, 증인신문 등의 절차가 이루어지며, 해양사고관련자에 대한 사실심리와 증인신문이 모두 끝나면 조사관의 의견진술, 해양사고 관련자 및 심판 변론인의 최후진술을 청취한다. 최종 심판기일에는 심판자의 재결고지와 함께 심판이 종료된다.

지방심판원의 재결에 불복이 있는 경우 중앙심판원에 제2심을 청구할 수 있으며, 중앙심판원의 재결에 불복하는 경우에는 법원에 소를 제기할 수 있다. 해양사고가 해기사, 도선사의 직무상 고의 또는 과실로 인하여 발생한 것으로 인정할 때에는 재결로서 이를 징계한다. 징계의 종류로는 면허의 취소, 업무정지(1월 이상 1년 이하), 견책이 있다.

지방심판원에 의한 제1심 재결에 불복하는 경우 조사관, 해양사고관련자 및 심판변론인은 재결서 송달을 받은 날로부터 14일 이내에 원심심판원인 제1심 심판원에 제2심을 청구할 수 있다. 중앙심판원은 제1심 심판절차를 준용하여 5명의 심판관에 의한 합의제 심판을 개정하고 해양사고 관련자를 다시 소환·심리한 후 새로운 재결을 하게 된다.

중앙심판원의 재결에 대하여 불복이 있는 경우, 재결서 정본을 받은 날로부터 30일 이내에 중앙

---

19) 진호현, "해상사고 조사제도의 비교법적 연구," 「수산해양교육연구」, 제30권 제6호(2018).
20) 이정원, "해양안전심판과 헌법 제27조의 재판청구권," 「법조」, 제651권 (2010.1).

심판원의 소재지를 관할하는 고등법원에 소를 제기할 수 있다. 법원은 청구이유가 있다고 인정하는 경우 판결로서 재결을 취소하고 이를 중앙심판원에 환송하면 중앙심판원은 재심 절차를 거쳐 다시 재결하여 한다. 고등법원의 판결에 불복하는 자는 다시 대법원에 상고할 수 있다. 이에 따라 우리나라의 해양사고에 대한 심판은 제1심 지방해양심판원, 제2심 중앙해양심판원, 제3심 고등법원, 제4심 대법원의 「4심제」를 채택하고 있다.

제2절 | 총 칙

내용	규정
목적(제1조)	이 법은 해양사고에 대한 조사 및 심판을 통하여 해양사고의 원인을 밝힘으로써 해양안전의 확보에 이바지함을 목적으로 한다.
정의(제2조)	1. "해양사고"란 해양 및 내수면에서 발생한 다음 각목의 어느 하나에 해당하는 사고를 말한다. 　가. 선박의 구조·설비 또는 운용과 관련하여 사람이 사망 또는 실종되거나 부상을 입은 사고 　나. 선박의 운용과 관련하여 선박이나 육상시설·해상시설이 손상된 사고 　다. 선박이 멸실·유기되거나 행방불명된 사고 　라. 선박이 충돌·좌초·전복·침몰되거나 선박을 조종할 수 없게 된 사고 　마. 선박의 운용과 관련하여 해양오염 피해가 발생한 사고 1의2. "준해양사고"란 선박의 구조·설비 또는 운용과 관련하여 시정 또는 개선되지 아니하면 선박과 사람의 안전 및 해양환경 등에 위해를 끼칠 수 있는 사태로서 해양수산부령으로 정하는 사고를 말한다. 2. "선박"이란 수상 또는 수중을 항행하거나 항행할 수 있는 구조물로서 대통령령으로 정하는 것을 말한다. 3. "해양사고관련자"란 해양사고의 원인과 관련된 자로서 제39조에 따라 지정된 자를 말한다. 3의2. "이해관계인"이란 해양사고의 원인과 직접 관계가 없는 자로서 해양사고의 심판 또는 재결로 인하여 경제적으로 직접적인 영향을 받는 자를 말한다. 4. "원격영상심판"이란 해양사고관련자가 해양수산부령으로 정하는 동영상 및 음성을 동시에 송수신하는 장치가 갖추어진 관할 해양안전심판원 외의 원격지 심판정 또는 이와 같은 장치가 갖추어진 시설로서 관할 해양안전심판원이 지정하는 시설에 출석하여 진행하는 심판을 말한다.

심판원의 설치(제3조)	해양사고사건을 심판하기 위하여 해양수산부장관 소속으로 해양안전심판원(「심판원」)을 둔다.
해양사고의 원인규명 등(제4조)	① 심판원이 심판을 할 때에는 다음 사항에 관하여 해양사고의 원인을 밝혀야 한다. 1. 사람의 고의 또는 과실로 인하여 발생한 것인지 여부 2. 선박승무원의 인원, 자격, 기능, 근로조건 또는 복무에 관한 사유로 발생한 것인지 여부 3. 선박의 선체 또는 기관의 구조·재질·공작이나 선박의 의장 또는 성능에 관한 사유로 발생한 것인지 여부 4. 수로도지·항로표지·선박통신·기상통보 또는 구난시설 등의 항해보조시설에 관한 사유로 발생한 것인지 여부 5. 항만이나 수로의 상황에 관한 사유로 발생한 것인지 여부 6. 화물의 특성이나 적재에 관한 사유로 발생한 것인지 여부 ② 심판원은 제1항에 따른 해양사고의 원인을 밝힐 때 해양사고의 발생에 2명 이상이 관련되어 있는 경우에는 각 관련자에 대하여 원인의 제공 정도를 밝힐 수 있다. ③ 심판원은 제1항 각호에 해당하는 해양사고의 원인규명을 위하여 필요하다고 인정하면 해양수산부령으로 정하는 전문연구기관에 자문할 수 있다.
재결(제5조)	① 심판원은 해양사고의 원인을 밝히고 재결로써 그 결과를 명백하게 하여야 한다. ② 심판원은 해양사고가 해기사나 도선사의 직무상 고의 또는 과실로 발생한 것으로 인정할 때에는 재결로써 해당자를 징계하여야 한다. ③ 심판원은 필요하면 제2항에 규정된 사람 외에 해양사고관련자에게 시정 또는 개선을 권고하거나 명하는 재결을 할 수 있다. 다만, 행정기관에 대하여는 시정 또는 개선을 명하는 재결을 할 수 없다.
시정 등의 요청(제5조의2)	심판원은 심판의 결과 해양사고를 방지하기 위하여 시정하거나 개선할 사항이 있다고 인정할 때에는 해양사고관련자가 아닌 행정기관이나 단체에 대하여 해양사고를 방지하기 위한 시정 또는 개선조치를 요청할 수 있다.
징계의 종류와 감면(제6조)	① 제5조제2항의 징계는 다음 세 가지로 하고, 행위의 경중에 따라서 심판원이 징계의 종류를 정한다. 1. 면허의 취소 2. 업무정지 3. 견책 ② 제1항제2호의 업무정지 기간은 1개월 이상 1년 이하로 한다. ③ 심판원은 제5조제2항에 따른 징계를 할 때 해양사고의 성질이나 상황 또는 그 사람의 경력과 그 밖의 정상을 고려하여 이를 감면할 수 있다.

징계의 집행유예(제6조의2)	① 심판원은 제6조제1항제2호에 따른 업무정지 중 그 기간이 1개월 이상 3개월 이하의 징계를 재결하는 경우에 선박운항에 관한 직무교육(「직무교육」)이 필요하다고 인정할 때에는 그 징계재결과 함께 3개월 이상 9개월 이하의 기간 동안 징계의 집행유예(「집행유예」)를 재결할 수 있다. 이 경우 해당 징계재결을 받은 사람의 명시한 의사에 반하여서는 아니 된다. ② 제1항에 따른 집행유예의 기준 등에 필요한 사항은 심판원이 정한다.
직무교육의 이수명령(제6조의3)	① 심판원은 제6조의2에 따라 징계의 집행을 유예하는 때에는 그 유예기간 내에 직무교육을 이수하도록 명하여야 한다. ② 제1항에 따라 직무교육을 이수하도록 명령을 받은 사람은 심판원 또는 대통령령으로 정하는 위탁 교육기관에서 직무교육을 받아야 한다. ③ 제2항에 따라 교육을 실시하는 심판원 또는 위탁 교육기관은 교육생으로부터 소정의 수강료를 받을 수 있다. ④ 제1항부터 제3항까지에서 규정한 사항 외에 직무교육의 기간, 내용 등 직무교육 이수에 관하여 필요한 사항은 심판원이 정한다.
집행유예의 실효(제6조의4)	제6조의2에 따라 징계의 집행유예 재결을 받은 사람이 다음 각 호의 어느 하나에 해당하는 경우에는 그 집행유예의 재결은 효력을 잃는다. 1. 집행유예기간 내에 직무교육을 이수하지 아니한 경우 2. 집행유예기간 중에 업무정지 이상의 징계재결을 받아 그 재결이 확정된 경우
집행유예의 효과(제6조의5)	제6조의2에 따라 징계의 집행유예 재결을 받은 후 그 집행유예의 재결이 실효됨이 없이 집행유예기간이 지난 때에는 징계를 집행한 것으로 본다.
일사부재리(제7조)	심판원은 본안에 대한 확정재결이 있는 사건에 대하여는 거듭 심판할 수 없다.
공소 제기 전 심판원의 의견청취(제7조의2)	검사는 해양사고가 발생하여 해양사고관련자에 대하여 공소를 제기하는 경우에는 관할 지방해양안전심판원의 의견을 들을 수 있다.
심판정에서의 용어(제7조의3)	① 심판정에서는 국어를 사용한다. ② 국어가 통하지 아니하는 사람의 진술은 통역인으로 하여금 통역하게 하여야 한다.

※**시행령 제1조의2(선박의 범위)** 「해양사고의 조사 및 심판에 관한 법률」(이하 "법"이라 한다) 제2조제2호에서 "대통령령으로 정하는 것"이란 다음 각 호의 것을 말한다. 다만, 다른 선박과 관련 없이 단독으로 해양사고를 일으킨 군용 선박 및 경찰용선박, 그 상호간에 해양사고를 일으킨 군용 선박 및 경찰용선박, 그 밖에 해양수산부장관이 정하여 고시하는 수상레저기구는 제외한다.

1. 동력선(기관을 사용하여 추진하는 선박을 말하며, 선체의 외부에 추진기관을 붙이거나 분리할 수 있는 선박을 포함한다)

2. 무동력선(범선과 부선을 포함한다)
3. 수면비행선박(표면효과 작용을 이용하여 수면에 근접하여 비행하는 선박을 말한다)
4. 수상에서 이동할 수 있는 항공기

제3절 │ 심판원의 조직

내용	규정
심판원의 조직 (제8조)	① 심판원은 중앙해양안전심판원(「중앙심판원」)과 지방해양안전심판원(「지방심판원」)의 2종으로 한다. ② 각급 심판원에 원장 1명과 대통령령으로 정하는 수의 심판관을 둔다. ③ 중앙심판원의 조직과 지방심판원의 명칭·조직 및 관할구역은 대통령령으로 정한다.
중앙심판원장 및 지방심판원장 (제9조)	① 중앙심판원에 중앙해양안전심판원장(「중앙심판원장」)을, 지방심판원에 지방해양안전심판원장(「지방심판원장」)을 둔다. ② 중앙심판원장은 제9조의2제2항 각호의 어느 하나에 해당하는 자격이 있는 사람 중에서 해양수산부장관의 제청에 따라 대통령이 임명한다. ③ 지방심판원장은 제9조의2제2항 각호의 어느 하나에 해당하는 자격이 있는 사람 또는 지방심판원의 심판관 중에서 해양수산부장관의 제청으로 대통령이 임명한다.
심판관의 임명 및 자격 (제9조의2)	① 중앙심판원의 심판관은 해양수산부장관의 제청에 따라 대통령이 임명하고, 지방심판원의 심판관은 중앙심판원장의 추천을 받아 해양수산부장관이 임명한다. ② 중앙심판원의 심판관이 될 수 있는 사람은 다음 각호의 어느 하나에 해당하는 사람이어야 한다. 1. 지방심판원의 심판관으로 4년 이상 근무한 사람 2. 2급 이상의 항해사·기관사 또는 운항사의 해기사면허(「2급 이상의 해기사면허」)를 받은 사람으로서 4급 이상의 일반직 국가공무원으로 4년 이상 근무한 사람 3. 3급 이상의 일반직 국가공무원으로서 해양수산행정에 3년 이상 근무한 사람 4. 제1호부터 제3호까지의 경력 연수를 합산하여 4년 이상인 사람 ③ 지방심판원의 심판관이 될 수 있는 사람은 다음 각호의 어느 하나에 해당하는 사람이어야 한다. 1. 1급 항해사, 1급 기관사 또는 1급 운항사의 해기사면허를 받은 사람으로서 원양구역을 항행구역으로 하는 선박의 선장 또는 기관장으로 3년 이상 승선한 사람 2. 2급 이상의 해기사면허를 받은 사람으로서 5급 이상의 일반직 국가공

	무원으로 2년 이상 근무한 사람 3. 2급 이상의 해기사면허를 받은 사람으로서 대통령령으로 정하는 교육기관에서 선박의 운항 또는 선박용 기관의 운전에 관한 과목을 3년 이상 가르친 사람 4. 제1호부터 제3호까지의 경력 연수를 합산하여 3년 이상인 사람 5. 변호사 자격이 있는 사람으로서 3년 이상의 실무경력이 있는 사람
결격사유 (제10조)	「국가공무원법」 제33조 각호의 어느 하나에 해당하는 사람은 심판원장이나 심판관이 될 수 없다.
심판원장 및 심판관의 직무 (제11조)	① 중앙심판원장의 직무는 다음과 같다. 1. 중앙심판원의 일반사무를 관장하며, 소속 직원을 지휘·감독한다. 2. 중앙심판원의 심판부를 구성하고 심판관 중에서 심판장을 지명한다. 다만, 특히 중요한 사건에 대하여는 스스로 심판장이 될 수 있다. 3. 지방심판원의 일반사무를 지휘·감독한다. 4. 각급 심판원의 심판관에 결원이 생기거나 그 밖의 부득이한 사유가 있을 때에는 중앙심판원의 심판관은 지방심판원장으로, 지방심판원의 심판관은 다른 지방심판원의 심판관으로 하여금 심판관의 직무를 하게 할 수 있다. ② 지방심판원장의 직무는 다음과 같다. 1. 해당 지방심판원의 일반사무를 관장하며, 소속 직원을 지휘·감독한다. 2. 해당 지방심판원의 심판부를 구성하고 심판장이 된다. ③ 심판관은 심판직무에 종사한다. ④ 심판원장이 부득이한 사유로 직무를 수행할 수 없을 때에는 그 심판원의 심판관 중 선임자가 그 직무를 대행한다. 다만, 심판업무 외의 업무는 제16조제1항에 따른 수석조사관이 그 직무를 대행한다.
심판직무의 독립 (제12조)	심판장과 심판관은 독립하여 심판직무를 수행한다.
심판관의 신분 및 임기 (제13조)	① 심판원장과 심판관은 일반직공무원으로서 「국가공무원법」 제26조의5에 따른 임기제공무원으로 한다. ② 심판원장과 심판관의 임기는 3년으로 하며, 연임할 수 있다. ③ 심판원장과 심판관은 형의 선고, 징계처분 또는 법에 의하지 아니하고는 그 의사에 반하여 면직·감봉이나 그 밖의 불리한 처분을 받지 아니한다. ④ 심판원장과 심판관의 임용요건, 임용절차, 근무상한연령 및 그 밖에 필요한 사항에 관하여 이 법에 특별한 규정이 없는 경우에는 「국가공무원법」에 따른다.
심판관의 전보 (제13조의2)	해양수산부장관은 심판업무 수행상 부득이하다고 인정되는 경우에만 제13조제2항의 임기 중인 지방심판원장 또는 각급 심판원의 심판관을 다른 심판원의 해당 직급에 전보할 수 있다.

비상임심판관 (제14조)	① 각급 심판원에 비상임심판관을 두되, 비상임심판관은 그 직무에 필요한 학식과 경험이 있는 사람 중에서 각급 심판원장이 위촉한다. 이 경우 지방심판원장은 중앙심판원장의 승인을 받아야 한다. ② 비상임심판관은 해양사고의 원인규명이 특히 곤란한 사건의 심판에 참여한다. ③ 심판에 참여하는 비상임심판관의 직무와 권한은 심판관과 같다. ④ 각급 심판원장은 비상임심판관이 다음 각호의 어느 하나에 해당하는 경우에는 비상임심판관을 해촉할 수 있다. 이 경우 지방심판원장은 중앙심판원장의 승인을 받아야 한다. 1. 심신장애로 직무를 수행할 수 없게 된 경우 2. 비상임심판관 스스로 직무를 수행하는 것이 곤란하다고 의사를 밝히는 경우 3. 심판과 관련된 비위 사실이 있는 경우 4. 직무태만, 품위손상이나 그 밖의 사유로 인하여 비상임심판관으로 적합하지 아니하다고 인정되는 경우 5. 「국가공무원법」 제33조 각 호의 어느 하나에 해당되는 경우 6. 제15조제2항 각 호의 어느 하나에 해당함에도 불구하고 같은 조 제4항에 따라 회피하지 아니한 경우 ⑤ 각급 심판원에 두는 비상임심판관의 수와 자격 등에 관하여 필요한 사항은 대통령령으로 정한다.
심판관 · 비상임심판관의 제척 · 기피 · 회피 (제15조)	① 심판관(심판장을 포함한다. 이하 이 조에서 같다)이나 비상임심판관은 다음 각호의 어느 하나에 해당하는 경우에는 직무집행에서 제척된다. 1. 심판관 · 비상임심판관이 해양사고관련자의 친족이거나 친족이었던 경우 2. 심판관 · 비상임심판관이 해당 사건에 대하여 증언이나 감정을 한 경우 3. 심판관 · 비상임심판관이 해당 사건에 대하여 해양사고관련자의 심판변론인이나 대리인으로서 심판에 관여한 경우 4. 심판관 · 비상임심판관이 해당 사건에 대하여 조사관의 직무를 수행한 경우 5. 심판관 · 비상임심판관이 전심의 심판에 관여한 경우 6. 심판관 · 비상임심판관이 심판 대상이 된 선박의 소유자 · 관리인 또는 임차인인 경우 ② 조사관, 해양사고관련자 및 심판변론인은 다음 각호의 어느 하나에 해당하는 경우 심판관과 비상임심판관의 기피를 신청할 수 있다. 1. 심판관 · 비상임심판관이 제1항 각 호의 사유에 해당하는 경우 2. 심판관 · 비상임심판관이 불공평한 심판을 할 우려가 있는 경우 ③ 심판정에서 해당 사건에 대하여 이미 진술을 한 사람은 제2항제2호의 사유만을 이유로 하여 기피의 신청을 하지 못한다. 다만, 기피 사유가 있음을 알지 못하였을 때 또는 기피 사유가 그 후 발생하였을 때에는 그러하지 아니하다.

	④ 심판관·비상임심판관은 제2항에 해당하는 사유가 있다고 인정할 때에는 직무집행에서 회피하여야 한다. ⑤ 심판관·비상임심판관의 제척·기피·회피에 대한 결정은 그 심판관·비상임심판관의 소속 심판원 합의체심판부에서 한다. 다만, 특별심판부를 구성하는 경우에는 그 특별심판부가 구성된 지방심판원 합의체심판부에서 결정한다.
조사관 등 (제16조)	① 각급 심판원에 수석조사관, 조사관 및 조사사무를 보조하는 직원을 둔다. ② 제1항의 수석조사관, 조사관 및 조사사무를 보조하는 직원은 일반직 국가공무원으로 임명하되, 그 정원은 대통령령으로 정한다.
조사관의 자격 (제16조의2)	① 중앙심판원의 수석조사관(「중앙수석조사관」)이 될 수 있는 사람은 다음 각호의 어느 하나에 해당하는 사람으로 한다. 1. 제9조의2제2항제1호 및 제2호에 해당하는 사람 2. 3급 이상의 일반직 국가공무원으로서 해양수산행정에 3년(해양안전 관련 업무에 1년 이상 근무한 경력을 포함한다) 이상 근무한 사람 3. 제1호 및 제2호의 경력 연수를 합산하여 4년 이상인 사람 ② 중앙심판원의 조사관과 지방심판원의 수석조사관(「지방수석조사관」)이 될 수 있는 사람은 제9조의2제3항제1호부터 제4호까지의 규정에 해당하는 사람으로 한다. 다만, 지방심판원의 조사관의 자격에 관하여는 대통령령으로 정한다.
조사관의 직무 (제17조)	수석조사관과 조사관은 해양사고의 조사, 심판의 청구, 재결의 집행, 그 밖에 대통령령으로 정하는 사무를 담당한다.
조사사무에 관한 지휘·감독 (제18조)	① 조사관은 조사사무에 관하여 소속 상급자의 지휘·감독에 따른다. ② 조사관은 구체적 사건과 관련된 제1항의 지휘·감독의 적법성 또는 정당성 여부에 대하여 이견이 있는 경우에는 이의를 제기할 수 있다. ③ 중앙수석조사관은 조사사무의 최고 감독자로서 일반적으로 모든 조사관을 지휘·감독하고, 구체적인 사건에 대하여는 중앙심판원의 조사관과 지방수석조사관을 지휘·감독한다
조사관 직무의 위임·이전 및 승계 (제18조의2)	① 중앙수석조사관 또는 지방수석조사관은 소속 조사관으로 하여금 그 권한에 속하는 직무의 일부를 처리하게 할 수 있다. ② 중앙수석조사관 또는 지방수석조사관은 소속 조사관의 직무를 자신이 처리하거나 다른 조사관으로 하여금 처리하게 할 수 있다.
특별조사부의 구성 (제18조의3)	① 중앙수석조사관은 다음 각호의 어느 하나에 해당하는 해양사고로서 심판청구를 위한 조사와는 별도로 해양사고를 방지하기 위하여 특별한 조사가 필요하다고 인정하는 경우에는 특별조사부를 구성할 수 있다. 1. 사람이 사망한 해양사고 2. 선박 또는 그 밖의 시설이 본래의 기능을 상실하는 등 피해가 매우 큰 해양사고

3. 기름 등의 유출로 심각한 해양오염을 일으킨 해양사고

4. 제1호부터 제3호까지에서 규정한 해양사고 외에 해양사고 조사에 국제협력이 필요한 해양사고 및 준해양사고

② 제1항에 따른 특별조사부(「특별조사부」)는 다음 각호의 어느 하나에 해당하는 사람 10명 이내로 구성하되, 특별조사부의 장은 조사관 중에서 중앙수석조사관이 지명하는 사람으로 한다. 다만, 특히 중요한 사건에 대하여는 중앙수석조사관이 스스로 특별조사부의 장이 될 수 있다.

1. 조사관(수석조사관을 포함한다. 이하 같다)

2. 해양사고와 관련된 관계 기관의 공무원

3. 해양사고 관련 전문가

③ 특별조사부의 장은 조사가 끝난 후 10일 이내에 조사보고서를 작성하여 해양수산부장관 및 중앙수석조사관에게 제출하고, 이를 제출받은 중앙수석조사관은 그 보고서를 관계 행정기관의 장 및 국제해사기구에 송부(해양사고의 조사 및 심판과 관련하여 국제적으로 발효된 국제협약에 따른 보고대상 해양사고만 해당한다)하여야 한다.

④ 중앙수석조사관은 제3항에 따른 조사보고서를 공표하여야 한다. 다만, 국가의 안전보장이 침해될 우려가 있는 경우에는 그러하지 아니하다.

⑤ 중앙수석조사관은 특별조사부의 해양사고 조사가 종료된 후에 그 해양사고 조사결과를 변경시킬 수 있을 정도의 중요한 증거가 발견된 경우에는 해당 해양사고를 다시 조사할 수 있다.

⑥ 특별조사부의 해양사고 조사는 민형사상 책임과 관련된 사법절차, 심판청구를 위한 조사절차 및 행정처분절차 또는 행정쟁송절차와 분리하여 독립적으로 수행되어야 하며, 특별조사부의 조사관에 대하여는 제18조 및 제18조의2를 적용하지 아니한다.

⑦ 특별조사부의 해양사고 조사과정에서 얻은 정보는 공개한다. 다만, 해당 해양사고 조사나 장래의 해양사고 조사에 부정적 영향을 줄 수 있거나, 국가의 안전보장 또는 개인의 사생활이 침해될 우려가 있는 정보로서 대통령령으로 정하는 정보는 공개하지 아니할 수 있다.

⑧ 해양사고의 조사절차, 조사보고서의 작성방법 등 특별조사부의 운영에 필요한 사항은 해양수산부령으로 정한다.

조사관 일반사무의 지휘 · 감독 (제19조)	심판원장은 조사관의 일반사무를 지휘 · 감독한다. 이 경우 조사관의 고유사무에 관여하거나 영향을 주어서는 아니 된다.
심판관 및 조사관 등의 연수교육 (제20조의2)	중앙심판원장은 심판관, 조사관 및 그 밖의 직원의 자질 향상을 위하여 필요하다고 인정하면 해양수산부령으로 정하는 바에 따라 연수교육을 할 수 있다.
심급 (제21조)	지방심판원은 제1심 심판을 하고, 중앙심판원은 제2심 심판을 한다.

심판부의 구성 및 의결 (제22조)	① 지방심판원은 심판관 3명으로 구성하는 합의체에서 심판을 한다. 다만, 대통령령으로 정하는 경미한 사건 및 제38조의2에 따른 약식심판 사건에 관하여는 1명의 심판관이 심판을 한다. ② 중앙심판원은 심판관 5명 이상으로 구성하는 합의체에서 심판을 한다. ③ 각급 심판원은 제14조제2항에 규정된 사건에는 제1항과 제2항에도 불구하고 원장이 지명하는 비상임심판관 2명을 참여시켜야 한다. ④ 합의체심판부는 합의체를 구성하는 심판관(심판장과 비상임심판관을 포함한다)의 과반수의 찬성으로 의결한다.
특별심판부의 구성 (제22조의2)	① 중앙심판원장은 다음 각호의 어느 하나에 해당하는 해양사고 중 그 원인규명에 고도의 전문성이 필요하다고 인정할 때에는 그 사건을 관할하는 지방심판원에 특별심판부를 구성할 수 있다. 1. 10명 이상이 사망하거나 부상당한 해양사고 2. 선박이나 그 밖의 시설의 피해가 현저히 큰 해양사고 3. 기름 등의 유출로 심각한 해양오염을 일으킨 해양사고 ② 제1항에 따른 특별심판부는 해당 해양사고의 원인규명에 전문지식을 가진 심판관 2명과 그 사건을 관할하는 지방심판원장으로 구성하되, 지방심판원장이 심판장이 된다.
심판부의 직원 (제23조)	① 심판부에 서기, 심판정 경위 및 심판 보조직원을 둔다. ② 서기는 심판에 참석하며 심판장과 심판관의 명을 받아 서류의 작성·보관 또는 송달에 관한 사무를 담당한다. ③ 심판정 경위는 심판장의 명을 받아 심판정의 질서유지를 담당한다. ④ 심판 보조직원은 심판장과 심판관의 명을 받아 증거조사 및 서기업무를 제외한 심판 보조업무를 담당한다. ⑤ 서기, 심판정 경위 및 심판 보조직원은 심판원장이 그 소속 직원 중에서 지명하거나 임명한다.

제4절 │ 심판원의 관할

내용	규정
관할 (제24조)	① 심판에 부칠 사건의 관할권은 해양사고가 발생한 지점을 관할하는 지방심판원에 속한다. 다만, 해양사고 발생 지점이 분명하지 아니하면 그 해양사고와 관련된 선박의 선적항을 관할하는 심판원에 속한다. ② 하나의 사건이 2곳 이상의 지방심판원에 계속되었을 때에는 최초의 심판청구를 받은 지방심판원에서 심판한다. ③ 하나의 선박에 관한 2개 이상의 사건이 2곳 이상의 지방심판원에 계속되었을 때에는 최초의 심판청구를 받은 지방심판원이 심판한다.

	④ 하나의 선박에 관한 2개 이상의 사건을 심판하는 지방심판원은 필요하다고 인정하는 때에는 직권으로 또는 조사관, 해양사고관련자나 심판변론인의 신청에 따라 결정으로 그 심판을 분리하거나 병합할 수 있다. ⑤ 국외에서 발생한 사건의 관할에 대하여는 대통령령으로 정한다.
사건 이송 (제25조)	① 지방심판원은 사건이 그 관할이 아니라고 인정할 때에는 결정으로써 이를 관할 지방심판원에 이송하여야 한다. ② 제1항에 따라 이송을 받은 지방심판원은 다시 사건을 다른 지방심판원에 이송할 수 없다. ③ 제1항에 따라 이송된 사건은 처음부터 이송을 받은 지방심판원에 계속된 것으로 본다.
관할 이전의 신청 (제26조)	① 조사관이나 해양사고관련자는 해당 해양사고의 해양사고관련자가 관할 지방심판원에 출석하는 것이 불편하다고 인정되는 경우에는 대통령령으로 정하는 바에 따라 중앙심판원에 관할의 이전을 신청할 수 있다. 이 경우 신청인은 관할 지방심판원에 신청서를 제출할 수 있으며, 이를 제출받은 관할 지방심판원은 지체 없이 중앙심판원에 보내야 한다. ② 중앙심판원은 제1항의 신청이 있는 경우로서 심판상 편의가 있다고 인정할 때에는 결정으로 관할을 이전할 수 있다.

제5절 | 심판변론인

내용	규정
심판변론인의 선임 (제27조)	① 해양사고관련자나 이해관계인은 심판변론인을 선임할 수 있다. ② 해양사고관련자의 법정대리인·배우자·직계친족과 형제자매는 독립하여 심판변론인을 선임할 수 있다. ③ 심판변론인은 중앙심판원에 심판변론인으로 등록한 사람 중에서 선임하여야 한다. 다만, 각급 심판원장의 허가를 받은 경우에는 그러하지 아니하다. ④ 심판의 결과에 대하여 같은 이해관계를 가지는 해양사고관련자 또는 이해관계인이 선임한 심판변론인이 2명 이상이면 대표심판변론인 1명을 선임하여야 한다.
심판변론인의 자격과 등록 (제28조)	① 심판변론인이 될 수 있는 사람은 다음 각호의 어느 하나에 해당하는 사람으로 한다. 1. 제9조의2제3항제1호부터 제4호까지의 규정에 해당하는 사람 2. 심판관 및 조사관으로 근무한 경력이 있는 사람 3. 1급 항해사, 1급 기관사 또는 1급 운항사 면허를 받은 사람으로서 5년 이상 해사 관련 법률자문업무에 종사하였거나 해양수산부령으로 정하

	는 해사 관련 분야의 법학박사 학위를 취득한 사람 4. 변호사 자격이 있는 사람 ② 심판변론인의 업무에 종사하려는 사람은 대통령령으로 정하는 바에 따라 중앙심판원장에게 등록하여야 한다.
심판변론인의 결격사유 (제28조의2)	다음 각호의 어느 하나에 해당하는 사람은 심판변론인이 될 수 없다. 1. 「국가공무원법」 제33조 각호의 어느 하나에 해당하는 사람 2. 제29조의2에 따라 등록이 취소(「국가공무원법」 제33조제1호 또는 제2호에 해당하여 등록이 취소된 경우는 제외한다)된 날부터 3년이 지나지 아니한 사람
심판변론인의 업무 등 (제29조)	① 심판변론인은 다음 각호의 업무를 수행한다. 1. 해양사고관련자나 이해관계인이 이 법에 따라 심판원에 대하여 하는 신청·청구·진술 등의 대리 또는 대행 2. 해양사고관련자 등에 대하여 하는 해양사고와 관련된 기술적 자문 ② 심판변론인은 수임한 직무를 성실하게 수행하여야 한다. ③ 심판변론인 또는 심판변론인이었던 사람은 직무상 알게 된 비밀을 누설하여서는 아니 된다.
심판변론인의 등록의 취소 (제29조의2)	중앙심판원장은 심판변론인이 다음 각호의 어느 하나에 해당하는 경우에는 대통령령으로 정하는 바에 따라 심판변론인의 등록을 취소하여야 한다. 1. 제28조제1항에 따른 자격이 없거나 그 자격을 상실하게 된 경우 2. 제28조의2 각 호의 어느 하나에 해당하게 된 경우 3. 제29조제2항 또는 제3항을 위반한 경우 4. 사망한 경우
국선 심판변론인의 선정 (제30조)	① 다음 각호의 어느 하나에 해당하는 경우로서 심판변론인이 없는 때에는 심판원은 예산의 범위에서 직권으로 제28조제2항에 따라 등록한 사람 중에서 심판변론인(이하 이 조에서 같다)을 선정하여야 한다. 1. 해양사고관련자가 미성년자인 경우 2. 해양사고관련자가 70세 이상인 경우 3. 해양사고관련자가 청각 또는 언어 장애인인 경우 4. 해양사고관련자가 심신장애의 의심이 있는 경우 ② 심판원은 해양사고관련자가 빈곤 또는 그 밖의 사유로 심판변론인을 선임할 수 없는 경우로서 해양사고관련자의 청구가 있는 경우에는 예산의 범위에서 심판변론인을 선정할 수 있다. ③ 심판원은 해양사고관련자의 연령·지능 및 교육 정도 등을 고려하여 권리보호를 위하여 필요하다고 인정하는 경우에는 예산의 범위에서 심판변론인을 선정할 수 있다. 이 경우 해양사고관련자의 명시한 의사에 반하여서는 아니 된다. ④ 제1항부터 제3항까지의 규정에 따른 심판변론인의 선정 등 국선심판변론인의 운영에 필요한 사항은 해양수산부령으로 정한다.

심판변론인협회 (제30조의2)	① 심판변론인은 해양수산부장관의 허가를 받아 심판변론인협회(「협회」)를 설립할 수 있다. ② 협회는 법인으로 한다.
사업 (제30조의3)	협회는 다음의 사업을 한다. 1. 해양사고관련자의 심판구조사업 2. 해양사고의 방지에 관한 사업 3. 심판변론인과 위임인 간의 분쟁조정 4. 그 밖에 심판과 관련된 것으로서 대통령령으로 정하는 사업
설립절차 등 (제30조의4)	협회의 설립절차, 정관의 기재 사항, 임원과 감독에 필요한 사항은 대통령령으로 정한다.
「민법」의 준용 (제30조의5)	협회에 관하여 이 법에 규정이 있는 것을 제외하고는 「민법」 중 사단법인에 관한 규정을 준용한다.

제6절 │ 심판 전의 절차

내용	규정
해양수산관서 등의 의무 (제31조)	① 해양수산관서, 경찰공무원, 특별시장·광역시장·특별자치시장·도지사·특별자치도지사 및 시장·군수·구청장은 해양사고가 발생한 사실을 알았을 때에는 지체 없이 그 사실을 자세히 기록하여 관할 지방심판원의 조사관에게 통보하여야 한다. ② 조사관이 해양사고에 관한 증거 수집이나 조사를 하기 위하여 관계 기관에 협조를 요청하면 그 기관은 이에 따라야 한다.
준해양사고의 통보 (제31조의2)	① 선박소유자 또는 선박운항자는 해양사고를 방지하기 위하여 선박(「어선법」 제2조제1호에 따른 어선은 제외한다. 이하 이 조에서 같다)의 운용과 관련하여 발생한 준해양사고를 해양수산부령으로 정하는 바에 따라 중앙수석조사관에게 통보하여야 한다. ② 중앙수석조사관은 제1항에 따라 통보받은 내용을 분석하여 선박과 사람의 안전 및 해양환경 등에 위해를 끼칠 수 있는 사항이 포함되어 있는 경우에는 선박소유자 등 관계인에게 그 내용을 알려야 한다. ③ 중앙수석조사관은 제1항에 따라 준해양사고를 통보한 자의 의사에 반하여 통보자의 신분을 공개하여서는 아니 된다.
영사의 임무 (제32조)	① 영사는 국외에서 해양사고가 발생한 사실을 알았을 때에는 지체 없이 그 사실과 증거를 수집하여 중앙수석조사관에게 통보하여야 한다. ② 중앙수석조사관은 제1항의 통보를 받으면 지체 없이 관할 지방수석조사관에게 보내야 한다.

사실조사의 요구 (제33조)	① 해양사고에 대하여 이해관계가 있는 사람은 그 사실을 자세히 기록하여 관할 조사관에게 사실조사를 요구할 수 있다. ② 제1항의 요구를 받은 조사관은 사실조사를 하여 심판청구 여부를 결정하고 이를 요구자에게 알려야 한다. ③ 조사관이 제2항의 심판청구를 거부할 때에는 미리 중앙수석조사관의 승인을 받아야 한다.
해양사고의 조사 및 처리 (제34조)	① 조사관은 해양사고가 발생한 사실을 알게 되면 즉시 그 사실을 조사하고 증거를 수집하여야 한다. ② 조사관은 조사 결과 사건을 심판에 부칠 필요가 없다고 인정하는 경우에는 그 사건에 대하여 심판불필요처분을 하여야 한다.
증거보전 (제35조)	① 조사관, 해양사고관련자 또는 심판변론인이 미리 증거를 보전하지 아니하면 그 증거를 채택하기 곤란하다고 인정하여 증거보전을 신청할 때에는 심판원은 심판청구 전이라도 검증 또는 감정을 할 수 있다. ② 제1항의 신청에는 서면으로 증거를 표시하고 그 증거보전의 사유를 밝혀야 한다. ③ 해양사고가 발생한 경우 누구든지 다음 각호의 어느 하나에 해당하는 행위를 하여서는 아니 된다. 다만, 선원이나 선박의 안전 확보, 해양환경의 보호 등 공공의 중대한 이익 보호 또는 인명구조 등을 위하여 제5호에 따른 행위를 하여야 할 필요가 있는 경우에는 그러하지 아니하다. 1. 해당 해양사고와 관련된 선박에 비치하거나 기록·보관하는 다음 각 목의 간행물 또는 서류 등(전자적 간행물 또는 서류 등을 포함하며, 이하 이 항에서 "기록물"이라 한다)의 파기 또는 변경 　가. 「선박안전법」 제32조에 따라 선박소유자가 선박에 비치하여야 하는 항해용 간행물 　나. 「선원법」 제20조제1항에 따라 선장이 선내에 비치하여야 하는 서류 및 같은 조 제2항에 따라 선장이 기록·보관하여야 하는 서류 2. 해당 해양사고와 관련된 선박으로서 「해사안전법」 제46조제2항에 따른 안전관리체제를 수립·시행하여야 하는 선박의 소유자 또는 같은 법 제51조에 따른 안전관리대행업자가 해당 선박의 안전관리체제 수립·시행과 관련하여 작성·보관하거나 선박에 비치하는 기록물의 파기 또는 변경 3. 해당 해양사고와 관련된 선박으로서 제2호에 따른 선박 외의 선박의 소유자 또는 「선박관리산업발전법」 제2조제2호의 선박관리사업자가 해당 선박의 운용, 선원의 관리 또는 선박의 정비와 관련하여 작성·보관하는 기록물의 파기 또는 변경 4. 해당 해양사고와 관련된 선박과 「해사안전법」 제36조에 따른 선박교통관제 또는 「선박의 입항 및 출항 등에 관한 법률」 제19조에 따른 선박교통관제를 시행하는 기관 사이의 선박교통관제 또는 해상교통관제와 관련하여 작성·보관되는 기록물의 파기 또는 변경

	5. 해당 해양사고와 관련된 선박의 손상된 선체·기관 및 각종 계기와 그 밖의 부분에 대한 수리 ④「선박안전법」제26조에 따라 선박시설기준에서 정하는 항해자료기록장치(「항해자료기록장치」)를 설치한 선박의 선장은 해당 선박과 관련하여 해양사고가 발생한 경우 지체 없이 항해자료기록장치의 정보를 보존하기 위한 조치를 하여야 한다.
제36조 (비밀준수의무)	조사관이나 그의 보조자는 사실조사와 증거수집을 할 때 비밀을 준수하고 관계인의 명예를 훼손하지 아니하도록 주의하여야 한다.
조사관의 권한 (제37조)	① 조사관은 그 직무를 수행하기 위하여 필요할 때에는 다음 각호의 처분을 할 수 있다. 1. 해양사고와 관계있는 사람을 출석하게 하거나 그 사람에게 질문하는 일 2. 선박이나 그 밖의 장소를 검사하는 일 3. 해양사고와 관계있는 사람에게 보고하게 하거나, 장부·서류 또는 그 밖의 물건을 제출하도록 명하는 일 4. 관공서에 대하여 보고 또는 자료의 제출 및 협조를 요구하는 일 5. 증인·감정인·통역인 또는 번역인을 출석하게 하거나 증언·감정·통역·번역을 하게 하는 일 ② 제1항제1호의 처분을 받은 사람으로서 조사관이 특히 필요하다고 인정하면 해양수산관서에 대하여 72시간 이내의 기간 동안 해당자의 하선조치를 요구할 수 있다. ③ 조사관이 제1항제2호의 처분을 할 때에는 그 권한을 표시하는 증표를 지니고 이를 관계인에게 내보여야 한다.
심판의 청구 (제38조)	① 조사관은 사건을 심판에 부쳐야 할 것으로 인정할 때에는 지방심판원에 심판을 청구하여야 한다. 다만, 사건이 발생한 후 3년이 지난 해양사고에 대하여는 심판청구를 하지 못한다. ② 제1항의 청구는 해양사고사실을 표시한 서면으로 하여야 한다.
약식심판의 청구 (제38조의2)	① 조사관은 다음 각호의 어느 하나에 해당하는 경미한 해양사고로서 해양사고관련자의 소환이 필요하지 아니하다고 인정할 때에는 약식심판을 청구할 수 있다. 다만, 해양사고관련자의 명시한 의사에 반하여서는 아니 된다. 1. 사람이 사망하지 아니한 사고 2. 선박 또는 그 밖의 시설의 본래의 기능이 상실되지 아니한 사고 3. 대통령령으로 정하는 기준 이하의 오염물질이 해양에 배출된 사고 ② 제1항에 따른 약식심판의 청구는 심판청구와 동시에 서면으로 하여야 한다.
해양사고관련자의 지정과 통지 (제39조)	① 조사관은 제38조에 따라 심판을 청구하는 경우에는 그 해양사고 발생의 원인과 관계가 있다고 인정되는 자를 해양사고관련자로 지정하여야 한다.

	② 조사관은 제1항에 따라 해양사고관련자를 지정하면 그 내용을 대통령령으로 정하는 바에 따라 그 해양사고관련자에게 알려야 한다.
이해관계인의 심판신청 (제39조의2)	① 해양사고에 대하여 이해관계가 있는 자는 제34조제2항에 따른 심판불필요처분을 받은 해양사고에 대하여 원인규명이 필요하다고 인정하면 대통령령으로 정하는 바에 따라 관할 지방심판원에 그 처분이 올바른지에 대하여 심판을 신청할 수 있다. ② 관할 지방심판원은 제1항에 따라 심판이 신청된 경우 그 신청이 이유 있는 것으로 인정되는 경우에는 결정으로써 조사관으로 하여금 조사를 시작하여 심판을 청구하도록 하고, 그 신청이 이유 없는 것으로 인정되는 경우에는 결정으로써 이를 기각하여야 한다.

제7절 │ 지방심판원의 심판

내용	규정
심판의 시작 (제40조)	지방심판원은 조사관의 심판청구에 따라 심판을 시작한다.
심판의 공개 (제41조)	심판의 대심과 재결은 공개된 심판정에서 한다.
원격영상심판 (제41조의2)	① 심판원장은 제41조에도 불구하고 해양사고관련자가 교통의 불편 등으로 심판정에 직접 출석하기 어려운 경우에는 원격영상심판을 할 수 있다. ② 제1항에 따른 원격영상심판은 해양사고관련자가 심판정에 출석하여 진행하는 심판으로 본다. ③ 제1항에 따른 원격영상심판의 절차 등에 관하여 필요한 사항은 해양수산부령으로 정한다.
약식심판 절차 (제41조의3)	① 제38조의2제1항에 따라 약식심판이 청구된 사건에 대하여는 심판의 개정절차를 거치지 아니하고 서면으로 심판한다. 다만, 재결을 고지하는 경우에는 제55조의 절차를 따른다. ② 심판장은 제1항에 따라 약식심판을 할 경우에는 해양사고관련자에게 기한을 정하여 서면으로 변론의 기회를 주어야 한다. ③ 심판원은 제1항에 따라 약식심판으로 심판을 하기에 부적당하다고 인정할 때에는 심판의 개정절차에 따라 심판할 것을 결정할 수 있다.
심판장의 권한 (제42조)	① 심판장은 개정 중 심판을 지휘하고 심판정의 질서를 유지한다. ② 심판장은 심판을 방해하는 사람에게 퇴정을 명하거나 그 밖에 심판정의 질서를 유지하기 위하여 필요한 조치를 할 수 있다.

심판기일의 지정 및 변경 (제43조)	① 심판장은 심판기일을 정하여야 한다. ② 심판기일에는 해양사고관련자를 소환하여야 한다. 다만, 심판장은 1회 이상 출석한 해양사고관련자에 대하여는 소환하지 아니할 수 있다. ③ 심판장은 조사관, 심판변론인, 제44조의2에 따라 심판참여의 허가를 받은 이해관계인 및 소환하지 아니하는 해양사고관련자에게 심판기일을 알려야 한다. ④ 심판장은 직권으로 또는 해양사고관련자, 조사관 및 심판변론인의 신청을 받아 제1회 심판기일을 변경할 수 있다.
집중심리 (제43조의2)	① 심판원은 심리에 2일 이상이 걸릴 때에는 가능하면 매일 계속 개정하여 집중심리를 하여야 한다. ② 심판장은 특별한 사정이 없으면 직전 심판기일부터 10일 이내에 다음 심판기일을 지정하여야 한다.
소환과 신문 (제44조)	지방심판원은 심판기일에 해양사고관련자, 증인, 그 밖의 이해관계인을 소환하고 신문할 수 있다.
이해관계인의 심판참여 (제44조의2)	① 이해관계인은 심판장의 허가를 받고 심판에 참여하여 진술할 수 있다. ② 제1항에 따라 심판참여의 허가를 받은 이해관계인이 제44조에 따른 심판원의 소환과 신문에 연속하여 2회 이상 불응하거나 심판의 진행을 방해하는 것으로 인정되는 경우 심판장은 직권으로 해당 이해관계인에 대한 심판참여의 허가를 취소할 수 있다. ③ 심판장은 제1항에 따라 심판참여를 허가하거나 제2항에 따라 심판참여의 허가를 취소한 경우에는 해당 조사관과 해양사고관련자 및 심판변론인에게 그 사실을 알려야 한다. ④ 이해관계인의 심판참여 절차 등에 필요한 사항은 해양수산부령으로 정한다.
심판정에서의 속기, 녹음·영상녹화 (제44조의3)	① 심판장은 조사관, 해양사고관련자 또는 심판변론인의 신청이 있는 경우에는 특별한 사유가 없으면 심판정에서의 심리의 전부 또는 일부를 속기사로 하여금 속기하게 하거나 녹음 또는 영상녹화(녹음이 포함된 것을 말한다. 이하 같다) 장치를 사용하여 녹음 또는 영상녹화를 하도록 하여야 한다. ② 심판장은 필요하다고 인정하는 경우에는 직권으로 심판정에서의 심리의 전부 또는 일부를 속기사로 하여금 속기하게 하거나 녹음 또는 영상녹화를 하도록 할 수 있다. ③ 제1항 및 제2항에 따른 속기, 녹음·영상녹화는 심판조서의 일부로 삼는다.
관계 서류 및 증거물의 열람·복사 (제44조의4)	① 해양사고관련자, 이해관계인 또는 심판변론인은 지방심판원에 심판조서, 그 밖의 관계 서류 또는 증거물의 열람 또는 복사를 신청할 수 있다. 이 경우 지방심판원은 증거를 보전하기 위하여 열람 또는 복사를 제한할 필요가 있는 경우 등 특별한 사유가 없으면 그 신청에 따라야 한다.

	② 제1항에 따라 열람 또는 복사를 신청한 사람이 심판조서, 그 밖의 관계 서류 또는 증거물을 읽지 못하는 경우에는 이를 읽어 줄 것을 지방심판원에 요청할 수 있다. ③ 지방심판원은 해양사고관련자, 증인 등의 생명 또는 신체의 안전을 현저히 해칠 우려가 있는 경우에는 제1항 및 제2항에 따른 열람 또는 복사 등에 앞서 이름, 주소 등 개인정보가 공개되지 아니하도록 보호조치를 하여야 한다. ④ 제1항부터 제3항까지의 규정에 따른 열람·복사 등의 신청절차, 개인정보 보호조치의 방법 및 그 밖에 필요한 사항은 대통령령으로 정한다.
필요적 구술변론 (제45조)	① 심판의 재결은 구술변론을 거쳐야 한다. 다만, 다음 각호의 어느 하나에 해당하는 경우에는 구술변론을 거치지 아니하고 재결을 할 수 있다. 1. 해양사고관련자가 정당한 사유 없이 심판기일에 출석하지 아니한 경우 2. 해양사고관련자가 심판장의 허가를 받고 서면으로 진술한 경우 3. 조사관이 사고 조사를 충분히 실시하여 해양사고관련자의 구술변론이 불필요한 경우 등 심판장이 원인규명을 위한 해양사고관련자의 소환이 불필요하다고 인정하는 경우 4. 제41조의3에 따른 약식심판을 행하는 경우 ② 제1항제3호에 해당하는 경우에는 해양사고관련자의 명시한 의사에 반하여서는 아니 된다.
인정신문 (제46조)	심판장은 해양사고관련자의 성명·주민등록번호 및 주소를 신문하고 해양사고관련자가 해기사 및 도선사인 경우에는 면허의 종류 등을 신문하여 해양사고관련자임이 틀림없다는 것을 확인하여야 한다.
조사관의 최초 진술 (제47조)	조사관은 심판청구서에 따라 심판청구의 요지를 진술하여야 한다.
증거조사 (제48조)	① 지방심판원은 조사관, 해양사고관련자 또는 심판변론인의 신청에 의하거나 직권으로 필요한 증거조사를 할 수 있다. ② 지방심판원은 제1회 심판기일 전에는 다음의 방법에 따른 조사만을 할 수 있다. 1. 선박이나 그 밖의 장소를 검사하는 일 2. 장부·서류 또는 그 밖의 물건을 제출하도록 명하는 일 3. 관공서에 대하여 보고 또는 자료제출을 요구하는 일 ③ 지방심판원은 구속·압수·수색이나 그 밖에 신체·물건 또는 장소에 대한 강제처분을 하지 못한다.
심판청구서의 변경 등 (제49조의2)	① 조사관은 심판청구서에 기재된 사건명을 변경하거나 해양사고 사실 또는 해양사고관련자를 추가·철회 또는 변경할 수 있다. ② 심판장은 심리의 경과에 비추어 필요하다고 인정하면 조사관에게 해양사고관련자를 추가·철회 또는 변경할 것을 서면으로 요구할 수 있다. ③ 심판장은 제1항과 제2항에 따라 해양사고 사실 또는 해양사고관련자

	가 추가 · 철회 또는 변경되었을 때에는 지체 없이 해양사고관련자, 심판 변론인 및 제44조의2에 따라 심판참여의 허가를 받은 이해관계인에게 그 사실을 알려야 한다. ④ 제1항과 제2항에 따른 심판청구서의 추가 · 철회 또는 변경의 요건 · 절차 등에 관하여 필요한 사항은 대통령령으로 정한다.
심판청구의 취하 (제49조의3)	조사관은 심판청구된 사건에 대한 심판이 불필요하게 된 경우로서 대통령령으로 정하는 경우에는 제1심의 재결이 있을 때까지 심판청구를 취하할 수 있다. 다만, 제39조의2에 따라 심판원의 결정으로 조사관이 청구한 사건에 대하여는 그러하지 아니하다.
증거심판주의 (제50조)	사실의 인정은 심판기일에 조사한 증거에 의하여야 한다.
자유심증주의 (제51조)	증거의 증명력은 심판관의 자유로운 판단에 따른다.
심판청구기각의 재결 (제52조)	지방심판원은 다음 각호의 경우에는 재결로써 심판청구를 기각하여야 한다. 1. 사건에 대하여 심판권이 없는 경우 2. 심판의 청구가 법령을 위반하여 제기된 경우 3. 제7조에 따라 심판할 수 없는 경우
재결이유의 표시 (제53조)	재결에는 주문을 표시하고 이유를 붙여야 한다
본안의 재결 (제54조)	본안의 재결에는 해양사고의 구체적 사실과 원인을 명백히 하고 증거를 들어 그 사실을 인정한 이유를 밝혀야 한다. 다만, 그 사실이 없다고 인정한 경우에는 그 뜻을 명백히 하여야 한다.
재결의 고지 (제55조)	재결은 심판정에서 재결원본에 따라 심판장이 고지한다.
재결서의 송달 (제56조)	심판원장은 제55조에 따라 재결을 고지한 날부터 10일 이내에 재결서의 정본을 조사관과 해양사고관련자 또는 심판변론인에게 송달하여야 한다.

제8절 │ 중앙심판원의 심판

내용	규정
제2심의 청구 (제58조)	① 조사관 또는 해양사고관련자는 지방심판원의 재결(특별심판부의 재결을 포함한다)에 불복하는 경우에는 중앙심판원에 제2심을 청구할 수 있다. ② 심판변론인은 해양사고관련자를 위하여 제1항의 청구를 할 수 있다.

	다만, 해양사고관련자의 명시한 의사에 반하여서는 아니 된다. ③ 제2심 청구는 이유를 붙인 서면으로 원심심판원에 제출하여야 한다.
제2심의 청구기간 (제59조)	① 제58조의 청구는 재결서 정본을 송달받은 날부터 14일 이내에 하여야 한다. ② 제2심 청구를 할 수 있는 자가 본인이 책임질 수 없는 사유로 인하여 제1항의 기간 내에 심판청구를 하지 못한 경우에는 그 사유가 끝난 날부터 14일 이내에 서면으로 원심심판원에 제출할 수 있다. ③ 제2항의 경우에는 그 사유를 소명하여야 한다.
제2심 청구의 효력 (제60조)	제2심 청구의 효력은 그 사건과 당사자 모두에게 미친다.
제2심 청구의 취하 (제61조)	제2심 청구를 한 자는 재결이 있을 때까지 그 청구를 취하할 수 있다.
법령위반으로 인한 청구의 기각 (제62조)	중앙심판원은 제2심의 심판청구의 절차가 법령을 위반한 경우에는 재결로써 그 청구를 기각한다.
사건의 환송 (제63조)	중앙심판원은 지방심판원이 법령을 위반하여 심판청구를 기각한 경우에는 재결로써 사건을 지방심판원에 환송하여야 한다.
지방심판원의 청구기각 사유로 인한 청구의 기각 (제64조)	중앙심판원은 지방심판원이 제52조 각호의 어느 하나에 해당하는 사유가 있음에도 불구하고 심판의 청구를 기각하지 아니한 경우에는 재결로써 기각하여야 한다.
본안의 재결 (제65조)	중앙심판원은 제62조부터 제64조까지의 경우 외에는 본안에 관하여 재결을 하여야 한다.
불이익변경의 금지 (제65조의2)	해양사고관련자인 해기사나 도선사가 제2심을 청구한 사건과 해양사고관련자인 해기사나 도선사를 위하여 제2심을 청구한 사건에 대하여는 제1심에서 재결한 징계보다 무거운 징계를 할 수 없다.
준용규정 (제66조)	중앙심판원은 심판에 관하여는 이 장에서 규정한 사항 외에는 제5장을 준용한다. 다만, 제41조의3과 제49조의2제1항 및 제2항(해양사고관련자의 추가·철회 또는 변경 부분만 해당한다)은 준용하지 아니한다.

제9절 │ 이의신청

내용	규정
결정에 대한 이의신청 (제67조)	① 지방심판원에서 결정을 받은 자는 중앙심판원에 이의를 신청할 수 있다. ② 이의신청은 제2심 재결이 있을 때까지 할 수 있다.

이의신청의 절차 (제68조)	① 이의신청을 하려면 신청서를 지방심판원에 제출하여야 한다. ② 지방심판원은 이의신청이 이유 있다고 인정하면 원심결정을 경정할 수 있다. ③ 지방심판원은 이의신청이 전부 또는 일부가 이유 없다고 인정하면 그 신청서를 수리한 날부터 3일 이내에 중앙심판원에 보내야 한다. ④ 이의신청은 원심결정의 집행을 정지하지 아니한다. 다만, 지방심판원은 상당한 이유가 있다고 인정할 때에는 조사관의 의견을 들어 집행을 정지할 수 있다.
이의신청과 관계 서류 및 증거물 (제69조)	① 이의신청이 있을 때에 지방심판원은 필요하면 원심조서, 그 밖의 관계 서류 및 증거물을 중앙심판원에 보내야 한다. ② 중앙심판원은 지방심판원에 대하여 원심조서, 그 밖의 관계 서류 및 증거물을 보내도록 요구할 수 있다.
원심결정의 집행정지 (제70조)	① 이의신청이 있는 경우 중앙심판원은 상당한 이유가 있다고 인정하면 조사관의 의견을 들어 결정으로써 원심결정의 집행을 정지할 수 있다. ② 제1항의 경우에 중앙심판원은 그 결정서의 정본을 지방심판원에 보내야 한다.
이의신청에 대한 결정 (제71조)	① 중앙심판원은 조사관의 의견을 들어 이의신청에 대한 결정을 하여야 한다. ② 이의신청이 절차를 위반하였을 때 또는 그 이유가 없을 때에는 이의신청의 기각 결정을 하여야 한다. ③ 제1항과 제2항에 따른 결정에는 반드시 그 이유를 붙일 필요는 없다.
지방심판원에 대한 결정의 통지 (제72조)	이의신청에 대한 중앙심판원의 결정은 이의신청인과 지방심판원에 알려야 한다.

제10절 | 중앙심판원의 재결에 대한 소송

내용	규정
관할과 제소기간 및 그 제한 (제74조)	① 중앙심판원의 재결에 대한 소송은 중앙심판원의 소재지를 관할하는 고등법원에 전속한다. ② 제1항의 소송은 재결서 정본을 송달받은 날부터 30일 이내에 제기하여야 한다. ③ 제2항의 기간은 불변기간으로 한다. ④ 지방심판원의 재결에 대하여는 소송을 제기할 수 없다.
피고 (제75조)	제74조제1항의 소송에서는 중앙심판원장을 피고로 한다.

| 재판
(제77조) | ① 법원은 제74조에 따라 소송이 제기된 경우 그 청구가 이유 있다고 인정하면 판결로써 재결을 취소하여야 한다.
② 중앙심판원은 제1항에 따라 재결의 취소판결이 확정되면 다시 심리를 하여 재결하여야 한다.
③ 제1항에 따른 법원의 판결에서 재결취소의 이유가 되는 판단은 그 사건에 대하여 중앙심판원을 기속한다.
④ 이 법에 따른 중앙심판원의 재결에 관한 소송에 관하여는 이 법에서 규정하는 사항 외에 「행정소송법」을 준용한다. |

제11절 | 재결 등의 집행

내용	규정
재결의 집행시기 (제78조)	재결은 확정된 후에 집행한다.
재결의 집행자 (제79조)	중앙심판원의 재결은 중앙수석조사관이, 지방심판원의 재결은 해당 지방수석조사관이 각각 집행한다.
면허취소 재결의 집행 (제80조)	면허취소 재결이 확정되면 조사관은 해기사면허증 또는 도선사면허증을 회수하여 관계 해양수산관서에 보내야 한다.
업무정지 재결의 집행 (제81조)	조사관은 업무정지 재결이 확정된 때에는 해기사면허증 또는 도선사면허증을 회수하여 보관하였다가 업무정지 기간이 끝난 후에 돌려주어야 한다. 다만, 제6조의2에 따라 집행유예 재결을 받은 경우에는 회수하지 아니 한다.
징계의 실효 (제81조의2)	제5조에 따라 업무정지 또는 견책의 징계를 받은 해기사나 도선사가 그 징계 재결의 집행이 끝난 날부터 5년 이상 무사고 운항을 하였을 경우에는 그 징계는 실효된다. 이 경우 그 징계기록의 말소절차에 관하여 필요한 사항은 해양수산부령으로 정한다.
면허증의 무효선언과 고시 (제82조)	면허취소 또는 업무정지 재결을 받은 사람이 조사관에게 그 해기사면허증 또는 도선사면허증을 제출하지 아니할 때에는 중앙수석조사관은 그 면허증의 무효를 선언하고 그 사실을 관보에 고시한 후 해양수산부장관에게 보고하여야 한다.
재결의 공고 (제83조)	중앙수석조사관은 제5조제3항에 따른 시정·개선을 권고하거나 명하는 재결을 하였을 때에는 그 내용을 관보에 공고하고 해양수산부장관에게 보고하여야 한다. 다만, 필요하다고 인정하는 경우에는 관보를 대신하여 신문에 공고할 수 있다.

| 재결 등의 이행
(제84조) | ① 다음 각호의 어느 하나에 해당하는 자는 그 취지에 따라 필요한 조치를 하고, 수석조사관이 요구하면 그 조치내용을 지체 없이 통보하여야 한다.
1. 제5조제3항에 따라 시정 또는 개선을 명하는 재결을 받은 자
2. 제5조의2에 따라 시정 또는 개선조치의 요청을 받은 자
② 수석조사관은 제1항에 따른 통보내용을 검토하여 그 조치가 부족하다고 인정할 때에는 그 이행을 요구할 수 있다. |

제12절 | 벌 칙

내용	규정
벌칙 (제89조)	제29조제3항을 위반하여 직무상 알게 된 비밀을 누설한 사람은 1년 이하의 징역 또는 1천만원 이하의 벌금에 처한다.
과태료 (제90조)	① 제85조의2를 위반하여 해양사고의 조사 및 심판과 관련하여 증언·감정·진술을 하거나 자료·물건을 제출한 사람에게 그 증언·감정·진술이나 자료·물건의 제출을 이유로 해고, 전보, 징계, 부당한 대우, 그 밖에 신분·처우와 관련한 불이익을 준 자에게는 1천만원 이하의 과태료를 부과한다. ② 다음 각호의 어느 하나에 해당하는 자에게는 500만원 이하의 과태료를 부과한다. 1. 제5조제3항에 따른 시정 또는 개선을 명하는 재결을 이행하지 아니한 자 2. 제35조제3항을 위반한 자 2의2. 제35조제4항을 위반한 자 3. 제37조제1항제1호부터 제3호까지의 규정에 따른 조사관의 처분에 따르지 아니하거나 처분에 따르는 것을 방해한 자. 다만, 제37조제1항제1호·제3호의 경우 해양사고의 원인과 직접 관련이 없는 자는 제외한다. 4. 제48조제2항제1호에 따른 심판원의 검사를 거부, 방해 또는 기피한 자 5. 제48조제2항제2호에 따른 심판원의 제출명령을 받은 장부, 서류, 그 밖의 물건을 제출하지 아니하거나, 거짓으로 기록한 장부, 서류, 그 밖의 물건을 제출한 자 6. 제49조에 따른 선서를 위배하여 거짓 사실을 진술한 사람 ③ 다음 각호의 어느 하나에 해당하는 자에게는 200만원 이하의 과태료를 부과한다. 1. 심판원으로부터 계속 2회의 소환을 받고도 정당한 사유 없이 출석하지 아니한 해양사고관련자

	2. 심판원으로부터 계속 2회의 소환을 받고 정당한 사유 없이 출석하지 아니하거나 그 의무를 이행하지 아니한 증인·감정인·통역인 또는 번역인 3. 제42조제2항에 따른 심판장의 명령에 복종하지 아니한 사람 ④ 제1항부터 제3항까지의 규정에 따른 과태료는 대통령령으로 정하는 바에 따라 심판원장이 부과·징수한다.

제11장 해양조사와 정보활용에 관한 법률

제1절 │ 총 론

해양조사와 정보활용에 관한 법률」은 2020년 2월에 제정되었다. 심화되고 있는 국가 간 해양관할권 및 해양자원 개발 관련 경쟁에 능동적으로 대처하고, 해양산업의 발전 및 해양재해의 예방 등을 위한 해양정책의 수립에 해양조사와 그 조사를 통하여 얻은 해양정보를 체계적으로 관리·활용할 필요성이 증대되고 있기 때문이다.

동 법에서는 종전의 「수로조사」를 「해양조사」로 용어를 변경하고, 이에 대한 연구·개발 및 표준화 등을 통하여 해양조사의 전문성을 강화하며, 국가해양관측망의 보호, 해양조사기술자에 대한 교육훈련, 해양조사장비의 성능검사 및 해양정보의 품질관리 등에 관한 사항을 정하여 해양조사의 기반을 확충하고 있다.

또한 종전의 「수로사업」의 범위에 「해양정보서비스업」을 추가하고, 「해양조사·정보업」으로 용어를 변경하며, 해양정보 관련 해양조사·정보업의 발전과 해양정보의 민간 활용을 촉진하도록 하고 있다. 전문적인 해양조사의 실시와 해양정보의 효율적인 활용이 가능하도록 하기 위하여 현행 「공간정보의 구축 및 관리 등에 관한 법률」에서 규정하고 있는 수로조사 관련 내용을 해당 법률에서 분리하여 동 법에서 규정하고 있다.

제2절 │ 총 칙

내용	규정
목적 (제1조)	이 법은 해양조사의 실시와 해양정보의 활용에 관한 사항을 규정함으로써 선박의 교통안전, 해양의 보전·이용·개발 및 해양에 대한 관할권의 확보 등에 이바지함을 목적으로 한다.

	1. "해양조사"란 선박의 교통안전, 해양의 보전·이용·개발 및 해양관할권의 확보 등에 이용할 목적으로 이 법에 따라 실시하는 해양관측, 수로측량 및 해양지명조사를 말한다.

1. "해양조사"란 선박의 교통안전, 해양의 보전·이용·개발 및 해양관할권의 확보 등에 이용할 목적으로 이 법에 따라 실시하는 해양관측, 수로측량 및 해양지명조사를 말한다.
2. "해양관측"이란 해양의 특성 및 그 변화를 과학적인 방법으로 관찰·측정하고 관련 정보를 수집하는 것을 말한다.
3. "수로측량"이란 다음 각 목의 측량 또는 조사를 말한다.
   가. 해양 등 수역의 수심·지구자기·중력·지형·지질의 측량과 해안선 및 이에 딸린 토지의 측량
   나. 선박의 안전항해를 위하여 실시하는 항해목표물, 장애물, 항만시설, 선박편의시설, 항로 특이사항 및 유빙 등에 관한 자료를 수집하기 위한 항로조사
   다. 연안(「연안관리법」 제2조제1호에 따른 연안을 말한다. 이하 같다)의 자연환경 실태와 그 변화에 대한 조사
4. "기본수로측량"이란 모든 수로측량의 기초가 되는 측량으로서 제19조에 따라 해양수산부장관이 실시하는 수로측량을 말한다.
5. "일반수로측량"이란 기본수로측량 외의 수로측량을 말한다.
6. "해양지명조사"란 해양지명을 제정·변경 또는 관리하기 위하여 필요한 지형조사 및 문헌조사 등의 조사를 말한다.
7. "국가해양기준점"이란 해양조사의 정확도를 확보하고 효율성을 높이기 위하여 특정 지점을 제8조제1항에 따른 해양조사의 기준에 따라 측정하고 좌표 등으로 표시하여, 해양조사를 할 때 기준으로 사용하는 점을 말한다.
8. "국가해양관측망"이란 해양수산부장관이 해양관측을 하고 해양관측에 관한 자료를 수집·가공·저장·검색·표출·송수신 또는 활용할 수 있도록 구축·운영하는 해양관측시설의 조합을 말한다.
9. "해양지명"이란 자연적으로 형성된 해양·해협·만·포 및 수로 등의 이름과 초(礁)·퇴(堆)·해저협곡·해저분지·해저산·해저산맥·해령(海嶺)·해구(海溝) 등 해저지형의 이름을 말한다.
10. "해양정보"란 해양조사를 통하여 얻은 최종 결과를 말하며, 해양관측한 자료를 기초로 분석하여 얻은 해양예측정보를 포함한다.
11. "해양정보간행물"이란 해양정보를 도면, 서지 또는 수치제작물(해양에 관한 여러 정보를 수치화한 후 정보처리시스템에서 사용할 수 있도록 제작한 것을 말한다. 이하 같다)의 형태로 제작한 것을 말한다.
12. "항해용 간행물"이란 안전한 항해를 위하여 선박에 비치할 목적으로 제작한 다음 각 목의 해양정보간행물을 말한다.
    가. 해도: 바다의 깊이, 항로 등 선박이 항해하는 데에 필요한 정보를 국제기준에 따라 기호나 문자 등으로 표시한 도면(전자해도를 포함한다)
    나. 항해서지: 주요 항만 등에 대한 조석 자료를 수록한 조석표, 항로표지의 번호·명칭·위치 등을 수록한 등대표, 연안과 주요 항

정의
(제2조)

	만의 항해안전정보를 수록한 항로지 및 그 밖에 해양수산부령으로 정하는 서지 다. 항행통보: 해양수산부장관이 항해용 간행물의 변경이 필요한 사항, 항해에 필요한 경고 사항, 그 밖에 선박의 교통안전과 관련된 사항을 항해자 등 관련 정보가 필요한 자에게 주기적으로 제공하기 위하여 제작하는 해양정보간행물 라. 그 밖에 해양수산부령으로 정하는 해양정보간행물 13. "해양조사·정보업"이란 다음 각 목의 사업을 말한다. 가. 해양관측 업무를 하는 해양관측업 나. 수로측량 업무를 하는 수로측량업 다. 해도제작 업무를 하는 해도제작업 라. 해양정보를 수집·가공·관리·유통·판매 또는 제공하거나 이와 관련된 소프트웨어 또는 시스템을 개발하거나 구축하는 업무(가 목부터 다목까지의 업무는 제외한다)를 하는 해양정보서비스업
해양조사의 기본방향 (제3조)	국가는 이 법에 따라 해양조사를 실시하는 경우 다음 각호의 사항이 실현되도록 하여야 한다. 1. 선박의 교통안전의 확보 2. 해양의 보전·이용·개발에의 기여 및 해양산업의 발전 3. 기후변화에의 적응·대응 및 해양재해의 예방 4. 해양 방위 강화 및 해양관할권의 확보
적용범위 (제4조)	다음 각호의 어느 하나에 해당하는 사항에 대해서는 이 법을 적용하지 아니한다. 1. 「해양과학조사법」에 따른 해양과학조사 등 순수 학술연구를 위한 해양조사 2. 군사 활동을 위한 해양조사 3. 「해저광물자원 개발법」에 따라 실시하는 탐사 4. 「공간정보의 구축 및 관리 등에 관한 법률」에 따라 실시하는 연안해역의 측량
다른 법률과의 관계 (제5조)	해양조사에 관하여 다른 법률에 특별한 규정이 있는 경우를 제외하고는 이 법에서 정하는 바에 따른다.
해양조사의 날 (제6조)	국민에게 해양조사의 중요성을 널리 알리기 위하여 매년 6월 21일을 해양조사의 날로 정한다.

제3절 | 해양조사 통칙

내용	규정
해양조사기본계획 및 시행계획 (제7조)	① 해양수산부장관은 다음 각호의 사항이 포함된 해양조사기본계획(「기본계획」)을 5년마다 수립하여야 한다. 1. 해양조사에 관한 기본 구상 및 추진 전략 2. 해양조사의 구역과 내용 3. 국가해양관측망의 구축·운영 등에 관한 사항 4. 해양지명의 제정·표기 및 관리에 관한 사항 5. 해양지명의 국제등재 및 통용·홍보에 관한 사항 6. 국가 간 해양경계의 획정과 관련된 조사에 관한 사항 7. 해양정보간행물의 간행 및 보급 등 해양정보의 활용에 관한 사항 8. 해양조사에 관한 장기 투자계획 9. 해양조사에 관한 기술의 연구·개발 10. 조사선박 등 해양조사장비의 확보 및 관리에 관한 사항 11. 해양조사에 관한 기술교육 및 인력 양성에 관한 사항 12. 해양조사·정보업의 지원과 육성에 관한 사항 13. 해양조사의 국제협력에 관한 사항 14. 그 밖에 해양조사를 위하여 필요한 사항 ② 해양수산부장관은 기본계획에 따라 연도별 시행계획을 수립·시행하여야 한다. ③ 해양수산부장관은 해양조사의 여건변화 등으로 인하여 필요한 경우에는 기본계획 및 연도별 시행계획을 변경할 수 있다. ④ 해양수산부장관은 기본계획을 수립하거나 변경한 경우에는 이를 고시하여야 한다. ⑤ 제1항부터 제4항까지에서 규정한 사항 외에 기본계획과 연도별 시행계획의 수립, 변경 및 시행에 필요한 사항은 대통령령으로 정한다.
해양조사의 기준 (제8조)	① 해양조사의 기준은 다음 각호와 같다. 1. 위치는 세계측지계[세계측지계: 지구의 질량중심을 원점으로 지구상 지형·지물의 위치와 거리를 수리적으로 계산하는 기준을 말한다. 이하 이 조에서 같다]에 따라 측정한 지리학적 경위도와 높이(평균해수면으로부터의 높이를 말한다. 이하 이 조에서 같다)로 표시한다. 2. 수심과 간조노출지의 높이는 기본수준면(일정 기간 조석을 관측하여 산출한 결과 가장 낮은 해수면을 말한다. 이하 이 조에서 같다)을 기준으로 측량한다. 3. 해안선은 해수면이 약최고고조면(일정기간 조석을 관측하여 산출한 결과 가장 높은 해수면을 말한다. 이하 이 조에서 같다)에 이르렀을 때의 육지와 해수면과의 경계로 표시한다.

	② 해양수산부장관은 해양조사와 관련된 좌표계, 평균해수면, 기본수준면 및 약최고고조면에 관한 사항을 정하여 관보 또는 인터넷 홈페이지에 고시하여야 한다. 해당 사항이 변경된 경우에도 또한 같다. ③ 제1항에 따른 세계측지계의 세부요건 등 해양조사의 기준 결정에 필요한 사항은 대통령령으로 정한다.
국가해양기준점 (제9조)	① 해양수산부장관은 해양조사의 정확도를 확보하고 효율성을 높이기 위하여 대통령령으로 정하는 바에 따라 국가해양기준점을 정하여야 한다. ② 해양수산부장관은 제1항에 따라 국가해양기준점을 정한 경우 해양수산부령으로 정하는 바에 따라 국가해양기준점 표지를 설치·관리하여야 한다. ③ 해양수산부장관은 제2항에 따라 국가해양기준점 표지를 설치한 경우에는 그 현황 등을 고시하여야 한다.
국가해양기준점 표지의 보호 (제10조)	① 누구든지 국가해양기준점 표지를 무단으로 이전하거나 파손 또는 그 효용을 해치는 행위를 하여서는 아니 된다. ② 국가해양기준점 표지를 파손하거나 그 효용을 해칠 우려가 있는 행위를 하려는 자는 해양수산부령으로 정하는 바에 따라 해양수산부장관에게 국가해양기준점 표지의 임시적 또는 영구적 이전을 신청하여야 한다. ③ 제2항에 따른 신청을 받은 해양수산부장관은 국가해양기준점 표지의 이전 필요성을 검토한 후 이전할 필요가 있다고 인정되면 국가해양기준점 표지를 이전하거나, 제2항에 따른 신청인으로 하여금 국가해양기준점 표지를 이전하게 할 수 있으며, 그 국가해양기준점 표지를 이전할 필요가 없다고 인정되는 경우에는 제2항에 따른 신청인에게 그 사유를 알려주어야 한다. ④ 제3항에 따른 국가해양기준점 표지의 이전에 드는 비용은 제2항에 따른 신청인이 부담한다. ⑤ 해양수산부장관은 제3항에 따라 국가해양기준점 표지를 이전한 경우에는 그 변경내역 등을 고시하여야 한다.
해양조사의 공고 등 (제11조)	해양수산부장관은 다음 각 호의 어느 하나에 해당하는 경우에는 해당 해양조사의 구역, 기간 및 내용이 포함된 해양조사 실시계획을 관보 또는 인터넷 홈페이지에 공고하고, 항행통보에 게재하여야 한다. 다만, 국가안보나 그 밖에 국가의 중대한 이익을 해할 우려가 있다고 인정되는 경우에는 공고 및 게재를 하지 아니할 수 있다. 1. 제14조에 따라 해양관측을 실시하는 경우 2. 제19조에 따라 기본수로측량을 실시하는 경우 3. 제44조제1항에 따라 관계 기관으로부터 해양조사 계획을 제출받은 경우 4. 제59조에 따라 위탁받은 해양조사의 업무를 수행하는 경우

연구 · 개발 등의 추진 (제12조)	① 해양수산부장관은 해양조사의 발전을 위하여 대통령령으로 정하는 해양조사 연구 · 개발을 추진할 수 있다. ② 해양수산부장관은 제1항에 따른 연구 · 개발 업무를 수행하는 연구기관을 설립하거나 대통령령으로 정하는 관련 전문기관으로 하여금 해당 업무를 수행하게 할 수 있다. ③ 해양수산부장관은 제2항에 따른 연구기관 또는 관련 전문기관에 예산의 범위에서 업무를 수행하는 데에 필요한 비용의 전부 또는 일부를 지원할 수 있다.
해양조사의 표준화 (제13조)	① 해양수산부장관은 해양조사 항목 및 업무수행 방식 등의 표준화를 위한 기준을 정하여 관계 기관에 이를 사용하도록 권고할 수 있다. ② 제1항에 따른 해양조사의 표준화를 위한 기준에 관한 구체적인 사항은 해양수산부령으로 정한다.

제4절 | 해양관측

내용	규정
해양관측의 실시 (제14조)	① 해양수산부장관은 기본계획 및 연도별 시행계획에 따라 조석 · 조류 · 해류 · 해양기상 등 해양의 특성 및 그 변화를 관찰 · 측정하고, 관련 정보를 수집하기 위한 해양관측을 실시하여야 한다. ② 해양수산부장관은 제1항에 따른 해양관측으로 얻은 정보를 체계적으로 수집 · 관리하고, 이에 관한 각종 통계를 생산 · 관리하여야 한다. ③ 해양수산부장관은 제1항에 따른 해양관측을 위하여 필요한 경우에는 관계 행정기관 및 「공공기관의 운영에 관한 법률」에 따른 공공기관(「공공기관」)의 장, 항만시설 관리자 또는 선박소유자에게 필요한 자료의 제출을 요청할 수 있다. 이 경우 요청을 받은 자는 정당한 사유가 없으면 그 요청에 따라야 한다.
국가해양관측망의 구축 · 운영 등 (제15조)	① 해양수산부장관은 해양관측을 효율적으로 수행하기 위하여 국가해양관측망을 구축 · 운영할 수 있다. ② 해양수산부장관은 제1항에 따른 국가해양관측망의 구축 · 운영 업무를 관계 행정기관이나 그 밖에 해양관측 업무를 수행하는 기관과 협력하여 추진할 수 있다. ③ 해양수산부장관은 국가해양관측망의 구축 · 운영을 위하여 필요한 경우에는 관계 행정기관의 장에게 필요한 자료의 제출을 요청할 수 있다. 이 경우 요청을 받은 관계 행정기관의 장은 정당한 사유가 없으면 그 요청에 따라야 한다.

국가해양관측망의 보호 (제16조)	① 누구든지 국가해양관측망을 무단으로 이전하거나 파손 또는 그 효용을 해치는 행위를 하여서는 아니 된다. ② 국가해양관측망에 출입하려는 자는 해양수산부령으로 정하는 바에 따라 해양수산부장관의 허가를 받아야 한다.
해양예측정보의 생산 (제17조)	① 해양수산부장관은 해양관측한 자료를 기초로 다음 각호의 해양예측정보(「기상법」 제13조제1항에 따른 예보·특보 항목은 제외한다)를 생산하여야 한다. 1. 조석, 조류, 해류 등 선박의 교통안전과 관련된 해양예측정보 2. 장기해수면의 변화, 부유물의 이동·확산 등 해양재해와 관련된 해양예측정보 3. 이안류 등 해양레저활동의 안전과 관련된 해양예측정보 4. 해양 방위와 관련된 해양예측정보 5. 그 밖에 해양수산부령으로 정하는 해양예측정보 ② 해양수산부장관은 제1항에 따른 해양예측정보의 생산을 위하여 해양예측시스템을 구축·운영할 수 있다.
해양의 중장기 현상변화 연구 (제18조)	① 해양수산부장관은 해양관측 자료를 기초로 해양의 중장기 현상변화 및 그 원인에 대하여 연구·분석하여야 한다. ② 해양수산부장관은 제1항의 연구결과를 바탕으로 해양의 중장기 현상변화의 추세를 예측하여야 하며, 예측의 정확도를 높이기 위하여 노력하여야 한다.

제5절 | 수로측량

내용	규정
기본수로측량의 실시 (제19조)	① 해양수산부장관은 기본계획 및 연도별 시행계획에 따라 다음 각 호의 사항을 포함하는 기본수로측량을 실시하여야 한다. 1. 항해의 안전을 위한 항만·항로·어항 등의 수로측량 2. 국가 간 해양경계 획정을 위하여 필요한 조사 3. 관할 해역에 관한 지구물리적 기초자료 수집을 위한 탐사 4. 그 밖에 해양수산부령으로 정하는 수로측량 ② 해양수산부장관은 기본수로측량을 위하여 필요한 경우에는 관계 행정기관 및 공공기관의 장, 항만시설 관리자 또는 선박소유자에게 필요한 자료의 제출을 요청할 수 있다. 이 경우 요청을 받은 자는 정당한 사유가 없으면 그 요청에 따라야 한다. ③ 해양수산부장관은 선박을 이용하여 기본수로측량을 하는 경우 해당 선박에 해양수산부령으로 정하는 표지를 달아야 한다.

일반수로측량의 실시 등 (제20조)	① 해양수산부장관이 제작한 항해용 간행물의 내용을 변경하게 하는 행위로서 다음 각호의 어느 하나에 해당하는 행위(이하「공사등」)를 하는 자(공사등을 도급받아 수행하는 자를 포함한다)는 그 공사등을 끝내면 일반수로측량을 실시하여야 한다. 다만, 대통령령으로 정하는 규모 이하의 공사등의 경우에는 그러하지 아니하다. 1. 항만·어항 공사 또는 항로준설 2. 해저에서 흙, 모래, 광물 등의 채취 3. 바다에 흙, 모래, 준설토 등을 버리는 행위 4. 매립, 방파제·인공안벽의 설치나 철거 등으로 기존 해안선 또는 수심이 변경되는 공사 5. 해양에 인공어초, 해저 케이블·송유관 등 구조물을 설치하거나 투입 또는 매설하는 행위 6. 항로상의 교량 및 공중전선 등을 설치 또는 변경하는 행위 ② 해양수산부장관에게 항해용 간행물의 제작 또는 변경을 요청하려는 자는 일반수로측량을 실시할 수 있다. ③ 제1항 및 제2항에 따른 일반수로측량을 하려는 자는 해양수산부령으로 정하는 바에 따라 해양수산부장관에게 신고하여야 한다. ④ 해양수산부장관은 제3항에 따라 신고를 받은 수로측량의 구역, 기간 및 내용을 항행통보에 게재하여야 한다. ⑤ 해양수산부장관은 수로측량 방법의 표준화 등을 위하여 필요하다고 인정하는 경우에는 제3항에 따른 신고를 한 자에게 해양수산부령으로 정하는 바에 따라 일반수로측량 방법에 관한 기술지도를 할 수 있다. ⑥ 선박을 이용하여 일반수로측량을 하는 자는 해당 선박에 해양수산부령으로 정하는 표지를 달아야 한다.
해양정보 사본의 제출 및 심사 (제21조)	① 제20조제1항 및 제2항에 따라 일반수로측량을 한 자는 해당 수로측량으로 얻은 해양정보의 사본을 지체 없이 해양수산부장관에게 제출하여야 한다. ② 해양수산부장관은 제1항에 따른 해양정보의 사본을 받으면 지체 없이 그 적합성을 심사하고, 그 결과를 제1항에 따른 제출자에게 알려 주어야 한다. ③ 해양수산부장관은 제2항에 따른 심사 결과 적합하다고 인정되면 해당 해양정보를 대통령령으로 정하는 바에 따라 항행통보에 게재하고, 그 밖의 항해용 간행물에 반영하여야 한다. ④ 제1항부터 제3항까지에서 규정한 사항 외에 일반수로측량으로 얻은 해양정보 사본의 제출 및 심사에 필요한 사항은 해양수산부령으로 정한다.

제6절 │ 해양지명조사 및 해양지명의 제정 등

내용	규정
해양지명조사의 실시 (제22조)	해양수산부장관은 기본계획 및 연도별 시행계획에 따라 해양지명을 제정·변경 또는 관리하기 위하여 다음 각호의 사항을 포함하는 해양지명조사를 실시하여야 한다. 1. 해양지명 부여 대상의 위치·형태·종류·지질 등에 대한 지형조사 2. 해양지명의 생성과 유래, 변천과정과 관련된 지리·사회과학적 정보 등에 대한 문헌조사
해양지명의 제정 및 변경 (제23조)	① 해양지명의 제정 또는 변경을 신청하려는 자는 해양수산부령으로 정하는 바에 따라 해양수산부장관에게 해양지명의 제정 또는 변경을 신청할 수 있다. 다만, 다음 각호의 어느 하나에 해당하는 경우에는 그러하지 아니하다. 1. 다른 법령에 따라 제정된 해양지명이 있는 경우 2. 그 밖에 대통령령으로 정하는 경우 ② 해양수산부장관은 다음 각호의 어느 하나에 해당하는 경우에는 「해양수산발전 기본법」 제7조에 따른 해양수산발전위원회의 심의를 거쳐 해양지명을 제정 또는 변경하여야 한다. 1. 제22조에 따른 해양지명조사를 실시한 결과 해양지명을 제정 또는 변경할 필요가 있는 경우 2. 제1항에 따른 신청을 받은 경우로서 해양지명을 제정 또는 변경할 필요가 있는 경우 ③ 해양수산부장관은 제2항에 따른 해양지명의 제정 또는 변경에 대한 심사를 위하여 필요한 경우에는 관계 행정기관 및 국공립 연구기관 등에 관련 자료의 제출을 요청할 수 있다. 이 경우 요청을 받은 기관은 정당한 사유가 없으면 그 요청에 따라야 한다. ④ 해양수산부장관은 제2항에 따라 해양지명을 제정 또는 변경하는 경우에는 국제적 절차와 기준에 부합하게 하여야 한다. ⑤ 해양수산부장관은 제2항에 따라 해양지명을 제정 또는 변경한 경우에는 대통령령으로 정하는 바에 따라 고시하여야 한다. ⑥ 제1항부터 제5항까지에서 규정한 사항 외에 해양지명의 제정 또는 변경 신청 절차, 심사 기준 등에 관한 사항은 해양수산부령으로 정한다.
해양지명의 관리 및 사용 등 (제24조)	① 해양수산부장관은 제23조에 따라 제정 또는 변경된 해양지명에 대한 데이터베이스를 구축하고 관리하여야 한다. ② 해양수산부장관은 관계 행정기관, 제25조제2항에 따른 해양조사기술자, 제30조제1항에 따라 해양조사·정보업의 등록을 한 자 및 「공간정보산업 진흥법」 제2조제4호에 따른 공간정보사업자 등에게 이 법에 따른 해양지명을 사용할 것을 권고할 수 있다.

내용	규정
	③ 해양수산부장관은 제2항에 따라 해양지명의 사용을 권고받은 자에게 제1항에 따른 데이터베이스를 제공하는 등 기술적 지원을 할 수 있다. ④ 해양수산부장관은 이 법에 따른 해양지명의 사용을 확산하기 위하여 해양지명에 대한 대국민 인터넷 정보서비스를 제공하는 등 해양지명의 홍보를 위하여 노력하여야 한다. ⑤ 해양수산부장관은 이 법에 따른 해양지명의 국제기구에의 등재 및 국제적 통용을 위하여 노력하여야 한다.

제7절 │ 해양조사기술자

내용	규정
해양조사기술자 (제25조)	① 해양조사(해양지명조사는 제외한다. 이하 이 절에서 같다) 및 항해용 간행물의 제작은 해양조사기술자가 아니면 할 수 없다. ② 해양조사기술자는 다음 각호의 어느 하나에 해당하는 사람으로서 대통령령으로 정하는 자격기준을 갖춘 사람으로 한다. 1. 「국가기술자격법」에 따른 해양, 해양환경, 해양조사, 해양공학, 해양자원개발, 측량 및 지형공간정보 분야의 기술자격을 취득한 사람 2. 해양, 해양환경, 해양조사, 해양공학, 해양자원개발, 측량 및 지형공간정보, 항해용 간행물의 제작 분야의 학력 또는 경력을 가진 사람 3. 국제수로기구가 인정하는 국제자격을 취득한 사람 ③ 해양조사기술자의 등급은 대통령령으로 정하는 바에 따라 나눌 수 있다.
해양조사기술자의 신고 등 (제26조)	① 해양조사 업무 또는 항해용 간행물의 제작 업무에 종사하는 해양조사기술자는 해양수산부령으로 정하는 바에 따라 근무처·경력·학력 및 자격 등(「근무처 및 경력등」)을 관리하는 데에 필요한 사항을 해양수산부장관에게 신고하여야 한다. 신고사항의 변경이 있는 경우에도 또한 같다. ② 해양수산부장관은 제1항에 따른 신고를 받았을 때에는 해양조사기술자의 근무처 및 경력등에 관한 기록을 유지·관리하여야 한다. ③ 해양수산부장관은 해양조사기술자가 신청하면 근무처 및 경력등에 관한 증명서(「해양조사기술경력증」)를 발급할 수 있다. ④ 해양수산부장관은 제1항에 따라 신고받은 내용을 확인하기 위하여 필요한 경우에는 행정기관, 공공기관, 「초·중등교육법」 제2조 및 「고등교육법」 제2조에 따른 학교 또는 제1항에 따른 신고를 한 해양조사기술자가 소속된 해양조사 관련 업체 등 관련 기관의 장에게 관련 자료를 제출하도록 요청할 수 있다. 이 경우 요청을 받은 기관의 장은 정당한 사유가 없으면 그 요청에 따라야 한다. ⑤ 이 법이나 그 밖의 관계 법률에 따른 인가·허가·등록·면허 등을 하려는 행정기관의 장은 해양조사기술자의 근무처 및 경력등을 확인할 필요가 있는 경우에는 해양수산부장관의 확인을 받아야 한다.

	⑥ 제1항부터 제5항까지에서 규정한 사항 외에 해양조사기술자의 신고, 기록의 유지·관리, 해양조사기술경력증의 발급 등에 필요한 사항은 해양수산부령으로 정한다.
해양조사기술자의 의무 (제27조)	① 해양조사기술자는 공정하게 해양조사 업무 또는 항해용 간행물의 제작 업무를 하여야 하며, 정당한 사유 없이 해양조사 또는 항해용 간행물의 제작을 거부해서는 아니 된다. ② 해양조사기술자는 정당한 사유 없이 그 업무상 알게 된 비밀을 누설해서는 아니 된다. ③ 해양조사기술자는 둘 이상의 제30조제1항에 따른 해양조사·정보업의 등록을 한 자에게 소속될 수 없다. ④ 해양조사기술자는 다른 사람에게 해양조사기술경력증을 빌려 주거나 자기의 성명을 사용하여 해양조사 업무 또는 항해용 간행물의 제작 업무를 하게 하여서는 아니 된다.
해양조사기술자의 업무정지 (제28조)	① 해양수산부장관은 해양조사기술자가 다음 각호의 어느 하나에 해당하는 경우에는 1년 이내의 기간을 정하여 해양조사기술자의 업무를 정지시킬 수 있다. 1. 제26조제1항에 따른 근무처 및 경력등의 신고 또는 변경신고를 거짓으로 한 경우 2. 제27조제4항을 위반하여 다른 사람에게 해양조사기술경력증을 빌려 주거나 자기의 성명을 사용하여 해양조사 업무 또는 항해용 간행물의 제작 업무를 하게 한 경우 ② 제1항에 따른 업무정지의 기준과 그 밖에 필요한 사항은 해양수산부령으로 정한다.
교육훈련 (제29조)	① 해양조사 업무 또는 항해용 간행물의 제작 업무에 종사하는 해양조사기술자는 대통령령으로 정하는 바에 따라 교육훈련을 받아야 한다. 다만, 해양조사기술자가 다른 법령에 따라 받은 교육훈련이 대통령령으로 정하는 기준에 해당하는 경우에는 교육훈련을 받은 것으로 본다. ② 해양조사기술자를 고용하고 있는 자는 해양조사기술자가 제1항에 따른 교육훈련을 받는 데에 필요한 경비를 부담하여야 하며, 이를 이유로 그 해양조사기술자에게 불이익을 주어서는 아니 된다. ③ 해양수산부장관은 해양조사기술자 외에 관계 행정기관의 해양조사 관련 업무에 종사하는 자 등에 대하여 교육훈련을 실시할 수 있다. ④ 해양수산부장관은 제1항 및 제3항에 따른 교육훈련을 위하여 교육시설, 교수요원 등 인력 및 교육장비 등 대통령령으로 정하는 기준을 충족하는 기관을 ⑤ 해양수산부장관은 제4항에 따라 지정된 전문교육기관이 제1항에 따른 교육훈련에 관한 업무를 충실히 수행하지 못하거나, 제4항에 따른 지정기준에 미치지 못하는 경우에는 지정을 취소하거나 6개월 이내의 범

위에서 기간을 정하여 업무의 전부 또는 일부를 정지할 수 있다.

⑥ 제4항에 따른 전문교육기관의 지정 기준·절차 및 제5항에 따른 지정 취소의 기준 등에 관한 사항은 대통령령으로 정한다.

제8절 │ 해양조사 · 정보업

내용	규정
해양조사 · 정보업의 등록 등 (제30조)	① 해양조사·정보업을 하려는 자는 대통령령으로 정하는 기술인력, 시설, 해양조사장비 등의 등록기준을 충족하여 해양수산부장관에게 등록하여야 한다. ② 해양조사·정보업의 종류별 구체적인 업무의 범위는 대통령령으로 정한다. ③ 제1항에 따라 등록을 한 자(「해양조사·정보업자」)는 등록사항이 변경된 경우에는 해양수산부장관에게 신고하여야 한다. ④ 해양수산부장관은 제3항에 따른 신고를 받은 날부터 7일 이내에 신고수리 여부를 신고인에게 통지하여야 한다. ⑤ 해양수산부장관이 제4항에서 정한 기간 내에 신고수리 여부나 민원 처리 관련 법령에 따른 처리기간의 연장을 신고인에게 통지하지 아니하면 그 기간(민원 처리 관련 법령에 따라 처리기간이 연장 또는 재연장된 경우에는 해당 처리기간을 말한다)이 끝난 날의 다음 날에 신고를 수리한 것으로 본다. ⑥ 해양조사·정보업의 등록 및 등록사항의 변경신고의 절차 등에 관한 사항은 해양수산부령으로 정한다.
해양조사 · 정보업자의 의무 (제31조)	해양조사·정보업자는 해양조사·정보업과 관련된 입찰에 참여하는 경우 속임수, 위력 또는 그 밖의 방법으로 입찰의 공정성을 해쳐서는 아니 된다.
해양조사 · 정보업 등록증 및 등록수첩 (제33조)	① 해양수산부장관은 해양조사·정보업자에게 해양수산부령으로 정하는 바에 따라 해양조사·정보업 등록증 및 해양조사·정보업 등록수첩을 발급하여야 한다. ② 해양조사·정보업자는 다른 사람에게 자기의 해양조사·정보업 등록증 또는 해양조사·정보업 등록수첩을 빌려 주거나 자기의 성명 또는 상호를 사용하여 해양조사·정보업을 하게 하여서는 아니 된다. ③ 누구든지 다른 사람의 해양조사·정보업 등록증 또는 해양조사·정보업 등록수첩을 빌려서 사용하거나 다른 사람의 성명 또는 상호를 사용하여 해양조사·정보업을 하여서는 아니 된다.
해양조사 · 정보업자의 휴업 · 폐업 등 신고 (제34조)	다음 각호의 어느 하나에 해당하는 자는 해양수산부령으로 정하는 바에 따라 해양수산부장관에게 해당 각호의 사실이 발생한 날부터 30일 이내에 그 사실을 신고하여야 한다.

	1. 해양조사 · 정보업자인 법인이 파산 또는 합병 외의 사유로 해산한 경우: 해당 법인의 청산인 2. 해양조사 · 정보업자가 폐업한 경우: 폐업한 해양조사 · 정보업자 3. 해양조사 · 정보업자가 30일을 넘는 기간 동안 휴업하거나, 그 기간 동안 휴업 후 업무를 재개한 경우: 해당 해양조사 · 정보업자
해양조사 · 정보업의 대가 (제39조)	① 해양수산부장관은 해양조사 · 정보업(해양정보서비스업은 제외한다. 이하 이 조에서 같다)에 대한 대가의 기준을 정하여 관보에 고시하여야 한다. 이 경우 기획재정부장관과 미리 협의하여야 한다. ② 제1항에 따른 해양조사 · 정보업에 대한 대가의 기준의 산정방법 등 필요한 사항은 대통령령으로 정한다.

제9절 │ 해양조사장비

내용	규정
해양조사장비의 개발 · 확보 등 (제40조)	해양수산부장관은 해양조사에 필요한 측정기기, 조사선박, 항공기, 위성 등 해양조사장비의 개발 및 확보를 위하여 노력하여야 하며, 이를 적절하게 유지 · 관리하여야 한다.
해양조사장비의 성능검사 (제41조)	① 해양수산부령으로 정하는 해양관측 또는 수로측량을 위한 해양조사장비를 사용하는 자는 해양수산부령으로 정하는 기간마다 해양수산부장관이 실시하는 성능검사를 받아야 한다. 다만, 「국가표준기본법」 또는 그 밖의 다른 법령에 따라 검정 · 교정을 받은 해양조사장비 등 해양수산부령으로 정하는 해양조사장비는 성능검사의 대상에서 제외한다. ② 제1항에 따른 해양조사장비의 성능검사의 기준, 방법 및 절차 등에 관하여 필요한 사항은 해양수산부령으로 정한다.

제10절 │ 해양정보

내용	규정
해양정보의 보관 및 열람 등 (제42조)	① 해양수산부장관은 해양정보를 보관하고 일반인이 열람할 수 있도록 하여야 한다. ② 해양수산부장관은 해양수산부령으로 정하는 바에 따라 해양정보를 공표하여야 한다. ③ 제30조제1항에 따라 해양정보서비스업의 등록을 한 자 등 해양정보의 사본을 발급받으려는 자는 해양수산부령으로 정하는 바에 따라 해양수산부장관에게 발급을 신청하여야 한다.

해양정보의 품질관리 (제43조)	① 해양수산부장관은 해양정보의 정확도를 확보하기 위하여 해양정보의 품질관리에 필요한 시책을 추진하여야 한다. ② 제1항에 따른 품질관리의 대상, 범위, 기준 및 절차 등에 관한 사항은 해양수산부령으로 정한다.
관계 기관의 해양정보 활용 등 (제44조)	① 해양수산부장관은 관계 기관이 다음 각호의 어느 하나에 해당하는 해양조사를 할 때에는 그 해양조사 계획이나 해양정보를 제출할 것을 요구할 수 있다. 1. 조석·조류·해류의 관측 및 해수의 물리적 특성 조사 2. 해저지형, 해상 지구자기, 해상 중력 및 해저지질의 조사 3. 인공어초 등 해저위험물의 조사 4. 그 밖에 해양수산부장관이 정하여 고시하는 사항에 관한 조사 ② 해양수산부장관은 제1항에 따라 해양조사 계획을 제출한 관계 기관과 조사자료의 공동활용, 공동조사 및 기술협력을 위하여 노력하여야 한다. ③ 제1항에 따른 해양조사 계획이나 해양정보의 제출 등에 필요한 사항은 해양수산부령으로 정한다.
국가해양정보시스템 (제45조)	① 해양수산부장관은 생산된 해양정보 등을 수집·가공·분석·예측하고 이를 총괄하여 관리·제공하는 국가해양정보시스템을 구축·운영할 수 있다. ② 해양수산부장관은 국가해양정보시스템의 운영을 위하여 필요한 경우 관계 행정기관 및 해양조사 관련 기관 등에 관련 자료의 제공을 요청할 수 있다.
해양정보활용센터의 설치 등 (제46조)	① 해양수산부장관은 해양정보의 수집·가공·분석·예측 업무를 효율적으로 수행하고, 정보이용자에게 해양정보를 원활하게 제공하기 위하여 대통령령으로 정하는 해양수산부 소속 기관에 해양정보활용센터를 설치·운영할 수 있다. ② 제1항에 따른 해양정보활용센터의 설치·운영에 필요한 사항은 대통령령으로 정한다.

제11절 | 벌 칙

내용	규정
벌칙(제62조)	다음 각호의 어느 하나에 해당하는 자는 3년 이하의 징역 또는 3천만원 이하의 벌금에 처한다. 1. 제16조제1항을 위반하여 국가해양관측망을 무단으로 이전하거나 파손 또는 그 효용을 해치는 행위를 한 자 2. 제31조를 위반하여 속임수, 위력 또는 그 밖의 방법으로 해양조사·정보업과 관련된 입찰의 공정성을 해친 자

벌칙 (제63조)	다음 각호의 어느 하나에 해당하는 자는 2년 이하의 징역 또는 2천만원 이하의 벌금에 처한다. 1. 고의로 해양정보를 사실과 다르게 한 자 2. 제10조제1항을 위반하여 국가해양기준점 표지를 무단으로 이전하거나 파손 또는 그 효용을 해치는 행위를 한 자 3. 제28조제1항에 따른 업무정지기간 중에 해양조사 업무 또는 항해용 간행물의 제작 업무를 수행한 자 4. 제30조제1항을 위반하여 해양조사 · 정보업의 등록을 하지 아니하거나 거짓이나 그 밖의 부정한 방법으로 해양조사 · 정보업의 등록을 하고 해양조사 · 정보업을 한 자
벌칙 (제64조)	다음 각호의 어느 하나에 해당하는 자는 1년 이하의 징역 또는 1천만원 이하의 벌금에 처한다. 1. 제16조제2항을 위반하여 해양수산부장관의 허가를 받지 아니하고 국가해양관측망에 출입한 자 2. 제27조제1항을 위반하여 정당한 사유 없이 해양조사 또는 항해용 간행물의 제작을 거부한 자 3. 제27조제2항을 위반하여 정당한 사유 없이 업무상 알게 된 비밀을 누설한 자 4. 제27조제3항을 위반하여 둘 이상의 해양조사 · 정보업자에게 소속된 자 5. 제27조제4항을 위반하여 다른 사람에게 자기의 해양조사기술경력증을 빌려 주거나 자기의 성명을 사용하여 해양조사 업무 또는 항해용 간행물의 제작 업무를 하게 한 자 6. 제33조제2항을 위반하여 다른 사람에게 자기의 해양조사 · 정보업 등록증 또는 해양조사 · 정보업 등록수첩을 빌려 주거나 자기의 성명 또는 상호를 사용하여 해양조사 · 정보업을 하게 한 자 7. 제33조제3항을 위반하여 다른 사람의 해양조사 · 정보업 등록증 또는 해양조사 · 정보업 등록수첩을 빌려서 사용하거나 다른 사람의 성명 또는 상호를 사용하여 해양조사 · 정보업을 한 자 8. 제48조제1항을 위반하여 해양수산부장관의 승인을 받지 아니하고 해양정보간행물을 복제한 제작물을 발행하거나 변형하여 해양정보간행물과 비슷한 제작물을 발행한 자
양벌규정 (제65조)	법인의 대표자나 법인 또는 개인의 대리인 · 사용인, 그 밖의 종업원이 그 법인 또는 개인의 업무에 관하여 제62조부터 제64조까지의 어느 하나에 해당하는 위반행위를 하면 그 행위자를 벌하는 외에 그 법인 또는 개인에게도 해당 조문의 벌금형을 과한다. 다만, 법인 또는 개인이 그 위반행위를 방지하기 위하여 해당 업무에 관하여 상당한 주의와 감독을 게을리하지 아니한 경우에는 그러하지 아니하다.
과태료 (제66조)	① 다음 각호의 어느 하나에 해당하는 자에게는 300만원 이하의 과태료

를 부과한다.

1. 정당한 사유 없이 해양수산부장관이 제11조에 따라 공고한 해양조사를 방해한 자
2. 제20조제1항을 위반하여 일반수로측량을 실시하지 아니한 자
3. 정당한 사유 없이 제21조제1항을 위반하여 일반수로측량으로 얻은 해양정보의 사본을 제출하지 아니한 자
4. 제26조제1항에 따른 해양조사기술자의 신고를 하지 아니하거나 거짓으로 신고한 자
5. 정당한 사유 없이 제29조제1항을 위반하여 교육훈련을 받지 아니한 자
6. 제29조제2항에 따른 경비를 부담하지 아니하거나 경비부담을 이유로 해양조사기술자에게 불이익을 준 자
7. 제30조제3항을 위반하여 해양조사·정보업 등록사항의 변경신고를 하지 아니한 자
8. 제34조에 따른 해양조사·정보업자의 휴업·폐업 등 신고를 하지 아니하거나 거짓으로 신고한 자
9. 제35조제3항에 따른 해양조사·정보업자의 지위 승계 신고를 하지 아니한 자
10. 제38조제2항을 위반하여 처분내용을 알리지 아니한 자
11. 정당한 사유 없이 제41조제1항을 위반하여 해양조사장비의 성능검사를 받지 아니한 자
12. 제50조제4항을 위반하여 판매가격을 준수하지 아니하고 해양정보간행물을 판매하거나, 최신 항행통보에 따라 수정되지 아니한 항해용 간행물을 보급한 자
13. 제51조제1항에 따른 해양정보간행물 판매대행업 관련 사항의 신고를 하지 아니하거나 거짓으로 신고한 자
14. 정당한 사유 없이 제55조제1항에 따른 보고를 하지 아니하거나, 거짓으로 보고를 한 자
15. 정당한 사유 없이 제55조제1항에 따른 조사를 거부·방해 또는 기피한 자

② 제1항에 따른 과태료는 대통령령으로 정하는 바에 따라 해양수산부장관이 부과·징수한다.

제4편

해양보안

제1장 해양보안의 의미

「Maritime Security」는 「해양안보」, 「Maritime Safety」는 「해양안전」으로, 우리나라에서는 양자의 의미가 다르게 사용되지만, 국가에 따라서는 양자는 혼용되어 사용되기도 한다. 「해양안보」는 군사적 요소를 강하게 내포하고 있기 때문에 비군사적 요인에 의한 해양위협을 적절하게 나타내지 못하는 측면이 있다. 이에 따라 해양위협으로부터 안전을 확보하기 위한 여러 조치들 가운데 비군사적 조치를 포괄하는 의미로 「해양보안」 이란 용어를 사용하여 「해양안보」 및 「해양안전」과 구별하고자 한다.[1]

「유엔해양법협약」 등 국제법에서는 해양보안에 대한 합의된 정의를 찾기가 어렵고, 사용하는 사람이나 사용되는 맥락에 따라 달리 해석된다. 「국제해사기구」(IMO)의 「해사안전위원회」(MSC)는 해양안전과 해양보안을 다음과 같이 구분하고 있다. 「Maritime Safety」는 "안전기준 미달 선박, 미자격 선원이나 운영자의 과실 등에 의해 초래되는 해상사고의 발생을 예방하거나 최소화하는 것"을 의미하는 반면, 「Maritime Security」는 "불법적이고 고의적인 행위로부터 보호와 관련된 것"으로 설명하고 있다.[2]

UN 사무총장이 총회에 보고한 「Oceans and the Law of the Sea」 보고서에서 해양보안을 가장 좁은 의미로는 "영토 보전(territorial integrity)에 대한 직접위협으로부터 보호"를 말하고, 일반적으로는 "해적, 해상강도, 테러와 같은 해상범죄 및 불법 투기, 선박으로부터 오염물질 배출과 같은 해양환경에 대한 불법적이고 의도적인 파괴행위 및 불법어업과 같은 천연자원을 고갈시키는 행위

---

1) 김석균, 「CSI와 PSI」, 해양의 국제법과 정치, 한국해로연구회, 2011, p. 105 각주 참조.
2) Natalie Klein, 「Maritime Security and the Law of the Sea」, Oxford University Press, p. 8에서 재인용

로부터 안전을 확보하는 것"이라고 하고 있다.[3]

이와 같은 논의를 정리하면 「해양보안」(Maritime Security)은 "다양한 해양위협 요인으로부터 개인 및 국가의 안전을 확보하기 위한 국가의 여러 조치 및 노력의 총합"으로서 정의될 수 있을 것이다. 즉 해양보안은 오늘날 국제사회가 직면하고 있는 다양한 해양위협 요인으로부터 개인이나 국가의 안전을 확보하기 위해 국가나 국제적 사회가 시행하는 조치 및 노력의 총합이라 정의할 수 있다. 해양위협 요인은 해적, 테러, 사이버 공격, 대량살상무기 운송에서 고의적 환경오염, 불법조업 등에 이르기까지 다양해지고 있다. 특히 자율운항선박이 현실화되고, 항만, 선박, 선박회사 시스템에 대한 사이버 공격이 급속히 증가하고 있는 상황에서 「해양사이버보안」(Maritime Cyber Security)은 해양산업의 최대의 과제가 되고 있다.

제2장 해적 대응

1. 유엔해양법협약

「유엔해양법협약」에서는 「해적행위」(piracy)를 노예거래, 무허가 방송, 무국적선 등과 함께 공해에서의 금지행위로 규정하고 있다. 해적행위는 "민간선박 또는 항공기의 승무원이나 승객이 「사적목적」(private ends)을 위해, (1) 공해에서 다른 선박이나 항공기 또는 그 선박이나 항공기 내의 사람이나 재산, (2) 국가의 관할권 밖에 있는 선박·항공기·사람이나 재산 등에 대하여 범하는 폭력(violence)·억류(detention) 또는 약탈행위(depredation)"로 정의된다.[4] "해적행위에 자발적으로 참여하는 행위와 교사하거나 방조하는 행위"도 해적행위로 규정하고 있다.[5]

「유엔해양법협약」은 해적행위를 발생지에 상관없이 해적행위를 진압한 국가는 재판관할권을 행사할 수 있는 「보편적 범죄」(universal crime)로 규정하고 있다.[6] 이 같은 차원에서 "모든 국가는 해적행위를 진압하는데 협력해야 할 의무"를 가진다.[7] 「유엔해양법협약」상 해적행위의 정의를 구성하는 요소를 다음과 같이 분석해 볼 수 있다.[8]

첫째, 유엔해양법협약은 해적행위의 발생 장소를 「공해」 또는 「국가관할권 밖」으로 제한하고 있

---

3) UN, Oceans and the Law of the Sea: Report of the Secretary General, March 10, 2008, http://daccess-dds-ny.un.org/doc/UNDOC/GEN/N08/266/26/PDF/N0826626.pdf?OpenElement.
4) 유엔해양법협약, 제101조.
5) 위의 협약, 같은 조.
6) 위의 협약, 제105조.
7) 위의 협약, 제100조.
8) Suk Kyoon Kim, "Building a Multilateral Framework to Combat Piracy in Asia: From a Global Governance Perspective," Doctorate Dissertation, Hanyang University, 2005, pp. 8-16.

344 PART Ⅱ 해사법규

다. IMO는 국가의 관할권 내에서 일어난 약탈 등 불법행위는 「해상강도」나 「해상절도」로 보고 해적행위와 구분하고 있다. 이에 따라 해적행위로 인식되는 불법행위 중 대부분은 연안지역에서 일어나는 것이기 때문에 국제법상의 해적행위에 해당되지 않는다. 「유엔해양법협약」이 해적행위의 장소적 범위를 「공해」 또는 「관할권 밖」으로 한정한 것은 영해나 국가의 관할권 내에 있는 행위는 연안국의 국내법이나 일반법규로 조치가 가능하다는 이유 때문이다.

둘째, 불법행위의 동기에 있어서 「사적 목적」(private ends)으로 제한함으로써 해상 테러와 같이 「정치적 목적」을 띤 바다에서 불법적 폭력행위는 국제법상 별개로 취급되고 있다.

셋째, 해적행위가 성립되기 위해서는 「피해선박」(victim vessel)과 「해적선」(pirate vessel)이 있어야 하는 이른바 「two-ships rule」이 적용된다. 따라서 선박 안에서 일어나는 탑승자에 의한 선박 납치·감금·폭력행위는 국제법상의 해적행위에 해당되지 않는다. 이러한 요건에 따라 1996년 8월 2일 남태평양 공해상에서 중국 선원 6명이 한국인 선원을 포함한 11명을 살해하고 선박을 탈취한 「페스카마 15호」 사건의 주범들은 「해강강도 살인죄」로 처벌되었다.

해적행위와 해상강도는 불법성이나 위험성에서 구별이 어렵지만 사법관할권에서는 큰 차이가 있기 때문에 해적행위 해당여부에 대한 해석문제가 제기된다. 다시 말하면 해적은 「보편적 범죄」로서 해적을 나포한 국가는 누구든 재판 관할권을 가지지만, 해상강도는 국내 범죄로서 법 집행 및 재판을 범죄가 발생한 연안국의 국내법에 따라 하게 되는 것이다.

2. 1988년 항행의 안전에 대한 불법행위의 억제를 위한 협약(SUA 협약)

「유엔해양법협약」상의 해적은 앞에서 본 바와 같이 (1) 피해선박과 해적이 있어야 하는 「two-ships rule」, (2) 정치적 목적에 의한 폭력행위는 적용이 되지 않는 점, (3) 재판관할권에 대한 규정 불명확 등의 미비점을 보완하기 위하여 새로운 국제협약이 마련되었다.

1988년 「항해의 안전에 대한 불법행위의 억제를 위한 협약」(Convention for the Suppression of Unlawful Acts against the Safety of Maritime Navigation, SUA Convention)이 채택되어 해상테러를 포함한 해상에서 발생하는 포괄적 형태의 불법행위를 규제하고 있다. 동 협약은 불법적·고의적으로 무력 또는 무력적 위협이나 그 밖의 협박에 의하여 선박을 억류·통제하는 행위, 선박의 안전항해를 위협할 수 있는 행위로서 선상의 사람에 대하여 폭력을 행사하는 것을 금지하고 있다(제4조). 또한 각 당사국은 범죄가 다음의 경우가 해당할 때에는 그 범죄에 대한 재판관할권을 행사할 수 있다(제6조).

• 자국의 국기를 게양한 선박에 대하여 또는 동 선박에서 발생하는 경우
• 영해를 포함하여 자국의 영역 안에서 발생하는 경우
• 자국민에 대하여 발생하는 경우

3. 우리나라의 관련법

가. 형법

우리 형법에서는 연안에서의 약탈행위에 대해서는 「해상강도죄」로 처벌하고 있다. 해적행위는 「형법」 제340조의 규정에 의하여 "다중의 위력으로 선박을 강취하거나 선박 내에 침입하여 타인의 재물을 강취한 자" 및 "상해·살해·강간의 죄"를 범한 경우 「해상강도죄」로 처벌하고 있다. 해상강도죄는 국제법상의 해적행위 구성요건과 차이가 있기 때문에 국제법과 국내법 중 어느 것을 우선 적용할 것인가 하는 문제가 먼저 발생할 수 있다.

나. 선박 및 해상구조물에 대한 위해행위의 처벌 등에 관한 법률

우리나라는 「SUA 협약」을 2003년에 비준하고, 동 협약의 국내적 이행을 위하여 같은 해 「선박 및 해상구조물에 대한 위해행위의 처벌 등에 관한 법률」(선박위해행위 처벌법)을 제정·공포하였다. 대한민국의 영역 외에서 대한민국 선박이나 대륙붕상의 해상구조물에 대한 안전을 위해하는 광의의 해적행위에 대하여는 「선박위해행위 처벌법」에 의하여 처벌할 수 있다.

외국인에 대한 적용 범위는 (1) 대한민국 영역 외에서 대한민국 선박에 대하여 폭행·협박·상해·살인·선박납치·손괴 등의 죄를 범한 외국인, (2) 대한민국 영역 외에서 대한민국 대륙붕상의 해상구조물에 대하여 또는 해상구조물에서 제5조 내지 제13조의 죄를 범한 외국인, (3) 앞의 죄를 범하고 대한민국 영역 안에 있는 외국인으로 정하고 있다.

다. 국제항해선박 등에 대한 해적행위 피해예방에 관한 법률

2011년 1월 소말리아 해적에게 납치되었던 「삼호주얼리호」 사건 이후 우리나라를 비롯한 주요 해운국이 아덴만 연안에 해군 함정을 파견해 소탕작전을 벌여 해적행위가 많이 위축되었으나, 해적행위는 오늘날 항해의 안전을 위협하는 최대의 요인이 되고 있다. 우리나라 관할권 밖의 해상에서 발생하는 해적행위에 대하여 선박 및 선원의 안전 확보를 위한 법적 보호조치를 강화하기 위해 「국제항해선박 등에 대한 해적행위 피해예방에 관한 법률」(해적피해 예방법)을 새롭게 제정하였다.

라. 법 적용

대한민국 연안이나 관할수역에서 일어나는 우리나라 선박이나 선원에 대한 폭력이나 약탈행위는 형법상 「해상강도죄」나 다른 국내법상의 불법행위로 처벌할 수 있다. 대한민국의 영역 외에서 해적행위를 비롯한 대한민국 선박이나 대륙붕상의 해상구조물 및 선원의 안전을 위해하는 행위에 대한 처벌을 용이하게 할 수 있도록 「선박위해행위 처벌법」이 제정되었다. 「유엔해양법협약」상 해적 행위는 동 법에 의하여 형사관할권 행사와 국내법에 의한 처벌이 가능하게 되었다.

「해적피해 예방법」은 해적 대응을 위한 국제사회의 노력에 동참하고 해적피해 예방을 위한 국내 법적 조치이다. 동 법은 (1) 해적피해 예방을 위한 국가의 책무, (2) 국가와 선사의 해적 피해예방 계획수립·이행, (3) 선박피난시설 설치, (4) 위험해역 통항 선박의 무장보안요원 배치 등 선사의 의무를 규정하고 있다.

제3장 선박 및 해상구조물에 대한 위해행위의 처벌 등에 관한 법률 (선박위해처벌법)

제1절 | 총 칙

내용	규정
목적 (제1조)	이 법은 운항 중인 선박 및 해상구조물에 대한 위해행위를 방지함으로써 선박의 안전한 운항과 해상구조물의 안전을 보호함을 목적으로 한다.
정의 (제2조)	1. "선박"이란 기선, 범선, 부선 및 잠수선 등 해저에 항상 고착되어 있지 아니한 모든 형태의 배를 말한다. 다만, 군함, 국가가 소유하거나 운영하는 해군보조함 및 세관·경찰용 선박은 제외한다. 2. "운항"이란 항해, 정박, 계류, 대기 등 해양에서의 선박의 모든 사용 상태를 말한다. 3. "대한민국 선박"이란 「선박법」 및 「어선법」 등 관계 법령에 따라 대한민국에 등록된 선박을 말한다. 4. "외국선박"이란 외국에 등록된 선박을 말한다. 5. "해상구조물"이란 자원의 탐사·개발, 해양과학조사, 그 밖의 경제적 목적 등을 위하여 「해양법에 관한 국제연합 협약」에 따른 대륙붕에 항상 고착된 인공섬, 시설 또는 구조물을 말한다. 6. "외국인"이란 대한민국의 국적을 가지지 아니한 사람을 말한다.
외국인에 대한 적용 범위 (제3조)	이 법은 다음 각호의 어느 하나에 해당하는 외국인에게도 적용한다. 1. 대한민국 영역 밖에서 대한민국 선박에 대하여 제5조부터 제13조까지의 죄를 범한 외국인 2. 대한민국 영역 밖에서 대한민국 대륙붕에 있는 해상구조물에 대하여 또는 그 해상구조물에서 제5조부터 제13조까지의 죄를 범한 외국인 3. 대한민국 영역 밖에서 제5조부터 제13조까지의 죄를 범하고 대한민국 영역 안에 있는 외국인

범죄인의 인도 (제4조)	① 대한민국 선박의 선장은 운항 중에 제5조부터 제13조까지의 죄를 범한 것으로 의심할 만한 상당한 이유가 있다고 인정하는 사람(「범죄인」)을 「항해의 안전에 대한 불법행위의 억제를 위한 협약」(「항해안전협약」)의 당사국인 외국의 정부기관에 인도할 수 있다. 이 경우 선장은 긴급히 처리하여야 할 부득이한 사유가 있는 경우를 제외하고는 인도하기 전에 인도 대상자, 인도 사유, 인도 예정 일시 및 인도 대상국 등에 관한 사항을 미리 법무부장관에게 보고하고 승인을 받아야 한다. ② 대한민국 선박의 선장은 범죄인을 인도하려는 경우에는 특별한 사정이 있는 경우를 제외하고는 외국의 영해에 진입하기 전에 인도 대상자, 인도 의사 및 인도 사유를 그 정부기관에 통보하여야 하고, 인도하는 경우에는 관련 증거를 함께 제공하여야 한다. ③ 범죄인을 인도한 선장은 즉시 법무부장관에게 인도 대상자, 인도 일시, 인도 장소 및 인수기관 등에 관한 사항을 보고하여야 한다. ④ 항해안전협약의 당사국인 외국선박의 선장이 범죄인을 대한민국에 인도하려는 경우에는 검사 또는 「형사소송법」 제197조제1항에 따른 사법경찰관(「사법경찰관리의 직무를 수행할 자와 그 직무범위에 관한 법률」 제5조제18호에 따른 어업감독 공무원 중 7급 이상 공무원 포함)은 특별한 사정이 있는 경우를 제외하고는 그 범죄인을 인수하여야 한다. 이 경우 사법경찰관이 인수할 때에는 긴급히 처리하여야 할 부득이한 사유가 있는 경우를 제외하고는 검사의 지휘를 받아야 한다. ⑤ 사법경찰관은 범죄인을 인수한 경우에는 그 결과를 즉시 검사에게 보고하여야 한다. ⑥ 검사 또는 사법경찰관이 범죄인을 인수할 때에는 범행을 조사하는 데에 필요한 증거물의 제시·제출, 선박 안에 있는 사람의 출석 등을 선장에게 요구할 수 있다. 이 경우 그 조사를 위하여 해당 선박의 운항을 부당하게 지연시켜서는 아니 된다. ⑦ 법무부장관은 인수한 범죄인을 그가 승선하고 있던 외국선박이 등록된 국가에 인수하도록 요청할 수 있다. 이 경우 인수요청 절차에 관하여는 「국제형사사법 공조법」 제29조부터 제32조까지의 규정을 준용하되, "공조요청"은 "인수요청"으로, "공조요청서"는 "인수요청서"로 본다. ⑧ 인수요청 대상 국가로부터 인수 수락의 통보를 받은 경우 검사는 범죄인이 구속되어 있는 교도소·구치소 또는 그 밖의 구금장소의 장에게 그 범죄인을 인도할 것을 지휘하여야 한다. 이 경우 그 절차에 관하여는 「범죄인 인도법」 제36조, 제37조제1항, 제39조제1항, 제40조제1항 및 제41조를 준용한다.

제2절 │ 범죄행위

내용	규정
폭행 · 협박 · 상해 · 살인죄 (제5조)	① 운항 중인 선박 또는 해상구조물의 안전을 위험하게 할 목적으로 그 선박 또는 해상구조물에 있는 사람을 살해한 사람은 사형, 무기 또는 7년 이상의 징역에 처한다. ② 운항 중인 선박 또는 해상구조물의 안전을 위험하게 할 목적으로 그 선박 또는 해상구조물에 있는 사람의 신체를 상해 또는 폭행하거나 사람을 협박한 사람은 3년 이상의 유기징역에 처한다. ③ 제1항의 죄를 범할 목적으로 예비하거나 음모한 사람은 10년 이하의 징역에 처한다. 다만, 그 목적한 죄의 실행에 착수하기 전에 자수한 사람은 그 형을 감경하거나 면제한다
선박 납치죄 (제6조)	① 폭행이나 협박 또는 그 밖의 방법으로 운항 중인 선박 또는 해상구조물을 강탈하거나 선박을 강제로 운항하게 한 사람은 무기 또는 5년 이상의 징역에 처한다. ② 제1항의 죄를 범할 목적으로 예비하거나 음모한 사람은 5년 이하의 징역에 처한다. 다만, 그 목적한 죄의 실행에 착수하기 전에 자수한 사람은 그 형을 감경하거나 면제한다.
선박 등의 손괴죄 (제7조)	운항 중인 선박 또는 해상구조물을 파괴하거나, 운항 중인 선박이나 해상구조물 또는 그에 적재된 화물에 그 안전을 위험하게 할 만한 손상을 입힌 사람은 3년 이상의 유기징역에 처한다.
선박 운항 관련 기기 · 시설의 손괴죄 등 (제8조)	운항 중인 선박의 안전을 위험하게 할 목적으로 그 선박 운항과 관련된 기기 · 시설을 파괴하거나 중대한 손상을 가하거나 기능장애 상태를 발생시킨 사람은 10년 이하의 징역에 처한다.
위험 물건 설치 · 탑재죄 (제9조)	운항 중인 선박 또는 해상구조물의 안전을 위험하게 할 만한 물건을 그 선박 또는 해상구조물에 설치하거나 탑재한 사람은 7년 이하의 징역에 처한다.
거짓 정보 전달죄 (제10조)	거짓된 정보를 전달하여 선박의 안전운항을 위험하게 한 사람은 7년 이하의 징역 또는 5천만원 이하의 벌금에 처한다.
미수범 (제11조)	제5조제1항 · 제2항(폭행은 제외한다), 제6조제1항 및 제7조부터 제10조까지에 규정된 죄의 미수범은 처벌한다.
선박 납치 등 살인 · 치사죄, 상해 · 치상죄 (제12조)	① 제6조제1항의 죄 또는 그 미수죄를 범하여 사람을 살해하거나 사망에 이르게 한 사람은 사형, 무기 또는 10년 이상의 징역에 처하고, 사람의 신체를 상해하거나 상해에 이르게 한 사람은 무기 또는 7년 이상의 징역에 처한다.

내용	규정
	② 제5조제1항·제2항, 제7조의 죄 또는 그 미수죄(제5조제2항의 경우 폭행은 제외)를 범하여 사람을 살해하거나 사망에 이르게 한 사람은 사형, 무기 또는 7년 이상의 징역에 처하고, 사람의 신체를 상해하거나 상해에 이르게 한 사람은 무기 또는 5년 이상의 징역에 처한다. ③ 제8조부터 제10조까지의 죄 또는 그 미수죄를 범하여 사람을 살해하거나 사망에 이르게 한 사람은 사형, 무기 또는 5년 이상의 징역에 처하고, 사람의 신체를 상해하거나 상해에 이르게 한 사람은 무기 또는 3년 이상의 징역에 처한다. ④ 제1항부터 제3항까지에 규정된 죄의 미수범은 처벌한다.
협박죄 (제13조)	다른 사람의 권리행사를 방해하거나 의무가 없는 일을 하게 할 목적으로 제5조제1항·제2항, 제7조 또는 제8조의 죄를 범하여 운항 중인 선박 또는 해상구조물의 안전을 위험하게 할 것이라고 고지함으로써 다른 사람을 협박한 사람은 5년 이하의 징역 또는 3천만원 이하의 벌금에 처한다.

제4장 국제항해선박 등에 대한 해적행위 피해예방에 관한 법률 (해적피해예방법)

제1절 | 총 칙

내용	규정
목적 (제1조)	이 법은 우리나라 영해 밖의 해상에서 발생하는 「해양법에 관한 국제연합 협약」 등에 따라 금지되는 해적행위 등으로부터 국제항해선박과 그 선원 및 해상구조물에 대한 안전을 확보하고 피해를 예방하는 데 필요한 사항을 규정함으로써 국민의 생명과 재산을 보호하고 국제항해 질서유지에 이바지함을 목적으로 한다.
정의 (제2조)	1. "국제항해선박"이란 국제항해에 이용되는 대한민국 국적의 선박(국적취득조건부나용선 포함)으로서 대통령령으로 정하는 선박을 말한다. 2. "원양어선"이란 「원양산업발전법」 제6조제1항에 따라 원양어업의 허가를 받은 어선 및 같은 법 제17조에 따른 시험어업 및 연구어업·교습어업에 사용되는 선박을 말한다. 3. "선원"이란 「선원법」 제2조제1호에 따른 선원으로서 국제항해선박에 종사하는 사람을 말한다. 4. "해상구조물"이란 자원의 탐사·개발, 해양과학조사, 그 밖의 경제적 목적 등을 위하여 해상에 설치되는 시설 또는 구조물을 말한다. 5. "해적행위"란 다음 각 목의 어느 하나에 해당하는 행위를 말한다.

가. 민간선박의 선원이나 승객이 사적 목적으로 공해상 또는 어느 국가 관할권에도 속하지 아니하는 곳에 있는 다른 선박이나 그 선박 내의 사람이나 재산에 대하여 범하는 불법적 폭력행위, 억류 또는 약탈행위

나. 어느 선박이 해적선이 되는 활동을 하고 있다는 사실을 알고서도 자발적으로 그러한 활동에 참여하는 행위

6. "해상강도행위"란 외국의 관할권이 미치는 곳에서 행하는 제5호가목 또는 나목에 해당하는 행위를 말한다.

7. "위험해역"이란 해적행위나 해상강도행위(「해적행위등」)가 발생하거나 발생할 우려가 있어 국제항해선박·원양어선·해상구조물(「국제항해선박등」) 또는 선원·승선자의 안전에 상당한 위험이 있다고 판단하는 해역으로서 제8조에 따른 해적행위피해예방협의회의 심의를 거쳐 해양수산부장관이 고시로 정하는 해역을 말한다.

8. "고위험해역"이란 위험해역 중 선원납치 사건 등 해적에 의한 피해가 집중발생되는 해역으로서 제8조에 따른 해적행위피해예방협의회의 심의를 거쳐 해양수산부장관이 고시로 정하는 해역을 말한다.

9. "해상특수경비업"이란 해적행위등으로부터 국제항해선박등과 선원의 안전을 확보하는 데 필요한 경비업무를 제공하는 영업을 말한다.

10. "위험성평가"란 해상특수경비원의 승선, 해상특수경비업무 수행과 관련한 고려사항 등을 결정하기 위하여 실시하는 평가를 말한다.

국가의 책무 등 (제3조)	① 국가는 해적행위등으로부터 국민의 생명과 재산을 보호하고 항해안전을 확보하는 데 필요한 시책을 마련하여 추진하여야 한다. ② 국가는 국제항해선박등에 대한 해적행위등을 근절하고 피해를 예방하기 위하여 외국 및 국제기구 등과 정보교환·기술협력 등 국제적 협력 증진에 적극 노력하여야 한다. ③ 국제항해선박등의 소유자·관리자·운영자(「선박소유자등」)는 자기가 소유·관리하거나 운영하는 선박 또는 해상구조물에 대하여 국가의 해적행위 피해예방 조치 등에 따른 필요 시설을 설치하고 종사자에 대한 교육훈련 등을 실시하며 관련 규정을 준수하여야 한다.
적용범위 (제4조)	이 법은 위험해역을 통항하는 국제항해선박등에 대하여 적용한다. 다만, 다음 각호의 어느 하나에 해당하는 선박 및 해상구조물에 대하여는 그러하지 아니하다. 1. 총톤수 500톤 미만의 화물선 2. 고정식 해상구조물 3. 국가 또는 지방자치단체가 소유하는 선박
다른 법률과의 관계 등 (제5조)	① 국제항해선박등에 대한 해적행위등과 관련한 피해예방에 있어서는 다른 법률에 특별한 규정이 있는 경우를 제외하고는 이 법에서 정하는 바에 따른다.

	② 해적행위의 피해예방을 위하여 해상특수경비원이 이 법에 따라 우리나라 영해 밖에서 무기를 소지 및 사용하는 경우에는 「총포·도검」화약류 등의 안전관리에 관한 법률」을 적용하지 아니한다.

제2절 │ 해적행위 피해예방 종합대책의 수립

내용	규정
해적행위 피해예방 종합대책의 수립·시행 (제6조)	① 해양수산부장관은 해적행위등으로 인하여 발생하였거나 발생할 수 있는 위험과 피해를 예방하고 최소화하기 위하여 관계 중앙행정기관의 장 및 「국제항해선박 및 항만시설의 보안에 관한 법률」에 따른 관계 국가보안기관의 장과 협의한 후 제8조에 따른 해적행위피해예방협의회의 심의를 거쳐 해적행위 피해예방 종합대책(「종합대책」)을 수립·시행하여야 한다. ② 종합대책에는 다음 각호의 사항이 포함되어야 한다. 1. 해적행위 피해예방을 위한 관계 중앙행정기관의 역할에 관한 사항 2. 제7조에 따른 해적행위 피해예방요령의 수립에 관한 사항 3. 해적행위등과 관련한 정보 수집 및 동향분석에 관한 사항 4. 해적행위 피해예방과 관련한 국제협력에 관한 사항 5. 그 밖에 해적행위 피해예방에 관하여 대통령령으로 정하는 사항 ③ 종합대책의 변경에 관하여는 제1항을 준용한다. 다만, 대통령령으로 정하는 경미한 사항을 변경하려는 경우에는 그러하지 아니하다. ④ 해양수산부장관은 종합대책의 수립 또는 변경을 위하여 필요한 경우에는 관계 중앙행정기관의 장이나 관련 기관·단체에 대하여 자료의 제출이나 의견의 진술을 요청할 수 있다. 이 경우 요청을 받은 관계 중앙행정기관의 장 등은 특별한 사정이 없으면 이에 따라야 한다. ⑤ 그 밖에 종합대책의 수립·시행에 필요한 사항은 대통령령으로 정한다.
해적행위 피해예방요령 (제7조)	① 해양수산부장관은 다음 각호의 사항을 포함하여 국제항해선박등에 대한 해적행위등에 신속히 대처하고 이로부터 벗어나는 데 필요한 피해예방요령(「해적행위 피해예방요령」)을 수립하여 시행하여야 한다. 1. 위험해역의 진출입 시 조치할 사항 2. 국제항해선박등의 통항보고와 관련한 사항 3. 해적 등의 침입에 대비한 방지설비의 설치·운영에 관한 사항 ② 위험해역을 항해하려는 선박소유자등과 국제항해선박등은 제1항에 따라 수립된 해적행위 피해예방요령을 지켜야 한다. ③ 제1항제2호에 따른 통항보고의 시기·방법과 그 밖에 필요한 사항은 대통령령으로 정한다.

해적행위피해예방협의회 (제8조)	① 국제항해선박등에 대한 해적행위등으로부터 피해를 예방하기 위한 다음 각 호의 사항을 심의하기 위하여 해양수산부에 해적행위피해예방협의회(「협의회」)를 둔다. 1. 종합대책의 수립·변경·평가에 관한 사항 2. 관계 중앙행정기관 간 협력이 요구되는 사항 3. 위험해역, 고위험해역 지정 및 범위 설정에 관한 사항 4. 그 밖에 해적행위 등 피해예방에 필요한 사항 ② 그 밖에 협의회의 구성·운영에 필요한 사항은 대통령령으로 정한다.
자체대책의 수립 등 (제9조)	① 선박소유자등은 종합대책에 따라 자체 해적행위 피해예방대책(「자체대책」)을 수립하여 해양수산부장관에게 제출하여야 한다. 수립한 사항 중 해양수산부령으로 정하는 중요한 사항을 변경하려는 경우에도 또한 같다. ② 해양수산부장관은 해적행위 피해예방을 위하여 필요하다고 판단하는 때에는 수립된 자체대책의 보완 요구 등 필요한 조치를 할 수 있다. ③ 해양수산부장관은 자체대책을 수정·보완 요구할 때에는 「국제항해선박 및 항만시설의 보안에 관한 법률」에 따른 관계 국가보안기관의 장과 미리 협의하여야 한다. ④ 해양수산부장관은 선박소유자등으로부터 요청이 있는 경우 자체대책의 수립이나 변경에 필요한 정보나 자료의 제공 등을 할 수 있다.

※시행령 제4조(국제항해선박등의 통항보고) ① 선박소유자등은 국제항해선박등이 위험해역을 통항하려는 경우에는 통항하기 24시간 전까지 해양수산부장관에게 다음 각 호의 사항을 포함하여 법 제7조제1항제2호에 따른 통항보고(이하 "통항보고"라 한다)를 해야 한다. 다만, 급박한 위험이 있는 선박을 구조하는 경우 등 해양수산부령으로 정하는 사유가 있는 경우에는 위험해역을 통항하기 전까지 통항보고를 할 수 있다.

1. 통항하려는 국제항해선박등의 명칭·국적·종류·호출부호·식별번호·총톤수, 국제항해선박등에 승선하는 선원·승선자나 해상구조물에 있는 사람(이하 "선원등"이라 한다)의 국적 등에 관한 사항
2. 국제항해선박등의 속력 및 건현
3. 위험해역의 진입 예정시각 등 국제항해선박등의 운항정보
4. 선원등을 해적행위나 해상강도행위(이하 "해적행위등"이라 한다)로부터 안전하게 대피시킬 수 있는 시설물(이하 "선원대피처"라 한다) 등 해적 등의 침입에 대비한 방지설비의 설치 여부에 관한 사항
5. 무기를 휴대한 해상특수경비원의 승선 여부

② 통항보고는 해양수산부장관이 지정한 전자적 방법으로 해야 한다.

제3절 | 해적행위 피해예방을 위한 조치

내용	규정
해적행위 피해신고 등 (제10조)	① 누구든지 해적행위등이 발생한 사실이나 발생할 징후를 발견하였을 때에는 지체 없이 외교부장관, 해양수산부장관, 해양경찰청장 또는 재외공관장에게 신고하여야 한다. ② 제1항에 따른 신고를 받은 외교부장관, 해양수산부장관, 해양경찰청장 또는 재외공관장은 그 내용을 지체 없이 관계 중앙행정기관의 장과 선박소유자등에게 통보하여야 한다.
국가의 조치 (제11조)	① 해양수산부장관은 위험해역에서 해적행위등이 발생하였거나 발생할 우려가 상당하다고 인정하는 경우에는 다음 각호의 어느 하나에 해당하는 조치를 취하여야 한다. 1. 해적행위와 관련한 정보 수집 및 상황의 전파 2. 종합대책에 따른 해적행위 피해예방활동 전개 3. 해적행위 피해예방을 위한 국제협력 지원 4. 해적행위 피해예방을 위한 종합상황실의 설치·운영 5. 그 밖에 해양수산부령으로 정하는 사항 ② 국가는 해적행위등으로부터 국제항해선박등의 안전확보와 피해예방을 위하여 특히 필요하다고 인정하는 때에는 헌법과 관계 법률에 따라 국군 등을 국외에 파견할 수 있다. ③ 해양수산부장관은 제1항제4호에 따른 종합상황실의 운영에 필요한 경우 관계 중앙행정기관의 장에게 소속 공무원의 파견을 요청할 수 있다. 이 경우 관계 중앙행정기관의 장은 특별한 사유가 없으면 이에 따라야 한다.
고위험해역 진입 제한 등 (제11조의2)	① 해양수산부장관은 고위험해역에서 통항하려는 국제항해선박등 또는 외국국적 어선에 승선하는 대한민국 국적 선원·승선자의 고위험해역으로의 진입을 제한할 수 있다. ② 해양수산부장관은 고위험해역에서 통항하려는 국제항해선박등에 대하여 진입 제한 조치를 대신하여 그 선박소유자등에게 선원대피처 설치 또는 해상특수경비원 승선 등 해양수산부령으로 정하는 안전조치의 이행을 명할 수 있다. ③ 해양수산부장관은 제1항 또는 제2항에 따른 조치를 취한 경우에는 그 제한 시기, 적용 대상, 방법 등 관련 정보를 관보에 고시하여야 한다. ④ 해양수산부장관은 제1항 또는 제2항에 따른 조치를 이행하지 아니한 국제항해선박등, 선박소유자등 및 선원에게 「선박직원법」 제9조에 따른 면허취소, 「원양산업발전법」 제7조에 따른 원양어업허가 제한 등 필요한 조치를 할 수 있다.

고위험해역 진입 제한 등에 대한 면책 (제11조의3)	① 제11조의2제1항 또는 제2항의 규정은 급박한 위험이 있는 선원 또는 선박을 구조하는 경우 또는 본인의 의사에 반하여 고위험해역에 진입하는 경우 등 해양수산부령으로 정하는 정당한 사유가 있는 경우에는 적용하지 아니한다. ② 제1항에 따른 사유가 발생한 경우에는 선박소유자등 또는 제13조제3항에 따른 선장등은 지체 없이 해양수산부장관에게 그 내용을 보고하여야 한다. ③ 선박소유자등 또는 선장등은 제1항에 따른 사유가 종료된 때에는 지체 없이 그 경과를 해양수산부장관에게 보고하여야 한다.
선원대피처의 설치 등 (제12조)	① 선박소유자등은 국제항해선박등에 승선하는 선원·승선자나 해상구조물에 있는 사람(「선원등」)을 해적행위등으로부터 안전하게 대피시킬 수 있는 시설물(「선원대피처」)을 설치하여야 한다. ② 해양수산부장관은 선원대피처를 설치하지 아니하거나 시설기준에 적합하지 아니하게 설치한 국제항해선박등에 대하여는 위험해역에의 진입을 제한할 수 있다. ③ 선원대피처의 설치대상 선박, 시설기준, 비치물품 및 그 밖에 필요한 사항은 해양수산부령으로 정한다.
출입·점검 등 (제12조의2)	① 해양수산부장관은 국제항해선박등의 해적행위 피해예방에 관한 사항을 점검하기 위하여 필요하다고 인정되는 경우에는 선박소유자등, 위탁교육훈련기관 또는 심사대행기관 등 관계인에 대하여 필요한 보고를 명하거나 자료를 제출하게 할 수 있으며, 「선박안전법」 제76조에 따른 선박검사관, 「국제항해선박 및 항만시설의 보안에 관한 법률」 제37조에 따른 보안심사관 또는 소속 공무원으로 하여금 직접 해당 국제항해선박등, 위탁교육훈련기관, 심사대행기관 또는 사업장에 출입하여 해적행위 피해예방에 관한 사항 등을 점검하게 할 수 있다. ② 해양수산부장관은 점검을 하는 경우에는 점검 7일전까지 점검자, 점검 일시·이유 및 내용 등이 포함된 점검계획을 선박소유자등, 위탁교육훈련기관 또는 심사대행기관 등에 통보하여야 한다. 다만, 선박의 항해일정 등에 따라 긴급을 요하거나 사전통보를 하는 경우 증거인멸 등으로 인하여 점검의 목적달성이 어렵다고 인정되는 경우에는 통보 절차를 생략할 수 있다. ③ 출입·점검을 하려는 사람은 그 권한을 나타내는 증표를 지니고 이를 관계인에게 내보여야 한다. ④ 해양수산부장관은 국제항해선박등, 위탁교육훈련기관 또는 심사대행기관 등을 점검한 결과 이 법 또는 이 법에 따른 명령을 위반하였다고 인정되는 때에는 해당 국제항해선박등, 위탁교육훈련기관 또는 심사대행기관 등에 대하여 해양수산부령으로 정하는 바에 따라 개선명령 또는 시정 등의 조치를 명할 수 있다. ⑤ 해양수산부장관은 필요하다고 인정되거나 「국제항해선박 및 항만시

	설의 보안에 관한 법률」에 따라 관계 국가보안기관의 장의 요청이 있는 때에는 점검을 국가보안기관과 합동으로 실시할 수 있다.
교육훈련의 실시 등 (제13조)	① 해양수산부장관은 국제항해선박등이 해적행위등으로부터 안전을 확보하고 피해예방능력을 향상시킬 수 있도록 필요한 교육훈련계획을 수립하여야 한다. ② 선박소유자등은 소속 직원 및 선원등에 대하여 계획에 따른 교육훈련을 실시하여야 한다. 이 경우 선박소유자등은 교육훈련을 「한국해양수산연수원법」에 따른 한국해양수산연수원이나 그 밖의 선원교육기관에 위탁하여 실시할 수 있다. ③ 국제항해선박등의 선장과 해상구조물의 운영책임자(「선장등」)는 항해 중 선원등을 대상으로 해적행위 피해예방요령을 숙지하는 데 필요한 비상훈련을 해양수산부령으로 정하는 바에 따라 실시하여야 한다. ④ 해양수산부장관은 교육훈련을 실시하지 아니하거나 받지 아니한 선박소유자등의 국제항해선박등과 선원등에 대하여는 위험해역에의 진입을 제한할 수 있다.

제4절 │ 해상특수경비업

내용	규정
해상특수경비원의 승선 등 (제15조)	① 선박소유자등은 위험해역을 통항하려는 국제항해선박등과 선원등을 보호하기 위하여 「국제항해선박 및 항만시설의 보안에 관한 법률」 등 관계 법률에 따른 보안책임자 외에 무기를 휴대한 해상특수경비원(「해상특수경비원」)을 승선하게 할 수 있다. ② 선박소유자등이 해상특수경비원을 승선시키려는 경우에는 해양수산부령으로 정하는 바에 따라 선박별로 해상특수경비원의 사용에 관한 위험성평가를 하여야 한다. ③ 선박소유자등이 위험성평가를 할 경우에는 평가사항 등과 해적행위 피해예방요령의 이행이 가능한지 및 다른 보호수단이 있는지를 확인하여야 한다. ④ 원양어선의 선박소유자등이 연안국의 영해 또는 배타적경제수역 내에서 조업하기 위하여 해상특수경비원의 승선을 결정한 때에는 이 법 또는 연안국이 정한 기준과 입어조건에 따라 연안국 해상특수경비원을 승선시킬 수 있다. ⑤ 선박소유자등이 실시하는 위험성평가 시 평가하여야 할 사항과 연안국 해상특수경비원의 승선에 필요한 사항은 해양수산부령으로 정한다.
해상특수경비업의 허가 (제16조)	① 해상특수경비업을 영위하려는 자는 해양수산부장관의 허가를 받아야 한다.

② 해상특수경비업을 하려는 자는 법인으로 하며, 다음 각 호의 요건을 갖추어야 한다.
1. 대통령령으로 정하는 1억원 이상의 자본금을 보유할 것
2. 제26조에 따른 자격기준을 갖춘 10명 이상의 해상특수경비원을 고용할 것
3. 해상특수경비원의 교육시설을 포함하여 대통령령으로 정하는 시설과 장비를 보유할 것
4. 그 밖에 해상특수경비업무 수행을 위하여 대통령령으로 정하는 사항
③ 제1항에 따른 허가를 받으려는 자는 다음 각 호의 사항을 포함한 사업계획서를 제출하여야 한다.
1. 조직체계
2. 해상특수경비업무 수행편람
3. 임원 및 해상특수경비원의 이력서
4. 해상특수경비원의 교육훈련 현황과 실시계획
5. 보험가입증서
6. 무기를 포함한 장비의 조달·사용·유지보수·보관·운반에 대한 절차
7. 그 밖에 해양수산부령으로 정하는 사항
④ 해양수산부장관은 제1항에 따른 허가를 하기 전에 제2항 및 제3항에 따른 요건과 사업계획서의 적합 여부를 심사(「적격성심사」)하여야 한다.
⑤ 제1항에 따른 해상특수경비업의 허가를 받은 자(「해상특수경비업자」)는 다음 각호의 어느 하나에 해당하는 경우 해양수산부장관에게 신고하여야 한다.
1. 영업을 개시한 경우
2. 영업을 폐업하거나 휴업 또는 재개업한 경우
3. 법인의 명칭이나 대표자·임원을 변경한 경우
4. 법인의 주사무소나 출장소를 신설·이전 또는 폐지한 경우
5. 교육훈련시설 등 해양수산부령으로 정하는 주요 시설을 신설·이전 또는 폐지한 경우
6. 그 밖에 해양수산부령으로 정하는 사항을 변경한 경우
⑥ 해양수산부장관은 제5항제1호 및 제2호의 규정에 따른 신고를 받은 경우 그 내용을 검토하여 이 법에 적합하면 신고를 수리하여야 한다.
⑦ 해양수산부장관은 제5항제3호부터 제6호까지의 규정에 따른 신고를 받은 날부터 15일 이내에 신고수리 여부를 신고인에게 통지하여야 한다.

| 허가의 제한
(제17조) | ① 누구든지 해상특수경비업자와 동일한 명칭으로 제16조제1항에 따른 허가를 받을 수 없다.
② 제21조제1항 각호의 어느 하나에 해당하는 사유로 허가가 취소된 해상특수경비업자는 허가가 취소된 날부터 5년이 지나지 아니한 때에는 제16조제1항에 따른 허가를 받을 수 없다.
③ 제21조제2항 각호의 어느 하나에 해당하는 사유로 허가가 취소된 해 |

	상특수경비업자는 허가가 취소된 날부터 3년이 지나지 아니한 때에는 제16조제1항에 따른 허가를 받을 수 없다.
적격성심사의 대행 (제18조)	① 해양수산부장관은 적격성심사를 해양수산부령으로 정하는 바에 따라 지정한 전문기관으로 하여금 대행하게 할 수 있다. ② 해양수산부장관은 제1항에 따라 지정된 전문기관(「심사대행기관」)이 다음 각 호의 어느 하나에 해당하는 경우에는 그 지정을 취소하거나 6개월 이내의 기간을 정하여 업무를 정지할 수 있다. 다만, 제1호에 해당하는 경우에는 그 지정을 취소하여야 한다. 1. 거짓이나 그 밖의 부정한 방법으로 지정을 받은 경우 2. 적격성심사 업무를 수행하지 아니하는 등 지정목적에 벗어나는 경우 3. 제3항에 따른 보고나 자료제출을 하지 아니하는 경우 4. 제4항에 따른 지정기준에 미달하게 된 경우 5. 해양수산부장관의 정당한 업무개선명령 등의 조치를 이행하지 아니하는 경우 ③ 해양수산부장관은 적격성심사 업무의 적정한 수행을 확인하기 위하여 필요하다고 인정하는 경우 심사대행기관에게 필요한 보고를 명하거나 자료를 제출하게 할 수 있다. ④ 심사대행기관의 지정기준과 지정절차, 그 밖에 필요한 사항은 해양수산부령으로 정한다.
허가의 유효기간 등 (제20조)	① 제16조제1항에 따른 해상특수경비업 허가의 유효기간은 허가받은 날부터 5년으로 한다. ② 제1항에 따른 유효기간이 만료된 후 계속하여 해상특수경비업을 영위하려는 해상특수경비업자는 해양수산부령으로 정하는 바에 따라 갱신허가를 받아야 한다.
해상특수경비업 허가의 취소 등 (제21조)	① 해양수산부장관은 해상특수경비업자가 다음 각호의 어느 하나에 해당하는 경우에는 그 허가를 취소하여야 한다. 1. 거짓이나 그 밖의 부정한 방법으로 허가를 받은 때 2. 허가요건을 충족하지 못하게 된 때. 다만, 대통령령으로 정하는 바에 따라 경미한 기준미달에 대하여 일정한 기간 내에 보완이 이루어진 경우에는 제외한다. 3. 무기의 구입사항 등을 장부에 기재하지 아니하거나 거짓으로 기재한 때 4. 무기의 도난·분실에 대하여 신고하지 아니한 때 5. 무기를 국제항해선박등 또는 국내에 반입한 때 6. 영업정지처분을 받고도 계속하여 영업을 한 때 7. 정당한 사유 없이 허가를 받은 날부터 1년 이내에 해상특수경비업 계약실적이 없거나 계속하여 1년 이상 휴업한 때 8. 정당한 사유 없이 최종 계약 종료일의 다음 날부터 1년 이내에 해상특수경비업 계약실적이 없을 때

② 해양수산부장관은 해상특수경비업자가 다음 각 호의 어느 하나에 해당하는 경우에는 그 허가를 취소하거나 6개월 이내의 기간을 정하여 영업의 전부 또는 일부에 대하여 영업정지를 명할 수 있다.
1. 도급을 의뢰받은 경비업무가 위법한 것임에도 이를 거부하지 아니하고 계약을 체결한 경우
2. 다음 각 목의 어느 하나에 해당하는 경우
   가. 입찰가격의 사전 협의 또는 특정인의 낙찰을 위한 담합, 입찰 불참 등 공정한 경쟁을 방해한 경우
   나. 서류를 위조하거나 변조하는 등 거짓이나 그 밖의 부정한 방법으로 입찰에 참여한 경우
   다. 정당한 사유 없이 다른 해상특수경비업자의 영업행위를 방해한 경우
3. 해양수산부장관의 요구에 따르지 아니한 경우
4. 평가를 실시하지 아니하거나 평가결과 부적합한 사람을 계속 고용한 경우
5. 제33조를 위반하여 무기를 사용하게 한 경우
6. 기의 반입·반출·사용 내용을 기록 또는 보고하지 아니하거나 거짓으로 기록 또는 보고한 경우
7. 보험에 가입하지 아니한 경우
8. 이 법을 위반하여 제43조부터 제45조까지의 처벌을 받은 경우

해상특수경비업자의 의무 (제22조)	① 해상특수경비업자는 국제항해선박등의 보안에 관하여 국제적으로 발효된 협약을 준수하여야 한다. ② 해상특수경비업자는 선박소유자등과 계약체결한 업무의 범위에서 해상특수경비업무를 수행하여야 하며 의뢰받은 해상특수경비업무가 위법하거나 부당하다고 인정하는 때에는 이를 거부하여야 한다. ③ 해상특수경비업자는 해상특수경비업무 수행으로 인하여 다른 사람의 자유와 권리를 부당하게 침해하거나 그의 정당한 활동을 방해하여서는 아니 된다. ④ 해상특수경비업자는 불공정한 계약으로 해상특수경비원의 권익을 침해하여서는 아니 되고, 해상특수경비원이 선장등의 결정을 존중하며 그의 정당한 지시에 따르도록 조치하여야 한다. ⑤ 해상특수경비업자는 해상특수경비업의 건전한 육성과 발전을 해치는 행위를 하여서는 아니 된다.
무기 구입 등의 관리 (제23조)	① 해상특수경비업자는 무기의 구입·교체 등의 사유가 발생한 때에는 대통령령으로 정하는 바에 따라 무기의 수량, 명칭, 제조회사 및 구매증명서, 제조번호 등을 장부에 기재하고 이를 비치하여야 한다. ② 해상특수경비업자는 무기를 구입·교체하였거나 도난 또는 분실한 사실을 발견하였을 때에는 지체 없이 해양수산부장관에게 신고하여야 한다. ③ 해양수산부장관은 제2항에 따른 신고가 있는 때에는 그 신고내용을 관계 중앙행정기관의 장에 통보하여야 한다.

외국 해상특수경비업자의 영업 승인 (제24조)	① 제16조에도 불구하고 외국 법령에 따라 인가·허가 등을 받은 외국 해상특수경비업자가 국제항해선박등에 대하여 해상특수경비업을 영위하려는 경우에는 해양수산부장관의 승인을 받아야 한다. ② 승인을 받으려는 외국 해상특수경비업자는 해당 국가에서 발급받은 인가·허가 등의 증명서 및 제16조제3항에 준하는 사업계획서 등 해양수산부령으로 정하는 서류를 제출하여야 한다. ③ 해양수산부장관은 승인을 하기 전에 사업계획서 등 관련 서류에 대한 적격성심사를 하여야 한다. ④ 승인을 받은 경우 외국 해상특수경비업자는 국내에 지사나 분사무소를 설치하고 해양수산부장관에게 신고하여야 한다. 신고한 사항을 변경하려는 때에도 또한 같다. ⑤ 해양수산부장관은 신고 또는 변경신고를 받은 경우 그 내용을 검토하여 이 법에 적합하면 신고를 수리하여야 한다. ⑥ 외국 해상특수경비업자에 대하여는 제22조, 제26조부터 제28조까지, 제32조, 제33조, 제35조 및 제36조를 준용한다.
외국 해상특수경비업자의 이용에 관한 특례 (제25조)	① 선박소유자등은 외국 화물주의 요구가 있는 경우에는 해양수산부장관의 승인을 받아 해당 화물운송에 한정하여 외국 해상특수경비업자를 이용할 수 있다. ② 승인을 받으려는 선박소유자등은 화물운송 계약서류 등 해양수산부령으로 정하는 관계 서류를 해양수산부장관에게 제출하여야 한다. ③ 외국 해상특수경비업자를 이용하려는 선박소유자등은 무기의 선내 반입·반출과 사용 등 해양수산부령으로 정하는 사항을 해양수산부장관에게 보고하여야 한다.
해상특수경비원의 자격기준 (제26조)	① 다음 각호의 어느 하나에 해당하는 사람은 해상특수경비원이 될 수 없다. 1. 만 18세 미만 또는 65세 이상인 사람, 피성년후견인, 피한정후견인 2. 파산선고를 받고 복권되지 아니한 사람 3. 제19조제3호에 규정된 어느 하나의 죄를 범하여 금고 이상의 실형의 선고를 받고 그 집행이 종료(집행이 종료된 것으로 보는 경우 포함)되거나 집행이 면제된 날부터 10년이 지나지 아니하거나 벌금형을 선고받은 날부터 5년이 지나지 아니한 사람 4. 제3호에 따른 금고 이상의 형의 집행유예선고를 받고 그 집행이 유예된 날부터 5년이 지나지 아니한 사람 5. 제19조제3호(다목, 바목, 사목은 제외한다)에 규정된 어느 하나의 죄를 범하여 치료감호를 선고받고 그 집행이 종료된 날 또는 집행이 면제된 날부터 5년이 지나지 아니한 사람 6. 이 법, 「경비업법」 또는 「국제항해선박 및 항만시설의 보안에 관한 법률」(제47조의 죄는 제외한다)을 위반하여 금고 이상의 형을 선고받고 그 집행이 종료된(종료된 것으로 보는 경우 포함) 날 또는 집행이

	유예·면제된 날부터 5년이 지나지 아니하거나 벌금형의 선고를 받고 3년이 지나지 아니한 사람 7. 정신질환자 또는 뇌전증환자로서 대통령령으로 정하는 사람 8. 약물(「마약류 관리에 관한 법률」 제2조제1호에 따른 마약류 및 「화학물질관리법」 제22조제1항에 따른 환각물질) 또는 알코올 중독자로서 대통령령으로 정하는 사람 ② 해상특수경비원이 되려는 사람은 다음 각호의 요건을 갖추어야 한다. 다만, 외국인의 경우에는 제1호 및 제2호의 자격이나 경력에 상응하는 능력을 갖추어야 한다. 1. 해양수산부령으로 정하는 신체조건에 해당할 것 2. 대통령령으로 정하는 경력·자격·교육훈련실적 중 어느 하나를 갖추었거나 이에 상응하는 능력을 갖출 것 ③ 해상특수경비업자는 결격사유에 해당하는 사람 및 요건을 갖추지 아니한 사람을 해상특수경비원으로 채용 또는 근무하게 하여서는 아니 된다. ④ 해양수산부장관은 해상특수경비원이 자격기준에 미달한 것으로 판단할 경우에는 해상특수경비업자에게 그의 승선금지나 교체를 요구할 수 있으며, 해상특수경비업자는 정당한 사유가 없으면 이에 따라야 한다.
해상특수경비원의 고용관리 (제27조)	① 해상특수경비업자는 해상특수경비원을 채용하거나 해고한 때에는 고용관리대장에 기재하고 이를 해양수산부령으로 정하는 기간 동안 보관하여야 한다. ② 해상특수경비업자는 고용한 해상특수경비원에 대하여 채용일부터 1년마다 자격기준 및 직무수행능력에 대한 평가를 실시하여야 하며, 부적합하다고 판단하는 경우에는 해상특수경비업무에 종사하게 하여서는 아니 된다. ③ 해양수산부장관은 해상특수경비원의 적격 여부, 직무수행능력 평가내용 등을 확인하기 위하여 해상특수경비업자에게 필요한 보고를 명하거나 자료를 제출하게 할 수 있으며, 소속 공무원으로 하여금 직접 해당 사업장에 출입하여 점검하게 할 수 있다.
해상특수경비원의 교육훈련 (제28조)	① 해상특수경비업자는 해적행위등에 효과적으로 대처하는 데 필요한 능력과 기술 등을 향상하기 위하여 해상특수경비원에 대하여 승선적합성 훈련, 의료관리자 교육, 무기사용 훈련 등 대통령령으로 정하는 교육훈련을 실시하여야 한다. ② 해상특수경비업자는 교육훈련을 다음 각 호의 국내 교육훈련기관에 위탁할 수 있고, 외국에서 교육훈련을 받게 할 경우에는 해당 국가 또는 공공기관 등이 인정하는 기관에서 실시하여야 한다. 1. 승선적합성 훈련 및 의료관리자 교육의 경우에는 「한국해양수산연수원법」에 따른 한국해양수산연수원이나 그 밖의 선원교육기관 2. 무기사용 훈련, 그 밖에 해적행위 대응역량 강화를 위한 훈련의 경우에는 해양수산부장관이 지정하는 기관

> ③ 제1항 및 제2항에 따른 교육훈련의 방법, 사용 무기의 종류, 그 밖에 필요한 사항은 해양수산부령으로 정한다.

※**시행규칙 제8조(위험성평가)** ① 선박소유자등이 법 제15조제2항에 따라 위험성평가를 실시하려는 경우에는 다음 각 호의 사항을 평가하여야 한다.
1. 해적행위등의 특성을 포함한 모든 유형의 위험
2. 국제항해선박등의 크기, 건현, 최고 속력 및 화물의 종류
3. 해적행위등에 대응할 수 있는 선원등의 수 및 감시·탐지 장비 현황 등 해적행위등에 대한 대응능력
4. 국제항해선박등 내 선원대피처 등 제한구역의 운용능력
5. 국제항해선박등 내 무기의 보관 및 사용 능력
② 선박소유자등이 제1항에 따라 위험성평가를 실시한 경우에는 평가 결과를 해양수산부장관이 정한 전자적 방법으로 해양수산부장관에게 알려야 한다.

※**시행규칙 제9조(연안국 해상특수경비원의 승선)** ① 법 제15조제4항에 따라 연안국의 해상특수경비원을 승선시키려는 원양어선의 선박소유자등은 다음 각 호의 사항이 포함된 사업계획서를 첨부하여 해양수산부장관에게 제출하여야 한다.
1. 「원양산업발전법」 제6조제1항에 따라 발급받은 원양어업 허가증 사본(같은 항에 따라 원양어업의 허가를 받은 어선의 경우에 한정한다)
2. 연안국이 정한 기준과 입어조건의 증명서류
3. 해상특수경비원의 사용계획서
4. 무기 사용과 관련한 원양어선의 선박소유자등, 연안국 및 법 제16조제1항에 따른 해상특수경비업의 허가를 받은 자(이하 "해상특수경비업자"라 한다) 사이의 책임에 관한 사항
5. 무기의 잘못된 사용에 따라 선원등의 인명피해가 발생할 경우의 손해배상 및 손실보상에 관한 사항
6. 그 밖에 무기의 사용과 관련하여 해양수산부장관이 정하는 사항
② 해양수산부장관은 제1항에 따라 제출된 서류를 심사하여 부적합하다고 판단될 경우에는 그 서류의 보완 등을 요구할 수 있다.

제5장 국제항해선박 및 항만시설의 보안에 관한 법률 (국제선박항만보안법)

제1절 | 총 론

1. ISPS Code

「국제 선박 및 항만시설 보안규칙」(International Ship and Port Facility Security Code, ISPS Code)은 2002년 12월 「1974 해상인명안전 협약」(SOLAS 1974)의 당사국 회의의 결의로 「SOLAS 협약」

에 XI - 2장을 신설하고, 그 장의 부록으로 채택된 선박과 항만시설의 보안을 위한 국제규칙을 말한다. Part A(의무사항)와 Part B(권고사항)로 구성되어 있다.

「ISPS Code」가 채택된 배경은 2001년 9.11 테러 이후 취약한 선박 및 항만시설의 보안을 강화하기 위해서였다. 「SOLAS 협약」은 해상에서 인명안전을 위한 선박의 설비·구조·운항요건 등을 규정하고 있다. 이에 비해 「ISPS Code」는 선박과 항만시설 종사자의 상호활동(interface)을 통하여 선박 및 항만시설의 보안을 저해하는 행위를 식별하여 저지하는 것을 목적으로 하고 있다. 두 협약은 입법목적과 적용 범위가 달라 「SOLAS 협약」에 「ISPS Code」를 수용하기에는 당초 한계가 있었다. 그럼에도 「ISPS Code」를 항만시설까지 확대한 배경에는 9.11 테러 이후 해상테러 위협이 높아지면서 취약한 해상보안 강화 및 새로운 국제 해양보안레짐의 필요성에 대한 강한 공감대가 형성되었기 때문이었다.

「ISPS Code」에 의한 당사국 주요 의무사항으로는 (1) 보안등급 설정과 그에 따른 적절한 지침의 제공, (2) 자국 선박·항만의 보안계획 승인·보안심사 및 외국선박 보안점검 실시 및 IMO에 자국의 보안관련 사항 보고이다. 선박회사는 (1) 선박 보안책임자 지정, (2) 자체보안평가 계획수립, (3) 국제선박 보안증서 비치 및 회사보안 책임자를 지정해야 한다. 항만당국은 보안등급에 따른 항만시설 보안조치, 시설보안 책임자 임명 및 보안평가 등을 규정하고 있다.

2. 우리나라의 수용

우리나라는 2003년 「ISPS Code」를 담은 개정 「SOLAS 협약」의 발효 시기가 촉박하고 준비 기간 부족의 이유로 해양수산부 고시로 「선박 및 항만시설의 보안에 관한 규정」을 제정하여 시행하였다. 고시는 법적 지위가 미약하다는 문제점 때문에 2007년 8월 「국제항해 선박 및 항만시설의 보안에 관한 법률」을 제정하여 법적 기반을 강화하였다.

동 법은 (1) 국제항해 선박 및 항만시설의 보안등급 설정(제5조 및 제6조), (2) 국제항해 선박의 총괄보안 책임자와 선박보안 책임자 임명(제7조 및 제8조) 및 국제선박 보안증서 획득(제11조 및 제12조), (3) 외국선박의 국제선박 보안증서 비치여부 검사(제19조제1항), (4) 대한민국 항만 입항 외국선박의 입항 24시간 전 선박보안 사항 통보의무 및 이동제한·시정요구·선박점검 또는 입항거부 조치권(제19조제4항 및 제6항), (5) 항만시설소유자의 항만보안 책임자 임명 및 보안평가 실시(제23조 및 제24조) 등의 내용을 담고 있다.

제2절 │ 총 칙

내용	규정
정의 (제2조)	1. "국제항해선박"이란 「선박안전법」 제2조제1호에 따른 선박으로서 국제항해에 이용되는 선박을 말한다. 2. "항만시설"이란 국제항해선박과 선박항만연계활동이 가능하도록 갖추어진 시설로서 「항만법」 제2조제5호에 따른 항만시설 및 해양수산부령으로 정하는 시설을 말한다. 3. "선박항만연계활동"이란 국제항해선박과 항만시설 사이에 승선·하선 또는 선적·하역과 같이 사람 또는 물건의 이동을 수반하는 상호작용으로서 그 활동의 결과 국제항해선박이 직접적으로 영향을 받게 되는 것을 말한다. 4. "선박상호활동"이란 국제항해선박과 국제항해선박 또는 국제항해선박과 그 밖의 선박 사이에 승선·하선 또는 선적·하역과 같이 사람 또는 물건의 이동을 수반하는 상호작용을 말한다. 5. "보안사건"이란 국제항해선박이나 항만시설을 손괴하는 행위 또는 국제항해선박이나 항만시설에 위법하게 폭발물 또는 무기류 등을 반입·은닉하는 행위 등 국제항해선박·항만시설·선박항만연계활동 또는 선박상호활동의 보안을 위협하는 행위 또는 그 행위와 관련된 상황을 말한다. 6. "보안등급"이란 보안사건이 발생할 수 있는 위험의 정도를 단계적으로 표시한 것으로서 「1974년 해상에서의 인명안전을 위한 국제협약」(「협약」)에 따른 등급구분 방식을 반영한 것을 말한다. 7. "국제항해선박소유자"란 국제항해선박의 소유자·관리자 또는 국제항해선박의 소유자·관리자로부터 선박의 운영을 위탁받은 법인·단체 또는 개인을 말한다. 8. "항만시설소유자"란 항만시설의 소유자·관리자 또는 항만시설의 소유자·관리자로부터 그 운영을 위탁받은 법인·단체 또는 개인을 말한다. 9. "국가보안기관"이란 국가정보원·국방부·관세청·경찰청 및 해양경찰청 등 보안업무를 수행하는 국가기관을 말한다.
적용범위 (제3조)	① 이 법은 다음 각호의 국제항해선박 및 항만시설에 대하여 적용한다. 다만, 이 법에 특별한 규정이 있으면 그 규정에 따른다. 1. 다음 각 목의 어느 하나에 해당하는 대한민국 국적의 국제항해선박 　가. 모든 여객선 　나. 총톤수 500톤 이상의 화물선 　다. 이동식 해상구조물(천연가스 등 해저자원의 탐사·발굴 또는 채취 등에 사용되는 것을 말한다)

	2. 제1호 각목의 어느 하나에 해당하는 대한민국 국적 또는 외국 국적의 국제항해선박과 선박항만연계활동이 가능한 항만시설 ② 제1항에도 불구하고 비상업용 목적으로 사용되는 선박으로서 국가 또는 지방자치단체가 소유하는 국제항해선박에 대하여는 이 법을 적용하지 아니한다.
국제협약과의 관계 (제4조)	국제항해선박과 항만시설의 보안에 관하여 국제적으로 발효된 국제협약의 보안기준과 이 법의 규정내용이 다른 때에는 국제협약의 효력을 우선한다. 다만, 이 법의 규정내용이 국제협약의 보안기준보다 강화된 기준을 포함하는 때에는 그러하지 아니하다.
국가항만보안계획 등 (제5조)	① 해양수산부장관은 국제항해선박 및 항만시설의 보안에 관한 업무를 효율적으로 수행하기 위하여 10년마다 항만의 보안에 관한 종합계획(「국가항만보안계획」)을 수립·시행하여야 한다. 이 경우 해양수산부장관은 관계 행정기관의 장과 미리 협의하여야 한다. ② 국가항만보안계획은 제34조에 따른 보안위원회의 심의를 거쳐 확정한다. ③ 국가항만보안계획에는 다음 각호의 사항이 포함되어야 한다. 1. 항만의 보안에 관한 기본방침 2. 항만의 보안에 관한 중·장기 정책방향 3. 항만의 보안에 관한 행정기관의 역할 4. 항만의 보안에 관한 항만시설소유자의 역할 5. 항만에서의 보안시설·장비의 설치 및 경비·검색인력의 배치 6. 항만시설보안책임자 등에 대한 교육·훈련계획 7. 보안사건에 대한 대비·대응조치 8. 항만보안에 관한 국제협력 9. 그 밖에 항만의 보안을 확보하기 위하여 필요한 사항 ④ 해양수산부장관은 국가항만보안계획이 수립된 때에는 이를 관계 행정기관의 장과 항만에 관한 업무를 관장하는 해양수산부 소속 기관의 장(「지방청장」)에게 통보하여야 하며, 국가항만보안계획을 통보받은 관계 행정기관의 장 및 지방청장은 그 시행을 위하여 필요한 조치를 하여야 한다. ⑤ 국가항만보안계획을 통보받은 지방청장은 국가항만보안계획에 따른 관할 구역의 항만에 대한 보안계획(「지역항만보안계획」)을 수립·시행하여야 한다.
보안등급의 설정·조정 등 (제6조)	① 해양수산부장관은 국제항해선박 및 항만시설에 대하여 대통령령으로 정하는 바에 따라 보안등급을 설정하여야 한다. ② 해양수산부장관은 설정된 보안등급의 근거가 되는 보안사건의 발생 위험의 정도가 변경되는 때에는 대통령령으로 정하는 바에 따라 그 보안등급을 조정하여야 한다.

③ 해양수산부장관은 설정·조정된 보안등급을 해당 국제항해선박소유자 또는 항만시설소유자에게 해양수산부령으로 정하는 바에 따라 즉시 통보하여야 한다.

④ 해양수산부장관은 보안등급을 설정하거나 조정하는 경우 보안위원회의 심의를 거쳐야 한다. 다만, 해양수산부장관은 긴급한 필요가 있는 경우 관계 국가보안기관의 장과 미리 협의할 수 있다.

⑤ 보안등급별로 국제항해선박 또는 항만시설에서 준수하여야 하는 세부적인 보안조치사항은 해양수산부령으로 정한다.

⑥ 해양수산부장관은 세부적인 보안조치사항에도 불구하고 예상하지 못한 보안사고의 발생 등 필요하다고 인정되는 때에는 준수하여야 하는 보안조치를 별도로 지시할 수 있다.

제3절 │ 국제항해선박의 보안확보를 위한 조치

내용	규정
총괄보안책임자 (제7조)	① 국제항해선박소유자는 그가 소유하거나 관리·운영하는 전체 국제항해선박의 보안업무를 총괄적으로 수행하게 하기 위하여 소속 선원 외의 자 중에서 해양수산부령으로 정하는 전문지식 등 자격요건을 갖춘 자를 보안책임자(「총괄보안책임자」)로 지정하여야 한다. 이 경우 선박의 종류 또는 선박의 척수에 따라 필요하다고 인정되는 때에는 2인 이상의 총괄보안책임자를 지정할 수 있으며, 국제항해선박소유자가 1척의 국제항해선박을 소유하거나 관리·운영하는 때에는 그 국제항해선박소유자 자신을 총괄보안책임자로 지정할 수 있다. ② 국제항해선박소유자가 총괄보안책임자를 지정한 때에는 7일 이내에 해양수산부령으로 정하는 바에 따라 그 사실을 해양수산부장관에게 통보하여야 한다. 총괄보안책임자를 변경한 때에도 또한 같다. ③ 총괄보안책임자는 다음 각호의 사무를 수행한다. 1. 선박보안평가 2. 선박보안계획서의 작성 및 승인신청 3. 내부보안심사 4. 그 밖에 해양수산부령으로 정하는 사무 ④ 해양수산부장관은 총괄보안책임자가 사무를 게을리하거나 이를 이행하지 아니할 때에는 국제항해선박소유자에 대하여 그 변경을 명할 수 있다.
선박보안책임자 (제8조)	① 국제항해선박소유자는 그가 소유하거나 관리·운영하는 개별 국제항해선박의 보안업무를 효율적으로 수행하게 하기 위하여 소속 선박의 선원 중에서 해양수산부령으로 정하는 전문지식 등 자격요건을 갖춘 자를 보안책임자(「선박보안책임자」)로 지정하여야 한다.

	② 선박보안책임자는 다음 각호의 사무를 수행한다. 1. 선박보안계획서의 변경 및 그 시행에 대한 감독 2. 보안상의 부적정한 사항에 대한 총괄보안책임자에의 보고 3. 해당 국제항해선박에 대한 보안점검 4. 그 밖에 해양수산부령으로 정하는 사무
선박보안평가 (제9조)	① 국제항해선박소유자는 그가 소유하거나 관리·운영하는 개별 국제항해선박에 대하여 보안과 관련한 시설·장비·인력 등에 대한 보안평가(「선박보안평가」)를 실시하여야 한다. ② 선박보안평가를 실시한 때에는 해양수산부령으로 정하는 바에 따라 그 결과를 문서로 작성하여 주된 사무소(국제항해선박소유자가 개인인 경우 그의 주소지를 말한다)에 보관하여야 하며, 그 내용을 선박보안계획서에 반영하여야 한다.
선박보안계획서 (제10조)	① 국제항해선박소유자는 선박보안평가의 결과를 반영하여 보안취약요소에 대한 개선방안과 보안등급별 조치사항 등을 정한 보안계획서(「선박보안계획서」)를 작성하여 해당 선박에 비치하고 동 계획서에 따른 조치 등을 시행하여야 한다. ② 선박보안계획서에는 보안사고와 같은 보안상의 위협으로부터 선원·승객·화물·선용품 및 선박 등을 보호하는데 필요한 보안조치사항이 포함되어야 하며, 그 세부적인 내용은 해양수산부령으로 정한다. ③ 선박보안계획서를 작성한 때에는 해양수산부장관의 승인을 받아야 한다. 선박보안계획서의 내용 중 해양수산부령으로 정하는 중요한 사항을 변경하는 때에도 또한 같다. ④ 해양수산부장관은 선박보안계획서를 승인함에 있어서 대통령령으로 정하는 선박에 대하여 선박보안계획서를 승인하는 경우에는 관계 국가보안기관과 미리 협의하여야 한다.
선박보안심사 등 (제11조)	① 국제항해선박소유자는 그가 소유하거나 관리·운영하는 개별 국제항해선박에 대하여 선박보안계획서에 따른 조치 등을 적정하게 시행하고 있는지 여부를 확인받기 위하여 해양수산부장관에게 다음 각 호의 구분에 따른 보안심사(「선박보안심사」)를 받아야 한다. 1. 최초보안심사: 국제선박보안증서를 처음으로 교부받으려는 때에 행하는 심사 2. 갱신보안심사: 국제선박보안증서등의 유효기간이 만료되기 전에 해양수산부령으로 정하는 시기에 행하는 심사 3. 중간보안심사: 최초보안심사와 갱신보안심사 사이 또는 갱신보안심사와 갱신보안심사 사이에 해양수산부령으로 정하는 시기에 행하는 심사 ② 국제항해선박소유자는 최초보안심사를 받기 전에 임시로 국제항해선박을 항해에 사용하려는 경우로서 해양수산부령으로 정하는 때에는 해양수산부장관에게 선박보안평가의 실시, 선박보안계획서의 작성·시행

	등에 관한 이행 여부를 확인하는 보안심사(「임시선박보안심사」)를 받아야 한다. ③ 해양수산부장관은 국제항해선박에서 보안사건이 발생하는 등 해양수산부령으로 정하는 사유가 있는 때에는 그 국제항해선박에 대하여 선박보안계획서의 작성·시행 등에 관한 이행 여부를 확인하는 보안심사(「특별선박보안심사」)를 실시할 수 있다.
국제선박보안증서의 교부 등 (제12조)	① 해양수산부장관은 최초보안심사 또는 갱신보안심사에 합격한 선박에 대하여 국제선박보안증서를 교부하여야 한다. ② 해양수산부장관은 중간보안심사 또는 특별선박보안심사에 합격한 선박에 대하여는 국제선박보안증서에 해양수산부령으로 정하는 바에 따라 그 심사 결과를 표기하여야 한다. ③ 해양수산부장관은 임시선박보안심사에 합격한 선박에 대하여 임시국제선박보안증서를 교부하여야 한다. ④ 국제항해선박소유자는 국제선박보안증서 또는 임시국제선박보안증서(이하 「국제선박보안증서등」)의 원본을 해당 선박에 비치하여야 한다.
국제선박보안증서등의 유효기간 (제13조)	① 국제선박보안증서등의 유효기간은 5년의 범위에서 대통령령으로 정한다. 다만, 임시국제선박보안증서의 유효기간은 6개월을 초과할 수 없다. ② 해양수산부장관은 국제선박보안증서등의 유효기간을 5개월의 범위에서 대통령령으로 정하는 바에 따라 연장할 수 있다. ③ 중간보안심사에 불합격한 선박의 국제선박보안증서의 유효기간은 해당 심사에 합격될 때까지 그 효력이 정지된다.
국제선박보안증서등 미소지 국제항해선박의 항해금지 (제14조)	누구든지 국제선박보안증서등을 비치하지 아니하거나 그 효력이 정지되거나 상실된 국제선박보안증서등을 비치한 선박을 항해에 사용하여서는 아니 된다. 다만, 부득이하게 일시적으로 항해에 사용하여야 하는 때로서 해양수산부령으로 정하는 경우에는 그러하지 아니하다.
선박보안기록부의 작성·비치 (제15조)	① 국제항해선박소유자는 그가 소유하거나 관리·운영하는 개별 국제항해선박에 대하여 보안에 관한 위험 및 조치사항 등을 기록한 장부(「선박보안기록부」)를 작성하고, 이를 해당 선박에 비치하여야 한다.
선박이력기록부의 비치 등 (제16조)	① 국제항해선박소유자는 그가 소유하거나 관리·운영하는 개별 국제항해선박에 대하여 그 선박의 선명, 선박식별번호, 소유자 및 선적지 등이 기재된 장부(「선박이력기록부」)를 해양수산부장관으로부터 교부받아 선박에 비치하여야 한다. ② 국제항해선박소유자는 선박이력기록부의 기재사항 중 변경사항이 발생한 때에는 3개월 이내에 해양수산부장관으로부터 선박이력기록부를 다시 교부받아 이를 선박에 비치하여야 한다. ③ 국제항해선박소유자는 그가 소유하거나 관리·운영하는 개별 국제항해선박의 국적이 변경된 경우 그 사실을 해양수산부장관에게 통보하여

	야 한다.
선박보안경보장치 등 (제17조)	① 국제항해선박소유자는 그가 소유하거나 관리·운영하는 개별 국제항해선박에 대하여 선박에서의 보안이 침해되었거나 침해될 위험에 처한 경우 그 상황을 표시하는 발신장치(「선박보안경보장치」), 선박보안평가의 결과 선박의 보안을 유지하는데 필요하다고 인정되는 시설 또는 장비를 설치하거나 구비하여야 한다. ② 해양수산부장관은 해양수산부령으로 정하는 바에 따라 선박보안경보장치에서 발신하는 하는 신호(「보안경보신호」)를 수신할 수 있는 시설 또는 장비를 갖추어야 한다. ③ 해양수산부장관은 국제항해선박으로부터 보안경보신호를 수신한 때에는 지체 없이 관계 국가보안기관의 장에게 그 사실을 통보하여야 하며, 국제항해선박이 해외에 있는 경우로서 그 선박으로부터 보안경보신호를 수신한 때에는 그 선박이 항행하고 있는 해역을 관할하는 국가의 해운관청에도 이를 통보하여야 한다. ④ 국가보안기관의 장이 보안경보신호의 수신을 통보 받은 때에는 해당 선박의 보안확보에 필요한 조치를 하여야 한다.
선박식별번호 (제18조)	① 제3조에도 불구하고 다음 각호에 해당하는 국제항해선박은 개별 선박의 식별이 가능하도록 부여된 번호(「선박식별번호」)를 표시하여야 한다. 1. 총톤수 100톤 이상의 여객선 2. 총톤수 300톤 이상의 화물선
항만국통제 (제19조)	① 해양수산부장관은 대한민국의 항만 안에 있거나 대한민국의 항만에 입항하려는 외국 국적의 국제항해선박의 보안관리체제가 협약 등에서 정하는 기준에 적합한지 여부를 확인·점검하고 그에 필요한 조치(「항만국통제」)를 할 수 있다. ② 항만국통제를 위한 확인·점검의 절차는 유효한 국제선박보안증서등의 비치 여부만을 확인하는데 한정되어야 한다. 다만, 해당 선박이 협약 등에서 정하는 기준에 적합하지 아니하다는 명백한 근거로서 해양수산부령으로 정하는 사유가 있는 때에는 그러하지 아니하다. ③ 해양수산부장관은 확인·점검의 결과 제2항 단서에 따른 명백한 근거가 있거나 유효한 국제선박보안증서등을 제시하지 못하는 선박에 대하여는 출항정지·이동제한·시정요구·추방 또는 이에 준하는 조치를 명할 수 있다. ④ 대한민국의 항만에 입항하려는 외국 국적의 국제항해선박은 그 항만에 입항하기 24시간 이전에 해양수산부령으로 정하는 바에 따라 해당 선박의 보안에 관한 정보(「선박보안정보」)를 해양수산부장관에게 통보하여야 한다. 다만, 기상악화 등 급박한 위험을 피하기 위하여 긴급히 입항하거나 해양수산부령으로 정하는 사유가 있는 경우에는 입항과 동시에 선박보안정보를 통보할 수 있다.

	⑤ 해양수산부장관은 통보받은 선박보안정보를 해양수산부령으로 정하는 바에 따라 해양경찰청장에게 통보하여야 한다. ⑥ 해양수산부장관은 통보받은 선박보안정보를 검토한 결과 제2항 단서에 따른 명백한 근거가 있다고 인정되는 선박에 대하여는 이동제한·시정요구·선박점검 또는 입항거부 등의 조치를 명할 수 있다. 이 경우 해당 선박으로 인하여 그 항만에 정박하고 있는 다른 선박 또는 항만시설에 보안사건이 발생할 수 있다고 인정될 만한 상당한 근거가 있는 때에는 추가적으로 그 사실을 관계 국가보안기관에 통보하여 필요한 조치를 하도록 하여야 한다. ⑦ 해양수산부장관은 제3항 및 제6항의 조치를 취하려는 때에는 사전에 그 취지를 해당 외국 국적의 국제항해선박소유자 또는 선장에게 통지하여야 한다. ⑧ 해양수산부장관은 제3항 및 제6항의 조치를 취한 때에는 해당 선박에 대하여 국제선박보안증서등을 교부한 국가의 정부에 그 사실을 통보하여야 하며, 선박의 입항이 거부되거나 추방된 때에는 해당 선박의 다음 기항지 국가 및 그 연안국의 정부에 해양수산부령으로 정하는 사항을 통보하여야 한다. ⑨ 외국 국적의 국제항해선박소유자 또는 선장은 출항정지·이동제한·시정요구·추방·선박점검 또는 입항거부 등의 명령(「시정명령등」)이 위법하거나 부당하다고 생각되는 경우에는 해양수산부령으로 정하는 바에 따라 시정명령등을 받은 날부터 90일 이내에 그 불복사유를 기재하여 해양수산부장관에게 이의신청을 할 수 있다.
외국의 항만국통제 등 (제20조)	① 국제항해선박소유자는 외국의 항만당국이 실시하는 항만국통제에 의하여 해당 선박의 보안관리체제의 결함이 지적되지 아니하도록 협약 등에서 정한 기준을 준수하여야 한다. ② 해양수산부장관은 국제항해선박이 외국의 항만당국이 실시하는 항만국통제에 의하여 출항정지·입항거부 또는 추방의 조치를 받거나 해당 선박에 대하여 출항정지·입항거부 또는 추방을 예방하기 위한 조치가 필요하다고 인정되는 경우에는 해양수산부령으로 정하는 바에 따라 관련되는 선박의 보안관리체제에 대하여 점검(「특별점검」)을 할 수 있다. ③ 해양수산부장관은 특별점검의 결과 해당 선박의 보안확보를 위하여 필요하다고 인정되는 경우에는 해당 국제항해선박소유자에 대하여 대통령령으로 정하는 바에 따라 시정·보완의 조치 또는 항해정지를 명할 수 있다.
재심사 (제21조)	① 선박보안심사·임시선박보안심사·특별선박보안심사 및 특별점검을 받은 자가 그 결과에 대하여 불복하는 때에는 그 결과에 관한 통지를 받은 날부터 90일 이내에 해양수산부령으로 정하는 바에 따라 사유서를 갖추어 해양수산부장관에게 재심사를 신청할 수 있다. ② 재심사의 신청을 받은 해양수산부장관은 소속 공무원으로 하여금 재

심사를 직접 행하게 하고, 그 결과를 신청자에게 60일 이내에 통보하여야 한다. 다만, 부득이한 사정이 있는 때에는 30일의 범위에서 통보시한을 연장할 수 있다.

③ 선박보안심사·임시선박보안심사 및 특별선박보안심사 또는 특별점검에 대하여 불복하는 자는 재심사의 절차를 거치지 아니하고는 행정소송을 제기할 수 없다. 다만, 「행정소송법」 제18조제2항 및 제3항에 해당하는 경우에는 그러하지 아니하다.

제5편

해상교통

제1장 도선법

제1절 │ 총 론

　도선(Pilotage)은 항만에 입출항하는 선박을 수로로 안전하게 이동시키거나 접안이나 이안할 수 있도록 안내하는 활동을 말한다. 해운의 국제성과 다양성으로 인해 선박은 주위 환경이 상이한 항구에 입·출항하는 경우가 많으므로 이때 발생하는 위험을 피하기 위한 것이다.[1] 「도선법」은 도선구역에서 도선방법과 도선사의 자격을 규정을 정한 법이다. 도선사면허와 도선구에서의 도선에 관한 사항을 규정함으로써 도선구에서 선박 운항의 안전을 도모하고 항만을 효율적으로 운영하는 데에 이바지함을 목적으로 한다.[2] 「도선법」은 우리나라 초기 해사법 중의 하나로서 1961년 12월 「조선수선령」을 폐지하고 제정되어 이후 30여 차례의 개정을 거쳤다.

제2절 │ 총 칙

내용	규정
정의 (제2조)	1. "도선"이란 도선구에서 도선사가 선박에 승선하여 그 선박을 안전한 수로로 안내하는 것을 말한다.

---

1) 공길영, 「선박항해용어사전」.
2) 도선법, 제1항.

	2. "도선사"란 일정한 도선구에서 도선업무를 할 수 있는 도선사면허를 받은 사람을 말한다. 3. "도선수습생"이란 제15조에 따른 도선수습생 전형시험에 합격한 후 일정한 도선구에 배치되어 도선에 관한 실무수습을 받고 있는 사람을 말한다.
적용 범위 (제3조)	이 법 중 선장에 관한 규정은 선장의 직무를 대행하는 사람에게도 적용한다.

제3절 │ 도선사면허 등

내용	규정
도선사면허 (제4조)	① 도선사가 되려는 사람은 해양수산부장관의 면허를 받아야 한다. ② 해양수산부장관은 제1항에 따른 도선사면허를 할 때에는 다음 각호의 등급으로 구분하여 제17조에 따른 도선구별로 한다. 1. 1급 도선사 2. 2급 도선사 3. 3급 도선사 4. 4급 도선사 ③ 도선사면허의 등급에 따라 도선할 수 있는 선박의 종류는 대통령령으로 정한다. ④ 도선사면허를 받으려는 사람은 도선사면허의 요건 및 등급별 기준을 갖추고, 해양수산부령으로 정하는 바에 따라 해양수산부장관에게 도선사면허를 신청하여야 한다. 도선사면허의 등급을 변경하려는 경우에도 또한 같다. ⑤ 해양수산부장관은 도선사면허를 하면 해양수산부령으로 정하는 바에 따라 그 사실을 도선사면허 원부에 등록하고 도선사면허증을 발급하여야 한다. ⑥ 도선사는 다음 각호의 어느 하나에 해당하는 경우에는 해양수산부령으로 정하는 바에 따라 면허증을 재발급받거나 변경사항을 개서받아야 한다. 1. 면허증을 잃어버린 경우 2. 면허증이 헐어 못쓰게 된 경우 3. 면허증의 기재사항에 변경이 있는 경우
도선사면허의 요건 등 (제5조)	해양수산부장관은 다음 각호의 요건을 모두 갖춘 사람으로서 도선사면허 등급별로 대통령령으로 정하는 경력 기준에 적합한 사람에게 도선사면허를 한다.

	1. 총톤수 6천톤 이상인 선박의 선장으로 3년 이상 승무한 경력(도선수 습생 전형시험일 전 5년 이내에 1년 이상 승무한 경력을 포함하여야 한다)이 있을 것 2. 도선수습생 전형시험에 합격하고 해양수산부령으로 정하는 바에 따라 도선업무를 하려는 도선구에서 도선수습생으로서 실무수습을 하였을 것 3. 도선사 시험에 합격하였을 것 4. 신체검사에 합격하였을 것
면허증의 대여 금지 등 (제5조의2)	① 도선사는 다른 사람에게 그 명의를 사용하게 하거나 그 면허증을 대여해서는 아니 된다. ② 누구든지 도선사의 자격을 취득하지 아니하고 그 명의를 사용하거나 면허증을 대여받아서는 아니 되며, 명의의 사용이나 면허증의 대여를 알선해서도 아니 된다.
결격사유 (제6조)	다음 각호의 어느 하나에 해당하는 사람은 도선사가 될 수 없다. 1. 대한민국 국민이 아닌 사람 2. 피성년후견인 또는 피한정후견인 4. 이 법을 위반하여 징역 이상의 실형을 선고받고 그 집행이 끝나거나 (집행이 끝난 것으로 보는 경우를 포함한다) 집행을 받지 아니하기로 확정된 후 2년이 지나지 아니한 사람 5. 「선박직원법」 제9조제1항에 따라 해기사면허가 취소된 사람 또는 선장의 직무 수행과 관련하여 두 번 이상 업무정지처분을 받고 그 정지기간이 끝난 날부터 2년이 지나지 아니한 사람 6. 도선사면허가 취소(이 조 제1호 또는 제2호에 해당하여 취소된 경우는 제외한다)된 날부터 2년이 지나지 아니한 사람
도선사면허의 유효기간 및 갱신 (제6조의2)	① 도선사면허의 유효기간은 도선사면허증을 발급받은 날(도선사가 제4조제4항 후단에 따라 도선사면허 등급의 변경을 신청하여 도선사면허를 받은 경우에는 해당 도선사가 처음으로 도선사면허증을 발급받은 날을 말하고, 제22조제1항 후단에 따라 도선사면허를 새로 받은 경우에는 도선사면허증을 새로 발급받은 날을 말한다) 또는 도선사면허의 갱신을 받은 날부터 5년으로 한다. ② 도선사면허를 받은 사람으로서 유효기간 후에도 그 면허의 효력을 유지하려는 사람은 유효기간 만료 전에 해양수산부령으로 정하는 바에 따라 도선사면허의 갱신을 받아야 한다. ③ 도선사면허를 갱신하지 아니하고 도선사면허의 유효기간이 지나면 그 유효기간이 끝나는 날의 다음 날부터 도선사면허의 효력이 정지된다. ④ 도선사면허의 효력이 정지된 사람이 도선사면허의 효력을 회복하려는 경우에는 해양수산부령으로 정하는 바에 따라 도선사면허의 갱신을 받아야 한다. ⑤ 도선사면허의 갱신을 받으려는 사람은 해양수산부장관이 실시하는

374 PART Ⅱ 해사법규

	교육을 받아야 한다. ⑥ 교육을 받으려는 사람 중 도선사면허의 갱신을 신청하기 직전 1년 이상 계속하여 도선업무에 종사하지 아니한 사람 등 대통령령으로 정하는 사람은 같은 항에 따른 교육 외에 보수교육을 추가로 받아야 한다. ⑦ 제5항 및 제6항에 따른 교육 및 보수교육의 내용, 방법, 기간, 그 밖에 필요한 사항은 해양수산부령으로 정한다.
국가필수도선사의 지정 등 (제6조의3)	① 해양수산부장관은 비상사태(전시·사변 등으로 해운 및 항만 기능에 중대한 장애가 발생하였거나 이에 준하는 상황을 말한다. 이하 같다)에 대비하여 항만기능 유지를 위하여 도선구별로 해양수산부령으로 정하는 자격을 갖춘 도선사를 국가필수도선사로 지정할 수 있다. ② 해양수산부장관은 비상사태 시 국가필수도선사에게 항만의 기능유지를 위하여 업무에 종사하도록 명령할 수 있다. ③ 국가필수도선사는 해양수산부장관의 업무종사 명령이 있을 경우 이에 따라야 한다. ④ 해양수산부장관은 다음 각호의 사유가 발생한 경우 국가필수도선사의 지정을 취소할 수 있다. 다만, 제1호 및 제2호에 해당하는 경우에는 지정을 취소하여야 한다. 1. 거짓이나 그 밖의 부정한 방법으로 지정을 받은 경우 2. 해양수산부령으로 정하는 자격기준을 충족하지 못하는 경우 3. 업무종사 명령에 따르지 아니한 경우 ⑤ 국가필수도선사의 지정기준 및 절차 등에 필요한 사항은 해양수산부령으로 정한다.
국가필수도선사에 대한 손실보상 (제6조의4)	① 해양수산부장관은 국가필수도선사가 업무종사 명령의 수행으로 인하여 손실이 발생한 경우에는 정당한 보상을 하여야 한다. ② 제1항에 따른 손실보상의 기준, 절차 및 방법에 필요한 사항은 대통령령으로 정한다.
도선사의 정년 (제7조)	도선사는 65세까지 도선업무를 할 수 있다. 다만, 국가필수도선사로 지정된 도선사는 해양수산부령으로 정하는 바에 따라 3년의 범위에서 정년을 연장할 수 있다.
신체검사 (제8조)	① 도선사가 되려는 사람은 최초 신체검사에 합격하여야 한다. ② 도선사는 도선사면허증을 발급받은 날(도선사가 제4조제4항 후단에 따라 도선사면허 등급의 변경을 신청하여 도선사면허를 받은 경우나 제22조제1항 후단에 따라 도선사면허를 새로 받은 경우에는 해당 도선사가 처음으로 도선사면허증을 발급받은 날을 말한다)부터 2년이 지날 때마다 그 2년이 되는 날의 전후 3개월 이내에 정기 신체검사를 받아야 한다. 다만, 정년이 연장된 도선사 및 제7조 단서에 따라 정년이 연장된 국가필수도선사는 65세가 된 날부터 1년이 지날 때마다 그 1년이 되는 날의 전후 3개월 이내에 정기 신체검사를 받아야 한다.

면허의 취소 등 (제9조)	① 해양수산부장관은 도선사가 다음 각호의 어느 하나에 해당하는 경우에는 면허를 취소하거나 6개월 이내의 기간을 정하여 업무정지를 명할 수 있다. 다만, 제1호, 제2호의2 또는 제3호에 해당하는 경우에는 면허를 취소하여야 한다. 1. 거짓이나 그 밖의 부정한 방법으로 도선사면허를 받은 사실이 밝혀진 경우 2. 제4조제3항을 위반하여 면허의 등급별로 도선할 수 있는 선박 외의 선박을 도선한 경우 2의2. 제5조의2제1항을 위반하여 다른 사람에게 도선사의 명의를 사용하게 하거나 그 면허증을 대여한 경우 3. 제6조 각호에 따른 결격사유에 해당하게 된 경우 4. 제8조제2항에 따른 정기 신체검사를 받지 아니한 경우 5. 제8조제3항에 따른 신체검사 합격기준에 미달하게 된 경우 6. 제18조제2항을 위반하여 정당한 사유 없이 도선 요청을 거절한 경우 7. 제18조의2를 위반하여 차별 도선을 한 경우 8. 도선 중 해양사고(「해양사고의 조사 및 심판에 관한 법률」 제2조제1호에 따른 해양사고를 말한다)를 낸 경우. 다만, 그 사고가 불가항력으로 발생한 경우에는 그러하지 아니하다. 9. 업무정지기간에 도선을 한 경우 10. 「해사안전법」 제41조제1항을 위반하여 술에 취한 상태에서 도선한 경우 또는 같은 조 제2항을 위반하여 해양경찰청 소속 경찰공무원의 음주측정 요구에 따르지 아니한 경우 11. 「해사안전법」 제41조의2제2호를 위반하여 약물·환각물질의 영향으로 인하여 정상적으로 도선을 하지 못할 우려가 있는 상태에서 도선을 한 경우 ② 해양수산부장관은 제1항에 따라 면허를 취소하려면 청문을 하여야 한다. ③ 해양수산부장관은 제1항에 따라 면허취소나 업무정지처분을 한 경우에는 그 처분의 내용을 해당 도선사에게 통지하여야 한다. 이 경우 통지를 받은 도선사는 30일 이내에 해양수산부장관에게 면허증을 반납하여야 한다. ④ 해양수산부장관은 제1항제8호의 경우 해당 해양사고가 「해양사고의 조사 및 심판에 관한 법률」에 따른 해양안전심판에 계류 중이면 제1항에 따른 처분을 할 수 없다. 이 경우 해양수산부장관은 그 사고가 중대하여 업무를 계속하게 하는 것이 적당하지 아니하다고 인정할 때에는 해당 도선사에게 4개월 이내의 기간을 정하여 도선업무를 중지하게 할 수 있다. ⑤ 업무정지기간은 해양수산부장관이 면허증을 반납받은 날부터 계산한다.
정보의 제공 등 (제13조)	① 선장은 도선사가 도선할 선박에 승선한 경우에는 그 선박의 제원, 흘

	수, 기관의 상태, 그 밖에 도선에 필요한 자료를 도선사에게 제공하고 설명하여야 한다. ② 도선사는 도선할 선박의 선장에게 항만의 특성, 도선 시 해당 선박의 이동 경로와 속도, 접안 방법, 예선의 배치 등을 포함한 도선계획을 제공하고 설명하여야 한다.
시험 (제15조)	① 해양수산부장관은 도선사 수급계획에 따라 도선수습생 전형시험과 도선사 시험을 실시한다. ② 도선사 시험의 실기시험 시행일을 기준으로 제6조의 결격사유에 해당하는 사람은 도선사 시험에 응시할 수 없다. ③ 제1항에 따른 시험의 과목·방법 및 실시 등에 관하여 필요한 사항은 대통령령으로 정한다.
시험 부정행위자에 대한 조치 (제16조)	① 제15조제1항에 따른 도선수습생 전형시험이나 도선사 시험에서 부정행위를 한 응시자에 대하여는 그 시험의 응시를 중지시키거나 시험을 무효로 한다. ② 해당 시험의 중지 또는 무효의 처분을 받은 응시자는 그 처분이 있은 날부터 2년간 도선수습생 전형시험이나 도선사 시험을 볼 수 없다.

※**시행령 제1조의2(도선 대상 선박)** ① 「도선법」(이하 "법"이라 한다) 제4조제3항에 따라 도선사면허의 등급에 따라 도선할 수 있는 선박의 종류는 다음 각 호와 같다.

1. 1급 도선사: 모든 선박
2. 2급 도선사: 총톤수 7만톤 이하인 선박. 다만, 총톤수 3만톤 이상 7만톤 이하인 「해사안전법」 제2조제6호에 따른 위험화물운반선(이하 "위험화물운반선"이라 한다)은 제외한다.
3. 3급 도선사: 총톤수 5만톤 이하인 선박. 다만, 총톤수 3만톤 이상 5만톤 이하인 위험화물운반선은 제외한다.
4. 4급 도선사: 총톤수 3만톤 이하인 선박. 다만, 다음 각목의 선박은 제외한다.
    가. 총톤수 3만톤 이하인 「해운법」 제2조제1호의2에 따른 여객선(같은 조 제2호에 따른 해상여객운송사업에 사용되는 경우에 한정한다)
    나. 총톤수 3만톤인 위험화물운반선

② 2급 이하 도선사는 제1항에도 불구하고 다음 각호의 어느 하나에 해당하는 경우 모든 선박을 도선할 수 있다.

1. 1급 도선사와 함께 도선하는 경우
2. 법 제20조제1항에 따른 도선구 외의 도선구에서 도선하는 경우
3. 해양수산부장관이 제18조의2제1항에 따른 중앙도선운영협의회의 의결을 거쳐 선박 운항의 안전과 도선구의 운영특성상 2급 이하 도선사가 도선하는 것이 부득이하다고 인정하는 경우

※**시행규칙 제9조의3(국가필수도선사의 지정)** ① 법 제6조의3제1항에 따라 국가필수도선사로 지정받으려는 도선사는 별지 제5호의3서식의 국가필수도선사 지정신청서에 도선업무를 수행할 목적으로 「민법」 제32조에 따라 해양수산부장관의 허가를 받아 설립된 비영리법인의 추천서를 첨부하여 지방해양수산청장 또는 시·도지사에게 신청해야 한다.
② 제1항에 따른 지정신청을 받은 지방해양수산청장 또는 시·도지사는 다음 각 호의 사항을 확인하여 제1항에 따른 국가필수도선사 지정신청서를 접수한 날부터 30일 이내에 지정 여부를 결정하고 그 결과를 신청인에게 통

지해야 한다. 이 경우 국가필수도선사 지정을 통지하는 경우에는 별지 제5호의4서식에 따른 국가필수도선사 지정서를 신청인에게 발급해야 한다.
1. 제9조의2에 따른 자격기준을 충족하는지 여부(같은 조 제2호의 자격기준의 경우 지정신청일을 기준으로 한다)
2. 법 제14조에 따른 도선사 수급계획에 부합하는지 여부
③ 지방해양수산청장 또는 시·도지사는 제2항에 따라 국가필수도선사를 지정하는 경우 도선구별로 도선사 수의 100분의 10 이상 100분의 20 이내(소수점 이하가 있는 경우에는 1명을 가산한다)의 범위에서 국가필수도선사를 지정한다. 다만, 본문에 따라 산정한 국가필수도선사의 수가 2명 미만인 경우에는 2명을 지정한다.
④ 지방해양수산청장 또는 시·도지사는 제2항에 따라 국가필수도선사를 지정하는 경우 해당 국가필수도선사의 정년 등 특별한 사정이 없으면 그 지정기간은 1년으로 한다.

※시행령 제5조(시험의 실시 및 공고)
① 해양수산부장관은 법 제15조에 따라 도선수습생 전형시험 및 도선사 시험(이하 "시험"이라 한다)을 도선사 수급계획에 따라 실시하되, 도선사 수급계획을 변경한 경우에는 그 변경된 계획을 시행하기 위하여 따로 시험을 실시할 수 있다.
② 해양수산부장관은 제1항에 따라 시험을 실시하려는 때에는 시험 시행일 60일 전까지 다음 각 호의 사항을 관보 또는 신문에 공고하여야 한다.
1. 도선구별 선발예정인원
2. 시험 일시와 장소
3. 제출서류와 제출기한
4. 응시수수료의 반환에 관한 사항
5. 그 밖에 시험 실시를 위하여 필요한 사항

※시행령 제6조(응시원서의 제출) ① 시험에 응시하려는 사람은 해양수산부령으로 정하는 바에 따라 해양수산부장관에게 응시원서를 제출하여야 한다. 이 경우 도선수습생 전형시험에 응시하려는 사람은 법 제5조제1호에 따른 승무경력을 증명하는 서류를 첨부하여야 한다.
② 해양수산부장관은 응시수수료를 낸 사람이 응시 의사를 철회하는 경우에는 해양수산부령으로 정하는 바에 따라 응시수수료의 전부 또는 일부를 반환하여야 한다.

※시행령 제7조(도선수습생 전형시험) ① 법 제15조에 따른 도선수습생 전형시험은 필기시험과 면접시험으로 구분하여 실시하되, 면접시험은 필기시험에 합격한 사람을 대상으로 실시한다.
② 필기시험은 논문형으로 실시하는 것을 원칙으로 하되, 단답형을 포함할 수 있다.
③ 도선수습생 전형시험의 과목 및 배점비율은 별표 1과 같다.
④ 해양수산부장관은 각 과목 만점의 40퍼센트 이상 및 전 과목 총점의 60퍼센트 이상을 받은 사람의 점수에 별표 2에 따른 해당 응시자의 승무경력 가산점을 합산하여 총득점이 높은 순서대로 제5조제2항에 따라 공고한 선발예정인원의 150퍼센트의 범위에 드는 사람을 필기시험합격자로 결정한다.
⑤ 면접시험에 응시하려는 사람은 법 제8조제1항에 따른 최초 신체검사에 합격하였음을 증명하는 서류를 제출하여야 한다.
⑥ 해양수산부장관은 각 과목 만점의 40퍼센트 이상 및 전 과목 총점의 60퍼센트 이상을 받은 사람 중에서 총득점이 높은 순서대로 제5조제2항에 따라 공고한 선발예정인원의 130퍼센트의 범위에서 도선 실무수습자의 수를 고려하여 면접시험 합격자를 결정한다.

⑦ 제4항과 제6항의 합격자를 결정할 때에 같은 점수를 받은 사람이 2명 이상인 경우에는 승무경력이 많은 사람을 합격자로 한다.

⑧ 면접시험에 불합격한 사람에 대해서는 다음 회의 시험에서만 필기시험을 면제한다.

※시행령 제8조(도선사 시험) ① 법 제15조에 따른 도선사 시험은 면접시험과 실기시험으로 구분하여 실시하며, 실기시험은 선박 모의 조종장비를 이용하여 실시할 수 있다.

② 제1항에 따른 시험별 과목과 배점비율은 별표 3과 같다.

③ 해양수산부장관은 각 과목 만점의 40퍼센트 이상 및 전 과목 총점의 60퍼센트 이상 받은 사람 중에서 총득점이 높은 순서대로 도선사 시험합격자를 결정한다.

④ 해양수산부장관은 도선사 시험에 합격하지 못한 사람에 대해서는 3개월 이내의 기간을 정하여 도선 실무수습을 받은 도선구에서 다시 도선 실무수습을 받게 한 후 도선사 시험에 응시하게 할 수 있다.

[별표1] 도선수습생전형시험(필기 및 면접)과목 및 배점비율(제7조제3항관련)〈개정 2017. 9. 19.〉

시험과목	배점비율(단위: %)
1. 법규[도선법 · 개항질서법 · 해상교통안전법 · 국제 해상충돌예방규칙 및 해양오염방지법]	35
2. 운용술 및 항로표지	35
3. 영어(해사영어를 포함한다)	30
계	100

[별표3] 도선사의 시험과목 및 배점비율(제8조제2항관련)

	시험과목	배점비율(단위: %)
면접	1. 항만 정보: 도선구의 수로(水路), 항로표지, 정박 묘지, 부두시설 등에 관한 사항	25
	2. 도선 여건: 도선에 관련된 기상, 해상 및 조류(潮流)등에 관한 사항	25
실기	선박 운용술: 선박 조종술, 선체운동역학, 예선(曳船)사용방법 등에 관한 사항	50
	계	100

제4절 | 도선 및 도선구

내용	규정
도선구 (제17조)	도선구의 명칭과 구역은 해양수산부령으로 정한다.
도선 (제18조)	① 다음 각호의 어느 하나에 해당하는 선장은 해당 도선구에 입항·출항하기 전에 미리 가능한 통신수단 등으로 도선사에게 도선을 요청하여야 한다. 1. 제20조제1항에 따른 도선구에서 같은 항 각호의 어느 하나에 해당하는 선박을 운항하는 선장 2. 도선사의 승무를 희망하는 선장 ② 도선사가 도선 요청을 받으면 다음 각호의 어느 하나에 해당하는 경우 외에는 이를 거절하여서는 아니 된다. 1. 다른 법령에 따라 선박의 운항이 제한된 경우 2. 천재지변이나 그 밖의 불가항력으로 인하여 도선업무의 수행이 현저히 곤란한 경우 3. 해당 도선업무의 수행이 도선약관에 맞지 아니한 경우 ③ 제1항에 따라 도선 요청을 한 선박의 선장은 해양수산부령으로 정하는 승선·하선 구역에서 도선사를 승선·하선시켜야 하며, 도선사는 이에 따라야 한다. ④ 선장은 도선사가 선박에 승선한 경우 정당한 사유가 없으면 그에게 도선을 하게 하여야 한다. ⑤ 도선사가 선박을 도선하고 있는 경우에도 선장은 그 선박의 안전 운항에 대한 책임을 면제받지 아니하고 그 권한을 침해받지 아니한다.
차별 도선 금지 (제18조의2)	도선사는 도선 요청을 받은 선박의 출입 순서에 따르지 아니하는 차별 도선을 하여서는 아니 된다. 다만, 다음 각호의 어느 하나에 해당하는 경우에는 그러하지 아니하다. 1. 긴급화물수송 등 공익을 위하여 필요하거나 항만을 효율적으로 운용하기 위하여 부득이 출입 순서에 따라 접안 또는 이안시키지 못하는 경우 2. 태풍 등 천재지변으로 한꺼번에 많은 도선 수요가 발생한 경우 3. 그 밖에 항만의 효율적 운용 및 항내 질서 유지를 위하여 필요한 경우로서 대통령령으로 정하는 사유에 해당하는 경우
도선의 제한 (제19조)	① 도선사가 아닌 사람은 선박을 도선하지 못한다. ② 선장은 도선사가 아닌 사람에게 도선을 하게 하여서는 아니 된다.
강제 도선 (제20조)	① 다음 각호의 어느 하나에 해당하는 선박의 선장은 해양수산부령으로 정하는 도선구에서 그 선박을 운항할 때에는 도선사를 승무하게 하여야 한다.

	1. 대한민국 선박이 아닌 선박으로서 총톤수 500톤 이상인 선박 2. 국제항해에 취항하는 대한민국 선박으로서 총톤수 500톤 이상인 선박 3. 국제항해에 취항하지 아니하는 대한민국 선박으로서 총톤수 2천 톤 이상인 선박. 다만, 부선인 경우에는 예선에 결합된 부선으로 한정하되, 이 경우의 총톤수는 부선과 예선의 총톤수를 합하여 계산한다. ② 제1항에도 불구하고 해당 선박을 안전하게 운항할 수 있다고 해양수산부장관이 인정하는 경우로서 다음 각호의 어느 하나에 해당하는 경우에는 선장이 해당 도선구에서 도선사를 승무시키지 아니할 수 있다. 1. 해양수산부령으로 정하는 대한민국 선박(대한민국 국적을 취득할 것을 조건으로 임차한 선박을 포함한다)의 선장으로서 해양수산부령으로 정하는 횟수 이상 해당 도선구에 입항·출항하는 경우. 이 경우 해양수산부장관은 도선구의 특성을 고려하여 도선사를 승무시키지 아니할 수 있는 선장의 입항·출항 횟수와 선박의 범위를 도선구별로 따로 정하여 고시할 수 있다. 2. 항해사 자격 등 해양수산부령으로 정하는 승무자격을 갖춘 자가 조선소에서 건조·수리한 선박을 시운전하기 위하여 해양수산부령으로 정하는 횟수 이상 해당 도선구에 입항·출항하는 경우
도선료 (제21조)	① 도선사는 해양수산부령으로 정하는 바에 따라 도선료를 정하여 해양수산부장관에게 미리 신고하여야 한다. 도선료를 변경하려는 경우에도 또한 같다. ② 해양수산부장관은 신고를 받은 경우 그 내용을 검토하여 이 법에 적합하면 신고를 수리하여야 한다. ③ 도선사는 도선을 한 경우에는 선장이나 선박소유자에게 도선료의 지급을 청구할 수 있다. ④ 도선료의 지급을 청구받은 선장이나 선박소유자는 지체 없이 도선료를 지급하여야 한다. ⑤ 도선사는 신고한 도선료를 초과하여 받아서는 아니 된다.
도선사의 다른 도선구에의 배치 (제22조)	① 해양수산부장관은 도선업무의 수행을 위하여 필요하다고 인정되는 경우에는 도선사 본인의 동의를 받아 그를 다른 도선구에 배치하여 해양수산부령으로 정하는 기간 동안 도선훈련을 받게 한 후 도선업무를 하게 할 수 있다. 이 경우 해양수산부장관은 다른 도선구에 배치되어 도선훈련을 마친 도선사에게 해양수산부령으로 정하는 바에 따라 새로 도선사 면허를 하여야 한다. ② 제1항에 따른 도선사의 다른 도선구에의 배치에 필요한 사항은 해양수산부령으로 정한다.
도선수습생 등의 승선 (제23조)	도선사의 승무를 요청한 선장은 도선사가 도선훈련이나 실무수습을 위하여 제22조제1항에 따라 도선훈련을 받고 있는 도선사 및 도선수습생 각 1명과 함께 승선하더라도 거부하여서는 아니 된다.

도선사의 강제 동행 금지 (제24조)	선장은 해상에서 해당 선박을 도선한 도선사를 정당한 사유 없이 도선구 밖으로 동행하지 못한다.
도선 시의 안전조치 (제25조)	① 선장은 도선사가 안전하게 승선·하선할 수 있도록 승선·하선 설비를 제공하는 등 필요한 조치를 하여야 한다. ② 해양수산부장관은 선박의 안전한 입항·출항을 위하여 도선운영협의회의 의견을 들어 도선안전절차를 도선구별로 정하여 고시할 수 있다.
도선기 등 (제26조)	① 도선업무에 종사하는 도선선에는 도선기를 달아야 한다. ② 도선기의 형식 및 게양과 신호 방법 등은 해양수산부령으로 정한다.
도선선 및 도선선료 (제27조)	① 도선사는 도선업무를 수행하기 위하여 도선선과 그 밖에 필요한 장비를 갖추어야 한다. ② 도선선의 장비와 의장 및 운영에 관하여 필요한 사항은 해양수산부령으로 정한다. ③ 도선사는 해양수산부령으로 정하는 바에 따라 도선선료를 정하여 해양수산부장관에게 미리 신고하여야 한다. 이를 변경하려는 경우에도 또한 같다. ④ 해양수산부장관은 신고를 받은 경우 그 내용을 검토하여 이 법에 적합하면 신고를 수리하여야 한다. ⑤ 도선사는 도선을 한 경우에는 도선을 한 선박의 선장이나 선박소유자에게 도선료 외에 해양수산부장관에게 신고한 도선선료를 청구할 수 있다. ⑥ 도선사는 제3항에 따라 신고한 도선선료를 초과하여 받아서는 아니 된다.

※시행령 제10조의2(차별 도선 금지의 예외) 법 제18조의2 제3호에서 "대통령령으로 정하는 사유에 해당하는 경우"란 다음 각 호의 경우를 말한다.
1. 항만시설의 형편에 따라 효율적으로 선박의 위치를 배정하기 위하여 입항·출항 순서를 조정할 필요가 있는 경우
2. 그 밖에 유류의 유출이나 수사에 필요한 경우 등 부득이한 사유가 발생하여 항내 질서 유지를 위하여 필요한 경우

※시행령 제23조(도선훈련) ① 법 제22조 제1항 전단에 따른 도선훈련 기간은 3개월로 한다. 다만, 해양수산부장관은 도선사가 3개월 이내에 제2항에 따른 승선 횟수를 채우지 못한 경우에는 3개월의 범위에서 한 번만 도선훈련 기간을 연장할 수 있다.
② 도선사는 제1항에 따른 도선훈련 기간 동안 100회 이상 승선하여 도선훈련을 받아야 한다. 다만, 해양수산부장관은 해당 도선구의 선박 입항·출항 실적이 적은 경우에는 50회의 범위에서 승선 횟수를 조정할 수 있다.
③ 관할 지방해양수산청장 또는 시·도지사는 법 제22조 제1항 후단에 따라 도선훈련을 마친 도선사에게 종전의 도선사면허의 등급과 동일한 등급의 도선사면허증을 새로 발급하여야 한다.

제2장 선박의 입항 및 출항 등에 관한 법률(선박입출항법)

제1절 │ 총 론

1. 무역항

항만(harbor)이란 선박의 출입, 사람의 승선·하선, 화물의 하역·보관 및 처리가 이루어지는 곳으로서 「무역항」과 「연안항」으로 구분된다. 무역항은 외국무역선과 외국으로 수출입하는 화물을 취급하는 항만을 말한다. 연안항은 국내의 다른 항만의 화물을 실어나르는 항만을 말한다.

「무역항」은 국가관리무역항과 지방관리무역항으로 구분된다. 국가관리무역항은 국내외 육해상 운송망의 거점으로서 광역권의 배후 화물을 처리하거나 주요 기간산업 지원 등으로 국가의 이해에 중대한 관계를 지니는 항만이다. 경인항, 인천항, 평택당진항, 대산항, 장항항, 군산항, 목포항, 여수광양항, 마산항, 부산항, 울산항, 포항항, 동해묵호항 등 14개의 항만이 있다. 지방관리 무역항은 지역별 육해상 운송망의 거점으로서 지역산업에 필요한 화물처리를 주목적으로 한다. 서울항, 태안항, 보령항, 완도항, 하동항, 삼천포항, 통영항, 장승포항, 옥포항, 고현항, 진해항, 호산항, 삼척항, 옥계항, 속초항, 제주항, 서귀포항 등 17개 항만이 있다.

항만의 또 다른 분류는 구 「개항질서법」에 의해 「개항」(開港)과 「불개항」, 「자유항」으로 구분할 수 있다. 「개항」은 대한민국 선박뿐만 아니라 외국 선박이 상시 출입할 수 있는 항만으로서 무역항과 동일하며, 관세법에 따라 외국화물의 취급이 인정된 곳을 말한다. 「불개항」은 외국과의 통상무역이 허락되지 않는 항만으로서 주로 내국 선박이 출입하고 외항 선박은 긴급한 상황에 일시적으로 들어오는 것 이외에 원칙적으로 사용이 허락되지 않는 항만을 말한다. 「자유항」은 개항 중 외국에 수입하는 제품과 원자재에 대해 관세부과가 없는 항만으로서 도시 전체를 자유항으로 지정한 싱가포르와 홍콩이 이에 해당한다.

2. 선박입출항법

2015년 2월 구 「개항질서법」과 「항만법」에 분산되어 있던 선박의 입항 및 출항 등에 관한 규정을 통합하여 「선박의 입항 및 출항 등에 관한 법률」을 제정하였다. 동 법의 제정은 국민들에게 법령 이해의 편의를 제공하고, 운항 선박의 대형화 및 수상레저활동 증가 등 선박의 입항 및 출항 환경변화에 따른 신규수요를 반영하며, 항만관제 및 선박에 대한 통제를 강화하여 선박의 안전운항 여건 확보하려는 목적이었다.[3] 2015년 1월에 제정된 이후 10여 차례 개정을 했다.

---

3) 국가법령정보센터, 「선박의 입항 및 출항등에 관한 법률 제정이유」.

제2절 | 총 칙

내용	규정
목적 (제1조)	이 법은 무역항의 수상구역 등에서 선박의 입항·출항에 대한 지원과 선박운항의 안전 및 질서 유지에 필요한 사항을 규정함을 목적으로 한다.
정의 (제2조)	1. "무역항"이란 「항만법」 제2조제2호에 따른 항만을 말한다. 2. "무역항의 수상구역등"이란 무역항의 수상구역과 「항만법」 제2조제5호가목1)의 수역시설 중 수상구역 밖의 수역시설로서 관리청이 지정·고시한 것을 말한다. 2의2. "관리청"이란 무역항의 수상구역등에서 선박의 입항 및 출항 등에 관한 행정업무를 수행하는 다음 각목의 구분에 따른 행정관청을 말한다. 　가. 「항만법」 제3조제2항제1호에 따른 국가관리무역항: 해양수산부장관 　나. 「항만법」 제3조제2항제2호에 따른 지방관리무역항: 특별시장·광역시장·도지사 또는 특별자치도지사(「시·도지사」) 3. "선박"이란 「선박법」 제1조의2제1항에 따른 선박을 말한다. 4. "예선"이란 「선박안전법」 제2조제13호에 따른 예인선(「예인선」) 중 무역항에 출입하거나 이동하는 선박을 끌어당기거나 밀어서 이안·접안·계류를 보조하는 선박을 말한다. 5. "우선피항선"이란 주로 무역항의 수상구역에서 운항하는 선박으로서 다른 선박의 진로를 피하여야 하는 다음 각목의 선박을 말한다. 　가. 「선박법」 제1조의2제1항제3호에 따른 부선(예인선이 부선을 끌거나 밀고 있는 경우의 예인선 및 부선을 포함하되, 예인선에 결합되어 운항하는 압항부선은 제외한다] 　나. 주로 노와 삿대로 운전하는 선박 　다. 예선 　라. 「항만운송사업법」 제26조의3제1항에 따라 항만운송관련사업을 등록한 자가 소유한 선박 　마. 「해양환경관리법」 제70조제1항에 따라 해양환경관리업을 등록한 자가 소유한 선박 또는 「해양폐기물 및 해양오염퇴적물 관리법」 제19조제1항에 따라 해양폐기물관리업을 등록한 자가 소유한 선박(폐기물해양배출업으로 등록한 선박은 제외한다) 　바. 가목부터 마목까지의 규정에 해당하지 아니하는 총톤수 20톤 미만의 선박 6. "정박"이란 선박이 해상에서 닻을 바다 밑바닥에 내려놓고 운항을 멈추는 것을 말한다. 7. "정박지"란 선박이 정박할 수 있는 장소를 말한다. 8. "정류"란 선박이 해상에서 일시적으로 운항을 멈추는 것을 말한다. 9. "계류"란 선박을 다른 시설에 붙들어 매어 놓는 것을 말한다.

내용	규정
	10. "계선"이란 선박이 운항을 중지하고 정박하거나 계류하는 것을 말한다. 11. "항로"란 선박의 출입 통로로 이용하기 위하여 제10조에 따라 지정·고시한 수로를 말한다. 12. "위험물"이란 화재·폭발 등의 위험이 있거나 인체 또는 해양환경에 해를 끼치는 물질로서 해양수산부령으로 정하는 것을 말한다. 다만, 선박의 항행 또는 인명의 안전을 유지하기 위하여 해당 선박에서 사용하는 위험물은 제외한다. 13. "위험물취급자"란 제37조제1항제1호에 따른 위험물운송선박의 선장 및 위험물을 취급하는 사람을 말한다.
다른 법률과의 관계 (제3조)	무역항의 수상구역등에서의 선박 입항·출항에 관하여는 다른 법률에 특별한 규정이 있는 경우를 제외하고는 이 법에 따른다.

제3절 │ 입항·출항 및 정박

내용	규정
출입 신고 (제4조)	① 무역항의 수상구역등에 출입하려는 선박의 선장(「선장」)은 대통령령으로 정하는 바에 따라 관리청에 신고하여야 한다. 다만, 다음 각호의 선박은 출입 신고를 하지 아니할 수 있다. 1. 총톤수 5톤 미만의 선박 2. 해양사고구조에 사용되는 선박 3. 「수상레저안전법」 제2조제3호에 따른 수상레저기구 중 국내항 간을 운항하는 모터보트 및 동력요트 4. 그 밖에 공공목적이나 항만 운영의 효율성을 위하여 해양수산부령으로 정하는 선박 ② 관리청은 제1항에 따른 신고를 받은 경우 그 내용을 검토하여 이 법에 적합하면 신고를 수리하여야 한다. ③ 제1항에도 불구하고 전시·사변이나 그에 준하는 국가비상사태 또는 국가안전보장에 필요한 경우에는 선장은 대통령령으로 정하는 바에 따라 관리청의 허가를 받아야 한다.
정박지의 사용 등 (제5조)	① 관리청은 무역항의 수상구역등에 정박하는 선박의 종류·톤수·흘수 또는 적재물의 종류에 따른 정박구역 또는 정박지를 지정·고시할 수 있다. ② 무역항의 수상구역등에 정박하려는 선박(우선피항선은 제외한다)은 제1항에 따른 정박구역 또는 정박지에 정박하여야 한다. 다만, 해양사고를 피하기 위한 경우 등 해양수산부령으로 정하는 사유가 있는 경우에는 그러하지 아니하다. ③ 우선피항선은 다른 선박의 항행에 방해가 될 우려가 있는 장소에 정

	박하거나 정류하여서는 아니 된다. ④ 제2항 단서에 따라 정박구역 또는 정박지가 아닌 곳에 정박한 선박의 선장은 즉시 그 사실을 관리청에 신고하여야 한다.
정박의 제한 및 방법 등 (제6조)	① 선박은 무역항의 수상구역등에서 다음 각호의 장소에는 정박하거나 정류하지 못한다. 1. 부두·잔교·안벽·계선부표·돌핀 및 선거의 부근 수역 2. 하천, 운하 및 그 밖의 좁은 수로와 계류장 입구의 부근 수역 ② 제1항에도 불구하고 다음 각호의 경우에는 제1항 각호의 장소에 정박하거나 정류할 수 있다. 1. 해양사고를 피하기 위한 경우 2. 선박의 고장이나 그 밖의 사유로 선박을 조종할 수 없는 경우 3. 인명을 구조하거나 급박한 위험이 있는 선박을 구조하는 경우 4. 허가를 받은 공사 또는 작업에 사용하는 경우 ③ 제1항에 따른 선박의 정박 또는 정류의 제한 외에 무역항별 무역항의 수상구역등에서의 정박 또는 정류 제한에 관한 구체적인 내용은 관리청이 정하여 고시한다. ④ 무역항의 수상구역등에 정박하는 선박은 지체 없이 예비용 닻을 내릴 수 있도록 닻 고정장치를 해제하고, 동력선은 즉시 운항할 수 있도록 기관의 상태를 유지하는 등 안전에 필요한 조치를 하여야 한다. ⑤ 관리청은 정박하는 선박의 안전을 위하여 필요하다고 인정하는 경우에는 무역항의 수상구역등에 정박하는 선박에 대하여 정박 장소 또는 방법을 변경할 것을 명할 수 있다.
선박의 계선 신고 등 (제7조)	① 총톤수 20톤 이상의 선박을 무역항의 수상구역등에 계선하려는 자는 해양수산부령으로 정하는 바에 따라 관리청에 신고하여야 한다. ② 관리청은 신고를 받은 경우 그 내용을 검토하여 이 법에 적합하면 신고를 수리하여야 한다. ③ 선박을 계선하려는 자는 관리청이 지정한 장소에 그 선박을 계선하여야 한다. ④ 관리청은 계선 중인 선박의 안전을 위하여 필요하다고 인정하는 경우에는 그 선박의 소유자나 임차인에게 안전 유지에 필요한 인원의 선원을 승선시킬 것을 명할 수 있다.
선박의 이동명령 (제8조)	관리청은 다음 각호의 경우에는 무역항의 수상구역등에 있는 선박에 대하여 관리청이 정하는 장소로 이동할 것을 명할 수 있다. 1. 무역항을 효율적으로 운영하기 위하여 필요하다고 판단되는 경우 2. 전시·사변이나 그에 준하는 국가비상사태 또는 국가안전보장을 위하여 필요하다고 판단되는 경우
선박교통의 제한 (제9조)	① 관리청은 무역항의 수상구역등에서 선박교통의 안전을 위하여 필요하다고 인정하는 경우에는 항로 또는 구역을 지정하여 선박교통을 제한

	하거나 금지할 수 있다. ② 관리청이 항로 또는 구역을 지정한 경우에는 항로 또는 구역의 위치, 제한·금지 기간을 정하여 공고하여야 한다.

제4절 │ 항로 및 항법

내용	규정
항로 지정 및 준수 (제10조)	① 관리청은 무역항의 수상구역등에서 선박교통의 안전을 위하여 필요한 경우에는 무역항과 무역항의 수상구역 밖의 수로를 항로로 지정·고시할 수 있다. ② 우선피항선 외의 선박은 무역항의 수상구역등에 출입하는 경우 또는 무역항의 수상구역등을 통과하는 경우에는 지정·고시된 항로를 따라 항행하여야 한다. 다만, 해양사고를 피하기 위한 경우 등 해양수산부령으로 정하는 사유가 있는 경우에는 그러하지 아니하다.
항로에서의 정박 등 금지 (제11조)	① 선장은 항로에 선박을 정박 또는 정류시키거나 예인되는 선박 또는 부유물을 내버려두어서는 아니 된다. 다만, 제6조제2항 각호의 어느 하나에 해당하는 경우는 그러하지 아니하다. ② 제6조제2항제1호부터 제3호까지의 사유로 선박을 항로에 정박시키거나 정류시키려는 자는 그 사실을 관리청에 신고하여야 한다. 이 경우 제2호에 해당하는 선박의 선장은 「해사안전법」 제85조제1항에 따른 조종불능선 표시를 하여야 한다.
항로에서의 항법 (제12조)	① 모든 선박은 항로에서 다음 각호의 항법에 따라 항행하여야 한다. 1. 항로 밖에서 항로에 들어오거나 항로에서 항로 밖으로 나가는 선박은 항로를 항행하는 다른 선박의 진로를 피하여 항행할 것 2. 항로에서 다른 선박과 나란히 항행하지 아니할 것 3. 항로에서 다른 선박과 마주칠 우려가 있는 경우에는 오른쪽으로 항행할 것 4. 항로에서 다른 선박을 추월하지 아니할 것. 다만, 추월하려는 선박을 눈으로 볼 수 있고 안전하게 추월할 수 있다고 판단되는 경우에는 「해사안전법」 제67조제5항 및 제71조에 따른 방법으로 추월할 것 5. 항로를 항행하는 위험물운송선박(급유선은 제외한다) 또는 흘수제약선의 진로를 방해하지 아니할 것 6. 범선은 항로에서 지그재그로 항행하지 아니할 것 ② 관리청은 선박교통의 안전을 위하여 특히 필요하다고 인정하는 경우에는 제1항에서 규정한 사항 외에 따로 항로에서의 항법 등에 관한 사항을 정하여 고시할 수 있다. 이 경우 선박은 이에 따라 항행하여야 한다.

방파제 부근에서의 항법 (제13조)	무역항의 수상구역등에 입항하는 선박이 방파제 입구 등에서 출항하는 선박과 마주칠 우려가 있는 경우에는 방파제 밖에서 출항하는 선박의 진로를 피하여야 한다.
부두 등 부근에서의 항법 (제14조)	선박이 무역항의 수상구역등에서 해안으로 길게 뻗어 나온 육지 부분, 부두, 방파제 등 인공시설물의 튀어나온 부분 또는 정박 중인 선박(「부두등」)을 오른쪽 뱃전에 두고 항행할 때에는 부두 등에 접근하여 항행하고, 부두 등을 왼쪽 뱃전에 두고 항행할 때에는 멀리 떨어져서 항행하여야 한다.
예인선 등의 항법 (제15조)	① 예인선이 무역항의 수상구역등에서 다른 선박을 끌고 항행할 때에는 해양수산부령으로 정하는 방법에 따라야 한다. ② 범선이 무역항의 수상구역등에서 항행할 때에는 돛을 줄이거나 예인선이 범선을 끌고 가게 하여야 한다.
진로방해의 금지 (제16조)	① 우선피항선은 무역항의 수상구역등이나 무역항의 수상구역 부근에서 다른 선박의 진로를 방해하여서는 아니 된다. ② 공사 등의 허가를 받은 선박과 선박경기 등의 행사를 허가받은 선박은 무역항의 수상구역등에서 다른 선박의 진로를 방해하여서는 아니 된다.
속력 등의 제한 (제17조)	① 선박이 무역항의 수상구역등이나 무역항의 수상구역 부근을 항행할 때에는 다른 선박에 위험을 주지 아니할 정도의 속력으로 항행하여야 한다. ② 해양경찰청장은 선박이 빠른 속도로 항행하여 다른 선박의 안전 운항에 지장을 초래할 우려가 있다고 인정하는 무역항의 수상구역등에 대하여는 관리청에 무역항의 수상구역등에서의 선박 항행 최고속력을 지정할 것을 요청할 수 있다. ③ 관리청은 요청을 받은 경우 특별한 사유가 없으면 무역항의 수상구역등에서 선박 항행 최고속력을 지정·고시하여야 한다. 이 경우 선박은 고시된 항행 최고속력의 범위에서 항행하여야 한다.
항행 선박 간의 거리 (제18조)	무역항의 수상구역등에서 2척 이상의 선박이 항행할 때에는 서로 충돌을 예방할 수 있는 상당한 거리를 유지하여야 한다.

제5절 │ 예 선

내용	규정
예선의 사용의무 (제23조)	① 관리청은 항만시설을 보호하고 선박의 안전을 확보하기 위하여 관리청이 정하여 고시하는 일정 규모 이상의 선박에 대하여 예선을 사용하도록 하여야 한다. ② 관리청은 제1항에 따라 예선을 사용하여야 하는 선박이 그 규모에 맞

	는 예선을 사용하게 하기 위하여 예선의 사용기준(「예선사용기준」)을 정하여 고시할 수 있다.
예선업의 등록 등 (제24조)	① 무역항에서 예선업무를 하는 사업(「예선업」)을 하려는 자는 관리청에 등록하여야 한다. 등록한 사항 중 해양수산부령으로 정하는 사항을 변경하려는 경우에도 또한 같다. ② 예선업의 등록 또는 변경등록은 무역항별로 하되, 다음 각호의 기준을 충족하여야 한다. 1. 예선은 자기소유예선(자기 명의의 국적취득조건부 나용선 또는 자기소유로 약정된 리스예선을 포함한다)으로서 해양수산부령으로 정하는 무역항별 예선보유기준에 따른 마력(「예항력」)과 척수가 적합할 것 2. 예선추진기형은 전방향추진기형일 것 3. 예선에 소화설비 등 해양수산부령으로 정하는 시설을 갖출 것 4. 예선의 선령이 해양수산부령으로 정하는 기준에 적합하되, 등록 또는 변경등록 당시 해당 예선의 선령이 12년 이하일 것. 다만, 관리청이 예선 수요가 적어 사업의 수익성이 낮다고 인정하는 무역항에 등록 또는 변경등록하는 선박의 경우와 해양환경공단이 해양오염방제에 대비·대응하기 위하여 선박을 배치하고자 변경등록하는 경우에는 그러하지 아니하다. ③ 제2항에도 불구하고 다음 각호의 어느 하나에 해당하는 경우에는 해양수산부령으로 정하는 무역항별 예선보유기준에 따라 2개 이상의 무역항에 대하여 하나의 예선업으로 등록하게 할 수 있다. 1. 1개의 무역항에 출입하는 선박의 수가 적은 경우 2. 2개 이상의 무역항이 인접한 경우 ④ 관리청은 예선업무를 안정적으로 수행하기 위하여 필요하다고 인정하는 경우 예선업이 등록된 무역항의 예선이 아닌 다른 무역항에 등록된 예선을 이용하게 할 수 있다.
예선업의 등록 제한 (제25조)	① 다음 각호의 어느 하나에 해당하는 자는 예선업의 등록을 할 수 없다. 1. 원유, 제철원료, 액화가스류 또는 발전용 석탄의 화주 2. 「해운법」에 따른 외항 정기 화물운송사업자와 외항 부정기 화물운송사업자 3. 조선사업자 4. 제1호부터 제3호까지의 어느 하나에 해당하는 자가 사실상 소유하거나 지배하는 법인(「관계법인」) 및 그와 특수한 관계에 있는 자(「특수관계인」) 5. 제26조제1호 또는 제5호의 사유로 등록이 취소된 후 2년이 지나지 아니한 자 ② 관계법인과 특수관계인의 범위 등은 대통령령으로 정한다. ③ 제28조에 따라 예선업의 권리와 의무를 승계한 자의 경우에는 제1항을 준용한다.

	④ 관리청은 안전사고의 방지 및 예선업의 효율적인 운영을 위하여 필요한 경우로서 항만 내 예선의 대기장소가 해양수산부령으로 정하는 기준보다 부족한 경우에는 예선업의 등록을 거부할 수 있다.
예선업자의 준수사항 (제29조)	① 예선업자는 다음 각호의 경우를 제외하고는 예선의 사용 요청을 거절하여서는 아니 된다. 1. 다른 법령에 따라 선박의 운항이 제한된 경우 2. 천재지변이나 그 밖의 불가항력적인 사유로 예선업무를 수행하기가 매우 어려운 경우 3. 예선운영협의회에서 정하는 정당한 사유가 있는 경우 ② 예선업자는 등록 또는 변경등록한 각 예선이 등록 또는 변경등록 당시의 예항력을 유지할 수 있도록 관리하고, 해양수산부령으로 정하는 바에 따라 예선이 적정한 예항력을 가지고 있는지 확인하기 위하여 해양수산부장관이 실시하는 검사를 받아야 한다.
예선의 배정 방법 (제29조의2)	① 예선의 사용 요청을 받은 예선업자는 단독으로 예선을 배정하여야 한다. 다만, 예선의 공동 활용 등을 위하여 필요한 경우로서 예선업자가 예선 사용자 등에게 예선 공동 배정의 방법·내용을 미리 공표한 경우에는 예선업자 간 공동으로 예선을 배정할 수 있다. ② 예선 공동 배정의 방법·내용, 공표의 방법 및 세부 절차 등에 관한 사항은 해양수산부령으로 정한다.
예선운영협의회 (제30조)	① 관리청은 예선을 원활하게 운영하기 위하여 예선업을 대표하는 자, 예선 사용자를 대표하는 자 및 해운항만전문가가 참여하는 예선운영협의회를 설치·운영하게 할 수 있다. ② 예선운영협의회의 기능·구성 및 운영 등에 필요한 사항은 대통령령으로 정한다. ③ 관리청은 다음 각호의 어느 하나에 해당하는 경우 조정을 하거나 예선운영협의회에 재협의를 요구할 수 있다. 1. 예선운영협의회에서 예선운영 등에 대한 협의가 이루어지지 아니한 경우 2. 예선운영협의회의 협의 결과가 예선업의 건전한 발전을 저해하거나 예선 사용자의 권익을 침해한다고 인정되는 경우

제6절 | 위험물의 관리 등

내용	규정
위험물의 반입(제32조)	① 위험물을 무역항의 수상구역등으로 들여오려는 자는 해양수산부령으로 정하는 바에 따라 관리청에 신고하여야 한다. ② 관리청은 제1항에 따른 신고를 받은 경우 그 내용을 검토하여 이 법

	에 적합하면 신고를 수리하여야 한다. ③ 관리청은 제1항에 따른 신고를 받았을 때에는 무역항 및 무역항의 수상구역등의 안전, 오염방지 및 저장능력을 고려하여 해양수산부령으로 정하는 바에 따라 들여올 수 있는 위험물의 종류 및 수량을 제한하거나 안전에 필요한 조치를 할 것을 명할 수 있다. ④ 다음 각호에 해당하는 자는 신고를 하려는 자에게 해양수산부령으로 정하는 바에 따라 위험물을 통지하여야 한다. 1. 해상화물운송사업을 등록한 자 2. 국제물류주선업을 등록한 자 3. 해운대리점업을 등록한 자 4. 수출·수입 신고 대상 물품의 화주
위험물운송선박의 정박 등 (제33조)	위험물운송선박은 관리청이 지정한 장소가 아닌 곳에 정박하거나 정류하여서는 아니 된다.
위험물의 하역 (제34조)	① 무역항의 수상구역등에서 위험물을 하역하려는 자는 대통령령으로 정하는 바에 따라 자체안전관리계획을 수립하여 관리청의 승인을 받아야 한다. 승인받은 사항 중 대통령령으로 정하는 사항을 변경하려는 경우에도 또한 같다. ② 관리청은 무역항의 안전을 위하여 필요하다고 인정할 때에는 자체안전관리계획을 변경할 것을 명할 수 있다. ③ 관리청은 기상악화 등 불가피한 사유로 무역항의 수상구역등에서 위험물을 하역하는 것이 부적당하다고 인정하는 경우에는 제1항에 따른 승인을 받은 자에 대하여 해양수산부령으로 정하는 바에 따라 그 하역을 금지 또는 중지하게 하거나 무역항의 수상구역등 외의 장소를 지정하여 하역하게 할 수 있다. ④ 무역항의 수상구역등이 아닌 장소로서 해양수산부령으로 정하는 장소에서 위험물을 하역하려는 자는 무역항의 수상구역등에 있는 자로 본다.
위험물 취급 시의 안전조치 등 (제35조)	① 무역항의 수상구역등에서 위험물취급자는 다음 각호에 따른 안전에 필요한 조치를 하여야 한다. 1. 위험물 취급에 관한 안전관리자(「위험물 안전관리자」)의 확보 및 배치. 다만, 해양수산부령으로 정하는 바에 따라 위험물 안전관리자를 보유한 안전관리 전문업체로 하여금 안전관리 업무를 대행하게 한 경우에는 그러하지 아니하다. 2. 해양수산부령으로 정하는 위험물 운송선박의 부두 이안·접안 시 위험물 안전관리자의 현장 배치 3. 위험물의 특성에 맞는 소화장비의 비치 4. 위험표지 및 출입통제시설의 설치 5. 선박과 육상 간의 통신수단 확보 6. 작업자에 대한 안전교육과 그 밖에 해양수산부령으로 정하는 안전에

	필요한 조치 ② 위험물 안전관리자는 해양수산부령으로 정하는 바에 따라 안전관리에 관한 교육을 받아야 한다. ③ 위험물취급자는 위험물 안전관리자를 고용한 때에는 그 해당자에게 안전관리에 관한 교육을 받게 하여야 한다. 이 경우 위험물취급자는 교육에 드는 경비를 부담하여야 한다. ④ 위험물 안전관리자의 자격, 보유기준 및 교육의 실시에 필요한 사항은 해양수산부령으로 정한다. ⑤ 관리청은 제1항에 따른 안전조치를 하지 아니한 위험물취급자에게 시설·인원·장비 등의 보강 또는 개선을 명할 수 있다. ⑥ 해양수산부령으로 정하는 위험물을 운송하는 총톤수 5만톤 이상의 선박이 접안하는 돌핀 계류시설의 운영자는 해당 선박이 안전하게 접안하여 하역할 수 있도록 해양수산부령으로 정하는 안전장비를 갖추어야 한다.
교육기관의 지정 및 취소 등 (제36조)	① 해양수산부장관은 위험물 안전관리자의 교육을 위하여 교육기관을 지정·고시할 수 있다. ② 제1항의 교육기관의 지정기준 및 교육내용 등 교육기관 지정·운영에 필요한 사항은 해양수산부령으로 정한다. ③ 해양수산부장관은 교육기관의 교육계획 또는 실적 등을 확인·점검할 수 있으며, 확인·점검 결과 필요한 경우에는 시정을 명할 수 있다. ④ 해양수산부장관은 교육기관이 다음 각호의 어느 하나에 해당하는 경우에는 그 지정을 취소하거나 6개월 이내의 기간을 정하여 업무의 정지를 명할 수 있다. 다만, 제1호의 경우에는 그 지정을 취소하여야 한다. 1. 거짓이나 그 밖의 부정한 방법으로 교육기관 지정을 받은 경우 2. 교육실적을 거짓으로 보고한 경우 3. 제3항에 따른 시정명령을 이행하지 아니한 경우 4. 교육기관으로 지정받은 날부터 2년 이상 교육 실적이 없는 경우 5. 해양수산부장관이 교육기관으로서 업무를 수행하기가 어렵다고 인정하는 경우
선박수리의 허가 등 (제37조)	① 선장은 무역항의 수상구역등에서 다음 각호의 선박을 불꽃이나 열이 발생하는 용접 등의 방법으로 수리하려는 경우 해양수산부령으로 정하는 바에 따라 관리청의 허가를 받아야 한다. 다만, 제2호의 선박은 기관실, 연료탱크, 그 밖에 해양수산부령으로 정하는 선박 내 위험구역에서 수리작업을 하는 경우에만 허가를 받아야 한다. 1. 위험물을 저장·운송하는 선박과 위험물을 하역한 후에도 인화성 물질 또는 폭발성 가스가 남아 있어 화재 또는 폭발의 위험이 있는 선박(「위험물운송선박」) 2. 총톤수 20톤 이상의 선박(위험물운송선박은 제외한다) ② 관리청은 허가 신청을 받았을 때에는 신청 내용이 다음 각호의 어느

하나에 해당하는 경우를 제외하고는 허가하여야 한다.

1. 화재·폭발 등을 일으킬 우려가 있는 방식으로 수리하려는 경우
2. 용접공 등 수리작업을 할 사람의 자격이 부적절한 경우
3. 화재·폭발 등의 사고 예방에 필요한 조치가 미흡한 것으로 판단되는 경우
4. 선박수리로 인하여 인근의 선박 및 항만시설의 안전에 지장을 초래할 우려가 있다고 판단되는 경우
5. 수리장소 및 수리시기 등이 항만운영에 지장을 줄 우려가 있다고 판단되는 경우
6. 위험물운송선박의 경우 수리하려는 구역에 인화성 물질 또는 폭발성 가스가 없다는 것을 증명하지 못하는 경우

③ 총톤수 20톤 이상의 선박을 제1항 단서에 따른 위험구역 밖에서 불꽃이나 열이 발생하는 용접 등의 방법으로 수리하려는 경우에 그 선박의 선장은 해양수산부령으로 정하는 바에 따라 관리청에 신고하여야 한다.

④ 관리청은 신고를 받은 경우 그 내용을 검토하여 이 법에 적합하면 신고를 수리하여야 한다.

⑤ 선박을 수리하려는 자는 그 선박을 관리청이 지정한 장소에 정박하거나 계류하여야 한다.

⑥ 관리청은 수리 중인 선박의 안전을 위하여 필요하다고 인정하는 경우에는 그 선박의 소유자나 임차인에게 해양수산부령으로 정하는 바에 따라 안전에 필요한 조치를 할 것을 명할 수 있다.

제7절 │ 수로의 보전

내용	규정
폐기물의 투기 금지 등 (제38조)	① 누구든지 무역항의 수상구역등이나 무역항의 수상구역 밖 10킬로미터 이내의 수면에 선박의 안전운항을 해칠 우려가 있는 흙·돌·나무·어구 등 폐기물을 버려서는 아니 된다. ② 무역항의 수상구역등이나 무역항의 수상구역 부근에서 석탄·돌·벽돌 등 흩어지기 쉬운 물건을 하역하는 자는 그 물건이 수면에 떨어지는 것을 방지하기 위하여 대통령령으로 정하는 바에 따라 필요한 조치를 하여야 한다. ③ 관리청은 제1항을 위반하여 폐기물을 버리거나 제2항을 위반하여 흩어지기 쉬운 물건을 수면에 떨어뜨린 자에게 그 폐기물 또는 물건을 제거할 것을 명할 수 있다.
해양사고 등이 발생한 경우의 조치 (제39조)	① 무역항의 수상구역등이나 무역항의 수상구역 부근에서 해양사고·화재 등의 재난으로 인하여 다른 선박의 항행이나 무역항의 안전을 해칠 우려가 있는 조난선의 선장은 즉시 항로표지를 설치하는 등 필요한 조치

	를 하여야 한다. ② 조난선의 선장이 조치를 할 수 없을 때에는 해양수산부령으로 정하는 바에 따라 해양수산부장관에게 필요한 조치를 요청할 수 있다. ③ 해양수산부장관이 조치를 하였을 때에는 그 선박의 소유자 또는 임차인은 그 조치에 들어간 비용을 해양수산부장관에게 납부하여야 한다.
장애물의 제거 (제40조)	① 관리청은 무역항의 수상구역등이나 무역항의 수상구역 부근에서 선박의 항행을 방해하거나 방해할 우려가 있는 물건(「장애물」)을 발견한 경우에는 그 장애물의 소유자 또는 점유자에게 제거를 명할 수 있다. ② 관리청은 장애물의 소유자 또는 점유자가 명령을 이행하지 아니하는 경우에는 「행정대집행법」 제3조제1항 및 제2항에 따라 대집행을 할 수 있다. ③ 관리청은 다음 각호의 어느 하나에 해당하는 경우로서 제2항에 따른 절차에 따르면 그 목적을 달성하기 곤란한 경우에는 그 절차를 거치지 아니하고 장애물을 제거하는 등 필요한 조치를 할 수 있다. 1. 장애물의 소유자 또는 점유자를 알 수 없는 경우 2. 수역시설을 반복적, 상습적으로 불법 점용하는 경우 3. 그 밖에 선박의 항행을 방해하거나 방해할 우려가 있어 신속하게 장애물을 제거하여야 할 필요가 있는 경우 ④ 장애물을 제거하는 데 들어간 비용은 그 물건의 소유자 또는 점유자가 부담하되, 소유자 또는 점유자를 알 수 없는 경우에는 대통령령으로 정하는 바에 따라 그 물건을 처분하여 비용에 충당한다. ⑤ 제3항에 따른 조치는 선박교통의 안전 및 질서유지를 위하여 필요한 최소한도에 그쳐야 한다. ⑥ 관리청은 제거된 장애물을 보관 및 처리하여야 한다. 이 경우 전문지식이 필요하거나 그 밖에 특수한 사정이 있어 직접 처리하기에 적당하지 아니하다고 인정할 때에는 대통령령으로 정하는 바에 따라 한국자산관리공사에게 장애물의 처리를 대행하도록 할 수 있다.
공사 등의 허가 (제41조)	① 무역항의 수상구역등이나 무역항의 수상구역 부근에서 대통령령으로 정하는 공사 또는 작업을 하려는 자는 해양수산부령으로 정하는 바에 따라 관리청의 허가를 받아야 한다. ② 관리청이 제1항에 따른 허가를 할 때에는 선박교통의 안전과 화물의 보전 및 무역항의 안전에 필요한 조치를 명할 수 있다.
선박경기 등 행사의 허가 (제42조)	① 무역항의 수상구역등에서 선박경기 등 대통령령으로 정하는 행사를 하려는 자는 해양수산부령으로 정하는 바에 따라 관리청의 허가를 받아야 한다. ② 관리청은 제1항에 따른 허가 신청을 받았을 때에는 다음 각호의 어느 하나에 해당하는 경우를 제외하고는 허가하여야 한다. 1. 행사로 인하여 선박의 충돌·좌초·침몰 등 안전사고가 생길 우려가

	있다고 판단되는 경우 2. 행사의 장소와 시간 등이 항만운영에 지장을 줄 우려가 있는 경우 3. 다른 선박의 출입 등 항행에 방해가 될 우려가 있다고 판단되는 경우 4. 다른 선박이 화물을 싣고 내리거나 보존하는 데에 지장을 줄 우려가 있다고 판단되는 경우 ③ 관리청은 허가를 하였을 때에는 해양경찰청장에게 그 사실을 통보하여야 한다.
부유물에 대한 허가 (제43조)	① 무역항의 수상구역등에서 목재 등 선박교통의 안전에 장애가 되는 부유물에 대하여 다음 각호의 어느 하나에 해당하는 행위를 하려는 자는 해양수산부령으로 정하는 바에 따라 관리청의 허가를 받아야 한다. 1. 부유물을 수상에 띄워 놓으려는 자 2. 부유물을 선박 등 다른 시설에 붙들어 매거나 운반하려는 자 ② 관리청은 제1항에 따른 허가를 할 때에는 선박교통의 안전에 필요한 조치를 명할 수 있다.
어로의 제한 (제44조)	누구든지 무역항의 수상구역등에서 선박교통에 방해가 될 우려가 있는 장소 또는 항로에서는 어로(어구 등의 설치를 포함한다)를 하여서는 아니 된다.

제8절 │ 불빛 및 신호

내용	규정
불빛의 제한 (제45조)	① 누구든지 무역항의 수상구역등이나 무역항의 수상구역 부근에서 선박교통에 방해가 될 우려가 있는 강력한 불빛을 사용하여서는 아니 된다. ② 관리청은 불빛을 사용하고 있는 자에게 그 빛을 줄이거나 가리개를 씌우도록 명할 수 있다.
기적 등의 제한 (제46조)	① 선박은 무역항의 수상구역등에서 특별한 사유 없이 기적이나 사이렌을 울려서는 아니 된다. ② 제1항에도 불구하고 무역항의 수상구역등에서 기적이나 사이렌을 갖춘 선박에 화재가 발생한 경우 그 선박은 해양수산부령으로 정하는 바에 따라 화재를 알리는 경보를 울려야 한다.

제9절 │ 보 칙

내용	규정
출항의 중지 (제47조)	관리청은 선박이 이 법 또는 이 법에 따른 명령을 위반한 경우에는 그 선박의 출항을 중지시킬 수 있다.

검사·확인 등 (제48조)	① 관리청은 다음 각호의 경우 그 선박의 소유자·선장이나 그 밖의 관계인에게 출석 또는 진술을 하게 하거나 관계 서류의 제출 또는 보고를 요구할 수 있으며, 관계 공무원으로 하여금 그 선박이나 사무실·사업장, 그 밖에 필요한 장소에 출입하여 장부·서류 또는 그 밖의 물건을 검사하거나 확인하게 할 수 있다. 1. 제4조, 제5조제2항·제3항, 제6조제1항·제4항, 제7조, 제10조제2항, 제11조, 제23조, 제32조, 제33조, 제34조제1항부터 제3항까지, 제35조, 제37조, 제40조제1항, 제41조, 제42조제1항, 제43조, 제44조 중 어느 하나를 위반한 자가 있다고 인정되는 경우 2. 제24조제1항에 따른 예선업의 등록 사항을 이행하고 있는지 확인할 필요가 있는 경우 3. 적정예선 척수 산정 및 예선업계의 경영여건 파악을 위하여 필요한 경우 ② 제1항에 따른 관계 공무원의 자격, 직무 범위 및 그 밖에 필요한 사항은 대통령령으로 정한다. ③ 제1항에 따라 선박에 출입하여 관계 서류 등을 검사·확인하는 공무원은 그 권한을 표시하는 증표를 지니고 관계인에게 보여주어야 한다.
개선명령 (제49조)	① 관리청은 검사 또는 확인 결과 무역항의 수상구역등에서 선박의 안전 및 질서 유지를 위하여 필요하다고 인정하는 경우에는 그 선박의 소유자·선장이나 그 밖의 관계인에게 다음 각호의 사항에 관하여 개선명령을 할 수 있다. 1. 시설의 보강 및 대체 2. 공사 또는 작업의 중지 3. 인원의 보강 4. 장애물의 제거 5. 선박의 이동 6. 선박 척수의 제한 7. 그 밖에 해양수산부령으로 정하는 사항 ② 관리청은 예선업자 등이 다른 예선업자의 사업이나 다른 예선 사용자의 예선사용을 부당하게 방해하는 등 대통령령으로 정하는 사유로 인하여 예선업의 건전한 발전을 저해하거나 예선 사용자의 권익을 침해한 사실이 있다고 인정되는 경우에는 해당 예선업자 등에 대하여 사업 내용의 변경 또는 예선운영 방법 등에 관하여 개선명령을 할 수 있다.

제3장 항로표지법

제1절 | 총 론

　「항로표지」(Navigation Aids)는 해상교통량이 폭주하는 해역 또는 항행상 위험성이 있는 해역에 해상교통의 지리적 특수성과 연안교통의 혼잡성을 예방하기 위하여 설치하는 항로표지·신호·조명·항무통신시설 등을 총칭한다.[4] 항로표지는 선박항해의 지표로서 위치와 침로 결정, 위험물과 장애물의 경고, 협수로 또는 항로의 한계 및 변침점의 표시 등을 위하여 설치되는 항해지원시설이다. 「항로표지법」(법률 제811호)은 1961년 12월 제정된 초기 해사법의 중의 하나로서, "항로표식을 정비하고 이를 합리적이고 능률적으로 운영하여 선박운항의 안전과 능률증진에 기여하려는 목적"으로 제정되었다.[5] 「항로표지법」에서 "항로표지란 항행하는 선박에 대하여 등광·형상·색채·음향·전파 등을 수단으로 선박의 위치·방향 및 장애물의 위치 등을 알려주는 항행보조시설로서, 광파표지, 형상표지, 음파표지, 전파표지 및 특수신호표지 등 해양수산부령으로 정하는 것"으로 규정하고 있다.

제2절 | 총 칙

내용	규정
정의 (제2조)	1. "항로표지"란 항행하는 선박에 대하여 등광·형상·색채·음향·전파 등을 수단으로 선박의 위치·방향 및 장애물의 위치 등을 알려주는 항행보조시설로서 광파표지, 형상표지, 음파표지, 전파표지 및 특수신호표지 등 해양수산부령으로 정하는 것을 말한다. 2. "항로표지 부속시설"이란 항로표지에 부속된 다음 각 목의 어느 하나에 해당하는 시설을 말한다. 　가. 항로표지로의 진입로 　나. 항로표지의 관리를 위한 사무실·숙소·동력실·창고 등의 용도로 사용되는 건축물(「건축법」 제2조제1항제2호에 따른 건축물을 말한다) 　다. 나목에 따른 건축물에 설치된 건축설비(「건축법」 제2조제1항제4호에 따른 건축설비를 말한다)

---

4) 공길영, 「선박항해용어사전」.
5) 국가법령정보센터, 「항로표지법 제정이유」.

	3. "항로표지 장비·용품·설비·체계"란 등명기, 제어반, 충방전조절기 및 축전지 등 기계류와 프로그램, 어플리케이션 등 항로표지의 기능 유지 및 관리를 위하여 필요한 장비, 용품, 설비 및 체계(「항로표지 장비·용품등」)를 말한다. 4. "항로표지 지능정보화"란 인공지능, 정보통신기술 등의 지능정보기술이나 그 밖의 다른 기술을 항로표지 분야에 적용·융합하여 항로표지의 설치 및 시설관리를 효율화·고도화하는 것을 말한다.
국가의 책무 (제3조)	국가는 해상교통의 안전을 확보함으로써 국민의 생명과 재산을 보호하기 위하여 항로표지에 관한 시책을 마련하고 이를 성실히 시행하여야 한다.
적용범위 (제4조)	이 법은 다음 각호의 어느 하나에 해당하는 수역에 설치되는 항로표지에 대하여 적용한다. 1. 「내수면어업법」에 따른 내수면 2. 「영해 및 접속수역법」에 따른 영해 또는 내수 3. 「배타적 경제수역 및 대륙붕에 관한 법률」에 따른 배타적 경제수역
다른 법률과의 관계 (제5조)	항로표지의 설치 및 관리에 관하여 다른 법률에 특별한 규정이 있는 경우를 제외하고는 이 법에서 정하는 바에 따른다.

※**시행규칙 제2조(항로표지의 종류)** ① 「항로표지법」(이하 "법"이라 한다) 제2조제1호에 따른 항로표지의 종류는 다음 각호와 같다.

  1. 광파(光波)표지: 유인등대, 무인등대, 등표(燈標), 도등(導燈), 조사등(照射燈), 지향등(指向燈), 등주, 교량등, 통항신호등, 등부표(燈浮標), 고정부표(spar buoy), 대형 등부표(LANBY) 및 등선(燈船)
  2. 형상표지: 입표(立標), 도표(導標), 교량표, 통항신호표 및 부표
  3. 음파표지: 전기 혼(electric horn), 에어 사이렌(air siren), 모터 사이렌(motor siren) 및 다이아폰(diaphone)
  4. 전파표지: 레이더 비콘(radar beacon), 위성항법보정시스템(DGNSS) 및 지상파항법시스템(LORAN)
  5. 특수신호표지: 해양기상신호표지, 조류신호표지 및 자동위치식별신호표지(AIS AtoN)
② 제1항제1호부터 제4호까지의 항로표지는 그 기능 및 목적에 따라 다음 각 호의 특수항로표지로 구분할 수 있다.
  1. 공사용 표지
  2. 침몰하거나 좌초한 선박을 표시하기 위한 항로표지(이하 "침선표지"라 한다)
  3. 교량표지
  4. 계선표지
  5. 해저케이블표지
  6. 해저송유관표지
  7. 해양자료수집용 표지
  8. 해양자원탐사용 표지
  9. 해양자원시추용 표지
  10. 해양자원채굴용 표지
  11. 양식장표지

398 PART Ⅱ 해사법규

12. 해양풍력발전단지표지
13. 해양조력(潮力)발전단지표지
14. 해양파력(波力)발전단지표지

제3절 │ 항로표지의 설치·관리

내용	규정
항로표지의 설치·관리 (제9조)	① 항로표지는 해양수산부장관이 설치·관리한다. ② 해양수산부장관은 항로표지를 설치하려는 경우 해양수산부령으로 정하는 바에 따라 항로표지를 설치할 해역의 여건 및 해상교통 상황 등을 종합적으로 고려하여 항로표지의 배치와 기능을 결정하여야 한다. ③ 해양수산부장관은 항로표지의 설치·관리에 필요한 시설·장비 및 선박 등을 확보하고 유지·관리하여야 한다. ④ 해양수산부장관은 고시된 항로표지의 기능이 유지되고 있는지를 확인하기 위하여 해양수산부령으로 정하는 바에 따라 주기적으로 항로표지의 기능에 대하여 측정 및 분석을 하여야 한다. ⑤ 해양수산부장관은 항로표지의 기능 및 규격에 관한 기준을 정한 경우 이를 고시하여야 한다. ⑥ 제1항에도 불구하고 자기의 사업 또는 업무에 사용하기 위하여 항로표지를 설치할 필요가 있는 자는 대통령령으로 정하는 바에 따라 해양수산부장관의 허가를 받아 항로표지를 설치할 수 있다.
항법정보 등의 제공 (제10조)	① 해양수산부장관은 다음 각호의 정보를 이용자에게 제공하기 위한 위성항법보정시스템(DGNSS) 및 지상파항법시스템(LORAN, R−Mode 등)을 대통령령으로 정하는 바에 따라 각각 설치·운영하여야 한다. 1. 위치측정용 인공위성으로부터 수신한 신호를 근거로 여러 가지 오차요인을 보정하여 생성하는 위치정보 및 항법정보(항공분야 및 대통령령으로 정하는 측량분야는 제외한다) 2. 지상에 설치한 송신국에서 송출하는 전파를 이용한 위치, 항법 또는 시각등의 정보 ② 해양수산부장관은 위성항법보정시스템을 설치·운영하는 경우 관계 중앙행정기관의 장과 미리 협의하여야 한다. ③ 해양수산부장관은 대통령령으로 정하는 바에 따라 위성항법보정시스템 및 지상파항법시스템의 설치·관리 및 항법정보의 제공에 관한 기술개발을 추진하여야 한다. ④ 해양수산부장관은 대통령령으로 정하는 바에 따라 위성항법보정시스템 및 지상파항법시스템의 보안 강화를 위한 보안대책 등을 수립하여 시행하여야 한다.

특수신호표지의 설치·운영 (제11조)	① 해양수산부장관은 선박의 통항량, 해양의 기상상태 또는 조류 등의 영향으로 해양사고가 빈번하게 발생하거나 발생할 우려가 있는 해역에 해양기상신호표지·조류신호표지·자동위치식별신호표지 등의 특수신호표지를 설치·운영하고 실시간으로 해당 정보를 제공할 수 있다. 이 경우 해양수산부장관은 해양수산부령으로 정하는 해역에 우선적으로 특수신호표지를 설치·운영하여야 한다. ② 제1항에 따른 특수신호표지의 설치·운영에 필요한 사항은 해양수산부령으로 정한다.
수중암초의 제거 등 (제12조)	① 해양수산부장관은 「항만법」 제2조제4호에 따른 항만구역 외의 수역 및 「어촌·어항법」 제2조제4호에 따른 어항구역 외의 수역에서 선박의 항행에 장애가 되는 수중암초가 있는 경우에는 항로표지를 설치하여야 한다. ② 해양수산부장관은 제1항에 따라 항로표지를 설치할 수 없고 해양사고를 예방하기 위하여 필요한 경우 해양수산부령으로 정하는 바에 따라 그 수중암초를 제거할 수 있다.
공사구역을 표시하는 항로표지 등의 설치·관리 (제13조)	① 선박의 항행에 이용되는 수역으로서 대통령령으로 정하는 수역에서 다음 각호의 어느 하나에 해당하는 행위를 하려는 자는 해양수산부장관의 허가를 받아 항로표지를 설치·관리하여야 한다. 1. 준설, 매립, 구조물 설치 등 선박의 운항에 지장을 줄 우려가 있는 공사의 시행 2. 풍력발전단지, 조력발전단지, 파력발전단지 및 부두 등 인공구조물의 설치 ② 해양수산부장관은 항로표지를 설치하여야 하는 자가 항로표지를 설치하지 아니하는 경우에는 공사 중지 등 필요한 조치를 명할 수 있다.
침선표지의 설치·관리 (제14조)	① 선박의 항행에 이용되는 수역으로서 대통령령으로 정하는 수역에서 선박이 침몰하거나 좌초하여 다른 선박의 항행에 지장을 줄 때에는 해당 선박의 소유자는 지체 없이 침몰하거나 좌초한 선박을 표시하기 위한 항로표지(「침선표지」)를 대통령령으로 정하는 바에 따라 설치·관리하고 그 설치 사실을 해양수산부장관에게 신고하여야 한다. ② 해양수산부장관은 제1항에 따라 설치한 침선표지가 선박의 항행안전에 중대한 지장을 줄 우려가 있다고 인정하는 경우에는 침몰하거나 좌초한 선박의 소유자에게 침선표지의 추가 설치 및 위치 변경 등 필요한 조치를 명할 수 있다. 이 경우 해양수산부장관의 조치명령에 따라 침선표지를 추가 설치하거나 위치 변경 등 필요한 조치를 한 자는 그 사실을 해양수산부장관에게 알려야 한다. ③ 제1항에 따라 침선표지를 설치·관리하여야 하는 자는 설치·관리에 드는 비용을 자신이 부담하는 조건으로 대통령령으로 정하는 바에 따라 해양수산부장관에게 침선표지 설치·관리의 대행을 요청할 수 있다.

	④ 제1항 및 제3항에도 불구하고 해양수산부장관은 다음 각호의 어느 하나에 해당하는 경우에는 해양사고를 예방하기 위하여 침선표지를 직접 설치·관리하고, 침몰하거나 좌초한 선박의 소유자에게 비용을 청구할 수 있다. 1. 침선표지를 긴급히 설치하여야 할 필요가 있는 경우 2. 침몰하거나 좌초한 선박의 소유자가 침선표지를 설치하지 아니하는 경우 3. 그 밖의 사유로 침선표지가 설치되지 아니하는 경우 ⑤ 제3항 또는 제4항에 따라 해양수산부장관이 침선표지를 설치·관리하는 경우 침선표지 설치·관리 비용의 산정방법 및 납부기간 등에 관하여 필요한 사항은 해양수산부령으로 정한다.
허가 등의 의제 (제15조)	① 제9조제6항, 제13조제1항, 제14조제1항 또는 제19조제1항에 따라 허가를 받거나 신고하였을 때 또는 제14조제2항에 따른 해양수산부장관의 조치명령에 따라 침몰하거나 좌초한 선박의 소유자가 침선표지를 추가 설치하거나 설치된 침선표지의 위치를 변경하였을 때에는 다음 각 호의 허가·승인을 받거나 신고를 한 것으로 본다. 1.「공유수면 관리 및 매립에 관한 법률」제8조에 따른 공유수면의 점용·사용허가 및 같은 법 제17조에 따른 점용·사용 실시계획의 승인 또는 신고 2.「하천법」제33조에 따른 하천의 점용허가 ② 해양수산부장관은 제9조제6항, 제13조제1항 또는 제19조제1항에 따라 항로표지 설치 또는 변경을 허가하려는 경우에는 제1항 각호의 어느 하나에 해당하는 사항에 대하여 관계 행정기관의 장과 미리 협의하여야 한다. ③ 해양수산부장관은 제14조제1항에 따라 선박의 소유자가 침선표지를 설치하고 그 사실을 신고하였을 때 또는 같은 조 제2항에 따라 침선표지를 추가 설치하거나 설치된 침선표지의 위치를 변경하였을 때에는 제1항 각호의 어느 하나에 해당하는 사항에 대하여 관계 행정기관의 장에게 통보하여야 한다. ④ 관계 행정기관의 장은 제2항에 따른 협의를 요청받은 날부터 대통령령으로 정하는 기간 내에 의견을 제출하여야 한다. ⑤ 관계 행정기관의 장이 제4항에서 정한 기간(「민원 처리에 관한 법률」제20조제2항에 따라 회신기간을 연장한 경우에는 그 연장된 기간을 말한다) 내에 의견을 제출하지 아니하면 협의가 이루어진 것으로 본다.
항로표지의 고시 (제16조)	해양수산부장관은 항로표지가 설치·폐지되거나 항로표지의 위치·명칭·등질 등 해양수산부령으로 정하는 현황이 변경되는 경우(「현황변경」)에는 그 사실을 해양수산부령으로 정하는 바에 따라 고시하여야 한다.
신고 등 (제17조)	누구든지 항로표지가 천재지변 또는 선박충돌이나 그 밖의 원인으로 인

하여 소등·유실·침몰·무너짐·위치이동 등의 사고가 있는 것을 발견하였을 때에는 즉시 그 사실을 해양수산부장관, 그 소속 기관의 장 또는 해양경찰서장에게 신고하여야 한다.

제4절 | 사설항로표지의 관리 등

내용	규정
사설항로표지의 관리 (제18조)	① 제9조제6항, 제13조 또는 제14조에 따라 해양수산부장관 외의 자가 설치한 항로표지(「사설항로표지」)의 소유자는 대통령령으로 정하는 바에 따라 사설항로표지의 관리에 종사하는 사람(「사설항로표지관리원」)과 사설항로표지의 관리를 위하여 필요한 장비 및 시설을 갖추어 해양수산부장관에게 신고하여야 한다. 다만, 다음 각호의 어느 하나에 해당하는 경우에는 그러하지 아니하다. 1. 해양수산부장관에게 침선표지 설치·관리의 대행을 요청한 경우 2. 사설항로표지의 관리업무를 위탁받아 수행하는 사업을 등록한 자(「위탁관리업자」)에게 사설항로표지의 관리를 위탁한 경우 ② 사설항로표지의 소유자는 다음 각호의 어느 하나에 해당하는 경우에는 그 사실을 해양수산부령으로 정하는 바에 따라 해양수산부장관에게 신고하여야 한다. 1. 사설항로표지를 타인에게 양도한 경우 2. 위탁관리업자에게 사설항로표지의 관리를 위탁한 경우 3. 사설항로표지의 소등·유실·침몰·무너짐·위치이동 등으로 인하여 그 기능에 장애가 생긴 경우 ③ 사설항로표지의 소유자 또는 위탁관리업자는 해당 사설항로표지의 기능에 장애가 없도록 사설항로표지를 관리하여야 한다. ④ 해양수산부장관은 사설항로표지가 소등·유실·침몰·무너짐·위치이동 등으로 인하여 기능에 장애가 생기거나 사설항로표지로 인하여 해상교통에 장애가 생긴 때에는 기한을 정하여 그 소유자 또는 위탁관리업자에 대하여 장애의 해소에 필요한 조치를 할 것을 명할 수 있다. ⑤ 해양수산부장관은 신고를 받은 날부터 6일 이내에 신고수리 여부를 신고인에게 통지하여야 한다. ⑥ 해양수산부장관이 제5항에서 정한 기간 내에 신고수리 여부 또는 민원 처리 관련 법령에 따른 처리기간의 연장을 신고인에게 통지하지 아니하면 그 기간(민원 처리 관련 법령에 따라 처리기간이 연장 또는 재연장된 경우에는 해당 처리기간을 말한다)이 끝난 날의 다음 날에 신고를 수리한 것으로 본다.
사설항로표지의 현황변경 등 (제19조)	① 사설항로표지의 소유자는 사설항로표지의 현황변경을 하려면 대통령령으로 정하는 바에 따라 해양수산부장관의 허가를 받아야 한다.

	② 사설항로표지의 소유자는 설치 목적이 소멸되어 사설항로표지를 폐지하려는 경우에는 해양수산부령으로 정하는 바에 따라 해양수산부장관에게 신고하여야 한다. ③ 해양수산부장관은 제2항에 따른 신고를 받은 날부터 6일 이내에 신고수리 여부를 신고인에게 통지하여야 한다. ④ 해양수산부장관이 제3항에서 정한 기간 내에 신고수리 여부 또는 민원 처리 관련 법령에 따른 처리기간의 연장을 신고인에게 통지하지 아니하면 그 기간(민원 처리 관련 법령에 따라 처리기간이 연장 또는 재연장된 경우에는 해당 처리기간을 말한다)이 끝난 날의 다음 날에 신고를 수리한 것으로 본다.
사설항로표지의 준공확인 (제20조)	사설항로표지를 설치하거나 제19조제1항에 따라 사설항로표지의 현황변경을 한 경우 해당 사설항로표지의 소유자는 해양수산부령으로 정하는 바에 따라 지체 없이 해양수산부장관의 준공확인을 받아야 한다.
결격사유 (제21조)	다음 각호의 어느 하나에 해당하는 자는 사설항로표지관리원이 될 수 없다. 1. 미성년자 2. 피성년후견인 또는 피한정후견인 3. 이 법 또는 「형법」 제186조를 위반하여 징역형의 실형을 선고받고 그 집행이 종료(집행이 종료된 것으로 보는 경우를 포함한다)되거나 집행이 면제된 날부터 3년이 지나지 아니한 자 4. 이 법 또는 「형법」 제186조를 위반하여 형의 집행유예를 선고받고 그 유예기간 중에 있는 자
사설항로표지관리원의 관리 (제22조)	① 해양수산부장관은 사설항로표지관리원이 사설항로표지 관리업무를 수행하면서 해양수산부령으로 정하는 준수사항을 위반하였을 때에는 사설항로표지의 소유자 또는 위탁관리업자에 대하여 그 사설항로표지관리원의 업무를 6개월 이내의 기간을 정하여 정지하게 하거나 사설항로표지관리원을 교체하는 등 필요한 시정조치를 할 것을 요청할 수 있다. ② 사설항로표지의 소유자 또는 위탁관리업자는 제1항에 따른 시정조치를 요청받은 때에는 특별한 사유가 없으면 요청에 따라야 하며, 시정조치를 요청받은 날부터 15일 이내에 조치한 내용을 해양수산부장관에게 알려야 한다. ③ 제1항에 따른 사설항로표지관리원의 업무정지 등의 세부기준 및 그 밖에 필요한 사항은 해양수산부령으로 정한다.
위탁관리업의 등록 등 (제23조)	① 사설항로표지의 관리업무를 위탁받아 수행하는 사업(「위탁관리업」)을 하려는 자는 사설항로표지관리원의 인원, 시설 및 자본금 등 대통령령으로 정하는 등록기준을 갖추어 해양수산부령으로 정하는 바에 따라 해양수산부장관에게 등록하여야 한다. 등록된 사항을 변경하려는 경우에도 또한 같다. ② 다음 각호의 어느 하나에 해당하는 자는 위탁관리업자가 될 수 없다.

1. 미성년자
2. 피성년후견인 또는 피한정후견인
3. 이 법 또는 「형법」 제186조를 위반하여 징역형의 실형을 선고받고 그 집행이 종료(집행이 종료된 것으로 보는 경우를 포함한다)되거나 집행이 면제된 날부터 3년이 지나지 아니한 자
4. 이 법 또는 「형법」 제186조를 위반하여 형의 집행유예를 선고받고 그 유예기간 중에 있는 자
5. 제26조에 따라 위탁관리업의 등록이 취소(이 항 제1호 또는 제2호에 해당하여 위탁관리업의 등록이 취소된 경우는 제외한다)된 후 2년이 지나지 아니한 자
6. 제1호부터 제5호까지의 어느 하나에 해당하는 사람이 대표자로 있는 법인
③ 해양수산부장관은 위탁관리업 등록을 하면 해양수산부령으로 정하는 바에 따라 위탁관리업자에게 위탁관리업 등록증을 발급하여야 한다.
④ 등록증을 발급받은 위탁관리업자는 위탁관리업 등록증의 기재 사항 중 해양수산부령으로 정하는 사항이 변경되면 해양수산부령으로 정하는 바에 따라 30일 이내에 해양수산부장관에게 기재 사항의 변경을 신청하여야 한다.
⑤ 위탁관리업자는 다른 사람에게 위탁관리업 등록증을 빌려주어서는 아니 된다.

보험가입 등 안전의무 (제23조의2)	① 항로표지 설치·관리 및 위탁관리업에 이용되는 선박의 소유자 또는 임차인은 승선한 사람의 피해를 보전하기 위하여 대통령령으로 정하는 바에 따라 보험이나 공제에 가입하여야 한다. ② 항로표지 설치·관리 및 위탁관리업에 이용되는 선박에 승선하는 사람은 구명조끼 등 인명안전에 필요한 장비를 착용하여야 한다. ③ 항로표지 설치·관리 및 위탁관리업에 이용되는 선박은 선박의 선체, 기관 및 설비 등에 대하여 해당 선박이 적용받는 법률에 따라 검사를 받아야 한다.
이전·철거의 명령 등 (제29조)	① 해양수산부장관은 제18조제4항에 따라 사설항로표지의 기능장애 또는 해상교통장애의 해소를 위한 조치를 명령하는 것 외에 해상교통안전을 위하여 필요하다고 인정하는 경우 사설항로표지의 소유자 또는 위탁관리업자에게 기한을 정하여 해당 사설항로표지의 이전·철거나 그 밖에 필요한 조치를 할 것을 명할 수 있다. ② 해양수산부장관은 해상교통의 안전 및 공공의 이익을 위하여 필요하다고 인정하는 경우 대통령령으로 정하는 바에 따라 사설항로표지를 직접 관리하거나 해당 사설항로표지를 수용할 수 있다.

제5절 | 항로표지의 보호

내용	규정
항로표지의 훼손 금지 (제30조)	누구든지 항로표지를 훼손해서는 아니 된다.
불빛 등의 제한 (제31조)	① 누구든지 항로표지로 오인될 우려가 있는 불빛 또는 음향 등을 사용해서는 아니 된다. ② 해양수산부장관은 제1항에 따른 행위를 하거나 하려는 자에게 사용 중지를 명하거나 그 밖에 항로표지로 오인되지 아니하도록 필요한 조치를 할 것을 명할 수 있다.
공사 등의 제한 (제32조)	① 항로표지의 기능에 장애가 될 우려가 있는 건축물의 건축, 침몰물의 인양, 불빛(등화)·음향 시설의 설치, 그 밖의 공사 또는 작업을 하려는 자는 그 장애를 방지하기 위하여 필요한 조치를 하여야 한다. ② 해양수산부장관은 공사 또는 작업을 하려는 자가 항로표지의 기능장애를 방지하는 데 필요한 조치를 하지 아니하는 경우 공사 또는 작업의 중지를 명할 수 있다.
구조물 등의 설치 제한 (제33조)	① 누구든지 항로표지의 부근에서 항로표지의 기능에 장애가 되거나 장애가 될 우려가 있는 구조물·식물이나 그 밖의 시설물(「구조물등」)을 설치하거나 식재해서는 아니 된다. ② 해양수산부장관은 제1항을 위반하여 설치되거나 식재된 구조물등에 대해서는 그 구조물등에 대한 소유권 등 정당한 권원을 가진 자에게 항로표지에 장애가 되는 부분을 한정하여 제거, 이전 설치 또는 그 밖에 필요한 조치를 할 것을 명할 수 있다. ③ 해양수산부장관은 항로표지를 설치한 경우에 현존하는 구조물등이 그 항로표지의 기능에 장애가 되거나 될 우려가 있을 때에는 그 구조물등에 대한 소유권 등 정당한 권원을 가진 자에게 그 장애가 되는 부분을 제거, 이전 설치 또는 그 밖에 필요한 조치를 할 것을 명할 수 있다.
선박에 대한 제한 (제34조)	① 누구든지 선박(부선·뗏목, 수면비행선박과 「수상레저안전법」 제2조 제3호에 따른 수상레저기구, 그 밖의 선박과 유사한 인공구조물 포함)을 항로표지에 손상을 미칠 우려가 있을 정도로 항로표지에 접근하여 항행해서는 아니 된다. ② 누구든지 항로표지에 선박을 계류해서는 아니 된다. 다만, 선박을 계류할 목적으로 설치된 항로표지의 경우에는 그러하지 아니 하다. ③ 누구든지 선박을 항로표지의 기능에 장애가 되거나 항로표지에 접촉할 우려가 있는 장소에 정박하거나 정류해서는 아니 된다. ④ 선박을 항행하다가 항로표지를 훼손한 때에는 그 선박의 선장은 대통

내용	규정
	령령으로 정하는 바에 따라 지체 없이 해양수산부장관 또는 그 소속 기관의 장이나 해양경찰서장에게 그 장소·훼손내용 및 조치사항을 신고하여야 한다.
항로표지의 보호 (제35조)	누구든지 정당한 사유 없이 항로표지의 기능에 방해가 되는 다음 각호의 행위를 하여서는 아니 된다. 1. 항로표지에 올라가거나 출입하는 행위 2. 항로표지에서 수산동식물을 포획·채취하거나 양식하는 행위 3. 항로표지의 기능에 영향을 줄 우려가 있는 곳에서 토석·자갈 또는 모래를 채취하는 행위 4. 항로표지에 낙서하는 행위 5. 항로표지에 물건을 투척하는 행위 6. 항로표지에 토석·자갈·모래·쓰레기, 그 밖의 폐기물을 투여하는 행위 7. 그 밖에 항로표지 기능에 방해가 될 우려가 있는 것으로서 해양수산부령으로 정하는 행위
원상복구의 의무 (제36조)	① 항로표지(사설항로표지는 제외하되, 제14조제3항 및 제4항에 따라 해양수산부장관이 설치·관리하는 사설항로표지와 제29조제2항에 따라 해양수산부장관이 직접 관리하거나 수용한 사설항로표지 포함) 또는 항로표지 부속시설을 훼손한 사람은 자비로 원상복구를 하여야 한다. ② 해양수산부장관은 원상복구를 하여야 하는 사람이 정당한 사유 없이 그 의무를 이행하지 아니할 때에는 일정한 기한을 정하여 원상복구를 명하여야 한다. ③ 해양수산부장관은 원상복구의 명령을 받은 자가 명령을 이행하지 아니할 때에는 「행정대집행법」에 따라 대집행을 할 수 있다.

제6절 | 항로표지 장비·용품의 개발 및 검사

내용	규정
항로표지 장비·용품등의 개발 등 (제37조)	① 해양수산부장관은 항로표지의 기능 향상과 항로표지 이용자의 편익을 위하여 새로운 기술을 적용한 항로표지 장비·용품등을 개발할 수 있다. ② 해양수산부장관은 항로표지 장비·용품등의 기능과 규격을 통일하기 위하여 그 기준을 정할 수 있다. ③ 해양수산부장관은 항로표지 장비·용품등의 품질이 우수하다고 인정될 때에는 그 사용을 장려할 수 있다. ④ 제1항부터 제3항까지의 규정에 따른 항로표지 장비·용품등의 개발 등에 필요한 사항은 해양수산부령으로 정한다.

항로표지 장비 · 용품등의 검사 (제38조)	① 해양수산부장관은 해양수산부령으로 정하는 항로표지 장비 · 용품등에 대하여 사용전검사 · 정기검사 또는 변경검사를 하여야 한다. ② 누구든지 제1항에 따른 검사에 불합격한 항로표지 장비 · 용품등을 사용해서는 아니 된다. ③ 제1항에 따른 검사대상 항로표지 장비 · 용품, 검사 항목 · 기준 · 절차 및 검사의 유효기간 등에 관하여 필요한 사항은 해양수산부령으로 정한다.
검사업무의 대행 등 (제39조)	① 해양수산부장관은 항로표지 장비 · 용품등의 성능에 관한 검사(「장비 · 용품등 검사」)를 해양수산부령으로 정하는 기준 및 절차에 따라 지정한 검사기관(「검사대행기관」)으로 하여금 대행하게 할 수 있다. ② 국가는 검사대행기관이 장비 · 용품등 검사 업무를 대행하기 위하여 필요한 경우에는 「국유재산법」 제32조 및 제47조에도 불구하고 항로표지의 시험 및 검사 등을 위한 시설을 무상으로 사용하도록 허가하거나 대부할 수 있다. 이 경우 시설의 무상사용 기간은 「국유재산특례제한법」에 따른다. ③ 검사대행기관이 장비 · 용품 검사의 대행업무를 휴업하거나 폐업하려는 경우에는 해양수산부령으로 정하는 바에 따라 장비 · 용품 검사의 대행업무를 휴업하거나 폐업하려는 날부터 30일 전까지 해양수산부장관에게 신고하여야 한다. ④ 해양수산부장관은 검사대행기관이 제1항에 따른 지정기준에 적합하게 운영되고 있는지 확인하기 위하여 필요한 자료를 제출하게 할 수 있으며, 관계 공무원으로 하여금 검사대행기관의 사무실 또는 장비 · 용품 검사 장소에 출입하여 관리 실태 등을 조사하거나 검사하게 할 수 있다.
검사대행기관의 지정취소 등 (제40조)	해양수산부장관은 검사대행기관이 다음 각호의 어느 하나에 해당하는 경우에는 지정을 취소하거나 6개월의 범위에서 검사 대행업무의 정지를 명할 수 있다. 다만, 제1호에 해당하는 경우에는 지정을 취소하여야 한다. 1. 거짓이나 그 밖의 부정한 방법으로 검사대행기관 지정을 받은 경우 2. 검사대행기관의 지정기준을 충족하지 못하는 경우 3. 자료 제출을 하지 아니하거나 거짓 자료를 제출한 경우 또는 관계 공무원의 출입을 거부 · 방해 · 기피한 경우 4. 정당한 사유 없이 장비 · 용품 검사의 대행을 거부하거나 기피한 경우 5. 고의 또는 중대한 과실로 장비 · 용품 검사의 대행을 부실하게 수행한 경우

제4장 선박교통관제에 관한 법률

제1절 | 총 론

1. VTS의 의의

「선박교통관제」(Vessel Traffic Service, VTS)는 선박교통의 안전 및 효율성을 증진하고 해양환경과 해양시설을 보호하기 위하여 선박의 위치를 탐지하고 선박과 통신할 수 있는 설비를 설치·운영함으로써 선박의 동정을 관찰하며 선박에 안전에 관한 정보를 제공하는 것을 말한다.

IMO는 VTS 업무의 중요성을 인식하여 1997년 「IMO 결의안 A. 857(20)」으로 새로운 「VTS 가이드라인」을 채택하고 선박교통관제 서비스 제공이 적합한 경우를 다음과 같이 정하고 있다.[6]

- 교통 밀집
- 위험화물 운송 교통
- 반대되고 복잡한 교통패턴
- 어려운 수로 및 기상 요소
- 모래톱 이동과 여타 위험요소
- 환경적 요인고려
- 수상활동으로 해상교통 방해
- 해양재난 기록
- 선박 통항이 제한되는 좁은 해협, 항만지형, 교량과 유사한 곳

「IMO 가이드라인」은 「항만 VTS」(Port/Harbor VTS)와 「연안 VTS」(Coastal VTS)로 구분하고 있다.[7] 항만 VTS는 항만에 입출항하는 선박에 교통관제 서비스를 제공하는 것이고, 연안 VTS는 안안해역을 항행하는 선박에 교통관제 서비스를 제공하는 것이다. 양자를 결합한 형태의 VTS도 있다. 제공하는 서비스는 VTS 유형에 따라 차이가 있다. 항만 VTS는 항해지원 서비스와 교통운영(traffic organization) 서비스를 제공하고, 연안 VTS는 정보서비스가 제공된다.

VTS 참여는 관련 법령에 따라 자발적이거나 강제적일 수 있다. 가이드라인은 항해와 선박 운용사항의 결정은 선장에게 있음을 명확히 하고 있다.[8] VTS의 이점은 선박 식별과 모니터링, 선박 이

---

6) IMO, Res. A. 857(20), 「Guidelines for Vessel Traffic Services」, 3.2.2.
7) 위의 가이드라인, 2.1.2.
8) 위의 가이드라인, 2.6.2.

동의 전략적 계획과 항해정보 제공, 해난사고 시 신속한 조치와 지원을 할 수 있다는 점이다. 또한 오염예방과 오염방제 조정을 지원할 수 있다.

2. 선박교통관제에 관한 법률

「선박교통관제에 관한 법률」이 제정되기 전 선박교통관제는 「해사안전법」 및 「선박입출항법」에 근거를 두고 있었다. 그러나 시행근거 등 최소한의 사항만을 규정하고 있어서 법적 기반이 미약하고, 법률 소관은 해양수산부, 실제 업무는 해양경찰청이 담당하고 있는 문제점이 있었다. 이러한 문제점을 해결하고 관제 환경변화에 맞춰 적기에 법률의 정비가 곤란함에 따라 전문화된 통합 법률의 필요성이 제기되어 왔다. 이에 따라 2019년 12월 「선박교통관제에 관한 법률」을 제정되어 2020년 6월부터 시행되고 있다. 우리나라에서 VTS는 1993년 포항 VTS를 시작으로 전국의 주요 항만과 연안에 순차적으로 설치되었고, 2022년 현재 20개소(항만 15, 연안 5)의 VTS가 운영되고 있다.

제2절 | 총 칙

내용	규정
정의 (제2조)	1. "선박교통관제"란 선박교통의 안전을 증진하고 해양환경과 해양시설을 보호하기 위하여 선박의 위치를 탐지하고 선박과 통신할 수 있는 설비를 설치·운영함으로써 선박의 동정을 관찰하며 선박에 대하여 안전에 관한 정보 및 항만의 효율적 운영에 필요한 항만운영정보를 제공하는 것을 말한다. 2. "선박교통관제구역"이란 선박교통관제를 시행하기 위하여 해양경찰청장이 해양수산부장관과 협의하여 고시하는 수역을 말한다. 3. "선박교통관제사"란 해양수산부령으로 정하는 자격을 갖추고 선박교통관제를 시행하는 사람을 말한다.
적용범위 (제3조)	이 법은 대한민국의 「영해 및 접속수역법」 제1조 및 제3조에 따른 영해 및 내수(해상항행선박이 항행을 계속할 수 없는 하천·호수·늪 등은 제외한다)에 있는 선박 중에서 제13조에 따른 관제대상선박에 대하여 적용한다.
국가의 책무 (제4조)	국가는 선박교통의 안전 및 효율성을 높이고 해양환경을 보호하기 위하여 선박교통관제에 필요한 시책을 마련하고 시행하여야 한다.
선박소유자의 책무 (제5조)	① 선박소유자는 국가의 선박교통관제에 관한 시책에 협력하여 자기가 소유·관리하거나 운영하는 선박이 선박교통관제에 따르도록 운항자에 대하여 다음 각호의 사항을 포함하는 교육·훈련 등을 실시하고 제반 안전규정을 준수하여야 한다.

	1. 선박교통관제의 목적·용어, 통신절차 및 정보교환 방법 2. 선박교통관제의 관련 규정 및 제반 준수사항 3. 국내 선박교통관제 운영 현황 4. 그 밖에 해양수산부령으로 정하는 사항 ② 제1항에 따른 운항자에 대한 교육·훈련의 내용·방법 등 교육에 필요한 사항은 대통령령으로 정한다.
국제 교류·협력의 증진 (제6조)	해양경찰청장은 선박교통관제 관련 국제기구 및 외국의 정부·단체 등과 선박교통관제에 관한 정보교환 및 공동 조사·연구 등 국제 교류·협력의 증진을 위하여 관계 중앙행정기관의 의견을 들어 필요한 조치를 할 수 있다.
다른 법률과의 관계 (제7조)	선박교통관제에 관하여는 다른 법률에 특별한 규정이 있는 경우를 제외하고는 이 법에 따른다.
선박교통관제 기본계획 (제8조)	① 해양경찰청장은 선박교통관제 기본계획(「기본계획」)을 5년 단위로 수립하여야 한다. ② 기본계획은 「해사안전법」 제6조제1항에 따른 국가해사안전기본계획의 내용에 부합되어야 한다. ③ 기본계획에는 다음 각호의 사항이 포함되어야 한다. 1. 선박교통관제 정책의 기본방향 및 목표 2. 선박교통관제 운영에 관한 사항 3. 선박교통관제를 위한 시설의 구축 및 유지·관리에 관한 사항 4. 선박교통관제사의 교육·훈련에 관한 사항 5. 선박교통관제 관련 국제 협력에 관한 사항 6. 선박교통관제의 중장기 발전계획에 관한 사항 7. 그 밖에 선박교통관제에 관한 사항으로서 해양경찰청장이 필요하다고 인정하는 사항 ④ 해양경찰청장은 기본계획을 수립하거나 변경하는 경우 관계 중앙행정기관의 장과 협의하여야 한다. ⑤ 해양경찰청장은 기본계획의 수립을 위하여 필요한 경우 관계 중앙행정기관의 장, 공공기관의 장, 그 밖의 관계 기관에 자료의 제출, 의견의 진술 또는 그 밖에 필요한 협력을 요청할 수 있다. ⑥ 기본계획의 수립 절차·방법 등에 관한 사항은 대통령령으로 정한다.
선박교통관제 시행계획 (제9조)	① 해양경찰청장은 기본계획을 시행하기 위하여 매년 선박교통관제 시행계획(「시행계획」)을 수립하여야 한다. ② 해양경찰청장은 시행계획의 수립을 위하여 필요한 경우 관계 중앙행정기관의 장, 공공기관의 장, 그 밖의 관계 기관에 자료의 제출, 의견의 진술 또는 그 밖에 필요한 협력을 요청할 수 있다. ③ 시행계획에 포함할 내용과 수립 절차·방법 등에 관한 사항은 대통령령으로 정한다.

| 기본계획 및 시행계획의
국회제출 등
(제10조) | ① 해양경찰청장은 기본계획 및 시행계획을 수립하거나 변경한 때에는 관계 중앙행정기관의 장 및 특별시장·광역시장·도지사·특별자치도지사에게 통보하고 지체 없이 국회 소관 상임위원회에 제출하여야 한다.
② 해양경찰청장은 기본계획 및 시행계획을 수립하거나 변경한 때에는 대통령령으로 정하는 바에 따라 이를 공표하여야 한다. |

제3절 │ 선박교통관제

내용	규정
선박교통관제의 시행 (제11조)	① 해양경찰청장은 선박교통의 안전을 도모하기 위하여 선박교통관제를 시행하여야 한다. ② 제1항에 따른 선박교통관제를 시행하기 위한 선박교통관제구역의 설정기준은 대통령령으로 정한다. ③ 해양경찰청장은 효율적인 선박교통관제의 시행을 위하여 선박교통관제관서를 설치 및 운영할 수 있다. ④ 제3항에 따른 선박교통관제관서(「선박교통관제관서」)의 설치 및 운영에 필요한 사항은 해양수산부령으로 정한다.
선박교통관제에 관한 규정 (제12조)	① 해양경찰청장은 관할 선박교통관제구역에서 제13조에 따른 관제대상선박이 따라야 할 선박교통관제에 관한 규정을 대통령령으로 정하는 바에 따라 고시하여야 한다. ② 해양경찰청장이 제1항에 따라 선박교통관제에 관한 규정을 고시하는 경우 선박교통의 안전을 확보하기 위하여 관계 중앙행정기관의 의견을 들어야 한다.
관제대상선박 (제13조)	선박교통관제를 실시하는 대상 선박(「관제대상선박」)은 다음 각호와 같다. 1. 국제항해에 취항하는 선박 2. 총톤수 300톤 이상의 선박(다만, 「어선법」 제2조제1호에 따른 어선 중 국내항 사이만을 항행하는 내항어선은 제외한다) 3. 「해사안전법」 제2조제6호에 따른 위험화물운반선 4. 그 밖에 관할 선박교통관제구역에서 이동하는 선박의 특성 등에 따라 해양경찰청장이 고시하는 선박
선장의 의무 등 (제14조)	① 관제대상선박의 선장은 선박교통관제에 따라야 한다. 다만, 선박교통관제에 따를 경우 선박을 안전하게 운항할 수 없는 명백한 사유가 있는 경우에는 선박교통관제에 따르지 아니할 수 있다. ② 관제대상선박의 선장은 선박교통관제사의 관제에도 불구하고 그 선박의 안전운항에 대한 책임을 면제받지 아니한다. ③ 관제대상선박의 선장은 선박교통관제구역을 출입하려는 때에는 해당

	선박교통관제구역을 관할하는 선박교통관제관서에 신고하여야 한다. ④ 관제대상선박의 선장은 선박교통관제구역을 출입·이동하는 경우 해양수산부령으로 정하는 무선설비와 관제통신 주파수를 갖추고 관제통신을 항상 청취·응답하여야 한다. 다만, 통신의 장애로 인하여 선박교통관제사와 지정된 주파수로 통화가 불가능할 때에는 휴대전화 등 다른 통신주파수를 이용하여 보고할 수 있다. ⑤ 선박교통관제구역 내에서 항행 중인 관제대상선박의 선장은 항로상의 장애물이나 해양사고 발생 등으로 선박교통의 안전을 해치거나 해칠 우려가 있다고 인지한 경우에는 지체 없이 이를 선박교통관제관서에 신고하여야 한다. ⑥ 제1항부터 제5항까지에서 규정한 사항 외에 관제대상선박의 신고 절차, 관제구역별 관제통신의 제원 등 필요한 사항은 대통령령으로 정한다.
관제통신의 녹음 (제15조)	① 선박교통관제관서와 대통령령으로 정하는 선박의 선장은 제14조제4항에 따른 관제통신을 녹음하여 보존하여야 한다. ② 제1항에서 규정한 사항 외에 관제통신 녹음방법 및 보존기간 등 필요한 사항은 대통령령으로 정한다.

※시행령 제7조(선박교통관제에 관한 규정) ① 법 제12조제1항에 따른 선박교통관제에 관한 규정에는 다음 각 호의 사항이 포함되어야 한다.
1. 법 제11조제3항에 따른 선박교통관제관서(이하 "선박교통관제관서"라 한다)의 사용명칭
2. 법 제13조에 따른 관제대상선박(이하 "관제대상선박"이라 한다)이 선박교통관제구역 안에서 이동하거나 해당 선박에 도선사가 승선·하선하는 때의 관제통신 방법
3. 기상이 악화되거나 시계(視界)가 제한된 경우의 선박운항통제에 관한 사항
4. 그 밖에 해상교통의 안전을 위해 해양경찰청장이 필요하다고 인정하는 사항
② 해양경찰청장은 법 제12조제1항에 따라 같은 항에 따른 선박교통관제에 관한 규정을 제정하거나 개정한 때에는 관보에 고시해야 한다.

※시행령 제8조(관제대상선박의 신고) ① 관제대상선박의 선장은 법 제14조제3항에 따라 다음 각 호의 구분에 따른 내용을 선박교통관제관서에 신고해야 한다.
  1. 진입 신고: 선박교통관제구역으로 들어오는 경우
    가. 선박명, 호출부호, 통과위치
    나. 선박교통관제구역 안에 있는 「항만법」 제2조제5호가목1)에 따른 정박지(이하 "정박지"라 한다) 또는 같은 목 4)에 따른 계류시설(이하 "계류시설"이라 한다)에 입항하는 선박의 경우에는 입항 예정 시각, 입항 시각 및 입항 장소
    다. 그 밖에 해양경찰청장이 정하는 사항
  2. 진출 신고: 선박교통관제구역에서 나가는 경우
    가. 선박명, 통과위치
    나. 선박교통관제구역 안에 있는 정박지 또는 계류시설에서 출항하는 선박의 경우에는 출항 예정 시각, 출항 시각 및 출항 장소
    다. 그 밖에 해양경찰청장이 정하는 사항

② 제1항에 따른 신고의 절차·내용 및 방법에 관한 구체적인 사항은 해양경찰청장이 선박교통관제구역별로 정하여 고시한다.

※**시행령 제9조(관제통신의 제원)** 해양경찰청장은 법 제14조제6항에 따라 다음 각 호의 사항이 포함된 선박교통관제관서별 관제통신 제원을 고시해야 한다.
  1. 호출부호
  2. 관제통신시설
  3. 조난·긴급·안전 통신용 채널
  4. 관제통신용 채널
  5. 운용시간

※**시행령 제10조(관제통신 녹음)** ① 법 제15조제1항에서 "대통령령으로 정하는 선박"이란 관제대상선박으로서 다음 각 호의 어느 하나에 해당하는 선박을 말한다.
  1. 국제항해에 취항하는 다음 각목의 선박
     가. 13명 이상의 여객을 운송할 수 있는 선박
     나. 가목 외의 선박으로서 총톤수 3천톤 이상의 선박
  2. 「해운법」 제4조에 따른 해상여객운송사업에 사용되는 선박으로서 국내항해에 종사하는 총톤수 300톤 이상의 여객선
② 선박교통관제관서와 제1항 각 호에 따른 선박의 선장(이하 "선박교통관제관서등"이라 한다)은 법 제14조제4항에 따른 관제통신을 녹음하여 관제통신을 한 날짜 및 시각과 함께 보존해야 한다.
③ 선박교통관제관서등은 제2항에 따라 관제통신을 녹음하려는 경우 전자적 수단을 이용해야 한다. 다만, 관제통신 녹음시설의 일시적인 고장 등으로 전자적 수단을 이용한 관제통신 녹음이 불가능한 경우에는 수기로 대체할 수 있다.
④ 제2항 및 제3항에 따른 정보의 보존기간은 60일로 한다. 다만, 해양사고의 조사 및 심판 등을 위해 필요한 경우에는 해양경찰청장이 정하여 고시하는 기준에 따라 보존기간을 연장할 수 있다.
⑤ 제1항부터 제4항까지에서 규정한 사항 외에 선박교통관제관서의 관제통신 녹음 및 보존 등에 필요한 사항은 해양경찰청장이 정한다.

제4절 │ 선박교통관제사

내용	규정
선박교통관제사의 자격 등 (제16조)	① 관제업무는 선박교통관제사가 수행하여야 한다. ② 선박교통관제사는 해양수산부령으로 정하는 공무원 중에서 해양경찰청장이 시행하는 선박교통관제사 교육을 이수하고 평가를 통과한 사람으로 한다. ③ 선박교통관제사는 직무수행에 필요한 정기적인 교육 및 평가를 받아야 한다. ④ 제2항 및 제3항에 따른 선박교통관제사 교육 및 평가에 필요한 사항은 대통령령으로 정한다.

전문교육기관의 지정 등 (제17조)	① 해양경찰청장은 선박교통관제사를 육성하기 위하여 해양수산부령으로 정하는 바에 따라 선박교통관제사 전문교육기관(「전문교육기관」)을 지정할 수 있다. ② 전문교육기관의 장은 교육의 시행에 관한 세부적인 사항은 해양경찰청장과 협의 후 실시하여야 한다. ③ 해양경찰청장은 전문교육기관에 대하여 예산의 범위에서 필요한 경비의 전부 또는 일부를 지원할 수 있다. ④ 전문교육기관의 지정기준은 해양수산부령으로 정한다. ⑤ 해양경찰청장은 제1항에 따라 전문교육기관으로 지정된 기관이 다음 각 호의 어느 하나에 해당하는 경우에는 그 지정을 취소할 수 있다. 다만, 제1호에 해당하는 경우에는 지정을 취소하여야 한다. 1. 거짓이나 그 밖의 부정한 방법으로 지정을 받은 경우 2. 제4항에 따른 지정기준을 충족하지 못하게 된 경우 3. 제4항에 따라 지정받은 내용과 다르게 교육·훈련을 실시한 경우 4. 거짓이나 그 밖의 부정한 방법으로 교육·훈련생의 교육·훈련과정 이수 처리를 한 경우 ⑥ 해양경찰청장은 제5항에 따라 전문교육기관의 지정을 취소하는 경우에는 청문을 하여야 한다.
선박교통관제사의 업무 (제18조)	선박교통관제사는 다음 각호의 업무를 수행한다. 1. 선박교통관제구역에서 출입하거나 이동하는 선박에 대한 관찰확인, 안전정보의 제공 및 안전에 관한 조언·권고·지시 2. 혼잡한 교통상황의 발생을 예방하기 위한 선박교통정보 및 기상청에서 발표한 기상특보 등의 제공 3. 무역항의 수상구역등에서 항만의 효율적 운영에 필요한 선박 출입신고·선석·정박지·도선·예선정보 등 항만운영정보의 제공 4. 무역항 질서 단속에 관한 정보의 제공 5. 선박 출항통제 관련 정보의 제공 6. 그 밖에 선박교통안전과 효율성 증진을 위하여 해양수산부령으로 정하는 업무
관제업무 절차 (제19조)	선박교통관제사가 관제업무에 종사하는 경우에는 해양수산부령으로 정하는 절차에 따라 업무수행을 하여야 한다. 다만, 선박교통관제사가 선박이 명백한 사고위험에 처할 우려가 있다고 판단하는 경우에는 관제업무 절차를 따르지 아니할 수 있다.
선박교통관제사의 권한 (제20조)	① 선박교통관제사는 선박교통관제구역 내 해상기상상태, 항로상태, 해상교통량 및 해양사고 등을 고려하여 선박의 안전 확보를 위하여 필요하다고 판단되는 경우 선박의 입항·출항 및 이동시간을 조정할 수 있다. ② 선박교통관제사는 선박교통관제구역에서 해양사고가 발생한 경우 즉시 경비함정 출동과 도선 또는 예선의 지원을 요청할 수 있다.

관제시설의 설치·관리 (제21조)	① 해양경찰청장은 선박교통관제의 시행을 위하여 레이더, 초단파 무선전화, 선박자동식별장치 등 관제업무를 위한 시설(「관제시설」)을 설치하여야 한다. ② 해양경찰청장은 관제시설의 관리를 위하여 관제시설의 수리 등에 필요한 시설·장비를 확보하고 이를 유지하여야 한다. ③ 제1항 및 제2항에 따른 관제시설의 설치 및 관리에 필요한 사항은 해양수산부령으로 정한다.
관제시설의 기술기준 (제22조)	① 관제시설은 「전파법」 제45조에 따른 기술기준에 적합하여야 한다. ② 해양경찰청장은 관제시설을 새로이 설치하거나 그 성능을 개량하려는 때에는 국제적으로 인정되는 규격과 기준에 따라야 한다. ③ 해양경찰청장은 관제시설의 기능 및 규격을 통일하기 위하여 그 기준을 해양수산부령으로 정한다.
기술의 개발·지원 (제23조)	해양경찰청장은 대통령령으로 정하는 바에 따라 관제시설의 기술개발을 추진하고 이에 필요한 지원을 할 수 있다.
한국선박교통관제협회 (제24조)	① 선박교통관제에 대한 연구·개발 및 교육훈련 등 해양경찰청장 등의 행정기관이 위탁하는 업무의 수행을 위하여 한국선박교통관제협회(「관제협회」)를 설립할 수 있다. ② 관제협회는 법인으로 한다. ③ 관제협회는 다음 각 호에 해당하는 사업을 수행한다. 1. 선박교통관제사의 관제업무 수행을 위한 연구 활동 2. 선박교통관제사 교육훈련 및 평가에 관한 연구 및 사업수행 3. 관제시설의 발전과 기술향상에 관한 연구 4. 해양사고 예방 및 대책을 위한 조사 및 연구 5. 국내외 선박교통관제 관련 법규의 제정·개정에 관한 연구 6. 선박교통관제 분야 국내외 유관기관 간 학술교류, 정보교환 및 상호협력 등에 관한 사항 7. 그 밖에 선박교통관제분야의 발전을 위하여 대통령령으로 정하는 사업 ④ 해양경찰청장은 필요하다고 인정하는 경우에는 관제협회가 제1항에 따른 사업을 원활하게 수행할 수 있도록 예산의 범위에서 관제협회에 재정지원을 할 수 있다. ⑤ 관제협회의 사업과 운영 등에 필요한 사항은 대통령령으로 정한다. ⑥ 관제협회에 관하여 이 법에서 규정한 사항을 제외하고는 「민법」 중 사단법인에 관한 규정을 준용한다.

※시행규칙 제5조(선박교통관제사의 자격) ① 법 제16조제2항에서 "해양수산부령으로 정하는 공무원"이란 해양경찰청 소속 공무원 중 다음 각 호의 어느 하나에 해당하는 사람을 말한다.

　1. 「선박직원법」 제4조에 따른 5급 항해사 이상의 면허(이하 "면허"라 한다)를 취득한 사람으로서 면허 취득 후 승무경력이 1년 이상인 사람

2. 「국가기술자격법」에 따른 무선설비·전파전자통신 또는 정보통신 산업기사 이상의 자격을 가진 사람
3. 다음 각 목의 어느 하나에 해당되는 학교에서 개설한 선박교통관제와 관련된 교육을 이수한 사람으로서 면허를 취득한 사람
   가. 「초·중등교육법」 제2조제3호에 따른 고등학교·고등기술학교
   나. 「고등교육법」 제2조 각호에 따른 학교
② 제1항제3호에 따른 선박교통관제와 관련된 교육에 관한 세부사항은 해양경찰청장이 정하여 고시한다.

※시행령 제11조(선박교통관제사의 교육 및 평가) ① 선박교통관제사가 되려는 공무원은 법 제16조제2항에 따라 이론 및 실습교육을 내용으로 하는 선박교통관제사 기본교육(이하 "기본교육"이라 한다)을 이수하고 평가를 통과해야 한다.
② 선박교통관제사는 법 제16조제3항에 따라 다음 각호의 어느 하나에 해당하는 교육 중 가장 최근에 이수한 교육의 이수일부터 5년 6개월 이내에 이론 및 실습교육을 내용으로 하는 선박교통관제사 보수교육(이하 "보수교육"이라 한다)을 이수하고 평가를 통과해야 한다. 다만, 재난·재해 등 불가피한 사유로 보수교육을 받을 수 없는 경우 해양경찰청장은 보수교육을 받아야 하는 시기를 1년 이내의 기간에서 연장할 수 있다.
  1. 기본교육
  2. 보수교육
  3. 그 밖에 해양경찰청장이 정하는 교육
③ 제1항 및 제2항에 따른 평가는 이론 및 실습 내용에 대한 이해도와 교육참여도를 그 대상으로 하고, 평가를 통과하기 위해서는 이론 및 실습 내용에 대한 평가 점수와 교육참여도 점수의 평균이 60점 이상이어야 한다. 다만, 40점 미만의 평가항목이 있는 경우 불합격 처리하며, 불합격 처리된 사람에 대해서는 재평가를 실시할 수 있다.
④ 제1항부터 제3항까지의 규정에 따른 교육 및 평가에 관한 세부사항은 해양경찰청장이 정한다.

제5절 │ 벌칙 및 과태료

내용	규정
벌칙 (제26조)	제14조제1항 본문에 따른 선박교통관제에 정당한 사유 없이 따르지 아니한 사람은 1년 이하의 징역 또는 1천만원 이하의 벌금에 처한다.
과태료 (제27조)	① 다음 각호의 어느 하나에 해당하는 사람에게는 300만원 이하의 과태료를 부과한다. 1. 제14조제3항에 따른 신고를 하지 아니하거나 거짓으로 신고한 사람 2. 제14조제4항을 위반하여 무선설비를 갖추지 아니하거나 관제통신을 청취·응답하지 아니한 사람 3. 제14조제6항에 따른 관제대상선박의 신고 절차를 따르지 아니한 사람 4. 제15조제1항을 위반하여 관제통신을 녹음하여 보존하지 아니한 사람 ② 제14조제5항에 따라 신고를 하지 아니하거나 거짓으로 신고한 사람에게는 200만원 이하의 과태료를 부과한다. ③ 제1항 및 제2항에 따른 과태료는 대통령령으로 정하는 바에 따라 해양경찰청장, 지방해양경찰청장 또는 해양경찰서장이 부과·징수한다.

제6편

해운 · 항만

제1장 해운법

제1절 │ 총 론

　1963년 해상운송의 질서를 유지하고 해상운송사업의 건전한 발전을 목적으로 「해상운송사업법」이 제정되었다. 주요 내용은 해상운송사업을 「선박운항사업」과 「해상운송부대사업」으로 구별하고, 선박운항사업 중 여객정기항로사업과 화물정기항로사업은 항로마다, 불정기항로사업은 사업별로 면허하도록 하였다.

　1984년 개정으로 제명을 「해운업법」으로 변경하고, 해운의 국제경쟁력 강화를 위하여 선박의 공동운항등 필요한 제도적 장치를 마련하였다. 여객선의 안전운항확보를 위하여 운항관리자에 대한 감독을 「한국해운조합」에 일원화하고 각종 규제사항을 대폭 완화하여 해운업의 자율성을 보장하였다.

　1993년 해운환경의 자율화·개방화 추세에 따라 정부의 행정규제를 완화하여 해운산업의 자율경영을 유도하였다. 법의 제명을 「해운법」으로 변경하고, 내항여객운송사업의 운임 및 요금을 현행 인가제에서 신고제로 전환하고, 내항화물운송사업의 운임을 인가제에서 사업자가 자율적으로 정하도록 하였다.

제2절 | 총 칙

내용	규정
목적 (제1조)	이 법은 해상운송의 질서를 유지하고 공정한 경쟁이 이루어지도록 하며, 해운업의 건전한 발전과 여객·화물의 원활하고 안전한 운송을 도모함으로써 이용자의 편의를 향상시키고 국민경제의 발전과 공공복리의 증진에 이바지하는 것을 목적으로 한다.
정의 (제2조)	1. "해운업"이란 해상여객운송사업, 해상화물운송사업, 해운중개업, 해운대리점업, 선박대여업 및 선박관리업을 말한다. 1의2. "여객선"이란 「선박안전법」 제2조제10호에 따른 선박으로서 해양수산부령으로 정하는 선박을 말한다. 2. "해상여객운송사업"이란 해상이나 해상과 접하여 있는 내륙수로에서 여객선 또는 「선박법」 제1조의2제1항제1호에 따른 수면비행선박(「여객선등」)으로 사람 또는 사람과 물건을 운송하거나 이에 따르는 업무를 처리하는 사업으로서 「항만운송사업법」 제2조제4항에 따른 항만운송관련사업 외의 것을 말한다. 3. "해상화물운송사업"이란 해상이나 해상과 접하여 있는 내륙수로에서 선박(예선에 결합된 부선을 포함한다. 이하 같다)으로 물건을 운송하거나 이에 수반되는 업무(용대선을 포함한다)를 처리하는 사업(수산업자가 어장에서 자기의 어획물이나 그 제품을 운송하는 사업은 제외한다)으로서 「항만운송사업법」 제2조제2항에 따른 항만운송사업 외의 것을 말한다. 4. "용대선(傭貸船)"이란 해상여객운송사업이나 해상화물운송사업을 경영하는 자 사이 또는 해상여객운송사업이나 해상화물운송사업을 경영하는 자와 외국인 사이에 사람 또는 물건을 운송하기 위하여 선박의 전부 또는 일부를 용선하거나 대선하는 것을 말한다. 5. "해운중개업"이란 해상화물운송의 중개, 선박의 대여·용대선 또는 매매를 중개하는 사업을 말한다. 6. "해운대리점업"이란 해상여객운송사업이나 해상화물운송사업을 경영하는 자(외국인 운송사업자를 포함한다)를 위하여 통상 그 사업에 속하는 거래를 대리하는 사업을 말한다. 7. "선박대여업"이란 해상여객운송사업이나 해상화물운송사업을 경영하는 자 외의 자 본인이 소유하고 있는 선박(소유권을 이전받기로 하고 임차한 선박을 포함한다)을 다른 사람(외국인을 포함한다)에게 대여하는 사업을 말한다. 8. "선박관리업"이란 「선박관리산업발전법」 제2조제1호에 규정된 국내외의 해상운송인, 선박대여업을 경영하는 자, 관공선 운항자, 조선소, 해상구조물 운영자, 그 밖의 「선원법」상의 선박소유자로부터 기술적·

상업적 선박관리, 해상구조물관리 또는 선박시운전 등의 업무의 전부 또는 일부를 수탁(국외의 선박관리사업자로부터 그 업무의 전부 또는 일부를 수탁하여 행하는 사업을 포함한다)하여 관리활동을 영위하는 업을 말한다.

9. "선박현대화지원사업"이란 정부가 선정한 해운업자가 정부의 재정지원 또는 금융지원을 받아 낡은 선박을 대체하거나 새로이 건조하는 것을 말한다.

10. "화주"란 해상화물 운송을 위해 제2호 또는 제3호의 사업에 종사하는 자와 화물의 운송계약을 체결하는 당사자(「물류정책기본법」 제2조제1항제11호에 따른 국제물류주선업에 종사하는 자를 포함한다)를 말한다.

11. "안전관리종사자"란 여객선 안전운항을 위한 직무를 수행하는 사람으로서 다음 각목의 어느 하나에 해당하는 사람을 말한다.
    가. 선장
    나. 해원
    다. 제22조에 따른 선박운항관리자
    라. 「해사안전법」 제58조제2항에 따른 해사안전감독관
    마. 그 밖에 해양수산부령으로 정하는 사람

제3절 | 해상여객운송사업 면허

내용	규정
사업의 종류 (제3조)	해상여객운송사업의 종류는 다음과 같다. 1. 내항 정기 여객운송사업: 국내항(해상이나 해상에 접하여 있는 내륙수로에 있는 장소로서 상시 선박에 사람이 타고 내리거나 물건을 싣고 내릴 수 있는 장소 포함)과 국내항 사이를 일정한 항로와 일정표에 따라 운항하는 해상여객운송사업 2. 내항 부정기 여객운송사업: 국내항과 국내항 사이를 일정한 일정표에 따르지 아니하고 운항하는 해상여객운송사업 3. 외항 정기 여객운송사업: 국내항과 외국항 사이 또는 외국항과 외국항 사이를 일정한 항로와 일정표에 따라 운항하는 해상여객운송사업 4. 외항 부정기 여객운송사업: 국내항과 외국항 사이 또는 외국항과 외국항 사이를 일정한 항로와 일정표에 따르지 아니하고 운항하는 해상여객운송사업 5. 순항 여객운송사업: 해당 선박 안에 숙박시설, 식음료시설, 위락시설 등 편의시설을 갖춘 대통령령으로 정하는 규모 이상의 여객선을 이용하여 관광을 목적으로 해상을 순회하여 운항(국내외의 관광지에 기항

	하는 경우를 포함한다)하는 해상여객운송사업 6. 복합 해상여객운송사업: 제1호부터 제4호까지의 규정 중 어느 하나의 사업과 제5호의 사업을 함께 수행하는 해상여객운송사업
사업 면허 (제4조)	① 해상여객운송사업을 경영하려는 자는 제3조에 따른 사업의 종류별로 항로마다 해양수산부장관의 면허를 받아야 한다. 다만, 제3조제2호에 따른 내항 부정기 여객운송사업의 경우에는 둘 이상의 항로를 포함하여 면허를 받을 수 있으며, 같은 조 제4호부터 제6호까지의 규정에 따른 외항 부정기 여객운송사업, 순항 여객운송사업 및 복합 해상여객운송사업(제2호 또는 제4호와 제5호의 사업을 함께 수행하는 경우만으로 한정한다)의 경우에는 항로와 관계없이 면허를 받을 수 있다. ② 해양수산부장관은 제1항에 따라 면허를 할 때 해양수산부령으로 정하는 바에 따라 사업자 공모를 할 수 있다. ③ 제1항에 따른 면허를 받으려는 자는 해양수산부령으로 정하는 바에 따라 사업계획서를 첨부한 신청서를 해양수산부장관에게 제출하여야 한다. ④ 해양수산부장관은 제1항에 따라 면허를 할 때에는 해양수산부령으로 정하는 기간에 제5조제1항제2호 및 제5호에 따른 시설 등을 갖출 것을 조건으로 면허를 하거나 그 밖에 여객에 대한 안전강화 및 편의시설 확보 등을 위하여 해양수산부령으로 정하는 바에 따라 필요한 조건을 붙일 수 있다.
「관광진흥법」에 따른 관광객 이용시설업 등록의제 (제4조의2)	① 해양수산부장관이 순항 여객운송사업 또는 복합 해상여객운송사업의 면허를 할 때 제4항에 따라 관계 행정기관의 장과 협의하였으면 해당 면허를 받은 자는 관광객 이용시설업 등록을 한 것으로 본다. ② 관광객 이용시설업의 등록을 의제받으려는 자는 순항 여객운송사업 또는 복합 해상여객운송사업의 면허를 신청할 때 사업계획서 등 관광객 이용시설업 등록에 필요한 서류를 함께 제출하여야 한다. ③ 관광객 이용시설업의 등록을 의제 받으려는 자가 관광객 이용시설업 등록을 위하여 제출하는 서류는 문화체육관광부장관과 협의하여 해양수산부령으로 따로 정할 수 있다. ④ 해양수산부장관은 순항 여객운송사업 또는 복합 해상여객운송사업 면허신청을 받은 경우 그 신청내용에 관광객 이용시설업 등록에 해당하는 사항이 포함되어 있으면 미리 관계 행정기관의 장과 협의하여야 하며, 협의를 요청받은 관계 행정기관의 장은 대통령령으로 정하는 기간 내에 의견을 제출하여야 한다. ⑤ 관계 행정기관의 장이 정한 기간 내에 의견을 제출하지 아니하면 의견이 없는 것으로 본다. ⑥ 해양수산부장관은 협의 결과에 따라 순항 여객운송사업 또는 복합 해상여객운송사업 면허를 한 경우 그 결과를 지체 없이 관계 행정기관의 장에게 통지하여야 한다.

보험 등에의 가입 (제4조의3)	해상여객운송사업자는 여객 등의 피해에 대비하여 해양수산부령으로 정하는 바에 따라 보험 또는 공제에 가입하여야 한다.
면허기준 (제5조)	① 해양수산부장관은 해상여객운송사업의 면허를 하려는 때에는 제출한 사업계획서가 다음 각호에 적합한지를 심사하여야 한다. 1. 해당 사업에 사용되는 선박계류시설과 그 밖의 수송시설이 해당 항로에서의 수송수요의 성격과 해당 항로에 알맞을 것 2. 해당 사업을 시작하는 것이 해상교통의 안전에 지장을 줄 우려가 없을 것 3. 해당 사업을 하는데 있어 이용자가 편리하도록 적합한 운항계획을 수립하고 있을 것 4. 여객선등의 보유량과 여객선등의 선령 및 운항능력, 자본금 등이 해양수산부령으로 정하는 기준에 알맞을 것
항로고시 (제5조의2)	해양수산부장관은 도서민의 교통권 유지 등을 위하여 해양수산부령으로 정하는 바에 따라 내항여객운송사업의 항로를 정하여 고시할 수 있다.
외국의 해상여객운송사업자에 대한 특례 (제6조)	① 제3조부터 제5조까지의 규정에도 불구하고 외국의 해상여객운송사업자가 국내항과 외국항 사이에서 해상여객운송사업을 경영하려면 해양수산부장관의 승인을 받아야 한다. ② 제1항에 따른 승인을 받으려는 자는 해양수산부령으로 정하는 바에 따라 사업계획서를 첨부한 신청서를 해양수산부장관에게 제출하여야 한다. ③ 해양수산부장관은 승인을 하려면 제출된 사업계획서에 대하여 다음 각 호의 사항을 심사하여야 한다. 1. 해당 사업에 사용하는 선박 계류시설과 그 밖의 수송시설이 해당 항로의 운항에 알맞은지 여부 2. 제5조제1항제3호 및 제4호의 사항에 알맞은지 여부
국내지사의 설치신고 (제7조)	① 해상여객운송사업의 승인을 받은 자가 그 사업에 딸린 업무를 수행하기 위하여 국내에 지사를 설치하려면 해양수산부장관에게 신고하여야 한다. 신고한 사항을 변경하려는 때에도 또한 같다. ② 해양수산부장관은 신고 또는 변경신고를 받은 날부터 2일 이내에 신고수리 여부를 신고인에게 통지하여야 한다. ③ 해양수산부장관이 제2항에서 정한 기간 내에 신고수리 여부 또는 민원 처리 관련 법령에 따른 처리기간의 연장 여부를 신고인에게 통지하지 아니하면 그 기간이 끝난 날의 다음 날에 신고를 수리한 것으로 본다. ④ 제1항에 따른 해상여객운송사업에 딸린 업무의 범위와 그 밖에 필요한 사항은 해양수산부령으로 정한다.
결격사유 (제8조)	다음 각호의 어느 하나에 해당하는 자는 해상여객운송사업의 면허를 받을 수 없다. 1. 미성년자ㆍ피성년후견인 또는 피한정후견인

2. 파산선고를 받은 자로서 복권되지 아니한 자

2의2. 제19조제2항제1호의2에 따라 해상여객운송사업면허가 취소된 자

3. 이 법 또는 다음 각 목의 어느 하나에 해당하는 법률(「관계 법률」)을 위반하여 금고 이상의 실형을 선고받고 그 집행이 끝나거나(집행이 끝난 것으로 보는 경우를 포함한다) 집행이 면제된 날부터 2년이 지나지 아니한 자

　　가. 「선박법」

　　나. 「선박안전법」

　　다. 「선박의 입항 및 출항 등에 관한 법률」

　　라. 「선박직원법」

　　마. 「선원법」

　　바. 「수상에서의 수색·구조 등에 관한 법률」

　　사. 「유선 및 도선 사업법」

　　아. 「해사안전법」

　　자. 「해양환경관리법」

4. 관계 법률을 위반하여 금고 이상의 형의 집행유예를 선고받고 그 유예기간 중에 있는 자

5. 제19조(제2항제1호의2는 제외한다)에 따라 해상여객운송사업면허가 취소(제8조제1호 및 제2호에 해당하여 면허가 취소된 경우는 제외한다)된 후 2년이 지나지 아니한 자

6. 대표자가 제1호, 제2호, 제2호의2, 제3호부터 제5호까지의 규정 중 어느 하나에 해당하게 된 법인

※**시행령 제3조(순항여객운송사업)** 법 제3조제5호에서 "대통령령으로 정하는 규모 이상"이란 총톤수 2천 톤 이상을 말한다.

※**시행규칙 제7조(외국인의 국내지사 설치신고 등)** ① 법 제7조제1항에 따라 국내지사의 설치 또는 설치변경신고를 하려는 자는 별지 제5호서식의 외국인 운송사업자 국내지사 설치(변경)신고서에 사업계획서 또는 설치변경의 사실을 증명하는 서류를 첨부하여 해양수산부장관에게 제출하여야 한다.

② 제1항에 따른 사업계획서에는 다음 각호의 사항을 기재하여야 한다.

　1. 사업개요

　2. 국내지사의 보유시설 및 종업원 현황

　3. 보유선박 및 국내항 기항 선박의 명세

③ 법 제7조제4항에 따른 외국인의 해상여객운송사업에 수반되는 업무의 범위는 여객 모집, 운임·요금의 신고 및 입출항신고 등 해상여객운송사업의 활동과 직접 관련된 업무로 한다.

제4절 │ 여객운송사업의 시행

내용	규정
여객운송사업자에 대한 고객만족도 평가 (제9조)	① 해양수산부장관은 해상교통서비스의 향상을 위하여 여객운송사업의 면허를 받은 자와 해상여객운송사업의 승인을 받은 자(「여객운송사업자」)에 대하여 대통령령으로 정하는 바에 따라 선박의 운항과 관련된 고객의 만족도를 평가(「고객만족도평가」)할 수 있다. ② 해양수산부장관은 고객만족도평가 결과에 따라 다음 각호의 조치를 할 수 있다. 1. 고객만족도평가 결과가 우수한 여객운송사업자에 대한 포상 또는 우대 2. 고객만족도평가 결과가 부진한 여객운송사업자에 대한 사업자 공모 또는 재정지원 등에서의 불이익 ③ 해양수산부장관은 고객만족도평가의 방법, 우수 또는 부진 여객운송사업자의 기준 등에 관한 사항을 심의하기 위하여 여객선고객만족도평가위원회를 설치·운영할 수 있다. ④ 해양수산부장관은 대통령령으로 정하는 바에 따라 고객만족도평가의 결과를 공표할 수 있다.
선박의 최소운항기간 (제10조)	내항정기여객운송사업의 면허를 받은 자(「내항정기여객운송사업자」)는 다음 각호의 어느 하나에 해당하는 경우를 제외하고는 면허받은 항로에 투입된 선박을 1년 이상 운항하여야 한다. 이 경우 해양수산부령으로 정하는 선박의 장기 휴항 또는 휴업이 있는 경우에는 그 기간을 계산에 넣지 아니한다. 1. 해양수산부령으로 정하는 특별수송기간 등의 시기에 일시적으로 늘리거나 대체 투입한 선박의 수를 줄이는 경우 2. 운항 선박의 검사·수리로 인하여 일시적으로 대체 투입한 선박의 경우 3. 운항 선박의 파손·노후·고장 등으로 선박의 운항이 사실상 곤란한 경우 4. 선박의 성능이나 편의시설 등이 더 양호한 선박으로 대체하는 경우
운임과 요금 (제11조)	① 여객운송사업자는 해양수산부령으로 정하는 바에 따라 운임과 요금을 정하여 해양수산부장관에게 미리 신고 또는 변경신고를 하여야 한다. 이 경우 여객운송사업자는 여객선 이용자가 「농어업인 삶의 질 향상 및 농어촌지역 개발촉진에 관한 특별법」 등 관계 법률에 따라 운임 또는 요금을 지원받은 때에는 그 내용을 반영하여야 한다. ② 해양수산부장관은 신고 또는 변경신고를 받은 날부터 7일 이내에 신고수리 여부를 신고인에게 통지하여야 한다. ③ 해양수산부장관이 제2항에서 정한 기간 내에 신고수리 여부 또는 민원 처리 관련 법령에 따른 처리기간의 연장 여부를 신고인에게 통지하지 아니하면 그 기간이 끝난 날의 다음 날에 신고를 수리한 것으로 본다.

	④ 해양수산부장관은 독과점 항로에서 운항하는 내항 여객운송사업의 운임과 요금이 제1항에 따라 적절하고 알맞게 유지될 수 있도록 해양수산부령으로 정하는 바에 따라 운임과 요금의 기준을 정할 수 있다.
운송약관 신고 (제11조의2)	① 여객운송사업자는 운송약관을 정하여 해양수산부장관에게 신고하여야 한다. 이를 변경하는 경우에도 또한 같다. ② 해양수산부장관은 제1항에 따른 신고 또는 변경신고를 받은 날부터 5일 이내에 신고수리 여부를 신고인에게 통지하여야 한다. ③ 해양수산부장관이 제2항에서 정한 기간 내에 신고수리 여부 또는 민원 처리 관련 법령에 따른 처리기간의 연장 여부를 신고인에게 통지하지 아니하면 그 기간이 끝난 날의 다음 날에 신고를 수리한 것으로 본다. ④ 제1항에 따른 운송약관에 포함되어야 할 내용, 그 밖에 필요한 사항은 해양수산부령으로 정한다.
여객선 이력관리 및 안전정보의 공개 (제11조의3)	① 내항여객운송사업자는 해양수산부령으로 정하는 바에 따라 여객선 이력을 관리하여야 한다. ② 여객운송사업자는 여객선에 대하여 다음 각호의 사항을 인터넷 홈페이지 등 해양수산부령으로 정하는 방법으로 공개하여야 한다. 1. 선령 2. 선박검사 일자 및 선박검사 결과 3. 해양수산부령으로 정하는 사고의 이력에 관한 사항 4. 그 밖에 여객운송 안전과 관련된 정보로서 해양수산부령으로 정하는 사항
사업계획의 변경 (제12조)	① 여객운송사업자가 사업계획을 변경하려면 해양수산부령으로 정하는 바에 따라 해양수산부장관에게 미리 신고하여야 한다. 다만, 제13조제1항 각호 외의 부분 단서 및 같은 조 제2항의 경우에는 그러하지 아니하다. ② 해양수산부장관은 제1항에 따른 신고를 받은 날부터 2일 이내에 신고수리 여부를 신고인에게 통지하여야 한다. ③ 해양수산부장관이 제2항에서 정한 기간 내에 신고수리 여부 또는 민원 처리 관련 법령에 따른 처리기간의 연장 여부를 신고인에게 통지하지 아니하면 그 기간이 끝난 날의 다음 날에 신고를 수리한 것으로 본다. ④ 제1항에도 불구하고 내항 정기 여객운송사업이나 내항 부정기 여객운송사업의 면허를 받은 자(「내항여객운송사업자」)가 다음 각호에 해당하는 사업계획을 변경하려면 해양수산부장관의 인가를 받아야 한다. 1. 선박의 증선·대체 및 감선 2. 기항지의 변경 3. 선박의 운항 횟수나 운항시각의 변경 4. 선박의 휴항 ⑤ 제4항에 따른 인가에 관하여 필요한 사항은 제5조제1항에 따른 면허 기준 등을 고려하여 대통령령으로 정한다.

사업계획에 따른 운항 (제13조)	① 여객운송사업자는 사업계획에 따라 운항하여야 한다. 다만, 다음 각 호의 경우에는 사업계획과 다르게 운항할 수 있다. 1. 천재지변 2. 기상악화 또는 항만당국의 긴급 점검으로 인한 일시적인 운항시간 변경 3. 그 밖에 해양수산부령으로 정하는 부득이한 사유 ② 제1항 각호 외의 부분 단서의 경우 여객운송사업자는 해양수산부령으로 정하는 바에 따라 해양수산부장관에게 신고하여야 하며, 이 경우 신고와 동시에 수리한 것으로 본다. ③ 해양수산부장관은 여객운송사업자가 제1항을 위반한 때에는 그 여객운송사업자에게 사업계획에 따라 운항할 것을 명할 수 있다.
사업개선의 명령 (제14조)	해양수산부장관은 여객운송 서비스의 질을 높이고 공공복리를 증진하기 위하여 필요하다고 인정되면 여객운송사업자에게 다음 각 호의 사항을 명할 수 있다. 1. 사업계획의 변경 2. 독과점 항로에서의 운임이나 요금의 변경 3. 시설의 개선이나 변경 4. 보험 가입 5. 선원을 보호하기 위하여 필요한 조치 6. 다른 여객운송사업자와 시설을 함께 사용하는 것을 내용으로 하는 조치 7. 선박의 개량·대체 및 증감에 관한 사항 8. 선박의 안전운항을 위하여 필요한 사항 9. 해운에 관한 국제협약을 이행하기 위하여 필요한 사항 10. 제10조에 따른 선박의 최소운항기간의 준수 11. 제11조의2에 따른 운송약관의 변경
보조항로의 지정과 운영 (제15조)	① 해양수산부장관은 도서주민의 해상교통수단을 확보하기 위하여 필요하다고 인정되면 국가가 운항에 따른 결손금액을 보조하는 항로(「보조항로」)를 지정하여 내항여객운송사업자 중에서 보조항로를 운항할 사업자(「보조항로사업자」)를 선정하여 운영하게 할 수 있다. ② 제1항에 따라 지정된 보조항로의 운항계획과 운항선박의 관리 등 보조항로의 운영과 관련한 사항은 해양수산부장관이 보조항로사업자와 합의하여 정한다. ③ 해양수산부장관은 제2항에 따라 합의하여 정한 보조항로의 운영에 대하여 평가하여 우수 보조항로사업자에 대한 우대조치 등을 할 수 있다. 이 경우 평가의 방법·절차와 결과의 활용 등에 관한 세부사항은 해양수산부장관이 정하여 고시한다. ④ 해양수산부장관은 보조항로사업자가 제2항의 합의사항을 위반하거나 제3항에 따른 평가 결과 해당 보조항로사업자가 더 이상 보조항로를 운영하기에 알맞지 아니하다고 인정되면 해당 보조항로사업자의 선정을 취소할 수 있다.

	⑤ 해양수산부장관은 보조항로사업자가 운항하는 선박의 수리 등으로 인하여 보조항로의 선박운항이 중단될 것이 우려되면 제33조에도 불구하고 그 보조항로사업자에게 선박대여업의 등록을 하지 아니한 자로부터 여객선을 대여받아 운항하게 할 수 있다. ⑥ 해양수산부장관은 제1항에 따라 지정된 보조항로의 운영과 관련하여 다음 각 호의 어느 하나에 해당하는 사유가 발생한 때에는 보조항로의 지정을 취소할 수 있다. 1. 해당 도서에 연륙교가 설치된 경우 2. 수송수요의 증가 등으로 인하여 운항결손액에 대한 보조금 없이 해당 항로의 운항을 할 수 있게 된 경우 3. 수송수요의 뚜렷한 감소 등으로 인하여 보조항로 지정의 필요성이 없게 된 경우 ⑦ 보조항로의 지정 및 운영과 관련하여 보조항로의 지정절차, 보조항로사업자의 선정 방법, 운항결손액의 결정과 지급방법 등에 관하여 필요한 사항은 대통령령으로 정한다.
선박건조의 지원 (제15조의2)	① 국가는 보조항로를 운항하는 선박에 대하여 선박건조에 소요되는 비용을 지원할 수 있다. ② 제1항에 따른 국고지원의 대상이 되는 선박 및 건조된 선박의 운항에 관련된 사업자의 선정 등에 필요한 사항은 대통령령으로 정한다.
여객선의 운항명령 등 (제16조)	① 해양수산부장관은 다음 각호의 어느 하나에 해당하는 경우에는 일정한 기간을 정하여 여객운송사업자에게 여객선의 운항을 명할 수 있다. 1. 제15조제1항에 따라 선정된 보조항로사업자가 없게 된 경우 2. 운항 여객선 주변 해역에서 재해 등 긴급한 상황이 발생한 경우 3. 여객선이 운항되지 아니하는 도서주민의 해상교통로 확보를 위하여 그 주변을 운항하는 여객선으로 하여금 해당 도서를 경유하여 운항하게 할 필요가 있는 경우 ② 해양수산부장관은 제1항에 따른 운항명령의 사유가 소멸된 때에는 그 명령을 취소하여야 한다. ③ 해양수산부장관은 제1항에 따른 운항명령을 따름으로 인한 손실과 제2항에 따른 운항명령의 취소로 인한 손실을 보상하여야 한다.
사업의 승계 (제17조)	① 여객운송사업자가 그 사업을 양도하거나 사망한 때 또는 법인이 합병될 때에는 그 양수인·상속인 또는 합병 후 존속하는 법인이나 합병으로 설립되는 법인은 해당 면허에 따른 권리·의무를 승계한다. ② 다음 각호의 어느 하나에 해당하는 절차에 따라 해상여객운송사업의 시설과 설비를 전부 인수한 자는 해당 면허에 따른 권리와 의무를 함께 승계한다. 1. 「민사집행법」에 따른 경매 2. 「채무자 회생 및 파산에 관한 법률」에 따른 환가

	3. 「국세징수법」·「관세법」또는「지방세징수법」에 따른 압류재산의 매각 4. 그 밖에 제1호부터 제3호까지의 규정에 따른 절차에 준하는 절차 ③ 제1항에 따른 승계인에 관하여는 제8조를 준용한다. 이 경우 상속인 또는 합병 후 존속하는 법인이나 합병으로 설립되는 법인의 대표자가 제8조 각호의 어느 하나에 해당하는 경우에는 90일 이내에 여객운송사업자로서의 지위를 양도하거나 그 대표자를 변경하여야 한다. ④ 제1항 또는 제2항에 따른 승계인은 해양수산부령으로 정하는 바에 따라 해양수산부장관에게 신고하여야 한다. ⑤ 해양수산부장관은 제4항에 따른 신고를 받은 날부터 5일 이내에 신고수리 여부를 신고인에게 통지하여야 한다. ⑥ 해양수산부장관이 제5항에서 정한 기간 내에 신고수리 여부 또는 민원 처리 관련 법령에 따른 처리기간의 연장 여부를 신고인에게 통지하지 아니하면 그 기간이 끝난 날의 다음 날에 신고를 수리한 것으로 본다.
사업의 휴업 또는 폐업 (제18조)	① 여객운송사업자는 그 사업을 휴업하거나 폐업하려면 해양수산부령으로 정하는 바에 따라 해양수산부장관에게 신고하여야 한다. 다만, 내항정기여객운송사업자가 그 사업을 휴업하려는 경우에는 해양수산부장관의 허가를 받아야 한다. ② 해양수산부장관은 제1항 단서에 따라 내항정기여객운송사업자가 휴업허가를 신청하는 경우 여객선등 이용자의 해상교통 이용에 불편을 야기할 우려가 있는 경우를 제외하고는 휴업을 허가하여야 한다. ③ 해양수산부장관은 제1항 본문에 따라 휴업 또는 폐업 신고를 받은 경우와 제1항 단서에 따라 휴업허가를 한 경우에는 그 사실을 해양수산부령으로 정하는 바에 따라 공고하여야 한다. ④ 제1항 단서에 따른 내항정기여객운송사업자의 휴업기간은 연간 6개월을 초과할 수 없다.
면허의 취소 등 (제19조)	① 해양수산부장관은 여객운송사업자가 다음 각호의 어느 하나에 해당하면 면허(승인을 포함한다) 또는 제12조제4항에 따른 인가를 취소하거나 6개월 이내의 기간을 정하여 해당 사업의 전부 또는 일부를 정지할 것을 명하거나 10억원 이하의 과징금을 부과할 수 있다. 다만, 제2호부터 제11호까지, 제15호 및 제17호에 대하여는 1억원 이하의 과징금을 부과할 수 있다. 1. 해양사고가 여객운송사업자의 고의나 중대한 과실에 의하거나 선장의 선임·감독과 관련하여 주의의무를 게을리하여 일어난 경우 2. 여객운송사업자가 해양사고를 당한 여객이나 수하물 또는 소하물에 대하여 정당한 사유 없이 필요한 보호조치를 하지 아니하거나 피해자에 대하여 피해보상을 하지 아니한 경우 3. 면허 또는 승인받은 사업의 범위를 벗어나 해상여객운송사업을 경영한 경우 4. 기간 내에 시설 등을 갖추지 못하거나 그 밖에 면허에 붙인 조건을

위반한 경우

5. 면허기준에 미달하게 된 경우(미달하게 된 날부터 2개월 이내에 그 기준을 충족한 경우는 제외한다)

6. 운송약관을 신고(변경신고를 포함한다)하지 아니하거나 신고한 운송약관을 준수하지 아니한 경우

7. 여객운송사업자가 사업계획 변경의 인가를 받은 후 인가 실시일부터 15일 이내에 인가사항을 이행하지 아니한 경우

8. 사업계획상 운항개시일부터 1개월 이내에 운항을 시작하지 아니한 경우

9. 승계신고를 하지 아니한 경우

10. 제7조제1항, 제11조제1항, 제12조제1항·제4항, 제13조제3항, 제14조, 제16조제1항, 제18조제1항·제4항 및 제50조제1항을 위반한 경우

11. 운항관리규정을 작성·제출하지 아니하거나 거짓이나 그 밖의 부정한 방법으로 작성·제출하는 경우

12. 운항관리규정의 심사를 받지 아니하고 여객선등을 운항한 경우

13. 해양수산부장관의 운항관리규정 변경 요구에 정당한 사유 없이 응하지 아니한 경우

14. 운항관리규정 준수의무를 위반한 경우

15. 정기 또는 수시점검을 거부·방해 또는 기피하거나 거짓으로 자료를 제출 또는 답변하는 경우

16. 해양수산부장관의 출항정지, 시정명령 등을 정당한 사유 없이 따르지 아니한 경우

17. 운항관리자의 지도·감독을 거부·방해·기피한 경우

18. 운항관리자의 출항정지 명령을 정당한 사유 없이 따르지 아니한 경우

② 해양수산부장관은 여객운송사업자가 다음 각호의 어느 하나에 해당하게 된 경우에는 그 면허(승인을 포함한다)를 취소하여야 한다. 다만, 제4호에 대하여는 내항 정기 여객운송사업자에 한하여 적용한다.

1. 거짓이나 그 밖의 부정한 방법으로 해상여객운송사업의 면허 또는 승인을 받은 경우

1의2. 다중의 생명·신체에 위험을 야기한 해양사고가 여객운송사업자의 고의나 중대한 과실에 의하거나 선장의 선임·감독과 관련하여 주의의무를 게을리하여 일어난 경우

2. 여객운송사업자가 제8조 각호의 어느 하나에 해당하게 된 경우(법인이 제8조제6호에 해당하게 된 경우로서 그 사유가 발생한 날부터 90일 이내에 그 대표자를 변경한 경우는 제외한다)

3. 해상여객운송사업의 상속인이 제8조제1호, 제2호, 제2호의2, 제3호부터 제5호까지의 어느 하나에 해당하는 경우(그 사유가 발생한 날부터 90일 이내에 그 결격사유를 해소하는 경우는 제외한다)

4. 여객운송사업자가 사업을 영위하는 기간 동안 고의 또는 중대한 과실로 연속한 60일을 초과하여 여객선 운항을 중단하는 상황이 2회 발생하거나 연속한 120일을 초과하여 여객선 운항을 중단하는 경우. 다

428 PART Ⅱ 해사법규

만, 천재지변 등 대통령령으로 정하는 부득이한 경우에는 그러하지 아니한다.

③ 제1항에 따른 사업정지 처분 등의 세부기준 및 과징금을 부과하는 위반행위의 종류와 정도에 따른 과징금의 금액 등에 관하여 필요한 사항은 대통령령으로 정한다.

④ 해양수산부장관은 과징금을 내야 할 자가 납부기한까지 내지 아니한 때에는 국세 체납처분의 예에 따라 징수한다.

※시행규칙 제10조의3(여객선 이력관리) ① 내항여객운송사업자는 법 제11조의3제1항에 따라 다음 각 호의 사항을 포함한 여객선 이력관리장부를 해당 여객선을 운항하는 동안 작성·관리하여야 한다.

1. 선박의 도입 및 매매에 관한 사항
2. 선박 도입 후 운항항로 이력
3. 「선박안전법」에 따른 선박검사 결과
4. 해양사고(「해양사고의 조사 및 심판에 관한 법률」 제2조제1호에 따른 해양사고를 말한다) 이력
5. 선박 개조(「선박안전법」 제15조제2항에 따라 허가를 받아야 하는 개조를 말한다) 이력

② 내항여객운송사업자는 제1항에 따른 여객선 이력관리장부를 선박 및 사업소에 비치하여야 하며, 선박을 매매 또는 양도하는 경우에는 여객선 이력관리장부를 인계(선박을 매수 또는 양수한 자가 해당 선박을 내항 여객운송사업에 사용하지 아니하는 경우는 제외한다)하여야 한다.

③ 제1항 및 제2항에서 규정한 사항 외에 여객선 이력관리에 필요한 사항은 해양수산부장관이 정하여 고시한다.

※시행규칙 제10조의4(안전정보의 공개) ① 법 제11조의3제2항제3호에서 "해양수산부령으로 정하는 사고"란 「해사안전법」 제57조에 따라 공표되는 해양사고를 말한다.

② 법 제11조의3제2항제4호에서 "그 밖에 여객운송 안전과 관련된 정보로서 해양수산부령으로 정하는 사항"이란 다음 각 호의 사항을 말한다.

1. 여객선의 선명, 선종, 여객선의 총톤수, 여객정원, 화물의 적재한도 및 운항속력
2. 법 제21조에 따른 운항관리규정. 다만, 여객운송사업자의 내부정보 또는 개인정보 등이 포함된 경우에는 지방해양수산청장과 협의하여 일부를 제외하고 공개할 수 있다.
3. 법 제19조제1항제11호부터 제18호까지의 위반행위에 따른 처분 내용

③ 여객운송사업자는 별지 제7호의3서식의 여객선 안전정보(제1항에 따른 사고의 이력 및 제2항제3호에 따른 처분 내용은 최근 3년간의 정보로 한정한다)를 「한국해양교통안전공단법」에 따른 한국해양교통안전공단(「한국해양교통안전공단」)의 인터넷 홈페이지에 게재하는 방법으로 공개하고, 반기마다 이를 갱신해야 한다.

④ 여객운송사업자 또는 한국해양교통안전공단은 제3항에 따라 안전정보를 공개하는 경우 여객 등이 안전정보를 쉽게 확인할 수 있도록 필요한 조치를 하여야 한다.

제5절 │ 여객선 안전관리

내용	규정
운항관리규정의 작성·심사 및 준수 (제21조)	① 내항여객운송사업자는 여객선등의 안전을 확보하기 위하여 해양수산부령으로 정하는 바에 따라 운항관리규정을 작성하여 해양수산부장관에게 제출하여야 한다. 운항관리규정을 변경하고자 하거나 운항여건의 변경 등 해양수산부령으로 정하는 사항이 변경되는 경우에도 또한 같다. ② 해양수산부장관은 제1항에 따라 운항관리규정을 제출받은 때에는 여객선운항관리규정심사위원회를 구성하여 그 운항관리규정에 대하여 심사를 하여야 하며, 여객선등의 안전을 확보하기 위하여 운항관리규정을 변경할 필요가 있다고 인정되면 그 이유와 변경요지를 명시하여 해당 내항여객운송사업자에게 운항관리규정을 변경할 것을 요구할 수 있다. 이 경우 내항여객운송사업자는 변경 요구받은 사항을 운항관리규정에 반영하여야 한다. ③ 내항여객운송사업자는 제1항 및 제2항에 따라 정해진 운항관리규정을 준수하여야 한다. ④ 해양수산부장관은 내항여객운송사업자가 운항관리규정을 계속적으로 준수하고 있는지 여부를 정기 또는 수시로 점검하여야 한다. ⑤ 해양수산부장관은 내항여객선의 안전운항에 위험을 초래할 수 있는 사항이 있는 경우 출항 정지, 시정 명령 등을 할 수 있다.
여객선등의 승선권 발급 및 승선 확인 등 (제21조의2)	① 여객선등에 승선하려는 여객은 여객선등의 출항 전에 해양수산부령으로 정하는 바에 따라 여객운송사업자로부터 여객의 성명 등이 기재된 승선권을 발급받아야 한다. ② 여객운송사업자는 승선하려는 여객에게 신분증 제시를 요구하여 승선권의 기재내용을 확인하여야 한다. ③ 여객운송사업자는 여객이 정당한 사유 없이 승선권을 발급받지 아니하거나 거짓으로 발급받은 경우 또는 신분증 제시 요구에 따르지 아니하는 경우에는 승선을 거부하여야 한다. ④ 여객운송사업자는 여객이 승선권을 발급받은 때에는 그 여객의 승선 여부를 확인하고, 해양수산부령으로 정하는 바에 따라 여객명부를 관리하여야 한다. ⑤ 여객운송사업자는 제1항에 따른 승선권 발급내역과 제4항에 따른 여객명부를 3개월 동안 보관하여야 한다.
여객의 금지행위 (제21조의3)	여객은 여객선등의 안에서 다음 각호의 행위를 하여서는 아니 된다. 1. 여객선등의 안전이나 운항을 저해하는 행위를 금지하는 안전관리종사자의 정당한 직무상 명령을 위반하는 행위 2. 조타실, 기관실 등 선장이 지정하는 여객출입 금지장소에 선장 또는

	해원의 허락 없이 출입하는 행위 3. 정당한 사유 없이 여객선등의 장치 또는 기구 등을 조작하는 행위 4. 그 밖에 여객의 안전과 여객선등의 질서유지를 해하는 행위로서 해양 수산부령으로 정하는 행위
차량선적권 및 화물운송장의 발급 등 (제21조의4)	① 여객운송사업자는 여객선에 선적할 차량과 적재할 화물에 대하여 해 양수산부령으로 정하는 바에 따라 차량선적권 및 화물운송장을 발급하 여야 한다. ② 차량 선적과 화물 적재의 확인 등에 관하여는 제21조의2제2항부터 제5항까지를 준용한다.
안전관리책임자 (제21조의5)	① 내항여객운송사업자는 운항관리규정의 수립·이행 및 여객선의 안전 운항 업무를 수행한다. 이 경우 내항여객운송사업자는 해당 업무를 수행 하기 위하여 안전관리책임자를 두어야 한다. ② 내항여객운송사업자는 제1항에 따른 운항관리규정의 수립·이행 및 여객선의 안전운항 업무를 「해사안전법」 제51조에 따른 안전관리대행업 자(「안전관리대행업자」)에게 위탁할 수 있다. 이 경우 내항여객운송사업 자는 그 사실을 10일 이내에 해양수산부장관에게 알려야 한다. ③ 내항여객운송사업자(제2항에 따라 안전관리대행업자에게 위탁한 경 우에는 안전관리대행업자)는 안전관리책임자가 해양수산부령으로 정하 는 바에 따라 여객선 안전관리에 관한 교육을 받도록 하여야 한다. ④ 제1항에 따른 안전관리책임자의 자격기준·인원 등에 필요한 사항은 대통령령으로 정한다.
여객선 안전운항관리 (제22조)	① 해양수산부장관은 내항여객선의 안전운항에 관한 시책을 수립하고 시행하여야 한다. ② 내항여객운송사업자는 「한국해양교통안전공단법」에 따라 설립된 한국해 양교통안전공단(「공단」)이 해양수산부령으로 정하는 자격을 갖춘 사람 중에 서 선임한 선박운항관리자(「운항관리자」)로부터 안전운항에 필요한 지도· 감독을 받아야 한다. ③ 운항관리자의 임면 방법과 절차, 직무범위와 운항관리자에 대한 지도· 감독 등에 필요한 사항은 해양수산부령으로 정한다. ④ 운항관리자는 해양수산부령으로 정하는 바에 따라 제21조에 따른 운 항관리규정의 준수와 이행의 상태를 확인하고, 그 밖에 제3항에 따른 직 무를 다하여야 한다. ⑤ 운항관리자는 여객선등의 안전운항을 위하여 필요하면 해양수산부령 으로 정하는 바에 따라 해양수산부장관에게 다음 각호의 사항 등을 요청 할 수 있다. 다만, 여객선등의 안전확보를 위하여 긴급히 조치하여야 할 사유가 있는 경우에는 내항여객운송사업자 또는 선장에게 출항정지를 명할 수 있으며, 운항관리자는 그 사실을 지체 없이 해양수산부장관에게 보고하여야 한다.

1. 여객선등의 운항 횟수를 늘리는 것
2. 출항의 정지
3. 사업계획에 따른 운항의 변경
4. 내항여객운송사업자의 운항관리규정 위반에 대한 조치 요구

⑥ 해양수산부장관은 운항관리자의 직무 등을 감독하는 데 필요한 경우 해양수산부령으로 정하는 바에 따라 관련 자료를 제출·보고하게 하거나 소속 직원으로 하여금 사무실 등을 출입하게 하여 점검할 수 있다. 이 경우 해양수산부장관은 운항관리자에게 직무수행 개선 등 필요한 조치를 명할 수 있다.

제6절 │ 해상화물운송사업

내용	규정
사업의 종류 (제23조)	해상화물운송사업의 종류는 다음과 같다. 1. 내항 화물운송사업: 국내항과 국내항 사이에서 운항하는 해상화물운송사업 2. 외항 정기 화물운송사업: 국내항과 외국항 사이 또는 외국항과 외국항 사이에서 정하여진 항로에 선박을 취항하게 하여 일정한 일정표에 따라 운항하는 해상화물운송사업 3. 외항 부정기 화물운송사업: 제1호와 제2호 외의 해상화물운송사업
사업의 등록 (제24조)	① 내항 화물운송사업을 경영하려는 자는 해양수산부령으로 정하는 바에 따라 해양수산부장관에게 등록하여야 한다. ② 외항 정기 화물운송사업이나 외항 부정기 화물운송사업(「외항화물운송사업」)을 경영하려는 자는 해양수산부령으로 정하는 바에 따라 해양수산부장관에게 등록하여야 한다. ③ 등록을 하려는 자는 해양수산부령으로 정하는 바에 따라 사업계획서를 붙인 신청서를 해양수산부장관에게 제출하여야 한다. ④ 등록한 사항을 변경하려는 경우에는 해양수산부령으로 정하는 바에 따라 해양수산부장관에게 변경신고를 하여야 한다. ⑤ 해양수산부장관은 변경신고를 받은 날부터 2일 이내에 수리 여부 또는 처리기간의 연장을 통지하여야 한다. ⑥ 해양수산부장관이 제5항에서 정한 기간 내에 수리 여부 또는 처리기간의 연장을 통지하지 아니하면 그 기간이 끝난 날의 다음 날에 변경신고를 수리한 것으로 본다. ⑦ 원유, 제철원료, 액화가스, 그 밖에 대통령령으로 정하는 주요 화물(「대량화물」)의 화주나 대량화물의 화주가 사실상 소유하거나 지배하는 법인이 그 대량화물을 운송하기 위하여 해상화물운송사업의 등록을 신

	청한 경우 해양수산부장관은 제2항에도 불구하고 미리 국내 해운산업에 미치는 영향 등에 대하여 관련 업계, 학계, 해운전문가 등으로 구성된 정책자문위원회의 의견을 들어 등록 여부를 결정하여야 한다.
사업등록의 특례 (제25조)	① 제24조제2항에 따른 외항 정기 화물운송사업의 등록을 한 자(「외항정기화물운송사업자」)는 같은 조 제1항에 따른 내항 화물운송사업의 등록을 하지 아니하고 다음 각호의 화물을 운송할 수 있다. 1. 국내항과 국내항 사이에서 운송하는 빈 컨테이너나 수출입 컨테이너 화물(내국인 사이에 거래되는 컨테이너화물은 제외한다) 2. 외국항 간에 운송되는 과정에서 「항만법」 제2조제4호에 따른 항만구역 중 수상구역으로 동일 수상구역 내의 국내항과 국내항 사이에서 환적의 목적으로 운송되는 컨테이너 화물(다른 국내항을 경유하는 경우는 제외한다) ② 내항 화물운송사업의 등록을 한 자(「내항화물운송사업자」)가 일시적으로 국내항과 외국항 사이 또는 외국항과 외국항 사이에서 화물을 운송하려고 하거나 외항 부정기 화물운송사업의 등록을 한 자가 일시적으로 국내항과 국내항 사이에서 화물을 운송하려는 경우에는 제24조제1항 및 제2항에도 불구하고 해양수산부령으로 정하는 바에 따라 해양수산부장관에게 미리 신고하는 것으로 등록을 갈음할 수 있다. ③ 해양수산부장관은 신고를 받은 날부터 2일 이내에 신고수리 여부를 신고인에게 통지하여야 한다. ④ 해양수산부장관이 제3항에서 정한 기간 내에 신고수리 여부 또는 민원 처리 관련 법령에 따른 처리기간의 연장 여부를 신고인에게 통지하지 아니하면 그 기간이 끝난 날의 다음 날에 신고를 수리한 것으로 본다. ⑤ 해양수산부장관은 신고를 수리하는(제4항에 따라 신고를 수리하는 것으로 보는 경우를 포함한다) 경우에는 선박별 연간 운송기간 등 해양수산부령으로 정하는 바에 따라 수리증명서를 발급하여야 한다. ⑥ 제2항의 외항 부정기 화물운송사업 대상 선박은 「선박법」 제2조에 따른 한국선박 또는 「국제선박등록법」 제3조제1항제4호에 따른 선박을 말한다.
외국인의 국내지사 설치신고 (제26조)	① 국내항과 외국항 사이 또는 외국항과 외국항 사이에서 해상화물운송사업을 경영하는 외국인이 그 사업에 딸린 업무를 수행하기 위하여 국내에 지사를 설치하려면 해양수산부장관에게 신고하여야 한다. 신고한 사항을 변경하려는 때에도 또한 같다. ② 해양수산부장관은 제1항에 따른 신고 또는 변경신고를 받은 날부터 2일 이내에 신고수리 여부를 신고인에게 통지하여야 한다. ③ 해양수산부장관이 제2항에서 정한 기간 내에 신고수리 여부 또는 민원 처리 관련 법령에 따른 처리기간의 연장 여부를 신고인에게 통지하지 아니하면 그 기간이 끝난 날의 다음 날에 신고를 수리한 것으로 본다. ④ 제1항에 따른 외국인 해상화물운송사업에 따르는 업무의 범위와 그 밖에 필요한 사항은 해양수산부령으로 정한다.

등록기준 (제27조)	① 내항 화물운송사업을 경영하려는 자는 선박의 보유량과 선령 등이 해양수산부령으로 정하는 등록기준에 맞도록 하여야 한다. ② 외항화물운송사업을 경영하려는 자는 선박의 보유량, 자본금 등 사업의 재정적 기초와 경영 형태가 해양수산부령으로 정하는 등록기준에 맞도록 하여야 한다.
등록의 취소 등 (제27조의2)	① 해양수산부장관은 내항 화물운송사업을 경영하는 자의 사업 수행실적이 계속하여 2년 이상 없는 경우 그 등록을 취소하여야 한다. ② 제1항에 따라 등록이 취소된 후 1년이 지나지 아니한 자는 제24조제1항에 따른 내항 화물운송사업 등록을 할 수 없다.
운임 및 요금의 공표 등 (제28조)	① 외항 정기 화물운송 시장의 공정한 경쟁과 거래를 위하여 다음 각호의 어느 하나에 해당하는 자는 해양수산부령으로 정하는 바에 따라 운임 및 요금을 정하여 화주 등 이해관계인이 알 수 있도록 각각 공표하여야 한다. 공표한 운임 및 요금을 변경하려는 때에도 또한 같다. 1. 외항정기화물운송사업자 2. 국내항과 외국항 사이에서 외항 정기 화물운송사업을 경영하는 외국인 3. 외항 정기 여객운송사업을 경영하는 자(제6조에 따른 외국의 해상여객운송사업자를 포함한다)로서 여객 및 화물 겸용 여객선으로 컨테이너 화물을 정기적으로 운송하는 사업자 4. 그 밖에 운임 및 요금의 공표가 특별히 필요하다고 인정되는 자로서 대통령령으로 정하는 자 ② 해양수산부장관은 제1항 각호의 사업자가 다음 각 호에 해당하는 경우에는 운임 및 요금의 공표를 유예하거나 신고로 대체하도록 할 수 있다. 1. 운임 및 요금의 공표가 외항 정기 화물운송 시장의 공정한 경쟁이나 특정 산업 또는 품목의 경쟁력을 저해할 우려가 크다고 해양수산부장관이 인정한 경우 2. 제29조의2제2항에 따른 계약을 체결하고 그 계약서를 해양수산부장관에게 신고한 경우 3. 그 밖에 해운산업의 경쟁력 제고를 위해 필요한 경우로서 대통령령으로 정하는 경우 ③ 해양수산부장관은 제1항 및 제2항에 따른 운임 및 요금의 공표에 관한 세부적인 사항을 정하여 고시하여야 한다. ④ 제1항제2호에 따른 외국인은 해양수산부령으로 정하는 바에 따라 운항계획을 정하여 해양수산부장관에게 신고하여야 한다. 신고한 운항계획을 변경하려는 때에도 또한 같다. ⑤ 해양수산부장관은 제4항에 따른 신고 또는 변경신고를 받은 날부터 2일 이내에 신고수리 여부를 신고인에게 통지하여야 한다. ⑥ 해양수산부장관이 제5항에서 정한 기간 내에 신고수리 여부 또는 민원 처리 관련 법령에 따른 처리기간의 연장 여부를 신고인에게 통지하지 아니하면 그 기간이 끝난 날의 다음 날에 신고를 수리한 것으로 본다.

	⑦ 해양수산부장관은 제1항, 제2항 및 제4항에 따라 공표되거나 신고된 내용이 외항 정기 화물운송 시장에서 지나친 경쟁을 유발하는 등 사업의 건전한 발전을 해칠 우려가 있다고 인정되면 그 내용을 변경하거나 조정하는 데에 필요한 조치를 하게 할 수 있다.
운임 등의 협약 (제29조)	① 외항화물운송사업의 등록을 한 자(「외항화물운송사업자」)는 다른 외항화물운송사업자(외국인 화물운송사업자를 포함한다)와 운임·선박배치, 화물의 적재, 그 밖의 운송조건에 관한 계약이나 공동행위(외항 부정기 화물운송사업을 경영하는 자의 경우에는 운임에 관한 계약이나 공동행위는 제외하며, 이하 「협약」이라 한다)를 할 수 있다. 다만, 협약에 참가하거나 탈퇴하는 것을 부당하게 제한하는 것을 내용으로 하는 협약을 하여서는 아니 된다. ② 외항화물운송사업자(국내항과 외국항에서 해상화물운송사업을 경영하는 외국인 화물운송사업자를 포함한다)가 제1항의 협약을 한 때에는 해양수산부령으로 정하는 바에 따라 그 내용을 해양수산부장관에게 신고하여야 한다. 협약의 내용을 변경한 때에도 또한 같다. ③ 해양수산부장관은 제2항에 따른 신고 또는 변경신고를 받은 날부터 2일 이내에 신고수리 여부를 신고인에게 통지하여야 한다. ④ 해양수산부장관이 제3항에서 정한 기간 내에 신고수리 여부 또는 민원 처리 관련 법령에 따른 처리기간의 연장 여부를 신고인에게 통지하지 아니하면 그 기간이 끝난 날의 다음 날에 신고를 수리한 것으로 본다. ⑤ 해양수산부장관은 제2항에 따라 신고된 협약의 내용이 다음 각호의 어느 하나에 해당하면 그 협약의 시행 중지, 내용의 변경이나 조정 등 필요한 조치를 명할 수 있다. 다만, 제3호에 해당하는 경우에 대한 조치인 때에는 그 내용을 공정거래위원회에 통보하여야 한다. 1. 제1항 단서 또는 국제협약을 위반하는 경우 2. 선박의 배치, 화물적재, 그 밖의 운송조건 등을 부당하게 정하여 해상화물운송질서를 문란하게 하는 경우 3. 부당하게 운임이나 요금을 인상하거나 운항 횟수를 줄여 경쟁을 실질적으로 제한하는 경우 ⑥ 제1항에 따라 협약을 체결한 외항화물운송사업자와 대통령령으로 정하는 화주단체는 해양수산부령으로 정하는 바에 따라 운임과 부대비용 등 운송조건에 관하여 서로 정보를 충분히 교환하여야 하며, 제2항에 따른 신고를 하기 전에 운임이나 부대비용 등 운송조건에 관하여 협의를 하여야 한다. 이 경우 당사자들은 정당한 사유 없이 이를 거부하여서는 아니 된다.
화물운송의 계약 등 (제29조의2)	① 제28조제1항 각호에 해당하는 자와 화주는 화물운송거래를 위한 입찰을 하거나 계약을 체결하는 경우에는 공정하고 투명하게 하여야 한다. ② 제28조제1항 각호에 해당하는 자와 화주가 3개월 이상의 기간을 정한 화물운송계약(「장기운송계약」)을 체결하는 경우에는 다음 각호의 내

	용을 포함하여야 한다. 1. 운임 및 요금의 우대조건 2. 최소 운송물량의 보장 3. 유류비 등 원재료 가격 상승에 따른 운임 및 요금의 협의 4. 그 밖에 산업통상자원부, 국토교통부, 공정거래위원회 등 관계 중앙행정기관과 협의하여 대통령령으로 정하는 내용 ③ 제28조제1항 각호에 해당하는 자와 화주가 제2항에 따른 장기운송계약을 체결하는 경우에는 제31조제1항제1호 및 같은 조 제2항제1호를 적용하지 아니할 수 있다. ④ 해양수산부장관은 제2항에 따른 계약의 체결에 필요한 표준계약서를 작성하여 보급·활용하게 하거나 대통령령으로 정하는 해운관련 단체로 하여금 표준계약서를 작성하여 보급·활용하게 할 수 있다.
사업개선 명령 (제30조)	해양수산부장관은 국제경쟁력을 강화하고 항로질서를 유지하며 화물을 원활하게 수송하기 위하여 필요하다고 인정하면 해상화물운송사업을 경영하는 자에게 다음 각호의 사항을 명할 수 있다. 1. 사업계획의 변경 2. 선원 또는 항로에 위치한 어민 등 해당 선박의 운항에 관련되는 자를 보호하기 위한 조치 3. 선박의 안전항해를 위하여 필요한 사항 4. 해운에 관한 국제협약의 이행을 위하여 필요한 사항 5. 해상보험 가입
외항화물운송사업자 등의 금지행위 (제31조)	① 제28조제1항 각호에 해당하는 자는 다음 각호의 어느 하나에 해당하는 행위를 하여서는 아니 된다. 1. 제28조에 따라 공표하거나 신고한 운임 및 요금보다 더 많이 받거나 덜 받는 행위 2. 제28조에 따라 공표하거나 신고한 운임 및 요금보다 덜 받으려고 이미 받은 운임 및 요금의 일부를 되돌려주는 행위 3. 비상업적인 이유로 특정한 사람이나 지역 또는 운송방법에 관하여 부당하게 우선적 취급을 하거나 불리한 취급을 하는 행위 3의2. 운송계약을 정당한 사유 없이 이행하지 않거나 일방적으로 변경하는 행위 4. 비상업적인 이유로 외국수출업자에 비하여 한국수출업자에게 부당하게 차별적인 운임 또는 요금을 설정하는 행위 5. 비상업적인 이유로 화물운송과정상 발생한 분쟁, 그 밖의 손해배상청구의 조정·해결에 있어서 화주를 부당하게 차별하는 행위 6. 그 밖에 대통령령으로 정하는 비상업적인 이유로 화주를 부당하게 차별하는 행위 ② 제28조제1항 각 호에 해당하는 자와 운송거래를 위해 입찰을 하거나 계약을 체결한 화주는 다음 각호의 행위를 하여서는 아니 된다.

	1. 제28조에 따라 공표되거나 신고된 운임 및 요금보다 비싸거나 싸게 화물을 운송하게 하는 행위 2. 운송 화물의 품목이나 등급에 관하여 거짓의 운임청구서를 받아 지급한 운임 및 요금의 일부를 되돌려 받는 행위 3. 우월적 지위를 이용하여 부당하게 입찰에 참여하게 하거나 계약을 체결하도록 유인하거나 강제하는 행위 4. 운임 및 요금을 인하하기 위해 고의적으로 재입찰하거나 입찰에 참가한 다른 사업자의 단가 정보를 노출하는 행위 5. 운송계약을 정당한 사유 없이 이행하지 않거나 일방적으로 변경하는 행위 6. 그 밖에 대통령령으로 정하는 비상업적인 이유로 해상화물운송사업자를 부당하게 차별하는 행위 ③ 외항 부정기 화물운송사업을 경영하는 자(외국인 부정기 화물운송사업자를 포함한다)는 다음 각 호의 어느 하나에 해당하는 행위를 하여서는 아니 된다. 1. 제1항제3호부터 제5호까지에 해당하는 행위 2. 제1호에 따른 행위를 이용하여 다른 외항화물운송사업자와 부당하게 경쟁하는 행위 3. 그 밖에 대통령령으로 정하는 비상업적인 이유로 화주를 부당하게 차별하는 행위
위반행위의 신고 등 (제31조의2)	① 누구든지 제28조제1항 각 호에 해당하는 자가 제28조제1항, 제29조의2제1항·제2항 및 제31조를 위반하거나 화주가 제29조의2제1항·제2항 및 제31조를 위반한 사실을 인지한 때에는 해양수산부장관 또는 해양수산부장관이 정하여 고시하는 법인이나 단체에 신고할 수 있다. ② 제1항에 따른 신고가 있는 경우 해양수산부장관이 정하여 고시하는 법인이나 단체는 지체 없이 해양수산부장관에게 보고하여야 한다. ③ 해양수산부장관은 제1항에 따라 신고된 내용이 제28조제1항, 제29조의2제1항·제2항 및 제31조에 해당하고 해상운송 시장의 건전한 발전을 해칠 우려가 있다고 인정되면 해양수산부령으로 정하는 바에 따라 그 내용의 변경이나 조정 등 필요한 조치를 명할 수 있다. 다만, 신고의 내용이「독점규제 및 공정거래에 관한 법률」,「하도급거래 공정화에 관한 법률」,「대리점거래의 공정화에 관한 법률」등 다른 법률을 위반하였다고 판단되는 때에는 조정 등 필요한 조치를 명하는 대신 관계부처에 신고의 내용을 통보하여야 한다.

제7절 │ 해운중개업, 해운대리점업, 선박대여업 및 선박관리업

내용	규정
사업의 등록 (제33조)	① 해운중개업, 해운대리점업, 선박대여업 또는 선박관리업(「해운중개업 등」)을 경영하려는 자는 해양수산부령으로 정하는 바에 따라 해양수산부장관에게 등록하여야 한다. 등록한 사항을 변경하려는 때에도 또한 같다. ② 제1항에 따른 해운중개업등을 경영하려는 자는 해양수산부령으로 정하는 시설과 경영 형태를 갖추어야 한다. ③ 해운중개업등(선박대여업은 제외) 등록의 유효기간은 등록일부터 3년으로 하고, 계속하여 해운중개업등을 경영하려면 등록의 유효기간이 끝나기 전에 해양수산부령으로 정하는 바에 따라 그 등록을 갱신하여야 한다. ④ 해양수산부장관은 제1항에 따른 선박관리업의 효율적인 등록·관리 및 선원의 권익보호 등을 위하여 필요한 사항을 정하여 고시하여야 한다.
영업보증금의 예치명령 등 (제34조)	① 해양수산부장관은 선박관리업의 안정적인 선원관리 등을 위하여 필요하다고 인정하면 선박관리업을 경영하는 자에게 영업보증금을 예치하거나 보증보험에 가입하도록 명할 수 있다. ② 제1항에 따른 영업보증금의 예치 또는 보증보험의 가입에 필요한 사항은 해양수산부령으로 정한다.
취업 주선 제한 등 (제34조의2)	해양수산부장관은 선박관리업을 경영하는 자에게 「국제항해선박 등에 대한 해적행위 피해예방에 관한 법률」 제3조제3항에 따른 선박소유자등이 같은 법 제11조의2제1항 또는 제2항의 조치를 이행하지 아니하여 벌금 이상의 형을 선고받고 그 형이 확정된 사실이 있는 국제항해선박등에 대하여 선원의 취업 주선 제한 등 필요한 조치를 명할 수 있다.
등록의 취소 등 (제35조)	① 해양수산부장관은 해운중개업등의 사업을 경영하는 자가 제36조에서 준용되는 제14조(제1호와 제8호의 경우에 한정한다), 제34조, 제34조의2 및 제50조제1항을 위반한 때에는 등록을 취소하거나 6개월 이내의 기간을 정하여 해당 사업의 정지를 명하거나 1천만원 이하의 과징금을 부과할 수 있다. ② 제1항에 따른 등록 취소, 사업정지처분의 세부기준 및 과징금을 부과하는 위반행위의 종류와 정도에 따른 과징금의 금액 등에 관하여 필요한 사항은 대통령령으로 정한다.

제2장　항만법

제1절 | 총 론

1. 항만의 의의

해상운송은 우리나라 무역에 있어서 화물 운송의 약 95% 이상을 차지하고 있다. 해상운송은 항만을 거치지 않고서는 이루어질 수 없다는 점에서 해상운송의 시작과 끝인 동시에 철로·육상 운송의 연결지점이자 글로벌 공급 사슬망(global supply chain)의 관문으로서 매우 중요하다.[1]

항만시설은 크게 기본시설, 기능시설, 지원시설, 항만친수시설, 항만배후단지 등으로 구분된다. 즉, 항만시설에는 매립시설 등 하부시설과 건물 등 상부시설, 하부시설과 상부시설이 원활히 운영되도록 지원하는 시설, 선박의 이접안, 입출항을 지원하기 위하여 해상에 설치된 시설, 해상공유지, 부지와 배후단지가 모두 포함된다.

2. 항만개발

항만개발사업은 정부 재정과 민간 자본으로 시행할 수 있다. 항만은 국가의 기간시설로서 개발과 유지에 막대한 자원이 소요되어, 항만개발은 대부분 국가 재정사업으로 진행되지만, 민간 자본에 의해 개발되기도 한다. 민간 자본에 의한 개발은 주로 「항만법」에 의한 「비관리청 항만개발사업」과 「민간투자법」에 의한 「민간투자사업」으로 시행된다.

비관리청 항만개발사업은 '해양수산부장관이 아닌 자'가 항만법령에서 정하는 바에 따라 항만개발사업계획을 작성하여 해양수산부장관의 허가를 받아 시행하는 항만시설의 신설·개축·유지·보수·보강·준설 등에 관한 공사를 말한다. 비관리청 항만개발사업은 부족한 국가 재정을 보완하고 항만시설의 적기 확충을 목적으로 1967년 「항만법」 제정 때부터 시행되었다. 초창기에는 소규모 시설 개발 및 시설물의 유지보수를 비관리청 항만개발사업으로 시행하였다.

비관리청 항만개발사업은 항만시설 실수요자의 신속한 시설 확보를 지원하여 항만시설 운영의 효율성을 제고하고 있다. 비관리청 항만개발사업으로 조성되는 항만시설은 준공과 동시에 국가 귀속이 원칙이나, 일부 시설은 비귀속되기도 한다.

3. 항만법

항만법은 1967년 3월 법률 1941호로 제정된 후 수십 차례의 개정을 거쳤다. 항만의 지정·사용

---

1) 이현균·문슬기, "항만운송주체에 관한 법적 쟁점과 개선방안," 「법학논총」, 제40집, 2018.

및 보전과 비용에 관한 사항을 규정함으로써 항만의 개발을 촉진하고 그 이용과 관리의 적정을 기하려는 목적이다. 2020년 1월에 「항만법」에서 항만재개발 관련 내용을 분리하여 별도의 「항만재개발법」이 제정되었다.

| 표 2-3 | 항만관련 법제 현황

분야	법률
항만기본정책	• 항만법
건설	• 신항만건설촉진법 • 마리나항만의 조성 및 관리등에 관한 법률
안전 및 질서유지	• 선박의 입항 및 출항 등에 관한 법률 • 도선사법 • 해운법 • 국제항해선박 및 항만시설의 보안에 관한 법률 • 비상사태등에 대비하기위한 해운 및 항만기능유지에 관한 법률
항만운영	• 항만운송사업법 • 항만공사법 • 항만지역 등 대기질 개선에 관한 특별법 • 항만인력체계의 개편을 위한 특별지원법

제2절 | 총 칙

내용	규정
정의 (제2조)	1. "항만"이란 선박의 출입, 사람의 승선·하선, 화물의 하역·보관 및 처리, 해양친수활동 등을 위한 시설과 화물의 조립·가공·포장·제조 등 부가가치 창출을 위한 시설이 갖추어진 곳을 말한다. 2. "무역항"이란 국민경제와 공공의 이해에 밀접한 관계가 있고, 주로 외항선이 입항·출항하는 항만으로서 제3조제1항에 따라 대통령령으로 정하는 항만을 말한다. 3. "연안항"이란 주로 국내항 간을 운항하는 선박이 입항·출항하는 항만으로서 제3조제1항에 따라 대통령령으로 정하는 항만을 말한다. 4. "항만구역"이란 항만의 수상구역과 육상구역을 말한다. 5. "항만시설"이란 다음 각 목의 어느 하나에 해당하는 시설을 말한다. 이 경우 다음 각 목의 시설이 항만구역 밖에 있는 경우에는 해양수산부장관이 지정·고시하는 시설로 한정한다. **가. 기본시설** 1) 항로, 정박지, 소형선 정박지, 선회장 등 수역시설 2) 방파제, 방사제, 파제제, 방조제, 도류제, 갑문, 호안(해안보호둑을

말한다) 등 외곽시설

3) 도로, 교량, 철도, 궤도, 운하 등 임항교통시설

4) 안벽, 소형선 부두, 잔교, 부잔교, 돌핀, 선착장, 램프등 계류시설

나. 기능시설

1) 선박의 입항·출항을 위한 항로표지·신호·조명·항무통신에 관련된 시설 등 항행 보조시설

2) 고정식 또는 이동식 하역장비, 화물 이송시설, 배관시설 등 하역시설

3) 대기실, 여객승강용 시설, 소하물 취급소 등 여객이용시설

4) 창고, 야적장, 컨테이너 장치장 및 컨테이너 조작장, 사일로, 유류 저장시설, 가스저장시설, 화물터미널 등 화물의 유통시설과 판매시설

5) 선박을 위한 연료공급시설과 급수시설, 얼음 생산 및 공급 시설 등 선박보급시설

6) 항만의 관제·정보통신·홍보·보안에 관련된 시설

7) 항만시설용 부지

8) 「어촌·어항법」 제2조제5호나목의 기능시설(어항구에 있는 것으로 한정한다)

9) 「어촌·어항법」 제2조제5호다목의 어항편익시설(어항구에 있는 것으로 한정한다)

10) 방음벽, 방진망, 수림대 등 공해방지시설

다. 지원시설

1) 보관창고, 집배송장, 복합화물터미널, 정비고 등 배후유통시설

2) 선박기자재, 선용품 등을 보관·판매·전시 등을 하기 위한 시설

3) 화물의 조립·가공·포장·제조 등을 위한 시설

4) 공공서비스의 제공, 시설관리 등을 위한 항만 관련 업무용 시설

5) 항만시설을 사용하는 사람, 항만시설 인근 지역의 주민, 여객 등 항만을 이용하는 사람 및 항만에서 일하는 사람을 위한 휴게소·숙박시설·진료소 등 「공공보건의료에 관한 법률」 제2조제3호에 따른 공공보건의료기관·위락시설·연수장·주차장·차량통관장 등 후생복지시설과 편의제공시설

6) 항만 관련 산업의 기술개발이나 벤처산업 지원 등을 위한 연구시설

7) 신·재생에너지 관련 시설, 자원순환시설 및 기후변화 대응 방재시설 등 저탄소 항만의 건설을 위한 시설

8) 그 밖에 항만기능을 지원하기 위한 시설로서 해양수산부령으로 정하는 것

라. 항만친수시설

1) 낚시터, 유람선, 낚시어선, 모터보트, 요트, 윈드서핑용 선박 등을 수용할 수 있는 해양레저용 시설

2) 해양박물관, 어촌민속관, 해양유적지, 공연장, 학습장, 갯벌체험장 등 해양 문화·교육 시설

　　3) 해양전망대, 산책로, 해안 녹지, 조경시설 등 해양공원시설
　　4) 인공해변·인공습지 등 준설토를 재활용하여 조성한 인공시설
　마. 항만배후단지
6. "관리청"이란 항만의 개발 및 관리에 관한 행정업무를 수행하는 다음 각 목의 구분에 따른 행정관청을 말한다.
　가. 국가관리무역항 및 국가관리연안항: 해양수산부장관
　나. 지방관리무역항 및 지방관리연안항: 특별시장·광역시장·도지사 또는 특별자치도지사(「시·도지사」)
7. "항만개발사업"이란 항만시설(항만구역 밖에 설치하려는 제5호 각목의 어느 하나에 해당하는 시설로서 장래에 해양수산부장관이 항만시설로 지정·고시할 예정인 시설을 포함한다)의 신설·개축·보강·유지·보수 및 준설 등을 하는 사업을 말한다.
8. "항만물류"란 항만에서 화물이 공급자로부터 수요자에게 전달될 때까지 이루어지는 운송·보관·하역 및 포장 등 일련의 처리과정을 말한다.
9. "항만물류통합정보체계"란 관리청 및 항만을 이용하는 자가 항만물류비의 절감 및 각종 정보의 실시간 획득 등을 위하여 항만이용 및 항만물류의 과정에서 발생하는 정보를 정보통신망을 이용하여 상호교환·처리 및 활용하는 체계를 말한다.
10. "항만건설통합정보체계"란 관리청 및 항만개발사업 관련자가 신속한 행정업무처리와 비용 절감 등을 통하여 항만개발사업의 전반적인 효율을 높이기 위하여 항만개발사업의 계획·설계·계약·시공·유지 및 관리의 과정에서 발생하는 정보를 정보통신망을 이용하여 상호교환·처리 및 활용하는 체계를 말한다.
11. "항만배후단지"란 항만구역 또는 제6조제1항제8호에 따른 항만시설 설치 예정지역에 지원시설 및 항만친수시설을 집단적으로 설치하고 이들 시설의 기능 제고를 위하여 일반업무시설·판매시설·주거시설 등 대통령령으로 정하는 시설을 설치함으로써 항만의 부가가치와 항만 관련 산업의 활성화를 도모하며, 항만을 이용하는 사람의 편익을 꾀하기 위하여 제45조에 따라 지정한 구역을 말한다.
12. "항만배후단지개발사업"이란 항만배후단지를 개발하는 사업을 말한다.
13. "기반시설"이란 「국토의 계획 및 이용에 관한 법률」 제2조제6호에 따른 기반시설을 말한다.
14. "공공시설"이란 「국토의 계획 및 이용에 관한 법률」 제2조제13호에 따른 공공시설을 말한다.
15. "입주기업체"란 제45조제1호에 따른 1종 항만배후단지에 입주하기 위하여 제71조에 따라 입주계약을 체결한 자를 말한다.

| 항만의 구분 및 명칭·위치·구역 등 (제3조) | ① 항만은 다음 각호의 항으로 구분하되, 그 명칭·위치 및 구역은 대통령령으로 정한다.
1. 무역항 |

	2. 연안항
	② 무역항은 체계적이고 효율적인 관리·운영을 위하여 수출입 화물량, 개발계획 및 지역균형발전 등을 고려하여 대통령령으로 정하는 바에 따라 다음 각호의 항으로 세분할 수 있다. 1. 국가관리무역항: 국내외 육상·해상운송망의 거점으로서 광역권의 배후화물을 처리하거나 주요 기간산업 지원 등으로 국가의 이해에 중대한 관계를 가지는 항만 2. 지방관리무역항: 지역별 육상·해상운송망의 거점으로서 지역산업에 필요한 화물처리를 주목적으로 하는 항만 ③ 연안항은 체계적이고 효율적인 관리·운영을 위하여 지역의 여건 및 특성, 항만기능 등을 고려하여 대통령령으로 정하는 바에 따라 다음 각호의 항으로 세분할 수 있다. 1. 국가관리연안항: 국가안보 또는 영해관리에 중요하거나 기상악화 등 유사시 선박의 대피를 주목적으로 하는 항만 2. 지방관리연안항: 지역산업에 필요한 화물의 처리, 여객의 수송 등 편익 도모, 관광 활성화 지원을 주목적으로 하는 항만 ④ 국가는 국가관리연안항의 개발을 우선적으로 시행하거나 지원하여야 한다.
중앙항만정책심의회 등 (제4조)	① 다음 각호의 사항을 심의하기 위하여 해양수산부장관 소속으로 중앙항만정책심의회(「중앙심의회」)를 둔다. 1. 항만의 구분 및 그 위치 등에 관한 사항 2. 항만기본계획의 수립 및 변경에 관한 사항 3. 항만시설 기술기준의 구축·운영에 관한 사항 4. 항만시설 관련 신기술의 적용 장려 및 시험시공 지원에 관한 사항 5. 항만배후단지개발 종합계획의 수립 및 변경에 관한 사항 6. 항만배후단지의 지정 및 변경에 관한 사항 7. 항만배후단지의 지정해제에 관한 사항 8. 다른 법률에서 중앙심의회의 심의사항으로 정하고 있는 사항 9. 그 밖에 항만의 개발·정비 및 관리·운영에 관하여 해양수산부장관이 심의에 부치는 사항 ② 중앙심의회의 심의를 효율적으로 수행하기 위하여 대통령령으로 정하는 바에 따라 중앙심의회에 분과심의회를 둘 수 있다. 이 경우 분과심의회에서 심의한 사항은 중앙심의회에서 심의한 것으로 본다. ③ 제104조제1항에 따라 권한을 위임받은 기관의 장(「수임기관의 장」)의 자문에 응하고, 중앙심의회의 소관 사항 중 위임한 사항을 심의하기 위하여 수임기관의 장 소속으로 지방항만심의회를 둔다. ④ 제1항부터 제3항까지의 규정에 따른 중앙심의회, 분과심의회 및 지방항만심의회의 구성, 기능 및 운영 등에 필요한 사항은 대통령령으로 정한다.

제3절 | 항만의 개발

내용	규정
항만개발사업의 시행자 등 (제9조)	① 항만개발사업은 관리청이 시행한다. ② 관리청이 아닌 자가 항만개발사업을 시행하려는 경우에는 대통령령으로 정하는 바에 따라 항만개발사업계획을 작성하여 관리청의 허가를 받아야 한다. 다만, 다음 각호의 어느 하나에 해당하는 항만개발사업은 그러하지 아니하다. 1. 제15조제1항 단서에 따라 국가나 특별시·광역시·도 또는 특별자치도(「시·도」)에 귀속되지 아니하는 항만시설을 유지·보수하는 항만개발사업 2. 다음 각 목의 요건을 모두 충족하는 항만개발사업 　가. 제31조제1항에 따른 신고 대상 항만시설 중 제2조제5호나목2)에 따른 고정식 또는 이동식 하역장비를 추가·교체하는 항만개발사업일 것 　나. 해당 구역의 설계하중을 초과하지 아니하는 범위에서 시행하는 항만개발사업일 것 ③ 관리청은 제2항에 따라 항만개발사업 시행허가를 받으려는 자가 다음 각호의 요건을 모두 갖춘 경우에는 이를 허가하여야 한다. 1. 제2항 본문에 따른 항만개발사업계획(「항만개발사업계획」)이 다음 각 목의 기본계획에 위배되지 아니할 것 　가. 항만기본계획 　나. 「항만 재개발 및 주변지역 발전에 관한 법률」 제5조제1항에 따른 항만재개발기본계획 　다. 「신항만건설 촉진법」 제3조제1항에 따른 신항만건설기본계획 2. 항만의 관리·운영상 항만개발사업의 필요성이 있을 것 3. 재원조달능력 등 해양수산부령으로 정하는 기준에 따라 항만개발사업을 시행할 사업수행능력이 있을 것 4. 화물의 제조시설인 경우에는 오염배출 정도 등 대통령령으로 정하는 입지기준에 적합할 것 5. 총사업비 500억원 이상의 항만개발사업(제15조제1항 단서에 따라 국가 또는 시·도에 귀속되지 아니하는 토지 및 항만시설에 관한 항만개발사업의 경우에는 토지 또는 토지 형태의 항만시설을 조성하는 항만개발사업으로 한정한다)의 경우에는 대통령령으로 정하는 바에 따라 경제성 등 사업 추진의 타당성을 검토한 결과 타당성이 있을 것 6. 이 법 또는 다른 법률에 따라 해당 토지 또는 항만시설을 개발할 계획이 없을 것 ④ 관리청은 제2항 본문에 따른 허가의 신청을 받은 날부터 20일 이내에 허가 여부를 신청인에게 통지하여야 한다. 다만, 항만시설의 유지·보

수에 관한 항만개발사업의 경우에는 14일 이내에 통지하여야 한다.

⑤ 관리청이 제4항에서 정한 기간 내에 허가 여부 또는 민원 처리 관련 법령에 따른 처리기간의 연장 여부를 신청인에게 통지하지 아니하면 그 기간(민원 처리 관련 법령에 따라 처리기간이 연장 또는 재연장된 경우에는 해당 처리기간을 말한다)이 끝난 날의 다음 날에 허가를 한 것으로 본다.

⑥ 제2항 본문에 따라 관리청의 허가를 받은 자(「비관리청」)는 허가받은 내용 중 대통령령으로 정하는 내용을 변경하려는 경우에는 변경된 항만개발사업계획을 작성하여 관리청의 허가를 받아야 한다. 이 경우 그 변경된 항만개발사업계획의 허가에 관하여는 제3항부터 제5항까지의 규정을 준용한다.

⑦ 관리청은 대통령령으로 정하는 일정 규모 이상의 항만개발사업을 허가하려는 경우에는 해양수산부령으로 정하는 바에 따라 이를 미리 공고하여야 한다.

⑧ 관리청은 제7항에 따라 공고한 항만개발사업에 대하여 허가신청인의 항만개발사업계획, 재원조달능력 등 해양수산부령으로 정하는 기준에 따라 평가한 후 적격자 중에서 우선순위자에게 허가하여야 한다.

⑨ 관리청은 제1항에 따라 항만개발사업을 시행하거나 제2항 본문, 제6항 또는 제8항에 따라 항만개발사업을 허가한 경우에는 해양수산부령으로 정하는 바에 따라 그 사실을 고시하여야 한다.

⑩ 제1항부터 제9항까지의 규정에도 불구하고 항만개발사업의 시행자에 관하여 이 법 또는 다른 법률에 특별한 규정이 있으면 그 규정에 따른다.

항만개발사업실시계획의 수립과 승인 등 (제10조)	① 관리청 또는 비관리청은 대통령령으로 정하는 바에 따라 항만개발사업에 착수하기 전에 항만개발사업실시계획을 수립하여야 하며, 항만개발사업실시계획을 수립하거나 변경(대통령령으로 정하는 경미한 사항의 변경은 제외한다)한 경우에는 이를 공고하여야 한다. 다만, 비관리청이 수립한 항만개발사업실시계획의 경우에는 관리청이 공고한다. ② 비관리청은 제1항에 따른 항만개발사업실시계획(「항만개발사업실시계획」)을 수립하거나 변경하려면 대통령령으로 정하는 바에 따라 관리청의 승인을 받아야 한다. 다만, 대통령령으로 정하는 경미한 사항을 변경하는 경우에는 해양수산부령으로 정하는 바에 따라 관리청에 신고하여야 한다. ③ 관리청은 항만개발사업을 시행하기 위하여 수용하거나 사용할 토지, 물건 또는 권리가 있는 경우에는 그 세부목록을 포함하여 제1항에 따라 항만개발사업실시계획을 수립·공고하여야 하며, 해당 토지, 물건 또는 권리의 소유자 및 권리자에게 알려야 한다. 다만, 관리청은 항만개발사업의 시행을 위하여 불가피하다고 인정되면 항만개발사업실시계획을 수립·공고한 후 그 수용하거나 사용할 토지, 물건 또는 권리의 세부목록을 별도로 작성·공고할 수 있다.

④ 관리청은 제2항 본문에 따라 항만개발사업실시계획의 승인을 받으려는 비관리청이 다음 각호의 요건을 모두 갖춘 경우에는 이를 승인하여야 한다.
1. 항만개발사업실시계획이 항만개발사업계획에 적합할 것
2. 연차별 자금투자계획 및 재원조달계획 등 자금계획이 항만개발사업실시계획에 부합할 것
3. 항만개발사업실시계획이 「환경영향평가법」 제27조부터 제40조까지 및 제41조에 따른 협의 내용의 이행사항을 충족할 것

⑤ 비관리청은 제2항에도 불구하고 제15조제1항 단서에 따라 국가 또는 시·도에 귀속되지 아니하는 항만시설로서 대통령령으로 정하는 항만시설에 대하여 항만개발사업실시계획을 수립하려는 경우에는 대통령령으로 정하는 바에 따라 관리청에 신고하여야 한다.

⑥ 제2항 본문에 따른 항만개발사업실시계획의 수립에 대한 승인 신청 또는 제5항에 따른 신고는 제9조제2항 본문에 따른 허가를 받은 날부터 1년 이내에 하여야 한다. 다만, 대통령령으로 정하는 사유가 있으면 1년의 범위에서 1회에 한정하여 연장할 수 있다.

⑦ 관리청은 제2항 단서 또는 제5항에 따른 신고를 받은 경우 그 내용을 검토하여 이 법에 적합하면 신고를 수리하여야 한다.

비관리청의 항만개발사업 시행 (제11조)	비관리청은 제10조제2항 또는 제5항에 따라 항만개발사업실시계획의 승인을 받거나 신고를 한 날부터 1년 이내에 항만개발사업을 착수하고 항만개발사업실시계획에서 정한 기한까지 준공하여야 한다. 다만, 관리청은 해양수산부령으로 정하는 사유에 해당하면 비관리청의 신청을 받아 준공기한을 연기할 수 있다.
항만개발사업의 준공 (제12조)	① 관리청은 제9조제1항에 따라 항만개발사업을 시행하여 완료한 경우에는 대통령령으로 정하는 바에 따라 항만개발사업의 완료를 공고하여야 한다. ② 비관리청은 제9조제2항 본문에 따라 허가받은 항만개발사업을 끝내면 지체없이 항만개발사업 준공보고서를 첨부하여 관리청에 준공확인을 신청하여야 한다. ③ 제2항에 따라 준공확인을 신청받은 관리청은 대통령령으로 정하는 바에 따라 준공검사를 한 후 그 항만개발사업이 허가한 내용대로 시행되었다고 인정되면 해양수산부령으로 정하는 준공확인증명서를 비관리청에 내주어야 한다. ④ 관리청이 제1항에 따라 항만개발사업의 완료를 공고하거나 제3항에 따른 준공확인증명서를 내준 경우에는 제98조제1항 각호의 허가 등에 따른 해당 사업 등의 준공검사 또는 준공인가 등을 받은 것으로 본다. ⑤ 누구든지 제1항에 따라 항만개발사업의 완료를 공고하기 전이나 제3항에 따라 준공확인증명서를 받기 전에는 항만개발사업으로 조성되거나 설치된 토지 또는 항만시설을 사용할 수 없다. 다만, 해양수산부령으로 정하는 바에 따라 관리청에 준공 전 사용신고를 한 경우에는 그러하지

	아니하다. ⑥ 관리청은 제5항 단서에 따른 신고를 받은 경우 그 내용을 검토하여 이 법에 적합하면 신고를 수리하여야 한다.
부수공사의 시행 (제13조)	관리청이나 비관리청은 항만개발사업을 시행할 때 그 항만개발사업과 직접 관련되는 부수공사를 항만개발사업으로 보고 항만개발사업과 함께 시행할 수 있다.
항만공사의 대행 (제14조)	① 해양수산부장관은 시·도지사와 협의하여 시·도지사가 시행할 항만개발사업 중 군함, 경찰용 선박 및 그 밖에 국가가 소유하거나 운영하는 선박이 이용하는 항만시설에 관한 항만개발사업 등 대통령령으로 정하는 항만개발사업을 대행할 수 있다. 이 경우 대행하는 항만개발사업에 드는 비용은 국가가 부담한다. ② 관리청은 항만개발사업을 효율적으로 시행하기 위하여 필요하다고 인정되면 비관리청과 협의하여 제9조제2항 본문에 따라 허가한 비관리청의 항만개발사업을 그 비관리청의 비용 부담으로 대행할 수 있다.
항만시설의 귀속 등 (제15조)	① 제9조제2항 본문에 따른 비관리청의 항만개발사업으로 조성되거나 설치된 토지 및 항만시설은 준공과 동시에 국가 또는 시·도에 귀속된다. 다만, 대통령령으로 정하는 토지 및 항만시설은 그러하지 아니하다. ② 「항만공사법」에 따라 설립된 항만공사가 그 재원으로 같은 법 제22조제1항에 따라 실시계획의 승인을 받아 항만시설공사를 시행하여 조성한 토지 및 설치한 항만시설이 준공된 경우 그 토지 및 항만시설은 제1항 본문에도 불구하고 항만공사에 귀속된다. ③ 비관리청은 제1항 본문에 따라 국가 또는 시·도에 귀속된 항만시설을 총사업비의 범위에서 대통령령으로 정하는 바에 따라 관리청의 허가를 받아 무상으로 사용할 수 있다. 이 경우 무상으로 항만시설을 사용할 수 있는 기간에는 제12조제5항 단서에 따라 신고한 준공 전 사용기간을 산입한다. ④ 비관리청은 제3항에 따라 국가 또는 시·도에 귀속된 항만시설을 무상으로 사용하는 경우 해당 항만시설을 성실하게 유지·관리하여야 한다. ⑤ 비관리청은 제3항에 따라 국가 또는 시·도에 귀속된 항만시설을 무상으로 사용하는 경우 타인에게 그 시설을 사용하게 할 수 있다.
토지의 매도청구 (제16조)	① 비관리청은 제12조제3항에 따른 준공확인증명서를 발급받은 날부터 1년 이내에 제15조제1항 본문에 따라 국가 또는 시·도가 취득한 토지 중 대통령령으로 정하는 토지의 매도를 청구할 수 있다. 이 경우 국가 또는 시·도는 공용 또는 공공용으로 사용할 경우를 제외하고는 그 청구를 거절하지 못한다. ② 제1항에 따른 토지의 매각 가격 및 그 산정 절차는 「국유재산법」 제44조 또는 「공유재산 및 물품 관리법」 제30조에도 불구하고 대통령령으로 정할 수 있다.

비귀속 토지·항만시설의 목적 외 사용 금지 (제17조)	제15조제1항 단서에 따라 국가 또는 시·도에 귀속되지 아니하는 토지 및 항만시설을 사용하는 자는 항만시설의 용도 및 허가 목적에 맞게 사용하여야 한다.
전용 목적의 토지·항만시설의 임대 금지 (제18조)	국가 또는 시·도에 귀속되지 아니하는 토지 및 항만시설 중 비관리청이 전용할 목적으로 허가를 받아 조성·설치한 토지 및 항만시설을 취득한 자는 해당 토지 및 항만시설을 타인에게 임대할 수 없다. 다만, 해양수산부령으로 정하는 바에 따라 관리청의 허가를 받은 경우에는 그러하지 아니하다.
비귀속 토지·항만시설의 양도제한 등 (제19조)	① 국가 또는 시·도에 귀속되지 아니하는 토지 및 항만시설 중 대통령령으로 정하는 토지 및 항만시설을 취득한 자는 다음 각호의 어느 하나에 해당하는 경우 외에는 해당 토지 및 항만시설을 타인에게 양도할 수 없다. 1. 해당 토지 및 항만시설을 취득한 날(비관리청의 경우에는 준공확인증명서를 발급받은 날을 말한다)부터 10년이 지난 경우 2. 상속 등 대통령령으로 정하는 경우 3. 「국유재산법」에 따라 국가에 기부채납하는 경우 또는 「공유재산 및 물품 관리법」에 따라 시·도에 기부채납하는 경우 ② 토지 및 항만시설을 양도받은 자는 해양수산부령으로 정하는 바에 따라 양수일부터 15일 이내에 양수 사실을 확인할 수 있는 서류를 갖추어 관리청에게 신고하여야 한다. ③ 토지 및 항만시설을 국가 또는 시·도에 기부채납한 자는 기부한 재산의 가액의 범위에서 해당 토지 및 항만시설을 대통령령으로 정하는 바에 따라 관리청의 허가를 받아 무상으로 사용할 수 있다. ④ 국가 또는 시·도에 기부한 토지 및 항만시설을 무상으로 사용하는 자는 타인에게 그 토지 및 항만시설을 사용하게 할 수 있다. ⑤ 해양수산부장관은 국가 또는 시·도에 기부채납된 토지 및 항만시설의 효율적인 관리·운영 등을 위하여 필요하다고 인정되면 제7조제2항에 따라 항만기본계획을 변경하는 등 필요한 조치를 할 수 있다.

제4절 │ 항만의 관리와 사용

내용	규정
항만의 관리 (제20조)	① 관리청은 무역항과 연안항을 관리한다. ② 관리청은 항만을 효율적으로 관리·운영하기 위하여 필요한 경우 해양수산부령으로 정하는 바에 따라 항만별로 항만운영세칙을 정할 수 있다.
분구의 설정 등 (제21조)	관리청은 항만을 효율적으로 개발하고 관리·운영하기 위하여 필요한 경우에는 항만구역에 대통령령으로 정하는 바에 따라 다음 각호의 분구(分

	區)를 설정할 수 있다. 1. 상업항구 2. 공업항구 3. 어항구 4. 여객항구 5. 보급 및 지원항구 6. 위험물항구 7. 보안항구 8. 위락항구 9. 친수항구
항만대장 (제22조)	① 관리청은 항만을 관리·운영하기 위하여 항만별로 항만대장을 작성하여 갖추어 두어야 한다. ② 항만대장의 작성·비치·기재사항 등에 관한 사항은 해양수산부령으로 정한다.
항만관리법인 (제23조)	① 해양수산부장관 또는 시·도지사는 항만시설의 관리 및 경비·보안 등의 업무를 담당하는 법인(「항만관리법인」)을 지정할 수 있다. ② 항만관리법인의 지정 및 감독 등 필요한 사항은 대통령령으로 정한다.
항만시설관리권 (제24조)	① 관리청은 항만시설을 유지·관리하고 그 항만시설을 사용하는 자(「사용자」)로부터 사용료를 받을 수 있는 권리(「항만시설관리권」)를 설정할 수 있다. ② 항만시설관리권은 물권으로 보며, 이 법에 특별한 규정이 없으면 「민법」 중 부동산에 관한 규정을 준용한다. ③ 저당권이 설정된 항만시설관리권은 그 저당권자의 동의가 없으면 처분할 수 없다.
항만시설관리권의 등록 등 (제25조)	① 항만시설관리권을 설정받은 자는 관리청에 등록하여야 한다. 등록한 사항을 변경하려는 경우에도 또한 같다. ② 항만시설관리권이나 항만시설관리권을 목적으로 하는 저당권의 설정·변경·소멸 및 처분의 제한에 관한 사항은 관리청에 갖추어 두는 항만시설관리권 등록원부에 등록함으로써 그 효력이 생긴다. ③ 항만시설관리권 등의 등록에 필요한 사항은 대통령령으로 정한다. ④ 항만시설관리권의 등록에 관하여 이 법에 특별한 규정이 있는 경우를 제외하고는 「부동산등기법」을 준용한다. ⑤ 항만시설관리권의 등록에 대한 송달에 관하여는 「민사소송법」을 준용하고, 이의의 비용에 관하여는 「비송사건절차법」을 준용한다.
금지행위 등 (제28조)	① 누구든지 정당한 사유 없이 항만에서 다음 각호의 행위를 해서는 아니 된다. 1. 유독물이나 동물의 사체를 버리는 행위

	2. 다량의 토석이나 쓰레기를 버리는 등 항만의 깊이에 영향을 줄 우려가 있는 행위 3. 그 밖에 항만의 보전 또는 그 사용에 지장을 줄 우려가 있는 행위로서 대통령령으로 정하는 행위 ② 관리청은 항만구역 내 안전사고 예방을 위하여 인명사고가 자주 발생하거나 발생할 우려가 높은 다음 각호의 장소에 대하여 출입통제를 할 수 있다. 1. 항만구역 내 방파제, 호안, 해안가 등 파도의 직접적인 영향을 받는 장소 2. 화물차량, 하역장비 등이 이동하거나 작업하는 장소 3. 그 밖에 안전사고가 자주 발생하는 장소 ③ 관리청은 출입통제를 하려는 경우에는 그 사유와 기간 등 해양수산부령으로 정하는 사항을 포함하여 공고하고, 정보통신매체를 통하여 이를 적극 알려야 한다. ④ 관리청은 출입통제 사유가 없어졌거나 필요가 없다고 인정하는 경우에는 즉시 출입통제 조치를 해제하고 공고 등을 하여야 한다. ⑤ 출입통제의 공고 절차와 방법 등에 관한 사항은 해양수산부령으로 정한다.
온실가스 등 감축 (제30조)	① 이 법, 「해운법」 및 「항만운송사업법」 등 관계 법령에 따른 면허·허가·등록 등을 받아 항만구역 안에서 사업을 영위하는 자(「항만사업자」)는 저탄소 항만의 유지·관리를 위하여 항만시설 이용에 있어 온실가스와 오염물질 배출을 줄이도록 노력하여야 한다. ② 정부는 항만사업자에게 온실가스 등의 배출을 방지하거나 감축하기 위하여 필요한 설비의 설치 등을 권고할 수 있다.
시설장비의 신고 (제31조)	① 갑문, 운하, 하역장비, 그 밖에 조작이 필요한 항만시설 중 대통령령으로 정하는 항만시설(「시설장비」)을 사용·관리하는 자(관리청은 제외한다. 이하 "시설장비관리자"라 한다)는 해당 시설장비를 설치하거나 철거하려는 경우에는 미리 관리청에 신고하여야 한다. ② 관리청은 제1항에 따른 신고를 받은 경우 그 내용을 검토하여 이 법에 적합하면 신고를 수리하여야 한다. ③ 제1항에 따른 신고의 절차에 관하여는 해양수산부령으로 정한다.
시설장비의 자체점검 등 (제32조)	① 시설장비관리자는 매년 1회 이상 해양수산부령으로 정하는 바에 따라 사용·관리하는 시설장비를 자체점검하여야 하며, 자체점검 결과 정비나 보수가 필요한 시설장비에 대해서는 지체 없이 필요한 조치를 하여야 한다. ② 시설장비관리자는 해양수산부령으로 정하는 바에 따라 사용·관리하는 시설장비의 자체점검기록과 정비·보수에 관한 기록을 작성하여 관리하여야 한다.

시설장비의 검사 등 (제33조)	① 시설장비관리자는 사용·관리하는 시설장비에 대하여 다음 각호의 구분에 따라 관리청이 실시하는 검사를 받아야 한다. 1. 제조검사: 시설장비를 제조할 때에 하는 검사 2. 설치검사: 완제품 형태의 시설장비를 설치할 때에 하는 검사 3. 정기검사: 사용 중인 시설장비의 안전상태를 확인하기 위하여 제조검사일이나 설치검사일부터 해양수산부령으로 정하는 기간마다 정기적으로 하는 검사 4. 수시검사: 고정식 시설장비를 이설하거나 시설장비의 구조를 변경할 때에 하는 검사 ② 제1항에 따른 검사종류별 검사대상 시설장비의 범위와 검사방법 등에 관한 사항은 해양수산부령으로 정한다. ③ 제1항에 따른 검사를 받으려는 자는 관리청에 수수료를 내야 한다.
검사의 면제 등 (제34조)	① 다음 각호의 어느 하나에 해당하는 검사·점검 또는 진단 등을 받은 시설장비는 해양수산부령으로 정하는 구분에 따라 제33조제1항에 따른 검사를 면제한다. 1. 「전기사업법」 제65조에 따른 정기검사 2. 「시설물의 안전 및 유지관리에 관한 특별법」 제11조에 따른 안전점검 또는 같은 법 제12조에 따른 정밀안전진단 3. 그 밖에 다른 법령에 따른 검사·점검 또는 진단 등으로서 대통령령으로 정하는 것 ② 해양수산부령으로 정하는 기술인력과 시설을 갖춘 시설장비관리자가 사용·관리하는 시설장비에 대하여 자체검사를 한 후 검사성적서를 관리청에 제출하여 서면심사를 받은 경우에는 제33조제1항제3호에 따른 정기검사를 받은 것으로 본다.
항만시설의 기술기준 (제36조)	① 해양수산부장관은 수역시설, 외곽시설, 계류시설, 그 밖에 대통령령으로 정하는 항만시설에 대하여 기술기준을 정하여 고시할 수 있다. ② 항만개발사업을 설계하거나 시공하려는 자는 제1항에 따른 기술기준과 해양수산부장관이 정하여 고시하는 내진설계 기준에 맞게 설계하거나 시공하여야 한다. ③ 해양수산부장관은 기술기준의 발전을 위하여 다음 각호의 업무를 수행할 수 있다. 1. 기술기준의 관리 및 운영 2. 기술기준의 연구·개발 및 보급 3. 기술기준의 검증 및 평가 4. 국제 기술기준 관련 제도·정책의 동향에 관한 조사 및 분석 5. 그 밖에 대통령령으로 정하는 업무 ④ 해양수산부장관은 항만시설 기술기준의 발전을 위한 업무를 대통령령으로 정하는 전문기관에 위탁할 수 있다. ⑤ 해양수산부장관은 업무를 위탁받은 전문기관에 예산의 범위에서 위

	탁업무 수행에 필요한 비용을 지원할 수 있다.
항만시설의 안전점검 (제38조)	① 항만시설의 소유자는 다음 각호의 구분에 따라 안전점검을 실시하여야 한다. 1. 갑문시설 및 1만톤급 이상의 계류시설:「시설물의 안전 및 유지관리에 관한 특별법」에 따른 정기안전점검·정밀안전점검·긴급안전점검·정밀안전진단 2. 제1호 외의 항만시설: 대통령령으로 정하는 바에 따른 정기안전점검·정밀안전점검·긴급안전점검 ② 관리청은 제1항에 따른 안전점검이 제대로 이루어지고 있는지 확인하기 위하여 필요한 경우 해당 항만시설의 소유자(국가 또는 시·도가 소유자인 경우는 제외한다)에 대하여 그 점검결과에 관한 보고 또는 자료제출을 요구하는 등 필요한 조치를 할 수 있다.
항만건설작업선에 대한 「선박안전법」의 적용특례 (제39조)	① 항만건설작업선(대통령령으로 정하는 항만건설장비를 고정적으로 탑재하여 항만구역 내에서 항만개발사업을 수행하는 선박을 말한다. 이하 같다)에 대하여 「선박안전법」 제7조부터 제11조까지의 규정을 적용할 때에는 그 검사의 절차, 방법 및 시기 등을 같은 법의 해당 규정에도 불구하고 해양수산부령으로 따로 정한다. ② 항만건설장비 등 항만건설작업선의 선박시설에 대해서는 「선박안전법」 제26조에도 불구하고 해양수산부장관이 따로 기준을 정하여 고시할 수 있다. ③ 「선박안전법」 제60조제1항 및 제2항에 따라 검사등업무를 대행하는 한국해양교통안전공단 또는 선급법인은 제1항에 따른 검사 중 항만건설장비의 검사업무를 해당 업무에 전문성이 있다고 대통령령으로 정하는 기관에 위탁할 수 있다.
항만건설장비의 조종 자격요건 (제40조)	제39조제1항에 따른 항만건설장비를 조종하려는 사람은 다음 각호의 어느 하나에 해당하는 요건을 갖추어야 한다. 1. 「건설기계관리법」에 따른 건설기계조종사면허의 취득 2. 해양수산부장관이 지정한 교육기관에서 실시하는 항만건설장비의 조종에 관한 교육과정의 이수
항만시설의 사용 (제41조)	① 항만시설(항로표지는 제외한다. 이하 이 조에서 같다)을 사용하려는 자는 대통령령으로 정하는 바에 따라 다음 각호의 어느 하나에 해당하는 방법에 따라야 한다. 이 경우 제3호부터 제5호까지의 어느 하나에 해당하는 방법으로 해양수산부령으로 정하는 항만시설을 사용하려는 자는 관리청에 그 사실을 신고하여야 한다. 1. 관리청의 사용허가를 받을 것 2. 관리청과 임대계약을 체결할 것 3. 항만시설운영자와 임대계약을 체결할 것 4. 사용허가를 받은 자와 임대계약을 체결할 것

> 5. 임대계약을 체결한 자의 승낙을 받을 것
> ② 비관리청은 항만개발사업실시계획의 승인을 받거나 신고를 한 경우 그 항만개발사업실시계획의 범위에서 항만시설의 사용허가 또는 승낙을 받고 항만시설의 사용신고를 한 것으로 본다.
> ③ 관리청은 항만시설의 사용허가 신청을 받은 경우에는 항만의 개발 및 관리·운영에 지장이 없으면 사용을 허가하여야 한다.
> ④ 제1항부터 제3항까지에서 규정한 사항 외에 항만시설의 사용방법 등에 관하여는 관리청, 해당 항만시설운영자 또는 임대계약자가 정하는 바에 따른다.

제3장 항만안전특별법

제1절 | 총 론

「항만안전특별법」은 2021년 8월 제정 및 공포되어 2022년 8월부터 시행되었다. 동 법의 제정 배경은 항만은 하역·줄잡이·고박 등 다양한 업종의 종사자가 여러 장비를 활용하여 작업하는 공간이다. 그러나 기존의 안전관리 체계만으로는 작업별 특성에 맞춘 안전관리를 시행하는 데 한계가 있었다.[2]

특히, 지난 2021년 4월 평택항 컨테이너부두 인명사고[3] 등 항만에서의 안전사고가 지속적으로 발생함에 따라 항만의 특수한 작업환경을 고려한 새로운 안전관리가 필요하다는 사회적 요구가 높았다. 이에 따라 「항만안전특별법」을 제정하여 (1) 항만 사업장별 자체안전관리계획 수립, (2) 항만안전점검관 도입, (3) 항만별 노·사·정이 참여하는 「항만안전협의체」 구성 등 항만특성에 맞는 안전관리체계를 새롭게 정립할 제도들을 규정하였다.

주요 내용은 항만을 운영하는 항만하역사업자는 (1) 항만근로자의 안전사고를 예방하기 위해 항만 내 출입통제, (2) 시설 안전확보 등에 대한 자체안전관리계획을 수립하고, 관리청의 승인을 받아야 한다. 또한, 항만하역사업자가 수립한 자체안전관리계획의 승인이행 및 시정조치 업무를 전담하는 항만안전점검관을 항만별로 배치하는 한편, 관리청 소속 공무원, 항만공사 직원 등을 항만안

---

[2] 해양수산부 보도자료, "항만에 특화된 안전관리체계 구축한다 – 「항만안전특별법」 제정안 국무회의 통과", 2021. 7. 26.

[3] 2021년 4월 22일 오후 4시 10분께 평택항의 부두에서 용역회사 지시에 따라 컨테이너 바닥에 있는 이물질 청소작업을 하던 당시 대학생 근로자가 300kg 가량의 개방형 컨테이너(FRC)의 뒷부분 날개에 깔린 후 인근 병원으로 옮겨졌으나 사망한 사건이다.

전점검요원으로 지정하여 항만안전점검관의 업무 수행을 지원한다.

항만물류산업 노·사·정이 함께 참여하여 안전사고 예방에 필요한 사항을 협의하는 「항만안전 협의체」를 항만별로 구성하며, 항만근로자에 대한 안전교육도 의무화하고 있다. 항만운송사업 참여 자는 소속 근로자에게 작업내용, 안전규칙, 항만 내 위험요소 등에 대한 교육을 실시하여야 한다.

제2절 | 총 칙

내용	규정
목적 (제1조)	이 법은 항만에서의 안전사고 및 재해예방에 관한 항만운송 참여자의 책임을 명확히 하고 자율적 안전관리를 촉진시킴으로써 항만에서의 안전 문화 확산과 이를 통한 안전사고 예방을 목적으로 한다.
정의 (제2조)	1. "항만"이란 「항만운송사업법」 제2조제3항에 따른 항만을 말한다. 2. "항만운송"이란 「항만운송사업법」 제2조제1항에 따른 행위를 말한다. 3. "항만운송사업"이란 「항만운송사업법」 제2조제2항에 따른 사업을 말한다. 4. "항만운송관련사업"이란 「항만운송사업법」 제2조제4항에 따른 사업을 말한다. 5. "항만운송 참여자"란 항만운송사업 및 항만운송관련사업을 영위하는 자를 말한다. 6. "항만운송 종사자"란 다음 각목의 어느 하나에 해당하는 자를 말한다. 　가. 「근로기준법」상의 근로자 　나. 도급, 용역, 위탁 등 계약의 형식에 관계없이 항만에서 항만운송 참여자의 사업의 수행을 위하여 대가를 목적으로 역무를 제공하는 자로서 대통령령으로 정하는 자 7. "항만안전사고"란 항만에서 항만운송사업 또는 항만운송관련사업을 시행하면서 대통령령으로 정하는 규모 이상의 인명피해나 재산피해가 발생한 사고를 말한다. 8. "관리청"이란 「항만운송사업법」 제2조제7항에 따른 행정관청을 말한다.
국가 등의 책무 (제3조)	① 국가는 항만에서 인명피해나 재산피해가 발생하지 아니하도록 노력하여야 하며, 항만운송 참여자가 이 법을 준수할 수 있도록 필요한 지원을 할 수 있다. ② 지방자치단체는 관할 지역의 항만에서 항만안전사고가 발생하지 아니하도록 항만운송사업 및 항만운송관련사업 운영의 전 단계에 걸쳐 필요한 지원을 할 수 있고, 이와 관련된 주의의무를 다하여야 하며, 국가의 항만안전사고 예방을 위한 업무 수행에 최대한 협조하여야 한다.

	항만에서의 안전관리에 관하여 이 법에서 정한 사항에 대하여는 다른 법률에 우선하여 적용한다. 다만, 「산업안전보건법」에서 따로 정하고 있는 사항은 제외한다.
다른 법률과의 관계 (제4조)	

제3절 | 안전관리

내용	규정
항만운송 참여자의 기본 의무 (제5조)	항만운송 참여자는 다음 각호의 항만안전사고 예방원칙을 준수하여야 한다. 1. 위험성을 최대한 제거하고, 위험성이 최소화되도록 노력하여야 한다. 2. 위험성에 대하여 근원적으로 대처하여야 한다. 3. 모든 작업에서 안전을 우선하여 고려하여야 한다.
항만운송 참여자의 안전확보 의무 (제6조)	① 항만운송 참여자는 해당 사업장에서 항만운송 종사자에게 안전한 작업환경을 제공하기 위하여 노력하여야 한다. ② 항만운송 참여자는 국가 또는 지방자치단체가 항만에서의 안전확보를 위하여 실시하는 조치에 적극적으로 협조하여야 한다.
항만안전협의체의 구성 · 운영 (제7조)	① 관리청은 관할 항만에 대한 안전사고 예방 등에 필요한 사항을 협의하기 위하여 항만운송 참여자 단체, 항만운송 종사자 단체 및 그 밖에 대통령령으로 정하는 자와 함께 항만 안전에 관한 협의체(「항만안전협의체」)를 구성하여 운영할 수 있다. ② 항만안전협의체의 구성 및 운영 등 그 밖에 필요한 사항은 대통령령으로 정한다.
안전교육 (제8조)	① 항만운송 참여자는 항만운송 종사자를 대상으로 작업내용과 안전규칙, 항만에서의 위험요소 등에 대한 안전교육을 실시하여야 한다. ② 제1항에 따른 안전교육에 필요한 비용은 대통령령으로 정하는 바에 따라 항만운송 참여자가 부담하되, 국가 또는 지방자치단체가 그 비용의 전부 또는 일부를 지원할 수 있다. ③ 제1항에 따른 안전교육의 내용 · 방법 · 유효기간 및 실시기관 등 그 밖에 필요한 사항은 대통령령으로 정한다.
자체안전관리계획의 수립 · 승인 등 (제9조)	① 항만운송 참여자 중 「항만운송사업법」 제4조에 따라 항만하역사업을 관리청에 등록한 자(「항만하역사업자」)는 항만운송 종사자의 안전사고 예방을 위하여 항만 내 출입통제, 시설 안전확보 및 안전장비 지급 등 대통령령으로 정하는 바에 따라 자체안전관리계획(「자체안전관리계획」)을 수립하여 관리청의 승인을 받아야 한다. 승인받은 내용을 변경하려는 경우에도 또한 같다.

	② 관리청은 항만운송 종사자의 안전을 위하여 필요하다고 인정할 때에는 자체안전관리계획의 변경을 명할 수 있다. ③ 관리청은 자체안전관리계획을 승인하고 적정한 이행 여부를 확인하기 위하여 필요하다고 인정되는 경우에는 다음 각호의 조치를 할 수 있다. 1. 사업장에 출입하여 항만 내 안전관리 관계 서류 검사 및 안전관리 상태 확인·조사 또는 점검 2. 항만하역사업자에 대한 서류 제출 및 항만 내 안전관리에 관한 업무 보고 요구 ④ 관리청은 제3항에 따른 조치 결과 주요 안전조치 등을 개선·보완할 필요가 있다고 인정되는 경우에는 항만하역사업자에게 시정조치를 명할 수 있다. ⑤ 자체안전관리계획의 승인·이행 확인 및 시정조치 업무를 수행하기 위하여 관리청에 항만안전점검관을 둔다. ⑥ 관리청은 항만안전점검관의 업무 수행을 지원하기 위하여 항만안전점검요원으로 소속 공무원, 「항만공사법」에 따라 설립된 항만공사 소속 직원을 임면·지정하거나, 해양수산부장관이 인정하는 자를 위촉하여야 한다. 이 경우 항만안전점검요원은 자체안전관리계획의 승인·이행 확인 및 시정조치 업무 수행에 한정하여 항만안전점검관의 지휘·감독을 받는다. ⑦ 항만안전점검관 및 항만안전점검요원의 자격, 임면·지정 또는 위촉 및 직무범위 등 그 밖에 필요한 사항은 대통령령으로 정한다.
항만안전에 관한 정보공개 등 (제10조)	관리청은 안전교육 실시 결과와 자체안전관리계획의 승인·이행 확인 및 같은 조 제4항에 따른 시정조치의 이행 결과 등을 공개할 수 있다. 이 경우 공개의 범위와 방법에 관하여는 해양수산부령으로 정한다.
관계기관의 협조 (제11조)	① 관리청은 자체안전관리계획의 적정한 이행 여부를 확인하기 위하여 필요하다고 인정하는 경우 관계 행정기관의 장에게 필요한 자료의 제출 등의 협조를 요청할 수 있다. ② 제1항에 따른 요청을 받은 자는 정당한 사유가 없으면 이에 따라야 한다.

제4절 │ 위반행위 제재

내용	규정
사업정지 등 (제12조)	① 관리청은 항만운송 참여자가 다음 각호의 어느 하나에 해당하는 경우에는 「항만운송사업법」 제4조 및 제26조의3에 따른 등록을 취소하거나 1년 이내의 기간을 정하여 사업의 전부 또는 일부의 정지를 명할 수 있다. 다만, 항만운송 종사자의 안전확보 및 사고조사 등 해양수산부령으로 정

	하는 긴급한 사유가 있는 경우에는 작업의 일시 정지를 명할 수 있다. 1. 「중대재해 처벌 등에 관한 법률」 제4조 또는 제5조를 위반하여 항만 안전사고를 발생시킨 경우 2. 「중대재해 처벌 등에 관한 법률」 제6조에 따른 벌금형 이상의 형을 선고받고 그 형이 확정된 경우 3. 제15조에 따른 벌금형 이상의 형을 선고받고 그 형이 확정된 경우 ② 제1항에 따른 처분의 기준 및 절차에 관하여 필요한 사항은 대통령령으로 정한다.
과징금 등 (제13조)	① 관리청은 항만운송 참여자가 제12조제1항 각호의 어느 하나에 해당하여 사업정지처분을 하여야 하는 경우로서 그 사업의 정지가 그 사업의 이용자 등에게 심한 불편을 주거나 공익을 해칠 우려가 있는 경우에는 사업정지처분을 갈음하여 매출액에 100분의 5를 곱한 금액을 초과하지 아니하는 범위에서 과징금을 부과할 수 있다. ② 관리청은 항만운송 참여자가 제1항에 따른 과징금 부과처분을 받고 그 처분을 받은 날부터 2년 이내에 다시 과징금 부과처분의 대상이 되는 위반행위를 한 경우에는 사업의 정지를 명하여야 한다. ③ 제1항에 따른 과징금의 산정방법, 부과절차 및 그 밖에 필요한 사항은 대통령령으로 정한다.
벌칙 (제15조)	다음 각호의 어느 하나에 해당하는 자는 1년 이하의 징역 또는 1천만원 이하의 벌금에 처한다. 1. 제9조제1항에 따른 자체안전관리계획의 승인을 받지 아니한 자 2. 제9조제2항에 따른 자체안전관리계획의 변경 명령을 이행하지 아니한 자 3. 제9조제4항에 따른 시정조치 명령에 따르지 아니한 자
양벌규정 (제16조)	법인의 대표자나 법인 또는 개인의 대리인, 사용인, 그 밖의 종업원이 그 법인 또는 개인의 업무에 관하여 제15조의 위반행위를 하면 그 행위자를 벌하는 외에 그 법인 또는 개인에게도 해당 조문의 벌금형을 과한다. 다만, 법인 또는 개인이 그 위반행위를 방지하기 위하여 해당 업무에 관하여 상당한 주의와 감독을 게을리하지 아니한 경우에는 그러하지 아니하다.
과태료 (제17조)	① 다음 각호의 어느 하나에 해당하는 자에게는 300만원 이하의 과태료를 부과한다. 1. 제8조제1항을 위반하여 항만운송 종사자에 대하여 안전교육을 실시하지 아니한 자 2. 제9조제3항제1호에 따른 사업장의 출입 및 검사 등을 거부·방해하거나 기피한 자 ② 제1항에 따른 과태료는 대통령령으로 정하는 바에 따라 해양수산부장관 또는 시·도지사가 부과·징수한다.

제4장 항만운송사업법

제1절 | 총 론

1. 항만운송사업의 의의

선박을 통해 국내로 반입되는 모든 화물은 항만 내의 「보세구역」[4]에 임치된 후에 수하인에게 인도된다. 우리나라는 항만운영과 관련하여 부산항과 인천항 등에 「항만공사제」(Port Authority)[5]를 도입하고 있다. 항만공사는 터미널 운영자, 즉 「항만운송사업자」에게 전대료를 받고 위탁하는 민영화 방식으로 항내의 부두시설을 운영하고 있다.

「항만운송사업자」는 「항만공사」와 위탁계약을 체결하여 항만 내에서 부두시설의 전용운영권을 취득하여 영위하는 자로서 「부두운영회사」(Terminal Operating Company, TOC) 또는 「터미널운영자」로 불리기도 한다. 국내 항만운송사업자로는 인천항의 선광, 부산항 자성대 부두의 한국허치슨터미널(주), 부산항 신선대부두의 CJ대한통운 부산컨테이너터미널(주) 등이 있다.

「항만운송」(Port Transportation)이란 항만 안에서 이루어지는 해상 및 육상운송을 모두 포함하는 것으로서 항만 밖에서 이루어지는 「해상운송」과 구별된다. 항만사업자는 항만하역사업, 검수사업, 감정사업, 검량사업 등 항만운영 서비스를 제공한다. 항만하역사업은 항만에서 화물을 싣거나 선박으로부터 화물을 내리는 일 등 화물을 선박에서 항만 또는 항만에서 선박으로 운송하는 일을 말한다. 검수사업은 선적화물을 싣거나 내릴 때 화물의 개수를 계산하거나 화물의 인도·인수를 증명하는 일을 말한다. 검량사업은 선적화물을 싣거나 내릴 때 그 화물의 용적 또는 중량을 계산하거나 증명하는 일을 말한다.

2. 항만운송사업법

「항만운송사업법」은 항만운송에 관한 질서를 확립하고 항만운송사업의 건전한 발전을 목적으로 하는 법이다. 1963년 9월 제정과 동시에 시행되었다. 2016년 개정을 통하여 1997년부터 「항만법」과 해양수산부 지침 등으로 관리되어 왔던 「부두운영회사」(TOC)의 선정 및 계약, 운영성과의 평가

---

4) 「보세구역」(Bonded Area)이란 외국 물품을 장치하거나 물품의 수출에 따른 통관절차를 이행하기 위하여 수출물품을 일정기간 장치하거나 또는 외국 물품을 가공·제조·전시 등을 하기 위한 장소로서 세관장이 지정하거나 특허한 구역으로서 관세법상 관세가 유보되는 구역을 말한다.

5) 2004년 부산항만공사 설립이후 인천항만공사(2005년), 울산항만공사(2007년), 여수·광양항만공사(2011년)가 설립되었다. 경기평택항만공사는 지방자치단체가 지방공기업법에 의해 지방공사를 설립하여 운영하고 있는 것으로서 항만공사가 아니다. 항만공사는 항만별 재정자립도를 감안하여 항만별 독립채산제를 적용하고 있다.

등에 관한 사항을 일원화하여 「항만운송사업법」에 그 근거를 마련했다.

　또한 항만하역 작업 시 항운노조가 독점적으로 노무인력을 공급하던 것을 항만별로 사업자와 근로자가 「항만인력 수급협의회」에서 논의를 통하여 항만운송과 관련한 인력을 수급·관리할 수 있도록 하였다. 항만 내 분쟁이 발생할 경우 이를 신속하고 원활하게 해결할 수 있도록 노사로 구성된 「항만운송 분쟁협의회」를 설치할 수 있는 근거도 마련하였다.

제2절 | 총 칙

내용	규정
목적 (제1조)	이 법은 항만운송에 관한 질서를 확립하고, 항만운송사업의 건전한 발전을 도모하여 공공의 복리를 증진함을 목적으로 한다.
정의 (제2조)	① 이 법에서 "항만운송"이란 타인의 수요에 응하여 하는 행위로서 다음 각호의 어느 하나에 해당하는 것을 말한다. 1. 선박을 이용하여 운송된 화물을 화물주 또는 선박운항업자의 위탁을 받아 항만에서 선박으로부터 인수하거나 화물주에게 인도하는 행위 2. 선박을 이용하여 운송될 화물을 화물주 또는 선박운항업자의 위탁을 받아 항만에서 화물주로부터 인수하거나 선박에 인도하는 행위 3. 제1호 또는 제2호의 행위에 선행하거나 후속하여 제4호부터 제13호까지의 행위를 하나로 연결하여 하는 행위 4. 항만에서 화물을 선박에 싣거나 선박으로부터 내리는 일 5. 항만에서 선박 또는 부선을 이용하여 화물을 운송하는 행위, 해양수산부령으로 정하는 항만과 항만 외의 장소와의 사이(「지정구간」)에서 부선 또는 범선을 이용하여 화물을 운송하는 행위와 항만 또는 지정구간에서 부선 또는 뗏목을 예인선으로 끌고 항해하는 행위. 다만, 다음 각 목의 어느 하나에 해당하는 운송은 제외한다. 　가. 「해운법」에 따른 해상화물운송사업자가 하는 운송 　나. 「해운법」에 따른 해상여객운송사업자가 여객선을 이용하여 하는 여객운송에 수반되는 화물 운송 　다. 해양수산부령으로 정하는 운송 6. 항만에서 선박 또는 부선을 이용하여 운송된 화물을 창고 또는 하역장(수면 목재저장소는 제외한다. 이하 같다) 들여놓는 행위 7. 항만에서 선박 또는 부선을 이용하여 운송될 화물을 하역장에서 내가는 행위 8. 항만에서 제6호 또는 제7호에 따른 화물을 하역장에서 싣거나 내리거나 보관하는 행위

9. 항만에서 제6호 또는 제7호에 따른 화물을 부선에 싣거나 부선으로부터 내리는 행위
10. 항만이나 지정구간에서 목재를 뗏목으로 편성하여 운송하는 행위
11. 항만에서 뗏목으로 편성하여 운송된 목재를 수면 목재저장소에 들여놓는 행위나, 선박 또는 부선을 이용하여 운송된 목재를 수면 목재저장소에 들여놓는 행위
12. 항만에서 뗏목으로 편성하여 운송될 목재를 수면 목재저장소로부터 내가는 행위나, 선박 또는 부선을 이용하여 운송될 목재를 수면 목재저장소로부터 내가는 행위
13. 항만에서 제11호 또는 제12호에 따른 목재를 수면 목재저장소에서 싣거나 내리거나 보관하는 행위
14. 선적화물을 싣거나 내릴 때 그 화물의 개수를 계산하거나 그 화물의 인도·인수를 증명하는 일(「검수」)
15. 선적화물 및 선박(부선을 포함한다)에 관련된 증명·조사·감정을 하는 일(「감정」)
16. 선적화물을 싣거나 내릴 때 그 화물의 용적 또는 중량을 계산하거나 증명하는 일(「검량」)

② 이 법에서 "항만운송사업"이란 영리를 목적으로 하는지 여부에 관계없이 항만운송을 하는 사업을 말한다.

③ 이 법에서 "항만"이란 다음 각호의 어느 하나에 해당하는 것을 말한다.
1. 「항만법」 제2조제1호에 따른 항만 중 해양수산부령으로 지정하는 항만(항만시설을 포함한다)
2. 「항만법」 제2조제1호에 따른 항만 외의 항만으로서 해양수산부령으로 수역을 정하여 지정하는 항만(항만시설을 포함한다)
3. 「항만법」 제2조제5호에 따라 해양수산부장관이 지정·고시한 항만시설

④ 이 법에서 "항만운송관련사업"이란 항만에서 선박에 물품이나 역무를 제공하는 항만용역업·선용품공급업·선박연료공급업·선박수리업 및 컨테이너수리업을 말하며, 업종별 사업의 내용은 대통령령으로 정한다. 이 경우 선용품공급업은 건조 중인 선박 또는 해상구조물 등에 선용품을 공급하는 경우를 포함한다.

⑤ 이 법에서 "검수사"란 직업으로서 검수에 종사하는 자를, "감정사"란 직업으로서 감정에 종사하는 자를, "검량사"란 직업으로서 검량에 종사하는 자를 말한다.

⑥ 이 법에서 "부두운영회사"란 제3조제1호에 따른 항만하역사업 및 그 부대사업을 수행하기 위하여 「항만법」 제41조제1항제1호에 따른 항만시설운영자 또는 「항만공사법」에 따른 항만공사(「항만시설운영자등」)와 제26조의6제1항에 따라 부두운영계약을 체결하고, 「항만법」 제2조제5호에 따른 항만시설 및 그 항만시설의 운영에 필요한 장비·부대시설 등을 일괄적으로 임차하여 사용하는 자를 말한다. 다만, 다음 각호의 어느 하나에 해당하는 자는 제외한다.

1. 「항만공사법」에 따른 항만공사와 임대차계약을 체결하고, 해양수산부장관이 컨테이너 부두로 정하여 고시한 항만시설을 임차하여 사용하는 자
2. 그 밖에 특정 화물에 대하여 전용 사용되는 등 해양수산부장관이 부두운영회사가 운영하기에 적합하지 아니하다고 인정하여 고시한 항만시설을 임차하여 사용하는 자
⑦ 이 법에서 "관리청"이란 항만운송사업 및 항만운송관련사업의 등록, 신고 및 관리 등에 관한 행정업무를 수행하는 다음 각 호의 구분에 따른 행정관청을 말한다. 다만, 제3조제3호 및 제4호에 따른 감정사업 및 검량사업에 관한 경우에는 해양수산부장관을 말한다.
1. 「항만법」 제3조제2항제1호 및 제3항제1호에 따른 국가관리무역항 및 국가관리연안항: 해양수산부장관
2. 「항만법」 제3조제2항제2호 및 제3항제2호에 따른 지방관리무역항 및 지방관리연안항: 특별시장·광역시장·도지사 또는 특별자치도지사(「시·도지사」)

사업의 종류 (제3조)	항만운송사업의 종류는 다음 각호와 같다. 1. 항만하역사업(제2조제1항제1호부터 제13호까지의 행위를 하는 사업) 2. 검수사업(제2조제1항제14호의 행위를 하는 사업) 3. 감정사업(제2조제1항제15호의 행위를 하는 사업) 4. 검량사업(제2조제1항제16호의 행위를 하는 사업)

제3절 │ 항만운송사업

내용	규정
사업의 등록 (제4조)	① 항만운송사업을 하려는 자는 제3조에 따른 사업의 종류별로 관리청에 등록하여야 한다. ② 제3조제1호의 항만하역사업과 같은 조 제2호의 검수사업은 항만별로 등록한다. ③ 제3조제1호의 항만하역사업의 등록은 이용자별·취급화물별 또는 「항만법」 제2조제5호의 항만시설별로 등록하는 한정하역사업과 그 외의 일반하역사업으로 구분하여 행한다.
등록의 신청 (제5조)	① 항만운송사업의 등록을 신청하려는 자는 해양수산부령으로 정하는 바에 따라 사업계획을 첨부한 등록신청서를 관리청에 제출하여야 한다. ② 관리청은 제1항에 따른 등록신청을 받으면 사업계획과 제6조의 등록기준을 검토한 후 등록요건을 모두 갖추었다고 인정하는 경우에는 해양수산부령으로 정하는 바에 따라 등록증을 발급하여야 한다.

등록기준 (제6조)	제4조에 따른 등록에 필요한 시설·자본금·노동력 등에 관한 기준은 대통령령으로 정한다. 다만, 관리청은 제4조제3항에 따른 한정하역사업에 대하여는 이용자·취급화물 또는 항만시설의 특성을 고려하여 그 등록기준을 완화할 수 있다.
검수사등의 자격 및 등록 (제7조)	① 검수사·감정사 또는 검량사(「검수사등」)가 되려는 자는 해양수산부장관이 실시하는 자격시험에 합격한 후 해양수산부령으로 정하는 바에 따라 해양수산부장관에게 등록하여야 한다. ② 검수사등 자격시험의 시행일을 기준으로 제8조의 결격사유에 해당하는 사람은 검수사등 자격시험에 응시할 수 없다. ③ 제1항에 따른 자격시험의 응시자격, 시험과목 및 시험방법 등에 관하여 필요한 사항은 대통령령으로 정한다.
부정행위자에 대한 제재 (제7조의2)	① 해양수산부장관은 제7조제1항에 따른 검수사등의 자격시험에서 부정행위를 한 응시자에 대하여 그 시험을 정지 또는 무효로 하고, 그 시험을 정지하거나 무효로 한 날부터 3년간 같은 종류의 자격시험 응시자격을 정지한다. ② 해양수산부장관은 제1항에 따른 처분을 하려는 경우에는 미리 그 처분 내용과 사유를 부정행위를 한 응시자에게 통지하여 소명할 기회를 주어야 한다.
결격사유 (제8조)	다음 각호의 어느 하나에 해당하는 사람은 검수사 등의 자격을 취득할 수 없다. 1. 미성년자 2. 피성년후견인 또는 피한정후견인 3. 이 법 또는 「관세법」에 따른 죄를 범하여 금고 이상의 형의 선고를 받고 그 집행이 끝나거나(집행이 끝난 것으로 보는 경우를 포함한다) 집행이 면제된 날부터 3년이 지나지 아니한 사람 4. 이 법 또는 「관세법」에 따른 죄를 범하여 금고 이상의 형의 집행유예를 선고받고 그 유예기간 중에 있는 사람 5. 검수사등의 자격이 취소된 날부터 2년이 지나지 아니한 사람
자격증 대여 등의 금지 (제8조의2)	① 검수사등은 다른 사람에게 자기의 성명을 사용하여 검수사등의 업무를 하게 하거나 자기의 검수사등의 자격증을 양도 또는 대여하여서는 아니 된다. ② 누구든지 다른 사람의 검수사등의 자격증을 양수하거나 대여받아 사용하여서는 아니 된다. ③ 누구든지 다른 사람의 검수사등의 자격증의 양도·양수 또는 대여를 알선해서는 아니 된다.
자격의 취소 등 (제8조의3)	① 해양수산부장관은 다음 각호의 어느 하나에 해당하는 경우에는 검수사등의 자격을 취소하여야 한다.

	1. 거짓이나 그 밖의 부정한 방법으로 검수사등의 자격을 취득한 경우 2. 제8조의2제1항을 위반하여 다른 사람에게 자기의 성명을 사용하여 검수사등의 업무를 하게 하거나 검수사등의 자격증을 다른 사람에게 양도 또는 대여한 경우 ② 해양수산부장관은 제1항에 따라 검수사등의 자격을 취소한 때에는 해양수산부령으로 정하는 바에 따라 이를 공고하여야 한다.
등록의 말소 (제9조)	해양수산부장관은 검수사등이 다음 각호의 어느 하나에 해당하면 그 등록을 말소하여야 한다. 1. 업무를 폐지한 경우 2. 사망한 경우
운임 및 요금 (제10조)	① 항만하역사업의 등록을 한 자는 해양수산부령으로 정하는 바에 따라 운임과 요금을 정하여 관리청의 인가를 받아야 한다. 이를 변경할 때에도 또한 같다. ② 제1항에도 불구하고 해양수산부령으로 정하는 항만시설에서 하역하는 화물 또는 해양수산부령으로 정하는 품목에 해당하는 화물에 대하여는 해양수산부령으로 정하는 바에 따라 그 운임과 요금을 정하여 관리청에 신고하여야 한다. 이를 변경할 때에도 또한 같다. ③ 검수사업 · 감정사업 또는 검량사업(「검수사업등」)의 등록을 한 자는 해양수산부령으로 정하는 바에 따라 요금을 정하여 관리청에 미리 신고하여야 한다. 이를 변경할 때에도 또한 같다. ④ 관리청은 제2항에 따른 신고를 받은 경우 신고를 받은 날부터 30일 이내에, 제3항에 따른 신고를 받은 경우 신고를 받은 날부터 14일 이내에 신고수리 여부를 신고인에게 통지하여야 한다. ⑤ 관리청이 제4항에서 정한 기간 내에 신고수리 여부 또는 민원 처리 관련 법령에 따른 처리기간의 연장을 신고인에게 통지하지 아니하면 그 기간(민원 처리 관련 법령에 따라 처리기간이 연장 또는 재연장된 경우에는 해당 처리기간을 말한다)이 끝난 날의 다음 날에 신고를 수리한 것으로 본다. ⑥ 관리청은 제1항에 따른 인가에 필요한 경우 표준운임 산출 및 표준요금의 산정을 위하여 선박운항업자, 부두운영회사 등 이해관계자들이 참여하는 협의체를 구성 · 운영할 수 있다. ⑦ 관리청은 제2항 또는 제3항에 따라 신고된 운임 및 요금에 대하여 항만운송사업의 건전한 발전과 공공복리의 증진을 위하여 필요하다고 인정할 때에는 이 운임 및 요금의 변경 또는 조정에 필요한 조치를 명할 수 있다.
권리 · 의무의 승계 (제23조)	① 다음 각호의 어느 하나에 해당하는 자는 제4조에 따라 항만운송사업의 등록을 한 자(「항만운송사업자」)의 등록에 따른 권리 · 의무를 승계한다.

	1. 항만운송사업자가 사망한 경우 그 상속인 2. 항만운송사업자가 그 사업을 양도한 경우 그 양수인 3. 법인인 항만운송사업자가 합병한 경우 합병 후 존속하는 법인이나 합병으로 설립되는 법인 ② 다음 각호의 어느 하나에 해당하는 절차에 따라 항만운송사업의 시설·장비 전부를 인수한 자는 종전의 항만운송사업자의 권리·의무를 승계한다. 1. 「민사집행법」에 따른 경매 2. 「채무자 회생 및 파산에 관한 법률」에 따른 환가 3. 「국세징수법」, 「관세법」 또는 「지방세징수법」에 따른 압류재산의 매각 4. 그 밖에 제1호부터 제3호까지의 규정에 준하는 절차
사업의 정지 및 등록의 취소 (제26조)	① 관리청은 항만운송사업자가 다음 각호의 어느 하나에 해당하면 그 등록을 취소하거나 6개월 이내의 기간을 정하여 그 항만운송사업의 정지를 명할 수 있다. 다만, 제5호 또는 제6호에 해당하는 경우에는 그 등록을 취소하여야 한다. 1. 정당한 사유 없이 운임 및 요금을 인가·신고된 운임 및 요금과 다르게 받은 경우 2. 제6조에 따른 등록기준에 미달하게 된 경우 3. 항만운송사업자 또는 그 대표자가 「관세법」 제269조부터 제271조까지에 규정된 죄 중 어느 하나의 죄를 범하여 공소가 제기되거나 통고처분을 받은 경우 4. 사업 수행 실적이 1년 이상 없는 경우 5. 부정한 방법으로 사업을 등록한 경우 6. 사업정지명령을 위반하여 그 정지기간에 사업을 계속한 경우 ② 제1항에 따른 처분의 기준·절차와 그 밖에 필요한 사항은 대통령령으로 정한다.

제4절 | 항만운송관련사업

내용	규정
사업의 등록 등 (제26조의3)	① 항만운송관련사업을 하려는 자는 항만별·업종별로 해양수산부령으로 정하는 바에 따라 관리청에 등록하여야 한다. 다만, 선용품공급업을 하려는 자는 해양수산부령으로 정하는 바에 따라 해양수산부장관에게 신고하여야 한다. ② 제1항 본문에 따라 항만운송관련사업의 등록을 하려는 자는 해양수산부령으로 정하는 바에 따라 등록신청서에 사용하려는 장비의 목록이 포함된 사업계획서 등을 첨부하여 관리청에 제출하여야 한다.

	③ 제1항 본문에 따라 항만운송관련사업 중 선박연료공급업을 등록한 자는 사용하려는 장비를 추가하거나 그 밖에 사업계획 중 해양수산부령으로 정하는 사항을 변경하려는 경우 해양수산부령으로 정하는 바에 따라 관리청에 사업계획 변경신고를 하여야 한다. ④ 관리청은 제1항 단서에 따른 신고를 받은 경우 신고를 받은 날부터 6일 이내에, 제3항에 따른 신고를 받은 경우 신고를 받은 날부터 5일 이내에 신고수리 여부를 신고인에게 통지하여야 한다. ⑤ 관리청이 제4항에서 정한 기간 내에 신고수리 여부 또는 민원 처리 관련 법령에 따른 처리기간의 연장을 신고인에게 통지하지 아니하면 그 기간(민원 처리 관련 법령에 따라 처리기간이 연장 또는 재연장된 경우에는 해당 처리기간을 말한다)이 끝난 날의 다음 날에 신고를 수리한 것으로 본다. ⑥ 제1항에 따른 선박수리업과 선용품공급업의 영업구역은 제2조제3항 각호의 항만시설로 하고, 「해운법」 제24조제1항에 따라 내항 화물운송사업 등록을 한 선박연료공급선(운항구간의 제한을 받지 아니하는 선박에 한정한다)은 영업구역의 제한을 받지 아니한다. ⑦ 제1항에 따른 등록 및 신고에 필요한 자본금, 시설, 장비 등에 관한 기준은 대통령령으로 정한다.
권리·의무의 승계 (제26조의4)	다음 각호의 어느 하나에 해당하는 자는 항만운송관련사업의 등록 또는 신고를 한 자(「항만운송관련사업자」)의 등록 또는 신고에 따른 권리·의무를 승계한다. 1. 항만운송관련사업자가 사망한 경우 그 상속인 2. 항만운송관련사업자가 그 사업을 양도한 경우 그 양수인 3. 법인인 항만운송관련사업자가 합병한 경우 합병 후 존속하는 법인이나 합병으로 설립되는 법인
등록의 취소 등 (제26조의5)	① 관리청은 항만운송관련사업자가 다음 각호의 어느 하나에 해당하면 그 등록을 취소하거나 6개월 이내의 기간을 정하여 그 사업의 전부 또는 일부의 정지를 명할 수 있다. 다만, 제3호 또는 제5호에 해당하는 경우에는 그 등록을 취소하여야 한다. 1. 제26조제1항제3호에 해당하게 된 경우 1의2. 제26조의3제3항에 따른 변경신고를 하지 아니하고 장비를 추가하거나 그 밖에 사업계획 중 해양수산부령으로 정하는 사항을 변경한 경우 2. 제26조의3제7항에 따른 등록 또는 신고의 기준에 미달하게 된 경우 3. 부정한 방법으로 사업의 등록 또는 신고를 한 경우 4. 사업 수행 실적이 1년 이상 없는 경우 5. 사업정지명령을 위반하여 그 정지기간에 사업을 계속한 경우 ② 제1항에 따른 처분의 기준·절차와 그 밖에 필요한 사항은 대통령령으로 정한다.

제5절 | 부두운영회사의 운영 등

내용	규정
부두운영계약의 체결 등 (제26조의6)	① 항만시설운영자등은 항만 운영의 효율성 및 항만운송사업의 생산성 향상을 위하여 필요한 경우에는 해양수산부령으로 정하는 기준에 적합한 자를 선정하여 부두운영계약을 체결할 수 있다. ② 제1항에 따른 부두운영계약(「부두운영계약」)에는 다음 각호의 사항이 포함되어야 한다. 1. 부두운영회사가 부두운영계약으로 임차·사용하려는 항만시설 및 그 밖의 장비·부대시설 등(「항만시설등」)의 범위 2. 부두운영회사가 부두운영계약 기간 동안 항만시설등의 임차·사용을 통하여 달성하려는 화물유치·투자 계획과 해당 화물유치·투자 계획을 이행하지 못하는 경우에 부두운영회사가 부담하여야 하는 위약금에 관한 사항 3. 해양수산부령으로 정하는 기준에 따른 항만시설등의 임대료에 관한 사항 4. 계약기간 5. 그 밖에 부두운영회사의 항만시설등의 사용 및 운영 등과 관련하여 해양수산부령으로 정하는 사항 ③ 제1항 및 제2항에서 정한 것 외에 부두운영회사의 선정 절차 및 부두운영계약의 갱신 등에 필요한 사항은 해양수산부령으로 정한다.
화물유치 계획 등의 미이행에 따른 위약금 부과 (제26조의7)	① 항만시설운영자등은 제26조의6제2항제2호에 따른 화물유치 또는 투자 계획을 이행하지 못한 부두운영회사에 대하여 위약금을 부과할 수 있다. 다만, 부두운영회사가 화물유치 또는 투자 계획을 이행하지 못하는 데 귀책사유가 없는 경우에는 위약금을 부과하지 아니한다. ② 제1항에 따른 위약금의 부과 대상·기간, 산정 방법 및 납부에 필요한 사항은 해양수산부령으로 정한다.
부두운영회사 운영성과의 평가 (제26조의8)	① 해양수산부장관은 항만 운영의 효율성을 높이기 위하여 매년 부두운영회사의 운영성과에 대하여 평가를 실시할 수 있다. ② 항만시설운영자등은 제1항에 따른 평가 결과에 따라 부두운영회사에 대하여 항만시설등의 임대료를 감면하거나 그 밖에 필요한 조치를 할 수 있다. ③ 제1항에 따른 평가의 대상·항목·방법 및 절차 등에 관하여 필요한 사항은 해양수산부장관이 정하여 고시한다.
부두운영계약의 해지 (제26조의9)	① 항만시설운영자등은 다음 각호의 어느 하나에 해당하는 사유가 있으면 부두운영계약을 해지할 수 있다.

	1.「항만 재개발 및 주변지역 발전에 관한 법률」제2조제4호에 따른 항만재개발사업의 시행 등 공공의 목적을 위하여 항만시설등을 부두운영회사에 계속 임대하기 어려운 경우 2. 부두운영회사가 항만시설등의 임대료를 3개월 이상 연체한 경우 3. 항만시설등이 멸실되거나 그 밖에 해양수산부령으로 정하는 사유로 부두운영계약을 계속 유지할 수 없는 경우 ② 항만시설운영자등은 제1항에 따라 부두운영계약을 해지하려면 서면으로 그 뜻을 부두운영회사에 통지하여야 한다.
부두운영회사의 항만시설 사용 (제26조의10)	이 법에서 정한 것 외에 부두운영회사의 항만시설 사용에 대해서는「항만법」또는「항만공사법」에 따른다.

제6절 │ 벌 칙

내용	규정
벌칙 (제30조)	다음 각호의 어느 하나에 해당하는 자는 1년 이하의 징역 또는 1천만원 이하의 벌금에 처한다. 1. 제4조제1항에 따른 등록을 하지 아니하고 항만운송사업을 한 자 1의2. 제8조의2를 위반하여 다른 사람에게 자기의 성명을 사용하여 검수사등의 업무를 하게 하거나 검수사등의 자격증을 양도·대여한 사람, 다른 사람의 검수사등의 자격증을 양수·대여받은 사람 또는 다른 사람의 검수사등의 자격증의 양도·양수 또는 대여를 알선한 사람 2. 제26조의3제1항에 따른 등록 또는 신고를 하지 아니하고 항만운송관련사업을 한 자
벌칙 (제31조)	다음 각호의 어느 하나에 해당하는 자는 500만원 이하의 벌금에 처한다. 1. 제4조 또는 제26조의3제1항에 따라 등록 또는 신고한 사항을 위반하여 항만운송사업 또는 항만운송관련사업을 한 자 1의2. 제26조의3제3항에 따른 변경신고를 하지 아니하고 장비를 추가하거나 그 밖에 사업계획 중 해양수산부령으로 정하는 사항을 변경하여 선박연료공급업을 한 자 2. 제27조의2에 따른 신고를 하지 아니하고 일시적 영업행위를 한 자
벌칙 (제32조)	다음 각호의 어느 하나에 해당하는 자는 300만원 이하의 벌금에 처한다. 1. 제7조에 따른 등록을 하지 아니하고 검수·감정 또는 검량 업무에 종사한 자 1의2. 거짓이나 그 밖의 부정한 방법으로 제7조에 따른 검수사등의 자격시험에 합격한 사람

	2. 제10조제1항부터 제3항까지의 규정을 위반하여 인가나 변경인가를 받지 아니한 자 또는 신고나 변경신고를 하지 아니하거나 거짓으로 신고를 한 자 3. 제26조 또는 제26조의5에 따른 사업정지처분을 위반한 자
양벌규정 (제33조)	법인의 대표자나 법인 또는 개인의 대리인, 사용인, 그 밖의 종업원이 그 법인 또는 개인의 업무에 관하여 제30조부터 제32조까지의 어느 하나에 해당하는 위반행위를 하면 그 행위자를 벌하는 외에 그 법인 또는 개인에게도 해당 조문의 벌금형을 과한다. 다만, 법인 또는 개인이 그 위반행위를 방지하기 위하여 해당 업무에 관하여 상당한 주의와 감독을 게을리하지 아니한 경우에는 그러하지 아니하다.
과태료 (제34조)	① 다음 각호의 어느 하나에 해당하는 자에게는 200만원 이하의 과태료를 부과한다. 1. 제28조의2제1항에 따른 보고 또는 자료제출을 하지 아니하거나 거짓으로 한 자 2. 제28조의2제1항에 따른 관계 공무원의 출입, 검사 또는 질문을 거부·방해하거나 기피한 자 ② 제1항에 따른 과태료는 대통령령으로 정하는 바에 따라 관리청이 부과·징수한다.

제5장 비상사태등에 대비하기 위한 해운 및 항만기능 유지에 관한 법률(해운항만기능유지법)

제1절 | 총 론

1. 의의

우리나라 전체 수출입 화물의 99.7%가 해상으로 수송하고 있는 상황에서 전시·사변 등으로 해운·항만 기능에 중대한 장애가 발생하는 경우에 해운·항만을 통한 화물 수송의 차질이 발생할 수 있고, 국가경제 및 안보에 중대한 위협을 초래할 수 있다. 특히, 원유, 액화가스, 석탄, 양곡, 제철원료 등 국내 경제활동에 필수적인 주요 원자재의 대부분을 해외로부터 수입에 의존하는 상황에서 해운·항만의 기능장애는 국가경제와 안보에 치명적인 타격을 줄 수 있다. 이에 따라 전시·사변이나 이에 준하는 비상사태시에 국가 전략물자 및 군수품의 원활한 공급을 위해서는 수송 선박과 연계되는 항만서비스의 안정적인 공급이 필수 요소이다.

이러한 상황에 대비하기 위하여 2019년 1월 「해운항만기능유지법」이 제정되었다. 동 법에 의하여 전시, 해운업체의 도산, 필수항만운영업체의 휴업 등으로 인해 해운·항만 기능에 장애가 발생할 경우에도 최소한의 해운·항만 기능을 유지하도록 하는「해운·항만비상체계」를 구축하고 있다.

2. 외국 사례

미국의 경우「상선판매법」(Merchant Ship Sales Act 1946)에 따라 비상사태 시 긴급물자수송을 위해「국방예비함대」(National Defense Reserve Fleet)를 구축하고 있다. 1976년부터 전시 혹은 이와 유사한 긴급사태시 군대와 군수물자를 신속히 수송하기 위해 국방예비함대의 일부로서「예비수송선」(Ready Reserve Force)을 운영하고 있다.

「해양안보법」(Maritime Security Act of 1996)에 의해 국가비상사태 발생에 대비하여 상선대 중심의 평시 국가안보 프로그램인「해운안보계획」(Maritime Security Program, MSP)을 운영할 수 있도록 하고 있다. 이 계획에 따라 미국 선원이 승선한 미국적 민간선박에 대하여 국가 비상시 즉시 동원 가능하도록 지정·운영할 수 있도록 하고 있다. 이와 함께 1997년부터 시행된「자발적 복합해상운송계약」(Voluntary Intermodal Sealift Agreement) 프로그램에 의해 미국적선은 전시 기간 동안 정부 화물을 자원하여 해상운송하기로 하도록 하고 있다.

일본은 2011년 동북대지진을 계기로 2012년부터「국가안보선대」구성에 착수하여 총 9척의 상선대를 보유하고 있다. 국가안보선대의 배치는 자위대 지방대에 편제하고, 국토교통성의 지방조직에서 운영을 담당하고 있다. 2011년부터 국가소유 및 민간선박, 항만서비스업체가 참여하는 국가안전보장훈련을 실시하고 있다.

제2절 │ 총 칙

내용	규정
목적 (제1조)	이 법은 전시·사변 또는 이에 준하는 비상사태 및 해운·항만 기능에 중대한 장애가 발생한 경우에 해운·항만 기능을 유지하여 국민경제에 긴요한 물자와 군수물자를 원활하게 수송하고 국민생활의 안정 및 국가안전보장의 유지에 이바지함을 목적으로 한다.
정의 (제2조)	1. "비상사태등"이란 전시·사변 또는 이에 준하는 비상사태 및 해운업체의 파산 등 해운 및 항만 기능에 중대한 장애가 발생하여 수출입화물의 수송이 정지되거나, 항만에서의 선박 입항 및 출항이 불가능하여 국민 경제에 심각한 피해가 예상되는 경우로 다음 각목의 경우를 말한다. 가.「비상대비에 관한 법률」에 따른 비상사태

	나. 「항만법」 제4조에 따른 항만정책심의회가 심의하여 정한 경우 다. 그 밖에 해운 및 항만 기능에 대통령령으로 정하는 중대한 장애 　　가 발생한 경우 2. "국가필수선박"이란 비상사태등이 발생하는 경우 국민경제에 긴요한 　물자와 군수물자를 수송하기 위하여 제5조제1항에 따라 지정된 선박 　을 말한다. 3. "항만운영협약"이란 비상사태등이 발생하는 경우 선박의 입항·출항 　및 화물의 하역 등 항만 기능을 유지하기 위하여 해양수산부장관이 　제10조제1항에 따라 같은 항 각 호의 자와 체결한 협약을 말한다.
국가의 책무 (제3조)	① 국가는 비상사태등에 대비하여 국가필수선박의 지정, 항만운영협약의 체결 등 해운·항만 기능 유지에 필요한 정책 및 제도를 마련하여야 한다. ② 국가는 국가필수선박의 운영 및 목표 지정척수의 달성과 항만운영협 약을 유지하는 데에 필요한 지원을 하도록 노력하여야 한다.
해운 · 항만 기능 유지에 관한 기본계획의 수립 등 (제4조)	① 해양수산부장관은 국가필수선박의 지정 및 항만운영협약의 　체결 등에 관한 정책의 기본방향을 설정하기 위하여 10년 단위의 비상 사태등 대비 해운·항만 기능 유지에 관한 기본계획(「기본계획」)을 5년 마다 수립하여야 한다. ② 기본계획에는 다음 각호의 사항이 포함되어야 한다. 1. 비상사태등 대비 해운·항만 기능 유지를 위한 정부의 기본구상 및 　중·장기 정책 방향 2. 비상사태등 대비 장래 물동량의 수급 및 해운·항만 환경에 관한 전망 3. 국가필수선박의 지정 및 항만운영협약의 체결 등 비상사태등 대비 해 　운·항만 기능 유지에 필요한 제도의 운영 및 참여하는 사업자에 대 　한 지원방안 4. 그 밖에 비상사태등 대비 해운·항만 기능의 유지에 필요한 사항으로 　서 대통령령으로 정하는 사항 ③ 해양수산부장관은 제1항에 따라 기본계획을 수립하는 경우에는 관계 중앙행정기관의 장과 미리 협의하여야 한다. ④ 해양수산부장관은 기본계획을 수립한 경우에는 대통령령으로 정하는 바에 따라 그 내용을 고시하고, 관계 중앙행정기관의 장 및 특별시장· 광역시장·도지사·특별자치도지사에게 알려야 한다. ⑤ 해양수산부장관은 기본계획을 시행하기 위하여 대통령령으로 정하는 바에 따라 연도별 시행계획을 매년 작성하여야 한다. ⑥ 해양수산부장관은 제1항 및 제5항에 따른 기본계획 및 시행계획을 수립한 때에는 지체 없이 국회 소관 상임위원회에 제출하여야 한다. ⑦ 해양수산부장관은 제5항에 따라 연도별 시행계획을 작성한 경우에는 대통령령으로 정하는 바에 따라 그 내용을 고시하고, 관계 중앙행정기관 의 장 및 특별시장·광역시장·도지사·특별자치도지사에게 알려야 한다. ⑧ 기본계획의 변경에 관하여는 제3항 및 제4항을 준용한다. 다만, 대통

령령으로 정하는 경미한 사항을 변경하는 경우에는 관계 중앙행정기관의 장과의 협의를 생략할 수 있다.

※시행령 제2조(정의) 「비상사태등에 대비하기 위한 해운 및 항만 기능 유지에 관한 법률」(이하 "법"이라 한다) 제2조제1호다목에서 "대통령령으로 정하는 중대한 장애가 발생한 경우"란 다음 각 호의 경우를 말한다.
1. 「재난 및 안전관리 기본법」 제3조제1호에 따른 재난으로 인해 해운·항만기능 유지가 어려운 경우
2. 「해운법」 제4조제1항에 따라 해상여객운송사업의 면허를 받은 자, 같은 법 제24조제1항 또는 제2항에 따라 내항 화물운송사업 또는 외항화물운송사업의 등록을 한 자의 파산 등으로 여객이나 화물의 원활한 운송에 장애가 발생하거나 「항만운송사업법」 제4조제1항에 따라 항만운송사업의 등록을 한 자 또는 같은 법 제26조의3제1항에 따라 항만운송관련사업의 등록이나 신고를 한 자의 휴업 등으로 같은 법 제2조제1항에 따른 항만운송의 기능 유지가 어려운 경우

제3절 │ 비상조치 등

내용	규정
국가필수선박의 지정 및 운영 (제5조)	① 해양수산부장관은 비상사태등에 대비하여 선박과 선원의 효율적 활용을 위하여 필요하다고 인정하면 다음 각호의 어느 하나에 해당하는 선박 중 선박의 규모, 선령 및 수송 화물의 종류 등이 대통령령으로 정하는 기준에 해당하는 선박의 소유자 등의 신청을 받아 해당 선박을 국가필수선박으로 지정할 수 있다. 이 경우 해양수산부장관은 관계 중앙행정기관의 장과 미리 협의하여야 한다. 1. 「국제선박등록법」 제2조제1호에 따른 국제선박 2. 「공공기관의 운영에 관한 법률」 제4조에 따른 공공기관(「공공기관」)이 소유한 선박 ② 해양수산부장관은 제1항에 따라 국가필수선박을 지정할 경우 비상사태등에 대비한 필요 최소한의 범위에서 지정하여야 한다. 이 경우 해양수산부장관은 해양수산부장관이 정하는 바에 따른 목표 지정 척수를 달성하도록 노력하여야 한다. ③ 해양수산부장관은 비상사태등이 발생하는 경우 제1항에 따라 국가필수선박으로 지정된 국가필수선박의 소유자, 외항운송사업자(「해운법」 제4조제1항에 따라 외항 정기 여객운송사업 또는 외항 부정기 여객운송사업의 면허를 받은 자와 같은 법 제24조제2항에 따라 외항 정기 화물운송사업 또는 외항 부정기 화물운송사업을 등록한 자) 또는 선박대여업자(「해운법」 제33조제1항에 따라 선박대여업을 등록한 자를 말하며, 소유자·외항운송사업자·선박대여업자를 이하 「선박소유자등」)에 대하여 국가필수선박의 소집 및 해양수산부장관이 지정한 화물의 수송을 명할 수

	있다. ④ 선박소유자등은 제3항에 따른 해양수산부장관의 소집 및 수송 명령이 있을 경우 정당한 사유가 없으면 지체 없이 그 명령에 따라야 한다. ⑤ 누구든지 정당한 사유 없이 제3항에 따른 선박소유자등의 명령 수행을 방해해서는 아니 된다. ⑥ 해양수산부장관은 선박소유자등에 대하여 대통령령으로 정하는 바에 따라 외국인 선원의 국가필수선박에의 승선제한을 명할 수 있다. ⑦ 제1항부터 제6항까지에서 규정한 사항 외에 국가필수선박의 지정절차, 외국인 선원의 승선제한 기준 등에 관하여 필요한 사항은 대통령령으로 정한다.
교육훈련 (제7조)	해양수산부장관은 비상사태등에 대비하여 국가필수선박의 신속한 소집과 효율적인 임무수행을 위하여 필요한 경우에는 선박소유자등에게 국가필수선박의 역할 등에 관한 교육 또는 훈련을 연 1회 이상 실시할 수 있다. 이 경우 선박소유자등은 정당한 사유가 없으면 교육 또는 훈련에 참가하여야 한다.
국가필수선박의 지정 해제 (제8조)	① 해양수산부장관은 국가필수선박이 다음 각호의 어느 하나에 해당하는 경우에는 국가필수선박의 지정을 해제할 수 있다. 다만, 제1호부터 제3호까지의 어느 하나에 해당하는 경우에는 그 지정을 해제하여야 한다. 1. 거짓이나 그 밖의 부정한 방법으로 국가필수선박으로 지정된 경우 2. 「국제선박등록법」 제10조에 따라 국제선박의 등록이 말소된 경우 3. 「선박법」 제22조에 따라 선박의 등록이 말소된 경우 4. 선박소유자등이 지정의 해제를 요청하는 경우 5. 제5조제1항 각 호 외의 부분 전단에 따른 지정기준을 갖추지 못하는 경우 6. 정당한 사유 없이 제5조제3항에 따른 소집 및 수송 명령에 따르지 아니한 경우 ② 제1항에 따라 지정이 해제된 경우 제9조에 따른 지원은 해제된 날부터 중단된다.
국가필수선박에 대한 지원 (제9조)	해양수산부장관, 「항만법」 제30조제1항에 따른 항만시설운영자 및 임대계약자, 「항만공사법」에 따른 항만공사는 「항만법」 제30조 및 「항만공사법」 제30조에도 불구하고 대통령령으로 정하는 바에 따라 선박소유자등이 납부하여야 하는 항만시설 사용료의 전부 또는 일부를 면제할 수 있다.
항만운영협약의 체결 및 운영 (제10조)	① 해양수산부장관은 비상사태등에 대비하여 선박의 입항·출항 및 화물의 하역 등 항만기능의 유지를 위하여 필요하다고 인정하면 다음 각호의 어느 하나에 해당하는 자로서 대통령령으로 정하는 자격을 갖춘 자와 항만별·분야별로 항만운영협약을 체결할 수 있다. 이 경우 해양수산부장관은 관계 중앙행정기관의 장과 미리 협의하여야 한다.

	1. 「선박의 입항 및 출항 등에 관한 법률」 제24조제1항에 따라 예선업의 등록을 한 자 2. 「항만운송사업법」 제3조제1호 및 제4조제1항에 따라 항만하역사업의 등록을 한 자 3. 「항만운송사업법」 제26조의3제1항에 따라 항만운송관련사업의 등록을 한 자 ② 해양수산부장관은 비상사태등이 발생하는 경우 항만의 기능 유지를 위하여 필요하면 제1항에 따라 항만운영협약을 체결한 자(「협약체결업체」)에게 그 자가 등록한 업무에 종사하도록 명할 수 있다. ③ 협약체결업체는 제2항에 따른 해양수산부장관의 업무종사 명령이 있을 경우 정당한 사유가 없으면 지체 없이 그 명령에 따라야 한다. ④ 누구든지 정당한 사유 없이 제3항에 따른 협약체결업체의 명령 수행을 방해해서는 아니 된다. ⑤ 제1항부터 제4항까지에서 규정한 사항 외에 항만운영협약의 체결 절차 및 방법 등에 관하여 필요한 사항은 대통령령으로 정한다.
항만운영협약의 해약 (제11조)	① 해양수산부장관은 협약체결업체가 다음 각호의 어느 하나에 해당하는 경우에는 협약체결업체와의 항만운영협약을 해약할 수 있다. 다만, 제1호 또는 제2호에 해당하는 경우에는 항만운영협약을 해약하여야 한다. 1. 거짓이나 그 밖의 부정한 방법으로 항만운영협약을 체결한 경우 2. 제10조제1항 각호에 따른 등록이 취소된 경우 3. 협약체결업체가 항만운영협약의 해약을 요청하는 경우 4. 제10조제1항 각호 외의 부분 전단에 따른 자격을 갖추지 못하는 경우 5. 정당한 사유 없이 제10조제2항에 따른 업무종사 명령에 따르지 아니한 경우 6. 그 밖에 항만시설의 멸실 등으로 항만운영협약의 유지가 불필요하다고 인정되는 경우 ② 제1항에 따라 항만운영협약이 해약된 경우 제12조에 따른 지원은 해약된 날부터 중단된다.
협약체결업체에 대한 지원 (제12조)	해양수산부장관, 「항만법」 제30조제1항에 따른 항만시설운영자 및 임대계약자, 「항만공사법」에 따른 항만공사는 「항만법」 제30조 및 「항만공사법」 제30조에도 불구하고 대통령령으로 정하는 바에 따라 협약체결업체가 납부하여야 하는 항만시설 사용료의 전부 또는 일부를 면제할 수 있다.
손실보상 (제13조)	① 해양수산부장관은 다음 각호의 어느 하나에 해당하는 손실을 입은 자에게 정당한 보상을 하여야 한다. 1. 제5조제3항에 따른 소집 및 수송 명령의 수행으로 인한 손실 2. 제5조제6항에 따른 외국인 선원의 승선제한 명령에 따라 선박소유자 등의 임금 부담으로 인하여 발생한 손실

	3. 제10조제2항에 따른 업무종사 명령의 수행으로 인한 손실 ② 제1항에 따른 손실보상의 기준 및 절차 등에 필요한 사항은 대통령령으로 정한다.
손실보상금의 환수 (제14조)	① 해양수산부장관은 제13조에 따라 손실에 대한 보상금(「손실보상금」)을 받은 자가 다음 각호의 어느 하나에 해당하는 경우에는 손실보상금의 전부 또는 일부를 환수하여야 한다. 1. 거짓이나 그 밖의 부정한 방법으로 손실보상금을 받은 경우 2. 잘못 지급된 손실보상금을 받은 경우 ② 해양수산부장관은 제1항에 따라 손실보상금을 반환하여야 할 자가 이를 내지 아니하면 납부기한을 정하여 독촉하여야 한다. ③ 해양수산부장관은 손실보상금을 반환하여야 할 자가 제2항에 따른 납부기한까지 손실보상금을 내지 아니하면 국세 체납처분의 예에 따라 징수한다. ④ 제1항부터 제3항까지에서 규정한 사항 외에 손실보상금의 환수절차 및 납부기한, 그 밖에 필요한 사항은 대통령령으로 정한다.
자료제출 요구 (제15조)	① 해양수산부장관은 선박소유자등 또는 협약체결업체에 다음 각호의 구분에 따른 자료의 제출을 요구할 수 있다. 1. 선박소유자등: 해당 선박의 운항계획 등 운용상황 및 제5조제1항 각호 외의 부분 전단에 따른 지정기준의 유지 여부의 확인에 필요한 자료 2. 협약체결업체: 제10조제1항 각호 외의 부분 전단에 따른 자격에 관한 자료 등 항만운영협약의 유지 여부의 확인에 필요한 자료 ② 해양수산부장관은 이 법에 따른 업무 수행상 필요하다고 인정되는 경우에는 관계 중앙행정기관의 장, 공공기관의 장에게 국가필수선박의 지정, 항만운영협약의 체결 및 운영 등에 관한 자료의 제출을 요구할 수 있다. ③ 제1항 또는 제2항에 따른 요구를 받은 선박소유자등, 협약체결업체 및 관계 기관의 장은 정당한 사유가 없으면 그 요구에 따라야 한다.

제4절 | 벌 칙

내용	규정
벌칙 적용에서 공무원 의제 (제17조)	제16조제2항에 따라 위탁받은 업무에 종사하는 기관이나 단체의 임직원은 「형법」 제129조부터 제132조까지의 규정을 적용할 때에는 공무원으로 본다.
벌칙 (제18조)	① 다음 각호의 어느 하나에 해당하는 자는 5년 이하의 징역 또는 5천만원 이하의 벌금에 처한다. 1. 제5조제4항을 위반하여 정당한 사유 없이 해양수산부장관의 명령에

	따르지 아니한 자 2. 제10조제3항을 위반하여 정당한 사유 없이 해양수산부장관의 명령에 따르지 아니한 자 ② 다음 각호의 어느 하나에 해당하는 자는 3년 이하의 징역 또는 3천만원 이하의 벌금에 처한다. 1. 제5조제5항을 위반하여 선박소유자등의 명령 수행을 방해한 자 2. 제10조제4항을 위반하여 협약체결업체의 명령 수행을 방해한 자 3. 제13조제1항에 따른 손실보상금을 거짓이나 그 밖의 부정한 방법으로 받은 자
과태료(제19조)	① 다음 각호의 어느 하나에 해당하는 자에게는 300만원 이하의 과태료를 부과한다. 1. 정당한 사유 없이 제7조에 따른 교육 또는 훈련에 참가하지 아니한 자 2. 정당한 사유 없이 제15조제1항에 따른 해양수산부장관의 자료제출 요구에 따르지 아니한 자 ② 제1항에 따른 과태료는 대통령령으로 정하는 바에 따라 해양수산부장관이 부과·징수한다.

제6장 항만지역등 대기질 개선에 관한 특별법(항만대기질법)

제1절 | 총 론

「경제협력개발기구」(OECD)는 2060년까지 미세먼지 등 대기오염으로 인한 우리나라의 경제적 피해비용이 OECD 국가 중 1위가 될 것이라고 분석하고 있다.[6] 미세먼지가 심각한 사회문제가 됨에 따라 항만지역에서 발생하는 대기오염물질에 대한 관심 및 대책의 필요성도 증대되고 있다.

2017년 전체 초미세먼지(PM2.5) 배출량 중 선박 배출량은 8.4%이며, 부산의 경우 도시 배출량 중 37.7%를 차지하고 있을 만큼 항만으로 유발되는 초미세먼지가 심각한 실정이다.[7]

이에 따라 정부는 「항만·선박 미세먼지 종합대책」(2018.1), 「항만·선박분야미세먼지 저감 강화방안」(2019.6) 등 항만·선박 분야의 초미세먼지를 저감하기 위한 대책을 수립하여 시행해 오고 있다. 2019년 4월 「항만지역등 대기질 개선에 관한 특별법」(항만대기질법)을 제정하여 선박 배출규제해역, 항만 하역장비의 친환경전환 지원 등 항만배출원별 대기오염물질 저감정책의 법적 근거를 마련하고 있다.

---

6) 해양수산부, 「항만지역등 대기질 개선 종합계획」, 2021.1.
7) 위의 계획.

제2절 │ 총 칙

내용	규정
목적 (제1조)	이 법은 항만지역등의 대기질을 개선하기 위하여 종합적인 시책을 추진하고, 항만배출원을 체계적으로 관리함으로써 항만지역등 및 인근 지역 주민의 건강을 보호하고 쾌적한 생활환경을 조성함을 목적으로 한다.
정의 (제2조)	1. "항만지역등"이란 다음 각목의 어느 하나에 해당하는 지역을 말한다. 　가. 「항만법」 제2조제4호에 따른 항만구역 　나. 「어촌·어항법」 제2조제4호에 따른 어항구역 　다. 「영해 및 접속수역법」에 따른 내수, 영해 및 접속수역 2. "항만대기질관리구역"이란 다음 각목의 지역 중에서 대통령령으로 정하는 지역을 말한다. 　가. 항만지역등 중 대기오염이 심하다고 인정되는 지역 　나. 항만지역등 중 해당 지역에서 배출되는 대기오염물질이 항만지역등의 대기오염에 크게 영향을 미친다고 인정되는 지역 3. "선박"이란 「해양환경관리법」 제2조제16호에 따른 선박을 말한다. 4. "하역장비"란 「항만운송사업법」 제3조제1호의 항만하역사업에 사용되는 장비(선박과 뗏목은 제외한다)로서 대통령령으로 정하는 것을 말한다. 5. "자동차"란 「대기환경보전법」 제2조제13호에 따른 자동차를 말한다. 6. "항만배출원"이란 항만지역등에서 대기오염물질을 배출하는 선박, 하역장비, 자동차 등으로서 해양수산부령으로 정하는 것을 말한다. 7. "항만사업자"란 「항만법」, 「해운법」 및 「항만운송사업법」 등 관계 법령에 따른 면허·허가를 받거나 등록을 하고 항만지역등에서 사업을 영위하는 자를 말한다. 8. "항만관리청"이란 「해양환경관리법」 제2조제19호에 따른 항만관리청을 말한다. 9. "환경친화적 선박"이란 「환경친화적 선박의 개발 및 보급 촉진에 관한 법률」 제2조제3호에 따른 환경친화적 선박을 말한다.
적용범위 (제3조)	① 이 법은 항만지역등의 대기질 관리 및 항만배출원에 관하여 적용한다. ② 대한민국선박 외의 선박이 항만지역등 안에서 항해 또는 정박하고 있는 경우에는 이 법을 적용한다.
국가 및 지방자치단체의 책무 (제4조)	① 국가는 항만지역등의 대기질 개선을 위한 종합적인 시책을 수립·시행하여야 한다. ② 항만대기질관리구역을 관할구역으로 하는 지방자치단체(「지방자치단체」)는 관할구역의 사회적·환경적 특성을 고려하여 항만지역등의 대기

	질 개선을 위한 세부 시책을 수립·시행하여야 한다.
사업자의 책무 등 (제5조)	항만대기질관리구역에서 사업활동(해당 사업활동을 위하여 소유하고 있는 선박의 운항 또는 하역장비의 사용을 포함한다)을 하는 자는 그 사업활동으로 인한 대기오염을 막기 위하여 필요한 조치를 마련하여야 하며, 국가나 지방자치단체가 시행하는 항만지역등의 대기질 개선 시책에 적극 협조하여야 한다.
다른 법률과의 관계 (제6조)	① 이 법은 항만지역등의 대기질 개선과 관련해서는 다른 법률에 우선하여 적용한다. 다만, 다른 법률의 규정 내용이 이 법의 기준보다 강화된 기준을 포함하는 때에는 그러하지 아니하다. ② 이 법에서 규정하지 아니한 사항은 「수도권 대기환경개선에 관한 특별법」, 「대기환경보전법」 또는 「해양환경관리법」으로 정하는 바에 따른다.

제3절 │ 항만지역등 대기질 개선 종합계획의 수립 등

내용	규정
종합계획의 수립 등 (제7조)	① 해양수산부장관은 항만지역등의 대기질 개선을 위하여 5년마다 다음 각호의 대기오염물질을 줄이기 위한 항만지역등 대기질 개선 종합계획(「종합계획」)을 수립하여야 한다. 이 경우 해양수산부장관은 환경부장관과 사전에 협의하여야 한다. 1. 질소산화물 2. 황산화물 3. 휘발성유기화합물 4. 먼지 5. 「미세먼지 저감 및 관리에 관한 특별법」 제2조제1호의 미세먼지 6. 오존(O_3) ② 종합계획에는 다음 각호의 사항이 포함되어야 한다. 1. 항만지역등 대기질 개선의 기본목표 및 방향 2. 항만배출원별 대기오염물질 배출량의 현황과 그 전망 3. 항만대기질관리구역의 항만배출원별 대기오염물질 배출량의 저감계획 4. 항만지역등 대기질 실태조사 등에 관한 사항 5. 선박의 배출규제 해역의 지정 등에 관한 사항 6. 환경친화적 선박 및 제15조제1항에 따른 환경친화적 하역장비 보급에 관한 사항 7. 항만지역등의 대기질 개선사업을 위한 지방자치단체 또는 사업자에 대한 지원 8. 종합계획의 시행에 필요한 재원의 규모와 재원조달계획에 관한 사항

	9. 그 밖에 항만지역등의 대기질 개선을 위하여 필요하다고 인정하여 대통령령으로 정하는 사항 ③ 해양수산부장관이 종합계획을 수립하거나 변경할 경우 미리 관계 중앙행정기관의 장과 협의하고, 광역시장·도지사·특별자치도지사(「시·도지사」)의 의견을 들은 후 「해양수산발전 기본법」 제7조에 따른 해양수산발전위원회의 심의를 거쳐 확정하여야 한다. 다만, 대통령령으로 정하는 경미한 사항을 변경하는 경우에는 그러하지 아니하다. ④ 해양수산부장관은 종합계획의 수립 및 변경을 위하여 필요한 경우 공청회 등을 열어 국민과 관계 전문가 등의 의견을 수렴할 수 있다. ⑤ 해양수산부장관은 종합계획을 수립 또는 변경하는 경우 관계 중앙행정기관의 장 또는 시·도지사(「관계 행정기관의 장」)에게 필요한 자료의 제출을 요청할 수 있다. 이 경우 제출을 요청받은 관계 행정기관의 장은 특별한 사정이 없으면 이에 따라야 한다. ⑥ 해양수산부장관은 종합계획이 수립·변경된 경우 지체 없이 국회 소관 상임위원회에 그 내용을 제출하여야 한다.
종합계획의 시행 (제8조)	① 해양수산부장관은 제7조에 따라 종합계획이 수립 또는 변경되었을 경우에는 관계 행정기관의 장에게 통보하여야 한다. ② 제1항에 따라 통보받은 관계 행정기관의 장은 종합계획의 시행에 필요한 조치를 하여야 한다.
실태조사 등 (제9조)	① 환경부장관과 해양수산부장관은 공동으로 항만지역등의 대기질 현황 및 변화에 대한 실태조사를 위하여 항만지역등에 대기질을 측정할 수 있는 측정망을 설치하고 항만지역등의 대기질을 상시 측정하여야 한다. 이 경우 「대기환경보전법」 제3조제1항에 따른 측정망 설치 현황 등을 고려하여야 한다. ② 시·도지사는 관할 항만지역등에 대한 실태조사를 실시할 수 있으며, 조사계획 및 조사결과를 환경부장관과 해양수산부장관에게 보고하여야 한다. ③ 환경부장관과 해양수산부장관은 제1항에 따른 측정결과와 제2항에 따른 조사결과를 「대기환경보전법」 제3조제3항에 따른 전산망과 「해양환경 보전 및 활용에 관한 법률」 제21조에 따른 해양환경통합정보망에 반영하여 활용하여야 한다. ④ 제1항에 따른 측정망의 설치 및 측정에 관한 사항, 제2항에 따른 실태조사의 실시·보고에 관한 사항 및 제3항에 따른 측정·조사 결과의 반영·활용에 관한 사항은 대통령령으로 정한다.

제4절 │ 배출원의 관리 및 친환경 항만 구축

내용	규정
선박배출 규제해역의 지정 등 (제10조)	① 해양수산부장관은 제7조제2항제1호에 따른 항만지역등 대기질 개선의 기본목표(「대기질개선목표」)를 달성하기 위하여 해양수산부령으로 정하는 바에 따라 항만대기질관리구역 내에 별도로 황산화물 배출규제해역(「배출규제해역」)을 정하여 고시할 수 있다. ② 선박의 소유자는 배출규제해역에서 대통령령으로 정하는 황함유량 기준을 초과하는 연료유를 사용해서는 아니 된다. 다만, 해양수산부령으로 정하는 기준에 적합한 배기가스정화장치를 설치하여 해양수산부령으로 정하는 황산화물 배출제한기준량 이하로 황산화물 배출량을 감축하는 경우에는 그러하지 아니하다. ③ 선박의 소유자는 그 선박이 배출규제해역을 항해하는 경우에는 해양수산부령으로 정하는 연료유의 교환 등에 관한 사항을 그 선박의 기관일지에 기재하여야 한다. ④ 선박의 소유자는 제3항에 따른 기관일지를 해당 연료유를 공급받은 때부터 대통령령으로 정하는 기간까지 그 선박에 보관하여야 한다. ⑤ 선박의 소유자는 제2항에 따른 연료유 황함유량 기준을 만족하기 위하여 황함유량이 다른 연료유를 각기 다른 탱크에 저장하여 사용하는 선박이 배출규제해역으로 들어가기 전이나 그 해역에서 나오기 전에 조치하여야 할 연료유 전환방법이 적혀 있는 절차서를 선박에 비치하여야 한다.
저속운항해역의 지정 등 (제11조)	① 해양수산부장관은 대기질개선목표를 달성하기 위하여 해양수산부령으로 정하는 바에 따라 항만대기질관리구역 내에 저속운항해역을 정하여 고시하고, 해당 해역을 운항하는 선박의 소유자에게 해양수산부령으로 정하는 속도 이하로 운항하도록 권고할 수 있다. ② 해양수산부장관은 제1항의 권고에 따른 선박에 대하여 대통령령으로 정하는 바에 따라 저속운항에 필요한 지원을 할 수 있다. ③ 제2항에 따른 지원을 받으려는 선박의 소유자는 해양수산부령으로 정하는 바에 따라 제1항의 권고를 따랐음을 입증하는 서류를 해양수산부장관에게 제출하여야 한다.
환경친화적 선박의 구입 촉진 등 (제12조)	국가기관, 지방자치단체, 공공기관(「공공기관」) 및 지방공기업의 장은 항만대기질관리구역을 운항할 예정인 선박으로서 대통령령으로 정하는 용도로 사용될 선박을 새로 조달하려는 경우 환경친화적 선박으로 구매하여야 한다.
비산먼지의 규제 (제13조)	① 비산먼지를 발생시키는 석탄, 곡물 등 해양수산부령으로 정하는 화물을 운송하는 항만사업자는 비산먼지 발생을 억제하기 위한 시설을 설치하거나 필요한 조치를 하여야 한다.

	② 해양수산부장관 또는 시·도지사는 제1항에 따른 비산먼지의 발생을 억제하기 위한 시설의 설치 또는 필요한 조치를 하지 아니하거나 그 시설이나 조치가 적합하지 아니하다고 인정하는 경우에는 항만사업자에게 필요한 시설의 설치나 조치의 이행 또는 개선을 명할 수 있다. ③ 항만관리청은 항만사업자가 제2항에 따른 이행 또는 개선 명령을 이행하지 않는 경우에는 직접 비산먼지의 발생을 억제하기 위한 시설을 설치하거나 필요한 조치를 할 수 있다. 이 경우 시설의 설치 및 필요한 조치에 소요되는 비용은 해당 항만사업자가 부담하여야 한다. ④ 제3항에 따라 부담하게 한 비용의 징수는 「행정대집행법」 제5조 및 제6조를 준용한다.
하역장비의 배출가스허용 기준 등 (제14조)	항만사업자는 대통령령으로 정하는 하역장비 배출가스허용기준에 맞게 하역장비를 운영하여야 한다.
환경친화적 하역장비로의 전환 촉진 등 (제15조)	① 항만관리청은 항만사업자가 다음 각호의 어느 하나에 해당하는 환경친화적 하역장비(「환경친화적 하역장비」)를 우선 사용하도록 권고할 수 있다. 1. 대기오염을 저감하는 기술을 적용하여 설계된 하역장비로서 해양수산부령으로 정하는 기준에 적합한 하역장비 2. 액화천연가스 등 해양수산부령으로 정하는 환경친화적인 에너지를 동력원으로 사용하는 하역장비 ② 국가나 지방자치단체는 항만사업자가 환경친화적 하역장비를 구매하거나, 환경친화적 하역장비로 교체하는 데에 필요한 비용을 지원할 수 있다.
자동차의 출입제한 (제16조)	해양수산부장관은 환경부장관과 협의하여 항만시설(「항만시설」) 또는 어항시설에 출입하는 자동차(엔진배기량 등이 해양수산부령으로 정하는 기준에 해당하는 자동차는 제외한다) 중 「수도권 대기환경개선에 관한 특별법」 제29조제1호에 따른 등급이 일정 등급 이하인 자동차에 대하여 출입을 제한할 수 있다.
친환경 항만의 구축 (제17조)	① 항만관리청 및 항만사업자는 쾌적한 항만의 유지·관리를 위하여 항만시설을 이용할 때 대기오염물질 배출을 줄이도록 노력하여야 한다. ② 해양수산부장관은 항만사업자에게 대기오염물질의 배출을 방지하거나 감축하기 위하여 필요한 설비의 설치 등을 권고할 수 있다.
육상전원공급설비 (제18조)	① 해양수산부장관 또는 항만시설 소유자는 제7조제1항 각호의 대기오염물질을 다량으로 배출하는 선박이 이용하는 항만시설로서 대통령령으로 정하는 항만시설에 선박 접안 시 선박에서 필요한 전기를 육상으로부터 공급받는 설비(「육상전원공급설비」)를 설치하여야 한다. 다만, 전력시설 부족 등 대통령령으로 정하는 경우에는 그러하지 아니하다. ② 해양수산부장관은 제1항에 따라 육상전원공급설비가 설치된 항만시설

을 이용하는 선박의 소유자에게 선박 내에 육상전원공급설비에서 공급되는 전력을 수급할 수 있는 장치(「수전장치」)의 설치를 권고할 수 있다.
③ 국가는 수전장치의 설치에 대하여 재정적 지원을 할 수 있다.

제5절 | 보 칙

내용	규정
출입검사 (제19조)	① 해양수산부장관 또는 해양경찰청장은 대통령령으로 정하는 바에 따라 소속 공무원으로 하여금 선박 또는 항만사업자의 사업장에 출입하여 관계 서류나 시설·장비, 하역장비 및 연료유를 확인하거나 점검하게 할 수 있다. ② 제1항에 따라 출입검사를 하는 공무원은 그 권한을 표시하는 증표를 지니고 이를 관계인에게 내보여야 하며, 출입목적·성명 등을 구체적으로 알려야 한다. ③ 선박의 소유자, 항만사업자 등 관계인은 제1항에 따른 공무원의 출입검사에 대하여 정당한 사유 없이 이를 거부·방해하거나 기피해서는 아니 된다.
정선·검색·나포·입출항 금지 등 (제20조)	① 선박이 이 법의 규정을 위반한 혐의가 있다고 인정되는 경우에는 해양수산부장관, 해양경찰청장 또는 시·도지사는 정선·검색·나포·입출항금지 및 그 밖에 필요한 명령이나 조치를 할 수 있다. ② 선박의 소유자, 선장 등 관계인은 제1항에 따른 해양수산부장관, 해양경찰청장 또는 시·도지사의 정선·검색·나포·입출항금지 및 그 밖에 필요한 명령이나 조치에 대하여 정당한 사유 없이 이를 거부·방해하거나 기피해서는 아니 된다.
위임 및 위탁 (제21조)	① 이 법에 따른 환경부장관, 해양수산부장관 또는 해양경찰청장의 권한은 대통령령으로 정하는 바에 따라 그 일부를 소속기관의 장, 다른 행정기관·지방자치단체의 장에게 위임할 수 있다. ② 이 법에 따른 시·도지사의 권한은 대통령령으로 정하는 바에 따라 그 일부를 시장·군수·구청장(자치구의 구청장을 말한다)에게 위임할 수 있다. ③ 이 법에 따른 환경부장관, 해양수산부장관 또는 시·도지사의 업무는 대통령령으로 정하는 바에 따라 그 일부를 관련 전문기관 및 공공기관의 장에게 위탁할 수 있다.

제6절 │ 벌 칙

내용	규정
벌칙 (제22조)	다음 각호의 어느 하나에 해당하는 자는 1년 이하의 징역 또는 1천만원 이하의 벌금에 처한다. 1. 제10조제2항을 위반하여 대통령령으로 정하는 기준을 초과하는 연료유를 사용한 자 2. 제13조제2항을 위반하여 해양수산부장관 또는 시·도지사의 이행 또는 개선 명령을 따르지 아니한 자 3. 제19조제3항을 위반하여 해양수산부장관 또는 해양경찰청장 소속 공무원의 출입검사를 정당한 사유 없이 거부·방해 또는 기피한 자 4. 제20조제2항을 위반하여 해양수산부장관, 해양경찰청장 또는 시·도지사의 정선·검색·나포·입출항금지 그 밖에 필요한 명령이나 조치를 정당한 사유 없이 거부·방해 또는 기피한 자
양벌규정 (제23조)	법인의 대표자나 법인 또는 개인의 대리인, 사용인, 그 밖의 종업원이 그 법인 또는 개인의 업무에 관하여 제22조에 해당하는 위반행위를 하면 그 행위자를 벌하는 외에 그 법인 또는 개인에게도 해당 조문의 벌금형을 과한다. 다만, 법인 또는 개인이 그 위반행위를 방지하기 위하여 해당 업무에 관하여 상당한 주의와 감독을 게을리하지 아니한 경우에는 그러하지 아니하다.
과태료 (제24조)	다음 각호의 어느 하나에 해당하는 자는 1백만원 이하의 과태료를 부과한다. 1. 제10조제3항을 위반하여 기관일지를 기재하지 아니한 자 2. 제10조제4항을 위반하여 기관일지를 대통령령으로 정하는 기간까지 보관하지 아니한 자 3. 제10조제5항을 위반하여 연료유 전환방법이 적혀 있는 절차서를 선박에 비치하지 아니한 자 4. 제14조를 위반하여 하역장비의 배출가스허용기준을 준수하지 아니한 자 5. 제16조를 위반하여 출입제한조치를 따르지 아니한 자
과태료의 부과·징수 등 (제25조)	제24조에 따른 과태료는 대통령령으로 정하는 바에 따라 해양수산부장관이 부과·징수한다.

제7편

수 산

제1장 총 론

1. 수산자원

산업사회, 정보화 사회로 발전하면서 농업이 경제 전체에서 차지하는 비중은 갈수록 낮아지고 있지만, 수산업은 결코 경제적 가치로만 평가할 수 없다. 우리의 생존과 건강한 삶을 유지하기 위해 필요한 식량을 생산하고 제공해주기 때문이다.

2050년이면 세계인구가 90억이 될 전망이다. 세계인구가 계속 증가함에 따라 미래에 식량문제가 심각할 것으로 예상된다. 육지에서 생산하는 식량의 증산에는 한계가 있기 때문에 앞으로 수산물은 이전보다 더 중요한 식량자원이 될 전망이다. 특히 가난한 나라에서 어류는 부족한 동물성 단백질 섭취를 보완하는 단백질 공급원으로서 아주 중요한 역할을 하고 있다.

1950년에는 바다에서 생산된 수산물이 1,670만 톤으로 86%를 차지할 만큼 수산물 생산이 대부분 바다에서 잡히는 어류였다. 그러나 지난 수십 년간 양식과 내수면 어업의 급속한 성장으로 오늘날 그 비율이 49%로 크게 줄어들었다.[1] 바다에서 생산되는 수산물의 비중은 줄어들고 있지만, 「푸른 식량창고」라 불리는 것처럼 바다는 우리의 소중한 식량자원을 생산하는 곳으로서 그 중요성은 변함이 없다.

---

1) 신영태·류정곤·최성애·정명생·강종호·어언경·이헌동·마창모, "우리나라 수산업의 선진화를 위한 기초연구", 한국해양수산개발원, 2009. 2, p. 22.

2. 우리나라의 수산업

2021년 기준 우리나라의 국내 어업(연근해어업, 양식업, 원양어업, 내수면어업) 총생산량은 375.6만 톤이다.[2] 한국 국민 1인당 연간 수산물 소비량은 세계 1위지만, 연근해어업과 원양어업을 통한 생산량이 급격히 줄고 있는 실정이다.

「유엔 식량농업기구」(FAO)의 「세계수산양식현황」(The State of World Fisheries and Aquaculture)에 의하면 한국의 1인당 연간 수산물 소비량(2013~2015년 기준)은 58.4kg으로 세계 주요국 중 1위다. 2000년 36.8kg에서 큰 폭으로 증가했음을 보여준다. 같은 기간 노르웨이 53.3kg, 일본 50.2kg, 중국 39.5kg, 미국 23.7kg, 유럽연합(EU)은 22kg를 기록했다.

수산물 소비는 급격히 증가하는데 비해 연근해어업이나 원양어업을 통한 수산물 생산이 빠르게 감소하고 있다.

2019년 연근해어업 생산량은 2018년보다 9만 8276톤 줄어든 91만 4229톤을 기록했다. 원양어업을 통한 수산물 생산량도 감소하고 있다. 2019년 원양어업 통계조사에 의하면 한국의 원양어업 생산량은 전년 66만 9140톤에서 46만 2125톤으로 줄었다. 이는 어족자원 감소와 세계 각국의 외국 어업선박에 대한 규제가 점차 강화되고 있기 때문이다. 줄어드는 연근해어업과 원양어업 수산물 생산은 양식으로 충당하고 있다. 2019년 천해 양식어업을 통한 생산량은 2018년에 비해 12만 1817톤 늘어난 237만 2384톤으로 증가했다.

3. 수산법제 현황

수산분야의 법제는 다양하고 아주 복잡하다. 내해수면 어업질서, 어업육성, 수산식품, 수산물 유통, 수산연구, 어촌발전, 어장관리, 수산업협동조합 등 규율하는 107개(2022년 기준)의 법률·시행령·시행규칙이 있다. 본서에서는 이 중에서 해수면 어업질서에 직접 관련된 법률만을 소개한다.

| 표 2-4 | 주요 수산관련 법령

분야	법률(공포일 · 법령 · 번호)
어업질서 · 안전	• 배타적 경제수역에서의 외국인어업 등에 대한 주권적 권리의 행사에 관한 법률 (2020.12.8, 법률 제17616호) • 낚시 관리 및 육성법(2021.4.13, 법률 제18056호) • 수산업법(2021.6.15, 법률 제18288호) • 수산자원관리법(2020.2.18, 법률 제17052호) • 어업자원보호법(2017.3.21, 법률 제14738호)

---

2) 해양수산부 통계시스템, "2021년 우리나라 어업생산량 전년보다 1.2% 늘어," 2022. 2. 7.

	• 어선법(2019.8.27, 법률 제16568호) • 어선안전조업법(2019. 8. 27, 법률 제16569호) • 선박안전 조업규칙(2020.8.28, 해양수산부령 제433호) • 어업단속공무원의 직무에 관한 규정(2017.7.26, 대통령령 제28211호) • 수산관계법령 위반행위에 대한 행정처분의 기준과 절차에 관한 규칙(2021.6.30, 해양수산부령) • 어업면허의 관리 등에 관한 규칙(2021.6.30, 해양수산부령 제486호) • 어업의 허가 및 신고 등에 관한 규칙(2022.6.7, 해양수산부령, 제549호) • 연근해어업의 조업상황 등의 보고에 관한 규칙(2020.10.12, 해양수산부령 제441호)
수산육성	• 관상어산업의 육성 및 지원에 관한 법률(2020.2.18., 법률 제17020호) • 김산업의 육성 및 지원에 관한 법률(2020.12.22. 법률 제17747호) • 원양산업발전법(2021.8.17, 법률) • 수산종자산업육성법(2022.1.4, 법률 제18699호) • 자율관리어업 육성 및 지원에 관한 법률(2020.2.18, 법률 제17052호) • 연근해어업의 구조개선 및 지원에 관한 법률(2022.1.11, 법률 제18756호) • 수산업의 장려 및 진흥을 위한 자금의 융자에 관한 규칙(2020.8.28, 해양수산부령 제432호)
어촌 · 어장 및 어항	• 수산업 · 어촌 발전 기본법(2020.12.22, 법률 제17748호) • 어촌특화발전 지원 특별법(2020.3.31, 법률 제17171호) • 수산업 · 어촌 공익기능 증진을 위한 직접지불제도 운영에 관한 법률(2021. 1.12, 법률 제17893호) • 어장관리법(2019.8.27, 법률 제16568호) • 어촌 · 어항법(2021.1.12, 법률 제17893호) • 유어장의 지정 및 관리에 관한 규칙(2021.6.30, 해양수산부령 제486호)
어업양식	• 양식산업발전법(2021.6.15, 법률 제18284호) • 어업 · 양식업등록령(2021.1.5, 대통령령 제31380호)
수산물 가공 · 유통	• 수산물 유통의 관리 및 지원에 관한 법률(2021.6.15., 법률 제18287호) • 수산식품산업의 육성 및 지원에 관한 법률(2021.11.30, 법률 제18525호) • 수산부산물 재활용 촉진에 관한 법률(2021.7.20, 법률 제18318호) • 어획물운반업 등록에 관한 규칙(2021.6.30, 해양수산부령 제486호)
수산연구	• 수산과학기술진흥을 위한 시험연구 등에 관한 법률(2021.1.12., 법률 제17893호) • 수산생물질병 관리법(2020.2.18, 법률 제17036호) • 한국해양수산연수원법(2015.3.27, 법률 제13272호)
수산업협동조합	• 수산업협동조합법(2020. 2. 18, 법률 제17007호) • 수산업협동조합의 부실예방 및 구조개선에 관한 법률(2020.2.18, 법률 제17039호) • 영어조합법인에 관한 규칙(2016.6.23, 해양수산부령 제192호)

제2장 낚시 관리 및 육성법(낚시관리법)

제1절 | 총 론

1. 의의

최근 들어 낚시에 대한 국민적 관심이 크게 증가하고 있다. 낚시가 국민의 중요한 여가 활동으로 자리매김하는 가운데 수산자원 남획, 해양환경 악화와 같은 여러 가지 부작용에 대한 문제점이 제기되고 있다. 특히 낚시인구의 급증으로 전체 조획량이 증가하는 가운데, 특정 해역에서는 어종별 조획량이 어획량을 넘어서고 있어 수산자원의 감소를 부추기는 것은 물론 해당 어종의 어획에 생계를 의존하는 어업인과의 갈등이 심화되고 있다.[3]

이에 따라 무분별한 낚시활동에 대한 관리의 강화가 제기되고 있으나 실효적인 관리 부재로 인해서 문제점을 제대로 해소하지 못하고 있는 실정이다.[4] 「낚시 관리 및 육성법」에 나타난 낚시관리의 일차적 목적은 건전한 낚시문화의 조성 및 수산자원보호이다.

2. 낚시 관리 및 육성법

낚시로 인한 수산자원 남획과 환경오염 및 낚시인의 안전사고 등을 방지하기 위하여 2011년 3월 제정되고, 2012년 9월 시행되었다. 낚시제한 기준의 설정, 유해 낚시도구의 제조 등의 금지, 낚시인의 안전관리를 위한 조치명령, 낚시터업의 허가·등록제도, 낚시어선업의 신고제도 등을 정하여 낚시 관련 제도를 체계화하고, 낚시를 건전한 국민레저 활동으로 육성을 목적으로 하고 있다.

제2절 | 총 칙

내용	규정
목적 (제1조)	이 법은 낚시의 관리 및 육성에 관한 사항을 규정함으로써 건전한 낚시문화를 조성하고 수산자원을 보호하며, 낚시 관련 산업 및 농어촌의 발전과 국민의 삶의 질 향상에 이바지하는 것을 목적으로 한다.
정의 (제2조)	1. "낚시"란 낚싯대와 낚싯줄·낚싯바늘 등 도구(「낚시도구」)를 이용하여 어류·패류·갑각류, 그 밖에 대통령령으로 정하는 수산동물을 낚는 행위를 말한다.

3) 한국해양수산개발원, 「낚시관리 실행력 제고방안 연구」, 2019. 01.
4) 위의 연구서.

	2. "낚시인"이란 낚시터에서 낚시를 하거나 낚시를 하려는 사람을 말한다. 3. "낚시터"란 낚시가 이루어지는 바다·바닷가·내수면 등의 장소를 말한다. 4. "낚시터업"이란 영리를 목적으로 낚시터에 일정한 수면을 구획하거나 시설을 설치하여 낚시인이 낚시를 할 수 있도록 장소와 편의를 제공하는 영업을 말한다. 5. "낚시터업자"란 낚시터업을 경영하는 자로서 제10조에 따라 허가를 받거나 제16조에 따라 등록한 자를 말한다. 6. "낚시어선업"이란 낚시인을 낚시어선에 승선시켜 낚시터로 안내하거나 그 어선에서 낚시를 할 수 있도록 하는 영업을 말한다. 7. "낚시어선"이란 「어선법」에 따라 등록된 어선으로서 낚시어선업에 쓰이는 어선을 말한다. 8. "낚시어선업자"란 낚시어선업을 경영하는 자로서 제25조에 따라 신고한 자를 말한다. 9. "미끼"란 수산동물을 낚기 위하여 사용하는 떡밥 등을 말한다. 10. "수면관리자"란 제3조 각호의 어느 하나에 해당하는 수면 등을 소유 또는 점용하거나 그 밖의 방법으로 실질적으로 지배하는 자를 말한다.
적용범위 (제3조)	이 법은 다음 각호의 수면 등에 적용한다. 1. 바다 2. 「수산업법」 제2조제18호에 따른 바닷가 3. 「수산업법」 제3조제3호에 따른 어업을 목적으로 하여 인공적으로 조성된 육상의 해수면 4. 「내수면어업법」 제2조제2호에 따른 공공용 수면 5. 「내수면어업법」 제2조제3호에 따른 사유수면 6. 낚시터업을 목적으로 인공적으로 조성된 육상의 해수면
다른 법률과의 관계 (제4조)	① 낚시어선업에 대하여는 「유선 및 도선사업법」을 적용하지 아니한다. ② 낚시의 관리 및 육성에 관하여 다른 법률에 특별한 규정이 있는 경우를 제외하고는 이 법에서 정하는 바에 따른다.

제3절 | 낚시의 관리

내용	규정
낚시제한기준의 설정 (제5조)	① 해양수산부장관은 수생태계와 수산자원의 보호 등을 위하여 낚시로 잡을 수 없는 수산동물의 종류·마릿수·체장·체중 등과 수산동물을 잡을 수 없는 낚시 방법·도구 및 시기 등에 관한 기준(「낚시제한기준」)을 정할 수 있다.

	② 제1항에 따른 낚시제한기준의 구체적인 내용은 대통령령으로 정한다. ③ 특별시·광역시·특별자치시·도·특별자치도(「시·도」) 또는 시·군·구(「자치구」)는 관할 수역의 수생태계와 수산자원의 보호 등을 위하여 특히 필요하다고 인정되면 그 시·도 또는 시·군·자치구의 조례로 제1항에 따라 정한 낚시제한기준보다 강화된 낚시제한기준(기준 항목의 추가를 포함한다)을 정할 수 있다. ④ 특별시장·광역시장·특별자치시장·도지사·특별자치도지사(「시·도지사」) 또는 시장·군수·구청장(자치구의 구청장을 말한다)은 제3항에 따라 낚시제한기준이 설정·변경된 경우에는 지체 없이 해양수산부장관에게 보고하고, 낚시인이 알 수 있도록 필요한 조치를 하여야 한다.
낚시통제구역 (제6조)	① 특별자치도지사·특별자치시장·시장·군수 또는 구청장(자치구의 구청장을 말하며, 서울특별시의 관할구역에 있는 한강의 경우에는 한강관리에 관한 업무를 관장하는 기관의 장을 말한다. 이하 "시장·군수·구청장"이라 한다)은 수생태계와 수산자원의 보호, 낚시인의 안전사고 예방 등을 위하여 일정한 지역을 낚시통제구역으로 지정하여 고시할 수 있다. 이 경우 수면관리자가 따로 있으면 그 수면관리자와 미리 협의하여야 한다. ② 시장·군수·구청장은 제1항에 따른 낚시통제구역의 지정 목적이 달성되었거나 지정 목적이 상실된 경우 또는 당초 지정 목적의 달성을 위하여 그 대상과 인접한 지역을 추가로 지정할 필요가 있는 경우에는 지체 없이 낚시통제구역의 전부 또는 일부의 지정을 해제하거나 대상 구역을 변경하여 고시하여야 한다. 이 경우 수면관리자가 따로 있으면 그 수면관리자와 미리 협의하여야 한다. ③ 시장·군수·구청장은 제1항 및 제2항에 따라 낚시통제구역을 지정하거나 변경 또는 해제한 경우에는 지체 없이 낚시통제구역의 명칭 및 위치 등 대통령령으로 정하는 사항을 해당 지방자치단체의 공보 및 인터넷 홈페이지에 공고하고 일반인이 열람할 수 있도록 도면 등을 갖추어 두어야 하며, 공고한 내용을 알리는 안내판을 낚시통제구역에 설치하여야 한다. ④ 제1항에 따른 낚시통제구역의 지정 시 안내판의 규격·내용 및 설치 장소는 해양수산부령으로, 통제기간 등 고려사항, 지정·지정해제·변경의 절차 및 그 밖에 필요한 사항은 해당 특별자치도·특별자치시·시·군·구(자치구를 말하며, 서울특별시의 관할구역에 있는 한강의 경우에는 한강관리에 관한 업무를 관장하는 기관을 말한다. 이하 "시·군·구"라 한다)의 조례로 정한다.
수면 등에서의 금지행위 (제7조)	누구든지 제3조 각호의 수면 등에서 낚시를 하는 경우에는 다음 각호의 행위를 하여서는 아니 된다. 1. 오물이나 쓰레기를 버리는 행위 2. 낚시도구나 미끼를 낚시 용도로 사용하지 아니하고 버리는 행위 3. 제5조에 따른 낚시제한기준을 위반하여 수산동물을 잡는 행위

낚시로 포획한 수산동물의 판매 등 금지 (제7조의2)	누구든지 낚시로 포획한 수산동물을 타인에게 판매하거나 판매할 목적으로 저장·운반 또는 진열하여서는 아니 된다.
유해 낚시도구의 제조 등 금지 (제8조)	① 누구든지 수생태계와 수산자원의 보호에 지장을 주거나 수산물의 안전성을 해칠 수 있는 중금속 등 유해물질이 허용기준 이상으로 함유되거나 잔류된 낚시도구(「유해 낚시도구」)를 사용 또는 판매(불특정 다수인에게 제공하는 행위를 포함한다)하거나 판매할 목적으로 제조·수입·저장·운반 또는 진열하여서는 아니 된다. 다만, 학술연구나 관람 또는 전시 등 해양수산부령으로 정하는 경우에는 그러하지 아니하다. ② 제1항에 따른 낚시도구의 종류별 유해물질의 허용기준 등은 대통령령으로 정한다.
낚시인 안전의 관리 (제9조)	① 시장·군수·구청장 또는 관할 해양경찰서장은 낚시인의 생명과 신체의 안전을 확보하기 위하여 기상악화 등 대통령령으로 정하는 경우에는 낚시인에게 다음 각호의 조치를 명할 수 있다. 1. 안전한 장소로의 이동 2. 안전사고 방지를 위하여 시장·군수·구청장 또는 해양경찰서장이 필요하다고 인정하는 지역의 출입금지 ② 시장·군수·구청장은 제1항 각호의 사항과 그 밖에 낚시인의 안전관리에 필요한 사항이 포함된 안전관리 지침을 정하여 시행하여야 한다. 이 경우 해수면에 관한 사항은 관할 해양경찰서장과 미리 협의하여야 한다.

제4절 | 낚시터업

내용	규정
낚시터업의 허가 (제10조)	① 제3조제1호부터 제4호까지의 수면 등에서 낚시터업을 하려는 자는 해양수산부령으로 정하는 바에 따라 해당 수면 등을 관할하는 시장·군수·구청장의 허가를 받아야 한다. 낚시터의 위치·구역 및 대통령령으로 정하는 중요한 사항을 변경하려는 경우에도 같다. ② 낚시터업의 허가를 받으려는 수면 등이 둘 이상의 시·군·구에 걸쳐 있는 경우에는 허가를 받으려는 면적이 큰 수면 등을 관할하는 시장·군수·구청장에게 허가를 받아야 한다. ③ 시장·군수·구청장이 낚시터업의 허가를 하려면 해당 수면 등의 용도, 수질 등 환경의 오염 상태, 수산자원의 상태, 어업인과의 이해관계 및 낚시인의 안전에 관한 사항 등을 고려하여야 한다. ④ 시장·군수·구청장은 제1항에 따라 제3조제1호 및 제2호에 따른 수면 등에서의 낚시터업을 허가한 경우 그 허가한 사항을 관할 해양경찰서장에게 즉시 통보하여야 한다.

	⑤ 제3조제4호에 해당하는 수면에서 제1항에 따른 낚시터업의 허가를 받으면 다음 각호의 허가 또는 승인을 받은 것으로 본다. 1. 「공유수면 관리 및 매립에 관한 법률」 제8조에 따른 공유수면의 점용 또는 사용의 허가 2. 「농어촌정비법」 제23조제1항에 따른 농업생산기반시설의 사용허가 ⑥ 시장·군수·구청장은 동일한 위치의 수면 등에 대하여 허가의 신청이 경합된 경우에는 대통령령으로 정하는 우선순위에 따라 허가를 할 수 있다.
낚시터업의 허가기준 (제11조)	① 시장·군수·구청장은 낚시터업 허가의 신청 내용이 다음 각 호의 기준에 적합한 경우에만 허가를 할 수 있다. 1. 낚시인의 안전과 편의 및 낚시터의 관리에 필요한 시설과 장비를 갖출 것 2. 제48조에 따른 보험이나 공제에 가입할 것 3. 수생태계와 수산자원의 보호, 수산물의 안전성보장 및 건전한 낚시문화 조성에 지장을 줄 수 있는 시설이나 장비를 설치하지 아니할 것 4. 「양식산업발전법」 제10조에 따라 면허를 받은 양식업 구역의 일정 부분을 이용하는 낚시터업인 경우에는 면허를 받은 양식 어종으로 한정할 것 ② 제1항제1호에 따른 시설·장비의 기준과 같은 항 제3호에 따라 설치가 제한되는 시설·장비의 종류 등은 대통령령으로 정한다.
허가의 유효기간 (제12조)	① 제10조에 따른 낚시터업 허가의 유효기간은 10년으로 한다. 다만, 수생태계와 수산자원의 보호 또는 공익사업의 시행 등을 위하여 대통령령으로 정하는 경우에는 그 유효기간을 10년 이내로 할 수 있다. ② 시장·군수·구청장은 제1항에 따라 허가한 낚시터업의 유효기간이 만료되는 경우에 낚시터업자가 유효기간의 연장을 신청하면 유효기간이 만료된 다음 날부터 매회 10년 이내에서 2회까지 그 기간을 연장할 수 있다. ③ 제1항 및 제2항에도 불구하고 「수산업법」 또는 「양식산업발전법」에 따라 면허나 허가를 받은 구역의 일정 부분을 이용하는 낚시터업의 경우에는 그 낚시터업 허가의 유효기간은 해당 구역의 면허나 허가의 만료일 이내로 한다. ④ 제2항에 따른 유효기간 연장의 신청 절차나 그 밖에 필요한 사항은 해양수산부령으로 정한다.
수면 등 이용의 협의 (제13조)	시장·군수·구청장은 제3조제4호의 수면에서 낚시터업을 하려는 자가 제10조에 따른 허가를 신청하면 대통령령으로 정하는 바에 따라 수면관리자와 미리 협의하여야 한다. 제12조제2항에 따라 유효기간의 연장신청을 받은 경우에도 같다.
허가의 취소 등 (제14조)	① 시장·군수·구청장은 제10조에 따라 허가를 받은 낚시터업자가 다음 각호의 어느 하나에 해당하면 그 허가를 취소하거나 6개월 이내의 기간

	을 정하여 그 영업의 전부 또는 일부의 정지를 명할 수 있다. 다만, 제1호 또는 제2호에 해당하면 그 허가를 취소하여야 한다. 1. 거짓이나 그 밖의 부정한 방법으로 낚시터업의 허가 또는 변경허가를 받거나 낚시터업 허가의 유효기간을 연장받은 경우 2. 영업정지 기간 중에 영업을 한 경우 3. 허가를 받은 후 1년 이내에 영업을 시작하지 아니하거나 정당한 사유 없이 1년 이상 계속하여 휴업을 한 경우 4. 제10조제1항 후단에 따른 낚시터업의 변경허가를 받지 아니하고 낚시터업을 한 경우 5. 제11조에 따른 낚시터업의 허가기준을 충족하지 못하게 된 경우 6. 낚시터업자가 「부가가치세법」 제8조제8항 및 제9항에 따라 관할 세무서장에게 폐업신고를 하거나 관할 세무서장이 사업자등록을 말소한 경우 ② 제1항에 따라 영업 허가가 취소된 자(같은 항 제6호에 따라 취소된 경우는 제외한다)는 취소된 날부터 1년이 지나지 아니하면 낚시터업의 허가 신청을 할 수 없다. ③ 시장·군수·구청장은 제1항에 따른 허가취소를 위하여 필요한 경우 관할 세무서장에게 낚시터업자의 폐업신고 또는 사업자등록의 말소 여부에 대한 정보를 요청할 수 있다. 이 경우 요청을 받은 관할 세무서장은 지체 없이 시장·군수·구청장에게 해당 정보를 제공하여야 한다. ④ 제1항에 따른 처분의 구체적인 기준과 그 밖에 필요한 사항은 해양수산부령으로 정한다.
원상회복 등 (제15조)	① 다음 각호의 어느 하나에 해당하는 자는 낚시터에 설치한 시설·장비나 그 밖의 물건을 제거하는 등 낚시터를 원상으로 회복하여야 한다. 1. 낚시터업 허가를 받지 아니하고 낚시터업을 경영한 자 2. 낚시터업의 허가가 취소된 자 3. 허가받은 낚시터업을 폐업한 자 4. 제11조제1항제3호에 따라 설치가 제한된 시설이나 장비를 설치한 자 ② 시장·군수·구청장은 제1항에도 불구하고 낚시터를 원상으로 회복할 의무가 있는 자(「원상회복 의무자」)가 원상회복을 할 수 없거나 할 필요가 없는 등 대통령령으로 정하는 사유에 해당하면 직권으로 또는 원상회복 의무자의 신청을 받아 해양수산부령으로 정하는 바에 따라 원상회복을 면제할 수 있다. 이 경우 수면관리자가 따로 있으면 그 수면관리자와 미리 협의하여야 한다. ③ 시장·군수·구청장은 원상회복 의무자가 제1항에 따른 원상회복에 필요한 조치 등을 하지 아니하면 일정한 기간을 정하여 낚시터의 원상회복을 명할 수 있다. ④ 시장·군수·구청장은 제3항에 따른 원상회복의 명령을 받은 자가 이를 이행하지 아니할 때에는 「행정대집행법」에 따라 대집행할 수 있다.

낚시터업의 등록 (제16조)	① 제3조제5호 또는 제6호의 수면에서 낚시터업을 하려는 자는 해양수산부령으로 정하는 바에 따라 해당 수면을 관할하는 시장·군수·구청장에게 등록하여야 한다. 낚시터의 위치와 구역, 낚시터의 명칭 등 대통령령으로 정하는 중요한 사항을 변경하려는 경우에도 같다. ② 낚시터업의 등록을 하려는 수면이 둘 이상의 시·군·구에 걸쳐 있는 경우에는 등록하려는 면적이 큰 수면을 관할하는 시장·군수·구청장에게 등록을 하여야 한다.
낚시터업의 등록기준 (제17조)	시장·군수·구청장은 낚시터업 등록의 신청 내용이 제11조제1항제1호부터 제3호까지의 기준에 적합한 경우에만 등록을 할 수 있다.
등록의 유효기간 (제18조)	① 제16조에 따른 낚시터업 등록의 유효기간은 10년으로 한다. 다만, 공익사업을 위하여 필요한 경우 등 대통령령으로 정하는 경우에는 그 유효기간을 10년 이내로 할 수 있다. ② 시장·군수·구청장은 제1항에 따라 등록된 낚시터업의 유효기간이 만료되는 경우에 낚시터업자가 유효기간의 연장을 신청하면 유효기간이 만료된 다음 날부터 매회 10년의 기간 내에서 그 기간을 연장할 수 있다. ③ 제2항에 따른 유효기간 연장의 신청 절차나 그 밖에 필요한 사항은 해양수산부령으로 정한다.
등록의 취소 등 (제19조)	① 시장·군수·구청장은 제16조에 따라 등록한 낚시터업자가 다음 각호의 어느 하나에 해당하는 경우에는 그 등록을 취소하거나 6개월 이내의 기간을 정하여 그 영업의 전부 또는 일부의 정지를 명할 수 있다. 다만, 제1호 또는 제2호에 해당하는 경우에는 그 등록을 취소하여야 한다. 1. 거짓이나 그 밖의 부정한 방법으로 낚시터업의 등록 또는 변경등록을 하거나 낚시터업 등록의 유효기간을 연장받은 경우 2. 영업정지 기간 중에 영업을 한 경우 3. 낚시터업의 변경등록을 하지 아니하고 낚시터업을 한 경우 4. 낚시터업의 등록기준을 충족하지 못하게 된 경우 5. 낚시터업자가 관할 세무서장에게 폐업신고를 하거나 관할 세무서장이 사업자등록을 말소한 경우 ② 영업의 등록이 취소된 자(같은 항 제5호에 따라 취소된 경우는 제외한다)는 취소된 날부터 1년이 지나지 아니하면 낚시터업의 등록 신청을 할 수 없다. ③ 시장·군수·구청장은 제1항에 따른 등록취소를 위하여 필요한 경우 관할 세무서장에게 낚시터업자의 폐업신고 또는 사업자등록의 말소 여부에 대한 정보를 요청할 수 있다. 이 경우 요청을 받은 관할 세무서장은 지체 없이 시장·군수·구청장에게 해당 정보를 제공하여야 한다. ④ 제1항에 따른 처분의 구체적인 기준과 그 밖에 필요한 사항은 해양수산부령으로 정한다.

낚시터업자 등의 준수사항 (제20조)	① 낚시터업자와 그 종사자는 다음 각호의 사항을 지켜야 한다. 1. 수생태계의 균형에 교란을 가져오거나 가져올 우려가 있는 어종(「방류 금지 어종」)을 낚시터업자가 경영하는 낚시터에 방류하지 말 것 2. 수질의 한계기준을 초과하여 낚시터 수질을 오염시키지 말 것 3. 수생태계 보존의 한계기준을 초과하여 낚시터 수생태계를 훼손시키지 말 것 4. 제1호부터 제3호까지의 규정에 준하는 사항으로서 수생태계와 수산자원의 보호나 수산물의 안전성 확보를 위하여 필요하다고 인정하여 해양수산부령으로 정하는 사항을 준수할 것 ② 제1항에 따른 방류 금지 어종과 수질 및 수생태계 보존의 한계기준 등은 대통령령으로 정한다.
낚시터이용객 안전 등을 위한 조치 (제20조의2)	시장·군수·구청장은 낚시터이용객의 안전과 사고 방지 및 그 밖에 낚시터업의 질서유지를 위하여 필요하다고 인정할 때에는 관할 경찰서장 또는 해양경찰서장의 의견을 들어 낚시터업자에게 다음 각호의 조치를 명할 수 있다. 1. 영업시간의 제한이나 영업의 일시정지 2. 인명안전에 관한 설비의 비치, 착용 및 관리 3. 그 밖에 낚시터이용객의 안전과 사고 방지 및 낚시터업의 질서유지를 위하여 필요하다고 인정하는 사항
낚시터업의 승계 (제21조)	① 다음 각호의 어느 하나에 해당하는 자는 종전의 낚시터업으로 허가받거나 등록한 자의 지위를 승계한다. 1. 낚시터업으로 허가받거나 등록한 자가 그 영업을 양도한 경우 그 양수인 2. 낚시터업으로 허가받거나 등록한 자가 사망한 경우 그 상속인 3. 법인이 합병한 경우 합병 후 존속하는 법인이나 합병으로 설립되는 법인 ② 다음 각호의 어느 하나에 해당하는 절차에 따라 영업 시설과 장비의 전부를 인수한 자는 이 법에 따른 종전의 낚시터업으로 허가받거나 등록한 자의 지위를 승계한다. 1. 「민사집행법」에 따른 경매 2. 「채무자 회생 및 파산에 관한 법률」에 따른 환가 3. 「국세징수법」, 「관세법」 또는 「지방세법」에 따른 압류재산의 매각 4. 그 밖에 제1호부터 제3호까지의 규정에 준하는 절차 ③ 제1항 및 제2항에 따라 종전의 낚시터업으로 허가받거나 등록한 자의 지위를 승계한 자는 1개월 이내에 해양수산부령으로 정하는 바에 따라 시장·군수·구청장에게 승계 사실을 신고하여야 한다.
행정제재처분 효과의 승계 (제22조)	① 종전의 낚시터업자에게 한 행정제재처분의 효과는 그 처분기간이 만료된 날부터 1년간 낚시터업을 승계한 낚시터업자에게 승계된다.

	② 낚시터업을 승계한 낚시터업자에 대하여는 진행 중인 행정제재처분의 절차를 계속 이어서 할 수 있다. ③ 제1항 및 제2항에도 불구하고 낚시터업을 승계한 낚시터업자가 그 영업의 승계 시에 종전의 낚시터업자에 대한 행정제재처분 또는 종전의 낚시터업자의 위반사실을 알지 못하였음을 증명하는 때에는 그러하지 아니하다.
폐쇄조치 (제23조)	① 시장·군수·구청장은 다음 각호의 어느 하나에 해당하는 자에 대하여 관계 공무원에게 해당 낚시터를 폐쇄하도록 할 수 있다. 1. 허가를 받지 아니하거나 등록을 하지 아니하고 영업을 하는 자 2. 허가가 취소되거나 등록이 취소된 후에 계속하여 영업을 하는 자 ② 시장·군수·구청장은 제1항의 폐쇄조치를 위하여 관계 공무원에게 다음 각호의 조치를 하게 할 수 있다. 1. 해당 낚시터의 간판, 그 밖의 영업표지물의 제거·삭제 2. 해당 낚시터가 적법한 낚시터가 아님을 알리는 게시문 등의 부착 3. 해당 낚시터의 시설물이나 그 밖에 영업에 사용하는 기구 등을 사용할 수 없게 하는 봉인 ③ 시장·군수·구청장은 봉인을 한 후 봉인을 계속할 필요가 없다고 인정하거나 낚시터업자 또는 그 대리인이 해당 낚시터를 폐쇄할 것을 약속하거나 그 밖의 정당한 사유를 들어 봉인의 해제를 요청하는 경우에는 봉인을 해제할 수 있다. ④ 시장·군수·구청장은 낚시터를 폐쇄하려면 미리 해당 낚시터업자 또는 그 대리인에게 서면으로 알려주어야 한다. 다만, 안전사고가 발생하여 긴급히 폐쇄하여야 할 경우 등 긴급한 사유가 있으면 그러하지 아니하다. ⑤ 제2항에 따른 조치는 그 영업을 할 수 없게 하기 위하여 필요한 최소한의 범위에 그쳐야 한다. ⑥ 낚시터를 폐쇄하는 관계 공무원은 그 권한을 표시하는 증표를 지니고 이를 관계인에게 보여 주어야 한다.
휴업·폐업 등의 신고 (제24조)	낚시터업자는 다음 각호의 어느 하나의 경우에는 해양수산부령으로 정하는 바에 따라 그 사실을 시장·군수·구청장에게 신고하여야 한다. 1. 낚시터업을 허가 또는 등록의 유효기간 내에 폐업하려는 경우 2. 3개월을 초과하여 휴업하려는 경우 3. 휴업 후 영업을 다시 하려는 경우 4. 휴업기간을 연장하려는 경우

제5절 | 낚시어선업

내용	규정
낚시어선업의 신고 (제25조)	① 낚시어선업을 하려는 자는 낚시어선의 대상·규모·선령·설비·안전성 검사, 선장의 자격, 전문교육 이수 등 대통령령으로 정하는 요건(「신고요건」)을 갖추어 어선번호, 어선의 명칭 등 대통령령으로 정하는 사항(「신고사항」)에 관한 낚시어선업의 신고서를 작성하여 해당 낚시어선의 선적항을 관할하는 시장·군수·구청장에게 신고하여야 한다. 어선번호, 어선의 명칭 등 대통령령으로 정하는 중요한 신고사항을 변경하려는 때에도 같다. ② 시장·군수·구청장은 제1항에 따라 신고한 내용이 신고요건에 적합하면 신고인에게 낚시어선업 신고확인증을 발급하여야 한다. ③ 낚시어선업 신고의 유효기간은 제48조에 따라 가입한 보험이나 공제의 계약기간으로 하되, 3년을 초과할 수 없다. ④ 제1항 및 제2항에 따른 신고의 방법·절차와 신고확인증 발급 등에 필요한 사항은 해양수산부령으로 정한다.
낚시어선의 안전성 검사 (제25조의2)	① 낚시어선업을 하려는 자는 낚시어선의 선체, 기관 및 설비 등에 대하여 매년 안전성 검사를 받아야 한다. 다만, 「어선법」에 따른 어선검사를 받은 경우에는 생략할 수 있다. ② 낚시어선 안전성 검사의 시기, 절차, 기준, 유효기간 및 수수료에 관하여 필요한 사항은 해양수산부령으로 정한다.
신고사항 등의 보고 (제26조)	① 제25조제1항에 따라 낚시어선업의 신고를 받은 시장·군수·구청장은 해양수산부령으로 정하는 바에 따라 시·도지사에게 신고받은 사항 등을 보고하여야 한다. 이 경우 바다에서 하는 낚시어선업인 경우에는 시장·군수·구청장은 그 신고받은 사항을 즉시 관할 해양경찰서장에게 통보하여야 한다. ② 제1항에 따라 보고를 받은 시·도지사는 그 내용을 해양수산부령으로 정하는 바에 따라 해양수산부장관에게 보고하여야 한다.
영업구역 (제27조)	① 낚시어선업의 영업구역은 그 낚시어선의 선적항이 속한 시·도지사의 관할 수역으로 하되, 외측한계는 「영해 및 접속수역법」에 따른 영해로 한다. 다만, 해양수산부장관이 연접한 시·도 간 수역에 대하여 대통령령으로 정하는 바에 따라 공동영업구역을 지정하는 경우에는 그 공동영업구역과 해당 시·도지사의 관할 수역을 영업구역으로 한다. ② 제1항 본문에도 불구하고 영해의 범위를 「영해 및 접속수역법」에 따라 기선으로부터 12해리 미만으로 정하고 있는 수역을 관할하는 시·도지사가 영해 바깥쪽 해역에서의 영업이 필요하다고 특별히 인정하는 경

	우에는 관할 지방해양경찰청장의 의견을 들어 해양수산부장관에게 영업구역 확대를 요청할 수 있다. ③ 시·도지사가 요청하는 경우 해양수산부장관은 해당 시·도지사 및 해양경찰청장 등 관계기관과 협의하여 영해 바깥쪽 해역을 영업구역으로 지정할 수 있다.
승선정원 (제28조)	낚시어선의 승선정원은 「어선법」에 따른 어선검사증서에 적힌 어선원 및 어선원 외의 사람 각각의 최대승선인원으로 한다.
낚시어선 안전요원의 승선 등 (제28조의2)	① 낚시어선업자는 낚시어선의 규모, 영업시간 등이 해양수산부령으로 정하는 기준에 해당하는 경우 낚시승객의 안전을 담당하는 자(「낚시어선 안전요원」이라 하며 선원에 포함한다)를 승선시켜야 한다. ② 낚시어선 안전요원의 자격기준 및 임무 등은 해양수산부령으로 정한다.
낚시어선업자 등의 안전운항 의무 등 (제29조)	① 낚시어선업자 및 선원은 낚시어선의 안전을 점검하고 기상상태를 확인하는 등 안전운항에 필요한 조치를 하여야 하며, 승객에게 위해가 없도록 수면의 상황에 따라 안전하게 낚시어선을 조종하여야 한다. ② 낚시어선업자 및 선원은 다음 각호의 행위를 하여서는 아니 된다. 1. 영업 중 낚시를 하는 행위 2. 보호자를 동반하지 아니한 14세 미만의 사람, 정신질환자 등 승선에 부적격한 사람을 승선하게 하는 행위 3. 그 밖에 낚시어선의 안전운항에 위해를 끼친다고 인정되는 행위 ③ 낚시어선업자 및 선원은 안전운항을 위하여 낚시어선에 승선한 승객 등 승선자 전원에게 구명조끼를 착용하도록 하여야 한다. 이 경우 승객이 구명조끼를 착용하지 아니하면 승선을 거부할 수 있다. ④ 낚시어선업자 및 선원은 출항하기 전 승선한 승객에게 안전사고 예방 및 수산자원 보호, 환경오염 방지 등을 위하여 해양수산부장관이 정하는 바에 따라 다음 각호의 사항을 안내하여야 한다. 1. 안전한 승·하선 방법, 인명구조 장비와 소화설비의 보관장소와 사용법, 비상신호, 비상시 집합장소의 위치와 피난요령, 인명구조에 관련된 기관의 유선번호 및 유사시 대처요령 등 안전에 관한 사항 2. 포획금지 체장·체중 등 수산자원보호에 관한 사항 3. 쓰레기 투기 금지 등 환경오염 방지에 관한 사항
운항규칙 (제29조의2)	① 해상항행선박이 항행을 계속할 수 없는 하천·호소 등 「해사안전법」을 적용받지 아니하는 장소에서의 낚시어선 운항규칙에 관하여 필요한 사항은 대통령령으로 정한다. ② 낚시어선업자와 선원은 제1항에 따른 운항규칙을 준수하여야 한다.
술에 취한 상태에서의 조종 금지 등 (제30조)	① 낚시어선업자 및 선원은 술에 취한 상태에서 낚시어선을 조종하거나 술에 취한 상태에 있는 낚시어선업자 또는 선원에게 낚시어선을 조종하게 하여서는 아니 된다. 이 경우 "술에 취한 상태"란 「해사안전법」 제41

	조제5항에 따른 술에 취한 상태를 말한다. ② 다음 각호에 해당하는 사람(「관계 공무원」)은 낚시어선업자 및 선원이 제1항을 위반하였다고 인정할 만한 상당한 이유가 있는 경우에는 술에 취하였는지를 측정할 수 있다. 이 경우 낚시어선업자 및 선원은 그 측정에 따라야 한다. 1. 경찰공무원 2. 시·군·구 소속 공무원 중 수상안전업무에 종사하는 사람 ③ 제2항에 따라 관계 공무원(근무복을 착용한 경찰공무원은 제외한다)이 술에 취하였는지 여부를 측정하는 때에는 그 권한을 표시하는 증표를 지니고 이를 해당 낚시어선업자 및 선원에게 보여 주어야 한다. ④ 제2항에 따른 측정의 결과에 불복하는 낚시어선업자 및 선원에 대하여는 해당 낚시어선업자 및 선원의 동의를 받아 혈액채취 등의 방법으로 다시 측정할 수 있다. ⑤ 관계 공무원은 낚시어선업자 또는 선원이 제2항 또는 제4항에 따른 측정결과가 제1항 후단에 따른 술에 취한 상태에 해당하는 경우에는 해당 낚시어선업자 또는 선원에 대하여 조종·승선 제한 등 필요한 조치를 하여야 한다.
약물복용의 상태에서의 조종 금지 (제31조)	낚시어선업자 및 선원은 약물복용의 상태에서 낚시어선을 조종하거나 약물복용의 상태에 있는 낚시어선업자 또는 선원에게 낚시어선을 조종하게 하여서는 아니 된다. 이 경우 "약물복용의 상태"란 「마약류관리에 관한 법률」 제2조에 따른 마약·향정신성의약품·대마 또는 「화학물질관리법」 제22조에 따른 환각물질의 영향으로 정상적인 조종을 할 수 없는 우려가 있는 경우를 말한다.
낚시어선업 신고확인증 등의 게시 (제32조)	낚시어선업자는 낚시어선업 신고확인증과 시장·군수·구청장이 고시하는 사항을 해양수산부령으로 정하는 바에 따라 승객이 잘 볼 수 있도록 낚시어선에 게시하여야 한다.
출입항 신고 등 (제33조)	① 낚시어선업자는 승객을 승선하게 하여 항구·포구 등에 출항이나 입항(「출입항」)을 하려는 경우에는 해양수산부령으로 정하는 바에 따라 어선의 출입항 신고에 관한 업무를 담당하는 기관(「출입항신고기관」)의 장에게 신고하여야 한다. ② 출항 신고를 하려는 낚시어선업자는 그 신고서에 해당 낚시어선에 승선할 선원과 승객의 명부(「승선자명부」)를 첨부하여 출입항신고기관의 장에게 제출하여야 한다. ③ 신고를 하려는 낚시어선업자는 승선하는 승객으로 하여금 해양수산부령으로 정하는 바에 따라 승선자명부를 작성하도록 하여야 한다. 이 경우 낚시어선업자는 승객에게 신분증을 요구하여 승선자명부 기재내용을 확인하여야 한다. ④ 낚시어선업자는 승객이 정당한 사유 없이 승선자명부를 작성하지 아

	니하거나 신분증 제시 요구에 따르지 아니하는 경우에는 승선을 거부하여야 한다. ⑤ 낚시어선업자는 해당 낚시어선에 승선자명부의 사본을 3개월 동안 갖추어 두어야 한다.
출항의 제한 (제34조)	① 출입항신고기관의 장은 시간, 기상 및 해상 상황에 관한 정보 등을 고려하여 낚시어선업자ㆍ선원ㆍ승객의 안전을 위하여 필요하다고 인정할 때에는 낚시어선의 출항을 제한할 수 있다. ② 출항제한의 기준 등에 필요한 사항은 대통령령으로 정한다.
안전운항 등을 위한 조치 (제35조)	① 시장ㆍ군수ㆍ구청장은 낚시어선의 안전운항과 사고 방지 및 그 밖에 낚시어선업의 질서유지를 위하여 특히 필요하다고 인정할 때에는 관할 경찰서장 또는 관할 해양경찰서장의 의견을 들어 낚시어선업자에게 다음 각호의 지시나 조치를 명할 수 있다. 1. 영업시간이나 운항 횟수의 제한 2. 영업구역의 제한 또는 영업의 일시정지 2의2. 인명안전에 관한 설비의 비치 및 관리 3. 그 밖에 낚시어선의 안전운항과 사고 방지 및 낚시어선업의 질서유지를 위하여 필요하다고 인정하는 사항 ② 시장ㆍ군수ㆍ구청장은 낚시어선의 안전운항, 승객의 안전사고 예방, 수질오염의 방지 및 수산자원의 보호 등을 위하여 낚시어선의 승객이 준수하여야 하는 사항을 정하여 고시하여야 한다. ③ 시장ㆍ군수ㆍ구청장은 낚시어선업자 또는 선원이 잘 볼 수 있는 출입항 장소에 낚시어선업자 또는 선원이 준수하여야 할 사항을 표기한 표지판을 설치하여야 한다. 이 경우 표지판에는 다음 각호의 사항이 포함되어야 한다. 1. 안전운항 등을 위한 조치 2. 낚시어선업자 또는 선원의 준수사항 등 3. 출항제한의 기준 4. 제3조 각호의 수면 등에 유류ㆍ분뇨ㆍ폐기물을 버리는 행위 등 다른 법령에 따라 금지되는 사항
낚시어선 승객의 준수사항 (제36조)	낚시어선업자 또는 선원은 안전운항을 위하여 낚시어선에 승선한 승객에게 다음 각호의 사항을 준수하도록 조치할 수 있다. 이 경우 낚시어선의 승객은 낚시어선업자 또는 선원의 조치에 협조하여야 한다. 1. 구명조끼 착용에 관한 사항 2. 승선자명부 작성 및 신분증 확인에 관한 사항 3. 낚시어선 승객이 준수하여야 하는 사항
사고발생의 보고 (제37조)	① 낚시어선업자 또는 선원은 다음 각호의 어느 하나에 해당할 때에는 사고 장소가 내수면인 경우에는 사고발생 지점에서 가장 가까운 시장ㆍ군수ㆍ구청장에게, 해수면인 경우에는 관할 해양경찰서장에게 그 사실을

	지체 없이 보고하고 사고의 수습에 필요한 조치를 하여야 한다. 1. 승객이 사망하거나 실종되었을 경우 2. 충돌, 좌초 또는 그 밖에 낚시어선의 안전운항에 영향을 미치거나 미칠 우려가 있는 사고가 발생하였을 경우 ② 제1항에 따른 보고를 받은 시장·군수·구청장 또는 해양경찰서장은 지체 없이 관할 시·도지사 또는 지방해양경찰청장에게 이를 보고하고 인명구조 등 사고 수습을 위하여 필요한 조치를 하여야 한다.
영업의 폐쇄 등 (제38조)	① 시장·군수·구청장은 낚시어선업자가 다음 각호의 어느 하나에 해당하면 영업의 폐쇄를 명하거나 3개월 이내의 기간을 정하여 그 영업의 정지를 명할 수 있다. 다만, 제1호부터 제4호까지에 해당하는 경우에는 영업의 폐쇄를 명하여야 한다. 1. 낚시어선업의 신고를 하지 아니하고 낚시어선업을 한 경우 2. 거짓이나 그 밖의 부정한 방법으로 낚시어선업을 신고한 경우 3. 「어선법」에 따라 어선의 등록이 말소된 경우 4. 영업정지 기간 중 영업을 한 경우 5. 낚시어선업자, 선원의 고의 또는 중대한 과실이나 주의의무 태만으로 인하여 안전사고가 발생한 경우 6. 낚시어선업의 신고요건을 충족하지 못하게 된 경우 7. 낚시어선업의 영업구역을 위반한 경우 8. 낚시승객을 승선시킨 상태에서 낚시어선업자 또는 선원이 술에 취한 상태에서 낚시어선을 조종한 경우 9. 낚시승객을 승선시킨 상태에서 낚시어선업자 또는 선원이 약물복용의 상태에서 낚시어선을 조종한 경우 10. 보험이나 공제에 가입하지 아니한 경우 ② 제1항에 따라 영업의 폐쇄명령을 받은 자는 그 영업이 폐쇄된 날부터 2년이 지나지 아니하면 낚시어선업의 신고를 할 수 없다. ③ 제1항에 따른 처분의 구체적인 기준과 그 밖에 필요한 사항은 해양수산부령으로 정한다.
폐업신고 등 (제39조)	① 낚시어선업을 폐업하려는 자는 해양수산부령으로 정하는 바에 따라 그 사실을 시장·군수·구청장에게 신고하여야 한다. 이 경우 바다에서의 낚시어선업을 폐업한 때에는 시장·군수·구청장은 신고받은 사항을 관할 해양경찰서장에게 즉시 통보하여야 한다. ② 영업의 정지명령을 받은 후 그 기간이 끝나지 아니한 자는 제1항에 따른 폐업신고를 할 수 없다. ③ 시장·군수·구청장은 낚시어선업자가 관할 세무서장에게 폐업신고를 하거나 관할 세무서장이 사업자등록을 말소한 경우에는 신고사항을 직권으로 말소할 수 있다. ④ 시장·군수·구청장은 제3항에 따른 직권말소를 위하여 필요한 경우 관할 세무서장에게 낚시어선업자의 폐업신고 또는 사업자등록의 말소

여부에 대한 정보를 요청할 수 있다. 이 경우 요청을 받은 관할 세무서장은 지체 없이 시장·군수·구청장에게 해당 정보를 제공하여야 한다.

※시행령 제19조(출항의 제한) 법 제34조제1항에 따른 낚시어선의 출항제한은 다음 각호의 경우에 할 수 있다.
1. 「기상법 시행령」 제8조제1항에 따라 초당 풍속 12미터 이상 또는 파고 2미터 이상으로 예보가 발표된 경우
2. 「기상법 시행령」 제8조제2항제1호부터 제3호까지 및 제5호부터 제7호까지의 규정에 따른 호우·대설·폭풍해일·태풍·강풍·풍랑 주의보 또는 경보가 발표된 경우
3. 기상청장이 제2호에 따른 주의보 또는 경보를 발표하기 전에 이를 사전에 알리기 위한 정보를 발표한 경우
4. 안개 등으로 인하여 해상에서의 시계가 1킬로미터 이내인 경우
5. 일출 전 또는 일몰 후. 다만, 별표 4 제1호카목 및 타목에 따른 설비를 갖추고 법 제35조제1항제1호에 따라 시장·군수·구청장이 영업을 제한하지 않는 시간대에 영업하는 경우는 제외한다.
6. 그 밖에 법 제33조제1항에 따른 출입항신고기관(이하 "출입항신고기관"이라 한다)의 장이 해상상황의 급작스런 악화 등으로 인하여 낚시어선의 출항이 어렵다고 판단하는 경우

제6절 | 미끼의 관리

내용	규정
미끼기준의 설정 (제40조)	① 해양수산부장관은 미끼의 안전성 확보를 위하여 필요한 경우에는 미끼의 종류별로 특정물질의 함량기준(「미끼기준」)을 설정할 수 있다. ② 미끼기준의 구체적인 내용은 대통령령으로 정한다.
미끼의 제조 등의 금지 (제41조)	누구든지 미끼기준에 적합하지 아니한 미끼를 판매하거나 판매할 목적으로 제조·수입·사용·저장·운반 또는 진열하여서는 아니 된다.
폐기 등의 조치 (제42조)	① 해양수산부장관, 시·도지사 또는 시장·군수·구청장은 제50조에 따른 검사 결과 해당 미끼가 미끼기준에 적합하지 아니한 경우에는 관계 공무원으로 하여금 해당 미끼를 압류 또는 폐기하게 하거나, 해당 미끼의 제조업자·수입업자 또는 판매업자에게 그 미끼를 회수·폐기하게 하거나 그 밖에 해당 미끼의 안전상의 위해가 제거될 수 있도록 용도·처리방법 등을 정하여 필요한 조치를 할 것을 명할 수 있다. ② 압류 또는 폐기를 하는 공무원은 그 권한을 표시하는 증표를 지니고 이를 관계인에게 보여 주어야 한다. ③ 압류 또는 폐기 등의 방법과 절차에 필요한 사항은 해양수산부령으로 정한다. ④ 해양수산부장관, 시·도지사 또는 시장·군수·구청장은 제1항에 따라 폐기처분 명령을 받은 자가 그 명령을 이행하지 아니하는 경우에는 「행정대집행법」에 따라 대집행할 수 있다.

제7절 | 보 칙

내용	규정
보험 등 가입 (제48조)	낚시터업자와 낚시어선업자는 대통령령으로 정하는 바에 따라 낚시터를 이용하려는 사람과 낚시어선의 승객 및 선원의 피해를 보전하기 위하여 보험이나 공제에 가입하여야 한다.
수수료 (제49조)	다음 각호의 어느 하나에 해당하는 자는 해양수산부령 또는 조례로 정하는 바에 따라 수수료를 내야 한다. 1. 낚시터업의 허가 또는 변경허가를 신청하는 자 2. 낚시터업의 등록 또는 변경등록을 신청하는 자 3. 낚시터업의 승계 사실을 신고하는 자 4. 낚시어선업의 신고 또는 변경신고를 하는 자 5. 우수낚시터의 지정을 신청하는 자
출입ㆍ검사 등 (제50조)	① 해양수산부장관, 시ㆍ도지사 또는 시장ㆍ군수ㆍ구청장은 낚시 관련 사업의 지도ㆍ감독과 미끼의 안정성 확보를 위하여 필요하다고 인정하면 낚시도구를 제조ㆍ수입ㆍ판매ㆍ보관하는 자, 낚시터업자, 낚시어선업자, 미끼를 제조ㆍ수입ㆍ판매ㆍ보관하는 자 및 그 밖의 관계인에게 필요한 보고를 하게 하거나 자료를 제출하게 할 수 있으며, 관계 공무원(「수산업법」 제72조에 따른 어업감독 공무원을 포함한다)으로 하여금 다음 각호의 장소에 출입하여 시설ㆍ장부나 그 밖의 물건을 검사하게 하거나 관계인에게 질문을 하게 할 수 있다. 1. 낚시도구의 제조ㆍ수입ㆍ판매ㆍ보관 장소 2. 낚시터업의 허가를 받거나 등록을 하여 영업 중인 낚시터 3. 낚시어선업 신고를 하여 영업 중인 낚시어선 4. 미끼의 제조ㆍ수입ㆍ판매ㆍ보관 장소 5. 유어장 등 그 밖의 낚시 관련 장소 ② 검사하는 경우에는 필요한 최소한의 물건을 무상으로 수거할 수 있다. ③ 관계 공무원이 출입ㆍ검사 등을 할 때에는 낚시터업자, 낚시어선업자 등의 관계인은 정당한 사유 없이 거부ㆍ방해 또는 기피하여서는 아니 된다. ④ 출입ㆍ검사 등을 하는 관계 공무원은 그 권한을 표시하는 증표를 지니고 이를 관계인에게 보여 주어야 한다.
청문 (제51조)	해양수산부장관이나 시장ㆍ군수ㆍ구청장은 다음 각호의 어느 하나에 해당하는 처분을 하려면 청문을 하여야 한다. 1. 낚시터업 허가의 취소 2. 낚시터업 등록의 취소 3. 낚시어선업의 영업폐쇄명령 4. 우수낚시터 지정의 취소 5. 검정기관 지정의 취소

권한의 위임 및 위탁 (제52조)	① 이 법에 따른 해양수산부장관의 권한은 대통령령으로 정하는 바에 따라 그 일부를 소속 기관의 장 또는 시·도지사에게 위임할 수 있다. ② 해양수산부장관은 이 법에 따른 권한의 일부를 대통령령으로 정하는 바에 따라 낚시 관련 단체 또는 비영리법인에 위탁할 수 있다.
벌칙 적용에서 공무원 의제 (제52조의2)	제52조제2항에 따라 위탁받은 업무에 종사하는 단체 및 비영리법인의 임직원은 「형법」 제129조부터 제132조까지의 규정에 따른 벌칙을 적용할 때에는 공무원으로 본다.

제8절 | 벌 칙

내용	규정
벌칙 (제53조)	① 다음 각호의 어느 하나에 해당하는 자는 1년 이하의 징역 또는 1천만원 이하의 벌금에 처한다. 1. 제8조제1항 본문을 위반하여 유해 낚시도구를 판매할 목적으로 제조하거나 수입한 자 2. 제10조제1항에 따른 낚시터업의 허가 또는 변경허가를 받지 아니하고 낚시터업을 한 자 3. 거짓이나 그 밖의 부정한 방법으로 낚시터업의 허가 또는 변경허가를 받은 자 4. 제23조제2항제2호 및 제3호에 따라 관계 공무원이 부착한 게시문 등이나 봉인을 제거하거나 손상한 자 5. 제41조를 위반하여 미끼기준에 적합하지 아니한 미끼를 판매할 목적으로 제조하거나 수입한 자 ② 다음 각호의 어느 하나에 해당하는 자는 6개월 이하의 징역 또는 500만원 이하의 벌금에 처한다. 1. 거짓이나 그 밖의 부정한 방법으로 낚시터업의 등록 또는 변경등록을 받은 자 2. 제16조제1항에 따른 낚시터업의 등록 또는 변경등록을 하지 아니하고 낚시터업을 한 자 3. 제20조제1항제1호를 위반하여 방류 금지 어종을 낚시터업자가 경영하는 낚시터에 방류한 자 3의2. 제20조의2제1호 및 제2호에 따른 명령을 거부하거나 기피한 자 4. 제25조제1항 전단에 따른 낚시어선업의 신고를 하지 아니하고 낚시어선업을 한 자 5. 해상항행선박이 항행을 계속할 수 없는 하천·호소 등 「해사안전법」의 적용대상이 아닌 장소에서 제30조제1항을 위반하여 술에 취한 상태에서 낚시어선을 조종하거나 술에 취한 상태에 있는 자에게 낚시어

	선을 조종하게 한 자 6. 해상항행선박이 항행을 계속할 수 없는 하천·호소 등 「해사안전법」의 적용대상이 아닌 장소에서 술에 취한 상태라고 인정할 만한 상당한 이유가 있는데도 제30조제2항에 따른 관계 공무원의 측정에 따르지 아니한 자 6의2. 해상항행선박이 항행을 계속할 수 없는 하천·호소 등 「해사안전법」의 적용대상이 아닌 장소에서 제31조를 위반하여 약물복용의 상태에서 낚시어선을 조종하거나 약물복용의 상태에 있는 자에게 낚시어선을 조종하게 한 자 6의3. 제33조제1항에 따른 출입항 신고를 하지 아니하였거나 거짓으로 신고하고 출입항한 자 7. 제34조제1항에 따른 출항제한 조치를 위반하고 출항한 자 8. 제35조제1항제1호·제2호 및 제2호의2에 따른 명령을 거부하거나 기피한 자 9. 제38조제1항에 따라 영업이 폐쇄된 낚시어선업을 계속한 자
양벌규정 (제54조)	법인의 대표자나 법인 또는 개인의 대리인, 사용인, 그 밖의 종업원이 그 법인 또는 개인의 업무에 관하여 제53조의 위반행위를 하면 그 행위자를 벌하는 외에 그 법인 또는 개인에게도 해당 조문의 벌금형을 과한다. 다만, 법인 또는 개인이 그 위반행위를 방지하기 위하여 해당 업무에 관하여 상당한 주의와 감독을 게을리하지 아니한 경우에는 그러하지 아니하다.
과태료 (제55조)	① 다음 각호의 어느 하나에 해당하는 자에게는 300만원 이하의 과태료를 부과한다. 1. 제6조제1항에 따라 지정·고시한 낚시통제구역에서 낚시를 한 자 2. 제7조제1호를 위반하여 오물이나 쓰레기를 버린 자 3. 제7조제2호를 위반하여 낚시도구나 미끼를 낚시 용도로 사용하지 아니하고 버린 자 4. 제7조제3호에 따른 낚시제한기준을 위반하여 수산동물을 잡은 자 5. 제7조의2를 위반하여 낚시로 포획한 수산동물을 타인에게 판매하거나 판매할 목적으로 저장·운반 또는 진열한 자 6. 제8조제1항 본문을 위반하여 유해 낚시도구를 사용 또는 판매(불특정 다수인에게 제공하는 행위을 포함한다)하거나 판매할 목적으로 저장·운반 또는 진열한 자 7. 제20조제1항제2호부터 제4호까지의 규정에 따른 낚시터업자와 그 종사자의 준수사항을 위반한 자 8. 제20조의2제3호에 따른 명령을 거부하거나 기피한 자 9. 제21조제3항을 위반하여 낚시터업의 승계 사실을 정하여진 기한까지 신고하지 아니한 자 10. 제25조의2제1항에 따른 낚시어선 안전성 검사를 받지 아니한 자

11. 제29조제2항·제3항에 따른 낚시어선업자 등의 안전운항 의무를 위반한 자

11의2. 제29조제4항에 따른 낚시어선업자 등의 출항 전 안내 의무를 위반한 자

12. 해상항행선박이 항행을 계속할 수 없는 하천·호소 등 「해사안전법」의 적용대상이 아닌 장소에서 제30조제5항에 따른 조종·승선 제한 등의 조치를 위반한 자

13. 제33조제3항 전단을 위반하여 승객으로 하여금 승선자명부를 작성하도록 하지 아니한 자

14. 제33조제3항 후단을 위반하여 승선자명부 기재내용을 확인하지 아니한 자

15. 제33조제4항을 위반하여 승선을 거부하지 아니한 자

16. 제33조제5항을 위반하여 승선자명부의 사본을 갖추어 두지 아니한 자

17. 제35조제1항제3호에 따른 명령을 거부하거나 기피한 자

18. 제37조제1항에 따른 사고발생 보고를 하지 아니하거나 사고 수습을 위한 조치를 하지 아니한 자

19. 제41조를 위반하여 미끼기준에 적합하지 아니한 미끼를 판매하거나 판매할 목적으로 사용·저장·운반 또는 진열한 자

20. 제42조에 따른 압류·폐기를 거부·방해·기피하거나 미끼기준에 적합하지 아니한 미끼에 대한 회수·폐기 또는 안전상의 위해제거 조치 명령을 거부·방해·기피한 자

21. 제47조제1항에 따른 낚시터업자 등에 대한 전문교육을 이수하지 아니한 자

22. 제47조제2항 및 제3항에 따른 전문교육을 이수하지 않고 낚시어선업을 한 자

23. 제47조제4항을 위반하여 전문교육을 이수하지 아니한 선원을 근무하게 한 자

24. 제50조제1항에 따른 보고나 자료제출을 거부하거나 거짓으로 보고 또는 자료제출을 한 자

25. 제50조제3항에 따른 검사를 할 때 정당한 사유 없이 관계 공무원의 출입 등을 거부·방해 또는 기피한 자

② 다음 각호의 어느 하나에 해당하는 자에게는 100만원 이하의 과태료를 부과한다.

1. 제9조제1항 각 호에 따른 낚시인의 생명과 신체의 안전을 확보하기 위한 조치명령을 거부·기피한 자

2. 제24조에 따른 낚시터업의 휴업·폐업·재개 또는 휴업기간 연장 신고를 정하여진 기한까지 하지 아니한 자

3. 제25조제1항 후단에 따른 낚시어선업의 변경신고를 하지 아니하고 낚시어선업을 한 자

3의2. 제28조의2를 위반한 자

3의3. 제29조의2를 위반한 자

4. 제32조를 위반하여 낚시어선업 신고확인증 등을 낚시어선에 게시하지 아니한 자

6. 제36조를 위반하여 낚시어선업자 또는 선원의 조치를 거부하거나 방해한 자

7. 제39조에 따른 낚시어선업의 폐업신고를 정하여진 기한까지 하지 아니한 자

8. 제45조의2제2항에 따른 변경신고를 하지 아니한 자

③ 제1항 및 제2항에 따른 과태료는 대통령령으로 정하는 바에 따라 해양수산부장관, 시·도지사 또는 시장·군수·구청장이 부과·징수한다.

제3장 수산업법

제1절 │ 총 론

1. 수산업의 의의

수산업은 우리나라 정부수립이후 경제성장 기반이 거의 전무하던 시기에 외화획득의 주요 수단이었다. 60-70년 대 급속도로 발전한 원양어업으로 획득한 외화는 경제개발에서 중요한 역할을 담당했다. 이후 한국의 수산업은 눈부신 양적 발전을 이룩하였으나 1994년 「유엔해양법협약」 및 2001년 「유엔공해어업협약」의 발효에 따라 200해리 배타적경제수역이 선포되고 공해상 자유어업이 제약되면서 원양어업이 쇠퇴하였다. 연근해 수산업은 어업자원 고갈, 어업인구 감소와 고령화, 기후변화, 어업의 수익성 저하 등의 위기를 맞고 있다.

우리나라 수산업·어촌은 경제적 및 산업적 측면에서 수산식량의 안정적 공급, 고용기회 제공의 역할을 해 왔으며, 전통문화의 계승, 휴식 공간, 지역사회 유지, 해양환경 보전 등의 공익적 기능을 수행해 왔다. 특히 최근 수산업은 국민경제의 발전과 소득 증가에 따라 수산물이 국민식생활과 건강 및 영양에서 차지하는 역할이 중시되고 있다. 또한 어촌지역 역시 국민들의 휴식과 휴양을 위한 공간으로서의 중요성도 높아지고 있다.[5] 이와 함께 4차 산업혁명의 흐름 속에서 연근해어업, 양식업, 원양어업, 전후방산업은 첨단산업과 융·복합되면서 새로운 발전의 전환기를 맞고 있다.

---

5) 한국해양수산개발원, 「미래수산업·어촌발전을 위한 정책방향 연구」, 2017. 10.

2. 수산업법

「수산업법」은 1953년 9월 제정(법률 제295호)되어 같은 해 12월 시행되었다. 동 법은 수산업에 관한 기본제도를 정하고, 수면의 통합적 이용으로 어민의 권익과 수산자원을 보호하려는 목적으로 제정된 우리나라의 초기 해사법의 하나이다.

제2절 | 총 칙

내용	규정
정의 (제2조)	1. "수산업"이란 어업·양식업·어획물운반업 및 수산물가공업을 말한다. 2. "어업"이란 수산동식물을 포획·채취하는 사업과 염전에서 바닷물을 자연 증발시켜 소금을 생산하는 사업을 말한다. 2의2. "양식업"이란 「양식산업발전법」 제2조제2호에 따라 수산동식물을 양식하는 사업을 말한다. 3. "어획물운반업"이란 어업현장에서 양륙지까지 어획물이나 그 제품을 운반하는 사업을 말한다. 4. "수산물가공업"이란 수산동식물을 직접 원료 또는 재료로 하여 식료·사료·비료·호료·유지 또는 가죽을 제조하거나 가공하는 사업을 말한다. 8. "어장"이란 제8조에 따라 면허를 받아 어업을 하는 일정한 수면을 말한다. 9. "어업권"이란 제8조에 따라 면허를 받아 어업을 경영할 수 있는 권리를 말한다. 10. "입어"란 입어자가 마을어업의 어장에서 수산동식물을 포획·채취하는 것을 말한다. 11. "입어자"란 제47조에 따라 어업신고를 한 자로서 마을어업권이 설정되기 전부터 해당 수면에서 계속하여 수산동식물을 포획·채취하여 온 사실이 대다수 사람들에게 인정되는 자 중 대통령령으로 정하는 바에 따라 어업권원부에 등록된 자를 말한다. 12. "어업인"이란 어업자 및 어업종사자를 말하며, 「양식산업발전법」 제2조제12호의 양식업자와 같은 조 제13호의 양식업종사자를 포함한다. 13. "어업자"란 어업을 경영하는 자를 말한다. 14. "어업종사자"란 어업자를 위하여 수산동식물을 포획·채취하는 일에 종사하는 자와 염전에서 바닷물을 자연 증발시켜 소금을 생산하는 일에 종사하는 자를 말한다. 15. "어획물운반업자"란 어획물운반업을 경영하는 자를 말한다.

	16. "어획물운반업종사자"란 어획물운반업자를 위하여 어업현장에서 양륙지까지 어획물이나 그 제품을 운반하는 일에 종사하는 자를 말한다. 17. "수산물가공업자"란 수산물가공업을 경영하는 자를 말한다. 18. "바닷가"란 만조수위선과 지적공부에 등록된 토지의 바다 쪽 경계선 사이를 말한다. 19. "유어"란 낚시 등을 이용하여 놀이를 목적으로 수산동식물을 포획·채취하는 행위를 말한다. 20. "어구"란 수산동식물을 포획·채취하는데 직접 사용되는 도구를 말한다.
적용범위 (제3조)	이 법은 다음 각호의 수면 등에 대하여 적용한다. 1. 바다 2. 바닷가 3. 어업을 목적으로 하여 인공적으로 조성된 육상의 해수면
어장이용개발계획 등 (제4조)	① 시장(특별자치도의 경우에는 특별자치도지사를 말한다. 이하 같다)·군수·구청장(자치구의 구청장을 말한다. 이하 같다)은 관할 수면을 종합적으로 이용·개발하기 위한 어장이용개발계획(「개발계획」)을 세워야 한다. ② 시장·군수·구청장이 개발계획을 세운 때에는 특별시장·광역시장 또는 도지사의 승인을 받아야 한다. ③ 시장·군수·구청장은 개발계획을 세우려면 개발하려는 수면에 대하여 기본조사를 실시하고 사회적·경제적 여건을 고려하여 개발계획을 세우되, 해양수산부장관이 정하는 개발계획기본지침에 따라 특별시장·광역시장·도지사 또는 특별자치도지사(「시·도지사」)가 지역여건과 특성을 고려하여 정한 개발계획세부지침에 따라야 한다. ④ 시장·군수·구청장은 개발계획을 세우려는 수면이 다른 법령에 따라 어업행위가 제한되거나 금지되고 있는 경우에는 미리 관계 행정기관의 장의 승인을 받거나 협의를 하여야 한다. ⑤ 시장·군수·구청장은 개발계획을 세우려는 경우에는 제88조에 따른 해당 수산조정위원회의 심의를 거쳐야 한다. ⑥ 제1항부터 제5항까지의 규정에 따라 승인된 개발계획은 대통령령으로 정하는 경우에만 이를 변경할 수 있으며, 변경되는 개발계획의 수립·승인과 관계 행정기관의 장의 승인 또는 관계 행정기관의 장과의 협의 및 수산조정위원회의 심의에 관하여는 제1항부터 제5항까지를 준용한다. 다만, 관계 행정기관의 장의 승인이나 관계 행정기관의 장과의 협의는 새로운 수면의 추가나 그 밖에 이에 준하는 사유로 인하여 다시 승인을 받거나 협의를 하여야 하는 경우로 한정한다. ⑦ 제1항과 제3항에 따른 개발계획기본지침과 개발계획세부지침의 작성, 개발계획의 수립과 그 절차 등에 필요한 사항은 대통령령으로 정한다.
외국인에 대한 어업의 면허 등 (제5조)	① 시·도지사 또는 시장·군수·구청장은 외국인이나 외국법인에 대하

여 대통령령으로 정하는 어업면허나 어업허가를 하려면 미리 해양수산부장관과 협의하여야 한다.
② 외국인이나 외국법인이 대한민국 국민 또는 대한민국의 법률에 따라 설립된 법인(설립 중인 법인을 포함한다. 이하 이 조에서 같다)에 제1항에 따른 어업을 경영할 목적으로 투자하는 경우 그 국민 또는 법인에 대한 투자비율이 50퍼센트 이상이거나 의결권이 과반수인 때에도 제1항을 적용한다.
③ 대한민국 국민 또는 대한민국의 법률에 따라 설립된 법인이나 단체에 대하여 자국 내의 수산업에 관한 권리의 취득을 금지하거나 제한하는 국가의 개인 또는 법인이나 단체에 대하여는 대한민국 안의 수산업에 관한 권리의 취득에 관하여도 같거나 비슷한 내용의 금지나 제한을 할 수 있다.

제3절 | 면허어업

내용	규정
면허어업 (제8조)	① 다음 각호의 어느 하나에 해당하는 어업을 하려는 자는 시장·군수·구청장의 면허를 받아야 한다. 1. 정치망어업: 일정한 수면을 구획하여 대통령령으로 정하는 어구를 일정한 장소에 설치하여 수산동물을 포획하는 어업 6. 마을어업: 일정한 지역에 거주하는 어업인이 해안에 연접한 일정한 수심 이내의 수면을 구획하여 패류·해조류 또는 정착성 수산동물을 관리·조성하여 포획·채취하는 어업 ② 시장·군수·구청장은 제1항에 따른 어업면허를 할 때에는 개발계획의 범위에서 하여야 한다. ③ 제1항 각호에 따른 어업의 종류와 마을어업 어장의 수심 한계는 대통령령으로 정한다. ④ 다음 각호에 필요한 사항은 해양수산부령으로 정한다. 1. 어장의 수심(마을어업은 제외한다), 어장구역의 한계 및 어장 사이의 거리 2. 어장의 시설방법 또는 포획·채취방법 3. 어획물에 관한 사항 4. 어선·어구 또는 그 사용에 관한 사항 5의2. 해적생물(害敵生物) 구제도구의 종류와 사용방법 등에 관한 사항 6. 그 밖에 어업면허에 필요한 사항
마을어업 등의 면허 (제9조)	① 마을어업은 일정한 지역에 거주하는 어업인의 공동이익을 증진하기 위하여 어촌계나 지구별수산업협동조합(「지구별수협」)에만 면허한다.

	④ 시장·군수·구청장은 어업인의 공동이익과 일정한 지역의 어업개발을 위하여 필요하다고 인정하면 어촌계, 영어조합법인 또는 지구별수협에 마을어업 외의 어업을 면허할 수 있다.
면허의 결격사유 (제10조)	시장·군수·구청장은 다음 각호의 어느 하나에 해당하는 자에 대하여는 어업면허를 하여서는 아니 된다. 1. 어업을 목적으로 하지 아니하는 법인이나 단체 2. 취득한 어업권의 어장 면적과 신청한 어업권의 어장 면적을 합친 면적이 대통령령으로 정하는 면적 이상이 되는 자 4. 이 법, 「어장관리법」, 「양식산업발전법」, 「어선법」 또는 「수산자원관리법」을 위반하여 금고 이상의 형을 선고받고 그 집행이 끝나거나(집행이 끝난 것으로 보는 경우를 포함한다) 집행을 받지 아니하기로 확정된 후 2년이 지나지 아니한 자 5. 이 법, 「어장관리법」, 「양식산업발전법」, 「어선법」 또는 「수산자원관리법」을 위반하여 금고 이상의 형의 집행유예를 선고받고 그 유예기간 중에 있는 자 6. 이 법, 「어장관리법」, 「양식산업발전법」, 「어선법」 또는 「수산자원관리법」을 위반하여 100만원 이상의 벌금형을 선고받고 그 형이 확정된 후 2년이 지나지 아니한 자
형의 분리 선고 (제10조의2)	「형법」 제38조에도 불구하고 제10조제4호부터 제6호까지에 규정된 죄와 다른 죄의 경합범에 대하여는 이를 분리 선고하여야 한다.
면허의 금지 (제11조)	① 시장·군수·구청장은 어업면허를 받으려는 수면이 제34조제1항제1호부터 제7호까지의 어느 하나에 해당하면 어업면허를 하지 아니할 수 있다. ② 시장·군수·구청장은 제35조제1호 및 제3호부터 제6호까지(제34조제1항제1호부터 제7호까지의 어느 하나에 해당하는 경우는 제외한다) 중 어느 하나에 해당하는 사유로 어업면허가 취소된 자에 대하여는 대통령령으로 정하는 바에 따라 그 면허를 취소한 날부터 2년 이내에 어업면허를 하여서는 아니 된다.
면허의 제한 및 조건 (제12조)	시장·군수·구청장은 어업면허를 하는 경우로서 어업조정을 위하여 필요하거나 제34조제1항제1호부터 제7호까지의 어느 하나에 해당되면 그 어업면허를 제한하거나 그 어업면허에 조건을 붙일 수 있다.
우선순위 (제13조)	① 어업면허(제9조제1항 및 제4항에 따른 어업면허는 제외한다)의 우선순위는 다음 순서에 따른다. 1. 수산기술자로서 그 신청한 어업과 같은 종류의 어업을 경영하였거나 이에 종사한 자 또는 그 신청일 이전 5년 동안(「어장관리법」에 따른 어장휴식기간은 제외한다) 그 신청한 어업과 같은 종류의 어업을 경영하였거나 이에 종사한 자

2. 수산기술자로서 제41조제2항 또는 제3항에 해당하는 어업(제1호의 경우는 제외한다)을 경영하였거나 이에 종사한 자 또는 그 신청일 이전 5년 동안(「어장관리법」에 따른 어장휴식기간은 제외한다) 제41조제2항 또는 제3항에 해당하는 어업(제1호의 경우는 제외한다)을 경영하였거나 이에 종사한 자

3. 제1호와 제2호에 속하지 아니하는 자

② 제1항의 같은 순위자 사이의 우선순위는 다음 순서에 따른다.

1. 그 신청 당시 또는 「어장관리법」 제9조제5항에 따른 어장휴식 실시 당시 그 어업의 어장에서 그 어업권의 유효기간이 끝난 자

2. 수산기술자로서 그 신청한 어업의 어장에서 그 신청한 어업을 경영하였거나 이에 종사한 자 또는 그 신청일 이전 5년 동안(「어장관리법」에 따른 어장휴식기간은 제외한다) 그 신청한 어업의 어장에서 그 신청한 어업을 경영하였거나 이에 종사한 자

3. 제1호와 제2호에 속하지 아니하는 자

③ 제2항에 따른 같은 순위자 사이의 우선순위는 다음 순서에 따른다.

1. 면허를 받으려는 수면이 있는 특별자치도 또는 시·군·자치구에 1년 전부터 계속하여 주소(법인이나 단체의 경우에는 어업 관계 사무소의 소재지를 말한다. 이하 같다)를 두고 있던 자

2. 면허를 받으려는 수면이 있는 시·군·자치구와 연접하는 시·군·자치구에 1년 전부터 계속하여 주소를 두고 있던 자

3. 제1호와 제2호에 속하지 아니하는 자

⑤ 제9조제1항에 따른 마을어업의 면허의 우선순위는 제9조제1항에서 규정하고 있는 순서에 따른 순위로 한다.

⑦ 제1항부터 제5항까지의 규정에 따라 우선순위를 정하는 경우 다음 각호의 어느 하나에 해당하는 자는 우선순위에서 배제할 수 있다. 이 경우 제88조에 따른 해당 수산조정위원회의 심의를 거쳐야 한다.

1. 해당 어업의 어장에서 이 법, 「어장관리법」, 「양식산업발전법」 또는 「수산자원관리법」을 위반하거나 이 법, 「어장관리법」, 「양식산업발전법」 또는 「수산자원관리법」에 따른 명령·처분 또는 그 제한이나 조건을 위반하여 행정처분을 받은 자

2. 해당 어업의 어장에서 어장관리 및 어업경영상태가 매우 부실하다고 인정되는 자

3. 해당 어업권을 취득하였다가 정당한 사유 없이 양도한 자

4. 제81조제1항제1호에 해당하는 사유로 어업권이 취소되어 손실보상을 받은 자. 다만, 손실보상 당시 다른 어업권을 이미 취득하였거나 보상받은 뒤 제19조제1항 각호 외의 부분 단서에 따라 어업권을 이전·분할 받은 경우 각 어업권의 유효기간이 끝나 새로 어업면허를 신청하는 때에는 우선순위에서 제외할 수 없다.

| 면허의 유효기간
(제14조) | ① 제8조에 따른 어업면허의 유효기간은 10년으로 한다. 다만, 제4조제4 |

항 및 「어장관리법」 제8조제5항에 해당하는 경우와 수산자원보호와 어업조정에 관하여 필요한 사항을 대통령령으로 정하는 경우에는 각각 그 유효기간을 10년 이내로 할 수 있다.

② 시장·군수·구청장은 제1항 단서, 제13조제7항 각 호 및 제34조제1항 각호의 어느 하나에 해당하는 사유가 있는 경우 외에는 어업권자의 신청에 따라 면허기간이 끝난 날부터 10년의 범위에서 유효기간의 연장을 허가하여야 한다. 이 경우 여러 차례에 걸쳐 연장허가를 한 경우에는 그 총 연장허가기간은 10년을 초과할 수 없다.

③ 시장·군수·구청장은 어업권자가 유효기간의 연장을 신청하지 아니할 때에는 그 어업권에 대하여 등록된 권리자의 신청에 따라 그 어업권의 유효기간의 연장을 허가할 수 있다.

④ 시장·군수·구청장은 제2항 전단 또는 제3항에 따른 허가의 신청을 받은 날부터 해양수산부령으로 정하는 기간 내에 허가 여부를 신청인에게 통지하여야 한다.

⑤ 시장·군수·구청장이 제4항에서 정한 기간 내에 허가 여부 또는 민원 처리 관련 법령에 따른 처리기간의 연장을 신청인에게 통지하지 아니하면 그 기간(민원 처리 관련 법령에 따라 처리기간이 연장 또는 재연장된 경우에는 해당 처리기간을 말한다)이 끝난 날의 다음 날에 허가를 한 것으로 본다.

⑥ 어업권은 면허의 유효기간이나 제2항의 연장허가기간이 끝남과 동시에 소멸된다.

면허제한구역 등에 대한 한정어업면허 (제15조)	① 시장·군수·구청장은 제34조제1항제1호부터 제6호까지 또는 제35조제6호(제34조제1항제1호부터 제6호까지의 어느 하나에 해당하는 경우에만 해당한다)에 해당되어 어업이 제한된 구역이나 어업면허가 취소된 수면에서 어업을 하려는 자에게는 관계 행정기관의 장과 협의하거나 승인을 받아 따로 면허기간 등을 정하여 제8조에 따른 어업면허(「한정어업면허」)를 할 수 있다. ② 한정어업면허에 관하여는 제16조제2항, 제19조제1항 각 호 외의 부분 단서 및 제81조제1항을 적용하지 아니한다. ③ 시장·군수·구청장은 한정어업면허를 할 때 관계 행정기관이 다른 법령에 따른 보상을 배제하는 조건으로 협의하거나 승인할 때에는 그 조건을 붙여 면허하여야 한다.
어업권의 취득과 성질 (제16조)	① 제8조에 따라 어업면허를 받은 자와 제19조에 따라 어업권을 이전받거나 분할받은 자는 제17조의 어업권원부에 등록을 함으로써 어업권을 취득한다. ② 어업권은 물권으로 하며, 이 법에서 정한 것 외에는 「민법」 중 토지에 관한 규정을 준용한다. ③ 어업권과 이를 목적으로 하는 권리에 관하여는 「민법」 중 질권에 관한 규정을 적용하지 아니한다.

	④ 법인이 아닌 어촌계가 취득한 어업권은 그 어촌계의 총유로 한다.
어업권의 등록 (제17조)	① 어업권과 이를 목적으로 하는 권리의 설정·보존·이전·변경·소멸 및 처분의 제한, 지분 또는 입어에 관한 사항은 어업권원부에 등록한다. ② 제1항에 따른 등록은 등기를 갈음한다. ③ 등록에 관한 사항은 대통령령으로 정한다.
어업권과 다른 법률과의 관계 (제18조)	① 어업권자에 대하여는 그 면허를 받은 어업에 필요한 범위에서「공유수면 관리 및 매립에 관한 법률」에 따른 행위가 허용된다. ② 제1항의 경우에「공유수면 관리 및 매립에 관한 법률」제46조를 적용하지 아니한다.
어업권의 이전·분할 또는 변경 (제19조)	① 어업권은 이전·분할 또는 변경할 수 없다. 다만,「어장관리법」에 따른 어장정화·정비에 따라 변경하는 경우, 어업권(마을어업권은 제외한다)을 등록한 후 어업을 시작한 날(시설물의 설치를 끝낸 날을 말한다)부터 1년이 지난 후 해양수산부령으로 정하는 바에 따라 시장·군수·구청장의 인가를 받은 경우, 법인의 합병 또는 상속으로 이전하거나 분할하는 경우에는 각각 어업권을 이전·분할하거나 변경할 수 있다. ② 시장·군수·구청장은 제1항 단서에 따라 어업권을 이전받거나 분할받으려는 자가 제10조 각호의 어느 하나 또는 제11조제2항에 해당하면 그 인가를 하여서는 아니 된다. ③ 어촌계나 지구별수협이 가지고 있는 어업권은 제1항 각호 외의 부분 본문에도 불구하고 어촌계 또는 지구별수협의 합병, 분할, 업무구역의 변경 또는 상호 합의에 따라 어촌계와 어촌계 사이, 지구별수협과 지구별수협 사이 또는 어촌계와 지구별수협 사이에 서로 이전하거나 분할하는 경우에는 그 어업권을 이전하거나 분할할 수 있다.
면허사항의 변경신고 (제20조)	어업권자가 면허를 받은 사항 중 성명·주소 등 대통령령으로 정하는 사항을 변경하려면 해양수산부령으로 정하는 바에 따라 시장·군수·구청장에게 변경신고를 하여야 한다. 다만, 어업권자가 같은 시·군·자치구 내에서 주소를 변경하여「주민등록법」제16조제1항에 따라 전입신고를 한 경우에는 주소 변경에 대한 변경신고를 한 것으로 본다.
어촌계 등의 어업권 담보 금지 (제21조)	어촌계나 지구별수협이 가지고 있는 어업권은 담보로 제공할 수 없다.
담보로 제공할 때의 인공구조물 (제22조)	어업권을 담보로 제공할 때에 그 어장에 설치한 인공구조물은 어업권에 딸려 어업권과 하나가 된 것으로 본다.
공유자의 동의 (제23조)	① 어업권의 공유자는 다른 공유자의 동의 없이 그 지분을 처분하거나 담보로 제공할 수 없다. 다만,「민사집행법」제264조에 따른 매각의 경우에는 그러하지 아니하다.

내용	규정
	② 제1항의 경우에 공유자의 주소나 거소가 분명하지 아니하거나 그 밖의 사유로 동의를 받을 수 없을 때에는 대통령령으로 정하는 바에 따라 그 사실을 공고하여야 한다. ③ 제2항에 따라 공고한 때에는 공고한 날의 다음 날부터 계산하기 시작하여 30일 이내에 이의신청이 없으면 그 마지막 날에 동의한 것으로 본다.
등록한 권리자의 동의 (제24조)	어업권은 등록한 권리자의 동의 없이 분할·변경 또는 포기할 수 없다.
처분한 때의 권리·의무의 승계 (제25조)	이 법 또는 「수산자원관리법」, 이 법 또는 「수산자원관리법」에 따른 명령·처분 또는 그 제한이나 조건에 따라 어업권자에게 생긴 권리·의무는 어업권과 같이 이전한다.
어업권의 경매 (제26조)	① 제31조제2항, 제35조제2호부터 제5호까지 또는 제35조제6호(제34조제1항제8호나 제9호에 해당하는 경우에만 해당한다)에 따라 어업의 면허를 취소한 경우 그 어업권의 저당권자로 등록된 자는 제36조에 따른 통지를 받은 다음 날부터 계산하기 시작하여 30일 이내에 어업권의 경매를 신청할 수 있다. ② 제1항에 따라 경매를 신청한 경우에는 해당 어업권은 면허를 취소한 날부터 경매절차가 끝난 날까지 경매의 목적의 범위에서 존속하는 것으로 본다. ③ 경매에 따른 경매대금 중 경매비용과 제1항의 저당권자에 대한 채무를 변제하고 남은 금액은 국고에 귀속한다. ④ 경락인이 경매대금을 완납한 때에는 어업면허의 취소는 그 효력이 발생하지 아니한 것으로 본다.

제4절 | 면허어장 관리

내용	규정
관리선의 사용과 그 제한·금지 (제27조)	① 어업권자는 그 어업의 어장관리에 필요한 어선(「관리선」)을 사용하려면 시장·군수·구청장의 지정을 받아야 한다. 이 경우 관리선은 어업권자(제37조에 따른 어업권의 행사자를 포함한다)가 소유한 어선이나 임차한 어선으로 한정한다. ② 시장·군수·구청장은 수산자원의 증식·보호와 어업조정에 필요한 경우에는 대통령령으로 정하는 바에 따라 어업의 종류와 어장의 면적 또는 수산동식물의 종류에 따라 관리선으로 사용할 수 있는 어선·어구에 대하여 제한하거나 금지할 수 있다. ③ 면허받은 어업의 어장에 관리선을 갖추지 못한 어업권자는 제1항의

	지정을 받은 어선이나 제41조제1항·제2항, 같은 조 제3항제1호 또는 제47조제1항에 따라 허가를 받았거나 신고한 어업의 어선은 시장·군수·구청장의 승인을 받아 사용할 수 있다. ④ 제1항에 따라 관리선의 사용을 지정받은 어업권자는 그 지정받은 어장구역 또는 제3항에 따라 승인을 받은 구역 외의 수면에서 수산동식물을 포획 또는 채취하기 위하여 그 관리선을 사용하여서는 아니 된다. 다만, 관리선에 대하여 제41조나 제47조에 따른 어업허가를 받았거나 신고를 한 경우에는 그러하지 아니하다. ⑤ 제1항과 제3항에 따른 관리선의 규모와 수, 기관의 마력(馬力) 및 그 사용의 지정 또는 승인, 그 밖에 관리선의 사용에 필요한 사항은 해양수산부령으로 정한다. 다만, 수산자원의 증식·보호와 어업조정을 위하여 필요한 때에는 해양수산부령으로 정하는 범위에서 관리선의 정수 및 사용기준 등에 관한 사항은 해당 시·군·구의 조례로 정할 수 있다.
보호구역 (제29조)	① 정치망어업의 어업권을 보호하기 위하여 보호구역을 둔다. ② 제1항의 보호구역에서는 해당 시설물을 훼손하는 행위와 어업권의 행사에 방해가 되는 다음 각호의 행위를 하여서는 아니 된다. 다만, 어업권자의 동의를 받은 경우에는 예외로 한다. 1. 어망을 사용하는 어업 2. 불빛이나 음향 등을 이용하여 수산동물을 유인하거나 몰아서 하는 어업 3. 통발 또는 연승 등의 어구를 설치하거나 끌어구류 및 잠수기를 사용하는 어업 4. 어업권의 행사에 방해가 되는 시설물을 신축·증축 또는 개축하는 행위. 다만, 국가 또는 지방자치단체가 국방상 필요 등 공익을 목적으로 추진하는 경우에는 예외로 한다. ③ 시장·군수·구청장은 마을어업권과 바닥식양식어업권이 설정된 어장 주변에 다른 어업과의 분쟁 예방을 위하여 관련 업계의 의견을 수렴하여 해양수산부령으로 정하는 범위에서 해당 시·군·구의 조례로 정하는 바에 따라 해당 어장과 어장 사이를 보호구역으로 정할 수 있다. ④ 제3항의 보호구역에서는 어업권의 행사에 방해가 되는 다음 각호의 행위를 하여서는 아니 된다. 다만, 인근 어업권자의 동의를 받은 경우에는 예외로 한다. 1. 잠수기를 사용하는 어업 2. 그 밖에 해당 시·군·구의 조례로 정하는 어업 ⑤ 제1항 및 제3항의 보호구역의 범위에 필요한 사항은 해양수산부령으로 정한다.
휴업 신고 및 어업권 포기의 신고 (제30조)	① 어업권을 취득하여 어업을 하는 자가 계속하여 1년 이상 휴업하려면 휴업기간을 정하여 미리 시장·군수·구청장에게 신고하여야 한다. 다만, 제31조제1항에 따라 어업을 시작하기 전에는 휴업을 할 수 없으며, 계속하여 2년 이상 휴업을 할 수 없다.

	③ 제1항의 신고를 한 자가 신고한 휴업기간이 끝나기 전에 어업을 계속 하려면 미리 시장·군수·구청장에게 신고하여야 한다. ④ 제1항의 기간에는 제34조 또는 제61조에 따른 명령에 따라 어업을 정지한 기간 및 「어장관리법」에 따른 어장휴식기간은 그 계산에 넣지 아니한다. ⑤ 어업권자가 어업권을 포기하려는 경우에는 해양수산부령으로 정하는 바에 따라 시장·군수·구청장에게 신고하여야 한다.
어업의 개시 등 (제31조)	① 어업권을 취득한 자는 그 어업권을 취득한 날부터 1년 이내에 어업을 시작하여야 한다. 다만, 대통령령으로 정하는 경우에는 시장·군수·구청장이 2년의 범위에서 그 기간을 조정할 수 있다. ② 시장·군수·구청장은 어업권을 취득한 자가 그 어업을 시작한 후 1년이 지났으나 계속하여 해당 어장을 휴업 상태로 두어 어장을 종합적으로 이용하지 못하였다고 인정될 때에는 그 어업권을 변경하거나 취소할 수 있다. ③ 제1항이나 제2항의 기간에는 제34조 또는 제61조에 따른 명령에 따라 어업을 정지한 기간 및 「어장관리법」에 따른 어장휴식기간은 그 계산에 넣지 아니한다.
다른 사람에 의한 지배 금지 (제32조)	① 어업권자는 다른 사람에게 그 어업의 경영을 사실상 지배하게 하여서는 아니 된다. ② 제1항에 따른 해당 어업의 경영을 사실상 지배하는 범위는 해양수산부령으로 정한다.
임대차의 금지 (제33조)	어업권은 임대차의 목적으로 할 수 없다. 이 경우 어촌계의 계원, 지구별수협의 조합원 또는 어촌계의 계원이나 지구별수협의 조합원으로 구성된 영어조합법인이 제38조에 따른 어장관리규약으로 정하는 바에 따라 그 어촌계 또는 지구별수협이 소유하는 어업권을 행사하는 것은 임대차로 보지 아니한다.
공익의 필요에 의한 면허어업의 제한 등 (제34조)	① 시장·군수·구청장은 다음 각호의 어느 하나에 해당하면 면허한 어업을 제한 또는 정지하거나 어선의 계류 또는 출항·입항을 제한할 수 있다. 1. 수산자원의 증식·보호를 위하여 필요한 경우 2. 군사훈련 또는 주요 군사기지의 보위를 위하여 필요한 경우 3. 국방을 위하여 필요하다고 인정되어 국방부장관이 요청한 경우 4. 선박의 항행·정박·계류 또는 수저전선의 부설을 위하여 필요한 경우 5. 「해양폐기물 및 해양오염퇴적물 관리법」 제7조제2항에 따른 폐기물 해양배출로 인하여 배출해역 바다에서 서식하는 수산동물의 위생관리가 필요한 경우 6. 「공익사업을 위한 토지 등의 취득 및 보상에 관한 법률」 제4조의 공익사업을 위하여 필요한 경우

	7. 「어선안전조업법」 제27조제1항 각 호에 해당하여 해양수산부장관의 요청을 받은 경우 8. 어업권자가 이 법, 「어장관리법」, 「양식산업발전법」 또는 「수산자원관리법」을 위반하거나 이 법, 「어장관리법」, 「양식산업발전법」 또는 「수산자원관리법」에 따른 명령·처분이나 그 제한·조건을 위반한 경우 9. 어업권자가 외국과의 어업에 관한 협정 또는 일반적으로 승인된 국제법규와 외국의 수산에 관한 법령을 위반한 경우 ② 제1항제1호부터 제6호까지의 어느 하나에 따른 어업의 제한 등의 절차에 필요한 사항은 대통령령으로 정한다. ④ 제1항제7호부터 제9호까지에 따른 어업의 제한 등의 처분 기준과 절차에 필요한 사항은 해양수산부령으로 정한다. ⑤ 제1항제8호나 제9호에 따라 계류처분을 받은 어선의 관리는 제27조제1항과 제3항에 따른 지정 또는 승인을 받은 자가 하여야 한다.
면허어업의 취소 (제35조)	시장·군수·구청장은 어업면허를 받은 자가 다음 각호의 어느 하나에 해당하면 해양수산부령으로 정하는 바에 따라 어업면허를 취소할 수 있다. 다만, 제1호에 해당하는 경우에는 그 면허를 취소하여야 한다. 1. 거짓이나 그 밖의 부정한 방법으로 어업면허를 받은 경우 2. 제10조제1호에 해당하게 된 경우 3. 어업권자가 제30조제1항·제2항 또는 제31조제1항을 위반한 경우 4. 어업권자가 제32조를 위반하여 다른 사람에게 그 어업의 경영을 사실상 지배하게 한 경우 5. 어업권자가 제33조를 위반하여 어업권을 임대한 경우 6. 제1호부터 제5호까지의 경우 외에 제34조제1항 각호의 어느 하나에 해당하게 된 경우
어촌계 등의 어장관리 (제37조)	① 어촌계가 가지고 있는 어업권은 어장관리규약으로 정하는 바에 따라 그 어촌계의 계원이 행사한다. 다만, 마을어업권의 경우에는 계원이 아닌 자도 다음 각호의 요건을 모두 갖춘 경우에는 마을어업권을 행사할 수 있다. 1. 해당 어촌계의 관할 구역에 주소를 두고 있을 것 2. 마을어업권의 행사에 대한 어촌계 총회의 의결이 있을 것 3. 제47조에 따른 어업의 신고를 마쳤을 것 ② 지구별수협이 가지고 있는 어업권은 대통령령으로 정하는 경우 외에는 제38조에 따른 어장관리규약으로 정하는 바에 따라 그 어장에 인접한 지역을 업무구역으로 하는 어촌계의 업무구역에 주소를 두고 있는 그 지구별수협의 조합원이 행사한다. ③ 제1항과 제2항에 따른 어업권의 행사방법과 행사의 우선순위, 어촌계별·어촌계원별·조합원별 시설량 또는 구역의 조정, 그 밖에 어장관리에 필요한 사항은 해양수산부령으로 정한다.

어장관리규약 (제38조)	① 제9조에 따라 어업권을 취득한 어촌계와 지구별수협은 해양수산부령으로 정하는 바에 따라 그 어장에 입어하거나 어업권을 행사할 수 있는 자의 자격, 입어방법과 어업권의 행사방법, 어업의 시기, 어업의 방법, 입어료와 행사료, 그 밖에 어장관리에 필요한 어장관리규약을 정하여야 한다. ② 시장·군수·구청장은 제1항에 따른 어장관리규약이 이 법, 「어장관리법」, 「양식산업발전법」 또는 「수산자원관리법」을 위반하거나 이 법, 「어장관리법」, 「양식산업발전법」 또는 「수산자원관리법」에 따른 명령·처분 또는 그 제한이나 조건을 위반한 경우에는 어장관리규약의 변경 등 필요한 조치를 명할 수 있다.
어업권 행사의 제한 등 (제39조)	시장·군수·구청장은 제37조제1항 또는 제2항에도 불구하고 계원이나 조합원의 소득이 균등하게 증대될 수 있도록 대통령령으로 정하는 기준에 해당하는 자에 대하여는 어촌계 또는 지구별수협의 어장에 대한 어업권의 행사를 제한하거나 금지할 수 있다.
입어 등의 제한 (제40조)	① 마을어업의 어업권자는 입어자에게 제38조에 따른 어장관리규약으로 정하는 바에 따라 해당 어장에 입어하는 것을 허용하여야 한다. ② 제1항의 어업권자와 입어자는 협의에 따라 수산동식물의 번식·보호 및 어업의 질서유지를 위하여 필요하다고 인정되면 어업에 대하여 제한을 할 수 있다. ③ 제12조 또는 제34조제1항제1호부터 제7호까지의 규정에 따라 마을어업의 면허에 붙인 제한·조건 또는 정지는 입어자의 입어에 붙인 제한·조건 또는 정지로 본다. ④ 시장·군수·구청장은 어업권자나 입어자가 제2항의 협의 또는 제84조제2항에 따른 재결을 위반하거나 입어자가 제3항에 따른 제한·조건 또는 정지를 위반하면 그 면허한 어업을 제한·정지하거나 면허를 취소하거나 입어를 제한·정지 또는 금지할 수 있다.

제5절 | 허가어업과 신고어업

내용	규정
허가어업 (제41조)	① 총톤수 10톤 이상의 동력어선 또는 수산자원을 보호하고 어업조정을 하기 위하여 특히 필요하여 대통령령으로 정하는 총톤수 10톤 미만의 동력어선을 사용하는 어업(「근해어업」)을 하려는 자는 어선 또는 어구마다 해양수산부장관의 허가를 받아야 한다. ② 무동력어선, 총톤수 10톤 미만의 동력어선을 사용하는 어업으로서 근해어업 및 제3항에 따른 어업 외의 어업(「연안어업」)에 해당하는 어업을

하려는 자는 어선 또는 어구마다 시·도지사의 허가를 받아야 한다.

③ 다음 각호의 어느 하나에 해당하는 어업을 하려는 자는 어선·어구 또는 시설마다 시장·군수·구청장의 허가를 받아야 한다.

1. 구획어업: 일정한 수역을 정하여 어구를 설치하거나 무동력어선 또는 총톤수 5톤 미만의 동력어선을 사용하여 하는 어업. 다만, 해양수산부령으로 정하는 어업으로 시·도지사가 「수산자원관리법」 제36조 및 제38조에 따라 총허용어획량을 설정·관리하는 경우에는 총톤수 8톤 미만의 동력어선에 대하여 허가할 수 있다.

④ 제1항부터 제3항까지의 규정에 따라 허가를 받아야 하는 어업별 어업의 종류와 포획·채취할 수 있는 수산동물의 종류에 관한 사항은 대통령령으로 정하며, 다음 각호의 사항 및 그 밖에 허가와 관련하여 필요한 절차 등은 해양수산부령으로 정한다.

1. 어업의 종류별 어선의 톤수, 기관의 마력, 어업허가의 제한사유·유예, 양륙항의 지정, 조업해역의 구분 및 허가 어선의 대체

2. 연안어업과 구획어업에 대한 허가의 정수 및 그 어업에 사용하는 어선의 부속선, 사용하는 어구의 종류

⑤ 행정관청은 제35조제1호·제3호·제4호 또는 제6호(제34조제1항제1호부터 제7호까지의 어느 하나에 해당하는 경우는 제외한다)에 해당하는 사유로 어업의 허가가 취소된 자와 그 어선 또는 어구에 대하여는 해양수산부령으로 정하는 바에 따라 그 허가를 취소한 날부터 2년의 범위에서 어업의 허가를 하여서는 아니 된다.

⑥ 제35조제1호·제3호·제4호 또는 제6호(제34조제1항제1호부터 제7호까지의 어느 하나에 해당하는 경우는 제외한다)에 해당하는 사유로 어업의 허가가 취소된 후 다시 어업의 허가를 신청하려는 자 또는 어업의 허가가 취소된 어선·어구에 대하여 다시 어업의 허가를 신청하려는 자는 해양수산부령으로 정하는 교육을 받아야 한다.

어업허가의 우선순위 (제41조의2)

① 제41조제4항제2호 및 제61조제1항제3호에 따른 허가의 정수가 있는 어업은 다음 각호의 어느 하나에 해당하는 자에게 우선하여 허가하여야 한다.

1. 허가의 유효기간이 만료된 어업과 같은 종류의 어업의 허가를 신청하는 자

2. 어업의 허가를 받은 어선·어구 또는 시설을 대체하기 위하여 그 어업의 폐업신고와 동시에 같은 종류의 어업의 허가를 신청하는 자

3. 제41조제4항제1호에 따른 어업허가의 유예기간이 만료되거나 유예사유가 없어져 같은 종류의 어업의 허가를 신청하는 자

② 제1항에도 불구하고 어업허가의 유효기간에 2회 이상 어업허가가 취소되었던 자는 제1항에 따른 어업허가의 우선순위에서 제외한다.

③ 제1항 각호의 어느 하나에 해당하는 자가 어업허가를 신청하지 아니하거나 제2항에 따라 어업허가의 우선순위에서 제외되어 어업허가의 건

수가 허가정수에 미달하는 경우에는 다음 각 호의 순위에 따라 어업허가를 할 수 있다.

1. 제13조에 따른 수산기술자
2. 「수산업·어촌 공익기능 증진을 위한 직접지불제도 운영에 관한 법률」 제7조에 따라 해양수산부장관이 선정하여 고시한 조건불리지역에서 1년 이상 거주한 자
3. 신청한 어업을 5년 이상 경영하였거나 이에 종사한 자
4. 신청한 어업을 1년 이상 5년 미만 경영하였거나 이에 종사한 자 및 신청한 어업과 다른 종류의 어업을 5년 이상 경영하였거나 이에 종사한 자

④ 제3항 각호의 같은 순위자 사이의 우선순위는 신청자의 어업경영능력, 수산업 발전에 대한 기여 정도, 수산 관계 법령의 준수 여부 및 지역적 여건 등을 고려하여 행정관청이 정한다.
⑤ 그 밖에 어업허가의 우선순위에 필요한 사항은 해양수산부령으로 정한다.

혼획의 관리 (제41조의3)	① 어업인은 제41조제4항에 따라 포획·채취할 수 있는 수산동물의 종류가 정하여진 허가를 받은 경우에는 다른 종류의 수산동물을 혼획하여서는 아니 된다. 다만, 대통령령으로 정하는 다음 각호의 기준을 모두 충족하는 경우에는 혼획을 할 수 있다. 1. 혼획이 허용되는 어업의 종류 2. 혼획이 허용되는 수산동물 3. 혼획의 허용 범위 ② 어업인은 제1항 단서에 따라 혼획이 허용되는 수산동물을 허용 범위를 넘어서 포획·채취하거나 포획·채취할 것이 예상되는 경우에는 조업을 중단하거나 조업 장소를 이동하는 등 적절한 조치를 취하여야 한다. ③ 제1항 단서에 따라 혼획이 허용되는 어업에 종사하는 어업인은 해양수산부장관이 정하여 고시하는 혼획저감장치를 어구에 붙이고 사용하여야 한다. ④ 어업인은 제1항 단서에 따라 혼획으로 포획·채취한 어획물을 제61조제1항제7호에 따라 지정된 매매장소에서 매매 또는 교환하여야 한다. 다만, 다음 각호의 어느 하나에 해당하는 경우에는 그러하지 아니하다. 1. 낙도·벽지 등 제61조제1항제7호에 따라 지정된 매매장소가 없는 경우 2. 혼획으로 포획·채취한 어획물이 대통령령으로 정하는 어획량 이하인 경우 ⑤ 제1항부터 제4항까지에서 규정한 사항 외에 어획물 중 혼획이 허용되는 수산동물의 확인, 혼획의 허용 범위 준수 여부 확인 방법 및 절차 등에 관하여 필요한 사항은 해양수산부령으로 정한다.
한시어업허가 (제42조)	① 시·도지사는 그동안 출현하지 아니하였거나 현저히 적게 출현하였던 수산동물(「수산자원관리법」 제48조에 따른 수산자원관리수면 지정대상

정착성 수산자원은 제외한다. 이하 이 조에서 같다)이 다량 출현하고 이를 포획할 어업이 허가되지 아니한 경우 또는 제3항제3호에 따른 연구기관의 장이 허가 건수가 과소하다고 인정하는 경우에 해당 수산동물의 적절한 포획·관리를 위하여 「수산자원관리법」 제11조에 따라 수산자원의 정밀조사·평가를 실시하고 그 결과에 따라 해양수산부장관의 승인을 받아 다음 사항을 정하여 한시적으로 어업(「한시어업」)을 허가할 수 있다.
1. 어업의 종류(이 법에서 규정한 어업의 종류에 한정한다)
2. 포획할 수 있는 수산동물의 종류 및 어획가능총량
3. 해역의 범위
4. 조업의 기간(연간 3개월 이내. 다만, 2개월의 범위에서 연장할 수 있다) 및 시기, 척수
5. 「수산자원관리법」 제36조부터 제40조까지의 규정에 따른 척당어획량 할당 및 관리
② 시·도지사는 한시어업을 허가하는 경우에는 제41조에 따라 어선 또는 어구에 어업허가를 받은 자에게 겸업으로 허가하여야 한다.
③ 시·도지사는 다음 각호의 어느 하나에 해당하는 사유가 있으면 한시어업을 허가하여서는 아니 된다.
1. 어업분쟁이 있거나 어업질서의 유지가 필요한 경우
2. 한시적으로 포획하려는 수산동물과 동일한 품종을 주로 포획대상으로 하는 어업의 어로활동에 지장이 있는 경우
3. 대통령령으로 정하는 연구기관의 장이 수산자원의 번식·보호에 지장이 있거나 해양생태계에 미치는 영향이 있다고 인정하는 경우
④ 한시어업의 승인, 허가대상 및 허가의 절차 등에 필요한 사항은 해양수산부령으로 정한다.

허가어업의 제한 및 조건 (제43조)	① 행정관청은 제41조 및 제42조에 따른 어업허가를 처분하는 경우 해양수산부령으로 정한 연근해어업에 공통적으로 적용되는 사항과 어업의 종류 및 어선의 규모별로 조업구역, 어구·어법, 어구의 규모 및 표지부착 등 허가의 제한 또는 조건을 붙여 허가하여야 한다. ② 행정관청은 제1항에서 정한 제한 또는 조건 외에 제34조제1항제1호부터 제6호까지의 규정에 따른 공익의 보호, 어업조정 또는 수산자원의 번식·보호를 위하여 필요하다고 인정되는 경우에는 허가의 제한 또는 조건을 붙일 수 있다.
어업허가를 받은 자의 지위 승계 (제44조)	① 제41조 및 제42조에 따라 어업허가를 받은 어선·어구 또는 시설물(「어선등」)을 그 어업허가를 받은 자로부터 상속받거나 매입 또는 임차한 자(어업허가를 받은 자가 법인인 경우에는 합병·분할 후 존속하는 법인을 포함한다)는 그 어업허가를 받은 자의 지위를 승계한다(상속의 경우 상속인이 반대의 의사표시를 한 경우는 제외한다). 이 경우 종전에 어업허가를 받은 자의 지위는 그 효력을 잃는다(임차의 경우에는 임차기간에

	한정한다).
	② 제1항에 따라 어업허가를 받은 자의 지위를 승계한 자는 승계 받은 날부터 30일(상속의 경우에는 60일로 한다) 이내에 해당 허가를 처분한 행정관청에 승계 사실을 해양수산부령으로 정하는 절차에 따라 신고하여야 하며, 해양수산부령으로 정하는 어업허가를 받은 어선등의 기준 및 어업허가 신청자의 자격을 갖추지 아니한 자는 승계 받은 날부터 90일 이내에 그 기준과 자격을 갖추어야 한다. ③ 행정관청은 제2항에 따른 신고를 받은 경우 그 내용을 검토하여 이 법에 적합하면 신고를 수리하여야 한다. ④ 제1항에 따라 어업허가를 받은 자의 지위를 승계 받은 자는 그 어업허가에 부과된 행정처분 또는 부담이나 조건 등도 함께 승계 받은 것으로 본다. 다만, 어업허가의 지위를 승계 받은 자가 그 처분이나 위반사실을 알지 못하였음을 증명하는 때에는 그러하지 아니하다. ⑤ 행정관청은 제2항에 따른 신고를 받았을 때에는 「전자정부법」에 따라 「가족관계의 등록 등에 관한 법률」 제11조제4항의 전산정보자료를 공동이용(「개인정보 보호법」 제2조제2호에 따른 처리를 포함한다)할 수 있다.
시험어업 및 연구어업·교습어업 (제45조)	① 제8조·제41조·제42조 또는 제47조에 따른 어업 외의 새로운 어구·어법 또는 어장을 개발하기 위하여 시험어업을 하려는 자는 해양수산부령으로 정하는 바에 따라 시험어업을 신청하여야 한다. ② 해양수산부장관, 시·도지사는 수산자원의 상태와 어업여건 등을 고려하여 제8조·제41조·제42조 또는 제47조에 따른 어업 외의 새로운 어구·어법 또는 어장을 개발하기 위하여 필요한 때 또는 제1항에 따른 신청이 타당하다고 인정될 때에는 어업자, 제1항에 따른 신청자 및 시험연구기관 등과 공동으로 시험어업을 할 수 있다. 이 경우 시·도지사는 시험어업계획을 세워 해양수산부장관의 승인을 받아야 한다. ③ 해양수산부장관이 지정한 시험연구기관·수산기술지도보급기관·훈련기관 또는 교육기관에서 연구어업·교습어업을 하려는 경우에는 제1항과 제2항, 제8조·제41조·제42조 및 제47조에도 불구하고 연구어업·교습어업을 할 수 있다. ④ 제2항과 제3항에 따른 시험어업 및 연구어업·교습어업에 필요한 사항은 해양수산부령으로 정한다.
어업허가 등의 유효기간 (제46조)	① 제41조에 따른 어업허가의 유효기간은 5년으로 한다. 다만, 어업허가의 유효기간 중에 허가받은 어선·어구 또는 시설을 다른 어선·어구 또는 시설로 대체하거나 제44조에 따라 어업허가를 받은 자의 지위를 승계한 경우에는 종전 어업허가의 남은 기간으로 한다. ② 행정관청은 수산자원의 보호 및 어업조정과 그 밖에 공익을 위하여 필요한 경우로서 해양수산부령으로 정하는 경우에는 제1항의 유효기간을 단축하거나 5년의 범위에서 연장할 수 있다.

신고어업 (제47조)	① 제8조·제41조·제42조 또는 제45조에 따른 어업 외의 어업으로서 대통령령으로 정하는 어업을 하려면 어선·어구 또는 시설마다 시장·군수·구청장에게 해양수산부령으로 정하는 바에 따라 신고하여야 한다. ② 시장·군수·구청장은 제1항에 따른 신고를 받은 날부터 해양수산부령으로 정하는 기간 내에 신고수리 여부를 신고인에게 통지하여야 한다. ③ 시장·군수·구청장이 제2항에서 정한 기간 내에 신고수리 여부 또는 민원 처리 관련 법령에 따른 처리기간의 연장을 신고인에게 통지하지 아니하면 그 기간(민원 처리 관련 법령에 따라 처리기간이 연장 또는 재연장된 경우에는 해당 처리기간을 말한다)이 끝난 날의 다음 날에 신고를 수리한 것으로 본다. ④ 제1항에 따른 신고의 유효기간은 신고를 수리(제3항에 따라 신고를 수리한 것으로 보는 경우를 포함한다)한 날부터 5년으로 한다. 다만, 공익사업의 시행을 위하여 필요한 경우와 그 밖에 대통령령으로 정하는 경우에는 그 유효기간을 단축할 수 있다. ⑤ 시장·군수·구청장은 제1항에 따른 신고를 수리한 경우(제3항에 따라 신고를 수리한 것으로 보는 경우를 포함한다) 그 신고인에게 어업신고증명서를 내주어야 한다. ⑥ 제1항에 따라 어업의 신고를 한 자는 다음 각호의 사항을 지켜야 한다. 1. 신고어업자의 주소지와 조업장소를 관할하는 시장·군수·구청장의 관할 수역에서 연간 60일 이상 조업을 할 것 2. 다른 법령의 규정에 따라 어업행위를 제한하거나 금지하고 있는 수면에서 그 제한이나 금지를 위반하여 조업하지 아니할 것 3. 어업분쟁이나 어업조정 등을 위하여 대통령령으로 정하는 사항을 지킬 것 ⑦ 시장·군수·구청장은 제1항에 따라 어업의 신고를 한 자가 제6항에 따른 준수사항을 위반한 경우에는 신고어업을 제한 또는 정지하거나 어선을 매어 놓는 조치를 할 수 있다. ⑧ 신고를 한 자가 다음 각호의 어느 하나에 해당할 때에는 어업의 신고는 그 효력을 잃는다. 이 경우 제1호나 제2호에 해당되어 신고의 효력을 잃은 때에는 그 신고를 한 자는 제9항에 따라 해당 공적장부에서 말소된 날부터 1년의 범위에서 신고어업의 종류 및 효력상실사유 등을 고려하여 해양수산부령으로 정하는 기간 동안은 제1항에 따른 어업의 신고를 할 수 없다. 1. 제6항에 따른 준수사항을 3회 이상 위반한 때 2. 제7항에 따른 신고어업의 제한·정지 또는 어선 계류 처분을 2회 이상 위반한 때 3. 제48조제3항에 따른 신고어업의 폐지신고를 하여야 할 사유가 생긴 때 ⑨ 시장·군수·구청장은 제8항에 따라 어업의 신고가 효력을 잃은 때에는 지체 없이 신고어업에 관한 공적장부에서 이를 말소하여야 하며, 그 내용을 신고인에게 알려야 한다.

허가어업과 신고어업의 변경 · 폐업 등 (제48조)	① 제41조 · 제42조에 따라 어업허가를 받은 자가 그 허가받은 사항을 변경하려면 허가관청의 변경허가를 받거나 허가관청에 변경신고를 하여야 한다. ② 제47조에 따라 어업의 신고를 한 자가 신고사항을 변경하려면 신고관청에 변경신고를 하여야 한다. ③ 제41조 · 제42조 또는 제47조에 따라 해당 어업의 허가를 받은 자나 신고를 한 자가 그 어업을 폐업하거나 어업을 할 수 없게 된 경우에는 해당 행정관청에 신고하여야 한다. ④ 제1항부터 제3항까지의 규정에 따른 변경허가 · 변경신고 및 폐업신고의 사항과 절차, 그 밖에 필요한 사항은 해양수산부령으로 정한다.
준용규정 (제49조)	① 제41조 및 제42조에 따른 허가어업에 관하여는 제11조제1항, 제15조, 제18조, 제27조제1항 · 제4항 · 제5항(구획어업 중 일정한 수역을 정하여 어구를 설치하여 하는 어업만 해당한다), 제30조제1항부터 제4항까지, 제31조제1항 · 제3항, 제32조, 제34조, 제35조제1호 · 제3호 · 제4호 · 제6호 및 제58조제1항제2호를 준용한다. ② 제45조에 따른 시험어업에 관하여는 제27조를 준용한다. ③ 제47조에 따른 신고어업에 관하여는 제34조를 준용한다.

※시행령 제29조(신고어업) ① 법 제47조제1항에 따른 신고어업의 종류는 다음 각 호와 같다.
  1. 나잠어업(裸潛漁業): 산소공급장치 없이 잠수한 후 낫 · 호미 · 칼 등을 사용하여 패류, 해조류, 그 밖의 정착성 수산동식물을 포획 · 채취하는 어업
  2. 맨손어업: 손으로 낫 · 호미 · 해조틀이 및 갈고리류 등을 사용하여 수산동식물을 포획 · 채취하는 어업
  ② 법 제47조제4항 단서에서 "대통령령으로 정하는 경우"란 신고한 조업수역이 제12조제3항에 따라 어업면허의 금지가 공고된 수면에 해당하는 경우를 말한다.
③ 법 제47조제6항제3호에서 "대통령령으로 정하는 사항"이란 법 제62조에 따른 조업수역의 조정이나 조업의 허용 또는 제한을 말한다.
④ 시장 · 군수 · 구청장은 법 제47조제8항에 따라 어업의 신고가 효력을 잃었을 때에는 지체 없이 어업신고증명서를 회수하여야 한다.

제6절 │ 어획물운반업

내용	규정
어획물운반업 등록 (제57조)	① 어획물운반업을 경영하려는 자는 그 어획물운반업에 사용하려는 어선마다 그의 주소지 또는 해당 어선의 선적항을 관할하는 시장 · 군수 · 구청장에게 등록하여야 한다. 다만, 다음 각 호의 어느 하나에 해당하는 경우에는 등록하지 아니하여도 된다.

	1. 제8조에 따른 어업면허를 받은 자가 포획·채취하거나 「양식산업발전법」 제10조에 따른 면허를 받은 자가 양식한 수산동식물을 운반하는 경우 2. 제27조에 따라 지정받은 어선이나 제41조 및 제42조에 따라 어업허가를 받은 어선으로 제47조에 따라 어업의 신고를 한 자가 포획·채취하거나 「양식산업발전법」 제10조에 따른 면허를 받은 자가 양식한 수산동식물을 운반하는 경우 ② 제1항에 따른 어획물운반업자의 자격기준과 어획물운반업의 등록기준은 대통령령으로 정하며, 어획물운반업의 시설기준과 운반할 수 있는 어획물 또는 그 제품의 종류는 해양수산부령으로 정한다. ③ 시장·군수·구청장은 제58조제1항에 따라 어획물운반업의 등록이 취소된 자와 해당 어선에 대하여는 해양수산부령으로 정하는 바에 따라 그 등록을 취소한 날부터 1년의 범위에서 어획물운반업의 등록을 하여서는 아니 된다.
어획물운반업의 제한·정지 또는 취소 (제58조)	① 시장·군수·구청장은 어획물운반업의 등록을 한 자가 다음 각호의 어느 하나에 해당하면 그 등록한 어획물운반업을 제한하거나 6개월 이내의 기간을 정하여 영업의 정지를 명하거나 그 등록을 취소할 수 있다. 1. 외국의 어업에 관한 법령 또는 외국과의 어업에 관한 협정을 위반하거나 다음 각 목을 위반하여 포획·채취하거나 양식한 수산동식물 또는 그 제품을 운반한 때 　가. 제8조제1항, 제12조, 제15조제1항, 제27조제1항·제4항, 제32조제1항, 제34조제1항, 제35조, 제41조제1항부터 제3항까지, 제43조, 제47조제1항·제4항·제6항, 제61조, 제66조 　나. 제49조제1항에 따라 준용되는 제15조제1항, 제32조제1항, 제34조제1항 및 제35조제1호·제3호·제4호·제6호 2. 「관세법」을 위반하여 금고 이상의 형을 선고받고 그 형이 확정된 자에 대하여 관세청장이 어업정지 또는 등록취소를 요청한 경우 3. 제57조를 위반하거나 제60조에 따라 준용되는 제30조제1항부터 제4항까지, 제31조제1항·제3항, 제32조, 제34조제1항제2호·제3호·제7호, 제35조제1호, 제48조제1항·제3항·제4항을 위반한 때 4. 제60조에 따라 준용되는 제12조 및 제43조의 제한이나 조건을 위반한 때 5. 제70조제2항 및 제72조제1항에 따라 대통령령으로 정하는 조치 또는 명령을 위반한 때 ② 제1항에 따른 처분의 기준과 절차, 그 밖에 필요한 사항은 해양수산부령으로 정한다.
수산물가공업의 등록 등 (제59조)	수산물가공업의 등록과 신고 등에 관하여는 따로 법률로 정한다.

제7절 │ 어업조정 등

내용	규정
어업조정 등에 관한 명령 (제61조)	① 행정관청은 어업단속, 위생관리, 유통질서의 유지나 어업조정을 위하여 필요하면 다음 각호의 사항을 명할 수 있다. 1. 어획물 및 그 제품의 처리에 관한 제한이나 금지 2. 근해어업에 대한 조업구역의 제한이나 금지 3. 근해어업의 허가정수 제한 등 근해어업 허가에 대한 제한이나 금지 4. 어업자·어업종사자의 수 또는 자격 5. 외국과의 어업에 관한 협정 또는 일반적으로 승인된 국제법규와 외국의 수산에 관한 법령의 시행에 필요한 제한이나 금지 6. 수산물의 포장 및 용기의 제한이나 금지 7. 포획 또는 채취한 수산동식물과 그 제품의 양육장소 및 매매장소의 지정 또는 그 지정의 취소 ② 제1항 각호에 따른 제한 또는 금지사항 등에 필요한 사항은 대통령령으로 정한다.
조업수역 등의 조정 (제62조)	① 해양수산부장관은 광역시·도·특별자치도(이하 「시·도」) 사이의 어업조정을 하기 위하여 필요하면 대통령령으로 정하는 바에 따라 공동조업수역의 지정 등의 방법으로 조업수역을 조정할 수 있다. ② 시·도지사는 시·군·자치구 사이의 어업조정을 하기 위하여 필요하면 대통령령으로 정하는 바에 따라 공동조업수역의 지정 등의 방법으로 조업수역을 조정할 수 있다. ③ 해양수산부장관 또는 시·도지사는 지구별·업종별 수산업협동조합, 어촌계, 어업자 등 상호 간의 공동조업수역의 설정이나 상호 조업허용 또는 조업제한사항 등 조업수역 조정의 합의에 대하여 어업을 조정하기 위하여 특히 필요하다고 인정하면 이 법 또는 「수산자원관리법」에 따른 조업수역의 제한이나 조건에도 불구하고 조업수역·조업기간·조업척수 및 조건 등을 정하여 그 조업을 허용하거나 제한할 수 있다.
허가정수 등의 결정 (제63조)	① 제41조제4항 또는 제61조제1항제3호에 따른 어업허가의 정수를 정할 때에는 수산자원의 상태, 현재 그 어업을 경영하는 자의 수, 그 밖의 자연적·사회적 조건 등을 고려하여야 한다. ② 제1항에 따른 정수를 정할 때에는 제88조에 따른 해당 수산조정위원회의 심의를 거쳐야 한다.
어선의 선복량 제한 (제63조의2)	① 해양수산부장관은 수산자원의 지속적인 이용과 어업조정을 위하여 필요하면 제41조에 따라 어업의 허가를 받은 어선에 대하여 선복량을 제한할 수 있다. ② 선복량을 제한할 때에는 수산자원의 상태, 현재 그 어업을 경영하는

	자의 수, 그 밖의 자연적·사회적 조건 등을 고려하여야 하며, 제88조에 따른 중앙수산조정위원회의 심의를 거쳐야 한다. ③ 제1항에 따른 선복량 제한에 필요한 사항은 대통령령으로 정한다.
어선의 장비와 규모 등 (제64조)	① 어선은 해양수산부령으로 정하는 장비를 설비하지 아니하면 어업에 사용될 수 없다. ② 어업의 종류별 어선의 규모·선령·기관, 부속선의 수·규모, 그 밖에 필요한 사항은 해양수산부령으로 정한다.
어구의 규모등의 제한 (제64조의2)	① 해양수산부장관은 수산자원의 지속적인 이용과 어업조정을 위하여 필요하다고 인정하면 제41조에 따라 허가받은 어업의 종류별로 어구의 규모·형태·사용량 및 사용방법, 어구사용의 금지구역·금지기간, 그물코의 규격 등(「어구의 규모등」)을 제한할 수 있다. ② 어구의 규모등의 제한에 필요한 사항은 대통령령으로 정한다. 다만, 시·도지사는 다음 각 호의 어느 하나에 해당하는 자가 사용하는 어구의 규모등에 대하여는 대통령령으로 정하는 어업 종류별 어구의 규모등의 제한 범위에서 따로 정하여 고시할 수 있다. 1. 「수산자원관리법」 제28조에 따른 어업자협약을 체결하여 같은 법 제30조에 따라 어업자협약 승인을 받은 어업자 또는 어업자단체에 소속된 어업자 2. 「수산자원관리법」 제34조에 따라 자율적으로 수산자원을 관리하고 어업경영을 개선하며 어업질서를 유지하기 위한 자체규약을 제정하여 실행한 어업인단체에 소속된 어업인 ③ 제2항 각 호 외의 부분 단서에 따라 시·도지사가 어구의 규모등을 정하여 고시하려는 경우에는 다음 각 호의 사항에 관하여 국립수산과학원의 의견을 들은 후 제88조에 따른 시·도수산조정위원회의 심의를 거쳐야 한다. 1. 어구의 사용 대상이 되는 수산자원의 번식·보호에 지장이 있는지 여부 2. 다른 어업에 미치는 영향
어구의 규모등의 확인 (제64조의3)	① 해양수산부장관, 시·도지사 또는 시장·군수·구청장은 어업의 허가를 받은 자 또는 관계자가 어구의 규모등에 적합한지 확인을 요청한 경우에는 대통령령으로 정하는 전문기관으로 하여금 확인하게 할 수 있다. 다만, 어업의 허가를 받은 자는 자신의 어구의 규모등에 대하여만 확인 요청을 할 수 있다. ② 제1항에 따른 어구의 규모등의 확인 절차 및 확인 결과의 표시 방법 등에 관하여 필요한 사항은 해양수산부령으로 정한다.
유어장의 지정 등 (제65조)	① 어촌계, 영어조합법인 또는 지구별수협은 어업인의 공동이익을 증진하기 위하여 그 어촌계, 영어조합법인 또는 지구별수협이 면허받은 어업과 허가받은 어업 중 대통령령으로 정하는 어업에 지장이 없는 범위에서 그 수역의 일정 구역에 대하여 시장·군수·구청장으로부터 유어장(체험

학습이나 낚시 등 관광용 어장을 말한다. 이하 같다)을 지정받아 운영할 수 있다.

② 지정된 유어장의 유효기간은 그 유어장에 속하는 면허어업 또는 허가어업의 유효기간 만료일까지로 한다. 이 경우 유어장으로 지정된 수면에 둘 이상의 면허어업 또는 허가어업이 있는 때에는 그 면허어업 또는 허가어업 중 유효기간의 만료일이 먼저 도래하는 어업의 유효기간까지로 한다.

③ 어촌계, 영어조합법인 또는 지구별수협이 제1항에 따라 유어장의 지정을 신청하는 때에는 해양수산부령으로 정하는 바에 따라 유어의 방법, 이용료, 이용자 준수사항, 그 밖에 유어장의 관리와 운영에 관한 사항을 정하여 그 신청서에 첨부하여야 한다.

④ 시장·군수·구청장은 제1항에 따른 지정을 받기 위한 신청이 있을 때에는 다음 각호의 어느 하나에 해당하는 경우를 제외하고는 유어장으로 지정을 하여야 한다.

1. 제3항에 따른 유어의 방법, 이용료, 이용자 준수사항, 그 밖에 유어장의 관리와 운영에 관한 사항이 적정하지 아니하다고 인정되는 경우
2. 유어장의 면적기준 및 시설기준 등 해양수산부령으로 정하는 지정기준에 적합하지 아니한 경우
3. 그 밖에 이 법 또는 다른 법령에 따른 제한에 위반되는 경우

⑤ 유어장의 지정, 유어장에서의 수산자원의 조성, 포획·채취 대상 수산동식물의 종류, 포획·채취의 방법, 유어장의 관리규정, 관리선의 운영, 유어장의 시설기준, 유어장 이용자의 출입, 유어장에서의 안전사고예방 및 환경오염방지 등 관리·운영에 필요한 사항은 해양수산부령으로 정한다. 이 경우 유어장에서의 수산동식물의 포획·채취는 제8조·제41조·제42조 및 제47조에 따른 어업 외의 방법으로 정할 수 있다.

⑥ 시장·군수·구청장은 유어장이 제5항에 따라 관리·운영되지 아니하는 때에는 해양수산부령으로 정하는 바에 따라 시정명령을 하거나 그 지정을 취소할 수 있다.

면허·허가 또는 신고어업 외의 어업의 금지 (제66조)	누구든지 이 법 또는 「수산자원관리법」에 따른 어업 외의 어업의 방법으로 수산동식물을 포획 또는 채취하여서는 아니 된다.
외국의 배타적 경제수역에서의 어업 (제67조)	① 대한민국 정부와 어업협정을 체결한 외국의 배타적 경제수역에서 어업을 하려는 자는 그 외국의 해당 행정관청으로부터 어업허가를 받아야 한다. ② 대한민국 정부와 어업협정을 체결한 외국의 배타적 경제수역에서 어업을 하는 자는 그 외국의 권한 있는 행정관청이 불법어업방지를 위하여 어선의 정선명령 또는 회항명령을 하는 때에는 이에 따라야 한다.
어구·시설물의 철거 등 (제68조)	① 어업권자나 어업의 허가를 받은 자는 그 어업권 또는 허가의 효력이 소멸되거나 어업시기가 끝나면 해양수산부령으로 정하는 기간 안에 그

	어장이나 수면에 설치한 어구·시설물을 철거하여야 한다. 다만, 그 어구나 시설물을 철거할 수 없거나 철거할 필요가 없다고 인정될 경우 근해어업은 시·도지사가, 면허어업·연안어업·구획어업은 시장·군수·구청장이 해당 철거의무자의 신청에 따라 그 의무를 면제할 수 있다. ② 제1항 단서에 따라 의무를 면제받은 경우에는 그 어구·시설물과 양식물의 소유권을 포기한 것으로 본다. ③ 제1항에 따른 철거의무자가 그 철거의무기간이 지났어도 그 어구·시설물이나 양식물을 철거하지 아니한 경우에는 행정관청은 「행정대집행법」에서 정하는 바에 따라 그 어구·시설물이나 양식물을 철거할 수 있다. ④ 어업의 면허나 허가를 받지 아니한 자가 설치한 어구·시설물과 양식물에 관하여는 제1항부터 제3항까지의 규정을 준용한다.
표지의 설치 및 보호 (제69조)	① 행정관청은 어업자에게 어장·어선 및 어구의 표지를 설치할 것을 명할 수 있다. ② 누구든지 제1항에 따라 설치된 표지를 이전·손괴·변조 또는 은폐하여서는 아니 된다.
감독 (제70조)	① 해양수산부장관은 시·도지사 또는 시장·군수·구청장의 명령과 처분이, 시·도지사(특별자치도지사는 제외한다)는 시장·군수·구청장의 명령과 처분이 이 법 또는 이 법에 따른 명령에 위배된다고 인정되면 기간을 정하여 그 시정을 명하거나 그 전부 또는 일부를 정지하거나 취소하는 등 필요한 조치를 할 수 있다. ② 행정관청은 수산시책으로서 특히 필요하다고 인정되면 대통령령으로 정하는 바에 따라 어업인·어획물운반업자·어획물운반업종사자 또는 수산물가공업자에게 필요한 조치를 할 수 있다.
해기사면허의 취소 등 (제71조)	① 행정관청은 어업종사자나 어획물운반업종사자가 이 법이나 「수산자원관리법」 또는 이 법이나 「수산자원관리법」에 따른 명령을 위반한 때에는 관계 행정기관의 장에게 해기사면허의 취소·정지 또는 해기사에 대한 견책을 요구할 수 있다. ② 관계 행정기관의 장은 제1항에 따른 요구가 있으면 이에 따라야 한다.
어업감독 공무원 (제72조)	① 어업감독 공무원은 어업조정, 안전조업, 불법어업 방지 및 수산물의 유통질서를 확립하기 위하여 필요하다고 인정되면 어장·어선·사업장·사무소·창고, 그 밖의 장소에 출입하여 장부·서류, 그 밖의 물건을 검사 또는 관계인에게 질문하거나 그 밖에 정선이나 회항을 명할 수 있다. ② 행정관청은 어업조정 등을 위하여 필요하면 어업감독 공무원에게 다른 사람의 토지에 들어가서 측량·검사하게 할 수 있으며, 부득이한 경우에는 측량·검사에 장애가 되는 물건을 옮기게 하거나 제거하게 할 수 있다. ③ 제1항과 제2항에 따라 그 직무를 행하는 어업감독 공무원은 그 권한을 표시하는 증표를 지니고 이를 관계인에게 내보여야 한다.

내용	규정
	④ 제1항부터 제3항까지의 규정에 따른 정선명령이나 회항명령 및 어업 감독 공무원의 자격과 증표에 필요한 사항은 대통령령으로 정한다.
사법경찰권 (제73조)	어업감독 공무원은 이 법 또는 이 법에 따른 명령을 위반하는 행위에 대하여 「사법경찰관리의 직무를 수행할 자와 그 직무범위에 관한 법률」에서 정하는 바에 따라 사법경찰관리의 직무를 행한다.

제8절 | 벌 칙

내용	규정
벌칙 (제97조)	① 다음 각 호의 어느 하나에 해당하는 자는 3년 이하의 징역 또는 3천만원 이하의 벌금에 처한다. 1. 이 법에 따른 어업권을 취득하지 아니하고 어업을 경영한 자 2. 제41조제1항부터 제3항까지, 제42조 또는 제57조제1항에 따른 허가를 받지 아니하거나 등록을 하지 아니하고 수산업을 경영한 자 3. 제34조제1항제2호 또는 제3호(제49조제1항에서 준용하는 경우를 포함한다)에 따른 어업의 제한·정지 또는 어선의 계류 처분을 위반한 자 4. 제66조를 위반하여 수산동식물을 포획하거나 채취한 자 ② 제1항의 경우 징역과 벌금은 병과할 수 있다.
벌칙 (제98조)	다음 각호의 어느 하나에 해당하는 자는 2년 이하의 징역 또는 2천만원 이하의 벌금에 처한다. 1. 거짓이나 그 밖의 부정한 방법으로 제8조제1항, 제15조제1항, 제41조제1항부터 제3항까지, 제42조 또는 제57조제1항에 따른 면허·허가를 받거나 등록을 한 자 2. 제19조제1항·제3항 또는 제21조를 위반하여 어업권을 이전·분할 또는 변경하거나 담보로 제공한 자와 그 어업권을 이전 또는 분할받았거나 담보로 제공받은 자 3. 제27조제1항(제49조제2항에서 준용하는 경우를 포함한다)을 위반하여 관리선으로 지정을 받지 아니한 선박을 사용한 자 4. 제27조제4항(제49조제2항에서 준용하는 경우를 포함한다)을 위반하여 그 지정을 받았거나 승인을 받은 어장구역이 아닌 수면에서 수산동식물을 포획·채취하기 위하여 관리선을 사용한 자 5. 제32조제1항(제49조제1항이나 제60조에서 준용하는 경우를 포함한다)을 위반하여 사실상 그 어업의 경영을 지배하고 있는 자와, 어업권자 또는 허가를 받은 자로서 다른 사람에게 사실상 그 어업의 경영을 지배하게 한 자 6. 제33조를 위반하여 어업권을 임대한 자와 임차한 자

	6의2. 제41조의3제1항을 위반하여 수산동물을 혼획한 자 7. 제58조제1항제1호에 따른 수산동식물 또는 그 제품을 운반한 자 8. 제61조의 어업조정 등에 관한 명령을 위반한 자
벌칙 (제99조)	다음 각호의 어느 하나에 해당하는 자는 1년 이하의 징역이나 1천만원 이하의 벌금에 처한다. 1. 제29조제2항을 위반하여 보호구역에서 해당 시설물을 훼손하는 행위 또는 어업권의 행사에 방해되는 행위를 한 자 1의2. 제29조제4항을 위반하여 보호구역에서 같은 항 각 호의 어업행위를 한 자 2. 제34조제1항제1호·제4호·제6호·제8호·제9호(제49조에서 준용하는 경우를 포함한다) 또는 제58조제1항제2호에 따른 제한·정지 또는 어선의 계류 처분을 위반한 자 3. 제67조제1항 및 제2항을 위반하여 어업허가를 받지 아니하고 대통령령으로 정하는 외국의 배타적 경제수역에서 수산동식물을 포획·채취하다가 정선명령 또는 회항명령에 따르지 아니하고 국내로 도주한 자 4. 제69조를 위반하여 어선에 표지를 설치하지 아니한 자 5. 제72조제1항에 따른 장부·서류, 그 밖의 물건의 검사에 따르지 아니하거나 어선의 정선명령 또는 회항명령에 따르지 아니한 자
벌칙 (제99조의2)	다음 각호의 어느 하나에 해당하는 자는 1천만원 이하의 벌금에 처한다. 1. 제41조의3제3항을 위반하여 혼획저감장치를 붙이지 아니한 어구를 사용한 자 2. 제41조의3제4항을 위반하여 혼획으로 포획·채취한 어획물을 지정된 매매장소 외에서 매매 또는 교환한 자 3. 제63조의2에 따른 선복량 제한을 위반한 자 4. 제64조의2제1항에 따른 어구의 규모등의 제한을 위반한 자
몰수 (제100조)	① 제97조, 제98조, 제99조제2호·제4호 및 제99조의2의 경우에 범인이 소유하거나 소지하는 어획물·제품·어선·어구 또는 폭발물이나 유독물은 몰수할 수 있다. 다만, 제97조제1항제3호에 해당되어 최근 5년 이내에 2회 이상 처벌을 받은 경우에는 어획물·어선·어구를 몰수하여야 한다. ② 제1항에 따라 범인이 소유하거나 소지한 물건의 전부 또는 일부를 몰수할 수 없을 때에는 그 가액을 추징할 수 있다.
양벌규정 (제101조)	법인의 대표자나 법인 또는 개인의 대리인, 사용인, 그 밖의 종업원이 그 법인 또는 개인의 업무에 관하여 제97조부터 제99조까지 및 제99조의2의 어느 하나에 해당하는 위반행위를 하면 그 행위자를 벌하는 외에 그 법인 또는 개인에게도 해당 조문의 벌금형을 과한다. 다만, 법인 또는 개인이 그 위반행위를 방지하기 위하여 해당 업무에 관하여 상당한 주의와 감독을 게을리하지 아니한 경우에는 그러하지 아니하다.

과태료 (제102조)	① 다음 각 호의 어느 하나에 해당하는 자에게는 500만원 이하의 과태료를 부과한다. 1. 제31조제1항(제49조제1항에서 준용하는 경우를 포함한다) 또는 제2항을 위반하여 그 어업권을 취득하거나 허가를 받은 날부터 일정기간 이내에 어업을 시작하지 아니하거나 어업을 시작한 후 1년이 지났으나 계속하여 해당 어장을 휴업 상태로 둔 자 2. 제44조제2항에 따라 승계 받은 날부터 30일(상속의 경우에는 60일로 한다) 이내에 신고를 아니하거나 90일 이내에 어업허가 어선의 기준 및 어업허가 신청자의 자격을 갖추지 아니한 자 3. 제48조제3항(제60조에서 준용하는 경우를 포함한다)에 따른 폐업신고를 하지 아니한 자 4. 제65조제1항에 따른 지정을 받지 아니하고 유어장을 운영한 자 ② 다음 각 호의 어느 하나에 해당하는 자에게는 200만원 이하의 과태료를 부과한다. 1. 제20조에 따른 변경신고를 하지 아니한 자 2. 제30조제1항 또는 제3항에 따른 신고를 하지 아니하고 휴업을 한 자 또는 어업을 경영한 자 3. 제38조제1항에 따른 어장관리규약에 따르지 아니하고 어업권을 특정인으로 하여금 행사하게 한 어업권자와 그 어업권을 행사한 자 4. 제38조제2항에 따른 어장관리규약의 변경 등 시정조치를 위반한 자 5. 제39조에 따른 어업권의 행사의 제한이나 금지를 위반한 자와 그 위반행위를 도운 어업권자 6. 제40조제1항 또는 제4항을 위반하여 입어를 허용하지 아니하거나 입어의 제한·정지 또는 금지 처분을 위반한 자 7. 제47조제1항에 따른 신고를 하지 아니하고 신고어업을 경영한 자 8. 제47조제6항에 따른 준수사항을 이행하지 아니한 신고어업자 9. 제48조제1항(제60조에서 준용하는 경우를 포함한다)에 따른 변경 허가를 받지 아니하거나 변경신고를 하지 아니한 자. 다만, 「어선법」 제17조에 따른 변경등록 사항은 제외한다. 10. 제72조제1항에 따른 어업감독 공무원의 질문에 대한 답변을 기피하거나 거짓으로 진술한 자 11. 제72조제2항에 따른 측량·검사와 장애물의 이전·제거를 거부하거나 방해한 자 ③ 다음 각 호의 어느 하나에 해당하는 자에게는 100만원 이하의 과태료를 부과한다. 1. 제37조제3항에 따른 어장관리에 필요한 조치를 위반한 어업권자 2. 제48조제2항에 따른 변경신고를 하지 아니한 자. 다만, 「어선법」 제17조에 따른 변경등록 사항은 제외한다. 3. 제49조제1항 또는 제60조에서 준용하는 제30조제1항 또는 제3항에 따른 신고를 하지 아니하고 휴업을 한 자 또는 어업을 경영한 자

	4. 제68조제1항(같은 조 제4항에서 준용하는 경우를 포함한다)을 위반하여 해양수산부령으로 정하는 기간까지 시설물이나 양식물을 철거하지 아니한 자 5. 제69조를 위반하여 어장이나 어구에 표지를 설치하지 아니하였거나 어장·어선 및 어구에 설치한 표지를 이전·손괴·변조 또는 은폐한 자 6. 제89조제5항에 따른 질문·조사를 거부·방해·기피하거나 거짓 자료를 제출하거나 거짓으로 진술한 자 7. 제96조제2항에 따른 보고를 하지 아니하거나 거짓으로 보고한 자

제4장 수산자원관리법

제1절 │ 총 론

2009년 4월 제정된 「수산자원관리법」의 배경은 연근해 어장이 축소되고 수산자원이 계속 줄어들어 수산물의 안정적 생산과 공급이 어려워짐에 따라 수산자원에 대한 과학적 조사·평가를 토대로 종합적인 「수산자원관리기본계획」을 수립하고, (1) 수산자원의 포획·채취금지, (2) 조업척수의 제한, (3) 어구의 사용금지 등 수산자원 보호방안을 체계화하려는 것이다.

또한 어업인 등이 자율적으로 수산자원을 관리할 수 있도록 하기 위한 (1)어업자협약에 관한 제도, (2) 수산자원의 회복과 조성, (3) 수면의 관리 등 수산자원의 종합적·체계적 관리를 위한 기반을 마련함으로써 어업의 지속적 발전과 어업인의 소득 증대에 기여하도록 하려는 것이다.

제2절 │ 총 칙

내용	규정
목적 (제1조)	이 법은 수산자원관리를 위한 계획을 수립하고, 수산자원의 보호·회복 및 조성 등에 필요한 사항을 규정하여 수산자원을 효율적으로 관리함으로써 어업의 지속적 발전과 어업인의 소득증대에 기여함을 목적으로 한다.
정의 (제2조)	① 이 법에서 사용하는 용어의 뜻은 다음과 같다. 1. "수산자원"이란 수중에 서식하는 수산동식물로서 국민경제 및 국민생활에 유용한 자원을 말한다.

	2. "수산자원관리"란 수산자원의 보호·회복 및 조성 등의 행위를 말한다. 3. "총허용어획량"이란 포획·채취할 수 있는 수산동물의 종별 연간 어획량의 최고한도를 말한다. 4. "수산자원조성"이란 일정한 수역에 어초·해조장(海藻場) 등 수산생물의 번식에 유리한 시설을 설치하거나 수산종자를 풀어놓는 행위 등 인공적으로 수산자원을 풍부하게 만드는 행위를 말한다. 5. "바다목장"이란 일정한 해역에 수산자원조성을 위한 시설을 종합적으로 설치하고 수산종자를 방류하는 등 수산자원을 조성한 후 체계적으로 관리하여 이를 포획·채취하는 장소를 말한다. 6. "바다숲"이란 갯녹음(백화현상) 등으로 해조류가 사라졌거나 사라질 우려가 있는 해역에 연안생태계 복원 및 어업생산성 향상을 위하여 해조류 등 수산종자를 이식하여 복원 및 관리하는 장소를 말한다[해중림(海中林)을 포함한다]. ② 이 법에서 따로 정의되지 아니한 용어는 「수산업법」 또는 「양식산업발전법」에서 정하는 바에 따른다.
적용범위 (제3조)	이 법은 다음 각호의 수면 등에 대하여 적용한다. 1. 바다 2. 바닷가 3. 어업을 하기 위하여 인공적으로 조성된 육상의 해수면 4. 「국토의 계획 및 이용에 관한 법률」 제40조에 따라 수산자원의보호·육성을 위하여 지정된 공유수면이나 그에 인접된 토지(「수산자원보호구역」) 5. 「내수면어업법」 제2조제1호에 따른 내수면(제55조의2제3항제4호에 따른 내수면 수산자원조성사업에 한정한다. 이하 같다)
바다식목일 (제3조의2)	① 바닷속 생태계의 중요성과 황폐화의 심각성을 국민에게 알리고 범국민적인 관심 속에서 바다숲이 조성될 수 있도록 하기 위하여 매년 5월 10일을 바다식목일로 한다. ② 국가와 지방자치단체는 바다식목일 취지에 적합한 기념행사를 개최할 수 있다. ③ 제2항에 따른 바다식목일 기념행사에 필요한 사항은 해양수산부령으로 정한다.
국제협력증진 (제4조)	① 해양수산부장관은 수산자원의 관리에 관한 국제규범을 수용하고 국제수산기구 또는 수산자원의 관리에 관한 국제협약에서 요구하는 수산자원 관리조치를 이행하고 이를 위한 국제사회와의 협력을 하여야 한다. ② 해양수산부장관은 수산자원의 관리에 대한 국제적 공동노력을 위하여 주변국과도 조사·연구·관리·조성 등의 협력사업을 실시할 수 있으며, 이러한 협력사업에 관련 연구기관 및 어업인단체 등을 참여하게 할 수 있다.

	③ 국가 또는 지방자치단체는 제1항 및 제2항에 따른 협력사업에 참여하는 관련 연구기관 및 어업인단체 등에 대하여 보조금 교부 등 필요한 지원을 할 수 있다. ④ 제2항 및 제3항의 협력사업의 내용, 지원대상기관 및 지원절차와 방법에 필요한 사항은 해양수산부령으로 정한다.
수산자원관리기술 연구개발 (제5조)	① 해양수산부장관 또는 특별시장·광역시장·특별자치시장·도지사·특별자치도지사(「시·도지사」)는 수산자원관리와 관련된 기술개발을 촉진하기 위하여 관련 연구기관·지도기관·대학 및 단체 등에 수산자원관리기술의 연구개발을 수행하게 할 수 있다. ② 해양수산부장관 또는 시·도지사는 제1항에 따른 수산자원관리기술의 연구개발을 수행하는 데에 필요한 자금을 지원할 수 있다.
서류 송달의 공시 (제6조)	① 해양수산부장관, 시·도지사, 시장(특별자치시 및 특별자치도의 경우는 특별자치시장 및 특별자치도지사를 말한다. 이하 같다)·군수 또는 자치구의 구청장(「시장·군수·구청장」)은 주소나 거소가 분명하지 아니하는 등의 사유로 이 법 또는 이 법에 따른 명령·처분 등을 통지하는 데 필요한 서류를 송달할 수 없을 때에는 대통령령으로 정하는 바에 따라 이를 공고하여야 한다. ② 해양수산부장관, 시·도지사, 시장·군수·구청장(「행정관청」)이 제1항에 따라 공고한 경우에는 공고일의 다음 날부터 계산하기 시작하여 30일이 지난 날에 그 서류가 도달한 것으로 본다.

제3절 | 수산자원관리기본계획 등

내용	규정
수산자원관리기본계획 (제7조)	① 해양수산부장관은 수산자원을 종합적·체계적으로 관리하기 위하여 5년마다 수산자원관리기본계획(「기본계획」)을 세워야 한다. ② 기본계획에는 다음 각호의 사항이 포함되어야 한다. 1. 수산자원관리에 관한 정책목표 및 기본방향 2. 수산자원의 동향에 관한 사항 3. 과학적인 자원조사 및 평가체제의 구축에 관한 사항 4. 수산자원이 감소 또는 고갈될 위험이 있다고 인정되는 특정 수산자원에 대한 수산자원 회복계획에 관한 사항 5. 수산자원별 총허용어획량에 관한 사항 6. 수산자원의 서식 및 생태환경 등의 관리에 관한 사항 7. 바다목장 및 바다숲의 조성·관리 등에 관한 사항 8. 시·도지사의 수산자원관리에 관한 사항

	9. 그 밖에 수산자원관리에 필요하다고 해양수산부장관이 인정하는 사항 ③ 해양수산부장관은 기본계획을 세우려면 미리 시·도지사의 의견을 듣고 제54조에 따른 중앙수산자원관리위원회의 심의를 거쳐야 한다. 기본계획을 변경할 때에도 같은 절차를 거쳐야 한다. ④ 해양수산부장관은 기본계획을 세우거나 변경하면 시·도지사에게 통보하고, 그 내용을 공고하여야 하며 이를 지체 없이 국회 소관 상임위원회에 제출하여야 한다. ⑤ 해양수산부장관은 특정 수산자원의 변화와 그 자원과 관계된 어업자의 경영 사항 등을 고려하여 매년 기본계획을 검토하고, 필요하면 이를 변경하여야 한다.
수산자원관리시행계획 (제8조)	① 해양수산부장관 또는 시·도지사는 기본계획을 특성에 맞게 시행하기 위하여 매년 수산자원관리시행계획(「시행계획」)을 세우고 이에 필요한 재원을 확보하기 위하여 노력하여야 한다. ② 해양수산부장관 또는 시·도지사는 시행계획을 세우려면 미리 해양수산부장관은 시·도지사의 의견을, 시·도지사는 시장·군수·구청장의 의견을 듣고 제54조에 따른 해당 수산자원관리위원회의 심의를 거쳐야 한다. 시행계획을 변경할 때에도 같은 절차를 거쳐야 한다. ③ 해양수산부장관 또는 시·도지사는 시행계획을 세우거나 변경하면 시·도지사나 시장·군수·구청장에게 통보하고, 그 내용을 공고하여야 하며 이를 지체 없이 국회 소관 상임위원회에 제출하여야 한다. 다만, 시·도지사는 그 사실을 해양수산부장관에게 보고하여야 한다. ④ 시행계획에 포함되어야 할 사항, 그 밖에 필요한 사항은 대통령령으로 정한다.
관계 중앙행정기관의 장 등의 협조 (제9조)	해양수산부장관 또는 시·도지사는 기본계획과 시행계획을 수립·시행하기 위하여 필요하면 관계 중앙행정기관의 장 및 지방자치단체의 장에게 협조를 요청할 수 있다. 이 경우 협조를 요청받은 관계 중앙행정기관의 장 등은 특별한 사정이 없으면 요청에 따라야 한다.
수산자원의 조사·평가 (제10조)	① 해양수산부장관 또는 시·도지사는 수산자원의 종합적·체계적 관리를 위하여 수산자원의 조사·평가를 실시할 수 있다. ② 해양수산부장관은 시·도지사에 대하여 수산자원의 조사·평가 계획 및 그 결과의 보고를 요구할 수 있다. ③ 수산자원의 조사·평가 내용, 그 밖에 필요한 사항은 대통령령으로 정한다.
수산자원의 정밀조사·평가계획의 시행 (제11조)	① 해양수산부장관 또는 시·도지사는 다음 각호에 대한 사항을 수립·시행하기 위하여 수산자원의 정밀조사·평가계획을 세워 시행할 수 있다. 1. 제7조제2항제4호에 따른 수산자원 회복계획 2. 제36조에 따른 총허용어획량의 설정 및 관리에 관한 시행계획 3. 제46조에 따른 보호수면의 지정

	4. 제48조에 따른 수산자원관리수면의 지정 ② 수산자원의 정밀조사·평가의 방법 및 내용, 그 밖에 필요한 사항은 해양수산부령으로 정한다.
어획물 등의 조사 (제12조)	① 해양수산부장관 또는 시·도지사는 제10조 및 제11조에 따른 수산자원의 조사나 정밀조사 및 평가를 위하여 필요하면 소속 공무원 또는 제58조에 따른 수산자원조사원(「수산자원조사원」)에게 수산물유통시장·수산업협동조합 공판장 등 해양수산부령으로 정하는 곳에 출입하여 어획물을 조사하거나 대상 어선을 지정하고 그 어선에 승선하여 포획·채취한 수산자원의 종류와 어획량 등을 조사하게 할 수 있다. ② 소속 공무원 또는 수산자원조사원이 어획물 등의 조사를 할 때에는 그 권한을 표시하는 증표를 지니고 이를 관계인에게 제시하여야 하고, 관계인은 정당한 사유 없이 이를 거부·방해 또는 회피하여서는 아니 되며, 승선조사 대상으로 지정된 어선의 소유자 또는 어선의 선장은 선내 생활에 대한 안전 확보 및 원활한 조사가 행하여질 수 있도록 협조하여야 한다. ③ 어획물 등의 조사 대상 어선을 지정하거나 승선을 하여 조사를 하려면 미리 해당 어선의 소유자 및 어업인단체와 협의를 하여야 한다. ④ 해양수산부장관 또는 시·도지사는 수산자원의 조사·평가를 위하여 필요하다고 인정되면 「수산업법」 제40조에 따른 근해어업·연안어업·구획어업의 허가를 받은 자, 같은 법 제43조에 따른 한시어업허가를 받은 자, 같은 법 제51조에 따른 어획물운반업 등록을 한 자, 그 밖의 관계자에 대하여 대통령령으로 정하는 어업활동·어획실적에 관한 자료, 수산물의 운반실적 등에 관한 자료를 제출하도록 명할 수 있다.

제4절 │ 수산자원의 보호

내용	규정
포획·채취금지 (제14조)	① 해양수산부장관은 수산자원의 번식·보호를 위하여 필요하다고 인정되면 수산자원의 포획·채취 금지 기간·구역·수심·체장·체중 등을 정할 수 있다. ② 해양수산부장관은 수산자원의 번식·보호를 위하여 복부 외부에 포란한 암컷 등 특정 어종의 암컷의 포획·채취를 금지할 수 있다. ③ 다음 각호의 경우를 제외하고는 누구든지 수산동물의 번식·보호를 위하여 수중에 방란된 알을 포획·채취하여서는 아니 된다. 1. 해양수산부장관 또는 시·도지사가 수산자원조성을 목적으로 어망 또는 어구 등에 붙어 있는 알을 채취하는 경우 2. 행정관청이 생태계 교란 방지를 위하여 포획·채취하는 경우

	④ 시·도지사는 관할 수역의 수산자원 보호를 위하여 특히 필요하다고 인정되면 제1항의 수산자원의 포획·채취 금지기간 등에 관한 규정을 강화하여 정할 수 있다. 이 경우 시·도지사는 그 내용을 고시하여야 한다. ⑤ 수산자원의 포획·채취 금지 기간·구역·수심·체장·체중 등과 특정 어종의 암컷의 포획·채취금지의 세부내용은 대통령령으로 정한다.
조업금지구역 (제15조)	① 해양수산부장관은 수산자원의 번식·보호를 위하여 필요하면 「수산업법」 제40조에 따른 어업의 종류별로 조업금지구역을 정할 수 있다. ② 제1항에 따른 어업의 종류별 조업금지구역의 지정 등에 필요한 사항은 대통령령으로 정한다.
불법어획물의 방류명령 (제16조)	① 「수산업법」 제69조에 따른 어업감독 공무원과 경찰공무원은 이 법 또는 「수산업법」에 따른 명령을 위반하여 포획·채취한 수산자원을 방류함으로써 포획·채취 전의 상태로 회복할 수 있고 수산자원의 번식·보호에 필요하다고 인정하면 그 포획·채취한 수산자원의 방류를 명할 수 있다. ② 제1항의 명령을 받은 자는 지체 없이 이에 따라야 한다.
불법어획물의 판매 등의 금지 (제17조)	누구든지 이 법 또는 「수산업법」에 따른 명령을 위반하여 포획·채취한 수산자원이나 그 제품을 소지·유통·가공·보관 또는 판매하여서는 아니 된다.
비어업인의 포획·채취의 제한 (제18조)	① 「수산업법」 제2조제10호에서 정하는 어업인이 아닌 자는 해양수산부령으로 정하는 방법을 제외하고는 수산자원을 포획·채취하여서는 아니 된다. ② 「수산업법」 제2조제10호에 따른 어업인이 아닌 자는 제14조를 위반하여 수산자원을 포획·채취해서는 아니 된다.
휴어기의 설정 (제19조)	① 해양수산부장관 또는 시·도지사는 다음 각호에 해당되면 해역별 또는 어업별로 휴어기를 설정하여 운영할 수 있다. 1. 기본계획 및 시행계획에서 휴어기를 설정한 경우 2. 수산자원의 조사나 정밀조사 및 평가를 실시한 결과 특정 수산자원의 관리를 위하여 필요한 경우 ② 휴어기가 설정된 수역에서는 조업이나 해당 어업을 하여서는 아니 된다. ③ 행정관청은 휴어기의 설정으로 인하여 어업의 제한을 받는 어선에 대하여는 그 피해 등을 고려하여 재정적 지원을 할 수 있다. ④ 휴어기의 설정 및 운영을 위한 방법·절차 등에 필요한 사항은 대통령령으로 정한다.

제5절 | 어선·어구·어법 등 제한

내용	규정
조업척수의 제한 (제20조)	① 해양수산부장관 또는 시·도지사는 특정 수산자원이 현저하게 감소하여 번식·보호의 필요가 인정되면 「수산업법」 제57조에 따른 허가의 정수에도 불구하고 같은 법 제95조에 따른 해당 수산조정위원회의 심의를 거쳐 조업척수를 제한할 수 있다. ② 행정관청은 제1항에 따른 조업척수 제한으로 인하여 조업을 할 수 없는 어선에 대하여는 감척이나 피해보전 등의 필요한 지원을 할 수 있다. ③ 조업척수의 제한, 감척 등의 기준 및 방법 등에 필요한 사항은 대통령령으로 정한다.
어선의 사용제한 (제22조)	어선은 다음 각호의 행위에 사용되어서는 아니 된다. 1. 해당 어선에 사용이 허가된 어업의 방법으로 다른 어업을 하는 어선의 조업활동을 돕는 행위 2. 해당 어선에 사용이 허가된 어업의 어획효과를 높이기 위하여 다른 어업의 도움을 받아 조업활동을 하는 행위 3. 다른 어선의 조업활동을 방해하는 행위
2중 이상 자망의 사용금지 등 (제23조)	③ 수산자원을 포획·채취하기 위하여 2중 이상의 자망을 사용하여서는 아니 된다. 다만, 해양수산부장관 또는 시·도지사의 승인을 받거나 대통령령으로 정하는 해역에 대하여 어업의 신고를 하는 경우에는 그러하지 아니하다. ④ 해양수산부장관 또는 시·도지사는 제3항 단서에 따른 신고를 받은 경우 그 내용을 검토하여 이 법에 적합하면 신고를 수리하여야 한다. ⑤ 해양수산부장관 또는 시·도지사로부터 2중 이상 자망의 사용승인을 받은 자가 다음 각호의 사항을 위반한 때에는 그 승인을 취소할 수 있다. 이 경우 승인이 취소된 자에 대하여는 취소한 날부터 1년 이내에 2중 이상 자망의 사용승인을 하여서는 아니 된다. 1. 사용 해역, 사용기간 및 시기 2. 사용어구의 규모와 그물코의 규격 ⑥ 제3항 단서에 따른 2중 이상 자망 사용승인 절차에 필요한 사항은 해양수산부령으로 정한다.
특정어구의 소지와 선박의 개조 등의 금지 (제24조)	누구든지 「수산업법」 제7조·제40조·제43조·제46조 및 제48조에 따라 면허·허가·승인 또는 신고된 어구 외의 어구, 「양식산업발전법」 제10조, 제43조 또는 제53조에 따라 면허 또는 허가된 어구 외의 어구 및 이 법에 따라 사용이 금지된 어구를 제작·수입·보관·운반·진열·판매하거나 실어서는 아니 되며, 이러한 어구를 사용할 목적으로 선박을 개조하거나 시설을 설치하여서는 아니 된다. 다만, 대통령령으로 정하는 어구의 경우에는 그러하지 아니하다.

유해어법의 금지 (제25조)	① 누구든지 폭발물·유독물 또는 전류를 사용하여 수산자원을 포획·채취하여서는 아니 된다. ② 누구든지 수산자원의 양식 또는 어구·어망에 붙어 있는 이물질의 제거를 목적으로 「화학물질관리법」 제2조제7호에 따른 유해화학물질을 보관 또는 사용하여서는 아니 된다. 다만, 대통령령으로 정하는 바에 따라 행정관청 또는 주무부처의 장으로부터 사용허가를 받은 때에는 그러하지 아니하다. ③ 제2항 단서에 따른 사용허가 신청 절차 등에 필요한 사항은 해양수산부령으로 정한다.
금지조항의 적용 제외 (제26조)	① 제14조·제23조 및 제24조는 다음 각호의 어느 하나에 해당하는 경우로서 대통령령으로 정하는 바에 따라 관할 시·도지사 또는 시장·군수·구청장의 허가를 받아 수산자원을 포획·채취하는 자에게는 적용하지 아니한다. 1. 양식업 또는 마을어업의 어장에서 사용되는 수산종자의 포획·채취를 위하여 필요한 경우 2. 학술연구·조사 또는 시험을 위하여 필요한 경우 3. 수산자원조성을 목적으로 한 어미고기의 확보와 소하성(溯河性)어류의 회귀량 조사 등을 위하여 필요한 경우 4. 수산자원의 이식을 위하여 필요한 경우 5. 제2호부터 제4호까지의 용도로 제공하는 수산자원을 포획·채취한 경우 ② 제14조·제23조 및 제24조는 「수산업법」 제46조에 따른 시험어업으로 포획·채취하는 경우에는 적용하지 아니한다. ③ 제14조 및 제23조는 다음 각호의 어느 하나에 해당하는 경우에는 적용하지 아니한다. 1. 마을어업권자가 시장·군수·구청장의 허가를 받아 수산자원을 포획·채취하는 경우 2. 양식업자가 양식어장에서 양식물을 포획·채취하는 경우 3. 「수산업법」 제62조제1항에 따라 지정을 받은 유어장에서 낚시로 수산동물을 포획하는 경우 ④ 시·도지사 또는 시장·군수·구청장은 제1항에 따른 허가를 하였을 때에는 허가증을 발급하여야 한다. ⑤ 제1항 및 제2항에 따른 허가 및 그 사후관리에 필요한 사항은 해양수산부령으로 정한다.
포획·채취 허가취소 등 (제26조의2)	① 시·도지사 또는 시장·군수·구청장은 제26조제1항에 따라 수산자원 포획·채취 허가를 받은 자가 다음 각호의 어느 하나에 해당하는 경우에는 그 허가를 취소할 수 있다. 다만, 제1호에 해당하는 경우에는 그 허가를 취소하여야 한다. 1. 거짓이나 그 밖의 부정한 방법으로 허가를 받은 경우 2. 수산자원의 포획·채취 허가조건을 위반한 경우

내용	규정
	3. 수산자원을 허가받은 목적 외의 용도로 사용한 경우 ② 제1항에 따라 허가가 취소된 자는 취소된 날부터 7일 이내에 허가증을 시·도지사 또는 시장·군수·구청장에게 반납하여야 한다.
환경친화적 어구사용 (제27조)	① 해양수산부장관 또는 시·도지사는 수산자원의 번식·보호 및 서식환경의 악화를 방지하기 위하여 환경친화적 어구의 사용을 장려하여야 한다. ② 해양수산부장관 또는 시·도지사는 대통령령으로 정하는 바에 따라 환경친화적 어구의 개발 및 어구사용의 확대 등에 필요한 조치를 강구하여야 한다. ③ 해양수산부장관 또는 시·도지사는 환경친화적 어구의 장려, 개발 및 사용 확대 등을 위하여 자금을 지원할 수 있다.

제6절 | 어업자협약 등

내용	규정
협약의 체결 (제28조)	① 어업자 또는 어업자단체는 자발적으로 일정한 수역에서 수산자원의 효율적 관리를 위한 협약(「어업자협약」)을 어업자 또는 어업자단체 간의 합의로 체결할 수 있다. 이 경우 어업자협약의 효력은 어업자협약을 체결한 어업자 또는 어업자단체에 소속된 어업자에게만 미친다. ② 어업자협약에는 다음 각호의 사항이 포함되어야 한다. 1. 대상수역, 대상자원 및 대상어업 2. 수산자원의 관리를 위한 조치 및 방법 3. 협약의 유효기간 4. 협약 위반 시 조치사항 5. 참가하지 아니한 어업자의 참가를 위한 조치방안 6. 그 밖에 해양수산부령으로 정하는 사항 ③ 해양수산부장관 또는 시·도지사는 어업자 또는 어업자단체 간에 자율적으로 어업자협약을 체결하여 운영할 수 있도록 지도와 재정적 지원 등을 할 수 있다.
어업자협약운영위원회 설립 (제29조)	① 어업자가 어업자협약을 체결·관리하기 위하여 필요하면 자율적 기구로서 어업자협약운영위원회를 설립할 수 있다. ② 어업자협약운영위원회를 설립하려면 협약 체결 어업자 과반수의 동의를 받아 어업자협약운영위원회의 대표자 및 위원을 선임하고, 해양수산부령으로 정하는 바에 따라 시장·군수·구청장에게 신고하여야 한다.
어업자협약 승인 (제30조)	① 어업자 또는 어업자단체가 「수산업법」제40조제1항의 근해어업에 대하여 어업자협약을 체결하면 해양수산부장관에게, 같은 조 제2항의 연안어업 또는 같은 조 제3항의 구획어업에 대한 어업자협약을 체결하면 관

	할 시·도지사에게 승인을 받아야 한다. 해양수산부장관 또는 시·도지사는 어업자협약 승인 사항이 준수되지 아니한 때에는 그 승인을 취소할 수 있다. ② 제1항에 따른 승인 신청을 받은 해양수산부장관 또는 시·도지사는 다음 각 호의 사항을 검토하여 제54조에 따른 해당 수산자원관리위원회의 심의를 거쳐야 한다. 1. 어업자협약이 수산자원 보호, 어업조정 및 어업질서 유지에 지장이 없을 것 2. 어업자협약의 내용이 이 법 또는 「수산업법」과 이 법 또는 「수산업법」에 따른 명령을 위반하지 아니할 것 ③ 해양수산부장관 또는 시·도지사가 어업자협약을 승인한 때에는 대통령령으로 정하는 바에 따라 그 내용을 공고하고, 어업인이 열람할 수 있도록 하여야 한다. ④ 제1항에 따른 승인 신청에 필요한 사항은 해양수산부령으로 정한다.
어업자협약 변경 (제31조)	어업자협약의 변경에 관하여는 제28조 및 제30조를 준용한다.
어업자협약의 폐지 (제32조)	① 어업자협약을 체결한 어업자나 어업자단체의 대표자 또는 어업자협약운영위원회의 대표자는 어업자협약을 폐지하려면 대상 어업자 과반수의 동의를 받아 해양수산부장관 또는 시·도지사의 승인을 받아야 한다. ② 어업자협약 폐지의 승인 및 공고에 관하여는 제30조제3항을 준용한다. ③ 어업자협약의 폐지에 필요한 사항은 해양수산부령으로 정한다.
어업자협약의 준수 및 승계 (제33조)	① 어업자협약을 체결한 어업자 또는 어업자단체 소속 어업자는 어업자협약 대상 수역에서 어업을 하는 경우에는 승인된 어업자협약 내용을 준수하여야 한다. ② 어업자협약이 제30항제3항 및 제31조에 따라 공고된 후 어업자협약을 체결한 어업자로부터 해당 어선·어구 등을 임차 또는 이전받아 해당 어업허가를 받은 자의 지위를 승계한 자는 종전의 어업자협약 체결자의 지위를 승계한다. 다만, 어업자협약에서 다르게 정하는 경우에는 그에 따른다.

제7절 | 수산자원의 회복

내용	규정
수산자원의 회복을 위한 명령 (제35조)	① 행정관청은 해당 수산자원을 적정한 수준으로 회복시키기 위하여 다음 각호의 사항을 명할 수 있다. 이 경우 그 명령을 고시하여야 한다. 1. 수산자원의 번식·보호에 필요한 물체의 투입이나 제거에 관한 제한

	또는 금지 2. 수산자원에 유해한 물체 또는 물질의 투기나 수질 오염행위의 제한 또는 금지 3. 수산자원의 병해방지를 목적으로 사용하는 약품이나 물질의 제한 또는 금지 4. 치어 및 치패의 수출의 제한 또는 금지 5. 수산자원의 이식에 관한 제한·금지 또는 승인 6. 멸종위기에 처한 수산자원의 번식·보호를 위한 제한 또는 금지 ② 행정관청은 제1항 각호의 사항을 위반한 자에 대하여 원상회복을 위하여 필요한 조치를 명할 수 있다. 다만, 원상회복이 불가능하거나 현저하게 곤란하다고 인정되는 경우는 그러하지 아니한다. ③ 제1항에 따른 고시를 하는 경우에는 어업의 제한을 받는 어업자에 대한 지원대책 등을 미리 정하여야 한다. ④ 제1항 각호에 따른 수산자원의 회복을 위한 제한 또는 금지 등에 필요한 사항은 대통령령으로 정한다.
총허용어획량의 설정 (제36조)	① 해양수산부장관은 수산자원의 회복 및 보존을 위하여 대상 어종 및 해역을 정하여 총허용어획량을 정할 수 있다. 이 경우 제11조에 따른 대상 수산자원의 정밀조사·평가 결과, 그 밖의 자연적·사회적 여건 등을 고려하여야 한다. ② 해양수산부장관은 제1항에 따른 총허용어획량의 설정 및 관리에 관한 시행계획(「총허용어획량계획」)을 수립하여야 한다. ③ 시·도지사는 지역의 어업특성에 따라 수산자원의 관리가 필요하면 제2항에서 해양수산부장관이 수립한 수산자원 외의 수산자원에 대하여 총허용어획량계획을 세워 총허용어획량을 설정하고 관리할 수 있다. ④ 해양수산부장관 또는 시·도지사는 총허용어획량계획을 세우려면 관련 기관·단체의 의견수렴 및 제54조에 따른 해당 수산자원관리위원회의 심의를 거쳐야 한다. 다만, 제11조에 따른 수산자원의 정밀조사·평가 결과 수산자원이 급격히 감소한 경우 등 해양수산부령으로 정하는 사유에 해당하는 경우에는 제54조에 따른 수산자원관리위원회의 심의를 거치지 아니할 수 있다. ⑤ 제1항부터 제3항까지의 규정에 따른 어업의 종류·대상어종·해역 및 관리 등의 총허용어획량계획에 필요한 사항은 대통령령으로 정하고, 총허용어획량계획의 수립절차 등에 필요한 사항은 해양수산부령으로 정한다.
총허용어획량의 할당 (제37조)	① 해양수산부장관은 제36조제1항 및 제2항에 따른 총허용어획량계획에 대하여, 시·도지사는 제36조제3항에 따른 총허용어획량계획에 대하여 어종별, 어업의 종류별, 조업수역별 및 조업기간별 허용어획량(「배분량」)을 결정할 수 있다. ② 배분량은 대통령령으로 정하는 기준에 따라 어업자별·어선별로 제한하여 할당할 수 있다. 이 경우 과거 3년간 총허용어획량 대상 어종의 어

	획실적이 없는 어업자·어선에 대하여는 배분량의 할당을 제외할 수 있다. ③ 제2항의 배분량의 할당 절차 등에 필요한 사항은 해양수산부령으로 정한다.
배분량의 관리 (제38조)	① 제37조에 따라 배분량을 할당받아 수산자원을 포획·채취하는 자는 배분량을 초과하여 어획하여서는 아니 된다. ② 제1항을 위반하여 초과한 어획량에 대하여는 해양수산부령으로 정하는 바에 따라 다음 연도의 배분량에서 공제한다. 다만, 제44조제1항에 따른 수산자원조성을 위한 금액을 징수한 경우에는 그러하지 아니한다. ③ 행정관청은 어획량의 합계가 배분량을 초과하거나 초과할 우려가 있다고 인정되면 해당 배분량에 관련되는 수산자원을 포획·채취하는 자에 대하여 6개월 이내의 기간을 정하여 그 포획·채취를 정지하도록 하거나 그 밖에 필요한 조치를 명할 수 있다. ④ 제37조에 따라 할당된 배분량에 따라 수산자원을 포획·채취하는 자는 어획량을 해양수산부장관 또는 시·도지사에게 보고하여야 한다. ⑤ 제2항부터 제4항까지의 규정에 따른 배분량의 공제, 포획·채취의 정지 및 포획량의 보고 절차 등에 필요한 사항은 해양수산부령으로 정한다.
부수어획량의 관리 (제39조)	① 제37조제1항 및 제2항에 따라 배분량을 할당받아 수산자원을 포획·채취하는 자는 할당받은 어종 외의 총허용어획량 대상 어종을 어획(「부수어획」)하여서는 아니 된다. 다만, 할당받은 어종을 포획·채취하는 과정에서 부수어획한 경우에는 그러하지 아니하다. ② 제1항 단서에 따라 부수어획한 경우에는 그 어획량을 해양수산부령으로 정하는 기준에 따라 환산하여 할당된 배분량을 어획한 것으로 본다. ③ 제2항에 따라 환산한 어획량이 할당된 배분량을 초과한 경우에는 제38조제2항을 준용한다.
판매장소의 지정 (제40조)	① 해양수산부장관 또는 시·도지사는 제7조제2항제4호에 따른 수산자원 회복계획에 관한 사항의 시행 및 제36조에 따른 총허용어획량계획을 시행하기 위하여 필요하다고 인정되면 수산자원 회복 및 총허용어획량 대상 수산자원의 판매장소를 지정하여 이를 고시할 수 있다. ② 어업인은 제1항에 따른 판매장소가 지정되는 경우 수산자원 회복계획 및 총허용어획량계획의 대상 어종에 대한 어획물은 판매장소에서 매매 또는 교환하여야 한다. 다만, 낙도·벽지 등 지정된 판매장소가 없는 경우, 소량인 경우 또는 가공업체에 직접 제공하는 경우 등 해양수산부장관이 정하여 고시하는 경우에는 그러하지 아니하다.

제8절 | 수산자원조성

내용	규정
수산자원조성사업 (제41조)	① 행정관청은 기본계획 및 시행계획에 따라 다음 각호의 사업을 포함하는 수산자원 조성을 위한 사업(「수산자원조성사업」)을 시행할 수 있다. 1. 인공어초의 설치사업 2. 바다목장의 설치사업 3. 바다숲의 설치사업 4. 수산종자의 방류사업 5. 해양환경의 개선사업 6. 친환경 수산생물 산란장 조성사업 7. 그 밖에 수산자원조성을 위하여 필요한 사업으로서 해양수산부장관이 정하는 사업 ② 행정관청(제61조에 따라 수산자원조성사업을 위탁받아 수행하는 기관·단체·협회 등을 포함한다. 이하 이 조에서 같다)이 제1항제1호부터 제3호까지 및 제6호에 해당하는 수산자원조성사업을 시행할 경우 「공유수면 관리 및 매립에 관한 법률」 제8조에 따른 공유수면의 점용·사용허가 및 같은 법 제10조에 따른 협의 또는 승인을 거친 것으로 본다. ③ 행정관청은 수산자원조성사업을 시행하기 전·후에 해당 사업이 해양환경에 미치는 영향 및 수산자원조성의 효과 등을 조사·평가(「사전·사후영향조사」)하여야 한다. ④ 행정관청이 제3항에 따른 사전·사후영향조사를 거친 경우에는 「해양환경관리법」 제84조제2항에도 불구하고 같은 조에 따른 해역이용협의 및 같은 법 제95조에 따른 해양환경영향조사를 거친 것으로 본다. ⑤ 해양수산부장관은 시·도지사와 시장·군수·구청장에게 제3항에 따른 사전·사후영향조사 결과와 제49조제4항에 따른 수산자원관리수면 관리·이용 현황을 보고하도록 할 수 있다. ⑥ 해양수산부장관은 시·도지사가 제48조에 따른 수산자원관리수면을 적정하게 관리하고 있지 아니하다고 판단되면 시정을 요구할 수 있으며, 시정요구를 받은 시·도지사는 특별한 사유가 없으면 이에 따라야 한다. ⑦ 수산자원조성사업의 추진방안, 사전·사후영향조사의 방법 및 절차 등에 필요한 사항은 해양수산부령으로 정한다.
수산종자의 부화·방류 제한 (제42조)	① 행정관청은 수산자원조성을 위한 수산종자의 부화·방류로 발생하는 생태계 교란 방지 등을 위하여 다음 각호의 사항을 준수하여야 한다. 1. 방류해역에 자연산 치어가 서식하거나 서식하였던 종의 부화·방류 2. 건강한 수산종자의 부화·방류 3. 자연산 치어가 출현하는 시기에 적정 크기의 수산종자의 방류 4. 그 밖에 대통령령으로 정하는 사항

	② 해양수산부장관은 부화 · 방류되면 해양생태계에 악영향을 미치는 수산종자를 고시할 수 있다. ③ 제2항에 따라 고시된 수산종자를 생산 · 방류하려는 자는 수산에 관한 사무를 관장하는 대통령령으로 정하는 해양수산부 소속 기관의 장의 승인을 받아야 한다. 다만, 양식용 수산종자생산을 위한 경우에는 제외한다. ④ 제3항에 따른 승인절차 등에 필요한 사항은 해양수산부령으로 정한다.
방류종자의 인증 (제42조의2)	① 해양수산부장관은 수산자원의 유전적 다양성을 확보하기 위하여 방류되는 수산종자에 대한 인증제(「방류종자인증제」)를 시행하여야 한다. ② 누구든지 인증을 받지 아니하고 방류종자인증 대상 수산종자를 방류할 수 없다. 다만, 연구 · 종교 활동 등 해양수산부령으로 정하는 목적으로 방류하는 경우에는 그러하지 아니다. ③ 방류종자인증 대상 수산종자를 방류하려는 자는 해양수산부장관에게 신청하여야 한다. ④ 방류종자인증제의 운영과 관련하여 다음 각호의 사항에 대하여는 해양수산부령으로 정한다. 1. 인증 대상 수산종자의 품종 2. 인증기준 및 인증절차 3. 수수료 4. 인증기관의 업무범위 5. 그 밖에 인증에 필요한 사항 ⑤ 해양수산부장관은 방류종자인증제를 시행하기 위하여 대통령령으로 정하는 전문기관에 방류종자인증 업무를 위탁할 수 있다.
소하성어류의 보호와 인공부화 · 방류 (제43조)	① 행정관청은 소하성어류의 통로에 방해가 될 우려가 있다고 인정될 때에는 수면의 일정한 구역에 있는 인공구조물의 설비를 제한 또는 금지할 수 있다. ② 행정관청은 제1항의 인공구조물로서 소하성어류의 통로에 방해가 된다고 인정하면 그 인공구조물의 소유자 · 점유자 또는 시설자에 대하여 방해를 제거하기 위하여 필요한 공사를 명할 수 있다. ③ 행정관청이 정하는 소하성어류, 그 밖의 수산자원을 인공부화하여 방류하려는 자는 다음 각호의 사항을 관할 시장 · 군수 · 구청장에게 신고하여야 한다. 다만, 행정관청, 「수산업법」 제45조제3항에 따른 시험연구기관 · 수산기술지도보급기관 · 훈련기관 또는 교육기관에서 방류하는 경우에는 그러하지 아니다. 1. 방류를 실시할 수면 2. 방류를 실시할 기간 · 장소 및 마리수 ④ 관할 시장 · 군수 · 구청장은 제3항 각호 외의 부분 본문에 따른 신고를 받은 경우 그 내용을 검토하여 이 법에 적합하면 신고를 수리하여야 한다.

소하성어류의 보호와 인공부화·방류 (제43조)	① 행정관청은 소하성어류의 통로에 방해가 될 우려가 있다고 인정될 때에는 수면의 일정한 구역에 있는 인공구조물의 설비를 제한 또는 금지할 수 있다. ② 행정관청은 제1항의 인공구조물로서 소하성어류의 통로에 방해가 된다고 인정하면 그 인공구조물의 소유자·점유자 또는 시설자에 대하여 방해를 제거하기 위하여 필요한 공사를 명할 수 있다. ③ 행정관청이 정하는 소하성어류, 그 밖의 수산자원을 인공부화하여 방류하려는 자는 다음 각호의 사항을 관할 시장·군수·구청장에게 신고하여야 한다. 다만, 행정관청, 「수산업법」 제46조제3항에 따른 시험연구기관·수산기술지도보급기관·훈련기관 또는 교육기관에서 방류하는 경우에는 그러하지 아니하다. 1. 방류를 실시할 수면 2. 방류를 실시할 기간·장소 및 마리수 ④ 관할 시장·군수·구청장은 제3항 각호 외의 부분 본문에 따른 신고를 받은 경우 그 내용을 검토하여 이 법에 적합하면 신고를 수리하여야 한다.
조성금 (제44조)	① 행정관청은 수산자원조성사업에 필요한 투자재원을 확보하기 위하여 다음 각호의 어느 하나에 해당하는 자에게 수산자원조성을 위한 금액(「조성금」)을 부과·징수할 수 있다. 1. 「수산업법」 제7조에 따른 어업면허 또는 「양식산업발전법」 제10조에 따른 양식업 면허를 받은 자 2. 「수산업법」 제14조에 따른 어업면허 또는 「양식산업발전법」 제17조 제2항에 따른 양식업 면허의 연장허가를 받은 자 3. 「수산업법」 제40조에 따른 어업허가 또는 「양식산업발전법」 제43조에 따른 양식업 허가를 받은 자 또는 「수산종자산업육성법」 제21조에 따른 수산종자생산업 허가를 받은 자 4. 「수산업법」 제43조에 따른 한시어업허가를 받은 자 5. 「수산업법」 제48조에 따른 어업신고를 한 자 6. 제35조제2항 단서에 따른 원상회복조치의 명령대상에서 제외된 자 7. 제38조제2항에 따른 배분량을 초과하여 어획한 자 8. 제39조제3항에 따른 부수어획량을 초과하여 어획한 자 9. 제52조제2항제3호에 따라 대통령령으로 정하는 행위 중 관계 행정기관의 동의 등을 받아 행하는 공유수면의 준설, 준설토를 버리는 장소의 조성, 골재의 채취와 지하자원의 개발을 위한 탐사 및 광물의 채광 행위 허가를 받은 자 10. 「공유수면 관리 및 매립에 관한 법률」 제28조에 따른 공유수면의 매립면허를 받은 자(「공유수면 관리 및 매립에 관한 법률」 제28조를 의제하는 법률에 따라 공유수면의 매립면허를 받은 자를 포함한다) ② 제1항에도 불구하고 다음 각호의 어느 하나에 해당하는 자에 대하여

는 조성금을 면제한다.

1. 「수산업협동조합법」 제13조·제15조 또는 제104조에 따른 지구별수산업협동조합·어촌계 또는 업종별수산업협동조합으로서 「수산업법」 제7조에 따른 어업면허, 「양식산업발전법」 제10조에 따른 양식업 면허 또는 「수산종자산업육성법」 제21조에 따른 수산종자생산업 허가를 받은 자

2. 국가·지방자치단체 또는 「공공기관의 운영에 관한 법률」 제4조에 따른 공공기관으로서 「공유수면 관리 및 매립에 관한 법률」에 따른 공유수면매립면허를 받은 자

3. 「수산업법」 제48조에 따라 어업신고를 한 자 중 소량의 수산자원을 포획·채취하는 등 대통령령으로 정하는 어업을 신고한 자

4. 「신에너지 및 재생에너지 개발·이용·보급 촉진법」 제2조에 따른 신·재생에너지설비의 설치 및 신·재생에너지발전을 위하여 「공유수면 관리 및 매립에 관한 법률」 제8조에 따른 점용·사용허가를 받거나 「공유수면 관리 및 매립에 관한 법률」 제28조에 따른 매립면허를 받은 자

5. 그 밖에 대통령령으로 정하는 바에 따라 어업의 종류별로 일정한 면적 또는 일정한 어선톤수 미만의 면허 또는 허가를 받은 자

③ 행정관청은 제1항제10호에 따른 공유수면 매립면허를 받아 조성금의 부과·징수의 대상이 된 자가 수산자원조성을 위한 경비를 별도로 지출하였다고 인정하는 때에는 부과할 조성금에서 이를 공제한다.

④ 제1항제1호부터 제5호까지 및 제10호에 따라 조성금을 부과할 때에는 그에 따른 면적 또는 어선톤수를 고려하여 정하여야 하며, 같은 항 제7호 및 제8호에 따라 조성금을 부과할 때에는 초과량 및 부수어획량을 고려하여 정한다. 이 경우 조성금의 부과기준은 대통령령으로 정한다.

⑤ 제1항에 따라 부과하여야 하는 조성금의 산정기준·감액기준·부과절차 및 부과방법에 필요한 사항은 대통령령으로 정한다.

⑥ 행정관청은 제1항에 따라 조성금을 납부하여야 할 자가 납부기한 이내에 납부하지 아니하면 해당 조성금을 국세 체납처분의 예 또는 「지방행정제재·부과금의 징수 등에 관한 법률」에 따라 징수한다.

⑦ 조성금은 수산자원조성사업의 용도 외에는 이를 사용할 수 없다.

| 수산자원의 점용료·사용료의 사용 (제45조) | ① 시장·군수·구청장은 다음 각호의 어느 하나에 해당하는 점용료·사용료 중 100분의 50 이상을 수산자원조성사업에 사용하여야 한다.
1. 「공유수면 관리 및 매립에 관한 법률」 제8조에 따라 공유수면에서 「골재채취법」 제22조제1항제1호에 따라 골재채취의 허가를 받은 자로부터 징수한 공유수면 점용료·사용료
2. 「광업법」 제15조에 따른 광업권 설정의 허가를 받은 자로부터 징수한 공유수면 점용료·사용료
② 시장·군수·구청장은 제1항에 따른 수산자원조성사업을 위하여 사용한 내역을 해양수산부장관에게 보고하여야 한다. |

제9절 | 수면 및 수산자원보호구역의 관리

내용	규정
보호수면의 지정 및 해제 (제46조)	① 해양수산부장관 또는 시·도지사는 수산자원의 산란, 수산종자발생이나 치어의 성장에 필요하다고 인정되는 수면에 대하여 대통령령으로 정하는 바에 따라 보호수면을 지정할 수 있다. ② 해양수산부장관 또는 시·도지사는 제1항에 따른 보호수면을 지정하려면 관계 중앙행정기관의 장과 미리 협의하여야 한다. ③ 해양수산부장관 또는 시·도지사는 제1항에 따라 지정한 보호수면을 계속 유지할 필요가 없으면 시·도지사 또는 시장·군수·구청장의 신청 또는 직권으로 보호수면의 지정을 해제할 수 있다. ④ 해양수산부장관 또는 시·도지사는 제1항 및 제3항에 따라 보호수면을 지정하거나 그 지정을 해제한 때에는 지체 없이 이를 공고하여야 한다.
보호수면의 관리 (제47조)	① 시장·군청·구청장은 관할 구역 안에 있는 보호수면을 그 지정목적의 범위에서 관리하여야 한다. 다만, 보호수면이 둘 이상의 시장·군수·구청장의 관할 구역에 있는 경우에는 다음 각호에서 정하는 바에 따라 해당 보호수면을 관리할 수 있다. 1. 보호수면이 하나의 시·도지사의 관할 구역에 있는 경우: 시·도지사가 해당 보호수면을 관리할 시장·군수·구청장을 지정하거나 직접 관리 2. 보호수면이 둘 이상의 시·도지사의 관할 구역에 있는 경우: 해양수산부장관이 해당 보호수면을 관리할 시·도지사를 지정하거나 직접 관리 ② 보호수면(항만구역은 제외한다)에서 매립·준설하거나 유량 또는 수위의 변경을 가져올 우려가 있는 공사를 하려는 자는 해양수산부장관, 관할 시·도지사 또는 관할 시장·군수·구청장의 승인을 받아야 한다. ③ 누구든지 보호수면에서는 수산자원을 포획·채취하여서는 아니 된다. ④ 보호수면의 관리에 필요한 사항은 해양수산부령으로 정한다.
수산자원관리수면의 지정 및 해제 (제48조)	① 시·도지사는 수산자원의 효율적인 관리를 위하여 정착성 수산자원이 대량으로 발생·서식하거나 수산자원조성사업을 하였거나 조성예정인 수면에 대하여 수산자원관리수면으로 지정할 수 있다. ② 수산자원관리수면을 지정하려는 수면이 「수산업법」 제41조제1항에 따른 근해어업의 조업구역이거나 시·도간 경계수면일 경우 해양수산부장관의 승인을 받아야 한다. ③ 수산자원관리수면의 지정 유효기간은 5년으로 한다. 다만, 시·도지사는 어업행위의 제한 등 대통령령으로 정하는 사유가 있으면 그 유효기간을 단축하거나 3년의 범위에서 연장할 수 있다. ④ 시·도지사는 수산자원관리수면으로 더 이상 유지할 필요가 없다고

	인정되는 경우 및 제49조제4항에 따라 수산자원관리수면을 관리·이용하는 시장·군수·구청장 및 어업인 등이 해당 자원관리수면을 그 지정 목적에 적합하지 아니하게 관리·이용하면 수산자원관리수면의 지정을 해제할 수 있다. ⑤ 시·도지사는 수산자원관리수면을 지정 또는 연장하거나 해제한 때에는 지체 없이 이를 공고하여야 한다. ⑥ 제1항부터 제3항까지의 규정에 따른 수산자원관리수면의 지정·해제 및 유효기간의 연장 방법·절차 등에 필요한 사항은 대통령령으로 정한다.
수산자원관리수면의 지정 및 해제 (제48조)	① 시·도지사는 수산자원의 효율적인 관리를 위하여 정착성 수산자원이 대량으로 발생·서식하거나 수산자원조성사업을 하였거나 조성예정인 수면에 대하여 수산자원관리수면으로 지정할 수 있다. ② 수산자원관리수면을 지정하려는 수면이 「수산업법」 제40조제1항에 따른 근해어업의 조업구역이거나 시·도간 경계수면일 경우 해양수산부장관의 승인을 받아야 한다. ③ 수산자원관리수면의 지정 유효기간은 5년으로 한다. 다만, 시·도지사는 어업행위의 제한 등 대통령령으로 정하는 사유가 있으면 그 유효기간을 단축하거나 3년의 범위에서 연장할 수 있다. ④ 시·도지사는 수산자원관리수면으로 더 이상 유지할 필요가 없다고 인정되는 경우 및 제49조제4항에 따라 수산자원관리수면을 관리·이용하는 시장·군수·구청장 및 어업인 등이 해당 자원관리수면을 그 지정 목적에 적합하지 아니하게 관리·이용하면 수산자원관리수면의 지정을 해제할 수 있다. ⑤ 시·도지사는 수산자원관리수면을 지정 또는 연장하거나 해제한 때에는 지체 없이 이를 공고하여야 한다. ⑥ 제1항부터 제3항까지의 규정에 따른 수산자원관리수면의 지정·해제 및 유효기간의 연장 방법·절차 등에 필요한 사항은 대통령령으로 정한다.
수산자원관리수면의 관리 (제49조)	① 시·도지사는 제48조에 따라 지정된 수산자원관리수면의 효율적인 관리를 위하여 수산자원관리수면의 관리·이용 규정을 정하여야 한다. ② 해양수산부장관 또는 시·도지사는 제48조에 따라 지정된 수산자원관리수면을 해양친수공간으로 활용하기 위하여 생태체험장을 지정·운영할 수 있다. ③ 제1항에 따른 수산자원관리수면의 관리·이용 규정의 내용과 제2항에 따른 생태체험장의 지정·운영에 필요한 사항은 대통령령으로 정한다. ④ 시·도지사는 수산자원관리수면의 관리·이용 규정에 따라 시장·군수·구청장에게 수산자원관리수면을 관리하게 하거나 어업인 등에게 이용하게 할 수 있다. ⑤ 누구든지 수산자원관리수면에서는 수산자원을 포획·채취할 수 없다. 다만, 시·도지사는 제1항의 수산자원관리수면의 관리·이용 규정에 따른 어업의 방법(이 법, 「수산업법」 또는 「양식산업발전법」에 따른 어업

	외의 어업의 방법을 포함한다)으로 어업인 등으로 하여금 수산자원을 포획·채취하게 할 수 있다. ⑥ 제1항에 따른 수산자원관리수면의 관리·이용에 관한 세부적인 사항은 해양수산부령으로 정한다. ⑦ 수산자원관리수면에서 다음 각호에 해당하는 행위를 하려는 자는 시·도지사의 허가를 받아야 한다. 다만, 행정관청이 그 행위를 하려는 경우에는 미리 관할 시·도지사와 협의하여야 한다. 1. 매립행위 2. 준설행위 3. 인공구조물을 신축·증축 또는 개축하는 행위 4. 토석·모래 또는 자갈의 채취행위 5. 그 밖에 수산자원의 효율적인 관리·이용에 유해하다고 인정되는 행위로서 대통령령으로 정하는 행위 ⑧ 시·도지사는 제7항에 따른 수산자원관리수면에서의 행위를 허가 또는 협의하려면 해당 지구별 또는 업종별 수산업협동조합 조합장의 의견을 들어야 한다.
수산자원관리수면의 지정을 위한 기초조사 (제50조)	① 시·도지사는 제48조에 따른 수산자원관리수면의 지정에 필요한 기초조사를 실시할 수 있다. ② 시·도지사는 기초조사를 하기 위하여 필요한 경우 소속 공무원에게 다른 사람의 토지·어장 등을 출입하여 조사하게 할 수 있다. ③ 제2항에 따라 다른 사람의 토지·어장 등을 출입하는 공무원은 그 권한을 표시하는 증표를 지니고 이를 관계인에게 내보여야 한다. ④ 제1항에 따른 기초조사의 내용, 방법 등에 필요한 사항은 대통령령으로 정한다.
수산자원보호구역의 관리 (제51조)	① 수산자원보호구역은 그 구역을 관할하는 특별시장·광역시장·특별자치시장·특별자치도지사·시장 또는 군수(「관리관청」)가 관리한다. ② 관리관청은 대통령령으로 정하는 바에 따라 수산자원보호구역의 토지 또는 공유수면의 이용실태를 조사하여야 한다. ③ 수산자원보호구역의 안내표지판 설치 등 그 관리에 필요한 사항은 해양수산부령으로 정한다.
수산자원보호구역에서의 행위제한 등 (제52조)	① 수산자원보호구역에서의 「국토의 계획 및 이용에 관한 법률」 제2조 제11호에 따른 도시·군계획사업은 대통령령으로 정하는 사업에 한정하여 시행할 수 있다. ② 수산자원보호구역에서는 「국토의 계획 및 이용에 관한 법률」 제57조 및 같은 법 제76조에도 불구하고 제1항에 따른 도시·군계획사업에 따른 경우를 제외하고는 다음 각호의 어느 하나에 해당하는 행위(「허가대상행위」)에 한정하여 그 구역을 관할하는 관리관청의 허가를 받아 할 수 있다. 1. 수산자원의 보호 또는 조성 등을 위하여 필요한 건축물, 그 밖의 시설

	중 대통령령으로 정하는 종류와 규모의 건축물 그 밖의 시설을 건축하는 행위 2. 주민의 생활을 영위하는 데 필요한 건축물, 그 밖의 시설을 설치하는 행위로서 대통령령으로 정하는 행위 3. 「산림자원의 조성 및 관리에 관한 법률」 또는 「산지관리법」에 따른 조림, 육림, 임도의 설치, 그 밖에 대통령령으로 정하는 행위 ③ 관리관청은 다음 각호의 어느 하나에 해당하는 경우를 제외하고는 제2항에 따른 허가를 하여야 한다. 1. 허가대상행위와 관련된 사업계획, 해당 행위에 따른 기반시설 설치계획, 환경오염방지계획, 경관 또는 조경 등에 관한 계획이 대통령령으로 정하는 허가기준에 적합하지 아니한 경우 2. 수산자원보호구역의 지정목적 달성에 지장이 있는 경우 3. 해당 토지 또는 주변 토지의 합리적인 이용에 지장이 있는 경우 4. 그 밖에 이 법 또는 다른 법령에 따른 제한에 위반되는 경우 ④ 관리관청은 제2항에 따른 허가를 하는 경우 제7항에서 정하는 허가기준을 충족하기 위하여 필요하다고 인정하면 기반시설의 설치, 환경오염방지 등의 조치를 할 것을 조건으로 허가할 수 있다. 이 경우 관리관청은 미리 행위허가를 신청한 자의 의견을 들어야 한다. ⑤ 관리관청은 수산자원보호구역에서 제2항에 따른 허가를 받지 아니하고 허가대상행위를 하거나 제2항에 따라 허가받은 내용과 다르게 행위를 하는 자 및 그 건축물이나 토지 등을 양수한 자에 대하여는 그 행위의 중지 및 원상회복을 명할 수 있다. ⑥ 관리관청은 제5항에 따른 원상회복의 명령을 받은 자가 원상회복을 하지 아니하는 때에는 「행정대집행법」에 따른 행정대집행에 따라 원상회복을 할 수 있다. ⑦ 제2항에 따른 허가의 기준·신청절차 등에 필요한 사항 및 제5항에 따른 원상회복명령의 기간·횟수 등은 대통령령으로 정한다.
토지 등의 매수 (제53조)	① 해양수산부장관은 효과적인 수산자원의 보호를 위하여 필요하면 수산자원보호구역 및 그 주변지역의 토지 등을 그 소유자와 협의하여 매수할 수 있다. ② 해양수산부장관은 수산자원보호구역의 지정으로 손실을 입는 자가 있으면 대통령령으로 정하는 바에 따라 그 손실을 보상할 수 있다. ③ 제1항에 따른 토지 등의 매수가격은 「공익사업을 위한 토지 등의 취득 및 보상에 관한 법률」에 따라 산정한 가액에 따른다.

제10절 | 벌 칙

내용	규정
벌칙 (제64조)	다음 각호의 어느 하나에 해당하는 자는 2년 이하의 징역 또는 2천만원 이하의 벌금에 처한다. 1. 제14조를 위반하여 어업을 한 자 2. 제17조를 위반하여 포획·채취한 수산자원이나 그 제품을 소지·유통·가공·보관 또는 판매한 자 3. 제19조제2항을 위반하여 휴어기가 설정된 수역에서 조업이나 그 해당 어업을 한 자 4. 제22조를 위반하여 어선을 사용한 자 5. 제25조제1항을 위반하여 폭발물·유독물 또는 전류를 사용하여 수산자원을 포획·채취한 자 6. 제25조제2항을 위반하여 유해화학물질을 보관 또는 사용한 자 7. 제35조제1항제5호에 따른 명령을 위반하여 수산자원의 이식을 한 자 8. 제37조제2항에 따른 배분량을 할당받지 아니하고 포획·채취한 자 9. 제43조제1항에 따라 제한 또는 금지된 인공구조물의 설비를 하거나 같은 조 제2항에 따른 공사명령을 이행하지 아니한 자 10. 제47조제2항을 위반하여 보호수면에서 공사를 하거나 같은 조 제3항을 위반하여 보호수면에서 수산자원을 포획·채취한 자 11. 제49조제5항 본문을 위반하여 수산자원관리수면에서 수산자원을 포획·채취한 자 12. 제49조제7항을 위반하여 수산자원관리수면에서 허가를 받지 아니하고 행위를 한 자 13. 제52조제2항에 따른 허가대상행위에 대하여 관리관청의 허가를 받지 아니하고 행위를 하거나 허가내용과 다르게 행위를 한 자
벌칙 (제65조)	다음 각호의 어느 하나에 해당하는 자는 1천만원 이하의 벌금에 처한다. 1. 제15조에 따른 조업금지구역에서 어업을 한 자 2. 제18조제1항을 위반하여 비어업인으로서 수산자원을 포획·채취한 자 5. 제23조제3항을 위반하여 2중 이상 자망을 사용하여 수산자원을 포획·채취한 자 6. 제24조를 위반하여 특정어구를 제작·수입·보관·운반·진열·판매하거나 싣거나 이를 사용하기 위하여 선박을 개조하거나 시설을 설치한 자 7. 제35조제1항제1호에 따른 수산자원의 번식·보호에 필요한 물체의 투입 또는 제거에 관한 제한 또는 금지 명령을 위반한 자 8. 제35조제1항제4호에 따른 치어 및 치패의 수출의 제한 또는 금지 명령을 위반한 자 9. 제35조제1항제6호에 따른 멸종위기에 처한 수산자원의 번식·보호를

	위한 제한 또는 금지 명령을 위반한 자 10. 제43조제3항에 따른 신고를 하지 아니하고 방류한 자
벌칙 (제66조)	다음 각호의 어느 하나에 해당하는 자는 500만원 이하의 벌금에 처한다. 1. 제35조제1항제2호에 따른 수산자원에 유해한 물체 또는 물질의 투기나 수질 오염행위의 제한 또는 금지 명령을 위반한 자 2. 제35조제1항제3호에 따른 수산자원의 병해방지를 목적으로 사용하는 약품이나 물질의 제한 또는 금지 명령을 위반한 자 3. 제35조제2항에 따른 원상회복에 필요한 조치명령을 이행하지 아니한 자 4. 제38조제1항을 위반하여 배분량을 초과하여 어획한 자 5. 제38조제3항에 따른 포획·채취 정지 등의 명령을 위반한 자 6. 제49조제5항 단서를 위반하여 수산자원을 포획·채취한 자
벌칙 (제67조)	다음 각호의 어느 하나에 해당하는 자는 300만원 이하의 벌금에 처한다. 1. 제16조에 따른 불법어획물의 방류명령을 따르지 아니한 자 3. 제38조제4항을 위반하여 보고를 하지 아니하거나 거짓으로 보고한 자 4. 제40조제2항을 위반하여 지정된 판매장소가 아닌 곳에서 어획물을 매매 또는 교환한 자
몰수 (제68조)	① 제64조부터 제67조까지의 규정에 해당하는 경우에는 행위자가 소유 또는 소지하는 어획물·제품·어선·어구·폭발물 또는 유독물은 이를 몰수할 수 있다. ② 제1항에 따라 행위자가 소유 또는 소지한 물건의 전부 또는 일부를 몰수할 수 없을 때에는 그 가액을 추징할 수 있다.
양벌규정 (제69조)	법인의 대표자나 법인 또는 개인의 대리인, 사용인, 그 밖의 종사자가 그 법인 또는 개인의 업무에 관하여 제64조부터 제67조까지의 어느 하나에 해당하는 위반행위를 하면 그 행위자를 벌하는 외에 그 법인 또는 개인에게도 해당 조문의 벌금형을 과한다. 다만, 법인 또는 개인이 그 위반행위를 방지하기 위하여 해당 업무에 관하여 상당한 주의와 감독을 게을리하지 아니한 경우에는 그러하지 아니하다.
과태료 (제70조)	① 다음 각호의 어느 하나에 해당하는 자에게는 200만원 이하의 과태료를 부과한다. 1. 제12조제1항에 따른 소속 공무원 또는 수산자원조사원의 조사를 거부·방해 또는 회피한 자 2. 제12조제4항에 따른 자료를 제출하지 아니하거나 거짓 자료를 제출한 자 3. 제42조제3항을 위반하여 승인을 받지 아니하고 수산종자를 생산·방류한 자 4. 제42조의2제2항을 위반하여 인증을 받지 아니하고 수산종자를 방류한 자

> 5. 제55조의7을 위반하여 유사명칭을 사용한 자
> ② 다음 각호의 어느 하나에 해당하는 자에게는 100만원 이하의 과태료를 부과한다.
> 1. 제18조제2항을 위반하여 수산자원을 포획·채취한 자
> 2. 제26조의2제2항을 위반하여 허가증을 반납하지 아니한 자
> ③ 제1항 및 제2항에 따른 과태료는 대통령령으로 정하는 바에 따라 해양수산부장관, 수산에 관한 사무를 관장하는 기관의 장 또는 시·도지사가 부과·징수한다.

제5장 어업자원보호법

제1절 │ 총 론

1. 제정 배경

제2차 세계대전 후 일본 어선들은 조업을 일본 연근해로 제한했던 「맥아더 라인」(MacArthur Line)을 넘어 우리나라 연안에서 불법조업을 일삼았다. 1951년 「미·일간 평화조약」이 체결되면서 맥아더 라인이 철폐된다는 전망이 나오면서 일본 어선의 우리나라 연안에서의 불법조업은 최고조에 달했다.

이승만 대통령은 우리 연안의 천연자원과 어자원 보호를 목적으로 1952년 1월 「인접해양의 주권에 관한 대통령 선언」에서 연안으로부터 60마일의 해역을 「평화선」(Peace Line)으로 불리는 배타적 관할권을 행사하는 「주권선」을 선포하였다.

1953년 7월 휴전협정이 체결되며 전쟁이 끝났지만 불안정한 해상치안 상태를 틈타 일본 어선들이 불법어로를 일삼았다. 이에 따라 어자원을 보호하고 북한의 해상침투에 대비하기 위해 해상경비를 강화해야 할 필요성이 절실해졌고, 허약한 해군력만으로 전투작전과 주권선 수호라는 두 가지 임무를 수행하는 데 어려움이 많았다. 정부는 1953년 12월 14일 「해양경찰대 편성령」을 공포하여 「해양경찰대」 설치 근거를 마련하였고, 평화선을 침범하는 외국어선을 단속하고 어업자원을 보호하기 위해 「어업자원보호법」을 제정하였다.

이러한 배경에서 제정된 「어업자원보호법」은 다른 관련 법령과 구별되는 특징을 가지고 있다. 첫째, 주변국과 배타적경제수역(EEZ)의 경계가 미획정인 상태에서 한·중, 한·일어업협정상의 우리 EEZ보다 넓은 어업관할 수역을 유지하고 있는 점이다.

둘째, 헌법상 우리의 영토로서 미수복 지역인 북한 수역까지 어업 관할수역으로 규정하고 있는 점이다.

셋째, 관할수역 위반 사건에 대하여 해군 함정의 승무장교 및 사병에게 특별사법경찰권을 부여하고 있는 점이다. 이 법은 해군에게 우리나라 관할수역에서 민간인에 대한 사법경찰권 행사권을 부여하고 있는 유일한 법령이다.

2. 주요 내용

1953년 12월 12일 제정되고 바로 시행된 「어자원보호법」은 "현행 해양주권선의 법적 규정을 보완하여 관할수역 내의 어업자원을 보호육성을 목적"으로 하고 있다. 이후 1966년과 2017년의 일부 개정을 거쳐 현재까지 제정법의 틀을 그대로 유지하고 있다. 제정법의 주요 내용은 다음과 같다.[6]

① 한반도와 그 부속도서의 해안은 물론 그밖의 일정 수역을 어업자원을 보호하기 위한 관할수역으로 정함

② 관할수역내에서 어업을 하려고 하는 자는 주무부장관의 허가를 받도록 함

③ 관할수역에서 허가없이 어업을 한 자는 3년이하의 징역·금고 또는 50만환이하의 벌금에 처하고, 그 소유 또는 소지하고 있는 어선·어구·채포물·양식물 및 그 제품을 몰수할 수 있도록 함

④ 이 법을 위반한 범죄의 수사에 있어서는 해군함정의 승무장교, 사병 기타 대통령령으로 정하는 공무원이 사법경찰관리의 직무를 행할 수 있도록 함

제2절 | 내 용

내용	규정
관할수역 (제1조)	한반도와 그 부속도서의 해안과 좌의 제선을 연결함으로써 조성되는 경계선간의 해양을 어업자원을 보호하기 위한 관할수역(「管轄水域」)으로 한다. ㄱ. 함경북도 경흥군 우암령 고정으로부터 북위 42도15분, 동경 130도 45분의 점에 이르는 선 ㄴ. 북위 42도 15분, 동경130도 45분의 점으로부터 북위38도, 동경 132도 50분의 점에 이르는 선 ㄷ. 북위 38도, 동경 132도 50분의 점으로부터 북위 35도, 동경 130도

---

6) 국가법령정보센터, 「어업자원관리법 제정이유」.

	의 점에 이르는 선 ㄹ. 북위 35도, 동경 130도의 점으로부터 북위 34도 40분, 동경 129도 10분의 점에 이르는선 ㅁ. 북위 34도 40분, 동경 129도 10분의 점으로부터 북위 32도, 동경 127도의 점에 이르는선 ㅂ. 북위 32도, 동경 127도의 점으로부터 북위 32도, 동경124도의 점에 이르는 선 ㅅ. 북위 32도, 동경 124도의 점으로부터 북위 39도 45분, 동경 124도의 점에 이르는 선 ㅇ. 북위 39도 45분, 동경 124도의 점으로부터 (平安北道 龍川郡 薪島列島)마안도서단에 이르는 선 ㅈ. 마안도 서단으로부터 북으로 한만국경의 서단과 교차하는 직선
관할수역내의 어업허가 (제2조)	관할수역내에서 어업을 하려고 하는 자는 해양수산부장관의 허가를 받아야 한다.
벌칙 (제3조)	전조에 위반한 자는 3년이하의 징역 또는 3천만원이하의 벌금에 처하고 그 소유 또는 소지하고 있는 어선, 어구, 채포물, 양식물 및 그 제품은 이를 몰수한다.
범죄의 수사 (제4조)	전조의 범죄수사에 있어서는 해군함정의 승무장교, 사병 기타 대통령령으로 정하는 공무원이 사법경찰관리의 직무를 행한다. 전항의 수사에 있어서 필요하다고 인정한 때에는 범칙선박의 회항을 명할 수 있다. 제2조 위반의 혐의가 있다고 인정한 때에는 단순한 통과선박일지라도 이를 정지시키고 임검, 수색 기타 필요한 처분을 할 수 있다.

제6장 배타적 경제수역에서의 외국인어업 등에 대한 주권적 권리의 행사에 관한 법률(경제수역어업주권법)

제1절 | 총 론

1994년 11월 「유엔해양법협약」이 발효된 후 한·중·일은 1996년 동 협약을 비준하였다. 해양생물자원의 보존·관리를 위하여 새롭게 발전한 「유엔해양법협약」 체제의 시행을 더이상 미룰 수 없었고, 인접해양의 지속가능한 개발과 환경보존 등에 있어서 동 협약상 법적 체제를 조속히 도입·적용해야 하는 단계에 이르렀기 때문이었다.

한·중·일은 1996년 「유엔해양법협약」을 비준하고, 동 협약을 이행하기 위한 국내법을 제정·공포하였다. 우리나라의 경우 1996년 8월 「배타적 경제수역법」과 「배타적 경제수역에서의 외국인

어업 등에 대한 주권적 권리의 행사에 관한 법률」(일명 「EEZ 어업법」)을 제정·공포하였다.

「EEZ 어업법」은 우리나라의 EEZ에서 행해지는 외국인의 어업활동에 관한 주권적 권리행사 등에 관한 사항을 규정하고 있다. 동 법에서는 (1) 외국인의 「특정금지구역」[7]에서의 어업금지, (2) EEZ 내 어업활동에 대한 허가, (3) 입어료, (4) 위반 선박에 대한 사법절차 등을 규정하고 있다. 동 법에 의해 위반선박을 나포·억류한 경우에는 선적국에 그 사실을 통보해야 하며, 담보금 납부나 그 보증이 있는 경우 지체 없이 선장 기타 위반자를 석방하고 압수물을 반환해야 한다.[8]

제2절 │ 총 칙

내용	규정
목적 (제1조)	이 법은 「해양법에 관한 국제연합협약」의 관계 규정에 따라 대한민국의 배타적 경제수역에서 이루어지는 외국인의 어업활동에 관한 우리나라의 주권적 권리의 행사 등에 필요한 사항을 규정함으로써 해양생물자원의 적정한 보존·관리 및 이용에 이바지함을 목적으로 한다.
정의 (제2조)	1. "배타적 경제수역"이란 「배타적 경제수역 및 대륙붕에 관한 법률」에 따라 설정된 수역을 말한다. 2. "외국인"이란 다음 각 목의 어느 하나에 해당하는 자를 말한다. 　가. 대한민국 국적을 가지지 아니한 사람 　나. 외국의 법률에 따라 설립된 법인(대한민국의 법률에 따라 설립된 법인으로서 외국에 본점 또는 주된 사무소를 가진 법인이나 그 주식 또는 지분의 2분의 1 이상을 외국인이 소유하고 있는 법인을 포함한다) 3. "어업"이란 수산동식물을 포획·채취하거나 양식하는 사업을 말한다. 4. "어업활동"이란 어업이나 어업에 관련된 탐색·집어(集魚), 어획물의 보관·저장·가공, 어획물 또는 그 제품의 운반, 선박에 필요한 물건의 보급 또는 그 밖에 해양수산부령으로 정하는 어업에 관련된 행위를 말한다.
적용 범위 등 (제3조)	① 외국인이 배타적 경제수역에서 어업활동을 하는 경우에는 「수산업법」, 「양식산업발전법」 및 「수산자원관리법」에도 불구하고 이 법을 적용한다. ② 이 법에서 규정하는 사항에 관하여 외국과의 협정에서 따로 정하는 것이 있을 때에는 그 협정에서 정하는 바에 따른다.

---

7) 「배타적 경제수역에서의 외국인 어업 등에 대한 주권적 권리의 행사에 관한 법률 시행령」에서 배타적 경제수역 중 어업자원의 보호 또는 어업조정을 위하여 외국인의 어업을 전면금지하는 「특정금지 구역」을 설정하고 있다.

8) 배타적 경제수역에서의 외국인 어업 등에 대한 주권적 권리의 행사에 관한 법률, 제23조제3항.

③ 배타적 경제수역에서 이루어지는 외국인의 어업활동에 관하여는 「배타적 경제수역 및 대륙붕에 관한 법률」 제5조제1항에도 불구하고 대통령령으로 정하는 법령의 규정을 적용하지 아니한다.

제3절 | 외국인 조업 허가

내용	규정
특정금지구역에서의 어업활동 금지 (제4조)	외국인은 배타적 경제수역 중 어업자원의 보호 또는 어업조정을 위하여 대통령령으로 정하는 구역(「특정금지구역」)에서 어업활동을 하여서는 아니 된다.
어업의 허가 등 (제5조)	① 외국인은 특정금지구역이 아닌 배타적 경제수역에서 어업활동을 하려면 선박마다 해양수산부장관의 허가를 받아야 한다. ② 해양수산부장관은 제1항에 따라 허가를 하였을 때에는 해당 외국인에게 허가증을 발급하여야 한다. ③ 제1항에 따라 허가를 받은 외국인은 허가를 받은 선박에 허가사항을 식별할 수 있도록 표지를 하여야 하며, 제2항의 허가증을 갖추어 두어야 한다. ④ 제1항부터 제3항까지의 규정에 따른 허가사항은 대통령령으로 정하고, 허가 절차, 허가증 발급, 표지 방법 및 그 밖에 필요한 사항은 해양수산부령으로 정한다.
허가기준 (제6조)	① 해양수산부장관은 제5조제1항에 따른 허가 신청을 받았을 때에는 다음 각호의 기준을 모두 충족하는 경우에만 허가할 수 있다. 1. 허가 신청된 어업활동이 국제협약 또는 국가 간의 합의나 그 밖에 이에 준하는 것의 이행에 지장을 주지 아니한다고 인정될 것 2. 허가 신청된 어업활동으로 인하여 해양수산부령으로 정하는 바에 따라 해양수산부장관이 정하는 어획량의 한도를 초과하지 아니한다고 인정될 것 3. 허용 가능한 어업 및 선박 규모의 기준 등 해양수산부령으로 정하는 기준을 충족한다고 인정될 것 ② 제1항제2호에 따른 어획량의 한도를 정할 때에는 수산자원의 동향, 대한민국 어업자의 어획 실태, 외국인의 어업 상황 및 주변 외국 수역에서의 대한민국 어업자의 어업 상황 등을 종합적으로 고려하여야 하며, 「수산자원관리법」 제36조에 따라 설정된 총허용어획량을 기초로 하여야 한다.
불법 어업활동 혐의 선박에 대한 정선명령 (제6조의2)	검사나 대통령령으로 정하는 사법경찰관(「사법경찰관」)은 배타적 경제수역에서 다음 각호의 어느 하나에 해당하는 불법 어업활동 혐의가 있는 외국선박에 정선명령을 할 수 있다. 이 경우 그 선박은 명령에 따라야 한다.

	1. 이 법, 이 법에 따른 명령 또는 제한이나 조건을 위반한 혐의가 있다고 인정되는 경우 2. 대한민국과 어업에 관한 협정을 체결한 국가의 선박이 그 협정, 그 협정에 따른 명령 또는 제한이나 조건을 위반한 혐의가 있다고 인정되는 경우
입어료 (제7조)	① 제5조제2항에 따라 허가증을 발급받은 외국인은 대한민국 정부에 입어료를 내야 한다. ② 제1항에 따른 입어료는 특별한 사유가 있으면 감액하거나 면제할 수 있다. ③ 제1항과 제2항에 따른 입어료의 금액, 납부 기한·방법, 감액·면제 기준 및 그 밖에 입어료에 관하여 필요한 사항은 대통령령으로 정한다.
시험·연구 등을 위한 수산동식물 포획·채취 등의 승인 (제8조)	① 배타적 경제수역에서 시험·연구, 교육실습 또는 그 밖에 해양수산부령으로 정하는 목적을 위하여 다음 각호의 어느 하나의 행위를 하려는 외국인은 선박마다 해양수산부령으로 정하는 바에 따라 해양수산부장관의 승인을 받아야 한다. 1. 수산동식물의 포획·채취 2. 어업에 관련된 탐색·집어 3. 어획물의 보관·저장·가공 4. 어획물 또는 그 제품의 운반 ② 제1항에 따라 승인을 하는 경우 승인증의 발급 및 비치, 승인 사항의 표지에 관하여는 제5조제2항 및 제3항을 준용한다. 이 경우 "허가"는 "승인"으로, "허가증"은 "승인증"으로, "허가 사항"은 "승인 사항"으로 본다. ③ 제1항과 제2항에 따른 승인절차, 승인증 발급, 승인 사항, 표지 방법 및 그 밖에 필요한 사항은 해양수산부령으로 정한다.
수수료 (제9조)	① 외국인은 제8조제1항에 따라 승인 신청을 할 때에는 해양수산부령으로 정하는 바에 따라 대한민국 정부에 수수료를 내야 한다. ② 제1항에 따른 수수료는 특별한 사유가 있으면 감액하거나 면제할 수 있다. ③ 제1항과 제2항에 따른 수수료의 금액, 감액·면제 기준에 관하여 필요한 사항은 해양수산부령으로 정한다.

※시행령 제3조(어업 등의 허가사항) ① 법 제5조에 따라 배타적 경제수역에서 어업활동을 하려는 외국인이 해양수산부장관으로부터 허가를 받아야 하는 사항은 다음 각호와 같다.

    1. 어업의 종류

    2. 어선의 규모

    3. 부속선의 선박 수

    4. 포획대상 수산동식물의 종류 및 예상어획량

② 제1항에 따른 어업의 종류, 어업의 종류에 따른 어선의 규모, 부속선의 선박 수 등은 해양수산부령으로 정한다.

제4절 | 허가 조건 및 금지행위

내용	규정
허가 등의 제한 또는 조건 (제10조)	해양수산부장관은 제5조제1항에 따른 허가나 제8조제1항에 따른 승인을 할 때에는 제한이나 조건을 붙일 수 있으며, 그 제한 또는 조건은 변경할 수 있다.
어획물 등을 옮겨 싣는 행위 등 금지 (제11조)	외국인이나 외국어선의 선장은 배타적 경제수역에서 어획물이나 그 제품을 다른 선박에 옮겨 싣거나 다른 선박으로부터 받아 실어서는 아니 된다. 다만, 해양사고의 발생 등 해양수산부령으로 정하는 경우에는 그러하지 아니하다.
어획물 등의 직접 양륙 금지 (제12조)	외국인이나 외국어선의 선장은 배타적 경제수역에서 어획한 어획물이나 그 제품을 대한민국의 항구에 직접 양륙할 수 없다. 다만, 해양사고의 발생 등 해양수산부령으로 정하는 경우에는 그러하지 아니하다.
허가 및 승인의 취소 등 (제13조)	해양수산부장관은 제5조제1항에 따른 허가를 받거나 제8조제1항에 따른 승인을 받은 외국인이 이 법, 이 법에 따른 명령 또는 제한이나 조건을 위반하였을 때에는 1년의 범위에서 배타적 경제수역에서의 어업활동 또는 시험·연구 등을 위한 수산동식물 포획·채취 등(「어업활동등」)의 정지를 명하거나 제5조제1항에 따른 허가나 제8조제1항에 따른 승인을 취소할 수 있다.
대륙붕의 정착성 어종에 관계되는 어업활동에의 준용 (제14조)	① 대한민국의 대륙붕 중 배타적 경제수역 외측 수역에서의 정착성 어종(「해양법에 관한 국제연합협약」 제77조제4항의 정착성 어종에 속하는 생물을 말한다)에 관련되는 어업활동등에 관하여는 제3조부터 제13조까지의 규정을 준용한다. ② 제1항의 정착성 어종은 해양수산부장관이 고시한다.
하천회귀성 어종의 보호 및 관리 (제15조)	대한민국은 대한민국의 내수면에서 알을 낳는 하천회귀성 어족자원의 보호·관리를 위하여 배타적 경제수역의 외측 수역에서 「해양법에 관한 국제연합협약」 제66조제1항에 따라 해당 어족자원에 대한 우선적인 이익과 책임을 가진다.
권한의 위임 (제16조)	해양수산부장관은 이 법에 따른 권한의 일부를 대통령령으로 정하는 바에 따라 특별시장·광역시장·도지사 또는 특별자치도지사에게 위임할 수 있다.

제5절 | 벌 칙

내용	규정
벌칙 (제16조의2)	제4조 또는 제5조제1항을 위반하여 어업활동을 한 자는 3억원 이하의 벌금에 처한다.
벌칙 (제17조)	다음 각호의 어느 하나에 해당하는 자는 2억원 이하의 벌금에 처한다. 2. 제10조에 따라 제5조제1항의 허가에 붙이는 제한 또는 조건(제10조에 따라 변경된 제한 또는 조건을 포함한다)을 위반한 자 3. 제11조를 위반하여 어획물이나 그 제품을 다른 선박에 옮겨 싣거나 다른 선박으로부터 받아 실은 자 4. 제13조에 따른 어업활동의 정지명령을 위반한 자 5. 제14조제1항에 따라 준용되는 제4조, 제5조제1항, 제10조 또는 제13조를 위반하여 어업활동을 한 자
벌칙 (제17조의2)	제6조의2를 위반하여 정선명령을 따르지 아니한 선박의 소유자 또는 선장은 1억원 이하의 벌금에 처한다.
벌칙 (제18조)	제12조를 위반하여 어획물이나 그 제품을 항구에 직접 양륙한 자는 3천만원 이하의 벌금에 처한다.
벌칙 (제19조)	다음 각호의 어느 하나에 해당하는 자는 500만원 이하의 벌금에 처한다. 1. 제8조제1항(제14조제1항에 따라 준용되는 경우를 포함한다)에 따라 승인을 받지 아니하고 시험·연구 등을 위한 수산동식물 포획·채취 등의 행위를 한 자 2. 제10조에 따라 제8조제1항의 승인에 붙이는 제한 또는 조건(제10조에 따라 변경된 제한 또는 조건을 포함한다)을 위반한 자(제14조제1항에 따라 준용되는 제한 또는 조건이나 변경된 제한 또는 조건을 위반한 자를 포함한다) 3. 제13조(제14조제1항에 따라 준용되는 경우를 포함한다)에 따라 시험·연구 등을 위한 수산동식물 포획·채취 등의 정지명령을 위반한 자
벌칙 (제20조)	제5조제3항에 따른 허가 사항의 표지를 하지 아니하거나 허가증을 갖추어 두지 아니한 자(제8조제2항 또는 제14조제1항에 따라 준용되는 경우를 포함한다)는 200만원 이하의 벌금에 처한다.
몰수 또는 추징 (제21조)	① 제16조의2, 제17조, 제18조 또는 제19조의 죄를 범한 자가 소유하거나 소지하는 어획물 및 그 제품, 선박, 어구 또는 그 밖의 어업활동등에 사용한 물건(「어획물등」)은 몰수할 수 있다. 다만, 제16조의2의 죄를 범한 자가 자국으로부터 어업활동에 관한 허가를 받지 아니한 경우에는 어획물등을 몰수한다.

내용	규정
	② 제1항에 따라 어획물등의 전부 또는 일부를 몰수할 수 없는 경우에는 그 가액을 추징한다.
양벌규정 (제22조)	법인의 대표자, 법인 또는 개인의 대리인, 사용인, 그 밖의 종업원이 그 법인 또는 개인의 업무 또는 재산에 관하여 제16조의2, 제17조, 제17조의2 또는 제18조부터 제20조까지의 어느 하나에 해당하는 위반행위를 하면 그 행위자를 벌하는 외에 그 법인 또는 개인에게도 해당 조문의 벌금형을 과한다. 다만, 법인 또는 개인이 그 위반행위를 방지하기 위하여 해당 업무에 관하여 상당한 주의와 감독을 게을리하지 아니한 경우에는 그러하지 아니하다.

제6절 │ 위반 선박에 대한 사법절차

내용	규정
위반 선박 등에 대한 사법절차 (제23조)	① 검사나 사법경찰관은 이 법, 이 법에 따른 명령 또는 제한이나 조건을 위반한 선박 또는 그 선박의 선장이나 그 밖의 위반자에 대하여 정선, 승선, 검색, 나포 등 필요한 조치를 할 수 있다. ② 사법경찰관은 제1항의 조치를 하였을 때에는 그 결과를 검사에게 보고하되, 사정이 급하여 미리 지휘를 받을 수 없는 경우를 제외하고는 검사의 지휘를 받아 제1항의 조치를 하여야 한다. ③ 검사는 제1항의 조치를 하였거나 제2항에 따른 보고를 받았을 때에는 선장이나 그 밖의 위반자에게 지체 없이 다음 각호의 사항을 고지하여야 한다. 다만, 대통령령으로 정하는 외국인이 하는 어업활동등에 대하여는 그러하지 아니하다. 1. 담보금이나 담보금 제공을 보증하는 서류가 법무부령으로 정하는 바에 따라 검사에게 제출되었을 때에는 선장이나 그 밖의 위반자를 석방하고, 선박을 반환한다는 취지 2. 담보금의 금액 ④ 검사는 제3항에 따라 고지된 담보금 또는 그 제공을 보증하는 서류를 받았을 때에는 지체 없이 선장이나 그 밖의 위반자를 석방하고 선박을 반환하여야 한다. ⑤ 제3항제2호에 따른 담보금의 금액은 대통령령으로 정하는 기준에 따라 검사가 위반 사항의 내용과 위반횟수, 그 밖의 사정을 고려하여 정한다.
담보금의 보관·국고귀속 및 반환 등 (제24조)	① 담보금은 법무부령으로 정하는 바에 따라 검사가 보관한다. ② 담보금은 다음 각호의 어느 하나에 해당하는 경우에는 대통령령으로 정하는 바에 따라 지정일 다음 날부터 계산하여 1개월이 지난 날에 국고에 귀속된다. 다만, 국고 귀속일 전날까지 선장이나 그 밖의 위반자가 지

	정일 다음 날부터 계산하여 3개월이 지나기 전의 특정일에 출석하거나 압수물을 제출한다는 취지의 신청을 한 경우에는 그러하지 아니하다. 1. 선장이나 그 밖의 위반자가 검사 또는 법원으로부터 출석을 요구받고도 그 지정일 및 지정 장소에 출석하지 아니하는 경우 2. 선장이나 그 밖의 위반자가 검사 또는 법원으로부터 반환된 압수물의 제출을 요구받고도 그 지정일 및 지정 장소에 제출하지 아니하는 경우 ③ 제2항 단서에 따라 국고에 귀속되지 아니한 담보금은 선장이나 그 밖의 위반자가 그가 신청한 특정일에 출석하지 아니하거나 해당 압수물을 제출하지 아니한 경우에는 그 다음 날에 국고에 귀속된다. ④ 검사는 제2항이나 제3항에 따른 국고귀속 사유로 해당 담보금이 국고에 귀속되기 전에 법원에서 선고한 벌금액이 납부된 경우 등 담보금 보관이 필요하지 아니한 사유로서 법무부령으로 정하는 사유가 발생하였을 때에는 법무부령으로 정하는 바에 따라 담보금을 반환하여야 한다.
위반 선박에 대한 사법절차 등의 세부 시행 사항 (제25조)	제23조에 따른 위반 선박 등에 대한 사법절차와 제24조에 따른 담보금의 보관, 국고귀속 및 반환 등의 시행에 필요한 절차와 그 밖의 세부적인 사항은 관계 중앙행정기관의 장이 정할 수 있다.

제7장　어선안전조업법

제1절 │ 총 론

　　우리나라의 어선어업은 어업인 고령화, 어선 노후화 등으로 어선어업 현장에서의 사고위험이 증가하고 있다. 해상에서 어선의 조업과 항행 중 부주의 등으로 인한 충돌, 침몰 등으로 인한 사고가 빈발하고 있다. 이에 따른 인명피해도 매년 약 90여 명 수준으로 발생하는 등 어선안전의 중요성이 높아지고 있다.[9] 특히, 서해 5도 해역에서는 남·북한 대치상황으로 인한 사고위험이 상존하고 있으며, 중국어선의 불법조업 등도 우리 어선의 안전조업에 위험요소가 되고 있는 상황이다.

　　이러한 배경에서 기존의 관계 부처 부령으로 규율하던 「선박안전조업규칙」의 내용을 반영하고, 어선이 출항하여 조업을 하고 입항하기까지 전 과정에 대한 안전관리 방안을 담아 2019년 8월 법률로 제정하였다. 이로써 어선 조업의 안전관리를 위한 법적 기반을 강화하고, 안전한 조업과 항행을 위하여 필요한 규범 체계를 구축하였다.

---

9) 해양수산부 발표에 의하면 어선사고 인명피해는 (2018) 89명 → (2019) 79명 → (2020) 99명 → (2021) 89명으로 매년 증가하고 있는 추세이다.

제2절 | 총 칙

내용	규정
목적 (제1조)	이 법은 어선의 안전한 조업과 항행을 위하여 필요한 사항을 정함으로써 건전한 어업질서를 확립하고 국민의 생명·신체·재산을 보호함을 목적으로 한다.
정의 (제2조)	1. "어선"이란 「어선법」 제2조제1호 각목의 어느 하나에 해당하는 선박을 말한다. 2. "조업"이란 해상에서 어선·어구를 사용하여 수산동식물을 포획·채취하는 행위와 이를 목적으로 어구 등 시설물을 설치하는 행위를 말한다. 3. "조업한계선"이란 조업을 할 수 있는 동해 및 서해의 북쪽한계선으로서 대통령령으로 정하는 선을 말한다. 4. "특정해역"이란 동해 및 서해의 조업한계선 이남 해역 중 어선의 조업과 항행이 제한된 해역으로서 대통령령으로 정하는 범위의 해역을 말한다. 5. "조업자제선"이란 조업자제해역의 동해 및 서해의 북쪽한계선으로서 대통령령으로 정하는 선을 말한다. 6. "조업자제해역"이란 북한 및 러시아 등의 배타적 경제수역(EEZ)과 인접한 동해특정해역의 이동 해역 및 서해특정해역의 이서 해역 중 어선의 조업과 항행이 제한된 해역으로서 대통령령으로 정하는 범위의 해역을 말한다. 7. "일반해역"이란 「원양산업발전법」 제2조제10호에 따른 해외수역을 제외한 해역 중 특정해역 및 조업자제해역을 제외한 모든 해역을 말한다. 8. "항포구"란 어선이 조업 또는 항행 등을 위하여 출항 또는 입항(「출입항」)하는 항구 또는 포구를 말한다. 9. "신고기관"이란 어선의 출입항 신고업무를 담당하는 해양경찰서 소속 파출소, 출장소 및 해양경찰서장이 민간인으로 하여금 출입항 신고업무를 대행하게 하는 대행신고소를 말한다. 10. "교신가입"이란 무선설비가 설치된 어선의 선주가 「전파법」 제19조에 따라 무선국 개설허가를 받고 어선안전조업본부에 가입하는 것을 말한다.
적용범위 (제3조)	이 법은 대한민국 국민(국내법에 따라 설립된 법인과 국내 어업허가 등을 받은 외국인·외국법인을 포함한다)과 대한민국 정부가 소유하는 모든 어선에 대하여 적용한다. 다만, 어업지도선, 원양어업에 종사하는 어선 등 대통령령으로 정하는 어선은 그러하지 아니하다.

다른 법률과의 관계 (제4조)	어선의 안전한 조업 및 항행에 관하여는 다른 법률에 특별한 규정이 있는 경우를 제외하고는 이 법에서 정하는 바에 따른다.
국가와 지방자치단체의 책무 (제5조)	국가와 지방자치단체는 어선의 안전한 조업과 항행이 이루어질 수 있도록 필요한 정책을 마련하여야 한다.
조업을 하는 자의 책무 (제6조)	조업을 하는 자(어선의 소유자를 포함한다. 이하 같다)는 국가와 지방자치단체가 정한 어선의 안전을 위한 정책에 협조하여야 하며 안전한 조업 및 항행을 위하여 노력하여야 한다.
어선안전조업기본계획의 수립 등(제7조)	① 해양수산부장관은 관계 행정기관의 장과 협의하여 어선의 안전한 조업과 항행을 위한 어선안전조업기본계획(「기본계획」)을 5년마다 수립하여야 한다. ② 기본계획에는 다음 각호의 사항이 포함되어야 한다. 1. 어선안전조업에 관한 중·장기 정책에 관한 사항 2. 어선사고의 발생현황과 원인 분석, 감소 목표 3. 어선안전조업제도의 개선에 관한 사항 4. 어선사고를 예방하기 위한 교육·홍보 등에 관한 사항 5. 어선안전조업을 위한 정책 및 기술 등의 연구·개발에 관한 사항 6. 어선안전을 위한 연차별 세부 추진계획 및 투자계획 7. 그 밖에 어선의 안전한 조업과 항행을 위하여 필요한 사항 ③ 제1항에 따른 기본계획의 수립과 변경, 그 밖에 기본계획의 시행에 필요한 사항은 대통령령으로 정한다.

제3절 │ 출입항 신고 등

내용	규정
출입항 신고 (제8조)	① 항포구에 출입항하려는 어선의 소유자 또는 선장은 신고기관에 신고하여야 한다. 다만, 「수산업법」 제27조제1항에 따라 관리선 사용지정을 받은 어선 또는 같은 조 제3항에 따라 사용승인을 받은 어선은 다음 각호의 어느 하나에 해당하는 해역에 출어하는 경우에만 신고한다. 1. 특정해역 2. 조업자제해역 3. 관할 해양경찰서장이 치안유지나 국방을 위하여 필요하다고 인정하여 관계 기관의 장과 협의를 거쳐 지정한 해역 ② 제1항에도 불구하고 「어선법」 제5조의2제1항 단서에 따라 해양경찰청장이 정하는 어선위치발신장치를 갖추고 이를 정상적으로 작동하여 출입항하는 어선은 제1항에 따른 출입항 신고를 한 것으로 본다. 다만, 다음 각호의 어느 하나에 해당하는 경우에는 그러하지 아니하다.

	1. 최초로 신고하는 경우 2. 승선원 명부 등 어선출입항신고서의 내용에 변동이 있는 경우 3. 특정해역이나 조업자제해역에 출어하는 경우 ③ 제1항에 따른 출입항 신고를 하려는 어선의 소유자 또는 선장은 신고인 인적사항, 승선원 명부 등 해양수산부령으로 정하는 사항을 기재한 어선출입항신고서를 제출하여야 한다. ④ 제1항에 따른 출입항 신고의 절차 및 방법과 그 밖에 필요한 사항은 해양수산부령으로 정한다.
항포구의 출입항 제한 (제9조)	① 어선은 신고기관이 설치되지 아니한 항포구에는 출입항하여서는 아니 된다. 다만, 기상악화에 따른 피항, 기관 고장 등으로 인한 표류, 그 밖의 부득이한 사정이 있는 경우에는 그러하지 아니하다. ② 제1항 단서에 따라 어선이 항포구에 입항한 경우 어선의 선장은 입항한 항포구 인근에 있는 신고기관에 신고하여야 한다.
출항 등의 제한 (제10조)	① 신고기관의 장은 해상에 대하여 기상특보가 발효된 때에는 어선의 출항을 제한할 수 있다. ② 어선의 선장은 해상에 대하여 기상특보가 발효된 때에는 해양수산부령으로 정하는 어선의 안전조치 및 준수사항에 따라야 한다. ③ 제1항에 따른 출항제한의 기준·방법 및 절차에 필요한 사항은 해양수산부령으로 정한다.

제4절 │ 특정해역 등에서의 조업 또는 항행 제한

내용	규정
조업한계선 또는 조업자제선의 이탈 금지 (제11조)	어선은 조업한계선 또는 조업자제선을 넘어 조업 또는 항행을 하여서는 아니 된다. 다만, 조업한계선 또는 조업자제선 인근지역의 어선 등 대통령령으로 정하는 경우에는 그러하지 아니하다.
출어등록 (제12조)	① 특정해역 또는 조업자제해역에서 조업하려는 어선의 소유자 또는 선장은 신고기관에 출어등록을 하여야 한다. 이 경우 출어등록의 유효기간은 대통령령으로 정한다. ② 제1항에 따른 출어등록의 절차·방법 등은 해양수산부령으로 정한다.
특정해역에서의 조업 또는 항행의 제한 (제13조)	① 해양수산부장관은 어선의 안전한 조업과 항행을 위하여 필요한 경우 관계 중앙행정기관의 장과 협의를 거쳐 특정해역에서의 어업별 조업구역 및 기간 등을 제한할 수 있다. ② 특정해역에서 조업을 하는 자는 해양수산부령으로 정하는 안전장비를 갖춘 어선으로 조업 또는 항행을 하여야 한다.

	③ 제1항에 따른 특정해역에서의 어업별 조업구역 및 기간 등은 해양수산부장관이 정하여 고시한다.
특정해역 외의 해역에서의 조업 또는 항행의 제한 (제14조)	① 해양수산부장관은 어선의 안전한 조업과 항행을 위하여 필요한 경우 관계 중앙행정기관의 장과 협의하여 특정해역 외의 해역에서의 조업 또는 항행을 제한할 수 있다. ② 동해 조업자제해역에 출어하는 어선은 해양수산부령으로 정하는 바에 따라 특정해역 이남의 일반해역으로 항행하여야 한다. ③ 제1항에 따라 조업 또는 항행을 제한할 수 있는 해역 및 기간 등은 해양수산부장관이 정하여 고시한다.
어선의 선단 편성 조업 (제15조)	① 특정해역 또는 조업자제해역에서 조업하려는 어선은 선단을 편성하여 출항하고 조업하여야 한다. 다만, 어선장비의 고장, 인명사고 등 불가피한 경우에는 선단 편성 조업에서 이탈할 수 있다. ② 무선설비가 없는 어선으로서 「영해 및 접속수역법」 제2조에 따른 영해 내 기선으로부터 12해리 밖의 일반해역에서 조업하려는 어선은 무선설비가 있는 어선과 선단을 편성하여 신고기관에 신고하여야 한다. ③ 제1항 및 제2항에 따른 어선의 선단 편성 방법 및 선단 조업, 선단 이탈 등에 관하여 필요한 사항은 해양수산부령으로 정한다.
일시적인 조업 또는 항행의 제한 (제16조)	① 국방부장관 또는 해양경찰청장은 국가안전보장 또는 질서유지를 위하여 필요한 경우 해양수산부장관, 광역시장·도지사·특별자치도지사(「시·도지사」)와 협의하여 해양수산부장관 또는 시·도지사에게 일정한 해역에서 지정된 기간 동안 조업 또는 항행의 제한을 요청할 수 있다. 다만, 국방부장관 또는 해양경찰청장은 조업 또는 항행을 즉시 제한하지 아니하면 어선의 안전한 조업 또는 항행에 중대한 영향이 있다고 판단하는 경우 조업 또는 항행을 제한할 수 있다. 이 경우 국방부장관 또는 해양경찰청장은 해양수산부장관, 해당 시·도지사 및 관계기관에 즉시 통보하여야 한다. ② 해양수산부장관 또는 시·도지사는 제1항에 따른 요청을 받은 때에는 해양수산부령이 정하는 바에 따라 일시적으로 조업 또는 항행의 제한을 할 수 있다. ③ 제1항에 따른 일시적인 조업 및 항행의 제한의 방법 및 절차 등에 관하여 필요한 사항은 대통령령으로 정한다.
서해 접경해역의 통제 (제17조)	① 서해 북방한계선과 잇닿아 있는 접경해역 중 대통령령으로 정하는 어장에 대한 출입항은 신고기관의 협조를 받아 그 지역 관할 군부대장이 통제할 수 있다. ② 제1항에서 정하는 어장을 관할하는 관계 기관의 장은 어선의 불법조업 및 조업구역 이탈 방지 등 안전조업 지도에 노력하여야 한다. ③ 제1항 및 제2항에 따른 출입항 통제 및 안전조업 지도 등의 범위 및 방법 등에 관하여 필요한 사항은 대통령령으로 정한다.

조업보호본부의 설치·운영 (제18조)	① 해양경찰청장은 특정해역의 조업보호에 관한 다음 각 호의 사무를 처리하기 위하여 해양경찰관서에 조업보호본부를 설치·운영할 수 있다. 1. 조업보호를 위한 경비 및 단속 2. 어선의 출입항 및 출어등록의 현황 파악과 출어선의 동태 파악 3. 해양사고 구조 4. 조업을 하는 자의 위법행위의 적발·처리 및 관계 기관 통보 5. 특정해역에 출입하는 어획물운반선의 통제 ② 조업보호본부의 설치 및 운영에 관하여 필요한 사항은 대통령령으로 정한다.

※시행령 제6조(조업한계선 또는 조업자제선 이탈 금지의 예외) 법 제11조 단서에서 "조업한계선 또는 조업자제선 인근지역의 어선 등 대통령령으로 정하는 경우"란 다음 각 호의 경우를 말한다.
  1. 조업한계선 또는 조업자제선 인근 지역·도서의 어선이 해양수산부령으로 정하는 해역에서 해양수산부령으로 정하는 기간 및 조업 조건을 준수하여 조업 또는 항행하는 경우
  2. 「남북교류협력에 관한 법률」 제20조제1항에 따라 통일부장관의 승인을 받은 어선 또는 외국정부의 입어허가를 받아 해당 외국수역으로 출어하는 어선이 해양수산부령으로 정하는 항로를 항행하는 경우

※시행령 제7조(출어등록의 유효기간) 법 제12조제1항 후단에 따른 출어등록의 유효기간은 등록일부터 1년으로 한다.

※시행규칙 제6조(출어등록의 절차·방법 등) ① 어선의 소유자 또는 선장은 법 제12조에 따라 출어등록을 하려는 경우에는 별지 제2호서식의 출어등록신청서 및 신분증 사본을 관할 해양경찰서 신고기관의 장에게 제출해야 한다.
② 해양경찰서 신고기관의 장은 출어등록을 한 자에게 출어등록번호를 부여하고, 별지 제3호서식의 출어등록증을 발급해야 한다. 이 경우 출어등록번호는 어획물운반선과 그 외의 어선을 구분하여 부여한다.
③ 해양경찰서 신고기관의 장은 제2항에 따라 출어등록증을 발급한 경우에는 그 내용을 별지 제4호서식의 출어등록대장에 기록·보관하고, 어업관리단 및 안전본부에 통보해야 한다.
④ 제3항에 따른 출어등록대장은 전자적 처리가 불가능한 특별한 사유가 있는 경우 외에는 전자적 방법으로 기록·관리해야 한다.

※시행규칙 제7조(특정해역에서의 조업 등을 위한 안전장비) 법 제13조제2항에서 "해양수산부령으로 정하는 안전장비"란 「어선법」 제3조에 따른 구명설비, 같은 법 제5조에 따른 무선설비와 나침반 및 해도를 말한다. 다만, 특정해역에 인접한 지역(고성군 아야진항 이북 지역을 말한다)의 어업인이 보유하는 무동력어선은 본문의 안전장비를 갖추지 않고 조업 또는 항행을 할 수 있다.

※시행규칙 제9조(어선의 선단 편성 방법 등) ① 어선의 소유자 또는 선장은 법 제15조제1항 및 제2항에 따라 선단을 편성한 경우에는 선단의 대표자를 선정해야 하며, 선단의 대표자는 해양경찰서 신고기관의 장에게 선단의 편성 사실을 신고해야 한다.
② 선단을 편성할 수 있는 다른 어선이 없어 제1항에 따른 선단 편성이 불가능한 어선의 경우에는 이미 조업 중인 선단에 편입할 수 있으며, 어획물운반선의 경우에는 선단을 편성하지 않고 출항할 수 있다.
③ 제1항에 따라 선단에 편성된 각 어선의 선장은 조업 중 안전본부의 안전조업 지도에 협조해야 한다.

568 PART Ⅱ 해사법규

④ 선단에 편성된 각 어선은 가시거리 내의 같은 어장에서 조업해야 하며, 해양사고 발생 시 구조 활동에 협조해야 한다.

⑤ 법 제15조제1항 본문에 따라 선단에 편성된 어선은 같은 항 단서에 따라 다음 각 호의 어느 하나에 해당하는 경우에는 선단에서 이탈할 수 있다. 이 경우 이탈하려는 어선의 선장은 그 사실을 안전본부에 통보해야 한다.

　1. 어선설비가 고장난 경우
　2. 선원의 심각한 부상, 사망 또는 실종 등 인명사고가 발생한 경우
　3. 만선 등으로 조업을 계속할 수 없는 경우
　4. 일반해역으로 이동하려는 경우
　5. 기상특보 발효에 따라 대피하는 경우
　6. 어구·어법의 특성상 선단의 다른 어선과 가시거리 내에서 조업하는 것이 현저히 곤란한 경우

⑥ 안전본부는 제5항에 따른 통보를 받은 경우 관할 해양경찰서 신고기관 및 어업관리단에 그 사실을 지체 없이 알려야 하고, 어선의 이탈로 선단에 1척의 어선만 남는 경우에는 해당 어선을 다른 선단에 편입시켜야 한다. 다만, 제5항제5호 및 제6호에 해당하는 사유로 어선이 이탈한 경우에는 남은 어선을 다른 선단에 편입시키지 않을 수 있다.

※시행령 제8조(일시적인 조업 또는 항행 제한의 방법 및 절차) ① 해양수산부장관 또는 시·도지사는 법 제16조제2항에 따라 일시적으로 조업 또는 항행의 제한을 하는 경우에는 다음 각호의 사항을 해양수산부 또는 시·도의 인터넷 홈페이지에 게재하고, 해당 해역에서 조업 또는 항행하는 어선에 다음 각 호의 사항을 무선설비, 팩스 등을 활용하여 알려야 한다. 이 경우 어선에 대한 통지를 법 제19조제2항에 따라 수산업협동조합중앙회에 위탁한 경우에는 중앙회 또는 같은 조 제3항에 따른 어선안전조업본부가 알려야 한다.

　1. 조업 또는 항행 제한의 목적
　2. 조업 또는 항행 제한의 시간, 기간 및 해역 범위
　3. 그 밖에 어선의 안전을 위해 필요한 사항

② 해양수산부장관 또는 시·도지사는 일시적인 조업 또는 항행 제한의 필요성이 없어진 때에는 국방부장관 또는 해양경찰청장과 협의하여 지체 없이 조업 또는 항행의 제한을 해제하고, 이를 해양수산부 또는 시·도의 인터넷 홈페이지에 게재해야 한다.

※시행령 제10조(서해 접경해역의 어장에서의 출항 또는 입항의 통제 등) ① 관할 군부대장은 법 제17조제1항에 따라 국가안전보장 또는 군사작전 수행을 위해 제9조에 따른 서해 접경해역의 어장에서의 어선의 출항 또는 입항 통제가 필요한 경우에는 신고기관의 장에게 그 사실을 통보해야 하고, 통보를 받은 신고기관의 장은 신고기관이 위치한 항포구에서의 출입항 통제에 협조해야 한다.

② 관할 군부대장은 국가안전보장 또는 군사작전 수행을 위해 제9조에 따른 서해 접경해역의 어장에서의 어선안전조업 지도가 필요한 경우에는 관할 어업관리단장 및 시장·군수·구청장에게 관련된 사항의 협조를 요청할 수 있으며, 요청을 받은 기관의 장은 이에 따라야 한다.

제5절 | 어선의 안전한 조업과 항행을 위한 사업 등

내용	규정
어선의 안전한 조업과 항행을 위한 사업 (제19조)	① 해양수산부장관은 어선의 안전한 조업과 항행을 위하여 다음 각호의 사업을 수행할 수 있다. 1. 조업어선의 위치파악 2. 조업정보의 제공 3. 조업한계선 또는 조업자제선의 이탈·피랍 방지 등 안전조업 지도 4. 해상통합방위 지원사업 5. 한·일, 한·중 배타적 경제수역(EEZ) 조업어선 관리 6. 어업인 안전조업교육 7. 어선사고 예방 및 신속구조를 위한 무선설비 시스템 운영 8. 어선안전종합관리시스템 운영·관리 9. 그 밖에 해양수산부장관이 필요하다고 인정하는 사업 ② 해양수산부장관은 제1항의 사업 중 일부를 「수산업협동조합법」에 따라 설립된 수산업협동조합중앙회(「중앙회」)에 위탁할 수 있다. 이 경우 해양수산부장관은 중앙회에 필요한 경비를 지원할 수 있다. ③ 중앙회는 제2항에 따른 위탁 사무를 수행하기 위해 어선안전조업본부(「안전본부」)을 설치·운영할 수 있다.
지도·감독 (제20조)	① 해양수산부장관은 안전본부의 소관업무에 관하여 지도·감독할 수 있다. ② 해양수산부장관은 필요하다고 인정하는 경우 안전본부의 업무·회계 및 재산에 관한 사항을 보고하게 하거나 소속 공무원으로 하여금 안전본부의 장부·서류 또는 그 밖의 물건을 검사하게 할 수 있다.
어선 교신가입 및 위치통지 (제21조)	① 「어선법」 제5조에 따른 무선설비가 설치된 어선의 소유자는 해양수산부령으로 정하는 바에 따라 어선이 주로 출입항하는 항포구를 관할하는 안전본부에 교신가입하여야 한다. ② 제1항에 따라 교신가입한 어선이 출항할 때에는 지정된 시간에 맞추어 안전본부에 그 위치를 통지하여야 한다. ③ 어선이 제2항에 따라 지정된 시간까지 위치통지의무를 이행하지 않는 경우 해양수산부장관은 해당 어선의 위치를 확인하고, 수색·구조기관 등에 통보하는 등 필요한 조치를 하여야 한다. ④ 제2항에 따른 해역별 위치통지 횟수 및 절차, 제3항에 따른 위치확인 방법, 수색·구조기관 등에의 통보방법 및 절차에 관한 사항은 대통령령으로 정한다.
선장의 의무 (제22조)	① 어선의 선장(「선장」)은 해양수산부령으로 정하는 방법으로 긴급사태에 관한 경보를 청취하여야 한다.

	② 선장은 다음 각호의 선박 또는 안전본부로부터 위험상황을 전파받거나 대피하도록 통보를 받은 경우에 즉시 이에 따라야 하며, 무선설비가 설치된 어선은 대피상황을 지체 없이 안전본부에 통보하여야 한다. 1. 해양수산부 또는 지방자치단체의 어업지도선 2. 해양경찰관서 함정 3. 해군함정
정선 등 (제23조)	① 해양수산부장관, 국방부장관 및 해양경찰청장은 어선이 이 법을 위반하였다고 인정되는 경우에는 정선·승선조사 등 필요한 명령이나 조치를 할 수 있다. ② 제1항에 따른 정선명령을 위한 정선신호 방법 및 승선조사 등에 관하여 필요한 사항은 해양수산부령으로 정한다.
구명조끼의 착용 (제24조)	① 어선에 승선하는 자는 기상특보 발효 등 해양수산부령이 정하는 요건 발생 시 안전한 조업과 항행을 위해 구명조끼를 착용하여야 한다. ② 해양수산부장관은 해양수산부령이 정하는 자로 하여금 제1항에 따른 요건 발생 시 어선에 승선하는 자가 구명조끼를 착용하였는지를 확인하게 할 수 있다.
안전조업교육 (제25조)	① 어선의 소유자와 선장, 기관장, 통신장 또는 그 직무를 대행하는 자는 조업질서의 유지 및 안전한 조업을 위하여 필요한 교육(「안전조업교육」)을 이수하여야 한다. ② 제1항에 따른 안전조업교육의 종류, 시행기관, 실시방법 등 그 밖의 필요한 사항은 해양수산부령으로 정한다.

제6절 │ 보 칙

내용	규정
재정지원 (제26조)	① 해양수산부장관 또는 지방자치단체의 장은 어선의 사고 및 인명피해 예방을 위해 필요하다고 인정하는 경우에는 예산의 범위에서 보조금을 교부하거나 자금을 융자할 수 있다. ② 제1항에 따른 지원대상 사업 등 필요한 사항은 대통령령으로 정한다.
행정처분 (제27조)	① 해양수산부장관은 「수산업법」에 따른 어업 또는 「양식산업발전법」에 따른 양식업의 허가나 면허를 받았거나 어업의 신고를 한 자 또는 어획물운반업의 등록을 한 자가 다음 각호의 어느 하나에 해당하는 경우에는 해당 어업 또는 양식업의 허가, 면허, 신고, 등록(「어업허가등」)업무를 관할하는 지방자치단체의 장에게 어업허가등을 취소하거나 3개월 이내의 기간을 정하여 해당 어업허가등을 정지할 것을 요청할 수 있다.

	1. 제8조제1항 및 제2항에 따른 출입항 신고를 하지 아니하거나 거짓으로 한 경우 2. 제10조에 따른 출항 등의 제한을 위반한 경우 3. 제11조에 따른 조업한계선 또는 조업자제선의 이탈 금지를 위반한 경우 4. 제12조에 따른 출어등록을 하지 아니하고 출어하거나 거짓 또는 그 밖의 부정한 방법으로 출어등록을 한 경우 5. 제13조에 따른 특정해역에서의 조업 또는 항행의 제한을 위반한 경우 6. 제14조에 따른 특정해역 외의 해역에서 조업 또는 항행의 제한을 위반한 경우 7. 제15조를 위반하여 선단을 편성하여 조업하지 아니하거나 정당한 사유 없이 선단에서 이탈한 경우 8. 제16조에 따른 일시적인 조업 또는 항행의 제한을 위반한 경우 9. 제17조에 따른 서해 접경해역의 통제에 불응한 경우 10. 제23조에 따른 정선명령을 위반하거나 승선조사 등 필요한 조치에 따르지 아니한 경우 ② 제1항에 따라 어업허가등의 취소 또는 정지 요청을 받은 지방자치단체의 장은 정당한 사유가 없으면 이에 따라야 한다.
위반행위에 대한 지도단속 (제28조)	① 해양수산부장관은 이 법에 따른 명령·처분·제한·조건을 위반하여 조업을 하는 자에 대한 지도·단속을 할 수 있다. 이 경우 해양수산부장관은 「수산업법」제69조에 따른 어업감독 공무원에게 그 지도·단속 업무를 수행하게 할 수 있다. ② 어업감독 공무원에 관하여는 이 법에서 규정한 것을 제외하고는 「수산업법」의 관련 규정을 준용한다.
권한의 위임 (제29조)	해양수산부장관 또는 해양경찰청장은 이 법에 따른 권한의 일부를 대통령령으로 정하는 바에 따라 그 소속기관의 장 또는 지방자치단체의 장에게 위임할 수 있다.

제7절 | 벌 칙

내용	규정
벌칙 (제30조)	다음 각호의 어느 하나에 해당하는 자는 1년 이하의 징역 또는 1천만원 이하의 벌금에 처한다. 1. 제11조를 위반하여 조업한계선 또는 조업자제선을 넘어 조업 또는 항행한 자 2. 제13조를 위반하여 특정해역에서 조업 또는 항행한 자 3. 제17조를 위반하여 서해 접경해역의 통제에 불응한 자

	4. 제23조를 위반하여 정선명령을 위반하거나 승선조사 등 필요한 조치에 따르지 아니한 자
양벌규정 (제31조)	법인의 대표자, 법인 또는 개인의 대리인, 사용인 그 밖의 종업원이 그 법인 또는 개인의 업무에 관하여 제30조 각호의 어느 하나에 해당하는 위반행위를 하면 그 행위자를 벌하는 외에 그 법인 또는 개인에게도 해당 조문의 벌금을 과한다. 다만, 법인 또는 개인이 그 위반행위를 방지하기 위하여 해당 업무에 관하여 상당한 주의와 감독을 게을리하지 아니한 경우에는 그러하지 아니한다.
과태료 (제32조)	① 다음 각호의 어느 하나에 해당하는 자에게는 5백만원 이하의 과태료를 부과한다. 1. 제21조제1항을 위반하여 안전본부에 교신가입을 하지 아니한 자 2. 제21조제2항을 위반하여 안전본부에 위치통지를 하지 아니하거나 허위로 통지한 자 3. 제22조제2항을 위반하여 어업지도선, 함정 또는 안전본부로부터 위험 및 대피신호를 받고 이에 따르지 아니한 자 ② 다음 각호의 어느 하나에 해당하는 자에게는 3백만원 이하의 과태료를 부과한다. 1. 제9조제1항 본문을 위반하여 신고기관이 설치되지 아니한 항포구에 출입항한 자 2. 제9조제2항을 위반하여 입항한 항포구 인근에 있는 신고기관에 신고를 하지 아니한 자 3. 제22조제1항을 위반하여 긴급사태에 관한 경보를 청취하지 아니한 자 4. 제24조를 위반하여 구명조끼를 착용하지 아니한 자 5. 제25조를 위반하여 안전조업교육을 이수하지 아니한 자 ③ 제1항 및 제2항에 따른 과태료는 대통령령으로 정하는 바에 따라 해양경찰청장 또는 시장·군수·구청장이 부과·징수한다.

제8편

해양환경

제1장 총 론

1. 해양환경 보호

인구의 급속한 증가와 도시화·공업화가 빠르게 진행되면서 바다로 배출되는 오염물질도 급격히 증가하였다. 또한 해양교통량의 증가와 유전개발 등 해양이용이 본격화하면서 각종 사고에 의한 다양한 오염물질 배출로 해양환경의 파괴 위험성이 높아졌다. 해양오염에 의한 해양환경 파괴가 심각한 국제사회의 현안으로 대두되면서 국제사회는 해양환경을 보존·관리하기 위해 해양활동에 대한 적극적인 규제와 조정에 나서게 되었다.[1]

국제사회는 유조선 등 대형선박 사고에 의한 대규모 기름유출사고가 발생하면서 해양오염에 본격적인 관심을 갖게되었다. 대표적인 선박오염사고는 1967년 「Torrey Cayon호」, 1978년 「Amoco Cadiz호」, 1989년 「Exxon Valdex호」, 1995년 「Sea Prince호」, 1996년 「Sea Empress호」, 2007년 「Hebei Spirit호」 등이 있다. 유전개발에 따른 대규모 해양오염 사고는 1977년 「Ekofisk」, 1979년 「Ixtoc」, 2010년 「Mexico 만 유전사고」 등이 있었다. 또한 방사능 물질 등 고위험 물질의 해양투기, 해양시설·구조물로 부터의 오염물질 유입, 위험·위해물질(HNS)에 의한 오염, 대기로 부터의 오염 등 해양오염원은 더욱 다양해지고 증가하고 있다.

해양오염에 노출된 해양생태계는 정상으로 회복되기까지는 수십 년이 소요되고 오염된 해산물은 인류의 건강에 직접적인 위협이 된다. 하나로 연결된 해양의 특성상 해양오염사고는 사고해역 연안국뿐만 아니라 해류를 타고 인근 국가의 해양환경에도 직·간접의 피해를 미친다. 국제사회는 해양

---

1) 김석균, 「해양안전·해양보안」(바다위의 정원, 2016), 196-199면.

오염을 예방하고 대응하기 위하여 오염원 별로 다양한 국제협약을 채택하였다. 우리나라도 이러한 국제협약을 국내법으로 수용하여 시행하고 있다.

2. 해양오염 규제 관련 국제협약

대부분 해양오염 관련 국제법은 조약에 포함되었으며, 최초의 관련 조약은 1954년에 있었다. 1958년 제1차 유엔해양법회의에서도 기름 및 방사능 폐기물에 의한 해양오염 방지를 위한 국가의 일반적인 의무를 제외하고 해양오염에 대한 별다른 주목을 하지 않고 있다.[2]

해양오염에 관한 조약은 일반 다자조약, 지역조약, 양자조약 및 유엔해양법협약 등 4개 범주로 분류된다. 일반 다자조약 중 선박으로부터 해양오염에 관한 것이 6개, 투기에 관한 조약이 1개이고 육상기인 및 해저활동에 관한 일반조약은 없는 실정이다. 일반조약의 채택은 대부분 「국제해사기구」(IMO)의 주도로 이루어지고 있고 IMO가 조약의 이행에 관한 감독 기능을 하고 있다.[3]

| 표 2-5 | 해양오염관련 국제협약[4]

분야	협약명	주요 내용
해양오염방지	MARPOL 73/78 (선박으로부터 해양오염 방지를 위한 국제협약)	• 선박의 기름, 하수, 폐기물, 유해 액체 물질, 대기오염물질 배출 규제 • 유조선 이중선체구조 의무화
	LC Protocol 1996 (런던협약 의정서)	• 하수오니, 준설물질 등 7개 물질이외 배출금지 • 배출물질도 육지처리가능 여부 평가 • 당사국은 매년 자국내 배출현황 보고
	AFS Convention 2001 (선박유해방오시스템의 규제에 관한 국제협약)	• 유해성 유기도료(유기주석화합물)의 선박사용금지 • 국제유해방오도료시스템적합확인서(IAFS) 선내비치
	BWM Convention 2004 (선박 발라스트수 관리협약)	• 발라스트수 및 침전물관리계획 이행 • 발라스트수 기록부 기록유지
해양오염방제	OPRC 1990 (기름오염 대비·대응 및 협력에 관한 국제협약)	• 기름오염 국가긴급방제계획 수립 • 오염사고 통보를 위한 연락창구 지정 및 사고 발견시 신속통보 • 방제세력의 국가간 신속이동 보장을 위한 당사국 조치
	OPRC/HNS Protocol 2000 (위험·유해물질 오염사고 대비·대응 및 협력에 관한 의정서)	• HNS 오염 국가긴급방제계획 수립 • HNS 오염사고 통보를 위한 연락 창구 지정 및 사고발견시 신속통보

---

2) R. R. Churchill, A. V. Lowe, 「The Law of the Sea」, 3rd ed.(Manchester University Press, 1999), p. 333.
3) 위의 책.
4) 김석균, 전게서.

		• 방제세력의 국가간신속이동 보장을 위한 당사국 조치
	INTERVENTION Protocol 1969 (유류오염시 공해상 개입에 관한 의정서)	• 자국연안에 영향을 미칠수 있는 공해상 오염사고에 연안국 개입가능 • 규정 초과한 조치비용은 조치국가가 부담
해양오염보상	CLC Protocol 1992 (유류오염손해 민사책임에 관한 의정서)	• 유조선 운송 지속성기름오염 피해보상 • 최대 8,977만 SDR까지 보상
	FC Protocol 1992 (유류오염 손해보상을 위한 국제기금 의정서)	• CLC협약상 보상한도 초과금액을 국제 기금에서 보상 • 최대 2억 300만 SDR까지 보상
	BUNKER Convention 2001 (방카유 오염피해 민사책임에 관한 국제협약)	• 일반선박의 연료유에 의한 오염 피해 보상 • 최대 톤당 400 SDR까지 보상
	HNS Convention 1996 (위험·유해물질 운송 피해에 책임 및 보상에 관한 국제협약)	• HNS오염 피해에 대한 보상 • 최대 1억 SDR까지 보상

3. 해양환경보호 관련 법제

해양환경을 보전·관리하기 위한 국내 해양환경법에는 「독도의 지속가능한 이용에 관한 법률」, 「해양생태계의 보전 및 관리에 관한 법률」, 「무인도서의 보전 및 관리에 관한 법률」, 「남극활동 및 환경보호에 관한 법률」, 「해양환경관리법」, 「해양폐기물 및 해양오염퇴적물관리법」, 「해양환경 보전 및 활용에 관한 법」 등이 있다.

우리나라 해양오염에 관한 최초의 법령은 1977년 12월 제정되고 1978년 7월부터 시행된 「해양오염방지법」이다. 그간 23차례의 개정이 있었으며, 「해양환경관리법」이 2008년 1월 시행되면서 폐지되었다. 2017년 제정된 「해양환경 보전 및 활용에 관한 법」은 해양환경관리에 관한 기본법 성격이다. 동 법은 해양환경 보전 및 활용에 관한 정책의 기본방향과 그 수립 및 추진체계에 관한 사항을 규정하여 해양을 체계적이며 지속가능하게 관리하는 것을 목적으로 한다.

| 표 2-6 | 해양환경 관련 법제 현황

분야	법률
해양환경정책	해양환경 보전 및 활용에 관한 법
도서환경관리	독도의 지속가능한 이용에 관한 법률, 무인도서의 보전 및 관리에 관한 법률

해양생태계	해양생태계의 보전 및 관리에 관한 법률, 습지보전법
해양오염	해양환경관리법, 해양폐기물 및 해양오염퇴적물관리법
극지환경	남극활동 및 환경보호에 관한 법률

제2장   해양환경 보전 및 활용에 관한 법률(해양환경보전법)

제1절 | 총 론

국제사회는 기후변화로 인한 해양환경의 변화, 해양오염 및 해양생태계의 훼손 등에 적극적으로 대응하고 있다. 그러나 우리나라는 해양산업의 육성 등 해양의 개발과 이용에 관한 다양한 법령들을 제정·개정해 왔을 뿐 해양환경의 특성에 적합한 기본원칙 및 정책방향 등 해양환경정책에 관한 상위 법질서를 제도적으로 보장하고 있는 법률이 없는 실정이었다.

이에 따라 육상중심의 환경법체계와 상호 보완관계를 이룰 수 있는 「해양환경법체계」를 구축하기 위한 기반을 마련할 필요성이 대두되었다. 2017년 제정된 「해양환경보전법」은 「해양환경관리법」을 비롯한 해양환경 관련 개별법령의 시행과정에서 발생한 문제점 등을 고려하고, 종합적이면서 체계적인 해양환경정책의 기반조성에 필요한 각종 시책을 담고 있다.

제2절 | 총 칙

내용	규정
목적 (제1조)	이 법은 해양환경 보전 및 활용에 관한 정책의 기본방향과 그 수립 및 추진체계에 관한 사항을 규정함으로써 해양을 체계적이며 지속가능하게 관리하여 해양의 건강성을 증진하고 국민의 삶의 질 향상과 국가의 지속적인 발전에 이바지함을 목적으로 한다.
정의 (제2조)	1. "해양환경"이란 해양에 서식하는 생물체와 이를 둘러싸고 있는 해양수(海洋水), 해양지(海洋地), 해양대기(海洋大氣) 등 비생물적 환경 및 해양에서의 인간의 행동양식을 포함하는 것으로서 해양의 자연 및 생활상태를 말한다.

2. "해양환경 보전 및 활용"이란 해양오염 및 해양생태계의 훼손을 예방하고 오염물질의 제거 등을 통하여 오염되거나 훼손된 해양을 개선함과 동시에 원래의 상태로 복원·유지하며 해양환경의 공간자원, 생명자원, 식량자원 등을 적절히 활용·이용하는 등의 해양의 건강성을 유지하면서 해양을 지속가능하게 보전·관리·활용하는 행위를 말한다.

3. "해양오염"이란 해양에 유입되거나 해양에서 발생되는 물질 또는 에너지로 인하여 해양환경에 해로운 결과를 미치거나 미칠 우려가 있는 상태를 말한다.

4. "해양생태계 훼손"이란 해양생물 등의 남획 및 그 서식지 파괴, 해양질서의 교란 등으로 해양생태계의 본래적 기능에 중대한 손상을 주는 상태를 말한다.

5. "해양건강성"이란 수산물 생산, 해양관광, 일자리 창출, 오염 정화, 이상기후·기후변화 대응, 해안 보호 등 현재 및 미세대의 복지와 국민경제에 기여하는 해양환경의 상태와 그 상태의 지속가능성을 말한다.

6. "해양환경기준"이란 국민의 건강과 해양환경을 보호하기 위하여 국가가 달성하고 유지하는 것이 바람직한 해양환경상의 수준을 말한다.

7. "해양환경정보 정도관리"란 해양환경조사를 통한 자료의 생산, 관리, 활용 등의 적합성을 추구하는 관리활동을 말한다.

8. "해역관리청"이란 관할해역의 해양환경개선, 해양오염방지활동 등 해양환경관리업무를 수행하는 행정관청으로 다음 각 목에 해당하는 자가 된다.
   가. 「영해 및 접속수역법」에 따른 영해, 내수 및 대통령령으로 정하는 해역은 해당 광역시장·도지사 및 특별자치도지사(「시·도지사」)
   나. 「배타적 경제수역 및 대륙붕에 관한 법률」 제2조에 따른 배타적 경제수역, 대통령령으로 정하는 해역 및 항만 안의 해역은 해양수산부장관

국가 및 지방자치단체의 책무 (제3조)	① 국가는 해양환경에 관한 국제협약을 준수하면서, 우리나라 해양환경이 가지는 특성을 고려하여 해양오염 및 해양생태계 훼손을 예방하고 해양환경을 적정하게 보전·관리·활용하기 위하여 필요한 계획과 시책을 수립하여 시행할 책무를 진다. ② 지방자치단체는 국가의 해양환경 보전 및 활용에 필요한 계획과 시책에 따라 지역적 특성 및 여건을 고려하면서 관할해역의 해양환경 보전 및 활용을 위하여 필요한 계획과 시책을 수립하여 시행할 책무를 진다.
국민 및 사업자의 책무 (제4조)	① 모든 국민은 일상생활에서 해양오염 및 해양생태계 훼손이 발생하지 아니하도록 노력하여야 하며, 국가 및 지방자치단체의 해양환경 보전 및 활용 시책에 협력하여야 한다. ② 해양에서의 개발·이용행위 등 해양환경에 영향을 미치는 행위 또는 사업을 하는 자는 해양오염 및 해양생태계 훼손을 최소화하도록 필요한 조치를 하여야 한다.

해양건강성의 평가 (제5조)	① 국가 및 지방자치단체는 해양을 이용·개발하는 행위가 해양건강성을 훼손하지 아니하고 해양환경이 수용할 수 있는 범위에서 이루어지도록 관리하여야 한다. ② 해양수산부장관은 대통령령으로 정하는 바에 따라 해양건강성 평가체계를 구축하고 그 평가결과를 제10조에 따른 해양환경종합계획에 반영하여야 한다.
해양생태계의 보전 및 관리 (제6조)	국가 및 지방자치단체는 해양생태계 훼손을 사전에 예방하고, 해양생물다양성의 보전과 해양생물자원의 지속가능한 이용을 위한 제도를 정비하며, 해양자산의 보호를 위한 계획과 시책을 마련하여야 한다.
오염물질의 해양 유입·배출·처분 관리 (제7조)	① 국가 및 지방자치단체는 오염물질이 해양으로 유입되는 것을 사전에 예방하고 오염물질의 해양에의 배출·처분 등으로 인하여 해양환경에 미치는 영향을 최소화하기 위한 시책을 마련하여야 한다. ② 국가 및 지방자치단체는 오염된 퇴적물이나 해양에서의 폐기물 및 그 밖의 물질 등의 발생을 억제하고, 해양환경에 미치는 피해를 신속하게 복원·복구하며, 해양환경의 개선 및 오염물질의 환경친화적인 관리를 위하여 필요한 대책을 마련하여야 한다.
오염원인자 책임의 원칙 (제8조)	해양을 이용·개발하는 행위로 해양오염 또는 해양생태계 훼손을 발생시킨 자(「오염원인자」)는 그 오염·훼손을 방지하고, 오염·훼손된 해양환경을 복원할 책임을 지며, 해양환경의 복원 및 오염·훼손으로 인한 피해의 구제에 소요되는 비용을 부담함을 원칙으로 한다.
다른 법률과의 관계 (제9조)	① 해양환경 보전 및 활용에 관하여 다른 법률을 제정하거나 개정하는 경우에는 이 법에 부합하도록 하여야 한다. ② 해양환경 보전 및 활용에 관하여는 다른 법률에 특별한 규정이 있는 경우를 제외하고는 이 법에서 정하는 바에 따른다.

제3절 | 해양환경종합계획의 수립 등

내용	규정
해양환경종합계획의 수립 (제10조)	① 해양수산부장관은 대통령령으로 정하는 바에 따라 해양환경 보전 및 활용을 위한 종합계획(「해양환경종합계획」)을 10년마다 수립하여야 한다. ② 해양수산부장관은 해양환경종합계획을 수립하거나 변경하는 경우에는 시·도지사의 의견을 들은 후 관계 중앙행정기관의 장과 협의하고 「해양수산발전 기본법」 제7조에 따른 해양수산발전위원회의 심의를 거쳐 확정하여야 한다. 다만, 대통령령으로 정하는 경미한 사항을 변경하는 경우에는 그러하지 아니하다.

	③ 해양수산부장관은 해양환경종합계획의 수립 및 변경을 위하여 필요한 경우 공청회 등을 열어 국민, 관계 전문가 등의 의견을 수렴할 수 있다. ④ 해양수산부장관은 해양환경종합계획을 수립 또는 변경하는 경우 관계 중앙행정기관의 장 또는 시·도지사에게 필요한 자료의 제출을 요청할 수 있다.
해양환경종합계획의 내용 (제11조)	해양환경종합계획에는 다음 각호의 사항이 포함되어야 한다. 1. 해양환경의 현황 및 여건 변화 2. 해양환경 보전 및 활용의 목표 설정 및 단계별 전략 3. 해양건강성과 해양환경질 평가 및 해양환경기준에 관한 사항 4. 해양환경의 종합적 공간관리에 관한 사항 5. 이상기후·기후변화 대응을 위한 해양환경관리에 관한 사항 6. 해양환경교육 진흥 및 지원에 관한 사항 7. 해양환경기술 및 해양환경산업 진흥에 관한 사항 8. 해양환경 보전 및 활용을 위한 국제협력에 관한 사항 9. 해양환경 보전 및 활용을 위한 재원확보에 관한 사항 10. 그 밖에 해양환경 보전 및 활용에 관한 사항
해양환경종합계획 등의 시행 (제12조)	① 해양수산부장관은 해양환경종합계획이 수립 또는 변경된 때에는 이를 관계 중앙행정기관의 장 및 시·도지사에게 통보하여야 한다. ② 통보받은 관계 중앙행정기관의 장 및 시·도지사는 해양환경종합계획의 시행에 필요한 조치를 하여야 한다.
해양환경기준의 설정 (제13조)	① 해양수산부장관은 관계 중앙행정기관의 장의 의견을 들은 후 「환경정책기본법」 제12조에 따른 환경기준을 고려하여 「해양수산발전 기본법」 제13조 및 제14조에 따른 해양환경 및 해양생태계의 보전을 위한 시책에 필요한 해양환경기준을 해역별·용도별로 설정·고시하여야 하며 해양환경 변화에 따라 그 적정성이 유지되도록 하여야 한다. ② 시·도지사는 관할해역의 특수성을 고려하여 필요하다고 인정되는 경우 제1항에 따른 해양환경기준보다 강화된 별도의 지역해양환경기준을 설정 또는 변경하고 이를 고시할 수 있다. 이 경우 시·도지사는 미리 해양수산부장관의 승인을 받아야 한다. ③ 해양환경기준 및 지역해양환경기준을 설정 또는 변경하는 방법 등 필요한 사항은 대통령령으로 정한다.
해양환경기준의 유지 (제14조)	국가 및 지방자치단체는 해양환경에 관계되는 계획의 수립 또는 사업의 집행을 할 때에는 해양환경기준이 유지되도록 다음 각호의 사항을 고려하여야 한다. 1. 해양오염 원인의 제거 또는 해양오염의 최소화 2. 해양생태계 훼손 원인의 제거 및 해양생태계의 복원 3. 해양환경 보전 및 활용을 위한 재원의 적정 배분

해양환경의 종합적 공간관리 (제15조)	① 해양수산부장관은 해양환경의 체계적 관리 및 지속가능한 이용을 위하여 해양환경을 권역별·용도별 공간으로 구분하여 관리하여야 한다. ② 해양수산부장관은 해양환경의 공간관리를 위하여 해양공간계획의 수립 등 필요한 대책을 마련하여야 한다. ③ 해양환경의 공간관리, 해양공간계획의 수립 등에 필요한 사항은 대통령령으로 정한다.
해양환경관리해역의 지정 등 (제16조)	해양수산부장관은 해양환경의 상태가 양호한 해역으로서 지속적으로 보전이 필요한 해역과 해양환경기준의 유지가 곤란한 해역 또는 해양환경 보전에 현저한 문제가 있거나 문제가 발생할 우려가 있는 해역으로 구분하여 해양환경관리해역으로 지정하는 등 해양환경을 체계적으로 보전·관리하면서 지속적으로 개발·이용하기 위한 시책을 마련하여야 한다.
해양기후변화 대응 (제17조)	① 국가 및 지방자치단체는 해양수산부문에 있어서 「기후위기 대응을 위한 탄소중립·녹색성장 기본법」 제2조제1호에 따른 기후변화에 대응하기 위하여 해양에 대한 조사, 영향 예측, 적응 등 대통령령으로 정하는 사항에 필요한 시책을 마련하여야 한다. ② 해양수산부장관은 지방자치단체, 국민, 사업자 등의 해양기후변화 대응활동에 대하여 기술적, 행정적 지원을 할 수 있다.
해양환경종합조사 (제18조)	① 해양수산부장관은 해양환경 현황 및 변화에 관한 해양환경종합조사를 정기적으로 실시하여야 한다. ② 시·도지사는 관할해역의 해양환경조사를 실시할 수 있으며, 조사계획 및 조사결과를 해양수산부장관에게 보고하여야 한다. ③ 제1항 및 제2항의 조사에 관한 사항은 대통령령으로 정한다.
해양환경질평가 (제19조)	① 해양수산부장관은 해양환경을 효율적으로 보전하고 해양을 환경친화적으로 이용하기 위하여 해양의 환경적 가치를 평가(「해양환경질평가」)하여야 한다. ② 해양환경질평가를 위한 기준 및 방법 등에 관하여 필요한 사항은 대통령령으로 정한다. ③ 해양수산부장관은 관계 행정기관의 장과 협력하여 해양환경질평가의 결과가 대통령령으로 정하는 해양수산 관련 계획에 반영될 수 있도록 하여야 한다.
해역이용영향평가 등 (제20조)	해양환경에 영향을 미치는 개발·이용행위가 환경적으로 지속가능하게 행해질 수 있도록 해양을 개발·이용하려는 자는 해양수산부장관과 해역이용의 적정성 등에 관하여 협의하여야 하며, 해양수산부장관은 해양의 개발·이용행위가 해양환경에 미치는 영향에 대한 평가를 할 수 있다.

제4절 │ 해양환경정책의 기반조성

내용	규정
해양환경정보의 통합적 관리 (제21조)	① 해양수산부장관은 해양환경에 대한 지식 및 정보를 보급하고, 해양환경 관련 기준설정, 계획 수립, 평가 등을 위하여 해양환경통합정보망을 구축하는 등 해양환경정보의 통합적 관리체계를 마련하여야 한다. ② 제1항에 따른 해양환경정보의 통합적 관리체계에 관하여 필요한 사항은 대통령령으로 정한다.
해양환경정보관리 (제22조)	해양수산부장관은 해양환경종합조사 등으로 생산된 자료 및 정보 등의 신뢰성 및 활용성을 높이기 위하여 자료 및 정보 등의 취득·처리·관리에 관한 기준을 정하고 기술지도, 능력인증 등 이행에 필요한 조치를 하여야 한다.
해양환경 관련 과학기술의 개발 등 (제23조)	① 국가 및 지방자치단체는 해양오염 및 해양생태계 훼손을 예방·대응하거나 해양 및 해양생태계를 복원·개선하고 선박에너지효율의 개선에 필요한 연구, 기술개발 및 관련 산업을 진흥하여야 한다. ② 해양수산부장관은 제1항에 따른 연구, 기술개발 및 관련 산업의 진흥을 위하여 해양환경기술 전문인력 양성 등에 필요한 시책을 마련·이행하여야 한다.
국제협력의 촉진 (제24조)	① 국가 및 지방자치단체는 해수면 상승, 해양산성화 등 기후변화가 해양환경에 미치는 영향의 심각성을 인식하고, 국제협력을 통하여 해양환경정보와 관련 기술을 교류하고 전문인력을 양성하며, 기후변화, 해양오염 등 범지구적 차원에서 해양환경의 보전·관리에 관하여 상호 협력하는 등 외국 정부 또는 해양환경 관련 국제기구 등과 협력하여야 한다. ② 해양수산부장관은 제1항을 위하여 외국 정부 또는 해양환경 관련 국제기구 등과 협력하여 해양환경에 대한 공동 조사, 해양환경 관련 과학기술의 개발 등 대통령령으로 정하는 사업을 실시할 수 있다. 이 경우 대통령령으로 정하는 바에 따라 해당 사업에 우리나라의 관련 연구기관 및 학술기관 등을 공동으로 참여하게 할 수 있고 예산의 범위에서 필요한 지원을 할 수 있다.
해양환경교육 진흥 및 지원 (제25조)	① 국가 및 지방자치단체는 해양환경 보전 및 활용의 중요성을 인식시키고 해양환경을 지속가능하게 보전·관리·활용하는 데 필요한 지식·기능·태도·가치관 등을 실천할 수 있도록 해양환경교육 진흥에 관한 시책을 마련하여야 한다. ② 해양수산부장관은 제1항에 따라 다음 각호의 사항이 포함된 해양환경교육 진흥계획을 5년마다 수립하여 시행하여야 한다. 1. 해양환경교육의 목표와 발전전략

> 2. 해양환경교육 전문인력의 양성 및 지원
> 3. 해양환경에 관한 교재, 프로그램의 개발 및 보급
> 4. 해양 관련 민간기관·단체 등이 실시하는 해양환경교육에 대한 지원 방안
> 5. 그 밖에 해양환경교육의 진흥을 위하여 필요한 사항
> ③ 해양수산부장관은 해양환경교육을 실시하는 기관·단체 등에 대하여 예산의 범위에서 필요한 경비의 전부 또는 일부를 지원할 수 있다.

제3장 해양환경관리법

제1절 │ 총 론

1. MARPOL 협약

탱커선에 의한 유류 수송, 해양오염 증가 등 새로운 현실에서 배출규제의 필요성 및 대규모 탱커선의 구조설비에 관한 규정의 필요성을 반영하여 1973년 「선박으로부터 해양오염방지를 위한 국제협약」(International Convention for the Prevention of Pollution from Ships, MARPOL Convention)[5]이 채택되었다.

「MARPOL 협약」은 선박으로 부터의 유류오염뿐만 아니라 위험 화학물질에 의한 오염, 선내에서 발생하는 하수(Sewage)·폐기물(Garbage)의 배출과 투기에 관한 오염 등 선박으로부터의 모든 종류의 고의적 오염을 규제하고 있다. 「1973 MARPOL 협약」은 당시의 기술 수준의 문제로 바로 발효되지 못하였다. 1978년 IMO는 밸러스트 탱커 분리를 의무화한 대상선박을 7만 톤 이상에서 2만 톤 이상으로 강화하는 등 동 협약을 일부 수정하고 새로운 규정을 추가하여 새로운 형태의 협약형식으로 「의정서」(Protocol)를 채택하였다.

동 의정서는 「1973 MARPOL 협약」이 완전히 발효되지 않은 상태에서 모 협약을 흡수하여 1983년 10월에 발효되었다. 「73년 협약」과 「78년 의정서」를 통합하여 「MARPOL 73/78」이라 부른다. 선박으로부터 오염을 예방하기 위하여 「MARPOL 협약」에는 기름 탱커의 크기 제한, 이중선체구조 의무화 등의 보호조치가 있다. 또한 선박의 감항성을 높이고 선원의 자질과 통항량이 많은 수역에 대한 교통규제 등에 관한 국제규칙이 채택되었다.

---

5) 동 협약을 비롯한 해양오염 및 보상에 관한 사항은 IMO website <http://www.imo.org/> 참조.

2. London 협약

국제사회가 폐기물 투기를 통제하기 위해 본격적인 조치를 시작한 것은 1970년대 초부터였다. 1958년 제1차 유엔해양법회의 시 채택된 「공해협약」에서 방사능폐기물 투기로 인한 해양오염방지 조치를 취하도록 규정하고 있지만, 폐기물의 해양투기의 관행이 증가하면서 전 세계적인 규제를 취하기 시작한 것은 이때부터였다.

이러한 국제사회 노력의 결과 「폐기물 및 기타 물질의 투기에 의한 해양오염방지에 관한 협약」(Convention on the Prevention of Marine Pollution by Dumping of Wastes and Other Matter, 1972) (일명 London협약)이 채택되었다. 런던협약은 1975년 8월 30일 발효되었다. 런던협약은 해양투기를 "선박 · 항공기로부터 폐기물의 고의적 투기"로 정의하고 선박 · 항공기의 통상적인 운항에 부수되는 폐기물의 투기는 제외하고 있다.[6]

3. 해양오염방지법/해양환경관리법

우리나라 해양오염에 관한 최초의 법령인 「해양오염방지법」은 1977년 12월 제정되었다. 동 법은 해양에 배출되는 기름 · 유해액체물질 등과 폐기물을 규제하고, 해양오염물질을 제거하여 해양환경을 보전함을 목적으로 제정되었다. 「해양오염방지법」은 선박으로부터 오염방지를 위한 「MARPOL 협약」과 폐기물의 해양투기로 인한 해양오염 규제를 위한 「런던협약」의 국내 입법을 위한 성격이 강하다고 평가받고 있다.[7] 그리하여 해양으로 유입되는 각종 오염물질의 규제, 바다골재 채취나 매립과 간척 등과 같은 다양한 해양이용 활동을 효과적으로 규율하기에는 문제점이 있었다.[8]

「해양오염방지법」은 제정 이후 23차례의 개정이 있었으며, 「해양환경관리법」이 2008년 1월 시행되면서 폐지되었다. 「해양환경관리법」에 의해 해양환경에 대한 종합적이고 체계적인 관리를 할 수 있는 법적 근거를 마련하였다. 즉 해양오염방제를 넘어 국가 차원의 해양환경 종합계획을 수립 · 시행하고, 각종 해양오염원의 통합관리 등 해양환경관리체계를 전면 개편할 수 있게 되었다. 이에 따라 종전의 「한국해양오염방제조합」을 「해양환경관리공단」으로 확대 · 개편하여 기름방제사업 및 해양환경사업을 효과적으로 수행할 수 있도록 하였다.

---

6) 런던협약, 제3조제1항.
7) 박수진 · 목진용, 「우리나라 해양법체계 정비에 관한 연구」, 한국해양수산개발원, 2007, pp. 40−85 참조.
8) 박찬호, 「유엔해양법협약 해설서 Ⅰ · Ⅱ」, 사단법인 해양포럼, 2009, p. 403.

제2절 │ 총 칙

내용	규정
목적 (제1조)	이 법은 선박, 해양시설, 해양공간 등 해양오염물질을 발생시키는 발생원을 관리하고, 기름 및 유해액체물질 등 해양오염물질의 배출을 규제하는 등 해양오염을 예방, 개선, 대응, 복원하는 데 필요한 사항을 정함으로써 국민의 건강과 재산을 보호하는 데 이바지함을 목적으로 한다.
정의 (제2조)	1. "해양환경"이란 「해양환경 보전 및 활용에 관한 법률」 제2조제1호에 따른 해양환경을 말한다. 2. "해양오염"이란 「해양환경 보전 및 활용에 관한 법률」 제2조제3호에 따른 해양오염을 말한다. 3. "배출"이라 함은 오염물질 등을 유출·투기하거나 오염물질 등이 누출·용출되는 것을 말한다. 다만, 해양오염의 감경·방지 또는 제거를 위한 학술목적의 조사·연구의 실시로 인한 유출·투기 또는 누출·용출을 제외한다. 4. "폐기물"이라 함은 해양에 배출되는 경우 그 상태로는 쓸 수 없게 되는 물질로서 해양환경에 해로운 결과를 미치거나 미칠 우려가 있는 물질(제5호·제7호 및 제8호에 해당하는 물질을 제외한다)을 말한다. 5. "기름"이라 함은 「석유 및 석유대체연료 사업법」에 따른 원유 및 석유제품(석유가스를 제외한다)과 이들을 함유하고 있는 액체상태의 유성혼합물(「액상유성혼합물」) 및 폐유를 말한다. 6. "선박평형수"란 「선박평형수 관리법」 제2조제2호에 따른 선박평형수를 말한다. 7. "유해액체물질"이라 함은 해양환경에 해로운 결과를 미치거나 미칠 우려가 있는 액체물질(기름을 제외한다)과 그 물질이 함유된 혼합 액체물질로서 해양수산부령이 정하는 것을 말한다. 8. "포장유해물질"이라 함은 포장된 형태로 선박에 의하여 운송되는 유해물질 중 해양에 배출되는 경우 해양환경에 해로운 결과를 미치거나 미칠 우려가 있는 물질로서 해양수산부령이 정하는 것을 말한다. 9. "유해방오도료"라 함은 생물체의 부착을 제한·방지하기 위하여 선박 또는 해양시설 등에 사용하는 도료(이하 "방오도료"라 한다) 중 유기주석 성분 등 생물체의 파괴작용을 하는 성분이 포함된 것으로서 해양수산부령이 정하는 것을 말한다. 10. "잔류성오염물질"이라 함은 해양에 유입되어 생물체에 농축되는 경우 장기간 지속적으로 급성·만성의 독성 또는 발암성을 야기하는 화학물질로서 해양수산부령으로 정하는 것을 말한다. 11. "오염물질"이라 함은 해양에 유입 또는 해양으로 배출되어 해양환경에 해로운 결과를 미치거나 미칠 우려가 있는 폐기물·기름·유해액

체물질 및 포장유해물질을 말한다.

12. "오존층파괴물질"이라 함은 「오존층 보호를 위한 특정물질의 제조규제 등에 관한 법률」 제2조제1호에 해당하는 물질을 말한다.

13. "대기오염물질"이란 오존층파괴물질, 휘발성유기화합물과 「대기환경보전법」 제2조제1호의 대기오염물질 및 같은 조 제3호의 온실가스 중 이산화탄소를 말한다.

14. "황산화물배출규제해역"이라 함은 황산화물에 따른 대기오염 및 이로 인한 육상과 해상에 미치는 악영향을 방지하기 위하여 선박으로부터의 황산화물 배출을 특별히 규제하는 조치가 필요한 해역으로서 해양수산부령이 정하는 해역을 말한다.

15. "휘발성유기화합물"이라 함은 탄화수소류 중 기름 및 유해액체물질로서 「대기환경보전법」 제2조제10호에 해당하는 물질을 말한다.

16. "선박"이라 함은 수상 또는 수중에서 항해용으로 사용하거나 사용될 수 있는 것(선외기를 장착한 것을 포함한다) 및 해양수산부령이 정하는 고정식·부유식 시추선 및 플랫폼을 말한다.

17. "해양시설"이라 함은 해역(「항만법」 제2조제1호의 규정에 따른 항만을 포함한다. 이하 같다)의 안 또는 해역과 육지 사이에 연속하여 설치·배치하거나 투입되는 시설 또는 구조물로서 해양수산부령이 정하는 것을 말한다.

18. "선저폐수"라 함은 선박의 밑바닥에 고인 액상유성혼합물을 말한다.

19. "항만관리청"이라 함은 「항만법」 제20조의 관리청, 「어촌·어항법」 제35조의 어항관리청 및 「항만공사법」에 따른 항만공사를 말한다.

20. "해역관리청"이란 「해양환경 보전 및 활용에 관한 법률」 제2조제8호에 따른 해역관리청을 말한다.

21. "선박에너지효율"이란 선박이 화물운송과 관련하여 사용한 에너지량을 이산화탄소 발생비율로 나타낸 것을 말한다.

22. "선박에너지효율설계지수"란 1톤의 화물을 1해리 운송할 때 배출되는 이산화탄소량을 해양수산부장관이 정하여 고시하는 방법에 따라 계산한 선박에너지효율을 나타내는 지표를 말한다.

| 적용범위 (제3조) | ① 이 법은 다음 각호의 해역·수역·구역 및 선박·해양시설 등에서의 해양환경관리에 관하여 적용한다. 다만, 방사성물질과 관련한 해양환경관리(연구·학술 또는 정책수립 목적 등을 위한 조사는 제외한다) 및 해양오염방지에 대하여는 「원자력안전법」이 정하는 바에 따른다.
1. 「영해 및 접속수역법」에 따른 영해 및 대통령령이 정하는 해역
2. 「배타적 경제수역 및 대륙붕에 관한 법률」 제2조에 따른 배타적 경제수역
3. 제15조의 규정에 따른 환경관리해역
4. 「해저광물자원 개발법」 제3조의 규정에 따라 지정된 해저광구
② 제1항 각호의 해역·수역·구역 밖에서 「선박법」 제2조의 규정에 따 |

	른 대한민국 선박(「대한민국선박」)에 의하여 행하여진 해양오염의 방지에 관하여는 이 법을 적용한다. ③ 대한민국선박 외의 선박(「외국선박」)이 제1항 각호의 해역·수역·구역 안에서 항해 또는 정박하고 있는 경우에는 이 법을 적용한다. 다만, 제32조, 제41조의3제2항부터 제5항까지, 제41조의4, 제49조부터 제54조까지, 제54조의2, 제56조부터 제58조까지, 제60조, 제112조 및 제113조의 규정은 국제항해에 종사하는 외국선박에 대하여 적용하지 아니한다. ④ 제44조의 규정에 따른 연료유의 황함유량 기준 및 제45조의 규정에 따른 연료유의 품질기준에 관하여 이 법에서 규정하고 있는 경우를 제외하고는 「석유 및 석유대체연료 사업법」 및 「대기환경보전법」이 정하는 바에 따른다. ⑤ 오염물질의 처리는 이 법에서 규정하고 있는 경우를 제외하고는 「폐기물관리법」·「물환경보전법」, 「하수도법」 및 「가축분뇨의 관리 및 이용에 관한 법률」에서 정하는 바에 따른다. ⑥선박의 디젤기관으로부터 발생하는 질소산화물 등 대기오염물질의 배출허용기준에 관하여 이 법에서 규정하고 있는 경우를 제외하고는 「대기환경보전법」이 정하는 바에 따른다.
국제협약과의 관계 (제4조)	해양환경 및 해양오염과 관련하여 국제적으로 발효된 국제협약에서 정하는 기준과 이 법에서 규정하는 내용이 다른 때에는 국제협약의 효력을 우선한다. 다만, 이 법의 규정내용이 국제협약의 기준보다 강화된 기준을 포함하는 때에는 그러하지 아니하다.

제3절 │ 해양환경 조사 및 정도관리

내용	규정
해양환경측정망 (제9조)	① 해양수산부장관은 「해양환경 보전 및 활용에 관한 법률」 제18조제1항에 따른 해양환경종합조사를 시행하기 위하여 해양수산부령이 정하는 바에 따라 해양환경측정망을 구성하고 정기적으로 해양환경을 측정하여야 한다. ② 광역시장·도지사·특별자치도지사(「시·도지사」)는 제1항의 규정에 따라 해양수산부장관이 구성한 해양환경측정망을 참고하여 관할 해역에 적합한 해양환경측정망을 별도로 구성할 수 있다. 이 경우 시·도지사는 관할 해역의 해양환경측정망을 구성하거나 구성된 내용을 변경하려는 때에는 해양수산부장관에게 미리 통보하여야 한다.
해양환경공정시험기준 (제10조)	해양수산부장관은 해양환경측정망의 구성·운영 등 해양환경 관련 조사 및 평가에 있어서 그 정확성과 통일성 확보를 위한 해양환경공정시험기

	준을 정하여 고시하여야 한다. 이 경우 해양환경공정시험기준과 관련하여 「산업표준화법」 제12조제1항에 따른 한국산업표준이 고시되어 있는 경우에는 특별한 사유가 없으면 고시된 한국산업표준의 내용에 따른다.
해양환경정보망 (제11조)	① 해양수산부장관은 「해양환경 보전 및 활용에 관한 법률」 제21조에 따라 해양환경정보망을 구축하고 국민에게 해양환경정보를 제공하여야 한다. ② 해양수산부장관은 제1항의 규정에 따른 해양환경정보망의 구축을 위하여 필요한 때에는 관계 행정기관의 장에게 필요한 자료의 제출을 요구할 수 있다. 이 경우 관계 행정기관의 장은 특별한 사정이 없는 한 이에 따라야 한다. ③ 제1항 및 제2항의 규정에 따른 해양환경정보망의 구축·운영 및 관리 등에 관하여 필요한 사항은 해양수산부령으로 정한다.
해양환경 측정·분석기관의 정도관리 (제12조)	① 해양수산부장관은 「해양환경 보전 및 활용에 관한 법률」 제22조에 따른 해양환경정보 정도관리를 위하여 해양환경상태를 측정·분석하는 기관 중 대통령령이 정하는 기관(「측정·분석기관」)에 대하여 해양수산부령이 정하는 바에 따라 측정·분석능력의 평가, 관련 교육의 실시 및 측정·분석과 관련된 자료의 검증 등 필요한 조치를 할 수 있다. ② 해양수산부장관은 측정·분석기관에 대한 정도관리 결과 필요하다고 인정되는 경우에는 관련 장비 및 기기의 개선·보완 그 밖에 필요한 조치를 명할 수 있다.
정도관리기준 (제12조의2)	① 해양수산부장관은 제12조에 따라 해양환경조사의 기준 및 방법, 취득 자료의 처리 및 정보관리 등에 관하여 필요한 정도관리기준(「정도관리기준」)을 정하여 고시하여야 한다. ② 정도관리기준의 내용, 방법 등 필요한 사항은 해양수산부령으로 정한다.
정도관리계획 (제12조의3)	① 대통령령으로 정하는 해양환경종합조사 실시기관(「조사기관」)은 정도관리기준에 적합한 해양환경조사, 취득자료의 처리 및 정보관리를 하기 위하여 필요한 정도관리계획을 수립하여 해양수산부장관의 승인을 받아야 한다. ② 해양수산부장관은 정도관리기준의 확산을 위하여 대통령령으로 정하는 조사기관에 대하여 정도관리계획의 수립 및 필요한 기술 등을 지도할 수 있다. ③ 정도관리계획의 수립 기준 및 정도관리계획 이행의 확인·절차 등에 관하여 필요한 사항은 해양수산부령으로 정한다.
측정·분석능력인증 (제13조)	① 해양수산부장관은 정도관리 결과 해양수산부령이 정하는 측정·분석의 기준에 적합하다고 인정되는 측정·분석기관에 대하여 측정·분석능력인증을 할 수 있다. ② 해양수산부장관은 제1항의 규정에 따른 측정·분석능력인증을 받은

	측정·분석기관에 대하여 3년마다 정기적인 정도관리를 실시하고 그 결과에 따라 측정·분석능력인증을 갱신하여야 한다. 다만, 측정·분석능력인증을 받은 사항 중 해양수산부령이 정하는 중요 사항이 변경되는 경우에는 수시로 정도관리를 실시하고 그 결과에 따라 측정·분석능력인증을 갱신하여야 한다. ③ 해양수산부장관은 측정·분석능력인증을 받은 자가 다음 각호의 어느 하나에 해당하는 때에는 그 인증을 취소하여야 한다. 1. 거짓 그 밖의 부정한 방법으로 인증을 받은 때 2. 제2항의 규정에 따른 정도관리 결과 제1항의 규정에 따른 측정·분석의 기준에 적합하지 아니하게 된 때 3. 그 밖에 측정·분석능력인증이 부적합한 경우로서 대통령령이 정하는 사유에 해당하는 때 ④ 제1항 및 제2항의 규정에 따른 측정·분석능력인증의 신청절차 및 인증서의 발급 등에 관하여 필요한 사항은 해양수산부령으로 정한다.

제4절 | 환경관리해역의 지정

내용	규정
환경관리해역의 지정·관리 (제15조)	① 해양수산부장관은 해양환경의 보전·관리를 위하여 필요하다고 인정되는 경우에는 다음 각호의 구분에 따라 환경보전해역 및 특별관리해역(「환경관리해역」)을 지정·관리할 수 있다. 이 경우 관계 중앙행정기관의 장 및 관할 시·도지사 등과 미리 협의하여야 한다. 1. 환경보전해역: 해양환경 및 생태계가 양호한 해역 중 「해양환경 보전 및 활용에 관한 법률」 제13조제1항에 따른 해양환경기준의 유지를 위하여 지속적인 관리가 필요한 해역으로서 해양수산부장관이 정하여 고시하는 해역(해양오염에 직접 영향을 미치는 육지를 포함한다) 2. 특별관리해역: 「해양환경 보전 및 활용에 관한 법률」 제13조제1항에 따른 해양환경기준의 유지가 곤란한 해역 또는 해양환경 및 생태계의 보전에 현저한 장애가 있거나 장애가 발생할 우려가 있는 해역으로서 해양수산부장관이 정하여 고시하는 해역(해양오염에 직접 영향을 미치는 육지를 포함한다) ② 해양수산부장관은 환경관리해역의 지정 목적이 달성되었거나 지정 목적이 상실된 경우 또는 당초 지정 목적의 달성을 위하여 지정범위를 확대하거나 축소하는 등의 조정이 필요한 경우 환경관리해역의 전부 또는 일부의 지정을 해제하거나 지정범위를 변경하여 고시할 수 있다. 이 경우 대상 구역을 관할하는 시·도지사와 미리 협의하여야 한다. ③ 해양수산부장관은 제1항 및 제2항에 따른 환경관리해역의 지정, 해제

	또는 변경 시 다음 각호의 사항을 고려하여야 한다. 1. 제9조에 따른 해양환경측정망 조사 결과 2. 제39조에 따른 잔류성오염물질 조사 결과 3. 「해양생태계의 보전 및 관리에 관한 법률」 제10조에 따른 국가해양생계종합조사 결과 4. 국가 및 지방자치단체에서 3년 이상 지속적으로 시행한 해양환경 및 생태계 관련 조사 결과 ④ 제1항부터 제3항까지에 따른 환경관리해역의 지정 및 해제, 변경을 위하여 필요한 사항은 대통령령으로 정한다.
환경관리해역에서의 행위제한 등 (제15조의2)	① 해양수산부장관은 환경보전해역의 해양환경 상태 및 오염원을 측정·조사한 결과 「해양환경 보전 및 활용에 관한 법률」 제13조제1항에 따른 해양환경기준을 초과하게 되어 국민의 건강이나 생물의 생육에 심각한 피해를 가져올 우려가 있다고 인정되는 경우에는 그 환경보전해역 안에서 대통령령이 정하는 시설의 설치 또는 변경을 제한할 수 있다. ② 해양수산부장관은 특별관리해역의 해양환경 상태 및 오염원을 측정·조사한 결과 「해양환경 보전 및 활용에 관한 법률」 제13조제1항에 따른 해양환경기준을 초과하게 되어 국민의 건강이나 생물의 생육에 심각한 피해를 가져올 우려가 있다고 인정되는 경우에는 다음 각호에 해당하는 조치를 할 수 있다. 1. 특별관리해역 안에서의 시설의 설치 또는 변경의 제한 2. 특별관리해역 안에 소재하는 사업장에서 배출되는 오염물질의 총량규제 ③ 제2항 각 호의 규정에 따라 설치 또는 변경이 제한되는 시설 및 제한의 내용, 오염물질의 총량규제를 실시하는 해역범위·규제항목 및 규제방법에 관하여 필요한 사항은 대통령령으로 정한다.
환경관리해역기본계획의 수립 등 (제16조)	① 해양수산부장관은 환경관리해역에 대하여 다음 각호의 사항이 포함된 환경관리해역기본계획을 5년마다 수립하고, 환경관리해역기본계획을 구체화하여 특정 해역의 환경보전을 위한 해역별 관리계획을 수립·시행하여야 한다. 이 경우 관계 행정기관의 장과 미리 협의하여야 한다. 1. 해양환경의 관측에 관한 사항 2. 오염원의 조사·연구에 관한 사항 3. 해양환경 보전 및 개선대책에 관한 사항 4. 환경관리에 따른 주민지원에 관한 사항 5. 그 밖에 환경관리해역의 관리에 관하여 필요한 것으로서 대통령령으로 정하는 사항 ② 환경관리해역기본계획은 「해양수산발전 기본법」 제7조에 따른 해양수산발전위원회의 심의를 거쳐 확정한다. ③ 해양수산부장관은 환경관리해역기본계획 및 해역별 관리계획이 수립된 때에는 이를 관계 행정기관의 장에게 통보하여야 하며, 관계 행정기관의 장은 그 시행을 위하여 필요한 조치를 하여야 한다.

	④ 해양수산부장관은 해역별 관리계획을 수립·시행하기 위하여 필요한 경우에는 관계 중앙행정기관과 지방자치단체 소속 공무원 및 전문가 등으로 구성된 사업관리단을 별도로 운영할 수 있다. 이 경우 사업관리단의 구성 및 운영에 필요한 사항은 대통령령으로 정한다.
환경관리해역기본계획의 국회 제출 등 (제17조)	① 해양수산부장관은 환경관리해역기본계획 및 해역별 관리계획을 수립한 때에는 지체 없이 국회 소관 상임위원회에 제출하여야 한다. ② 해양수산부장관은 환경관리해역기본계획 및 해역별 관리계획을 수립한 때에는 해양수산부령으로 정하는 바에 따라 이를 공표하여야 한다. ③ 해양수산부장관은 환경관리해역기본계획 및 해역별 관리계획을 수립하기 위하여 필요한 경우에는 관계 중앙행정기관의 장 또는 시·도지사에게 관련 자료의 제출을 요청할 수 있다. 이 경우 자료의 제출을 요청받은 관계 중앙행정기관의 장 또는 시·도지사는 정당한 사유가 없으면 자료를 제출하여야 한다.
해양환경개선조치 (제18조)	① 해역관리청은 오염물질의 유입·확산 또는 퇴적 등으로 인한 해양오염을 방지하고 해양환경을 개선하기 위하여 필요하다고 인정되는 때에는 대통령령으로 정하는 바에 따라 다음 각호의 해양환경개선조치를 할 수 있다. 1. 오염물질 유입·확산방지시설의 설치 2. 오염물질(폐기물은 제외한다)의 수거 및 처리 4. 그 밖에 해양환경개선과 관련하여 필요한 사업으로서 해양수산부령이 정하는 조치 ② 해양수산부장관은 제1항에 따른 해양환경개선조치의 대상 해역 또는 구역이 둘 이상의 시·도지사의 관할에 속하는 등 대통령령으로 정하는 경우에는 제3조제1항 각호의 어느 하나에 해당하는 해역 또는 구역에서 제1항에 따른 해양환경개선조치를 할 수 있다. 이 경우 해양수산부장관은 해당 시·도지사와 미리 협의하여야 한다. ③ 해양수산부장관은 해양환경의 보전·관리 또는 해양오염의 방지를 위하여 필요하다고 인정되는 경우에는 해양수산부령이 정하는 바에 따라 제3조제1항 각 호의 규정에 따른 해역 또는 구역에서 해양환경의 오염원에 대한 조사를 할 수 있다. 이 경우 해양수산부장관은 관계 행정기관의 장에게 오염된 해역 및 오염물질이 배출된 시설물에 대한 공동조사를 요청할 수 있다. ④ 해양수산부장관은 제3항에 따른 해양환경의 오염원에 대한 조사결과 필요하다고 인정하는 경우 「해양환경 보전 및 활용에 관한 법률」 제8조에 따른 오염원인자(「오염원인자」)에게 제1항 각호의 어느 하나에 따른 해양환경개선조치를 하게 할 수 있다. ⑤ 제1항의 규정에 따른 해양환경개선조치와 관련하여 오염물질 유입·확산방지시설의 설치방법, 오염물질(폐기물은 제외한다)의 수거·처리방법 등에 관하여 필요한 사항은 해양수산부령으로 정한다.

제5절 | 해양환경개선부담금

내용	규정
해양환경개선부담금 (제19조)	① 해양수산부장관은 해양환경 및 해양생태계에 현저한 영향을 미치는 다음 각호의 행위에 대하여 해양환경개선부담금(이하「부담금」)을 부과·징수한다. 1.「해양폐기물 및 해양오염퇴적물 관리법」제19조제1항제1호에 따른 폐기물해양배출업을 하는 자가 폐기물을 해양에 배출하는 행위 2. 선박 또는 해양시설에서 대통령령이 정하는 규모 이상의 오염물질을 해양에 배출하는 행위 3.「해양폐기물 및 해양오염퇴적물 관리법」제9조제1항제2호에 따라 폐기물을 고립시키는 방법으로 해양에 배출하는 행위 4.「해양폐기물 및 해양오염퇴적물 관리법」제10조제1항에 따라 이산화탄소 스트림을 해양지중저장하는 행위 ② 제1항제2호에 따른 오염물질의 배출행위가 다음 각호의 어느 하나에 해당하는 경우에는 부담금을 부과하지 아니한다. 1. 전쟁, 천재지변 또는 그 밖의 불가항력에 의하여 발생한 경우 2. 제3자의 고의만으로 발생한 경우. 다만, 선박 또는 해양시설의 설치·관리에 하자가 없는 경우로 한정한다. 3. 제3조제1항제1호 및 제2호의 해역·수역 밖에서 발생한 경우로서 대통령령으로 정하는 경우 ③ 부담금은 오염물질의 종류 및 배출량을 고려하여 산정하되, 오염물질의 배출량에 단위당 부과금액을 곱한 후 오염물질의 종류별 부과계수를 적용하여 부과한다. 이 경우 오염물질의 배출량·단위당 부과금액 및 종류별 부과계수 등은 대통령령으로 정한다. ④ 해양수산부장관은 납부의무자가 부담하여야 할 부담금을 분할하여 납부하게 할 수 있다. ⑤ 해양수산부장관은 부담금 및 제20조제1항에 따른 가산금을「수산업·어촌 발전 기본법」제46조에 따른 수산발전기금(「기금」)으로 납입하여야 한다. ⑥ 제1항 및 제3항에 따른 부담금의 징수절차 등에 필요한 사항은 대통령령으로 정한다.
부담금 및 가산금의 강제징수 (제20조)	① 해양수산부장관은 부담금의 납부의무자가 납부기한까지 부담금을 내지 아니하면 그 납부기한의 다음 날부터 납부한 날까지의 기간에 대하여 대통령령으로 정하는 가산금을 징수한다. 이 경우 가산금은 체납된 부담금의 100분의 3을 초과하여서는 아니 된다. ② 해양수산부장관은 부담금의 납부의무자가 납부기한까지 부담금을 내지 아니하면 30일 이상의 기간을 정하여 독촉하고, 그 지정된 기간 내에

	부담금 및 제1항에 따른 가산금을 내지 아니하면 국세 체납처분의 예에 따라 징수할 수 있다.
부담금의 용도 (제21조)	제19조제5항에 따라 기금으로 납입된 부담금은 다음 각호의 사업을 위하여 사용되어야 한다. 1. 해양오염방지 및 해양환경의 복원에 관한 사업 2. 해양환경의 보전·관리에 관한 사업 3. 친환경적 해양이용사업자 및 연안주민에 대한 지원사업 4. 제18조제1항의 규정에 따른 해양환경개선조치에 대한 사업 5. 해양환경 관련 연구개발사업 6. 해양환경의 조사·연구·홍보 및 교육에 관한 지원사업 7. 해양오염에 따른 어업인 피해의 지원 등 수산업지원사업 8. 친환경 선박의 기술개발 및 이용·보급을 위하여 필요한 사업으로서 대통령령으로 정하는 사업 9. 제1호부터 제8호까지와 관련된 사업으로서 대통령령이 정하는 사업

제6절 │ 해양오염방지 규제 통칙

내용	규정
오염물질의 배출금지 등 (제22조)	① 누구든지 선박으로부터 오염물질을 해양에 배출하여서는 아니 된다. 다만, 다음 각호의 경우에는 그러하지 아니하다. 1. 선박의 항해 및 정박 중 발생하는 폐기물을 배출하고자 하는 경우에는 해양수산부령으로 정하는 해역에서 해양수산부령으로 정하는 처리기준 및 방법에 따라 배출할 것 2. 다음 각목의 구분에 따라 기름을 배출하는 경우 　가. 선박에서 기름을 배출하는 경우에는 해양수산부령이 정하는 해역에서 해양수산부령이 정하는 배출기준 및 방법에 따라 배출할 것 　나. 유조선에서 화물유가 섞인 선박평형수, 화물창의 세정수 및 선저 폐수를 배출하는 경우에는 해양수산부령이 정하는 해역에서 해양수산부령이 정하는 배출기준 및 방법에 따라 배출할 것 　다. 유조선에서 화물창의 선박평형수를 배출하는 경우에는 해양수산부령이 정하는 세정도(洗淨度)에 적합하게 배출할 것 3. 다음 각목의 구분에 따라 유해액체물질을 배출하는 경우 　가. 유해액체물질을 배출하는 경우에는 해양수산부령이 정하는 해역에서 해양수산부령이 정하는 사전처리 및 배출방법에 따라 배출할 것 　나. 해양수산부령이 정하는 유해액체물질의 산적운반에 이용되는 화물창(선박평형수의 배출을 위한 설비를 포함한다)에서 세정된 선

	박평형수를 배출하는 경우에는 해양수산부령이 정하는 정화방법에 따라 배출할 것 ② 누구든지 해양시설 또는 해수욕장·하구역 등 대통령령이 정하는 장소(「해양공간」)에서 발생하는 오염물질을 해양에 배출하여서는 아니 된다. 다만, 다음 각호의 경우에는 그러하지 아니하다. 1. 해양시설 및 해양공간(「해양시설등」)에서 발생하는 폐기물을 해양수산부령이 정하는 해역에서 해양수산부령이 정하는 처리기준 및 방법에 따라 배출하는 경우 2. 해양시설등에서 발생하는 기름 및 유해액체물질을 해양수산부령이 정하는 처리기준 및 방법에 따라 배출하는 경우 ③ 다음 각호의 어느 하나에 해당하는 경우에는 제1항 및 제2항의 규정에 불구하고 선박 또는 해양시설등에서 발생하는 오염물질(폐기물은 제외한다. 이하 이조에서 같다)을 해양에 배출할 수 있다. 1. 선박 또는 해양시설등의 안전확보나 인명구조를 위하여 부득이하게 오염물질을 배출하는 경우 2. 선박 또는 해양시설등의 손상 등으로 인하여 부득이하게 오염물질이 배출되는 경우 3. 선박 또는 해양시설등의 오염사고에 있어 해양수산부령이 정하는 방법에 따라 오염피해를 최소화하는 과정에서 부득이하게 오염물질이 배출되는 경우
폐기물의 배출률 (제22조의2)	① 선박의 항해 및 정박 중 발생하는 폐기물을 해양수산부령으로 정하는 해역에 배출하려는 선박의 소유자(선박을 임대하는 경우에는 선박임차인을 말한다. 이하 같다)는 해양수산부령으로 정하는 바에 따라 해양수산부장관의 승인을 받은 배출률(선박의 흡수 및 속력에 따른 시간당 폐기물 배출량을 말한다. 이하 같다)을 준수하여 폐기물을 배출하여야 한다. ② 폐기물을 배출한 선박의 소유자는 폐기물을 배출한 장소, 배출량 등을 그 선박의 기관일지에 기재하여야 한다. ③ 배출률을 승인받아야 하는 폐기물의 종류, 배출률의 승인절차 및 기관일지 기재방법 등에 관하여 필요한 사항은 해양수산부령으로 정한다.
해양오염방지활동 (제24조)	② 해역관리청은 오염방지활동을 위하여 필요하다고 인정되는 때에는 해양공간에 대하여 수질검사 등 해양수산부령이 정하는 조사·측정활동을 할 수 있다. ③해역관리청은 제2항에 따른 조사·측정활동 등 오염방지활동을 위하여 필요한 선박 또는 처리시설을 운영할 수 있다.

제7절 │ 선박에서의 해양오염방지

내용	규정
폐기물오염방지설비의 설치 등 (제25조)	① 해양수산부령으로 정하는 선박의 소유자는 그 선박 안에서 발생하는 해양수산부령으로 정하는 폐기물을 저장·처리하기 위한 설비(「폐기물오염방지설비」)를 해양수산부령으로 정하는 기준에 따라 설치하여야 한다. ② 제1항의 규정에 따라 설치된 폐기물오염방지설비는 해양수산부령이 정하는 기준에 적합하게 유지·작동되어야 한다.
기름오염방지설비의 설치 등 (제26조)	① 선박의 소유자는 선박 안에서 발생하는 기름의 배출을 방지하기 위한 설비(「기름오염방지설비」)를 해당 선박에 설치하거나 폐유저장을 위한 용기를 비치하여야 한다. 이 경우 그 대상선박과 설치기준 등은 해양수산부령으로 정한다. ② 선박의 소유자는 선박의 충돌·좌초 또는 그 밖의 해양사고가 발생하는 경우 기름의 배출을 방지할 수 있는 선체구조 등을 갖추어야 한다. 이 경우 그 대상선박, 선체구조기준 그 밖에 필요한 사항은 해양수산부령으로 정한다. ③ 제1항의 규정에 따라 설치된 기름오염방지설비는 해양수산부령이 정하는 기준에 적합하게 유지·작동되어야 한다.
유해액체물질오염방지설비의 설치 등 (제27조)	① 유해액체물질을 산적하여 운반하는 선박으로서 해양수산부령이 정하는 선박의 소유자는 유해액체물질을 그 선박 안에서 저장·처리할 수 있는 설비 또는 유해액체물질에 의한 해양오염을 방지하기 위한 설비(「유해액체물질오염방지설비」)를 해양수산부령이 정하는 기준에 따라 설치하여야 한다. ② 유해액체물질을 산적하여 운반하는 선박으로서 해양수산부령이 정하는 선박의 소유자는 선박의 충돌·좌초 그 밖의 해양사고가 발생하는 경우 유해액체물질의 배출을 방지하기 위하여 그 선박의 화물창을 해양수산부령이 정하는 기준에 따라 설치·유지하여야 한다. ③ 선박의 소유자는 해양수산부령이 정하는 기준에 따라 유해액체물질의 배출방법 및 설비에 관한 지침서를 작성하여 해양수산부장관의 검인을 받아 그 선박의 선장에게 제공하여야 한다. ④ 제1항의 규정에 따라 설치된 유해액체물질오염방지설비는 해양수산부령이 정하는 기준에 적합하게 유지·작동되어야 한다.
선박평형수 및 기름의 적재제한 (제28조)	① 해양수산부령이 정하는 유조선의 화물창 및 해양수산부령이 정하는 선박의 연료유탱크에는 선박평형수를 적재하여서는 아니 된다. 다만, 새로이 건조한 선박을 시운전하거나 선박의 안전을 확보하기 위하여 필요한 경우로서 해양수산부령이 정하는 경우에는 그러하지 아니하다.

	② 해양수산부령이 정하는 선박의 경우 그 선박의 선수탱크 및 충돌격벽보다 앞쪽에 설치된 탱크에는 기름을 적재하여서는 아니 된다.
포장유해물질의 운송 (제29조)	선박을 이용하여 포장유해물질을 운송하려는 자는 해양수산부령이 정하는 바에 따라 포장·표시 및 적재방법 등의 요건에 적합하게 이를 운송하여야 한다.
선박오염물질기록부의 관리 (제30조)	① 선박의 선장(피예인선의 경우에는 선박의 소유자를 말한다)은 그 선박에서 사용하거나 운반·처리하는 폐기물·기름 및 유해액체물질에 대한 다음 각호의 구분에 따른 기록부(「선박오염물질기록부」)를 그 선박(피예인선의 경우에는 선박의 소유자의 사무실을 말한다) 안에 비치하고 그 사용량·운반량 및 처리량 등을 기록하여야 한다. 1. 폐기물기록부: 해양수산부령이 정하는 일정 규모 이상의 선박에서 발생하는 폐기물의 총량·처리량 등을 기록하는 장부. 다만, 제72조제1항의 규정에 따라 해양환경관리업자가 처리대장을 작성·비치하는 경우에는 동 처리대장으로 갈음한다. 2. 기름기록부: 선박에서 사용하는 기름의 사용량·처리량을 기록하는 장부. 다만, 해양수산부령이 정하는 선박의 경우를 제외하며, 유조선의 경우에는 기름의 사용량·처리량 외에 운반량을 추가로 기록하여야 한다. 3. 유해액체물질기록부: 선박에서 산적하여 운반하는 유해액체물질의 운반량·처리량을 기록하는 장부 ② 선박오염물질기록부의 보존기간은 최종기재를 한 날부터 3년으로 하며, 그 기재사항·보존방법 등에 관하여 필요한 사항은 해양수산부령으로 정한다.
선박해양오염비상계획서의 관리 등 (제31조)	① 선박의 소유자는 기름 또는 유해액체물질이 해양에 배출되는 경우에 취하여야 하는 조치사항에 대한 내용을 포함하는 기름 및 유해액체물질의 해양오염비상계획서(「선박해양오염비상계획서」)를 작성하여 해양경찰청장의 검인을 받은 후 이를 그 선박에 비치하고, 선박해양오염비상계획서에 따른 조치 등을 이행하여야 한다. ② 선박해양오염비상계획서를 검인받은 선박의 소유자는 그 선박해양오염비상계획서의 내용 중 해양수산부령으로 정하는 중요한 사항을 변경하려는 경우에는 선박해양오염비상계획서를 변경 작성하여 해양경찰청장의 검인을 받은 후 이를 그 선박에 비치하여야 한다. ③ 선박해양오염비상계획서를 비치하여야 하는 대상 선박의 범위와 기재사항 등에 관하여 필요한 사항은 해양수산부령으로 정한다.
선박 해양오염방지관리인 (제32조)	① 해양수산부령으로 정하는 선박의 소유자는 그 선박에 승무하는 선원 중에서 선장을 보좌하여 선박으로부터의 오염물질 및 대기오염물질의 배출방지에 관한 업무를 관리하게 하기 위하여 대통령령으로 정하는 자격을 갖춘 사람을 해양오염방지관리인으로 임명하여야 한다. 이 경우 유

	해액체물질을 산적하여 운반하는 선박의 경우에는 유해액체물질의 해양오염방지관리인 1명 이상을 추가로 임명하여야 한다. ② 선박의 소유자는 제1항의 규정에 따른 해양오염방지관리인을 임명한 증빙서류를 선박 안에 비치하여야 한다. ③ 제1항에 따라 해양오염방지관리인을 임명한 선박의 소유자는 해양오염방지관리인이 여행·질병 또는 그 밖의 사유로 일시적으로 직무를 수행할 수 없는 경우 대통령령으로 정하는 자격을 갖춘 사람을 대리자로 지정하여 그 직무를 대행하게 하여야 한다. 이 경우 대리자가 해양오염방지관리인의 직무를 대행하는 기간은 30일을 초과할 수 없다. ④ 선박의 소유자는 제1항에 따른 해양오염방지관리인 또는 제3항에 따른 해양오염방지관리인의 대리자에게 오염물질 및 대기오염물질을 이송 또는 배출하는 작업을 지휘·감독하게 하여야 한다. ⑤ 제1항부터 제4항까지에서 규정한 사항 외에 해양오염방지관리인 및 대리자의 업무내용·준수사항 등에 관하여 필요한 사항은 대통령령으로 정한다.
선박대선박 기름화물이송 관리 (제32조의2)	① 해상에서 유조선 간(「선박대선박」)에 기름화물을 이송하려는 선박소유자는 그 이송하는 작업방법 등 해양수산부령으로 정하는 사항을 기술한 계획서(「선박대선박 기름화물이송계획서」)를 작성하여 해양수산부장관의 검인을 받은 후 선박에 비치하고, 이송작업 시 이를 준수하여야 한다. ② 선박의 선장은 선박대선박 기름화물의 이송작업에 관하여 이송량, 이송시간 등 해양수산부령으로 정하는 사항을 기름기록부에 기록하여야 하고, 최종 기록한 날부터 3년간 보관하여야 한다. ③ 제3조제1항제1호 및 제2호에 따른 해역·수역 안에서 선박대선박 기름화물이송작업을 하려는 선박의 선장은 작업계획을 해양수산부장관에게 사전에 보고하여야 한다. ④ 제1항에 따른 선박대선박 기름화물이송계획서의 비치 대상선박 및 검인절차, 제2항에 따른 선박대선박 기름화물이송작업의 기록, 제3항에 따른 작업계획의 보고사항 및 보고방법 등에 필요한 사항은 해양수산부령으로 정한다.

※**제19조(화물창 및 연료유탱크에의 선박평형수 적재 제한)** ① 법 제28조제1항 본문에서 "해양수산부령이 정하는 유조선"이란 분리평형수탱크가 설치된 유조선을 말한다.
② 법 제28조제1항 본문에서 "해양수산부령이 정하는 선박"이란 1979년 12월 31일 후에 인도된 선박으로서 다음 각 호의 선박을 말한다.
 1. 총톤수 150톤 이상의 유조선
 2. 총톤수 4천톤 이상의 선박

제8절 | 해양시설에서의 해양오염방지

내용	규정
해양시설의 신고 및 변경신고 (제33조)	① 해양시설의 소유자(설치·운영자를 포함하며, 그 시설을 임대하는 경우에는 시설임차인을 말한다. 이하 같다)는 다음 각호의 구분에 따라 해양수산부장관 또는 시·도지사에게 그 시설을 신고하여야 한다. 이 경우 신고내용 중 해양수산부령으로 정하는 중요한 내용의 변경이 있는 경우에는 변경신고를 하여야 한다. 1. 「배타적 경제수역 및 대륙붕에 관한 법률」 제2조에 따른 배타적 경제수역, 「항만법」 제3조제2항제1호 및 제3항제1호에 따른 국가관리무역항 및 국가관리연안항의 해양시설: 해양수산부장관 2. 제1호 외의 해역의 해양시설: 시·도지사 ② 제1항에 따른 해양시설의 신고내용, 변경신고 하여야 하는 중요한 내용 및 신고·변경신고 절차 등 필요한 사항은 해양수산부령으로 정한다.
해양시설오염물질기록부의 관리 (제34조)	① 기름 및 유해액체물질을 취급하는 해양시설 중 해양수산부령이 정하는 해양시설의 소유자는 그 시설 안에 기름 및 유해액체물질의 기록부(「해양시설오염물질기록부」)를 비치하고 기름 및 유해액체물질의 사용량과 반입·반출에 관한 사항 등을 기록하여야 한다. ② 해양시설오염물질기록부의 보존기간은 최종기재를 한 날부터 3년으로 하며, 그 기재사항·관리방법 등에 관하여 필요한 사항은 해양수산부령으로 정한다.
해양시설오염비상계획서의 관리 등 (제35조)	① 기름 및 유해액체물질을 사용·저장 또는 처리하는 해양시설의 소유자는 기름 및 유해액체물질이 해양에 배출되는 경우에 취하여야 하는 조치사항에 대한 내용이 포함된 해양오염비상계획서(「해양시설오염비상계획서」)를 작성하여 해양경찰청장의 검인을 받은 후 그 해양시설에 비치하고, 해양시설오염비상계획서에 따른 조치 등을 이행하여야 한다. 다만, 해양시설오염비상계획서를 그 해양시설에 비치하는 것이 곤란한 때에는 해양시설의 소유자의 사무실에 비치할 수 있다. ② 제1항에 따라 해양시설오염비상계획서를 검인받은 해양시설의 소유자는 그 해양시설오염비상계획서의 내용 중 해양수산부령으로 정하는 중요한 사항을 변경하려는 경우에는 해양시설오염비상계획서를 변경 작성하여 해양경찰청장의 검인을 받은 후 이를 그 해양시설 또는 해양시설의 소유자의 사무실에 비치하여야 한다. ③ 해양시설오염비상계획서를 비치하여야 하는 대상 및 그 기재사항 등에 관하여 필요한 사항은 해양수산부령으로 정한다.
해양시설 해양오염방지관리인 (제36조)	① 해양수산부령으로 정하는 해양시설의 소유자는 그 해양시설에 근무하는 직원 중에서 해양시설로부터의 오염물질의 배출방지에 관한 업무를 관리하게 하기 위하여 대통령령으로 정하는 자격을 갖춘 사람을 해양

오염방지관리인으로 임명하여야 한다.

② 해양시설의 소유자는 해양오염방지관리인을 임명(바꾸어 임명한 경우를 포함한다)한 경우에는 지체 없이 이를 해양수산부령으로 정하는 바에 따라 해양경찰청장에게 신고하여야 한다.

③ 해양시설의 소유자는 해양오염방지관리인이 여행·질병 또는 그 밖의 사유로 일시적으로 직무를 수행할 수 없는 경우 대통령령으로 정하는 자격을 갖춘 사람을 대리자로 지정하여 그 직무를 대행하게 하여야 한다. 이 경우 대리자가 해양오염방지관리인의 직무를 대행하는 기간은 30일을 초과할 수 없다.

④ 해양시설의 소유자는 제1항에 따른 해양오염방지관리인 또는 제3항에 따른 해양오염방지관리인의 대리자에게 오염물질을 이송 또는 배출하는 작업을 지휘·감독하게 하여야 한다.

⑤ 제1항부터 제4항까지에서 규정한 사항 외에 해양오염방지관리인 및 대리자의 업무내용·준수사항 등에 관하여 필요한 사항은 대통령령으로 정한다.

해양시설의 안전점검 (제36조의2)	① 기름 및 유해액체물질과 관련된 해양시설로서 해양수산부령으로 정하는 해양시설의 소유자는 그 해양시설에 대한 안전점검을 실시하여야 한다. ② 제1항에 따른 안전점검을 실시한 해양시설의 소유자는 해양수산부장관의 요청이 있거나 안전점검 결과 해양수산부령으로 정하는 중대한 결함이 있는 경우 그 안전점검 결과를 지체 없이 해양수산부장관에게 보고하여야 한다. ③ 제1항에 따른 안전점검을 실시한 해양시설의 소유자는 안전점검을 완료한 날부터 3년간 그 결과를 보관하여야 한다. ④ 해양수산부장관은 제1항에 따른 해양시설이 천재지변, 재해 또는 이에 준하는 사유로 인하여 안전에 문제가 있다고 인정하는 경우에는 직접 안전점검을 할 수 있다. 이 경우 해당 해양시설의 소유자는 이에 적극 협조하여야 한다. ⑤ 제1항에 따른 해양시설의 소유자는 대통령령으로 정하는 시설과 장비를 갖춘 안전진단 전문기관으로 하여금 해당 해양시설에 대한 안전점검을 대행하게 할 수 있다. ⑥ 제1항에 따른 안전점검의 실시시기 및 방법, 제2항에 따른 보고사항 등에 필요한 사항은 해양수산부령으로 정한다.

제9절 | 오염물질의 수거 및 처리

내용	규정
선박 및 해양시설에서의 오염물질의 수거 · 처리 (제37조)	① 선박 및 해양시설의 소유자는 해당 선박 및 해양시설에서 발생하는 오염물질 중 해양수산부령으로 정하는 물질을 다음 각호의 어느 하나에 해당하는 자에게 수거 · 처리하게 하여야 한다. 1. 오염물질저장시설의 설치 · 운영자 2. 유창청소업을 영위하는 자(「유창청소업자」) ② 제1항에도 불구하고 다음 각호의 어느 하나에 해당하는 선박 또는 해양시설의 소유자는 해당 선박 또는 해양시설에서 발생하는 물질을 해양수산부령으로 정하는 바에 따라 폐기물처리업자로 하여금 수거 · 처리하게 할 수 있다. 1. 육상에 위치한 해양시설(해역과 육지 사이에 연속하여 설치된 해양시설을 포함한다) 2. 조선소에서 건조 중인 선박 3. 조선소에서 건조 완료 후 등록하기 전에 시운전하는 선박 4. 총톤수 20톤 미만의 소형선박 5. 조선소 또는 수리조선소에서 수리 중인 선박(항해 중에 발생한 오염물질을 제1항에 따라 모두 수거 · 처리한 선박에 한정한다) 6. 해체 중인 선박
오염물질저장시설 (제38조)	① 해역관리청은 선박 또는 해양시설에서 배출되거나 해양에 배출된 오염물질을 저장하기 위한 시설(「오염물질저장시설」)을 설치 · 운영하여야 한다. ② 해역관리청은 오염물질저장시설에 반입 · 반출되는 오염물질의 관리대장(「오염물질관리대장」)을 작성 · 관리하여야 한다. 이 경우 오염물질관리대장의 기재사항 및 보존기간 등에 관하여 필요한 사항은 해양수산부령으로 정한다. ③ 제1항의 규정에 따른 오염물질저장시설의 세부적인 설치 · 운영기준은 해양수산부령으로 정한다.

제10절 | 잔류성 유기오염물질의 조사

내용	규정
잔류성오염물질의 조사 등 (제39조)	① 해양수산부장관은 잔류성오염물질의 오염실태 및 진행상황 등에 대하여 해양수산부령으로 정하는 바에 따라 측정 · 조사하여야 한다. 이 경우 해양수산부장관은 그 측정 · 조사결과 해양환경의 관리에 문제가 있다

	고 인정되는 경우 해당 잔류성오염물질의 사용금지 및 사용제한 요청 등 해양수산부령으로 정하는 조치를 하여야 한다. ② 해양수산부장관은 제1항의 규정에 따라 측정·조사를 하는 경우에는 대통령령이 정하는 바에 따라 관계 행정기관에 대하여 필요한 자료의 제출을 요청할 수 있다. 이 경우 관계 행정기관의 장은 특별한 사정이 없는 한 이에 따라야 한다. ③ 해양수산부장관은 제1항에 따른 측정·조사에 있어 정확성과 통일성을 도모하기 위하여 잔류성오염물질의 공정시험기준을 정하여 고시하여야 한다. 이 경우 고시된 공정시험기준은 제10조에 따른 해양환경공정시험기준으로 본다.
유해방오도료의 사용금지 등 (제40조)	① 누구든지 선박 또는 해양시설등에 유해방오도료 또는 이를 사용한 설비 등(「유해방오시스템」)을 사용하여서는 아니 된다. ② 누구든지 선박 또는 해양시설등에 방오도료 또는 이를 사용한 설비 등(「방오시스템」)을 사용하거나 설치하려고 하는 경우에는 해양수산부령이 정하는 기준 및 방법에 따라야 한다.

제11절 │ 해양에서의 대기오염방지를 위한 규제

내용	규정
대기오염물질의 배출방지를 위한 설비의 설치 등 (제41조)	① 선박의 소유자는 해양수산부령이 정하는 바에 따라 그 선박에 대기오염물질의 배출을 방지하거나 감축하기 위한 설비(「대기오염방지설비」)를 설치하여야 한다. ② 제1항의 규정에 따라 설치된 대기오염방지설비는 해양수산부령이 정하는 기준에 적합하게 유지·작동되어야 한다.
선박에너지효율설계지수의 계산 등 (제41조의2)	① 국제항해에 사용되는 총톤수 400톤 이상의 선박 중 해양수산부령으로 정하는 선박을 건조하거나 다음 각호의 어느 하나에 해당하는 개조를 하려는 경우에는 그 선박의 소유자는 해양수산부장관이 정하여 고시하는 최소 출력 이상의 추진기관을 설치하고 선박에너지효율설계지수를 계산하여야 한다. 1. 선박의 길이·너비·깊이·운송능력 또는 기관출력을 실질적으로 변경하기 위한 것으로 해양수산부령으로 정하는 개조 2. 선박의 용도를 변경하기 위한 개조 3. 선박의 사용연한을 연장하기 위한 것으로 해양수산부령으로 정하는 개조 4. 해양수산부령으로 정하는 선박에너지효율설계지수 허용값을 초과하여 변경하는 등 선박에너지효율을 실질적으로 변경하기 위한 것으로 해양수산부령으로 정하는 개조

	② 제1항에 따른 선박 중 해양수산부령으로 정하는 선박의 소유자는 선박에너지효율설계지수가 해양수산부령으로 정하는 선박에너지효율설계지수 허용값을 초과하는 선박의 건조 또는 개조를 하여서는 아니 된다.
선박에너지효율관리계획서의 비치 등 (제41조의3)	① 국제항해에 사용되는 총톤수 400톤 이상의 선박 중 해양수산부령으로 정하는 선박의 소유자는 선박에너지효율을 향상시키기 위한 계획의 수립·시행·감시·평가 및 개선 등에 관한 절차 및 방법을 기술한 계획서(「선박에너지효율관리계획서」)를 작성하여 선박에 비치하여야 한다. ② 선박에너지효율관리계획서를 비치하여야 하는 선박 중 총톤수 5천톤 이상의 선박의 소유자는 작성한 선박에너지효율관리계획서의 검사를 해양수산부장관에게 요청하여야 한다. ③ 해양수산부장관은 제2항에 따라 검사요청을 받은 경우 선박에너지효율관리계획서가 해양수산부령으로 정하는 기준에 적합한지를 검사하고, 적합한 경우 해당 선박의 소유자에게 선박에너지효율적합확인서를 발급하여야 한다. ④ 선박의 소유자는 제3항에 따라 발급받은 선박에너지효율적합확인서를 해당 선박에 비치하여야 한다. ⑤ 제1항부터 제4항까지에서 규정한 사항 외에 선박에너지효율관리계획서의 기재사항, 작성방법, 검사방법 및 선박에너지효율적합확인서의 발급 등에 필요한 사항은 해양수산부령으로 정한다.
선박연료유 사용량 등 보고 등 (제41조의4)	① 제41조의3제3항에 따라 선박에너지효율적합확인서를 발급받은 선박의 소유자는 해당 연도에 선박에서 사용한 연료유의 사용량 및 선박의 운항거리 등 해양수산부령으로 정하는 사항(「선박연료유 사용량등」)을 다음 해 3월 31일까지 해양수산부장관에게 보고하여야 한다. ② 제1항에도 불구하고 선박의 소유자는 해당 선박이 대한민국선박이 아니게 되거나 선박의 매각, 폐선 등으로 선박을 사용하지 아니하게 된 경우에는 해당 사유가 발생한 날부터 해양수산부령으로 정하는 기간 내에 해당 연도의 선박연료유 사용량등을 해양수산부장관에게 보고하여야 한다. ③ 해양수산부장관은 제1항 또는 제2항에 따라 보고된 선박연료유 사용량등을 검증하고, 적합한 경우 해당 선박의 소유자(제2항에 해당하는 경우에는 같은 항에 따라 보고한 자를 말한다)에게 선박연료유 사용량등 검증확인서를 발급하여야 한다. ④ 선박의 소유자는 제3항에 따른 선박연료유 사용량등 검증확인서를 해당 선박에 비치하여야 한다. ⑤ 해양수산부장관은 제3항에 따라 선박연료유 사용량등을 검증한 결과를 국제해사기구에 제출하여야 한다. ⑥ 제1항부터 제5항까지의 규정에 따른 선박연료유 사용량등의 보고 및 검증 방법, 선박연료유 사용량등 검증확인서의 발급 및 국제해사기구에의 검증 결과 제출 등에 필요한 사항은 해양수산부령으로 정한다.

오존층파괴물질의 배출규제 (제42조)	① 누구든지 선박으로부터 오존층파괴물질을 배출(선박의 유지보수 또는 장치·설비의 배치 중에 발생하는 배출을 포함한다)하여서는 아니 된다. 다만, 오존층파괴물질을 회수하는 과정에서 누출되는 경우에는 그러하지 아니하다. ② 선박의 소유자는 오존층파괴물질이 포함된 설비를 선박에 설치하여서는 아니 된다. ③ 선박의 소유자는 선박으로부터 오존층파괴물질이 포함된 설비를 제거하는 때에는 그 설비를 해양수산부장관이 지정·고시하는 업체 또는 단체에게 인도하여야 한다. 이 경우 지정·고시되는 업체 또는 단체는 해양수산부령이 정하는 기준에 적합한 회수설비 및 수용시설 등을 갖추어야 한다. ④ 국제항해에 사용되는 총톤수 400톤 이상 선박의 소유자는 오존층파괴물질을 포함하고 있는 설비의 목록을 작성·관리하여야 한다. ⑤ 제4항에 따른 선박의 소유자는 선박에서 오존층파괴물질을 배출하거나 충전하는 경우 그 오존층파괴물질량 등을 기록한 장부(「오존층파괴물질기록부」 한다)를 작성하여 비치하여야 한다. ⑥ 제3항에 따른 업체 또는 단체의 지정 방법 및 절차와 제5항에 따른 오존층파괴물질기록부의 기재사항 등은 해양수산부령으로 정한다.
질소산화물의 배출규제 (제43조)	① 선박의 소유자는 해양수산부령으로 정하는 디젤기관을 「대기환경보전법」 제76조제1항에 따른 질소산화물의 배출허용기준을 초과하여 작동하여서는 아니 된다. 다만, 비상용·인명구조용 선박 등 비상사용 목적의 선박 및 군함·해양경찰청함정 등 방위·치안 목적의 공용선박에 설치되는 디젤기관은 그러하지 아니하다. ② 제1항의 규정에 불구하고 해당 디젤기관에 해양수산부령이 정하는 기준에 적합한 배기가스정화장치 등을 설치하여 제1항 각호 외의 부분 본문의 규정에 따른 질소산화물의 배출허용기준 이하로 배출량을 감축할 수 있는 경우에는 그 디젤기관을 작동할 수 있다. ③ 제1항에 따른 디젤기관의 질소산화물 배출허용기준의 적용시기, 적용방법 등에 필요한 사항은 해양수산부령으로 정한다.
연료유의 황함유량 기준 등 (제44조)	① 선박의 소유자는 황산화물배출규제해역과 그 밖의 해역으로 구분하여 대통령령으로 정하는 황함유량 기준을 초과하는 연료유를 사용해서는 아니 된다. 다만, 다음 각호의 어느 하나에 해당하는 경우에는 그러하지 아니하다. 1. 해양수산부령으로 정하는 기준에 적합한 배기가스정화장치를 설치·가동하여 해양수산부령으로 정하는 황산화물 배출제한 기준량 이하로 황산화물 배출량을 감축하는 경우 2. 이 항 각호 외의 부분 본문에 따른 황함유량 기준을 충족하는 연료유를 공급받기 위하여 노력하였음에도 불구하고 해당 선박이 운항하는 해역의 인근 항만에서 황함유량 기준을 충족하는 연료유를 공급받을

	수 없는 경우로서 해양수산부령으로 정하는 바에 따라 해양수산부장관의 인정을 받은 경우 ③ 선박의 소유자는 다음 각호의 어느 하나에 해당하는 경우에는 해양수산부령으로 정하는 연료유의 교환 등에 관한 사항을 그 선박의 기관일지에 기재하여야 한다. 1. 황산화물배출규제해역을 항해하는 경우 2. 제1항제1호에 따른 배기가스정화장치가 제대로 가동되지 아니하여 같은 호에 따른 황산화물 배출제한 기준량 이하로 황산화물 배출량을 감축하지 못한 경우 3. 제1항제2호에 해당하는 경우 ④ 선박의 소유자는 제3항의 규정에 따른 기관일지를 해당 연료유를 공급받은 때부터 1년간 그 선박에 보관하여야 한다. ⑤ 선박의 소유자는 제1항에 따른 연료유 황함유량 기준을 만족하기 위하여 황함유량이 다른 연료유를 다른 탱크에 저장하여 사용하는 선박이 황산화물 배출규제해역으로 들어가기 전이나 그 해역에서 나오기 전에 조치하여야 할 연료유 전환방법이 적혀있는 절차서(「연료유전환절차서」)를 선박에 비치하여야 한다.
부적합 연료유의 적재금지 (제44조의2)	선박의 소유자는 제44조제1항에 따른 황함유량 기준(황산화물배출규제해역 외의 해역에서의 황함유량 기준을 말한다. 이하 제45조에서 같다)을 초과하는 연료유를 선박에 적재해서는 아니 된다. 다만, 다음 각호의 어느 하나에 해당하는 경우에는 그러하지 아니하다. 1. 제44조제1항 각 호의 어느 하나에 해당하는 경우 2. 연료유를 화물로서 운송하는 경우
연료유의 공급 및 확인 등 (제45조)	① 선박에 연료유를 공급하는 다음 각호의 자(「선박연료공급업자」)는 대통령령으로 정하는 연료유의 품질기준에 미달하거나 제44조제1항에 따른 황함유량 기준을 초과하는 연료유를 선박에 공급하여서는 아니 된다. 다만, 연료유를 공급받는 선박이 제44조제1항제1호에 해당하는 경우에는 그러하지 아니하다. 1. 선박연료공급업의 등록을 한 자 2. 어업용 면세연료유를 공급하는 수산업협동조합 ② 선박연료공급업자는 연료유에 포함된 황성분 등이 기재된 연료유공급서를 작성하여 그 사본을 해당 연료유로부터 채취한 견본(「연료유견본」)과 함께 선박의 소유자에게 제공하여야 한다. 다만, 해양수산부령이 정하는 소형의 선박에 연료유를 공급하는 선박연료공급업자는 그러하지 아니하다. ③ 선박연료공급업자(제2항 단서의 규정에 따른 선박연료공급업자를 제외한다)는 제2항의 규정에 따른 연료유공급서를 3년간 그의 주된 사무소에 보관하여야 하고, 선박의 소유자는 연료유공급서의 사본을 3년간 선박에 보관하여야 한다.

	④ 선박의 소유자는 연료유를 공급받은 날부터 해당 연료유가 소모될 때까지 연료유견본을 보관하여야 한다. 다만, 그 연료유가 소모될 때까지의 기간이 1년 미만인 경우에는 다음 각호의 구분에 따른 기간 동안 보관하여야 한다. 1. 국내항해에만 종사하는 선박 등 해양수산부령으로 정하는 선박: 6개월 이내의 기간으로서 해양수산부령으로 정하는 기간 2. 제1호 외의 선박: 1년 ⑤ 제2항의 규정에 따른 연료유공급서의 양식 및 연료유견본의 관리 등에 관하여 필요한 사항은 해양수산부령으로 정한다. ⑥ 해양수산부장관은 외국의 선박연료공급업자인 경우로서 다음 각 호의 어느 하나에 해당하는 때에는 해당 선박연료공급업자가 속한 국가의 관계 행정청에 해당 사실을 통보하는 등 필요한 조치를 할 수 있다. 1. 제1항의 규정에 따른 연료유의 품질기준에 미달하거나 황함유량 기준을 초과하는 연료유를 공급한 때 2. 연료유공급서에 기재된 내용과 다른 연료유를 공급한 것으로 확인된 때
선박 안에서의 소각금지 등 (제46조)	① 누구든지 선박의 항해 및 정박 중에 다음 각호의 물질을 선박 안에서 소각하여서는 아니 된다. 다만, 제5호의 물질을 해양수산부령으로 정하는 선박소각설비에서 소각하는 경우에는 그러하지 아니하다. 1. 화물로 운송되는 기름·유해액체물질 및 포장유해물질의 잔류물과 그 물질에 오염된 포장재 2. 폴리염화비페닐 3. 해양수산부장관이 정하여 고시하는 기준량 이상의 중금속이 포함된 쓰레기 4. 할로겐화합물질을 함유하고 있는 정제된 석유제품 5. 폴리염화비닐 6. 육상으로부터 이송된 폐기물 7. 배기가스정화장치의 잔류물 ② 선박의 항해 및 정박 중에 발생하는 해양수산부령이 정하는 물질을 선박 안에서 소각하려는 선박의 소유자는 대기오염물질의 배출을 방지하기 위하여 적정한 온도를 유지하는 등 해양수산부령이 정하는 방법으로 선박에 설치된 소각설비(「선박소각설비」)를 작동하여야 한다. ③ 제2항의 규정에 불구하고 선박의 항해 및 정박 중에 발생하는 해양수산부령이 정하는 물질은 선박의 주기관·보조기관 또는 보일러에서 소각할 수 있다. 다만, 항만 또는 어항구역 등 해양수산부령이 정하는 해역에서는 그러하지 아니하다. ④ 선박소각설비는 해양수산부령이 정하는 기준에 적합하게 유지하여야 한다.
휘발성유기화합물의 배출규제 등 (제47조)	① 해양수산부장관은 선박으로부터 휘발성유기화합물의 배출을 규제하기 위하여 휘발성유기화합물규제항만을 지정하여 고시할 수 있다. ② 제1항의 규정에 따라 지정된 휘발성유기화합물규제항만에서 휘발성

	유기화합물을 함유한 기름·유해액체물질 중 해양수산부령이 정하는 물질을 선박에 싣기 위한 시설을 설치하는 해양시설의 소유자는 유증기 배출제어장치를 설치하고 작동시켜야 한다. ③ 제2항의 규정에 따른 해양시설의 소유자가 유증기 배출제어장치를 설치하는 때에는 해양수산부령이 정하는 바에 따라 미리 해양수산부장관의 검사를 받아야 한다. 다만,「대기환경보전법」제23조제1항의 규정에 따라 대기오염물질배출시설의 설치허가를 받거나 설치신고를 한 시설 및 같은 법 제44조제1항의 규정에 따라 휘발성유기화합물 배출시설의 설치신고를 한 경우에는 그러하지 아니하다. ④ 제2항의 규정에 따른 유증기 배출제어장치를 설치한 해양시설의 소유자는 해양수산부령이 정하는 바에 따라 유증기 배출제어장치의 작동에 관한 기록을 동 장치를 작동한 날부터 3년간 보관하여야 한다.
휘발성유기화합물 관리 (제47조의2)	① 원유를 운송하는 유조선의 소유자는 그 유조선에 화물을 싣거나 내리는 중 또는 항해 중에 휘발성유기화합물의 배출을 최소화하기 위하여 필요한 사항을 담고 있는 관리계획서(「휘발성유기화합물관리계획서」)를 작성하여 해양수산부장관의 검인을 받은 후 선박에 비치하고, 이를 준수하여야 한다. ② 제1항에 따른 휘발성유기화합물관리계획서의 비치 대상선박, 기재사항, 검인절차 등에 필요한 사항은 해양수산부령으로 정한다.
적용제외 (제48조)	제41조, 제42조부터 제47조까지 및 제47조의2는 다음 각호의 어느 하나에 해당하는 경우에는 적용하지 아니한다. 1. 선박 및 해양시설의 안전확보 또는 인명구조를 위하여 부득이하게 대기오염물질이 배출되는 경우 2. 선박 또는 해양시설의 손상 등으로 인하여 부득이하게 대기오염물질이 배출되는 경우 3. 해저광물의 탐사 및 발굴작업의 과정에서 해양수산부령이 정하는 대기오염물질이 배출되는 경우 4. 제54조에 따른 대기오염방지설비의 예비검사 등을 위하여 해당 설비를 시운전하는 경우

※시행규칙 제30조의4(선박에너지효율관리계획서의 비치 대상 등) ① 법 제41조의3제1항에서 "해양수산부령으로 정하는 선박"이란 제48조제2항제5호에 따른 국제대기오염방지증서를 발급받은 선박을 말한다. 다만, 다음 각호의 선박은 제외한다.
  1. 시추선 및 플랫폼
  2. 추진기관이 없는 선박
  3. 국제항해에 종사하지 않는 선박으로서 외국에 선박을 매각하거나 외국에서 수리·폐선 등을 하기 위해 예외적으로 국제항해에 사용되는 선박
② 법 제41조의3제1항에 따른 선박에너지효율관리계획서(이하 "선박에너지효율관리계획서"라 한다)의 기재사항, 작성방법 및 검사기준은 별표 20의4와 같다.

③ 법 제41조의3제2항에 따라 선박에너지효율관리계획서의 검사를 요청하려는 자는 별지 제5호의3서식의 선박에너지효율관리계획서 검사 신청서에 선박에너지효율관리계획서를 첨부하여 해당 선박의 선적항을 관할하는 지방해양수산청장에게 제출해야 한다.

④ 지방해양수산청장은 제3항에 따라 제출된 선박에너지효율관리계획서가 제2항에 따른 검사기준에 적합한 경우 별지 제5호의4서식의 선박에너지효율적합확인서를 발급해야 한다.

제12절 | 해양오염방지를 위한 선박의 검사

내용	규정
정기검사 (제49조)	① 폐기물오염방지설비 · 기름오염방지설비 · 유해액체물질오염방지설비 및 대기오염방지설비(「해양오염방지설비」)를 설치하거나 제26조제2항의 규정에 따른 선체 및 제27조제2항의 규정에 따른 화물창을 설치 · 유지하여야 하는 선박(「검사대상선박」)의 소유자가 해양오염방지설비, 선체 및 화물창(「해양오염방지설비등」)을 선박에 최초로 설치하여 항해에 사용하려는 때 또는 제56조의 규정에 따른 유효기간이 만료한 때에는 해양수산부령이 정하는 바에 따라 해양수산부장관의 검사(「정기검사」)를 받아야 한다. ② 해양수산부장관은 정기검사에 합격한 선박에 대하여 해양수산부령이 정하는 해양오염방지검사증서를 교부하여야 한다.
중간검사 (제50조)	① 검사대상선박의 소유자는 정기검사와 정기검사의 사이에 해양수산부령이 정하는 바에 따라 해양수산부장관의 검사(「중간검사」)를 받아야 한다. ② 해양수산부장관은 중간검사에 합격한 선박에 대하여 제49조제2항의 규정에 따른 해양오염방지검사증서에 그 검사결과를 표기하여야 한다. ③ 중간검사의 세부종류 및 그 검사사항은 해양수산부령으로 정한다.
임시검사 (제51조)	① 검사대상선박의 소유자가 해양오염방지설비등을 교체 · 개조 또는 수리하고자 하는 때에는 해양수산부령이 정하는 바에 따라 해양수산부장관의 검사(「임시검사」)를 받아야 한다. ② 해양수산부장관은 임시검사에 합격한 선박에 대하여 제49조제2항의 규정에 따른 해양오염방지검사증서에 그 검사결과를 표기하여야 한다.
임시항해검사 (제52조)	① 검사대상선박의 소유자가 제49조제2항의 규정에 따른 해양오염방지검사증서를 교부받기 전에 임시로 선박을 항해에 사용하고자 하는 때에는 해당 해양오염방지설비등에 대하여 해양수산부령이 정하는 바에 따라 해양수산부장관의 검사(「임시항해검사」)를 받아야 한다. ② 해양수산부장관은 임시항해검사에 합격한 선박에 대하여 해양수산부령이 정하는 임시해양오염방지검사증서를 교부하여야 한다.
방오시스템검사 (제53조)	① 해양수산부령이 정하는 선박의 소유자가 제40조제2항의 규정에 따라 방오시스템을 선박에 설치하여 항해에 사용하려는 때에는 해양수산부령

	이 정하는 바에 따라 해양수산부장관의 검사(「방오시스템검사」 한다)를 받아야 한다. ② 해양수산부장관은 방오시스템검사에 합격한 선박에 대하여 해양수산부령이 정하는 방오시스템검사증서를 교부하여야 한다. ③ 제1항의 규정에 따른 선박의 소유자가 방오시스템을 변경ㆍ교체하고자 하는 때에는 해양수산부령이 정하는 바에 따라 해양수산부장관의 검사(「임시방오시스템검사」)를 받아야 한다. ④ 해양수산부장관은 임시방오시스템검사에 합격한 선박에 대하여 제2항의 규정에 따른 방오시스템검사증서에 그 검사결과를 표기하여야 한다.
대기오염방지설비의 예비검사 등 (제54조)	① 해양수산부령이 정하는 대기오염방지설비를 제조ㆍ개조ㆍ수리ㆍ정비 또는 수입하려는 자는 해양수산부령이 정하는 바에 따라 해양수산부장관의 검사(「예비검사」)를 받을 수 있다. ② 해양수산부장관은 예비검사에 합격한 대기오염방지설비에 대하여 해양수산부령이 정하는 예비검사증서를 교부하여야 한다. ③ 예비검사에 합격한 대기오염방지설비에 대하여는 해양수산부령이 정하는 바에 따라 제49조 내지 제52조의 규정에 따른 정기검사ㆍ중간검사ㆍ임시검사 및 임시항해검사의 전부 또는 일부를 생략할 수 있다. ④ 예비검사의 검사사항 등에 관하여 필요한 사항은 해양수산부령으로 정한다.
에너지효율검사 (제54조의2)	① 제41조의2제1항에 따른 선박의 소유자 또는 제41조의3제1항에 따른 선박의 소유자는 해양수산부령으로 정하는 바에 따라 해양수산부장관이 실시하는 선박에너지효율에 관한 검사(「에너지효율검사」)를 받아야 한다. ② 해양수산부장관은 에너지효율검사에 합격한 선박에 대하여 해양수산부령으로 정하는 에너지효율검사증서를 발급하여야 한다. ③ 에너지효율검사의 검사신청 시기, 검사사항 및 검사방법 등에 필요한 사항은 해양수산부령으로 정한다.
협약검사증서의 교부 등 (제55조)	① 해양수산부장관은 정기검사ㆍ중간검사ㆍ임시검사ㆍ임시항해검사 및 방오시스템검사(「해양오염방지선박검사」)에 합격한 선박의 소유자 또는 선장으로부터 그 선박을 국제항해에 사용하기 위하여 해양오염방지에 관한 국제협약에 따른 검사증서(「협약검사증서」)의 교부신청이 있는 때에는 해양수산부령이 정하는 바에 따라 협약검사증서를 교부하여야 한다. ② 선박의 소유자 또는 선장이 국제협약의 당사국인 외국(「협약당사국」)의 정부로부터 직접 협약검사증서를 교부받고자 하는 경우에는 해당 국가에 주재하는 우리나라의 영사를 통하여 신청하여야 한다. ③ 해양수산부장관은 협약당사국의 정부로부터 그 국가의 선박에 대하여 협약검사증서의 교부신청이 있는 경우에는 해당 선박에 대하여 해양오염방지선박검사를 행하고, 해당 선박의 소유자 또는 선장에게 협약검사증서를 교부할 수 있다.

	④제1항 내지 제3항의 규정에 따라 교부받은 협약검사증서는 해양오염방지검사증서 및 방오시스템검사증서와 같은 효력이 있는 것으로 본다.
해양오염방지검사증서 등의 유효기간 (제56조)	① 해양오염방지검사증서, 방오시스템검사증서, 에너지효율검사증서 및 협약검사증서의 유효기간은 다음 각호와 같다. 1. 해양오염방지검사증서: 5년 2. 방오시스템검사증서: 영구 3. 에너지효율검사증서: 영구 4. 협약검사증서: 5년 ② 해양수산부장관은 제1항의 규정에 따른 해양오염방지검사증서 및 협약검사증서의 유효기간을 해양수산부령이 정하는 기간의 범위 안에서 그 효력을 연장할 수 있다. ③ 중간검사 또는 임시검사에 불합격한 선박의 해양오염방지검사증서 및 협약검사증서의 유효기간은 해당 검사에 합격할 때까지 그 효력이 정지된다. ④ 제1항의 규정에 따른 유효기간을 기산하는 기준 및 방법은 해양수산부령으로 정한다.
해양오염방지검사증서 등을 교부받지 아니한 선박의 항해 등 (제57조)	① 선박의 소유자는 해양오염방지검사증서·임시해양오염방지검사증서·방오시스템검사증서 또는 에너지효율검사증서를 교부받지 아니한 검사대상선박을 항해에 사용하여서는 아니 된다. 다만, 해양오염방지선박검사·에너지효율검사 또는 「선박안전법」 제7조 내지 제12조의 규정에 따른 선박검사를 받기 위하여 항해하는 경우에는 그러하지 아니하다. ② 선박의 소유자는 협약검사증서를 교부받지 아니한 선박을 국제항해에 사용하여서는 아니 된다. ③ 선박의 소유자는 해양오염방지검사증서·임시해양오염방지검사증서·방오시스템검사증서·에너지효율검사증서 및 협약검사증서(「해양오염방지검사증서등」)에 기재된 조건에 적합하지 아니한 방법으로 그 선박을 항해(국제항해를 포함한다)에 사용하여서는 아니 된다. 다만, 해양오염방지선박검사·에너지효율검사 또는 「선박안전법」 제7조 내지 제12조의 규정에 따른 선박검사를 받기 위하여 항해하는 경우에는 그러하지 아니하다. ④ 해양오염방지검사증서등을 교부받은 선박의 소유자는 그 선박 안에 해양오염방지검사증서등을 비치하여야 한다.
부적합 선박에 대한 조치 (제58조)	① 해양수산부장관은 해양오염방지설비등, 방오시스템 또는 연료유의 황함유량 등이 설치기준, 기술기준 또는 황함유량 기준 등에 적합하지 아니하다고 인정되는 경우에는 그 선박의 소유자에 대하여 그 해양오염방지설비등, 방오시스템 또는 연료유의 교체·개조·변경·수리 그 밖에 필요한 조치를 명령할 수 있다. ② 해양수산부장관은 선박의 소유자가 개선명령 중 해양오염방지설비등 및 방오시스템의 중대한 결함으로 인한 교체 등의 명령을 이행하지 아니

	하고 선박을 계속하여 사용하려고 하거나 사용하면 그 선박에 대하여 항해정지처분을 할 수 있다. 다만, 해양오염 우려 없이 개선명령을 이행하기 위하여 수리할 수 있는 항으로 항해하는 경우 등 정당한 사유가 있는 경우에는 그러하지 아니하다. ③ 해양수산부장관은 다음 각호의 어느 하나에 해당하는 경우에는 그 선박의 소유자에 대하여 수정·교체·개조·비치 등 필요한 조치를 명령할 수 있다. 1. 선박에너지효율이 선박에너지효율설계지수의 계산방법 및 허용값, 추진기관의 최소 출력기준에 적합하지 아니하다고 인정되는 경우 2. 선박에너지효율관리계획서를 비치하지 아니한 경우
해양오염방지를 위한 항만국통제 (제59조)	① 해양수산부장관은 우리나라의 항만·항구 또는 연안에 있는 외국선박에 설치된 해양오염방지설비등과 방오시스템, 외국선박이 사용하는 연료유의 황함유량 또는 선박에너지효율이 해양오염방지에 관한 국제협약에 따른 기술상의 기준 또는 황함유량 기준에 적합하지 아니하다고 인정되는 경우에는 그 선박의 선장에게 해양오염방지설비등과 방오시스템, 연료유 또는 선박에너지효율 관련 설비 등의 교체·개조·변경·수리·개선이나 그 밖에 필요한 조치(「항만국통제」)를 명령할 수 있다. ② 항만국통제의 시행에 필요한 절차는 「선박안전법」 제68조 내지 제70조의 규정을 준용한다.
재검사 (제60조)	① 해양오염방지선박검사, 예비검사 및 에너지효율검사를 받은 자가 그 검사결과에 대하여 불복이 있는 때에는 그 결과에 관한 통지를 받은 날부터 90일 이내에 그 사유를 갖추어 해양수산부장관에게 재검사를 신청할 수 있다. ② 제1항의 규정에 따라 재검사 신청을 받은 해양수산부장관은 소속 공무원으로 하여금 재검사를 하게 하고 그 결과를 신청인에게 60일 이내에 통보하여야 한다. 다만, 부득이한 사유가 있는 때에는 30일의 범위 안에서 통보시한을 연장할 수 있다. ③ 해양오염방지선박검사, 예비검사 및 에너지효율검사에 대하여 불복이 있는 자는 제1항 및 제2항의 규정에 따른 재검사의 절차를 거치지 아니하고는 행정소송을 제기할 수 없다. 다만, 「행정소송법」 제18조제2항 및 제3항에 해당하는 경우에는 그러하지 아니하다.

※**시행규칙 제44조(방오시스템검사)** ① 법 제53조제1항에서 "해양수산부장관이 정하는 선박"이란 국제항해에 종사하는 총톤수 400톤 이상의 선박을 말한다.

② 법 제53조제1항에 따라 방오시스템검사를 받으려는 자는 별지 제18호서식의 방오시스템 검사신청서에 다음 각호의 서류를 첨부하여 지방해양수산청장에게 제출하여야 한다.

1. 방오시스템 형식승인증서 또는 검정합격증명서
2. 방오시스템의 물질안전보건자료(MSDS : Material Safety Data Sheet) 또는 같은 수준 이상의 자료
3. 방오시스템의 구성성분과 액체화학품분류번호(CAS No.)

③ 지방해양수산청장은 제2항에 따라 방오시스템검사의 검사신청을 받은 때에는 별표 27의 검사방법에 따라 별표 28의 기술기준에 적합한지를 검사하여야 한다.

④ 지방해양수산청장은 법 제53조제2항에 따라 방오시스템검사에 합격한 선박의 소유자에게 별지 제19호서식의 방오시스템검사증서를 발급하여야 한다.

제13절 │ 해양오염방제를 위한 조치

내용	규정
국가긴급방제계획의 수립 · 시행 (제61조)	① 해양경찰청장은 해양수산부령으로 정하는 오염물질이 해양에 배출될 우려가 있거나 배출되는 경우를 대비하여 대통령령이 정하는 바에 따라 해양오염의 사전예방 또는 방제에 관한 국가긴급방제계획을 수립 · 시행하여야 한다. 이 경우 해양경찰청장은 미리 해양수산부장관의 의견을 들어야 한다. ② 국가긴급방제계획은 「해양수산발전 기본법」 제7조에 따른 해양수산발전위원회의 심의를 거쳐 확정한다.
방제대책본부 등의 설치 (제62조)	① 해양경찰청장은 해양오염사고로 인한 긴급방제를 총괄지휘하며, 이를 위하여 해양경찰청장 소속으로 방제대책본부를 설치할 수 있다. ② 해양경찰청장은 제1항에 따라 설치한 방제대책본부의 조치사항 및 결과에 대하여 해양수산부령으로 정하는 바에 따라 해양수산부장관에게 보고하여야 한다. ③ 제1항에 따른 방제대책본부의 구성 · 운영 등에 필요한 사항은 대통령령으로 정한다.
오염물질이 배출되는 경우의 신고의무 (제63조)	① 대통령령이 정하는 배출기준을 초과하는 오염물질이 해양에 배출되거나 배출될 우려가 있다고 예상되는 경우 다음 각호의 어느 하나에 해당하는 자는 지체 없이 해양경찰청장 또는 해양경찰서장에게 이를 신고하여야 한다. 1. 배출되거나 배출될 우려가 있는 오염물질이 적재된 선박의 선장 또는 해양시설의 관리자. 이 경우 해당 선박 또는 해양시설에서 오염물질의 배출원인이 되는 행위를 한 자가 신고하는 경우에는 그러하지 아니하다. 2. 오염물질의 배출원인이 되는 행위를 한 자 3. 배출된 오염물질을 발견한 자 ② 제1항의 규정에 따른 신고절차 및 신고사항 등에 관하여 필요한 사항은 해양수산부령으로 정한다.
오염물질이 배출된 경우의 방제조치 (제64조)	① 제63조제1항제1호 및 제2호에 해당하는 자(「방제의무자」)는 배출된 오염물질에 대하여 대통령령이 정하는 바에 따라 다음 각호에 해당하는 조치(「방제조치」)를 하여야 한다.

1. 오염물질의 배출방지
2. 배출된 오염물질의 확산방지 및 제거
3. 배출된 오염물질의 수거 및 처리
② 오염물질이 항만의 안 또는 항만의 부근 해역에 있는 선박으로부터 배출되는 경우 다음 각호의 어느 하나에 해당하는 자는 방제의무자가 방제조치를 취하는데 적극 협조하여야 한다.
1. 해당 항만이 배출된 오염물질을 싣는 항만인 경우에는 해당 오염물질을 보내는 자
2. 해당 항만이 배출된 오염물질을 내리는 항만인 경우에는 해당 오염물질을 받는 자
3. 오염물질의 배출이 선박의 계류 중에 발생한 경우에는 해당 계류시설의 관리자
4. 그 밖에 오염물질의 배출원인과 관련되는 행위를 한 자
③ 해양경찰청장은 방제의무자가 자발적으로 방제조치를 행하지 아니하는 때에는 그 자에게 시한을 정하여 방제조치를 하도록 명령할 수 있다.
④ 해양경찰청장은 방제의무자가 제3항의 규정에 따른 방제조치명령에 따르지 아니하는 경우에는 직접 방제조치를 할 수 있다. 이 경우 방제조치에 소요된 비용은 대통령령이 정하는 바에 따라 방제의무자가 부담한다.
⑤ 제4항의 규정에 따라 직접 방제조치에 소요된 비용의 징수에 관하여는 「행정대집행법」 제5조 및 제6조의 규정을 준용한다.
⑥ 제1항부터 제4항까지의 규정에 따라 오염물질의 방제조치에 사용되는 자재 및 약제는 형식승인·검정 및 인정을 받거나 제110조의2제3항에 따른 검정을 받은 것이어야 한다. 다만, 오염물질의 방제조치에 사용되는 자재로서 긴급방제조치에 필요하고 해양환경에 영향을 미치지 아니한다고 해양경찰청장이 인정하는 경우에는 그러하지 아니한다.

오염물질이 배출될 우려가 있는 경우의 조치 등 (제65조)	① 선박의 소유자 또는 선장, 해양시설의 소유자는 선박 또는 해양시설의 좌초·충돌·침몰·화재 등의 사고로 인하여 선박 또는 해양시설로부터 오염물질이 배출될 우려가 있는 경우에는 해양수산부령이 정하는 바에 따라 오염물질의 배출방지를 위한 조치를 하여야 한다. ② 제64조제3항 및 제4항의 규정은 제1항의 규정에 따른 오염물질의 배출방지를 위한 조치에 관하여 준용한다. 이 경우 "방제의무자"는 "선박의 소유자 또는 선장, 해양시설의 소유자"로 본다.
자재 및 약제의 비치 등 (제66조)	① 항만관리청 및 선박·해양시설의 소유자는 오염물질의 방제·방지에 사용되는 자재 및 약제를 보관시설 또는 해당 선박 및 해양시설에 비치·보관하여야 한다. ② 제1항에 따라 비치·보관하여야 하는 자재 및 약제는 제110조제4항·제6항 및 제7항에 따라 형식승인·검정 및 인정을 받거나, 제110조의2제3항에 따른 검정을 받은 것이어야 한다.

	③ 제1항에 따라 비치·보관하여야 하는 자재 및 약제의 종류·수량·비치방법과 보관시설의 기준 등에 필요한 사항은 해양수산부령으로 정한다.
방제선등의 배치 등 (제67조)	① 다음 각호의 어느 하나에 해당하는 선박 또는 해양시설의 소유자는 기름의 해양유출사고에 대비하여 대통령령으로 정하는 기준에 따라 방제선 또는 방제장비(「방제선등」)를 해양수산부령으로 정하는 해역 안에 배치 또는 설치하여야 한다. 1. 총톤수 500톤 이상의 유조선 2. 총톤수 1만톤 이상의 선박(유조선을 제외한 선박에 한한다) 3. 신고된 해양시설로서 저장용량 1만 킬로리터 이상의 기름저장시설 ② 제1항의 규정에 따라 방제선등을 배치하거나 설치하여야 하는 자(「배치의무자」)는 대통령령이 정하는 바에 따라 방제선등을 공동으로 배치·설치하거나 이를 해양환경공단에게 위탁할 수 있다. ③ 해양경찰청장은 방제선등을 배치 또는 설치하지 아니한 자에 대하여 선박입출항금지 또는 시설사용정지를 명령할 수 있다. ④ 해양경찰청장은 제1항의 규정에 따른 선박 또는 해양시설로부터 오염물질이 배출되거나 배출될 우려가 있는 경우에는 배치의무자로 하여금 방제조치 및 제65조의 규정에 따른 배출방지조치를 하게 하여야 한다. 이 경우 배치의무자가 제2항의 규정에 따라 방제선등을 공동으로 배치·설치하거나 해양환경공단에게 위탁한 때에는 공동 배치·설치자 또는 해양환경공단에 대하여 공동으로 방제조치 및 배출방지조치를 하게 하여야 한다.
행정기관의 방제조치와 비용부담 (제68조)	① 해양경찰청장은 방제의무자의 방제조치만으로는 오염물질의 대규모 확산을 방지하기가 곤란하거나 긴급방제가 필요하다고 인정하는 경우에는 직접 방제조치를 하여야 한다. ② 제1항에도 불구하고 해안의 자갈·모래 등에 달라붙은 기름에 대하여는 다음 각호의 구분에 따라 해당 지방자치단체의 장 또는 행정기관의 장이 방제조치를 하여야 한다. 1. 기름이 하나의 시장·군수 또는 구청장(「자치구의 구청장」) 관할 해안에만 영향을 미치는 경우: 해당 시장·군수 또는 구청장 2. 기름이 둘 이상의 시장·군수 또는 구청장 관할 해안에 영향을 미치는 경우: 해당 시·도지사. 이 경우 기름이 둘 이상의 시·도지사 관할 해안에 영향을 미치는 경우에는 각각의 관할 시·도지사로 한다. 3. 군사시설과 그 밖에 대통령령으로 정하는 시설이 설치된 해안에 대한 방제조치: 해당 시설관리기관의 장 ③ 해양경찰청장은 시장·군수 또는 구청장과 시·도지사가 제2항에 따른 방제조치를 하는 경우에는 방제에 사용되는 자재·약제, 방제장비, 인력 및 기술 등을 지원하여야 한다. ④ 제1항 및 제2항에 따른 방제조치에 소요되는 비용은 대통령령이 정하는 바에 따라 선박 또는 해양시설의 소유자가 부담하게 할 수 있다.

	다만, 천재·지변 등 대통령령이 정하는 사유에 해당하는 경우에는 그러하지 아니하다. ⑤ 제4항에 따라 부담하게 한 비용의 징수는 「행정대집행법」 제5조 및 제6조를 준용한다.
해양자율방제대 (제68조의2)	① 해양경찰청장은 지역의 자율적인 해양오염방제 기능을 강화하기 위하여 「수산업협동조합법」 제15조에 따른 어촌계에 소속된 어업인, 지역주민 등으로 해양자율방제대를 구성·운영할 수 있다. ② 해양경찰청장은 해양자율방제대 구성원의 역량강화를 위하여 교육·훈련을 실시할 수 있다. ③ 해양경찰청장은 예산의 범위에서 해양자율방제대와 구성원에게 그 활동에 필요한 경비를 지급할 수 있다. ④ 해양경찰청장은 해양자율방제대의 구성원이 해양오염방제 활동 등에 참여 또는 교육·훈련으로 인하여 질병에 걸리거나 부상을 입거나 사망한 때에는 해양수산부령으로 정하는 바에 따라 보상금을 지급하여야 한다. ⑤ 제1항에 따른 해양자율방제대의 구성원의 자격, 구성·운영 및 임무 등에 관하여 필요한 사항은 해양수산부령으로 정한다.
방제분담금 (제69조)	① 배치의무자는 기름 등의 유출사고에 따른 방제조치 및 배출방지조치 등 해양오염방제조치에 소요되는 방제분담금(「방제분담금」)을 납부하여야 한다. ② 방제분담금과 가산금은 제97조제1항제3호에 따른 사업을 위하여 사용되어야 한다. ③ 방제분담금은 해양환경공단에 납부하여야 하며, 제1항 및 제2항의 규정에 따른 방제분담금의 부과기준·부과절차 등에 관하여 필요한 사항은 대통령령으로 정한다.
방제분담금 및 가산금의 강제징수 (제69조의2)	① 해양환경공단은 방제분담금의 납부의무자가 납부기한까지 방제분담금을 내지 아니하면 그 납부기한의 다음 날부터 납부한 날까지의 기간에 대하여 대통령령으로 정하는 가산금을 징수한다. 이 경우 가산금은 체납된 방제분담금의 100분의 3을 초과하여서는 아니 된다. ② 해양환경공단은 방제분담금의 납부의무자가 납부기한까지 방제분담금을 내지 아니하면 30일 이상의 기간을 정하여 독촉하고, 그 지정된 기간 내에 방제분담금과 제1항에 따른 가산금을 내지 아니하면 해양수산부장관의 승인을 받아 국세 체납처분의 예에 따라 징수할 수 있다.
방제분담금 산정 등을 위한 자료제출 (제69조의3)	① 제96조제1항에 따른 해양환경공단은 방제분담금의 산정 등을 위하여 방제분담금의 납부의무자에게 대통령령으로 정하는 바에 따라 선박의 적하 목록 및 기름저장시설의 유류 수령량 등과 관련한 자료의 제출을 요구할 수 있다. ② 제1항에 따른 자료제출을 요구받은 자는 특별한 사유가 없으면 요구받은 자료를 제출하여야 한다.

③ 제96조제1항에 따른 해양환경공단은 제2항에 따라 제출된 자료를 검증하기 위하여 필요한 경우에는 관계 중앙행정기관의 장 또는 지방자치단체의 장에게 필요한 자료의 제출을 요청할 수 있다.

※시행규칙 제26조(국가긴급방제계획에 포함되어야 할 오염물질) ① 법 제61조제1항 전단에서 "해양수산부령으로 정하는 오염물질"이란 다음 각호의 물질을 말한다.

1. 기름
2. 위험·유해물질 중 해양경찰청장이 정하여 고시하는 물질

② 제1항제2호에서 "위험·유해물질"이란 유출될 경우 해양자원이나 생명체에 중대한 위해를 미치거나 해양의 쾌적성 또는 적법한 이용에 중대한 장애를 일으키는 물질로서 유해액체물질 및 포장유해물질과 산적으로 운송되며, 화재·폭발 등의 위험이 있는 물질(액화가스류를 포함한다)을 말한다.

※시행령 제47조(오염물질의 배출시 신고기준 등) 법 제63조제1항 각 호 외의 부분에서 "대통령령이 정하는 배출기준"이란 별표 6의 기준을 말한다.

※시행령 제48조(오염물질이 배출된 경우의 방제조치) ① 법 제64조제1항에 따른 방제조치는 다음 각호의 조치로서 오염물질의 배출 방지와 배출된 오염물질의 확산방지 및 제거를 위한 응급조치를 한 후 현장에서 할 수 있는 최대한의 유효적절한 조치여야 한다.

1. 오염물질의 확산방지울타리의 설치 및 그 밖에 확산방지를 위하여 필요한 조치
2. 선박 또는 시설의 손상부위의 긴급수리, 선체의 예인·인양조치 등 오염물질의 배출 방지조치
3. 해당 선박 또는 시설에 적재된 오염물질을 다른 선박·시설 또는 화물창으로 옮겨 싣는 조치
4. 배출된 오염물질의 회수조치
5. 해양오염방제를 위한 자재 및 약제의 사용에 따른 오염물질의 제거조치
6. 수거된 오염물질로 인한 2차오염 방지조치
7. 수거된 오염물질과 방제를 위하여 사용된 자재 및 약제 중 재사용이 불가능한 물질의 안전처리조치

② 해양경찰청장은 제1항에 따른 방제조치를 위하여 필요한 경우 다음 각호의 조치를 직접 하거나 관계 기관에 지원을 요청할 수 있다.

1. 오염해역을 통행하는 선박의 통제
2. 오염해역의 선박안전에 관한 조치
3. 인력 및 장비·시설 등의 지원 등

제14절 | 해양환경관리업

내용	규정
해양환경관리업 (제70조)	① 다음 각호의 어느 하나에 해당하는 사업(「해양환경관리업」)을 영위하려는 자는 대통령령이 정하는 바에 따라 해양경찰청장에게 등록하여야 한다. 2. 해양오염방제업: 오염물질의 방제에 필요한 설비 및 장비를 갖추고 해양에 배출되거나 배출될 우려가 있는 오염물질을 방제하는 사업 3. 유창청소업: 선박의 유창을 청소하거나 선박 또는 해양시설(그 해양시설이 기름 및 유해액체물질 저장시설인 경우에 한정한다)에서 발생하는 해양수산부령으로 정하는 오염물질의 수거에 필요한 설비 및 장비를 갖추고 그 오염물질을 수거하는 사업 ② 해양환경관리업의 등록을 하려는 자는 대통령령으로 정하는 자격을 갖춘 기술요원을 대통령령으로 정하는 바에 따라 보유하여야 하며, 해양수산부령으로 정하는 선박·장비 및 설비 등을 갖추어야 한다. ③ 제1항의 규정에 따라 해양환경관리업의 등록을 한 자(「해양환경관리업자」)가 등록한 사항 중 해양수산부령으로 정하는 중요한 사항을 변경하려는 때에는 해양수산부령으로 정하는 바에 따라 변경등록을 하여야 한다.
결격사유 (제71조)	다음 각호의 어느 하나에 해당하는 자는 해양환경관리업의 등록을 할 수 없다. 1. 피성년후견인 3. 이 법을 위반하여 징역 이상의 형의 선고를 받고 그 형의 집행이 종료(집행이 종료된 것으로 보는 경우를 포함한다)되거나 집행을 받지 아니하기로 확정된 후 1년이 경과되지 아니한 자 4. 해양환경관리업의 등록이 취소(제1호에 해당하여 취소된 경우는 제외한다)된 후 1년이 경과되지 아니한 자 5. 임원 중에 제1호, 제3호 또는 제4호에 해당하는 자가 있는 법인
해양환경관리업자의 의무 (제72조)	① 해양환경관리업자는 오염물질의 방제 및 오염물질의 청소·수거 등에 관한 처리실적서를 작성하여 해양경찰청장에게 제출하여야 하며, 그 처리대장을 작성하고 해당 선박 또는 시설에 비치하여야 한다. ② 해양환경관리업자가 선박 또는 해양시설등으로부터 오염물질을 수거하는 때에는 해양수산부령으로 정하는 바에 따라 오염물질수거확인증을 작성하고 해당 오염물질의 위탁자에게 이를 교부하여야 한다. ④ 해양오염방제업을 등록한 자는 방제의무자 등이 방제조치를 하는 데 적극 협조하여야 하며, 고의로 오염물질 방제업무를 지연하거나 방제의무자 등의 방제조치를 방해해서는 아니 된다.

	⑤ 제1항 및 제2항에 따른 처리실적서·처리대장 및 오염물질수거확인증의 작성방법·보존기간 등에 관하여 필요한 사항은 해양수산부령으로 정한다.
위탁폐기물 등의 처리명령 등 (제73조)	해양경찰청장은 해양환경관리업자(휴·폐업한 경우를 포함한다)가 처리를 위탁받은 폐기물 등 처리대상이 되는 오염물질을 이 법에 따라 처리하지 아니하고 방치하는 경우에는 해양수산부령으로 정하는 바에 따라 그 적정한 처리를 명령할 수 있다.
해양환경관리업의 승계 등 (제74조)	① 해양환경관리업자가 그 사업을 양도하거나 사망한 때 또는 법인의 합병이 있는 때에는 그 사업의 양수인·상속인 또는 합병 후 존속하는 법인이나 합병에 의하여 설립되는 법인이 그 권리·의무를 승계한다. ② 「민사집행법」에 따른 경매, 「채무자 회생 및 파산에 관한 법률」에 따른 환가 및 「국세징수법」·「관세법」 또는 「지방세징수법」에 따른 압류재산의 매각 그 밖에 이에 준하는 절차에 따라 환경관리업자의 시설·설비의 전부를 인수한 자는 그 권리·의무를 승계한다. ③ 해양환경관리업자의 권리·의무를 승계한 자는 1개월 이내에 해양수산부령으로 정하는 바에 따라 해양경찰청장에게 신고하여야 한다. ④ 제71조의 규정은 제1항 및 제2항의 규정에 따른 승계에 있어 이를 준용한다.
등록의 취소 등 (제75조)	① 해양경찰청장은 해양환경관리업자가 다음 각호의 어느 하나에 해당하는 때에는 그 등록을 취소하거나 6개월 이내의 기간을 정하여 영업정지를 명령할 수 있다. 다만, 제1호부터 제4호까지의 어느 하나에 해당하는 경우에는 등록을 취소하여야 한다. 1. 제71조 각 호의 어느 하나에 해당하는 때. 다만, 법인의 임원 중 제71조제1호, 제3호 또는 제4호에 해당하는 자가 있는 경우로서 6개월 이내에 그 임원을 바꾸어 임명한 때에는 그러하지 아니하다. 2. 거짓 그 밖의 부정한 방법으로 등록을 하거나 변경등록을 한 경우 3. 1년에 2회 이상 영업정지처분을 받은 경우 4. 영업정지기간 중에 영업을 한 경우 5. 정당한 사유 없이 등록한 사항을 이행하지 아니한 경우 6. 제72조의 규정에 따른 의무를 위반한 경우 7. 제73조의 규정에 따른 명령에 따르지 아니하거나 거부한 경우 8. 등록 후 1년 이내에 영업을 하지 아니하거나 정당한 사유 없이 1년 이상 계속하여 영업실적이 없는 경우 ② 제1항의 규정에 따른 행정처분의 세부기준은 그 위반행위의 유형과 정도 등을 참작하여 해양수산부령으로 정한다.

제15절 │ 해양오염영향조사

내용	규정
해양오염영향조사 (제77조)	① 선박 또는 해양시설에서 대통령령이 정하는 규모 이상의 오염물질이 해양에 배출되는 경우에는 그 선박 또는 해양시설의 소유자는 해양오염영향조사기관을 통하여 해양오염영향조사를 실시하여야 한다. ② 제1항의 규정에 따른 해양오염영향조사기관은 대통령령이 정하는 기준에 따라 해양수산부장관이 지정하여 고시한다. ③ 해양수산부장관은 해양오염영향조사를 하여야 하는 자가 대통령령이 정하는 기간 이내에 이를 행하지 아니하거나 대통령령이 정하는 바에 따라 긴급히 조사를 할 필요가 있다고 인정되는 경우에는 별도의 조사기관을 선정하여 실시하게 하여야 한다. ④ 해양수산부장관은 제3항의 규정에 따라 별도의 해양오염영향조사를 실시하게 하려는 경우에는 해양수산부령이 정하는 바에 따라 「해양수산발전 기본법」 제7조에 따른 해양수산발전위원회의 심의를 거쳐야 한다.
해양오염영향조사의 분야 및 항목 (제78조)	해양오염영향조사는 오염물질에 의하여 해로운 영향을 받게 되는 자연환경, 생활환경 및 사회·경제환경 분야 등에 대하여 실시하여야 하며, 분야별 세부항목은 대통령령으로 정한다.
주민의 의견수렴 (제79조)	① 해양오염영향조사기관은 해양오염영향에 대한 조사서(「해양오염영향조사서」)를 작성함에 있어 미리 설명회 또는 공청회를 개최하여 해당 조사 대상지역 안에 거주하는 주민의 의견을 수렴한 후 이를 해양오염영향조사서의 내용에 포함시켜야 한다. ② 해양오염영향조사기관은 제1항의 규정에 따라 주민의 의견을 수렴하려는 때에는 해양오염영향조사서의 초안을 작성하여 주민이 미리 확인할 수 있게 하여야 한다.
조사의 비용 (제80조)	① 해양오염영향조사에 소요되는 비용은 대통령령이 정하는 바에 따라 해양오염사고를 일으킨 선박 또는 해양시설의 소유자가 부담한다. 다만, 천재지변 그 밖의 대통령령이 정하는 사유에 해당하는 경우에는 그러하지 아니하다. ② 해양오염영향조사에 소요되는 비용의 징수에 관하여는 국세체납처분의 예에 따른다.
조사기관의 결격사유 (제81조)	다음 각호의 어느 하나에 해당하는 자는 해양오염영향조사기관으로 지정될 수 없다. 1. 피성년후견인 3. 해양오염영향조사기관의 지정이 취소(제1호에 해당하여 취소된 경우는 제외한다)된 후 2년이 경과되지 아니한 자

	4. 이 법 또는 「물환경보전법」·「대기환경보전법」을 위반하여 금고 이상의 형의 선고를 받고 그 형의 집행이 종료(집행이 종료된 것으로 보는 경우를 포함한다)되거나 집행을 받지 아니하기로 확정된 후 1년이 경과되지 아니한 자 5. 대표이사가 제1호, 제3호 또는 제4호에 해당하는 법인
조사기관의 지정취소 등 (제82조)	① 해양수산부장관은 해양오염영향조사기관이 다음 각호의 어느 하나에 해당하는 때에는 그 지정을 취소하거나 1년 이내의 기간을 정하여 업무정지를 명령할 수 있다. 다만, 제1호부터 제4호까지의 어느 하나에 해당하는 때에는 그 지정을 취소하여야 한다. 1. 거짓 그 밖의 부정한 방법으로 지정을 받은 때 2. 제77조제2항의 규정에 따른 지정기준에 미달하게 된 때 3. 제81조 각 호의 어느 하나에 해당하는 때. 다만, 법인의 대표이사가 제81조제1호, 제3호 또는 제4호에 해당하는 경우로서 6개월 이내에 그 대표이사를 바꾸어 임명한 때에는 그러하지 아니하다. 4. 1년에 2회 이상 업무정지처분을 받은 때 5. 다른 사람에게 지정기관의 권한을 대여하거나 도급받은 해양오염영향조사를 일괄하여 하도급한 때 6. 고의 또는 중대한 과실로 해양오염영향조사를 부실하게 행한 때 ② 제1항의 규정에 따른 행정처분의 세부기준은 그 위반행위의 유형과 정도 등을 참작하여 해양수산부령으로 정한다.
지정취소 또는 업무정지된 해양오염영향조사기관의 업무계속 (제83조)	① 지정취소 또는 업무정지의 처분을 받은 해양오염영향조사기관은 그 처분 전에 체결한 해양오염영향조사에 한하여 그 조사를 계속할 수 있다. ② 영향조사를 계속하는 해양오염영향조사기관은 그 업무를 완료하는 때까지 이 법에 따른 해양오염영향조사기관으로 본다.
침몰선박 관리 (제83조의2)	① 해양수산부장관은 「해양사고의 조사 및 심판에 관한 법률」 제2조제1호의 해양사고로 해양에서 침몰된 선박(「침몰선박」)으로 인하여 발생할 수 있는 추가적인 해양오염사고를 예방하기 위하여 다음 각호의 조치를 하여야 한다. 1. 침몰선박에 대한 정보의 체계적인 관리 2. 침몰선박의 해양오염사고 유발 가능성에 대한 위해도 평가 3. 침몰선박에 대한 위해도 저감대책의 실행 ② 해양수산부장관은 필요한 경우 해양경찰청 소속 공무원이 업무 수행 중 알게 된 침몰선박에 관한 정보를 해양수산부령으로 정하는 바에 따라 해양경찰청장에게 요청할 수 있다. ③ 제1항제3호에 따른 조치에 드는 비용은 대통령령으로 정하는 바에 따라 침몰선박의 소유자가 부담한다. 다만, 그 소유자를 알 수 없는 경우에는 대통령령으로 정하는 바에 따라 해당 침몰선박을 처분하여 비용에 충당할 수 있다.

④ 제1항제2호의 위해도 평가방법, 같은 항 제3호에 따른 위해도 저감대책의 구체적 방법 및 절차, 제3항에 따른 비용의 산정 방법 및 납부 절차 등에 필요한 사항은 해양수산부령으로 정한다.

제16절 │ 해역이용 협의

내용	규정
해역이용 협의 (제84조)	① 다음 각호의 어느 하나에 해당하는 면허·허가 또는 지정 등(「면허등」)을 하고자 하는 행정기관의 장(「처분기관」)은 면허등을 하기 전에 대통령령이 정하는 바에 따라 미리 해양수산부장관과 「해양환경 보전 및 활용에 관한 법률」 제20조에 따른 해역이용의 적정성 및 해양환경에 미치는 영향에 관하여 협의(「해역이용협의」)를 하여야 한다. 이 경우 제85조제1항의 규정에 따른 해역이용영향평가대상사업은 해역이용협의를 행한 것으로 본다. 1. 「공유수면 관리 및 매립에 관한 법률」 제8조에 따른 공유수면의 점용·사용허가(제5호 및 제6호에 따른 바다골재채취의 허가 및 바다골재채취단지의 지정에 따른 공유수면의 점용·사용허가는 제외한다) 및 같은 법 제28조에 따른 공유수면의 매립면허 3. 「양식산업발전법」 제10조에 따른 양식업 면허. 다만, 대통령령이 정하는 해역에서의 어업의 면허에 한정하여 적용한다. 4. 「골재채취법」 제21조의2의 규정에 따른 바다골재채취예정지의 지정 5. 「골재채취법」 제22조의 규정에 따른 바다골재채취의 허가 6. 「골재채취법」 제34조의 규정에 따른 바다골재채취단지의 지정 ② 제1항제1호를 적용함에 있어서 다른 법률에서 「공유수면 관리 및 매립에 관한 법률」에 따른 공유수면의 점용·사용허가 또는 매립면허를 받은 것으로 보도록 규정하고 있는 경우에도 해역이용협의 절차를 거쳐야 한다. 다만, 다음 각호의 어느 하나에 해당하는 사업과 관련된 경우에는 그러하지 아니하다. 1. 「재난 및 안전관리기본법」 제37조의 규정에 따른 응급조치를 위한 사업 2. 국방부장관이 군사상의 기밀보호가 필요하거나 군사작전의 긴급한 수행을 위하여 필요하다고 인정하여 해양수산부장관과 협의한 것으로서 해양수산부장관이 정하여 고시하는 사업 ③ 처분기관은 제1항의 규정에 따라 해양수산부장관과 해역이용협의를 하려는 때에는 해양수산부령이 정하는 해역이용협의서를 제출하여야 한다. ④ 처분기관은 제1항의 규정에 따라 해역이용협의의 대상이 되는 면허등의 대상사업(「면허대상사업」)을 하고자 하는 자(「해역이용사업자」)에게 별도의 해역이용협의서를 제출받아 이를 제3항에 따른 해역이용협의서에 갈음하여 제출할 수 있다. ⑤ 해역이용사업자는 제4항에 따라 처분기관에 제출하는 해역이용협의

	서의 작성을 제86조제1항에 따른 평가대행자로 하여금 대행하게 할 수 있다. ⑥ 해역이용협의의 시기, 제3항 및 제4항의 규정에 따른 해역이용협의서의 작성방법 등에 관하여 필요한 사항은 해양수산부령으로 정한다.
해역이용 영향평가 (제85조)	① 처분기관은 해양수산부장관과 해역이용협의를 함에 있어서 해당 면허대상사업 중 다음 각호의 어느 하나에 해당하는 행위가 대통령령으로 정하는 규모 이상에 해당하는 때에는 그 행위로 인하여 해양환경에 미치는 영향에 대한 평가(「해역이용영향평가」)를 해양수산부장관에게 요청하여야 한다. 다만, 「환경영향평가법」 제22조에 따른 환경영향평가 대상사업 중 대통령령으로 정하는 사업을 제외한다. 1. 「공유수면 관리 및 매립에 관한 법률」 제8조제1항제3호에 따른 공유수면의 바다을 준설하거나 굴착하는 행위 2. 「공유수면 관리 및 매립에 관한 법률」 제8조제1항제6호에 따른 공유수면에서 흙이나 모래 또는 돌을 채취하는 행위 3. 「공유수면 관리 및 매립에 관한 법률」 제8조제1항제8호에 따른 흙·돌을 공유수면에 버리는 등 공유수면의 수심에 영향을 미치는 행위 4. 「해저광물자원 개발법」 제2조제1호에 따른 해저광물을 채취하는 행위 5. 「광업법」 제3조제1호에 따른 광물을 공유수면에서 채취하는 행위 6. 「해양심층수의 개발 및 관리에 관한 법률」 제2조제1호에 따른 해양심층수를 이용·개발하는 행위 7. 「골재채취법」 제22조에 따른 골재채취 중 바다골재채취 8. 「골재채취법」 제34조에 따른 바다골재채취단지의 지정 8의2. 「전원개발촉진법」 및 관계 법령에 따른 전원개발사업 중 해상풍력발전소 또는 「전기사업법」 및 관계 법령에 따른 전기설비 중 해상풍력 발전소를 설치하는 행위 9. 그 밖에 해양환경에 영향을 미치는 행위로서 대통령령으로 정하는 행위 ② 처분기관은 해역이용영향평가를 해양수산부장관에게 요청하는 때에는 해양수산부령이 정하는 바에 따라 제1항 각호의 규정에 따른 해역이용영향평가의 대상이 되는 면허대상사업을 하려는 자(「평가대상사업자」)가 작성한 해역이용영향평가서를 함께 제출하여야 한다. ③ 평가대상사업자가 해역이용영향평가서를 작성하는 경우에는 해양수산부령이 정하는 바에 따라 설명회 또는 공청회 등을 개최하고, 이해관계자의 의견수렴 등 필요한 절차를 거쳐야 한다. ④ 평가대상사업자가 해역이용영향평가서를 작성하는 경우에는 제86조제1항의 규정에 따른 평가대행자로 하여금 대행하게 할 수 있다. ⑤ 해역이용영향평가서의 내용·작성방법 등에 관하여 필요한 사항은 해양수산부령으로 정한다.
평가대행자의 등록 등(제86조)	① 제84조제5항에 따른 해역이용협의서 및 제85조제4항에 따른 해역이용영향평가서(「해역이용협의서등」)의 작성을 대행하는 사업을 영위하려는

	자는 해양수산부령이 정하는 기술능력·시설 및 장비를 갖추어 대통령령이 정하는 바에 따라 해양수산부장관에게 등록하여야 한다. 이 경우 해역이용협의서등의 작성을 대행하는 사업의 등록을 한 자(「평가대행자」)가 등록한 사항 중 해양수산부령이 정하는 중요 사항을 변경하려는 때에도 또한 같다. ② 평가대행자가 폐업하려는 때에는 해양수산부장관에게 그 사실을 통보하여야 한다. ③ 제1항 및 제2항에 따른 평가대행자의 등록절차, 등록증의 발급 및 폐업통보의 절차 등에 필요한 사항은 해양수산부령으로 정한다.
결격사유 (제87조)	다음 각호의 어느 하나에 해당하는 자는 평가대행자로 등록할 수 없다. 1. 피성년후견인 3. 평가대행자의 등록이 취소(제1호에 해당하여 취소된 경우는 제외한다)된 후 2년이 경과되지 아니한 자 4. 이 법을 위반하여 징역 이상의 실형의 선고를 받고 그 형의 집행이 종료(집행이 종료된 것으로 보는 경우를 포함한다)되거나 집행을 받지 아니하기로 확정된 후 1년이 경과되지 아니한 자 5. 대표이사가 제1호, 제3호 또는 제4호에 해당하는 법인
해역이용사업자 등의 준수사항 (제88조)	해역이용사업자, 평가대상사업자(「해역이용사업자등」) 및 평가대행자는 대통령령이 정하는 바에 따라 다음 각호의 사항을 준수하여야 한다. 1. 다른 해역이용협의서등의 내용을 복제하지 아니할 것 2. 작성한 해역이용협의서등을 해양수산부령으로 정하는 기간 동안 보존할 것 3. 해역이용협의서등의 작성의 기초가 되는 자료를 거짓으로 작성하지 아니할 것 4. 등록증 또는 그 명의를 다른 사람에게 대여하지 아니할 것 5. 도급받은 해역이용협의 또는 해역이용영향평가(「해역이용협의등」)의 업무를 일괄하여 하도급하지 아니할 것
평가대행자의 등록취소 등 (제89조)	① 해양수산부장관은 평가대행자가 다음 각호의 어느 하나에 해당하는 때에는 그 등록을 취소하거나 6개월 이내의 기간을 정하여 업무정지를 명령할 수 있다. 다만, 제1호, 제3호부터 제5호까지 및 제5호의2의 어느 하나에 해당하는 때에는 그 등록을 취소하여야 한다. 1. 거짓 그 밖의 부정한 방법으로 등록하거나 변경등록을 한 때 2. 제86조제1항 전단에 따른 기술능력·시설 및 장비의 요건에 미달하게 된 때 2의2. 제86조제1항 후단에 따른 변경등록을 하지 아니한 때 3. 제87조 각호의 어느 하나에 해당하는 때. 다만, 법인의 대표이사가 제87조제1호, 제3호 또는 제4호에 해당하는 경우로서 6개월 이내에 그 대표이사를 바꾸어 임명한 때에는 그러하지 아니하다. 4. 등록 후 2년 이내에 해역이용협의등의 업무를 개시하지 아니하거나

	계속하여 2년 이상 해역이용협의등의 업무실적이 없는 때 5. 최근 1년 이내에 2회의 업무정지처분을 받고 다시 업무정지처분에 해당하는 행위를 한 때 5의2. 업무정지처분 기간 중 해역이용협의등의 업무(계약 체결을 포함한다)를 한 때 6. 제88조의 규정을 위반한 때 7. 해역이용협의서등을 거짓으로 작성하거나 고의 또는 중대한 과실로 해역이용협의서등을 부실하게 작성한 때 ② 제1항의 규정에 따른 행정처분의 세부기준은 그 위반행위의 유형과 정도 등을 참작하여 해양수산부령으로 정한다.
등록취소 또는 업무정지된 평가대행자의 업무계속 (제90조)	① 제89조에 따라 등록취소 또는 업무정지의 처분을 받은 평가대행자는 그 처분 전에 체결한 해역이용협의서등의 작성에 관련한 업무에 한정하여 계속할 수 있다. ② 제1항에 따라 해역이용협의서등의 작성대행 업무를 계속하는 평가대행자는 그 업무를 완료하는 때까지 이 법에 따른 평가대행자로 본다.
의견통보 등 (제91조)	① 해양수산부장관은 처분기관으로부터 해역이용협의등의 요청을 받은 때에는 제출받은 해역이용협의서등을 검토한 후 대통령령으로 정하는 바에 따라 그 의견을 통보하여야 한다. ② 해양수산부장관은 제1항의 규정에 따라 해역이용협의등의 의견을 통보하기 전에 대통령령이 정하는 해역이용협의등에 따른 영향검토기관(「해역이용영향검토기관」)의 의견을 들어야 한다. 다만, 해역이용협의등의 대상사업 중 해양환경에 미치는 영향이 적은 사업으로서 대통령령으로 정하는 사업은 그러하지 아니하다. ③ 해양수산부장관은 제1항의 규정에 따라 제84조제1항제4호 및 제6호에 해당하는 분야에 대한 해역이용협의의 의견을 통보하기 전에 해당 바다골재채취예정지 및 바다골재채취단지가 해안(해안선을 기준으로 육지쪽으로 1킬로미터 이내의 지역과 바다 쪽으로 10킬로미터 이내의 구역을 말한다)을 포함하는 경우에는 환경부장관의 의견을 미리 들어야 한다. ④ 해역이용협의등의 의견을 통보받은 처분기관이 면허등을 한 때에는 이를 해양수산부장관에게 통보하여야 한다.
이의신청 (제92조)	① 해역이용사업자등 또는 처분기관은 제91조에 따라 해양수산부장관으로부터 통보받은 의견에 대하여 이의가 있는 때에는 대통령령으로 정하는 바에 따라 90일 이내에 해양수산부장관에게 이의신청을 할 수 있다. 이 경우 해역이용사업자등은 처분기관을 거쳐 이의신청을 하여야 한다. ② 제1항의 규정에 따라 이의신청을 받은 해양수산부장관은 이의신청 내용의 타당성 여부를 검토하여 그 결과를 대통령령이 정하는 바에 따라 60일 이내에 이의신청을 한 자에게 통보하여야 한다. 다만, 부득이한 사정이 있는 때에는 30일의 범위 이내에서 통보시한을 연장할 수 있다.

사후관리 (제93조)	① 해양수산부장관은 처분기관이 해역이용협의등을 거치지 아니하고 면허등을 하거나 해역이용협의등의 의견을 반영하지 아니하고 면허등을 한 때에는 그 면허등의 취소, 사업의 중지, 공작물의 철거·운영정지 및 원상회복 등 필요한 조치를 할 것을 해당 처분기관에게 요청할 수 있다. 이 경우 해당 처분기관은 특별한 사유가 없는 한 그 요청에 따라야 한다. ② 처분기관은 해역이용사업자등이 해양수산부장관의 해역이용협의등에 대한 의견을 이행하고 있는지 여부를 확인하여야 하며, 해역이용사업자등이 이를 이행하지 아니하는 때에는 대통령령이 정하는 바에 따라 그 이행에 필요한 조치를 명령하여야 한다. ③ 해양수산부장관은 처분기관이 정당한 사유 없이 해역이용협의등에 대한 의견을 이행하고 있는지를 확인하지 아니하거나 현저히 지연할 때에는 제2항에도 불구하고 이를 직접 확인할 수 있으며, 해역이용협의등에 대한 의견의 이행을 위하여 필요하다고 인정하는 경우 처분기관에게 공사중지 명령이나 그 밖에 필요한 조치를 할 것을 요청할 수 있다. ④ 해양수산부장관은 제3항에 따라 직접 확인할 때에 필요하면 관계 전문가 또는 해역이용영향검토기관의 의견을 듣거나 현지조사를 의뢰할 수 있고, 해역이용사업자등 또는 처분기관의 장에게 관련 자료의 제출을 요청할 수 있다. ⑤ 제3항 또는 제4항에 따른 해양수산부장관의 요청이 있는 경우 처분기관은 특별한 사유가 없으면 그 요청에 따라야 한다.
사업계획 변경에 따른 해역이용협의 등 (제94조)	① 해역이용사업자등이 처분기관으로부터 면허등을 받은 후 사업계획을 변경하는 때에는 해역이용협의등의 절차를 다시 거쳐야 한다. 다만, 변경되는 사업규모가 해양환경에 미치는 영향이 경미한 경우로서 대통령령으로 정하는 경우에는 해역이용협의등의 절차를 다시 거치지 아니한다. ② 제1항 본문에 따른 해역이용협의등의 내용과 절차에 대하여는 제84조·제85조 및 제91조부터 제93조까지의 규정을 준용한다.
해양환경영향조사 등 (제95조)	① 해역이용사업자등은 면허등을 받은 후 행하는 사업으로 인하여 발생될 수 있는 해양환경에 대한 영향의 조사(「해양환경영향조사」)를 실시하고 그 결과를 처분기관 및 해양수산부장관에게 통보하여야 한다. 이 경우 해역이용사업자등은 평가대행자에게 해양환경영향조사의 업무를 대행하게 할 수 있다. ② 해양수산부장관은 제1항에 따라 통보된 해양환경영향조사 결과 해양환경에 피해가 발생하는 것으로 인정되는 때에는 처분기관으로 하여금 공법 변경, 사업규모 축소 등 해양수산부령으로 정하는 바에 따라 해양환경의 피해를 저감하기 위한 조치를 하도록 하여야 한다. 이 경우 처분기관은 조치결과를 해양수산부장관에게 통보하여야 한다. ④ 제1항에 따라 해양환경영향조사를 하여야 하는 대상사업·조사항목 및 기간 등에 필요한 사항은 대통령령으로 정한다.

제17절 │ 보 칙

내용	규정
해양환경측정기기 등의 형식승인 등 (제110조)	① 제12조제1항에 따른 해양환경상태의 측정·분석·검사에 필요한 장비·기기(「해양환경측정기기」)를 제작·수입하려는 자는 해양수산부령으로 정하는 바에 따라 해양수산부장관의 형식승인을 받아야 한다. 다만, 시험·연구 또는 개발을 목적으로 제작·수입하는 해양환경측정기기에 대하여 해양수산부령으로 정하는 바에 따라 해양수산부장관의 확인을 받은 경우에는 그러하지 아니하다. ② 해양환경측정기기를 사용하고자 하는 때에는 해양수산부령이 정하는 바에 따라 해양수산부장관의 정도검사를 받아야 하고, 이에 사용되는 표준용액·표준가스 등 표준물질(「교정용품」)을 공급·사용하고자 하는 때에는 해양수산부령이 정하는 바에 따라 해양수산부장관의 검정을 받아야 한다. ③ 해양수산부령으로 정하는 해양오염방지설비(유해액체물질오염방지설비를 제외한다), 방오시스템 및 선박소각설비(「형식승인대상설비」)를 제작·제조하거나 수입하려는 자는 해양수산부령으로 정하는 바에 따라 해양수산부장관의 형식승인을 받아야 한다. 다만, 시험·연구 또는 개발을 목적으로 제작·제조하거나 수입하는 형식승인대상설비에 대하여 해양수산부령으로 정하는 바에 따라 해양수산부장관의 확인을 받은 경우에는 그러하지 아니하다. ④ 제66조제1항에 따라 오염물질의 방제·방지에 사용하는 자재·약제를 제작·제조하거나 수입하려는 자는 해양수산부령으로 정하는 바에 따라 해양경찰청장의 형식승인을 받아야 한다. 다만, 시험·연구 또는 개발을 목적으로 제작·제조하거나 수입하는 오염물질의 방제·방지에 사용하는 자재·약제에 대하여 해양수산부령으로 정하는 바에 따라 해양경찰청장의 확인을 받은 경우에는 그러하지 아니하다. ⑤ 해양수산부령으로 정하는 바에 따라 제1항·제3항 및 제4항의 규정에 따른 형식승인을 받고자 하는 자는 미리 해양수산부장관 또는 해양경찰청장으로부터 해양환경측정기기, 형식승인대상설비 또는 자재·약제에 대한 성능시험을 받아야 한다. ⑥ 제1항·제3항 및 제4항의 규정에 따른 형식승인을 얻은 자가 해양환경측정기기, 형식승인대상설비 또는 자재·약제를 제작·제조하거나 수입한 때에는 해당 물품에 대하여 각각 해양수산부장관 또는 해양경찰청장의 검정을 받아야 한다. 이 경우 검정에 합격한 형식승인대상설비 또는 자재·약제에 대하여는 해양오염방지선박검사 중 최초로 실시하는 검사에 합격한 것으로 본다. ⑦ 협약당사국에서 선박에 형식승인대상설비를 설치하거나 자재·약제

	를 비치·보관한 자는 해양수산부령으로 정하는 바에 따라 해양수산부장관 또는 해양경찰청장의 인정을 받아야 한다. 이 경우 인정을 받은 물품에 대하여는 제3항부터 제5항까지의 규정에 따른 형식승인·성능시험 및 검정을 받은 것으로 본다. ⑧ 제60조는 제6항에 따른 형식승인대상설비 또는 자재·약제의 검정에 대한 불복에 대하여 이를 준용한다. 이 경우 제60조 중 "검사"는 "검정"으로, "재검사"는 "재검정"으로 본다. ⑨ 해양수산부장관 또는 해양경찰청장은 제1항·제3항 및 제4항의 규정에 따라 형식승인을 받은 자가 다음 각호의 어느 하나에 해당하는 때에는 해양수산부령으로 정하는 바에 따라 그 승인을 취소하거나 6개월 이내의 기간을 정하여 업무정지를 명할 수 있다. 다만, 제1호 또는 제2호에 해당하는 때에는 그 승인을 취소하여야 한다. 1. 거짓 그 밖의 부정한 방법으로 형식승인을 얻은 경우 2. 거짓 그 밖의 부정한 방법으로 검정을 받은 경우 3. 기준에 미달하는 해양환경측정기기, 형식승인대상설비 또는 자재·약제를 판매한 때 4. 정당한 사유 없이 2년 이상 계속하여 사업실적이 없는 때
성능인증 (제110조의2)	① 제110조제4항에 따라 형식승인을 받아야 하는 자재·약제를 제외한 오염물질의 방제·방지에 사용하는 자재·약제(「형식승인대상외 자재·약제」)를 제작·제조하거나 수입하려는 자는 해양수산부령으로 정하는 절차와 방법에 따라 해양경찰청장으로부터 성능인증을 받을 수 있다. ② 성능인증을 받으려는 자는 미리 해양경찰청장으로부터 형식승인대상외 자재·약제에 대하여 해양수산부령으로 정하는 바에 따라 성능시험을 받아야 한다. ③ 성능인증을 받은 자가 인증받은 형식승인대상외 자재·약제를 제작·제조 및 수입하는 때에는 해양수산부령으로 정하는 바에 따라 해양경찰청장의 검정을 받아야 한다. ④ 해양경찰청장은 성능인증을 받은 자가 다음 각호의 어느 하나에 해당하는 경우에는 해양수산부령으로 정하는 바에 따라 그 인증을 취소할 수 있다. 1. 거짓이나 그 밖의 부정한 방법으로 성능인증을 받은 경우 2. 거짓이나 그 밖의 부정한 방법으로 검정을 받은 경우 3. 정당한 사유 없이 2년 이상 계속하여 사업실적이 없는 경우
형식승인 등을 받은 자의 지위 승계 (제110조의3)	① 다음 각호의 어느 하나에 해당하는 자는 제110조제1항·제3항 또는 제4항에 따른 형식승인 또는 제110조의2제1항에 따른 성능인증을 받은 자(「사업자」)의 지위를 승계한다. 1. 사업자가 그 사업을 양도한 경우 그 양수인 2. 사업자가 사망한 경우 그 상속인 3. 법인인 사업자가 다른 법인과 합병한 경우 합병 후 존속하는 법인이

	나 합병으로 설립되는 법인 ② 제1항에 따라 사업자의 지위를 승계한 자는 지위를 승계한 날부터 1개월 이내에 해양수산부령으로 정하는 바에 따라 해양수산부장관 또는 해양경찰청장에게 신고하여야 한다.
선박해체의 신고 등 (제111조)	① 선박을 해체하고자 하는 자는 선박의 해체작업과정에서 오염물질이 배출되지 아니하도록 해양수산부령으로 정하는 바에 따라 작업계획을 수립하여 작업개시 7일 전까지 해양경찰청장에게 신고하여야 한다. 다만, 육지에서 선박을 해체하는 등 해양수산부령으로 정하는 방법에 따라 선박을 해체하는 경우에는 그러하지 아니하다. ② 해양경찰청장은 제1항에 따른 신고를 받은 경우 그 내용을 검토하여 이 법에 적합하면 신고를 수리하여야 하며, 제1항에 따라 신고된 작업계획이 미흡하거나 그 계획을 이행하지 아니하는 것으로 인정되는 경우에는 필요한 시정명령을 할 수 있다. ③ 해역관리청은 방치된 선박의 해체 및 이의 원활한 처리를 위하여 해양수산부령이 정하는 시설기준·장비 등을 갖춘 선박처리장을 설치·운영할 수 있다.
업무의 대행 등 (제112조)	① 해양수산부장관은 다음 각호의 업무를 한국해양교통안전공단(「한국해양교통안전공단」) 또는 선급법인(「선급법인」)에게 대행하게 할 수 있다. 이 경우 해양수산부장관은 대통령령으로 정하는 바에 따라 협정을 체결하여야 한다. 1. 배출률의 승인 1의2. 유해액체물질의 배출방법 및 설비에 관한 지침서의 검인 1의3. 선박대선박 기름화물이송계획서의 검인 1의4. 선박에너지효율관리계획서의 검사 및 선박에너지효율적합확인서의 발급 1의5. 선박연료유 사용량등의 검증 및 검증확인서의 발급 2. 유증기 배출제어장치의 검사 2의2. 휘발성유기화합물관리계획서의 검인 3. 해양오염방지선박검사, 예비검사 및 에너지효율검사. 다만, 대기오염방지설비 중 디젤기관의 질소산화물 배출방지설비에 대한 검사대행자 지정의 경우에는 환경부장관과 미리 협의를 하여야 한다. 4. 해양오염방지검사증서, 임시해양오염방지검사증서, 방오시스템검사증서, 예비검사증서, 에너지효율검사증서 및 협약검사증서의 교부 5. 해양오염방지검사증서 및 협약검사증서의 유효기간 연장 ② 해양경찰청장은 선박해양오염비상계획서의 검인에 관한 업무를 한국해양교통안전공단 또는 선급법인에게 대행하게 할 수 있다. 이 경우 해양경찰청장은 대통령령이 정하는 바에 따라 협정을 체결하여야 한다. ③ 해양수산부장관 또는 해양경찰청장은 형식승인·정도검사·성능시험·검정 및 인정, 성능시험 및 검정 등에 관한 업무를 해양수산부령으로 정

	하는 지정기준에 적합한 자로서 해양수산부장관 또는 해양경찰청장이 정하여 고시하는 대행기관으로 하여금 대행하게 할 수 있다. ④ 제3항의 규정에 따른 업무대행자의 지정요건 및 지도·감독에 관하여 필요한 사항은 해양수산부령으로 정한다.
업무대행 등의 취소 (제113조)	① 해양수산부장관 또는 해양경찰청장은 제112조제1항 내지 제3항의 규정에 따른 업무대행자가 다음 각호의 어느 하나에 해당하는 때에는 업무대행의 협정 또는 지정을 취소할 수 있다. 다만, 제1호에 해당하는 경우에는 그 협정 또는 지정을 취소하여야 한다. 1. 거짓 그 밖의 부정한 방법으로 업무대행의 협정이 체결되거나 지정된 때 2. 지정요건에 미달하게 되는 때(업무대행의 지정의 경우에 한한다) 3. 정당한 사유 없이 3월 이상 대행업무를 수행하지 아니하는 때 4. 대행업무를 수행하는 자가 그 업무와 관련하여 체결된 협정에 위반한 때 ② 제1항의 규정에 불구하고 환경부장관은 협의를 거쳐 검사대행자로 지정된 자가 협정을 위반하게 되는 경우에는 그 협정의 취소를 해양수산부장관에게 요청할 수 있다. 이 경우 해양수산부장관은 특별한 사유가 없는 한 이에 따라야 한다. ③ 제1항 및 제2항의 규정에 따른 업무대행의 협정 또는 지정의 취소에 관하여 필요한 사항은 해양수산부령으로 정한다.
관계 행정기관의 협조 (제114조)	① 해역관리청 또는 해양경찰청장은 이 법의 목적을 달성하기 위하여 필요하다고 인정되는 경우에는 관계 행정기관의 장에 대하여 해양환경관리 또는 해양오염방지를 위하여 필요한 자료 및 정보의 제공, 긴급한 해양오염방제를 위한 인력 및 장비의 동원을 각각 요청할 수 있다. ② 공단은 제97조의 규정에 따른 사업을 수행하기 위하여 필요한 때에는 관계 행정기관에 대하여 자료 또는 정보의 열람·복사 등 필요한 협조를 요청할 수 있다. ③ 해역관리청·해양경찰청장 또는 공단으로부터 협조요청을 받은 관계 행정기관의 장은 특별한 사유가 없는 한 이에 협조하여야 한다.
출입검사·보고 등 (제115조)	① 해양수산부장관은 대통령령으로 정하는 바에 따라 소속 공무원으로 하여금 선박에 출입하여 관계 서류나 시설·장비 및 연료유를 확인·점검하게 할 수 있다. ② 해양수산부장관 또는 시·도지사(제33조에 따른 신고에 관한 경우만 해당한다)는 대통령령으로 정하는 바에 따라 소속 공무원으로 하여금 다음 각호의 어느 하나에 해당하는 자에게 필요한 자료를 제출하게 하거나 보고하게 할 수 있으며, 그 시설(사업장 및 사무실을 포함한다. 이하 이 조에서 같다)에 출입하여 확인·점검하거나 관계 서류나 시설·장비를 검사하게 할 수 있다. 1. 해양시설의 소유자(제34조부터 제36조까지, 제66조 및 제67조에 따른 업무는 제외한다)

	2. 선박급유업자 3. 제47조제2항에 따라 유증기 배출제어장치를 설치한 해양시설의 소유자 6. 제110조제3항에 따른 형식승인을 받은 자 ③ 해양경찰청장은 대통령령으로 정하는 바에 따라 소속 공무원(제116조에 따라 해양환경감시원으로 지정된 공무원만 해당한다. 이하 이 조에서 같다)으로 하여금 다음 각호의 어느 하나에 해당하는 자에게 필요한 자료를 제출하게 하거나 보고하게 할 수 있으며, 그 시설에 출입하여 확인·점검하거나 관계 서류나 시설·장비를 검사하게 할 수 있다. 1. 해양시설의 소유자(제34조부터 제36조까지, 제66조 및 제67조에 따른 업무만 해당한다) 2. 제70조제1항제2호·제3호에 따른 해양오염방제업·유창청소업을 하는 자 ④ 해양경찰청장은 제1항의 규정에 불구하고 선박에서 해양오염과 관련하여 대통령령이 정하는 긴급한 상황이 발생한 경우에는 소속 공무원으로 하여금 그 선박에 출입하여 확인·점검하거나 관계 서류나 시설·장비를 검사하게 할 수 있다. ⑤ 제1항부터 제4항까지의 규정에 따라 출입검사 등을 하는 공무원은 그 권한을 표시하는 증표를 지니고 이를 관계인에게 내보여야 하며, 출입목적·성명 등을 구체적으로 알려야 한다. ⑥ 선박의 소유자 등 관계인은 공무원의 출입검사 및 자료제출·보고요구 등에 대하여 정당한 사유 없이 이를 거부·방해하거나 기피하여서는 아니 된다. ⑦ 해양수산부장관 또는 해양경찰청장은 출입검사 및 보고와 관련하여 해양수산부령으로 정하는 바에 따라 지도점검사항·검사예고 및 점검결과회신 등의 업무를 전산망을 구성하여 이용하게 할 수 있다.
해양환경감시원 (제116조)	① 해양수산부장관 또는 해양경찰청장은 제115조제1항부터 제4항까지의 규정에 따른 직무를 수행하게 하기 위하여 소속 공무원을 해양환경감시원으로 지정할 수 있다. ② 제1항에 따른 해양환경감시원의 임명·자격·직무 등에 필요한 사항은 대통령령으로 정한다.
명예해양환경감시원 (제116조의2)	① 해양수산부장관 또는 해양경찰청장은 효율적인 해양환경관리를 위한 지도·계몽 등을 위하여 해양환경의 보전·관리 및 해양오염방지를 위한 활동을 하는 민간단체의 회원 또는 해양환경관리를 위한 활동을 성실하게 수행하고 있는 사람을 명예해양환경감시원으로 위촉할 수 있다. ② 해양수산부장관 또는 해양경찰청장은 예산의 범위에서 명예해양환경감시원에게 그 활동에 필요한 경비를 지급할 수 있다. ③ 제1항에 따른 명예해양환경감시원의 자격, 위촉방법, 직무범위 및 임무 등에 필요한 사항은 해양수산부령으로 정한다.

정선·검색·나포·입출항 금지 등 (제117조)	선박이 이 법의 규정을 위반한 혐의가 있다고 인정되는 경우에는 해역관리청 또는 해양경찰청장은 정선·검색·나포·입출항금지 그 밖에 필요한 명령이나 조치를 할 수 있다.
비밀누설금지 등 (제118조)	① 평가대행자 및 해역이용영향검토기관의 임원이나 직원 또는 그 직에 있었던 자는 해역이용협의서등의 작성 및 해역이용영향검토업무와 관련하여 직무상 알게 된 비밀을 누설하거나 도용하여서는 아니 된다. ② 공단의 임원 또는 직원이나 그 직에 있었던 자는 그 직무상 알게 된 비밀을 누설하거나 도용하여서는 아니 된다. ③ 제112조의 규정에 따라 대행업무를 수행하는 기관 또는 단체의 임원 또는 직원이나 그 직에 있었던 자는 그 직무상 알게 된 비밀을 누설하거나 도용하여서는 아니 된다.
국고보조 등 (제119조)	① 국가는 지방자치단체가 다음 각호의 어느 하나에 해당하는 조치를 하는 경우에는 그 비용의 전부 또는 일부를 국고에서 보조할 수 있다. 1. 제18조의 규정에 따른 해양환경개선조치 3. 제38조제1항의 규정에 따른 오염물질저장시설의 설치·운영 ② 국가는 해양오염방지설비, 오염물질저장시설 그 밖의 해양오염방지에 관한 시설의 설치 또는 개선에 소요되는 비용에 대한 재정적인 지원을 할 수 있다. ③ 국가 또는 지방자치단체는 대통령령이 정하는 바에 따라 해양환경의 보전·관리 및 해양오염방지를 위한 활동을 하는 민간단체를 지원할 수 있다.
신고포상금 (제119조의2)	① 해양수산부장관, 해양경찰청장, 시·도지사 또는 시장·군수·구청장은 다음 각호의 어느 하나에 해당하는 자를 관계 행정기관 또는 수사기관에 신고 또는 고발한 자에 대하여 예산의 범위에서 신고포상금을 지급할 수 있다. 1. 선박 또는 해양시설등에서 발생하는 오염물질을 배출한 자 2. 폐기물을 해양에 배출한 자 ② 제1항에 따른 신고포상금의 지급의 기준·방법과 절차, 구체적인 지급액 등에 필요한 사항은 대통령령으로 정한다.
청문 (제120조)	해양수산부장관 또는 해양경찰청장은 다음 각호의 어느 하나에 해당하는 처분을 하려는 때에는 「행정절차법」이 정하는 바에 따라 청문을 실시하여야 한다. 1. 제13조제3항의 규정에 따른 측정·분석능력인증의 취소 2. 제75조의 규정에 따른 등록의 취소 3. 제82조의 규정에 따른 지정의 취소 4. 제89조의 규정에 따른 등록의 취소 5. 제110조제9항의 규정에 따른 형식승인의 취소 6. 제110조의2제4항에 따른 성능인증의 취소

해양오염 방지 및 방제 교육·훈련 (제121조)	해양수산부장관은 대통령령으로 정하는 바에 따라 해양오염 방지 및 방제에 관한 다음 각호의 교육·훈련과정을 운영할 수 있다. 1. 선박 해양오염방지관리인의 자격 관련 교육·훈련과정 2. 해양시설 해양오염방지관리인의 자격 관련 교육·훈련과정 3. 기술요원의 자격 관련 교육·훈련과정 4. 그 밖에 해양오염 방지 및 방제에 관한 교육·훈련과정으로 해양수산부장관이 필요하다고 인정하는 교육·훈련과정
벌칙 적용에서의 공무원 의제 (제124조)	제91조제2항에 따른 해역이용영향검토기관, 공단의 임·직원, 제112조에 따른 형식승인·검사·성능시험·검정 등과 관련한 업무대행기관의 임원 및 직원은 「형법」 제129조부터 제132조까지의 규정에 따른 벌칙의 적용에서는 공무원으로 본다.

제18절 │ 벌 칙

내용	규정
벌칙 (제126조)	다음 각 호의 어느 하나에 해당하는 자는 5년 이하의 징역 또는 5천만원 이하의 벌금에 처한다. 1. 제22조제1항 및 제2항의 규정을 위반하여 선박 또는 해양시설로부터 기름·유해액체물질·포장유해물질을 배출한 자 2. 제93조제2항의 규정에 따른 명령에 위반한 자
벌칙 (제127조)	다음 각호의 어느 하나에 해당하는 자는 3년 이하의 징역 또는 3천만원 이하의 벌금에 처한다. 1. 제22조제1항 및 제2항의 규정을 위반하여 선박 및 해양시설로부터 폐기물을 배출한 자 2. 과실로 제22조제1항 및 제2항의 규정을 위반하여 선박 또는 해양시설로부터 기름·유해액체물질·포장유해물질을 배출한 자 3. 제57조제1항 내지 제3항의 규정을 위반하여 선박을 항해에 사용한 자 4. 제64조제1항 또는 제3항의 규정에 따른 방제조치를 하지 아니하거나 조치명령을 위반한 자 5. 제65조의 규정에 따른 오염물질의 배출방지를 위한 조치를 하지 아니하거나 조치명령을 위반한 자
벌칙 (제128조)	다음 각호의 어느 하나에 해당하는 자는 2년 이하의 징역 또는 2천만원 이하의 벌금에 처한다. 1. 과실로 제22조제1항 및 제2항의 규정을 위반하여 선박 또는 해양시설로부터 폐기물을 배출한 자 2. 제25조제1항의 규정에 따른 폐기물오염방지설비를 설치하지 아니하

고 선박을 항해에 사용한 자

3. 제26조제1항의 규정에 따른 기름오염방지설비를 설치하지 아니하고 선박을 항해에 사용한 자

4. 제26조제2항의 규정에 따른 선체구조 등을 설치하지 아니하고 선박을 항해에 사용한 자

5. 제27조제1항의 규정에 따른 유해액체물질오염방지설비를 설치하지 아니하고 선박을 항해에 사용한 자

6. 제27조제2항의 규정을 위반하여 선박의 화물창을 설치한 자

7. 제40조제1항 및 제2항의 규정을 위반하여 유해방오도료·유해방오시스템을 사용하거나 적법한 기준 및 방법에 따른 방오도료·방오시스템을 사용·설치하지 아니한 자

8. 제67조제1항의 규정을 위반하여 방제선등을 배치 또는 설치하지 아니한 자

9. 제67조제3항의 규정에 따른 선박입출항금지명령 또는 시설사용정지명령을 위반한 자

10. 제70조제1항의 규정에 따른 등록을 하지 아니하고 해양환경관리업을 한 자

11. 제75조의 규정에 따라 등록이 취소된 자가 영업을 하거나 또는 영업정지명령을 받은 자가 영업정지기간 중 영업을 한 자

12. 제77조제1항의 규정에 따른 해양오염영향조사를 실시하지 아니한 자

13. 제82조제1항 및 제89조제1항의 규정에 따라 지정이 취소된 자가 업무를 하거나 또는 업무정지명령을 받은 자가 업무정지기간 중 업무를 한 자

14. 제84조제4항에 따른 해역이용협의서 또는 제85조제2항에 따른 해역이용영향평가서를 거짓으로 작성한 자

15. 제86조제1항 전단에 따른 평가대행자의 등록을 하지 아니하고 해역이용협의서등의 작성을 대행한 자

16. 제95조제1항의 규정에 따른 해양환경영향조사의 결과를 거짓으로 작성한 자

16의2. 제110조제1항 단서, 제3항 단서 및 제4항 단서에 따라 형식승인이 면제된 해양환경측정기기, 형식승인대상설비 또는 오염물질의 방제·방지에 사용하는 자재·약제를 판매한 자

17. 제110조제9항의 규정에 따라 형식승인 또는 검정이 취소되거나 업무정지명령을 받은 자가 업무정지기간 중 업무를 한 자

17의2. 제110조의2제1항에 따라 형식승인대상외 자재·약제에 대한 성능인증을 받지 아니하거나 성능인증이 취소되었음에도 성능인증을 받은 것으로 표시하여 형식승인대상외 자재·약제를 제작·제조 및 수입하여 판매한 자

18. 제117조의 규정에 따른 정선·검색·나포·입출항금지 그 밖에 필요한 명령이나 조치를 거부·방해 또는 기피한 자

벌칙 (제129조)	① 다음 각호의 어느 하나에 해당하는 자는 1년 이하의 징역 또는 1천만원 이하의 벌금에 처한다. 1. 제15조의2제2항의 규정을 위반하여 특별관리해역 내에 시설을 설치하거나 오염물질의 총량배출을 위반한 자 3. 제41조제1항의 규정에 따른 대기오염방지설비를 설치하지 아니하고 선박을 항해에 사용한 자 4. 제42조제1항의 규정을 위반하여 오존층파괴물질을 배출한 자 5. 제43조제1항의 규정을 위반하여 질소산화물의 배출허용기준을 초과하여 디젤기관을 작동한 자 6. 제44조제1항을 위반하여 황함유량 기준을 초과하는 연료유를 사용한 자 6의2. 제44조의2를 위반하여 황함유량 기준을 초과하는 연료유를 선박에 적재한 자 7. 제45조제1항의 규정을 위반하여 품질기준에 미달하거나 황함유량 기준을 초과하는 연료유를 공급한 자 8. 제47조제2항의 규정을 위반하여 유증기 배출제어장치를 설치하지 아니하거나 작동시키지 아니한 자 9. 제47조제3항의 규정을 위반하여 검사를 받지 아니하고 유증기 배출제어장치를 설치한 자 10. 제63조제1항제1호 또는 제2호에 해당하는 자로서 신고를 하지 아니하거나 거짓으로 신고한 자 11. 제84조 및 제85조의 규정에 따른 협의절차 및 재협의 절차가 완료되기 전에 공사를 시행한 자 12. 제88조제1호부터 제3호까지의 규정을 위반하여 다른 해역이용협의서등의 내용을 복제 또는 법령이 정하는 기간 동안 보관하지 아니하거나 이를 거짓으로 작성한 자 13. 제118조제1항의 규정을 위반하여 비밀을 누설하거나 도용한 자 ② 다음 각호의 어느 하나에 해당하는 자는 1년 이하의 징역 또는 500만원 이하의 벌금에 처한다. 2. 제25조제2항의 규정에 따른 기준을 위반하여 폐기물오염방지설비를 설치하거나 이를 유지·작동한 자 3. 제26조제3항의 규정을 위반하여 기름오염방지설비를 설치하거나 이를 유지·작동한 자 4. 제27조제4항의 규정을 위반하여 유해액체물질오염방지설비를 설치하거나 이를 유지·작동한 자 5. 제28조의 규정을 위반하여 선박평형수 또는 기름을 적재한 자 6. 제29조의 규정을 위반하여 포장유해물질을 운송한 자 7. 제37조의 규정을 위반하여 선박 및 해양시설에서 오염물질을 수거·처리하게 한 자 8. 제49조 내지 제53조의 규정에 따른 해양오염방지선박검사를 받지 아

	니한 선박을 항해에 사용한 자 8의2. 제54조의2를 위반하여 에너지효율검사를 받지 아니한 선박을 항해에 사용한 자 9. 제58조 또는 제59조의 규정에 따른 명령 또는 처분을 이행하지 아니한 자 9의2. 제64조제6항을 위반하여 제110조제4항·제6항 및 제7항에 따른 형식승인, 검정, 인정을 받지 아니하거나 제110조의2제3항에 따른 검정을 받지 아니한 자재·약제를 방제조치에 사용한 자 10. 제66조제1항을 위반하여 자재·약제를 보관시설 또는 선박 및 해양시설에 비치·보관하지 아니한 자 11. 제73조의 규정에 따른 처리명령을 위반한 자 12. 제110조제2항의 규정을 위반하여 정도검사를 받지 아니하고 해양환경측정기기를 사용하거나 교정용품을 공급·사용한 자 13. 제110조제1항 및 제3항부터 제7항까지의 규정에 따른 형식승인, 성능시험, 검정 또는 인정을 받지 아니하고 제작·제조하거나 수입한 자 14. 제111조제1항의 규정에 따른 신고를 하지 아니하고 선박을 해체한 자 15. 제115조제6항을 위반하여 출입검사·보고요구 등을 정당한 사유 없이 거부·방해 또는 기피한 자 16. 제118조제2항 및 제3항의 규정을 위반하여 직무상 알게 된 비밀을 누설하거나 도용한 자
양벌규정 (제130조)	법인의 대표자나 법인 또는 개인의 대리인, 사용인, 그 밖의 종업원이 그 법인 또는 개인의 업무에 관하여 제126조부터 제129조까지의 어느 하나에 해당하는 위반행위를 하면 그 행위자를 벌하는 외에 그 법인 또는 개인에게도 해당 조문의 벌금형을 과한다. 다만, 법인 또는 개인이 그 위반행위를 방지하기 위하여 해당 업무에 관하여 상당한 주의와 감독을 게을리하지 아니한 경우에는 그러하지 아니하다.
외국인에 대한 벌칙적용의 특례 (제131조)	① 외국인에 대하여 제127조 및 제128조의 규정을 적용함에 있어서 고의로 우리나라의 영해 안에서 위반행위를 한 경우를 제외하고는 각 해당 조의 벌금형에 처한다. ② 제1항의 규정에 따른 외국인의 범위에 관하여는 「배타적 경제수역에서의 외국인어업 등에 대한 주권적 권리의 행사에 관한 법률」 제2조의 규정을 적용하고, 외국인에 대한 사법절차에 관하여는 동법 제23조 내지 제25조의 규정을 준용한다.
과태료 (제132조)	① 다음 각호의 어느 하나에 해당하는 자는 1천만원 이하의 과태료를 부과한다. 1. 제77조제1항의 규정에 따른 해양오염영향조사의 결과를 거짓으로 통보한 자 ② 다음 각호의 어느 하나에 해당하는 자에게는 500만원 이하의 과태료

를 부과한다.

1. 제22조제2항의 규정을 위반하여 해양공간으로부터 대통령령이 정하는 오염물질을 배출한 자
2. 제33조제1항을 위반하여 해양시설의 신고 또는 변경신고를 하지 아니한 자
2의2. 제36조의2제1항에 따른 안전점검을 실시하지 아니한 자
2의3. 제36조의2제2항에 따른 보고를 하지 아니하거나 거짓으로 보고한 자
2의4. 제36조의2제3항에 따라 안전점검 결과를 보관하지 아니한 자
3. 제42조제2항의 규정을 위반하여 오존층파괴물질이 포함된 설비를 선박에 설치한 자
4. 제45조제2항의 규정을 위반하여 연료유공급서의 사본 및 연료유견본을 제공하지 아니하거나 거짓으로 연료유공급서 사본 및 연료유견본을 제공한 자
5. 제64조제2항의 규정을 위반하여 방제조치의 협조를 하지 아니한 자
6. 제70조제3항의 규정에 따른 변경등록을 하지 아니한 자
8. 제74조제3항의 규정을 위반하여 해양환경관리업자의 권리·의무 승계에 대한 신고를 하지 아니하거나 거짓으로 신고한 자
10. 제88조제4호 및 제5호에 따른 준수사항을 위반한 자
11. 제95조제1항의 규정에 따른 해양환경영향조사를 실시하지 아니한 자 또는 그 조사결과를 통보하지 아니하거나 거짓으로 통보한 자
12. 제95조제2항의 규정에 따른 필요한 조치를 하지 아니한 자

③ 다음 각호의 어느 하나에 해당하는 자는 200만원 이하의 과태료를 부과한다.

1. 제41조제2항의 규정을 위반하여 기준에 적합하지 아니하게 대기오염방지설비를 유지·작동한 자
2. 제42조제3항의 규정을 위반하여 오존층파괴물질이 포함된 설비를 해양수산부장관이 지정·고시하는 업체 또는 단체 외의 자에게 인도한 자
3. 제46조제1항의 규정을 위반하여 소각이 금지된 물질을 선박 안에서 소각한 자
4. 제46조제2항 및 제4항의 규정을 위반하여 소각설비를 설치하거나 이를 유지·작동한 자
5. 제46조제3항의 규정을 위반하여 소각이 금지된 해역에서 주기관·보조기관 또는 보일러를 사용하여 물질을 소각한 자

④ 다음 각호의 어느 하나에 해당하는 자에게는 100만원 이하의 과태료를 부과한다.

1. 제22조의2제1항을 위반하여 배출률의 승인을 받지 아니하거나 승인받은 배출률을 위반하여 폐기물을 배출한 자
1의2. 제22조의2제2항을 위반하여 폐기물을 배출한 장소, 배출량 등을 그 선박의 기관일지에 기재하지 아니한 자

1의3. 제26조제1항의 규정에 따른 폐유저장을 위한 용기를 비치하지 아니한 자

2. 제27조제3항의 규정에 따라 검인받은 유해액체물질의 배출방법 및 설비에 관한 지침서를 제공하지 아니한 자

3. 제30조 및 제34조의 규정에 따른 오염물질기록부를 비치하지 아니하거나 기록·보존하지 아니한 자 또는 거짓으로 기재한 자

4. 제31조 및 제35조의 규정에 따른 검인받은 선박해양오염비상계획서 및 해양시설오염비상계획서를 비치하지 아니하거나 선박해양오염비상계획서 및 해양시설오염비상계획서에 따른 조치 등을 이행하지 아니한 자

5. 제32조제1항 및 제36조제1항의 규정에 따른 해양오염방지관리인을 임명하지 아니한 자

6. 제32조제2항에 따른 해양오염방지관리인의 임명증빙서류를 비치하지 아니한 자

6의2. 제32조제3항 또는 제36조제3항에 따른 해양오염방지관리인의 대리자를 지정하지 아니한 자

6의3. 제32조제4항 또는 제36조제4항에 따라 오염물질 등을 이송 또는 배출하는 작업을 지휘·감독하게 하지 아니한 자

6의4. 제32조의2제1항에 따른 검인받은 선박대선박 기름화물이송계획서를 비치하지 아니하거나 준수하지 아니한 자

6의5. 제32조의2제2항에 따른 선박대선박 기름화물이송작업에 관하여 기록하지 아니하거나 거짓으로 기록한 자 또는 기록을 보관하지 아니한 자

6의6. 제32조의2제3항에 따른 작업계획을 보고하지 아니하거나 거짓으로 보고한 자

6의7. 제36조제2항을 위반하여 해양오염방지관리인의 임명 신고를 하지 아니한 자

6의8. 제41조의3제1항 또는 제4항을 위반하여 선박에너지효율관리계획서 또는 선박에너지효율적합확인서를 선박에 비치하지 아니한 자

6의9. 제41조의4제1항 또는 제2항을 위반하여 선박연료유 사용량등을 보고하지 아니하거나 거짓으로 보고한 자

6의10. 제41조의4제4항을 위반하여 선박연료유 사용량등 검증확인서를 선박에 비치하지 아니한 자

6의11. 제42조제4항에 따른 오존층파괴물질을 포함하고 있는 설비의 목록을 작성하지 아니하거나 거짓으로 작성한 자 또는 관리하지 아니한 자

6의12. 제42조제5항에 따른 오존층파괴물질기록부를 작성하지 아니하거나 거짓으로 작성한 자 또는 비치하지 아니한 자

7. 제44조제3항의 규정을 위반하여 기관일지를 기재하지 아니한 자

8. 제44조제4항의 규정을 위반하여 기관일지를 1년간 보관하지 아니한 자

8의2. 제44조제5항에 따른 연료유전환절차서를 비치하지 아니한 자

| | 9. 제45조제3항의 규정을 위반하여 연료유공급서 또는 그 사본을 3년간 보관하지 아니한 자
10. 제45조제4항의 규정을 위반하여 연료유견본을 보관하지 아니한 자
11. 제47조제4항의 규정을 위반하여 유증기 배출제어장치의 작동에 관한 기록을 3년간 보관하지 아니한 자
11의2. 제47조의2제1항에 따른 검인 받은 휘발성유기화합물관리계획서를 비치하지 아니하거나 준수하지 아니한 자
12. 제57조제4항의 규정을 위반하여 해양오염방지검사증서등을 선박에 비치하지 아니한 자
13. 제72조제1항의 규정을 위반하여 처리실적서를 작성하여 제출하지 아니하거나 처리대장을 작성·비치하지 아니한 자
14. 제72조제2항의 규정을 위반하여 오염물질수거확인증을 작성하지 아니하거나 사실과 다르게 작성한 자
15의2. 제72조제4항을 위반하여 고의로 오염물질 방제업무를 지연하거나 방제의무자 등의 방제조치를 방해한 자
17의2. 제76조제5항 후단을 위반하여 권리·의무의 승계신고를 하지 아니한 자
18. 제111조제2항의 규정에 따른 시정명령을 이행하지 아니한 자 |
| 과태료의 부과·징수 등(제133조) | 제132조에 따른 과태료는 대통령령으로 정하는 바에 따라 해양수산부장관, 해양경찰청장 또는 시·도지사가 부과·징수한다. |

제4장　해양폐기물 및 해양오염퇴적물 관리법(해양폐기물관리법)

제1절 │ 총 론

해양폐기물 및 해양오염퇴적물은 해양환경오염의 주요 원인으로서 그로 인한 피해가 꾸준히 증가하고 있었으나, 체계적 관리체계 부재로 개별적인 피해사례에 대한 단편적인 대응에 그치고 있었다. 또한 「해양환경관리법」에서 규정하고 있는 해양폐기물 등의 관리에 관한 내용으로는 이러한 문제를 해결하기는 어려운 실정이었다.

이에 따라 2019년 12월 「해양폐기물 및 해양오염퇴적물의 관리에 관한 법률」을 제정하였다. 동법에 의해 해양폐기물 등의 발생을 억제하고, 해양의 특수성을 반영한 수거·처리 및 재활용 방법을 도입하였다. 해양폐기물 및 해양오염퇴적물에 대한 독자적인 관리체계를 구축하여 환경을 보전하는 것을 목적으로 한다.

　정부는 동 법에 따라 해양폐기물 및 해양오염퇴적물의 체계적 관리를 위한 「제1차 기본계획」을 수립하였다. 해양플라스틱 전 주기 관리방안 등을 담은 「해양플라스틱 저감 종합대책」을 마련하고, 2030년까지 50% 저감을 목표로 하고 있다.[9]

제2절 | 총 칙

내용	규정
목적 (제1조)	이 법은 해양폐기물 및 해양오염퇴적물을 환경친화적이고 체계적으로 관리하는 데에 필요한 사항을 규정함으로써 해양환경의 보전 및 국민의 삶의 질 향상에 이바지하는 것을 목적으로 한다.
정의 (제2조)	1. "폐기물"이란 「해양환경관리법」 제2조제4호에 따른 폐기물을 말한다. 2. "배출"이란 「해양환경관리법」 제2조제3호에 따른 배출을 말한다. 3. "해양"이란 「해양수산발전 기본법」 제3조제1호에 따른 해양을 말한다. 4. "바닷가"란 「공간정보의 구축 및 관리 등에 관한 법률」 제6조제1항제4호에 따른 해안선으로부터 지적공부에 등록된 지역까지의 사이를 말한다. 5. "해양폐기물"이란 해양 및 바닷가에 유입·투기·방치된 폐기물을 말한다. 6. "해양오염퇴적물"이란 해양에 퇴적된 물질로서 「해양환경 보전 및 활용에 관한 법률」 제13조에 따른 해양환경기준을 초과하는 물질을 포함하고 있거나 사람의 건강, 재산, 생활환경 또는 자연환경에 해로운 영향을 미치는 물질을 말한다. 7. "해역관리청"이란 「해양환경 보전 및 활용에 관한 법률」 제2조제8호에 따른 해역관리청을 말한다.
적용범위 (제3조)	① 이 법은 다음 각호의 해역·수역(제12조에 따른 해안폐기물의 수거에 관하여는 바닷가를 포함한다. 이하 같다)에서의 해양폐기물 및 해양오염퇴적물 관리에 관하여 적용한다. 1. 「영해 및 접속수역법」에 따른 영해·내수 및 대통령령으로 정하는 해역 2. 「배타적 경제수역 및 대륙붕에 관한 법률」 제2조에 따른 배타적 경제수역 ② 제1항 각호의 해역·수역에서의 해양폐기물 및 해양오염퇴적물의 처리는 이 법에서 규정하고 있는 경우를 제외하고는 「폐기물관리법」, 「물환경보전법」, 「하수도법」 및 「가축분뇨의 관리 및 이용에 관한 법률」에서 정하는 바에 따른다.

---

9) 해양수산부, 「제1차 해양폐기물 및 해양퇴적물관리 기본계획 2021－2030」, 2021.5.

	③ 제1항 각 호의 해역·수역 외에서의 해양폐기물 및 해양오염퇴적물의 처리는 「폐기물관리법」에서 정하는 바에 따른다.
국가 등의 책무 (제4조)	① 국가와 지방자치단체는 해양폐기물 및 해양오염퇴적물의 발생 예방 및 환경친화적인 관리를 위하여 필요한 시책을 수립·시행하여야 한다. ② 국민은 국가와 지방자치단체가 시행하는 해양폐기물 및 해양오염퇴적물의 관리를 위한 시책에 적극 협력하여야 한다.
해양폐기물 및 해양오염퇴적물 관리 기본계획의 수립 등 (제5조)	① 해양수산부장관은 해양폐기물 및 해양오염퇴적물을 적정하게 관리하기 위하여 관계 중앙행정기관의 장 및 특별시장·광역시장·특별자치시장·도지사·특별자치도지사(「시·도지사」)와 협의하여 해양폐기물 및 해양오염퇴적물 관리 기본계획(「기본계획」)을 10년마다 수립·시행하여야 한다. 다만, 기본계획을 수립한 날부터 5년이 지나면 그 타당성을 재검토하여 변경할 수 있다. ② 기본계획에는 다음 각호의 사항이 포함되어야 한다. 1. 해양폐기물 및 해양오염퇴적물 관리 정책의 기본방향에 관한 사항 2. 해양폐기물 및 해양오염퇴적물의 현황조사 및 수거·정화 등 처리와 이에 필요한 민관협력에 관한 사항 3. 하천·소하천에서의 폐기물 해양 유입 방지에 관한 사항 4. 해양폐기물 및 해양오염퇴적물 발생 예방 및 저감과 이에 필요한 대국민 홍보 및 인식제고에 관한 사항 5. 해양폐기물 및 해양오염퇴적물로 인하여 오염된 해양환경의 개선·복원 및 사후관리에 관한 사항 6. 해양폐기물 및 해양오염퇴적물 관리를 위한 재원 확보에 관한 사항 7. 해양폐기물 및 해양오염퇴적물의 재활용(「폐기물관리법」 제2조제7호에 따른 재활용을 말한다)에 관한 사항 8. 그 밖에 해양폐기물 및 해양오염퇴적물 관리를 위하여 필요한 사항 ③ 해역관리청은 관할 해역·수역의 특성을 고려하여 기본계획의 연차별 시행계획(「시행계획」)을 수립·시행하여야 한다. ④ 해양수산부장관은 제1항에 따라 수립 또는 변경된 기본계획을 국회 소관 상임위원회에 제출하여야 한다. ⑤ 기본계획 및 시행계획의 수립·시행에 필요한 사항은 대통령령으로 정한다.
해양폐기물관리위원회 (제5조의2)	① 해양폐기물 관리에 관한 사항을 심의·조정하기 위하여 해양수산부에 해양폐기물관리위원회(「위원회」)를 둔다. ② 위원회는 다음 각호의 사항을 심의·조정한다. 1. 해양폐기물 관리에 관한 중요 정책에 관한 사항 2. 관계 중앙행정기관 및 지방자치단체의 해양폐기물 관리와 관련된 정책 조정과 협력, 갈등 해결 및 업무 지원에 관한 사항 3. 해양폐기물 관련 법령, 정책 및 제도 개선에 관한 사항

4. 기본계획 수립, 시행, 추진 실적 점검 및 평가에 관한 사항
5. 해양폐기물 관리를 위한 국제협력 및 대응 업무에 관한 사항
6. 그 밖에 위원장이 해양폐기물 관리에 필요하다고 인정하는 사항
③ 위원회의 위원장은 해양수산부장관이 되며, 위원은 다음 각호의 사람이 된다.
1. 중앙행정기관의 차관급 공무원 및 「공공기관의 운영에 관한 법률」제4조에 따른 공공기관의 장 중에서 대통령령으로 정하는 사람
2. 해양폐기물에 대한 전문지식과 경험이 풍부한 사람 중에서 해양수산부장관이 위촉하는 사람
④ 위원회를 효율적으로 운영하기 위하여 간사 1명을 두며, 간사는 해양수산부장관이 지명하는 소속 공무원으로 한다.
⑤ 제3항제2호에 따라 위촉하는 위원의 임기는 3년으로 하며, 연임할 수 있다.
⑥ 위원회의 업무를 효율적으로 지원하기 위하여 실무위원회를 둘 수 있다.
⑦ 위원회의 구성·운영 및 심의 방법, 실무위원회 구성·운영과 그 밖에 필요한 사항은 대통령령으로 정한다.

내용	규정
실태조사 (제6조)	① 해역관리청은 다음 각호의 사항을 수행하기 위하여 해양폐기물 및 해양오염퇴적물에 대한 실태조사를 할 수 있다. 1. 기본계획 및 시행계획의 효율적 수립·시행 2. 제12조부터 제14조까지의 규정에 따른 해양폐기물의 수거 3. 제16조에 따른 해양오염퇴적물의 정화 ② 제1항에 따른 실태조사는 제25조제1항제1호에 따른 해양폐기물 조사기관 또는 같은 항 제2호에 따른 해양오염퇴적물 조사기관에 위탁하여 수행할 수 있다. ③ 제1항에 따른 실태조사의 범위와 방법 등에 관한 사항은 해양수산부령으로 정한다.

제3절 | 해양폐기물 및 해양오염퇴적물 관리

내용	규정
폐기물의 해양배출 금지 등 (제7조)	① 누구든지 폐기물을 해양에 배출해서는 아니 된다. ② 제1항에도 불구하고 해양환경의 보전·관리에 영향을 미치지 아니하는 폐기물로서 대통령령으로 정하는 폐기물은 해양수산부령으로 정하는 처리 기준 및 방법에 따라 해양에 배출할 수 있다. 이 경우 대통령령으로 정하는 해역에 배출하여야 한다. ③ 해양수산부장관은 폐기물이 제2항에 따라 해양에 배출할 수 있는 폐기물에 해당하는지 여부를 해양수산부령으로 정하는 바에 따라 미리 검

	사할 수 있다. 이 경우 해양수산부장관은 검사에 관한 업무를 해양수산부령으로 정하는 기관이 대행하게 할 수 있다. ④ 제2항에 따라 폐기물을 해양에 배출하려는 자는 해양수산부령으로 정하는 바에 따라 해양수산부장관에게 신고하여야 한다. 신고한 사항 중 해양수산부령으로 정하는 중요한 사항을 변경하고자 하는 때에도 또한 같다. ⑤ 제4항에 따른 신고를 하려는 자는 해양수산부령으로 정하는 바에 따라 폐기물의 성분·농도·무게·부피 등을 측정한 결과 등 해양수산부령으로 정하는 사항을 해양수산부장관에게 제출하여야 한다. 이 경우 폐기물의 성분·농도·무게·부피 등의 측정에 관한 업무를 제25조제1항제3호에 따른 해양배출 검사기관이 대행하게 할 수 있다. ⑥ 제4항에 따른 신고를 하고 폐기물을 해양에 배출하려는 자(「폐기물해양배출자」)는 제19조제1항제1호에 따른 폐기물해양배출업 등록을 한 자에게 그 배출을 위탁할 수 있다. ⑦ 폐기물해양배출자가 그 사업을 양도하거나 사망한 때 또는 법인의 합병이 있는 때에는 그 사업의 양수인·상속인 또는 합병 후 존속하는 법인이나 합병에 의하여 설립되는 법인이 폐기물의 해양배출에 관한 권리·의무를 승계한다. 이 경우 권리·의무를 승계한 자는 권리·의무를 승계한 날부터 1개월 이내에 해양수산부령으로 정하는 바에 따라 해양수산부장관에게 신고하여야 한다.
자연재해 등으로 인한 폐기물의 해양배출 (제8조)	① 제7조제1항에도 불구하고 자연재해 및 사고 등 불가피한 경우에는 폐기물을 해양에 배출할 수 있다. 이 경우 다음 각호의 요건을 모두 충족시켜야 한다. 1. 폐기물을 해양에 배출하지 아니할 경우 사람의 생명·신체나 재산에 심각한 위험을 끼칠 우려가 있을 경우 2. 해당 폐기물의 해양배출이 제1호에 따른 위험을 막을 수 있는 유일한 방법일 경우 3. 해당 폐기물의 해양배출로 인한 피해가 그렇지 않은 경우보다 적다는 것이 확실할 경우 ② 제1항에 따라 해당 폐기물을 해양에 배출한 자는 해양수산부령으로 정하는 바에 따라 해역관리청에 즉시 보고하여야 한다. ③ 제2항에 따라 폐기물을 해양에 배출한 사실을 보고받은 해역관리청은 폐기물을 배출한 자에게 해당 해역의 환경상태 조사 및 해양폐기물의 수거·정화를 명할 수 있다.
폐기물의 매립 등 (제9조)	① 제7조제1항에도 불구하고 대통령령으로 정하는 폐기물은 다음 각호의 어느 하나에 해당하는 방법으로 배출할 수 있다. 1. 「공유수면 관리 및 매립에 관한 법률」 제28조 및 같은 법 제35조에 따라 매립하는 방법 2. 해저면의 함몰지에 폐기물을 넣고 그 위를 오염되지 아니한 물질로

	덮어 고립시키는 방법 ② 폐기물을 제1항제2호에 따라 고립시키는 방법으로 해양에 배출하려는 자는 대통령령으로 정하는 바에 따라 해양수산부장관의 허가를 받아야 한다. ③ 제1항에 따른 매립 및 고립의 방법, 기준 및 절차 등에 관한 사항은 해양수산부령으로 정한다.
이산화탄소 스트림의 해양지중저장 및 관리 (제10조)	① 제7조제1항에도 불구하고 대통령령으로 정하는 이산화탄소 스트림(이산화탄소가 대량으로 발생되는 시설 등으로부터 포집과정을 거쳐 고압으로 액화된 이산화탄소를 말한다. 이하 같다)은 해양수산부령으로 정하는 방법으로 해저퇴적층에 저장(「해양지중저장」)할 수 있다. ② 제1항에 따라 이산화탄소 스트림을 해양지중저장하려는 자는 대통령령으로 정하는 바에 따라 해양수산부장관의 허가를 받아야 한다. ③ 해양수산부장관은 지질 특성을 고려하여 이산화탄소 스트림의 해양지중저장에 적합한 저장후보지를 정하여 고시하여야 한다. ④ 그 밖에 이산화탄소 스트림의 해양지중저장 및 관리에 필요한 사항은 해양수산부령으로 정한다.
폐기물의 해양유입 차단조치 (제11조)	① 해양에 접하는 하천을 관리하는 중앙행정기관의 장 및 시·도지사(「중앙행정기관의 장등」)는 관할 하천으로부터 폐기물이 해양에 유입되지 아니하도록 유출방지시설의 설치 등 필요한 조치를 하여야 한다. ② 해양수산부장관은 제1항에 따른 조치를 이행하지 아니한 중앙행정기관의 장등에게 유출방지시설의 설치 등 필요한 조치를 요청할 수 있다. 이 경우 중앙행정기관의 장등은 특별한 사유가 없으면 이에 따라야 한다.
해안폐기물의 수거 (제12조)	① 특별자치도지사·시장·군수·구청장(「자치구의 구청장」)은 관할구역의 바닷가에 있는 해양폐기물(「해안폐기물」)을 수거하여야 한다. ② 특별자치도지사·시장·군수·구청장은 해안폐기물의 발생원인이 된 행위를 한 자에게 해안폐기물의 전부 또는 일부의 수거를 명할 수 있다. ③ 해안폐기물의 수거 방법 및 절차, 그 밖에 해안폐기물 수거에 필요한 사항은 해양수산부령으로 정한다.
부유폐기물의 수거 (제13조)	① 해역관리청은 관할 해역의 해상 또는 해중에 떠있는 해양폐기물(「부유폐기물」)이 다른 해역으로 이동하거나 해저에 침적되기 전에 수거하여야 한다. ② 해역관리청은 부유폐기물의 발생원인이 된 행위를 한 자에게 부유폐기물의 전부 또는 일부의 수거를 명할 수 있다. ③ 제2항에 따라 부유폐기물의 수거명령을 받은 자는 제19조제1항제2호에 따른 해양폐기물수거업 등록을 한 자에게 수거를 위탁할 수 있다. ④ 부유폐기물의 수거 방법 및 절차, 그 밖에 부유폐기물 수거에 필요한 사항은 해양수산부령으로 정한다.

침적폐기물의 수거 (제14조)	① 해역관리청은 제6조에 따른 실태조사 결과 해저에 침적된 해양폐기물(「침적폐기물」)이 해양환경에 미치는 영향이 크다고 판단되는 경우에는 해당 해역의 침적폐기물을 수거하여야 한다. ② 해역관리청은 침적폐기물의 발생원인이 된 행위를 한 자에게 침적폐기물의 전부 또는 일부의 수거를 명할 수 있다. ③ 제2항에 따라 침적폐기물의 수거명령을 받은 자는 제19조제1항제2호에 따른 해양폐기물수거업 등록을 한 자에게 수거를 위탁할 수 있다. ④ 침적폐기물의 수거 방법 및 절차, 그 밖에 침적폐기물 수거에 필요한 사항은 해양수산부령으로 정한다.
해양폐기물 수거 등을 위한 선박 등의 운영 (제15조)	① 해역관리청은 해양폐기물의 수거 또는 실태조사 등을 위하여 필요한 선박 및 시설 등을 운영할 수 있다. ② 제1항에 따른 선박 또는 시설 등의 운영 기준 및 방법, 그 밖에 필요한 사항은 해양수산부령으로 정한다.
바다환경지킴이 (제15조의2)	① 특별자치도지사·시장·군수·구청장은 해양폐기물의 발생 예방 및 수거·처리 등을 위하여 바다환경지킴이를 채용하여 활동하게 할 수 있다. ② 바다환경지킴이의 채용방법 및 활동범위 등에 관하여 필요한 사항은 해양수산부령으로 정한다.
해양오염퇴적물의 정화 (제16조)	① 해역관리청은 제6조에 따른 실태조사 결과 해양오염퇴적물이 해양환경에 미치는 영향이 크다고 판단되는 경우에는 해양수산부령으로 정하는 방법에 따라 해양오염퇴적물을 정화하여야 한다. ② 해역관리청은 해양오염퇴적물의 발생원인이 된 행위를 한 자에게 해양오염퇴적물의 전부 또는 일부를 정화할 것을 명할 수 있다. ③ 제2항에 따라 해양오염퇴적물 정화명령을 받은 자는 해양수산부령으로 정하는 바에 따라 정화계획서를 작성·제출하여 해역관리청의 승인을 받아야 한다. 승인받은 사항 중 해양수산부령으로 정하는 중요한 사항을 변경하려는 경우에도 또한 같다. ④ 제3항에 따른 승인을 받아 해양오염퇴적물을 정화하려는 자는 제19조제1항제3호에 따른 해양오염퇴적물정화업 등록을 한 자에게 위탁할 수 있다. ⑤ 그 밖에 해양오염퇴적물의 정화에 필요한 사항은 해양수산부령으로 정한다.
사후관리 (제17조)	① 해역관리청은 해양오염퇴적물 정화사업이 완료된 해역에 대하여 해양수산부령으로 정하는 기간 동안 해양오염퇴적물 등에 대한 조사를 실시하여 재오염 여부 등을 측정하여야 한다. ② 해역관리청은 제1항에 따른 측정 결과 재오염 등이 우려되는 경우 그 방지를 위하여 필요한 조치를 하여야 한다. ③ 제1항 및 제2항에 따른 조사·조치의 내용 및 방법에 관한 사항은 해양수산부령으로 정한다.

준설물질의 활용 (제18조)	① 대통령령으로 정하는 기준에 적합한 준설물질은 다음 각호의 용도로 활용할 수 있다. 1. 해수욕장의 양빈, 습지 조성 및 복원, 인공섬의 조성, 어장 정비 또는 항만시설·어항시설의 공사용 재료 2. 그 밖에 대통령령으로 정하는 용도 ② 준설물질을 제1항 각호에 따른 용도로 활용하려는 자는 해양수산부령으로 정하는 바에 따라 해양수산부장관에게 신고하여야 한다. 신고한 사항 중 해양수산부령으로 정하는 중요한 사항을 변경하려는 경우에도 또한 같다. ③ 제2항에 따라 신고를 한 자는 해양수산부령으로 정하는 기간 이내에 신고한 준설물질을 활용하여야 한다. 다만, 화재, 중대한 사고, 노동쟁의 등 그 처리기간 이내에 처리하지 못할 부득이한 사유가 있는 경우로서 해양수산부장관의 승인을 받은 때에는 그러하지 아니하다.

제4절 │ 해양폐기물관리업

내용	규정
해양폐기물관리업의 등록 (제19조)	① 다음 각호의 어느 하나에 해당하는 사업(「해양폐기물관리업」)을 영위하려는 자는 대통령령으로 정하는 바에 따라 해양수산부장관에게 등록하여야 한다. 등록한 사항 중 해양수산부령으로 정하는 중요한 사항을 변경할 때에도 또한 같다. 1. 폐기물해양배출업: 폐기물의 해양배출에 필요한 선박·설비 및 장비 등을 갖추고 폐기물을 해양에 배출하는 사업 2. 해양폐기물수거업: 부유폐기물·침적폐기물의 수거에 필요한 선박·설비 및 장비 등을 갖추고 해양폐기물을 수거하는 사업 3. 해양오염퇴적물정화업: 해양오염퇴적물의 정화에 필요한 선박·설비 및 장비 등을 갖추고 해양오염퇴적물을 정화하는 사업 ② 해양폐기물관리업의 등록을 하려는 자는 대통령령으로 정하는 바에 따라 해당 분야의 기술능력을 보유하여야 하며, 해양수산부령으로 정하는 선박·설비 및 장비 등을 갖추어야 한다.
등록의 결격사유 (제20조)	다음 각호의 어느 하나에 해당하는 자는 해양폐기물관리업의 등록을 할 수 없다. 1. 피성년후견인 2. 이 법 또는 「해양환경관리법」을 위반하여 징역 이상의 형의 선고를 받고 그 형의 집행이 종료(집행이 종료된 것으로 보는 경우를 포함한다)되거나 집행이 면제된 후 1년이 경과되지 아니한 자 3. 해양폐기물관리업의 등록이 취소(제1호에 해당하여 취소된 경우는 제

	외한다)된 후 1년이 경과되지 아니한 자 4. 임원 중에 제1호부터 제3호까지의 어느 하나에 해당하는 사람이 있는 법인
해양폐기물관리업자의 의무 (제21조)	① 해양폐기물관리업의 등록을 한 자(「해양폐기물관리업자」)는 처리실적서를 작성하여 해양수산부장관에게 제출하여야 하고, 처리대장을 작성하여 해당 선박 또는 시설에 비치하여야 한다. ② 제19조제1항제1호에 따른 폐기물해양배출업의 등록을 한 자는 해양배출의 대상이 되는 폐기물을 해양수산부령으로 정하는 바에 따라 보관·관리하고 폐기물인계·인수서를 작성하여 해양수산부장관에게 제출하여야 한다. ③ 해양폐기물관리업자가 제1항에 따른 처리실적서 및 제2항에 따른 폐기물인계·인수서를 해양수산부령으로 정하는 바에 따라 제30조제2항에 따른 전자정보처리시스템을 이용하여 제출한 경우에는 해당 자료 제출 및 보관 의무를 이행한 것으로 본다. ④ 제1항 및 제2항에 따른 처리실적서, 처리대장 및 폐기물인계·인수서의 작성방법 및 보존기간 등에 관한 사항은 해양수산부령으로 정한다.
위탁 해양폐기물 등에 대한 처리명령 (제22조)	해양수산부장관은 해양폐기물관리업자(휴업·폐업한 경우를 포함한다)가 처리를 위탁받은 폐기물, 해양폐기물 및 해양오염퇴적물(「해양폐기물등」)을 방치하는 경우에는 해양수산부령으로 정하는 바에 따라 적정한 처리를 명할 수 있다.
전문기관의 지정 등 (제25조)	① 해양수산부장관은 폐기물의 검사와 해양폐기물 및 해양오염퇴적물의 조사를 전문적으로 수행하기 위한 기관(「전문기관」)을 다음 각호의 구분에 따라 지정할 수 있다. 1. 해양폐기물 조사기관: 해양폐기물의 발생 및 관리 현황 등에 관한 조사업무를 수행하는 기관 2. 해양오염퇴적물 조사기관: 해양오염퇴적물의 발생 및 관리 현황 등에 관한 조사업무를 수행하는 기관 3. 해양배출 검사기관: 제7조제5항에 따라 폐기물의 성분·농도·무게·부피 등의 측정을 수행하는 기관 ② 전문기관은 검사·조사를 하는 경우 검사·조사를 의뢰한 자로부터 그 비용을 받을 수 있다. 이 경우 비용의 산정기준에 관하여는 해양수산부장관이 정하여 고시한다. ③ 전문기관의 지정을 받은 자는 다음 각호의 행위를 하여서는 아니 된다. 1. 다른 자에게 자기의 명의를 사용하여 전문기관의 업무를 하게 하거나 전문기관 지정서를 빌려주는 행위 2. 해양폐기물관리업을 겸업하는 행위 ④ 전문기관의 결격사유에 관하여는 제20조를 준용한다. 이 경우 "해양폐기물관리업"은 "전문기관"으로, "등록을 할 수 없다"는 "지정을 받을 수 없다"로 본다.

	⑤ 그 밖에 전문기관의 지정 기준 및 절차 등에 관한 사항은 해양수산부령으로 정한다.
전문기관의 지정취소 등 (제26조)	① 해양수산부장관은 전문기관이 다음 각호의 어느 하나에 해당하는 경우에는 전문기관의 지정을 취소하거나 6개월 이내의 기간을 정하여 업무정지를 명할 수 있다. 다만, 제1호부터 제4호까지의 어느 하나에 해당하는 경우에는 지정을 취소하여야 한다. 1. 거짓이나 그 밖의 부정한 방법으로 지정을 받은 경우 2. 제25조제4항에 따라 준용되는 제20조 각 호의 어느 하나에 해당하는 경우. 다만, 제20조제4호에 해당하는 법인이 6개월 이내에 그 임원을 교체하여 임명한 때에는 그러하지 아니하다. 3. 1년에 2회 이상 업무정지처분을 받은 경우 4. 업무정지기간 중에 검사·조사업무를 한 경우 5. 제25조제3항제1호를 위반하여 다른 자에게 자기의 명의를 사용하여 전문기관의 업무를 하게 하거나 전문기관 지정서를 빌려준 경우 6. 제25조제3항제2호를 위반하여 해양폐기물관리업을 겸업한 경우 7. 고의 또는 중대한 과실로 검사·조사결과를 거짓으로 작성한 경우 ② 제1항에 따른 행정처분의 세부기준은 그 위반행위의 유형과 정도 등을 고려하여 해양수산부령으로 정한다.
관리센터의 설치·운영 (제27조)	① 해양수산부장관은 해양폐기물 및 해양오염퇴적물에 대한 종합적이고 체계적인 관리를 위하여 해양폐기물 및 해양오염퇴적물 관리센터를 설치·운영할 수 있다. ② 제1항에 따른 관리센터의 설치·운영에 필요한 사항은 대통령령으로 정한다.

제5절 | 보 칙

내용	규정
대집행 (제28조)	해역관리청 또는 특별자치도지사·시장·군수·구청장은 다음 각 호의 어느 하나에 해당하는 명령을 받은 자가 그 명령을 이행하지 아니하는 경우에는 「행정대집행법」에 따라 대집행을 하고 그 비용을 명령위반자로부터 징수할 수 있다. 1. 제8조제3항에 따른 환경상태 조사 및 해양폐기물의 수거·정화 명령 2. 제12조제2항에 따른 수거명령 3. 제13조제2항에 따른 수거명령 4. 제14조제2항에 따른 수거명령 5. 제16조제2항에 따른 정화명령 6. 제22조에 따른 처리명령

청문 (제31조)	해양수산부장관은 다음 각호의 어느 하나에 해당하는 처분을 하려면 청문을 실시하여야 한다. 1. 제24조에 따른 해양폐기물관리업 등록의 취소 2. 제26조에 따른 전문기관 지정의 취소
출입·검사 등 (제32조)	① 해양수산부장관은 대통령령으로 정하는 바에 따라 소속 공무원으로 하여금 해양폐기물관리업자, 전문기관 및 폐기물해양배출자에게 필요한 자료를 제출하게 하거나 보고하게 할 수 있으며, 그 시설·선박이나 그 밖의 장소에 출입하여 폐기물의 수거·보관·처리 현황을 확인·점검하거나 관계 서류나 시설·장비를 검사하게 할 수 있다. ② 제1항에 따라 출입·검사 등을 하는 공무원은 그 권한을 표시하는 증표를 지니고 이를 관계인에게 내보여야 하며, 출입목적·성명 등을 구체적으로 알려야 한다.
권한 등의 위임·위탁 (제33조)	① 이 법에 따른 해양수산부장관의 권한은 대통령령으로 정하는 바에 따라 그 일부를 소속 기관의 장에게 위임할 수 있다. ② 이 법에 따른 해양수산부장관의 업무는 대통령령으로 정하는 바에 따라 그 일부를 관련 기관 또는 단체에 위탁할 수 있다.
벌칙 적용에서 공무원 의제 (제34조)	제6조제2항 및 제33조제2항에 따라 위탁받은 업무에 종사하는 기관 또는 단체의 임직원은 「형법」 제129조부터 제132조까지의 규정에 따른 벌칙을 적용할 때에는 공무원으로 본다.

제6절 │ 벌 칙

내용	규정
벌칙 (제35조)	다음 각호의 어느 하나에 해당하는 자는 3년 이하의 징역 또는 3천만원 이하의 벌금에 처한다. 1. 제7조제1항을 위반하여 폐기물을 해양에 배출한 자 2. 제19조제1항 전단에 따른 등록을 하지 아니하고 해양폐기물관리업을 한 자 3. 제25조제1항에 따른 지정을 받지 아니하고 전문기관 업무를 수행한 자
벌칙 (제36조)	다음 각호의 어느 하나에 해당하는 자는 2년 이하의 징역 또는 2천만원 이하의 벌금에 처한다. 1. 제18조제1항에 따른 기준을 충족하지 않고 준설물질을 활용한 자 2. 제24조에 따라 등록이 취소된 후 영업을 하거나 영업정지명령을 받고 영업정지기간 중에 영업을 한 자 3. 제26조에 따라 전문기관의 지정이 취소된 후 업무를 수행하거나 업무정지명령을 받고 업무정지기간 중에 업무를 수행한 자

벌칙 (제37조)	다음 각호의 어느 하나에 해당하는 자는 1년 이하의 징역 또는 1천만원 이하의 벌금에 처한다. 1. 제7조제4항 전단에 따른 신고를 하지 아니하거나 거짓으로 신고한 자 2. 제12조제2항에 따른 특별자치도지사·시장·군수·구청장의 수거명령을 위반한 자 3. 제13조제2항에 따른 해역관리청의 수거명령을 위반한 자 4. 제14조제2항에 따른 해역관리청의 수거명령을 위반한 자 5. 제16조제2항에 따른 해역관리청의 정화명령을 위반한 자 6. 제22조에 따른 해양수산부장관의 처리명령을 위반한 자 7. 제25조제3항제1호를 위반하여 다른 자에게 자기의 명의를 사용하여 전문기관의 업무를 하게 하거나 전문기관 지정서를 빌려준 자 8. 제32조제1항에 따른 출입·검사·보고 요구 등을 정당한 사유 없이 거부·방해 또는 기피한 자
양벌규정 (제38조)	법인의 대표자나 법인 또는 개인의 대리인, 사용인, 그 밖의 종업원이 그 법인 또는 개인의 업무에 관하여 제35조부터 제37조까지의 어느 하나에 해당하는 위반행위를 하면 그 행위자를 벌하는 외에 그 법인 또는 개인에게도 해당 조문의 벌금형을 과한다. 다만, 법인 또는 개인이 그 위반행위를 방지하기 위하여 해당 업무에 관하여 상당한 주의와 감독을 게을리하지 아니한 경우에는 그러하지 아니하다.
과태료 (제39조)	① 다음 각호의 어느 하나에 해당하는 자에게는 500만원 이하의 과태료를 부과한다. 1. 제8조제2항에 따른 보고를 하지 아니하거나 거짓으로 보고한 자 2. 제18조제2항 전단에 따른 신고를 하지 아니하거나 거짓으로 신고한 자 3. 제19조제1항 후단에 따른 변경등록을 하지 아니하거나 거짓으로 변경등록을 한 자 4. 제21조제1항을 위반하여 처리실적서를 제출하지 아니하거나 거짓으로 작성하여 제출한 자 또는 처리대장을 비치하지 아니하거나 거짓으로 작성하여 비치한 자 5. 제21조제2항을 위반하여 폐기물을 보관·관리한 자 또는 폐기물인계·인수서를 제출하지 아니하거나 거짓으로 작성하여 제출한 자 6. 제23조제3항을 위반하여 해양폐기물관리업의 권리·의무 승계에 대한 신고를 하지 아니하거나 거짓으로 신고한 자 ② 다음 각 호의 어느 하나에 해당하는 자에게는 100만원 이하의 과태료를 부과한다. 1. 제7조제4항 후단 또는 제18조제2항 후단에 따른 변경신고를 하지 아니하거나 거짓으로 변경신고를 한 자 2. 제30조제3항을 위반하여 정보를 입력하지 아니하거나 거짓으로 입력한 자 ③ 제1항 및 제2항에 따른 과태료는 대통령령으로 정하는 바에 따라 해양수산부장관 또는 시·도지사가 부과·징수한다.

제5장 무인도서의 보전 및 관리에 관한 법률

제1절 │ 총 론

　　2007년 3월 제정된「무인도서의 보전 및 관리에 관한 법률」은 생태학적 또는 자연적으로 보전가치가 높거나 이용·개발가능성이 있는 무인도서 및 그 주변해역에 대한 체계적이고 지속적인 관리체계를 마련하기 위한 목적이다. 이를 위해 무인도서에 대한 보전과 이용·개발에 따른 유형별 관리방법을 채택하고 그 보전에 필요한 조치와 개발방식 등 이용·개발에 필요한 사항을 규정하고 있다. 특히 측정을 위한 기준선이 되는 무인도서에 대하여는 별도의 특별관리계획을 수립·시행함으로써 해양관할권의 근거가 되는 무인도서를 체계적으로 관리할 수 있도록 하고 있다.

제2절 │ 총 칙

내용	규정
목적 (제1조)	이 법은 무인도서와 그 주변해역의 보전 및 관리에 관하여 필요한 사항을 정함으로써 무인도서와 그 주변해역을 체계적으로 관리하여 공공복리의 증진에 이바지함을 목적으로 한다.
정의 (제2조)	1. "무인도서"란 바다로 둘러싸여 있고 만조 시에 해수면 위로 드러나는 자연적으로 형성된 땅으로서 사람이 거주(정착하여 지속적으로 경제활동을 하는 것을 말한다. 이하 같다)하지 아니하는 곳을 말한다. 다만, 등대관리 등 대통령령으로 정하는 사유로 인하여 제한적 지역에만 사람이 거주하는 도서는 무인도서로 본다. 2. "주변해역"이란 무인도서의 만조수위선으로부터 거리가 1킬로미터 이내의 바다 중「항만법」제2조제4호에 따른 항만구역 등 대통령령으로 정하는 바다를 제외한 것을 말한다. 3. "간조노출지"란 간조 시에는 해수면 위로 드러나고 만조 시에는 해수면 아래로 잠기는 자연적으로 형성된 땅을 말한다. 4. "영해기점무인도서"란「영해 및 접속수역법」제2조제1항 및 제2항에 따라 통상의 기선 또는 직선의 기선으로 인정되는 무인도서와 국제법에 따라 영해의 폭을 측정하는 기선으로 인정되는 간조노출지를 말한다.
국가 등의 책무 (제3조)	국가와 지방자치단체는 무인도서와 그 주변해역이 훼손되거나 무분별하게 이용·개발되지 아니하도록 하는 등 무인도서의 적정한 보전·관리에 필요한 시책을 수립·시행하여야 한다.

종합정보체계의 구축 등 (제4조)	① 해양수산부장관은 무인도서 및 그 주변해역의 효율적인 보존·관리를 위하여 무인도서 및 그 주변해역에 대한 종합정보체계를 구축·운영할 수 있다. ② 제1항에 따른 무인도서 및 그 주변해역에 대한 종합정보체계의 구축·운영에 관하여 필요한 사항은 해양수산부령으로 정한다.
다른 법률과의 관계 (제5조)	① 「독도 등 도서지역의 생태계보전에 관한 특별법」에 따라 특정도서로 지정된 도서는 이 법의 적용을 받지 아니한다. ② 무인도서 및 그 주변해역(「무인도서」)의 보전 및 이용·개발에 관하여 다른 법률에 특별한 규정이 있는 경우를 제외하고는 이 법에 따른다.

제3절 │ 무인도서 등에 대한 종합관리계획

내용	규정
종합관리계획 (제6조)	① 해양수산부장관은 무인도서와 그 주변해역의 보전 및 이용·개발에 관한 무인도서종합관리계획(「종합관리계획」)을 대통령령으로 정하는 바에 따라 10년마다 수립·시행하여야 한다. 이 경우 해양수산부장관은 관계 중앙행정기관의 장과 미리 협의하여야 한다. ② 종합관리계획은 「연안관리법」제30조제1항에 따른 중앙연안관리심의회(「심의회」)의 심의를 거쳐 확정된다. ③ 종합관리계획에는 다음 각호의 사항이 포함되어야 한다. 1. 무인도서의 보전 및 이용·개발에 관한 기본정책방향 2. 종합관리계획의 범위 및 필요성 등 3. 무인도서의 유형별 관리방안 4. 무인도서의 관리에 필요한 지원 5. 영해기점무인도서의 관리 등에 관한 사항 6. 다른 법률에 따른 무인도서 관리현황에 관한 사항 7. 「국토의 계획 및 이용에 관한 법률」에 따른 용도구분의 현황 8. 그 밖에 무인도서의 보전 및 이용·개발에 필요한 것으로서 대통령령으로 정하는 사항 ④ 해양수산부장관은 종합관리계획을 수립하려는 때에는 미리 광역시장·도지사 및 특별자치도지사(「시·도지사」)의 의견을 들어야 한다. 이 경우 시·도지사는 해양수산부장관에게 의견을 제출하기 전에 관할 시장·군수·구청장의 의견을 들어야 한다. ⑤ 해양수산부장관은 제2항에 따라 종합관리계획이 확정된 때에는 지체 없이 대통령령으로 정하는 바에 따라 공고하고, 관계 중앙행정기관의 장 및 시·도지사에게 통보하여야 한다.

	⑥ 제5항에 따른 통보를 받은 시·도지사(제주특별자치도지사를 제외한다)는 지체 없이 시장·군수 또는 자치구의 구청장(「시장·군수·구청장」)에게 통보하여 누구든지 관할 구역에 대한 종합관리계획을 열람할 수 있도록 하여야 한다. ⑦ 해양수산부장관은 종합관리계획을 변경할 필요가 있다고 인정되거나 관계 행정기관의 장이 그 변경을 요청하는 때에는 이를 변경할 수 있다. ⑧ 제1항 후단, 제2항, 제4항부터 제6항까지는 제7항에 따라 종합관리계획을 변경하는 경우에 준용한다. 다만, 대통령령으로 정하는 경미한 사항을 변경하는 경우에는 제5항 및 제6항에 한하여 준용한다. ⑨ 제5항 및 제6항에 따른 통보 및 열람의 방법 등에 관하여 필요한 사항은 해양수산부령으로 정한다.
특별관리계획 (제7조)	① 해양수산부장관은 영해기점무인도서의 보전·관리를 위하여 특별히 필요하다고 인정되는 경우에는 영해기점무인도서에 대한 특별관리계획(「특별관리계획」)을 수립·시행할 수 있다. ② 특별관리계획의 수립·시행에 관하여 필요한 사항은 대통령령으로 정한다.
심의회의 심의 (제8조)	무인도서의 보전 및 이용·개발에 관한 주요 정책으로서 다음 각호의 사항은 심의회의 심의를 거쳐야 한다. 1. 종합관리계획의 수립 및 변경에 관한 사항 2. 제10조에 따른 무인도서 관리유형의 지정 및 변경에 관한 사항 3. 무인도서의 보전 및 이용·개발에 대한 관계 행정기관간 정책이 상충될 경우 그 조정에 관한 사항 4. 그 밖에 무인도서의 보전 및 이용·개발을 위하여 필요한 것으로서 대통령령으로 정하는 사항
실태조사 (제9조)	① 해양수산부장관은 무인도서의 효율적인 보존·관리를 위하여 무인도서에 대한 종합적인 실태조사를 10년마다 실시하여야 한다. 다만, 자연재해에 따른 급격한 환경변화 등 해양수산부령으로 정하는 사유가 있는 때에는 수시로 실태조사를 할 수 있다. ② 해양수산부장관은 제1항에 따른 실태조사를 위하여 필요하다고 인정되는 경우 관계 행정기관의 장의 의견을 들을 수 있으며, 필요하다고 인정되는 경우 관계 행정기관의 장에게 필요한 자료의 제출을 요구할 수 있다. ③ 해양수산부장관은 필요하다고 인정되거나 관계 행정기관의 장의 요청이 있는 때에는 관계 중앙행정기관, 지방자치단체 및 민간단체 등과 합동으로 실태조사를 실시할 수 있다. ④ 해양수산부장관은 제1항에 따른 실태조사 결과 다음 각 호의 어느 하나에 해당하는 것(「문화재등」)의 지정요건에 해당하는 문화재, 동·식물, 지형, 경관 및 자연적 생성물 등을 발견한 때에는 관계 중앙행정기관의

장에게 그 사실을 통보하여야 한다.

1. 「문화재보호법」에 따른 문화재(문화재보호구역을 포함하며, 이하 같다)
2. 「야생생물 보호 및 관리에 관한 법률」에 따른 야생생물 특별보호구역
3. 「자연환경보전법」에 따른 생태·경관보전지역
4. 「자연공원법」에 따른 공원구역
5. 「습지보전법」에 따른 습지보호지역
6. 「산림자원의 조성 및 관리에 관한 법률」에 따른 시험림 및 「산림보호법」에 따른 산림보호구역
⑤ 제1항부터 제4항까지의 규정에 따른 실태조사의 대상·방법 등에 관하여 필요한 사항은 대통령령으로 정한다.

제4절 | 무인도서의 관리유형별 지정 등

내용	규정
무인도서의 관리유형의 지정 등 (제10조)	① 해양수산부장관은 무인도서의 효과적인 관리를 위하여 무인도서를 다음 각호의 구분에 따른 관리유형별로 지정하고 대통령령으로 정하는 바에 따라 고시하여야 한다. 1. 절대보전무인도서: 무인도서의 보전가치가 매우 높거나 영해의 설정과 관련하여 특별히 보전할 필요가 있어 일정한 행위를 제한하는 조치를 하거나 상시적인 출입제한의 조치가 필요한 무인도서 2. 준보전무인도서: 무인도서의 보전가치가 높아 일정한 행위를 제한하는 조치를 하거나 필요한 경우 일시적인 출입제한의 조치를 할 수 있는 무인도서 3. 이용가능무인도서 : 무인도서의 형상을 훼손하지 아니하는 범위 안에서 사람의 출입 및 활동이 허용되는 무인도서 4. 개발가능무인도서: 제1호부터 제3호까지의 규정에 해당되지 아니하는 것으로서 일정한 개발이 허용되는 무인도서 ② 해양수산부장관은 제1항에 따라 무인도서를 절대보전무인도서 및 준보전무인도서로 지정하는 경우에는 미리 환경부장관의 의견을 들어야 한다. ③ 해양수산부장관은 제1항에 따라 무인도서의 관리유형을 지정하려는 때에는 다음 각 호의 사항을 고려하여야 한다. 1. 무인도서의 위치·면적 및 육지와의 거리 2. 무인도서의 자연환경 및 생태계의 실태 3. 무인도서의 역사적 가치 4. 무인도서의 시설물 및 이용현황 5. 과거 주민거주 여부 및 향후 거주 가능성

	6. 지방자치단체의 개발계획 7. 영해의 설정과 관련한 무인도서의 의의 8. 다른 법률에 따른 관리대상 여부 9. 그 밖에 관리유형의 구분에 필요한 사항으로서 해양수산부령으로 정하는 사항 ④ 해양수산부장관은 2개 이상의 무인도서가 밀집되어 있고 그 동질성 등으로 인하여 통일된 관리가 필요하다고 인정되는 때에는 2개 이상의 무인도서에 대하여 제1항에 따른 관리유형을 동일하게 지정할 수 있고, 1개의 무인도서에 대하여 효율적인 관리를 위하여 필요하다고 인정되는 때에는 해당 무인도서에 대하여 구역을 구분하여 제1항에 따른 관리유형을 별도로 지정할 수 있다. ⑤ 지정된 무인도서의 관리유형을 변경하려는 때에는 제2항부터 제4항까지의 규정을 준용한다.
관리유형의 지정절차 등 (제11조)	① 해양수산부장관은 제10조제1항에 따라 무인도서의 관리유형을 지정하려는 때에는 해당 무인도서의 토지소유자, 대통령령으로 정하는 민간단체 등 이해관계인 및 관할 지방자치단체의 장(「이해관계인등」)의 의견을 듣고 관계 중앙행정기관의 장과 협의한 후 제8조에 따른 심의회의 심의를 거쳐야 한다. 지정된 무인도서의 관리유형을 변경하려는 때에도 또한 같다. ② 해양수산부장관은 제1항에 따라 무인도서의 관리유형을 지정 또는 변경하는 경우 해당 무인도서의 토지소유자에게 지정사유 및 변경사유를 구체적으로 통보하여야 한다. ③ 이해관계인등은 대통령령으로 정하는 바에 따라 해양수산부장관에게 무인도서 관리유형의 변경을 요청할 수 있다. ④ 제1항에 따른 무인도서 관리유형의 지정이나 변경에 대하여 이견이 있는 이해관계인등은 대통령령으로 정하는 바에 따라 해양수산부장관에게 이의를 제기할 수 있다. ⑤ 해양수산부장관은 제4항에 따라 이의가 제기된 때에는 이를 제1항에서 정하는 절차에 따라 재심의하여야 하며, 재심의를 위하여 필요하다고 인정되는 경우에는 대통령령으로 정하는 바에 따라 이해관계인등이 참여하는 합동조사를 실시할 수 있다. ⑥ 제6조제5항 및 제6항은 무인도서의 관리유형을 지정하거나 변경하는 경우에 준용한다.

제5절 | 무인도서의 보전

내용	규정
행위제한 (제12조)	① 누구든지 절대보전무인도서 및 준보전무인도서에서 다음 각 호의 어느 하나에 해당하는 행위를 하여서는 아니 된다. 다만, 「재난 및 안전 관리기본법」 제37조제1항 각호에 따른 응급조치가 필요한 경우 또는 국방부장관이 군사상의 기밀보호가 필요하거나 군사작전의 긴급한 수행을 위하여 필요하다고 인정하여 해양수산부장관과 협의한 것으로서 해양수산부장관이 정하여 고시한 사항에 해당되는 경우에는 그러하지 아니하다. 1. 건축물 또는 인공구조물의 신축 및 증·개축 2. 토지의 형질변경 3. 개간·매립·준설 또는 간척 4. 토석의 채취, 광물의 채굴, 지하수의 개발 5. 입목·대나무의 벌채 또는 훼손 6. 가축의 방목 또는 무인도서 안으로 야생생물(「생물다양성 보전 및 이용에 관한 법률」 제2조제8호에 따른 생태계교란 생물을 말한다)을 반입하는 행위 7. 야생동·식물을 포획·살생·채취하거나 포획물 등을 해당 무인도서 밖으로 반출하는 행위. 다만, 대통령령으로 정하는 무인도서 주변지역의 주민이 생계수단의 확보 등을 위하여 행하는 경우는 제외한다. 8. 자연적 생성물을 반출하는 행위 9. 생활폐기물을 투기하는 행위 10. 인화성 물질을 이용하여 음식물을 조리하거나 야영을 하는 행위. 다만, 선박의 안전운항 등 대통령령으로 정하는 공공목적을 위하여 일시 거주하는 자의 경우는 제외한다. 11. 지질·지형 및 그 밖에 자연적 생성물의 형상을 훼손하는 행위 ② 제1항에도 불구하고 절대보전무인도서 및 준보전무인도서 안에 있는 문화재등에 대한 각종 행위제한에 관하여는 각각 「문화재보호법」·「야생생물 보호 및 관리에 관한 법률」·「자연환경보전법」·「자연공원법」·「습지보전법」 및 「산림자원의 조성 및 관리에 관한 법률」에서 정한 바에 따른다.
절대보전무인도서의 출입제한 등 (제13조)	① 누구든지 절대보전무인도서에 출입할 수 없다. 다만, 다음 각호의 어느 하나에 해당하는 경우에는 그러하지 아니하다. 1. 「재난 및 안전 관리기본법」에 따른 재해의 예방, 응급대책 및 복구 등을 위한 활동 또는 구호 등에 필요한 조치를 위하여 출입하는 경우 2. 군사상의 목적을 위하여 출입하는 경우

	3. 제21조에 따른 무인도서의 점검을 위하여 출입하는 경우 4. 태풍 등 자연재해로 인한 긴급피난을 위하여 출입하는 경우 5. 대통령령으로 정하는 무인도서 주변지역의 주민이 농업·어업 등의 활동을 위하여 출입하는 경우 6. 무인도서 안에 토지를 소유한 자가 토지의 관리 등을 위하여 출입하는 경우 7. 그 밖에 제10조제1항제1호에 따른 절대보전무인도서의 지정목적의 범위 안에서 필요하다고 인정되어 해양수산부장관의 출입허가를 받은 경우 ② 해양수산부장관은 제1항 각 호에 따라 절대보전무인도서에 출입한 사람이 출입목적과 다른 활동을 하거나 자연환경 및 생태계 등을 파괴·훼손하는 경우에는 출입을 제한하거나 원상회복을 명할 수 있다. 이 경우 제1항제7호에 따라 출입허가를 받은 사람에 대해서는 출입허가를 취소할 수 있다. ③ 제1항제7호에 따른 출입허가의 절차·방법 등에 관하여 필요한 사항은 해양수산부령으로 정한다. ④ 제1항에도 불구하고 절대보전무인도서 안에 있는 문화재등에 대한 출입제한에 관하여는 각각 「문화재보호법」·「야생생물 보호 및 관리에 관한 법률」·「자연환경보전법」·「자연공원법」·「습지보전법」 및 「산림자원의 조성 및 관리에 관한 법률」에서 정한 바에 따른다.
준보전무인도서의 일시적 출입제한 (제14조)	① 해양수산부장관은 자연환경 또는 생태계의 보호를 위하여 긴급한 조치가 필요하다고 인정되는 경우에는 준보전무인도서의 전부 또는 일부에 대하여 일정한 기간을 정하여 출입을 제한할 수 있다. 다만, 제13조제1항 각호의 어느 하나에 해당하는 경우에는 그러하지 아니하다. ② 해양수산부장관은 제1항에 따라 출입을 제한하는 경우에는 해양수산부령으로 정하는 바에 따라 공고하여야 한다. ③ 해양수산부장관은 제1항에 따른 출입제한이 필요없다고 인정되는 경우에는 즉시 출입제한을 해제하고 이를 공고하여야 한다.

제6절 │ 무인도서의 이용 및 개발

내용	규정
이용가능 무인도서에서의 행위 (제15조)	① 이용가능무인도서에서는 다음 각호의 행위를 할 수 있다. 1. 해양레저활동 2. 관람을 목적으로 한 탐방행위 또는 자연환경보전을 목적으로 한 생태교육

	3. 여가활동의 하나로서 야생동·식물을 해양수산부령으로 정하는 방법으로 포획하거나 채취하는 행위 4. 공유수면의 일시적인 점용 또는 사용 5. 관계 법령에 따라 국가기관이 실시하는 행사 등 6. 그 밖에 제1호부터 제5호까지의 규정과 유사한 것으로서 무인도서의 형상을 훼손하지 아니하는 범위 안에서 해양수산부령으로 정하는 행위 ② 제1항 각호의 어느 하나에 해당하는 행위를 하기 위하여 관계 법령에 따른 허가·승인·인가 등이 필요한 경우에는 그 허가·승인·인가 등을 받은 후에 하여야 한다.
개발가능 무인도서의 개발 등 (제16조)	① 개발가능무인도서를 개발하고자 하는 자는 대통령령으로 정하는 바에 따라 개발가능무인도서의 개발사업계획(「개발사업계획」)을 작성하여 관할 시·도지사의 승인을 받아야 한다. 다만, 개발가능무인도서를 대통령령으로 정하는 규모 이상으로 개발하고자 하는 경우에는 해양수산부장관의 승인을 받아야 한다. ② 제1항 본문에도 불구하고 개발가능무인도서를 대통령령으로 정하는 규모 미만으로 개발하고자 하는 경우에는 개발사업계획을 작성하지 아니한다. ③ 시·도지사가 제1항 본문에 따라 개발사업계획을 승인하려는 때에는 해양수산부장관 및 관계 중앙행정기관의 장과 미리 협의하여야 하며, 해양수산부장관이 제1항 단서에 따라 개발사업계획을 승인하려는 때에는 관계 중앙행정기관의 장 및 관할 시·도지사와 미리 협의하여야 한다. ④ 해양수산부장관 또는 시·도지사가 제1항에 따른 승인을 한 때에는 그 사실을 해양수산부령으로 정하는 바에 따라 공고하여야 한다. ⑤ 제1항, 제3항 및 제4항은 승인을 받은 개발사업계획을 변경하는 경우에 준용한다. 다만, 대통령령으로 정하는 경미한 사항을 변경하는 때에는 그러하지 아니하다. ⑥ 국가 또는 지방자치단체는 제1항에 따른 개발사업계획의 승인을 받은 무인도서에 대하여 그 개발에 필요한 도로 및 항만시설 등 공공시설의 설치 등에 사용되는 경비의 전부 또는 일부를 예산의 범위 안에서 지원할 수 있다.
개발사업계획의 취소 등 (제17조)	① 해양수산부장관 또는 시·도지사는 제16조제1항에 따라 개발사업계획의 승인을 받은 자가 다음 각호의 어느 하나에 해당하는 경우에는 대통령령으로 정하는 바에 따라 그 승인을 취소하거나 관계 공사의 중지 또는 변경 등 필요한 조치를 할 수 있다. 1. 거짓이나 그 밖의 부정한 방법으로 개발사업계획의 승인을 받은 경우 2. 승인의 목적 또는 조건을 위반하거나 변경승인 없이 개발사업계획 또는 개발사업을 변경한 경우 3. 승인을 받은 후 정당한 사유 없이 2년 이상 개발사업을 시작하지 아니하거나 개발사업을 시작한 후 1년 이상 공사를 중단한 경우

	② 제1항에도 불구하고 개발사업계획의 승인을 받은 자가 제1항제1호에 해당하는 경우 또는 제1항에 따른 조치명령을 위반한 경우에는 그 승인을 취소하여야 한다.
인·허가등의 의제 (제18조)	① 해양수산부장관 또는 시·도지사가 제16조에 따라 개발사업계획을 승인 또는 변경승인 한 때에는 다음 각호의 허가·인가·협의·동의·승인·신고 또는 해제 등(「인·허가등」)이 행하여진 것으로 본다. 1. 「소방시설 설치 및 관리에 관한 법률」 제6조제1항에 따른 건축허가등의 동의 2. 「농지법」 제34조에 따른 농지의 전용허가 또는 협의, 같은 법 제35조에 따른 농지전용의 신고 및 같은 법 제36조에 따른 농지의 타용도 일시사용의 허가 또는 협의 3. 「사방사업법」 제14조제1항에 따른 사방지안에서의 벌채 등의 허가 및 같은 법 제20조제1항에 따른 사방지의 지정해제 4. 「산지관리법」 제14조 및 제15조에 따른 산지전용허가 및 산지전용신고, 같은 법 제15조의2에 따른 산지일시사용허가·신고, 같은 법 제25조에 따른 토석채취허가 5. 「산림자원의 조성 및 관리에 관한 법률」 제36조에 따른 입목벌채등의 허가·신고 및 「산림보호법」 제11조제1항제1호에 따른 산림보호구역의 지정해제 6. 「초지법」 제23조에 따른 초지의 전용허가·신고·협의 7. 「수산자원관리법」 제47조에 따른 보호수면 안에서의 공사시행의 승인 8. 「전기안전관리법」 제8조에 따른 공사계획의 인가 또는 신고 9. 「국토의 계획 및 이용에 관한 법률」 제56조제1항에 따른 개발행위의 허가 10. 「하수도법」 제16조에 따른 공공하수도에 관한 공사시행의 허가 11. 「사도법」 제4조에 따른 사도의 개설 등의 허가 12. 「공유수면 관리 및 매립에 관한 법률」 제8조제1항에 따른 공유수면의 점용·사용허가 및 같은 법 제17조에 따른 실시계획 승인·신고 13. 「항만법」 제9조제2항에 따른 항만개발사업 시행의 허가 및 같은 법 제10조제2항에 따른 항만개발사업실시계획의 승인 14. 「농어촌정비법」 제23조제1항에 따른 농업생산기반시설의 사용허가 및 같은 법 제82조제2항에 따른 농어촌 관광휴양단지의 개발사업계획의 승인 15. 「가축분뇨의 관리 및 이용에 관한 법률」 제11조에 따른 배출시설의 설치허가·신고 및 변경설치 허가 16. 「장사 등에 관한 법률」 제27조에 따른 타인의 토지 등에 설치된 분묘의 개장 허가 17. 「공간정보의 구축 및 관리 등에 관한 법률」 제15조제4항에 따른 지도등의 간행 심사

② 해양수산부장관 또는 시·도지사는 개발사업계획을 승인 또는 변경승인할 때 그 내용에 제1항 각호의 어느 하나에 해당하는 사항이 포함되어 있으면 관계 행정기관의 장과 미리 협의하여야 한다. 이 경우 관계 행정기관의 장은 협의요청을 받은 날부터 20일 이내에 의견을 제출하여야 하며, 행정절차의 이행 등 부득이한 사유가 있는 경우 해양수산부장관 또는 시·도지사에게 그 기한의 연장을 요청할 수 있다.

③ 해양수산부장관 또는 시·도지사는 제2항에 따른 기한 연장의 요청이 있는 경우에는 10일의 범위에서 의견제출 기한을 연장할 수 있다.

④ 제2항에 따른 기간(의견제출 기한을 연장하는 경우 그 기간을 포함한다) 내에 의견을 제출하지 아니한 경우에는 협의가 이루어진 것으로 본다.

⑤ 제16조제4항에 따라 개발사업계획의 승인을 공고한 때에는 제1항 각호의 관계 법률에 따른 인·허가등의 고시 또는 공고가 있는 것으로 본다.

제7절 │ 영해기점무인도서의 관리

내용	규정
영해기점무인도서의 관리 (제19조)	① 해양수산부장관은 해양수산부령으로 정하는 바에 따라 영해기점무인도서의 보호를 위하여 제7조에 따른 특별관리계획의 시행에 필요한 조치를 실시하여야 한다. ② 해양수산부장관은 영해기점무인도서의 형상이 훼손되었거나 훼손될 우려가 있는 경우를 대비하여 대통령령으로 정하는 바에 따라 상시적인 보고 및 관리 체계를 마련하여야 한다. ③ 해양수산부장관은 형상이 훼손되었거나 훼손될 우려가 있는 영해기점무인도서에 대하여는 예산의 범위 안에서 추가적인 훼손을 방지하기 위한 조치를 하여야 한다.

제8절 │ 보 칙

내용	규정
중지명령 등 (제20조)	① 해양수산부장관은 제12조제1항을 위반한 자에 대하여 그 행위의 중지를 명할 수 있다. ② 해양수산부장관 또는 시·도지사는 다음 각호의 어느 하나에 해당하는 경우 무인도서를 개발하는 자에 대하여 그 행위의 중지를 명하거나 귀책사유가 있는 경우 상당한 기간을 정하여 원상회복을 명할 수 있으

	며, 원상회복이 곤란한 경우에는 이에 상응하는 조치를 할 것을 명할 수 있다. 1. 제16조제1항 또는 제5항을 위반하여 개발사업계획의 승인 또는 변경 승인을 받지 아니하고 무인도서를 개발한 경우 2. 제17조에 따라 개발사업계획의 승인이 취소된 경우
무인도서의 점검 등 (제21조)	① 해양수산부장관은 대통령령으로 정하는 국가기관으로 하여금 해양수산부령으로 정하는 바에 따라 무인도서를 점검·확인하게 할 수 있다. ② 해양수산부장관은 관계 중앙행정기관의 장이 무인도서에 관한 점검·확인을 요청하는 때에는 특별한 사정이 없으면 이에 협조하여야 한다. ③ 해양수산부장관은 무인도서의 효율적 관리를 위하여 필요하다고 인정되는 경우에는 관계 행정기관과 함께 무인도서에 대하여 합동으로 점검·확인하게 할 수 있다.
타인의 토지등에의 출입 등 (제22조)	① 해양수산부장관은 제9조에 따른 실태조사를 위하여 필요하다고 인정되는 경우에는 관계 공무원 또는 제26조에 따른 무인도서조사원으로 하여금 타인의 토지나 건물 또는 어장 등(「토지등」)에 출입하게 하거나 그 토지등에 설치된 나무·흙·돌, 그 밖의 장애물을 변경하거나 제거하게 할 수 있다. ② 제1항에 따라 타인의 토지등에 출입하거나 장애물을 변경 또는 제거하려는 자는 그 토지등의 소유자·관리자 또는 점용자·사용자(「소유자등」)의 동의를 받아야 한다. 다만, 토지등의 소유자등을 알 수 없어 관련 사실을 해당 무인도서를 관할하는 읍·면·동사무소의 게시판에 게시하거나 일간신문에 공고한 후 14일이 지난 경우에는 그러하지 아니하다. ③ 토지 또는 공유수면의 소유자등은 정당한 사유 없이 제1항에 따른 출입 또는 장애물의 변경·제거를 방해할 수 없다. ④ 제1항에 따라 타인의 토지등에 출입하려는 자는 해양수산부령으로 정하는 바에 따라 그 권한을 표시하는 증표를 지니고 이를 관계인에게 내보여야 한다.
토지등의 매수 (제23조)	① 국가 또는 지방자치단체는 절대보전무인도서와 준보전무인도서의 보전을 위하여 필요하다고 인정되는 경우에는 토지등의 소유자와 협의하여 토지등을 매수할 수 있다. ② 해양수산부장관이 제1항에 따라 토지등을 매수하는 경우의 매수가격은 「공익사업을 위한 토지 등의 취득 및 보상에 관한 법률」에 따라 산정된 가격에 따른다. ③ 제1항에 따른 토지등의 매수절차 등에 관하여 필요한 사항은 대통령령으로 정한다.
토지매수의 청구 (제24조)	① 절대보전무인도서 또는 준보전무인도서의 지정으로 인하여 토지를 종전의 용도로 사용할 수 없어 그 효용이 현저히 감소된 토지의 소유자로서 다음 각호의 어느 하나에 해당하는 자는 해양수산부장관에게 그 토

	지의 매수를 청구할 수 있다. 1. 절대보전무인도서 또는 준보전무인도서 지정 당시부터 그 토지를 계속 소유한 자 2. 제1호의 자로부터 그 토지를 상속받아 계속 소유한 자 ② 해양수산부장관은 제1항에 따라 매수청구를 받은 토지가 제3항에 따른 기준에 해당되는 때에는 이를 매수하여야 한다. ③ 매수대상토지의 구체적인 판정기준은 대통령령으로 정한다.
부동산 가격안정을 위한 조치 (제25조)	① 해양수산부장관과 관계 행정기관의 장 및 관할 시·도지사는 이용가능무인도서 및 개발가능무인도서의 부동산 가격안정을 위하여 필요한 조치를 취하여야 한다. ② 관할 시·도지사는 이용가능무인도서 및 개발가능무인도서의 이용·개발로 인하여 부동산투기 또는 부동산가격의 급등이 우려되는 지역에 대하여 관계 중앙행정기관의 장에게 다음 각호의 조치를 요청하여야 한다. 1. 「소득세법」 제104조의2제1항에 따른 지정지역의 지정 2. 「부동산 거래신고 등에 관한 법률」 제10조에 따른 토지거래계약에 관한 허가구역의 지정 3. 그 밖에 부동산 가격안정을 위하여 필요한 조치
무인도서조사원 (제26조)	① 해양수산부장관은 제9조에 따른 실태조사를 효과적으로 수행하기 위하여 해당 조사기간 중에 무인도서조사원(「조사원」)을 위촉할 수 있다. ② 조사원의 자격·위촉절차 등에 관하여 필요한 사항은 대통령령으로 정한다.
명예관리원 (제27조)	① 해양수산부장관은 무인도서의 효율적인 관리를 위하여 무인도서 관리와 관련된 법인·단체의 구성원, 주변지역의 주민 등을 무인도서 명예관리원(「명예관리원」)으로 위촉할 수 있다. ② 명예관리원의 자격·위촉방법·활동범위 등에 관하여 필요한 사항은 대통령령으로 정한다.
권리·의무의 승계 (제28조)	① 제16조에 따라 개발가능무인도서의 개발사업계획을 승인받은 자가 개발사업을 양도하거나 사망한 때 또는 법인의 합병이 있는 경우에는 양수인·상속인 또는 합병후 존속하는 법인이나 합병에 의하여 설립되는 법인은 승인에 따른 권리·의무를 승계한다. ② 제1항에 따라 개발가능무인도서의 개발사업계획의 승인을 받은 자의 지위를 승계한 자는 승계한 날부터 1개월 이내에 해양수산부령으로 정하는 바에 따라 해양수산부장관 또는 시·도지사에게 신고하여야 한다.
무인도서 현황 등의 보고 (제29조)	① 시장·군수·구청장은 관할 구역 안에 무인도서가 있는 경우 해양수산부령으로 정하는 바에 따라 다음 각호의 전년도 자료를 매년 1월 31일까지 시·도지사에게 제출하여야 한다. 1. 무인도서 증감 현황

내용	규정
	2. 다른 법률의 적용을 받는 무인도서 현황 3. 개발사업계획 승인 현황 ② 시 · 도지사는 제1항에 따라 제출받은 자료를 종합하여 매년 2월 말까지 해양수산부장관에게 보고하여야 한다.
한국무인도서보전협회의 설립 (제30조)	① 무인도서의 보전과 관리에 관한 정책 · 제도의 조사 · 연구 및 교육 · 홍보 등의 사업을 하기 위하여 한국무인도서보전협회(「협회」)를 둘 수 있다. ② 협회는 법인으로 한다. ③ 협회의 사업에 사용되는 경비는 회비, 사업수입금 등으로 충당하며, 국가 또는 지방자치단체는 소요경비의 일부를 예산의 범위 안에서 지원할 수 있다. ④ 협회의 조직 · 운영 등에 관하여 필요한 사항은 해양수산부령으로 정한다. ⑤ 협회에 관하여 이 법에 규정되지 아니한 사항은 「민법」중 사단법인에 관한 규정을 준용한다.
청문 (제31조)	해양수산부장관 또는 시 · 도지사는 제17조에 따라 개발사업계획의 승인을 취소하려는 경우에는 「행정절차법」에 따라 청문을 실시하여야 한다.
권한의 위임 (제32조)	① 이 법에 따른 해양수산부장관의 권한은 그 일부를 대통령령으로 정하는 바에 따라 해양경찰청장, 시 · 도지사 또는 소속 기관의 장에게 위임할 수 있다. ② 이 법에 따른 시 · 도지사의 권한은 그 일부를 대통령령으로 정하는 바에 따라 시장 · 군수 · 구청장에게 위임할 수 있다.
벌칙 적용에서의 공무원 의제 (제33조)	제26조에 따른 무인도서조사원은 「형법」 제129조부터 제132조까지의 규정에 따른 벌칙을 적용할 때에는 공무원으로 본다.

제9절 │ 벌 칙

내용	규정
벌칙 (제34조)	① 제12조제1항제1호부터 제4호까지의 규정 중 어느 하나에 해당하는 행위를 한 자는 3년 이하의 징역 또는 5천만원 이하의 벌금에 처한다. ② 제16조제1항 또는 제5항을 위반하여 승인 또는 변경승인을 받지 아니하고 무인도서를 개발한 자로서 제20조제2항에 따른 중지명령 등을 따르지 아니한 자는 3년 이하의 징역 또는 3천만원 이하의 벌금에 처한다.
벌칙 (제35조)	① 제12조제1항제5호부터 제8호까지와 제11호의 어느 하나에 해당하는 행위를 한 자는 1년 이하의 징역 또는 2천만원 이하의 벌금에 처한다.

	② 제12조제1항제9호의 행위를 한 자는 1년 이하의 징역 또는 1천만원 이하의 벌금에 처한다. ③ 제16조제1항 또는 제5항을 위반하여 승인 또는 변경승인을 받지 아니하고 무인도서를 개발한 자는 1년 이하의 징역 또는 1천만원 이하의 벌금에 처한다.
양벌규정 (제36조)	법인의 대표자나 법인 또는 개인의 대리인, 사용인, 그 밖의 종업원이 그 법인 또는 개인의 업무에 관하여 제34조 또는 제35조의 위반행위를 하면 그 행위자를 벌하는 외에 그 법인 또는 개인에게도 해당 조문의 벌금형을 과한다. 다만, 법인 또는 개인이 그 위반행위를 방지하기 위하여 해당 업무에 관하여 상당한 주의와 감독을 게을리하지 아니한 경우에는 그러하지 아니하다.
과태료 (제37조)	① 다음 각호의 어느 하나에 해당하는 자에게는 300만원 이하의 과태료를 부과한다. 1. 제12조제1항을 위반한 자로서 제20조제1항에 따른 중지명령을 위반한 자 2. 제13조 또는 제14조를 위반하여 무인도서에 출입한 자 3. 제15조제1항 각 호 외의 행위를 하여 무인도서의 형상을 훼손한 자 4. 제15조제2항에 따른 허가 등을 받지 아니하고 제15조제1항 각 호의 행위를 하여 무인도서의 형상을 훼손한 자 5. 제22조제3항을 위반하여 출입 또는 장애물의 변경·제거를 방해한 자 ② 다음 각 호의 어느 하나에 해당하는 자에게는 100만원 이하의 과태료를 부과한다. 1. 제12조제10호의 행위를 한 자 2. 제22조제2항을 위반하여 타인의 동의를 받지 아니하고 토지등에 출입하거나 장애물을 변경 또는 제거한 자 3. 제22조제4항을 위반하여 증표를 제시하지 아니한 자 ③ 제1항 및 제2항에 따른 과태료는 대통령령으로 정하는 바에 따라 해양수산부장관 또는 시·도지사가 부과·징수한다.

제9편

해양이용

제1장 공유수면 관리 및 매립에 관한 법률(공유수면법)

제1절 | 총 론

　2010년 4월「공유수면 관리 및 매립에 관한 법률」을 제정하여 공유수면에 관한 업무를 효율적으로 수행하기 위하여 공유수면 관리업무와 매립업무로 분리되어 있던「공유수면관리법」과「공유수면매립법」을 통합하였다. 시설물의 내구연한에 관계없이 일률적으로 3년으로 되어있던 공유수면 점용·사용기간을 시설물의 내구연한에 따라 점용·사용기간을 30년·15년 및 5년 이하로 연장하였다. 또한 매립지의 이용 효용성을 높이기 위하여 매립으로 조성된 토지의 매립목적 변경제한 기간을 20년에서 10년으로 단축하였다.

제2절 | 총 칙

내용	규정
목적 (제1조)	이 법은 공유수면을 지속적으로 이용할 수 있도록 보전·관리하고, 환경친화적인 매립을 통하여 매립지를 효율적으로 이용하게 함으로써 공공의 이익을 증진하고 국민 생활의 향상에 이바지함을 목적으로 한다.
정의 (제2조)	1. "공유수면"이란 다음 각목의 것을 말한다.

	가. 바다:「해양조사와 해양정보 활용에 관한 법률」제8조제1항제3호에 따른 해안선으로부터「배타적 경제수역 및 대륙붕에 관한 법률」에 따른 배타적 경제수역 외측 한계까지의 사이 나. 바닷가:「해양조사와 해양정보 활용에 관한 법률」제8조제1항제3호에 따른 해안선으로부터 지적공부에 등록된 지역까지의 사이 다. 하천·호소·구거, 그 밖에 공공용으로 사용되는 수면 또는 수류로서 국유인 것 2. "포락지"란 지적공부에 등록된 토지가 물에 침식되어 수면 밑으로 잠긴 토지를 말한다. 3. "간석지"란 만조수위선과 간조수위선 사이를 말한다. 4. "공유수면매립"이란 공유수면에 흙, 모래, 돌, 그 밖의 물건을 인위적으로 채워 넣어 토지를 조성하는 것(간척을 포함한다)을 말한다.
적용배제 등 (제3조)	① 다음 각호의 어느 하나에 해당하는 경우에는 공유수면의 관리 및 점용·사용에 관한 이 법의 규정을 적용하지 아니한다. 1.「하천법」이 적용되거나 준용되는 공유수면 2.「소하천정비법」이 적용되거나 준용되는 공유수면 3.「농어촌정비법」제2조제6호에 따른 농업생산기반시설 안의 공유수면 4.「항만법」제2조제5호에 따른 항만시설에 해당하는 공유수면 5.「어촌·어항법」제2조제5호에 따른 어항시설에 해당하는 공유수면 ② 다음 각호의 어느 하나에 해당하는 경우에는 공유수면매립에 관한 이 법의 규정을 적용하지 아니한다. 1. 다른 법령에 따라 구거 또는 저수지를 변경하기 위한 매립 2. 제8조제1항제4호에 따른 공유수면의 매립 ③ 다음 각 호의 어느 하나에 해당하는 경우에는 공유수면매립에 관한 이 법의 규정을 준용한다. 1. 수산물양식장의 축조 2. 조선시설의 설치 3. 조력을 이용하는 시설물의 축조 4. 공유수면의 일부를 구획한 영구적인 설비의 축조

제3절 | 공유수면의 관리

내용	규정
공유수면의 관리 (제4조)	① 공유수면을 관리하는 국가나 지방자치단체는 공유수면을 보전하고 지속적으로 이용할 수 있도록 환경친화적으로 관리하여야 한다. ② 다음 각호의 어느 하나에 해당하는 공유수면은 해양수산부장관이 관

	리하고, 그 밖의 공유수면은 대통령령으로 정하는 바에 따라 특별시장·광역시장·특별자치시장·도지사·특별자치도지사 또는 시장·군수·구청장(구청장은 자치구의 구청장을 말한다. 이하 같다)이 관리한다. 1. 「배타적 경제수역 및 대륙붕에 관한 법률」 제2조에 따른 배타적 경제수역 2. 그 밖에 대통령령으로 정하는 공유수면
금지행위 (제5조)	누구든지 공유수면에서 정당한 사유 없이 다음 각호의 어느 하나에 해당하는 행위를 하여서는 아니 된다. 1. 폐기물, 폐유, 폐수, 오수, 분뇨, 가축분뇨, 오염토양, 유독물, 동물의 사체, 그 밖에 해양수산부령으로 정하는 오염물질을 버리거나 흘러가게 하는 행위 2. 수문 또는 그 밖에 공유수면의 관리를 위한 시설물을 개폐하거나 훼손하는 행위 3. 선박을 버리거나 방치하는 행위
방치된 선박 등의 제거 (제6조)	① 해양수산부장관, 특별시장·광역시장·특별자치시장·도지사·특별자치도지사 또는 시장·군수·구청장(「공유수면관리청」)은 전복·침몰·방치 또는 계류된 선박, 방치된 폐자재, 그 밖의 물건(「방치선박등」)이 다음 각호의 어느 하나에 해당하는 경우에는 해양수산부령으로 정하는 바에 따라 그 소유자 또는 점유자에게 제거를 명할 수 있다. 1. 공유수면의 효율적 이용을 저해하는 것으로 인정되는 경우 2. 수질오염을 발생시킬 우려가 있다고 인정되는 경우 ② 공유수면관리청은 제1항에 따라 제거를 명하려는 경우에는 해양수산부장관이 정하는 바에 따라 미리 방치선박등이 제1항 각호의 어느 하나에 해당하는지를 확인하기 위한 조사를 하고, 해당 방치선박등의 상태 및 발견장소, 해당 방치선박등으로 인한 해양사고 및 수질오염의 발생 가능성, 공유수면 관리·이용의 지장 여부 등 여러 상황을 종합적으로 고려하여야 한다. ③ 공유수면관리청은 다음 각호의 어느 하나에 해당하는 경우에는 대통령령으로 정하는 바에 따라 방치선박등을 제거할 수 있다. 1. 방치선박등의 소유자 또는 점유자가 제1항에 따른 제거명령을 이행하지 아니한 경우. 다만, 제거명령을 받은 선박의 이해관계인(「선박등기법」에 따라 선박등기부에 기재된 자 및 「자동차 등 특정동산 저당법」에 따라 선박원부 등에 기재된 자로 한정한다. 이하 이 조에서 같다)으로부터 제거에 대한 승낙 또는 동의를 받지 못한 경우는 제외한다. 2. 방치선박등의 소유자 또는 점유자를 알 수 없는 경우 ④ 공유수면관리청은 대통령령으로 정하는 바에 따라 제3항제1호 단서의 이해관계인에게 해당 선박의 제거와 관련하여 해당 선박에 대한 권리의 주장 등이 포함된 의견을 제출하게 할 수 있다. ⑤ 공유수면관리청은 제4항에 따라 의견을 제출받은 경우에는 대통령령

	으로 정하는 바에 따라 그 의견 내용의 타당성(그 권리의 주장이 정당한지 여부를 포함한다)을 확인하기 위한 재조사를 하여야 한다. ⑥ 공유수면관리청은 제3항제1호 단서에도 불구하고 다음 각호의 어느 하나에 해당하는 경우에는 대통령령으로 정하는 바에 따라 해당 선박을 제거할 수 있다. 1. 이해관계인이 제4항에 따른 공유수면관리청의 의견 제출 요청을 받고도 의견을 제출하지 아니하거나 선박등기부에 기재된 권리를 포기한다는 의사표시를 한 경우 2. 제5항에 따라 재조사한 결과 다음 각목의 어느 하나에 해당하는 경우 　가. 제1항에 따른 선박이 외국과 체결한 조약·협약, 「선박의 입항 및 출항 등에 관한 법률」 또는 「해사안전법」을 위반하여 다른 선박의 안전운항 및 해상교통질서에 지장을 줄 위험이 있다고 인정되는 경우 　나. 제1항에 따른 선박으로부터 「해양환경관리법」 제2조제4호·제5호·제7호부터 제10호까지·제15호·제18호에 따른 물질이 배출(같은 법 제2조제3호의 배출을 말한다)될 우려가 있는 경우 　다. 제1항에 따른 선박의 떠다님으로 「어촌·어항법」 제2조제5호에 따른 어항시설, 「항만법」 제2조제5호에 따른 항만시설, 항구·포구의 시설물 및 다른 선박 등과 충돌할 위험이 있는 경우 　라. 그 밖에 제1항에 따른 선박이 공유수면의 이용에 지장을 주는 경우로서 그 선박의 잔존 가치가 제거에 쓰일 비용보다 적은 경우 ⑦ 공유수면관리청이 제3항과 제6항에 따라 방치선박등을 제거하는 데 든 비용은 방치선박등의 소유자 또는 점유자가 부담하되, 그 소유자 또는 점유자를 알 수 없는 경우에는 대통령령으로 정하는 바에 따라 해당 방치선박등을 처분하여 그 비용으로 충당할 수 있다.
사업비 지원 (제7조)	해양수산부장관은 공유수면을 관리·운영하는 지방자치단체에 예산의 범위에서 필요한 사업비를 지원할 수 있다.

※시행령 제2조(공유수면의 관리) ① 「공유수면 관리 및 매립에 관한 법률」(이하 "법"이라 한다) 제4조제2항 각호 외의 부분에 따라 해양수산부장관이 관리하는 공유수면 외의 공유수면은 다음 각 호의 구분에 따라 관리한다.
　1. 「항만법」 제3조제2항제2호에 따른 지방관리무역항 및 같은 조 제3항제2호에 따른 지방관리연안항의 항만구역 안의 공유수면: 관할 특별시장·광역시장·특별자치도지사·도지사
　2. 제1호에 따른 공유수면을 제외한 공유수면: 관할 특별자치시장·특별자치도지사 또는 시장·군수·구청장(구청장은 자치구의 구청장을 말한다. 이하 같다)
② 법 제4조제2항제2호에서 "대통령령으로 정하는 공유수면"이란 다음 각호의 어느 하나에 해당하는 공유수면을 말한다.
　1. 「항만법」 제3조제2항제1호에 따른 국가관리무역항의 항만구역 안의 공유수면
　2. 「항만법」 제3조제3항제1호에 따른 국가관리연안항의 항만구역 안의 공유수면

※시행규칙 제2조(오염물질) 「공유수면 관리 및 매립에 관한 법률」(이하 "법"이라 한다) 제5조제1호에서 "해양수산부령으로 정하는 오염물질"이란 다음 각 호의 물질을 말한다.
   1. 폐타이어
   2. 폐스티로폼

제4절 │ 공유수면의 점용 · 사용허가

내용	규정
공유수면의 점용 · 사용허가 (제8조)	① 다음 각호의 어느 하나에 해당하는 행위를 하려는 자는 대통령령으로 정하는 바에 따라 공유수면관리청으로부터 공유수면의 점용 또는 사용(「점용 · 사용」)의 허가(「점용 · 사용허가」)를 받아야 한다. 다만, 「수상에서의 수색 · 구조 등에 관한 법률」 제19조에 따른 조난된 선박등의 구난작업, 「재난 및 안전관리 기본법」 제37조에 따른 응급조치를 위하여 공유수면을 점용 · 사용하려는 경우 또는 제28조에 따라 매립면허를 받은 자가 매립면허를 받은 목적의 범위에서 해당 공유수면을 점용 · 사용하려는 경우에는 그러하지 아니하다. 1. 공유수면에 부두, 방파제, 교량, 수문, 신 · 재생에너지 설비(「신에너지 및 재생에너지 개발 · 이용 · 보급 촉진법」 제2조제3호에 따른 신 · 재생에너지 설비를 말한다. 이하 이 장에서 같다), 건축물(「건축법」 제2조제1항제2호에 따른 건축물로서 공유수면에 토지를 조성하지 아니하고 설치한 건축물을 말한다. 이하 이 장에서 같다), 그 밖의 인공구조물을 신축 · 개축 · 증축 또는 변경하거나 제거하는 행위 2. 공유수면에 접한 토지를 공유수면 이하로 굴착하는 행위 3. 공유수면의 바닥을 준설하거나 굴착하는 행위 4. 대통령령으로 정하는 포락지 또는 개인의 소유권이 인정되는 간석지를 토지로 조성하는 행위 5. 공유수면으로부터 물을 끌어들이거나 공유수면으로 물을 내보내는 행위. 다만, 해양수산부령으로 정하는 행위는 제외한다. 6. 공유수면에서 흙이나 모래 또는 돌을 채취하는 행위 7. 공유수면에서 식물을 재배하거나 베어내는 행위 8. 공유수면에 흙 또는 돌을 버리는 등 공유수면의 수심에 영향을 미치는 행위 9. 점용 · 사용허가를 받아 설치된 시설물로서 국가나 지방자치단체가 소유하는 시설물을 점용 · 사용하는 행위 10. 공유수면에서 「광업법」 제3조제1호에 따른 광물을 채취하는 행위 11. 제1호부터 제10호까지에서 규정한 사항 외에 공유수면을 점용 · 사용하는 행위

	② 공유수면관리청은 제1항제1호에 따른 건축물의 신축·개축 및 증축을 위한 허가를 할 때에는 대통령령으로 정하는 건축물에 대하여만 허가하여야 한다. ③ 공유수면관리청은 점용·사용허가를 하려는 경우에는 대통령령으로 정하는 바에 따라 관계 행정기관의 장과 미리 협의하여야 한다. ④ 점용·사용허가를 받은 자가 그 허가사항 중 점용·사용 기간 및 목적 등 대통령령으로 정하는 사항을 변경하려는 경우에는 공유수면관리청의 변경허가를 받아야 한다. ⑤ 제4항에 따른 변경허가에 관하여는 제3항을 준용한다. ⑥ 공유수면관리청은 점용·사용허가 또는 제4항에 따른 변경허가를 하였을 때에는 대통령령으로 정하는 바에 따라 그 내용을 고시하여야 한다. ⑦ 공유수면관리청은 점용·사용허가를 하는 경우 해양환경·생태계·수산자원 및 자연경관의 보호, 그 밖에 어업피해의 예방 또는 공유수면의 관리·운영을 위하여 필요하다고 인정하는 경우에는 대통령령으로 정하는 바에 따라 어업인 등 이해관계자의 의견을 들어야 하며, 점용·사용의 방법 및 관리 등에 관한 부관을 붙일 수 있다. ⑧ 점용·사용허가를 받은 자는 그 허가받은 공유수면을 다른 사람이 점용·사용하게 하여서는 아니 된다. 다만, 국방 또는 자연재해 예방 등 공익을 위하여 필요한 경우로서 공유수면관리청의 승인을 받은 경우에는 그러하지 아니하다. ⑨ 공유수면관리청이 아닌 행정기관의 장은 다른 법률에 따라 점용·사용허가 또는 제4항에 따른 변경허가를 받은 것으로 보는 행정처분을 하였을 때에는 즉시 그 사실을 공유수면관리청에 통보하여야 한다.
점용·사용허가 사항의 변경신고 (제9조)	점용·사용허가를 받은 자는 점용·사용허가 내용 중 다음 각호의 어느 하나에 해당하는 사항이 변경된 경우에는 그 사실을 해양수산부령으로 정하는 바에 따라 공유수면관리청에 신고하여야 한다. 1. 법인의 명칭 2. 법인의 대표자 3. 주소(법인인 경우에는 주된 사무소의 소재지를 말한다)
공유수면의 점용·사용 협의 또는 승인 (제10조)	① 제8조에도 불구하고 국가나 지방자치단체는 공유수면을 공용·공공용 또는 비영리사업의 목적으로 직접 점용·사용하려는 경우에는 공유수면관리청과 협의하거나 공유수면관리청의 승인을 받아야 한다. ② 제1항에 따라 협의하거나 승인을 받은 국가나 지방자치단체는 협의하거나 승인받은 내용 중 점용·사용 기간 및 목적 등 대통령령으로 정하는 사항을 변경하려는 경우에는 공유수면관리청과 협의하거나 공유수면관리청의 승인을 받아야 한다. ③ 제1항과 제2항에 따른 협의 또는 승인에 관하여는 제8조제6항, 제7항 및 제9항을 준용한다.

점용 · 사용허가의 기간 등 (제11조)	공유수면관리청은 다음 각호의 구분에 따른 기간 이내로 대통령령으로 정하는 바에 따라 점용 · 사용허가를 하여야 한다. 1. 부두, 방파제, 교량, 수문, 신 · 재생에너지 설비, 건축물 또는 이와 유사한 견고한 인공구조물: 30년 2. 제1호 외의 인공구조물: 15년 3. 제8조제1항제2호 · 제3호 및 제5호부터 제11호까지의 규정에 따른 점용 · 사용: 5년. 다만, 다음 각목의 어느 하나에 해당하는 경우에는 다음 각목의 구분에 따른 기간 이내로 한다. 　가. 제8조제1항제5호에 따른 점용 · 사용이 「전기사업법」 제2조제2호에 따른 전기사업자가 전원설비를 설치 · 운영하기 위한 경우: 30년 　나. 제8조제1항제5호에 따른 점용 · 사용이 「수산업법」 제40조에 따라 어업허가를 받은 자가 육상해수양식어업을 영위하거나 「수산종자산업육성법」 제21조에 따라 수산종자생산업의 허가를 받은 자가 수산종자생산업을 영위하기 위한 경우: 15년
점용 · 사용허가 등의 기준 (제12조)	공유수면관리청은 제8조와 제10조에 따라 점용 · 사용허가를 하거나 점용 · 사용 협의 또는 승인을 할 때에 그 허가나 협의 또는 승인으로 피해가 예상되는 권리로서 대통령령으로 정하는 권리를 가진 자(「공유수면 점용 · 사용 관련 권리자」)가 있으면 그 허가나 협의 또는 승인을 하여서는 아니 된다. 다만, 다음 각호의 어느 하나에 해당하는 경우에는 그러하지 아니하다. 1. 공유수면 점용 · 사용 관련 권리자가 해당 공유수면의 점용 · 사용에 동의한 경우 2. 국가나 지방자치단체가 국방 또는 자연재해 예방 등 대통령령으로 정하는 공익사업을 위하여 점용 · 사용하려는 경우
공유수면 점용료 · 사용료의 징수 (제13조)	① 공유수면관리청은 점용 · 사용허가나 공유수면의 점용 · 사용 협의 또는 승인을 받은 자(제38조제1항에 따라 공유수면매립실시계획의 승인을 받은 자, 다른 법률에 따라 공유수면매립실시계획의 승인을 받은 것으로 보는 자 및 다른 법률에 따라 공유수면 점용 · 사용허가 또는 공유수면의 점용 · 사용 협의 또는 승인을 받은 것으로 보는 자를 포함한다)로부터 대통령령으로 정하는 바에 따라 매년 공유수면 점용료 또는 사용료(「점용료 · 사용료」)를 징수하여야 한다. 이 경우 제4조제2항에 따라 해양수산부장관이 관리하는 공유수면을 제외한 공유수면에 대한 점용료 · 사용료는 대통령령으로 정하는 범위에서 해당 공유수면관리청이 속하는 지방자치단체의 조례로 정한다. 다만, 다음 각호의 어느 하나에 해당하는 경우에는 대통령령으로 정하는 바에 따라 점용료 · 사용료를 감면할 수 있다. 1. 국가 · 지방자치단체, 그 밖에 대통령령으로 정하는 자가 공익목적의 비영리사업을 위하여 공유수면을 직접 점용 · 사용하는 경우 2. 제8조제1항제4호에 해당하는 행위를 위하여 점용 · 사용하는 경우

3. 제8조제1항 각호에 해당하는 행위 또는 다른 법률에 따라 공유수면에서 시행하는 공사 등으로 발생하는 오염물질의 확산을 방지할 목적으로 오탁방지막을 설치하기 위하여 점용·사용하는 경우

4. 「경제자유구역의 지정 및 운영에 관한 특별법」 제2조제1호에 따른 경제자유구역에서 개발사업시행자가 개발사업을 시행하기 위하여 점용·사용하는 경우

5. 「사회기반시설에 대한 민간투자법」 제2조제5호에 따른 민간투자사업을 시행하기 위하여 점용·사용하는 경우

6. 「산업입지 및 개발에 관한 법률」 제2조제9호에 따른 산업단지개발사업의 시행자가 해당 산업단지개발사업을 위하여 공유수면을 매립하는 경우로서 그 매립공사에 따르는 흙·돌의 채취 및 준설 등을 위하여 점용·사용하는 경우

7. 「수산업법」 또는 「양식산업발전법」에 따른 면허·허가 또는 신고어업을 위하여 해당 어업구역에서 점용·사용하는 경우(「양식산업발전법」 제43조제1항제1호에 따른 육상해수양식업을 하려는 자가 제8조제1항 제5호의 행위를 위하여 해당 어업구역 밖에 인수관이나 배수관을 설치하는 경우를 포함한다)

8. 「제주특별자치도 설치 및 국제자유도시 조성을 위한 특별법」 제162조제1항에 따라 지정된 제주투자진흥지구에서 같은 법 제147조에 따른 개발사업을 시행하기 위하여 점용·사용하는 경우

9. 「항로표지법」 제9조제6항, 제13조 또는 제14조에 따라 사설항로표지의 설치 및 관리를 위하여 점용·사용하는 경우

10. 「해양환경관리법」 제2조제4호·제5호·제7호부터 제10호까지·제15호·제18호에 따른 물질의 확산 방지를 목적으로 해양수산부령으로 정하는 방제장비 또는 자재를 설치하기 위하여 점용·사용하는 경우

11. 「마리나항만의 조성 및 관리 등에 관한 법률」 제10조에 따라 지정·고시한 마리나항만구역 내에서 같은 법 제2조제2호 및 제4호에 따른 마리나항만시설 또는 마리나산업단지의 조성 및 운영 등을 위하여 점용·사용하는 경우

12. 신·재생에너지 설비의 설치·운영을 위하여 점용·사용하는 경우

13. 「수산종자산업육성법」에 따른 수산종자생산업을 위하여 점용·사용하는 경우

14. 「국가균형발전 특별법」 제17조제2항에 따라 지정된 산업위기대응특별지역 및 「고용정책 기본법」에 따른 고용위기지역 또는 고용재난지역에 소재한 업종 중 대통령령으로 정하는 업종

15. 재해나 그 밖의 특별한 사정으로 본래의 공유수면 점용·사용 목적을 달성할 수 없는 경우

② 해양수산부장관의 점용·사용허가에 따라 징수하는 점용료·사용료는 국가의 수입으로 하고, 특별시장·광역시장·특별자치시장·도지사·특별자치도지사 또는 시장·군수·구청장의 점용·사용허가에 따라 징수하는

점용료 · 사용료는 해당 지방자치단체의 수입으로 한다.

③ 제2항에도 불구하고 「배타적 경제수역 및 대륙붕에 관한 법률」 제2조에 따른 배타적 경제수역에서의 다음 각호의 어느 하나에 해당하는 행위에 대하여 점용료 · 사용료를 징수하는 경우에는 그 점용료 · 사용료의 100분의 50에 해당하는 금액을 해당 허가구역에서 가장 가까운 광역시 · 도 · 특별자치도의 수입으로 한다.

1. 「골재채취법」 제2조제1항제1호에 따른 골재의 채취

2. 「광업법」 제3조제1호에 따른 광물의 채취

④ 광역시장 · 도지사는 제3항에 따른 수입금을 수산자원 조성 및 수산업 발전에 사용할 수 있도록 해당 배타적 경제수역 인근의 3개 이내 시 · 군 · 구(자치구를 말한다. 이하 같다)에 균등하게 교부하여야 한다.

⑤ 특별시장 · 광역시장 · 특별자치시장 · 도지사 · 특별자치도지사 또는 시장 · 군수 · 구청장은 「골재채취법」에 따른 골재의 채취 또는 「광업법」에 따른 광물의 채취에 대한 점용 · 사용허가에 따라 징수하는 점용료 · 사용료 수입의 100분의 50 이상을 「수산자원관리법」 제41조제1항 각호에 따른 수산자원조성사업에 사용하여야 한다. 다만, 해양수산부장관은 공유수면관리청별 특성과 점용료 · 사용료 수입금액 등을 고려하여 수산자원조성사업에 사용하여야 하는 비율을 100분의 50 미만으로 따로 정할 수 있다.

⑥ 공유수면관리청은 점용료 · 사용료를 대통령령으로 정하는 바에 따라 분할납부하게 할 수 있다. 이 경우 연간 점용료 · 사용료가 대통령령으로 정하는 금액 이상인 경우에는 점용 · 사용허가(허가기간을 연장하는 변경허가를 포함한다)를 할 때에 점용 · 사용허가를 받는 자에게 대통령령으로 정하는 금액의 범위에서 보증금을 예치하게 하거나 이행보증의 조치를 하도록 하여야 한다.

⑦ 공유수면관리청은 점용료 · 사용료를 내야 하는 자가 점용료 · 사용료를 납부기한까지 내지 아니하면 내야 할 점용료 · 사용료의 100분의 3의 범위에서 대통령령으로 정하는 바에 따라 가산금을 징수할 수 있다.

⑧ 공유수면관리청은 점용료 · 사용료 또는 가산금을 납부하지 아니하는 자에 대하여는 국세 또는 지방세 체납처분의 예에 따라 징수할 수 있다.

점용료 · 사용료의 조정 (제14조)	공유수면관리청은 동일인(제16조에 따라 권리 · 의무를 이전받거나 상속받은 자를 포함한다)이 같은 공유수면을 2년 이상 계속하여 점용 · 사용하는 경우로서 해당 연도의 연간 점용료 · 사용료가 전년도보다 100분의 10 이상 증가한 경우에는 대통령령으로 정하는 계산식에 따라 조정한 금액을 해당 연도의 점용료 · 사용료로 징수할 수 있다.
변상금의 징수 (제15조)	① 공유수면관리청은 점용 · 사용허가를 받지 아니하고 점용 · 사용하거나 제8조제4항에 따라 점용 · 사용 기간의 변경허가를 받지 아니하고 그 허가받은 기간을 초과하여 점용 · 사용하는 자에게는 대통령령으로 정하는 바에 따라 점용료 · 사용료에 해당하는 금액의 100분의 120에 해당하는

내용	규정
	변상금을 징수하여야 한다. 이 경우 변상금을 내야 하는 자가 변상금을 기한까지 내지 아니하면 체납된 변상금의 100분의 3 이내에서 대통령령으로 정하는 바에 따라 가산금을 징수할 수 있다. ② 제1항에 따른 변상금과 가산금의 분할납부 및 징수에 관하여는 제13조제6항 전단 및 제8항을 준용한다.
권리 · 의무의 이전 등 (제16조)	① 점용 · 사용허가로 발생한 권리 · 의무는 대통령령으로 정하는 바에 따라 이전하거나 상속할 수 있다. ② 제1항에 따라 권리 · 의무를 이전받거나 상속받은 자는 해양수산부령으로 정하는 바에 따라 권리 · 의무의 이전 또는 상속 내용을 공유수면관리청에 신고하여야 한다. ③ 공유수면관리청은 제2항에 따른 신고를 받은 날부터 10일 이내에 신고수리 여부를 신고인에게 통지하여야 한다. ④ 공유수면관리청이 제3항에서 정한 기간 내에 신고수리 여부 또는 민원 처리 관련 법령에 따른 처리기간의 연장을 신고인에게 통지하지 아니하면 그 기간(민원 처리 관련 법령에 따라 처리기간이 연장 또는 재연장된 경우에는 해당 처리기간을 말한다)이 끝난 날의 다음 날에 신고를 수리한 것으로 본다. ⑤ 제3항에 따라 권리 · 의무의 이전 또는 상속의 신고가 수리된 자(제4항에 따라 신고가 수리된 것으로 보는 자를 포함한다)는 이 법에 따른 점용 · 사용허가를 받은 자로 본다.

제5절 │ 점용 · 사용 실시계획

내용	규정
점용 · 사용 실시계획의 승인 등 (제17조)	① 제8조제1항제1호부터 제4호까지의 행위로서 인공구조물의 규모 및 총공사비 등 대통령령으로 정하는 요건에 해당하는 행위를 하기 위하여 점용 · 사용허가를 받은 자는 관련 공사에 착수하기 전에 미리 공유수면관리청으로부터 공유수면 점용 · 사용 실시계획(「점용 · 사용 실시계획」)의 승인을 받아야 한다. 승인받은 사항 중 대통령령으로 정하는 사항을 변경하려는 경우에도 또한 같다. ② 제8조제1항 각호의 행위(제1항 전단에 따라 점용 · 사용 실시계획의 승인을 받아야 하는 행위는 제외한다)를 하기 위하여 점용 · 사용허가를 받은 자 또는 제10조에 따라 공유수면의 점용 · 사용 협의 또는 승인을 받은 자는 관련 공사에 착수하기 전에 미리 공유수면관리청에 점용 · 사용 실시계획을 신고하여야 한다. 이 경우 신고한 사항 중 대통령령으로 정하는 사항을 변경하려는 경우에도 또한 같다.

③ 제1항에 따라 점용·사용 실시계획의 승인을 받으려는 자는 점용·사용허가를 받은 날부터 1년 이내에 공유수면관리청의 승인을 받아야 하고, 제2항에 따라 점용·사용 실시계획을 신고하려는 자는 점용·사용허가를 받거나 점용·사용 협의 또는 승인을 받은 날부터 6개월 이내에 공유수면관리청에 신고하여야 한다.
④ 제3항에도 불구하고 공유수면관리청은 천재지변 등 부득이한 사정이 있으면 대통령령으로 정하는 바에 따라 제3항에 따른 기간을 1년(신고의 경우에는 6개월을 말한다)의 범위에서 한 번만 연장할 수 있다.
⑤ 공유수면관리청은 제2항에 따른 신고를 받은 날부터 10일 이내에 신고수리 여부를 신고인에게 통지하여야 한다.
⑥ 공유수면관리청이 제5항에서 정한 기간 내에 신고수리 여부 또는 민원 처리 관련 법령에 따른 처리기간의 연장을 신고인에게 통지하지 아니하면 그 기간(민원 처리 관련 법령에 따라 처리기간이 연장 또는 재연장된 경우에는 해당 처리기간을 말한다)이 끝난 날의 다음 날에 신고를 수리한 것으로 본다.
⑦ 공유수면관리청은 제1항과 제5항에 따라 점용·사용 실시계획을 승인하거나 신고수리를 한 경우(제6항에 따라 신고수리를 한 것으로 보는 경우를 포함한다)에는 대통령령으로 정하는 바에 따라 그 내용을 고시하여야 한다.
⑧ 제1항과 제2항에 따른 점용·사용 실시계획의 승인 및 신고에 필요한 사항은 해양수산부령으로 정한다.

준공검사 등 (제18조)

① 제17조제1항에 따라 점용·사용 실시계획의 승인을 받은 자는 해당 공사를 완료하면 지체 없이 대통령령으로 정하는 바에 따라 공유수면관리청에 준공검사를 신청하여야 한다. 다만, 필요한 경우 해당 공사를 전부 완료하기 전이라도 공사를 완료한 일부에 대하여 해양수산부령으로 정하는 바에 따라 준공검사를 신청할 수 있다.
② 제17조제2항에 따라 점용·사용 실시계획의 신고를 한 자는 해당 공사를 완료하면 지체 없이 대통령령으로 정하는 바에 따라 공유수면관리청에 공사 완료를 신고하여야 한다.
③ 공유수면관리청은 제2항에 따른 신고를 받은 날부터 10일 이내에 신고수리 여부를 신고인에게 통지하여야 한다.
④ 공유수면관리청이 제3항에서 정한 기간 내에 신고수리 여부 또는 민원 처리 관련 법령에 따른 처리기간의 연장을 신고인에게 통지하지 아니하면 그 기간(민원 처리 관련 법령에 따라 처리기간이 연장 또는 재연장된 경우에는 해당 처리기간을 말한다)이 끝난 날의 다음 날에 신고를 수리한 것으로 본다.
⑤ 공유수면관리청은 대통령령으로 정하는 바에 따라 제1항에 따른 준공검사를 한 결과 그 공사가 제17조제1항에 따라 승인받은 점용·사용 실시계획의 내용대로 시행되었다고 인정할 때에는 해양수산부령으로 정

하는 준공검사확인증을 내주어야 한다.

⑥ 공유수면관리청은 제3항 또는 제5항에 따라 공사 완료 신고를 수리하거나(제4항에 따라 신고수리를 한 것으로 보는 경우를 포함한다) 준공검사를 하였으면 대통령령으로 정하는 바에 따라 그 사실을 고시하여야 한다.

제6절 │ 점용·사용 관련 처분 등

내용	규정
점용·사용허가 등의 취소 등 (제19조)	① 공유수면관리청은 제8조와 제10조에 따라 점용·사용허가를 받은 자나 공유수면의 점용·사용 협의 또는 승인을 받은 자가 다음 각호의 어느 하나에 해당하는 경우에는 그 허가나 협의 또는 승인을 취소하거나 점용·사용의 정지, 인공구조물, 시설물, 흙·돌 또는 그 밖의 물건의 개축·이전 등 필요한 조치를 명할 수 있다. 다만, 제1호에 해당하는 경우에는 점용·사용허가를 취소하여야 한다. 1. 거짓이나 그 밖의 부정한 방법으로 점용·사용허가를 받은 경우 2. 점용·사용허가를 받은 자가 허가사항을 위반한 경우 3. 정당한 사유 없이 제8조제7항에 따른 부관을 이행하지 아니한 경우 4. 점용료·사용료를 내지 아니한 경우 5. 제17조제1항 및 제2항에 따른 점용·사용 실시계획의 승인을 받지 아니하거나 점용·사용 실시계획의 신고를 하지 아니한 경우 6. 제55조에 따른 관계인·관계 문서 등의 조사, 토지등에의 출입, 토지 등의 일시 사용 또는 장애물의 변경·제거를 거부·방해하거나 기피하는 경우 7. 점용·사용허가나 공유수면의 점용·사용 협의 또는 승인과 관계있는 사업의 전부 또는 일부가 폐지된 경우 ② 공유수면관리청은 제1항에 따른 점용·사용허가나 점용·사용 협의 또는 승인을 취소하는 경우와 점용·사용의 정지 또는 인공구조물, 시설물, 흙·돌, 그 밖의 물건의 개축·이전 등 필요한 조치를 명한 경우에는 그 사실을 고시하고, 해양수산부령으로 정하는 표지를 해당 공유수면 또는 인공구조물 등이 잘 보이는 곳에 설치하여야 한다. ③ 누구든지 제2항에 따른 표지의 설치를 거부 또는 방해하거나 설치된 표지를 훼손하여서는 아니 된다.
공익을 위한 처분 (제20조)	공유수면관리청은 다음 각호의 어느 하나에 해당하는 경우에는 점용·사용허가의 취소, 점용·사용의 정지 또는 인공구조물·시설물 및 그 밖의 물건의 개축·이전을 명할 수 있다.

	1. 관련 산업의 발전, 국가 또는 지방자치단체의 관련 계획의 변경 등 공유수면과 직접 관련된 상황의 변경으로 필요한 경우 2. 공유수면의 보전 및 재해 예방 등 공공의 피해를 제거하거나 줄이기 위하여 필요한 경우 3. 수문이나 그 밖에 공유수면의 관리를 위한 시설물을 유지·보호하기 위하여 필요한 경우 4. 「공익사업을 위한 토지 등의 취득 및 보상에 관한 법률」 제3조에 따른 공익사업을 위하여 필요한 경우
원상회복 등 (제21조)	① 다음 각호의 어느 하나에 해당하는 자(이하 이 조에서 「원상회복 의무자」)는 해당 공유수면에 설치한 인공구조물, 시설물, 흙·돌, 그 밖의 물건을 제거하고 해당 공유수면을 원상으로 회복시켜야 한다. 다만, 제8조제1항제4호의 행위를 하기 위하여 점용·사용허가를 받은 경우에는 그러하지 아니하다. 1. 점용·사용허가를 받지 아니하거나 공유수면의 점용·사용 협의 또는 승인을 받지 아니하고 점용·사용한 자 2. 점용·사용허가를 받거나 공유수면의 점용·사용 협의 또는 승인을 받은 면적을 초과하여 점용·사용한 자 3. 점용·사용 기간이 끝난 자 4. 점용·사용허가 또는 공유수면의 점용·사용 협의 또는 승인과 관계 있는 사업이 폐지된 자 5. 점용·사용허가가 취소된 자 6. 공유수면의 점용·사용 협의 또는 승인이 취소된 자 ② 공유수면관리청은 원상회복 의무자가 제1항에 따른 원상회복에 필요한 조치 등을 하지 아니하는 경우에는 기간을 정하여 공유수면의 원상회복을 명할 수 있다. ③ 공유수면관리청은 제2항에 따른 원상회복 명령을 받은 자가 이를 이행하지 아니할 때에는 「행정대집행법」에 따라 원상회복에 필요한 조치를 할 수 있다. ④ 공유수면관리청은 제1항에도 불구하고 원상회복이 불가능하거나 그 밖에 대통령령으로 정하는 사유가 있으면 원상회복 의무자의 신청에 의하여 또는 직권으로 원상회복 의무를 면제할 수 있다. ⑤ 공유수면관리청은 제4항에 따라 면제신청을 받은 경우에는 해양수산부령으로 정하는 바에 따라 그 신청을 받은 날부터 20일 이내에 신청인에게 면제 여부를 알려야 한다. ⑥ 공유수면관리청은 다음 각호의 어느 하나에 해당하는 경우에는 대통령령으로 정하는 바에 따라 해당 공유수면에 있는 인공구조물, 시설물, 흙·돌, 그 밖의 물건을 무상으로 국가나 지방자치단체에 귀속시킬 수 있다. 1. 점용·사용허가를 받지 아니하고 공유수면을 점용·사용한 자가 제2항에 따른 원상회복 명령을 이행하지 아니한 경우

2. 제4항에 따라 원상회복 의무가 면제된 경우
⑦ 공유수면관리청은 제1항에 따른 원상회복 의무와 제2항에 따른 원상
회복 명령의 이행을 담보하기 위하여 필요한 경우에는 제17조제1항에
따라 점용·사용 실시계획을 승인할 때 또는 같은 조 제2항에 따른 신고
를 받을 때에 대통령령으로 정하는 바에 따라 그 원상회복에 필요한 비
용에 해당하는 금액을 예치하게 할 수 있다.

제7절 | 공유수면매립 기본계획

내용	규정
공유수면매립 기본계획의 수립 (제22조)	① 해양수산부장관은 국토의 전체적인 기능 및 용도에 맞고 환경과 조화되도록 공유수면을 매립·관리하기 위하여 10년마다 「연안관리법」 제30조에 따른 중앙연안관리심의회(「심의회」)의 심의를 거쳐 공유수면매립기본계획(「매립기본계획」)을 수립하여야 한다. ② 제1항에 따른 매립기본계획은 「해양공간계획 및 관리에 관한 법률」에 따른 해양공간계획, 「국토기본법」에 따른 국토종합계획 및 「국토의 계획 및 이용에 관한 법률」에 따른 도시·군관리계획에 적합하게 수립하여야 한다. ③ 해양수산부장관은 제1항에 따라 매립기본계획을 수립할 때에는 미리 관계 중앙행정기관의 장과 협의하고 관계 특별시장·광역시장·도지사(「시·도지사」) 및 특별자치시장의 의견을 들어야 한다. ④ 제3항에 따른 시·도지사의 의견에는 매립기본계획과 관련된 시장·군수·구청장의 의견 및 해당 시·군·구에 설치된 지방의회의 의견이 포함되어야 한다. ⑤ 해양수산부장관은 매립기본계획을 수립할 때에는 관계 전문가에게 자문할 수 있다.
매립기본계획에의 반영 요청 등 (제23조)	① 중앙행정기관의 장, 지방자치단체의 장 또는 공유수면을 매립하려는 자는 매립기본계획에 포함되지 아니한 공유수면 중 매립할 필요가 있는 공유수면이 있으면 그 공유수면이 매립기본계획에 반영되도록 해양수산부장관에게 요청할 수 있다. ② 해양수산부장관은 제1항에 따라 매립기본계획에의 반영을 요청받은 경우에는 해당 공유수면의 해양환경, 생태계현황, 매립 타당성 및 토지이용계획, 그 밖에 대통령령으로 정하는 사항을 해양수산부령으로 정하는 바에 따라 조사하거나 측량하여야 한다. ③ 해양수산부장관은 관계 행정기관의 장에게 제2항에 따른 조사 또는 측량에 필요한 자료의 제출을 요청할 수 있다. 이 경우 요청을 받은 관계

행정기관의 장은 특별한 사유가 없으면 해당 자료를 제출하여야 한다.

④ 해양수산부장관은 효율적인 조사 또는 측량을 위하여 필요한 경우에는 제2항에 따른 조사 또는 측량을 전문기관에 의뢰할 수 있다. 이 경우 해양수산부장관은 제1항에 따라 매립기본계획에의 반영을 요청한 자(「매립기본계획 반영요청자」)에게 조사 또는 측량에 드는 비용의 전부 또는 일부를 대통령령으로 정하는 바에 따라 부담시킬 수 있다.

⑤ 해양수산부장관은 제2항에 따라 조사·측량을 하였을 때에는 그 결과를 매립기본계획 반영요청자에게 즉시 알려야 한다.

⑥ 해양수산부장관은 같은 공유수면에 매립기본계획 반영요청자가 여럿인 경우에는 대통령령으로 정하는 우선순위에 따라 매립기본계획에 반영할 수 있다.

매립기본계획의 내용 (제24조)	① 매립기본계획에는 매립 예정인 공유수면(「매립예정지」)별로 다음 각 호의 사항을 내용으로 하는 매립예정지별 매립계획이 포함되어야 한다. 1. 매립예정지의 위치와 규모 2. 매립목적 3. 매립예정지의 토지이용계획 4. 매립의 필요성과 매립방법에 관한 사항 5. 매립으로 인한 환경 및 생태계의 변화 중 대통령령으로 정하는 사항과 그 대책에 관한 사항 6. 매립예정지의 토지이용계획과 관련한 매립 전후의 경제성 비교에 관한 사항 ② 제1항에 따른 매립예정지별 매립계획은 매립기본계획에 따라 5년 단위로 작성하여야 한다.
매립예정지별 매립계획의 해제 등 (제25조)	① 매립면허를 받으려는 자는 제24조와 제26조에 따라 수립·고시된 매립예정지별 매립계획에 따라 5년 이내에 제28조에 따른 매립면허를 받아야 한다. ② 제1항에 따른 기간 내에 매립면허를 받지 아니한 경우에는 그 기간이 지난 다음 날부터 해당 매립예정지별 매립계획이 해제된 것으로 본다. ③ 해양수산부장관은 제2항에 따라 매립예정지별 매립계획이 해제된 경우에는 해제된 날부터 14일 이내에 그 사실을 매립예정지별로 매립기본계획 반영요청자에게 알려야 하고, 해양수산부령으로 정하는 바에 따라 고시하여야 한다.
매립기본계획의 고시 등 (제26조)	① 해양수산부장관은 매립기본계획을 수립하였을 때에는 지체 없이 그 내용을 고시하고 관계 중앙행정기관의 장과 관계 시·도지사 또는 특별자치시장에게 알려야 하며, 지체 없이 국회 소관 상임위원회에 제출하여야 한다. ② 제1항에 따라 통보를 받은 시·도지사는 시장·군수·구청장으로 하여금 매립기본계획을 14일 이상 일반인이 열람할 수 있게 하여야 하며,

내용	규정
	특별자치시장은 직접 매립기본계획을 14일 이상 일반인이 열람할 수 있게 하여야 한다. ③ 매립기본계획은 매립예정지로 된 공유수면의 이용을 위하여 이미 설정된 권리를 제한하지 아니한다. ④ 관계 행정기관의 장은 매립예정지에서 대통령령으로 정하는 경우를 제외하고는 새로운 권리를 설정할 수 없다.
매립기본계획의 변경 등 (제27조)	① 해양수산부장관은 제22조와 제26조에 따라 수립·고시된 매립기본계획의 타당성을 5년마다 검토하고, 검토 결과 다음 각 호의 어느 하나에 해당하는 사유가 있으면 매립기본계획의 변경 등 필요한 조치를 하여야 한다. 1. 매립예정지별 매립계획의 추가 또는 해제 2. 매립예정지 면적의 확대 3. 매립목적의 변경 ② 제1항에도 불구하고 해양수산부장관은 공유수면의 매립과 관련한 산업의 발전, 법령에 따라 수립된 계획의 변경, 그 밖에 주변여건의 변화 등으로 인하여 필요한 경우에는 직권으로 또는 요청을 받아 매립기본계획을 변경할 수 있다. 이 경우 변경을 요청하는 자는 제23조제2항에 따른 조사 및 측량을 미리 하여야 한다. ③ 제1항과 제2항에 따른 매립기본계획의 변경에 관하여는 제22조부터 제26조까지의 규정을 준용한다.

제8절 | 공유수면 매립면허 등

내용	규정
매립면허 (제28조)	① 공유수면을 매립하려는 자는 대통령령으로 정하는 바에 따라 매립목적을 구체적으로 밝혀 다음 각호의 구분에 따라 해양수산부장관, 시·도지사, 특별자치시장 또는 특별자치도지사(「매립면허관청」)로부터 공유수면 매립면허(「매립면허」)를 받아야 한다. 1. 「항만법」 제3조제1항 각호에 따른 항만구역의 공유수면 매립: 해양수산부장관 2. 면적이 10만 제곱미터 이상인 공유수면 매립: 해양수산부장관 3. 제1호 및 제2호에 따른 공유수면을 제외한 공유수면 매립: 시·도지사, 특별자치시장 또는 특별자치도지사 ② 매립예정지가 제1항제1호에 따른 공유수면과 같은 항 제3호에 따른 공유수면에 걸쳐 있으면 해양수산부장관의 매립면허를 받아야 한다. ③ 제1항제3호에 따른 공유수면의 매립으로서 매립예정지가 둘 이상의 특별시·광역시·특별자치시·도·특별자치도의 관할 지역에 걸쳐 있으

	면 관계 시·도지사, 특별자치시장 또는 특별자치도지사의 협의에 의하여 결정되는 시·도지사, 특별자치시장 또는 특별자치도지사의 면허를 받아야 한다. 다만, 협의가 성립되지 아니할 때에는 해양수산부장관이 지정하는 시·도지사, 특별자치시장 또는 특별자치도지사의 매립면허를 받아야 한다. ④ 매립면허관청은 제1항에 따라 매립면허를 하려는 경우에는 미리 관계 중앙행정기관의 장 및 시·도지사, 특별자치시장 또는 특별자치도지사와 협의하여야 한다. ⑤ 매립면허관청은 매립기본계획의 내용에 적합한 범위에서 매립면허를 하여야 한다. ⑥ 매립면허관청은 매립기본계획에 반영된 매립예정지를 분할하여 면허할 수 없다. 다만, 국가·지방자치단체 또는 「한국토지주택공사법」에 따른 한국토지주택공사가 매립하는 경우에는 그러하지 아니하다. ⑦ 「항만법」 제3조제1항 각 호에 따른 항만구역의 공유수면 및 「어촌·어항법」 제2조제3호가목에 따른 국가어항 구역의 공유수면은 국가나 지방자치단체만 매립할 수 있다. 다만, 매립 목적·규모 또는 입지 여건 등을 고려하여 대통령령으로 정하는 경우에는 그러하지 아니하다. ⑧ 매립면허관청은 동일한 위치의 공유수면에 대하여 면허의 신청이 경합된 경우에는 대통령령으로 정하는 우선순위에 따라 면허를 할 수 있다. ⑨ 매립면허관청이 아닌 행정기관의 장은 다른 법률에 따라 제1항에 따른 공유수면 매립면허를 받은 것으로 보는 행정처분을 하였을 때에는 즉시 그 사실을 매립면허관청에 통보하여야 한다.
매립면허의 부관 (제29조)	매립면허관청은 매립면허를 할 때에 제31조 각호에 해당하는 자의 보호 또는 공익을 위하여 필요한 사항과 그 밖에 대통령령으로 정하는 사항에 대하여 부관을 붙일 수 있다.
매립면허의 기준 (제30조)	① 매립면허관청은 매립예정지 공유수면 및 매립으로 피해가 예상되는 매립예정지 인근의 구역에 관하여 권리를 가진 자(「공유수면매립 관련 권리자」)가 있으면 다음 각호의 어느 하나에 해당하는 경우를 제외하고는 매립면허를 할 수 없다. 1. 공유수면매립 관련 권리자가 매립에 동의하고, 매립이 환경과 생태계의 변화를 충분히 고려한 것으로 인정되는 경우 2. 매립으로 생기는 이익이 그 손실을 현저히 초과하는 경우 3. 법령에 따라 토지를 수용하거나 사용할 수 있는 사업을 위하여 매립이 필요한 경우 4. 그 밖에 국방 또는 재해예방 등 공익을 위하여 필요한 경우로서 대통령령으로 정하는 경우 ② 제1항에 따른 매립으로 피해가 예상되는 매립예정지 인근 구역의 범위는 대통령령으로 정한다.

공유수면매립 관련 권리자의 범위 (제31조)	제30조제1항에 따른 공유수면매립 관련 권리자란 다음 각호의 어느 하나에 해당하는 자를 말한다. 1. 제8조에 따라 점용·사용허가를 받거나 제10조에 따라 공유수면의 점용·사용 협의 또는 승인을 받은 자 2. 「수산업법」 제2조제9호에 따른 입어자 3. 「수산업법」 제7조 또는 「양식산업발전법」 제10조에 따른 면허를 받은 자 4. 「수산업법」 제40조제3항에 따른 구획어업 또는 「양식산업발전법」 제43조제1항제1호에 따른 육상해수양식업의 허가를 받은 자 또는 「수산종자산업육성법」 제21조에 따른 수산종자생산업의 허가를 받은 자 5. 다른 법령의 규정에 따라 허가를 받거나 관습에 따라 공유수면에서 물을 끌어들이거나 공유수면으로 배출하는 자
매립으로 인한 손실방지와 보상 등 (제32조)	① 제28조에 따라 매립면허를 받은 자(「매립면허취득자」)는 대통령령으로 정하는 바에 따라 공유수면매립 관련 권리자의 손실을 보상하거나 그 손실을 방지하는 시설을 설치하여야 한다. ② 매립면허취득자는 제1항에 따른 보상에 관하여 공유수면매립 관련 권리자와 협의하여야 한다. ③ 매립면허취득자는 제2항에 따른 협의가 성립되지 아니하거나 협의할 수 없는 경우에는 대통령령으로 정하는 바에 따라 관할 토지수용위원회에 재결을 신청할 수 있다. ④ 제3항에 따른 관할 토지수용위원회의 재결에 대한 이의신청 등에 관하여는 「공익사업을 위한 토지 등의 취득 및 보상에 관한 법률」 제83조부터 제86조까지의 규정을 준용한다. ⑤ 제3항과 제4항에 따른 재결과 관련된 수수료 등 비용에 관하여는 「공익사업을 위한 토지 등의 취득 및 보상에 관한 법률」 제20조제2항, 제28조제2항 및 제58조제3항을 준용한다. ⑥ 제33조에 따른 매립면허의 고시일 이후에 제31조 각호의 어느 하나에 해당하게 된 자 또는 그가 설치한 시설 등에 대하여는 제1항을 적용하지 아니한다.
매립면허의 고시 (제33조)	매립면허관청은 매립면허를 하였을 때에는 대통령령으로 정하는 바에 따라 그 사실을 고시하여야 한다.
매립면허 수수료 (제34조)	매립면허관청은 매립면허를 할 때에는 대통령령으로 정하는 바에 따라 매립면허취득자로부터 매립면허 수수료를 징수할 수 있다. 다만, 다음 각호의 어느 하나에 해당하는 경우에는 매립면허 수수료를 면제할 수 있다. 1. 대통령령으로 정하는 공익 목적의 법인 또는 공공단체가 시행하는 매립 2. 제3조제3항제1호에 따른 수산물양식장의 축조
국가 등이 시행하는 매립 (제35조)	① 제28조에도 불구하고 국가나 지방자치단체가 공유수면을 매립하려는 경우 또는 「한국토지주택공사법」에 따른 한국토지주택공사가 「산업입지

및 개발에 관한 법률」에 따라 산업단지개발사업을 위하여 공유수면을 매립하려는 경우에는 미리 매립면허관청과 협의하거나 매립면허관청의 승인을 받아야 한다.

② 제1항에 따라 협의하거나 승인을 받은 자는 제4항에 따른 준공검사를 받기 전에는 매립에 관한 권리를 양도할 수 없다. 다만, 국가나 지방자치단체에 매립에 관한 권리를 양도하는 경우에는 해양수산부령으로 정하는 바에 따라 매립면허관청에 신고한 후 양도할 수 있다.

③ 매립면허관청은 제2항 단서에 따른 신고를 받은 경우 그 내용을 검토하여 이 법에 적합하면 신고를 수리하여야 한다. 이 경우 해양수산부장관이 아닌 매립면허관청은 그 신고를 수리하기 전에 해양수산부장관과 미리 협의하여야 한다.

④ 제1항에 따라 협의하거나 승인을 받은 자가 해당 매립공사를 준공하였을 때에는 지체 없이 「공간정보의 구축 및 관리 등에 관한 법률」 제67조에 따른 지목을 정하여 매립면허관청에 준공검사를 신청하여야 한다.

⑤ 제1항에 따라 협의하거나 승인을 받은 자는 제4항에 따른 준공검사를 받은 날에 제46조제1항제3호 및 제4호에 해당하는 매립지의 소유권을 취득한다.

⑥ 제1항에 따라 협의하거나 승인을 받은 자가 시행하는 공유수면의 매립에 관하여는 제28조제1항부터 제5항까지, 제9항, 제29조부터 제33조까지, 제38조, 제39조, 제39조의2, 제40조부터 제42조까지, 제44조부터 제46조(같은 조 제1항제3호 및 제4호는 제외한다)까지, 제48조, 제49조 제1항·제3항·제5항·제6항, 제51조부터 제54조(같은 조 제9항은 제외한다)까지 및 제56조부터 제58조까지의 규정을 준용한다.

국가 등이 시행하는 소규모매립 (제36조)	① 국가나 지방자치단체가 대통령령으로 정하는 공용 또는 공공용으로 사용하기 위하여 1천 제곱미터 이하로 공유수면을 매립(「소규모매립」)하려는 경우에는 매립기본계획에 관계없이 제35조(같은 조 제6항에 따라 준용되는 제28조제4항 및 제5항은 제외한다)에 따라 매립을 할 수 있다. ② 매립면허관청은 제1항에 따라 소규모매립에 관하여 협의 또는 승인을 할 때에는 미리 관계 행정기관의 장과 협의하여야 한다.
매립지의 이관 (제37조)	해양수산부장관은 정부사업으로 실시하는 매립공사를 준공하였을 때에는 매립지를 대통령령으로 정하는 바에 따라 지체 없이 그 매립지의 매립목적에 따라 관계 중앙행정기관의 장에게 이관하여야 한다. 이 경우 농업을 주목적으로 하는 매립공사에서 방수 또는 방조제 시설공사를 준공하였을 때에는 이를 지체 없이 농림축산식품부장관에게 이관하여야 한다.

제9절 │ 매립공사

내용	규정
공유수면매립실시계획의 승인 (제38조)	① 매립면허취득자는 대통령령으로 정하는 바에 따라 공유수면매립실시계획(「매립실시계획」)을 수립하여 매립면허관청의 승인을 받아야 한다. 승인받은 내용을 변경하려는 경우에도 또한 같다. ② 매립면허취득자는 매립예정지를 둘 이상의 공구로 구분하여 매립실시계획을 수립하고 매립면허관청의 승인을 신청할 수 있다. ③ 매립면허취득자는 매립면허를 받은 날부터 1년 이내에 매립실시계획의 승인을 받아야 한다. 다만, 천재지변 등 대통령령으로 정하는 부득이한 사유가 있으면 매립면허관청으로부터 1년의 범위에서 한 번만 그 기간을 연장받아 승인을 받을 수 있다. ④ 매립면허취득자는 공유수면매립 관련 권리자로부터 공사 착수에 관한 동의를 받거나 제32조에 따른 보상 또는 시설 설치를 한 후에 매립실시계획의 승인을 신청하여야 한다. ⑤ 매립면허관청은 제1항에 따라 매립실시계획을 승인하거나 변경승인하였을 때에는 대통령령으로 정하는 바에 따라 그 사실을 고시하여야 한다.
인가·허가등의 의제 (제39조)	① 매립면허취득자가 매립실시계획의 승인을 받은 경우에는 다음 각 호의 인가·허가·승인·해제·협의·신고 등(「인가·허가등」)을 받은 것으로 보며, 제38조제5항에 따른 매립실시계획의 승인 고시가 있는 때에는 관련 법률에 따른 인가·허가등의 고시·공고가 있는 것으로 본다. 1. 「골재채취법」 제22조에 따른 골재채취의 허가 및 같은 법 제34조제1항에 따른 골재채취단지에서의 골재채취허가 2. 「국토의 계획 및 이용에 관한 법률」 제30조에 따른 도시·군관리계획의 결정, 같은 법 제56조제1항제2호·제4호에 따른 토지의 형질변경·분할 허가, 같은 법 제86조에 따른 도시·군계획시설사업의 시행자 지정 및 같은 법 제88조에 따른 도시·군계획시설사업 실시계획의 인가 3. 「농어촌정비법」 제23조에 따른 농업생산기반시설의 사용허가 4. 「농지법」 제34조에 따른 농지의 전용허가 또는 협의 5. 「도로법」 제107조에 따른 도로관리청과의 협의 또는 승인(같은 법 제36조에 따른 도로관리청이 아닌 자에 대한 도로공사 시행의 허가 및 같은 법 제61조에 따른 도로의점용 허가에 관한 것만 해당한다) 6. 「사도법」 제4조에 따른 사도의 개설허가 7. 「사방사업법」 제14조에 따른 사방지 안에서의 벌채 등의 허가 및 같은 법 제20조에 따른 사방지의 지정해제 8. 「산림자원의 조성 및 관리에 관한 법률」 제36조제1항·제4항에 따른 입목벌채등의 허가·신고, 「산림보호법」 제9조제1항·제2항에 따른 산

림보호구역(산림유전자원보호구역은 제외한다)에서의 행위의 허가·신고 및 같은 법 제11조제1항제1호에 따른 산림보호구역의 지정해제

9. 「산지관리법」 제14조에 따른 산지전용허가 및 같은 법 제15조에 따른 산지전용신고, 같은 법 제15조의2에 따른 산지일시사용허가·신고

10. 「소하천정비법」 제10조제1항에 따른 소하천공사의 시행허가 및 같은 법 제14조에 따른 소하천의 점용허가

11. 「수산자원관리법」 제47조제2항에 따른 보호수면 안에서의 공사시행 승인

12. 「신항만건설촉진법」 제8조제1항에 따른 신항만건설사업실시계획의 승인

13. 「자연공원법」 제23조에 따른 공원구역에서의 행위허가 및 같은 법 제71조에 따른 공원관리청과의 협의

14. 「장사 등에 관한 법률」 제27조제1항에 따른 개장허가

15. 「전기안전관리법」 제8조에 따른 자가용전기설비 공사계획의 인가 또는 신고

16. 「초지법」 제21조의2에 따른 토지의 형질변경 등의 허가 및 같은 법 제23조에 따른 초지의 전용 허가·신고 또는 협의

17. 「하수도법」 제24조에 따른 공공하수도의 점용허가

18. 「하천법」 제6조에 따른 하천관리청과의 협의 또는 승인, 같은 법 제30조에 따른 하천공사의 시행허가 및 같은 법 제33조에 따른 하천의 점용허가

19. 「항로표지법」 제13조제1항제1호에 따른 항로표지의 설치허가

20. 「항만법」 제9조제2항에 따른 항만개발사업 시행의 허가 및 같은 법 제10조제2항에 따른 항만개발사업실시계획의 승인

② 매립면허취득자가 매립실시계획의 승인을 받은 경우에는 제8조에 따른 점용·사용허가, 제10조에 따른 공유수면의 점용·사용 협의 또는 승인 및 제17조에 따른 점용·사용 실시계획의 신고 또는 승인을 받은 것으로 보며, 제38조제5항에 따른 매립실시계획 승인 고시가 있는 때에는 제17조제7항에 따른 고시가 있는 것으로 본다.

③ 매립면허관청은 매립실시계획을 승인할 때 그 내용에 제1항 각 호의 어느 하나 또는 제2항에 해당하는 사항이 포함되어 있으면 매립면허취득자가 제출한 관계 서류를 갖추어 관계 행정기관의 장과 미리 협의하여야 한다. 이 경우 관계 행정기관의 장은 협의요청을 받은 날부터 20일 이내에 의견을 제출하여야 한다.

④ 제1항 각 호에 따른 인가·허가등의 권한을 가진 관계 행정기관의 장은 그 처리 기준 및 절차 등을 정하거나 변경하였을 때에는 그 내용을 지체 없이 해양수산부장관에게 알려야 한다.

⑤ 해양수산부장관은 제4항에 따라 처리 기준 및 절차 등을 통보받은 때에는 이를 통합하여 고시하여야 한다. 고시한 사항을 변경한 경우에도 또한 같다.

인가·허가등 의제를 위한 일괄협의회 (제39조의2)	① 매립면허관청은 제39조제3항에 따라 관계 행정기관의 장과 협의하기 위하여 대통령령으로 정하는 바에 따라 인가·허가등 의제를 위한 일괄협의회를 개최할 수 있다. ② 제39조제3항에 따라 매립면허관청의 협의요청을 받은 관계 행정기관의 장은 소속 공무원을 제1항에 따른 일괄협의회에 참석하게 하여야 한다.
매립공사 (제40조)	매립면허취득자는 승인받은 매립실시계획의 내용대로 매립공사를 시행하여야 한다.
토지 등에의 출입 등 (제41조)	① 매립면허를 받으려는 자 또는 매립면허취득자는 매립에 관한 조사·측량 또는 매립공사 등을 위하여 다음 각호의 어느 하나에 해당하는 행위를 하려는 경우에는 미리 그 소유자·점유자 또는 관리인 등의 동의를 받아야 한다. 다만, 그 소유자·점유자 또는 관리인 등을 알 수 없는 경우에는 그러하지 아니하다. 1. 타인의 토지나 공유수면의 출입 2. 타인의 토지나 공유수면에 있는 나무, 흙·돌, 그 밖의 장애물의 변경 3. 타인의 토지나 공유수면을 재료적치장이나 임시도로로의 일시 사용 ② 매립면허를 받으려는 자 또는 매립면허취득자는 제1항에 따른 토지 등에의 출입 또는 사용 등으로 생긴 손실을 보상하여야 한다.
불용 국유지·공유지의 양여 등 (제42조)	① 국유 또는 공유에 속하는 도로·제방 등 대통령령으로 정하는 공공시설은 매립공사의 시행으로 그 용도가 폐지되는 경우에는 「국유재산법」과 「공유재산 및 물품 관리법」에도 불구하고 다음 각 호의 구분에 따라 매립면허취득자에게 양여하거나 매각할 수 있다. 1. 양여: 용도가 폐지되는 공공시설을 갈음하여 제46조제1항제1호에 따라 국가나 지방자치단체의 소유로 되는 공공시설을 새로 설치하는 경우 2. 매각: 제1호의 경우를 제외한 경우 ② 제1항에 따른 공공시설은 국유의 수면 및 수류를 포함한다. ③ 국가는 매립공사의 시행으로 새로 설치되는 공용시설 또는 공공시설의 용지로 바닷가가 사용되는 경우에는 「국유재산법」에도 불구하고 그 바닷가를 해당 공용시설 또는 공공시설을 관리할 관리청에 양여할 수 있다.
공유수면매립 권리·의무의 양도 등 (제43조)	① 매립면허로 인하여 발생한 권리·의무는 대통령령으로 정하는 바에 따라 이전하거나 상속할 수 있다. ② 제1항에 따라 권리·의무를 이전받거나 상속받은 자는 해양수산부령으로 정하는 바에 따라 권리·의무의 이전 또는 상속 내용을 매립면허관청에 신고하여야 한다. ③ 매립면허관청은 제2항에 따른 신고를 받은 날부터 10일 이내에 신고수리 여부를 신고인에게 통지하여야 한다. ④ 매립면허관청이 제3항에서 정한 기간 내에 신고수리 여부 또는 민원 처리 관련 법령에 따른 처리기간의 연장을 신고인에게 통지하지 아니하면 그 기간(민원 처리 관련 법령에 따라 처리기간이 연장 또는 재연장된

	경우에는 해당 처리기간을 말한다)이 끝난 날의 다음 날에 신고를 수리한 것으로 본다. ⑤ 제1항 및 제2항에 따른 면허에 관한 권리·의무를 이전하거나 승계하는 경우 그 권리·의무를 분할하여서는 아니 된다. ⑥ 제3항에 따라 권리·의무의 이전 또는 상속의 신고가 수리된 자(제4항에 따라 신고수리가 된 것으로 보는 자를 포함한다)는 이 법에 따른 매립면허취득자로 본다.
매립지의 사용 (제44조)	① 매립면허취득자는 제45조에 따른 준공검사 전까지는 매립지에 건축물·시설물, 그 밖의 인공구조물을 설치하는 등 매립지를 사용할 수 없다. 다만, 매립면허관청으로부터 매립목적 달성에 지장을 주지 아니하는 범위에서 해양수산부령으로 정하는 바에 따라 준공검사 전 사용허가를 받은 경우에는 그러하지 아니하다. ② 매립면허관청은 제1항 단서에 따른 준공검사 전 사용허가를 할 때에는 제24조제1항제2호에 따른 매립목적 및 같은 항 제3호에 따른 토지이용계획에 적합한 경우에만 허가하여야 한다. ③ 준공검사 전에 매립지를 사용하려는 자가 제1항 단서에 따른 허가를 받은 경우에는 다음 각호의 인가·신고·허가 또는 검사(「인가등」)를 받은 것으로 본다. 1. 「건축법」 제20조제1항·제2항에 따른 가설건축물의 건축허가 또는 신고 2. 「전기안전관리법」 제8조에 따른 자가용전기설비 공사계획의 인가 또는 신고 3. 「정보통신공사업법」 제36조에 따른 사용전검사 ④ 매립면허관청은 제1항 단서에 따라 허가를 할 때 그 내용에 제3항 각호의 어느 하나에 해당하는 사항이 포함되어 있으면 준공검사 전 사용허가를 받으려는 자가 제출한 관계 서류를 갖추어 관계 행정기관의 장과 미리 협의하여야 한다. 이 경우 관계 행정기관의 장은 협의요청을 받은 날부터 20일 이내에 의견을 제출하여야 한다. ⑤ 관계 행정기관의 장이 제4항 후단에서 정한 기간(「민원 처리에 관한 법률」 제20조제2항에 따라 회신기간을 연장한 경우에는 그 연장된 기간을 말한다) 내에 의견을 제출하지 아니하면 협의가 이루어진 것으로 본다.
준공검사 (제45조)	① 매립면허취득자는 매립공사를 완료하였을 때에는 대통령령으로 정하는 바에 따라 매립지의 위치와 지목(「공간정보의 구축 및 관리 등에 관한 법률」 제67조에 따른 지목을 말한다)을 정하여 매립면허관청에 준공검사를 신청하여야 한다. 이 경우 매립면허취득자가 제38조제2항에 따라 공구를 구분하여 매립실시계획의 승인을 받은 경우에는 공구별로 준공검사를 신청할 수 있다. ② 제1항에 따라 준공검사를 신청받은 매립면허관청은 대통령령으로 정하는 바에 따라 준공검사를 한 후 그 공사가 매립실시계획의 승인된 내

	용대로 시행되었다고 인정하면 해양수산부령으로 정하는 준공검사확인증을 내주고 그 사실을 고시하여야 하며, 매립실시계획의 승인된 내용대로 시행되지 아니한 경우에는 지체 없이 보완공사 등 필요한 조치를 명하여야 한다. ③ 제1항에 따라 준공검사를 신청한 자가 제2항에 따른 준공검사확인증을 받은 경우에는 제39조제1항 각 호 및 같은 조 제2항의 인가·허가등에 따른 해당 사업의 준공검사 또는 준공인가를 받은 것으로 본다. 이 경우 매립면허관청은 그 준공검사에 관하여 미리 관계 행정기관의 장과 협의하여야 한다. ④ 제3항에 따라 준공검사·준공인가의 의제를 받으려는 자는 제1항에 따라 준공검사를 신청할 때 해당 법률에서 정하는 관련 서류를 함께 제출하여야 한다.

제10절 │ 매립지의 소유권 취득 등

내용	규정
매립지의 소유권 취득 등 (제46조)	① 매립면허취득자가 제45조제2항에 따른 준공검사확인증을 받은 경우 국가, 지방자치단체 또는 매립면허취득자는 다음 각호의 구분에 따라 매립지의 소유권을 취득한다. 1. 대통령령으로 정하는 공용 또는 공공용으로 사용하기 위하여 필요한 매립지: 국가 또는 지방자치단체 2. 매립된 바닷가에 상당하는 면적(매립된 바닷가 중 매립공사로 새로 설치된 공용시설 또는 공공시설 용지에 포함된 바닷가의 면적은 제외한다)의 매립지: 국가. 이 경우 국가가 소유권을 취득하는 매립지의 위치는 매립면허취득자가 정한 매립지가 아닌 곳으로 한다. 3. 제1호와 제2호에 따라 국가나 지방자치단체가 소유권을 취득한 매립지를 제외한 매립지 중 해당 매립공사에 든 총사업비(조사비, 설계비, 순공사비, 보상비 등 대통령령으로 정하는 비용을 합산한 금액으로 한다)에 상당하는 매립지: 매립면허취득자 4. 제1호부터 제3호까지의 규정에 따라 국가, 지방자치단체 또는 매립면허취득자가 소유권을 취득한 매립지를 제외한 매립지(「잔여매립지」): 국가 ② 제1항제3호 및 제4호에 해당하는 매립지의 소유권을 취득한 자는 그 매립지의 소유권보존등기를 신청할 때 그 신청서에 소유권행사의 제한에 관한 대통령령으로 정하는 사항(「소유권행사 제한사항」)을 적어야 하며, 등기관은 소유권보존등기를 할 때 직권으로 소유권행사 제한사항을 부기하여야 한다.

	③ 제1항제3호 및 제4호에 해당하는 매립지의 소유권을 취득한 자는 제48조제1항 본문에 따른 매립목적 변경 제한기간이 지나면 제2항에 따라 소유권보존등기에 부기된 소유권행사 제한사항의 말소등기를 관할 등기소에 신청할 수 있다. ④ 매립면허관청은 국가, 지방자치단체 또는 매립면허취득자가 제1항에 따라 소유권을 취득한 경우 대통령령으로 정하는 바에 따라 관할 세무서·등기소 등 관계 행정기관에 매립지의 소유권 취득에 관한 사항을 알려야 한다.
잔여매립지의 매수청구 등 (제47조)	① 매립면허취득자는 준공검사를 받은 날부터 1년 이내에 제46조제1항에 따라 국가가 취득한 잔여매립지의 매수를 청구할 수 있으며, 국가는 공용 또는 공공용으로 사용할 경우를 제외하고는 그 청구를 거절하지 못한다. 이 경우 매수청구자가 「산업입지 및 개발에 관한 법률」에 따른 산업단지개발사업의 시행자일 때에는 「국유재산법」 제44조에도 불구하고 해당 잔여매립지의 매각 가격은 대통령령으로 정할 수 있다. ② 국가는 제46조제1항제2호에 따라 소유권을 취득한 매립지와 같은 항 제4호에 따라 소유권을 취득한 잔여매립지를 그 매립목적에 따라 다음 각호의 어느 하나에 해당하는 시설의 용지로 임대하는 경우에는 「국유재산법」에도 불구하고 영구시설물을 설치하게 할 수 있다. 다만, 제1항에 따른 매수청구기간이 지나지 아니한 잔여매립지에 대하여는 매립면허취득자의 동의를 받아야 한다. 1. 「산업집적활성화 및 공장설립에 관한 법률」 제2조제1호에 따른 공장 2. 「산업입지 및 개발에 관한 법률」 제2조제2호에 따른 지식산업을 위한 시설 3. 「산업입지 및 개발에 관한 법률」 제2조제4호 및 제6호에 따른 정보통신산업 관련 시설 및 자원비축시설 4. 「관광진흥법」 제3조제1항제2호에 따른 관광숙박업을 위한 시설과 같은 항 제3호에 따른 관광객 이용시설업을 위한 시설 중 대통령령으로 정하는 시설 ③ 국가는 제2항에 따라 매립지와 잔여매립지를 임대하는 경우에는 「국유재산법」 제43조·제46조 및 제47조에도 불구하고 매립지와 잔여매립지의 임대방법, 임대기간 및 임대료를 대통령령으로 정할 수 있다.
매립목적 변경의 제한 (제48조)	① 매립면허취득자, 매립지의 소유권을 취득한 자와 그 승계인은 면허를 받은 매립예정지와 매립지 또는 준공검사를 받은 매립지에 대하여 준공검사 전이나 준공검사일부터 10년 이내에는 매립목적을 변경하여 사용할 수 없다. 다만, 대통령령으로 정하는 매립목적의 경미한 변경인 경우에는 그러하지 아니하다. ② 제1항 단서에 따라 매립목적의 경미한 변경을 하려는 자는 대통령령으로 정하는 바에 따라 미리 매립면허관청의 확인을 받아야 한다. ③ 매립면허관청은 제2항에 따라 확인을 하였을 때에는 그 내용을 대통령령으로 정하는 바에 따라 고시하여야 한다.

매립목적 변경제한의 예외 (제49조)	① 매립면허취득자, 매립지의 소유권을 취득한 자와 그 승계인은 제48조 제1항 본문에도 불구하고 면허를 받은 매립예정지와 매립지 또는 준공검사를 받은 매립지가 다음 각호의 어느 하나에 해당하는 경우에는 대통령령으로 정하는 바에 따라 매립면허관청의 승인을 받아 매립목적을 변경할 수 있다. 1. 매립지의 일부를 공용 또는 공공용으로 변경함으로써 나머지 매립지를 매립목적에 맞게 사용할 수 없게 된 경우 2. 관련 법령에 따른 국가계획이 변경되어 매립지를 매립목적에 맞게 사용할 수 없게 된 경우 3. 산업의 발전, 그 밖에 주변여건의 변화 등으로 매립목적을 변경할 수밖에 없는 경우 ② 매립면허관청은 매립지의 소유권을 취득한 자와 그 승계인이 제1항에 따라 매립목적을 변경하려는 경우에 변경할 매립목적을 기준으로 매립지를 재평가하여 재평가한 매립지 가액의 증가분에서 대통령령으로 정하는 필요경비(제세공과금, 감정평가비, 준공인가 시의 매립지 취득가액에 소비자물가지수를 곱한 자본비와 그 밖의 비용을 합산한 금액으로 한다)를 빼고 남은 가액에 상당하는 재평가된 매립지(「재평가매립지」)를 국가에 귀속시키기 위하여 신청하는 경우에만 제1항에 따른 승인을 할 수 있다. ③ 매립면허관청은 제1항에 따라 매립목적의 변경승인을 하려는 경우에는 관계 중앙행정기관의 장, 시·도지사, 특별자치시장 및 특별자치도지사와 협의한 후 심의회의 심의를 거쳐야 한다. ④ 제2항에 따른 매립지의 재평가방법 등에 관하여 필요한 사항은 대통령령으로 정한다. ⑤ 매립면허관청은 제1항과 제2항에 따라 매립목적 변경을 승인하였을 때에는 대통령령으로 정하는 바에 따라 그 사실을 고시하여야 한다. ⑥ 제1항에 따라 매립목적의 변경승인을 받은 자는 매립목적 변경승인서를 첨부하여 관할 등기소에 변경등기를 신청할 수 있다.
재평가매립지의 소유권 취득 (제50조)	① 국가는 제49조제1항에 따라 매립면허관청이 매립목적의 변경을 승인한 날에 재평가매립지의 소유권을 취득한다. ② 매립면허관청은 제1항에 따라 국가가 취득한 재평가매립지의 소유권에 관하여 지체 없이 등기·등록 및 그 밖에 권리 보전에 필요한 조치를 하여야 한다. ③ 제49조제1항에 따라 매립목적의 변경승인을 받은 자는 변경승인을 받은 날부터 1년 이내에 국가가 소유권을 취득한 재평가매립지의 매수를 청구할 수 있으며, 국가는 공용 또는 공공용으로 사용할 경우를 제외하고는 그 청구를 거절하지 못한다. ④ 제1항에 따른 재평가매립지 소유권 취득의 통보에 관하여는 제46조 제4항을 준용한다.

	⑤ 제3항에 따라 재평가매립지를 매수한 자의 소유권 변경등기 신청에 관하여는 제49조제6항을 준용한다.
매립지 사용의 확인 (제51조)	매립면허관청은 제46조제1항제3호에 따라 매립지의 소유권을 취득한 자와 그 승계인이 제45조에 따른 준공검사 당시의 매립목적에 맞게 매립지를 사용하는지를 대통령령으로 정하는 바에 따라 확인할 수 있다.

제11절 | 공유수면매립 관련 처분 등

내용	규정
매립면허의 취소 등 (제52조)	① 매립면허관청은 다음 각호의 어느 하나에 해당하는 경우에는 매립면허 또는 매립실시계획의 승인을 취소하거나, 공유수면에 설치한 건축물·시설물 등의 소유자·점유자 또는 그 업무를 위탁받은 자에게 공사의 정지를 명하거나 1년 이내의 기간을 정하여 건축물·시설물 등의 개축·제거·수선·사용금지·사용제한·원상회복이나 그 밖에 필요한 조치를 명할 수 있다. 다만, 제1호에 해당하는 경우에는 매립면허를 취소하여야 한다. 1. 거짓이나 그 밖의 부정한 방법으로 매립면허를 받은 경우 2. 매립면허취득자의 귀책사유로 매립 공정이 대통령령으로 정하는 수준에 이르지 못한 경우 3. 제29조에 따른 매립면허의 부관을 정당한 사유 없이 이행하지 아니한 경우 4. 정당한 사유 없이 제34조에 따른 매립면허 수수료를 내지 아니한 경우 5. 매립실시계획의 승인을 받지 아니하고 공사를 시행한 경우 6. 제44조제1항 단서에 따른 준공검사 전 사용허가를 받지 아니하고 매립지에 건축물, 시설물, 그 밖의 인공구조물을 설치하는 등 매립지를 사용한 경우 7. 거짓이나 그 밖의 부정한 방법으로 제48조제2항에 따른 확인을 받은 경우 8. 관련 산업의 발전, 국가 또는 지방자치단체의 관련 계획 변경 등 공유수면과 직접 관련된 상황의 변경으로 인하여 필요한 경우 9. 그 밖에 법령에 따라 토지를 수용하거나 사용할 수 있는 사업을 위하여 필요한 경우 ② 매립면허관청은 제1항에 따른 매립면허의 취소 등을 한 경우에는 그 사실을 고시하고, 해양수산부령으로 정하는 표지를 해당 공유수면이나 건축물, 시설물 및 그 밖의 인공구조물이 잘 보이는 곳에 설치하여야 한다.

	③ 누구든지 제2항에 따른 표지의 설치를 거부 또는 방해하거나 설치된 표지를 훼손하여서는 아니 된다.
매립면허의 효력 상실 등 (제53조)	① 다음 각호의 어느 하나에 해당하는 경우에 매립면허는 그 효력을 상실한다. 1. 제38조제3항에 따른 기간 내에 매립실시계획의 승인을 받지 아니한 경우 2. 매립실시계획에서 정한 공사착공일에 매립공사를 착수하지 아니한 경우 3. 매립실시계획에서 정한 기간 내에 매립공사를 준공하지 아니한 경우 ② 제1항제2호 또는 제3호에도 불구하고 제38조제2항에 따라 공구를 구분하여 매립실시계획의 승인을 받고 해당 공구에 대하여 매립공사를 준공한 경우에는 그 준공한 공구에 대한 매립면허는 효력을 상실하지 아니한다. ③ 매립면허관청은 매립면허취득자의 귀책사유가 아닌 천재지변이나 불가항력 등으로 제1항 각호의 어느 하나에 해당하게 된 경우에는 같은 항에 따라 효력이 상실된 매립면허를 효력이 상실된 날부터 3개월 이내에 소급하여 회복시킬 수 있다. ④ 매립면허관청은 제1항제3호에 해당되어 매립면허의 효력이 상실된 자가 대통령령으로 정하는 공정 이상 매립공사를 시행한 경우에는 같은 항에 따라 효력이 상실된 매립면허를 효력이 상실된 날부터 1년 이내에 소급하여 회복시킬 수 있다. ⑤ 매립면허관청은 제3항과 제4항에 따라 매립면허의 효력을 회복시키려는 경우에는 종전 매립면허의 부관을 변경하거나 새로운 부관을 붙일 수 있다.
원상회복 (제54조)	① 다음 각호의 어느 하나에 해당하는 자(「원상회복 의무자」)는 해당 공유수면을 원상으로 회복하여야 한다. 1. 매립면허를 받지 아니하고 공유수면을 매립한 자 2. 자기의 귀책사유로 매립면허가 실효·소멸되거나 취소된 자 3. 매립면허 면적을 초과하여 공유수면을 매립한 자 ② 매립면허관청은 원상회복 의무자가 제1항에 따른 원상회복에 필요한 조치 등을 하지 아니하는 경우에는 기간을 정하여 원상회복을 명할 수 있다. ③ 매립면허관청은 제2항에 따른 원상회복 명령을 받은 자가 이를 이행하지 아니할 때에는 「행정대집행법」에 따라 원상회복에 필요한 조치를 할 수 있다. ④ 매립면허관청은 제1항에도 불구하고 원상회복이 불가능하거나 그 밖에 대통령령으로 정하는 사유가 있으면 원상회복 의무자의 신청에 의하여 또는 직권으로 원상회복 의무를 면제할 수 있다. ⑤ 매립면허관청은 제4항에 따라 면제신청을 받은 경우에는 해양수산부령으로 정하는 바에 따라 그 신청을 받은 날부터 20일 이내에 신청인에

게 면제 여부를 알려야 한다.

⑥ 제4항에 따라 원상회복 의무가 면제된 자가 해당 매립공사구역 안에 설치한 매립지, 건축물, 시설물, 그 밖의 인공구조물은 무상으로 국가에 귀속시킬 수 있다.

⑦ 국가는 제6항에 따라 귀속된 건축물, 시설물, 그 밖의 인공구조물을 국가의 소유로 할 필요가 없다고 인정하는 경우에는 「국유재산법」에 따라 매각하거나 임대할 수 있다.

⑧ 원상회복 의무자가 원상회복 명령을 받은 날부터 1년 이내에 원상회복 명령을 따르지 아니하거나 제4항에 따른 원상회복 의무 면제를 신청하지 아니한 경우에는 제6항과 제7항을 준용한다.

⑨ 매립면허관청은 제1항에 따른 원상회복 의무의 이행을 보증하기 위하여 원상회복에 드는 비용에 상당하는 금액을 대통령령으로 정하는 바에 따라 원상회복 의무자에게 예치하게 할 수 있다. 다만, 원상회복 의무자가 국가, 지방자치단체, 그 밖에 대통령령으로 정하는 자인 경우에는 그러하지 아니하다.

⑩ 제9항 본문에 따른 원상회복 의무 이행을 보증하기 위한 금액 및 예치 등에 필요한 사항은 대통령령으로 정한다.

제12절 | 벌 칙

내용	규정
벌칙 (제62조)	다음 각호의 어느 하나에 해당하는 자는 3년 이하의 징역 또는 3천만원 이하의 벌금에 처한다. 1. 제5조를 위반하여 금지된 행위를 한 자 2. 제8조제1항에 따른 점용·사용허가를 받지 아니하고 공유수면을 점용·사용한 자 3. 제8조제1항에 따른 점용·사용허가를 거짓이나 그 밖의 부정한 방법으로 받은 자 4. 제28조에 따른 매립면허를 받지 아니하고 공유수면을 매립하거나 매립공사를 한 자 5. 제28조에 따른 매립면허를 거짓이나 그 밖의 부정한 방법으로 받은 자 6. 제48조제1항 본문을 위반하여 매립목적을 변경하여 사용한 자
벌칙 (제63조)	다음 각호의 어느 하나에 해당하는 자는 2년 이하의 징역 또는 2천만원 이하의 벌금에 처한다. 1. 제38조에 따른 매립실시계획의 승인(변경승인을 포함한다)을 받지 아니하고 매립공사를 착수한 자

	2. 제44조제1항 단서에 따른 준공검사 전 사용허가를 받지 아니하고 매립지에 건축물·시설물, 그 밖의 인공구조물을 설치하는 등 매립지를 사용한 자 3. 제45조에 따른 준공검사를 받지 아니하고 매립지를 사용하거나 보완공사 등 필요한 조치를 따르지 아니하고 매립지를 사용한 자 4. 제49조에 따른 매립목적 변경승인을 받지 아니하고 매립목적을 변경하여 매립지나 매립예정지를 사용한 자 5. 제54조제2항에 따른 원상회복 명령을 따르지 아니한 자
벌칙 (제64조)	다음 각호의 어느 하나에 해당하는 자는 1년 이하의 징역 또는 1천만원 이하의 벌금에 처한다. 1. 제6조제1항, 제19조제1항 및 제20조에 따른 공유수면관리청의 명령을 따르지 아니한 자 1의2. 제8조제4항에 따른 변경허가를 받지 아니하고 공유수면을 점용·사용한 자 2. 제8조제8항 본문을 위반하여 허가받은 공유수면을 다른 사람에게 점용·사용하게 한 자 3. 제21조제2항에 따른 원상회복 명령을 따르지 아니한 자 4. 제52조제1항에 따른 매립면허관청의 명령을 따르지 아니한 자
양벌규정 (제65조)	법인의 대표자나 법인 또는 개인의 대리인, 사용인, 그 밖의 종업원이 그 법인 또는 개인의 업무에 관하여 제62조부터 제64조까지의 어느 하나에 해당하는 위반행위를 하면 그 행위자를 벌하는 외에 그 법인 또는 개인에게도 해당 조문의 벌금형을 과한다. 다만, 법인 또는 개인이 그 위반행위를 방지하기 위하여 해당 업무에 관하여 상당한 주의와 감독을 게을리하지 아니한 경우에는 그러하지 아니하다.
과태료 (제66조)	① 다음 각호의 어느 하나에 해당하는 자에게는 500만원 이하의 과태료를 부과한다. 1. 제43조제2항을 위반하여 권리·의무의 이전 등을 신고하지 아니한 자 2. 제48조제2항에 따른 매립목적 변경의 확인을 받지 아니하고 매립지 또는 매립예정지를 사용한 자 3. 제52조제3항을 위반하여 표지의 설치를 거부 또는 방해하거나 설치된 표지를 훼손한 자 ② 다음 각호의 어느 하나에 해당하는 자에게는 300만원 이하의 과태료를 부과한다. 1. 제55조제1항에 따른 보고를 하지 아니하거나 거짓으로 보고한 자 또는 출입·조사를 거부·방해 또는 기피한 자 2. 제55조제2항에 따른 출입·일시사용 또는 장애물의 변경·제거를 거부·방해 또는 기피한 자 3. 제56조제1항에 따른 자료의 제출 또는 보고를 하지 아니하거나 거짓

으로 자료 제출 또는 보고를 한 자 또는 출입·검사를 거부·방해하거나 기피한 자

③ 다음 각호의 어느 하나에 해당하는 자에게는 200만원 이하의 과태료를 부과한다.

1. 제9조(같은 조 제3호는 제외한다)를 위반하여 공유수면 점용·사용허가 사항의 변경신고를 하지 아니한 자
2. 제16조제2항을 위반하여 권리·의무의 이전 등을 신고하지 아니한 자
3. 제18조제1항을 위반하여 준공검사를 받지 아니한 자
4. 제18조제2항을 위반하여 공사 완료 신고를 하지 아니한 자
5. 제19조제3항을 위반하여 표지의 설치를 거부 또는 방해하거나 설치된 표지를 훼손한 자

④ 제1항부터 제3항까지의 규정에 따른 과태료는 대통령령으로 정하는 바에 따라 공유수면관리청 또는 매립면허관청이 부과·징수한다.

제2장 연안관리법

제1절 │ 총 론

1. 연안통합관리의 의의

연안(Coastal Zone)은 바다와 육지가 맞닿아 서로 밀접한 영향을 미치는 특수한 자원·환경대를 이루는 지역을 말한다. 「연안통합관리」(Integrated Coastal Zone Management)의 개념은 미국의 「연안관리법」(1927)에서 유래했다. 즉, 해안선을 중심으로 하나의 커다란 자원·환경시스템을 형성하고 있는 바다와 육지의 현상을 일체로 파악하여 관리하는 자는 의미에서 출발했다.[1]

연안지역은 수산생물의 산란장과 서식지, 항만·임해 공단 등 사회·경제적 중심지, 관광·레저 활동의 적격지로서 도시가 발달하고 인구가 집중되는 지역이다. 다양한 수요 때문에 연안에서 이용 행위간 이해충돌과 무분별한 이용으로 자연환경을 파괴하는 사례가 많아졌다. 이에 따라 연안자원의 효율적 이용과 환경의 보전을 위한 연안의 바람직한 모습에 대한 기본틀을 마련하는 것이 것이 필요하게 되었고, 그 대안의 하나로 연안통합관리가 세계적 관심사가 되었다.[2]

---

1) 임현철, "연안의 지속가능한 개발을 위한 연안통합관리방안: 연안관리법 제정 시행과 관련하여,"(1999), 209권, 「국토」.
2) 위의 논문.

2. 연안관리법 제정

우리나라 연안에는 50개 항만, 415개 어항, 25개의 도시, 22개의 공단이 있고, 전체 인구의 33%가 거주하고 있다. 이러한 인구 및 산업활동의 집중과 이용행위의 증가로 인해 연안의 무질서한 개발과 이용행위자간 상충을 가져왔다.[3)]

연안관리는 9개 부처 50여 개의 법률에 의해 규율되어, 부처별로 개별법에 따라 선점식으로 연안을 이용·개발함으로써 환경파괴 및 무분별한 개발을 초래하였다. 이에 따라 연안의 보전·이용·개발에 관한 종합적인 계획을 세우고 연안자원을 이용하는 「연안통합관리제도」의 도입 필요성이 1980년대부터 꾸준히 제기되어 왔다.[4)]

연안통합관리는 1996년 1월 10개 관계부처 합동으로 수립한 해양개발기본계획 10대 정책과제로 선정되었고, 1996년 출범한 해양수산부가 주도하여 1999년 2월 「연안관리법」이 제정되었다.

제2절 │ 총 칙

내용	규정
목적 (제1조)	이 법은 연안의 효율적인 보전·이용 및 개발에 필요한 사항을 규정함으로써 연안환경을 보전하고 연안의 지속가능한 개발을 도모하여 연안을 쾌적하고 풍요로운 삶의 터전으로 조성하는 것을 목적으로 한다.
정의 (제2조)	1. "연안"이란 연안해역과 연안육역을 말한다. 2. "연안해역"이란 다음 각목의 지역을 말한다. 　가. 바닷가(「해양조사와 해양정보 활용에 관한 법률」 제8조제1항제3호에 따른 해안선으로부터 지적공부에 등록된 지역까지의 사이를 말한다) 　나. 바다(「해양조사와 해양정보 활용에 관한 법률」 제8조제1항제3호에 따른 해안선으로부터 영해의 외측한계까지의 사이를 말한다) 3. "연안육역"이란 다음 각 목의 지역을 말한다. 　가. 무인도서 　나. 연안해역의 육지쪽 경계선으로부터 500미터(「항만법」 제2조제1호에 따른 항만, 「어촌·어항법」 제2조제3호가목에 따른 국가어항 또는 「산업입지 및 개발에 관한 법률」 제2조제8호에 따른 산업단지의 경우에는 1천미터) 이내의 육지지역(「하천법」 제2조제2

---

3) 위의 논문.
4) 위의 논문.

호에 따른 하천구역은 제외한다)

3의2. "연안침식"이란 파도, 조류, 해류, 바람, 해수면 상승, 시설물 설치 등의 영향에 의하여 연안의 지표가 깎이거나 모래 등이 유실되는 현상을 말한다.

3의3. "연안재해"란 연안에서 해일, 파랑, 조수, 태풍, 강풍, 해수면 상승 등 해양의 자연현상 또는 급격한 연안침식으로 발생하는 재해를 말한다.

4. "연안정비사업"이란 연안에서 시행하는 다음 각 목의 사업으로서 제25조제1항에 따른 연안정비사업실시계획에 따라 시행하는 사업을 말한다.

　가. 연안재해로부터 연안을 보호하고 훼손된 연안을 정비하는 사업
　나. 연안을 보전 또는 개선하는 사업
　다. 국민이 연안을 쾌적하게 이용할 수 있도록 친수공간을 조성하는 사업

6의2. "연안침식관리구역"이란 제20조의2에 따라 지정·고시하는 구역을 말한다.

7. "자연해안"이란 인위적으로 조성된 시설·도로 등의 구조물이 없이 자연상태의 해안선이 유지되고 있는 해안을 말한다.

연안관리의 기본이념 (제3조)	연안은 다음의 기본이념에 따라 보전·이용 및 개발되어야 한다. 1. 공공의 이익에 적합하고 생태적·문화적·경제적 가치가 조화롭게 공존할 수 있도록 종합적이고 미래지향적인 관점에서 보전·이용 및 개발할 것 2. 연안의 이용 및 개발은 연안환경의 보전과 조화·균형을 이룰 것 3. 국민의 연안환경 보전·관리에 대한 정책 참여와 건전한 이용 기회를 늘릴 것 4. 기후변화에 따른 연안재해로부터 연안을 안전하게 관리할 것 5. 연안통합관리를 실현하기 위하여 남북한 협력 및 국제협력을 증진할 것
국가 등의 책무 (제4조)	① 국가 및 지방자치단체는 연안의 지속가능한 보전·이용 및 개발을 위하여 필요한 시책을 마련하여야 한다. ② 국가 및 지방자치단체는 연안관리의 기본이념에 대한 국민의 인식을 증진시키고 연안환경의 훼손을 방지하기 위하여 노력하여야 한다. ③ 국민은 아름답고 쾌적한 연안환경의 보전 및 개선, 지속가능한 이용을 위하여 국가 및 지방자치단체의 시책에 적극적으로 협력하여야 한다.
연안기본조사 등 (제5조)	① 해양수산부장관은 연안의 효율적인 관리를 위한 정보를 수집하기 위하여 5년마다 연안의 현황 및 실태에 관한 정기조사(「연안기본조사」)를 실시하여야 한다. ② 해양수산부장관은 제1항에 따른 조사 결과 연안환경의 변화가 뚜렷하다고 인정되는 지역에 대하여는 보완조사를 실시할 수 있다.

③ 해양수산부장관은 매년 연안침식 실태조사를 실시하고, 연안정비사업 등을 위하여 특히 필요하다고 인정되는 지역에 대하여는 정밀조사를 실시하여야 한다.

④ 해양수산부장관은 제1항부터 제3항까지의 규정에 따라 조사를 실시하는 경우 관계 행정기관의 장에게 필요한 자료의 제출을 요청할 수 있다. 이 경우 관계 행정기관의 장은 특별한 사유가 없으면 요청에 따라야 한다.

⑤ 광역시장·도지사·특별자치도지사(「시·도지사」)는 해당 지방자치단체의 조례로 정하는 바에 따라 관할 연안에 대한 조사를 실시할 수 있다. 이 경우 시·도지사는 조사계획에 관하여 미리 해양수산부장관과 협의하고 조사 결과를 해양수산부장관에게 통보하여야 한다.

⑥ 제1항부터 제3항까지의 규정에 따른 조사의 내용 및 방법, 그 밖에 필요한 사항은 대통령령으로 정한다.

제3절 | 연안침식관리구역의 지정 · 관리 등

내용	규정
연안침식관리구역의 지정 등 (제20조의2)	① 해양수산부장관은 연안침식으로 인하여 심각한 피해가 발생하거나 발생할 우려가 있어 이를 특별히 관리할 필요가 있는 지역을 해양수산부령으로 정하는 기준에 따라 연안침식관리구역(「관리구역」)으로 지정할 수 있다. ② 해양수산부장관은 관리구역을 효율적으로 관리하기 위하여 다음 각 호와 같이 구분하여 지정할 수 있다. 1. 핵심관리구역: 연안침식이 빠르게 진행 중이거나 이로 인한 피해가 심각하여 긴급한 조치가 필요한 구역 2. 완충관리구역: 핵심관리구역과 맞닿은 지역 등으로서 핵심관리구역 관리를 위하여 필요한 구역 ③ 해양수산부장관은 제1항에 따라 관리구역을 지정하려는 경우에는 시·도지사 또는 시장·군수·구청장 및 지역주민의 의견을 듣고, 관계 중앙행정기관의 장과 협의를 한 후 제30조에 따른 중앙연안관리심의회의 심의를 거쳐야 한다. ④ 해양수산부장관이 관리구역을 지정한 때에는 지체 없이 해당 지역의 명칭, 위치, 범위, 그 밖에 해양수산부령으로 정하는 사항을 관보에 고시하고, 관할 지방자치단체의 장에게 통보하여야 한다. ⑤ 시·도지사 또는 시장·군수·구청장은 제1항에 따른 관리구역으로 지정할 상당한 이유가 있다고 인정하는 관할 연안에 대하여 해양수산부장관에게 관리구역의 지정을 요청할 수 있다.

	⑥ 제1항부터 제5항까지에 따른 관리구역의 지정 및 지정요청 절차 등에 필요한 사항은 해양수산부령으로 정한다.
관리구역 지정의 해제 또는 변경 (제20조의3)	① 해양수산부장관은 다음 각호의 어느 하나에 해당하는 지역에 대하여는 관리구역의 지정을 해제하거나 변경할 수 있다. 1. 연안침식에 따른 피해 발생 위험이 현저히 감소한 지역 2. 공익상 또는 군사상 불가피한 지역으로서 대통령령으로 정하는 지역 ② 제1항에 따른 관리구역 지정의 해제 또는 변경에 관하여는 제20조의2제3항부터 제5항까지를 준용한다. ③ 제1항 및 제2항에 따른 관리구역 지정의 해제 및 변경 절차 등에 필요한 사항은 해양수산부령으로 정한다.
관리계획의 수립·시행 (제20조의4)	① 해양수산부장관은 관리구역 내 침식 피해에 효과적으로 대응하기 위하여 필요한 경우에는 다음 각호의 사항이 포함된 관리구역에 관한 계획(「관리계획」)을 수립·시행할 수 있다. 1. 관리구역 내 연안의 보전·이용 및 개발 실태조사 2. 관리구역 내 침식원인 및 피해조사 3. 관리구역 내 침식방지 및 복구대책 4. 그 밖에 해양수산부령으로 정하는 사항 ② 관리계획의 수립·시행 등에 필요한 사항은 해양수산부령으로 정한다.
관리구역에서의 행위제한 등 (제20조의5)	① 누구든지 제20조의2에 따라 지정·고시된 핵심관리구역에서 다음 각호의 어느 하나에 해당하는 행위를 하여서는 아니 된다. 다만, 연안정비사업에 해당하는 경우에는 그러하지 아니하다. 1. 건축물, 그 밖의 인공구조물의 신축·증축(관리구역 지정 당시의 건축 연면적의 2배 이상 증축하는 경우에 한정한다) 2. 공유수면 또는 토지의 형질변경 행위 3. 바다모래·규사 및 토석의 채취행위 4. 그 밖에 연안침식에 영향을 미치는 행위로서 대통령령으로 정하는 행위 ② 해양수산부장관, 시·도지사 또는 시장·군수·구청장은 제20조의2에 따라 지정·고시된 완충관리구역에서 제1항 각 호의 행위가 핵심구역의 침식에 중대한 영향을 미친다고 인정하는 경우 대통령령으로 정하는 바에 따라 그 행위를 제한할 수 있다. ③ 다음 각호의 어느 하나에 해당하는 경우로서 해양수산부장관 또는 시·도지사의 승인을 받은 경우(관계 중앙행정기관의 장의 경우에는 해양수산부장관과 협의한 경우를 말한다)에는 제1항 및 제2항을 적용하지 아니한다. 1. 「사방사업법」 제3조제2호에 따른 해안사방사업을 시행하는 경우 2. 「자연재해대책법」 제2조제2호에 따른 자연재해의 예방 및 복구를 위한 활동 및 구호 등에 필요한 경우 3. 「자연공원법」 제2조제9호 및 제10호에 따른 공원사업의 시행 및 공

	원시설의 설치가 필요한 경우 4. 공익상 또는 군사상 불가피한 경우로서 대통령령으로 정하는 경우 ④ 제3항에 따른 승인 또는 협의의 절차 및 그 요건에 필요한 사항은 대통령령으로 정한다.
중지명령 및 원상회복 명령 등 (제20조의6)	해양수산부장관, 시·도지사 또는 시장·군수·구청장은 관리구역에서 제20조의5제1항 및 제2항에 위반되는 행위를 한 자에 대하여 그 행위의 중지를 명하거나 상당한 기간을 정하여 원상회복을 명할 수 있으며 원상회복이 곤란한 경우에는 이에 상응한 조치를 할 것을 명할 수 있다.
관리구역의 일시적 출입제한 (제20조의7)	① 해양수산부장관, 시·도지사 또는 시장·군수·구청장은 연안침식으로 인하여 인명·재산상 피해가 발생할 것으로 예상되어 긴급한 조치가 필요하다고 인정되는 경우에는 관리구역의 전부 또는 일부에 대하여 일정한 기간을 정하여 출입을 제한할 수 있다. 다만, 다음 각 호의 어느 하나에 해당하는 경우에는 그러하지 아니하다. 1. 「재난 및 안전관리 기본법」에 따른 재해의 예방, 응급대책 및 복구 등을 위한 활동 또는 구호 등에 필요한 조치를 위하여 출입하는 경우 2. 군사상의 목적을 위하여 출입하는 경우 3. 그 밖에 관리구역 지정목적의 범위에서 필요하다고 인정되어 해양수산부장관, 시·도지사 또는 시장·군수·구청장의 출입허가를 받은 경우 ② 해양수산부장관, 시·도지사 또는 시장·군수·구청장은 제1항에 따라 출입을 제한하려는 경우에는 해양수산부령으로 정하는 바에 따라 공고하여야 한다. ③ 해양수산부장관, 시·도지사 또는 시장·군수·구청장은 제1항에 따른 출입제한이 필요없다고 인정되는 경우에는 즉시 출입제한을 해제하고 이를 공고하여야 한다. ④ 제1항제3호에 따른 출입허가의 절차·방법 등에 필요한 사항은 해양수산부령으로 정한다.
대집행 (제20조의8)	① 해양수산부장관, 시·도지사 또는 시장·군수·구청장은 다음 각 호의 어느 하나에 해당하는 경우에는 해당 건축물이나 인공구조물 등의 소유자 또는 점유자에게 그 철거 등 필요한 조치를 하도록 명할 수 있다. 1. 제20조의5제1항 및 제2항에 위반되는 행위를 한 경우 2. 제20조의6에 따른 중지명령 또는 원상회복명령을 이행하지 아니한 경우 ② 제1항에 따라 철거 등 조치명령을 받은 자가 그 명령에 따르지 아니하는 경우 그대로 두면 공익을 해치거나 관리구역의 관리에 지장을 줄 것으로 인정될 때에는 「행정대집행법」에서 정하는 바에 따라 해양수산부장관, 시·도지사 또는 시장·군수·구청장이 대집행할 수 있다.
연안정비사업의 우선 시행 (제20조의9)	해양수산부장관은 침식 방지 및 침식해안 복구를 위한 연안정비사업을 하는 경우 관리구역에 대하여 우선적으로 실시하여야 한다.

제4절 | 연안정비사업

내용	규정
연안정비기본계획의 수립 (제21조)	① 해양수산부장관은 효율적이고 체계적인 연안정비사업을 위하여 10년마다 연안정비기본계획(「연안정비기본계획」)을 수립한다. ② 해양수산부장관은 연안정비기본계획을 수립하려면 미리 시·도지사의 의견을 듣고, 관계 중앙행정기관의 장과 협의한 후 제30조에 따른 중앙연안관리심의회의 심의를 거쳐야 한다. ③ 해양수산부장관은 연안정비기본계획을 수립하였을 때에는 지체 없이 이를 관보에 고시하여야 한다.
연안정비기본계획의 내용 (제22조)	연안정비기본계획에는 다음 각호의 사항이 포함되어야 한다. 1. 연안정비사업의 추진방향 2. 연안정비사업의 중장기계획 3. 연안정비사업의 연도별 내용 및 추진계획 4. 연안정비사업 간의 조정에 관한 사항 5. 그 밖에 해양수산부장관이 필요하다고 인정하는 사항
연안정비기본계획의 변경 (제23조)	① 해양수산부장관은 수립·고시된 연안정비기본계획에 대하여 5년마다 그 타당성을 검토하고 연안정비기본계획의 변경 등 필요한 조치를 하여야 한다. ② 해양수산부장관은 관리구역의 지정, 연안의 여건 변화 등으로 인하여 연안정비기본계획을 변경할 필요가 있다고 인정하거나 관계 행정기관의 장이 변경을 요청하는 경우에는 이를 변경할 수 있다. ③ 제2항에 따른 연안정비기본계획의 변경에 관하여는 제21조제2항 및 제3항을 준용한다. 다만, 대통령령으로 정하는 긴급한 경우나 경미한 사항을 변경하는 경우에는 제21조제3항만을 준용한다.
연안정비사업의 시행자 (제24조)	① 해양수산부장관은 「항만법」 제2조제4호에 따른 항만구역에서의 연안정비사업을 시행한다. 다만, 해양수산부령으로 정하는 연안정비사업의 경우에는 시·도지사 또는 시장·군수·구청장이 시행할 수 있다. ② 시·도지사 또는 시장·군수·구청장은 해양수산부령으로 정하는 바에 따라 「항만법」 제2조제4호에 따른 항만구역 외의 연안에 대한 연안정비사업을 시행한다. 다만, 다음 각호의 어느 하나에 해당하는 경우에는 해양수산부장관이 시행할 수 있다. 1. 대통령령으로 정하는 규모 이상의 사업 2. 고도의 기술이 필요한 사업 3. 둘 이상의 광역시·도에 걸쳐 시행할 필요가 있는 사업 3의2. 관리구역 내의 사업 4. 그 밖에 공공의 이해에 미치는 영향이 큰 사업으로서 대통령령으로

	정하는 사업 ③ 해양수산부장관은 제2항 단서에 따라 연안정비사업을 시행하려는 경우에는 미리 시·도지사 또는 시장·군수·구청장의 의견을 들어야 한다. ④ 해양수산부장관, 시·도지사 또는 시장·군수·구청장이 아닌 자는 다음 각호의 구분에 따라 해양수산부장관, 시·도지사 또는 시장·군수·구청장의 지정을 받아 연안정비사업을 시행할 수 있다. 1. 「항만법」 제2조제4호에 따른 항만구역의 연안: 해양수산부장관 2. 제1호 외의 연안: 제2항 본문에 따른 연안정비사업의 시행자인 시·도지사 또는 시장·군수·구청장 ⑤ 제4항에 따른 연안정비사업 시행자의 지정에 필요한 사항은 해양수산부령으로 정한다.
연안정비사업실시계획의 수립 등 (제25조)	① 제24조에 따른 연안정비사업의 시행자(「연안정비사업시행자」)가 연안정비사업을 시행하려는 경우에는 연안정비기본계획의 범위에서 대통령령으로 정하는 바에 따라 연안정비사업실시계획(「정비실시계획」)을 수립하여야 한다. ② 해양수산부장관, 시·도지사 또는 시장·군수·구청장이 아닌 연안정비사업시행자가 정비실시계획을 수립하려는 경우에는 해양수산부장관의 승인을 받아야 한다. 이를 변경할 때에도 또한 같다. ③ 해양수산부장관, 시·도지사 또는 시장·군수·구청장이 정비실시계획을 수립하거나 제2항에 따라 해양수산부장관이 정비실시계획을 승인하거나 변경승인하려는 경우에는 미리 관계 행정기관의 장과 협의하여야 한다. 다만, 대통령령으로 정하는 긴급한 경우나 경미한 사항을 변경하는 경우에는 그러하지 아니하다. ④ 해양수산부장관, 시·도지사 또는 시장·군수·구청장이 정비실시계획을 수립 또는 변경하거나 해양수산부장관이 제2항에 따라 정비실시계획을 승인하거나 변경승인하였을 때에는 지체 없이 이를 관보 또는 공보에 고시하고, 관계 행정기관의 장에게 통보하여야 한다. ⑤ 해양수산부장관은 제2항에 따라 정비실시계획을 승인하거나 변경승인하려는 때에는 관련 전문기관으로 하여금 정비실시계획의 적정성 여부를 검토하게 할 수 있다.
인·허가 등의 의제 (제26조)	① 해양수산부장관, 시·도지사 또는 시장·군수·구청장이 제25조제4항에 따라 정비실시계획을 고시하였을 때에는 다음 각 호의 허가·인가·결정·면허·협의·동의·승인·신고 또는 해제 등(「인·허가등」)이 행하여진 것으로 보며, 다음 각호의 관계 법률에 따른 인·허가등의 고시 또는 공고가 있은 것으로 본다. 1. 「소방시설 설치 및 관리에 관한 법률」 제6조제1항에 따른 건축허가등의 동의, 「소방시설공사업법」 제13조제1항에 따른 소방시설공사의 신고 및 「위험물안전관리법」 제6조제1항에 따른 제조소등의 설치허가 2. 「농어촌정비법」 제23조에 따른 농업생산기반시설의 사용허가

3. 「농지법」 제34조에 따른 농지의 전용허가
4. 「사방사업법」 제14조에 따른 사방지 안에서의 벌채 등의 허가, 같은 법 제20조에 따른 사방지의 지정해제
5. 「산지관리법」 제14조·제15조 및 제15조의2에 따른 산지전용허가·산지전용신고 및 산지일시사용허가·신고, 같은 법 제25조에 따른 토석채취허가, 「산림자원의 조성 및 관리에 관한 법률」 제36조제1항·제4항에 따른 입목벌채등의 허가·신고 및 「산림보호법」 제9조에 따른 산림보호구역(산림유전자원보호구역은 제외한다)에서의 행위의 허가·신고와 같은 법 제11조제1항제1호에 따른 산림보호구역의 지정해제
6. 「초지법」 제21조의2에 따른 토지의 형질변경 등의 허가, 같은 법 제23조에 따른 초지전용의 허가·신고 또는 협의
7. 「수산자원관리법」 제47조제2항에 따른 보호수면 안에서의 공사 시행의 승인
8. 「전기사업법」 제61조에 따른 전기사업용전기설비 공사계획의 인가 또는 신고, 「전기안전관리법」 제8조에 따른 자가용전기설비 공사계획의 인가 또는 신고
9. 「국토의 계획 및 이용에 관한 법률」 제56조에 따른 개발행위의 허가, 같은 법 제86조에 따른 도시계획시설사업의 시행자 지정, 같은 법 제88조에 따른 실시계획의 인가
10. 「하수도법」 제24조에 따른 시설 또는 공작물의 설치허가
11. 「도로법」 제36조에 따른 도로관리청이 아닌 자에 대한 도로공사 시행의 허가, 같은 법 제61조에 따른 도로의 점용 허가 및 같은 법 제107조에 따른 도로관리청과의 협의 또는 승인
12. 「사도법」 제4조에 따른 사도의 개설 등의 허가
13. 「공유수면 관리 및 매립에 관한 법률」 제8조에 따른 공유수면의 점용·사용허가, 같은 법 제10조에 따른 협의 또는 승인, 같은 법 제17조에 따른 공유수면의 점용·사용 실시계획의 승인 또는 신고, 같은 법 제28조에 따른 공유수면의 매립면허, 같은 법 제35조에 따른 국가 등이 시행하는 매립의 협의 또는 승인 및 같은 법 제38조에 따른 공유수면매립실시계획의 승인
15. 「소하천정비법」 제10조에 따른 소하천공사의 시행허가
16. 「골재채취법」 제22조에 따른 골재채취의 허가
17. 「장사 등에 관한 법률」 제27조제1항에 따른 분묘의 개장허가
18. 「군사기지 및 군사시설 보호법」 제13조에 따른 행정기관의 허가등에 관한 협의
19. 「도시공원 및 녹지 등에 관한 법률」 제24조에 따른 도시공원의 점용허가
② 해양수산부장관, 시·도지사 또는 시장·군수·구청장이 정비실시계획을 수립 또는 변경하거나 제25조제2항에 따라 해양수산부장관이 정비

	실시계획을 승인하려는 경우 해당 정비실시계획에 제1항 각 호의 사항이 포함되어 있을 때에는 미리 관계 행정기관의 장과 협의하여야 한다.
토지 등의 수용·사용 (제27조)	① 연안정비사업시행자는 연안정비사업을 시행하기 위하여 필요한 경우에는 「공익사업을 위한 토지 등의 취득 및 보상에 관한 법률」 제3조에 따른 토지·물건 또는 권리를 수용하거나 사용할 수 있다. 다만, 제24조제4항에 따라 지정을 받은 연안정비사업시행자는 연안정비사업 대상 토지면적의 3분의 2 이상에 해당하는 토지를 매입하고 토지 소유자 총수의 2분의 1 이상에 해당하는 자의 동의를 받아야 한다. ② 제1항에 따른 토지·물건 또는 권리의 수용 또는 사용에 관하여 이 법에 규정된 것을 제외하고는 「공익사업을 위한 토지 등의 취득 및 보상에 관한 법률」을 준용한다. ③ 제25조제4항에 따른 고시가 있은 때에는 「공익사업을 위한 토지 등의 취득 및 보상에 관한 법률」 제20조제1항 및 제22조에 따른 사업인정 및 사업인정의 고시가 있은 것으로 보며, 재결의 신청은 같은 법 제23조제1항 및 제28조제1항에도 불구하고 연안정비사업의 시행기간에 할 수 있다.
비용의 부담 등 (제28조)	① 연안정비사업의 시행에 드는 경비는 연안정비사업시행자가 부담한다. ② 정부는 예산의 범위에서 제1항에 따라 시·도지사 또는 시장·군수·구청장이 부담하는 비용의 전부 또는 일부를 보조하거나 융자할 수 있다. ③ 해양수산부장관, 시·도지사 또는 시장·군수·구청장은 연안정비사업이 아닌 공사 또는 행위로 인하여 필요하게 된 연안정비사업을 그 공사의 시행자 또는 행위자로 하여금 시행하게 할 수 있다. 이 경우 소요되는 경비는 그 공사의 시행자 또는 행위자의 부담으로 한다.
연안정비사업 시설물의 사후관리 등 (제29조)	① 연안정비사업으로 설치한 시설물에 대하여는 연안정비사업시행자가 사후관리를 하여야 한다. 다만, 제24조제2항 단서에 따라 해양수산부장관이 시행한 연안정비사업으로 설치한 시설물에 대하여는 관련 시·도지사 또는 시장·군수·구청장이 사후관리를 하여야 한다. ② 해양수산부장관은 제1항에 따른 시설물의 사후관리 현황과 효과를 점검·평가할 수 있다. ③ 제2항에 따른 점검·평가에 필요한 사항은 해양수산부령으로 정한다.

제5절 │ 연안관리심의회

내용	규정
중앙연안관리심의회 (제30조)	① 연안관리에 관한 다음 각 호의 사항을 심의하기 위하여 해양수산부장관 소속으로 중앙연안관리심의회를 둔다.

	2의2. 관리구역의 지정·지정해제 또는 변경에 관한 사항 3. 제32조에 따른 자연해안관리목표제에 관한 사항 4. 연안정비기본계획의 수립·변경에 관한 사항 5. 다른 법률에서 중앙연안관리심의회의 심의를 거치도록 한 사항 6. 그 밖에 해양수산부장관이 필요하다고 인정하는 사항 ② 중앙연안관리심의회는 필요한 경우에는 분야별 소위원회를 구성하여 운영할 수 있다. ③ 중앙연안관리심의회의 구성, 심의기준 및 심의방법 등에 관하여 필요한 사항은 대통령령으로 정한다.
지역연안관리심의회 (제31조)	① 관할 연안의 관리에 관한 중요 사항을 심의하기 위하여 시·도지사 소속으로 지역연안관리심의회를 둔다. ② 지역연안관리심의회의 기능, 구성 및 운영 등에 관하여 필요한 사항은 해당 지방자치단체의 조례로 정한다.

제6절 │ 연안의 효율적 관리

내용	규정
자연해안관리목표 (제32조)	① 해양수산부장관은 자연해안의 효과적인 보전과 연안환경의 기능 증진 등을 위하여 제30조에 따른 중앙연안관리심의회의 심의를 거쳐 자연해안선의 길이 등 자연해안에 대한 관리목표를 설정할 수 있다. ② 시·도지사 또는 시장·군수·구청장은 제1항의 관리목표를 고려하여 제31조에 따른 지역연안관리심의회의 심의를 거쳐 관할 연안의 자연해안에 대한 관리목표를 설정할 수 있다 ③ 해양수산부장관, 시·도지사 또는 시장·군수·구청장은 자연해안관리목표를 달성하기 위하여 연안정비사업의 하나로 자연해안 복원사업을 실시할 수 있다. ④ 자연해안관리목표제 및 자연해안 복원사업의 시행에 관하여 필요한 사항은 대통령령으로 정한다.
연안 지킴이 (제33조)	① 시·도지사 또는 시장·군수·구청장은 연안을 효율적으로 관리하기 위하여 필요하다고 인정하는 경우에는 연안 지킴이를 위촉할 수 있다. ② 제1항에 따른 연안 지킴이의 자격, 위촉방법 및 직무 범위 등에 관하여 필요한 사항은 대통령령으로 정한다.
연안의 주기적 점검 (제34조)	① 해양수산부장관은 소속 공무원으로 하여금 연안정비기본계획의 시행 현황을 주기적으로 점검하게 하여야 한다. ③ 해양수산부장관은 제1항에 따른 점검 및 평가 결과 시정조치가 특히 필요하다고 인정하는 경우에는 관계 행정기관의 장에게 시정을 요청할

	수 있다. 이 경우 관계 행정기관의 장은 특별한 사유가 없으면 요청에 따라야 하며, 그 시정계획 및 시정 결과를 해양수산부장관에게 통보하여야 한다. ④ 제1항에 따른 점검의 내용·방법, 평가의 범위·방법, 그 밖에 필요한 사항은 대통령령으로 정한다.
연안정보체계의 구축 및 관리 등 (제34조의2)	① 해양수산부장관은 연안관리정책의 합리적인 수립과 집행을 위하여 다음 각호의 사항이 포함된 연안정보체계를 구축하고 관리하여야 한다. 1. 연안의 지형·지물 등의 위치 및 속성 2. 연안 이용 현황 3. 해안선 등에 대한 지리정보 4. 항만·어항·도로·산업·도시·해양수산자원 등에 대한 인문정보·사회정보 5. 제34조의6제1항에 따른 연안재해 위험평가 6. 제34조의7제2항에 따른 등록사항 ② 해양수산부장관은 관계 행정기관의 장에게 연안정보체계의 구축 및 관리에 필요한 자료의 제출을 요청할 수 있다. ③ 그 밖에 연안정보체계의 구축·관리에 필요한 사항은 대통령령으로 정한다.
연구개발 (제34조의3)	해양수산부장관은 연안관리의 효율적 추진, 연안침식의 예방이나 피해경감 등에 필요한 연구개발을 실시하여야 한다.
연안에 관한 교육·홍보 (제34조의4)	① 국가 및 지방자치단체는 연안에 관한 국민의 관심과 이해를 높이고 효율적인 연안관리를 도모하기 위하여 교육·홍보프로그램의 개발 등 교육·홍보에 관한 시책을 수립·시행할 수 있다. ② 해양수산부장관은 제1항에 따른 교육·홍보를 추진하기 위하여 대통령령으로 정하는 바에 따라 연안교육센터를 지정할 수 있다. ③ 연안교육센터의 지정 기준·절차 및 방법 등에 필요한 사항은 해양수산부령으로 정한다.
토지등의 매수 (제34조의5)	① 해양수산부장관, 시·도지사 또는 시장·군수·구청장은 관리구역의 연안침식을 방지하거나 침식된 해안을 복구하기 위하여 필요한 경우에는 관리구역에 있는 토지·건축물, 그 밖의 물건 및 광업권·어업권·양식업권 등의 권리(「토지등」)를 그 소유자와 협의하여 매수할 수 있다. ② 해양수산부장관, 시·도지사 또는 시장·군수·구청장은 제1항에 따른 광업권의 매수를 위하여 특히 필요하다고 인정되는 경우에는 「광업법」의 규정에도 불구하고 산업통상자원부장관과 협의하여 광업권을 분할하여 매수할 수 있다. ③ 해양수산부장관, 시·도지사 또는 시장·군수·구청장은 제1항에 따라 토지등을 매수하는 경우의 매수가격은 「공익사업을 위한 토지 등의 취득 및 보상에 관한 법률」에 따라 산정한 가격에 따른다.

	④ 관리구역에 있는 토지등의 소유자는 관리구역의 지정으로 인하여 토지등의 효용이 현저히 감소된 경우 해양수산부장관, 시·도지사 또는 시장·군수·구청장에게 그 토지등의 매수를 청구할 수 있다. 이 경우 해양수산부장관, 시·도지사 또는 시장·군수·구청장은 매수청구를 받은 토지등이 대통령령으로 정하는 기준에 해당될 때에는 이를 매수하여야 한다. ⑤ 제1항부터 제4항까지에 따른 토지등의 매수절차, 매수청구절차 등에 필요한 사항은 대통령령으로 정한다.
연안재해 위험평가 실시 등 (제34조의6)	① 해양수산부장관은 연안재해 발생 원인을 규명하고 연안재해에 효과적으로 대응하기 위하여 연안재해에 대한 조사·평가(「연안재해 위험평가」)를 매년 실시하여야 한다. ② 해양수산부장관은 연안재해 위험평가를 실시하기 위하여 필요한 자료의 제출을 관계 중앙행정기관의 장 및 지방자치단체의 장에게 요청할 수 있다. 이 경우 요청을 받은 관계 중앙행정기관의 장 및 지방자치단체의 장은 특별한 사유가 없으면 이에 따라야 한다. ③ 해양수산부장관은 연안재해에 효과적으로 대응하기 위하여 연안재해 위험평가의 결과를 고려하여 연안재해 저감 대책을 수립·시행할 수 있다. ④ 중앙행정기관의 장 및 지방자치단체의 장은 연안의 이용 및 개발 계획을 승인·수립·변경하거나 지구·구역 등을 지정·변경지정하려는 경우에는 연안재해 위험평가의 결과를 고려하여야 한다. ⑤ 연안재해 위험평가 및 제3항에 따른 연안재해 저감 대책의 수립·시행에 필요한 사항은 해양수산부령으로 정한다.
바닷가 실태조사 및 등록 등 (제34조의7)	① 해양수산부장관은 바닷가의 효율적인 관리에 필요한 정보를 수집하기 위하여 바닷가의 현황 및 이용 실태에 관한 조사(「바닷가 실태조사」)를 매년 실시하여야 한다. ② 해양수산부장관은 바닷가의 효율적 관리와 바닷가 관련 정보의 종합적 관리·운영을 위하여 다음 각 호의 사항을 제34조의2에 따른 연안정보체계에 등록하여야 한다. 1. 바닷가의 위치·경계·면적 등 표시에 관한 사항 2. 바닷가의 관리번호 3. 그 밖에 바닷가의 효율적 관리와 공유수면 관련 정보의 종합적 관리·운영을 위하여 필요한 사항으로서 대통령령으로 정하는 사항 ③ 해양수산부장관은 제2항에 따른 등록을 위하여 필요한 자료의 제출을 관계 중앙행정기관의 장 및 지방자치단체의 장에게 요청할 수 있다. 이 경우 요청을 받은 관계 중앙행정기관의 장 및 지방자치단체의 장은 특별한 사유가 없으면 이에 따라야 한다. ④ 「공유수면 관리 및 매립에 관한 법률」에 따른 공유수면관리청(「공유수면관리청」)은 관할 바닷가에 대한 현황을 점검하고, 그 결과를 매년 12월 31일까지 해양수산부장관에게 제출하여야 한다. ⑤ 해양수산부장관은 제2항에 따라 등록된 사항을 직권으로 또는 공유

| | 수면관리청의 요청에 의하여 변경할 수 있다.
⑥ 그 밖에 바닷가 실태조사 및 등록에 필요한 사항은 해양수산부령으로 정한다. |

제7절 │ 벌 칙

내용	규정
벌칙 (제38조의2)	다음 각호의 어느 하나에 해당하는 자는 3년 이하의 징역 또는 5천만원 이하의 벌금에 처한다. 1. 제20조의5제1항을 위반한 자 2. 제20조의5제2항에 따른 행위의 제한을 위반한 자 3. 제20조의6에 따른 중지명령·원상회복명령 또는 조치명령을 위반한 자
양벌규정 (제38조의3)	법인의 대표자나 법인 또는 개인의 대리인, 사용인, 그 밖의 종업원이 그 법인 또는 개인의 업무에 관하여 제38조의2의 어느 하나에 해당하는 위반행위를 하면 행위자를 벌하는 외에 그 법인 또는 개인에게도 해당 조문의 벌금형을 과한다. 다만, 법인 또는 개인이 그 위반행위를 방지하기 위하여 해당 업무에 관하여 상당한 주의와 감독을 게을리하지 아니한 경우에는 그러하지 아니하다.
과태료 (제39조)	① 다음 각호의 어느 하나에 해당하는 자에게는 대통령령으로 정하는 바에 따라 300만원 이하의 과태료를 부과한다. 1. 제20조의7을 위반하여 관리구역에 출입한 자 2. 제35조제5항을 위반하여 출입, 일시 사용 및 장애물의 변경·제거 행위를 방해하거나 거부한 자 ② 제1항에 따른 과태료는 해양수산부장관, 시·도지사 또는 시장·군수·구청장이 부과·징수한다.

해양법

Part III

Part III

제1장
영해 및 접속수역법

제1장 **영해 및 접속수역법**

제1절 | 총 론

1. 영해의 의의

영해는 연안국의 국토에 접속하고 있는 일정 범위의 수역으로서 연안국의 주권(sovereignty)이 미치는 수역을 말한다. 「유엔해양법협약」은 "연안국의 주권은 영토와 내수 밖의 영해라고 하는 인접해역, 군도국가의 경우에는 군도수역 밖의 영해라고 하는 인접해역에까지 미친다. 이러한 주권은 영해의 상공·해저 및 하층토에까지 미친다"(제2조)라고 규정하고 있다. 영해의 폭과 관련해서는 "모든 국가는 이 협약에 따라 결정된 기선으로부터 12해리를 넘지 아니하는 범위에서 영해의 폭을 설정할 권리를 가진다"(제3조)고 규정하고 있다.

외국 선박의 「무해통항」(Innocent Passage)이 인정되는 영해는 영토주권과 같은 절대성을 갖지 못하지만, 주권적 권리나 관할권만 인정되는 「배타적 경제수역」이나 「대륙붕」에 비해 영토에 버금가는 연안국의 주권이 인정되는 수역이다.

2. 접속수역의 의의

"연안국은 영해에 접속해 있는 수역으로서 접속수역이라고 불리는 수역에서 다음을 위하여 필요한 통제를 할 수 있다"(제33조). (1) 연안국의 영토나 영해에서의 관세·재정·출입국관리 또는 위생에 관한 법령의 위반방지, (2) 연안국의 영토나 영해에서 발생한 위의 법령 위반에 대한 처벌. "접속수역은 영해기선으로부터 24해리 밖으로 확장할 수 없다"(제33조).

접속수역에서 행사되는 연안국의 통제권은 자원에 대한 주권을 창출하지 못한다. 접속수역은 영토나 영해 내의 자국의 관세·재정·출입국·위생법령 위반 방지 및 처벌 등 특정한 목적을 위하여 설정되는 수역이기 때문이다.

연안국이 「배타적 경제수역」을 선포하면 접속수역은 배타적 경제수역에 포함된다. 그러나 연안국이 접속수역에서 행사하는 통제권은 천연자원의 주권적 권리 및 관할에 관한 배타적 경제수역에서의 연안국의 권리와 성질이 다르다. 접속수역에서 외국선박의 법령 위반은 동시에 연안국의 접속수역과 배타적 경제수역 법령 위반이 될 수 있다.

이와 관련해서 「유엔해양법협약」은 배타적 경제수역에서 인공섬, 시설·구조물에 대하여 연안국에 관세·재정·위생·안전 및 출입국에 관한 관할권을 부여하고 있다(제60조). 연안국의 추적권은 접속수역에서도 시작될 수 있다. 추적권이 방해받지 않는다면 추적은 접속수역 이원으로 계속될 수 있다. 다만 접속수역에서의 추적은 접속수역 권리의 보호를 위해 법령 위반이 있는 경우에만 행해진다(제11조).

3. 한국의 영해 및 접속수역

우리나라는 「유엔해양법협약」을 수용하여 12해리 영해제도를 채택하고, 일정한 수역에서는 12해리 이내에서 영해를 따로 정하도록 하고 있다.[1] 영해에 관한 규정은 1948년 5월 군정법령 제189호(해안경비대의 직무)에서 영해를 3해리로 한다는 것이 처음이었다. 1962년 1월 「구법령 폐기에 관한 특별조치법」에 의하여 군정법령이 실효되었기 때문에 그때부터 1977년 「영해법」이 제정되기까지 한국의 영해는 불확정적이었다. 다만 1965년에 체결되었던 「한·일어업협정」에 의하여 「12해리 어업수역」 형태로 존재했을 뿐이었다.[2]

그 후 1977년 12월 31일 「영해법」을 제정·공포(1978. 4. 30 시행)함으로써 현대 해양법상의 영해제도를 확립하였다. 그리고 「유엔해양법협약」의 발효와 함께 1995년 「영해법」을 「영해 및 접속수역법」으로 개정하여 접속수역제도를 도입하는 등 「유엔해양법협약」 체제에 맞게 보완을 하였다.

1977년 「영해법」 제정 이후 대한해협에서는 영해의 범위를 3해리로 축소하여 규정하고 있다. 한국의 영해 설정에서 있어서 주목되는 점은 「영해 및 접속수역법」에서 서해안의 직선기선은 어청도, 서격렬비도를 이어 소령도까지만 규정되어 있어 서해 5도를 포함한 북방한계선(NLL) 부근 수역에서 영해의 범위가 모호하다는 것이다. 이것은 남북관계를 고려하여 휴전협정체제에 영향을 주지

---

1) 영해 및 접속수역법 제1조: "대한민국의 영해는 기선으로부터 측정하여 그 외측 12해리의 선까지에 이르는 수역으로 한다. 다만 대통령령이 정하는 바에 따라 일정수역에 있어서는 12해리 이내에서 영해의 범위를 따로 정할 수 있다."
2) 최종화, 「현대국제해양법」(두남, 2004), 406면.

않으려는 의도인 것으로 해석되지만 이 지역의 영해의 범위가 모호하여 외국 어선들의 불법조업 단속 등에서 어려운 문제를 제기하고 있다.[3)]

제2절 | 내 용

내용	규정
영해의 범위 (제1조)	대한민국의 영해는 기선으로부터 측정하여 그 바깥쪽 12해리의 선까지에 이르는 수역으로 한다. 다만, 대통령령으로 정하는 바에 따라 일정수역의 경우에는 12해리 이내에서 영해의 범위를 따로 정할 수 있다.
기선 (제2조)	① 영해의 폭을 측정하기 위한 통상의 기선은 대한민국이 공식적으로 인정한 대축척해도에 표시된 해안의 저조선으로 한다. ② 지리적 특수사정이 있는 수역의 경우에는 대통령령으로 정하는 기점을 연결하는 직선을 기선으로 할 수 있다.
내수 (제3조)	영해의 폭을 측정하기 위한 기선으로부터 육지 쪽에 있는 수역은 내수로 한다.
접속수역의 범위 (제3조의2)	대한민국의 접속수역은 기선으로부터 측정하여 그 바깥쪽 24해리의 선까지에 이르는 수역에서 대한민국의 영해를 제외한 수역으로 한다. 다만, 대통령령으로 정하는 바에 따라 일정수역의 경우에는 기선으로부터 24해리 이내에서 접속수역의 범위를 따로 정할 수 있다.
인접국 또는 대향국과의 경계선 (제4조)	대한민국과 인접하거나 마주 보고 있는 국가와의 영해 및 접속수역의 경계선은 관계국과 별도의 합의가 없으면 두 나라가 각자 영해의 폭을 측정하는 기선상의 가장 가까운 지점으로부터 같은 거리에 있는 모든 점을 연결하는 중간선으로 한다.
외국선박의 통항 (제5조)	① 외국선박은 대한민국의 평화·공공질서 또는 안전보장을 해치지 아니하는 범위에서 대한민국의 영해를 무해통항할 수 있다. 외국의 군함 또는 비상업용 정부선박이 영해를 통항하려는 경우에는 대통령령으로 정하는 바에 따라 관계 당국에 미리 알려야 한다. ② 외국선박이 통항할 때 다음 각호의 행위를 하는 경우에는 대한민국의 평화·공공질서 또는 안전보장을 해치는 것으로 본다. 다만, 제2호부터 제5호까지, 제11호 및 제13호의 행위로서 관계 당국의 허가·승인 또는 동의를 받은 경우에는 그러하지 아니하다. 1. 대한민국의 주권·영토보전 또는 독립에 대한 어떠한 힘의 위협이나 행사, 그 밖에 국제연합헌장에 구현된 국제법원칙을 위반한 방법으로

---

3) 위의 책, 130-131면.

	하는 어떠한 힘의 위협이나 행사 2. 무기를 사용하여 하는 훈련 또는 연습 3. 항공기의 이함·착함 또는 탑재 4. 군사기기의 발진·착함 또는 탑재 5. 잠수항행 6. 대한민국의 안전보장에 유해한 정보의 수집 7. 대한민국의 안전보장에 유해한 선전·선동 8. 대한민국의 관세·재정·출입국관리 또는 보건·위생에 관한 법규에 위반되는 물품이나 통화의 양하·적하 또는 사람의 승선·하선 9. 대통령령으로 정하는 기준을 초과하는 오염물질의 배출 10. 어로 11. 조사 또는 측량 12. 대한민국 통신체제의 방해 또는 설비 및 시설물의 훼손 13. 통항과 직접 관련 없는 행위로서 대통령령으로 정하는 것 ③ 대한민국의 안전보장을 위하여 필요하다고 인정되는 경우에는 대통령령으로 정하는 바에 따라 일정수역을 정하여 외국선박의 무해통항을 일시적으로 정지시킬 수 있다.
정선 등 (제6조)	외국선박(외국의 군함 및 비상업용 정부선박은 제외한다. 이하 같다)이 제5조를 위반한 혐의가 있다고 인정될 때에는 관계 당국은 정선·검색·나포, 그 밖에 필요한 명령이나 조치를 할 수 있다.
접속수역에서의 관계 당국의 권한 (제6조의2)	대한민국의 접속수역에서 관계 당국은 다음 각호의 목적에 필요한 범위에서 법령에서 정하는 바에 따라 그 직무권한을 행사할 수 있다. 1. 대한민국의 영토 또는 영해에서 관세·재정·출입국관리 또는 보건·위생에 관한 대한민국의 법규를 위반하는 행위의 방지 2. 대한민국의 영토 또는 영해에서 관세·재정·출입국관리 또는 보건·위생에 관한 대한민국의 법규를 위반한 행위의 제재
조약 등과의 관계 (제7조)	대한민국의 영해 및 접속수역과 관련하여 이 법에서 규정하지 아니한 사항에 관하여는 헌법에 의하여 체결·공포된 조약이나 일반적으로 승인된 국제법규에 따른다.
벌칙 (제8조)	① 제5조제2항 또는 제3항을 위반한 외국선박의 승무원이나 그 밖의 승선자는 5년 이하의 징역 또는 3억원 이하의 벌금에 처하고, 정상을 고려하여 필요할 때에는 해당 선박, 기재, 채포물 또는 그 밖의 위반물품을 몰수할 수 있다. ② 제6조에 따른 명령이나 조치를 거부·방해 또는 기피한 외국선박의 승무원이나 그 밖의 승선자는 2년 이하의 징역 또는 1억원 이하의 벌금에 처한다. ③ 제1항 및 제2항의 경우 징역형과 벌금형은 병과할 수 있다. ④ 이 조를 적용할 때 그 행위가 이 법 외의 다른 법률에 규정된 죄에

	해당하는 경우에는 그 중 가장 무거운 형으로 처벌한다.
군함 등에 대한 특례 (제9조)	외국의 군함이나 비상업용 정부선박 또는 그 승무원이나 그 밖의 승선자가 이 법이나 그 밖의 다른 법령을 위반하였을 때에는 이의 시정이나 영해로부터의 퇴거를 요구할 수 있다.

※시행령 제3조(대한해협에 있어서의 영해의 범위) 국제항행에 이용되는 대한해협을 구성하는 수역에 있어서의 영해는 법 제1조 단서에 따라 별표 2에서 정한 선을 연결하는 선의 육지측에 있는 수역으로 한다.

※시행령 제4조(외국군함등의 통항) 외국의 군함 또는 비상업용 정부선박이 영해를 통항하려는 경우에는 법 제5조제1항 후단에 따라 그 통항 3일 전까지(공휴일은 제외한다) 외교부장관에게 다음 각 호의 사항을 통고해야 한다. 다만, 해당 군함 또는 선박이 통과하는 수역이 국제항행에 이용되는 해협으로서 해당 수역에 공해대(公海帶)가 없을 경우에는 그렇지 않다.
  1. 당해 선박의 선명·종류 및 번호
  2. 통항목적
  3. 통항항로 및 일정

※시행령 제6조(오염물질의 배출규제 기준) 법 제5조제2항제9호에서 "대통령령이 정하는 기준"이라 함은 「해양환경관리법 시행령」 제47조에 따른 기준을 말한다.

※시행령 제7조(무해통항의 일시정지) ① 법 제5조제3항의 규정에 따라 영해내의 일정수역에 있어서 외국선박의 무해통항의 일시적 정지는 국방부장관이 행하되, 미리 국무회의의 심의를 거쳐 대통령의 승인을 얻어야 한다. ② 국방부장관이 제1항의 규정에 따라 대통령의 승인을 얻은 때에는 무해통항의 일시적 정지수역·정지기간 및 정지사유를 지체없이 고시하여야 한다.

배타적 경제수역 및 대륙붕에 관한 법률

배타적 경제수역 및 대륙붕에 관한 법률

제1절 │ 총 론

1. 배타적 경제수역의 의의

「배타적 경제수역」(EEZ)은 영해기선으로부터 200해리 이내의 수역으로서 연안국이 그 수역 내의 천연자원에 대하여 「배타적」(exclusive) 권리를 갖는 수역을 말한다. 즉 EEZ는 연안국이 해면, 해저, 해상(sea-bed), 하층토(subsoil)의 생물, 무생물 등 천연자원에 대한 탐사(explore)·개발(exploit)·보존(conserve)·관리(manage)와 그 밖의 경제적 개발과 탐사를 위한 활동에 대하여 주권적 권리(sovereign right)를 행사하고, 인공섬·시설·구조물의 설치와 이용, 해양과학조사, 해양환경의 보호와 보존에 관한 관할권(jurisdiction)을 행사하는 수역을 말한다.[4]

공간적으로 EEZ는 수면을 포함한 수중(water column)과 수중 아래의 해저(sea-bed)와 하층토(subsoil)의 두 개의 대상을 포함한다. 연안국은 연안으로부터 200해리까지 수중의 해양생물자원과 해저 및 하층토의 광물자원에 대한 주권적 권리를 향유한다. 따라서 200해리 이내에서 해저 및 하층토에 대한 권리는 대륙붕에 대한 권리와 중첩된다. 그러나 200해리를 넘는 수역에서는 대륙붕의 개념만 적용된다.

EEZ의 법적 지위에 관한 개념적 논란이 있다. EEZ는 공해 원칙의 특징이 많다는 점에서 전통적인 영해는 아니다. 따라서 EEZ는 영해도 공해도 아닌 양자 사이에 위치한 「특별한」(sui generis) 성격의 별개의 기능적 해역으로 인정되어야 한다.[5]

---

4) 유엔해양법협약, 제55조 및 56조.

2. 대륙붕제도의 의의

「유엔해양법협약」은 제76조에서 대륙붕을 다음과 같이 정의하고 있다. "대륙붕은 영해를 넘어서 「육지영토의 자연적 연장」(natural prolongation of land territory)을 통하여 대륙변계의 외측한계까지 또는 대륙변계의 외측한계가 200해리까지 미치지 못하는 경우에는 영해의 폭을 측정하는 선으로부터 200해리까지의 해상(sea-bed) 및 하층토(subsoil)를 포함하는 지역"을 의미한다. 그러나 대륙붕의 외측한계는 영해기선으로부터 350해리를 넘거나 2500미터 등심선으로부터 100해리를 넘을 수 없다.

「유엔해양법협약」의 대륙붕 정의는 대륙붕의 한계를 확고히 하는 규칙과 절차상의 제도를 규정하고 있다.[6] 연안국은 200해리를 넘는 대륙붕의 한계에 관한 정보를 「대륙붕한계위원회」(Commission on the Limits of the Continental Shelf)에 제출하여야 한다. 위원회는 대륙붕의 바깥한계 설정 사항에 대하여 연안국에 권고를 한다. 이러한 권고를 기초로 연안국이 확정한 대륙붕의 한계는 최종적이며 구속력이 있다.[7]

연안국은 EEZ를 200해리까지 선언할 수 있으나, 최소한 200해리의 대륙붕에 대한 권리가 인정되므로 EEZ의 폭은 대륙붕보다 같거나 적다. 연안국의 대륙붕에 대한 권리는 육지에 대한 주권에 의해서 「당연히」(ipso facto), 「당초부터」(ab initio) 존재하기 때문에 대륙붕에 대한 권리를 선언할 필요는 없지만, EEZ에 관한 연안국의 권리는 선언해야 한다는 점에서 중요한 차이가 있다.

대륙붕의 국제법상 정의는 당초의 「수심」·「인접성」으로부터 오늘날은 「거안거리」(距岸距離)·「자연연장」으로 변하였다. 1958년 「대륙붕협약」상의 대륙붕은 "해안에 인접한(adjacent) 해저와 그 하층토이고, 영해 바깥의 지역은 수심 200미터나 그 이원의 수역에서는 천연자원의 개발이 가능한 곳"으로 정의되고 있다(제1조). 이 같은 정의에 대하여 수심 200미터를 넘어서 자원개발이 기술적으로 가능한 경우 연안국은 대륙붕의 범위를 무제한적으로 확대시킬 수 있다는 우려가 제기되었다.

이후 국제사법재판소(ICJ)는 1969년 「북해대륙붕 사건」 등 몇몇의 판결에서 대륙붕을 연안국 영토의 해저지역으로 자연연장·계속으로 간주하는 이른바 「자연연장론」(natural prolongation) 기준을 중시하여 그때까지의 수심·인접성 기준으로부터 벗어나는 경향을 보였다.

연안국이 국제법상 대륙붕에 관한 법적 권원을 갖는 것은 해저지역이 물로 덮여 있어도 연안국

---

5) R. R. Churchill, A. V. Lowe, 「The Law of the Sea」, 3rd ed. (Manchester University Press, 1999), p. 166.
6) Alex G. Oude Elferink, "Article 76 of the LOSC on the Definition of the Continental Shelf: Questions concerning its Interpretation from a Legal Perspective," *The International Journal of Marine and Coastal Law*, vol 21(3), p. 270.
7) 유엔해양법협약, 제76조제8항.

의 지배권이 미치는 「영토의 연장」 또는 「계속」으로 보고, 「근접성」(proximity)은 연안국의 권능을 정하는 유일한 기준이 아니라고 하였다. 특히 다른 연안국이 자연연장 기준을 적용해서 주장이 경합되는 되는 경우 그것에 우선하는 기준이 없다고 판결했다.[8]

제3차 유엔해양법회의에서 많은 국가들이 이 같은 자연연장의 기준에 의하여 대륙붕을 정의하자고 주장하였다. 「자연연장론」은 「유엔해양법협약」에서 공식적으로 수용되어 대륙붕의 새로운 정의의 기준이 되었다. 즉 대륙붕은 연안국의 영해 이원의 해저와 하층토로서 대륙한계까지 또는 대륙한계가 200해리에 미치지 못하는 경우 200해리까지이다.

3. EEZ 제도 수용

한·중·일 등 동북아 국가들은 1996년에 「유엔해양법협약」을 비준하고 동 협약을 이행하기 위한 국내법을 제정·공포하였다. 우리나라의 경우 1996년 8월 「배타적 경제수역법」을 제정하였다. 동 법에서 배타적 경제수역의 범위를 영해기선으로부터 200해리까지의 수역 중 영해를 제외한 수역으로 규정하고 있다. 연안국의 EEZ에서 주권적 권리와 관할권, 다른 국가의 권리·의무에 관한 사항은 「유엔해양법협약」상의 내용을 그대로 수용하고 있다.

배타적 경제수역이 다른 국가의 EEZ와 중첩되는 경우 별도의 합의가 없으면 「중간선」을 기준으로 하여 내측으로 권리행사를 제한하고 있다. 배타적 경제수역의 경계획정에 있어서 다른 국가와 합의 없는 경우 「중간선 원칙」의 적용을 규정하고 있다.[9] 또한 EEZ에서 우리나라의 법령을 위반한 자에 대하여는 「유엔해양법협약」 제111조가 규정한 추적권, 정선·승선·검색·나포 및 사법절차를 시행할 수 있다.[10]

「배타적 경제수역에서의 외국인 어업 등에 대한 주권적 권리의 행사에 관한 법률」(EEZ 어업법)에서 우리나라의 EEZ에서 행해지는 외국인의 어업활동에 관한 우리나라의 주권적 권리행사 등에 관한 사항을 규정하고 있다. 동 법에서는 (1) 외국인의 특정금지구역[11]의 어업금지, (2) EEZ 내 어업활동에 대한 허가, (3) 입어료, (4) 위반 선박에 대한 사법절차 등을 규정하고 있다. 위반선박을 나포·억류한 경우에는 (1) 위반선박의 선적국에 그 사실을 통보해야 하며, (2) 담보금 납부나 그 보증이 있는 경우 지체 없이 선장 기타 위반자를 석방하고 압수물을 반환해야 한다.[12]

---

8) North Sea Continental Shelf Cases, ICJ Reports 1969, pp. 30−31.
9) 위의 법, 제5조제2항.
10) 위의 법, 제5조제3항.
11) 「배타적 경제수역에서의 외국인 어업 등에 대한 주권적 권리의 행사에 관한 법률 시행령」에서 배타적 경제수역 중 어업자원의 보호 또는 어업조정을 위하여 외국인의 어업을 전면금지하는 "특정금지 구역"을 설정하고 있다.
12) 배타적 경제수역에서의 외국인 어업 등에 대한 주권적 권리의 행사에 관한 법률, 제23조제3항.

제2절 │ 내 용

내용	규정
목적 (제1조)	이 법은 「해양법에 관한 국제연합 협약」(「협약」)에 따라 배타적 경제수역과 대륙붕에 관하여 대한민국이 행사하는 주권적 권리와 관할권 등을 규정하여 대한민국의 해양권익을 보호하고 국제해양질서 확립에 기여함을 목적으로 한다.
배타적 경제수역과 대륙붕의 범위 (제2조)	① 대한민국의 배타적 경제수역은 협약에 따라 「영해 및 접속수역법」 제2조에 따른 기선으로부터 그 바깥쪽 200해리의 선까지에 이르는 수역 중 대한민국의 영해를 제외한 수역으로 한다. ② 대한민국의 대륙붕은 협약에 따라 영해 밖으로 영토의 자연적 연장에 따른 대륙변계(大陸邊界)의 바깥 끝까지 또는 대륙변계의 바깥 끝이 200해리에 미치지 아니하는 경우에는 기선으로부터 200해리까지의 해저지역의 해저와 그 하층토로 이루어진다. 다만, 대륙변계가 기선으로부터 200해리 밖까지 확장되는 곳에서는 협약에 따라 정한다. ③ 대한민국과 마주 보고 있거나 인접하고 있는 국가(「관계국」) 간의 배타적 경제수역과 대륙붕의 경계는 제1항 및 제2항에도 불구하고 국제법을 기초로 관계국과의 합의에 따라 획정한다.
배타적 경제수역과 대륙붕에서의 권리 (제3조)	① 대한민국은 협약에 따라 배타적 경제수역에서 다음 각호의 권리를 가진다. 1. 해저의 상부 수역, 해저 및 그 하층토에 있는 생물이나 무생물 등 천연자원의 탐사·개발·보존 및 관리를 목적으로 하는 주권적 권리와 해수, 해류 및 해풍을 이용한 에너지 생산 등 경제적 개발 및 탐사를 위한 그 밖의 활동에 관한 주권적 권리 2. 다음 각목의 사항에 관하여 협약에 규정된 관할권 　가. 인공섬·시설 및 구조물의 설치·사용 　나. 해양과학 조사 　다. 해양환경의 보호 및 보전 3. 협약에 규정된 그 밖의 권리 ② 대한민국은 협약에 따라 대륙붕에서 다음 각호의 권리를 가진다. 1. 대륙붕의 탐사를 위한 주권적 권리 2. 해저와 하층토의 광물, 그 밖의 무생물자원 및 정착성 어종에 속하는 생물체(협약 제77조제4항에 규정된 정착성 어종에 속하는 생물체를 말한다)의 개발을 위한 주권적 권리 3. 협약에 규정된 그 밖의 권리
외국 또는 외국인의 권리 및 의무 (제4조)	① 외국 또는 외국인은 협약의 관련 규정에 따를 것을 조건으로 대한민국의 배타적 경제수역과 대륙붕에서 항행 또는 상공 비행의 자유, 해저전선 또는 관선 부설의 자유 및 그 자유와 관련되는 것으로서 국제적으

	로 적법한 그 밖의 해양이용에 관한 자유를 누린다. ② 외국 또는 외국인은 대한민국의 배타적 경제수역과 대륙붕에서 권리를 행사하고 의무를 이행할 때에는 대한민국의 권리와 의무를 적절히 고려하고 대한민국의 법령을 준수하여야 한다.
대한민국의 권리행사 등 (제5조)	① 외국과의 협정으로 달리 정하는 경우를 제외하고 대한민국의 배타적 경제수역과 대륙붕에서는 제3조에 따른 권리를 행사하거나 보호하기 위하여 대한민국의 법령을 적용한다. 배타적 경제수역과 대륙붕의 인공섬·시설 및 구조물에서의 법률관계에 대하여도 또한 같다. ② 제3조에 따른 대한민국의 배타적 경제수역에서의 권리는 대한민국과 관계국 간에 별도의 합의가 없는 경우 대한민국과 관계국의 중간선 바깥쪽 수역에서는 행사하지 아니한다. 이 경우 "중간선"이란 그 선상(線上)의 각 점으로부터 대한민국의 기선상의 가장 가까운 점까지의 직선거리와 관계국의 기선상의 가장 가까운 점까지의 직선거리가 같게 되는 선을 말한다. ③ 대한민국의 배타적 경제수역과 대륙붕에서 제3조에 따른 권리를 침해하거나 그 배타적 경제수역과 대륙붕에 적용되는 대한민국의 법령을 위반한 혐의가 있다고 인정되는 자에 대하여 관계 기관은 협약 제111조에 따른 추적권의 행사, 정선·승선·검색·나포 및 사법절차를 포함하여 필요한 조치를 할 수 있다.

김 석 균

한양대학교 행정학과 (행정학사)
서울대학교 행정대학원 (정책학 석사)
Indiana 대학교 (행정학 석사)
한양대학교 대학원 (행정학 박사)
Duke 대학교 (객원연구원)
Naval War College (객원연구원)

제37회 행정고시
법제처 사무관
완도해양경찰서장
남해지방해양경찰청장
해양경찰청 기획조정관
해양경찰청 차장
해양경찰청장

현) 한서대학교 해양경찰학과 교수

주요 저서

- Coast Guards and International Maritime Law Enforcement(Cambridge Scholars Publishing, 2020)
- The History of Piracy and Navigation(Novum, 2020)
- Global Maritime Safety & Security Issues and East Asia(Brill, 2018)
- Maritime Disputes in Northeast Asia: Regional Challenges and Cooperation (Brill, 2017)
- 新 해양경찰학개론 (박영사, 2022)
- 해금(海禁) (예미, 2022)

주요 논문

- 'An International Law Perspective on the China Coast Guard Law and Its Implications for Maritime Security in East Asia'(2022), 37(1), International Journal of Marine and Coastal Law
- 'The Senkaku Islands Dispute Between Japan and China: A Note on Recent Trends'(2021), 52(3), Ocean Development and International Law
- 'A History of and Recent Developments Concerning the Korean Peninsula Northern Limit Line (NLL)'(2019), 50(4), Ocean Development and International Law
- 'The Expansion of and Changes to the National Coast Guards in East Asia'(2018) 49(4), Ocean Development and International Law
- 'Maritime Boundary Negotiations between China and Korea: Factors at Stake'(2017), 32(1), International Journal of Marine and Coastal Law
- 'Maritime Pollution Response in Northeast Asia and the NOWPAP Regime'(2015), 46(1), Ocean Development and International Law
- 'Illegal Chinese Fishing in the Yellow Sea'(2012), 5(2), Journal of East Asia and International Law
- 'Maritime Security Initiatives in East Asia: Assessment and the Way Forward'(2011), 42(3), Ocean Development and International Law
- 'Korean Peninsula Maritime Issues'(2010), 41(2), Ocean Development and International Law
- 'Understanding Maritime Disputes in Northeast Asia: Issues and Nature'(2008), 23(2), The International Journal of Marine and Coastal Law

해사법규

초판발행   2023년 2월 10일

지은이   김석균
펴낸이   안종만·안상준

편 집   양수정
기획/마케팅   정연환
표지디자인   이수빈
제 작   고철민·조영환

펴낸곳   (주) 박영사
            서울특별시 금천구 가산디지털2로 53, 210호(가산동, 한라시그마밸리)
            등록 1959. 3. 11. 제300-1959-1호(倫)

전 화   02)733-6771
f a x   02)736-4818
e-mail   pys@pybook.co.kr
homepage   www.pybook.co.kr
ISBN   979-11-303-1636-9 93350

정 가   45,000원